黄岩区地名志

黄岩区民政局　编

方志出版社
Publishing House of Local Records

永宁江 / 王敏智 摄

黄岩区行政大楼 / 区民政局提供

中国柑橘博物馆 / 王敏智 摄

浙江省黄岩中学 / 黄岩中学提供

黄岩博物馆 / 黄岩博物馆提供

黄岩模具博览城 / 王敏智　摄

潮济老街 / 王敏智 摄

孔庙 / 区文广旅体局提供

五洞桥 / 王敏智 摄

跑马楼 / 宁溪镇提供

茅畲古民居 / 茅畲乡提供

徐昌积宅俯视 / 区文广旅体局提供

瑞隆感应塔 / 区文广旅体局提供

方山双塔北塔全貌 / 区文广旅体局提供

灵石寺塔 / 区文广旅体局提供

水口石塔全貌 / 区文广旅体局提供

永宁寺和尚墓塔 / 区文广旅体局提供

瑞岩净土寺塔 / 区文广旅体局提供

北宋沙埠窑青瓷香炉 / 黄岩博物馆提供

南宋交领莲花纹亮地纱袍 / 黄岩博物馆提供

南唐升元四年（940）投龙玉璧 / 黄岩博物馆提供

沙埠青瓷窑址 / 沙埠镇提供

翠屏山摩崖石刻 / 区文广旅体局提供

黄岩蜜橘 / 澄江街道提供

红糖制作 / 头陀镇提供

黄岩大瀑布 / 上郑乡提供

划岩山 / 王敏智 摄

松岩山 / 王敏智 摄

永宁公园 / 王敏智 摄

九峰公园 / 区委宣传部提供

永宁江绿道 / 王敏智 摄

长潭水库 / 王敏智 摄

黄岩山 / 上郑乡提供

西江闸 / 王敏智 摄

永宁江闸 / 区水利局提供

内部用图

台州市黄岩区行政区划图

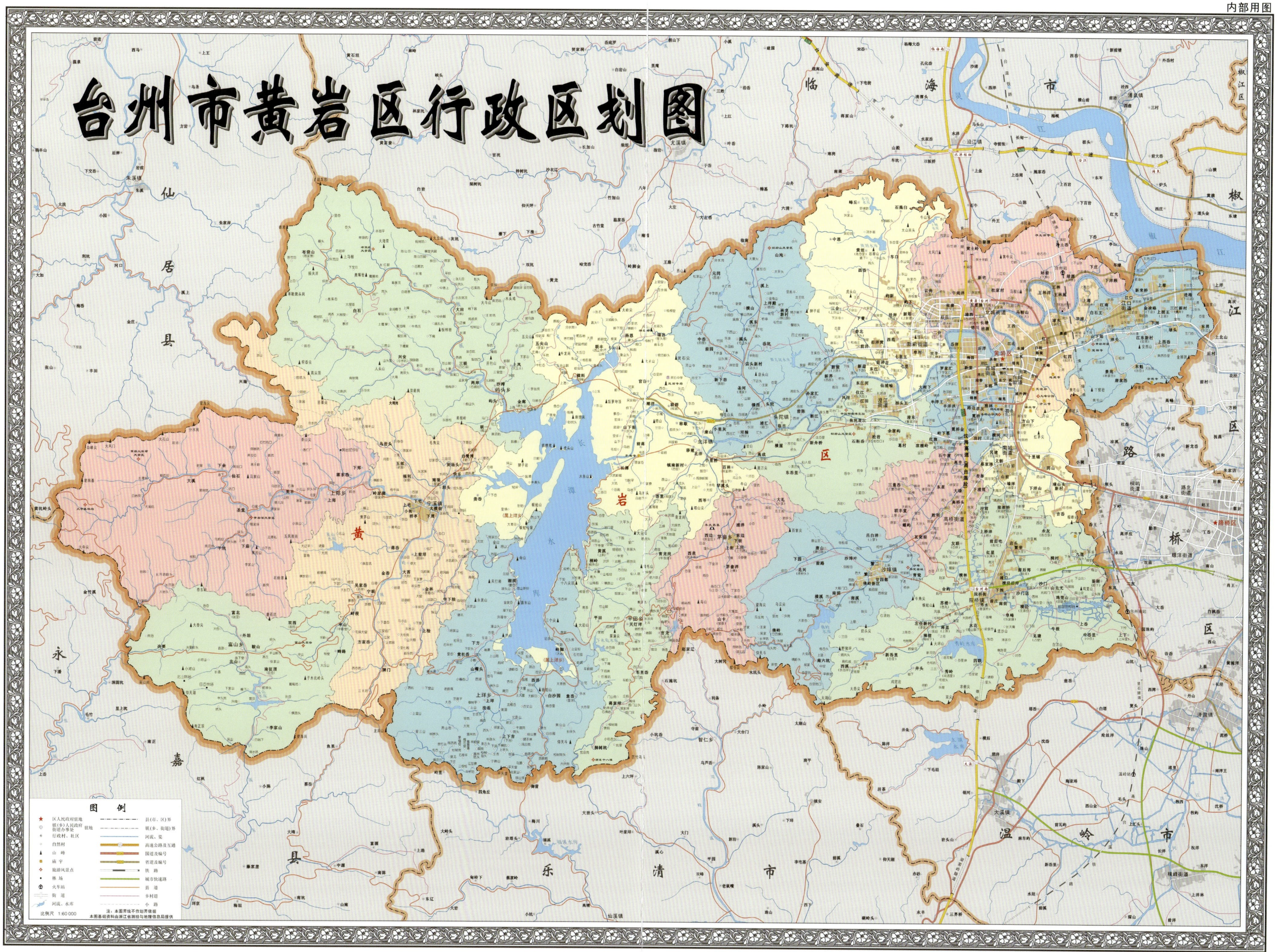

台州市黄岩区民政局、浙江省测绘大队 联合编制 本图基础资料由浙江省测绘与地理信息局提供 地图审核号：浙S(2018)83号

《黄岩区地名志》编纂委员会

2016年至2018年

主　　任　杨邦明

副 主 任　李亨革

成　　员　区发改局　区教育局　区统计局　区水利局　区农业农村局　区经科局
　　　　　区住建局　区文广旅体局　区交通局　区民政局分管领导

主　　编　丁　玎

执行主编　张永生

副 主 编　夏　吟

编辑人员　郑俊木　张军海　施佳含　陈璟璐

2018年至2020年

主　　任　李朝晖　管志勇　黄　河

副 主 任　梁维国　陈长毅　卢翀翔

成　　员　杨洪顺　张军海

主　　编　牟优优

执行主编　张永生

副 主 编　夏　吟

校　　对　池太宁　陈建华

前　言

自1984年出版《黄岩县地名志》后，已过30多年，这期间，黄岩的行政区划变化甚大，撤县设市，撤市设区，椒江与路桥先后从黄岩析出，另行设区。同时，旧城改造、高山迁居、水库移民、撤乡并村，许多老地名流失，大批新地名应运而生。

在黄岩区政府的领导及区民政局的组织与指导下，在第二次全国地名普查资料的基础上，调查、充实，组织编写《黄岩区地名志》。本志以“存史、资治、教化”为宗旨，以详今略古为原则，记录了黄岩地域地名的历史演变与现状，也记述了山川、交通、人物、古迹等地名，是一部资料丰富、考证翔实的地名典籍，为地方历史文化留下了宝贵的史料。

黄岩建县已有1300多年的历史，好多地名极具稳定性，很有生命力，沿袭千年未变，如城区的天长街、东禅巷、县前街等，有些地名其建筑物虽圮，但派生的地名仍在民间使用，如桥亭头、东禅桥头、尚书坊等。

黄岩地名的形成与命名有多种类型，有的以同名自然地理实体为名，如五尖山、灵石山、杨岙溪、柔极溪、沙埠溪等；有的以姓氏命名，如杜家村、沙埠叶、下浦郑、王家岙等；有的因同宗分派形成几个村落，如上郑、下郑，王西、王东等；有的以传说命名，如石牛渡、太尉殿、林家桥等；有的是两村合并后，各取一字组成，如墙洋、张唐、临古等。有的地名含义与出典虽很难说清，但都反映了一定的历史信息。名人已逝，发生的事件已远去，而地名尚存，例如北城街道的杜家村，杜范和其侄杜浒都是抗元英雄，元兵南下时，该村杜氏族人全部避祸外迁，迄今村里已无杜姓，但地名仍一直沿用。又如明代名将曾铣，既能挥毫泼墨，又有家国情怀，英雄已逝，曾铣路却以地名的形式在黄岩官河古道流芳百世。

本志收录的地名均是现行的标准地名，分人文地理实体与自然地理实体两大类，包括山川、方位、氏族、宗教、风俗、历史典故、名人逸事、民间传说等。以地名为纲，各方面的信息量颇大，空间与时间跨度亦大。这是一门特殊的综合学科，以理性思维阐释，力求更接近地名的原始含义，使人们更易了解地名的历史。

序

《黄岩区地名志》的出版是我区精神文化建设的一件大喜事，意义重大，值得庆贺。

地名是珍贵的文化宝藏，既是文化符号，也是历史记忆，关系到政治、经济建设，也涉及民众生活的方方面面。它记载了氏族徙居情况和生存环境，也记录下先人们的光荣和梦想，还反映了人与自然和谐共处的美好景象。透过这些包罗万象的地名，我们回望历史，仿佛看到先人日常劳动和生活的场景，看到他们为改变命运所作出的不懈努力，感受和体会到他们对美好生活的无限向往。新时代，区委十三届八次全体（扩大）会议召开，会议动员全区上下坚定信心、奋发有为，开启“千年永宁、中华橘源、模具之都”新征程，推动黄岩在高质量发展中跨入“永宁江时代”。当下，我们正站在两个一百年的历史交汇点上。飞速发展的经济伴随日新月异的城市建设，新的地名地标应运而生，而一些老地名不免湮没在历史滚滚洪潮之中。地名志的修编，既传承弘扬了优秀的地名文化，也集中记录了古往今来黄岩创业创新成果。区民政局承担编志之重任，编写人员呕心沥血，在第二次地名普查资料基础上，实地勘踏、访问、查证、挖掘、梳理，认真审核编写了全区各行政区划、重要企事业、自然地理实体、人工建筑、名胜古迹及城区街巷道路的现状、来历、含义与演变，把黄岩地名桑海变迁与古老故事凝结成了新时代的精彩华章。该书资料翔实、内容丰富，既具历史内涵，又有时代气息，是一部集科学性、实用性、地方性、时代性于一体的地方文献，为研究黄岩乡土文化和全区的经济发展提供了珍贵的资料，益于当代，利于后世。

值《黄岩区地名志》付梓之际，向此书的编纂人员与各方支持者致以深切的敬意。

黄岩区人民政府副区长：

二〇二〇年十二月

凡 例

一、《黄岩地名志》以马克思列宁主义、毛泽东思想、邓小平理论、“三个代表”重要思想、科学发展观、习近平新时代中国特色社会主义思想为指导，坚持辩证唯物主义和历史唯物主义的立场、观点和方法，以国务院发布的《地名管理条例》为指导，反映黄岩地名的历史与现状，力求科学性、资料性和实用性相统一。

二、本志按综述，自然地理，行政区域，非行政区域，交通运输设施，水利电力设施，纪念地，旅游胜地，建筑物，单位地名九大类编排。古旧地名、地名艺文等收入附录。

三、本志上限尽可能至地名发端，下迄2015年12月底，个别内容适当延伸。有关村落户数及人口数等参考2014年普查资料撰写。2018年调整合并的行政村和社区，在村（社区）名前加＊号以示区别，并在合并村（社区）后面补写合并后新村（社区）概况和人口数等。

四、本志前设综述，其后采用编、章、节、目结构，以志为主，兼容述、记、图、表、录诸载体。所列地名以台州市民政局、区人民政府批准或认可为准。记述要项包含标准名称、汉语拼音、地理位置、地名含义、历史沿革及经济、社会等简况。政区地名以街道、镇、乡编排。单位地名选取有地名意义的编入。

五、各乡（镇）配行政区域地图，并附若干照片，力求形象地反映地域主要特色。所列行政村（社区）名，以方头括号作标记，以示与自然村有别。

六、本志纪年，民国以前采用朝代纪年，并括注公元纪年。民国以后采用公元纪年。

七、本志书属撰著体，引用的方志、姓氏谱牒加引号注明资料来源。凡属意引的文字，则不加引号。采用的文书档案、口碑资料等，一般不加注出处。

八、本志所采用资料，主要来源于黄岩区第二次全国地名普查成果以及历年《黄岩统计年鉴》《黄岩年鉴》和《黄岩县志》，参阅各乡镇（街道）、部门资料。

九、本志所载两地的方位距离，均采用直线距离。西部山区标注海拔高度，平原地区不加注，所标高程采用1956年黄海高程系。

十、地名标注汉语拼音参照《中国地名汉语拼音字母拼写规则》。

十一、为方便查阅，书末附地名索引。

目 录

第一编 综 述

第一章 概 述

黄岩区［Huángyán Qū］县级行政区。浙江省台州市辖区。全国综合实力百强区之一。

素称“中国蜜橘之乡”。位于浙江省台州市区中部，北纬28°28′32″～28°43′47″，东经120°47′30″～121°21′34″。东与椒江区、路桥区接壤，南与温岭市、温州乐清市毗邻，西与仙居县、温州永嘉县相连，北与临海市接界。面积988平方千米。户籍人口61.0万人。其中有侗族、苗族、布依族、土家族等35个少数民族，1450人。辖东城、南城、西城、北城、新前、澄江、江口、高桥8个街道，宁溪、北洋、头陀、院桥、沙埠5个镇，屿头、上郑、富山、茅畲、上垟、平田6个乡。区人民政府驻西城街道。电话区号0576。距台州市区13千米，距省会杭州207千米。

古称“永宁”。唐高宗上元二年（675）析临海县南界置永宁县。《太平寰宇记》卷九八：“黄岩县，汉县，顺帝永和元年置，今温州永嘉县，属会稽郡是也，历六朝不改。至隋废之，以其地并入临海县。唐上元二年四月复析临海地以置之。”《读史方舆纪要》卷九二：“天授初改今名。宋因之。元元贞初升为州，明洪武二年复为县。”以境内黄岩山得名。南宋嘉定《赤城志》卷二十：“黄岩山，在县西一百二十里，一名仙石山。按《临海记》：‘山上有石驿，三面壁立，俗传仙人王方平居焉，号王公客堂。南有石步廊。’又云：‘山顶有黄石，故名。’”县治在今西城街道，属台州。

夏商周时为瓯越地。春秋战国时先属越，后属楚。秦时属闽中郡。汉初为东瓯国，后属回浦县。东汉时先后属章安县、永宁县。三国吴太元二年（252）析章安西部置临海县。吴太平二年（257）至两晋、南北朝均属临海郡。隋属临海县。唐上元二年（675）析临海南复置永宁县。唐天授元年（690）改永宁县为黄岩县，属江南道台州。五代十国时属吴越国台州。宋属台州临海郡。元元贞元年（1295）因人口过5万户，升为黄岩州，属台州路，下不领县。明洪武二年（1369）复为县。明成化五年（1469）析南部太平、繁昌、方岩三乡。清属台州府。1912年废台州府属会稽道。1927年废道直属省。1935年属浙江省第七行政督察区。1949年属台州专署。1954年6月，撤台州专署，属温州专署。1956年海门直属区并入。1957年7月，复属台州专署。1958年12月，再撤台州专署，又属温州专署。1962年，复置台州专署。1980年析海门区、大陈镇和山东公社置海门特区（1981年改称椒江市）。1982年，界牌公社划归椒江市。1984年三甲、下陈、洪家和金清农场划归椒江市。1989年，撤黄岩县置县级黄岩市，仍属台州地区。1992年，撤区并乡扩镇，将55个乡镇合为26个乡镇。1994年8月，台州撤地建市黄岩设区，下辖8个乡8个镇。析路桥、金清、横街、蓬街、下梁、新桥、峰江、桐屿8个镇和黄琅、螺洋2个乡置路桥区。2001年撤城关镇，设东城、南城、西城、北城4个街道。同时，撤澄江、江口、新前3个镇和高桥乡，设澄江、江口、新前、高桥4个街道。沙埠乡易镇。形成今之政区范围。

黄岩地处浙东丘陵南端，温黄平原西北部。地形狭长，东西长54千米，南北宽25千米，其中陆地890平方千米。地势西高东低，温黄平原广布中部和东部。素有“七山一水两分田”之称。括苍山支脉自西入境，经宁溪、头陀至北城街道马鞍山；雁荡山支脉自西延伸至院桥、西城街道。西部丘陵山地，拥有丰富的自然资源，盛产毛竹、茶叶。矿产资源有铅锌、花岗石等。森林覆盖率70%，以人工次生林为主，是全省首批绿化合格县，大寺基林场面积1600公顷，最高峰大寺尖位于上郑乡与永嘉县交界处，海拔1252.5米。主要山峰还有黄岩山、松岩山、划岩山、翠屏山、太湖山、方山等。

第一大河永宁江自西向东流贯，至三江口合灵江汇为椒江入东海，总长77千米，流域面积889.8平方千米。主要支流有半岭溪、柔极溪、冷水溪、杨岙溪、小坑溪、五部溪、九溪、元同溪、龚屿浦、西江等。最大支流西江长22千米，自南向北汇入永宁江。1964年建大型水利工程长潭水库，总库容为7.3亿立方米，灌溉黄岩、椒江、路桥、临海、温岭5个市（区）百万亩农田，为市区及部分周边县市居民提供了优质生活用水。

属亚热带季风气候，四季分明，温暖湿润，雨量充沛。年平均气温17.0℃，1月平均气温6.1℃，7月平均气温27.8℃。年平均降水量1537毫米。夏秋季有台风、热带气旋影响。有豹、黑麂、中华秋沙鸭国家一级重点保护野生动物3种，穿山甲、草鸮、鸳鸯国家二级保护野生动物3种。有银杏、南方红豆杉国家一级重点保护野生植物2种，金钱松、羊角槭、香樟、榧树、浙江楠、厚朴国家二级保护野生植物6种。

有浙江省柑橘研究所1家。高等院校台州科技职业学院1所，普通小学36所，初中24所，高中7所，中职4所，教师进修学校、广播电视大学各1所。博物馆、文化馆各1个。公共图书馆4个。体育场馆5个。三级乙等综合医院1个，二级甲等中医院1个，区卫生监督所1个，疾病控制中心1个，妇幼保健院1个，卫生院19个。广播电视台1座。新闻信息中心拥有《今日黄岩》报、黄岩新闻网、掌上黄岩微信平台等多种媒体。

有瑞隆感应塔、沙埠青瓷窑址全国重点文物保护单位2处，孔庙、瑞岩净土寺塔、五洞桥、水口石塔、徐昌积宅、镇锁桥、委羽山大有宫等省级文物保护单位7处，区级文物保护单位48处。博物馆馆藏文物8000余件，其中国家一级文物85件。黄岩翻簧竹雕1项被列入国家级非物质文化遗产名录。“二月二”灯会、新前采茶舞、剪纸、漆金木雕、新前武术、竹纸制作技艺及沈宝山中药文化等7项被列入省级非物质文化遗产名录。市级非物质文化遗产有宁溪作铜锣、院桥高台狮舞、黄岩道情、小南门纸扇、上垟吹打乐等地方特色民间艺术。有划岩山省级风景名胜区1个。鉴洋湖国家城市湿地公园1个。九峰公园、柔川景区国家AAAA级旅游景区2个，布袋山、蓝美庄园、奥特莱斯广场、中国柑橘博览园等国家AAA级旅游景区4个。院桥镇1个全国重点镇。布袋坑村、半山村、乌岩头村、下街村、潮济村等中国传统古村落5个。另有松岩山、道教第二洞天委羽山等名胜16处。桐树坑、陈叔亮书画馆、浙东浙南部队会师纪念馆3个省级爱国主义教育基地。以橘文化为专题的中国柑橘博物馆1个。

黄岩历史悠久，从已出土的石斧、石锛、石犁头等来看，新石器时代就有瓯越部族生息繁衍，他们活跃在永宁江两岸，从狩猎捕鱼进入稻作农耕和渔业畜牧并举的生活。南宋右丞相杜范描述：“黄岩为浙东壮邑，其治当舟车之会，占江山之胜，有民物之庶。”历有经商传统，南朝孙诜的《临海记》有舟往高丽的记载。自唐始即为东亚海上丝绸之路的贸易节点。唐代青瓷远销朝鲜、日本及东南亚各地。五代吴越国开拓海上贸易，有新罗国商人聚居区“新罗坊”2处。黄岩文化亦处台州前列，康有为在《小丹邱诗存序》中称：“黄岩在（天）台（雁）宕间，九峰环立，峭碧摩天，委羽之洞在焉……其地分雁宕之幽奇，其所孕产人才亦必俊拔，幽灵出其间。”唐代郑虔对黄岩文化的启蒙，宋代著名的“二徐”“三左”，以及朱熹两度驻黄，讲学授徒，著书立说，使得黄岩人文蔚起，有“十八进士聚一家”之盛。受朱熹儒学文化熏陶，南宋一朝进士达180余人，有“小邹鲁”之美誉。黄岩历代进士共有300余人。曾涌现出南宋同知枢密院事杜范，诗人戴复古，大历史学家赵师渊，大儒车若水、黄超然；明代名将曾铣，哲学家黄绾，“清介第一”的吴朗公；清代大儒喻长霖，教育家王棻等历史文化名人。有辛亥革命烈士王卓，“五四”先驱周炳琳，共产党人戴邦定、林泗斋等。中华人民共和国成立以来有两院院士罗宗洛、陈芳允、池志强、柯俊、黄志镗、吴全德、柯伟、方秦汉等8人。名列“二十五史”的有25人，《中国名人大辞典》的有81人。历代文人吟咏黄岩，谢灵运、李清照、朱熹、文天祥、姜夔、袁枚、康有为等都留下脍炙人口的诗篇。

黄岩城始建于唐，至宋代范仲温主持重筑泥心石面墙，明嘉靖年间重建，并开濠河。1939年日本侵略军飞机轰炸黄城，为便于百姓疏散，城墙被拆除。老城处永宁江南岸，昔有“三十六街七十二巷”之说。街巷河网纵横交错，内有五支河，外有护城河、永宁江和东、南、西三大官河，具典型的江南水乡城镇风格。据南宋嘉定《赤城志》卷二四：“县河，在县郭。由官河东出，支而为流者五，深广视官河。”1958年填河扩路，建青年路和劳动路。后陆续拓宽街道，植行道树。1988年主城区有大小83条街巷，主街“廿”字形。11层黄岩大厦为全县当时最高建筑。1993年启动旧城改造，拆除区政府附近传统民居以拓建城市道路，改建商业设施和居住小区。21世纪起，向东、南、西3个方向拓建居住区。游泳馆、射击馆、旗隆万豪酒店、黄岩书城、博物馆相继落成。向东北、西北、东南3个方向拓建工业区，并跨江向江北拓建工业区和居住区。现城区在永宁江两岸布局，江南以居住和商贸区为主，工业区散布周边，江北以工业区为主，居住区居于中间。行政和商贸区沿江岸布局。城市形态演变由团块状、星状、十字形、指状到现在的“丰”字形的空间格局。北门广场、永宁公园、永宁江绿道、江北沿江景观交相辉映。标志性建筑有方山双塔和高100多米的耀达酒店等。

黄岩地处温黄平原，为鱼米之乡。旧为台州市的粮食主产区，南宋时朱熹在奏疏中称：“黄岩熟，则台州可无饥馑之苦。”流传有“黄岩熟，台州足”之谚。黄岩还是“中国蜜橘之乡”和“中国东魁杨梅之乡”。为中国宽皮柑橘和东魁杨梅始祖地。三次产业结构为4.6：50.0：45.4。农业主产水稻、小麦、果蔬。盛产柑橘、东魁杨梅、枇杷、紫莳药、茭白等果蔬。

工业有医药化工、塑料制品、机械电器、工艺礼品、汽摩配件、模具制造六大支柱产业。改革开放以来，是中国股份合作经济重要发源地之一，为全国第一个颁发保护和规范股份制企业政府文件《关于合股企业的若干政策意见》的县。随着工业经济的转型升级，黄岩由“精细化工王国”转型为“模具之都”“塑料王国”。有省级经济开发区1个。上市企业5家。国家重点扶持高新技术企业5家，省级科技型企业17

家，省级高新技术研发中心3家。黄岩也是全球最大的柑橘罐头加工中心和中国模具产业升级示范基地，有华东地区规模最大的模具博览城1座。第三产业以商贸零售业及旅游服务业为主。有柑橘果品专业市场1个。三星级以上旅游宾馆4家。旅行社12家。

昔有古道捷径纵横，北有义城岭捷径通临海，西有黄永捷径进入永嘉，翻越五部岭进入仙居。台温古驿道，沟通台州和温州。1916年始建黄（岩）泽（国）公路。20世纪80年代建成104国道黄岩段和椒黄（S325）省道（原82省道）。京福（G104）国道境内长15千米，双向6车道。沈海（G15）高速过境，境内长21千米，双向4车道。共有县乡级公路54条，总长498千米。黄椒路三区内环路施工建设中。甬台温铁路过境。2009年10月建成台州火车站。台州客运西站为一级站。有台州、台州南2个高速出入口。境内通航河道8条。黄岩港系台州港六港区之一，承担生活和生产物资运输功能，建有3000吨级以下泊位5个。城区出行以公交为主。

境内地名大都与山脉河流等自然地理环境和氏族徙居等历史人文因素有关。从地名专名来看，辖区内行政区划地名和居民点地名有以下特征。①以同名自然地理实体命名。如：澄江街道、宁溪镇、平田乡、方山、黄土岭、马鞍山等。②以地理位置命名。如：东城街道、江口街道、北洋镇等。③以典型的自然地理特征命名。如：团箕岩头、麦磨心、奇石岙、沙滩、饭蒸坑、石柜岙、马头岗等。④以聚族、望族姓氏或姓氏与地理位置、地理特征组合命名。如：下浦郑、下洋顾、山下郎、岭下葛、仙浦喻、桥头王、中央林、山头姜等。⑤以祥瑞、希冀命名。如：永乐、桐梓和、三友、讴韶、繁荣、康山等。⑥以交通、水利设施、民间作坊等命名。如：头陀镇、新来桥、高埭、水碓、麻车、靛缸头、瓦瓷窑等。⑦以植物、物产命名。如：葡萄坑、栗树坑、杨梅坪、葛藤蓬、菖蒲湾、桔乡、桔源、桔洲等。⑧以民间神庙或宗教场所命名。如：中恩、小庵、大寺基、太尉殿、三官堂、多福寺等。⑨以民间传说、历史典故或古建筑命名。如：三童岙、麻狸来（“来”，方言意为“跌倒”）、引坑、凉棚岭、石捣臼、塔苑、山亭等。

从地名通名来看，辖区内行政区划地名和居民点地名地方特色浓郁。主要有：①辖区内多丘陵山谷的自然地理环境，催生了许多以山、岙、坑、坤、岗、岭、屿、垟、坪等为通名的地名。②永宁江流域衍生出汇、洋、埭、埠、闸、浦、溪、塘、湖等通名。③黄岩古为东瓯地，经过几次南北方人口大迁徙，带来异地民俗文化与当地原有民俗文化逐步融合，但仍有一些世代相传的黄岩方言土语，镶嵌进聚落地名中。如：大、得、坦、横、里、头、坤等名词、方位词后缀。其中，“坤”“大”“得”，其义分别为“底部、深处”“这一带地方”和“这里”。④移借民间神庙和宗教场所通名。如：寺、殿、庙、庵、堂、恩等。其中，“恩”为方言字，“庵”的谐音异写。⑤沿用古代聚落通名。如：寮、家、村、厂、宅等。其中，“寮”“厂”指茅草屋。⑥移借交通、水利设施通名。如：桥、岭、埭、埠、闸、塘等。其中，“岭”指通过丘陵山地的山道，“塘”指人工开凿的水池。⑦移借生产场所、生产设施或古建筑通名。如：碓、窑、车、塔等。

境内地名的社会应用主要集中在特产、工艺及自然地理实体等。以正名“黄岩”冠名的有黄岩蜜橘、黄岩枇杷、黄岩翻簧竹雕、黄岩窑、黄岩大瀑布、黄岩溪。

黄岩蜜橘：2004年获国家地理标志保护产品称号。最早见于三国吴沈莹《临海水土异物志》：“鸡橘子，大如指。味甘。永宁界中有之。”黄岩乳柑唐代列为贡品。宋高似孙《剡录》卷十：“剡素无柑，近有种者撷实来，风味不减黄岩。”将黄岩柑橘作为产业标杆。黄岩蜜橘素以永宁江两岸品质上乘。嘉定《赤城志》卷三六：“乳橘，出黄岩断江（今属头陀）者佳。”林昉《柑子记》：“台之州为县五，乳柑独产于黄岩。黄岩之乡十有二，而产独美于备礼之断江。”现头陀、澄江、新前等永宁江两岸平原广种。

黄岩枇杷：国家地理标志保护产品。宋代有种植。嘉定《赤城志》卷三六：“枇杷，叶阴密不凋，冬花夏实。”南宋黄岩籍诗人戴复古有“东园载酒西园醉，摘尽枇杷一树金”诗句。有果大、肉厚、汁多味等特点。有大红袍、洛阳青、白沙、洛优等10多个品种。现种植范围遍布江口、高桥、沙埠、屿头等地。

黄岩翻簧竹雕：为地方传统雕刻艺术。因其雕刻在毛竹内壁的簧面上而得名。清同治年间陈夔典（字尧臣）在黄岩城区始创。品种有茶叶盒、首饰盒、笔筒等230多种。2008年，被列入国家级非物质文化遗产名录。多件名家作品被故宫博物院及上海、浙江博物馆等收藏。

黄岩窑：亦称沙埠窑。其烧制年代距今有1000多年历史。1956年发现。窑址遍布沙埠、高桥、院桥三镇之间的三角地带。1963年公布为省级文物保护单位。2019年10月公布为全国重点文物保护单位。据陶瓷鉴定专家冯先铭在《文物》1965年第9期介绍：“黄岩窑釉多青绿色，为越窑系瓷器中的上好釉色……器物及纹饰都具有典型的五代作风。”黄岩窑始于晚唐，盛于北宋，南宋后衰落。

以古名“永宁”冠名的有永宁江、永宁街。

永宁江：南宋后又名澄江。发源于西部括苍山大寺尖。《舆地纪胜》卷十二:“永宁江，源出黄岩县西北三百四十里。”嘉定《赤城志》卷二四:“永宁江源出县西北三百四十里。按旧《志》有大小二源:大源出尘山东南，流广一十五步二百一十里至左溪村;小源出黄岩山东北，流广五步一百里至大溪与大源合。”《读史方舆纪要》卷九二:“永宁江，县北二十里。”别称澄江。明万历《黄岩县志》卷一:“旧传宋杜清献公生时，澄清三日，因名澄江。”

永宁街:形成于清代。以古县名得名。永宁街接直下街通南大门，昔为贯穿南北的主要街道之一，也是改革开放以来较早形成的个体服装、首饰经营特色街。

第二章　建置沿革

黄岩历史悠久，人杰地灵，在宁溪、上郑、头陀、九峰山、翠屏山、院桥等地出土的石斧、石矛头、石锛、石犁头等，说明早在新石器时代，祖先就已在永宁江流域繁衍生息。夏、商、周为东瓯地，属越，隶扬州。明万历《黄岩县志》："黄岩在《禹贡》扬州之域，夏少康封庶子无余于会稽，号於越。兹地在其南鄙。历商至周，皆属於越。"春秋以后政在诸侯，州遂废。战国时，越为楚所并，乃属楚。秦并六国置郡县，属闽中郡。汉初为东瓯国，后为东越国。《史记·东越列传》："孝惠三年（前192）……乃立摇为东海王，都东瓯，世俗号为东瓯王。"建元六年（前135），东瓯始名东越。元鼎六年（前111），东越王余善反，东越地遂虚。汉昭帝始元二年（前85）为回浦县地，属会稽郡，隶扬州。《元和郡县志》："今温州四县、台州四县、处州松阳并汉回浦县地。"东汉光武年间改章安县，隶扬州东部都尉。顺帝永和三年（138）章安县析东瓯乡置永宁县，黄岩属之。三国吴太元二年（252）析章安西部置临海县，黄岩从属。吴太平二年（257）分会稽郡置临海郡，隶扬州。两晋、南北朝隶扬州临海郡。隋文帝开皇九年（589）废郡，将临海郡所属各县并入临海县，先属处州，再属括州，隶吴州。隋炀帝大业元年（605）属永嘉郡，隶扬州。唐高祖武德元年（618），于临海县置海州。唐武德四年（621），析临海置章安，改永嘉郡为台州，隶括州。唐武德五年（622年）改海州置台州，隶括州。唐太宗贞观元年（627），在临海县地，隶江南道属台州。

唐高宗上元二年（675）四月，析临海南界置永宁县，隶江南道台州。唐武后天授元年（690）八月，改永宁为黄岩县，以境内西部黄岩山名，隶江南道台州。唐天宝元年（742）隶江南东道临海郡。唐乾元元年（758）复为台州，隶浙江东道。光启三年（887），台州改德化军，隶越州。五代十国属吴越国台州。宋代属两浙东路台州。元代属江浙行省台州路。元元贞元年（1295），以户登5万升为黄岩州。明洪武二年（1369）复为县，属浙江布政司台州府。明成化五年（1469）析县南方岩、太平、繁昌置太平县，黄岩属宁绍台道台州府。清顺治三年（1646）属浙江省宁绍台道台州府。1912年撤道废府，黄岩直属浙江省。1914年属浙江省会稽道。1927年 废道，直属省。1932年属浙江省第四行政督察区。1935年属浙江省临海行政督察区。次年改属浙江省第七行政督察区。1948年属浙江省第六行政督察区。1949年4月，黄乐县人民政府成立。6月，撤黄乐县，成立黄岩县人民政府，属台州专署。1954—1956年和1958—1961年曾改属温州专区。1980年析海门区、大陈镇、山东公社置海门特区。1982年析界牌公社入椒江市。1984年，划洪家、三甲2个区入椒江市。1989年，撤县改置县级黄岩市。1994年，改黄岩区，并析路桥、桐屿、峰江、新桥、横街、下梁、金清、蓬街8个镇和螺洋、黄琅2个乡置路桥区。2001年撤城关镇改街道，形成5个镇6个乡8个街道的政区范围。

表1-1　**黄岩区建置沿革一览表**

朝代	纪年	名称	隶属	说明
夏、商、周	前21世纪至前771年	瓯越	扬州	《元和郡县志》："台州，《禹贡》扬州之域。"《山海经》："瓯居海中。"郭注："今临海永宁县即东瓯，在岐海中。"《吴越春秋》："少康恐禹祭之绝祀，乃封其庶子于越，号无余。"
春秋	前770—前476年	瓯越	属越	州废。《元和郡县志》："台州春秋时为越地。"《太平寰宇记》："台州春秋越国。"公元前510年，勾践之父允常始称越王
战国	前475—前221年	越	属楚 会稽郡	嘉定《赤城志》："春秋战国时皆为越地。"《元和郡县志》："越王无疆为楚所灭，楚以其地并吴立为会稽郡，则台州是时当隶会稽。"
秦	前221—前207年	东越	闽中郡	《汉书·地理志》：会稽郡"始皇二十五年置"。《史记·东越列传》："秦已并天下，皆废为君、长，以其地为闽中郡。"

续表 1-1

朝代	纪年	名称	隶属	说明
西汉	前 202—23 年	东瓯国		《史记·东越列传》："孝惠帝三年（前 192），乃立摇为东海王，都东瓯，世俗号为东瓯王。""建元三年（前 138）……东瓯请举国徙中国，乃悉举众来，处江淮之间……东瓯王广武侯望，率其众四万余人来降，家庐江郡。"
		东越国	会稽郡	汉武帝建元六年（前 135）属东越国。《史记·东越列传》："建元六年……立郢弟余善为东越王，与繇王并处。""元封元年（前 110）……（越繇王居股等）乃遂俱杀余善。"东越亡
		回浦县	扬州 会稽郡	汉昭帝始元二年（前 85 年），改回浦县。《元和郡县志》："今温州四县、台州四县、处州松阳并汉回浦县地。"
东汉	25—220 年	章安县	扬州	东汉章和元年（87）改章安县 《太平寰宇记》："章安本名回浦，光武改为章安。"
三国	220—265 年	永宁县	扬州会稽郡	汉顺帝永和三年（138），析置永宁县。《后汉·郡国志》："永宁以章安县东瓯乡为县。"
		临海县	扬州 会稽郡 东部都尉	吴太元二年（252）析章安西部置临海县。《太平寰宇记》："吴大帝时，分章安、永宁，置临海县。"
			扬州 临海郡	吴太平二年（257）置临海郡 《三国志·吴志》："太平二年春二月，以会稽东部为临海郡。"郡领县六（章安、临海、永宁等），治章安
西晋	265—316 年	临海县	扬州 临海郡	《晋书·地理志》："及晋平吴，扬州合统郡十八，临海郡隶扬州。"统县八：章安、临海、始丰、永宁、宁海、松阳、安固、横阳。析临海之北置宁海县
东晋	317—420 年	临海县	扬州 临海郡	明帝太宁元年（323）分临海立永嘉郡。统永宁、安固、松阳、横阳四县 《晋书·地理志》："分临海置永嘉郡，治永宁。"
南北朝	420—589 年	临海县	东扬州 临海郡	《宋书·州郡志》："临海太守领县五，章安令临海令始丰令宁海令乐安令。" 《南齐书·州郡志》："临海郡：章安、临海、海宁、始丰、乐安。""永嘉郡：永宁、安固、松阳、横阳、乐成。"
隋	581—618 年	临海县	吴州 处州 括州	《太平寰宇记》："隋废其地入临海。"隋文帝开皇九年（589），《隋志》："平陈，改东扬州为吴州。" 《隋书·地理志》："开皇九年置处州，十二年改曰括州。"
		临海县	扬州 永嘉郡	《隋书·州郡志》："扬州，大业元年（605）置。" 《隋书·地理志》："平陈，置县，大业初置永嘉郡。" 《浙江地理简志》："大业三年（607）复改永嘉郡。"

续表 1–1

朝代	纪年	名称	隶属	说明
唐	618—907 年	临海县 永宁县	江南道 台州	《太平寰宇记》:“武德五年(622),改海州为台州。隶括州。” 《唐书》:“贞观元年分天下为十道,江南道统洪越福潭黔辰六州,都督府五,十一州刺史。” 唐高宗上元二年(675)四月,析临海南界置永宁县
唐	618—907 年	黄岩县	江南道 台州	《地理志》:“天授元年更名。”改永宁县为黄岩县
唐	618—907 年	黄岩县	江南东道 临海郡	《太平寰宇记》:“天宝元年(742)改台州为临海郡,刺史为太守。”
唐	618—907 年	黄岩县	浙江东道 台州	《太平寰宇记》:“乾元元年(758)复为台州领县六。”《新唐书》:“乾元元年置浙江东道节度使。”
五代	907—960 年	黄岩县	吴越国 台州	《十国春秋》:“吴越台州领县五:临海、黄岩、台兴、永安、宁海。”
北宋	960—1127 年	黄岩县	两浙路 两浙东路 台州	《宋史·地理志》:“台州属两浙路,南渡后分东西路,属两浙东路。”嘉定《赤城志》:“太平兴国三年钱氏纳土,隶两浙东路。”
南宋	1127—1279 年	黄岩县	两浙东路 台州	
元	1279—1368 年	黄岩县	江浙行省 台州路	《元史·地理志》:“至元十三年(1276)改台州为安抚司,十四年改台州路总管府。”
元	1279—1368 年	黄岩州	江浙行省 浙东道 台州路	《元史·地理志》:“元贞元年(1295)升。” 《赤城新志》:“以户登五万升为州。”
明	1368—1644 年	黄岩县	浙江布政司 台州府	《明史·地理志》:明太祖洪武二年(1369)复为县。又“洪武九年改行中书省为承宣布政使司”。 《康熙府志》:“元至正中为方国珍所据,明洪武初改(台州)路为府。”
明	1368—1644 年	黄岩县	浙江布政司 宁绍台道 台州府	《明一统志》:“成化五年(1469)十二月以台州知府阮勤请,析县南方岩、太平、繁昌三乡置太平县,自是县境非唐以来相承之旧矣。”
清	1644—1911 年	黄岩县	浙江省 宁绍台道 台州府	清《文献通考》:“浙江初设福浙总督辖浙江。” 《清史稿·地理》:“台州府……隶宁绍台道。”

续表 1-1

朝代	纪年	名称	隶属	说明
中华民国	1912 年至 1949 年 9 月 30 日	黄岩县	浙江省会稽道	1912 年府废，黄岩直属浙江省。1914 年设会稽道
		黄岩县	浙江省第四行政督察区	民国《黄岩县新志》："民国 16 年（1927）废道，直属省。21 年（1932）设第四行政特区，置督察专员驻海门，辖旧台州府属各县。"
		黄岩县	浙江省第七行政督察区	民国《黄岩县新志》："民国 24 年（1935）督察专员公署移置临海县城，专员兼保安司令。"民国 25 年（1936）改称第七区。"
		黄岩县	浙江省第六行政督察区	民国《黄岩县新志》："民国 37 年（1948）……本县隶第六区，辖临海、黄岩、宁海、温岭、仙居、天台、三门、磐安八县，专员公署设临海。"
中华人民共和国	1949 年 10 月 1 日起	黄岩县	台州专署	1949 年 4 月，成立黄乐县人民政府
			台州专署 温州专署	1949 年 6 月，成立黄岩县人民政府，属台州专署 1954 年撤台州专署，改属温州专署 1956 年台州海门直属区划入黄岩县 1957 年复置台州专署，黄岩属之 1958 年再撤台州专署，复属温州专署 1962 年恢复台州专署，复属台州专署
		黄岩区	台州地区	1978 年 10 月，专署改称台州地区行政公署
		黄岩区	台州地区	1980 年 7 月，析海门区、大陈镇、山东公社置海门特区 1981 年 7 月特区改置椒江市。1984 年 12 月，三甲、洪家两区划椒江市
		黄岩区	台州地区	1989 年 9 月 26 日，撤县置县级黄岩市 1992 年，撤区并乡扩镇，将 55 个乡镇合为 26 个乡镇
		黄岩区	台州市	1994 年 9 月 2 日，撤台州地区，成立台州市。黄岩撤市置区。析路桥、金清、横街、蓬街、下梁、新桥、峰江、桐屿 8 个镇和黄琅、螺洋 2 个乡置路桥区
		黄岩区	台州市	2001 年撤城关镇，设东城、南城、西城、北城 4 个街道。同时，撤澄江、江口、新前 3 个镇和高桥乡，设澄江、江口、新前、高桥 4 个街道。沙埠乡易镇。形成今之东城、南城、西城、北城、澄江、新前、江口、高桥 8 个街道；宁溪、北洋、头陀、院桥、沙埠 5 个镇；富山、上郑、屿头、上垟、平田、茅畲 6 个乡政区范围

第三章　政区沿革

黄岩宋前建置情况已失考。宋元州县皆置乡里，乡各有都，都各有保。据嘉定《赤城志》卷二：“黄岩，一十二乡四十里。”辖仁风、三童、永宁、善化、备礼、飞凫、靖化、灵山、驯雉、繁昌、来远、太平12个乡，光泽、安宁、建平、善政等40个里。明初去保立都，计79都。明成化五年，析太平、繁昌、方岩3个乡，自30都至50都，共21都置太平县。辖善化、备礼、靖化、来远、仁风、三童、永宁、飞凫、灵山9个乡，58都。清雍正十一年（1733），县城分置4都，领8图。乡分50都，领71图。共54都，79图。清末光绪帝实行乡里制度改革，于光绪三十四年（1908）颁行《城镇乡自治章程》，明确镇乡为地方自治最基层单位，人口5万人以上为镇，5万人以下为乡。清宣统元年（1909）筹备城乡自治机构。城镇、乡均设议事会。清宣统二年（1910），县城内和澄江街（今大桥路）、九峰岙、柔桥划为城厢，设路桥镇和正南镇（院桥）及29个乡。1913年划为城厢和路桥、院桥2个镇，32个乡。1931年设7个区、26个镇、149个乡。1926—1934年，有58个乡镇，直属城南镇、城北镇、镇东乡、孝友乡。路桥区辖14个乡，院桥区辖10个乡，头陀区辖8个乡，乌岩区辖11个乡，横街区辖11个乡。1947年设42个乡镇。1949年中华人民共和国成立后，置城区（7个乡5个区属镇）及乌岩、头陀、院桥、路桥、双洪、金横6个区，辖51个乡6个镇。1950年11月，全县置城关、路桥、乌岩、澄江、金清、新桥、宁溪、头陀、洪家、三甲、院桥11个区。共划分128个乡、1个区属镇。1958—1961年，乡一级政区改为人民公社，设10个人民公社，下辖65个大队。1980年析海门区、大陈镇、山东公社置海门特区（1981年改椒江市）。1982年，界牌公社划归椒江市。1984年，恢复乡、镇建置。三甲、下陈、洪家和金清农场划归椒江市。1989年，撤黄岩县置县级黄岩市，仍属台州地区。撤区并乡扩镇，将55个乡镇合为26个乡镇。1994年8月，台州撤地建市黄岩设区，下辖8个乡8个镇。析路桥、金清、横街、蓬街、下梁、新桥、峰江、桐屿8个镇和黄琅、螺洋2个乡置路桥区。2001年撤城关镇，设东城、南城、西城、北城4个街道。同时，撤澄江、江口、新前3个镇和高桥乡，设澄江、江口、新前、高桥4个街道。沙埠乡易镇。形成今之政区范围，辖东城、南城、西城、北城、澄江、新前、江口、高桥8个街道；宁溪、北洋、头陀、院桥、沙埠5个镇；富山、上郑、屿头、上垟、平田、茅畲6个乡。

表1-2　**南宋嘉定政区建置一览表**

乡名	地理位置	里名
仁风乡	县东二百步	管里二：光泽、安宁
三童乡	县西一十里	管里二：建平、善政
永宁乡	县南一十五里	管里二：砂门、仙山
善化乡	县北一十里	管里五：善邻、亲仁、道林、石步、临海
备礼乡	县西北一十五里	管里四：石步、新昌、建城、大兴
飞凫乡	县东南二十里	管里七：亲仁、海门、怀礼、安仁、安乐 甘泉、青凫
靖化乡	县西南二十里	管里二：苦竹、浮南
灵山乡	县南三十里	管里二：贵丰、塘下
驯雉乡	县西南三十五里	管里五：古城、仙岩、湖南、湖北、白塔
繁昌乡	县南七十里	管里三：赞善、横屿、回浦
来远乡	县西南九十里	管里二：清江、浮山
太平乡	县东南一百里	管里四：三门、练溪、白水、游屿

表1–3 **明万历政区建置一览表**

乡名	里名	都图
善化乡	管里五：善邻、亲仁、道林、石步、临海	管都三：一都（二图），二都（一图） 三都（一图，析其半属备礼乡）
备礼乡	管里四：石步、新昌、建城、大兴	管都七：三都、四都（五图分属仁风）、五都（一图）、六都（一图）、七都（一图）、十七都（分属靖化、来远）、二十都（二图分属靖化、仁风）
靖化乡	管里二：苦竹、浮南	管都十：七都（分属备礼）、八都（二图）、九都（三图）、十都（二图）、十一都（二图）、十二都（分属来远）、十七都（分属来远、备礼）、十八都（二图）、十九都（五图）、二十都（分属仁风、备礼）
来远乡	管里二：清江、浮山	管都六：十二都、十三都、十四都、十五都、十六都、十七都（分属靖化、备礼）
仁风乡	管里二：光泽、安宁	管都六：二十一都（六图分属三童）、六十五都（四图）、四都（分属备礼）、二十都（分属靖化、备礼）、二十二都（四图）、六十四都（三图分属飞凫）
三童乡	管里二：建平、善政	管都五：二十都、二十二都（俱分属仁风）、二十三都（五图）、二十四都（一图）、二十五都（五图分属永宁）
永宁乡	管里二：沙门、仙山	管都四：二十五都（分属三童）、二十六都（二图）、二十八都（一图分属方岩）
方岩乡（分隶太平）	管里五：古城、仙岩、湖南、湖北、白塔	管都七存其二：二十八都（分属永宁）、二十九都（二图）
飞凫乡	管里七：亲仁、海门、怀德、安仁、安乐、甘泉、青凫	管都七：五十九都（一图）、六十都（一图）、六十一都（四图）、五十八都（四图）、六十二都（二图）、六十三都（三图）、六十四都（分属仁风）
灵山乡	管里二：贵丰、塘下（今隶太平）	管都九存其八：五十一都（二图）、五十二都（三图）、五十三都（三图）、五十四都（四图）、五十五都（三图）、五十六都（二图）、五十七都（一图）、五十八都（分属飞凫）

表1-4　**清雍正十一年政区建置一览表**

都名	一图	二图	三图
东城都	桥亭、四厅巷、寺后巷、横街、三板桥	天长街、南浮桥、双桂巷、东禅桥	
南城都	砚池巷、花园巷、方井头、花坊、十八分、尚书坊、官田	绍宅池、直下街、坦前、郑家巷、大街、城隍前、学前巷、学后巷、庙智寺西	
西城都	司前、振鼓巷、鸣钟巷、西街、坝头、三清桥、庙智寺西、菱塘、锦江桥、五马桥	塔院头、中巷、后巷、竹闸巷、司前、城隍庙、行书巷	
北城都	馆驿巷、柏树巷、里东浦、梅梨巷、毛弄头、仓头街	大寺巷、草行巷、东禅巷、道义巷	
一都	下洋顾、下庄、净土岙、下林、黄林北岸、下埠、白石北岸、东岙、奇石岙、马鞍山、杜家村、竹岭、戌铺岙、半洋施、邵家浦、新宅		
二都	猫儿桥、浦西、塔水桥、后章、北岸、章家宅、东洋、坎头张、后施、溪头、屿下、西岙、梨坑、孙家宅、车口、高岙		
三都	罗汇王、建山、泾岸、七里王、七里李、西范、罗汇蔡、罗汇林	新建、建山、下曹、前洋、屿弄、黄岙、莺头、北洋	
四都	孔宅、下宅、殿桥、溪头、头陀桥、汇头、百丈、桥亭、岙坑、圣岙、浦口、虹屿	金陈、西邵、屿后、长大湖、上罗、山头姜、广兴岙、下罗、新界、桥头、魏家村	
五都	亢山、东洋、双南、虹屿、山前、上岙、中岙、下岙、照山、毛山、西庵		
六都	横山下、灵石、梓浦、官岙、杭州店、岭下桥、上蔡、岙岸、前蒋、岩头、溪头、上方、毛坦		
七都	瑞岩、寮前、徐家、前街、北岸、下徐、麻车、龙蒙坦、后街、西洋、东山、杨岙		
八都	殿前、上陈、虞岙、谢岙、湖头、乌岩、长洋、长潭		
九都	西宅、乌门、上陈、上洋、下溪、前樵、岭下、下孟、屿头、沙滩、上冯、石狮坦、孟家洞、隐坑、洋坑、布袋坑、栅头、里岙、白闸坑、茅坪、蒋岙、六分、球岙、新墙、炭墙、鹿鸣、麻车、水闸、上孟、柔川、五尖山		
十都	后湖、山田、下郑、蒋东岙、岭后、上郑、洋头、板寮、小鹰山、石墩、圣堂、坑口、下余、大溪、五部、社堂、川堂、上宅、后洋、亭桥、中宅、下宅、上店、下店、坦头、前洋、圣岩、浮山、赵前庵、宁溪、黄岩溪		

续表 1-4

都名	一图	二图	三图
十一都	岭根、半山、决要、北山、大鹰山、蒋岙、前洋、金岙、苔湖、王家店、凉棚、白晏、吴家岙、外坦、后岙、		
十二都	李家山、田岙、畴路、方家岙、牌门、黄杜岙、上洋、蓝田、西河、上葛、小栅		
十三都	潘山头、坎头、下方、鸿福寺前、前岸、上山周、山前、后郑		
十四都	沈岙、东济、李家洋、后郑、下罗、东山		
十五都	象岙、上宅、车岭、平田		
十六都	东溪、山头下、倒桥、长头洋、斗门、吴洋、桐岭岙、胡家岙、西蔡、西鲍、双西口、小坑、双桥、毛溪、双溪堂、下园罗、周家桥		
十七都	董岙、屿门、桐树园、白屿、后赵、溪头、上桧、中桧、下桧、日溪、后园、下溪、朱雾、赵洋、下庄、长畲		
十八都	讴韶、青岭、北岸、小澧岙、小澧桥、小澧汇、山头罗、山上		
十九都	林桥、大澧、铺洋、九溪、杨家、柏峰、茅畲、茅畲洋		
二十都	岭下、西周、宝珠坦、西岙、念五头、横屋、柏树里、五分、坎头、前汇头、后林、桥头、东奥、孙家汇、凤洋、渡头	石柜岙、余家屿、雪灰、浦口、仪凤彭、东江河、江田、戴家汇	
二十一都	大树下、仙浦喻、牟村、岙岸、桥上、后洋	余家屿、葛村、洋下、半洋、大塘、罗家汇、桥上、下埭头、东路	
二十二都	大岭、螺屿、三童岙、埠头、西洋	邬家岙、塘里张、半洋王、老屋、岭下、雅林、路边、霓桥	
二十三都	桐树头、寺前郑、唐山、下园、吕白洋、下湖、沙埠、歧田、虎柜头、前路、横山、后李、南岙胡、南岙朱、西路、沈家村、新店街、樟树下、横溪、大溪里、新店谢		
二十四都	项庄、下溪、王陈、栅溪、瓦瓷窑、南山、张瓦屋、滩头、八分、泾南、前王、上山、下浦郑、徐家洋、石牛渡、外洋陶、胡家汇、车下洋、大埭		

续表 1-4

都名	一图	二图	三图
二十五都	吉岙王、山头里、岙里戴、洋头、金家屿、山北尤、桐村、西林、盈岙	后宅、上桥、店头、池头、南浮桥、下洋山、	十里铺、南洋、墙里、石壁、山前、义门、后屋、东屋、蔡家洋、下村
二十六都	仙村、苏楼、高洋、浦口、横林、上洋、山坦、岩头、华屿、下店、前郑、后郑		
二十七都	西溪、秀岭、新河坊、柏岙、雅林、桥头、对岙、唐家桥、杜家、东岙、梨岙、院桥、下李、横路、金山		
二十八都	牛极、镇堂、王岙、横泾、沙门		
二十九都	蒋岙、下村洋、上墙头、后山、田洋、虎啸王、下村、前山、陈家洋、黄坭园、岩前、寺前		
三十都	霓桥、沙头、后蒋、后李、天王	卷洞桥、前蒋、泗水、大朱、后郑、下梁、三十分	
三十一都	黄街、下新墩、湖头、山后潘、马院、大园、后尚、下百步沙、箕山、上百步沙	井头罗、沙园、上新墩、洋屿、浦南、浦北、殿前	
三十二都	大雄潘、中庄、四甲应、坦田、应王、花园李	中庄、老屋、后周、横塘	
三十三都	蔡洋、管家、孙家、大广、田济、孙王、清洋、新桥、金田、郭蔡	各自壕、长大林、泉井、田洋、十甲、铺司、凤洋、三甲	
三十四都	李施、黄施、戴林、平桥、九僧、长泾岸、吴赵	叶家、严家、山坑、谷岙、安容、苍岙、丁家	
三十五都	西夏、毛林、长大、井头、湖田、坦田王、墩头	两爿墩、横塘、下陈	
三十六都	上管、朱庄、蒋庄、许庄、尤庄、陈庄、曹庄、黄庄	下浦胡、龚庄、各自壕、方家垷、李家洋、石曲、邵家	
三十七都	石曲、洪洋、仓前、李家洋、庄前、八分、西车、泾边、下陶、田洋、浦口、七分、新田洋	白峰、浮排、洪洋、殿桥、十分、亭屿、山后、瓦屿、下尤、下泾	
三十八都	南栅、河西、三桥、西岸、小岙王、四衙、杨戴、田洋、石研、白峰岙、大岙、山坑	龙头王、当角桥、邮亭、三桥、石曲、下马堂、灵香店、高楼张、将军桥、下料洋	
三十九都	山下、前洋、蒋岙、螺洋	上岙、中岙、下岙、鉴洋、山前、岭下	

续表 1-4

都名	一图	二图	三图
四十都	水林、董家、南中、南上、下保、街头、平桥、藕池、高窍、半洋、田洋、上保、山东、墙里贺	上宅、东鉴、下山头、前毕、后毕、高洋应、车头、后孙、梅山	
四十一都	下庄卢、横山头、药山、小稠、上山童、应王、下岭、岙王		
四十二都	前洋、前王、岙里、后洋金、下朱、埠石、韩岙、杜岙、岭下、殿后、栅岭、井头、邵家		
四十三都	金应王、余克解、高桥、马铺桥、章陈罗、前洋郏、管家岸、三角陈、前张、麻车、蔡管王、赵林於、后於	水里、后洋洪、后於、卖猪桥、后蔡、古宅、松堂、将军、上岸、西金、小板桥、港头、当角桥、潘盛、上洋	
四十四都	洪家场、上潘、仓后王、前洪、后洪	马庄、仓后王、界牌头、沙巷、上徐、殿后陶、上盛、董家、陶叔、陶家洋	下洋邱、水陡门、下料、三头墩、下洋潘、横下陈、陈张、大屋徐、当角桥
四十五都	塔下程、塔地岸、水仓头、坦头、杨家陇、大板桥、钗洋		
四十六都	西王、王门岙、下北山、栅桥、白鹤殿、汇头金、平桥、东山、下石	后许、栅桥、下陈、东山、泾口、南洋、山头王、东村、前村、新加屿	
四十七都	古宅、兆桥、后店、栅岭、坝头、火烧坦、东淦、坦田、墙头		
四十八都	施姑、朱家店、竹昌王、南洋、西王、义门、后洋王		
四十九都	山下郎、庵前、闸头、山头金、白石南岸、水港、上渚、西岙、项岙、港口、山头店	唐古、东岙、唐家岙、洋头、白龙岙、山下周、闸门头、仙浦、埭水、黄林南岸、黄堰、外东浦、柔桥后村	
五十都	柔桥前村、九峰岙、方山下、羽山、山西		

表 1-5

1937—1945 年政区建置一览表

区名	镇名	乡名
直属	城南、城北	镇东、孝友
路桥区	东山、洪家、路桥、石曲	西山、沙北、双河、三海、鲍龙、沙南、灵济、徐山、殿马、峰江
院桥区	院桥	竞存、圣屿、联洋、鉴湖、岩前、沙埠、三童、永宁、鼓屿
头陀区	头陀	万全、临古、茅畲、江岙、拱西、拱中、拱东
乌岩区	秀川、宁溪乌岩	秀南、秀西、岭下、岭上、黄岩溪、柔极、青江、潮济
横街区	金清、横街新桥	启明、灵山、镇鲍、同正、下梁、同仁、新民、保全

表 1-6

1943 年政区建置一览表

乡镇名	小地名、保次
城南镇	城外洲（1 保）、天长街（1、2、5、8、10、11、14、15 保）、施兴桥内（1 保）、火药桥内（1 保）、南浮桥里（2 保）、双桂巷（2 保）、前巷（2、4 保）、山亭街（3 保）、小校场（4 保）、花楼里（4 保）、东禅巷（5、6、7、8 保）、大街（6、7、10、17、18 保）、道义巷（7、8 保）、桥亭头（7、9、17 保）、邵姚金家里（8 保）、河岸（9 保）、四厅巷（9、10 保）、寺后巷（10 ~ 12 保）、横街（11 ~ 14 保）、尚书坊（12、19 保）、三板桥（13、19、20 保）、小湫巷、大湫巷（13 保）、砚瓦池（13 保）、竹场前（13、20 保）、花园巷（14 保）、斗鸡巷（14 保）、永宁街（16、20、21 保）、石板路（16 保）、仁风乡（16 保）、学后巷（17、18 保）、直下街（17 ~ 19 保）、郑家巷（17 保）、九湾巷（17 保）、学前巷（18、19 保）、汤家里（21 保）、十八份里（21 保）、后厂头（21 保）、太婆堂（21 保）。计 39 个小地名
城北镇	方山（1 保）、九峰岙里（1 保）、桂枝街（2 保）、羊头塘（2 保）、大梅梨巷（3 保）、小梅梨巷（3 保）、柏树巷（4 保）、里东浦（5 保）、管驿巷（5 ~ 7 保）、天长街（5、8、9 保）、马路（6 保）、卖姜巷（6 保）、小北门（6 保）、大寺巷（8、9、10 保）、方井头（8 保）、尚司巷（8、11 保）、佛宝巷（9 保）、李琦巷（9 保）、监场弄（9 保）、草巷（10 保）、大街（10、17 保）、毛弄头（10 保）、苍头街（1、7、14 保）、双弄（11 保）、曾铣巷（11 保）、下水闸（12 保）、澄江岸（12 保）、樟树下（13 保）、筑截巷（14 保）、县前街（15、16 保）、司前街（15、16 保）、塔院头（16、24 保）、郑家巷（17 保）、直下街（18、19 保）、行书巷（18、19 保）、三清桥（18、24 保）、坊里应（19 保）、坦前巷（20 保）、赵宅池（20 保）、得宽巷（20 保）、教善巷（20 保）、五马巷（20 保）、前应街（20、21 保）、坝头桥（21 保）、孟家巷（21、22 保）、柴桑巷（22、23 保）、鸣钟巷（23 保）、振鼓巷（23 保）、西街（23、24、25、27 保）、三星桥（24 保）、洪家巷（25 保）、后巷（26 保）、十字宫巷（26 保）、中巷（26 保）。计 54 个小地名
镇东乡	三江口街（1 保）、三江口村（1 保）、草坦（2 保）、卢村（2 保）、山头金（2、3 保）、后洋村（2 保）、前洋村（3 保）、山头店村（4 保）、东洋潘村（4 保）、洋头村（4 保）、东岙村（5 保）、应家岙村（6 保）、潭洋村（7 保）、林家岙村（7 保）、白龙岙村（7 保）、胡堂村（8 保）、山下郎村（8 保）、上郎村（8 保）、山下周村（8 保）、白石村（9 保）、唐古村（8 保）、水角村（10 保）、白石车村（11 保）、后洋村（11 保）、上渚村（12 保）、埭水村（13、16 保）、闸门头村（14 保）、闸门头前洋村（15 保）、闸门头上周村（15 保）、王林（17 保）、杨村（17 保）、王堰（18、21 保）、西洋村（16、18 保）、柔桥村（19 保）、外东浦村（20 保）、东洋村（21 保）。计 36 个小地名

续表 1–6

乡镇名	小地名、保次
三童乡	羽村（1、2保）、三洞桥（3保）、石牛渡（3保）、外洋陶（3保）、车下洋（4保）、胡家汇（4保）、下浦桥（5保）、杏林（5保）、朱家楼（5保）、下洋胡（6保）、大埭（6保）、徐家洋（6保）、下赵（7保）、邬家岙（7保）、茅竹下（7保）、塘里张（7保）、滩头（8、15保）、三童岙（9、10保）、螺屿（11、12保）、大泾头（13保）、瓦磁窑（13保）、松树坦（13保）、张瓦屋（14保）、官庄（14保）、南山（14保）、唐家（15保）、普门堂（15保）、前店（15保）、滩头赵（15保）、旺竹篁（16保）、溪岸（16保）、高段（16保）、八份（16保）、西岸（17保）、潭桥（17保）、后洋（17保）、山坦（17保）、寥家桥（17保）、上山（17保）、杨家汇（18保）、下浦郑（18保）、前张（18保）。计42个小地名
院桥镇	横泾（1、25保）、王家岙（2保）、东家沨（3保）、前庄（3保）、院桥街（3、4保）、下鲍（4保）、上鲍（4保）、后新屋（4保）、张庵（5保）、唐家桥（5保）、河头（5保）、西山下（5保）、对岙（6保）、横河吕（6保）、金山（6、22保）、长大庵（23保）、潘家岙（23保）、梨岙（24保）、横路头（7保）、岙口（7保）、唐岭下（7保）、铺上（8保）、仇屋（8保）、柏岙街（8保）、楼里（8保）、余家岙（8保）、小岙（8保）、雅林（9保）、秀岭脚（10保）、西河坊（11保）、井头（11保）、新堂（12保）、水台（12保）、西溪岙里（12、13保）、上任（14保）、溪坦（14保）、麻车（14保）、左岙坑（14保）、上陈岙（14保）、樟树下（15保）、竹园（15保）、前堂（15保）、柏树殿（15保）、西合（15保）、酌议庙（16保）、下李（16保）、上蒋（16保）、苏楼（17保）、合屿（18保）、仙村（18保）、下山头（18保）、王岙（18保）、横菱（19、20保）、浦口（21、22保）、高洋（22保）。计55个小地名
鉴洋乡	车头（1保）、东鉴（1保）、下山头（2保）、山北（3保）、梅山（3保）、岭下（3保）、东岙（4保）、山头陈（4保）、山前（4保）、胡家桥（4保）、山北尤（5、6保）、赵郎门（6保）、盈岙（6保）、燕窝（7保）、沙门金（7保）、沙门於（7、8保）、西林（8保）、丁家（8保）、上洋（9保）、下村（9保）、中岙（10、11保）、鉴洋（11保）、上岙（12、13保）、牛极（14保）、镇堂（15保）。计25个小地名
沙埠乡	上寥（1保）、柯柯（1保）、溪头（1保）、吕白洋（1保）、下俞（2保）、下山头（2保）、雪溪（2保）、下溪（2保）、上溪（3保）、项宅（3保）、廿四都（3保）、新店街（4、5保）、祥云（6保）、沈家村（7、8保）、南胡（9保）、樟树下（10保）、南朱（10保）、横溪（11保）、大溪李（11保）、南落坑（12保）、廿四横（13保）、沙埠叶（15保）、百家尖、月亮岗（14保）、前路（16保）、虎柜头（17保）、岐田（18保）、下园（19保）、唐山陈（20保）、唐山王（20保）、唐山蒋（21保）、寺前郑（21保）、后溪（21保）。计33个小地名
永宁乡	下洋山（1、2保）、东岙林（3保）、吉岙杨（3保）、下金（4保）、吉岙坤（4保）、镜架屿（5保）、梁湖桥（6保）、唐浦庙（7保）、前王（7保）、水家洋（7保）、泾南（8保）、下洋叶（8保）、后宅（9保）、前宅（10保）、上洋（10、11保）、上桥（11保）、水淋头（12保）、岩头（12保）、华屿（12保）、溪头（13保）、下店（13保）、岙岭（13保）、下店头（14保）、王土屿（14保）、店头街（15保）、洋头（16保）、山头里（16保）、后郑（17保）、前郑（18保）、杨岙（19保）、里洋（19保）、岙里戴（19保）、桐村（20保）。计33个小地名
鼓屿乡	药山（1、2、3保）、十里铺（4、5保）、石湫桥（5保）、官庄梁（5保）、光明桥（6保）、御祟院（6保）、童桥里（6保）、西洋泾（7保）、西洋陈（7保）、高洋（7保）、羽山洞（7保）、山西（7保）、山东（8保）、田洋（8保）、横河（8保）、山后（8保）、蔡家洋（9保）、路上（9保）、南洋（10保）、新楼（10保）、新桥头（10保）、倭围浃（10保）、大道地（11、13保）、土屿（11、15保）、仪门（12保）、厂堂基（12保）、井头岸（12保）、沈家里（12保）、平桥头（12保）、洋头（12保）、后头（12、14保）、冷坑堂（12保）、大家围（13保）、塘下（13保）、应家桥（13保）、倒桥头（13保）、山脚下（13保）、林家（14保）、柏树里（14保）、新屋（14保）、卖盐桥（14保）、池家泾（14保）、汇头（14保）、秧田头（14保）、新河闸（14保）、老闸（14保）、羽山（14保）。计47个小地名
孝友乡	樟树下（1保）、西门头（1保）、西桥头（1保）、桥上街（2保）、后洋（3保）、上赵（4保）、圣堂（4保）、岙岸（5保）、上罗家汇（6保）、大树下（7保）、横申（7保）、半洋崔（8保）、岭下（9保）、岭下殿（10保）、岭下谢（10保）、岭下葛（10保）、坦田（11保）、霓桥（11、12保）、半洋王（13保）、后洋喻（13保）、半洋洪（14保）、半洋张（15保）、前麻车（15保）、后麻车（15保）、路边（16保）、瓦林汇（17保）、瓦林（18保）、下埭头（19保）、东路（20保）。计29个小地名

续表 1-6

乡镇名	小地名、保次
万全乡	后洋黄（1保）、中央林（2保）、前洋方（2保）、仙浦喻（3保）、后洋胡（4保）、桥头王（4保）、仙浦汪（5保）、大路头（5保）、童家洋（6保）、凉棚岭（7、8保）、洋下（9保）、葛村（9保）、余家屿（10保）、石柜岙（11、12保）、东江河（13保）、江田（14、15保）、仪凤彭（16保）、江田胡（16保）、凤洋（17保）、焦坑（18保）、山头洲（19保）、大巍头（20保）。计22个小地名
临古乡	松岩（1保）、车岙（1保）、大麦岙（2保）、仙人坦（2保）、平元坦（2保）、老基（2保）、麦圻头（2保）、大溪头（2保）、沈岙（3保）、前汇头（3保）、古竹街（3保）、坎头（4保）、后林（4保）、柏树里（4保）、横屋（5保）、西周（5保）、下汇洋（5保）、傍岸洋（5保）、彭庵（6保）、西庵（6保）、下坑（6保）、上坦（6保）、下来桥（6保）、滥田（6保）、廿亩头（6保）、三官堂（7保）、后山（7保）、小澧汇（8保）、小澧桥（9保）、下蒋（10保）、苎厂（10、11保）、青龙岗（11保）、大爿（11保）、东山（12保）、牛游塘（12保）、小澧岙（13、14保）、讴韶（14保）、西山（14保）、北洋（15保）、枫家岭（16保）、高家（16保）、书院里（16保）、后楼（16保）、沙岗（16保）、秤歇（17、18保）、岩头（18保）。计46个小地名
岩前乡	盘山（1保）、牛坪（2保）、钟堂（2保）、山下坑（2保）、陈家洋（3、4保）、井头朱（5保）、秀岭脚（6保）、上山（7保）、寺前（8保）、梅庵里（9保）、横山（9、10保）、后山（10保）、梨岙（11保）、上场头（11保）、田垟（11保）、蒋岙岸（12保）、下村洋（12保）、东桥（12保）、下村（13保）、大溪（14保）、后岸（15保）、上湖头（16保）、闸头（16保）、金山塘（17保）、花园坦（17保）、大溪岙（18保）、甜菜坑（19保）、小隘门（19保）、煎假银（19保）、半岭堂（19保）、毛坦（20、21保）、前山下（22保）、溪头（22保）、南岙（22保）。计34个小地名
宁溪镇	黄毛山（1保）、东岙（1保）、大硃头（1保）、宁溪（1～7保）、下前洋（8保）、浮山庄（9保）、石坦（9保）、枝树下（9保）、六份（14保）、新屋（9保）、坦头（10、11保）、白鹤殿（12保）、水闸头（12保）、半山（16保）、甘家岙（12保）、鹿鸣潭（13保）、水碓头（13保）、炭场头（13保）、三亩田（13保）、后山（13保）、裘岙（14保）、新屋蒋（14保）、下蒋岙（14保）、上潘（15保）、五部老屋（15保）、蒋家岸（16保）、乌岩头（16保）、冷水坑（16保）、后岙（18保）、茶园（17保）、梁山（17保）、梁树山（18保）、前坎（18保）、前岙（18保）。计34个小地名
黄岩溪乡	后湖（1保）、仇家岸（1保）、山田（1保）、岭外（1保）、岭后（1保）、下郑（2保）、蒋东岙（2保）、隔水（3保）、上郑（3保）、毛家（4保）、小毛山（4保）、小鹰山（4保）、石墩（5、6保）、乌狮坑（6保）、庵里（6保）、直坑（6保）、山根（7保）、鳖鱼坟（7保）、石研（7保）、圣堂（7保）、坑口（8保）、栗树坑（8保）、王坦（9保）、下余（9保）、大溪（10保）、粗坑坦（10保）、洋头（11保）、龙潭坑（10保）、白岩岗（10保）、大溪坑（10保）、上洋（11保）、萌菜垟（11保）、干坑（12保）、板寮（12保）、长开路（12保）、抱寮（12保）、小干坑（13保）、下庙（13保）、李家山（13保）、直岗（13保）、晚岙岭（13保）。计41个小地名
岭上乡	半岭堂（1保）、半岭（1保）、畴路（2保）、决要（2、7保）、西岩（3保）、双坑（4保）、外坦（5保）、马鞍山（5保）、外坦口（5保）、大岙（6保）、蒋里（6保）、后岙（6保）、北山（8保）、庙下堂（8保）、直路（8保）、坑头（9保）、鹰山（9保）、东岙（9保）、外金（9保）、滥田（9保）、李家山（10保）、葡萄坑（10保）、夏家山（11保）、田岙（11保）、半山（11保）。计25个小地名
岭下乡	大鹰山（1保）、蒋岙（2保）、下施（2保）、草大（3保）、前洋（3保）、八亩田（4保）、对岙（4保）、苔湖（4保）、苔湖岭头（4保）、金岙（5、6保）、白晏（7保）、梁棚（8保）、王家店（8保）、下培岙（8保）、方家岙（9保）、江心（9保）、牌门（10保）、吴家岙（11、12保）、岭根（13保）。计19个小地名
秀川镇	上桧（1保）、诸葛山（1保）、七里殿（1保）、中桧（2保）、将军殿（3保）、下桧（3保）、鸡母岙（3保）、石花岭（4保）、城隍山（4保）、日溪（4保）、后园（5保）、坝里（5保）、板硃头（5保）、屿门（6保）、张新屋（7保）、桥头（7保）、下洪（7保）、白屿（8保）、桐树院（8保）、溪头（8保）、董岙（9、10保）、下台门（9保）、周家桥（10保）、下坦（11保）、双桥头（11保）、下溪头（11保）、小坑街（12、13保）、上地（14保）。计28个小地名

续表1-6

乡镇名	小地名、保次
秀南乡	平田（1保）、小田（2保）、碛下（2保）、栅下（2保）、岩脚（2保）、上斗（2保）、天灯垟（2保）、六份（2保）、板门（3保）、樟前（3保）、潘家垟（3保）、寮前（4保）、桐树坑（4保）、王公山（4保）、长往头（4保）、象岙（5保）、上宅（6保）、车岭脚（6保）、大岩（6保）、李家垟（7保）、下塘（7保）、下路（7保）、殿前（7保）、白沙园（8保）、岙里（8保）、东山（8保）、后郑（8保）、马腰（9保）、沈家山（9保）、湖山岗（9保）、百步峻（9保）、高坎（9保）、度塘（10保）、涨点（10保）、山前（10保）、古岙（10保）、东济（11保）、双溪堂（11保）、溪曹（11保）、前岸（12保）、上山周（12保）、下方（13保）、潘山头（14保）、寺前（14保）、岙里（14保）。计45个小地名
秀西乡	里三山（1保）、毛岙（1保）、石库洋（1保）、温州坑（1保）、上吉（2保）、倪公寮（2保）、牛天岗（2保）、胡鉴（3保）、下吉（3保）、西头（3保）、沈岙（4、5保）、周山后（4保）、滥田（6保）、后马（7保）、屿头山（7保）、上洋（7、8保）、西湖（8保）、小栅（9保）、小栅岙（9保）、下堂山（10保）、上堂山（10保）、黄杜岙（10、11保）。计22个小地名
茅畲乡	鹰咀（1保）、黄皮岙（1保）、塔往（1保）、磨坵（1保）、山卡（1保）、前门山（1、11保）、草鞋耙坪（2保）、岩板头（2保）、义和庄（2保）、官田（2保）、七亩洋（2保）、里垅（3保）、箬岗（3保）、西岙（4保）、眉岙（5保）、茅畲洋（5、6保）、下金洋（6保）、东岙（7保）、茅畲上庄（7、8保）、茅畲文魁路（9保）、茅畲（10保）、茅畲街（11保）、茅畲西塘路（11保）、浦洋（12保）、白浦岙（13保）、西芩（14保）、大澧岙（15保）、高洋（16保）、石本堂（16保）、大澧（16保）、罕溪头（17保）、南山下（17保）。计32个小地名
潮济乡	上北岸（1保）、下里坦（1保）、横料（2保）、洋岙（2保）、上朱（2保）、东山（2保）、茶园（2保）、墓墩（2保）、朱栏岙（3保）、五尖山（3保）、苦竹逢（4保）、杨施庵（4保）、麻车头（4保）、双溪口（4保）、下寮（4保）、上坦（4保）、山沿（5保）、龙凤坦（5保）、蒋山头（5保）、西山（6保）、老鼠尾（6保）、岭脚堂（6保）、义城岭头（6保）、叠石（6保）、岙里坑（7保）、杨庵（7保）、箽头三（7保）、寮前（7保）、乾口（7保）、横岭（7保）、月山（7保）、竹西岸（7保）、樟树下（8保）、麻车岙（8保）、隔坑（8保）、外洋（9保）、东岭头（9保）、上官堂（9保）、杜家岙（9保）、官岙（10保）、石度坪（9保）、灵石（11保）、横山下（12保）、梓浦（12保）、下埠前（13保）、潮济街（13保）、下保（14保）、上保（14保）、岭下（14保）、范家（14保）、桥下（15保）、桥上（15保）、上岸头（15保）、坎头（15保）、灵湖（16保）、毛坦（16保）、山下（16保）、下蒋（16保）、前蒋（17、18保）。计59个小地名
柔极乡	苧地坦（1保）、下孟（1保）、墙下园（1保）、岭下（2保）、乌门（2保）、屿头（3、4保）、沙滩（5保）、前山头（6保）、引坑（6保）、上冯（7保）、王家山（8保）、小五尖（8保）、岙头（8保）、子乌路（8保）、梨坑（9保）、白石洋（10保）、苍山脚（10保）、桿头（10保）、孟家洞（11保）、双溪口（11保）、石狮坦（11保）、二坪（12保）、黄石坦（12保）、山头里（12保）、高坎（12保）、大弯（12保）、厂孔头（13保）、牛角坵（14保）、靛缸弯（14保）、金鸡孵子（14保）、风厂（14保）、茅坪（14保）、石百坑（15保）、里岙（16保）、栅头（16、19保）、周家寮（16保）、布袋坑（17保）、鹰咀岩（17保）、长滩（18保）、田寮（18保）、新厂（19保）、小栅坦（18保）、白塔寮（18保）、小灰坑（19保）、蒋儿田（19保）、沙洪头（19保）、总高上（19保）、傅家（19保）、陈公田（19保）。计49个小地名
头陀镇	东江（1保）、道头（2保）、下罗（2保）、魏家村（3保）、下陈（3保）、新界（4、5保）、上罗（6保）、山头姜（7保）、广兴岙（8保）、孙家汇（9、10保）、断江（11保）、前陈（12保）、后郭（13保）、高坦头（13保）、西岸（13保）、头陀桥（14、15保）、浦口（16保）、洪屿（16保）、百丈（17保）。计19个小地名

续表 1–6

乡镇名	小地名、保次
江岙乡	圣岙（1保）、店头（1保）、岙坑（2保）、溪头（2保）、茅竹坦（3保）、龙王坑（3保）、林公院（3保）、孔宅（3保）、岸下（3保）、金龟山（3、5保）、龙潭坑（4保）、挂佛岩（4保）、松树下坪（4保）、石明堂（4保）、水坑（4保）、山岸（5保）、竹坦（5保）、溪上（5保）、打冷坑（5保）、焦山（5保）、分水岗（6保）、十二亢（6保）、牛伯坑（6保）、社堂（6保）、小胡岙（6保）、下宅（7保）、黄大沌（7保）、田桥（7保）、桥亭（7保）、沙墩头（8保）、溪洞（8保）、西庵（8保）、茅山头（9保）、中岙（10、11保）、下西山（9保）、竹园（10保）、下余（10保）、外胡（10保）、山头溪（12保）、牌坊里（12保）、下岙（12保）、南岙（13保）、山前（14保）、山后（15保）、胡岙（15保）、双楠（16、17保）、汇头（16保）、亢山（18保）。计48个小地名
乌岩镇	长斜（1保）、下庄（1保）、下余（1保）、新屋里（2保）、乌岩街（3、4、5保）、小硴头（6保）、上王（6、7保）、下宅（7保）、西山脚（7保）、斜岙（8保）、里垟（9保）、砂地（10保）、短垟（10保）、混沌（10保）、长垟（11保）、白岩（11保）、楼岙（12保）、鱼岙（13保）、乌猪岙（14保）、螺蛳岗（14保）、殿前下（14保）、前垟（14保）、下溪（15保）、上溪（15保）、前招（15保）、上陈（15保）。计26个小地名
拱东乡	下洋顾（1保）、下庄（2保）、白石道头（2保）、后山张（3保）、下林（3保）、下埠（3保）、王林施（4保）、王林（5保）、溪坦（6保）、净土岙（6保）、奇石岙（7保）、东岙（7保）、竹岭（7保）、马鞍山（8、14保）、杜家村（9保）、新宅（10保）、戍铺岙（11保）、黄土岭（11保）、浦西（12保）、冷殿（13保）、五里牌街（13保）、邵家铺（14保）、妙儿桥（15保）、浮桥头（16保）。计24个小地名
拱中乡	横溪（1保）、溪头（1保）、唐家岙（1保）、唐家山（1保）、八路（2保）、桥头（2保）、午尚洋（2保）、后施（3保）、坎头张（3保）、西范（11保）、章家宅（4保）、后庄（4保）、定加村（4保）、獭水桥（5保）、七里（13、14保）、屿下（6保）、屿弄（7、8保）、新建（9保）、泾岸（10保）、牟村（15保）、七里王（12保）、塔山（16保）、罗汇蔡（17保）、罗汇林（17保）、罗汇黄（18保）。计25个小地名
拱西乡	下塘（1保）、东山（1保）、道林寺（1保）、东岙里（1保）、王坦坑（1保）、滥田（2保）、下抱（2保）、上抱（2保）、石捣臼（2保）、白岩下（2保）、水竹（3保）、野猪路（3保）、浰坑（3保）、峰丘（3、4保）、洪家山（4保）、西山（4保）、日照（4保）、山庵施（5保）、四关门（5保）、中庵（5保）、半岭堂（5保）、合苧岩（5保）、车口（6保）、东山头（7保）、屿头（7保）、岙里（7保）、喜鹊（7保）、西岙（8保）、王岙（9保）、陆家坦（9保）、建山（10、11保）、桥二头（10保）、下曹（12保）、馒头石（10保）、利西塔（10保）、四古平（10保）、莺头（13保）、北洋（14保）、前洋（15保）。计39个小地名
青江乡	乌岩乡（1保）、书院平（1保）、大坑（1保）、岳殿（1保）、三亩田（1保）、长潭（1保）、李进士桥（1保）、王岙（2保）、黄茅山（3、6保）、谷家岙（3保）、东溪（3、4保）、山头下（4、5保）、长头垟（4保）、平头（6保）、洋平（6保）、上料（6保）、下余（7保）、桐岭岙（7保）、里岙（7保）、横路山（7保）、石井（7保）、荒田转（7保）、双栅（7保）、麻车（8保）、双溪口（8保）、西蔡（8保）、上山（8保）、陡门（9保）、吴洋（9保）、赵洋（10保）、朱雾（10保）、下溪（11保）、沙渚头（11保）、西山下（11保）。计34个小地名

注：不含路桥的乡镇名和小地名。

第二编　自然地理

第一章　水　系

第一节　概　述

永宁江是黄岩的母亲河，发源于区境西部的黄岩山，有大小两源，大源出自永嘉与黄岩交界的大寺基，由坑口下圣堂。小源出自黄岩山东南抱料岭一带，两溪汇合于圣堂，称黄岩溪，流经宁溪汇半岭溪与五部溪后东流，与柔极溪同时注入长潭水库。水库南有小坑溪汇入，东北有杨岙溪汇入，出水库经前蒋入潮济，称永宁溪。潮济以下的河段平缓可行舟，称永宁江。永宁江沿途汇九溪、元同溪、西江等水系，经北洋镇、头陀镇、澄江街道、新前街道、西城街道、北城街道、东城街道、江口街道，与灵江一起汇入椒江，出台州湾入东海。

永宁江最大支流西江水系，位于境内中南部，流域面积197.4平方千米，发源于院桥镇西南与温岭交界的太湖山，自永丰河向东流，至瓦林汇（今汇江）向北折，经西江汇入永宁江，西江闸至委羽山西的河段称西江，其上游至高桥闸为永丰河，高桥闸向上至沙埠为沙埠溪，沙埠溪上为南岙溪，沙埠北区有北岙溪。

江北水系，位于黄岩区中北部，地形狭长，以江北渠道为主，故名。该渠道由西而东，纵贯整个江北平原，全长31.93千米，与元同溪、新江浦、龚屿浦构成江北水系。江南渠道自长潭水库东流，至山头舟后称中干渠，与西江接壤。沟通了南官河与东官河。南部的山水泾、永宁河，汇入南官河东南流，通向金清水系。

第二节　河　流

永宁江［Yǒngníng Jiāng］黄岩境内第一大河。自西向东横贯整个区境。《舆地纪胜》卷十二："永宁江，源出黄岩县西北三百四十里。"嘉定《赤城志》卷二四："永宁江源出县西北三百四十里。按旧《志》有大小两源：大源出尘山东南……，小源出黄岩山东北……，至大溪与大源合。"上游称黄岩溪，明万历《黄岩县志》卷一："黄岩溪在县西一百里，源出黄岩山，派为诸川凡五十余。"《新唐书·地理志》："黄岩，上本永宁。"唐高宗上元二年（675）建永宁县，永宁江以古永宁县得名。又称澄江。明万历《黄岩县志》卷一："旧传宋杜清献公生时，澄清三日，因名澄江。"永宁江大源出尘山东南；小源出黄岩山东北，经大溪坑，与大源汇于圣堂后称黄岩溪。东流至宁溪与半岭溪汇合，经坦头，折北汇五部溪，至水闸头，经鹿鸣潭，从白岩入长潭水库。库区以北有柔极溪汇入，库区南有小坑溪汇入，东北有杨岙溪汇入，出水库下至前蒋、潮济，汇入永宁江。潮济以上滩浅流急无法行舟，属永宁溪水系。潮济至江口段称永宁江。永宁江蜿蜒曲折经北洋、头陀、澄江、新前至西城会西江，傍北城，经马鞍山、王林、埭东、上渚、白石道头、下洋顾至江口出永宁江闸与灵江汇合流入椒江，出台州湾，汇入东海。永宁江全长77千米，其中长潭水库大坝以上长34千米，以下长43千米。流域面积889.8平方千米。主要支流有九溪、元同溪，20世纪末，江口修了永宁江闸，限制了海潮，九曲澄江已成为秀丽的内陆湖。1958年，未修长潭水库前，在山水与潮汐的作用下，河床稳定，30吨级客货轮从海门（椒江）可达潮济。700吨级海轮可以从黄岩县城出台州湾至各地港口。由于有碍航运与海潮排泄，永宁江曾作过多次整治，局部人工改造达5处。清代将江田汇、孙家汇与牟村汇裁弯取直。1942年1月取直小澧汇，长165米，江面宽35米，深4.5米，缩短江道2935米。1942年4月又取直戴家汇，长250米，江面宽70多米，深5.5米，共缩短江道7500多米。受潮汐影响，沿岸盛产柑橘。

西江［Xī Jiāng］位于黄岩城区西部而名。流经沙埠镇、高桥街道及西城街道境内。为永宁江最大支流。上游有两源，南源出自院桥太湖山南岙溪，古代又名军营溪。北源源于茅畲乡山卡小岭头，东流注入大虫坑，入佛岭水库。出水库，经南朱、沈家至沙埠吕白洋，与北岙溪汇合，长9千米。再东北流，经瓦瓷窑至高桥，上均称沙埠溪，长4.58千米。经南落坑至佛岭脚与廿四横水汇合，经横溪（今佛岭水库），经沙埠及吕白洋，与北岙溪汇合，经高桥，会三童岙水下永丰河，经委羽山汇南中泾，称永丰河折北流向瓦林汇（西城街道汇江）入西江，经雅林、西洋郑，傍县城与南官河（原金带河）、西官河汇合，过五洞桥，经西江闸入永宁江，西江主流全长约22千米，流域面积197.5平方千米。据民国《黄岩县志》记，西江水系自1920年后，水道有很大变迁，高桥至瓦林汇地域将迂回的河段取直，成为永丰河，长3.95千米。高桥闸以上系山溪性溪流，高桥至瓦林汇为永丰河。永丰河与南中泾汇合后向北流，至永宁江，称为西江河段，长4.95千米。西江风景秀丽，清代有《西江橘枝词》：

菱花无藕又无莲，杨花成絮不成棉。

不如种出西江橘，听歌一曲好团圆。

永丰河 [Yǒngfēng Hé] 位于高桥街道境内，地处西江水系中游。由于古时高桥以下河道弯弯曲曲，常闹水灾，民众希望河流能得治理，造福民众永保丰收，故名。民国《黄岩县志·叙水》："自民国十年开凿永丰河后，西江水自普门堂直泻瓦林汇。"1920年西江发生特大水灾，次年4月成立西江水利工程局，对西江进行整治，自普门堂至瓦林汇购地取直，新开永丰河。西南起自高桥闸，经东北流，经大埭、杏林至羽山老闸与南中泾之水汇合，长约3.95千米。

南官河 [Nánguān Hé] 南官河黄岩段位于东城街道、南城街道境内，是黄岩城通向南乡、东南乡最大的河道。因横贯温黄平原，素有"浙东小运河"之称。系五代吴越国时由官方主持开凿，故名。南宋嘉定《赤城志》卷二四："官河，在县东南一里。"南官河南起黄岩小南门，终止温岭温峤镇，沿途经印山、麻车桥、樊川学校向南，至十里铺折向东又汇土屿河，经柳桥汇温州河水向东，经药山汇药山溪东流，经横山头过金寺堂、坝头闸，然后东至路桥区境内的桐屿、路桥，至石曲分流，一条流向金清入东海，另一条流向泽国、温岭各地。南官河全长约65千米，黄岩区境内长8.33千米。宋元祐七年至九年（1092—1094），浙东提刑罗适到黄岩，主持治理南官河。南宋疏浚5次，元代1次，明代4次，清代7次，1912年后6次，中华人民共和国成立后4次。南官河是温黄平原农业灌溉的水利命脉，也是古代交通运输的大动脉。历代地方官员都十分重视对南官河的治理。20世纪后期，随着公路的发展，内河运输渐渐淡化，今为长潭水库灌区的配套工程。

西官河 [Xīguān Hé] 位于澄江街道、西城街道境内，地处县城以西，系官方组织开凿的人工河，故名。西官河自桥头王东流，经仙浦江、大树下、罗家汇、新堂，至卷洞桥入西江，全长约5.4千米，宽10多米。据民国《黄岩县志》记，宋代，西官河两岸民居栉比，多豪富之家。南宋德祐二年（1276），被元兵所焚，渐废圮，河道亦堵塞。元代，黄岩知州韩国宝主持疏浚西官河，以防西江咸潮倒灌，以蓄淡水，在上赵建社稷坛。开凿金带河后，西官河与南官河、东官河形成联运水道。1963年11月，西官河被列入长潭水库灌区配套河道，全线疏浚。自江南渠道运行后，西官河停止航运，河道渐渐变窄。

东官河 [Dōngguān Hé] 位于东城街道及江口街道境内，是黄岩三大官河之一。五代吴越国兴修两浙水利时，由官方组织开凿，是沟通西江与金清水系的人工河道。位于黄岩县城东部而名。西与黄岩小南门的南官河相接，向北流至柔桥折向东，至闸门头转向东北流，经唐古、山下周、山下郎汇白龙岙水与唐家岙水又向东流，过下闸分流，一支折北出双龙闸入永宁江，主河道仍东流，经太阳城，入椒江境内。黄岩境内长约1.5千米。据民国《黄岩县志》记，清初南官河一度淤涨，县城与路桥的水上交通经东官河行驶。在古代，东官河既服务排涝灌溉，也是内河交通运输要道，历代进行多次整修与疏浚。20世纪后期，水上运输淡出社会。长潭水库建成后，东官河成为黄岩东部灌区配套工程，仍有极重要的社会价值。1963年11月，将小南门至汇头金河段加以疏浚。明代，朝廷为抗倭在海门设卫城，驻守兵士，沿东官河开辟黄海（海门）驿道，并在半洋旦炮台岗与山头金设烽火台，东官河的军事地位十分重要。沿河人文景观丰富，有黄岩石窟、太阳城等风景名胜，有隐居寺等6处寺院，有南宋时浙东常平使朱熹率地方官勘踏与议建的蛟龙闸遗址。徐氏节孝坊、绍兴桥均为区级文物保护单位。

西建河 [Xījiàn Hé] 位于高桥街道及西城街道境内，是西江水系人工开挖并裁弯取直的河段，地处黄岩城区西部而名。西起高桥街道联丰闸，东流经下坦、石牛渡入西城街道的三洞桥、霓桥、汇江，注入西江，全长7.65千米，平均河面宽约10.5米，水深2.5米。

双龙河 [Shuānglóng Hé] 位于江口街道境内，南起东官河，北流入永宁江，境内长约2千米，系东官河支流，原是古河道。清光绪《黄岩县志》记有双龙闸。当地有双龙闸浦，故名。

南中泾 [Nánzhōng Jīng] 位于南城街道及院桥镇境内，以南中泾古河道得名。发源太湖山，有大小两源，小源为西溪，大源为秀岭溪。西南中泾自院桥太湖闸起，曲折北行，经唐家桥、院桥街、华屿、后宅、下洋叶、前王、下浦折向东北，过新桥头，沿土屿河至十里铺注入南官河，又一支经羽山闸入西江。全长13千米。南中泾始修年代无考，据民国《黄岩县志》记，清咸丰年间，连年水灾，凿通新桥头至石湫河西口并在西河口建三余闸御咸蓄淡。1921年，自三兴桥至梁张桥开凿永济河，并于三余闸外至瓦窑头开凿永顺河，以分西南中泾之水，1928年，疏浚了下洋叶至永丰河口河段。

新江浦 [Xīnjiāng Pǔ] 位于新前街道境内，1942年，永宁江戴家汇河段裁弯取直，新的江道称新江，老江道则为浦，因浦水注入新江故名。发源于新前街道石柱自然村，经前洋方村，至七里、新江闸注入永宁江。

龚屿浦 [Gōngyǔ Pǔ] 源于新前街道峰丘村洪家山，东南流经水竹水库，经黄坦水库，南流经东山头、六家坦，北转东南流，经春洋、塔水桥，与江北渠道重合，入永宁江，长12.3千米。

山水泾 [Shānshuǐ Jīng] 发源于院桥镇境内，因太湖山北区溪水排入金清港的主要河道而名。是黄岩南部排泄洪水主要河道，也是古代院桥至路桥等地的主要航运线。全长13.65千米，境内长8.5千米，河口宽14.5米，能通30吨货船。西起院桥镇老街太湖闸，经横泾至沙门店，由黄沙闸折向南流至王家岙，转向东流为鉴洋湖上口，并经鉴洋湖折向东北流入路桥境内，经坝头林西、岭下东、后叶西、梅山，注入南官河，下石曲流向金清港入海。

黄岩溪 [Huángyán Xī] 位于宁溪镇与上郑乡。有大小两源，系永宁江上游之主溪，源于黄岩山。南宋嘉定《赤城志》卷第二十四："黄岩溪，在县西一百里，源出黄岩山，前所谓小源者也。其滨有黄石五区，如相拱揖云。"明万历《黄岩县志》卷一："黄岩溪在县西一百里，源出黄岩山，派为诸川凡五十余。"以黄岩山之溪汇流而名。黄岩溪的大源出自大寺基，小源出于板料岭的石壁坑一带。两源于上郑乡圣堂村汇合，东流至宁溪，称黄岩溪。全长约26.3千米，平地溪段约12千米，流域面积93.7平方千米。

永宁溪 [Yǒngníng Xī] 古称宁川，黄岩溪流至宁川，地势平缓，故名，溪流折向东北，会五部溪，过鹿鸣潭，过短垟又与柔极溪同入乌岩，这段溪流称永宁溪，系永宁江上游主要溪流之一。上连黄岩溪与半岭溪，下接永宁江。1958年修长潭水库后，西起宁溪镇下前垟，东至长垟注入长潭水库，长约3.5千米。

半岭溪 [Bànlǐng Xī] 民国《黄岩县志》记有半岭溪。位于富山乡及宁溪镇境内，源于富山乡马鞍山半山岭头东侧，流经半山、半岭而名。溪流经半岭堂、岭根至王家店，与牌门溪汇合，下宁溪，全长12.9千米，流域面积83.1平方千米。

五部溪 [Wǔbù Xī] 位于宁溪镇的西北部，溪流经五部岭而名。又称朱家溪。源于宁溪镇的五部半山，经乌岩头、蒋家岸、五部，向东南流至坦头村，注入永宁溪，全长4.09千米，流域面积约21平方千米。

柔极溪 [Róují Xī] 位于屿头乡、宁溪镇境内，溪因柔极岭而名。明万历《黄岩县志》卷一："黄岩溪与柔极溪会，迤于潮际入永宁江。"发源于屿头乡里岙村，经布袋坑、田料、白石垟、石狮坦，从屿头注入长潭水库，全长14.26千米，流域面积为111平方千米。

上垟溪 [Shàngyáng Xī] 因源于上垟乡境内得名。古称小坑溪。清光绪《黄岩县志》："又西北经上垟，又北经前岸。"多道溪流，主溪发源于上堂山，经大岙、沈岙、上垟、山主头、下方，从前岸注入长潭水库，长5千米，流域面积30.9平方千米。

元同溪 [Yuántóng Xī] 发源于头陀镇山沌村。清光绪《黄岩县志》记：清代，此溪地段称上岙溪、下岙溪等。民国建元同乡后，统一命名为元同溪。经溪上、溪东、店头、头陀汇入江北渠道，流向东南经头陀孙东等地，注入永宁江，全长10.4千米，流域面积43.3平方千米。

日溪 [Rì Xī] 也称三桧溪，发源宁溪镇上桧山。向北流经中桧、下桧、石花岭及上垟乡日溪村与后园村入长潭水库，主流全长9.3千米，流域面积达13.9平方千米。南宋嘉定《赤城志》："日溪，在县西六十里。古号新城，西北有小谷曰金玉湾。"

沙埠溪 [Shābù Xī] 系西江上游主干溪，大多溪流位于沙埠镇境内。清光绪《黄岩县志》："水出沙埠、三童诸山，出沙埠者南出大溪。"沙埠溪源于太湖山，主源头出自茅畲的山卡与望海尖，经外屋入佛岭水库，经南岙溪至沙埠，与北岙溪汇合于沙埠北，向东北流经吕白洋、瓦瓷窑，至高桥闸入永丰河，沙埠至高桥闸的河段称沙埠溪，全长16.4千米，流域面积48.5平方千米。

南岙溪 [Nán'ào Xī] 位于沙埠镇南部太湖山，汇聚大小溪流经南落坑而名。古称军营溪，明万历《黄岩县志》记："军营溪，在县西三十里，源出佛岭。宣和中，官军御寇结营于此，故名。"南岙溪源于太湖山及茅畲乡山卡小岭头，下马头岗及大虫坑之水汇入佛岭水库，折东北流经南朱、樟树，下沙埠。长11.6千米，流域面积48平方千米。1977年12月，于南岙溪的南朱村建佛岭水库。

九溪 [Jiǔ Xī] 位于平田乡、茅畲乡、北洋镇境内，系永宁江右岸支流。明万历《黄岩县志》卷一："九溪在县西三十五里柏嘉山下，诸溪凡九，西南二大溪合流，以达永宁江。"故名。发源于茅畲乡鸟山，经平坑、西泉、茅畲入北洋罕溪头，经小澧溪和大澧溪合流，过江南渠道注入永宁江，全长18.7千米，流域面积50.6平方千米。

杨岙溪 [Yáng'ào Xī] 位于北洋镇杨恩村及瑞岩村境内而名。源于梅峰山，长9.1千米，流域面积25平方千米。境内有古刹瑞岩寺，有省级文物保护单位瑞岩净土寺塔，还有滴滴泉、大泽塘、十里水流西等胜迹与景观。梅峰山东有飞水岩水库。

金带河 [Jīndài Hé] 位于环城南路南边，东西走向，西接西江，东连南官河与东官河。明嘉靖年间修筑城墙后，在迎薰门外的外壕开凿河道，沟通南官河与西江。清光绪《黄岩县志》记，黄岩"县城北倚澄江，西濒西江，又于东南凿河，广十丈，北入澄江，西入西江，以环其外，凿时得古砚一枚，镌'金带'两字，遂以名河。"20世纪50年代后，旧护城河废。21世纪始，金带河加以疏浚改造，成为南官河延伸段并改称南官河。

第三节　潭　湖

桃花潭 [Táohuā Tán] 位于城东九峰公园景区中心，“桃潭夜月”是九峰十二景之一。旧时桃林夹岸，故名。1929年，溪南侧建镜心亭，方形攒尖顶，三面临水，石柱上刻有晚清进士朱劼成、榜眼喻长霖及王松渠等8位乡贤撰写的楹联，有行、楷、隶、篆、草、魏体等，是黄岩历史文化之瑰宝。潭中段有三曲桥，长14米，宽1.4米，平卧碧波，沟通南北，开初系平板石桥，20世纪70年代改成三曲。

戚五娘潭 [Qīwǔniáng Tán] 位于新前街道东林岙后侧，当地又叫真龙潭。相传戚五娘是寒坑龙之母，每年寒坑龙探母必带来冰雹。潭据传说而名。附近有石叠潭，一道十多米高的瀑布从山崖而下，窜落第一潭，名叫龙潭，面积较大，第二、第三瀑高约5米，跌落清潭。1960年，戚五娘潭上方修下抱水库，瀑布水流渐小。

南正顶龙潭 [Nánzhèngdǐng Lóngtán] 地处台州、温州两地交界处，海拔1246米，近巅峰处巨石下，有水潭俗称龙潭。潭呈长条形，面积七八平方米，水深不足米，清莹见底。龙潭四季不涸，据传有疗疾功效，民众称为“神水”。常有游客于此打水带回。山巅常年多大雾，山顶是沙砾地，雾化为水渗入地下，汇聚于龙潭，渗流过程中溶入不少矿物质。古时久旱，台州、温州等地民众有来此取水拜雨的习俗。

鹿鸣潭 [Lùmíng Tán] 位于宁溪镇快乐村永宁溪。倚山面村，潭水清碧，风景秀丽，是垂钓佳处。“鹿鸣垂钓”是宁溪八景之一。据资料记，明建文四年（1402）六月，燕王朱棣大军攻破京都，建文帝率部分大臣化装成僧侣出逃。有消息传到黄岩，说宫廷大火，建文帝被火所焚。宁溪五部山上有隐士号哭绝食而死。宁溪秀才周道文用炭书写：“薄命何堪重整节，试将白水浴吾骸。”书毕投潭而死，人念其节，称该潭为“录名潭”，后称鹿鸣潭。另有一说，常有老人在潭边垂钓，有仙鹿常从山上下来饮水，鸣于潭畔，仙鹿象征吉祥，潭以此为名。明黄献章《鹿鸣潭》诗：

寒碧深潭一镜清，翠萍风冷钓丝轻。
龙潜云气时将化，鹿饮春泉晚自鸣。

白龙潭 [Báilóng Tán] 位于江口街道白龙岙自然村的白龙岙水库下。清雍正《浙江通志》记：“白龙潭，《赤城志》：在县东一十里方岩，其穴有三，大仅如瓮，常有云气罩之，居人见龙出入，色白，故以名潭。”从白龙岙村后沿溪而上，水库下有水流破崖而下，高达20多米，直跌入潭，一潭清碧，寒气袭人，崖壁遍布白色岩藻，如白龙环绕。村中昭应庙，北宋赐额，庙内有宋政和八年（1118）碑石一方，是黄岩寺庙中著名古碑之一。

三井潭 [Sānjǐng Tán] 位于九峰白龙山上，以三潭形状如井而名。纱帽岩下众水汇聚，流至龟山，有三个潭上下相连，形状不一，有的如锅，有的如甑，大者平面直径4米多，左右两侧弧度匀称，峭壁高近5米，上潭状如大瓢羹，柄长约3米，中潭与下潭相接，下潭外沿峭崖如削，20米多高的峭壁，大雨时节，水流出三井潭跌落峭崖，白练凌空，形成一道大瀑布，志书上记为“水帘”瀑布。

六潭 [Liù Tán] 位于县城西北的六潭山（今北城街道新宅村西北），属翠屏山的一部分。民国《黄岩县志》记，在县北十五里。朱文公（熹）讲学与赵师渊修《资治通鉴纲目》于此。六潭山沿溪有六个形状不同的水潭，故名。六潭山景色异常秀丽，南宋淳熙九年（1182），理学家朱熹在六潭山樊川书院讲学。据传朱熹在六潭山石壁上题有“溪山第一”四字。第一潭为灵岩水库所淹，第六潭又称灵岩潭，南宋嘉定《赤城志》记，在县北一十里灵岩下，今北城街道新宅村西北的灵岩山下，20世纪60年代采石时，灵岩潭被填毁。明代，土屿张羽《游六潭山》诗：

多年不到六潭山，今日重来倚石阑。
曲径碧萝苍影合，长林清画绿荫间。
游蜂酿蜜采花底，仙犬迎人吠竹间。
最爱山僧能见客，淡然相对欲忘言。

藏雪潭 [Cángxuě Tán] 位于头陀镇划岩山风景区内，有六块巨石状如6位巨人列队迎客，南有画屏峰，两峰之间有瀑布，从20多米高处跌落下边深潭，潭水清碧，“炎夏时令积雪不消”，故名藏雪潭。潭旁有巨石如人形，仰望西沉月亮，人称“石人望月”。藏雪潭瀑布上方有画岩龙潭，是古代民众久旱时节取水拜雨之处。四周景色异常绮丽。

双鱼潭 [Shuāngyú Tán] 位于佛岭水库南端，据传说而名。南宋嘉定《赤城志》记：“双鱼潭，在西南沙埠佛岭，旧传有双鱼各尺余，金色，从溪逆流而上，渔人网之不得，潜入石岩下，有小坑涌水成潭，每祷即应。”有两条小溪流入双鱼潭，潭水清碧不涸。

酒刁潭 [Jiǔdiāo Tán] 位于屿头乡布袋坑自然村，潭壁口小中间大，状如酒刁而名。潭水经布袋坑而下。

米筛浪潭 [Mǐshāilàng Tán] 位于屿头乡垟坑自然村的石人峡。南宋嘉定《赤城志》记：“米筛浪潭，在县西五十里，四面多怪石，无风而水面常有浪，如米筛纹。”一道瀑布跌入潭中，水呈绿色，至潭边，无风有浪，四围景色奇特，人称“小九寨”。米筛浪潭上边300米处有牛轭潭。另外还有石龟潭，元潘伯修诗：

"柔川有潭名石龟，石潭见底行斑鱼。"

鉴洋湖 [Jiànyáng Hú] 国家城市湿地公园。简称鉴湖。位于院桥镇鸡笼山下，西自王家岙泽洋桥入湖，东至镇锁桥出湖，距黄岩城区18千米。明万历《黄岩县志》卷一："鉴湖，在五十六都鸡笼山下，修广二千亩许。"湖纵一里，横五里，因湖面清澈如镜而名。鉴洋湖是黄岩最大的淡水湖，由上、下两湖组成。长2.5千米，最宽处达0.5千米，面积达1.3平方千米。鉴洋湖系古海湾演变而成的泻湖，湖中有沙洲，水鸟成群，昔盛产银鱼。湖中有明末建的镇锁桥，长135米，宽2.5米。上湖还有绛洋桥，长30米，宽2.5米。1950年年初，在上湖沙洲办过农场。后因地势低洼，不宜种植而迁走。1959年，上湖改建为鱼种场。1964年，在下湖挖塘8公顷。1988年，水面尚有66公顷。清光绪年间，御史杨晨曾于湖中沙洲建寄傲轩，晚年归隐此地，与文士们结成九老会，吟诗唱和。清代建筑镇锁桥为省级文物保护单位。通公交312路。

黄金洋 [**横金湖**] [Huángjīn Yáng] 位于院桥镇横林村，水面长250米，宽200米，平均水深约3米。东与南中泾相通，黄金洋为淡水湖，民众养殖珍珠蚌，经济收益不错，故称黄金洋。

第二章　陆地地形

第一节　概　述

黄岩地处浙东丘陵南端，温黄平原西北部。地形狭长，地势西高东低。清乾隆《黄岩县志》将东卧虎、南翠龟、西狮子、北灵鹫列为黄岩四大形胜。

境内山脉一支自与永嘉交界的西部大寺基山入境，缘永宁江北境向东绵延，属括苍山支脉。最高峰大寺尖海拔1252.5米。海拔千米以上山峰还有南正顶、白峰尖、仰天坞、望海岗等。一支自西部宁溪牌门入境，缘永宁江南境向东北延伸，属北雁荡山支脉。山体大都由火山岩构成，西部山地以上侏罗系凝灰岩、溶凝灰岩、晶屑玻屑凝灰岩为主；中部山地以白垩纪时期紫红色砂页岩为主；东部山地以晚侏罗系形成的火山碎屑凝灰岩为主。海拔700米以上的丘陵山地多黄泥土、沙石土，海拔700米以下的缓坡山地以黄泥土为主，河谷盆地多属黄泥土、培泥土。

区境东部系北雁荡支脉。以方山为最，方山又名永宁山，上有五峙，最高处有望海峰。五峙南依次为药山、璜山。五峙北为九峰山，其文笔、华盖两峰之巅有方山双塔。九峰山东有丫髻岩、西有卧虎山。东北依次为白龙山、东庙山（俗名朱砂堆）、谷堆山、大仁山。九峰山麓有国家级文物保护单位瑞隆感应塔和国家AAAA级旅游景区九峰公园。

东部诸山以永宁江为界，分南北两支。南境多丘陵低山。以太湖山为最，海拔733米，其余诸山海拔均500米以下。炮台山、下洋山、鼓屿、委羽山均海拔200米以下。道教名山委羽山，昔为黄岩县衙之案山。委羽山之南有鼓屿，又称土鼓屿，其状如覆缶，登者以足踢之，其声如鼓，明张羽隐居于此。秀岭之东依次为柏岙山、凉棚山、大唐岭，北为黄茅山（古称蓍岙山）。黄茅山北有鸡笼山、大屏山。

永宁江北境诸山钟灵毓秀。道林山之东有黄土山、唐家山。黄土岭（古称戍铺岭）之东为翠屏山，山如屏障故名。其上为紫霄山，东为灵岩山（鹫峰）。又东北为六潭山，上有朱熹与杜知仁兄弟在此讲学的书院基遗址和南宋右丞相杜范少年读书处遗址。山麓有明哲学家黄绾创办的石龙书院。翠屏山麓杜家村，为黄岩首中进士的杜垂象、南宋右丞相杜范、抗元英雄杜浒故里。紫霄山、灵岩山、六潭山今人习惯将之统称为翠屏山。紫霄山东南过竹岭其南为马鞍山，马鞍山西南为唐门山，上有将军岩，元泰不华与方国珍在永宁江王林洋交战，泰不华战死葬于岩下。明代知县袁应祺建文笔、文星双塔于唐门山上（1966年双塔毁，今重建）。

区境西南从与永嘉交界的大寺基山入境，群山绵延。东南往东依次为苍溪山、李家山、黄杜山。再往东为三桧山。东北有乌岩山、马家山、沙埠山。温州岭（黄岩通乐清之古道）东为山卡岭，一名杀客岭，元兵下台州，乐清鲍叔廉在此扼守。大澧岭苦竹山之东为松岩山，主峰大巍头。松岩之北为岱石山，有巨石挺立，状似人形，俗呼石大人，东有石峰洞。北为莲峰山，一名天柱峰，俗呼莲尖坪，山顶有天峰阁。松岩山东南为三童山，上有三巨石，远望似童子，南宋谢伋曾隐于此山口的凤凰山下。

区境西部苍溪山之南为决要岭，北为长开路岭。李家山之东北为黄岩山，一名仙石山，俗传仙人王方平曾居于此，黄岩县名典出于此。黄岩山东有小英山、大英山。东南有黄雾山（金岙山）。东北为圣岩山，山上有子晋岩，俗传王子晋曾在此吹箫。北为宁溪浮山。

区境西北诸山从仙居括苍支脉纺车岩（黄岩、临海、仙居三地交界）而来，至苍山入境，苍山一带有布袋坑、富山大裂谷、黄岩大瀑布等风景名胜。苍山之东为五部山、柔极山，有国家AAAA级景区柔川景区。五尖山之东为义城岭（古时西乡通临海之孔道）。东北为瑞岩山，山下有始建于唐景福年间的瑞岩寺和元代瑞岩净土寺塔。官岙山之东有灵石山（古名甘露山），南宋参知政事谢克家归葬于此，其子谢伋归隐于此。灵石山东为分水岗、四姑坪山。其南为狮岩山，狮子岩北有以奇、险、峻享有盛名的省级风景名胜区划岩山。狮岩山西南有百丈山。东北分别为剑山、洪家山、峰丘山等。

第二节　山　峰

方山 [Fāng Shān] 古称永宁山。北雁荡支脉。位于黄岩城区东1千米处。由黄毛山、丫髻岩、鹅冠头和红茅尖等诸峰组成。东西走向。北宋《舆地纪胜》引《皇朝郡县志》：“永宁山，合白龙、九峰、卧虎东南诸山为一山，周方四十里，平地突起，岩壁峻峙，四面皆方正，故俗号方山。”南宋嘉定《赤城志》卷二十：“永宁山，在县东五里。旧《志》云：因古县而名……传僧怀玉于此飞锡落临海任氏家。山下有亭，夹岸梅花相续，十数里不绝。”主峰黄毛山，海拔

529米。植被以松树、芒萁为主。种有杨梅、柑橘、枇杷等。方山方圆约20千米，为黄岩、椒江、路桥三区的“绿心”。丫髻岩和地藏寺曾现西周陶瓷器和唐代陶瓷器。方山双塔为区级文物保护单位。方山景区有方山三寺、双塔、丫髻岩、方山下森林、方山水库、方山小筑、马尾水、三井潭与黄牯岩等十多处。历代文人骚客留下许多赞美的诗词歌赋。元人有诗云：“方山势压万山雄，别有乾坤紫气中。”方山自东北向南依次排列的山峰为白龙山、丫髻岩、九峰山、独秀峰、紫阜双峰、望海峰等。南峰巅望海峰因其山形如同五朵莲瓣，俗称五峙。有始建于唐宣宗大中六年（852）、宋治平三年（1066）朝廷赐额的五峙堂，原名瑞相禅院。寺前有池名“半亩方塘”。望海峰下方有辟支洞，唐大中六年（852）建。方山东北的丫髻岩，海拔511米。岩下清福寺，宋代始建，傍峭崖而筑。北坡有黄牯岩横卧山巅。方山余脉白龙山，上有白龙潭，古时为邑人祈雨之地。白龙潭东南有三井潭，每潭直径约3米，高低相接，潭水清冽。有九峰山风景区和朱砂堆游览景点。

九峰山 [Jiǔfēng Shān] 系方山支脉。位于城区东部。海拔408.2米。有文笔、华盖、灵鹫、双阙、卧龙、灵台、接引、宝鼎、翠屏等九峰，故名。山体由凝灰岩、流纹岩构成。南宋嘉定《赤城志》卷二十：“九峰山，在县东南三里。中有庵焉，庵前九峰环立，下至溪则无所见，人指之为胜地。”据《九峰广志》记，清嘉庆年间，岁贡夏宝田在九峰寺馆徒讲席，课余观山势，经反复揣摩，拟就九座峰名，后经史学家王棻记入《九峰山志》中。华盖、文笔二峰，尤为峭拔。岩石上“紫阜”二字传为朱子遗迹。旧有二塔，相传宋南渡后有之，明弘治十六年（1503）圮于飓风，明嘉靖辛亥及清咸丰年间均有重建，2003年再新之。双塔文字最早见诸于南宋理宗时黄岩临湖（今前宅）章雄飞《游九峰诗》：“九峰突地三千丈，双塔攒空十二层。”双塔之下，有元大德二年（1298）始建的云隐教院，1987年迁建方山水库边，称方山寺。山麓有宋初开宝年间僧德韶建的八面七级瑞隆感应砖塔及塔院九峰庵（原名山奥寺）。传朱熹曾在此讲学，今塔存庵圮。明代先贤吴执御少年时曾于九峰寺寄读，留有“朗公石”遗迹。清同治年间知县孙憙改寺庙建九峰书院。民国年间，道教全真龙门派二十四代传人伍止渊于九峰桃花潭畔筑小玄都观定居。1957年10月建九峰公园，园内古木参天，环境清幽。昔有古寺钟声、平林塔影、九凝积雨、双峰插云、马尾飞瀑、铁筛甘井、虎头堆雪、桃潭夜月、响泉听松、沙堤烟雨、白云香雪、春留桃源十二景。戴复古、杜范、王十朋、潘士骥及民国康有为等大批名人赋诗赞美九峰山。北宋左纬有诗云：

入山须判宿，不宿漫区区。
泉脉寻还有，兰香嗅却无。
杉高方见直，石怪不成粗。
若到三潭顶，归时路更迂。

九峰山因风景秀丽、人文历史深厚而被载入《中国名胜辞典》。山麓瑞隆感应塔2013年被公布为国家重点文物保护单位。九峰公园为国家AAAA级旅游景区。九峰烈士陵园为区级文物保护单位。

大仁山 [Dàrén Shān] 位于江口街道东岙与路桥区桐屿街道交界处。海拔313.5米。明万历《黄岩县志》卷一：“大仁山，在县东一十五里，山巅有二池极清泚，大旱不竭。”山上有五代周显德中初建的大仁寺。大仁山余脉有三山、安然山和金狮洞山。三山海拔106米，山形似传说中的金龙五爪，其中有三爪伸向椒江，故名；安然山海拔199.6米，因江口街道安然自然村地处一个尼姑庵前，故名庵前，雅化为安然；金狮洞口上部有岩石形似狮首，山以此得名金狮洞山，海拔211.9米。

谷堆山 [Gǔduī Shān] 属永宁山余脉。位于江口街道唐家岙村与桐屿街道埠头堂村交界处，海拔261米。清光绪《黄岩县志·叙山》卷二：“谷堆山，在县东四十九都唐家岙，形如积谷，故名。山顶甚平，登之可以望海，山下有放生池。”谷堆山东为大仁山。

朱砂堆 [Zhūshā Duī] 古称东庙山。系方山余脉。位于江口街道白龙岙与山下郎之间，距黄岩区政府东3千米。海拔138米。明万历《黄岩县志》卷一：“东庙山，在县东五里，中有方岩，云气盘谷松声之胜。”因山顶早年表层多朱砂，历代采石堆积大量的红色石屑，故名朱砂堆。清光绪《黄岩县志·叙山》：“山顶有土阜七，俗名硃砂堆。”朱砂堆采石历史久远，始于唐代，兴于明清。明代重修黄岩城墙，取石材于朱砂堆。

山上有古刹“隐居寺”，据传南宋高宗皇帝南逃时，曾在该寺隐居两天，故名。东北山麓有一古代采石形成的洞窟胜景“黄岩石窟”。洞内蓄水深达几十米，有20多个窑洞，洞洞相通，其中蟠龙洞大厅高40多米。石板仓遗址被公布为区级文物保护单位。

应家山 [Yīngjiā Shān] 属大鹤山余脉。位于江口街道下洋郑与椒江区葭沚街道建库村交界，海拔139米。山早年为应姓产业，故名。

委羽山 [Wěiyǔ Shān] 道教名山。属北雁荡山余脉。位于黄岩西城街道横河、羽山两村交界处，海拔87米。俗称羽山。嘉定《赤城志》卷第二十：“委羽山，在县南五里。俗号俱依山，东北有洞，世传仙人刘奉林于此控鹤轻举，尝坠翮焉，故以为名。按《登真隐诀》《真诰》皆云：委羽山天下第二洞，号大有空明之天。”清光绪《黄岩县志》卷之二：“委羽山，在县南五里，又号俱依山，一名龟兹山，亦曰龟山，四无依属，山脊圆椭，苍秀特异，邑治案山也。”东北麓有道教十大洞天之第二洞天大有空明洞。元末陶宗仪《辍耕录》：“好游之士，尝持炬入，行两日不可穷，闻橹声乃出。”故云与东海相通。洞口有碑，刻刘奉林像，今碑废。1991年洞口堵塞。1998年重新之。委羽山大有宫是浙东南道教全真龙门派的祖庭，迄今尚存宋徽宗赐的三宝之一“镛”。委羽山古迹有赤鲤岩、方石坑、仙人脚印、翁仲；大有宫有迎仙桥、古柏、镛，南宋的丹井和瑞井、石碑、木匾等。委羽山上的“方石”，颇具神秘色彩。南宋嘉定《赤城志》卷第二十：“地所产石，无大小，百碎皆方正有棱，以煮汤可愈疾。”晋谢灵运诗：“山头方石静，洞口花自开。鹤背人不见，满地空绿苔。”山中旧有明侍郎黄孔昭、尚书黄绾墓等，明都御史李匡墓及今人张君毅墓尚在。宋高士徐中行与子徐庭筠曾隐居委羽山。南宋诗人戴复古晚年亦居委羽山下。南宋杜范称委羽山“实为众山之宗，为黄岩之望。”晚清政治家康有为游赏委羽山后，作《题委羽山》：“松竹幽幽委羽山，空明洞口我来还。玉书金简如有见，别有天地非人间。”委羽山大有宫2017年被列为省级文物保护单位。

药山［Yào Shān］属永宁山余脉。位于南城街道药山村。因山上古时多植药材，故名。清光绪《黄岩县志·叙山》：“药山，在县东南十二里，多山园蔬圃。”据药山《许氏家谱》记载：明洪武年间，许氏后裔许坜出任仙居县令，后遇靖难之役，辞官携家眷回归黄岩，隐居药山，种植草药和蔬果。山以此得名。药山特产杨梅、枇杷等。黄岩流传有“药山杨梅红叮咚，江田雪梨顶喷松”俗语。

璜山［Huáng Shān］又称横山。位于南城街道横山头，系黄岩区与路桥区交界处。明万历《黄岩县志·叙山》：“黄山，在县南一十五里，相传有唐李公亮墓。”北宋淳化年间（990—994），任誉从湖州迁居黄岩璜山头，为璜山任氏始祖。横、黄、璜方言音近。

下洋山［Xiàyáng Shān］位于南城街道十里铺东南，海拔116米。该山形似卧牛，相传古时龙王派遣神牛从下洋至此为民造田，闻鸡笼山锦鸡报晓便下来，山以此得名。南宋嘉定《赤城志》卷三：“下洋山桥，在县南二十五里。”明万历《黄岩县志》卷一：“下洋山，在县南十八里，相传地震唯此山不动。”

三童山［Sāntóng Shān］古山名。属北雁荡山脉。位于松岩山之南，高桥街道三童岙里与澄江街道交界处。海拔348米。《舆地纪胜》卷十二：“上有三峰各高数丈，状童子，因以为名。”南宋嘉定《赤城志》：“三童山，在县西南一十七里……《香积寺记》云：‘昔有三童子出没其侧，迹之皆化为石，故以名山。’”三童山又名三讲岩，明万历《黄岩县志》卷之一：“三讲岩，在松岩山上，旧传有三童子讲道与常寂院前山，及进熟视之，惟三岩鼎立，故名。”当地流传三位仙童为民众赐福消灾的神话传说，山、寺、村等均以三童得名。三童山峰峦秀矗，山蟠古寺，果树成林。三童溪源出三童山。三童山下的三童寺，始建于东晋元兴二年（403），北宋大中祥符元年（1008）赐额香积寺。南宋谢伋辞官归隐于此。朱熹拜访谢伋，写下著名的《药园诗》及“天然”二字，今“天然”刻石存山麓谢伋故宅后。

冠庄山［Guānzhuāng Shān］位于高桥街道西南部。清光绪《黄岩县志·叙山》：“冠庄山，在县西南二十里。”“沙埠山又东为冠庄山。”

大平山［Dàpíng Shān］冠庄山余脉。位于高桥街道南，海拔102米，山顶有一块面积较大的平地，故名。

马鞍山［Mǎ'ān Shān］冠庄山余脉。位于高桥街道上山、南山与院桥镇岙林交界处，海拔142.5米，山有南北两峰，两头高，中间低，远望似马鞍，故名。

太湖山［Tàihú Shān］属北雁荡山支脉。位于院桥镇西溪村、沙埠镇中安自然村与温岭市太湖乡平山村、乐清市智仁乡太湖山村交界处，海拔734米。山顶有天然湖太湖，常年不涸，传说湖中藏龙，故名。清康熙四十六年（1707），有僧人于太湖遗址泄水建寺，今湖已不存。太湖山方圆60余千米，高740米。是黄岩东南第一大山，为火山湖遗址，由凝灰岩构成。山上多奇岩异石，更有许多深不可测的山洞。岩板里、仰天斗为主要景点。黄岩西江、金清港、路桥南官河诸水系均出自太湖山。民国《黄岩县志·叙山》：“山中有太湖岭，为院桥西入乐清境之捷径，山上有一坞，大可数十亩，系太湖遗址，今为报恩寺基址。”上部为疏林地，中下部以松杉林为主，谷坡地段多坡旱地。森林资源丰富，以薪炭林为主，兼产毛竹和经济竹木。

炮台山［Pàotái Shān］属流沙山支脉。位于院桥镇院桥老街南侧，山体南北跨越1.5千米，东西宽0.9千米，海拔105.2米。山上建有明代浙东南沿海抗倭军事设施——柏岙山台，用于瞭望、报警，故名炮台山。亦名院桥山、柏岙山（唐开元年间有柏姓高士隐居于此，故名）。民国《黄岩县志·叙山》：“流沙山其东北为谷堆山，其西北为院桥山。”清顺治十四年（1657）八月，郑成功水军攻占县城，两个月后被清兵收复。顺治十八年（1661），清廷下达迁界令，禁民众出海与义军联络，征集民工于山口高地建烽火台瞭望，烽火台白日升旗，夜间悬灯，配置信炮、火把、铜锣。1998年11月，于院桥炮台山顶遗址处，重建仿城门楼形式的烽火台。

流沙山 [Liúshā Shān] 又名东澍山。位于院桥镇东家峰、潘家岙、水花村交界处，海拔181.2米。山土含沙量大，表层疏松易流动，故名。民国《黄岩县志·叙山》："峙立于大小唐岭之北，院桥横泾之南者为东澍，一名流沙山。其东北为谷堆山，其西北为院桥山。"

黄茅山 [Huángmáo Shān] 古称蓍岙山。位于院桥镇中岙、下村与温岭市泽国镇山坑村交界处，白洋山以东，屏立于鉴洋湖以南，东西长4500米。明万历《黄岩县志》卷一："蓍岙山，在县南三十里，以地产蓍草，故名。"海拔288.2米。山上多茅草，冬天一片枯黄，今名黄茅山。

大坪山 [Dàpíng Shān] 古名金板山。位于院桥镇秀岭水库西，九龙山东北，西溪与秀岭溪之间，海拔161.2米。山顶有一块面积较大的平地，俗称大坪山。民国《黄岩县志·叙山》："由大岙尖向东北行于西溪、秀岭溪之间者为九龙山，又东北为金板山。"

西林山 [Xīlín Shān] 又名凤山。位于院桥镇盈岙、沙门店村交界处，马山西南，海拔81.8米。山西麓为西林自然村，故名。传说山顶有"九块岩"，是金公祖师的化身。沙门里人在此修炼三年，后出家西方寺，修道于太湖山，传有收虎为徒，神龙为友，在清康熙四十六年（1707）把太湖山顶之太湖开山泄水，建太湖寺，亦名报恩寺。民国《黄岩县志·叙山》："凤山，沙门金南。"

马山 [Mǎ Shān] 位于区境南部院桥镇山北尤南，海拔100.3米。山形似马，故名。民国《黄岩县志·叙山》："在马脚踏以西者，东北为马山，西南为凤山。"

鸡笼山 [Jīlóng Shān] 位于区境南部院桥镇鸡山、山北交界处，海拔170.2米。山若鸡笼状，旧有锦鸡栖该山，故以为名。南宋嘉定《赤城志》卷二十："鸡笼山，在县南二十五里，俗传星月晦冥，则光彩烛天，一日天阴，忽晶彩昼见，视之则金宝满山，竞往取之，辄皆灭没，故老呼为许公藏。"鸡笼山东南山岗上有一块平地，人称"四鼓坪头"，地面开阔，坡外陡峭，宋代马方曾在此设寨，古代有义军的石牌坊、古城和台门、大厅等建筑。山下有面积1.25平方千米的鉴洋湖，风景秀丽。民国《黄岩县志·叙山》："马脚踏以东者为鸡笼山，其山远望似鸡笼，故名。山限有宝轮寺，谷幽地僻，松竹掩映，邑南名刹也。"山顶和山腰，清代各建杨府庙，祀北宋杨业父子。

余脉有狮子山，位于梅山自然村西南，海拔99米。从东面看去，山似一头蹲立翘首的狮子，故名。

野猪坪 [Yězhū Píng] 又名南田山。位于院桥镇旧柱自然村与沙埠镇杨岙头交界处，军营溪与西溪之间，海拔435米。山顶较平坦，山上经常有野猪出没，俗呼野猪坪。民国《黄岩县志·叙山》："由沙埠山折东北行于军营溪与西溪之间者为南田山。"

大屏山 [Dàpíng Shān] 位于院桥镇下山头和东鉴交界处，海拔251米。明万历《黄岩县志》："大屏山，在县南一十五里，其山逆水上走，又名金字岩，半涵云岚，又名半峰。"明代张羽有诗：

小槛钩帘处，晴尖倚碧空。

林腰云气白，秋水泛芙蓉。

曹仙庵山 [Cáoxiān'ān Shān] 位于院桥镇洋岙和三友交界处，海拔127.1米，属大屏山。山顶有古寺曹仙庵，民国《黄岩县志》："曹仙庵，在永宁乡吉岙山顶，创建年代无可考，清光绪三十二年（1906）重修。"山以寺名。

白洋山 [Báiyáng Shān] 位于区境南部院桥镇牛极村与温岭市大溪镇翁岙村交界处，海拔271.2米。以山的北面是鉴洋湖，湖水白洋洋得名。古名白羊山，民国《黄岩县志·叙山》："小唐岭东北为白羊山"。

前村山 [Qiáncūn Shān] 古名长公郎山，又名仙村。位于沙埠镇下山头与院桥镇合屿村前村交界处。属太湖山西北余脉。因寺院多得名。清光绪《黄岩县志》作仙村。民国《黄岩县志·叙山》："石道地之东北为仙村山，即长公郎山，其下为雩溪，又东北过仙村岭北为黄岙岭。"

百家尖山 [Bǎijiājiān Shān] 古称柏嘉山，又称鸣山、双尖山。位于沙埠镇下园、歧田与茅畲乡交界处，海拔613.8米。明万历《黄岩县志》卷一："柏嘉山，在县西三十五里，每祷旱山鸣即雨。又云鸣山，山上有三峰，山下有九溪萦络，瞰之宛如飞凤。"另一说该山主峰周围有较多的小山峰，号称"百个山尖"。

沙埠山 [Shābù Shān] 位于沙埠镇南六坑村和佛岭村交界处，太湖山庄东边，野猪坪（南田山）西边，海拔约474米。民国《黄岩县志·叙山》："沙埠山在县西南三十里，其山东连冠庄，南通佛岭，西接茅畲苦竹诸山，北达嵩岩三童。"

马头岗 [Mǎtóu Gǎng] 位于沙埠镇马头岗与乐清县智仁乡接界，海拔547米。山岗形似一匹马，岗头高处有竖立岩石，状似马头，故名。民国《黄岩县志·叙山》："活佛岩之南为马头岗。"

百家钻山 [Bǎijiāzuān Shān] 位于沙埠镇百家钻、横溪村交界处，海拔700米，属活佛岩中一山岗。山形曲折盘旋，据说早年在主峰乌云尖四周，住有近百户人家，山由此得名百家转，后谐音变为百家钻。

月亮岗 [Yuèliàng Gǎng] 位于沙埠镇月亮岗与

廿四横交界处，西与茅畲乡交界，属望海尖一山岗，海拔644.1米。山岗陡峭，村庄建在山腰上，仰望明月，月亮好像就在山岗上，故名。民国《黄岩县志·叙山》："山卡岭之东南为长洋坑，其北为月亮岗。"

老鼠屿 [Lǎoshǔ Yǔ] 位于沙埠镇寺前郑东南，海拔41.8米，为一小屿山，山屿形似鼠，故名。

牛山 [Niú Shān] 位于茅畲乡大礼村与北洋镇罕溪头村交界处，海拔124.9米，属黄茅山支脉。山体形状如牛伏卧，故名。民国《黄岩县志》作牛山。

鸟山 [Niǎo Shān] 位于茅畲乡鸟山自然村，属纱帽岩之山岗，海拔688米。相传古时山深林茂，多古木，素称"百鸟之家"，故名。火山岩构成。山顶呈锯齿形，西坡陡峭，南坡平缓。上部多松、杉林，山麓成片竹林。

松岩山 [Sōngyán Shān] 属北雁荡山支脉。亦称嵩岩山。位于区境西南澄江街道大巍头，主峰大巍头海拔653.5米。以山顶有松岩寺（又称法论古刹）得名。由火山岩构成。山体高挺，峰峦叠嶂，多奇岩怪石。峰顶平坦，松竹茂密，可俯瞰永宁江两岸桔乡风光。南宋嘉定《赤城志》卷第二十："松岩，在县西一十五里。沿崖而上，凡七里始登石梯，梯数百级，劲直如削，名曰古仙百步街。其上平广，荫以古松，下有碧龙潭，出没能为云雨，东南一土庵特异。有石棋盘、仙人迹焉。岩上又有剪刀痕，或云王仙姑轻举之地。"岱石山和莲峰山统称为松岩山景区。从澄江街道石柜岙村沿松岩古道登山，石级傍松岩溪盘曲而上，景色秀丽，至层叠瀑，溪水缘断层溪石分层流泻而下。上有松台瀑，过瀑布不远，便是十八盘古道起点，盘旋而上，有天梯石阶460余级，仅容一足，两边峭崖逼仄，有"一线天"之称。古诗曰：峰峦半壁面生奇，路绕云根步步梯。别有清凉朱履会，地天一眼万山齐。山顶有唐咸通七年（866）王仙姑升天遗址。元代至正年间（1341—1368），高僧秋江先后在山顶建法轮寺（前寺）和常寂寺（后寺）。元代无愠退隐此寺。常寂寺于1929年被焚毁，1930年名僧谛闲大师重建。莲尖坪、石大人峰、天梯、云片瀑，也称"松岩四绝"。有象鼻岩、蚂蟥岩、美女照镜岩、乌龟岩和爱乡亭等景点，有石大人峰、石林、石峰洞等名胜古迹。坪南有清代"潮溪第一山""天峰胜景"石刻，东南悬崖30多米下有清道光二年坤道王圆娥所旌的"乐性仙化处"摩崖石刻，每字高50厘米、宽30厘米。山麓有南北朝宋武帝年间建的岱石庙。松岩山素有"橘乡小雁荡"之称，与九峰山并称"邑中双璧"，名列《中国名胜词典》。松岩山摩崖石刻被公布为区级文物保护单位。

莲峰山 [Liánfēng Shān] 松岩山支脉。位于澄江街道大巍头，海拔330米。清光绪《黄岩县志·叙山》："莲峰山，在县西十七里，峰巅尖锐，四面石势攒簇，状如莲花，故名。"峰巅今称莲尖坪，又名天柱峰，四面断崖绝壁，仅南面石壁以小梯攀登，坪顶平坦面积约0.4公顷。明代里人彭兆涯构精舍为子弟讲肆，后圮。明永乐中期建天峰阁，石桥鱼池，清新幽雅，清姜文衡曾在此授徒讲学。四周有饭蒸岩、金鸡岩、狮子岩、石龟听经、飞来石、美女照镜等天然奇景。坤道院有县城横街鲍氏三姐妹在此出家，其中两位达百岁以上高龄。1996年，重建清代风格玉皇殿。

莲峰山余脉梅坑山，位于山头舟南面，海拔368.2米，为早年山上有野生梅树，山下有溪涧，故名。位于沈岙里与山头舟交界处的虎头山，海拔111.2米。与梅坑山连成一起，状如老虎。

岱石山 [Dàishí Shān] 黄岩著名的旅游景点。位于黄岩区西南7.5千米处澄江街道境内。旧传南朝刘宋年间，一个深夜，暴雨雷电，山土削落，巨石巍然屹立，耸如人形，乡民以为神仙显异，宋武帝敕封"岱石尊王"，山以此名。南宋嘉定《赤城志》卷第二十："岱石山，在县西南一十七里。西北角有巨石，挺立类人形，俗呼为石大人。又有一石横前如柜，号石柜山，今其村号石柜村，又号岱石村。"清光绪《黄岩县志·叙山》："石甑、石床、合掌岩，皆肖其形。东有石峰洞，僧结兰若焉。洞左有巨石正方横互翠微，号石柜山，今为伐石者所凿，无遗迹矣，东西二涧沿崖而上皆可至嵩岩。"位于山腰的石峰洞，深8米，宽6米，6个石柱擎起洞顶巨石。洞内岩泉滴沥，冬夏不竭。有日、月二泉。清乾隆三十四年（1769），僧慧通依洞始建石峰禅院，佛殿外有8株10余米高古柏，大者两三人合抱。岱石山宗教文化深厚。岱石庙为南北朝宋武帝永初年间建，被列为区级文物保护单位。岱石山支脉捞鱼山，海拔471米，北麓近永宁江。

官山 [Guān Shān] 位于澄江街道三官堂西面，海拔71.5米，属一小山屿。因地处三官堂村西，故名。

树后山 [Shùhòu Shān] 古称竖后山。位于平田乡车里岙西，海拔473米。山的东坡早年有较多大树，而山又在车里岙村西，当地以西为后，故称该山为树后山。民国《黄岩县志·叙山》："车岭东北为竖后山，竖后山西北为平田山。"

岩桥岗 [Yánqiáo Gāng] 位于平田乡天灯垟村，海拔478米，属村后山一山岗。山多巍岩，呈条形山岗状，主峰东北有一天然形成的悬空岩桥，故名。

黄茅山 [Huángmáo Shān] 位于平田乡黄毛山自然村、牛游塘自然村之间，海拔776米。早年山上多茅草，少树木，故名黄茅山。民国《黄岩县志·叙山》："黄茅山，桐岭岙东。"古为乌岩八景之一"黄茅积雪”。

青龙岗 [Qīnglóng Gǎng] 位于平田乡东山与北洋镇岙里村交界处，海拔489米，为黄茅山一山岗。山岗呈长条形，状如蜿蜒青龙，故名。

箬岗 [Ruò Gǎng] 位于平田乡箬岗自然村，海拔691.8米，为黄茅山一山岗。山岗早年多长野生箬竹，每年春季，箬叶遍山散落，故名箬岗。民国《黄岩县志・叙山》：“自平田山东北过箬岗，其北为黄茅山。”

平田山 [Píngtián Shān] 又名灯盏山。位于平田乡平田村与天灯垟村之间，海拔528米。明万历《黄岩县志》卷一：“平田山，在县西六十里，山极崇峭，至巅有地平衍，故名。蔡氏世家焉。”山体圆形，主峰有两支小峰尖，状似灯盏火焰。相传是天灯落凡化成，故又名灯盏山。

乌石岩岗 [Wūshíyán Gǎng] 属平田西坑山余脉。位于区境西南部长潭水库东侧双桥自然村与平田乡桐里岙自然村交界处，海拔378.6米。山为上垟、平田两乡的分水岗，多浅黑色裸露岩石，故名。

上堂山 [Shàngtáng Shān] 位于区境西南部上垟乡毛岙自然村与下堂山自然村交界处，海拔约761米。民国《黄岩县志・叙山》：“黄杜岭之南为营盘岗，又南为上堂山。”小坑溪（今上垟溪）源出上堂山。

八角顶 [Bājiǎo Dǐng] 属上堂山支脉。位于区境西南部上垟乡石库垟北，海拔675米。山体似八角形，故名。民国《黄岩县志・叙山》：“八角顶之东为温州坑岭。”

独连山 [Dúlián Shān] 位于区境西南部上垟乡西湖南，海拔205米，属上堂山余脉。古名独莲山，后写成独连山。东、西、北、西南均为溪水包围，仅东南角与牛富岗相连，状似水中莲花，故名。明万历《黄岩县志》卷一：“独莲山，在县西七十里，草木葱郁，上常有佳气。”

龙洞山 [Lóngdòng Shān] 属上堂山余脉。位于区境西南部上垟乡毛岙自然村与永嘉县岭头乡鱼里村交界处，海拔884米，山下有寒坑潭，传说有龙伏居该潭洞中，故名。

里三山 [Lǐsān Shān] 属上堂山余脉。位于区境西南部上垟乡毛岙北，海拔743.8米，村西北的崇山峻岭间，有连续的三往山，故名。

金山 [Jīn Shān] 位于区境西南部上垟乡后园自然村北边，海拔212米。为一小屿山。山顶呈“金”字形，故名。

文思山 [Wénsī Shān] 位于区境西南部上垟乡沈岙村与上下吉村交界处，海拔约420米。民国《黄岩县志・叙山》：“文思山，倪公寮西北。”

骆驼山 [Luòtuó Shān] 属文思山余脉。位于区境西南部上垟乡白沙园西北，海拔119米。为一屿山，山有两个峰，远看像驼峰，故名。民国《黄岩县志・叙山》：“骆驼山，白沙园西北。”

南麻车山 [Nánmáchē Shān] 属文思山余脉。位于区境西南部上垟乡白沙园村西南，海拔322米，以山腰有巨岩似麻车盘得名。该山位于董岙麻车山之南，为避免重名而改称南麻车山。

狮子岩 [Shīzi Yán] 位于区境西南部上垟乡后园自然村西北，海拔398米。山顶岩石如狮首，故名。

蜈蚣山 [Wúgōng Shān] 位于区境西南部上垟乡西山下自然村与北洋镇砂地自然村交界处，主峰蜈蚣山背海拔247.1米。山体呈长条形，状似蜈蚣，故名。民国《黄岩县志・叙山》：“凤山之东为钓船岩，又东北止于乌岩附近之蜈蚣山。”

大岩山 [Dàyán Shān] 位于区境西南部上垟乡与平田乡平田村交界处，海拔531米。山之西麓大岩自然村后有一块巨大岩石，故名。明万历《黄岩县志》卷一：“大岩山，在县西六十里。”

寺山 [Sì Shān] 位于区境西部长潭水库近后园板硚头的一个小岛，西对鸡头山，海拔64.5米，原为平地上的一座小山屿，故名屿山。因山上有一座寺观，亦写作寺山。

乌龟山 [Wūguī Shān] 属西坑山余脉。位于区境西南部上垟乡长潭水库西侧东济自然村北，海拔52米。原是平地上的一个山屿，水库建成后，四面临水，状似乌龟，故名。

永灵山 [Yǒnglíng Shān] 位于区境西南部上垟乡董岙与宁溪镇中桧、下桧交界处，海拔478米。山顶早年有永灵寺，山以寺名。民国《黄岩县志・叙山》：“黄杜岭东北为石牛栏尖，又东北为永林山。永林寺在其北麓，洪福寺则在其西南麓。”

天打岩 [Tiāndǎ Yán] 属永灵山一山岗。位于区境西南部上垟乡原日溪村南，海拔401米。山顶多裸露岩石，形态各异，传说早年为雷击后形成，故名。

牛山 [Niú Shān] 属永灵山余脉。位于区境西南部上垟乡潘山头自然村南，海拔120.9米。山顶形似牛头，故名。

麻车山 [Máchē Shān] 属永灵山余脉。位于区境西南部上垟乡董岙自然村，海拔75米。相传早年山麓建有佛堂，并有榨油作坊，山以榨油工具麻车得名。别名麻车堂山。

浮山 [Fú Shān] 位于区境西部宁溪镇浮山庄自然村西北。俗称苦槠墩，早年有数人合抱苦槠树得名。方圆300多千米，高出平地约20米。南宋嘉定《赤城志》卷第二十：“浮山，在县西六十里。特起田间，四无联属，俗传一夕风雨中浮至，故名。”

牛山 [Niú Shān] 属里嫩山一山岗。位于区境西部宁溪镇下蒋岙，海拔363米。山之南端，状似一牛头，故名。

十八往山 [Shíbāwǎng Shān] 又名白岩山。位于宁溪镇茶园、屿头乡前岙和大塆三村交界处，海拔1015.8米。峰峦重叠，山岗绵延，一往接一往，故名。民国《黄岩县志·叙山》："白岩山，五部岭北。"

凤凰山 [Fènghuáng Shān] 原名冯山，后改凤凰山。位于区境西部宁溪镇圣岩岙、坦头与北洋镇娄岙村交界处，海拔437米。据清光绪《宁溪大横街王氏房谱》："凤山，在东山北，去宁溪五里，原冯氏业，曰冯山。中有高岗如飞凤，故又曰凤山。"民国《黄岩县志·叙山》："下桧东北为石花岭，又北为凤山之笔架尖，凤山疑即夏乌山。"夏乌山为古山名。万历《黄岩县志》卷一："夏乌山在县西六十里。按旧《经》云：山之神名乌，人至此称乌字，辄为蛇虺所啮。"旁有双飞峰，下有龙湫，水入永宁江。

吊桥山 [Diàoqiáo Shān] 系大鹰山一山岗。位于区境西部宁溪镇吴家岙村西，海拔834米。村处山谷，交通不便，早年在村口悬岩上用藤索系结两地桩柱为桥，俗呼吊桥。村以此得名，山以村名。

黄茅山 [Huángmáo Shān] 位于区境西部宁溪镇中西部朝阳自然村，海拔578.6米，属望海尖之余脉。山上早年茅草丛生，故名。

黄杜山 [Huángdù Shān] 位于区境西部宁溪镇牌门村与上垟乡黄杜岙村交界处。清光绪《黄岩县志·叙山》："黄杜山，在县西南七十里，宋杜少傅范之墓在焉。"

三桧山 [Sān'guì Shān] 位于区境西部宁溪镇金林村石花岭、中桧、下村和上桧之间，山势绵延十多里。明万历《黄岩县志》卷一："三桧山，在县西六十里。初至下桧则两山夹一水……次至中桧二里许，两石蹲踞，号石门……又四里即上桧，有洞空阔尤胜，大率三桧之势。"旁镌"蛇首岩"三大字。宋求仲弓诗：

石如蛇首隐林端，未得风雷且蛰蟠，

俗眼莫嫌无变化，待生头角始堪观。

城皇山 [Chénghuáng Shān] 属三桧山余脉。位于宁溪镇下桧、石花岭之北，海拔422米。该山早年为黄岩城关城隍庙庙产，故名。

黄岩山 [Huángyán Shān] 又名仙石山。属括苍山脉。位于区境西部上郑乡东南部，海拔1059米。南宋嘉定《赤城志》卷二十："黄岩山，在县西一百二十里，一名仙石山。按《临海记》：'山上有石驿，三面壁立，俗传仙人王方平居焉，号王公客堂。南有石步廊。'又云：'山顶有黄石，故名。'"唐天授元年（690），永宁县更名黄岩县，县名出典自黄岩山。《郡县释名·浙江下》："以邑有黄岩山也……或云山顶有黄石，故云。县西一百里有黄岩溪，源出黄岩山，所谓小源者也。其滨有黄石五区，如有上拱揖云。"黄岩山蜿蜒雄伟。山顶石驿，长约4米，宽2米，高十余米，表面龟裂如棋盘，相传为王方平弈棋岩。王方平又名王远，东汉末年东海人（今山东省），他弃官来南方，黄岩山是他的修道地之一。他在台州留下许多神仙佳话和遗迹。著名的"沧海桑田"成语典故，就出自王方平和麻姑的对话。黄岩山系永宁江上游黄岩溪源头，嘉定《赤城志》卷第二十四："黄岩溪，在县西一百里，源出黄岩山。"

大寺基山 [Dàsìjī Shān] 系括苍山脉北段。位于区境西部上郑乡与永嘉县黄南、张溪乡，仙居县上张乡、朱溪镇交界处。距黄岩城区西约44千米。古时山上建有大寺院，后圮，称其基为大寺基。民国《黄岩县志·叙山》："大寺基疑即旧《志》所称以山多尘埃得名之尘山。永宁江源出于此。"山体主要由火山岩构成。主峰大寺尖为区境最高峰，海拔1252.5米。为灵江支流永宁江与瓯江支流楠溪的分水岭。岭脊峻峭，坡度较大。1958年，建国营林场，辖双场、老岗基、开田、大寺基、抱料、黄坦六大林点。大寺基群山环抱，峰峦绵延，1600多公顷生态公益林，是著名的避暑胜地和天然氧吧。植被以松、杉等为主。植物资源有针叶林、阔叶林、混交林、竹林、矮林灌丛等40多科700多种，花卉品种145种，药材近百种。"龙乾春"绿茶被林业部评为优质茶。主要景点有神龟驮宝、卧龙潭、孔明冠、南天门、天柱瀑、龙缠岩等。2015年，筹建风力发电场，总装机5万千瓦，有24台风机。

老岗基 [Lǎogāngjī] 为大寺基一山岗。位于区境西部上郑乡，海拔907.3米。属黄岩大寺基林场老岗基林区管辖，此山岗开发最早，故名。《清同治光绪年间新定县境总图》作老岗基。

马家山 [Mǎjiā Shān] 位于区境西部上郑乡农林与乌丝坑之间，海拔771米。山体形似马头，故名马山，后演变为马家山。明万历《黄岩县志》卷一："马家山，在县西四十里。"南宋车瑾有诗：

山头红日生，山下蚁蛙争。

朝市谁能问，烟云我自耕。

小英山 [Xiǎoyīng Shān] 曾名小阴山、小鹰山。位于区境西部上郑乡小英山与宁溪镇英山、朝阳村交界处，海拔658米。村庄建在四面环山的山岙中，光照时间短，主峰海拔比大英山低，故名小阴山。雅化作小鹰山、小英山。清光绪《黄岩县志·叙山》："小鹰山，在县西一百里。"

茶山尖 [Cháshān Jiān] 位于区境西部上郑乡

上郑村与宁溪镇西北冷水坑自然村交界处，海拔843米。山峰顶部，早年长有多种野生药材，煎汤服用，疗效良好（当地方言称中药为泡茶），峰由此得名茶山尖。山以峰名。民国《黄岩县志·叙山》："茶山尖之南西为子路岩，东为响岩。"

分水岗 [Fēnshuǐ Gāng] 属大寺基一山岗。位于区境西部上郑乡大寺基林场双场林区与仙居县朱溪镇金庄村交界处，海拔875米。山岗呈长条形，是黄岩、仙居两地的分水岭，故名。民国《黄岩县志·叙山》："刀挽岗之东为分水岗，之北为望海岗。"

石壁坑头 [Shíbìkēngtóu] 属大寺基礁岩岗之余脉。位于区境西部上郑大溪坑与抱料之间，海拔1062.7米。山麓有峡谷，岩石陡峭如壁，俗呼石壁坑。山峰以此得名石壁坑头，山以峰名。

苍溪山 [Cāngxī Shān] 位于上郑乡、富山乡和永嘉县交界处，海拔998米。清光绪《黄岩县志·叙山》："苍溪山，在李家山之西，亦曰苍矶，距县盖二百余里。"民国《黄岩县志·叙山》："大寺基岗折东南行过自加田为苍溪山，其东南行界于楠溪支流张溪、明镜溪二源间为大岙尖，南为决要岭。"

大岙尖 [Dà'ào Jiān] 位于区境西部富山乡后岙、大岙和决要之间，苍溪山东南。海拔1083米。山峰之东有面积较大的山岙，峰顶高而尖，故名。民国《黄岩县志·叙山》："大岙尖，决要岭北。"

望海岗 [Wànghǎi Gāng] 位于区境西部富山乡李家山村与永嘉县岭头乡鱼里、金敦村交界处，海拔1121米。在附近诸山中，岗峰特高，可远望东海，故名。民国《黄岩县志·叙山》："小寺基之西南为望海岗。"

小对山 [Xiǎoduì Shān] 位于区境西部富山乡决要村南，海拔962米。山与大岙尖南北相对，一大一小，故名小对山。民国《黄岩县志·叙山》："决要岭之南为小对山尖。"

马鞍山 (Mǎ'ān Shān] 位于区境西部富山乡安山村，海拔681米。山峰呈马鞍形，故名。《清同治光绪年间新定县境总图》作马鞍山。民国《黄岩县志·叙山》："晚岙岭东南为磨石坑头，南经马鞍山越半山岭而至黄家山。"

张家山 [Zhāngjiā Shān] 位于区境西部富山乡田岙自然村，海拔765米。山坳有村庄，早年为张姓聚居之地，故名。

英山 [Yīng Shān] 曾名应山、鹰山。位于区境西部富山乡英盟村与永嘉县岭头乡半山村交界处，南正顶之东、清水坑之西，海拔832.8米。原名应山，相传为应氏所居。谐音演变为鹰山，今写作英山。清光绪《黄岩县志·叙山》："大鹰山，在县西九十里。"

李家山 [Lǐjiā Shān] 位于区境西部富山乡李家山村，望海岗之西麓，海拔960米。山之北麓有村庄名李家山，为李姓聚居之地，山以村名。清光绪《黄岩县志·叙山》："李家山，在县西南一百五十里。"民国《黄岩县志·叙山》："李家山之东南为黄岩山。"

布袋山 [Bùdài Shān] 属括苍山支脉，位于区境西部屿头乡与临海市、仙居县交界处。东距黄岩城区40千米，起止海拔237～1080米。因山体形似布袋，故名。民国《黄岩县志·叙山》："吾邑与临海仙居交界处之纺织岩，其南为布袋坑山，柔极溪源出于此。"有国家AAA级旅游景区布袋山风景区，主要由弥勒谷景区、古村落景区和布袋溪漂流三大景区组成。布袋坑自然村还是黄岩迄今为止保存着最完整的古村落，古桥流水、木屋石墙、碧树竹林等，2013年，入选第二批中国传统村落。古树名木有国家一级重点保护植物南方红豆杉等。

船夹岩 [Chuánjiá Yán] 属布袋山一山岗。位于区境西北部屿头乡周家寮东南，海拔729米。峰西南有座山，状似靠岸停泊的船，故名船隔岸，谐音为船夹岩。

五尖山 [Wǔjiān Shān] 位于区境西北屿头乡高钻、北洋镇五尖山与临海市尤溪镇黄岩坪交界处，海拔783米。山有五峰，列成一线，故名。明万历《黄岩县志》卷一："五尖山，在县西北四十五里。"

大岗头 [Dàgǎngtóu] 属五尖山一山岗。位于区境西北部屿头乡上凤村东北，海拔441米。为小五尖西北一条较大的山岗，故名。

罗丝岗 [Luósī Gāng] 属五尖山一山岗。位于区境西北部屿头乡前礁自然村与北洋镇鱼岙自然村交界处，海拔367米。山腰有一座小山屿，状如螺蛳，山脊由此得名螺蛳岗。后谐音简作罗丝岗。

上马鞍 [Shàngmǎ'ān] 属布袋山一山岗。位于区境西北部屿头乡周家寮自然村外荒田东，海拔732米，山顶呈马鞍形，因海拔高于西南的下马鞍，故名。

毛平岗 [Máopíng Gāng] 位于区境西北部屿头乡白石村、垟坑自然村、后庵自然村3个村，大部分属白石村管辖，海拔913.2米。山岗早年茅草丛生，山体长条形，有连续三块小面积的山坪头，故名茅坪岗，谐音毛平岗。

红头岗 [Hóngtóu Gāng] 位于区境西北部屿头乡垟坑自然村西，海拔767米。属山岗。山土受洪水冲刷，外表呈微红色，山脊较低平，故名。

草鞋爬头岗 [Cǎoxiépátóu Gāng] 位于区境西北部屿头乡后庵与仙居县朱溪镇山后陈村交界处，海拔917.8米，属山岗。山岗有一主峰，旁有数支小峰并列着，状如早年编织草鞋的器具——草鞋耙，故名。

大虫莭 [Dàchóng Láng] 位于区境西北部屿头

乡周家寮自然村东北。早年山上有大虫（老虎）出没，山由此得名。海拔739米，属山岗。

大莨 [Dà Láng] 位于区境西北部屿头乡栅头自然村与仙居县朱溪镇朱家岸村交界处，海拔974米。属山岗。地处群山连绵深山区，两个山坡之间面积较大，故名。

山后岗 [Shānhòu Gǎng] 位于区境西北部屿头乡垟坑自然村东南，海拔766米。属山岗。岗之南坡多农田。垟坑村民上山种植，须翻过山岗，因此称南坡为山后，称该山为山后岗。别名将军岩，以山坡有岩石状如将军得名。

括苍山 [Kuòcāng Shān] 系黄岩区的主山脉。位于区境西部屿头、宁溪、上郑与仙居朱溪、上张、临海市张家渡、尤溪等乡镇交界处。主峰米筛浪海拔1382.6米（临海仙居交界处）。又名苍山，古名栝苍山。以早年山上多栝木得名。清光绪《黄岩县志・叙山》："苍山，在县西二百五十里，入仙居界。"民国《黄岩县志・叙山》："括苍山脉起自吾邑与仙居、永嘉交界处之龙缠岩，一名天灯尖，为吾邑极西之山尖。"括苍山山势雄拔陡绝，峰峦叠嶂。山上长年云雾缭绕。东晋葛洪《神仙传》中载，成语"沧海桑田"的出典源自王方平和麻姑一起在括苍山蔡经家做客纪事。

青尖顶 [Qīngjiān Dǐng] 又名陈公殿山。位于区境西北部屿头乡布袋坑与临海市张家渡镇黄家寮、尤溪镇白岩村交界处。民国《黄岩县志・叙山》："布袋坑山之东为长红岭，又东行，于吾邑与临海交界处为陈公殿山。"顶峰尖耸，海拔1107米，常年云雾笼罩，呈青蓝色，故今名青尖顶。

大湾里山 [Dàwānlǐ Shān] 属陈公殿山一山岗。位于区境西北部屿头乡布袋坑自然村东，海拔872米。古时屿头乡大湾岗山所指范围比今广得多，该山位于古大湾岗之北，故名。

大斗山 [Dàdǒu Shān] 又名里陈山。位于区境西北部屿头乡梨坑自然村与临海市尤溪镇双坑村交界处，海拔668米。民国《黄岩县志・叙山》：田寮岭"东南为里陈山，里陈山之南为长坑山，里陈山之东为蜊坑岭"。山之顶部形似一口大斗，故今名大斗山。

鹰窠岩 [Yīngkē Yán] 属里陈山一山岗。位于区境西北部屿头乡白石村东南，海拔892.7米。山多悬崖陡壁，早年森林茂密，为老鹰栖息之地，故名。因位于村东南，又称该山为前门山。

里嫩山 [Lǐnèn Shān] 位于区境西北部屿头乡三联村与宁溪镇蒋家岸交界处，山顶里能岗海拔739米。山岗位于黄石坦、二坪等村，山脊长条形，南面为深山区。

人头山 [Réntóu Shān] 里嫩山山岗之一。位于区境西北部屿头乡南部新村自然村西北，海拔707米。峰顶远看似人头，故名。

笔架山 [Bǐjià Shān] 里嫩山一山岗。位于区境西北部屿头乡白石南，海拔735米。主峰有多座小峰兀立，状如笔架，故名。

大塆岗 [Dàwān Gǎng] 位于区境西北部屿头乡大湾与宁溪镇蒋家岸、五部半山3个自然村交界处，海拔785.9米，属山岗。山岗北面有一处面积较大的山湾，故名。民国《黄岩县志・叙山》："沿柔极溪南岸东行者为大塆岗。"

苦竹山 [Kǔzhú Shān] 属五尖山支脉。位于区境西北部屿头乡梨坑与上凤村交界处，海拔247米。因产苦竹得名。清光绪《黄岩县志・叙山》："苦竹山，在县西二十五里。"

王家山 [Wángjiā Shān] 属五尖山余脉。位于区境西北部屿头乡上凤村与北洋镇五尖山村交界处，海拔488米。山地产权早年为王姓所有，故名。

瑞岩山 [Ruìyán Shān] 浙东佛教名山。位于区境西部北洋镇瑞岩村，主峰梅峰顶，海拔495米。因山石皆紫色得名。嘉定《赤城志》卷第二八："瑞岩净土寺，在县西北四十五里。唐景福初僧师彦建。其山石皆紫色，乾宁二年赐名瑞岩。"明万历《黄岩县志》卷一："瑞岩山，在县西北四十五里，山有寺，寺有惺惺石。始僧师彦披荆榛入，得一磐石以宴坐，自唤曰：主人翁惺惺着。故名。"山麓始建于唐昭宗景福元年（892）的瑞岩寺，南宋至元末明初，有曹洞宗、临济宗如净、无愠、妙伦、居顶、文宝等高僧大德任瑞岩寺方丈。赵忭、吴倖等历代名人均曾游此并赋诗。寺前有大泽塘，寺后有滴滴泉，《中国茶文化大辞典》中有记载。元代至元年间建的五级六面砖塔——瑞岩净土寺塔为省级文物保护单位。杨溪，亦称瑞岩溪，源出瑞岩山。

虎头山 [Hǔtóu Shān] 属瑞岩山山岗之一。位于灵石尖西，区境西部北洋镇长潭水库东北侧，海拔57米。山体形似虎头，故名。民国《黄岩县志・叙山》："虎头山，乌岩北。"

红岩头 [Hóngyántóu] 瑞岩山山岗之一。位于头陀镇分水与北洋镇瑞岩村、临海市尤溪镇王扇村交界处。海拔409米。山顶有岩色赤，故名。民国《黄岩县志・叙山》："义诚岭东北经红岩头而至分水岗为上岙溪，即元同溪。"今村名乌岩头。

增山 [Zēng Shān] 原名罾山。位于枫家岭北区境西部北洋镇称歇与前蒋村之间，海拔165米。山西北面早年濒永宁江，在此捕鱼，山由此得名为罾山，后谐音增山。民国《黄岩县志・叙山》："枫家岭西北止于潮济岩头之南者为罾山。”半山腰有初建于明代的有法寺。

木鱼山 [Mùyú Shān] 位于区境西部长潭水库内，海拔75米。蜈蚣山之余脉，为一小山屿，形似佛家法器木鱼，故名。

白岩山 [Báiyán Shān] 位于区境西部北洋镇白岩林区与屿头乡联一村、宁溪镇白鹤岭下交界处。海拔322米。山西南边临宁溪处有峭壁，色白，山以此得名。亦称十八往山。

麻狸来 [Málilái] 位于区境西部北洋镇鱼岙，此山西坡陡峭，海拔213.2米。当地人形容连麻狸都爬不上，要滚落下来，故名。“来”，方言，跌倒、滚下的意思。

官山头 [Guānshāntóu] 属五尖山余脉。位于区境西部北洋镇横料村与屿头乡上凤村交界处，俗称螺丝岗，海拔494米。主峰峰顶状似古代大官的纱帽，故名，山以峰得名。

象山 [Xiàng Shān] 位于区境西部北洋镇长潭水库水力发电站北，海拔312米。山形似大象，故名。

猪娘山 [Zhū'niáng Shān] 位于区境西部北洋镇康山村北，海拔57米，为一处小山屿。山体状似一只伏卧的母猪，故名。

小里桥山 [Xiǎolǐqiáo Shān] 属黄茅山余脉。位于区境西部北洋镇小里桥村与百亩洋之间，海拔73米，为一小山屿。山以小里桥村名，村以桥名。南宋嘉定《赤城志》：“小澧桥，在县西三十五里。”今小澧桥简作小里桥。

弯头岗 [Wāntóu Gǎng] 属黄茅山一山岗。位于区境西部北洋镇西岑村南，海拔263.4米。山顶呈弯形，形似弯头，故名。

屿山 [Yǔ Shān] 属双尖山余脉，位于区境西部北洋镇罕溪头村与西岑村之间，海拔26米。为平地隆起的小山，故名。在西岑村外面，称为外屿山；近西岑村东，与大山毗连的称里屿山。里屿山山体似卧龙，又称卧龙山。民国《黄岩县志·叙山》：“屿山，罕溪头西南。”有洋岙岭经此。

灵石山 [Língshí Shān] 古名甘露山。位于区境西部北洋镇联群村与头陀镇前园、崇法自然村交界处。主峰灵石尖，海拔532米。山体由凝灰岩与流纹岩构成。山间多松竹。《太平寰宇记》卷九八：“山有寺，当孙恩作叛，毁材木以为船舸，山石即于空中自然而落，贼每有所伤，故曰灵石山。”嘉定《赤城志》卷二十：“灵石山，在县西五十里，以甘露降，名甘露山。”山麓甘露寺遂改名灵石寺。东晋始建的灵石寺内有宋太祖乾德三年（965）始建的东西双塔。东塔清初毁，仅存西塔。南宋初，参知政事谢克家举家避乱南迁，乞为香灯院，故后葬于灵石寺侧。子谢伋故后亦葬其父墓侧。清同治间，黄岩知县孙憙将灵石寺改为灵石书院，邑人陈洛东等曾在此讲学。书院今更名灵石中学。灵石山下昔有水芝轩、明珠庵、药园、白莲池等胜景，今部分尚存。灵石寺2013年被列为区级文物保护单位。

狐狸尾 [Húliwěi] 位于区境西部长潭水库西北侧，海拔64米。山体长条形，状似狐狸尾巴，故名。

堂山 [Táng Shān] 属五尖山支脉。位于区境西部北洋镇利国、砂地与屿头乡前礁交界处，海拔348.9米。主峰天堂坪头建有一座供奉天帝和观世音的庙堂，山由此得名。

店后山 [Diànhòu Shān] 位于区境西部北洋镇联丰村西，海拔271米。早年此山东麓有小店铺，山在店后，故名。

牛头山 [Niútóu Shān] 属瑞岩山余脉。位于区境西部北洋镇联丰村东，海拔156米。山形似牛头，故名。

石鼓庵山 [Shígǔ'ān Shān] 属五尖山支脉。位于区境西部北洋镇横料、麻车头之间，海拔206.2米。早年山西南坡有一杨姓墓庵，庵前设有两个石鼓，当地人呼此庵为石鼓庵，山以墓庵得名。

牛龙岗 [Niúlóng Gǎng] 属五尖山支脉。位于区境西部北洋镇横料、五尖山村之间，海拔426米。山岗弯曲似游龙，山坡较平缓，早年人们常在此放牧牛羊，故名。

亢山 [Kàng Shān] 位于区境西部北洋镇康山村，海拔45米。小山屿平地耸起高亢挺立，故名。古代，永宁江从灵石山下经亢山脚下南流，明代以后，永宁江从潮济经亢山东流向黄岩城。

划岩山 [Huáyán Shān] 省级风景名胜区。属括苍山支脉。位于境区中部头陀镇溪上村与山沌村交界处。北、西与临海接壤，东接新前街道。东距黄城约18千米。海拔500米。原称山沌头山。民国《黄岩县志·地理上》叙山：“界牌岭折西南行于上岙溪与龚屿浦之间者为叶子岩为三潭头（山沌头）山。”1997年景区开发，始名划岩山。因山上有几处如同被斧从上而下垂直划过的岩层断裂景观，故名。民间流传有划岩山是王母娘娘用簪劈出来的传说。景区内林茂山秀，自然植被丰富，有许多珍稀动植物。地质构造以奇、险、峻为主要特点，有国内外十分罕见的岩层断裂形成迷宫般的裂谷，是地壳变动时遗留下的大自然杰作。主要有画屏、画岩、山屯和裂谷四个景区。画岩龙潭是古代知县求雨之处，嘉定《赤城志》卷二十四：“画潭，在县西五十里……嘉定八年不雨，权令陈逵将投铁简，而雷发潭中，有五色云出焉，俄大风雨。”藏雪潭位于六子峰与画屏峰之间，因旧《志》记载“五六月积雪不消”而得名。瀑潭之后有仅容一人直立的深穴，即藏雪之处。画屏峰、屏障峰、六子峰、三屯峰与弥勒峰奇峰罗列。头陀望月、斧头岩、仙人桥、蛙石、龟石、牛头岩、守潭狮、西天一柱等奇石耸峙，在山石奇峰间辅有水帘洞、通天洞等各具特色的神秘洞景。三屯飞鹰道高悬于山崖峭壁，俯视万丈深渊，奇险无比。裂谷群现已发现40多条，深者不见底，狭者仅容侧身而过。“迷魂十八谷”迂回曲折，平均宽4米，谷壁如鬼斧神工，夏日阴凉舒适，冬日岚气蒸腾。划岩山有“谷幽，石险，水灵”之三奇，更有天然“井洞、风洞、栈道”三绝，是集游览、探险和科普教育于一体的山岳型风景区。

下路山 [Xiàlù Shān] 原名下罗。位于头陀镇下路自然村与新前街道东江村的交界处，海拔29.5米，为一小山屿。山以北麓下路村为名。原下罗谐音演化下路。

百丈山 [Bǎizhàng Shān] 为山沌头山支脉。位于头陀镇与新前街道的交界处，海拔398.7米。山势较高，有陡峻山岭名百丈岭，山以岭名。清光绪《黄岩县志・叙山》:“百丈山，在县西北二十五里。”建有百丈柑橘场和茶园。

店头山 [Diàntóu Shān] 位于头陀镇店头与新岙交界处，海拔168.5米。山的西北麓有村庄叫店头，山以村名。

狮岩山 [Shīyán Shān] 属山沌头山一山岗。位于头陀镇龙王坑与新前街道剑山交界处，海拔573米。清光绪《黄岩县志・叙山》:“狮岩山，在县西北二十五里。”主峰为矗立的裸露巨岩，状如狮首，故名。俗称狮子岩，与百丈山相连，是黄岩四大堪舆胜地之一。南宋嘉定十年(1217)，少女夏阿九在狮岩山与猛虎搏斗，舍身救父，省志、府志、县志均有记载。

分水岗 [Fēnshuǐ Gǎng] 属头陀双尖山一山岗。位于区境中部头陀镇分水自然村与临海尤溪交界处。岗水分别向黄岩及临海两地分流，故名。民国《黄岩县志・叙山》:“红岩头之东为杜家山为东岭，又东当分水岗，之南为十二坑为牛伯坑。”

鸭咀山头 [Yāzuǐshāntóu] 位于头陀镇山前河、南岙与北洋镇康山交界处，海拔166.8米，为一小屿山。山体形似鸭子，西南山麓，有伸出部分状如鸭嘴，故名。

洪屿山 [Hóngyǔ Shān] 位于头陀镇洪屿，海拔63.5米，为一小屿山。山屿周皆平原，地处元同溪下游，早年经常遭洪灾，山被洪水包围，故名洪屿。民国《黄岩县志・叙山》:“洪屿山，位于洪屿村西。”

大虫岩岗 [Dàchóngyán Gǎng] 属双尖山一山岗。位于头陀镇山沌村与临海市尤溪镇山舟村交界处，海拔471米。山岗早年森林茂密，曾有大虫(老虎)出没，故名。

大尖山 [Dàjiān Shān] 位于头陀镇，海拔158米。山有大小两峰。高大的称大尖，矮小的称小尖。大尖山由主峰大尖得名。

鱼山坪 [Yúshān Píng] 位于头陀镇广兴岙南，海拔59米。此山为百丈山东南的一块小山屿，状如鱼，顶部是一块面积较大的平地，故名。浙江省柑橘研究所位于此地。

小斗山 [Xiǎodǒu Shān] 位于头陀镇山沌村与新前街道中恩村交界处，海拔630.5米。有村庄位居四面环山的山岙中，形似一只斗，因面积较小，得名小斗，山以村名。

阴坑头 [Yīnkēngtóu] 位于头陀镇之东北部与新前街道之西北部交界处，海拔685.2米。山在山沌头水库西南，有一条发源于山沌头的溪涧，谷深光照少，俗呼阴坑，山为阴坑的高部，故名阴坑头。

前门山 [Qiánmén Shān] 古称大岩头。位于新前街道黄坦水库北，杨梅岭西，海拔304米。山在野猪路、水竹堂、峰丘等村庄的南面，早年往屿下街赶集，多从此山经过，故名。民国《黄岩县志・叙山》:“大唐山之南为大岩头。”

塔山 [Tǎ Shān] 位于新前街道塔山自然村东南与北城街道交界处，为一小屿山。因小山屹立于空旷平地上，形似塔，故名。明万历《黄岩县志》卷一:“塔山，在县西北十里。”

洪家山 [Hóngjiā Shān] 位于新前街道洪家山与峰丘交界处。相传古时以胡姓居住为主，原称胡家山，后谐音为洪家山。民国《黄岩县志・叙山》:“界牌岭之东北为洪家山，为虎倒岭，又东为大唐山。”

谷堆山 [Gǔduī Shān] 属洪家山余脉。位于新前街道高岙自然村东北，黄坦水库西，海拔179.4米，为一小山屿。山体形似晒谷场上的谷堆，故名。

馒头山 [Mántou Shān] 位于新前街道牟村与塔山两村交界处，海拔11.2米，为一小山屿。山屿状似馒头，故名。民国《黄岩县志・叙山》:“馒头山，塔山西南。”

剑山 [Jiàn Shān] 位于新前街道剑山、群力交界处，海拔453.4米。以东南麓有块竖立的岩石形似宝剑，故名。曾名建山，清光绪《黄岩县志》卷七:“建山，三都一图。”

虎头山 [Hǔtóu Shān] 位于新前街道下剑山北，海拔78米，为一小山屿。山屿形似虎头，故名。

大唐山 [Dàtáng Shān] 位于新前街道石捣臼村东北和临海市交界处，海拔约461米。民国《黄岩县志·叙山》:“大唐山,石捣臼西北。”

石牛山 [Shíniú Shān] 属大唐山支脉。位于新前街道峰丘村与临海市水洋乡南蒋村交界处,海拔541米。山顶有岩石形状似牛,故名。

南山坪 [Nánshān Píng] 位于新前街道峰丘村,海拔354.2米,属大唐山支脉。峰顶为一块较平坦的山地,位于峰丘、犁坑等自然村的东南面,故名。

松毛山 [Sōngmáo Shān] 又名山恩思。位于新前街道中恩村与临海市尤溪镇交界处,海拔556米。山上早年多松树,山的表层多橘黄色的松针,方言称松针为松毛,故名。因早年山岙里有施姓住户,又称山恩施,后谐音山恩思。

石柱山 [Shízhù Shān] 属山恩思支脉。位于新前街道中恩村与头陀镇山沌村交界处,海拔584.5米。主峰旁有巨岩似石柱,故名。明万历《黄岩县志》卷一:“石柱山,在县西北一十五里。”

鱼山 [Yú Shān] 位于新前街道石捣臼村东北和临海市交界处,海拔约415米。民国《黄岩县志·叙山》:“大唐山又东北为鱼山,为吾邑极北之山”。

牛山背 [Niúshānbèi] 属鱼山一处山岗。位于新前街道石捣臼村南与临海市水洋乡石牛村交界处,海拔257.2米,一说该山位于一个形似牛头的小山屿的北面,故名牛山背。另说该山在临海市水洋乡石岙、牛路口等村的西北面,这两个村上高山放牛,要经过这座山的山顶,由此得名牛山背。

大岗头 [Dàgǎngtóu] 属鱼山一处山岗。位于新前街道石捣臼村南,海拔250米。该山跨度较大,山岗坡度平缓,故名。

道林山 [Dàolín Shān] 位于新前街道东林岙自然村与北城街道唐家山自然村交界处,杨梅岭东南,海拔250米。古属善化乡道林里,西北麓有始建于元末明初古寺道林寺,山以寺名。明万历《黄岩县志》卷一:“道林山,在县北一十八里。”山麓有黄岩明代名士蔡馀庆墓,今墓毁,墓碑存道林寺。

马鞍山 [Mǎ'ān Shān] 属翠屏山支脉。位于北城街道马鞍山村与下埠之间,紫霄山东南过竹岭之南。海拔146.4米。嘉定《赤城志》卷二十:“马鞍山,在县东北五里,以其势奔迸,脊如马鞍,故名。”元末,状元泰不华率水师与方国珍战于马鞍山下的永宁江上。山麓据传尚有明代的石人石马。山腰的半峰岩奇石高耸,古木参天,环境秀丽。

唐门山 [Tángmén Shān] 属翠屏山支脉。位于北城街道马鞍山村,海拔37.4米。南北走向。因与马鞍山的西南余脉相对峙,犹似门,故名。嘉定《赤城志》卷二十:“唐门山,在县北五里,中有将军岩甚巨。”唐门山俗称乌龟山,其南临江岸者为乌龟屿,西麓有乌龟井。南宋朱熹游唐门山后云:“将军岩上插双笔,将军岩下泉泌泌,域中状元挨次出。”黄岩知县袁应祺据此于明万历七年(1579)在唐门山上建文笔、文星两塔,清乾隆间,知县王憕重建,同治间,邑人罗德润重修。20世纪60年代塔毁井存。21世纪初,防疫勇士朱智勇医生捐资重建文笔、文星双塔。

元泰不华与方国珍在山下永宁江上激战,阵亡后葬唐门山南麓。明范秋蟾有《唐门山吊泰不华》诗:

江头沙碛正交舟,江上人怀百战忧。
力屈杲卿犹骂贼,死先诸葛未封侯。
波涛汹汹鲸横海,天地寥寥鹤怨秋。
若使临危图苟免,读书端为丈夫羞。

下庄山 [Xiàzhuāng Shān] 位于北城街道下庄村东,净土山东南,海拔57米。山西麓为下庄村,清光绪《黄岩县志》卷七:“下庄,一都一图。”山以村名。

净土山 [Jìngtǔ Shān] 属杜岐山支脉。位于北城街道净土岙村与临海市红光镇红光、上岙村交界处,竹岭东北,海拔230.9米。山麓有建于唐代的净土寺,山以寺名。南宋嘉定《赤城志》卷二十:“净土山,在县东北一十五里,东接临海杜岐山。”

唐家山 [Tángjiā Shān] 又名大罗山。位于北城街道与新前街道交界处,海拔371米。民国《黄岩县志·叙山》:“道林山又东南为唐家山,一名大罗山,顶颇欹,侧多山田,远望如五彩衲衣。”

大风门 [Dàfēngmén] 属唐家山余脉。位于北城街道唐家岙与黄土岭之间,海拔371米。山有两峰,状似开启的两扇大门,由于风力大,故名大风门。

黄土山 [Huángtǔ Shān] 位于北城街道黄土岭村与临海市水洋乡白箬潭村交界处,海拔380米。山有较厚的黄土层,故名。明万历《黄岩县志》卷一:“黄土山,在县北十里。”俗称黄土岭,以产笋著名。

翠屏山 [Cuìpíng Shān] 属括苍山脉。位于北城街道新宅村北,西与临海市接壤,海拔223米。山在黄岩城区之北,戍铺岭之东,宛如屏障,故名。明万历《黄岩县志》卷一:“在灵岩之右,如屏障,俗呼为翠屏。朱文公尝云:黄岩秀气在江北,江北秀气在翠屏。”今人将自西向东翠屏、灵岩、六潭、紫霄诸山峰,统称翠屏山。南宋理学家朱熹、右丞相杜范等都曾在此留有足迹和诗文。翠屏山东南麓有始建于东晋永和年间的灵岩寺。寺后有明黄绾题的“石龙书院”摩崖石刻。明礼部尚书黄绾创办的石龙书院在哲学史上是“深辩”之地。宋明两朝,翠屏山人物著作被《四库全书》收录6部。翠屏山东南麓杜家村孝子杜谊、南宋贤相杜范、抗元英雄杜浒载入《宋史》。新宅村黄孔昭、黄绾祖孙载入《明史》。名胜古迹有灵岩洞、二公亭、少谷峰、壁翠亭、书院基和区级文物保护单位灵岩山及朱岩之石刻。

灵岩山 [Língyán Shān] 又名鹫峰。属翠屏山支脉。位于北城街道新宅村北，紫霄山东。山上峭岩壁立，壁间有天然石洞，传说为神灵显异之地，故名。南宋嘉定《赤城志》卷二十："灵岩，在县北一十里，又名鹫峰。"灵岩洞号天风门，又名小空明。左纬诗曰"怪岩摩足力，空谷答人声"。南宋右丞相杜范少年时曾在灵岩洞读书。庆元四年（1198），县令常濬孙重建擘翠亭。据传朱熹曾于洞壁题"寒竹松风"四字。四周多明代的摩崖石刻。灵岩洞之右侧"铁城石壁"，下有明代著名哲学家黄绾手书"少谷峰"的摩崖，是黄绾为怀念同朝挚友"闽南十才子"之一的郑善夫（号少谷山人）所刻。黄绾之弟黄约曾隐于灵岩洞，自号空明小隐。

六潭山 [Liùtán Shān] 属翠屏山支脉。位于北城街道灵岩山东北，从灵岩山到紫霄山沿溪而上有六个大小不一、形状各异的水潭，故名。又有小樊川之称。明万历《黄岩县志》卷一："六潭山在县北十五里。朱文公尝著书于此。名为小樊川，题曰溪山第一。"南湖学派创始人杜煜创办樊川书院，南宋著名理学家朱熹曾在此驻足讲学。明万历《黄岩县志》卷二："樊川书院，在江北去县五里，宋文公朱子与南湖、方山二杜公讲学之地，旁有擘翠亭亦文公所建。"清光绪《黄岩县志·叙山》："六潭山，在县北十五里田岙，宋杜知仁兄弟故居也。"南宋淳熙年间，朱熹与黄岩赵师渊共同商讨编撰史学巨著《资治通鉴纲目》。黄岩大批学子师从朱熹，开一代学风，科举登榜者激增，促使黄岩成为"小邹鲁"之地。书院基址迄今尚存。

紫霄山 [Zǐxiāo Shān] 属翠屏山支脉。位于北城街道新宅村与临海市水洋乡外王村交界处，海拔306米。在翠屏山之上，一碧参天，山多云气，故名。明万历《黄岩县志》卷一："紫霄山，在翠屏之东。"紫霄（灵岩）山之朱岩石刻，因岩土呈红褐色故名。翠屏山上，明代哲学家黄绾题有680多字摩崖石刻，《紫霄吟》："我昔居紫霄，不吐紫霄岚。为爱霏微青数峰，丹梯白云忘北南。中有一壑佳气葱，斫之一亩堪吾宫。餐霞饮露此其时，待看轻举超鸿蒙。"明郑善夫诗有"朝发委羽阳，暮赴紫霄期"等句。黄绾墓自委羽山迁至紫霄山长陇。

大巍头 [Dàwēitóu] 位于区境中部澄江街道大巍头松岩山山顶，海拔653.5米。该峰在周围众山峰中最为巍峨，故名。民国《黄岩县志·叙山》："大澧岭古竹山之东为松岩山，山顶为大巍头。"山上产野生猕猴桃等。

眉刀尖 [Méidāo Jiān] 属双尖山余脉。位于澄江街道三官堂与北洋镇林家桥交界处，海拔182.6米。山峰似倒插的眉刀，故名。

五峰山 [Wǔfēng Shān] 位于南城街道鱼沉、路桥区桐屿与螺洋交界处，海拔200.3米。山有五峰，故名。民国《黄岩县志·叙山》："大屏山之东北为五峰山。"

红茅尖 [Hóngmáo Jiān] 位于区境中部南城街道十里铺东北，海拔440米。传说古时山下有很多人从事渔业，捕鱼后常在山上晒渔网，因山多茅草，渔网呈红色，故名。

黄毛山 [Huángmáo Shān] 位于区境东南部南城街道药山村、东城街道红四村与江口街道唐家岙、林家岙交界处，海拔529.2米。因早年山上多茅草，俗称黄茅山，谐音黄毛山。

大岙尖 [Dà'ào Jiān] 位于区境南部院桥镇岙里街与温岭市太湖乡白泥村交界处，海拔533米。峰顶有岩石形似鸡冠，故名。民国《黄岩县志·叙山》："太湖山东北为大岙尖。"

步登岗 [Bùdēng Gǎng] 位于区境南部院桥镇西溪村与温岭市太湖乡平山村交界处，海拔607米。峰在太湖山东面山岗上，山峰陡峭，上去要步步攀登，故名。

奶头尖 [Nǎitóu Jiān] 位于区境南部院桥镇西合与沙埠镇斜云交界处，海拔425米。峰顶圆中有突，状似乳头，故名。

凉棚尖 [Liángpéng Jiān] 位于区境南部院桥镇秀岭村与温岭市大溪镇里宅、太湖乡梅安村交界处，海拔334.8米。山顶早年建有凉棚，故名。民国《黄岩县志·叙山》："凉棚山之东为大唐岭。"

双尖 [Shuāng Jiān] 位于区境南部院桥镇秀岭村与温岭市太湖乡梅安村交界处，海拔343米。山顶有两个相连的峰，故名。

帽峰尖 [Màofēng Jiān] 位于区境南部院桥镇东鉴与南城街道鱼沉交界处，海拔251.4米。峰顶部形似古代的乌纱帽，故名。

三支岩 [Sānzhī Yán] 三童山山峰。位于区境中部偏南的高桥街道三童岙里与澄江街道大巍头交界处，海拔419米。三童山峰顶有三块岩石矗立，故名。

乌云尖 [Wūyún Jiān] 位于区境南部偏西的沙埠镇百家钻，海拔700.3米。峰顶高耸，常有乌云缭绕，故名。

牛角尖 [Niújiǎo Jiān] 位于区境南部偏西的沙埠镇雪溪与院桥镇合屿、凤凰、左岙坑交界处，海拔294.8米。峰顶形似牛角，故名。

百家尖 [Bǎijiā Jiān] 位于区境南部偏西的沙埠

镇下园与茅畲乡浦洋、大礼岙、白浦岙交界处，海拔613.6米。主峰附近多小山峰，号称百个尖，后谐音为百家尖。茅畲一边古称柏嘉山，民国《黄岩县志·叙山》："柏嘉山即双尖山，沙埠岭北。"

帽合尖 [Màohé Jiān] 位于区境南部偏西的沙埠镇佛岭村，茅畲乡山卡村与乐清市智仁乡大树岗村交界处，海拔511米。山峰顶形似帽叶，故名，当地方言叶与合音同，谐音帽合尖。

望海尖 [Wànghǎi Jiān] 位于区境南部偏西的沙埠镇月亮岗与茅畲乡山卡交界处，海拔644.1米。因峰顶可观海得名。民国《黄岩县志·叙山》："山卡岭之东南为长洋坑，其北为月亮岗，又北为望海尖。"

仰天斗 [Yǎngtiāndǒu] 位于区境南部偏西沙埠镇马头岗与乐清市智仁乡水坑头交界处，海拔547米。山顶形似朝天斗（量米器具），故名。又称西坑尖。山顶有顺天庙（旧称万年寺）。半山腰有龙母洞。

大镬岗头 [Dàhuògāngtóu] 位于区境西南部茅畲乡山卡村东北，海拔547.1米。峰顶圆而凸起，状似一只覆盖着的大镬（锅），故名。

竹乌头 [Kūzhúwūtóu] 位于区境西南部平田乡桐树坑村与乐清市智仁乡小坑岙、双峰乡上岙坪村交界处，海拔703米。山上早年多苦竹，苦竹乌系"苦竹窝"的谐音，即苦竹丛之意。

箬岗尖 [Ruògāng Jiān] 位于区境西南部平田乡仙人塔北，海拔691.8米。山岗早年遍长箬竹，峰为箬岗山最高点，故名。

小尖山 [Xiǎojiān Shān] 位于区境西南部平田乡上料西南，海拔350米。山峰在黄茅山之西，峰顶远看小而尖，故名。

栗蒲尖 [Lìpǔ Jiān] 位于区境西南部平田乡天灯垟西南，海拔460米。早年山上多野生麻栗树，果子成熟后散落在地上，当地人称麻栗子为栗蒲。山峰以此得名。

倒插剑 [Dàochājiàn] 位于区境西南部上垟乡上垟村，海拔167米。山顶秀拔挺立，似一把宝剑倒插在莆田村北面，故名。

长坑山尖 [Chángkēngshān Jiān] 位于区境西南部上垟乡下堂山西南，海拔560.2米。山峰位于一条长溪坑侧，故名长坑山尖。民国《黄岩县志·叙山》："里陈山之东为长坑山。"

十八尖顶 [Shíbājiān Dǐng] 位于区境西南部上垟乡长潭水库东侧，毛岙岸与平田乡桐里岙交界处，海拔378.6米。峰居群山十八往之巅，故名。

三个尖 [Sān'gè Jiān] 位于区境西南部上垟乡大岩与毛岙岸之间，海拔390米。峰由三个山峰组成，故名。

仰天斗 [Yǎngtiāndǒu] 位于区境西南部上垟乡象岙村南，海拔489米。峰之西南有一高山盆地，状似朝天斗（量米器具），故名。民国《黄岩县志·叙山》："桐岭西南为西坑山，为仰天斗。"

平天堂 [Píngtiāntáng] 位于区境西南部上垟乡前思岙、上下吉村，海拔666米。山顶早年建有佛堂，俗呼平天堂。民国《黄岩县志·叙山》："倪公寮山之南为沈家山之坪天堂。"

苦粟尖 [Kūsù Jiān] 位于区境西部宁溪镇冷水坑自然村北，海拔955米。山上早年遍长一种味苦但可食用的野粟，山峰由此得名。

五峰岩岗 [Wǔfēngyán Gāng] 位于区境西部宁溪镇英山与上郑乡小英山、下庙村交界处，海拔826米。由五个小山峰组成，山顶多裸露岩石，故名。民国《黄岩县志·叙山》："黄岩山东北为五峰岩。"余脉狮子头山，海拔563米，位于区境西部富山乡西岩村与宁溪镇岭根村交界处，峰顶有裸露岩石状如狮首，故名。

双尖 [Shuāng Jiān] 位于区境西部宁溪镇苔湖自然村与金林村之间，海拔394米。山有两峰并立，故名。民国《黄岩县志·叙山》："大麦岗之东北为双尖。"

毛角尖 [Máojiǎo Jiān] 位于区境西部宁溪镇水闸头与屿头乡引坑两自然村交界处，海拔495米。峰顶远看似古代兵器矛之角，故名矛角尖，后作毛角尖。民国《黄岩县志·杂事》中有"冒谷音讹"之说：明代建文帝靖难时，这里来了个老人，他搭茅棚、辟菜园，到宁溪卖柴度日。有一天，老人挑柴到宁溪，听说新天子登基，老皇建文帝已死于大火。老人丢下柴担，赶回居地，登上村后山尖，朝北痛哭跪拜。此后很久没见到这位老人，上门去看，只见他头戴朝冠，身穿朝服，手捧《离骚》自戕而死，大家这才知道他是避乱隐居于此的建文帝旧臣。大家称老人为国号哭的山峰为"义士巅"，又作"号国巅"，后讹音"冒谷尖""毛角尖"。老人隐居地则叫"隐坑"。

石排潭 [Shípái Tán] 位于区境西部宁溪镇吴家岙村与上郑乡下庙村交界处，海拔834米。东侧下面有一个石排深水潭，故名。

南正顶 [Nánzhèng Dǐng] 位于区境西部富山乡英山自然村与永嘉县张溪南正村、岭头乡黄家山村交界处，海拔1246米。峰顶位于决要村正南方，故名。民国《黄岩县志·叙山》：吾邑西南极边处为南正顶尖，吾邑诸山以此为最高（20世纪后期经勘查，大寺基尖海拔为1252.5米）。当为黄岩第二高峰。南正顶自然景观、人文景观达20多处。山奇、石怪、水秀、洞幽。山顶更有一潭，名闻台州、温州各地。潭水常年不涸，俗称“龙潭”，是黄岩、永嘉群众旱年取水胜地。登顶环顾四周，黄岩、仙居、永嘉、温州市尽收眼底，蓝天触手可及。顶峰有一块高达20多米的巨石及许多酷似各种飞禽走兽的奇石。山麓有灵圣寺，始建于清初，20世纪90年代重建，奉祀齐天大圣孙悟空等。

牛角尖［Niújiāo Jiān］位于区境西部富山乡半岭堂与宁溪镇王家店交界处，海拔447米。山峰顶部状似牛角，故名。系狮子头山山峰之一。

仰天湖［Yǎngtiān Hú］又名仰天坞。位于区境西部富山乡田岙与永嘉张溪乡南正村交界处，海拔1074米。山顶有一口天然湖，终年有水，峰以此得名。民国《黄岩县志·叙山》：“高山头之东南为仰天坞，仰天坞之东为排头山岗。”

大孔山［Dàkǒng Shān］位于区境西部上郑乡大寺基林场双场林区与仙居县朱溪镇金庄村交界处，海拔1063米。早年山为仙居孔姓所有，故名。

磨石坑顶［Móshíkēng Dǐng］位于区境西部上郑乡下庙村与富山乡双坑交界处，海拔1087米。峰北麓有处山谷盛产磨刀石，故称此谷为磨石坑，称山峰为磨石坑顶。民国《黄岩县志·叙山》：“晚岙岭东南为磨石坑头。”

望海尖［Wànghǎi Jiān］系括苍山支脉大寺基山高峰之一。位于区境西部上郑乡大寺基双场林区与仙居县朱溪镇包下自然村交界处，海拔1136.2米。山峰高耸，据传可眺望东海，故名。民国《黄岩县志·叙山》：“望海岗，分水岗北。”

白峰尖［Bǎifēng Jiān］系括苍山山峰之一。位于区境西部上郑乡大寺基双场林区与仙居县朱溪镇、上张乡交界处，海拔1125米。山峰高耸，因多云雾，常呈白色，故名。民国《黄岩县志·叙山》：“入境东北行界于黄岩溪与仙居朱溪间者为白峰尖。”

大寺尖［Dàsì Jiān］系括苍山支脉之一。位于区境西部上郑乡与永嘉县境张溪乡交界处。海拔1252.5米。为区境最高峰。该峰为大寺基山主峰，峰顶尖耸，故名。永宁江大源之源头。民国《黄岩县志·叙山》：“龙缠岩东南沿吾邑与永嘉交界处者为大寺基岗。”

前岙尖［Qián'ào Jiān］位于区境西北部屿头乡前岙南，海拔871米。峰北麓有村庄前岙，故名。

高尖顶［Gāojiān Dǐng］位于区境西北部屿头乡前岙、大塆与宁溪镇茶园、冷水坑交界处，海拔1022米。在附近的诸多山峰中，该峰高且尖，故名。

毛坪尖［Máopíng Jiān］位于区境西北部屿头乡白石村西，海拔876.9米。山峰高耸在茅坪自然村西北，故名茅坪尖，谐写作毛坪尖。

梅峰顶［Méifēng Dǐng］位于区境西部北洋镇瑞岩村与临海市尤溪镇外翁交界处，海拔495米。山麓有座古梅峰寺，故名。

大岭尖［Dàlǐng Jiān］位于区境西部北洋镇联丰村与尤溪镇岭脚金村交界处，海拔460米。山峰高大，位于义城岭头之东，故名。南宋嘉定《赤城志》卷二十：“义城岭，在县西八十里。”

大木坤［Dàmùkūn］位于区境西部北洋镇横料村与屿头乡前礁交界处，海拔494米，峰与主峰官山头南北相连，两峰之间有一个山岗凹部，早年长有很多大树，故名。系官山头山第二高峰。

灵石尖［Língshí Jiān］位于区境西部北洋镇联群村与头陀镇前园村交界处，海拔532.3米。峰为灵石山最高点，故名。嘉定《赤城志》卷二十：“灵石山，在县西五十里。”民国《黄岩县志·叙山》：“官岙岭之东为灵石尖。”

塔山尖［Tǎshān Jiān］位于区境西部北洋镇西岑村西，西接三跳岩，海拔276米。山峰高耸似塔，故名。俗称稻秆亭山。

乌岩头［Wūyántóu］位于区境西部北洋镇岙里村西与平田乡黄毛山自然村交界处，海拔557米。山顶有黑色岩石，故名。

大尖头［Dàjiāntóu］位于区境西部北洋镇岙里村西与平田乡黄毛山自然村交界处，海拔557米。山峰高耸，故名。

饭箩坤顶［Fànluókūn Dǐng］位于区境西部北洋镇联宏，海拔384.9米。峰顶平而略凹，状似饭箩坤，故名。

天堂坪头［Tiāntángpíngtóu］位于区境西部北洋镇利国，海拔348.9米。峰顶有一处平坦的坪头，建有庙堂一座，俗呼此庙为天堂，山峰由此得名。

弯宽头［Wānkuāntóu］位于区境西北部头陀镇山沌村与新前街道群力交界处，海拔685.2米。周围峰峦重叠，峰下形成一个大窟窿，弯窟头，谐音作弯宽头。

道士尖［Dàoshì Jiān］位于头陀镇中岙村东北，海拔256.9米，属山沌头山一山峰。山峰高耸，早年山上建有道院白岩院，有道士居此，故名。

山沌头［Shāndùntóu］位于区境中北部新前街道群力与头陀镇山沌村交界处，海拔628米。山顶有三座山峰似堆积物，故名三屯，谐音山沌。方言沌同潭。民国《黄岩县志·叙山》：“由界牌岭折西南行于上岙溪与龚屿浦之间者为叶子岩为三潭头山。”

杜岐山头［Dùqíshāntóu］位于区境北部北城街道办事处净土岙村与临海市红光镇上庄、下百岩村交界处，海拔297.3米。黄岩方山戴氏入赘杜家居于此，故俗呼杜岐山。南宋嘉定《赤城志》卷十九之临海篇载有杜岐山。

老鹰窝顶 [Lǎoyīngwō Dǐng] 位于区境中北部北城街道西北部，海拔432米。山峰早年林木茂密，有较多的老鹰窠，故名。

岭家坪 [Lǐngjiā Píng] 位于区境北部北城街道竹岭与临海市沿江镇外王村交界处，海拔306米。山顶有一块较平坦的“坪头”，俗呼岭角坪，谐音演变为岭家坪。

黄牛尖 [Huángniú Jiān] 位于区境北部北城街道竹岭与杜家村之间，海拔310米。山峰顶部形似黄牛角，传说有神牛跑到东南吃草，被竹岭居民驱赶，牛向北跑去，化为此峰，故名。

丫髻岩 [Yājì Yán] 位于区境东部方山上，海拔511米。峰顶有两块高30余米的圆形巨岩对峙，状似古代丫鬟的发髻，故名。为早朝渔民的海上航标。清光绪《黄岩县志·叙山》：“丫髻岩，在县东十五里黄茅山之巅，两岩对峙各高十余丈，有僧构屋其中，上可观海。”清代管济川有诗云：

凭高望极海门东，万顷鲸波浴日红。云气苍茫迷岛屿，水光摇荡上晴空。

当年鞭石人何在，此日浮槎兴亦雄。方丈蓬莱知不远，愿言破浪驾长风。

丫髻岩中有石径登顶，东览大海，可观云海日出。峭崖间有始建于宋代的清福寺。北坡黄牯岩横卧山巅。

石大人 [Shídàrén] 位于区境中部澄江街道石柜岙村西，海拔324.7米。岱石山上有巨岩耸立，远看似一巨人，故名。明万历《黄岩县志》卷一：“岱石山，西北角有巨石挺立类人形，俗呼石大人。”石大人高百余米，一峰耸峙，状如巨人背负童子而立，四周群崖拥集，峥嵘耸削，移步换影，姿态各异，与温岭石夫人峰并称台州奇观。

板榨岩 [Bǎnzhà Yán] 位于区境西北部屿头乡，海拔695米。峰顶岩石峻峭，有白色斑纹，状似造酒时榨出的“酒浆”，故名。

纺车岩 [Fǎngchē Yán] 位于区境西北部屿头乡里岙自然村与临海市括苍镇黄家寮、仙居县朱溪镇龙皇堂交界处，海拔1171.2米。峰顶有矗立岩石，状似纺车，岩石有洞，风吹过发出呜呜声酷似纺纱声，故名。古名纺织岩，民国《黄岩县志·叙山》：“吾邑与临海仙居交界处之纺织岩，其南为布袋坑山。柔极溪源出于此。”

蕉岩 [Jiāo Yán] 位于区境西北部屿头乡栅头自然村与仙居县朱溪镇龙皇堂交界处，海拔1042米。峰顶巨岩耸立，状似海礁，故名礁岩，谐音作蕉岩。

狮子岩 [Shīzi Yán] 位于区境西北部头陀镇龙王坑与黄岩区百丈柑橘场交界处，海拔513米。峰顶为矗立裸露巨岩，状似狮首，故名。清光绪《黄岩县志·叙山》：狮子岩，在县西北狮岩山。

鸡冠岩 [Jīguān Yán] 位于区境西北部头陀镇里盖斗北，属溪上、上垟殿2个村管辖，海拔553米。峰顶裸露岩石形似鸡冠，故名。

团箕岩头 [Tuánjīyántóu] 位于区境中北部新前街道群力，海拔547.5米。峰顶附近有圆形露岩，形如团箕，故名。

猪头岩 [Zhūtóu Yán] 位于新前街道石捣臼村与临海市沿江镇石牛村交界处，海拔389米。鱼山顶上一块岩石，形似猪头，故名。

第三节　岭

黄土岭 [Huángtǔ Lǐng] 古名戍铺岭。位于北城街道黄土岭村与临海市交界处。因山体土石呈黄色，故名。嘉定《赤城志》：“戍铺岭，在县北一十里，为入州通道，俗名黄土岭。”属台温驿道。海拔142米。南坡平缓，北坡稍陡。旧时有石级岭道，为临（海）黄（岩）间交通必经之路，临海到黄岩公路盘山经过。今已通隧道。西侧有老鹰窝顶，海拔342米。

界牌岭 [Jièpái Lǐng] 位于新前街道和临海市交界处。为新前屿下通往临海之孔道。民国《黄岩县志·叙山》：“界牌岭折西南行于上岙溪与龚屿浦之间者为叶子岩为三潭头山。”该岭自屿下至半岭堂至日照至山恩施至临海。

杨梅岭 [Yángméi Lǐng] 位于新前街道石捣臼村和临海市交界处，为新前通往临海之孔道。因以前山岭上种有大片杨梅得名。民国《黄岩县志·叙山》：“大唐山之南为大岩头，其东为杨梅岭。”

东岙岭 [Dōng'ào Lǐng] 位于江口街道东岙村与路桥交界处，山岭经大仁寺去桐屿埠头堂。岭以村得名。

白石岭 [Báishí Lǐng] 位于江口街道白石车自然村和东城街道上渚村交界处。古为黄岩至临海杜岐必经之道。以白石山得名。明万历《黄岩县志》卷一：“白石岭，在县东一十七里。”

义城岭 [Yìchéng Lǐng] 位于北洋镇联丰村义城岭头至岭脚堂，五尖山东麓。系黄岩西乡通往临海之孔道。也是台州府城通温州古道之一。道旁多古枫，大者几人合抱。初冬时节，枫叶染红山道，有“千年古道，十里香枫”之称。南宋嘉定《赤城志》：“义诚岭，在县西八十里，接临海，其南二十五里即茅畲铺。”据传该岭为古代一位大善人省吃俭用出资整修，又称义诚岭、泥城岭。属黄临捷径，自乌岩至义城岭至临海。义城岭是历代战事风云之地。清咸丰十一年

（1861）十一月十六日，太平天国侍王李世贤率大军从尤溪向黄岩进击，乌岩卢锡畴率三千民团于义城岭阻击，因双方兵力悬殊，民团大败。

官岙岭 [Guān'ào Lǐng] 位于北洋镇官岙村与瑞岩地域交界处。官岙至瑞岩，古为黄岩通义城岭去临海交通要道之一。岭以村得名。民国《黄岩县志·叙山》："瑞岩山南为官岙岭。" 历代有多位高僧大德踏着这条山岭，往来于黄岩城与瑞岩寺之间。

猢狲岭 [Húsūn Lǐng] 又称胡村岭。位于北洋镇岭下自然村。古代是潮济通杨岙、屿头、仙居等地的必经之地。关于岭名来历有多种说法。一说山上有岩石似猢狲得名。另有一说，岭下有一个叫胡山庄的自然村多胡姓得名，据传始迁祖之墓迄今尚存。清光绪《黄岩县志·叙山》："胡村岭，在县西南四十里。" 今公路隧道穿岭而过。西岭半道石级上有图案形似脚印，传为"仙人脚印"。

将旗岭 [Jiàngqí Lǐng] 位于北洋镇苧厂自然村。该岭是南宋末牟大昌义军抗元军插旗之地，故名。明万历《黄岩县志》卷一："将旗岭，在县西四十里，宋牟大昌屯兵处。"

麻狸岭 [Málí Lǐng] 位于头陀镇山沌村与临海市交界处。民国《黄岩县志·叙山》："分水岗之东北为双尖山，又东为马磊里岭，即麻狸岭，上岙溪之源在焉。" 店头至溪头至临海双尖山。

柔极岭 [Róují Lǐng] 位于屿头乡与宁溪镇交界处。因柔极山得名。南宋嘉定《赤城志》卷二十："柔极山，在县西南七十里。一云牛极。" 屿头至宁溪白鹤殿。

长红岭 [Chánghóng Lǐng] 位于屿头乡布袋坑。因岭旁有长坑道，土色红而得名。民国《黄岩县志·叙山》："布袋坑山之东为长红岭。"

稠树岭 [Chóushù Lǐng] 位于澄江街道三官堂与横屋（临古苦竹）之古道。因山上多稠树得名。一作柚树岭。明万历《黄岩县志》卷一："稠岭，在县西二十七里。" 明清时期，稠树岭是临古至三官堂的要道，小坑、乌岩、宁溪、茅畲等地进城必经之地。岭不高，岭北山脚下为永宁江，地势极其险要。为黄（岩）永（嘉）捷径中有名的关口之一。赶远路的人们常在岭西三官堂打尖住宿，流传有"早晏三官堂"俗语。清咸丰十一年（1861）十一月十六日，太平天国黑旗兵突破义城岭防线，又冲破稠树岭防线，直下山头舟，入西门。民国初，三官堂客栈有一小寡妇，省吃俭用，出资整修稠树岭，当地民众感其恩，称之为"寡妇岭"。岭东山脚有插剑坵的传说。

凉棚岭 [Liángpéng Lǐng] 位于澄江街道凉棚岭村与高桥街道交界处。古属西泽捷径，山头舟通高桥、院桥之要道。据传说：该村祖先从宁溪迁此，在山岭头搭起一间草棚，甚是凉爽，取名凉棚岭。另有一说，早年有杨姓和彭姓始居此地，故名杨彭岭，谐音凉棚岭。岭以村名。

秀岭 [Xiù Lǐng] 古称绣岭，以景色绮丽如绣名。位于院桥秀岭村与乐清智仁、茅畲山卡交界处。嘉定《赤城志》："绣岭，在县南三十里。" 秀岭古道属台温驿道。地处关隘，地势险要。北宋靖康元年（1126）在驿道线上置秀岭寨，保障台瓯闽交通安全。明嘉靖三十三年（1554），大批倭寇登陆，院桥乡兵40多人在秀岭扼守，全部阵亡。明代旅行家徐霞客从天台到温州，经过秀岭古道。他在《游雁宕山日记》中写道："自初九日别台山，初十日抵黄岩。日已西，出南门三十里，宿于八（柏）岙"，于第二天翻过秀岭古道到雁荡。1945年，忠义救国军抢占盘山岭、秀岭，迫使北撤日军改变退军路线。秀岭古道蜿蜒山间，行道艰难。有"盘山盘半日，绣岭走半年"俗语。今通公路。

小唐岭 [Xiǎotáng Lǐng] 位于院桥镇占堂与温岭市交界处，古为鉴湖镇堂通往温岭山市的孔道。明万历《黄岩县志》卷一："小唐岭，在县东南二十七里。" 民国《黄岩县志·叙山》："大唐岭东北为对岙山，又东北为小唐岭。"

山坑岭 [Shānkēng Lǐng] 位于院桥镇中岙、下村与温岭市山坑村交界处。为鉴湖经蓍岙山通往温岭泽国的捷径。民国《黄岩县志·叙山》："屏风山东经山坑岭，过谷堆山、獭屿、圆珠屿而横亘于山水泾之南、山坑泾之北者，为圣水山。"

佛岭 [Fó Lǐng] 又名佛陇山，因山顶有鹫峰寺得名。属黄乐捷径。位于沙埠镇佛岭水库西南侧，与乐清市交界。鹫峰寺旁巨石天打岩，为黄岩与乐清分界处。明万历《黄岩县志》卷一："佛岭，在县西南三十五里，与乐清分界。" 清光绪《黄岩县志·叙山》："岭长十余里，山高路窄，行者苦之，乾隆二十三年（1758）僧缉元募砌以石，广八尺，成坦途焉。" 军营溪源出佛岭。宋宣和初，仙居吕师囊起义，到黄岩与方七佛部众会合。宣和中，官军结营御寇于此，大败吕师囊。南宋德祐二年（1276），南宋灭亡，元兵南下，元将范文虎率师从黄岩进入温州，鲍叔廉奉文天祥之命，领乡兵扼守盘山岭、佛岭和茅畲岭。被元兵攻破，鲍叔廉兵败自刎。明代鲍氏后人建义烈祠，礼部尚书黄绾为之记。

山卡岭 [Shānkǎ Lǐng] 古名山客岭、杀客岭。位于茅畲乡山卡村。元兵袭破鲍叔廉及牟天与于此。民众杀元兵，故称杀客岭。明万历《黄岩县志》卷一："山客岭，在县西（南）六十里，入乐清界。"

茅畲岭 [Máoshē Lǐng] 位于茅畲乡岭脚自然村

与沙埠镇下园村交界处。沙埠境内称沙埠岭。茅畲通往沙埠的交通要道之一。岭以地域得名。清光绪《黄岩县志·叙山》:“茅畲岭,在县西南四十里,一名沙埠岭,自沙埠通茅畲之道也。”

船山岭 [Chuánshān Lǐng] 位于茅畲乡与平田乡交界。因山形似船名船山,岭以山而名。

温州坑岭 [Wēnzhōukēng Lǐng] 属上堂山支脉。位于上垟乡沈岙村境内。系黄岩通往乐清、温州的古道,该路段傍溪而上,故名。明万历《黄岩县志》卷一:“温州坑岭,在县西七十五里。”民国《黄岩县志·叙山》:“八角顶之东为温州坑岭,过岭经石库洋达乐清胡坑,山水记:石甃大道,直上云中。”

御营岭 [Yùyíng Lǐng] 位于上垟乡前思岙与乐清交界处。清光绪《黄岩县志·叙山》:“御营山,在县西南六十里,南入乐清界,相传晋潘端明御寇结营于此,故名。”民国《黄岩县志·叙山》:“胡山岗之东为御营岭,为通乐清北合之孔道。”

车岭 [Chē Lǐng] 位于上垟乡与乐清旸谷岙交界处,属临乐捷径。明万历《黄岩县志》卷一:“车岭,在县西七十里,蔡全真妻车氏开砌,故名。”由平田竖后山西、上垟下塘、大岩至乐清之孔道。

桐岭 [Tóng Lǐng] 位于平田乡桐外岙自然村,古代是长潭及乌岩通平田要道,以原桐岭岙村得名。明万历《黄岩县志》卷一:“桐岭,在县西四十五里。”

五部岭 [Wǔbù Lǐng] 位于宁溪镇五部村与仙居县朱溪镇交界处。嘉定《赤城志》卷二十:“五部岭,在县西一百一十里,东连五部村,西连乐清孤田村,西北连永嘉铺岭,东北连苍山,东南连桐岭,故名五部。”五部岭是黄岩与仙居往来之要冲,由宁溪五部至乌岩头至冷水坑至官寮至仙居。也是永宁江支流五部溪与仙居永安溪支流朱溪的分水岭。

界牌岭 [Jièpái Lǐng] 位于宁溪镇与永嘉县交界处。因黄岩与永嘉界碑得名。由宁溪牌门通永嘉。民国《黄岩县志·叙山》:“界牌岭之东为黄杜岭。”

木坑岭 [Mùkēng Lǐng] 位于宁溪镇木坑岙与石花岭自然村交界处(现合并为金林村)。岭以村得名。清光绪《黄岩县志·叙山》:“木坑岭,在县西七十里。”

决要岭 [Juéyào Lǐng] 位于富山乡马鞍山与决要村的交界处,因决要村得名。北为苍溪山大岙尖,海拔1083米。南为小对尖,系马鞍山至永嘉古道,属黄永捷径。民国《黄岩县志·叙山》:“大岙尖南为决要岭,决要岭之南为小对山尖。”决要古音决好(háo)。

长开路岭 [Chángkāilù Lǐng] 位于上郑乡干坑村板料与长开路交界处。因长开路村得名。民国《黄岩县志·叙山》:“苍溪山其北为长开路岭。”

第四节 洞 穴

委羽古洞 [Wěiyǔ Gǔdòng] 在委羽山东麓。该洞因位于大有宫后,俗称委羽古洞。明万历《黄岩县志》卷一:“委羽洞,名大有空明洞,洞口有碑刻刘奉林像。”据传古时深不可测。元陶宗仪《辍耕录》记:“好游之士,尝持炬入,行两日不可穷,闻橹声乃出。”20世纪50年代,曾有多人入洞探险,行五六十米后,洞斜伸向下,听到水声而返。后洞顶泥土崩坍,堵塞。今洞深已不足20米。委羽山是道家名山,古洞亦神秘莫测。

灵岩洞 [Língyán Dòng] 在灵岩山。因位于北城街道新宅村之灵岩山,故名。亦称“小有空明洞”。明万历《黄岩县志》卷一:“又一石洞在嵚崎间,号天峰门,又名小有空明。”峭壁拔地数千丈,是黄岩著名洞窟之一。相传南宋右丞相杜范少年曾在这里读书。据方志记,灵岩洞上方有朱熹手书“寒竹松风”四字,今字迹已不清。明黄约(黄绾弟)曾隐于此。

石峰洞 [Shífēng Dòng] 在岱石山。地处澄江街道松岩山景区岱石山东边山腰处,洞窟深约8米,宽6米,石柱擎着洞顶,清泉从两边岩窦滴入日月古井,甘洌可口,终年不涸。洞口上方刻有清代摩崖诗。清乾隆年间,僧立广依洞窟修建寺院,历代均有扩建,古为士人讲肄之所。现洞前建有三层重檐歇山式殿宇多间,称石峰禅院。寺外有古柏多株,大者三人合抱,背后奇峰相拱,景色秀丽。

龙母洞 [Lóngmǔ Dòng] 位于平田乡与上垟乡大岩交界处,洞在大岩山东侧,洞深7米,洞口高2米,海拔293米。

古竹洞 [Gǔzhú Dòng] 位于澄江街道师姑尖,地属东岙里村,洞在山的东南侧半腰,海拔304.9米。洞深3米,高2米许,洞口建有神庙。石洞四周多苦竹,故名苦竹洞,后取谐音改为古竹洞。

黄金满洞 [Huángjīnmǎn Dòng] 位于平田乡小田树后山北侧,洞窟深3米多,高2米。据传清末临海杜桥农民起义军首领黄金满与官兵作战负伤,曾居该洞养伤,故名。

金狮洞 [Jīnshī Dòng] 位于江口街道项岙村与椒江区葭沚街道前进村交界山上,海拔211.9米。洞口上方有岩石形似狮头,故名。

柏都洞 [Bǎidū Dòng] 在县西45千米。地处上垟乡董岙后永灵山半腰的洞口坑,今洞口有庙宇建筑。相传晋代柏都人潘端明助朝廷打败孙恩,迫使孙恩自杀于海上。大将刘裕篡位做了皇帝,潘端明不满刘裕所为，辞官归里，隐于柏都洞，终日忧愤，故于此洞。

辟支洞［Pìzhī Dòng］在望海峰侧，巨石横出二三丈，如灵芝，下供辟支佛。辟支洞位于方山五峙堂不远处，唐代建有瑞相院，宋治平三年赐额。南宋嘉定《赤城志》记："有辟支佛牙。"洞以寺名。

第三编　行政区域

第一章　东城街道

第一节　概　述

东城街道 [Dōngchéng Jiēdào] 乡级行政单位。在城区东部，永宁江以南。东与江口街道接壤，南与南城街道毗邻，西与西城街道相连，北与北城街道接界。总面积16平方千米。户籍人口2.2万户，6.1万人。以位于主城区东部得名。清光绪《黄岩县志》卷七载有东城都一图、二图。1947年属县城镇、镇东乡。1949年称城关镇，属城关区。1958年与澄江区合并，属澄江人民公社城关管理区。1959年，澄江、城关再次分离，由城关人民公社管辖。1961年直属城关镇。1981年设东城街道，属城关镇。2001年2月撤镇属区。地处永宁江南岸河谷，地势平坦，河道纵横，气候温和湿润。辖区东西最大距离5.2千米，南北最大距离6.6千米。街道办事处驻地横街路118号。2015年年末，下辖东浦、塔苑、九峰、山亭、百花、砚池、桔乡、城外洲、方山、海棠、白杨、嘉盛共12个社区，小南门、小东门、外东浦、九峰、城中、公园6个经联社，王西、王东、埭西、埭东、王林洋、双浦、上前、上后、红三、红四10个行政村。2018年，行政村规模调整，上前村和上后村合并为上渚村，埭东村和埭西村合并为埭水村，王东村并入白杨社区。调整后辖7个行政村，12个社区。有410个居民小组、116个村民小组。有幼儿园18所，台州市黄岩区实验小学、台州市黄岩区东城街道中心小学等小学4所，台州市黄岩区实验中学等初中2所，私立中小学校3所。有职业技术学校1所，台州市科技职业学院普通高校1所。黄岩体育馆1个。主要卫生机构有台州市第一人民医院，黄岩区城区社区卫生服务中心。黄岩经济开发区1个。有九峰公园国家AAAA级旅游景区1个。有瑞隆感应塔全国重点文物保护单位1处，徐昌积宅省级文物保护单位1处，九峰铁米筛井、方山双塔、庆善寺塔、王士骏故居、柯氏先祖祠牌坊、九峰烈士墓等区级文物保护单位6处。有剪纸、沈宝山中药文化等2项被列入省级非物质文化遗产名录。清代建筑清福堂、林蔚故居和20世纪50年代建筑县委招待所为辖区内重要历史建筑。曾涌现出陕西三边总制曾铣、近代教育家王棻、著名绅士朱文劭、民国陆军上将林蔚、中华人民共和国“两院”院士池志强等历史文化名人。

拥有耕地83.8公顷，林地372.7公顷。农业产水稻、柑橘、杨梅等。工业有医药化工、塑料制品、机械模具及食品等行业。上市企业永高股份有限公司和新东方新材料股份2家。第三产业有商业网点和物流配送。西部今为城区商贸零售业中心。有柑橘果品市场，为黄岩蜜橘集散中心。有三星级以上旅游宾馆2家。京福（G104）国道南北穿境，椒黄（S325）省道东西横贯，甬台温铁路穿境，东官河通航椒江、泽国等地。主要街道有青年东路、九峰路、横街路、天长北路、天长南路等。重要建筑物有总商会大厦、交通大厦、电力大厦、建设大楼、黄岩国际大酒店等。

从地名专名来看，辖区内居民点地名有以下特征。①以自然地理实体命名。如：九峰、方山等。②以地理位置命名。如：埭东、东浦、王西、城外洲、上渚后洋等。③以植物花草和物产命名。如：海棠、白杨、桔乡、桔洲、柏树等。④以历史古迹命名。如：塔苑、砚池、山亭等。

从地名通名来看，辖区内居民点地名主要有：①移借洋、浦、山等自然地理实体通名；②移借埭等水利设施通名。

第二节　社　区

【海棠社区】 [Hǎitáng Shèqū] 省文明社区。因辖区海棠新村得名。地处街道北部，东至二环东路，南至东官河，西界桔乡大道，北至朱砂街。1997年1月成立海棠居。2002年7月成立社区，社区居委会驻海棠新村19幢。区域面积0.2平方千米。总人口6776人，其中常住人口6275人，流动人口501人。下辖1个海棠新村。建有社区文化礼堂，群众文化生活活跃，建有海棠艺术团。教师公寓位此。有多条公交线路经过。

海棠新村 [Hǎitáng Xīncūn] 1995年正式命名。海棠有“花贵妃”之称。以花为社区名，意在建设花园式社区。东界二环东路，西界桔乡大道，南起东官河，北至朱砂街。共有64幢多层住宅楼，2144户，6776人。内有海棠街、月泉路布满餐饮、服装等商铺。辖区面积0.2平方千米。

【城外洲社区】 [Chéngwàizhōu Shèqū] 因地处老城区护城河外，古时为周姓聚居之地，称“城外周”，后谐音为城外洲。东至印山路，南至二环南路以南的御景华庭，西界劳动南路，北至环城南路。辖区总面积0.7平方千米，社区居委会驻御景华庭600号。

总人口8134。其中常住人口7126人，流动人口1008人。下辖锦绣嘉苑、劳动南路392号、御景华庭3个小区及南城新村老区。1989年6月称印山路居，11月更名为南城居，2002年8月命名为城外洲社区。

钟山新村［Zhōngshān Xīncūn］印山又名钟山，新村以山而名。1996年建成命名。东临南官河，南至引泉路，西界锦绣嘉苑，北倚南官河。占地面积0.06平方千米。

锦绣嘉苑［Jǐnxiù Jiāyuàn］位于劳动南路延伸段罗曼大酒店旁边。寓意居民生活幸福美满，故名。东界钟山新村，南至引泉路，西至劳动南路，北至南官河。建筑面积0.64平方千米，建于2006年，共有住宅楼6幢，394户。

劳动南路392号［Láodòng Lánlù392 Hào］东临南官河，南为舍得坊，北至引泉路，西为劳动南路延伸段。建筑面积0.12平方千米。2005年1月建成，共有45幢高层住宅楼，872户。小区未正式命名，以劳动南路392号编制门牌。

御景华庭［Yùjǐng Huátíng］东为南官河，西为劳动南路延伸段，南至樊川小学，北至二环南路。2008年命名。将地方特色文化和绿化环保融合，有现代气息小区，故名。建筑面积0.234平方千米。建有高层住宅楼22幢，小别墅8幢，1700多户。

南城新村［Nánchéng Xīncūn］位于城区南面，故名。二十世纪八九十年代建筑，1995年正式命名。东界城外洲路，南至南官河，西至劳动南路，北至环城南路。建有多层住宅楼32幢，253户。交通便利。

【东浦社区】［Dōngpǔ Shèqū］《清同治光绪年间新定县境总图》标有东浦。因地处“东浦”之外故名。东界桔乡大道，南至东官河路、小东门路，西靠交通大厦，北至黄椒路以北的外东浦一带。辖区面积0.5平方千米，于2002年7月成立，驻地王西路28号，2015年1月迁至东浦路418号。总人口1万人，其中常住人口8000人，流动人口2000人。下辖小东门路32弄、小东门路28号和檀香新村等3个开放式小区。1951年属外东浦居，1967年改名为跃进居，1977年并入爱国居，1981年单独建居（外东浦居），2002年为东城街道外东浦社区。有多条公交线路经过。

小东门路32弄［Xiǎodōngmén Lù 32 Lòng］俗称果品新村。果品公司集资所建。建于1998年。东至东河嘉苑，南至小东门路，西至小东门路32弄，北至东浦中学。建筑面积0.00768平方千米，有7幢住宅楼，145户。小区未正式申请命名，以小东门路32弄编制门牌。

小东门路28号［Xiǎodōngmén Lù 28 Hào］俗称东河嘉苑。东有小弄，西、南至小东门路，北至居民楼。占地面积0.00092平方千米，于2003年建成，有多层住宅楼3幢，小别墅6套，共14户。小区未正式申请命名，以小东门路28号编制门牌。

檀香新村［Tánxiāng Xīncūn］小区为了体现西“花”东“木”的地名规划要求，取檀木常绿，香气宜人之意，故名。东至桔乡大道，南界东官河，西至104国道，北至东浦路。面积0.02平方千米，多层住宅楼20幢，有部分立地房，共300户。2000年柔桥村并入。

【方山社区】［Fāngshān Shèqū］社区因地处方山脚下而得名。东至方山，西至环城东路、印山路，南至二环路，北至九峰路。辖区面积1.1平方千米，1987年7月成立居委会，2002年8月成立东城街道方山社区，驻地桔乡大道7号华府天地小区东大门。该社区小模具加工业发达。总人口1.1万，常住人口5481人，流动人口5200人。下辖3个小区（封闭式）。有多条公交线路经过。

康乐新村［Kānglè Xīncūn］因于原康乐园旁，意为健康快乐得名。在康乐路西侧，东南西北连民房。占地面积0.015平方千米。早年建成，2005年正式命名。

华府天地小区［Huáfǔtiāndì Xiǎoqū］位于桔乡大道西侧原台州农校旧址。小区寓意将极负盛誉的蜜橘之乡、风景秀丽的九峰山和经典楼盘有机融合，打造华丽府邸，故名。东为桔乡大道，西至曙光路，南界横街东路，北至九峰路。2010年建成，建筑面积0.195平方千米，绿化率30%，共有23幢1～14层商品房，893户。

香缇公馆［Xiāngtí Gōngguǎn］位于方山路。缇，本义是橘红色的丝织物，给人温暖舒适的感觉，橘红色与黄岩蜜橘之乡贴合，故名。东至内环西路，南至方山路，西至经信局办公楼，北至汽修厂。2017年正式命名。用地面积约0.012平方千米，规划建设9822.6平方米，总建筑面积28126.6平方米。容积率2.2。绿地25%，有5层、8层、10层、18层各1幢，共168户。

横街东路218号［Héngjiē Dōnglù 218 Hào］俗称雅士苑。位于横街东路218号，东起清水湾，南至利民皮鞋总厂北围墙，西至小绍欣酒店，北至横街东路，2002年取名为雅士苑，意为文人雅士所居之地。规划面积0.00167平方千米，建筑面积3358平方米，有多层住宅楼16幢，364户。小区未正式申请命名，以横街东路218号编号。

环城东路68号 [Huánchéng Dōnglù 68 Hào] 俗称怡园小区。位于环城东路68号，东至丽景花苑，南为锦江之星宾馆，西至环城东路，北至横街东路。共有9幢多层住宅楼，92户。2001年开发商取名为怡园小区，寓意居民怡然自得、优雅愉快的生活。小区未正式申请命名，以环城东路68号编号。

【百花社区】 [Bǎihuā Shèqū] 因辖区内有百花宫巷得名。东至环城东路，南至横街，西至劳动南路，北至青年东路。辖区面积0.3平方千米，社区驻地双桂路4–7号。总人口4656人，常住人口3556人，流动人口1100人。1951年成立司厅巷居委会（寺后巷、百花居合并），属城中镇。1979年与反帝居合并，取名先进路居委会。1981年5月，分设司厅巷居和横街居，百花居土地改革时称双施居，属城南镇，1961年后直属城关镇，1977年与解放南路居合并，1981年两居复分，建百花宫居委会。下辖书香园，43个居民小组。台州市文明社区。

书香园 [Shūxiāng Yuán] 位于青年东路原黄岩中学旧址。书香园意为传承百年名校历史文化，体现小区人文品质。东至东官河，南至双桂路，西至前巷，北至青年东路。2010年命名，2013年建成。辖区建筑面积0.0889平方千米，共有22幢高层住宅楼，500多户。

【白杨社区】 [Báiyáng Shèqū] 2018年8月，行政村规模调整，王东村并入白杨社区。位于东城街道中部偏西北，东界二环东路，南至朱砂街，西至桔乡大道、嘉木路，北临永宁江。辖区面积0.7平方千米。下辖白杨新村和金艺花园2个小区，1个王东自然村，1250户，3592人。社区办公地址原白杨社区办公室。

*【白杨社区】 [Báiyáng Shèqū] 社区因白杨新村得名。东界二环东路，南起朱砂街，西界桔乡大道，北至黄椒路，辖区面积0.3平方千米。社区成立于2003年8月，驻地白杨新村8幢，下辖白杨新村和金艺花园2个小区。1997年1月至2003年7月属海棠居，2003年8月从海棠居分出，成立白杨社区。2018年8月，和王东村合并，称白杨社区。

白杨新村 [Báiyáng Xīncūn] 白杨树坚长，品行高雅，寓意居民永葆青春，故名。小区于1995年命名。东界二环东路，西界桔乡大道，南起朱砂街，北至黄椒路。辖区面积0.001平方千米，建有多层住宅楼31幢，1800户。通多路公交。

*【王东村】 [Wángdōng Cūn] 因村委会驻地王东而得名。东至二环东路，西北临永宁江，南至82省道，辖区面积0.7平方千米，260户，921人，驻地王东，下辖王东1个自然村，6个村民小组。新开辟有黄岩经济开发区。

1947年为镇东乡二十一保。1951年为镇东乡第八村。1961年为镇东公社王东大队。1983年为镇东乡王东村。1989年属城关镇。2001年1月城关镇撤销。2001年2月为东城街道王东村委会。2018年8月，并入白杨社区。

王东 [Wángdōng] 位于东城街道驻地北2.8千米。据民国《台州府志》载："王堰，在黄岩县东北四里许，近捍海塘，在澄江南岸。"该自然村处王堰东面，故名王堰东洋。民国《黄岩县志》亦载："黄堰东洋。"聚落呈团块状分布，黄椒路、嘉木路傍村而建。

【九峰社区】 [Jiǔfēng Shèqū] 位于东城街道东部。省文明社区。东至二环东路，西至桔乡大道，南界九峰路，北至东官河。辖区面积0.4平方千米（38公顷），其中公益性服务面积252平方米。因辖区内九峰新村而得名。2002年8月命名。社区驻地桔洲新村25幢。辖区总人口7493人，其中常住人口6105人，流动人口1388人。下辖九峰新村、桔洲新村2个小区。台州市黄岩区东城街道中心小学、台州市黄岩区实验中学及台州市黄岩九峰高级中学均位于该社区。通多条公交线路。

九峰新村 [Jiǔfēng Xīncūn] 因位于九峰山麓附近得名。东至二环东路，南界九峰路，西至桔乡大道，北界康复路。1987年7月命名。系开放式老住宅区，面积0.15平方千米。建有多层楼房46幢，1218户。

桔洲新村 [Júzhōu Xīncūn] 小区以桔乡特色而得名。1995年正式命名。俗称十五街坊。东界二环东路，南界区委党校，西至桔乡大道，北至东官河。总面积0.2平方千米，建有6层住宅楼46幢，1058户。

【桔乡社区】 [Júxiāng Shèqū] 省文明社区。社区以桔乡新村得名。东至桔乡大道，西至环城东路，南界九峰路，北至东官河、小东门路。总面积0.4平方千米，其中公益性服务设施250平方米，于1996年12月成立。驻地九峰路6号（老东城街道），总人口9600人，其中常住人口6170人，流动人口3430人。下辖主要小区有桔乡新村、桔乡三区、桔乡二区等。台州市黄岩区体育馆、台州市黄岩区实验小学和台州市黄岩区睿达实验学校位于该社区。通多条公交线路。

桔乡新村 [Júxiāng Xīncūn] 小区以桔乡特色而得名。黄政发〔1995〕94号文件命名。俗称十四街坊。东起桔乡大道，西邻桔乡三区，南界华光化工厂宿舍，北至东官河。占地面积0.12平方千米，建有住宅楼22幢，600多户。

桔乡三区 [Júxiāng Sān Qū] 为原黄岩罐头厂

老厂房改造所建，俗称君悦华庭。东临桔乡新村，南为水晶花园，西为桔乡二区（原夜市），北至东官河。2005年4月建成，总面积0.08平方千米，建有15幢高层住宅，730户。

桔乡二区 [Júxiāng Èr Qū] 地处食品街西侧（原夜市所在地）。东至桔乡三区，南至康复路，西至食品街，北临东官河。2000年建成，200多户。

小东门新村 [Xiǎodōngmén Xīncūn] 位于老县城小东门得名。1985年正式命名。南界坦下里，西北濒东官河。占地0.6平方千米，楼房8幢，100多户。

环城东路178号 [Huánchéng Dōnglù178 Hào] 俗称桔香苑。约建于2000年。南起天堂人间北门围墙，东至小弄，西至环城东路，北至民房。有8幢住宅楼，96户。小区门牌以环城东路178号编制。

【山亭社区】 [Shāntíng Shèqū] 社区因地处山亭街得名。据传宋朝左氏在此筑假山，山腰筑亭建山亭书院，街因此得名。东至环城东路，南至青年东路，西至天长北路，北至环城北路。辖区总面积0.3平方千米。中华人民共和国成立初期，山亭街分为小校场和山亭村，20世纪60年代成立山亭居，后与梅梨、柏树居合并。于2002年8月设立，总人口7585人，其中常住3400人，流动4185人。驻地小东门路29号。下辖柏树家园、山亭新村、里东浦小区。

柏树家园 [Bǎishù Jiāyuán] 小区因地处柏树巷得名。东起环城东路，南至柏树巷，西至天长北路，北至环城北路。面积0.033平方千米，300多户。辖区内有台州市黄岩区市场监督管理局、第二菜市场、装潢市场。2002年命名。

山亭新村 [Shāntíng Xīncūn] 东临东官河，南起青年东路，北至环城东路，西至天长北路。面积0.04平方千米，1995年建成。1997年正式命名。居委会以山亭街命名。147户。系开放式小区。

【塔苑社区】 [Tǎyuàn Shèqū] 因辖区内有庆善寺塔（俗称大寺塔）而得名。由原东禅居、青年居、大寺居、草巷居、管驿居合并而成，于2002年10月成立社区。东起天长北路，南至青年东路，西至劳动北路，北至永宁江。总面积0.1平方千米，驻地东禅小区1幢，总人口5681人，常住人口4218人，流动人口1463人。下辖管驿小区和东禅小区。

管驿小区 [Guǎnyì Xiǎoqū] 以管驿巷得名。1981年5月成立管驿巷居委会。东起天长北路，南至县前街，西至劳动北路，北至环城北路。面积0.18平方千米。建有建设大楼、汇丰大厦、金顶大厦、供销大厦等23幢高层住宅和办公楼，台州市黄岩区滨江小学、大北门文化广场均地处该小区附近，900多户。

东禅小区 [Dōngchán Xiǎoqū] 1981年5月成立东禅巷居委会。2001年正式命名东禅小区。以东禅巷得名。东起天长北路，南至青年东路，西至劳动北路，北至县前街。面积0.18平方千米。2000年建成6幢住宅楼，250多户。

【砚池社区】 [Yànchí Shèqū] 社区因砚池得名。砚池为清代进士林丙修疏浚。东起环城东路，西至劳动南路，南至环城南路，北至横街。辖区面积0.4平方千米，社区成立于2002年8月，驻地花园巷3弄8号，总人口5856人，常住人口4860人，流动人口996人。新世纪广场位于该社区。有社区文化礼堂，内有七十二巷影像艺术画廊。台州市黄岩区社会福利院设该社区。王彦威故居为区文物保护点。

1950年取名仁砚，1967年改名灭资居，1981年5月取名砚池居，2002年8月，花园居和百花居部分区域合并成立砚池社区。

【嘉盛社区】 [Jiāshèng Shèqū] 2015年成立。东至站西大道东段，南至东官河路，西至二环东路，北临椒黄路。下辖紫荆小区、樱花小区、嘉盛苑（经济适用房）和皇家蓝庭4个小区，并建有社区文化礼堂。社区办公室设在嘉盛苑小区39幢东面1~2层。

紫荆小区 [Zǐjīng Xiǎoqū] 体现黄城以花木命名为特色，以紫荆花得名。东接红三村，南至朱砂街，西至二环东路，北至黄椒路。面积0.045平方千米。2002年正式命名。市林业局及柑橘果品交易中心在其辖区内。

樱花小区 [Yīnghuā Xiǎoqū] 体现黄城以花木命名为特色，以樱花得名。东至东官河接红四村，南临东官河，西至二环东路，北至朱砂街。2002年正式命名。有九峰、小东门、城中等3个经联社和社员集资建房。区职教中心在其辖区内。

皇家蓝庭 [Huángjiā Lántíng] 2014年正式命名。主要投资人在黄岩投资有皇家酒店，项目采用欧式新古典主义建筑风格，故名。东至西站大道，南至朱砂街北侧，西至黄岩经济适用房，北至红三村居住区。总建筑面积0.066平方千米，容积率1.8，绿地率25%，由2幢9层和2幢11层及6幢13层建筑组成，共332户。

嘉盛苑 [Jiāshèng Yuàn] 2013年正式命名。嘉盛为家庭兴旺繁盛的谐音，故名。朱砂街南北两个区块，AB区块东至规划路，南至朱砂街，西至绿汀路南延伸，北至新建规划路。总建筑面积0.056平方千米。由24幢六层住宅和一幢三层物业管理楼组成，共

573户，临街储藏室45间，临街物业经营房9间。CD区块朱砂街东延南面，东至规划三环路，南至红四村，西至绿汀路延伸。总建筑面积0.098平方千米，由38幢六层住宅和一幢三层物业管理楼组成，共1069户，临街储藏室27间，临街物业经营房23间。

第三节　行政村

【埭水村】［Dàishuǐ Cūn］2018年8月，行政村规模调整，原埭东村和埭西村合并称埭水村。村委会以埭东村和埭西村合并得名。村中昔有挡水的仙浦埭，故名埭水。东至双浦村，南至红三村，西、北临永宁江。面积1.7平方千米。下辖埭东、埭西2个自然村，18个村民小组，769户，2707人。村委会驻原埭西村办公楼。

*【**埭东村**】［Dàidōng Cūn］因村委会驻地自然村得名。东至双浦村，南至红三村，西与埭西村接壤，北至永宁江，辖区面积1.2平方千米，其中耕地2.9公顷，下辖1个埭东自然村，6个村民小组。有321户，1211人，多周姓。驻地埭东自然村。

1947年为镇东乡第十三保，称埭水。1951年为镇东乡第五村。1956年成立丰收高级社。1961年为镇东公社埭东大队。1983年为镇东乡埭东村。1989年并入城关镇。2001年为东城街道埭东村。2018年8月和埭西村合并称埭水村。

埭东［Dàidōng］旧时村东有挡水的仙浦埭，村以此得名为埭水，民国《黄岩县志》有记载。后来村庄分东西两片，因该村居东，称埭水东洋。1961年简称为埭东，位于东城街道驻地东北3千米。1992年前为镇东乡政府驻地。辖区内有镇东小学与镇东卫生院。聚落呈团块状分布，黄椒路、站西大道过境。

*【**埭西村**】［Dàixī Cūn］因村委会驻地自然村得名。东至埭东村，南至开发区，西至王东村，北临永宁江。面积0.5平方千米，耕地0.1公顷。下辖1个埭西自然村，12个村民小组。448户，1496人，驻地埭西。

1947年为镇东乡第十六保，称西洋。1951年为镇东乡第六村。1956年为丰收三社。1961年称镇东公社埭西大队。1983年为镇东乡埭西村。1989年并入城关镇。2001年称东城街道埭西村。2018年8月和埭东村合并称埭水村。

埭西［Dàixī］埭西村委会驻地，因坐落在埭水西边而得名。位于街道驻地东北3千米。东界埭东，西至王东，北临永宁江。民国《黄岩县志》称："埭水西洋。"黄岩经济开发区、光明私立学校均在该辖区。聚落呈团块状分布，黄椒路、站西大道过境。

【王西村】［Wángxī Cūn］以村委会驻地王西自然村得名。东至王东村，南至外东浦，西、北为永宁江环绕，面积1.4平方千米，耕地16.9公顷，下辖王西1个自然村，19个村民小组，605户，2156人。

1947年为镇东乡第九保。1956年为裕丰社。1959年为镇东公社西洋大队。1961年为镇东公社王西大队。1983年为王西村。1990年属城关镇。2001年撤城关镇称东城街道王西村。

王西［Wángxī］地处永宁江王堰西洋马蹄形弯头处，因坐落在王堰西洋西面，故名王西。民国《台州府志》卷四九："黄堰在县东北四里许，近捍海塘，在澄江南岸。"村在堰西，故称黄堰西洋，简为今名。该地原为化工厂区，搬迁后开发商品房，台州市科技职业学院设在此处。聚落呈块状分布，王西路、嘉木路傍村而建。

江南世家小区［Jiāngnánshìjiā Xiǎoqū］2012年正式命名。小区毗邻永宁江及教育园区，体现小区营造的文化气氛，故名。位于嘉木路，建筑面积0.048平方千米。

【王林洋村】［Wánglínyáng Cūn］以村委会驻地王林洋得名。三面环永宁江，南面与埭西村相接。辖区总面积1.1平方千米，下辖王林洋1个自然村，12个村民小组。

1947年为镇东乡第十七保，称王林杨。1951年为镇东乡第七村。1956年为丰收一社。1961年为镇东公社王林洋大队。1983年称王林洋村。1989年属城关镇。2001年1月撤城关镇，2月称东城街道王林洋村。已获批整体旧村改建。

王林洋［Wánglínyáng］系村委会驻地。距东城街道办事处7千米。据《黄岩县志》载，1352年，泰不华率水军与方国珍战于王林洋江上，兵败殉难。近年，永宁江水系改道，该处U形弯头已裁弯取直，村道向南经绿汀路直通82省道。聚落呈团块状分布，王林洋路、新洋北街穿村而过。

新洋花园［Xīnyáng Huāyuán］2015年正式命名。小区北靠翠屏山，四周被永宁江环绕，具有极佳的生态和居住环境，故名。东至新洋环路，南至用地边界，西至新洋西街，北至新洋北街。总建筑面积0.223平方千米，容积率1.99，绿化率32%。地下室一层，地上由20幢18层高层和1幢独立3层商办用房组成，套式住宅1242套。

【双浦村】［Shuāngpǔ Cūn］以村委会驻地双浦自然村得名。东至江口街道白石王村，南至江口山下郎村，西至埭东村，北临永宁江。面积1.5平方千米，446户，1425人。下辖双浦、双浦桥头2个自然村，12个村民小组。1947年称仙浦。1956年为红旗高级社。1961年为镇东公社双浦大队。1983年为双浦村。2001年2月称东城街道双浦村。建有文化礼堂。

双浦 [Shuāngpǔ] 原称仙浦，该地有两条浦：东浦和西浦，合称双浦。《清同治光绪年间新定县境总图》称仙浦。系村委会驻地，距东城街道4.5千米。双浦发源于方山（永宁山），相传古时有两位仙人在此下棋，故名仙浦。现建成新住宅区，叫双浦新村。永高公司新厂区设在该地。甬台温铁路过境。聚落呈点块间布状，多杨、叶姓。有小地名杨家里、叶家里、童家。

双浦桥头 [Shuāngpǔqiáotóu] 早年浦上有座石桥，多居于桥边，故名。东邻双浦新村，南邻炮台岗，西与红三村相邻，北至82省道。面积约0.2平方千米。现村庄因公路建设而改造。聚落呈点块间布状，多郑姓。有小地名张家里、徐家里。黄椒路东西横贯。

【上渚村】 [Shàngzhǔ Cūn] 2018年8月，行政村规模调整，上渚前洋村和上渚后洋村合并为上渚村。村委会以上渚前洋村和上渚后洋村合并得名。村处永宁江东南的陆地上，南为上，故名上渚。东至江口街道江南村，南至双浦村，西、北临永宁江。面积1.6平方千米。下辖上渚前洋和上渚后洋2个自然村，17个村民小组，708户，2413人。村委会驻地原上渚前阳村办公楼。

****【上渚前洋村】** [Shàngzhǔqiányáng Cūn] 以村委会驻地得名。东界白石车村，南与双浦村相邻，西至永宁江，北至上后村。辖区面积0.6平方千米。其中耕地23.1公顷，421户，1487人。下辖1个自然村，10个村民小组。

1947年为镇东乡第十二保，称上渚。1951年为镇东乡第三村。1956年为镇东乡双利高级社。1961年称镇东公社上渚前洋大队。1983年称上渚前洋村。1992年属城关镇。2001年1月撤镇，2001年2月称东城街道上渚前洋村。村建有文化礼堂。2018年8月，和上渚后洋村合并称上渚村。

上渚前洋 [Shàngzhǔqiányáng] 简称上渚，系村委会驻地，距东城街道5千米。地处永宁江边，白石车村西北，故名上渚。因村庄分为两片，南为下，北为上，故称上渚前洋。民国《黄岩县志》称上渚。聚落呈团块状分布，永宁江傍村而过。

* **【上渚后洋村】** [Shàngzhǔhòuyáng Cūn] 以村委会驻地得名。东临江口街道白石车村，南至上前村，西、北至永宁江。面积1平方千米，耕地9.5公顷，辖1个自然村，7个村民小组。287户，926人。

1947年为镇东乡第十一保，称后洋。1951年为镇东乡第二村。1956年为和平社。1961年为镇东公社上渚后洋大队。1983年为上渚后洋村。1992年属城关镇。2001年1月撤城关镇，2月称东城街道上渚后洋村。2018年8月，和上渚前洋村合并称上渚村。

上渚后洋 [Shàngzhǔhòuyáng] 系村委会驻地，距东城街道驻地5.5千米，位于永宁江边、白石车村西北，故名上渚。因该地居北，故名上渚后洋。民国《黄岩县志》称上渚。聚落呈团块状分布。

【红三村】 [Hóngsān Cūn] 以村委会驻地合作化时的红旗三社得名。东至双浦桥头，西至二环东路，南至东官河，北至82省道。辖区面积1.5平方千米，其中耕地1.9公顷，下辖红三墙里、后洋、东屋3个自然村，14个村民小组。驻地红三墙里。人口550户，1843人。

1947年属镇东乡第十五保，称闸门头后洋。1951年为镇东乡第十一村。1956年为红旗三社。1961年称镇东公社红四大队。1983年为镇东乡红四村。1992年属城关镇。2001年1月撤城关镇。2001年2月为东城街道红三村。

红三墙里 [Hóngsānqiánglǐ] 系红三村委会驻地，位于朱砂街以北，位于东城街道东北2千米。早年有姓孙大户居此，四周建有围墙，门前立有牌坊，故名墙里。1992年因重名改称红三墙里。聚落呈团块状分布。

红三后洋 [Hóngsānhòuyáng] 位于朱砂街以北，距东城街道2千米。该地原属闸门头片村，因位于闸门头北部的田垟中，故名后洋。1992年因重名改称红三后洋。民国《黄岩县志》称闸门头后洋。

东屋 [Dōngwū] 位于前洋北面，墙里东面，故称东屋。属红三村，距离东城街道驻地2.2千米。

东官豪庭 [Dōngguān Háotíng] 2015年正式命名。因位于黄岩东官河畔得名。东至二环东路，南至东官河，西至绿汀路，北至朱砂街。项目规划面积0.113平方千米，一期8幢多层房屋，185套；二期待建。

【红四村】 [Hóngsì Cūn] 以村委会驻地合作化时的红旗四社得名。东至江口街道山下郎村，南至黄毛山，西至樱花小区，北接红三村。总面积2.1平方千米，其中耕地2公顷，林地124.7公顷。下辖前洋、上周2个自然村，13个村民小组。驻地：前洋。

1947年属镇东乡第十五保，称闸门头前洋。1951年称镇东乡第十一村。1956年称红旗四社。1961年称镇东公社红四大队。1983年称红四村。1992年属城关镇。2001年1月撤城关镇，2月称东城街道红四村。建有文化礼堂。该村因通台州快速公路整村拆除建新区。

前洋 [Qiányáng] 系红四村委会驻地，距东城街道驻地2千米。该地原称闸门头，民国《黄岩县志》有载。因位于闸门头南部田垟，故名前洋。区武装部迁至此地。

上周 [Shàngzhōu] 古时闸门头一带为江河泥沙沉积的沙洲，因地处水闸上方，故名上洲，谐音为上周。距东城街道驻地1.5千米。民国《黄岩县志》称闸门头上周。

第四节 经联社

小东门经联社 [Xiǎodōngmén Jīngliánshè] 经联社因坐落在老县城东边城门而得名。东至食品街，南至老热电厂，西、北均为东官河。原有耕地数百亩，逐年被企事业单位征用，剩余耕地0.7公顷，人口160人。驻地：小东门路21号。辖区内有滨江世纪指挥部、交通大厦、桔洲新村等。

1960年前属城关镇九峰丰产场。1960年年底九峰丰产场分为九峰大队和小东门大队。2001年2月为东城街道小东门经联社。

小南门经联社 [Xiǎonánmén Jīngliánshè] 经联社以地处老县城小南门而得名。东至方山路，南至方山下村，西至劳动南路，北至老招待所。区域穿插在百花、砚池、城外洲、方山4个社区之间。原有土地33.3公顷，柑橘13.3公顷，逐年被企业征用完毕。户籍关系在各社区，共有513户，1700多人。驻地环城南路1-23号副食品市场楼上。下属企业有家俬城、副食品市场、丽都宾馆等。辖区内有利民皮鞋总厂、曙光化工厂、中国银行等。

1951年土改时称金鸡村、花园村、施平村。1956年合作化时为城南一社。1961年改为城关镇良种场大队。1981年5月改称小南门经联社。2001年2月称东城街道小南门经联社。

外东浦经联社 [Wàidōngpǔ Jīngliánshè] 经联社因地处东城街道外东浦得名。东至王东村，南临东浦路，西至永宁江，北至王西村。驻地东浦路418号。453户，1198人。户籍因拆迁分布到紫荆、白杨、大桥等小区。

1958年公社化时称城关镇东方红大队。1984年称外东浦经联社。2001年2月称东城街道外东浦经联社。

九峰经联社 [Jiǔfēng Jīngliánshè] 经联社因辖地在九峰山麓故名。户籍区域分布在山亭、九峰、方山、百花、桔乡、塔苑等社区。现土地已全部征用，仅有山林120公顷（九峰山）。519户，1550人。驻地山亭街34号，集体经济收入主要是出租店面，九峰路福聚门、青年东路老九峰饭店均属九峰经联社，固定资产上千万元。

1958年称澄江人民公社城关管理区城东社。1962年称澄江人民公社丰产场，后称九峰大队。1984年3月，城关镇成立14个经联社，九峰大队更名为九峰经联社。2001年2月称东城街道九峰经联社。

公园经联社 [Gōngyuán Jīngliánshè] 经联社因地处九峰公园旁边而得名。东邻九峰公园，南至方山路，西至桔乡大道南段，北至九峰。原有4公顷土地均被九峰公园征用，现有居民40多户，140多人。驻地康乐路29弄51号。

1962年称城关镇岙里大队。1984年3月称城关镇公园经联社。2001年2月称东城街道公园经联社。

城中经联社 [Chéngzhōng Jīngliánshè] 经联社因地处城区中心以原城中大队得名。四周均为居民住宅和商店，东至阳光大酒店，西至西城新堂村，南至横街路，北至王西村，驻地司厅巷3号。黄岩新华书店均在附近。400户，1000多人，土地4.7公顷，固定资产2000多万元。辖区内有百货总公司、影城、区农业银行、华侨大楼、桔都大酒店等单位。

土改时称城中村。1962年为城关镇城中大队。1979年为城中大队管委会。1984年称城中经联社。2001年2月称东城街道城中经联社。

第五节 道路街巷（不含主城区）

梅关路 [Méiguān Lù] 位于东城街道。南起仪凤街，北接二环南路。长1.3千米，宽14米。十里铺古有“梅关”，路以此得名。2004年命名。

澄江路 [Chéngjiāng Lù] 位于东城街道。1992年建成。东至埭东路，西起王东路。长1.3千米，宽12米。因靠近永宁江，20世纪前，永宁江又称澄江，故名。1995年命名。

王东路 [Wángdōng Lù] 位于东城街道东北。南起黄椒路（S325省道），北至王东村。长0.4千米，宽11米。因地处王东村得名。1991年建成，1995年命名。

柔极路 [Róují Lù] 位于东城街道东北。南起黄椒路（S325省道），北至永宁江江边。长0.5千米，宽12米。以永宁江上游主要支流柔极溪命名。1991年建成，1995年命名。

元同路 [Yuántóng Lù] 位于东城街道。南起黄椒路S325省道，北至永宁江江边。长0.6千米，宽

7米。以永宁江上游支流元同溪命名。1992年建成，1995年命名。

龙浦路 [Lóngpū Lù] 位于东城街道。南起黄椒路，北至永宁江江边。长0.6千米，宽9米。以北城永宁江支流龙山浦命名。1992年建成，1995年命名。白鸽集团厂房位于此路。

绿汀路 [Lǜtīng Lù] 位于东城街道。与龙浦路并行。南起黄椒路，北至永宁江裁弯取直段。长0.8千米，宽6米。汀为江边小洲，绿汀意为道路绿化，打造宜居城区。1992年建成，1995年命名。

埭西路 [Dàixī Lù] 位于东城街道。与绿汀路并行。南起82省道，北至埭西村。长0.4千米，宽6米。因该路通埭西村，故名。1992年建成，1995年命名。

埭东路 [Dàidōng Lù] 位于东城街道。南起82省道，北至埭东村，长0.4千米，宽15米。路以埭东村得名。1992年建成，1995年命名。

第二章　南城街道

第一节　概　述

南城街道 [Nánchéng Jiēdào] 乡级行政单位。在城区南部。东与路桥区桐屿街道接壤，南与院桥镇、高桥街道毗邻，西与西城街道相连，北与东城街道接界。总面积17平方千米。户籍人口7273户，2.5万人。以地处城区南部得名。原名鼓屿，俗称土屿。清光绪《黄岩县志》卷一："土鼓屿，在县南十二里，状如覆缶，登者以足踢之，则有声如鼓。"清时属南城都1～2图，鼓屿乡25都1～3图，50都1图。1947年分属城南镇、院桥区鼓屿镇。1949年5月设立鼓屿乡。1956年，羽山乡的蔡家洋、民建村，药山乡的横山头、药山、下洋山、鱼沉、金寺堂、吉岙杨村并入鼓屿乡。1958年称鼓屿管理区。1961年为鼓屿人民公社，属澄江区。1983年复为鼓屿乡。1992年设城关镇南城办事处。2001年撤销城关镇，设南城街道。地势东高西低。东、北为丘陵，西、南皆平原。东西最大距离为5.9千米，南北最大距离为6.5千米。街道办事处驻地十里铺南汇路2号。辖金寺堂、鱼沉、横山头、吉岙、下洋山、药山、方山下、民建、官庄梁、蔡家洋、义屋、山后、十里铺、新桥头、山前、墙里、南洋17个行政村。2015年11月，全区行政村规模调整，山前与官庄梁合并为山前村。共16个行政村。2018年8月，行政村规模调整，南洋村、墙里村合并为墙洋村；义屋村、新桥头村合并为义新村；金寺堂村、鱼沉村、横山头村合并为璜山头新村。调整后辖12个行政村，有157个村民小组。有幼儿园9所，中小学4所。街道灯光篮球场1个。医院1家。文化站1个。建有山前等生态宜居村。有闹湖船、十里铺高跷、十里铺抬阁、黄岩道情、汪氏戏衣制作技艺、陡门宫庙会等6项被列入市级非物质文化遗产名录。鼓屿办公楼建筑具中华人民共和国成立初期时代特色。曾涌现出中华人民共和国"两院"院士罗宗洛、经济学家张友仁、"石油之子"张文昭等历史文化名人。

农业主种水稻和柑橘、杨梅、蔬菜等果蔬。名优特产药山杨梅，绿色环保农产品"蔡家洋本地早"。工业有塑料模具等产业。有十里铺、十院路2个工业区。黄岩电子商务产业园建成开业，引进阿里巴巴台州代理商联宇科技，引进注册企业500余家。第三产业有商业网点和物流配送。国道两旁多物流企业。十里铺村2015年入选"中国淘宝村"。沈海（G15）高速、京福（G104）国道过境。县道十路线、十沙线等。通203路等多条公交线路。

从地名专名来看，辖区内居民点地名有以下特征。①以地理位置命名。如：十里铺、方山下、山前、山后等。②以自然地理实体命名。如：药山、下洋山等。③以人工建筑、水利设施命名。如：义屋、光明桥、羽山闸等。④以姓氏加地理位置命名。如：童桥里、官庄梁、东岙林、蔡家洋等。⑤以民间作坊、古书院及古神庙命名。如：麻车里、樊川里、金寺堂等。

从地名通名来看，辖区内居民点地名主要有：①移借山、岙、洋、河等自然地理实体通名；②移借表示这一带地方的里、头等方言字通名；③移借屋、铺等住宅、古交通驿站等通名。

第二节　行政村

【十里铺村】[Shílǐpù Cūn] 以村委会驻地十里铺得名。东与药山相接，南与下洋山村为邻，北接方山下村，西界民建村、山后村。区域面积1.6平方千米，耕地1.8公顷，林地20.4公顷。辖1个自然村，11个村民小组。驻地十里铺，772户，2711人。2015年入选"中国淘宝村"。有20世纪50年代建筑鼓屿公社办公楼，九开间，主体建筑为三开间三层楼，整体建筑基本良好。

1951年为鼓屿乡十里铺村。1956年为东升社。1958年为鼓屿管理区十里铺生产队。1961年为鼓屿公社十里铺大队。1983年为十里铺村。2001年为南城街道十里铺村。

十里铺 [Shílǐpù] 系十里铺村驻地，南城街道驻地也在该村，村委会距街道办事处0.5千米。宋至清，该地有驿站，古时十里为一铺，此地离县城约10华里，故名。古称路口浦。《浙江古今地名词典》："（十里铺）为明洪武初置，后以距县城十里，遂作今名。"该村作坊式企业和托运站较多，大小企业约500家，塑料加工厂尤多，星威国际家居有限公司是全国唯一一家连续两年获广交会出口产品设计金奖的公司。南官河、G104国道穿村而过。多家物流企业紧挨104国道。有市非物质文化遗产抬阁、高跷。有梅关、柳桥、香积寺等古遗址。有佛教的崇善寺与道教的陡门宫。现代植物生理学家罗宗洛是十里铺人。

【民建村】[Mínjiàn Cūn] 以村委会驻地1956年民建高级社得名。东与方山下村相连，南与山后村为邻，北界西城横河村，西界蔡家洋村，区域面积为0.5平方千米，耕地2.71公顷，林地1.6公顷，322户，968人。下辖羽山闸、卖盐桥2个自然村，7个村民小组。

1951年为羽山乡老闸村。1956年为鼓屿乡民建高级社。1961年称鼓屿公社民建大队。1983年称民建村。2001年称南城街道民建村。

羽山闸［Yǔshānzhá］因沙埠溪水流较急，在此建造羽山闸，使水流平缓南下，自然村以闸名。该地系民建村委会驻地，位于南城街道驻地西1.4千米，267户，768人，多陈、罗姓。

卖盐桥［Màiyánqiáo］相传早年该桥上做盐市生意，故名。民国《黄岩县志》载有此名。位于南城街道驻地十里铺西北0.9千米，属民建村，27户，79人，多马、杨姓。

【方山下村】［Fāngshānxià Cūn］据县志记载，永宁山在县东2.5千米，石壁峻峙，四望皆方正，俗号方山。村在方山西麓，故名。辖区东与方山相连，南邻十里铺村，北接南门，西界西城横河村，区域面积2.04平方千米，其中耕地0.4公顷，林地84公顷，539户，1828人，辖童桥里、麻车里、樊川里、光明桥4个自然村，设11个村民小组。2014年建文化礼堂。

1947年属鼓屿镇第六保。1951年称童桥里。1956年为鼓屿乡新民高级社。1961年为鼓屿公社方山下大队。1983年为鼓屿乡方山下村。1988年1月属城关镇。2001年为南城街道方山下村。

童桥里［Tóngqiáolǐ］早年有座石桥，村在石桥内侧，居民多姓童，故名童桥里。民国《黄岩县志》载有童桥里。系方山村委会驻地，位于南城街道驻地北1.9千米，195户，723人，多童、周姓。东靠方山，西临104国道及南官河。村口林木蓊郁，为国有林地。知名村办企业有奥迪升塑料机械有限公司，公元集团公元电器有限公司在该地。

麻车里［Máchēlǐ］该地早年有座麻车桥（有榨油作坊），大多聚居该桥内侧，故名。位于南城街道驻地北2.5千米，属方山下村，131户，460人，多张姓。东靠方山，西临104国道及南官河。

光明桥［Guāngmíngqiáo］该地通往民建村的南官河上，有座光明桥，自然村以桥得名。民国《黄岩县志》载有光明桥。该自然村属方山下村，位于街道驻地十里铺北1.1千米，100多户，北至樊川里，东靠方山，西、南界104国道。此处设有阿里巴巴网络台州分公司。

樊川里［Fánchuānlǐ］该地古有御崇院，明代改为朱文公祠，祀朱熹及11位门人，后又改樊川书院与樊川小学，自然村据此而名。1947年属鼓屿镇第六保，称御崇院。1951年称樊川里，属方山下村。距办事处驻地北1.5千米，60户，204人，多邢姓。东靠方山，西临104国道及南官河。

【义新村】［Yìxīn Cūn］2018年8月，行政村规模调整，原新桥头村和义屋村合并称义新村。村委会以义屋村和新桥头村合并后各取首字得名。位于南城街道西部，东至山前、山后村，南至墙洋村，西邻高桥街道杏林村、下浦郑村，北至蔡家洋村。辖区面积0.7平方千米。下辖新桥头、湖月浃、义屋3个自然村。20个村民小组，622户，2155人。村委会驻原义屋村。

***【新桥头村】**［Xīnqiáotóu Cūn］以村委会驻地新桥头得名。位于南城街道西南，东与山前村相连，南与墙里村为邻，西界高桥，北接义屋，区域面积为0.3平方千米，耕地16.4公顷，300户，1084人。辖新桥头、湖月浃2个自然村，下设8个村民小组。

1947年为鼓屿镇第十至十一保。1951年为鼓屿乡新桥头村。1956年为胜利社。1961年称鼓屿公社新桥头大队。1983年称新桥头村。2001年称南城街道新桥头村。2018年8月，和义屋村合并称义新村。

新桥头［Xīnqiáotóu］该地一座新桥横跨永丰河上，由此得名。系新桥头村委会驻地，位于南城街道驻地西南1千米，东与山后、山前接壤，南与墙里为邻，西界蔡家洋，北接义屋。221户，734人，多张姓。民国《黄岩县志》有记载。

湖月浃［Húyuèjiā］属新桥头村，位于街道驻地十里铺西南1.4千米，东至墙里，北接新桥头，南界唐浦庙，西邻下浦郑。村南有湖墙形如月亮，四周河浃环绕，故名湖月浃，又称乌烟浃。1951年称湖月浃。民国《黄岩县志》载有此名。

***【义屋村】**［Yìwū Cūn］以村委会驻地义屋自然村得名。东与山后接壤，南连新桥头，西界高桥，北与蔡家洋为邻。区域面积0.4平方千米，耕地21.8公顷，322户，1071人。下辖义屋1个自然村，12个村民小组。

1947年属鼓屿镇第十二保。1951年为鼓屿乡义屋村。1956年为胜利高级社。1961年为鼓屿公社义屋大队。1983年为鼓屿乡义屋村。2001年2月为南城街道义屋村委会。2018年8月，和新桥头村合并称义新村。

义屋［Yìwū］系义屋村委会驻地，位于南城街道驻地十里铺偏南1千米，西临东南中泾。据明万历《黄岩县志》载，明正统年间张谦、蔡玄商等10人捐谷助赈，而受赐义门，村以此名。相传过去府太爷出大南门去鼓屿，为显示威严，特在此建拱门，清时改义屋。

【药山村】[Yàoshān Cūn] 属南城街道，以村委会驻地自然村得名。三面环山，东接璜山，南接璜山头新村、下洋山，是黄岩区第一大村，区域面积4.5平方千米，耕地74.5公顷，林地118.2公顷，全村1148户，3686人。下辖药山、药山滩、山下3个自然村，20个村民小组。建有文化礼堂。有古刹清修寺。

1951年为药山乡药山村。1956年为鼓屿乡三联社。1961年为鼓屿公社药山大队。1983年为药山村。1988年并入城关镇。2001年2月为南城街道药山村。

药山 [Yàoshān] 据《药山许氏宗谱》记，明永乐时东山许埥辞官回故里，隐居此地开荒种植药材蔬果，故名。清同治年间《山水记》载："药山在县东南十二里，多山园、蔬圃。"系村委会驻地。位于南城街道驻地十里铺东1.5千米，东、北、西三面环山，南至南官河，为黄城重要蔬菜基地之一，药山杨梅远近闻名。

药山滩 [Yàoshāntān] 属药山村。药山溪由北往南注入南官河，山洪暴发时带来泥沙堆积成沙滩，故称药山滩。距南城街道驻地1.1千米，东与横山头为邻，西至十里铺，南接下洋山，北界南官河。66户，198人，多任姓。

山下 [Shānxià] 属药山村。在药山脚下，故名山下。距南城街道驻地东南1.9千米，东至枫树下，北接药山，西、南界104国道。49户，165人。

【山后村】[Shānhòu Cūn] 以村委会驻地自然村山后得名。东与十里铺接壤，南接山前村，西界义新村、蔡家洋村，北接民建村。区域面积0.86平方千米，其中耕地28.2公顷，583户，1881人，辖山后1个自然村，16个村民小组。建于明代的护国庙，是影响较大的古神庙。清代的张寅中举后不仕，授徒传教，有《鼓山集》等著作。

1951年为鼓屿乡山后村。1956年为勤丰高级社。1961年为鼓屿公社山后大队。1983年为山后村。1988年属城关镇。2001年2月称东城街道山后村。

山后 [Shānhòu] 系山后村委会驻地，因地处鼓屿山后面，故称山后。位于街道驻地十里铺西南0.9千米，多张姓。

【山前村】[Shānqián Cūn] 该村坐落鼓屿山南边，故称山前，以村委会驻地自然村得名。东与十里铺村相连，南与墙洋村为邻，西界义新村新桥头，北接山后村。区域面积0.8平方千米，其中耕地7.6公顷，人口567户，1797人。下辖山前、官庄梁2个自然村，16个村民小组。

1951年为鼓屿乡山前村。1956年为群众社。1961年称鼓屿公社山前大队。1983年称山前村。1988年并入城关镇。2001年2月称南城街道山前村。2015年11月与官庄梁合并，仍称山前村。建有文化礼堂。有明代张羽、清代张敷纪、现代张国华与张友仁等名人。

山前 [Shānqián] 位于南城街道，鼓屿山南面，故称山前。系山前村委会驻地，距街道驻地十里铺1千米，东与官庄梁相邻。400户，1340人，多张姓。

官庄梁 [Guānzhuāngliáng] 位于南城街道驻地十里铺西南0.5千米，山前自然村东面。据传，清代该地设有征收田赋的"官庄"，多姓梁，故称官庄梁，原系官庄梁村委会驻地，2015年11月并入山前村，136户，425人，以陈、梁姓为主。民国《黄岩县志》记，该地有3户梁姓。

【墙洋村】[Qiángyáng Cūn] 2018年8月，行政村规模调整，大南洋村和墙里村合并为墙洋村。村委会以两村各取一字得名。位于南城街道西南部，东至下洋山村，南邻院桥镇梁湖桥村。西邻高桥街道下浦郑村。北接山前村。辖区面积0.69平方千米。下辖大南洋、墙里2个自然村，8个村民小组，418户，1440人。村委会驻地原墙里村办公楼。

***【墙里村】**[Qiánglǐ Cūn] 以村委会驻地墙里得名。东与山前相接，南与南洋为邻，北接新桥头，西界院桥镇。区域面积0.3平方千米，其中耕地14.7公顷，213户，752人。辖墙里1个自然村，4个村民小组。

1951年为鼓屿乡墙里村。1956年为胜利社。1961年称鼓屿公社墙里大队。1983年称墙里村。1988年并入城关镇。2001年2月称南城街道墙里村。2018年8月，和大南洋村合并称墙洋村。

墙里 [Qiánglǐ] 因该地过去有大户人家，四周筑有高墙，故名墙里。系墙里村委会驻地，位于街道驻地十里铺西南1.2千米。207户，699人，多张姓。

***【大南洋村】**[Dà'nányáng Cūn] 以村委会驻地大南洋自然村得名。位于南城街道西南部，东与下洋山相连，南与院桥为邻，西界高桥街道，北接墙里。区域面积0.4平方千米，其中耕地18公顷，205户，688人。下辖大南洋1个自然村，4个村民小组。

1947年为鼓屿镇第十保。1951年为鼓屿乡南洋村。1956年为胜利社。1961年为南洋大队。1981年8月因重名，更名大南洋大队。1983年称大南洋村。2001年2月称南城街道大南洋村。2018年8月，和墙里村合并称墙洋村。

大南洋 [Dà'nányáng] 系大南洋村委会驻地，该地坐落在鼓屿山之南，地势较低，每逢发洪水时，沙埠、高桥上面的山水涌向该地，一片汪洋，故称大南洋。该地距南城街道驻地1.3千米，199户，627人，多张、牟姓。明万历县志就记有南洋地名。

【璜山头新村】[Huángshāntóu Xīncūn] 2018年8月，行政村规模调整，原横山头、鱼沉、金寺堂3个行政村合并称璜山头新村。村委会以3个行政村合并得名。东与路桥区桐屿街道坝头村相邻，南与路桥区螺洋街道岙王村接界，西至下洋山村，北至药山村和104国道。辖区面积2.04平方千米。下辖金寺堂、璜山头、鱼沉3个自然村，17个村民小组，783户，2501人。村委会驻地原璜山头村办公大楼。

*【横山头村】[Héngshāntóu Cūn] 以村委会驻地横山头得名。位于南城街道南端，104国道西侧，东与路桥小稠村相连，南接鱼沉，西界下洋山，北接药山。区域面积0.7平方千米，其中耕地29.6公顷，林地14.4公顷，下辖横山头1个自然村，9个村民小组。440户，1370人。

《清同治光绪年间新定县境总图》标有横山头。民国初称飞凫乡璜山头。1951年为药山乡横山头村。1956年为鼓屿乡和平社。1961年称鼓屿公社横山头大队。1983年称横山头村。2001年2月称南城街道横山头村。2018年改为璜山头。2018年8月，和金寺堂村、鱼沉村合并称璜山头新村。

横山头 [Héngshāntóu] 系横山头村委会驻地。位于从小稠方向延伸过来的“璜山”南端，故称横山头。位于南城街道驻地东南2.3千米，北靠山，104国道和南官河并列从村北穿过。聚落呈团块状分布。多任、叶姓。草席编织为传统产业。

*【金寺堂村】[Jīnsìtáng Cūn] 以村委会驻地金寺堂得名。位于南城街道东南部，东与路桥坝头、桐屿相连，南与鱼沉为邻，北接桐屿小稠，西界横山头村。区域面积0.1平方千米，178户，569人。下辖金寺堂1个自然村，4个村民小组。

1947年属竞存乡第八保。1951年为药山乡金寺堂村。1956年为鼓屿乡和平高级社。1961年为鼓屿公社金寺堂大队。1966年更名为立新大队。1981年恢复原名。1983年为鼓屿乡金寺堂村。1988年属城关镇。2001年2月称南城街道金寺堂村。2018年8月，和横山头村、鱼沉村合并称璜山头新村。

金寺堂 [Jīnsìtáng] 该地有座尼庵“寄母堂”，堂前有金寺山，村以寺名。《清同治光绪年间新定县境总图》标为“金字堂”。系金寺堂村委会驻地，位于南城街道驻地十里铺东南3.5千米，南靠金寺山，南官河和104国道傍村而过。

*【鱼沉村】[Yúchén Cūn] 位于104国道南，东与金寺堂相连，南邻螺洋，西界吉岙，北接横山头。以村委会驻地得名。区域面积0.7平方千米，其中耕地19公顷，林地28.8公顷，人口165户，562人。下辖鱼沉1个自然村，4个村民小组。村中建有文化礼堂。

1947年属竞存乡第八保。1951年为药山乡鱼沉村。1956年为鼓屿乡和平社。1961年称鼓屿公社鱼沉大队。1983年称鱼沉村。2001年2月称南城街道鱼沉村。2018年8月，和金寺堂村、横山头村合并称璜山头新村。

鱼沉 [Yúchén] 系鱼沉村委会驻地，位于街道驻地十里铺东南3.5千米，东西南三面环山，因该地有块乌皮鲤岩，状似乌皮鲤陷于此，故名鱼沉。人口165户，562人，多任、周姓。民国《黄岩县志》称“吴陈”。今称鱼沉。

【下洋山村】[Xiàyángshān Cūn] 以村委会驻地下洋山得名。位于十院线旁，东与璜山头新村、吉岙村相连，南与院桥镇为邻，西界墙洋村，北接十里铺。区域面积1.5平方千米，其中耕地53.5公顷，林地10公顷，522户，1720人。辖东洋、中洋、西洋3个自然村。

明万历《黄岩县志》:“下洋山，在县南十八里。”1947年为永宁乡第一保。1951年为药山乡下洋山村。1956年为鼓屿乡联盟社。1958年为鼓屿管理区下洋山生产队。1961年为下洋山大队。1967年称东方红大队。1981年8月因重名恢复下洋山大队。1983年称下洋山村。2001年2月称南城街道下洋山村。

东洋 [Dōngyáng] 因地处村境东部平垟中，故称东洋。位于南城街道驻地南偏东1.7千米，属下洋山村，人口81户，292人，多鲍、许姓。民国《黄岩县志》载有下洋山东洋。

中洋 [Zhōngyáng] 因地处下洋山村中部平垟，故称中洋。系下洋山村委会驻地，位于南城街道驻地南偏东1.6千米，198户，709人，多沈、王姓。

西洋 [Xīyáng] 因地处村境西部平垟，故称西洋。属下洋山村，位于南城街道南1.7千米，162户，575人，多任、张、章姓。民国《黄岩县志》载有下洋山西洋。

【蔡家洋村】[Càijiāyáng Cūn] 以村委会驻地蔡家洋得名。位于南城街道西部，东与山后村相连，南与义新村为邻，西界高桥街道杏林村、高丰村，北接民建村、西城街道羽村村。区域面积0.7平方千米，其中耕地12.7公顷。人口410户，1363人。下辖蔡家洋、路上2个自然村，10个村民小组。以蔡家洋冠名的有“蔡家洋本地早”。

明万历《黄岩县志》记有蔡家洋，1947年为鼓屿镇第九保。1951年为羽山乡蔡家洋村。1954年划归鼓屿乡。1956年为信群社。1961年为鼓屿公社蔡家洋大队。1983年称蔡家洋村。2001年2月称南城街道蔡家洋村。

蔡家洋 [Càijiāyáng] 该村地势较低，又是一片平垟（洋），最早有蔡姓聚居，故名。系蔡家洋村委会驻地，位于南城街道驻地西1.5千米，东与义屋为邻，西与路上接壤，北界民建，283户，853人，多张姓。产柑橘，知名产品“蔡家洋本地早”。

路上 [Lùshàng] 该自然村位于沙埠通往黄岩的大路旁，故名。距南城街道驻地十里铺1.8千米，属蔡家洋村，127户，510人，多林、叶姓。

【吉岙村】 [Jí'ào Cūn] 以村委会驻地吉岙得名。地处南城街道南端，东靠山与螺洋相接，南靠山与院桥鉴湖为邻，西接院桥永友村，北界下洋山。区域面积1.6平方千米，其中耕地42.2公顷，林地55.7公顷。下辖吉岙（杨）、东岙林2个自然村，9个村民小组。有407户，1352人。

1951年为店头乡吉岙村。1954年划归药山乡。1956年为鼓屿乡联盟社。1961年为鼓屿公社吉岙大队。1983年为鼓屿乡吉岙村。2001年2月为南城街道吉岙村。村中建有文化礼堂。

吉岙 [Jí'ào] 早年因山岙中葛藤遍地，故称葛岙，谐音吉岙。系吉岙村委会驻地，位于南城街道驻地东南2.9千米，三面环山，北有小河通南官河，410户，1416人，多杨姓。又称吉岙杨。吉岙杨氏宋朝由福建迁徙而来。《清同治光绪年间新定县境总图》标有“葛岙”。

东岙林 [Dōng'àolín] 因地处吉岙村之东，多姓林，故称东岙林。属吉岙村，人口300多人。位于南城街道驻地十里铺东南3千米，西北通南官河。《清同治光绪年间新定县境总图》标有“岙林”。

第三节　道路街巷

土屿街 [Tǔyǔ Jiē] 东起十院路，西止新桥头，长1.8千米，宽12米。路沿用历史惯名。2003年正式命名。

鼓屿新街 [Gǔyǔ Xīnjiē] 东起十院路，西止东南中泾，长0.9千米，宽21米。因位于鼓屿新建街道，故名。1997年建成并正式命名。

文阳路 [Wényáng Lù] 东起十院路，西至山后路，长0.4千米，宽8米。路以小地名“文阳”得名。2003年正式命名。

山后路 [Shānhòu Lù] 南起文阳路，北至双莲路，长0.3千米，宽10米。此路通往山后村，故名山后路。2003年正式命名。

十高路 [Shígāo Lù] 东起十院路，西至西官河，长1.8千米，宽16米。系十里铺至高桥公路，故名。2003年正式命名。

双莲路 [Shuānglián Lù] 东起十院路，西至双莲池，长0.4千米，宽15米。路以双莲池得名。2003年正式命名。

丰立路 [Fēnglì Lù] 东起十院路，西至卖盐桥，长0.8千米，宽36米。路以“浙江丰立机电有限公司”的“丰立”两字命名。

卖盐桥路 [Màiyánqiáo Lù] 东起南经路，西至卖盐桥，长0.3千米，宽10米。2003年正式命名。

南汇路 [Nánhuì Lù] 东起104国道，西至下汇，长0.3千米，宽26米。系南城至下汇公路，故名南汇路。2003年正式命名。

十院路 [Shíyuàn Lù] 南起下洋山村，北至十里铺三角马路，长0.2千米，宽36米。系十里铺至院桥公路，故名。2003年正式命名。

双友路 [Shuāngyǒu Lù] 南起文阳路，北至南汇路，长0.8千米，宽18米。路以“黄岩双友塑料厂”的“双友”命名。2004年正式命名。

第三章　西城街道

第一节　概　述

西城街道 [Xīchéng Jiēdào] 乡级行政单位。区人民政府驻地。在城区西部，永宁江以南。东与东城街道接壤，南与南城街道、高桥街道毗邻，西与澄江街道、新前街道相连，北与北城街道接界。总面积24.8平方千米。户籍人口2.3万户，6.6万人。以地处主城区西部得名。清雍正年间始称西城都。清光绪《黄岩县志·建置》卷七："至雍正十一年……在城分四都领八图。"西城都分一图二图。1947年属县城镇和头陀区万全乡、孝友乡。1949年设城西镇，属城关区。1958—1959年与澄江区合并后又分离，称西江分社，由城关人民公社管辖。1961年直属城关镇。1981年设城西街道办事处，属城关镇。2001年由城关镇西部析建西城街道。历为黄岩县（市）治所在地。地处河谷平原，地势低平，永宁江、西官河、西江等河流纵横交错。辖区东西最大距离4.6千米，南北最大距离6千米。街道办事处驻环城西路。辖锦江、江北、县前、西街、永宁、江滨、双江、梅园、西江、迎春、西苑、南苑、锦都共13个社区，新堂、半洋洪、岙岸、罗家汇、东路、大树下、半洋张、下埭头、半洋王、路边、雅林、霓桥、半洋崔、汇江、羽山、横河、岭下殿、霓桥金、羽村、岭下、西洋郑、后洋共22个行政村。2018年8月，行政村规模调整，半洋崔村和岭下村合并为红旗村，下埭头村并入迎春社区，半洋张村并入西苑社区，汇江村并入孝友社区，西洋郑村并入南苑社区。调整后辖17个行政村，14个社区。大桥、西江、宁场、大直、五洞桥等5个经联社。有公办幼儿园1所、民办幼儿园16所，小学4所，民办小学3所，中学2所，卫生学校1所。有台州市黄岩区中医院，台州市黄岩区第三人民医院等。有三星级以上旅游宾馆2家。建有西街社区、下埭头、西洋郑、西苑、半洋张、后洋村及双江社区等文化礼堂，文化艺术团体5个。公共图书室1个。有孔庙、五洞桥、委羽山大有宫3处省级文物保护单位。西江闸、延寿宫、江若幹宅、三洞桥、中共台属机关旧址（原淑德小学）等5处区级文物保护单位。漆金木雕被列入省级非物质文化遗产名录。有桥上街千年古街。有清代毛恕可宅，民国初期福建厦门要塞司令项禹言宅和陈舜道宅，以及青年西路20世纪50年代的黄岩师范教学楼和60年代的大礼堂宿舍楼等历史建筑。有南宋时出了28位进士的赵氏一族。有明崇祯皇帝亲书"清介第一"的进士吴执御、民国陆军上将方策等历史文化名人。建有永宁公园及西江东岸景观带。2010年起兴建博物馆、西城中学、黄岩书城、射击馆、游泳馆等文教体设施。

农业主要种植水稻、柑橘。工业生产模具及配套产品为主。建有岙岸、新堂2个工业园区。第三产业有商业网点和物流配送。东北部为城区商贸零售业中心。重要建筑物有区政府大楼、耀达酒店、区社保中心、旗隆万豪酒店、大环家园等。有自来水公司、长途汽车台州客运西站等。G15（沈海）高速南北穿境。主要公路有黄椒线（S325）省道、县道黄前线、岙横线、长南线等。主要街巷有青年西路、金带路、天元路、横街、西街、直下街等。

从地名专名来看，辖区内居民点地名有以下特征。①以地理位置命名。如：江北、县前、西街、山西、岭下、路边等。②以典型自然地理特征命名。如：汇江、坦田、横河、高洋、滨江、羽山洞等。③以地理位置加姓氏命名。如：半洋王、前登陈、西洋郑、桥头吴、岭下葛、后洋喻等。④以方位加方言字后缀命名。如：中央大、后大、前头、霓桥下底等。⑤以水利设施、民间作坊及古神庙命名。如：三洞桥、霓桥、前麻车、后麻车、岭下殿、前头堂等。

从地名通名来看，辖区内居民点地名主要有：①移借江、河、洋、岗等自然地理实体通名；②移借大、下底、头等方言字通名；③移借寺、堂、殿等民间神庙通名。

第二节　社　区

【双江社区】[Shuāngjiāng Shèqū] 地处永宁江与西江交汇处，故名。东至西江，南至西官河，西至二环西路，北至后洋新村及永宁江。辖区面积0.9平方千米。2002年7月前为桥上街居民委员会。2002年7月后成立双江社区居民委员会。社区驻地卷洞桥路5号。总人口6300人，其中常住4000人，流动2400人，下辖6个小区，15个居民小组。

双江小区 [Shuāngjiāng Xiǎoqū] 属双江社区。2002年正式命名。地处西江与永宁江汇合处而名。东起西江，西至玉兰新村，南至西官河，北至新城路东段。占地面积0.061平方千米，有18幢高层住宅，662户。

玉兰新村 [Yùlán Xīncūn] 属西城街道双江社区。1995年正式命名。体现西花东木秀丽环境，以玉兰花得名。东邻双江小区，南界西官河，西至二环西路，北界世纪大道，建筑面积0.052平方千米。730户，2312人。

江景公寓 [Jiāngjǐng Gōngyù] 位于西城街道二环西路东侧，毗邻永宁公园。该公寓靠近永宁江，故名。东临后洋新村，西至二环西路，南至九龙街，北靠永宁公园，有高层住宅楼6幢。占地面积0.089平方千米。100户，323人。

【梅园社区】 [Méiyuán Shèqū] 属于西城街道。浙江省文明社区。社区以驻地梅园新村得名。梅园命名体现黄岩城宜居环境西花东木的总体规划，寓意居民人美心也美，以梅花取名。东至二环西路，南界复元西路，西至高速公路，北至永宁江南岸。成立于2002年7月，辖区面积1.2平方千米。社区驻地梅园新村27幢2单元。总人口2588人，其中常住人口2168人，流动人口420人，下辖新天地华庭小区、梅园新村2个小区。有黄岩卫生学校等单位。

新天地华庭小区 [Xīntiāndìhuátíng Xiǎoqū] 位于西客站北面。2007年正式命名，意为开创新的天地，打造华贵的居住空间。东起二环西路，西至待开发用地，南到客运西站，北至天元路。建筑面积0.028平方千米，其中住宅面积为1.5万平方米，商业建筑面积为1.3万平方米，主要由2幢18层高楼建筑组成。办公在新天地广场楼上。内有建材数码城。110户，400人。

梅园新村 [Méiyuán Xīncūn] 属梅园社区。东至二环西路，南至西官河，西至新堂工业园，北至世纪大道。1995年正式命名，2002年建成。面积0.065平方千米。800户，2600人。

亿邦豪庭 [Yìbāng Háotíng] 2014年正式命名。寓意众人帮助之意，故名。东至二环西路，南至站前大道，西、北至规划道路。总建筑面积0.095平方千米，容积率2.5，绿地率30%，广场面积3700平方米，由11幢17+1层高层建筑组成，共412户。由梅园社区代管。

【迎春社区】 [Yíngchūn Shèqū] 2018年8月，行政村规模调整，迎春社区和下埭头村合并为迎春社区。位于西城街道中部，东至西江，南至二环南路，西至二环西路，北至唐元路。辖区面积1.7平方千米，下辖迎春、玫瑰湾2个小区，鑫城天元商务广场1个，下埭头自然村1个，7个村民小组，851户，2273人。社区办公地址原迎春社区办公楼，玫瑰湾西大门旁西江公园内。

* **【迎春社区】** [Yíngchūn Shèqū] 属西城街道。省文明社区。位于二环西路与天元路交叉口东北角。迎春花开百草香，寓意小区民众对未来的美好憧憬，故名。南至二环南路，西至二环西路，北至西江新村，东至西江。有高层住宅楼38幢，5个小区，2002年7月成立，社区驻迎春小区一楼服务厅。户籍人口526户，1190人。常住8034人，流动人口1300人。辖区面积0.9平方千米。2018年8月，和下埭头村合并仍名迎春社区。

迎春小区 [Yíngchūn Xiǎoqū] 位于西城二环西路与天元路交叉口。寓意居民对美好生活憧憬而名。东与东路村相接，南至天元路，西至二环西路，北至唐元路。2000年正式命名。小区占地面积0.1平方千米，有高层住宅楼38幢，970户。

玫瑰湾小区 [Méiguìwān Xiǎoqū] 位于商业街区。玫瑰系高贵优雅之花，小区地处西江转弯处，故名。东至旗隆万豪酒店，东与南均至西江，西至金带路，北至天元路。建于2009年。建筑面积0.053平方千米。970户，1095人。

鑫城天元商务广场 [Xīnchéngtiānyuán Shāngwù Guǎngchǎng] 位于西城街道商业街区。初名为怡和家园。因地处天元路以南，鑫城系新城谐音而名。2006年正式命名。东起金带路，西到二环西路，南到中干河渠道，北至天元路，有多幢高层住宅楼。占地面积0.15平方千米。1343户，4029人。设有分别为6088平方米和3449平方米敞开式的休闲、商务广场。

* **【下埭头村】** [Xiàdàitóu Cūn] 属西城街道，位于黄岩商业街区，地处西江中段的埭坤，故名。位于西城街道驻地南1.5千米。东邻西江，南接雅林村，西与路边、半洋张接壤，北与东路村为邻，区域面积0.8平方千米，下辖下埭头自然村，7个村民小组，325户，1083人。有黄岩区博物馆、黄岩区射击馆等，还有颇具规模的嘉应庙。

1947年为孝友乡第十九保。1951年为孝友乡第四村。1956年称新（星）光高级社。1961年称孝友公社下埭头大队。1984年为红旗乡下埭头村。1992年称西城街道下埭头村委会。2018年8月，行政村规模调整，并入迎春社区。

下埭头 [Xiàdàitóu] 系下埭头村委会驻地，距西城街道驻地1.2千米，位于西江中段埭坤下故名。264户，1010人，村中多缪、黄两姓。民国《黄岩县志》有记载。

【南苑社区】 [Nányuàn Shèqū] 2018年8月，行政村规模调整，西洋郑村、南苑社区合并为南苑社区。位于西城街道中东部，东至劳动南路，南至二环南路，西至西江，北至南官河金带河段。区域面积0.6平方千米，下辖西洋郑1个自然村，4个村民小组。有7个小区。672户，1885人。社区办公地址原南苑社区办公楼，嘉丽阳光苑5号楼二楼东大门。

西洋郑小区 [Xīyángzhèng Xiǎoqū] 位于西城商业街区。系西洋郑村改造拆建而名，建于2009年。东至嘉丽阳光广场，西至迎薰路，南至二环南路，北至引泉路。建有17幢高层住宅楼群。894户，2680人。

尚品南郡小区 [Shàngpǐnnánjùn Xiǎoqū] 2012年正式命名。寓意为崇尚小区品质，南郡表示小区位置，营造一个引领潮流的高尚品味住宅小区，故名。东至劳动南路，南邻规划路，西至规划路，北靠委羽街。用地面积0.012平方千米，总建筑面积0.026平方千米。（暂由南苑社区代管）

巨鼎港湾名府 [Jùdǐnggǎngwān Míngfǔ] 属南苑社区。位于商业街区。2009年正式命名。名字寓意高品位的居住环境是生活的港湾。东至迎薰路，南临二环南路，西至西江，北至引泉路。建筑面积0.063平方千米。339户，1050人。

国贸大厦 [Guómào Dàshà] 位于劳动南路商业街区桥头堡，规划为A02地块。共有两幢高层，一号楼为25层住宅，二号楼为28层。占地1公顷，该大厦为台州黄岩国贸房地产开发有限公司开发，故名。2005年正式命名。

宁锦园 [Ningjin Yuán] 2004年正式命名。寓意美好。东至台州市国土资源局黄岩分局，南至引泉路，西至洞天路，北至南官河，占地面积0.082平方千米。

*【**南苑社区**】[Nányuàn Shèqū] 属西城街道。位于黄岩老城区之南。环境秀美如花园，故名。东界劳动南路，西至西江，南至二环南路，北至南官河金带河段。建于2011年6月。社区驻地迎薰路21号。辖区面积0.4平方千米。总人口8060，常住人口6100人，流动人口1950。户籍人口465户，1209人。下辖嘉丽阳光苑、港湾名府、国贸大厦、宁锦园、嘉丽阳光广场等，住房3500多套。有新华书店、城关中学、大润发商场等。2018年8月，西洋郑村并入南苑社区。

嘉丽阳光广场 [Jiālìyángguāng Guǎngchǎng] 属南苑社区。位于西城商业街区。2009年建。以大众享受嘉丽阳光而名。东至洞天路，南至二环南路，西至西洋郑小区，北至引泉路。建筑面积0.045平方千米。326户，1000人。

嘉丽阳光苑 [Jiālìyángguāng Yuàn] 属南苑社区。位于西城商业街区。建于2008年。以民众生活如旭日东升、阳光灿烂而名。南至引泉路，北边与西边均至西江，区域面积0.044平方千米。570户，1710人。

*【**西洋郑村**】[Xīyángzhèng Cūn] 位于西城街道南部，以村委会驻地得名。距西城街道驻地1.3千米。东至洞天路，南至二环南路，西至迎薰路，北至引泉路。村委会设迎薰路95号。区域面积0.3平方千米，下辖西洋郑自然村，4个村民小组，207户，676人。

1947年属鼓屿镇第七保。1951年属羽山西洋郑村。1955年划归城关镇管辖。1956年为“城南三社”。1961年为红星大队。1966年改名为红光大队。1981年5月因重名改为西洋郑大队。1983年为西洋郑村委会。1992年为西城街道西洋郑村委会。2018年8月，行政村规模调整，西洋郑村并入南苑社区。

西洋郑 [Xīyángzhèng] 系村委会驻地。距西城街道驻地1.3千米。据传古时有郑姓人家居于坦田之西，故名西洋郑（今已无郑姓）。207户，676人，高、胡两姓居多。

【**西苑社区**】[Xīyuàn Shèqū] 2018年8月，行政村规模调整，半洋张村并入西苑社区。位于西城街道中部，东起二环西路，南至天元路，西至浙江黄岩自来水公司，北至罗家汇村及复元西路。辖区面积1.4平方千米。辖半洋张、前麻车2个自然村，8个村民小组，6个小区。944户，2655人。办公地址设原西苑社区办公楼，百合家园39幢后面。

*【**西苑社区**】[Xīyuàn Shèqū] 成立于2003年7月。坐落在黄岩城区西南角城乡接合部。东起二环西路，南至天元路，西至半洋张，北至新堂村交界。由百合家园等小区组成，总计72幢，169个单元，2118户，6192人。户籍人口599户，1407人。面积0.36平方千米。2018年8月，半洋张村并入西苑社区。

百合家园 [Bǎihé Jiāyuán] 2000年始建，至2007年分批建成。东至二环西路，南至天元路，西至新堂村，北至复元西路。共72幢，169单元，2118户，6192人。建筑面积0.303平方千米。居民按建成先后俗称老百合、中百合、新百合、大环明珠、百合颐景园等。大部分为拆迁安置房，部分由房产公司拍卖房产。

*【**半洋张村**】[Bànyángzhāng Cūn] 属西城街道。位于方山与松岩山之间一片平洋之中，早期住户张姓于此立业，故名。以村委会驻地得名。东邻西苑社区，南至半洋洪村，西与半洋王村接壤，北靠罗家汇村及新堂村。辖半洋张、前麻车自然村，下设8个村民小组，区域面积0.6平方千米，耕地1.31公顷，345户，1248人。有西江小学等。

1947年为孝友乡第十五保。1951年属孝友乡麻车村。1956年称利民高级社。1961年称孝友公社麻车大队。1981年因重名改为半洋张大队。1983年为红旗乡半洋张村。1988年并入城关镇。1992年5月称西城街道半洋张村委会。2018年8月，行政村规模调整，并入西苑社区。

半洋张 [Bànyángzhāng] 系村委会驻地，古代原为张姓于此立业而名。距西城街道驻地1.9千米。

205户，601人，多张、方姓。民国县志载有此名。

前麻车 [Qiánmáchē] 属半洋张村，因新堂与半洋张村交界处有一座榨油坊，以坊分为前麻车与后麻车。位于西城街道驻地西南1千米。120户，453人。民国县志载有此名。

【锦都社区】 [Jīndū Shèqū] 属西城街道。因锦都家园得名。2016年10月正式批准命名。东至二环西路和黄石大道，南至委羽街，西至松岩路，北至天元路。社区办公用房设锦都家园19幢。下辖锦都家园1个小区，住房建筑72幢，2115套。

锦都家园 [Jīndū Jiāyuán] 位于二环西路西面，2006年正式命名。寓意小区环境锦绣，故名。东至二环西路，西至松岩路，南至二环南路延伸段，北至天元路。为拆迁安置小区。建筑面积0.266平方千米。住宅有72幢高层建筑，2115套，营业用房30间。

【县前社区】 [Xiànqián Shèqū] 属西城街道。位于原县前居委会而名。2002年7月成立。由原大北门、西街、桥上街、学前、直下街居委会合并组成。土改时与大直居同属城北镇。1959年后属大桥分社。1961年属城关镇。1967年改为人民东路居委会，大直改为红旗二居。1977年改名人民路居委会。1981年5月改称今名，1987年改为县前居委会。辖区面积0.7平方千米。社区驻地西城街道大环家园2-302室。东至劳动北路，南至青年西路（东段），西至塔院头路（南段），北至永宁江。建有楼房18幢，1277户。总人口3849人，常住人口3043人，流动人口806人，下辖县前小区、大环家园等小区。

县前小区 [Xiànqián Xiǎoqū] 属县前社区。位于原县前居委会。2001年成立。东至劳动北路，南至青年西路，西至塔院头路，北至永宁江河。建有多层建筑18幢，637户。其中安置房建筑面积0.032平方千米。

大环家园 [Dàhuán Jiāyuán] 属县前社区。位于区政府大楼西侧。建于2004年。因傍大环线而名。南起后巷，西至中巷，北至世纪大道，东至塔院头路。共4幢高层住宅，640户。区域面积0.01平方千米。

* **【西街社区】** [Xījiē Shèqū] 属西城街道。位于黄岩旧城原主街之一西街，旧城改造后，社区沿用老街名，故名。东至塔院头路，南至青年西路，北至世纪大道，西至西江。社区成立于2002年5月，由原西街、孟家巷、锦江、桥上街等4个居委会组成。辖区面积0.4平方千米，社区驻地中巷5号。总人口7459人，常住人口6200人，流动人口1259人。下辖西街小区、春江苑等小区。有台州市黄岩区机关幼儿园及西街社区文化礼堂等。

西街小区 [Xījiē Xiǎoqū] 属西街社区。位于区政府大楼西侧。以黄岩旧城千年古街西街为名。2004年正式命名，东起塔院头路，南至青年西路，西至西江，北至后巷。分南、北二区，区域面积0.19平方千米。1553户，3797人。

春江苑 [Chūnjiāng Yuàn] 属西街社区。2004年正式命名。寓意景色秀美。位于世纪大道西江河交界处东南角。东与大环家园相接，南至后巷，西临西江。占地面积5000平方米。248户，744人。

【永宁社区】 [Yǒngníng Shèqū] 属西城街道。位于黄岩旧城西南侧。2002年7月成立。以辖区内永宁街而名。由原永宁、西城、竹场前等3个居委会合并而成。1953年成立仁砚居委会，1984年仁砚居委会改为永宁居委会，1987年，永宁居委会改为西城居委会。社区驻地西城新村5号。东至劳动南路，南至环城南路，西至环城西路，北至横街西路。辖区面积0.2平方千米。总人口5500，常住人口4300，流动人口1200。永宁街为20世纪90年代有名的小商品街。

环城西路38弄 [Huánchéng Xīlù 38 Lòng] 俗称建行新村，属永宁社区。小区位于环城西路与环城南路交叉口东北边，东邻汤家里。因建设银行集资建房而得名。1998建成。占地0.028平方千米，有多层住宅楼9幢，160户。

西城新村 [Xīchéng Xīncūn] 位于环城西路东侧，地处古城西边而名。1985年正式命名。南界环城南路，北界竹场前巷，西界环城西路，东界长潭水库管理局职工宿舍。占地面积0.08平方千米。302户，783人。有台州市黄岩区妇幼保健院等单位。

桥头里 [Qiáotóu Lǐ] 在西城街道。东起永宁街，西至环城西路。因该处有座桥，路在桥之西（里面）故名。以20世纪中期多层住宅建筑为主。

汤家里 [Tāngjiā Lǐ] 在西城街道。东起永宁街，西至环城西路。晚清时期，此地为汤氏族居之地，故名。以20世纪中后期多层住宅建筑为主。

【西江社区】 [Xījiāng Shèqū] 属西城街道。位于西江边上，以驻地西江新村而名。成立于2002年7月。东至西江，南界复元东路，西至二环西路，北至西官河。社区驻地西江新村50幢4单元202室。辖区面积0.3平方千米。总人口5050人，常住人口4350人，流动人口700人，下辖西江新村、黄长路124号等。有台州市黄岩区中心幼儿园等。

西江新村 [Xījiāng Xīncūn] 属西江社区。位于西城街道黄长路南侧，以东临西江而名。东至金带路，南界复元东路，西至二环西路，北界黄长路。建于

1995年。占地面积0.047平方千米。1063户，3189人。

黄长路124号 [Huángcháng Lù124Hào] 俗称天坛新村，属西江社区。位于二环西路东侧，借用北京天坛而名。南至黄长路，西临二环西路，北近西官河路，东接民房。占地面积0.024平方千米。84户，252人。

【江北社区】 [Jiāngběi Shèqū] 属西城街道，位于永宁江北岸，故名。1951年称浮桥居委会。1959年称大桥分社。1961年起属城关镇。1967年改大桥居委会。1981年从劳动居委会分出。江北社区成立于2002年7月，辖区面积1平方千米。社区驻地滨江新村91幢。北至北城街道妙儿桥，东至永宁江，西至永宁江，南至黄岩大桥。总人口6500，常住人口3605人，流动人口2895人，下辖小区2个。有颇具规模的农贸市场。有三圣庙系城区著名神庙之一。

滨江新村 [Bīnjiāng Xīncūn] 属江北社区。位于永宁江畔得名。建于1996年。地处大桥路东侧，东、南两面至永宁江，西至大桥路，北与妙儿桥村接壤。建有多层住宅楼100幢，1472户，占地面积0.08平方千米。

吾悦广场 [Wūyuè Guǎngchǎng] 位于西城街道。东至大桥路，南、西至桔源街临永宁江，北至祺祥街。2015年正式命名。意为让住户享受商业综合体带来的愉悦体验和便捷生活，故名。总占地面积0.053平方千米。容积率5.2，绿地率10%，建筑面积0.432平方千米。商住楼11幢20~30层不等，1~3层是商铺，有293间。商住718户。

水岸明珠小区 [Shuǐ'ànmíngzhū Xiǎoqū] 位于西城街道大桥路西侧。小区像一颗明珠屹立永宁江畔而名。建于2010年。南至祺祥街，西至桔源街，北邻滨江丽园。总用地面积0.044平方千米（其中建设用地面积0.036平方千米），由11栋25~30层高层住宅组成，安置房总建筑面积12.9万平方米，其中住宅825套计0.098平方千米，商业用房8平方千米。

大桥花园 [Dàqiáo Huāyuán] 属西城街道。位于大桥路西侧，系大桥拆迁安置房得名。建于2010年，西邻水岸明珠小区，东至大桥路，北至如意街。总建筑面积约0.115平方千米。3幢11~32层住宅。

滨江丽园 [Bīnjiāng Lìyuán] 属西城街道。位于大桥路西侧，地处永宁江滨，永宁江畔美丽家园而名。建于2010年。东邻水岸明珠小区，西至桔源路，北至九龙街。建筑面积0.19平方千米，有8幢25~32层高层住宅，655套。为江北片区回迁安置房。

君玺大厦 [Jūnxǐ Dàshà] 位于城北街道，江北片区中心商务区，东至大桥路，南至祺祥街，西至用地界，北至用地界。总用地面积0.011平方千米，总建筑面积0.05平方千米，容积率3.5，绿地率25%，由1幢27层主楼和1幢5层附楼建筑组成。2013年命名。

【锦江社区】 [Jǐnjiāng Shèqū] 属西城街道。台州市文明社区。位于黄岩旧城锦江桥旁，社区以原居委会得名。解放初称五马村。1951年称锦江居委会。1959年划归西江分社。1961年体制调整后直属城关镇。1967年改名群英居。1977年与红旗一居合并，称为群英居委会。锦江社区于2002年7月成立，由锦江、直下街、学前三个居委会合并。辖区面积0.2平方千米，社区驻地直下街69号。东至劳动南路，西至环城西路，北至青年西路，南至横街西路。总人口3200人，常住人口2400人，流动人口800人。

锦江楼 [Jǐnjiāng Lóu] 位于第一菜市场楼上。以旧时地处锦江桥旁得名。建于1977年。共有4幢住宅楼，居民120户，面积约0.015平方千米。

* **【江滨社区】** [Jiāngbīn Shèqū] 属西城街道。位于黄岩旧城南边，因江滨公园而名。1988年前为瓦厂头居委会，2002年7月为江滨社区。社区驻地环城西路49号。东至环城西路，南至南官河之金带河，北至青年西路。辖区面积0.4平方千米。商品房1605套，立地36户，总人口4746人，常住人口4146人，流动人口600人。下辖永宁南街、西苑、南苑、西江华庭及前洋头、瓦厂头自然村等。有小商品市场、老干部活动室、邮政局等。2020年撤销。

永宁南街 [Yǒngníng Nánjiē] 属江滨社区。位于小商品市场东侧。因位于永宁街南得名。东至劳动南路，西至小商品市场，南至南官河，北至环城南路。为20世纪后期开放式小区。7幢5层建筑。

西江华庭 [Xījiāng Huátíng] 属江滨社区。位于青年西路西端。紧靠西江而名。建于2010年，共有8幢高层住宅楼，273户，建筑面积0.056平方千米。

西苑 [Xī Yuàn] 即原台胞新村，属江滨社区。东至环城西路，西至西江，南与瓦厂头连，北至前洋头民居。因居老城区之西得名。1996年正式命名。面积0.06平方千米。

南苑 [Nán Yuàn] 属江滨社区。位于老城区之南，故名。1996年正式命名，东至永宁南街，西至西江，南界南官河，北界环城南路，占地0.06平方千米。317户，950人。

【孝友社区】 [Xiàoyǒu Shèqū] 2018年8月，行政村规模调整，和汇江村合并称孝友社区。属西城街道。以五洞桥（原名孝友桥）得名。北宋元祐年间，县令张元仲（字孝友）主持建五洞桥，乡人为纪念他，称孝友桥。东至紫云路，西至松岩路，南至西建河、碧林街，北至委羽街、二环南路、汇江新村。有汇口、汇里2个自然村。总面积1.3平方千米。总户籍人口2147户，6653人。社区办公地址设委羽街309号。

馨园小区 [Xīnyuán Xiǎoqū] 2014年正式命名。取意温馨、明德惟馨，寓意有才有德唯馨也，打造现代人向往的温馨居家环境，故名。东至西建河，南至委羽街，西至二环西路，北至邦德物流。总建筑面积0.123平方千米，容积率1.99，绿地率30%，由1幢13层和1幢16层、4幢17层、5幢18层高层建筑组成，共590户，配套物业等用房863平方米。

天玺小区 [Tiānxǐ Xiǎoqū] 2014年正式命名。天寓意极致、自然、天成；玺寓意高端古朴，与委羽山道教文化相融合，故名。东至黄石大道，南至碧林街，西至松岩路和河道边界，北至委羽街。总建筑面积0.212平方千米，容积率1.52，绿地率30%，由高层建筑24幢、排房40幢组成，配套物业等用房1600平方米。

永宁公馆 [Yǒngníng Gōngguǎn] 2013年正式命名。"永宁"为黄岩母亲河永宁江，具有天生的亲切感与认同感，故名。东至紫云路，南至委羽街，西至黄石大道，北至二环南路。总建筑面积0.232平方千米，容积率2.27，绿地率30.26%，由24幢26层、配套商业用房、幼儿园、菜市场、社区用房、开关站组成，共1467户。

明辉小区 [MínghuīXiǎoqū] 2016年正式命名。期望明天更加辉煌之意命名，故名。东至黄石大道，南至用地界限，西至天玺小区，北至委羽街。用地面积0.013平方千米，总建筑面积25468平方米。容积率2.0。绿地率25%。由3幢16层组成，共180套。城中经联社集资住宅区。

* **【汇江村】** [Huìjiāng Cūn] 属西城街道。辖境为江流汇围，故名。东邻横河村，西至霓桥村，南至羽村村，北接路边村，有汇口、张家花园、汇里等自然村。耕地0.2公顷，总面积0.4平方千米，8个村民小组，327户，1193人。

1947年为孝友乡第十七保，称瓦林汇。民国《黄岩县志》有记载。1951年称霓桥乡八村。1956年划入孝友乡，称汇江高级社。1961年称孝友公社汇江大队。1983年为红旗乡汇江村。1992年称西城街道汇江村委会。2018年8月，行政村规模调整，汇江村并入孝友社区。

汇口 [Huìkǒu] 系汇江村委会驻地，原村口有座桥，四面环水，是汇江入口处，故名。距西城街道驻地西南2.9千米。户籍人口215人。

汇里 [Huìlǐ] 属汇江村，位于汇江村腹地，故称汇里。位于西城街道驻地西南3.1千米。户籍人口191户，584人。多蔡姓。

第三节　行政村

【新堂村】 [Xīntáng Cūn] 属西城街道。以村委会驻地自然村得名。位于黄岩老城区西郊。东至二环西路，南与西苑社区接壤，西连半洋张和罗家汇村，北靠岙岸村，全村面积0.8平方千米，耕地0.11公顷，下辖新堂、后麻车、上赵等自然村，有9个村民小组，537户，1763人。村委会驻地黄长路338号。有台州市黄岩区第三人民医院，黄岩卫生学校及新堂工业园。

1947年属孝友乡第四保。1951年为孝友乡圣堂村。1956年称新华高级社。1961年称红旗公社圣堂大队。1984年称红旗乡圣堂村。1992年5月为西城街道圣堂村。1993年5月，易名为新堂村。

新堂 [Xīntáng] 系新堂村委会驻地，距西城街道驻地西1.1千米。据传该村古时有和尚堂，人称圣堂，村以堂得名，后改为新堂。222户，895人，多金、朱、郑等姓。民国县志载有此名。

后麻车 [Hòumáchē] 属新堂村，距西城街道驻地1.2千米。过去新堂村与半洋张村交界处有榨油作坊，俗称麻车，并以此为村界，分前麻车与后麻车。145户，540人。民国县志载为孝友乡第十五保。

上赵 [Shàngzhào] 属新堂村，距西城街道驻地0.9千米。南宋时皇室赵子英官为黄岩县丞，到黄岩后认为黄岩地方好，于是合家南迁黄岩西桥（今桥上街一带），该家族南宋时中进士达28人之多，家族很发达，有的分迁西街及今肇泽池一带，有的分迁西桥以西，当地西为上，故称上赵。民国《黄岩县志》载有上赵。62户，217人。有新堂工业园区。

新堂花园 [Xīntáng Huāyuán] 位于新堂，环境秀美而得名。1997年正式命名，第一期共44幢，每幢三层，为别墅式。共150多户。东至后麻车，南至新堂村田野，西至工业区，北至黄长路，占地0.04平方千米。

【半洋洪村】 [Bànyánghóng Cūn] 该地一片平洋，多洪姓，故名。位于西城街道西部、甬台温高速公路西边，东至路边村，南接霓桥村，西界半洋王村，北与半洋张村相邻。村委会驻地半洋岗。位于西城街道驻地西南2.4千米，13个村民小组，472户，1518人。区域面积0.8平方千米，耕地21.42公顷，下辖半洋岗、前大、后大等3个自然村。

1947年为孝友乡第十四保。1951年属霓桥乡半洋洪村。1956年为孝友乡红星高级社。1961年为孝友公社红星大队。1980年改为半洋洪大队。1983年改为红旗乡半洋洪村。1992年为西城街道半洋洪村。辖区有台州市黄岩区永宁小学等。《清同治光绪年间新定县境总图》标有此名。

半洋岗［Bànyánggǎng］半洋洪村委会驻地，位于村落地形高处，故名半洋岗。距西城街道驻地2.5千米。630人，以洪姓居多。

后大［Hòudà］属半洋洪村，位于半洋洪村后边，与前大相对而名。位于西城街道驻地西南2.5千米。66户，207人，多洪姓。

前大［Qiándà］属半洋洪村，地处半洋前边一带，故称前大。距西城街道驻地3千米。166户，474人，多洪姓。

【岙岸村】［Ào'àn Cūn］属西城街道，位于黄岩老城区西北郊永宁江汇湾南岸，故名。距西城街道驻地2千米。南至82省道，西至永宁江，东至二环西路。辖区有中央大、杜家、前头、后头等4个自然村，面积1.2平方千米，耕地6.05公顷。有13个村民小组，505户，1584人。

1947年属孝友乡第五保。1951年为孝友乡岙岸村。1956年称勤丰高级社。1961年称孝友公社岙岸大队。1983年为红旗乡岙岸村。1988年属城关镇。1992年5月称西城街道岙岸村。《清同治光绪年间新定县境总图》标有岙岸。

中央大［Zhōngyāngdà］属岙岸村，位于岙岸村新城路以北，地处前头、后头两自然村中间而名。距西城街道驻地西北2千米。136户，427人。

前头［Qiántóu］属岙岸村，位于岙岸村新城路南边，故名。距西城街道驻地西北1.8千米。110户，361人。

后头［Hòutóu］属岙岸村，位于村后边而名，距西城街道偏北1.9千米。201户，626人，戴、刘两姓居多。

杜家［Dùjiā］属岙岸村，位于岙岸村东边，距西城街道驻地西北1.6千米。58户，170人。系杜姓氏族聚居处，以姓氏得名。现辖区大多为工业园区。

【罗家汇村】［Luójiāhuì Cūn］属西城街道。位于黄岩城西边，以村委会驻地得名。东接新堂村，南与半洋王相邻，西邻大树下村，北至永宁江，黄长线穿境而过。辖上罗家汇、下罗家汇、前头堂等3个自然村，15个村民小组，总面积1.1平方千米，耕地0.68公顷，534户，1797人。有台州市黄岩中学、浙江黄岩自来水公司等单位。

1947年属孝友乡第六保。1951年为孝友乡罗家汇村。1956年与大树下村合并称联丰高级社。1961年为孝友公社罗家汇大队。1983年为罗家汇村。1992年5月，称西城街道罗家汇村。

上罗家汇［Shàngluójiāhuì］属罗家汇村，古时有罗姓居于水汇坤处，故名。距西城街道驻地2千米。188户，730人。大多为叶姓。民国县志有载。

下罗家汇［Xiàluójiāhuì］罗家汇村委会驻地，距西城街道驻地2千米。与上罗家汇自然村相对得名。250户，780人。民国县志有记载。

前头堂［Qiántóutáng］属罗家汇村，距西城街道驻地1.9千米。位于村落之南，村中有一所寺院兴福堂，故名前头堂。43户，220人，大多姓李。

【东路村】［Dōnglù Cūn］属西城街道。位于西江以西，傍官路东边而名，以村委会驻地得名，南与下埭头接壤，西至二环西路，北邻黄长路，水陆交通方便，辖东路自然村，9个村民小组。514户，1911人。有黄岩基督教堂与道教东极宫。

1947年为孝友乡第二十保。1951年为孝友乡东路村。1956年称东路高级社。1961年称孝友公社东路大队。1983年为红旗乡东路村。1988年并入城关镇。1992年称为西城街道东路村。

东路［Dōnglù］系东路村委会驻地，位于西城街道驻地西0.3千米。村落在大路东，故名。514户，1911人，村内汪姓居多。民国县志载有东路。

东路一区［Dōnglù Yīqū］2011年正式命名。尊重当地意见，保留原东路，故名。位于二环西路以东，规划路以西，复元东路以南，唐元路以北。总建筑面积0.0439平方千米，41幢。

东路二区［Dōnglù Èrqū］2011年正式命名。尊重当地意见，保留原东路，故名。位于规划路以东，金带路以西，复元东路以南，唐元路以北。总建筑面积0.0766平方千米，容积率2，绿化率27.86%，由6幢多层和11幢高层组成。

东路三区［Dōnglù Sānqū］2011年正式命名。尊重当地意见，保留原东路，故名。位于天元路以北，二环西路以东，复元东路以南，西江河以西。总建筑面积0.22平方千米，容积率2.4，绿化率30%。

【大树下村】［Dàshùxià Cūn］位于黄岩老城区西郊，属西城街道，距西城街道驻地3.2千米。据传该村早年有多株大樟树，故名，以村委会驻地得名。东邻罗家汇村，南与半洋崔接壤，西邻澄江街道，北至永宁江，黄长路穿村而过。区域面积1.1平方千米，耕地26.46公顷，14个村民小组。住户556户，1699人，下辖大路头、大树下、横申等自然村。

1947年属孝友乡第七保。1951年属孝友乡大树下村。1956年称联丰社。1961年为孝友公社大树下大队。1983年改为红旗乡大树下村。1988年并入城关镇。1992年称西城街道大树下村。

大树下 [Dàshùxià] 村委会驻地。古代有多株大樟树得名，距西城街道驻地2.9千米。260户，861人。《清同治光绪年间新定县境总图》标有大树下。

大路头 [Dàlùtóu] 属大树下村。位于村庄前头靠大路边，故名。位于西城街道驻地西3.2千米。92户，390人。

横申 [Héngshēn] 属大树下村。因村庄靠近通西乡故道旁，过去有横路向东延伸，故名横伸，惯写横申，距西城街道驻地3.2千米。118户，344人，多叶、牟两姓。

【半洋王村】 [Bànyángwáng Cūn] 属西城街道，位于西城街道西部。据传明代有王姓人家迁入半洋立业，故名。以村委会驻地得名。距西城街道驻地2.9千米。东邻半洋洪村，南接红旗村半洋崔，西与大树下村接壤，北与罗家汇村为邻，有2个自然村，9个村民小组，484户，1495人。辖区面积0.8平方千米，耕地28.06公顷。

1947年为孝友乡第十三保。1951年属霓桥乡第六村。1956年称先锋高级社。1961年为孝友公社先锋大队。1980年改为半洋王大队。1983年改为半洋王村。1988年并入城关镇。1992年称西城街道半洋王村。

半洋王 [Bànyángwáng] 系半洋王村委会驻地，地处平洋，据传明代有王姓人家于此立业，故名。距西城街道驻地2.9千米。368户，1163人，大多姓王。《清同治光绪年间新定县境总图》标有此名。

后洋喻 [Hòuyángyù] 属半洋王村，位于村北，姓喻居多得名。距西城街道驻地2.7千米。64户，141人。民国县志载有此名，为孝友乡第十三保。

【路边村】 [Lùbiān Cūn] 位于二环西路与二环南路交叉口，属西城街道，古时村庄在县城至岭下殿大路边上，故名。以村委会驻地而名。距西城街道驻地2.3千米。松岩路以西，西邻104复线，雅林村以东，南与汇江相接，北与半洋洪村相邻。辖路边自然村，6个村民小组。445户，1384人。区域面积0.6平方千米，耕地面积0.6公顷。

1947年为孝友乡第十六保。1951年属霓桥乡第九村。1956年为孝友乡胜利高级社。1961年称孝友公社路边大队。1983年改为红旗乡路边村。1992年5月称西城街道路边村。

路边 [Lùbiān] 路边村村委会驻地。距西城街道驻地2.3千米。地处县城通往岭下殿大路边上，故名。445户，1384人。小地名有严家里、黄家、路廊里。民国有载。

【雅林村】 [Yǎlín Cūn] 位于委羽山西边，属西城街道，古时多瓦窑，生产砖瓦，加上橘林茂盛，故称瓦林。民国县志称瓦林。瓦与雅的方音相近，改为雅林，以村委会驻地自然村得名。东邻羽山村，南至汇江，西至路边村，北至下埭头，区域面积0.5平方千米，无耕地，10个村民小组。辖雅林自然村，377户，1318人。

1947年为孝友乡第十八保。1951年是孝友乡雅林村。1956年称先进高级社。1961年称孝友公社先进大队。1981年8月因重名改为雅林大队。1983年改为红旗乡雅林村。1992年称西城街道雅林村。

雅林 [Yǎlín] 雅林村委会驻地，古时多瓦窑，生产砖瓦，加上橘林茂盛，故称瓦林。距西城街道驻地1.7千米。377户，1318人。村中以陶、应、郑、方等姓居多。民国《黄岩县志》载有雅林。

【霓桥村】 [Níqiáo Cūn] 属西城街道。以村委会驻地霓桥得名。东邻汇江村，南靠霓桥金村，西接半洋崔，北与半洋洪、路边村相邻。下辖霓桥下底、向西屋、霓桥、上洋岗4个自然村，12个村民小组。382户，1267人。区域面积0.6平方千米，耕地13.6公顷。

1947年属孝友乡第十二保。1951年土改时称霓桥乡第四村。1956年划归孝友乡新建高级社。1961年称孝友公社霓桥大队。1984年改为红旗乡霓桥村。1992年5月称西城街道霓桥村。

霓桥 [Níqiáo] 属霓桥村。该村有座古桥，造桥时，恰逢天上挂起七彩虹霓，故名。44户，125人。民国《黄岩县志》载有霓桥。

霓桥下底 [Níqiáoxiàdǐ] 系霓桥村委会驻地。位于霓桥村之北，位于西城街道驻地西南2.7千米。地势南高于北，当地以南为上，以北为下，故名。185户，563人。多金、叶、陈姓。

向西屋 [Xiàngxīwū] 属霓桥村，该村最早一幢房子坐东朝西，故名向西屋。位于西城街道驻地西南2.8千米。23户，95人。

上洋岗 [Shàngyánggǎng] 属霓桥村，地处半洋岗之南，地势南高于北，故名上洋岗。距西城街道驻地西南2.6千米。66户，224人，大多姓陈。

【红旗村】 [Hóngqí Cūn] 2018年8月，行政村

规模调整，半洋崔村和岭下村合并为红旗村。取原大队名得名。东邻岭下葛、半洋王村，南界高桥街道石牛渡村，西接澄江街道凉棚岭村，北邻澄东村。辖区面积1.04平方千米。下辖岭下、半洋崔2个自然村，20个村民小组。580户，1902人。村委会驻地原岭下村办公楼。

*【**半洋崔村**】[Bànyángcuī Cūn] 属西城街道，以村委会驻地得名。位于西城街道驻地西3.9千米。东邻半洋王村，南接岭下葛、岭下村，西至澄江街道童家洋村，北与仙浦汪村为邻。辖半洋崔自然村，11个村民小组。293户，932人，区域面积0.5平方千米，耕地21公顷。

1951年属霓桥乡五村。1956年为孝友乡美丽高级社。1961年称孝友公社红旗大队。1980年改为半洋崔大队。1983年改为半洋崔村。1988年随乡并入城关镇。1992年5月，称西城街道半洋崔村。2018年8月，和岭下村合并称红旗村。

半洋崔 [Bànyángcuī] 半洋崔村委会驻地，原系崔姓人家于半洋地方立业，故名。距西城街道驻地3.9千米。293户，932人。民国《黄岩县志》有载。

*【**岭下村**】[Lǐngxià Cūn] 岭下村位于西城街道西部。以村委会驻地得名。距西城街道驻地4.2千米。东邻岭下葛村，南与高桥街道乌家岙村接壤，西与澄江街道凉棚岭村相邻，北靠半洋崔村。区域面积0.5平方千米，耕地20.81公顷，林地0.17公顷，辖岭下自然村，有9个村民小组，287户，970人。

民国属孝友乡第九保。1951年属霓桥乡第三村。1956年为孝友乡岭下高级社。1958年与岭下葛村合并称新民生产队。1961年称孝友公社岭下大队。1981年8月因重名，更名为岭下上街大队（因地处岭下殿上街得名）。1984年复名岭下。1988年属城关镇。1992年5月称西城街道岭下村。2018年8月，和半洋崔村合并称红旗村。

岭下 [Lǐngxià] 系岭下村委会驻地，位于西城街道驻地西南4.2千米，地处凉棚岭之岭下边，故名。287户，970人，村中多王、李二姓。民国《黄岩县志》载有孝友乡岭下。

【**羽山村**】[Yǔshān Cūn] 属西城街道。距西城街道驻地2.3千米。因该村紧靠委羽山（俗称羽山），以村委会驻地得名。东与南城方山下村相邻，南至横河村，西与孝友社区和雅林村相接，北与宁场经联社接壤。下辖羽山洞、山西汇、高洋等3个自然村，13个村民小组。567户，1864人。有省级文物保护单位道教第二洞天大有宫、台州市黄岩区第二高级中学等。

1947年为鼓屿镇第七保。1951年称羽山乡羽山村。1956年为羽山高级社。1961年为孝友公社羽山大队。1983年改为红旗乡羽山村。1992年为西城街道羽山村。

羽山洞 [Yǔshāndòng] 据传道家名人刘奉林于羽山修道，道成跨鹤升天，鹤坠羽毛于山上，故名。明万历《黄岩县志》有载。系羽山村村委会驻地，位于西城街道驻地南2.3千米。民国县志称鼓屿镇羽山洞。1951年曾称羽山乡羽山村。175户，516人。

山西汇 [Shānxīhuì] 属羽山村，位于委羽山西边山下得名。距西城街道驻地2.5千米。110户，350人，大多姓孔、黄、苏等。

高洋 [Gāoyáng] 属羽山村，地处一片高旷平洋，故名，距西城街道驻地1.7千米。160户，542人。以刘姓与吴姓居多。

【**横河村**】[Hénghé Cūn] 属西城街道。委羽山有金、木、水、火、土5座山，横河村在水山东西两侧，有小河横贯全村，故名。村委会驻地桥头吴。距西城街道驻地2.8千米。东至南官河，南至南城街道民建村，西至西江，北至羽山村，地域面积0.9平方千米，其中耕地8.2公顷，林地6.6公顷，下辖桥头吴、山西、横河山后、横河、田洋、山东6个自然村，11个村民小组，663户，2163人。有台州市黄岩区樊川小学，明代称朱文公祠，奉祀朱熹与他黄岩的11位门人。

1947年称鼓屿镇第八保。1951年称羽山乡横河村。1956年为金星高级社。1961年称孝友公社横河大队。1983年改为红旗乡横河村。1988年并入城关镇。1992年为西城街道横河村。

横河 [Hénghé] 属横河村。位于委羽山东南边。有一条东西向的小河横贯，故名。位于西城街道驻地南2.8千米。82户，280人，多吴姓。民国《黄岩县志》载有横河。

桥头吴 [Qiáotóuwú] 系横河村委会驻地。位于横河南边。村落位于桥头，初系吴姓人家于此立业而名。距西城街道驻地南2.8千米。72户，190人，多吴、郑两姓。

山西 [Shānxī] 属横河村。因地处委羽山之西故名。距西城街道驻地2.6千米处。180户，570人，多林、苏两姓。《清同治光绪年间新定县境总图》标有山西。

田洋 [Tiányáng] 属横河村。位于南官河西边一片田洋中，故名。距西城街道驻地2.5千米。70户，320人，多沈姓。

山东 [Shāndōng] 属横河村。位于委羽山之东，故名。距西城街道驻地2.5千米。78户，360人，姓沈居多。《清同治光绪年间新定县境总图》标有鼓屿镇山东。

横河山后 [Hénghéshānhòu] 属横河村。位于委羽五座山的木山之后，故名。距西城街道驻地3.1千米。132户，260人，多王、柯两姓。1947年称鼓屿镇第八保，称山后，1993年，因重名改为横河山后。

横河和润园 [Hénghéhérùn Yuán] 2011年正式命名。寓意和睦和谐，幸福美满的家园。位于委羽山新区，B-54区块，东至规划路，南至用地界线，西至洞天路，北至规划路。总建筑面积0.025平方千米。

【岭下葛村】 [Lǐngxiàgě Cūn] 位于西城街道西南部。以村委会驻地自然村岭下葛得名。位于西城街道驻地南4.2千米。东至霓桥金村，南与高桥街道接壤，西与红旗村岭下相邻，北靠半洋王村、红旗村半洋崔。村委会驻地岭下殿街。区域面积0.8平方千米，耕地25.2公顷，林地1.1公顷，辖岭下殿、日照寺、岭下谢、前登陈、岭下葛等5个自然村，有10个村民小组，371户，1323人。有金山道院。

1947年为孝友乡第十保。1951年属霓桥乡第二村。1956年是孝友乡新民高级社。1958年与岭下大队合并为新民生产队。1961年称孝友公社岭下葛大队。1983年为红旗乡岭下葛村。1992年为西城街道岭下葛村。

岭下殿 [Lǐngxiàdiàn] 岭下葛村村委会驻地。古代金山银山的岭下有一座殿宇，故名。距西城街道驻地4.2千米。98户，324人。《清同治光绪年间新定县境总图》标有岭下。

日照寺 [Rìzhàosì] 属岭下葛村。位于银山东麓，以村中日照古寺而名。距西城街道驻地4.2千米。12户，41人。

岭下葛 [Lǐngxiàgě] 位于岭下殿街，地处金山银山之下，村中大多姓葛，故名。位于西城街道驻地西南3.6千米。119户，346人，村中葛、李两姓居多。《清同治光绪年间新定县境总图》标有岭下葛。

岭下谢 [Lǐngxiàxiè] 属岭下葛村。位于村中山岭之下，最初系谢姓人家于此立业，故名。距西城街道驻地3.8千米。51户，183人，多李姓。民国《黄岩县志》载为孝友乡岭下谢。

前登陈 [Qiándēngchén] 属岭下葛村。过去有陈姓人家住岭下葛村之南，当地村众称前登陈（意为前边一带），故名。距西城街道驻地3.6千米。79户，267人，多陈姓。

【霓桥金村】 [Níqiáojīn Cūn] 位于西城街道的西南部。以村委会驻地自然村而名。东至羽村村，南与高桥街道接壤，西与岭下葛相邻，北靠半洋洪村。区域面积0.7平方千米，耕地24.7公顷，下辖霓桥金、坦田、中大等3个自然村，14个村民小组，413户，1323人。

1947年属孝友乡第十一保。1951年称霓桥乡第四村。1956年称孝友乡五星高级社。1961年称孝友公社霓桥金大队。1983年改为霓桥金村。1992年5月称西城街道霓桥金村委会。

霓桥金 [Níqiáojīn] 系霓桥金村委会驻地，距西城街道驻地3.4千米。位于霓桥附近，系金姓人家开发立业而名。177户，505人，金姓居多。

中大 [hōngdà] 属霓桥金村，位于前大与后大两自然村中间而名。位于西城街道驻地西南3.2千米。123户，404人，郑、林两姓居多。

坦田 [Tǎntián] 属霓桥金村，该村落地形低洼，易遭水淹，故名坦（低）田。距西城街道驻地西南3千米。83户，263人，郑姓居多。民国《黄岩县志》载有孝友乡坦田。

【羽村村】 [Yǔcūn Cūn] 位于西城街道南部，以村委会驻地羽村得名。距西城街道驻地2.7千米。东与汇江村相邻，南与南城街道民建村、蔡家洋村接壤，西与高桥街道高丰村、石牛渡村相邻，北至霓桥村、霓桥金村。区域面积1.5平方千米，耕地35.8公顷。下设羽村、三洞桥2个自然村，23个村民小组，1098户，3385人。

1947年为三童乡第一、二保。1951年称羽山乡羽村。1954年建初级社，后大有八社、十四社，前大有联友社。1956年三社合并为永丰高级社。1958年划归孝友乡。1961年称孝友公社羽村大队。1983年为红旗乡羽村村。1988年随乡并入城关镇。1992年5月称西城街道羽村村。

羽村 [Yǔcūn] 系羽村村村委会驻地，以村落傍委羽山而名，距西城街道驻地2.7千米。

863户，2938人，陈、王两姓居多。有坦头王、高岸、朱家等小地名。民国《黄岩县志》载有三童乡羽村。

羽村华庭 [Yǔcūn Huátíng] 2015年正式命名。为羽村村拆迁新建小区，故名。东邻金带路，西至黄石大道，南起用地界线，北接规划用地。总建筑面积9.4万平方米，容积率1，绿地率30%，规划住宅总间数为525间。

三洞桥 [Sāndòngqiáo] 属羽村村。自然村以桥为名，距西城街道驻地3.7千米。清光绪《黄岩县志》记："三洞桥在县西十里。乾隆十八年九峰寺僧立广募建。" 凡三洞桥栏雕以石狮，旧时西乡通东南乡必经之桥，行人甚众。村西北傍河，有三孔石拱桥闻名。7户，31人。多倪、蔡两姓，1947年属三童乡第三保。

【后洋村】 [Hòuyáng Cūn] 位于西城街道西北角。村委会以驻地自然村得名。距西城街道驻地1千米。东边和北边与永宁公园相邻，南临世纪大道，西至二环西路。区域面积1平方千米，耕地1.5公顷，下辖后洋自然村，有10个村民小组，452户，1494人。

1947年为孝友乡第三保。1951年属孝友乡，称后洋村。1955年划归城关镇。1956年成立五一农业生产合作社。1961年改称五一大队。因重名于1981年5月更名为后洋大队。1984年改为后洋村。1992年为西城街道后洋村。

后洋 [Hòuyáng Cūn] 属后洋村。据传因桥上街后边一片洋面得名。位于西城街道驻地北1.4千米。452户，1494人。

后洋新村 [Hòuyáng Xīncūn] 位于西城世纪大道北侧，东邻永宁公园，2004年正式命名。因是后洋村拆迁安置小区，故名。北至永宁江，西至二环西路，南至双江小区，原轴承厂位于此地。占地面积0.22平方千米。1997年建有64间立地住房，共420户，1541人。

第四节 经联社

大直经联社 [Dàzhí Jīngliánshè] 位于西城直下街、县前一带。东至劳动北路，南至黄岩大厦，西至县前小区，北至区政府大楼，经联社以大街和直下街得名，经联社办公楼设在县前小区5号楼203室。拥有商品房3套300平方米。58户，140人。1949年属城北镇苍头、县前、大直三个居民区。1956年组织城北三社。1961年称城关镇北门大队。1966年易名东风大队。1981年更名为大直大队。1984年改为大直经联社。2001年称西城街道大直经联社。

大桥经联社 [Dàqiáo Jīngliánshè] 位于北城街道大桥北岸，东、南、西三面临永宁江，北接桔源社区妙儿桥。因地处黄岩大桥两端而得名。总面积20公顷，全被街道征用。滨江新村，在该辖区内，村居混合。人口900。临时办公设在大桥路88号。1949年初为浮桥村、城北村。1956年为城北一社。1961年称大桥大队。2001年为西城街道大桥经联社。

宁场经联社 [Níngchǎng Jīngliánshè] 位于大南门，东邻小南门经联社，南至羽山村，西至环城西路，北至横街路。1951年属仁砚、宁场居委会。1956年为城南二社。1961年称宁场大队，“文化大革命”时称红卫大队。1981年5月称宁场大队。2001年为西城街道宁场经联社。因居民分布在永宁街和原大校场周围，故名宁场。684户，2100人，辖区内有小商品市场。经联社办公室设在永宁南街30号（小商品市场2楼）。

西江经联社 [Xījiāng Jīngliánshè] 地处西江之滨，东至永宁公园，南邻耀达酒店，西至后洋村。1947年称西门、新西、孟家等村。1956年为城西二社、三社。1961年两社合并为西江大队。因地处西江河岸得名。原址设青年西路区中医院东边。2001年经联社驻地迁至后洋小区。居民560人。

五洞桥经联社 [Wǔdòngqiáo Jīngliánshè] 位于五洞桥东侧，东至环城西路，南至横街前洋头里，西至104复线，北至西江闸。（现划入相应社区范围）居民300多人，分散在双江、西江、江滨、县前、西街5个社区。经联社因地处五洞桥旁得名。1947年属城西镇。1956年为城西一社。1961年称五洞桥大队。2001年称西城街道五洞桥经联社。

第五节 道路街巷

松岩路 [Sōngyán Lù] 位于西城街道，2004年正式命名。平行于甬台温高速公路，南起九澄大道，北至永宁江，长5.2千米，宽36米。因松岩山得名。

紫云路 [Zǐyún Lù] 位于西城街道，2004年正式命名。以方山紫云峰而名，混凝土路面，一般道路，南起委羽街，北接二环南路，长0.4千米，宽26米。

西官河路 [Xīguānhé Lù] 位于西官河北岸而名。平行西官河，东西走向，1992年建成，东起二环西路，与卷洞桥路接壤，西至高速公路，长1.0千米，宽13米。

兴东路 [Xīngdōng Lù] 位于西城街道，1994年建成，1997年正式命名。此路属东路村主道，意为振兴东路得名。北起黄长路，南至下埭头，混凝土路面，一般道路，长1.2千米，宽7米。

朱红街 [Zhūhóng Jiē] 位于西城街道委羽山之东，劳动南路两边，东起梅关路，西接洞天路，以黄岩蜜橘名优品种“朱红”而名。长0.3千米，宽14米。

仪凤街 [Yífèng Jiē] 位于西城街道委羽山南边，寓意有凤来仪。东起印山路，西接松岩路，长2.1千米，宽26米。

委羽街 [Wěiyǔ Jiē] 位于西城街道委羽山北侧而名，与二环南路平行。东起印山路，西接松岩路，长2.2千米，宽26米。

碧林街 [Bìlín Jiē] 位于西城街道，东起二环西路南段，西接松岩路，长0.5千米，宽26米。象征环境秀美而名。

阜云路 [Fùyún Lù] 位于西城街道，2004年正式命名。以方山阜云峰得名，北至复元西路，南至天元路，混凝土路面，一般道路，长 0.2 千米，宽 14 米。

中兴路 [Zhōngxìng Lù] 位于新堂村中心，含义村庄兴旺发达而名，建于 1995 年，1997 年正式命名。南起黄长路，西连西官河路，混凝土路面，一般道路，长 0.8 千米，宽 4 米。

新堂路 [Xīntáng Lù] 是新堂工业区主干道，以所在地新堂村而名。1995 年建成，1997 年正式命名。南起黄长路，北至新城路，混凝土路面，一般道路，长 0.5 千米，宽 12 米。

鹿鸣路 [Lùmíng Lù] 位于西城街道，2004 年正式命名。清光绪《黄岩县志》："鹿鸣潭在县西五十里，明建文帝靖难时，黄岩庠生周道文殉节于此。"路以鹿鸣潭而名。混凝土路面，一般道路，南起贡桔路，北接宝珠路，长 1 千米，宽 36 米。

第四章　北城街道

第一节　概　述

北城街道 [Běichéng Jiēdào] 乡级行政单位。在城区北部，永宁江以北。东与江口街道接壤，南与东城、西城街道毗邻，西与新前街道相连，北与临海市沿江镇接界。总面积32.2平方千米。户籍人口1.1万户，3.7万人。因地处城区北部得名。明时称拱辰门，清光绪年间属北城都1～2图，1～2都1图，清末设拱辰乡。1931年称利涉乡。1934年称头陀区拱东乡。1956年塔桥乡并入。1958年称拱东管理区。1961年为拱东人民公社，属澄江区。1992年6月王林乡并入。2001年2月成立北城街道，街道办事处驻地五里牌村。辖唐家山、唐溪岙、上东岙、奇石岙、净土岙、新宅、竹岭、塔水桥、罗汇黄、后庄、后施、下庄、下埠、下林、下洋顾、王林、王林施、妙儿桥、马鞍山、杜家村、长塘、黄土岭、午尚洋、浦西、五里牌、坎头张共26个行政村。2015年11月全区行政村规模调整，后施与奇石岙合并为五星村。共25个行政村，锦川、桔源2个社区。2018年8月，行政村规模调整，下林村和上东岙村合并为绿源村；五星村（奇石岙）和竹岭村、下埠村合并为站前村；塔水桥村和罗汇黄村合并为二合村；唐溪岙村和五星村（后施）合并为云尚村；唐家山村和坎头张村合并为张唐村；妙儿桥村并入桔源社区。合并后辖19个行政村，2个社区。有266个村民小组。地势北向南倾斜。北部为丘陵，有大风门、黄土岭、岭加坪、翠屏山等。南部系永宁江北岸平原。气候温和。辖区东西最大距离10.7千米，南北最大距离6千米。有幼儿园7所，小学2所，初中1所，成人文化技术学校1所。有翠屏山、灵岩摩崖石刻区级文物保护单位1处。摸田山歌、黄岩麻编、南太极拳3项被列入市级非物质文化遗产名录。曾涌现出南宋右丞相杜范、抗元英雄杜浒等历史名人。朱熹曾云："黄岩秀气在江北，江北秀气在翠屏。"六潭山上有朱熹讲学处书院基遗址，山麓有明哲学家黄绾讲学处石龙书院。昔黄土岭一带多台州特色民居建筑"畚斗楼"。

农业主要种植水稻、柑橘等。特色农产品马鞍山葡萄、黄土岭竹笋和上东岙杨梅。工业园区以机械模具、医药化工和汽摩配件等产品为主。济民制药于2015年上市。第三产业有商业网点和物流配送。建有模具博览城。黄土岭隧道北通临海。甬台温铁路、沈海高速（G15）、京福国道(G104)过境。有浦西高速出入口和台州火车站。县道北院线、公路长下线等。通203路等多条公交线路。

从地名专名来看，辖区内居民点地名有以下特征。①以地理位置命名。如：黄土半岭、岭口、浦西、下庄等。②以自然地理实体命名。如：黄土岭、唐家山、马鞍山、竹岭等。③以姓氏命名。如：杜家村、下洋顾、王林施、后施、下山张、五里牌毛、坎头张、罗汇黄等。④以典型地理特征命名。如：屋基园、奇石岙、上江坦、长塘等。⑤以水利设施、人工建筑、古神庙命名。如：妙儿桥、下埠、白石道头、新宅、塔水桥、净土岙、冷殿等。

从地名通名来看，辖区内居民点地名主要有：①移借山、岭、岙、浦、溪、湾、洋等自然地理实体通名；②移借塘、埠、桥等水利设施通名；③移借屋、塔、宅、庄等人工建筑和住宅通名。

第二节　社　区

【锦川社区】 [Jǐnchuān Shèqū] 位于北城街道芭堤水岸及浦西凯亚城内。东至二环西路，南至锦川路，西至后庄村、翔光路，北至拱新大道。占地面积0.157平方千米，建筑面积0.247平方千米，1526套商品房，已入住1000多户。2012年5月成立。

芭堤水岸 [Bādīshuǐ'àn] 寓意小区位于永宁江堤坝边，为环境秀丽的水岸住宅，故名。2006年正式命名。东至惠民路，西至翔光路，南至锦川路，北至康庄路。占地面积7万平方米。

浦西凯亚城 [Pǔxī Kǎiyàchéng] 位于北城街道西工业园区，寓意凯旋平安地居住在新领地，故名。2007年正式命名。东起用地界线，西至规划道路，南到锦川路，北至用地界线。占地面积0.145平方千米。

【桔源社区】 [Júyuán Shèqū] 2018年8月，行政村规模调整，妙儿桥村、桔源社区合并为桔源社区。东至永宁江，南至九龙街、报恩寺前道路，西至永宁江、二环北路，北至锦泰街、长塘村。下辖妙儿桥、五里牌毛2个自然村，辖区面积0.78平方千米。户籍人口362户，1221人。办公地址：贡桔街22～30号。

***【桔源社区】** [Júyuán Shèqū] 属北城街道。因永宁江两岸为黄岩蜜橘源头，故名。东至大桥路、妙儿桥村，南至永宁江，西至二环北路，北至锦泰路、长塘村。社区办公地址设贡桔街22～30号。2018年

8月，行政村规模调整，妙儿桥村并入。

滨江三村 [Bīnjiāng Sāncūn] 地处永宁江东侧。与滨江新村相邻，有别滨江新村而名。东起大桥路，西至永宁江，南至江北路，北至达璞有限公司。

锦晖小区 [Jǐnhuī Xiǎoqū] 东至鹿鸣路，南至桔源路，西至二环西路，北至锦泰街，为北区建设指挥部建设，建筑面积0.226平方千米，有30多幢商品房，1110户住户。2009年成立。

永悦华府 [Yǒngyuèhuáfǔ] 2015年命名永悦湾小区，2017年更名永悦华府。意为满足住户的生活、购物、娱乐需求，让住户享受愉悦和便捷生活，故名。东至用地界线，南至桔源街，西至用地界线，北至鹿鸣路、贡桔街。总建筑面积0.125平方千米，容积率2.3，由1幢15层、1幢17层、1幢22层、1幢25层、1幢26层、1幢28层和5幢27层，共11幢高层建筑组成，634户。

*【**妙儿桥村**】[Miào'érqiáo Cūn] 位于北城街道南部，东为永宁江，南为大桥经联社，西为永宁江，北与长塘村为邻。辖区面积0.5平方千米。329户，1161人。辖妙儿桥、五里牌毛2个自然村，以村委会驻地得名。

1947年为拱东乡第十五保。1951年为拱东乡第十五村。1956年为胜丰高级社。1961年为拱东公社妙儿桥大队。1983年为拱东乡妙儿桥村。1992年属城关镇。2001年2月称北城街道妙儿桥村。2018年8月，行政村规模调整，并入桔源社区。

妙儿桥 [Miào'érqiáo] 位于街道驻地东南1.2千米，聚落104国道东西两侧，南临永宁江岸，系妙儿桥村委会驻地。据传，过去该村东南有一条横浦，架一座石桥，渔民到此桥卖鱼，称卖鱼桥，后谐音称妙儿桥。民国《黄岩县志》载有妙儿桥。

五里牌毛 [Wǔlǐpáimáo] 位于北城街道驻地南0.6千米，西北邻五里牌村，南临永宁江，区域面积0.3平方千米，属妙儿桥村，65户，249人。因该地近五里牌，始祖为毛姓，故名五里牌毛，锦晖小区位于该地。《清同治光绪年间新定县境总图》标有此名。

第三节　行政村

【**五里牌村**】[Wǔlǐpái Cūn] 位于北城街道，东为长塘村，南为永宁江，西为浦西村，北为新宅村。总面积0.7平方千米，其中耕地0.9公顷，人口447户，1581人，辖五里牌、冷殿、屋基园3个自然村，16个村民小组。以村委会驻地五里牌自然村得名。

1947年属拱东乡第十三保。1951年为拱东乡第十三村。1956年为胜丰高级社。1961年为拱东公社五里牌大队。1983年为五里牌村。2001年为北城街道五里牌村。大众、奥迪、宝马4S店均设在此村。

五里牌 [Wǔlǐpái] 位于北城街道驻地南0.3千米，村北为江北渠道，东临104国道，人口131户，385人，多陈、王姓。因古驿道设置5里（2.5千米）一牌，从北门到该地刚好5里，故名五里牌。《清同治光绪年间新定县境总图》标有五里牌。

五里牌小区 [Wǔlǐpái Xiǎoqū] 属西城街道，位于二环北路东侧，安置五里牌村拆迁户而名。建于2009年，东至鹿鸣路，南至锦泰街，西至二环北路，北至拱新大道，占地面积23.8万平方米。

冷殿 [Lěngdiàn] 系北城街道及五里牌村委会驻地，位于区政府驻地北2千米，东临104国道，南至江北渠道，西至浦西村。人口158户，500人，多任、尹等姓。因该地有座简陋偏僻的小庙，故称冷殿。现建有多幢新楼房，北城开发区、大众、宝马等汽车4S店位于此。

屋基园 [Wūjīyuán] 位于北城街道驻地南0.6千米，属五里牌村。自然村北为江北渠道，东临104国道。相传早年仙居应姓移民在此选择屋基地，故名屋基园。143户，444人。

【**黄土岭村**】[Huángtǔlǐng Cūn] 位于北城街道北部，东为新宅村，南为新宅村、午尚洋村，西为云尚村、张唐村唐家山，北为新前街道石捣臼村，辖黄土岭、黄土半岭、水浦岙、岗里山、白竹塔5个自然村，26个村民小组，总面积3.5平方千米，其中耕地11.1公顷，林地248.6公顷，646户，2158人。以村委会驻地黄土岭自然村得名。

1947年为拱东乡十一保。1951年为拱东乡十一村。1956年为国庆高级社。1961年为拱东公社黄土岭大队。1983年为拱东乡黄土岭村。2001年2月为北城街道黄土岭村（1995年以后，山上几个自然村多数下迁到岙口）。2014年建文化礼堂。

黄土岭 [Huángtǔlǐng] 黄土岭村委会驻地。位于北城街道驻地北2.5千米，海拔145米。据传宋代置戍铺，今有烽火台遗址。明万历《黄岩县志》称戍浦岭，后因该地多黄土，改称黄土岭。人口84户，443人，多鲍、虞姓。

黄土半岭 [Huángtǔbànlǐng] 属黄土岭村。位于北城街道驻地北2.6千米，又称岭东，村处黄土岭隧道南口，104国道经东侧半山腰，故名黄土半岭。42户，126人，多鲍、李姓。

水浦岙 [Shuǐpǔ'ào] 属黄土岭村。位于北城街道驻地北偏西3.4千米山岙中，北为黄土岭隧道南口，东临104国道，198户，800人，多鲍、翁姓。明万历

《黄岩县志》载有戍浦岭，因地处戍铺岭南的山岙里，《清同治光绪年间新定县境总图》标为戍铺岙，戍铺岙后谐音水浦岙。台州国际文武学校在该地北边。

白竹塔 [Báizhútǎ] 位于北城街道驻地北2.5千米，属黄土岭村。东、西、北三面环山，村东为104国道，海拔225米。传说早年有一八角形石塔从天而降，落在其南面田垟上，俗呼“白捉塔”，后谐音为白竹塔。近年陆续迁移下山。无人居住。

【张唐村】 [Zhāngtáng Cūn] 2018年8月，行政村规模调整，唐家山村和坎头张村合并为张唐村。村委会以两村各取一字得名。位于北城街道西部，东至G15沈海高速路，南至后庄村，西至新前街道屿下村，北至新前街道石捣臼村。辖区面积2.03平方千米。下辖唐家山、坎头张2个自然村，489户，1701人。村委会驻地原坎头张村。

* **【唐家山村】** [Tángjiāshān Cūn] 位于北城街道西面。东靠翠屏山，南为唐溪岙，北院线绕村而过，总面积1.6平方千米，耕地3.7公顷，林地89.3公顷。人口176户，654人。下辖唐家山1个自然村，5个村民小组。以村委会驻地唐家山得名。

1947年为拱东乡第一保。1951年属塔桥乡第廿一村。1956年属拱东乡联丰高级社。1961年为拱东公社唐家山大队。1983年为拱东乡唐家山村。1992年属城关镇北城街道。2001年2月为北城街道唐家山村。2018年8月，和砍头张村合并称张唐村。

唐家山 [Tángjiāshān] 位于北城街道驻地西北3.8千米，系唐家山村委会驻地。村在海拔210米高山上。176户，654人，多杨、陈姓。近年陆续移至山下。该地山上古时有两个庵堂，一个和尚堂，一个尼姑堂，故取名堂家山，后演变为唐家山。清同治光绪年间均称唐家山。

* **【坎头张村】** [Kǎntóuzhāng Cūn] 位于北城街道西南，东为浦西村，南为后庄村，西为塔水桥村，北与午尚洋为邻。总面积0.5平方千米，辖1个自然村，6个村民小组。313户，1047人，行政村以驻地坎头张得名。

1951年属塔桥乡第十九村。1956年建立民丰社，属拱东乡。1961年称拱东公社坎头张大队。1992年6月坎头张归北城街道。2001年2月称北城街道坎头张村。2018年8月，和唐家山村合并称张唐村。

坎头张 [Kǎntóuzhāng] 位于北城街道驻地西北1.8千米，系坎头张村委会驻地。传说古时该地有一条土坎，高出地面1米多，张姓居此，故名。民国《黄岩县志》载有坎头张。

【云尚村】 [Yúnshàng Cūn] 2018年8月，行政村规模调整，唐溪岙村和五星村（后施片）合并为云尚村。因“云尚小镇”得名。位于北城街道西部，东至午尚洋村，南至北院大道，西界新前街道屿下村，北至张唐村。辖区总面积1.92平方千米。下辖溪头、横溪、唐家岙、后施4个自然村，464户，1475人。村委会驻地原五星村后施片。

* **【唐溪岙村】** [Tángxī'ào Cūn] 位于北城街道西部，东为午尚洋村，南为后施村，北与唐家山为邻，总面积1.7平方千米，其中耕地3.3公顷，林地80.1公顷。下辖溪头、横溪、唐家岙3个自然村，8个村民小组，326户，1056人。行政村由唐家岙、横溪两自然村各取一字组成。驻地溪头。

1947年属拱东乡第一保。1951年为塔桥乡第廿一村。1956年为拱东乡联丰高级社。1961年为拱东公社唐家岙大队。1981年因重名更名为唐溪岙大队。1983年为唐溪岙村。1992年并入城关镇。2001年2月为北城街道唐溪岙村。2018年8月，和五星村（后施片）合并称云尚村。

溪头 [Xītóu] 位于北城街道驻地西北3千米，系唐溪岙村委会驻地，北靠山，东有一条小溪穿村而过，因地处小溪的源头，故名溪头。面积0.3平方千米，62户，213人。

唐家岙 [Tángjiā'ào] 位于北城街道驻地西北3.2千米，西北靠山，南为横溪自然村，属唐溪岙村，因村西面有一座和尚堂，谐音唐家岙。面积0.5平方千米，127户，424人。《清同治光绪年间新定县境总图》标有唐家岙。

横溪 [Héngxī] 位于北城街道驻地西北2.8千米，属唐溪岙村，村傍山临溪，区域面积0.5平方千米，50户，167人。因一条小溪由东向西横贯该自然村，故称横溪。

* **【五星村】** [Wǔxīng Cūn] 位于北城街道。该行政村由后施和奇石岙两村合并而成。

后施：1951年称塔桥乡十九村。1956年唐家山、唐家岙、后施合并称联丰社（属拱东乡）。1961年称拱东公社后施大队。1992年6月属城关镇北城街道。2001年2月称北城街道后施村委会。2018年8月，后施片和唐溪岙村合并称云尚村。

奇石岙：1947年为拱东乡第七保。1951年为拱东乡奇石岙村。1956年为王林乡翻身高级社。1961年为王林公社奇石岙大队。1983年为王林乡奇石岙村。1992年属城关镇北城街道。2001年2月为北城街道奇石岙村。

2015年11月与后施合并称五星村委会。辖区面积1平方千米，其中耕地6.9公顷，林地15.5公顷。辖后施、奇石岙两个自然村。260户，877人。2018年8月，奇石岙片和竹岭村、下埠村合并称站前村。

后施 [Hòushī] 位于北城街道西部，距街道驻地2.8千米，东为午尚洋，南为塔水桥，北为唐溪岙，总面积0.3平方千米，耕地1公顷，人口127户，426人，原为后施村驻地，合并后仍为五星村驻地。后施因村后住的人均姓施，故名。《清同治光绪年间新定县境总图》上标有后施。

【站前村】[ZhànQián Cūn] 2018年8月，行政村规模调整，五星村（奇石岙片）和竹岭村、下埠村合并为站前村。以地处台州火车站前得名。东至站西大道，南至王林村、马鞍山村，西至杜家村村、新宅村，北至椒北快车道。面积2.85平方千米。下辖奇石岙、下埠、竹岭3个自然村，622户，2164人。村委会驻地原下埠村。

奇石岙 [Qíshí'ào] 位于北城街道东北部，距北城街道驻地4.4千米。东为净土岙村，南为下埠村，西与东岙为邻。面积0.7平方千米，耕地5.9公顷，林地15.5公顷，133户，451人。村口有棵三人合抱大树，因遭雷击，树身裂开，一块巨石从树内拔地而起，形似古代将士，此景离奇，故名。《清同治光绪年间新定县境总图》上标有奇石岙。

****【下埠村】**[Xiàbù Cūn] 位于北城街道东北，东为下林村，南为王林施村，西为马鞍山村，北与奇石岙相邻。总面积0.7平方千米，耕地8.1公顷，林地6.5公顷，人口290户，1004人。下辖下埠1个自然村，10个村民小组。以村委会驻地下埠自然村得名。

1947年属拱东乡第三保。1951年为拱东乡下埠村。1956年为王林乡团结高级社。1983年为王林乡下埠村。1992年并入城关镇。2001年2月为北城街道下埠村。2018年8月，和竹岭村、五星村（奇石岙片）合并为站前村。

下埠 [Xiàbù] 位于北城街道驻地东北4千米，系下埠村委会驻地。西南临永宁江，江北渠道绕村西北，253户，795人。传说明朝时王丞相祭澄江水神，在此埠卸物装船。因"卸"与"下"同音，故称下埠。民国《黄岩县志》载有"下埠"。

***【竹岭村】**[Zhúlǐng Cūn] 位于北城街道中部偏北，东为东岙村，南与马鞍山为邻，西为杜家村。北界临海市。总面积1.5平方千米，耕地13.4公顷，林地76.9公顷。下辖原有竹岭头、岭家坪、竹岭3个自然村，1987年2村拆迁，只剩1个竹岭，6个村民小组，206户，695人，以村委会驻地自然村得名。

1947年为拱东乡第七保。1951年为拱东乡竹岭村。1956年为王林乡一江高级社。1961年为王林公社竹岭大队。1983年为王林乡竹岭村。1987年竹岭头、岭家坪两自然村拆迁。不再存在。1992年并入城关镇。2001年1月撤城关镇。2001年2月称北城街道竹岭村。2018年8月，和下埠村、五星村（奇石岙片）合并为站前村。

竹岭 [Zhúlǐng] 位于北城街道驻地东北3千米，东、北、西三面环山，南临大路，系竹岭村委会驻地。该地处翠屏山岭下，盛产毛竹，故名竹岭。《清同治光绪年间新定县境总图》标有"竹岭"。

【新宅村】[Xīnzhái Cūn] 位于北城街道中部，东为杜家村，南邻五里牌村，西为午尚洋村，北界黄土岭。总面积2.6平方千米，其中耕地19.9公顷，林地142.3公顷。497户，1788人。下辖新宅、岭口、施家林3个自然村，18个村民小组。以村委会驻地新宅自然村得名。

1947年为拱东乡第十保。1951年为拱东乡第十村。1956年为合丰高级社。1961年为拱东公社新宅大队。1983年为拱东乡新宅村。2001年2月为北城街道新宅村。

新宅 [Xīnzhái] 位于北城街道驻地北1.6千米，系新宅村委会驻地，东为杜家村，西为104国道，北靠灵岩山，南为平原。332户，989人，多黄、王、方姓。据传明朝天官黄孔昭，官为礼部尚书，为孙子黄绾在此选择新宅基得名新宅。《清同治光绪年间新定县境总图》上就有新宅。

翠屏春晓苑 [Cuìpíngchūnxiǎo Yuàn] 2014年正式命名。小区位于翠屏山南侧，故名。东至104国道，南至用地界限，西至用地界限，北至规划道路，总建筑面积0.261平方千米，容积率2.4，绿地率30%，由12幢高层住宅、13幢多层楼房、21幢排房组成，配套物业等用房1918平方米，养老用房432平方米。

施家林 [Shījiālín] 位于北城街道西北1.1千米，属新宅村。村在平原，东、南有小河，东接104国道。85户，245人。传说早年有管、孙、陈、毛四大姓从外地迁到此地建村，取名"四家邻"，今写作施家林。

岭口 [Lǐngkǒu] 位于北城街道驻地北1.7千米，属新宅村。村处黄土岭南麓，104国道穿村而过，因是黄土岭入口处，故名岭口。81户，244人，多翁、齐、鲍姓。

【午尚洋村】[Wǔshàngyáng Cūn] 位于北城街道西北，东为新宅村，南为浦西村、张唐村，西为云尚村，北与黄土岭为邻。面积1.6平方千米，其中耕地5.1公顷，林地59.9公顷，237户，817人。辖午尚洋、桥头2个自然村，12个村民小组。此地一片田垟原属白岭堂和尚的产业，群众叫和尚洋，现称午尚洋。以村委会驻地午尚洋得名。

1947年为拱中乡第二保。1951年为塔桥乡第二十村。1956年为拱东乡五丰高级社。1961年为拱东公社桥头大队。1981年因重名更名为午尚洋大队。1983年为午尚洋村。1992年5月属城关镇北城街道。2001年2月为北城街道午尚洋村。

午尚洋［Wǔshàngyáng］位于北城街道驻地西北1.7千米，系午尚洋村委会驻地，东靠山，西临溪。因此地田垟原属白岭堂和尚的产业，俗称和尚洋，现称午尚洋。民国《黄岩县志》载有午尚洋。

桥头［Qiáotóu］位于北城街道驻地西北2.3千米，属午尚洋村。面积0.4平方千米，85户，272人，多枣姓。《清同治光绪年间新定县境总图》标有桥头。

【杜家村村】［Dùjiācūn Cūn］位于北城街道中部，东为马鞍山村，南至甬、台、温高速公路，西为新宅村，北邻站前村。面积1.6平方千米，其中耕地21.4公顷，林地53.7公顷，567户，1381人。下辖杜家村、上江坦、下江坦3个自然村，14个村民小组。以村委会驻地杜家村得名。

1947年为拱东乡第九保。1951年为拱东乡第九村。1956年为金星高级社。1961年为拱东公社杜家村大队。1983年为拱东乡杜家村。1992年并入城关镇北城街道。2001年2月为北城街道杜家村村。2014年建成文化礼堂。

杜家村［Dùjiācūn］位于北城街道驻地东北1.2千米，系杜家村村委会驻地。北靠山，南为平地，人口315户，899人。因宋代杜氏族居之地，故名。宋代，杜氏家族非常辉煌，杜垂象为黄岩首中进士，杜煜、杜知仁系朱熹门人，还有南宋丞相杜范和抗元英雄杜浒。元初，杜氏族人因避祸外迁，今村里已无杜姓。村名沿用。民国《黄岩县志》载有此名。

上江坦［Shàngjiāngtǎn］位于北城街道驻地东北2.5千米，属杜家村。东北傍山，海拔7米，区域面积0.4平方千米，45户，140人。此地南面是畚斗形山岙，原为泊船港湾，后淤涨成陆地，俗称江坦，该自然村地势较高，故称上江坦。

下江坦［Xiàjiāngtǎn］位于北城街道驻地东北2千米，属杜家村。北傍山，区域面积0.3平方千米，44户，135人。此地由原港湾涨成陆地，又因地势比上江坦低，故称下江坦。

【马鞍山村】［Mǎ'ānshān Cūn］位于北城街道南部，东、南均为永宁江环绕，西接长塘村、杜家村，北邻站前村。辖区总面积2.85平方千米，其中耕地0.1公顷，林地62.2公顷。下辖长大、里湾、外湾、洋头、塔下、岙里、马鞍山西洋7个自然村，22个村民小组，1114户，3800人。据明万历《黄岩县志》记，因该处有座山，山势奔迸，脊如马鞍，称马鞍山。村以山得名。该地近年发展葡萄种植，远近闻名，由于土地被征用，葡萄面积逐年减少，新建了粮油市场、区公安大楼等。

1951年为拱东乡第八村。1956年为巩丰高级社。1961年为拱东公社马鞍山大队。1983年为拱东乡马鞍山村。1992年5月并入城关镇。2001年2月为北城街道马鞍山村。

长大［Zhǎngdà］位于北城街道驻地东2千米，系马鞍山村委会驻地。北靠马鞍山，南濒永宁江，区域面积0.9平方千米，356户，1184人。因该地村落呈长条形，自然村得名长大。

里湾［Lǐwān］位于北城街道驻地东北2.8千米，属马鞍山村。村处山岙里，南临永宁江，海拔8米，区域面积0.2平方千米，44户，146人。村在永宁江的一个回湾处，又在外湾的北面，故称里湾。《清同治光绪年间新定县境总图》标有湾得，包括里湾、外湾。

外湾［Wàiwān］位于北城街道驻地东北2.5千米，属马鞍山村。地处马鞍山东北一个山岙口，海拔7米，区域面积0.2平方千米，38户，132人。因位于永宁江一个回湾处，在里湾南边，从马鞍山到里湾，必先经此地，故名外湾。

岙里［Àolǐ］位于北城街道驻地东1.6千米，属马鞍山村。北为马鞍山，南为王林公路，海拔10米，40户，150人，多沈姓。因地处马鞍山西侧山岙里，故称岙里。

洋头［Yángtóu］位于北城街道驻地东2.2千米，属马鞍山村。东临二环东路，西靠长大，面积0.2平方千米，42户，168人，多徐姓。因该自然村处马鞍山片村的平垟东首，故称洋头。

塔下［Tǎxià］位于北城街道驻地东1.4千米，西靠唐门山，南临永宁江，区域面积0.4平方千米，175户，550人，多陈姓。因地处双宝珠双塔之下，故称塔下。1967年拆毁双塔。2016年重建双塔。

马鞍山西洋［Mǎ'ānshānxīyáng］位于北城街道驻地东1.6千米，属马鞍山村。南临永宁江，北临拱东至王林公路，185户，631人。因坐落在洋头自然村西边，故称西洋。

【浦西村】［Pǔxī Cūn］位于北城街道驻地西，东为五里牌村，南为永宁江，西为后庄村，北与午尚洋为邻。总面积1平方千米，耕地1.1公顷，辖后浦西、前浦西、谷道士、马鞭山4个自然村，13个村民小组。

人口435户，1542人。因位于五里牌浦之西，故称浦西。村委会驻地前浦西。甬台温高速公路北出口处位于此。

1951年称塔桥乡第十二村。1956年与塔水桥合并为灯塔高级社，归拱东乡。1961年各自分开，称拱东公社浦西大队。1992年6月划归城关镇北城街道。2001年2月撤城关镇后为北城街道浦西村。2003年拆迁，马鞭山、谷道士两自然村变为西工业园区。

前浦西 [Qiánpǔxī] 位于北城街道驻地西南0.5千米，系浦西村委会新驻地（原驻地在后浦西），东有小河，北为县道，区域面积0.5平方千米，155户，570人。因永宁江一条小浦经过该地，自然村在浦之南，称前浦西（后浦西之前）。

后浦西 [Hòupǔxī] 位于北城街道驻地西0.4千米，原为浦西村委会驻地，后迁到前浦西，南临江北渠道，东傍县道，154户，588人。因自然村在五里牌浦的北面，故称后浦西。《清同治光绪年间新定县境总图》标有“后浦西”。

谷道士 [Gǔdàoshì] 位于北城街道驻地西0.8千米，属浦西村。东临甬台温高速公路，现已征用为工业园区，无人居住。早年有位道士居住此地偏角，地名称角道士。谐音谷道士。

马鞭山 [Mǎbiānshān] 位于北城街道驻地西北1.3千米，属浦西村。因村西有座小山形似马鞭，自然村由此得名马鞭山。现为工业园区，建起新厂房。

【后庄村】 [Hòuzhuāng Cūn] 位于北城街道西部，东为浦西村，南临永宁江，西南接塔水桥村，西为二合村，北与坎头张为邻。总面积1平方千米，均为西工业园区。572户，1915人。下辖后庄1个自然村，7个村民小组。行政村以驻地后庄得名。

1951年为塔桥乡第十七村。1956年浦西、塔水桥、后庄合并为拱东乡灯塔高级社。1961年各自分开，称拱东公社后庄大队。1992年6月划归城关镇。2001年2月称北城街道后庄村。2003年因开发区建设，将原章家宅、定家村两自然村改造为工业园区。

后庄 [Hòuzhuāng] 位于北城街道驻地西1.5千米，南临拱东至屿下公路，系后庄村委会驻地。572户，1915人。因地处章家宅后面，故称后庄。2003年后建多幢新楼房，有数十家大小企业入园。民国《黄岩县志·氏族》：“章家宅章氏，二十二世孙由临海黄沙上炉迁居本邑。”

【二合村】 [Èrhé Cūn] 2018年8月，行政村规模调整，塔水桥村和罗汇黄村合并为二合村。村委会以塔水桥村和罗汇黄村合并得名。位于北城街道西南部。东临甬台温高速，南至新前街道双丰村，西至新前街道新塔村，北至张唐村。辖区面积1.25平方千米。下辖东洋、西洋、春洋、罗汇黄4个自然村。560户，2025人。村委会驻地原罗汇黄村。有土地并入西工业园区。

* **【塔水桥村】** [Tǎshuǐqiáo Cūn] 位于北城街道西部、永宁江北岸，属黄岩经济开发区工业园区内，东至甬台温高速公路、104国道复线，南至罗汇黄村，西至新前街道新建村，北至后庄村。拱新大道、北院大道穿村而过，交通便捷。辖区总面积0.7平方千米，293户，1070人。原有西洋、春洋、东洋3个自然村，现均为西工业园区。驻地西洋。因该地原有一座古桥，桥墩下潜有水獭，故称獭水桥，明万历《黄岩县志》载有塌水桥。《清同治光绪年间新定县境总图》标为塔水桥。

1947年称拱东乡五保。1951年为塔桥乡十八村。1956年与浦西合并为灯塔社，划归拱东乡。1961年各自分开，称拱东公社塔水桥大队。1992年6月塔水桥归入北城街道。2001年2月称北城街道塔水桥村。建有文化礼堂。2018年8月，和罗汇黄村合并称二合村。

西洋 [Xīyáng] 位于北城街道驻地西2.3千米，明万历县志载，塌水桥在县西北10里，系塔水桥村委会驻地，北靠县道，南临江北渠道，地处东洋之西，故称西洋。1992年改名塔水桥西洋。该村兴办实业、从事工商贸经营十分活跃，2003年实行整村改造，新建560间小康住宅，2007年通过省级全面小康建设示范村验收。

春洋 [Chūnyáng] 位于北城街道驻地西2.5千米，属塔水桥村。古时从县城往屿下方向，须穿过东洋、西洋两村才能到达该地，故称穿洋，谐音春洋。69户，228人，多任、杨等姓。

东洋 [Dōngyáng] 位于北城街道驻地偏南1.8千米，属塔水桥村。西北临江北渠道。43户，152人，多任、杨等姓。因在洋的东边故名东洋。1992年因重名改为塔水桥东洋。

* **【罗汇黄村】** [Luóhuìhuáng Cūn] 位于北城街道西南部，东至永宁江，南至新前街道双丰村。西至新前街道塔山村，北至后庄村。面积0.6平方千米，耕地0.2公顷，下辖罗汇黄1个自然村，6个村民小组。267户，955人，多黄姓。以村委会驻地得名。

1947年为拱东乡第十八保。1951年为塔桥乡罗汇黄村。1956年为拱东乡利丰高级社。1961年为拱东公社罗汇黄大队。1983年称拱东乡罗汇黄村。1992年属城关镇。2001年2月称北城街道罗汇黄村。2018年8月，和塔水桥村合并称二合村。

罗汇黄 [Luóhuìhuáng] 位于北城街道驻地西南

2千米处，系罗汇黄村委会驻地。因地处永宁江一个回弯处，形似田螺，故名螺回，后演变为罗汇，因多黄姓，得名罗汇黄。民国《黄岩县志》载为螺汇黄。南宋黄氏始迁祖黄懋自福建迁往屿头，一支由屿头迁此。

【长塘村】［Chángtáng Cūn］位于北城街道南部，东为马鞍山村，南为妙儿桥，西为五里牌村，北为杜家村。辖区总面积0.6平方千米，耕地1.8公顷，下辖长塘、半洋施、邵家浦3个自然村，9个村民小组，451户，1532人。因该地原有一口塘，长45米，宽12米，故称长塘（塘已名存实亡），村以此得名。

1947年属拱东乡第十四保。1951年为拱东乡第十四村。1956年为联丰高级社。1961年为拱东乡长塘大队。1983年为拱东乡长塘村。1992年5月属城关镇。2001年称北城街道长塘村。2014年建有文化礼堂，还有新居民联谊会等新黄岩人的精神家园。

长塘［Chángtáng］位于北城街道驻地东南0.5千米，东为104国道，西为二环西路，系长塘村委会驻地。因该地原有一口长方形塘，故名长塘。123户，374人。辖区104国道两侧店铺鳞次栉比。《清同治光绪年间新定县境总图》标有“长塘”。

邵家浦［Shàojiāpǔ］位于北城街道驻地东0.6千米，东濒永宁江，西南近104国道，属长塘村，197户，591人。据传很久前，有一条小浦（河）从村西绕到北，称绕家浦，后称邵家浦。民国《黄岩县志》有载。

半洋施［Bànyángshī］位于北城街道驻地东0.4千米，104国道东侧，属长塘村，区域面积0.2平方千米，83户，243人，多赵姓。因位于永宁江北面，地势平坦，先祖姓施，故称半洋施。

【王林村】［Wánglín Cūn］位于北城街道东南部，东南为绿源村下林，南与王林施村接壤，西为马鞍山村，北为站前村下埠。总面积0.7平方千米，523户，1628人。辖王林1个自然村。以村委会驻地王林得名。

1947年为拱东乡第五保。1951年称拱东乡王林村。1956年为王林乡三星高级社。1961年为王林公社王林大队。1992年并入城关镇。2001年2月为北城街道王林村。

王林［Wánglín］位于北城街道驻地冷殿东北3.9千米，系王林村委会驻地。524户，1399人，多王、蔡、顾姓。清代称王林黄，后氏族繁衍，增加施、杨二姓，后简化为王林。民国《黄岩县志》写作王林。甬台温铁路台州站设在该地。

【绿源村】［Lǜyuán Cūn］2018年8月，行政村规模调整，下林村和上东岙村合并为绿源村。村委会以下林村和上东岙村合并得名。主植葡萄、杨梅，寓意绿色的源头，绿色的产业。位于北城街道东部，东至下庄村，南至永宁江，西至站前村，北至净土岙村。辖区面积2.18平方千米。下辖下林、下山张、东岙3个自然村，639户，1906人。村委会驻地原下林村办公楼。

*【上东岙村】［Shàngdōng'ào Cūn］位于北城街道东北，东为奇石岙村，南为马鞍山，西与竹岭为邻。总面积1.5平方千米，耕地27.9公顷，林地56.9公顷。298户，882人，下辖东岙1个自然村。以村委会驻地东岙自然村得名。

1947年属拱东乡第六、七保。1951年为拱东乡东岙村。1956年为王林乡五星社。1961年为王林公社东岙大队。1981年因重名改为上东岙大队。1983年为上东岙村。1992年5月并入城关镇。2001年2月为北城街道上东岙村。建有文化礼堂。2018年8月，和下林村合并称绿源村。

东岙［Dōng'ào］位于北城街道驻地冷殿东北3.8千米，三面环山，南临大路，系上东岙村委会驻地，因地处翠屏山东面山岙，故名东岙。《清同治光绪年间新定县境总图》标有东岙。

*【下林村】［Xiàlín Cūn］位于北城街道东部，东为下庄村，南为王林施村，西为下埠村，北与奇石岙相邻。辖区面积0.7平方千米，耕地1.9公顷，林地0.2公顷。341户，1024人。下辖下林、下山张2个自然村，6个村民小组。以村委会驻地下林自然村得名。

1951年为拱东乡下林村。1956年为王林乡联丰高级社。1961年为王林公社下林大队。1992年划归城关镇。2001年2月为北城街道下林村。2018年8月，与上东岙村合并称绿源村。

下林［Xiàlín］位于北城街道驻地东北4.8千米，系下林村委会驻地。182户，509人，多张、王姓。古时该地东北山脚下有片松林，村庄故名下林。民国《黄岩县志》有载。

下山张［Xiàshānzhāng］位于北城街道驻地东北5.2千米，属下林村，75户，260人，多姓张。因村后有座山，多数姓张，故名后山张，后谐音为下山张。民国《黄岩县志》载为“后山张”。

【净土岙村】［Jìngtǔ'ào Cūn］位于北城街道东北，东为临海市杜岐村，南为绿源村下林，西与奇石岙相邻，北界临海市。总面积3平方千米，耕地39.5公顷，林地119.7公顷，612户，2252人。辖净土岙、溪坦2个自然村，以村委会驻地净土岙得名。

1951年称拱东乡净土岙村。1956年为王林乡光明社。1961年为王林公社光明大队。1981年因重名改为净土岙大队。1992年6月划归城关镇。2001年2月为北城街道净土岙村。

净土岙 [Jìngtǔ'ào] 位于北城街道驻地东北5.2千米，系净土岙村委会驻地，村东、西、北三面环山，东界临海市杜岐村，260户，920人，多陈、官姓。南宋嘉定《赤城志》："净土院，在县东北一十五里，唐咸通二年（861）建，宋祥符元年（1008）赐额。"明代改为净土寺。传说唐代有和尚来此募捐建刹，取名净土寺。南宋进士池从周墓在净土寺旁。

溪坦 [Xītǎn] 位于北城街道驻地东北5.3千米，属净土岙村。北靠大岗山，东为坎头园，西临坦山里，三面环山，南面是净土岙，276户，932人，多池、张、顾姓。该地为溪流冲积成溪滩，根据地势建成一坦一坦山田，故名溪坦。民国《黄岩县志》有载。

【下庄村】 [Xiàzhuāng Cūn] 位于北城街道东部，东为临海市东埭村，南为下洋顾村，西为绿源村，北为临海杜岐村。辖区面积1平方千米，耕地17公顷，林地2.4公顷，641户，1790人。下辖下庄、白石道头2个自然村，11个村民小组。以村委会驻地下庄自然村得名。

1947年为拱东乡第二保。1951年为拱东乡下庄村。1956年为王林乡火星社。1961年为王林公社下庄大队。1992年6月划归城关镇。2001年2月为北城街道下庄村。

下庄 [Xiàzhuāng] 位于北城街道驻地东北6.2千米，系下庄村委会驻地，326户，1050人，多牟、郑姓。据传明万历年间有牟氏从章安移居此地，形成上庄、下庄之分，此地位于下方，故名。民国《黄岩县志》有载。

白石道头 [Báishídàotóu] 位于北城街道驻地东北5.5千米，属下庄村，北靠山，南濒永宁江，面积0.4平方千米，120户，500人。因村南有白石渡，俗称道头，为永宁江南岸白石王人所建，故名白石道头。民国《黄岩县志》有载。该村的平安宫，俗称"娘娘庙"，是黄岩著名的古神庙之一。

【下洋顾村】 [Xiàyánggù Cūn] 位于北城街道东部，东、北为临海市车埭村，南濒永宁江。西至下庄村。总面积1.1平方千米，耕地18.2公顷，林地1.6公顷，439户，1300人。下辖下洋顾1个自然村，以村委会驻地下洋顾得名。

1951年为拱东乡下洋顾村。1956年为王林乡联盟社。1961年为王林公社下洋顾大队。1992年6月属城关镇北城。2001年1月撤城关镇，2月称北城街道下洋顾村。1979年12月获国务院全国农业先进单位嘉奖，1987年被评为省级文明单位。

下洋顾 [Xiàyánggù] 位于北城街道驻地冷殿东6.5千米，系下洋顾村驻地。因地处王林平原最东面，为永宁江淤涨而成，故称下洋渚。数百年前，顾氏从仙居怀仁乡迁居此地，遂称下洋顾。《清同治光绪年间新定县境总图》标有下洋顾。

【王林施村】 [Wánglínshī Cūn] 位于北城街道东部，东为上渚村，南、西濒永宁江，北与王林村为邻。辖区总面积1.2平方千米，无耕地。辖王林施1个自然村，12个村民小组，人口436户，1293人。以村委会驻地王林施得名。

1947年为拱东乡第四保。1951年称拱东乡王林施村。1956年称王林乡东方社。1961年为王林施大队。1992年6月归城关镇管辖。2001年1月撤城关镇。2001年2月称北城街道王林施村。

王林施 [Wánglínshī] 位于北城街道驻地东4千米，系王林施村委会驻地，东南西三面为永宁江环绕。该自然村从王林分出以施姓为主，故名王林施。民国《黄岩县志》有载。

第四节 道路街巷（含西工业园区）

宝珠路 [Bǎozhū Lù] 位于北城街道，2004年正式命名。因唐门山古塔地称双宝珠得名。混凝土路面，一般道路，南起桔源街，北接二环北路，长3千米，宽26米。

唐溪路 [Tángxī Lù] 位于北城西工业园区内。东起庆丰大道，西至景贤路，长2千米，宽30米。因该路经过唐溪岙村，故名。2004年建成，2006年正式命名。

厚施路 [Hòushī Lù] 位于北城西工业园区内。东起尚贤路，西至景贤路，长1千米，宽26米。因该路大部分经过后施村，故名后施路，谐音为厚施，寓意施泽于民。2004年建成，2006年正式命名。

康强路 [Kāngqiáng Lù] 位于北城西工业园区内。东起惠民路，西转北接唐溪路，长2.7千米，宽26米。路经坎头张，谐音康强，寓意康健、强壮。

拱新大道 [Gǒngxīn Dàdào] 位于北城西工业园区内。东起104复线，西至景贤路，长3.1千米，宽36米。此路为西开发区主入口，因是连接拱东，新前的道路，故名。2004年建成，2006年正式命名。

康庄路 [Kāngzhuāng Lù] 位于北城西工业园区内。东起惠民路，西至北院大道，长2.3千米，宽22米。因该路经过后庄村，取"康"与后庄的"庄"组成康庄，寓意前景光明美好。2004年建成，2006年正式命名。

锦川路 [Jǐnchuān Lù] 位于北城西工业园区内。东起104复线（二环西），西至北院大道，长3.1千米，宽22米。据明万历《黄岩县志》："锦溪（川），在县西七十里，两岸多桃李，花时望之如锦，故名。"路以此得名，2004年建成，2006年正式命名。

尚贤路 [Shàngxián Lù] 位于北城西工业园区。南起北院大道，北至唐溪路，长0.7千米，宽26米。以黄岩城区古街坊命名。2004年建成，2006年正式命名。

翔光路 [Xiángguāng Lù] 位于北城西工业园区。南起锦川路，北至北院大道，长1.5千米，宽30米。以黄岩古街坊（翔光坊）得名，反映悠久的地名文化。2004年建成，2006年正式命名。

庆丰大道 [Qìngfēng Dàdào] 位于北城街道、新前街道。南起82省道，北至唐溪路，长2.9千米，宽36米。以黄岩古街坊命名。2004年建成，2006年正式命名。

北院大道 [Běiyuàn Dàdào] 位于北城街道、新前街道。南起双鸽集团东围墙，西转北至拱新大道，长2千米，宽94米。因此路为连接北城至院桥公路，取两地前面一字得名。2004年建成，2006年正式命名。

人和路 [Rénhé Lù] 位于北城西工业园区。东起庆丰大道，西至北院大道，长1.4千米，宽16米。2006年命名塔山街，2008年更名为人和路，寓意构建和谐村居，2009年调整道路起止点。

振文路 [Zhènwén Lù] 位于北城西工业园区。东起尚贤路，西接景贤路，长1千米，宽13米。2009年建。以黄岩城区古街坊命名。

广兴路 [Guǎngxīng Lù] 位于北城西工业园区。东起翔光路，西接北院大道，长1.4千米，宽13米。广兴，寓意前景广阔，欣欣向荣。

里仁路 [Lǐrén Lù] 位于北城西工业园区。南起拱新大道，北接惠民路（坎头张东侧），长0.6千米，宽13米。以黄城古街坊命名。

天燕路 [Tiānyàn Lù] 位于北城西工业园区内。南起王野公司北侧，北至二合村塔水桥，长0.5千米，宽13米。以天燕星座得名，天燕是一种极乐鸟。2009年正式命名。

锦秀路 [Jǐnxiù Lù] 位于北城街道。东起鹿鸣路，西至二环西路，长0.4千米，宽18米。锦秀，寓意前程似锦，壮丽美好。2010年正式命名。

惠民路 [Huìmín Lù] 位于北城西工业园区内。南起锦川路，北接朝元路，长2.6千米，宽26米。取勤政为民的政府职能为路名。2006年正式命名。

广顺街 [Guǎngshùn Jiē] 位于北城西工业园区内。东起庆丰大道，经朝元路、康庄路，西接锦川路，长1.6千米，宽13米。根据新区命名原则：东西走向道路以"广"字开头，配以"兴、隆、昌、盛、福、顺"等吉祥字，体现欣欣向荣的时代气息。2009年正式命名。

锦泰街 [Jǐntài Jiē] 位于北城街道。东起鹿鸣路，西止二环西路，长0.4千米，宽18米。锦，取其华美之意，泰，安也，意为永远太平。2010年正式命名。

景明路 [Jǐngmíng Lù] 位于北城西工业园区。南起唐家山，北接唐溪路，长0.6千米，宽13米。2009年正式命名。道路以宋代范仲淹《岳阳楼记》中"春和景明"而得名。

如意街 [Rúyì Jiē] 位于北城街道。东起鹿鸣路，西至二环西路，混凝土路面，长0.4千米，宽18米。2010年正式命名。寓意吉祥如意，心想事成，故名。

第五章　新前街道

第一节　概　述

新前街道 [Xīnqián Jiēdào] 乡级行政单位。浙江省工业卫星镇。有“模具之乡”“武术之乡”等美誉。在城区西北方向。永宁江以北。东与北城街道接壤，南与澄江街道、西城街道毗邻，西与头陀镇相连，北与临海市沿江镇接界。总面积47.0平方千米。户籍人口1.5万户，4.5万人。1956年头陀区新界乡的一部分和澄江区前洋乡的一部分合并，取两乡首字，故名新前。清光绪年间属3都2图和4都2图。1947年属头陀区拱中、拱西、万全、头陀各乡镇。1950年8月分属新界、前洋两乡，隶属头陀区，10月前洋乡属澄江区。1956年3月头陀区的新界乡和澄江区前洋乡的一部分并入屿下乡。1956年9月，前洋乡大部分村划归头陀乡，部分村与新界乡合并，称新前乡，属澄江区。1958年10月称新前大队。1959年4月称新前管理区。1961年9月成立新前人民公社。1969年5月称新前公社。1983年复称新前乡。1991年12月撤乡称新前镇。1992年5月屿下乡并入。2001年12月底撤镇置新前街道，办事处驻西范村新前路2号，距黄岩城区约5.5千米。2015年年末辖西范、新建、泾岸、杏头、塔山、北洋、后洋黄、前洋、牟村、前洋方、双丰、七里王、七里、东江、屿下、峰丘、石捣臼、洪家山、中恩、高岙、车口、西岙、群力、屿新、剑山、下曹共26个行政村（2015年11月，黄岩区行政村调整，原27个行政村调整为26个，东林岙与石捣臼两村合并为石捣臼村）。2018年8月，行政村规模调整，塔山村和新建村合并为新塔村；北洋村和杏头村合并为杏北村；群力村和剑山村合并为三合村；高岙村和洪家山村合并为黄坦村。调整后辖22个行政村，有275个村民小组和一个苗圃场。辖区东西最大距离7.3千米，南北最大距离10.4千米。西北部多低山、丘陵。最高峰石柱山海拔628米。东、南部为平原。永宁江缘南而过，有黄坦水库等。1995年始北部高山村民陆续移民至东南部平原。2003年于永宁江以北建西工业园区。2005年始建永宁江景观带、城市新区等。2014年始于西工业园区以西、永宁江以北建智能模具小镇。美丽乡村建设带动环山经济发展，前洋村被称为黄岩淘宝第一村。有幼儿园16所，小学3所（外来民工子弟学校2所），初中1所。各级医疗卫生机构28个。文化艺术团体26个，图书馆1个。有新前武术、新前采茶舞曲2项被列入省级非物质文化遗产保护名录。有永宁寺和尚塔墓和刹砌宫区级文物保护单位2处。榜眼喻长霖墓位于剑山。曾涌现出中国工程院院士方秦汉、作曲家黄准等杰出人物。

有耕地667.7公顷，林地1909.8公顷。农业主要种植水稻、柑橘、茭白等。名优特农产品柑橘、茭白、杨梅、桃等。“剑山”牌茭白获国家级无公害农产品认证和省农博会金奖。工业有工艺品、机电、塑料制品、模具、电动车制造等产品。20世纪后期，新前羊毛衫加工业发达，21世纪初，模具、电动车制造等工业产业崛起，取代之前较发达的羊毛衫加工业，成为新的主导产业。台州经济综合实力三十重镇之一。第三产业有商业网点、物流配送和淘宝村。椒黄（325）省道过境。县道城新线、北院线等。通218路等多条公交线路。

从地名专名来看，辖区内居民点地名有以下特征。①以地理位置命名。如：东江、西洋、前洋、七里、屿下、上新建、外厂（厂：茅棚）等。②以典型的自然地理特征命名。如：石捣臼、水桶坑、团箕岩头、踏道下（踏道：石级）、石捣臼坤（坤：底部、里深处）等。③以姓氏命名。如：郑家、后洋黄、孙家岙、高家、路头方、罗汇蔡、中央林等。④以祥瑞、希冀命名。如：桐梓和、双丰等。⑤以民间作坊及古神庙命名。如：后窑、麻车、和尚庄、渡头堂、道林寺、赵音堂、下恩（恩：方言庵的谐音）等。

从地名通名来看，辖区内居民点地名主要有：①移借山、岙、江、汇、洋等自然地理实体通名；②移借恩、厂、头、坤等方言字通名；③移借寺、堂、殿等民间神庙通名；④移借田、丘等田畈通名。

新前地名的社会应用主要集中在传统舞蹈和传统体育与竞技等。以正名“新前”冠名的有新前武术和新前采茶舞。

新前武术：始于清乾隆五年（1740），至今已有280年的历史。有南拳、八卦、少林、罗汉拳等30多个拳种。新前百姓崇武习武之风历来兴盛。许多家庭三代同堂习武。被誉为“江南武林宿将”的李元善，获1984年全国武术观摩表演一等奖。他的一套独特少林拳术被录成图像，由国家珍藏。新前武术2009年被列入省级非物质文化遗产名录。

新前采茶舞：是流传于新前的一种民间舞蹈，问世于明末清初，至今已有300多年的历史。在七里一带流传甚广。是当地农民逢年过节、庙会集会时一项庆祝丰收的活动。1957年《采茶舞》在参加浙江省民间舞蹈大会演时获演出一等奖，并留杭公演。2009年被列入省级非物质文化遗产名录。

第二节 行政村

【西范村】[Xīfàn Cūn] 以村委会驻地自然村西范得名。位于新前街道南部。东至新塔村塔山，南接七里王，西靠新江河和后洋黄相邻，北至泾岸村。新城公路穿村而过。下辖西范1个自然村，13个村民小组。753户，2354人。有德君、怡君、景新、水岸天宸花园4个小区。辖区总面积1.2平方千米，其中耕地8.7公顷。经济以汽摩、羊毛衫行业为主。是黄岩西工业园区的重要区块。街面多20世纪末21世纪初多层建筑。建有中小学、文化站、宾馆、超市、医院、农贸市场等。农历三、六、十为集市日，集市繁荣。

清光绪《黄岩县志》卷七：西范，三都一图。1947年属拱中乡第十一保。1951年为屿下乡西范村。1956年为屿下乡联民高级社。1958年新前公社机关从后洋黄迁驻于此。1961年称新前公社西范大队。1983年为新前乡西范村。1991年12月称新前镇西范村。2001年底称新前街道西范村。

西范 [Xīfàn] 西范村委会驻地，也是新前街道办事处驻地。传说数百年前，聚落原在东湖（今小学一带），后迁移到现址。《浙江古今地名词典》："以处城西，范姓聚居得名。"清光绪《黄岩县志》作西范。753户，2354人，多施、顾、董姓。台州市重点寺院之一东林寺位于该村的小庐山。

怡君家园 [Yíjūn Jiāyuán] 位于新前街道西范村。2011年建成。寓意欣欣向荣、心旷神怡的家园。东至新前街，南邻新前路，西至新中路，北至中学路。建筑面积0.064平方千米。由黄岩建正房地产开发有限公司承建。

景新小区 [Jǐngxīn Xiǎoqū] 位于新前街道西范村。2010年启用。寓意民风淳朴、景色宜人，不断呈现新气象。东至新中路，南至新南路，西至西范街，北至新前路。建筑面积0.023平方千米，由新前街道办事处开发。

德君小区 [Déjūn Xiǎoqū] 位于新前街道。2014年正式命名。希望居住在这个小区的居民品德高尚，宛若君子，为西苑村树立典范，故名。东至新中路，南至新前路，西至西剑路，北至中学路。规划用地4万平方米，规划房基250间，小区内有住宅楼43幢，建筑面积0.014平方千米。

水岸天宸花园 [Shǔiàntiānchén Huāyuán] 位于新前街道西范村。2017年正式命名。东至新江路，南至八二省道，西至新江河，北至规划路。住宅楼8幢470户。

【新塔村】[Xīntǎ Cūn] 2018年8月行政村规模调整，新建村和塔山村合并为新塔村。两村各取一字得名。位于新前街道东南部，东界北城街道二合村，南至牟村村，西至西范村、泾岸村，北至屿下村、屿新村。辖区面积1.28平方千米，下辖上新建、下新建、塔山3个自然村，707户，2296人。村委会驻地原新建村。

***【新建村】**[Xīnjiàn Cūn] 以村委会驻地自然村上新建、下新建得名。位于新前街道东南部。东界北城街道，南至塔山村，西与泾岸村相邻，北靠江北渠道。村委会驻地上新建。下辖上新建、下新建2个自然村（其中下新建于2007年拆迁并入上新建），10个村民小组。403户，1378人。辖区总面积0.7平方千米，其中耕地7.8公顷。属平原区。2002年该村土地被征用，纳入黄岩区西工业园区。

清光绪《黄岩县志》卷七：新建，三都二图。1947年属拱中乡第九保。1951年为屿下乡新建村。土改后期属塔山乡，一年后复归屿下乡。1956年称屿下乡新华高级社。1961年称新前公社新建大队。1983年称新前乡新建村。1991年12月称新前镇新建村。2001年底称新前街道新建村。2018年8月，和塔山村合并称新塔村。

上新建 [Shàngxīnjiàn] 新建村委会驻地。距新前街道办事处驻地西范村1.7千米。传说宋代时该地有口池塘，形如宝剑。"剑""建"同音，现惯称新建。因在塘的西边，如在"剑尖"上，称上新建。一说该地原无村落，后有卢、陈等姓先后迁此渐成村，故名新建，因位于西北（当地西为上）面，故名上新建。清咸丰三年（1853）《奉宪泐碑永梦》石碑有"新建庄"字样。民国《黄岩县志》作新建。389户，1357人。2002年该村纳入黄岩区西工业园区，2007年下新建自然村旧房拆迁，全部迁移至此，在该地新建居住小区。

下新建 [Xiàxīnjiàn] 属新建村。位于新前街道办事处驻地西范北偏东1.6千米。位于池塘的东边，如在"剑柄"下方，故名。民国《黄岩县志》作新建。2002年该村纳入黄岩区西工业园区，2007年进行旧房拆迁，全部迁移到上新建自然村。

***【塔山村】**[Tǎshān Cūn] 以村委会驻地自然村塔山得名。位于新前街道东南部。东界北城街道，南至牟村，西连西范村，北到新建村。下辖塔山1个自然村，5个村民小组。304户，918人。辖区总面积0.5平方千米，其中耕地0.3公顷，林地2.3公顷。属平原区。2002年土地全部被征，纳入西工业园区。

1947年属拱中乡第十六保。1951年为屿下乡塔山村。土改后期属塔山乡，一年后复归屿下乡。1956年建立新明高级社。1961年称新前公社塔山大队。1966年改为新丰大队。1980年恢复原名。1983年为新前乡塔山村。1991年12月称新前镇塔山村。2001年底称新前街道塔山村。2018年8月，和新建村合并称新塔山。

塔山［Tǎshān］塔山村委会驻地。距新前街道办事处驻地1.2千米。村旁有山，南坡陡北坡平缓，看上去北坡像塌下去似的，故名塌山，后谐音雅化塔山。民国《黄岩县志》作塔山。299户，874人，多范、关、王姓。

【泾岸村】［Jīng'àn Cūn］以原泾岸片村得名。宋朝末年，泾岸南面全是江滩，后变迁为河流。村在小河的西南岸，故名。位于新前街道东南部。东靠新塔村，南至西范村，西邻下曹村，北接屿新村。村委会驻地西洋。下辖西洋、高家、前头横、路头方、泾岸堂、塘里、泾岸小区、桥外新村8个自然村，16个村民小组。829户，2626人。辖区总面积1.3平方千米，其中耕地41.5公顷。属平原区。村内以羊毛衫加工、铸造等产业为主。2015年底纳入黄岩智能模具小镇。

清光绪《黄岩县志》卷七：泾岸，三都一图。1947年属拱中乡第十保。1951年称前洋乡泾岸村。1956年划归屿下乡，分别称路头方、利民、红星三个高级社。1961年称新前公社泾岸大队。1983年为新前乡泾岸村。1991年12月称新前镇泾岸村。2001年底称新前街道泾岸村。

西洋［Xīyáng］泾岸村委会驻地。位于新前街道办事处驻地北偏西0.9千米。在泾岸片村西部的田洋中，故名。140户，377人，多杨、何姓。

高家［Gāojiā］属泾岸村。位于新前街道办事处驻地北偏西0.9千米。高姓世居，故名。120户，300人，多高姓。

前头横［Qiántóuhéng］属泾岸村。位于新前街道办事处驻地北偏西0.8千米。相对于西洋、高家，该村在其东南（前），故名。横，方言，指这一带。161户，479人。

路头方［Lùtóufāng］属泾岸村。距新前街道办事处驻地1.1千米。在下曹通西范的大路旁，多方姓聚居，故名。《清同治光绪年间新定县境总图》作路头方。229户，471人，多方姓。

泾岸堂［Jīng'àntáng］属泾岸村。距新前街道办事处驻地0.7千米。以寺得名。村中一尼庵，俗呼泾岸堂。18户，60人。

塘里［Tánglǐ］属泾岸村。距新前街道办事处驻地0.9千米。村西北为一口池塘所绕，该村处于整个片村的较偏角里，故名。178户，471人，多何姓。

【杏北村】［Xìngběi Cūn］2018年8月，行政村规模调整，杏头村和北洋岙村合并为杏北村。两村各取首字得名。位于新前街道西南部，东至后洋黄模具新城，南至前洋村、头陀镇新益村，西界头陀镇百丈柑橘场、新盟村，北至下曹村、三合村。辖区面积2.52平方千米。下辖杏头、后窑、北洋、岙里、麻车、和尚庄6个自然村。村委会驻地原杏头村。

***【杏头村】**（Xìngtóu Cūn］以村委会驻地自然村杏头得名。位于新前街道西南部。东靠后洋黄模具新城，南至前洋村，西接北洋村，北倚后步山。村委会驻地杏头。下辖杏头、后窑2个自然村，7个村民小组。354户，1002人。辖区总面积1.1平方千米，其中耕地21.2公顷，林地31.6公顷。属平原半山区。以种蔬菜水稻茭白为主。2015年底部分土地纳入黄岩智能模具小镇。

清光绪《黄岩县志》卷七：莺头，三都二图。1947年属拱西乡第十三保，称莺头。1951年称前洋乡杏头村。1956年为新前乡火花高级社。1961年为新前公社杏头大队。1966年改称联升大队。1980年恢复原名。1983年为新前乡杏头村。1991年12月称新前镇杏头村。2001年底称新前街道杏头村。2018年8月，和北洋岙村合并称杏北村。

杏头［Xìngtóu］杏头村委会驻地。位于新前街道办事处驻地西北2.2千米。自然村在合步山前面，该山嘴像黄莺的头，故名莺头。方言“莺”“杏”音近，后人为书写方便，写成杏头。另有一说：该地处永宁江大回湾处，“杏”，方言表示转弯之意，故名。黄岩有土语“七里捻到杏头”。“樱”（珠）、“杏”（头）方言同音，故又谐音（樱）莺头。《清同治光绪年间新定县境总图》作樱头。民国《黄岩县志》写作“莺头。”276户，805人，多王、赵、叶姓。有小地名：金介桥。

后窑［Hòuyáo］属杏头村。距新前街道办事处驻地2.5千米。该村在前洋村之北（后），古时建有碗窑（遗址尚存），故名。36户，104人，多应姓。

***【北洋岙村】**［Běiyáng'ào Cūn］清朝初期该地原是永宁江江岸，后涨为田，因村在洋的北面，故名北洋。1981年因重名更名为北洋岙。位于新前街道西南部。东至杏头村，南、西与头陀镇接壤，北与剑山村相邻。村委会驻地北洋。下辖北洋、岙里、麻车、和尚庄4个自然村，5个村民小组。277户，867人。辖区总面积1.4平方千米，其中耕地22.4公顷，林地55.7公顷。属平原半山区。种植茭白为主，兼顾粮橘。

清光绪《黄岩县志》卷七：北洋，三都二图。

1947年属拱西乡第十四保。1951年为前洋乡北洋村。1956年属新前乡第一高级社。1961年为新前公社北洋大队。1981年8月因重名更名为北洋岙大队。1983年改为新前乡北洋岙村。1992年称新前镇北洋岙村。2001年底称新前街道北洋岙村。2018年8月，和杏头村合并称杏北村。

北洋 [Běiyáng] 北洋岙村委会驻地。距新前街道办事处驻地2.8千米。该地原为永宁江江岸，后涨为田，因村在江北，故名。民国《黄岩县志》作北洋。201户，647人，多奚姓。

岙里 [Àolǐ] 属北洋岙村。距新前街道办事处驻地3千米。位于该地在北洋村东边的山岙里，故名。民国《黄岩县志》作岙里。33户，105人，多奚姓。有小地名岙里堂。

麻车 [Máchē] 属北洋岙村。距新前街道办事处驻地3.2千米。早年此地有榨油作坊，俗称麻车。16户，51人，多薛姓。

和尚庄 [Héshàngzhuāng] 属北洋岙村。距新前街道办事处驻地2.5千米。古时有一和尚堂（遗址尚存），故名。14户，47人，多徐姓。

【后洋黄村】[Hòuyánghuáng Cūn] 以村委会驻地自然村后洋黄得名。位于新前街道南部。东邻西范村、泾岸村，南与前洋方相连，西接前洋村、杏北村，北至下曹村。下辖后洋黄1个自然村，14个村民小组。894户，2280人。辖区总面积1.2平方千米，其中耕地6.5公顷。属平原区。兴建有别墅区。2010年纳入黄岩区西工业园区规划，国家征用土地40公顷，用于建设黄岩模具城。2015年年底纳入黄岩智能模具小镇。

《清同治光绪年间新定县境总图》作后洋王。1947年属万全乡第一保。1951年为前洋乡后洋黄村。1956年为新前乡新进、新星高级社。1961年为新前公社后洋黄大队。1966年改为东升大队。1977年恢复原名。1983年为新前乡后洋黄村。1991年12月称新前镇后洋黄村。2001年底称新前街道后洋黄村。

后洋黄 [Hòuyánghuáng] 后洋黄村委会驻地。位于新前街道办事处驻地西1千米。清光绪《黄岩县志》称戴家汇（因当时有个姓戴的逃荒到此定居而得名），因垟面大，习惯分为前垟、后垟两片。此地居北（后），黄姓始居者黄若筠明末从柔极迁此，故名。今垟写作洋。民国《黄岩县志》作后洋黄。894户，2280人，多黄、张、沈姓。

【前洋村】[Qiányáng Cūn] 以村委会驻地自然村前洋得名。位于新前街道西南部。东至后洋黄村，南与东江村相邻，西与头陀镇接壤，北至杏北村。下辖前洋1个自然村，7个村民小组。493户，1374人。辖区总面积0.8平方千米，其中耕地25.9公顷。属平原区。种植粮秸，兼种茭白等。该村为黄岩区首家淘宝村，全村约80%的家庭开有淘宝网店。

清光绪《黄岩县志》卷七:前洋，三都二图。1947年属拱西乡第十五保。1951年称前洋乡前洋村。1956年属新前乡双联高级社。1961年称新前公社前洋大队。1983年为新前乡前洋村。1991年12月称新前镇前洋村。2001年底称新前街道前洋村。

前洋 [Qiányáng] 前洋村委会驻地。距新前街道办事处驻地2千米。清朝中期，河南有郑姓者逃荒到此，该地因在杏头、北洋之前（南），故名。民国《黄岩县志》作前洋。493户，1374人，多郑姓。有小地名上边、下边。

【牟村村】[Móucūn Cūn] 以村委会驻地自然村牟村得名。位于新前街道东南部。东至双丰村，南临世纪大道，西接西范村、七里王村，北至新塔村。下辖牟村1个自然村，8个村民小组。501户，1479人。建有君廷世纪小区。辖区总面积0.9平方千米。属平原区。2002年至2010年纳入黄岩区西工业园区。主要以摩托车、羊毛衫加工为主。

《清同治光绪年间新定县境总图》作牟村。1947年为拱中乡第十五保。1951年为屿下乡牟村。土改后属塔山乡，一年后复归屿下乡。1956年分别称火星、胜利高级社。1961年称新前公社牟村大队。1966年称东风大队。1980年恢复原名。1983年为新前乡牟村村。1991年12月称新前镇牟村村。2001年12月底称新前街道牟村村。

牟村 [Móucūn] 牟村村委会驻地。距新前街道办事处驻地1.2千米。一说该地早年为永宁江一沙渚，荒无人烟，称为“无村”，“无”方音“姆”，后谐音为牟村；另有一说：牟氏始迁祖兄弟二人由四川迁徙而来，一人在茅畲聚族而居，一人则在此地安家，渐成村落，村以牟姓得名（今村中并无牟姓）。民国《黄岩县志》作牟村。501户，1479人，多何、张、戴姓。清代古建筑刹剞宫位于该村，2013年2月公布为区级文物保护单位。

君廷世纪小区 [Jūntíngshìjì Xiǎoqū] 位于新前街道。2013年正式命名。位于主干道“世纪大道”上。延续新前小区“君”字产品开发系列，故名。东至金牛路，南至八二省道，西至用地界，北至本州集团厂房。总建筑面积0.057~0.091平方千米。

【前洋方村】[Qiányángfāng Cūn] 以村委会自

然村前洋方得名。《清同治光绪年间新定县境总图》作前洋方。位于新前街道南部。东至七里王村、七里村，南临永宁江，西连东江村，北接后洋黄村。下辖郑家、中央林、前洋方3个自然村，12个村民小组。村委会驻地郑家，514户，1536人。辖区总面积1平方千米，其中耕地0.8公顷。属平原区。

1947年属万全乡第二保。1951年为前洋乡前洋方村。1956年属新前乡，分别建立一、二、三、四高级社。1961年为新前公社前洋方大队。1966年改为新江大队。1980年恢复原名。1983年为新前乡前洋方村。1991年12月称新前镇前洋方村，2001年12月底称新前街道前洋方村。

郑家［Zhèngjiā］前洋方村委会驻地。距新前街道办事处驻地1.1千米。以郑姓聚居得名。原名感应庙，以村中的庙宇得名。83户，255人，多郑姓。

中央林［Zhōngyānglín］属前洋方村。位于新前街道办事处驻地西偏南1千米。地处前洋方村中间，多林姓聚居，故名。明末始迁祖林履川自温州半山迁居戴家汇。民国《黄岩县志》作中央林。163户，511人，多林姓。

前洋方［Qiányángfāng］属前洋方村。距新前街道办事处驻地1.8千米。此地以前三面临江，地形狭长，分前洋、中央、后洋，后前洋、中央合并一村，方姓居多，故名。方氏祖先于元时避乱迁居此地。242户，738人。有小地名白墙里、前头。

【双丰村】［Shuāngfēng Cūn］村委会沿用1956年双丰高级社名。该村以五丰和新丰两个高级社得名，象征着粮橘双丰收。位于新前街道东南部。东、南靠永宁江，西至牟村，北接北城街道。村委会驻地罗汇林。下辖罗汇林、罗汇蔡2个自然村，10个村民小组。586户，2048人。辖区总面积1.2平方千米，其中耕地2.9公顷。属平原区。该村是区西工业园区的重要区块。

1947年属拱中乡第十七保。1951年属屿下乡，分别称罗汇林村和罗汇蔡村。土改后期属塔山乡，一年后复归屿下乡。1956年建新丰高级社与五丰高级社。1961年称新前公社双丰大队。1983年为新前乡双丰村。1991年12月称新前镇双丰村，2001年12月底称新前街道双丰村。

罗汇林［Luóhuìlín］双丰村委会驻地。距新前街道办事处驻地2千米。古属罗洄片村，处永宁江故道的一个回湾中，地形似田螺，故名罗洄，后演变为罗汇。片村南首因多林姓聚居，故名罗汇林。清光绪《黄岩县志》：罗洄林，三都一图。民国《黄岩县志》作罗汇林。369户，1204人。有小地名浮桥渡头。

罗汇蔡［Luóhuìcài］属双丰村。距新前街道办事处驻地东2千米。古属罗洄片村，片村中部因多蔡姓聚居，故名。清光绪《黄岩县志》：罗洄蔡，三都一图。民国《黄岩县志》作罗汇蔡。226户，738人。

【七里王村】［Qīlǐwáng Cūn］以村委会驻地自然村七里王得名。位于新前街道南部。东至北院大道，南邻七里村，西接工业园区，北连西范村。村委会驻地七里王。下辖七里王1个自然村，8个村民小组。497户，1348人。辖区总面积0.7平方千米，其中耕地1.8公顷，林地0.2公顷。属平原区。以羊毛衫加工为主，工业有塑料、模具、铸造、工艺品等产业。

清光绪《黄岩县志》卷七：七里王，三都一图。1947年为拱中乡第十二保。1951年为屿下乡七里王村。土改后期属塔山乡，一年后复归屿下乡。1956年为红星高级社。1961年为新前公社七里王大队。1966年改为红星大队。1980年恢复原名。1983年为新前乡七里王村。1991年12月称新前镇七里王村。2001年底称新前街道七里王村。

七里王［Qīlǐwáng］七里王村委会驻地。距新前街道办事处驻地0.8千米。离县城7里，村民多王姓，故名。民国《黄岩县志》作七里王。497户，1348人，多王、林、郑姓。

【七里村】［Qīlǐ Cūn］以村委会驻地自然村七里得名。位于新前街道南部。东、南临永宁江，西靠新江河，北至七里王。村委会驻地七里。下辖七里、渡头堂、下塘浦3个自然村，15个村民小组。1361户，3711人。辖区总面积2平方千米，其中耕地1.6公顷。属平原区。北院大道以东土地全部征用，纳入城市新区建设。建有宁江明月花园6个居民小区。原粮橘产区变为工业区，主要有羊毛衫加工、摩托零配件等产业。

七里村是黄岩武术的发源地，始于清乾隆五年。曾承办过浙江省武术散打锦标赛。1999年在黄岩举办的国际传统武术暨绝技大赛中，七里村培养出来的运动员有2人获武术散打擂台赛2个冠军；曾连续3年获全国女子散打70公斤级冠军的周田芬等，都曾在七里村拜师学艺。七里舞狮始于明末清初。

清光绪《黄岩县志》卷七：七里李，三都一图。1947年属拱中乡第十三、十四保。1951年为屿下乡七里村。土改后期属塔山乡，一年后复归屿下乡。1956年时，分别建立民丰、联丰、东、西高级社。1961称新前公社七里大队。1983年为新前乡七里村。1991年12月称新前镇七里村。2001年12月底称新前街道七里村。

宁江明月花园［Níngjiāngmíngyuè Huāyuán］

位于新前街道。2012年正式命名。小区所在江湾为永宁江，取宁江二字，明月寓意意境优美，同时也寓意此为黄岩新村之意。82省道延伸段南侧，北院大道东侧，东、南至永宁江，西至北院大道.项目规划用地0.686平方千米，总建筑面积1.812平方千米，容积率2，绿地率35.7%，建筑由高端住宅、五星级酒店、酒店式公寓、商业综合体及36班幼儿园组成，共6457户。该项目含10个组团。由台州绿城泰业房地产开发有限公司开发。

宁江明月花园翠屏苑 [Níngjiāngmíngyuè Huāyuán Cuìpíng Yuàn] 位于新前街道。2012年正式命名。源自黄岩九峰胜景之翠屏峰。翠屏，即碧玉般的屏障、屏风，喻其美丽、高大、稳固，故名。东临宝鼎园、紫云苑，南至规划路，西至北院大道，西北接锦溪苑。项目规划用地0.054平方千米，总建筑面积0.194平方千米，容积率2.8，绿地率35.8%，由10幢高层建筑和3幢多层组成，共857户。项目由台州绿城泰业房地产开发有限公司开发。

宁江明月花园紫云苑 [Níngjiāngmíngyuè Huāyuán Zǐyún Yuàn] 位于新前街道。2012年正式命名。源自黄岩九峰胜景之紫云峰。紫云，紫色祥云也，喻山高、地吉、人贵，含义吉祥，为当地人喜爱，故名。东临朗石园，南至宝鼎园，西接翠屏苑，北靠锦溪苑。项目规划用地0.059平方千米，总建筑面积0.231平方千米，容积率3，绿地率43.2%，由8幢高层建筑和1幢多层组成，共1008户。项目由台州绿城泰业房地产开发有限公司开发。

宁江明月花园红枫苑 [Níngjiāngmíngyuè Huāyuán Hóngfēng Yuàn] 位于新前街道。2012年正式命名。源自黄岩九峰胜景之八亭中的红枫亭得名。东临卧龙园，南至永宁江，西至北院大道，北至规划路。项目规划用地0.04平方千米，总建筑面积0.14平方千米，容积率2.8，绿地率40.7%，由8幢高层建筑组成，共678户。项目由台州绿城泰业房地产开发有限公司开发。

宁江明月花园卧龙园 [Níngjiāngmíngyuè Huāyuán Wòlóng Yuán] 位于新前街道。2012年正式命名。源自黄岩九峰胜景之卧龙峰，杰出人物喻为龙凤，卧龙园，象征着业主的尊贵，

故名。东、南至永宁江，西至红枫苑，北至规划路。项目规划用地0.03平方千米，总建筑面积3.2万平方米，容积率0.5，绿地率27.9%，由6幢多层建筑组成，共35户。由台州绿城泰业房地产开发有限公司开发。

宁江明月花园宝鼎园 [Níngjiāngmíngyuè Huāyuán Bǎodǐng Yuán] 位于新前街道。2012年正式命名。源自黄岩九峰胜景之宝鼎峰。宝鼎，原皇家礼器，象征着地位与尊严，也有一鼎定乾坤之意，故名。东临永宁江，南至规划路，西靠翠屏苑，北邻紫云苑。规划用地0.061平方千米，总建筑面积0.079平方千米，容积率0.6，绿地率26.6%，由9幢多层建筑组成，共77户。由台州绿城泰业房地产开发有限公司开发。

七里 [Qīlǐ] 七里村委会驻地。距新前街道办事处驻地1.3千米。该村离县城7里（3.5千米）许，故名。一说：片村七里，方圆约7里得名。另一说：以李姓聚居七里得名。清光绪《黄岩县志》作七里李。1339户，3650人。多李、徐姓。

渡头堂 [Dùtóutáng] 属七里村。距新前街道办事处驻地1.7千米。该村有一和尚堂，原名福禅院（1958年遭火焚），因地处江边渡口，俗呼渡头堂。12户，39人，多李姓。村东南为永宁江，早年有浮桥，20世纪末拆。

下塘浦 [Xiàtángpǔ] 属七里村。距新前街道办事处驻地1.9千米。村以浦名。村侧原有河浦通永宁江（已淤塞），浦旁有池塘，因位于七里之南（下方），俗呼下塘浦。10户，22人，李姓。

【东江村】 [Dōngjiāng Cūn] 以原东江片村得名。因东临永宁江故道，故名。《清同治光绪年间新定县境总图》作东江。位于新前街道西南部。东至前洋方村，南临永宁江，西界头陀镇，北至前洋村。村委会驻地高丘。下辖高丘、里头、汇头3个自然村，14个村民小组。673户，1831人。辖区总面积1平方千米，其中耕地3.9公顷，林地1.5公顷。属平原区。以羊毛衫加工、种植柑橘为主。有章氏住宅，为四合院式建筑，有天井、古井。台门灰雕做工精致，具有民国时期中西结合的灰雕艺术元素，台门两侧有残存楹联一对。宅主人章小梅民国时期在上海开办肥皂厂。该村1947年属头陀镇第一保。1951年属前洋乡东江村。1956年分别为新前乡繁荣、众议高级社。1961年称新前公社东江大队。1983年为新前乡东江村。1991年12月称新前镇东江村。2001年12月称新前街道东江村。

高丘 [Gāoqiū] 东江村委会驻地。距新前街道办事处驻地1.6千米。与邻村相比，此处地势略高，故名。73户，212人，多章、应、陈姓。有小地名老渡头。

里头 [Lǐtóu] 属东江村。距新前街道办事处驻地1.6千米。从永宁江故道老渡头上岸，先到汇头自然村，后至该村，故名。311户，845人，多陈、吕姓。有小地名小殿、岩丘。

汇头 [Huìtóu] 属东江村。距新前街道办事处驻地1.7千米。早年村处永宁江的一个回湾（俗呼“汇”）

处，故名。曾用名：外头。289户，774人，多应、章、张姓。有小地名小园头、南汇、老屋里、东江路廊。

【屿下村】[Yǔxià Cūn] 以村委会自然村屿下得名。位于新前街道东部。东界北城街道云尚村，南至新塔村，西邻屿新村，北接车口村和北城街道张唐村。下辖屿前、屿下、孙家岙、下堂、苦枝墩5个自然村，10个村民小组。村委会驻地屿前。451户，1533人。辖区总面积1.3平方千米，其中耕地25.2公顷，林地20.1公顷。属平原半山区。以种植水稻为主。

清光绪《黄岩县志》卷七：屿下，二都一图。1947年属拱中乡第六保。1951年称屿下乡屿下村。1956年为勤俭高级社。1961年称屿下公社屿下大队。1983年称屿下乡屿下村。1992年5月称新前镇屿下村。2001年底称新前街道屿下村。

屿前 [Yǔqián] 屿下村委会驻地。距新前街道办事处驻地2.3千米。位于小山屿之南麓（前），故名。121人，多董、陈姓。

屿下 [Yǔxià] 属屿下村委会，位于新前街道办事处驻地北偏东2千米处。明清时，该地是永宁江宽阔处，旁有一山屿，后在山屿南（下）渐成村落，故名。因设集市较早，俗称屿下街。清光绪《黄岩县志》："屿下市，在县北十五里。"330户，1220人，蔡、李、陈姓居多。有小地名东杏头、下斗宫。

孙家岙 [Sūnjiā'ào] 属屿下村。距新前街道办事处驻地2.9千米。村处三面环山的山岙中，最早有一孙姓大户，故名。清光绪《黄岩县志》卷七：孙家宅，二都一图。民国《黄岩县志》作孙家岙。10户，38人。多孙姓。

下堂 [Xiàtáng] 属屿下村。距新前街道办事处驻地2.6千米。村旁有口水塘，因位于岩头塘南面（当地习惯称南为下），俗称下塘，后谐音下堂。《清同治光绪年间新定县境总图》作下堂。6户，23人，何、陈姓。

苦枝墩 [Kǔzhīdūn] 属屿下村。距新前街道办事处驻地2.5千米。村旁有一小土墩上长槠树（俗呼苦枝树），故名。曾用名古枝墩。22户，81人，多蔡姓。有小地名三亩半。

【峰丘村】[Fēngqiū Cūn] 以村委会驻地自然村峰丘得名。《清同治光绪年间新定县境总图》作风邱。位于新前街道中部偏北，东邻石捣臼村，南至车口村，西连黄坦村，北界临海市。下辖峰丘、犁坑、滥田、水竹堂、野猪路、塔头6个自然村，13个村民小组。462户，1505人，高山移民均移至新址草廊头。村委会设草廊头。辖区总面积2.9平方千米，其中耕地39.2公顷，林地222.8公顷。种植水稻为主，系农林并举的山区。

1947年属拱西乡第三、四保。1951年为拱西乡峰丘村。1956年划并屿下乡，称峰丘高级社。1961年称屿下公社峰丘大队。1983年称屿下乡峰丘村。1992年5月称新前镇峰丘村。2001年底称新前街道峰丘村。

峰丘 [Fēngqiū] 属峰丘村。距新前街道办事处驻地6.7千米。传说该村祖先从路桥螺洋迁此，住在一丘常年不干的沨泾田旁。村以此得名"沨丘"，后谐音枫丘。又因村北石牛山峰既高又陡，村名遂演变为"峰丘。"民国《黄岩县志》作峰坵。1994年实行高山移民，原有160多户余姓、毛姓村民移址草廊头。海拔300米。

犁坑 [Líkēng] 属峰丘村。距新前街道办事处驻地6千米。古名浰坑。浰，水疾流貌。以该村山坑（涧）势陡流急得名。另有传说：石牛山顶有一龙潭，住着泥鳅龙，潭边卧一石牛，见峰丘村东百姓向善，但常干旱，一夜，泥鳅龙牵着石牛，扶着犁，从龙潭边一直犁到村前，使村庄常年溪水潺潺，故又名犁坑。清光绪《黄岩县志》：梨坑，二都一图。民国《黄岩县志》作浰坑。1994年高山移民，原有90多户村民移址草廊头。海拔270米。有小地名下坑。

滥田 [Làntián] 属峰丘村。距新前街道办事处驻地7.1千米。因村前有一丘久旱不涸的滥水田，故名。民国《黄岩县志》作滥田。海拔320米。1994年高山移民，原有50多户毛姓村民移址草廊头。

水竹堂 [Shuǐzhútáng] 属峰丘村。距新前街道办事处驻地6.3千米。原名水竹。村处山沟中，低处常年积水，仿佛筑有水坝，故名水筑。谐写作水竹。1957年此山沟建水竹水库，原村庄后靠山腰一俗呼"山竹堂"的尼庵旁，遂改名为水竹堂。民国《黄岩县志》作水竹。海拔230米。1994年高山移民，原有几户蒋姓村民移址草廊头。村西南有水竹水库。

野猪路 [Yězhūlù] 属峰丘村。距新前街道办事处驻地6.3千米。村庄四面环山，林木参天，常有野猪出没，先辈狩猎时循着野猪常走的路进去，发现这块风水宝地，遂定居繁衍，故名。民国《黄岩县志》作野猪路。海拔240米。1994年高山移民，原有蔡、陶姓村民移址草廊头。

塔头 [Tǎtóu] 属峰丘村。距新前街道办事处驻地7千米。位于峰丘村北山顶，远看北山像古塔，故名。海拔400米。1994年高山移民，原有几户胡姓村民移址草廊头。

【石捣臼村】[Shídǎojiù Cūn] 以村委会石捣臼村和东林岙村合并后得名。位于新前街道东北部。村委会办公地点设在屿下。东至黄土岭，南至张唐村，西至车口村、峰丘村，北至临海市界。下辖石盘、石捣臼坤、桐梓和、后透里、白岩下、殿前、外厂、杨梅岭头、上鲍、下鲍、东岙里、道林寺共12个自然村，12个村民小组。541户，1707人。辖区总面积6.4平方千米，其中耕地37.6公顷，林地449.5公顷。种植水稻、毛竹为主的农林并举山区。村民大多已在1994年高山移民至屿前。

石捣臼村：1947年属拱西乡第二保。1951年为拱西乡石捣臼村。1956年为屿下乡利益、裕民、林星高级社。1961年为屿下公社石捣臼大队。1966年曾称东升大队。1977年恢复原名。1983年称屿下乡石捣臼村。1992年5月称新前镇石捣臼村。2001年12月称新前街道石捣臼村。

东林岙村：1947年属拱西乡第一保。1951年为拱西乡东岙里村。1956年为屿下乡立丰高级社。1961年为屿下公社东岙里大队。1981年为屿下公社东林岙村。1983年称屿下乡东林岙村。1992年5月称新前镇东林岙村。2001年12月称新前街道东林岙村。2015年11月，黄岩区行政村调整时，石捣臼村和东林岙村合并称石捣臼村。

石盘 [Shípán] 属石捣臼村。距新前街道办事处驻地6千米。路口有一小桥，过桥后全是石头路，弯曲盘旋，故名。海拔135米。1994年高山移民，原有50多户符姓村民已迁到屿前居住。

石捣臼坤 [Shídǎojiùkūn] 石捣臼坤属石捣臼村。距新前街道办事处驻地6.3千米。相传清朝年间，该地北面山上有和尚堂，堂前有岩石天然生成似一个舂米的石臼，人们称之为石捣臼。因村坐落在山岙的深处，故名石捣臼坤（坤，方言意指底深部）。另一传说，古时长工儿子金福给地主放牛为父抵债。冬天草枯，金福号啕大哭。只见一头老牛伸出舌头舔舔金福的肩头，把他带到一个草木茂盛的地方，这些草割了又长，永远割不完。原来这地下有一口石捣臼，即取之不尽的聚宝盆。1994年实行高山移民，原有约90户金、符姓村民迁址到草廊头。海拔135米。

桐梓和 [Tóngzǐhé] 属石捣臼村。距新前街道办事处驻地6.1千米。山上有桐树、梓树两棵，其露出地面的根互相交错在一起。村名桐梓和，寓意团结和睦。海拔285米。1994年实行高山移民，原有几户王、何姓村民迁移到屿前。

后透里 [Hòutòulǐ] 属石捣臼村。距新前街道办事处驻地6.7千米。过去有前后两透屋，前透已遭火焚，后透尚存，村以此名。海拔130米。1994年实行高山移民，原有10多户符姓村民迁到屿前居住。

白岩下 [Báiyánxià] 属石捣臼村。距新前街道办事处驻地6.2千米。村西山坡上有块白岩，下方住着几户人家，故名。民国《黄岩县志》作白岩下。海拔230米。1994年实行高山移民，原约10户张姓迁到屿前居住。

殿前 [Diànqián] 属石捣臼村。距新前街道办事处驻地5.7千米。聚落在一老爷殿（佛殿）的前面，故名。1994年实行高山移民，原有40多户村民已迁到屿前居住。有小地名殿后龙、外恩。

外厂 [Wàichǎng] 属于石捣臼村。距新前街道办事处驻地6.2千米。原名滥田，以村前有一片常年不干的滥水田得名，因重名，1992年更名外厂。以早年村的外口多茅厂（茅屋），故名。民国《黄岩县志》作滥田。海拔135米。1994年实行高山移民，村民迁到屿前居住。现尚有一两户人家。

杨梅岭头 [Yángméilǐngtóu] 属石捣臼村。距新前街道办事处驻地5.4千米。传说车口村有一户人家，将大片杨梅种植在该山岭上，故名。海拔170米。1994年实行高山移民，原有10多户张、陈、周姓村民迁到屿前居住。

上鲍 [Shàngbào] 属石捣臼村。距新前街道办事处驻地5.6千米。曾用名上抱，此地有上下两座山，沿山路走惯称抱山走，因位于上面那座山，故名上抱。另有一说：因杜岐有一鲍姓富户，为祖上选墓址，特邀风水先生前往两处看风水，风水先生一到此地，就说这两块地是宝地，地上长出来的东西都是药，后来鲍氏将坟墓一穴安置在上面，取名为上鲍，一穴安置在下面，取名为下鲍（后鲍姓迁往临海，今村中已无鲍姓）。民国《黄岩县志》作上鲍。海拔135米。1994年实行高山移民，原有30多户周、毛、陈姓村民迁到屿前居住。

下鲍 [Xiàbào] 属石捣臼村。距新前街道办事处驻地5.2千米。相对于上鲍，位于下方，故名。曾用名下抱。民国《黄岩县志》作下鲍。海拔105米。1994年实行高山移民，原有20多户苏姓村民迁移到屿前居住。村东北有下抱水库。

东岙里 [Dōng'àolǐ] 原属东林岙村，2015年11月，黄岩区行政村调整后属石捣臼村。距新前街道办事处驻地4.5千米。在道林里东边的山岙里，故名。民国《黄岩县志》作东岙里。94户，327人，多李、陈姓。

道林寺 [Dàolínsì] 原属东林岙村，2015年11月，黄岩区行政村调整后属石捣臼村。距新前街道办事处驻地4千米。村以寺得名。27人，多蔡、李姓。明代有道林寺（清代毁），规模颇大。明成化进士、山东参政蔡馀庆晚年归隐之地。蔡馀庆故后葬道林寺不远处。今寺内藏有蔡馀庆墓志一方。明万历《黄岩县志》："道林寺，县西一十五里。"

【中恩村】［Zhōng'ēn Cūn］以村委会驻地自然村中恩得名。位于新前街道西北部。东与屿新村相接，南与下曹村为邻，西与三合村相连，北接西岙村。下辖半岭堂、山恩思、扫箕山、水桶坑、日照、四关门、中恩、合苎岩、石柱、斗里、大平头、毛山坦12个自然村，18个村民小组。533户，1730人。辖区总面积4.1平方千米，其中耕地55公顷，林地308.9公顷。1993年全村实行高山移民，全部迁移南洋，村委会驻地南洋。经济以农林为主。

1947年属拱西乡第五保，称中庵。1951年称拱西乡中恩村。1956年分别属屿下乡联丰、山丰、平丰高级社。1961年为屿下公社中恩大队。1983年为屿下乡中恩村。1992年5月称新前镇中恩村。2001年12月称新前街道中恩村。

半岭堂［Bànlǐngtáng］属中恩村。距新前街道办事处驻地5.6千米。村在高岙至山恩思岭路的中段，早年有一佛堂，俗呼半岭堂，村以堂名。民国《黄岩县志》作半岭堂。海拔240米。1993年实行高山移民，原10多户毛、金姓村民全部迁至南洋。现无人居住。

山恩思［Shān'ēnsī］属中恩村。距新前街道办事处驻地6.9千米。村在高山一山坳中，“坳”当地方音“恩”，早年住有施姓，故名山恩施，后谐音山恩思。民国《黄岩县志》作山菴施。海拔450米。1993年实行高山移民，原有30多户朱姓等村民全部迁至南洋。

扫箕山［Sǎojīshān］属中恩村。距新前街道办事处驻地6.9千米。村旁一山峦形似覆盖着的筲箕（一种竹篾编成的淘米器具），俗呼筲箕山，俗写作扫箕山。海拔450米。1993年实行高山移民，原有30多户洪、陈等姓村民迁至南洋。

水桶坑［Shuǐtǒngkēng］属中恩村。距新前街道办事处驻地6.2千米。聚落在溪坑（溪涧）边，饮用水都到溪涧汲取，俗呼此溪涧为水桶坑。1993年实行高山移民，原有10多户丁姓村民等迁至南洋。

日照［Rìzhào］属中恩村。距新前街道办事处驻地6.1千米。《清同治光绪年间新定县境总图》标有日照寺。村以寺名。海拔230米。1993年实行高山移民，原有60多户李姓等村民迁至南洋。

四关门［Sìguānmén］属中恩村。位于新前街道办事处驻地西北6.1千米。从半岭堂到横坑桥，沿岭路而上，其间有四个转弯，就像关着四道门，故名。民国《黄岩县志》作四关门。海拔365米。1993年实行高山移民，原有30多户李、王姓村民迁至南洋。有小地名横坑桥。

中恩［Zhōng'ēn］中恩村委会驻地。距新前街道办事处驻地5.8千米。古时，该村有一庵堂，当地方言“庵”“恩”音同，村民多钟姓，故名钟恩，谐音中恩。民国《黄岩县志》作中庵。海拔410米。1993年实行高山移民，原有40多户钟、连姓村民迁至南洋。

合苎岩［Hézhùyán］属中恩村。距新前街道办事处驻地5.3千米。村旁有大岩石形似旧时插秧用的箬竹制成的雨具“合苎”（方音），故名。（此石在1988年修路时被炸掉）。民国《黄岩县志》作翼峙岩、棠子岩。海拔180米。1993年实行高山移民，原有80多户沈姓村民迁至南洋。

石柱［Shízhù］属中恩村。距新前街道办事处驻地5.9千米。村南有岩石形似饭蒸，人称饭蒸岩，亦称石柱。海拔475米以上。1993年实行高山移民，原有1户应姓村民迁至南洋。

斗里［Dǒulǐ］属中恩村。距新前街道办事处驻地5.8千米。村四周环山，就像处在斗（量米工具）中一样，故名。海拔440米。1993年实行高山移民，原有10多户洪姓等村民迁至南洋。

大平头［Dàpíngtóu］属中恩村。距新前街道办事处驻地5千米。村在一大而平的山岗上，故名。海拔350米。1993年实行高山移民，原有50多户池姓等村民迁至南洋。

毛山坦［Máoshāntǎn］属中恩村。距新前街道办事处驻地4.7千米。村在一较平坦的山坳中，早年多长茅草，故名。海拔220米。1993年实行高山移民，原有40多户叶、应等姓村民迁至南洋。

【黄坦村】［Huángtǎn Cūn］2018年8月，行政村规模调整，高岙村和洪家山村合并为黄坦村。以村东黄坦水库得名。位于新前街道西北部，东至黄坦水库、车口村，南至西岙村，西至中恩村，北至峰丘村。辖区面积3.84平方千米，下辖高岙里、流水岩、黄坦坑、东山头、屿头、篁下、新桥头、洪家山、厂峰岗、柏树湾、踏道下、西山、横路13个村民小组，551户，1834人。村委会驻地原高岙村。

***【洪家山村】**［Hóngjiāshān Cūn］以村委会驻地自然村洪家山得名。《清同治光绪年间新定县境总图》作洪家山。位于新前街道西北部。东至峰丘，南邻高岙，西连中恩，北界临海市里山坑。下辖新桥头、洪家山、厂峰岗、柏树湾、踏道下、西山、横路7个自然村，8个村民小组。223户，745人。1994年全村高山移民，迁移至新桥头。村委会驻地新桥头。辖区总面积1.4平方千米，其中耕地26.4公顷，林地100.9公顷。经济来源以农林为主。

1947年为拱西乡第四保。1951年称拱西乡洪家山村。1956年称屿下乡利胜高级社。1961年为屿下公社洪家山大队。1966年改为红山大队。1981年因重名恢复原名。1983年称屿下乡洪家山村。1992年5

月称新前镇洪家山村。2001 年 12 月称新前街道洪家山村。2018 年 8 月，和高岙村合并称黄坦村。

新桥头 [Xīnqiáotóu] 洪家山村委会驻地。距新前街道办事处驻地 3.5 千米。黄坦（潭）水库有一支中排渠通往江北渠道，原西岙通往屿下方向的道路被挑断，后在河上建起一座通桥，村民都居住在桥的两头，故名。223 户，734 人，1994 年实行高山移民，整个洪家山村全部迁移本自然村。

洪家山 [Hóngjiāshān] 属洪家山村。位于新前街道办事处驻地西北 6.3 千米。古时多胡姓居此，称胡家山，后演变为洪家山。村路廊中石碑刻有“民国二十八年胡家山”字样。海拔 270 米。1994 年实行高山移民，原有 130 多户金、余等姓村民迁移至新桥头居住。有小地名岩塔头。

厂峰岗 [Chǎngfēnggǎng] 属洪家山村。距新前街道办事处驻地 7.7 千米。村在石牛主峰和松毛山之间，状如元宝凹部的山岗上，风很大，早时多茅厂（茅屋），故名。海拔 440 米。1994 年实行高山移民，原有几户朱姓村民迁移至新桥头。

柏树湾 [Bǎishùwān] 属洪家山村。距新前街道办事处驻地 7.1 千米。村在山塆中，四周多柏树，故名。海拔 430 米。1994 年实行高山移民，原有几户陈姓村民迁移至新桥头。

踏道下 [Tàdàoxià] 属洪家山村。距新前街道办事处驻地 5.9 千米。村后有一条石级岭路，上通岩塔头（洪家山），方言称石级为“踏道格”，故名。《清同治光绪年间新定县境总图》作踏道下。海拔 230 米。1994 年实行高山移民，原有几户蒋姓村民迁移至新桥头。

西山 [Xīshān] 属洪家山村。距新前街道办事处驻地 6.7 千米。位于洪家山自然村西面，故名。民国《黄岩县志》作西山。海拔 250 米。1994 年实行高山移民，原有 20 多户范姓村民迁移至新桥头。

横路 [Hénglù] 属洪家山村。距新前街道办事处驻地 6.4 千米。村南有一条东西走向的横路，与从临海到屿下的岭路衔接，村以路名。民国《黄岩县志》作横路。海拔 220 米。1994 年实行高山移民，原有 10 多户蒋姓村民迁移至新桥头。

*【**高岙村**】[Gāo'ào Cūn] 以原片村高岙得名。位于新前街道北部。东至车口村，南邻西岙村，西连中恩村，北至洪家山。村委会驻地高岙里。下辖高岙里、流水岩、黄坦坑、东山头、屿头、箽下 6 个自然村，9 个村民小组。328 户，1089 人。辖区总面积 2.4 平方千米，其中耕地 31 公顷，林地 154 公顷。以种植柑橘、杨梅、毛竹为主。有小型铸造加工业。通公交。

清光绪《黄岩县志》卷七：高岙，二都一图。1947 年属拱西乡第七保，称岙里。1951 年称拱西乡高岙村。1956 年为屿下乡建新高级社。1961 年为屿下公社高岙大队。1983 年为屿下乡高岙村。1992 年 5 月并入新前镇，称新前镇高岙村。2001 年 12 月称新前街道高岙村。2018 年 8 月，和洪家山村合并称黄坦村。

高岙里 [Gāo'àolǐ] 高岙村委会驻地。距新前街道办事处驻地 4.3 千米。古时村东有道林寺，这一带山岙称道林里，因该村在道林里地势最高处，故名。民国《黄岩县志》作高岙。156 户，546 人。有小地名喜鹊、麻车弄、茶园坦。

流水岩 [Liúshuǐyán] 属高岙村。距新前街道办事处驻地 5.2 千米。村中有小溪水从岩板坡上流过，俗呼之为流水岩。海拔 130 米。2003 年高山移民，原有 20 多户蒋姓村民移址屿头。

黄坦坑 [Huángtǎnkēng] 属高岙村。距新前街道办事处驻地 5.3 千米。清及民国均称王坦坑。村旁有条大溪坑，两岸都是茅草坦，多王姓，故名王坦坑。由于山上多黄泥土，后又写作黄坦坑。《清同治光绪年间新定县境总图》作王坦坑。海拔 30 米。2003 年高山移民，原有 10 多户村民移址屿头。有溪水东注黄坦水库。

东山头 [Dōngshāntóu] 属高岙村。距新前街道办事处驻地 4 千米。在谷堆山东偏南的山嘴头旁，故名。民国《黄岩县志》作东山头。53 户，146 人，多章姓。东北为黄坦水库。

屿头 [Yǔtóu] 属高岙村。位于新前街道办事处驻地北偏西 3.8 千米。村在小山屿的东麓，故名。民国《黄岩县志》作屿头。65 户，190 人。

箽下 [Gàngxià] 属高岙村。位于新前街道办事处驻地北偏西 3.8 千米。村南早年有片竹箽（竹丛），故名。60 户，180 人，多郭姓。

【**车口村**】[Chēkǒu Cūn] 以村委会驻地自然村车口得名。位于新前街道东部偏北。东界北城街道，南至屿新、屿下，西邻高黄坦村，北接峰丘村。村委会驻地车口。下辖车口、东山堂、东山、岩头塘 4 个自然村，16 个村民小组。581 户，1851 人。辖区总面积 3.6 平方千米，其中耕地 77 公顷，林地 162.5 公顷。以种植粮食和橘子为主。

清光绪《黄岩县志》卷七：车口，二都一图。1947 年为拱西乡第六保。1951 年称拱西乡车口村。1956 年称屿下乡利民高级社。1961 年为屿下公社车口大队。1983 年为屿下乡车口村，1992 年 5 月称新前镇车口村，2001 年 12 月称新前街道车口村。

车口 [Chēkǒu] 车口村委会驻地。距新前街道办事处驻地 3.7 千米。在黄坦坑两支溪流的交叉点，故名叉口，谐音车口。《清同治光绪年间新定县境总图》作车口。聚落沿溪两岸，呈南北长条形分布。1512人，多陈、陶、张姓。北有黄坦水库。该村的安庆堂，始建于明代，今重建，中国佛教协会会长赵朴初题山门匾额“安庆堂”三字。

东山 [Dōngshān] 属车口村。距新前街道办事处驻地3.1千米。这一带明代属善化乡道林里，村在道林里东边的山脚，故名。42户，203人，多马、陶、谢姓。

东山堂 [Dōngshāntáng] 属车口村。距新前街道办事处驻地3.7千米。该村在东山自然村北，有座堂门（佛堂），故名。23户，96人，多陈、沈姓。

岩头塘 [Yántóutáng] 属车口村。距新前街道办事处驻地3.5千米。山上有采石场和石板仓，早年有一口大池塘在村旁，故名。15户，62人。

【西岙村】 [Xī'ào Cūn] 以村委会驻地自然村西岙得名。位于新前街道中部偏北。东至黄坦村、车口村，南接屿新村，西连三合村，北邻中恩村。村委会驻地西岙。下辖西岙、花园、后门堂、下恩4个自然村，7个村民小组。410户，1270人。辖区总面积1.44平方千米，其中耕地39.1公顷，林地95.4公顷。1985年以后3个山区自然村陆续迁移到西岙自然村，以种植茭白为主。

清光绪《黄岩县志》卷七：西岙，二都一图。1947年属拱西乡第八保。1951年称拱西乡西岙村。1956年为屿下乡建新高级社。1961年称屿下公社西岙大队。1983年改称屿下乡西岙村，1992年5月称新前镇西岙村，2001年12月称新前街道西岙村。

西岙 [Xī'ào] 西岙村委会驻地。位于新前街道办事处驻地北偏西3.6千米处。明代属善化乡道林里，村在道林里西边的山岙里，故名。民国《黄岩县志》作西岙。1985年以后，西岙村的3个山区自然村（花园、后门堂、下恩）陆续迁移到此。现410户，1270人。有宪鸿（香港孔庆顺先生捐资兴办）小学教学点设此。清代永宁寺和尚墓塔位于该村永宁山之南半山腰上，坐西朝东，墓高1.6米，宽1.1米，塔高1.7米。2013年2月，公布为区级文物保护单位。有小地名法花堂、上溪头、下溪头。

花园 [Huāyuán] 属西岙村。距新前街道办事处驻地4.5千米。村东有两个山峦对峙，中间一高岗隆起，颇似荷花心，故名花园。1985年以后，村民已陆续迁移到西岙自然村。现无人居住，已成为新前街道四个村的公墓区。

后门堂 [Hòuméntáng] 属西岙村。距新前街道办事处驻地4.2千米。古时村内有永宁寺，俗呼永宁堂，后谐音为后门堂（寺院已于20世纪50年代末被拆毁）。海拔60米。1985年以后，村民已陆续迁移到西岙自然村，现无人居住。

下恩 [Xià'ēn] 属西岙村。距新前街道办事处驻地3.4千米。村在山下一山岙里，早年有守墓的庵屋，故名下庵。方言“庵”“恩”音同，故雅化为下恩。1985年以后，村民已陆续迁移到西岙自然村，现无人居住。

【三合村】 [Sānhé Cūn] 2018年8月，行政村规模调整，群力村和剑山村合并为三合村。两村合并，三溪合一，三面环山，寓意合并后天时、地利、人和，故名。位于新前街道西部，东至下曹村，南至杏北村，西界头陀镇林龙新村，北至西岙村、中恩村。辖区面积5.19平方千米，下辖白沙头、山沌头、上洋火、桥头、团箕岩头、桥儿头、馒头陈、利西塔、上剑山、下剑山、王岙、梓树坦、枫树橛、红岩、下洋寺15个自然村，1031户，3035人。村委会驻地原剑山村。

* **【群力村】** [Qúnlì Cūn] 沿用群力高级社名。位于新前街道中西部。东至西岙村，南至剑山村，西至头陀镇，北至中恩村。下辖白沙头、山沌头、上洋火、桥头、团箕岩头、桥儿头、馒头陈、利西塔8个自然村，6个村民小组。275户，873人。辖区总面积2.6平方千米，其中耕地12.6公顷，林地207.9公顷。为农林并举的产粮区。1990年全村高山移民到后溪岸至白沙脚、王岙里、王岙山脚至竹杠沙旁。

1947年属拱西乡第十保。1951年称拱西乡上剑山村。1956年属屿下乡，分别为群力、有林、林丰高级社。1961年合并成屿下公社群力大队。1983年为屿下乡群力村。1992年5月称新前镇群力村。2001年12月称新前街道群力村。2018年8月，和剑山村合并称三合村。

白沙头 [Báishātóu] 属群力村。位于新前街道办事处驻地西北7.6千米。村中有一条堤岗，砂石呈灰白色，故称白沙岗，亦称白沙头。海拔80米。原有10多户陈姓村民，1990年后迁移后溪岸。

山沌头 [Shāndùntóu] 属群力村。距新前街道办事处驻地6千米。该村与头陀镇的山沌头村相邻。因在山岗头上，西邻三屯山，故名三屯头，谐音山沌头。民国《黄岩县志》作三屯头。海拔400米。原有20多户应姓等村民，1990年后迁移王岙山脚。有小地名上石柱、猪槽坑、小登岩头、大岩岗。

上洋火 [Shàngyánghuǒ] 属群力村。距新前街道办事处驻地5.2千米。村处高山，人烟稀少，早年常闹匪患，村民见状就点火示意，故名上洋火。又说：村东山上有一岩石形似火把，故名。海拔510米。1990年后村民迁移至王岙山脚。

桥头 [Qiáotóu] 属群力村。距新前街道办事处驻地3.5千米。有一座长5米，宽1.5米的古石拱桥，村居桥上首，故名。《清同治光绪年间新定县境总图》作桥头。1990年后村民迁移至王岙山脚。有小地名牌坊前、下山田。

团箕岩头 [Tuánjīyántóu] 属群力村。距新前街道办事处驻地4.9千米。村南有岩石形似团箕（竹制农具），故名。海拔530米。1990年后村民迁移至王岙山脚。

桥儿头 [Qiáo'értóu] 属群力村。距新前街道办事处驻地西北4.6千米。该地有个山岗形似桥，最早有应、卢两姓人家，分住在山岗两侧，相隔约百米，村以此得名桥二头，后谐音桥儿头。民国《黄岩县志》作桥二头。海拔270米。1990年后村民迁移至王岙山脚。有小地名海来头、吊船岩。

馒头陈 [Mántóuchén] 属群力村。距新前街道办事处驻地4.2千米。村北有岩石形似馒头，多姓陈，故名。民国《黄岩县志》作馒头陈，海拔30米。1990年后村民迁移至后溪岸。有小地名洪岩头。

利西塔 [Lìxītǎ] 属群力村。距新前街道办事处驻地4.7千米。古传说离吊船岩不远处有一个滩，叫利水滩，村以此谐音利西塔。民国《黄岩县志》作利西塔。1990年后村民迁移至王岙里。

*【**剑山村**】[Jiànshān Cūn] 以村委会驻地自然村上、下“剑山”得名。位于新前街道中西部。东至下曹村，南邻杏头村，北到群力村，西接头陀镇。下辖上剑山、下剑山、王岙、梓树坦、枫树橛、红岩、下洋寺7个自然村，10个村民小组。村委会驻地上剑山。756户，2162人。辖区总面积2.6平方千米，其中耕地60.3公顷，林地93.7公顷。种植水稻、柑橘为主。属半山区。枫树橛、红岩两自然村于1982年已迁移山下。通公交。清代榜眼喻长霖墓位于该村。

清光绪《黄岩县志》卷七：建山，三都一图。1947年属拱西乡第十、十一保，称建山。1951年属拱西乡剑山村。1956年组织勤劳、利民高级社，属屿下乡。1961年称屿下公社勤劳大队。1981年8月因重名恢复为剑山大队。1983年为屿下乡剑山村。1992年5月称新前镇剑山村。2001年12月称新前街道剑山村。2018年8月，和群力村合并称三合村。

上剑山 [Shàngjiànshān] 剑山村委会驻地。距新前街道办事处驻地3.2千米。村后山上有岩石竖立似剑，故名。剑山有上下之分，以新桥头一条南北走向的溪涧为界，居西的称上剑山。古名建山（清代都图及道光年间的石碑均写作建山，名由无考）。316户，980人。小地名灰墩坦、前程。

下剑山 [Xiàjiànshān] 属剑山村。距新前街道办事处驻地2.8千米。相对于上剑山，该村居东，称下剑山。586人，多王、应、江姓。有小地名岩二头、溪坦里、王家里、井头王。

王岙 [Wáng'ào] 属剑山村。距新前街道办事处驻地2.9千米。村西、北、南三面背山，像一把太师椅。传说此地风水好，要出王，故名。《清同治光绪年间新定县境总图》作王岙。118户，500人，多邓、徐、林姓。海拔50米。

梓树坦 [Zǐshùtǎn] 属剑山村。距新前街道办事处驻地3.4千米。据说早年长有成片的梓树，俗呼梓树坦。23人，多李姓。海拔25米。

枫树橛 [Fēngshùjué] 属剑山村。距新前街道办事处驻地3千米。古时候有一大枫树断为两截，村以此得名。1982年已迁移至山下。

红岩 [Hóngyán] 属剑山村。距新前街道办事处驻地2.8千米。村后山有一岩石呈红色，故名。1982年村民已迁移至山下。

下洋寺 [Xiàyángsì] 属剑山村。距新前街道办事处驻地2.7千米。村南北均为山，早年有一寺庙坐落在山下的田洋上，名下洋寺，村以寺名。

【**屿新村**】[Yǔxīn Cūn] 以村委会驻地自然村屿新得名。清光绪《黄岩县志》：屿衖，三都二图。1947年属拱中乡第七、八保。1951年称拱中乡屿弄村。1956年为屿下乡明星高级社。1961年称屿下公社屿新大队。1983年称屿下乡屿新村。1992年5月称新前镇屿新村。2001年12月称新前街道屿新村。

位于新前街道中东部。东至屿下村，南邻泾岸村、新塔村，西接下曹村、三合村，北连车口村。村委会驻地屿新。下辖屿新、后洋、凉棚头3个自然村，14个村民小组。851户，2378人。辖区总面积1.5平方千米，其中耕地74.8公顷。种植水稻为主，兼种柑橘。

屿新 [Yǔxīn] 屿新村委会驻地。位于新前街道办事处驻地北2千米。传说古时有三座小山屿，远眺像龙隐现于江雾之中，村始名屿龙，后演化为屿弄，今改称屿新。又说：村北三座小山屿，山屿之间的空隙如弄堂，故村名屿弄，1961年雅化为屿新。（清县境总图写作屿衕）。民国《黄岩县志》作屿衖。481户，1949人。

后洋 [Hòuyáng] 属屿新村。位于新前街道办事处驻地北2.4千米。村在屿新村之北（后）的田垟中，故名。40户，162人，多徐、陈姓。有小地名山后、蔡恩、大桥头。

凉棚头 [Liángpéngtóu] 属屿新村。距新前街道办事处驻地1.9千米。传说早年王家出了尚书，路南有十四亩跑马场，路北东侧有十来间马房，西侧有王府，轿进马出很热闹，王尚书在马路边搭了三个凉棚，位于村前头，故称“凉棚头”。203人，多王、方、何姓。有小地名前头、后头。

【下曹村】［Xiàcáo Cūn］以村委会驻地自然村下曹得名。位于新前街道西南部。东至屿新村、泾岸村，南到后洋黄村，西邻杏北村，北连三合村。下辖下曹、六家坦、赵音堂3个自然村，8个村民小组。617户，1624人。辖区总面积1平方千米，其中耕地41.7公顷。属平原区。以种植水稻、茭白为主，柑橘蔬菜混种。

清光绪《黄岩县志》卷七：下曹，三都二图。1947年属拱西乡第十二保。1951年属拱中乡，后属前洋乡，称下曹村，1956年为屿下乡灯塔高级社，1961年称屿下公社下曹大队，1983年称屿下乡下曹村，1992年5月称新前镇下曹村，2001年12月称新前街道下曹村。

下曹［Xiàcáo］下曹村委会驻地。距新前街道办事处驻地2.1千米。一说位于永宁江故道北岸，地势低洼，像个水槽，故名下槽，谐音下曹。另一说：据《下漕陈氏初修宗谱》记载，下曹的曹原为“漕”，即利用水道运送食粮。《清同治光绪年间新定县境总图》作下曹。1017人，多陈姓，其次为池姓、戴姓。有小地名独透屋、堂屋里、大爿、小爿。晚清秀才池凤珊和陈祝三创办澄江小学（下曹小学前身）。

六家坦［Liùjiātǎn］属下曹村。距新前街道办事处驻地2千米。古时有蒋、朱、石、周、赵、李六户人家，分别从大田、乐清等地迁来，在此荒坦上垦殖，始成村落，故名。民国《黄岩县志》作陆家坦。476人，多蒋、石、朱姓。

赵音堂［Zhàoyīntáng］属下曹村。距新前街道办事处驻地1.7千米。以前村里有一尼姑堂（庵），位在永宁江边，时闻潮水声，故称潮音堂。村以堂名，后谐音赵音堂。70人，多陈姓。

第三节　道路街巷

景贤路［Jǐngxián Lù］位于西工业园区内。南起拱新大道，北至唐溪路，长1千米，宽30米。以黄岩城区古街坊（景贤坊）得名。2004年建成，2006年正式命名。

明辉路［Mínghuī Lù］2013年正式命名。寓意灿烂辉煌得名。东西折南北走向，东起规划路，经锦川路，转南至82省道。混凝土路面，一般道路。东西长0.9千米，宽13米；南北长1.4千米，宽16米。

民兴路［Mínxīng Lù］2013年正式命名。寓意人民生活美好、兴旺。南起82省道，北至锦川路，混凝土路面，一般道路。长1.4千米，宽36米。

爱宾路［Àibīn Lù］2013年正式命名。取相庄如宾、宾朋友爱之意。南起82省道，北至规划路，混凝土路面，一般道路。长2千米，宽30米。

乐业路［Lèyè Lù］2013年正式命名。寓意人民安居乐业之意。东起新江路，往西转南至新前路延伸段，混凝土路面，一般道路。长1千米，宽16米。

建业路［Jiànyè Lù］2013年正式命名。寓意建功立业。东起13号路，西至11号路，长1千米，宽13米。

中学路［Zhōngxué Lù］在新前街道，2001年建成并正式命名。位于新前中学南边得名。东起拱沿线，西止西范街，混凝土路面，长0.6千米，宽16米。

新前路［Xīnqián Lù］在新前街道，2001年建成并正式命名。位于新前街道办事处前面，故名。东起拱沿线，西止西范街，混凝土路面，长0.6千米，宽26米。

新南路［Xīnnán Lù］在新前街道，2001年正式命名。位于新前路南边得名。东起拱沿线，西止西范街，混凝土路面，长0.5千米，宽16米。

新城路［Xīnchéng Lù］在新前街道，2001年建成并正式命名。该路系新前至城区西门公路的一段，故名。东起庆丰大道，西止乾大企业西北角，混凝土路面，长1.9千米，宽32米。

新城东路［Xīnchéng Dōnglù］在新前街道，2015年正式命名。该路位于新城路东侧延伸段，故名。东起金带路，西至新城路，途经西城街道、新前街道。长2.6千米，宽12米。

西范街［Xīfàn Jiē］在新前街道，2001年建成并正式命名。原西范老街，尊重历史，沿用习惯，故名。南起新城路，北止中学路，混凝土路面，长0.5千米，宽10米。

新屿路［Xīnyǔ Lù］在新前街道，2001年建成并正式命名。因位于新城路与屿下街之间，各取一字得名。南起新城路，北止中学路，混凝土路面，长0.6千米，宽32米。

新中路［Xīnzhōng Lù］在新前街道，2001年建成并正式命名。位于新前集镇中心，故名。南起新城路，北止新前路，混凝土路面，长0.4千米，宽20米。

河滨路［Hébīn Lù］在新前街道，2001年建成并正式命名。位于八方河边，故名。东起新中路，西止西范街，混凝土路面，长0.3千米，宽4.5米。

屿下街［Yǔxià Jiē］在新前街道，2001年建成并正式命名。原屿下老街，尊重历史、沿用习惯。东起屿下三角路口，西至屿新村折北止石捣臼村，混凝土路面，长 0.8 千米，宽 9 米。

灵岩路 [Língyán Lù] 在新前街道，2009 年建成并正式命名。因北城街道灵岩山得名。道路位于黄岩区西工业园区内。沥青路面，东起朝元路，西至广顺街，长 0.5 千米，宽 13 米。

双企路 [Shuāngqǐ Lù] 在黄岩区西工业园区内。2009 年建成并正式命名。路两端均为企业，故名。沥青路面，东起兴隆路，西至和丰路，长 0.3 千米，宽 13 米。

兆丰路 [Zhàofēng Lù] 在黄岩区西工业园区内。2009 年建成并正式命名，寓意兆示未来，一定是丰收美好的明天。沥青路面，东起庆丰大道，西接金牛路，长 1 千米，宽 13 米。

和丰路 [Héfēng Lù] 在黄岩区西工业园区内。2009 年建成并正式命名。原规划连接茂丰街和人和路，二条路各取一字得名（现已延长）。沥青路面，南起茂丰街，北至天燕路和兴隆街相接。长 0.5 千米，宽 13 米。

裕民街 [Yùmín Jiē] 在黄岩区西工业园区内。2009 年建成并正式命名。出自《荀子・富国》："足国之道，节用裕民。" 意为使国家富足的方法，在于节省国家费用，使百姓富裕起来。沥青路面，东起庆丰大道，西接茂丰街，长 0.6 千米，宽 13 米。

兴隆路 [Xìnglóng Lù] 在黄岩区西工业园区内。2009 年建成并正式命名，寓意勤政惠民、科技创新、开拓创新、万事兴隆。沥青路面，南起中伟工贸东南角，北至天燕路与和丰路相接。长 0.6 千米，宽 13 米。

汇宾路 [Huìbīn Lù] 在黄岩区西工业园区内。2009 年建成并正式命名，意为"汇八方名流，汇四海宾客"。沥青路面，东起庆丰大道，西接朝元路（牟村居住点东面区块南侧），长 0.6 千米，宽 16 米。

乐华路 [Lèhuá Lù] 在黄岩区西工业园区内。2009 年建成并正式命名，寓意欢乐中华。沥青路面，东起锦川路延伸段，西止规划道路，长 2.4 千米，宽 16 米。

康宁路 [Kāngníng Lù] 在黄岩区西工业园区内。2009 年建成并正式命名，寓意幸福安康。沥青路面，南起新前路延伸段，经虹靖盛东面，北接锦川路延伸段，长 0.6 千米，宽 18 米。

泰来路 [Tàilái Lù] 在黄岩区西工业园区内。2009 年建成并正式命名，否极泰来，寓意平安幸福的日子来到。沥青路面，南起 82 省道（七里王主要居住点西侧），北至锦川路延伸段，长 1.4 千米，宽 22 米。

开明路 [Kāimíng Lù] 在黄岩区西工业园区内。2009 年建成并正式命名，取意勤政惠民、科技创新、开拓创新。沥青路面，东起新中路，西至新江，长 0.6 千米，宽 16 米。

开拓路 [Kāituò Lù] 在黄岩区西工业园区内。2009 年建成并正式命名，取意科技创新、开拓创新。沥青路面，东起新城路，西至新江路，长 0.6 千米，宽 16 米。

茂丰街 [Màofēng Jiē] 位于新前街道。东起庆丰大道，西至北院大道，长 1343 米，宽 16 米。因该路经牟村和双丰村，路以牟丰两字谐音得名。2004 年建成，2006 年正式命名。

金牛路 [Jīnniú Lù] 位于新前街道。南起 82 省道，北至华印纸业西南，长 1.9 千米，宽 16 米。引用星座名，含美好之意。2004 年建成，2006 年正式命名。

朝元路 [Cháoyuán Lù] 位于北城西工业园区。南起 82 省道，北至康庄路，长 2.5 千米，宽 30 米。以黄岩古街坊命名。2004 年建成，2006 年正式命名。

第六章　澄江街道

第一节　概　述

澄江街道 [Chéngjiāng Jiēdào] 乡级行政单位。在城区西面。东与西城街道接壤，南与沙埠镇、高桥街道毗邻，西与北洋镇、茅畲乡相连，北与新前街道、头陀镇接界。总面积34.7平方千米。户籍人口1.1万户，3.3万人。由焦坑镇和临古乡合并取名澄江。永宁江又名澄江，明万历《黄岩县志·舆地志》卷之一："旧传宋杜清献公生时，澄清三日，因名澄江。"地以江名。古名潮坑。明万历《黄岩县志》卷一："潮坑市，在县西一十五里。"以潮水能涨到村旁的溪坑得名。清代以村旁溪边多植芭蕉而名蕉坑。民国《黄岩县志》简作焦坑。地势南高北低，南部多低山、丘陵，松岩山主峰大巍头海拔654米，北部永宁江南岸平原。江南渠道、中干渠部分穿境。东西最大距离9.8千米，南北最大距离6.3千米。丘陵和平原面积比例约2：1。清光绪初分属20～21都1～2图。1947年属头陀区万全乡。1949年5月设万全乡、焦坑乡，隶属头陀区。1951年属万全乡第五、六村。1956年4月万全、焦坑、临古3个乡合并为焦坑乡。1958年临古析出。1959年4月称焦坑管理区。1961年9月为焦坑人民公社。1969年5月改称焦坑公社。1983年复置焦坑乡。1992年5月更名焦坑镇。1995年11月改澄江镇。2001年12月撤镇更今名。街道办事处驻桥头王村镇东路1号。2015年年末辖桥头王、东江河、仙浦喻、凤洋、仪江、江田、仙浦汪、童家洋、山头舟、焦坑、星江、石柜岙口、余家屿、葛村、凉棚岭、石柜岙、大巍头、后林、下灰洋、横屋、永泰（2015年11月，黄岩区行政村调整时，原桥前、沈岙里两个行政村合并）、三官堂、临西、东岙里共24个行政村。2018年8月，行政村规模调整，仙浦汪村和童家洋村合并为澄东村；星江村和焦坑村合并为焦坑星江村；山头舟村和永泰村合并为新舟桥村；岙口村和大巍头村合并为松岩村；后林村和下灰洋村合并为临古村；临西村和三官堂村合并为禹成村。调整后辖18个行政村，有310个村民小组。2008年始于永宁江以南、松岩山以北建澄江、石柜岙2个工业区块，占地110公顷。有幼儿园9所，小学2所、澄江中学1所。各级医疗卫生机构3个，6个村建有居家养老照料中心。有太极剑、腰鼓、功夫扇、曲艺、声乐等文化艺术团体8个。村村有图书室。石柜岙口、桥头王、凤洋、东江河、童家洋、仪江等行政村建有文化礼堂。凤洋、仙浦喻、东岙、桥头王4个村被列为区级美丽乡村精品村。有我国第一座以柑橘和橘文化为主题的大型专题博物馆——中国柑橘博物馆1个。有柑橘博览园国家AAA级旅游景区1个。有松岩山摩崖石刻、岱石庙、清代北斗宫等区级文物保护单位3处。境内松岩山与东城九峰山并称"邑中双壁"名垂《中国名胜辞典》。素有"橘乡小雁荡"之称。有"祭橘神""放橘灯""点间间亮"等民俗活动。有仿西洋灰雕建筑民国中将刘祖舜故居等古迹。有黄岩名人馆1个，收录自南宋至今的66位黄岩名人，杜范、戴复古、方国珍、陶宗仪、曾铣、王棐、陈安宝、陈芳允、陈叔亮、柯璜十大名人塑有铜像。曾涌现出诸葛省已、诸葛雷奋、诸葛起潜、诸葛泰、诸葛若、葛应龙等6进士，榜眼喻长霖、经史学家王舟瑶、清军机章京王彦威、中国现代地质学家王恭睦等历史文化名人。

拥有耕地359.7公顷，林地1373.8公顷。农业产水稻等粮食及柑橘、猕猴桃、杨梅、甘蔗、茭白等果蔬。建有集非物质文化遗产展示、标准化生产、销售于一体的临古红糖作坊主题馆。工业有工艺品、汽车配件、医药化工、模具等产品。有3个工业区。第三产业有商业服务网点、物流配送和旅游业。多次举办柑橘采摘节。国道京福线（G104）过境，县道黄前线、北院线等。通公交201路等。

从地名专名来看，辖区内居民点地名有以下特征：①以地理位置命名。如：石柜岙口、下灰洋、沈岙里、桥前等。②以典型自然地理特征命名。如：扫箕爿、饭蒸坑、老鼠岸、石柜岙、十八往（往：山峦起伏）等。③以聚族、望族姓氏或姓氏与地理位置、地理特征组合命名。如：仙浦喻、桥头王、上山彭、江田胡、渡头曹等。④以人工建筑、水利设施、古神庙命名。如：横屋、花台门、长塘湖、隔塘、前寺、后寺、三官堂、松兴堂等。

从地名通名来看，辖区内居民点地名主要有：①移借江、河、洋、浦、坑、岙、岭等自然地理实体通名。②移借寺、堂等民间神庙通名。③移借街、屋、门、田等集市、住宅、田畈通名。

第二节　行政村

【桥头王村】 [Qiáotóuwáng Cūn] 以村委会驻地自然村桥头王得名。《清同治光绪年间新定县境总图》作桥头王。位于澄江街道东北部。东至澄东村，南至余家屿村，西至仙浦喻村，北临永宁江。下辖桥头王、后洋、前头湖3个自然村和1个桔子洲小区。431户，1454人。辖区总面积0.8平方千米，其中耕地2.6公顷。属平原区。1992年后建有水库移民小区。有桥头王工业区。有台州市黄岩区澄江中学、台州市黄岩区澄江街道中心小学和农贸市场、街道卫生院等。建有村文化礼堂。王氏家族历史文化名人有同治九年（1870）举人王彦威、光绪十五年（1889）举人王舟瑶、地质学博士王恭睦等。县道有黄前线等。

1947年属万全乡第四保。1951年属万全乡第二村。1956年称焦坑乡老三社。1961年称焦坑公社永丰大队。因重名，1981年8月更名为桥头王大队。1983年称焦坑乡桥头王村。1992年为焦坑镇桥头王村。1995年11月称澄江镇桥头王村。2001年12月称澄江街道桥头王村。

桥头王 [Qiáotóuwáng] 桥头王村委会驻地。位于澄江街道办事处驻地东1千米。村东北早年砌有一座石拱桥（仙浦桥），多王姓，故名。明万历《黄岩县志》卷一："仙浦桥，在县西一十里。" 180户，602人，多王、陈、卢姓。据《台州府志》载：北宋进士王珏为桥头王王氏始迁祖。西官河在村北注入永宁江。公交通城区。

后洋 [Hòuyáng] 属桥头王村。位于澄江街道办事处驻地东北0.5千米。村在前头湖北面（当地称北为后）一片田垟中，故名。清光绪《黄岩县志》卷七："后洋，二十一都一图。" 87户，286人，多朱、孙姓。

前头湖 [Qiántóuhú] 属桥头王村。位于澄江街道办事处驻地东0.8千米。村南（前）原有一口小湖（现已填平），故名。《清同治光绪年间新定县境总图》作前头胡，民国后演化为前头湖。164户，566人，多李、彭姓。

桔子洲小区 [Júzīzhōu Xiǎoqū] 2006年正式命名。地处黄岩蜜橘的主要产地澄江街道，近有橘林环抱，远有松岩山连绵起伏，与山水相伴，与橘林为邻，故名。位于澄江街道桥头王村。东临桥头王至余家屿村机耕路，西至规划镇东路，南邻西官河，北连黄岩至长潭公路。占地面积5.9万平方米，总建筑面积2.2万平方米，72户，300人。由黄岩振兴房地产开发有限公司开发。

绿岛名府 [Lǜdǎo míngfǔ] 2015年正式命名。位于永宁江南岸，是江边的一块绿岛，故名。东、南至小河，西至新江路，北至河曲路。总建筑面积2.5万平方米，容积率1.8，绿地率28%，由1幢13层、9幢4层住宅组成，共170户。

移民小区 [Yímín Xiǎoqū] 位于澄江街道桥头王。为长潭水库等大中型水库扩容，后续移民到澄江，集中住宅小区，故名。1992年建。东临河道，西界镇东路，占地面积2000平方米，28户，40间楼房。

【东江河村】 [Dōngjiānghé Cūn] 以村委会驻地自然村东江河得名。位于澄江街道北部。东至仙浦喻，南至仪江村，西、北临永宁江。下辖东江河、薛汇2个自然村，13个村民小组。846户，2135人。辖区总面积1平方千米，其中耕地22.9公顷。属平原区。有村文化礼堂。建有工业园区。

清光绪《黄岩县志》卷七：东江河，二十都二图。1947年属万全乡第十三保。1951年属焦坑乡第三村。1956年称东江河高级社。1959年改名涌江大队。1961年称焦坑公社东江河大队。1983年称焦坑乡东江河村。1992年5月称焦坑镇东江河村。1995年11月称澄江镇东江河村。2001年12月称澄江街道东江河村。

东江河 [Dōngjiānghé] 东江河村委会驻地。距澄江街道办事处驻地2.3千米。明洪武元年（1368），东山翁何实从木鱼屿迁居此地，因北临永宁江，故名东江何，后演变为东江河。另一说：村在永宁江的一条河浦之东，故名。清光绪《黄岩县志》作东江河。598户，1780人，多何、彭姓，有小地名大房里、台门里、东篁头、浦口彭。

薛汇 [Xuēhuì] 属东江河村。距澄江街道办事处驻地1.9千米。村在永宁江故道的一个回弯处，回弯俗呼"汇"，始居者姓薛，故名。清光绪《黄岩县志》卷七："雪灰，二十都二图。" 后写作薛汇。248户，355人，多郑姓。

【仙浦喻村】 [Xiānpǔyù Cūn] 以村委会驻地自然村仙浦喻得名。位于澄江街道东北部。东、北临永宁江，南接桥头王村，西至东江河村、江田村。下辖仙浦喻、长塘湖2个自然村。619户，1866人。辖区总面积1平方千米。属平原区。大部分土地被征用作工业园区。

清光绪《黄岩县志》卷七：仙浦喻，二十一都一图。1947年属万全乡第三保。1951年属万全乡第一村。1956年属焦坑乡老三社。1961年为焦坑公社江丰大队。后因重名，1981年8月更名为仙浦喻大队。1983年称焦坑乡仙浦喻村。1992年5月称焦坑镇仙浦喻村。1995年11月称澄江镇仙浦喻村。2001年12月称澄江街道仙浦喻村。

仙浦喻 [Xiānpǔyù] 仙浦喻村委会驻地。距澄江街道办事处驻地1千米。明万历《黄岩县志》卷一："仙浦桥，在县西十里。" 又卷七："唐王仙姑，名子松，家岱石村，行至石柜山遇仙成道。咸通七年飞升。”村在上仙浦附近，多喻姓。相传宋朝会稽喻思宗自嵊县迁此，故名。511户，1565人。有清光绪二十一年（1895）榜眼喻长霖。

长塘湖 [Chángtánghú] 属仙浦喻村。距澄江街道办事处驻地1.3千米。村东有一口长形的池塘（亦称湖），故名。108户，301人，多王姓。

【凤洋村】[Fèngyáng Cūn] 以村委会驻地自然村凤洋得名。位于澄江街道北部。东邻仪江、焦坑星江两村，南倚风景名胜松岩山，西连新舟桥村，北傍永宁江。下辖凤洋、隔塘、上山彭、花台门4个自然村，12个村民小组。535户，1573人。辖区总面积1.1平方千米，其中耕地1.7公顷，林地22公顷。产黄岩蜜橘、茭白和红糖。属平原区。黄岩蜜橘始祖地之一。建有中国柑橘博物馆、黄岩名人馆和村文化礼堂。有国家AAA级旅游景区中国柑橘博览园。

清光绪《黄岩县志》卷七：凤洋，二十都一图。1947年属万全乡第十七保。1951年属焦坑乡第八村。1956年称金河高级社，1961年称焦坑公社凤洋大队。1983年称焦坑乡凤洋村。1992年5月称焦坑镇凤洋村。1995年11月称澄江镇凤洋村，2001年12月称澄江街道凤洋村。

凤洋 [Fèngyáng] 凤洋村委会驻地。距澄江街道办事处驻地3千米。村在仪凤彭与永宁江之间，江面开阔，故称凤洋。另一说：彭氏祖先彭永正，本新界前彭人，有一次隔永宁江看到这里立着一只彩色水鸟，以为是凤凰（吉祥之鸟），认定这是块风水宝地，遂迁此定居，因处澄江边的田垟间，故名凤洋。民国《黄岩县志》写作凤阳。彭氏由太平（今温岭市）洞黄迁居方山之麓，后迁新界，元至正间迁潮溪，再分居焦坑、仪凤彭、凤洋等地。清著名学者姜文衡为该村人，著有《北山诗钞》等。278户，806人，多彭姓。

附：

彭止（约1400—1482），字叔定，凤阳人，置义仓，建学馆。正统初捐谷赈灾，旌表为“义民”，敕建“义门”，成化元年（1465）又捐谷三百石，赐正八品承事郎冠带。

隔塘 [Gétáng] 属凤洋村。距澄江街道办事处驻地3千米。村东有口水塘，将该村与凤洋村隔开，故名。32户，128人，多彭姓。

上山彭 [Shàngshānpéng] 属凤洋村。位于澄江街道办事处驻地西偏南3.3千米。村在山麓，地势较高，俗称上山，又因彭姓聚居，故名。95户，380人，多彭、杨姓。

花台门 [Huātáimén] 属凤洋村。距澄江街道办事处驻地3.1千米。该村清朝时有一彭姓大户，家舍台门（大门）十分讲究，俗称花台门。村以此得名。65户，261人，多彭姓。

【仪江村】[Yíjiāng Cūn] 行政村取仪凤彭、江田胡两自然村首字得名。位于澄江街道北部。东至江田村，南至焦坑星江村，西至凤洋村，北至东江河村。下辖仪凤彭、江田胡2个自然村，15个村民小组。村委会驻地仪凤彭。461户，1272人。辖区总面积0.6平方千米，其中耕地1公顷。种植柑橘为主。属平原区。建有村文化礼堂。

清光绪《黄岩县志》卷七：仪凤彭，二十都二图。1947年属万全乡第十六保。1951年属焦坑乡六村。1956年为星江高级社，1961年称焦坑公社仪江大队。1983年称焦坑乡仪江村。1992年称焦坑镇仪江村。1995年称澄江镇仪江村，2001年12月称澄江街道仪江村。

仪凤彭 [Yífèngpéng] 仪江村委会驻地。距澄江街道办事处驻地2.4千米。民国《黄岩县志》：凤洋彭止旌表为“义民”，敕建“义门”，俗传义门（凤）彭地名由此得名。彭氏祖先彭永坚于元至正年间（1341—1368）迁居仪凤彭，始成村落。129户，366人，多彭姓。

江田胡 [Jiāngtiánhú] 属仪江村。距澄江街道办事处驻地2千米。村在江田之西，胡姓聚居，故名。民国《黄岩县志》：“宋绍定间胡定刑由东济入赘杨汇为江田胡氏始祖。”332户，906人，多胡姓。

【江田村】[Jiāngtián Cūn] 以村委会驻地自然村江田得名。位于澄江街道北部。东临工业园区，南至焦坑星江村，西至仪江村，北至东江河村。下辖江田1个自然村，10个村民小组。486户，1273人。辖区总面积0.6平方千米，其中耕地1公顷。属平原区。今该村土地大部分被征用作工业园区，劳动力逐渐向私营企业、加工业转移。

清光绪《黄岩县志》卷七：江田，二十都二图。1947年属万全乡第十四、十五保。1951年属焦坑乡第五村。1956年由星江、仪江、江田三个自然村合并为星江高级社。1961年又各自分开，称焦坑公社江田大队。1983年称焦坑乡江田村。1992年撤区并社改乡后称焦坑镇江田村。1995年11月称澄江镇江田村。2001年12月称澄江街道江田村。

江田 [Jiāngtián] 江田村委会驻地。距澄江街道办事处驻地2.1千米。此地原是永宁江的一个回弯处，江道改线后，旧江渐渐淤涨成田，故名。民国《黄岩县志》作江田。486户，1273人，多章、彭、倪姓。据《江田梨村章氏家谱》记载：章氏始迁祖章孟兴于明正统元年（1436）从临海班巷迁居江田。江田村古时以产梨闻名橘乡，所以人称“江田梨村”，有“药山杨梅红叮咚，江田雪梨顶喷松”俗谚流传至今。

【澄东村】［Chéngdōng Cūn］2018年8月，行政村规模调整，童家洋村和仙浦汪村合并为澄东村。以地处澄江街道东部得名。东至西城街道半洋王村、红旗村，南至凉棚岭村、葛村村，西至桥头王村，北傍永宁江。辖区面积1.4平方千米。辖童家洋、仙浦汪2个自然村，895户，2491人。村委会驻地原童家洋村。

*【仙浦汪村】［Xiānpǔwāng Cūn］以村委会驻地自然村仙浦汪得名。位于澄江街道东北部。东接西城街道，南邻童家洋村，西连桥头王村，北傍永宁江与新前街道接壤。下辖仙浦汪1个自然村。324户，966人。辖区总面积0.5平方千米，其中耕地10公顷。属平原区。为澄江街道的交通要道，通往黄岩西部的主要交通线路长决线东西贯穿整个村庄。

1947年属万全乡第五保。1951年为万全乡第三村。1956年与桥头王、仙浦喻合为焦坑乡老三社。1961年各自分开，仙浦汪为焦坑公社勤丰大队。后因重名，1981年8月更为仙浦汪大队。1983年称焦坑乡仙浦汪村。1992年5月称焦坑镇仙浦汪村。1995年11月称澄江镇仙浦汪村，2001年12月称澄江街道仙浦汪村。2018年8月，和童家洋村合并称澄东村。

仙浦汪［Xiānpǔwāng］仙浦汪村委会驻地。距澄江街道办事处驻地1千米。仙浦源出岱石山，系古浦名。村在古仙浦旁，多汪姓，故名。明万历《黄岩县志》卷七载有仙浦神话故事。民国《黄岩县志》作仙浦汪。316户，918人，多汪、叶、洪姓。元至正间汪元醮自屿北迁仙浦汪。有小地名新塘头、头梳路廊。

*【童家洋村】［Tóngjiāyáng Cūn］以村委会驻地自然村童家洋得名。位于澄江街道东部。东接西城街道，南至凉棚岭村，西临桥头王村，北至仙浦汪村。下辖童家洋1个自然村，11个村民小组。571户，1525人。辖区总面积0.9平方千米，其中耕地21.2公顷。属粮橘混种的平原区。2011年黄岩区扩建三环北院线穿越该村。有村文化礼堂。

1947年属万全乡第六保。1951年万全乡第四村。1956年为焦坑乡友谊高级社。1961年为焦坑公社童家洋大队。1983年称焦坑乡童家洋村。1992年5月称焦坑镇童家洋村。1995年11月称澄江镇童家洋村，2001年12月称澄江街道童家洋村。2018年8月，和仙浦汪村合并称澄东村。

童家洋［Tóngjiāyáng］童家洋村委会驻地。距澄江街道办事处驻地0.7千米。村处一片田垟中，古时童姓居此，故名。《清同治光绪年间新定县境总图》作童家洋。549户，1496人，多王姓，由宁溪迁居童家洋。有小地名东童、西童。

【新舟桥村】［Xīnzhōuqiáo Cūn］2018年8月，行政村规模调整，山头舟村和永泰村合并为新舟桥村。永泰村古有桥，行政村以此得名。位于澄江街道西北部，东至焦坑星江村、石柜岙村，南至东岙里村，西至永宁江、临古村、横屋村，北濒永宁江。辖区面积2.8平方千米。下辖山头舟、渡头曹、桥头、前汇头、沈岙里5个自然村，605户，1766人。村委会驻地原永泰村。

*【山头舟村】［Shāntóuzhōu Cūn］以村委会驻地自然村山头舟得名。位于澄江街道中部偏西。东与凤洋村接壤，南靠松岩山，西邻沈岙里村，北傍永宁江。下辖山头舟、渡头曹2个自然村。217户，623人。辖区总面积0.7平方千米，其中耕地3.7公顷，林地27.2公顷。属平原区。公路黄前线，交通便利。村内建有中国柑橘观光园，主要特产黄岩蜜橘——本地早，在国内外享有较高知名度。

1947年属万全乡第十九保。1951年称焦坑乡第九村。1956年与凤洋、焦坑合并为金河高级社。1961年各自分开，称焦坑公社山头舟大队。1983年称焦坑乡山头舟村。1992年称焦坑镇山头舟村。1995年11月称澄江镇山头舟村。2001年12月称澄江街道山头舟村。2018年8月，和永泰村合并称新舟桥村。

山头舟［Shāntóuzhōu］山头舟村委会驻地。位于澄江街道办事处驻地西偏南4千米。一说古称山头洲，位于梅坑山支脉虎头山北麓，永宁江环绕，故名。因有浮桥，后谐音山头舟。另一说：地处永宁江边，涨潮水时小船能行至山嘴头尖，故名。《清同治光绪年间新定县境总图》称山头周，民国《黄岩县志》称山头洲。95户，307人，多曹、陈姓。海拔7米。村西北原有始建于清道光二年（1822）的浮桥（原名利渡浮桥，1940年改名山头舟浮桥），横跨山头舟村和头陀断江村，21世纪初浮桥拆毁，重造了一座混凝土新桥。

渡头曹［Dùtóucáo］属山头舟村。距澄江街道办事处驻地3.8千米。早年此地设有渡头，可摆渡至对岸断江，始居者为曹姓（200多年前从泽国迁来），故名。清光绪《黄岩县志》：“渡头，二十都一图。”民国《黄岩县志》作渡头曹。107户，292人，多曹、陈、张姓。

*【永泰村】［Yǒngtài Cūn］因桥前和沈岙里两个行政村合并后得名。位于澄江街道中西部。东至石柜岙村，南至东岙里村，西至横屋村、后林村，北临永宁江和头陀镇。下辖桥头、前汇头、沈岙里3个自然村。388户，1143人。辖区总面积2.1平方千米，其中

耕地17.5公顷，林地97.7公顷。种植柑橘、茭白、甘蔗等。属平原半山区。

桥前村：1951年属临古乡桥前村。1956年为焦坑乡第二高级社。1961年称临古公社桥前大队。1983年称临古乡桥前村。1992年5月称焦坑镇桥前村。1995年11月称澄江镇桥前村，2001年12月称澄江街道桥前村。

沈岙里村：1947年属临古乡第三保。1951年为临古乡第三村。1956年称焦坑乡第二高级社。1961年为临古公社新岙里大队。1981年7月更名为沈岙里大队。1983年称临古乡沈岙里村。1992年称焦坑乡沈岙里村。1995年11月称澄江镇沈岙里村，2001年12月称澄江街道沈岙里村。2015年11月，黄岩区行政村调整时，桥前村和沈岙里村合并为永泰村。2018年8月，和山头舟村合并称新舟桥村。

桥头［Qiáotóu］原属桥前村，2015年11月，黄岩区行政村调整后改属永泰村。距澄江街道办事处驻地5.8千米。据传宋代村西北有座石拱桥，故名。清光绪《黄岩县志》：桥头，二十都一图。89户，367人，多林姓。有小地名蟹山屿。

前汇头［Qiánhuìtóu］原属桥前村，2015年11月，黄岩区行政村调整后改属永泰村。距澄江街道办事处驻地5.3千米。村北有永宁江一个大回弯，与断江相对而言，因其方位在前，故名。清光绪《黄岩县志》卷七："前汇头，二十都一图。"90户，301人，多林、王姓。

沈岙里［Shěn'àolǐ］原属沈岙里村，2015年11月，黄岩区行政村调整后改属永泰村。距澄江街道办事处驻地4.7千米。古时有沈姓居此山岙里，故名。165户，451人，多张、李、葛等姓。

【焦坑星江村】［JiāokēngXīngjiāng Cūn］2018年8月，行政村规模调整，焦坑村和星江村合并为焦坑星江村。以焦坑村和星江村合并得名。位于澄江街道中北部。东至桥头王村、石柜岙村，南至松岩村，西至凤洋村、新舟桥村，北至江田村。辖区面积2平方千米。下辖焦坑、山田、星江、松兴堂4个自然村，791户，2389人。村委会驻地原焦坑村。

***【焦坑村】**［Jiāokēng Cūn］以村委会驻地自然村焦坑得名。明万历《黄岩县志》卷一："潮坑市，在县西一十五里。"位于澄江街道中部偏北。东至石柜岙口村，南至大巍头村，西至凤洋村，北至星江村。下辖焦坑、山田2个自然村，14个村民小组。374户，1227人。辖区总面积1.4平方千米，其中耕地1.4公顷，林地78.8公顷。南临风景名胜松岩山，北傍江南渠道。种植柑橘为主，发展工艺品加工业。属平原区。公路黄前线等，交通便利。有章氏骨伤科医院。

1947年属万全乡第十八保。1951年属焦坑第七村。1956年与凤洋、山头舟合并为金河高级社。1961年称焦坑公社焦坑大队。1983年称焦坑乡焦坑村。1992年称焦坑镇焦坑村。1995年11月称澄江镇焦坑村。2001年12月称澄江街道焦坑村。2018年8月，和星江村合并称焦坑星江村。

焦坑［Jiāokēng］焦坑村委会驻地。位于澄江街道办事处驻地西偏南3千米。古名潮坑，以潮水能涨到村旁的溪坑得名。清代以村旁溪坑边多植芭蕉而名蕉坑，民国《黄岩县志》作焦坑。319户，926人，多彭姓。有小地名焦坑里、六甲里、后山透。

山田［Shāntián］属焦坑村。距澄江街道办事处驻地3千米。村在山边，有山有田，故名。46户，245人。有古道南通松岩山风景区。

***【星江村】**［Xīngjiāng Cūn］以村委会驻地自然村星江得名。位于澄江街道中北部。东接桥头王村，南临焦坑村，西临凤洋村，北接江田村。下辖星江、松兴堂2个自然村，13个村民小组。417户，1162人。辖区总面积0.6平方千米，其中耕地0.4公顷。属平原区。

1947年属万全乡第十四、十五保，称江田。1951年称焦坑乡第四村。1956年与江田、仪江合并为星江高级社。1961年各自分开，称焦坑公社星江大队。1983年称焦坑乡星江村。1992年称焦坑镇星江村。1995年11月称澄江镇星江村。2001年12月称澄江街道星江村。2018年8月，和焦坑村合并称焦坑星江村。

星江［Xīngjiāng］星江村委会驻地。距澄江街道办事处驻地2.1千米。本为江田村的一部分，1956年与仪江、江田合并组成星江高级社（意为像星星组合一样）。1961年各村划出后，该村沿用"星江"这一名称。285户，810人，多章姓。有小地名林家、四份头、堂屋里、新屋里。

松兴堂［Sōngxìngtáng］属星江村。距澄江街道办事处驻地1.6千米。相传早年松岩山上的前、后两寺兴旺，在此另建一寺，取名松兴堂。村以此得名。136户，323人。多周、赵姓。

【余家屿村】［Yújiāyǔ Cūn］以村委会驻地自然村余家屿得名。地处澄江街道中东部。东到葛村，南至葛村，西至石柜岙村，北至桥头王村。下辖余家屿1个自然村，12个村民小组。479户，1349人。辖区总面积1.1平方千米，其中耕地21.7公顷，林地17.5公顷。属平原区。

清光绪《黄岩县志》卷七：余家屿，二十一都二图。1947年属万全乡第十保。1951年属万全乡第八村，1956年划归焦坑乡大桓高级社。1961年称焦坑公社余家屿大队。1983年称焦坑乡余家屿村。1992年称焦坑镇余家屿村。1995年11月称澄江镇余家屿村，2001年12月称澄江街道余家屿村。

余家屿［Yújiāyǔ］余家屿村委会驻地。距澄江街道办事处驻地1.5千米。村西南有一小山屿，余姓人最早住此，故名（今已无余姓）。清光绪《黄岩县志》作余家屿。479户，1349人，多邵、葛、金姓。金道源于明洪武年间由邑城塔院头迁居余家屿，为余家屿金氏始迁祖。民国中将刘祖舜为该村人，故居尚存。

【葛村村】［Gěcūn Cūn］以村委会驻地自然村葛村得名。位于澄江街道东部。东至凉棚岭村，南与送岩村接壤，西至石桓岙村，北至余家屿村。下辖葛村、洋下2个自然村，12个村民小组。441户，1300人。辖区总面积1.28平方千米，其中耕地5.5公顷，林地44.2公顷。属平原区。

清光绪《黄岩县志》卷七：葛村，二十一都二图。1947年属万全乡第九保。1951年为万全乡第七村。1956年为焦坑乡第二农业生产合作社。1961年为焦坑公社葛村大队。1983年称焦坑乡葛村村。1992年5月称焦坑镇葛村村。1995年11月称澄江镇葛村村，2001年12月称澄江街道葛村村。

葛村［Gěcūn］葛村村委会驻地。位于澄江街道办事处驻地南1.8千米。古时诸葛氏居此，故名。民国《黄岩县志》载："唐武德四年，诸葛光祖（昆陵人）镇守台州，爱西郊山水之秀，卜居三童为始祖，后名其地曰葛村，传十八世于宋崇宁间改姓葛氏。"清光绪《黄岩县志》作葛村。232户，678人，多葛姓。南宋有诸葛省已、诸葛雷奋、诸葛起潜、诸葛泰、诸葛若、葛应龙等6名进士。为著名的进士村。

洋下［Yángxià］属葛村村。距澄江街道办事处驻地1.6千米。相对于葛村来说，此处地势居下，在一片田垟中，故名。清光绪《黄岩县志》：洋下，二十一都二图。209户，622人，多叶姓。

【凉棚岭村】［Liángpénglǐng Cūn］以村委会驻地自然村凉棚岭得名。早年有杨姓和彭姓始居此地，故名杨彭岭。《清同治光绪年间新定县境总图》称杨彭岭。民国《黄岩县志》作凉棚岭。传说：该村祖先从宁溪迁此，在山岭头搭起一间草棚，甚是凉爽，取名凉棚岭。位于澄江街道东部。东接西城街道红旗村，南邻高桥街道三童岙村，西连葛村，北傍江南渠道。下辖下台门、里岙、老屋里、西洋、老四份5个自然村。村委会驻老屋里和老四份两自然村交界处。759户，2213人。辖区总面积1.9平方千米，其中耕地48.3公顷，林地44.4公顷。系种植水稻、柑橘为主的平原区。

1947年属万全乡第七、八保。1951年属万全乡第五、六村。1956年划焦坑乡与葛村合并组成第二农业社。1961年称焦坑公社凉棚岭大队。1983年称焦坑乡凉棚岭村。1992年撤区并社改乡后称焦坑镇凉棚岭村。1995年11月称澄江镇凉棚岭村，2001年12月称澄江街道凉棚岭村。

下台门［Xiàtáimén］属凉棚岭村。距澄江街道办事处驻地2千米。从前有大台门位于村西（当地西为下）方，故名。120户，350人，多叶姓。海拔3.3米。

里岙［Lǐ'ào］属凉棚岭村。位于澄江街道办事处驻地东南2.3千米。地处凉棚岭村以南里深处山岙中，故名。95户，252人，多叶姓。

老屋里［Lǎowūlǐ］属凉棚岭村。距澄江街道办事处驻地约2千米。该村从前有几座比较古老的房子，故名。清光绪《黄岩县志》卷七："老屋，二十二都二图。"当地群众俗称老屋里。306户，950人，多叶姓。

西洋［Xīyáng］属凉棚岭村。位于澄江街道办事处驻地东南约2千米。早年村西地势低洼，下雨天时常淹没，故名。清光绪《黄岩县志》卷七：西洋，二十二都一图。150户，410人，多叶姓。

老四份［Lǎosìfèn］属凉棚岭村。距澄江街道办事处驻地约2千米。该村早年有4户人家，故名。88户，251人，多叶姓。

【石桓岙村】［Shíguì'ào Cūn］以村委会驻地自然村石桓岙得名。位于澄江街道中部。东至余家屿村，南至松岩村大巍头，西靠松岩山，北接焦坑星江村。下辖石桓岙、岙里、山往脚、沙岗头4个自然村，19个村民小组。467户，1328人。辖区总面积3.48平方千米，其中耕地11.2公顷，林地51.6公顷。属半山区。产杨梅、枇杷、柑橘、水稻等。村西有著名风景区松岩山。明代石桓岙人徐宗实与弟徐宗茂并称"后二徐"。

清光绪《黄岩县志》卷七：石桓岙，二十都二图。1947年属万全乡第十一、十二保。1951年属焦坑乡第一村。1956年为大桓高级社。1961年为焦坑公社岙里大队。1981年8月因重名，更名为石桓岙大队。1983年称焦坑乡石桓岙村。1992年称焦坑镇石桓岙村。1995年11月称澄江镇石桓岙村。2001年12月称澄江街道石桓岙村。

石桓岙［Shíguì'ào］石桓岙村委会驻地。距澄江街道办事处驻地2.2千米。宋嘉定《赤城志》卷二十："岱石山，在县西南一十七里，西北角有巨石挺立类人形，俗呼为石大人。又有一石横前如桓，号石桓山，今其村号石桓村，又号岱石村。"村在石桓山的山岙里，故名。467户，1328人，多沈、连、林姓。聚落呈块状分布。连氏于清康熙间由乐清横山迁居石柜岙。海拔10～20米。有小地名庙前、连家、塘门堂。有区级文物保护单位岱石庙及名胜古迹石大人、石峰洞、莲尖坪等著名旅游景点。石峰禅院位于莲峰山东麓，清乾隆年间始建，后陆续拓建。流传有温岭的“石夫人”与该村西松岩山的“石大人”结为夫妇，以石箱石柜做嫁妆的美丽传说。

岙里 [Àolǐ] 属石柜岙村。位于澄江街道办事处驻地南偏西2.8千米。村处石柜山山岙的里深处，故名。原有32户施、余姓居民已移民，土地并入开发区。海拔30米。

山往脚 [Shānwǎngjiǎo] 属石柜岙村。位于澄江街道办事处驻地西南2.1千米。村处杨梅往山脚下（往，方言山峦一起一伏之意），故名。原有8户，多辛姓，已移民。土地并入开发区。海拔30米。

沙岗头 [Shāgǎngtóu] 属石柜岙村。距澄江街道办事处驻地2.2千米。古时石柜岙溪水往东北方向注入永宁江，由于长期泥沙沉积，此地形成一条沙岗，故名。海拔5.5米。土地已并入开发区，今无人居住。

【松岩村】 [Sōngyán Cūn] 2018年8月，行政村规模调整，石柜岙口村和大巍头村合并为松岩村。以著名风景区松岩山得名。位于澄江街道中部松岩山以南。东至高桥街道三童岙村、螺屿村，南至沙埠镇唐山村，西至松岩山风景区，北至焦坑星江村、石柜岙村。辖区面积5.04平方千米。下辖后寺、过水坑、上蓝田、赤砂、前寺、石柜岙口、西山下、蓝田、沙田后、溪头10个自然村，741户，2289人。村委会驻地原石柜岙口村。

* **【大巍头村】** [Dàwēitóu Cūn] 以村委会所在地松岩山主峰大巍头得名。位于澄江街道中南部。东至高桥街道，南至沙埠镇，西至东岙里村，北至石柜岙村。下辖后寺、过水坑、上蓝田、赤砂、前寺5个自然村，9个村民小组。村委会驻地西山下。230户，883人。辖区总面积5平方千米，其中耕地5.5公顷，林地432公顷。20世纪后期广植猕猴桃。属山区，原有16个自然村于2011年整体高山移民至西山下。松岩山风景区在村境一带。主峰大巍头，海拔654米。明代松岩山摩崖石刻，包括石刻造像、莲尖坪摩崖石刻和天峰阁左侧岩壁摩崖石刻等，2013年2月，被公布为黄岩区区级文物保护单位。

1947年为万全乡第二十保。1951年属焦坑乡第十村。1956年属大柜高级社。1961年称焦坑公社大巍头大队。1969年为大山头大队。1981年8月恢复原名。1983年称焦坑乡大巍头村。1992年5月称焦坑镇大巍头村。1995年11月称澄江镇大巍头村，2001年12月称澄江街道大巍头村。2018年8月，和石柜岙口村合并称松岩村。

后寺 [Hòusì] 属大巍头村。距澄江街道办事处驻地4.3千米。村以寺名。从天梯上山，先到法轮寺（前寺），再到常寂寺（后寺），故称常寂寺为后寺。明万历《黄岩县志》卷二：“常寂院，在松岩山上。元延祐二年（1315）僧元湛建。”属山区，海拔455米。村民大部分已移民到西山下。古刹常寂寺（后寺）现存的寺院殿堂系1930年重建。后寺曾称龙王堂。有盖缸禅师在寺中修道镇蛇妖的传说。

过水坑 [Guòshuǐkēng] 属大巍头村。距澄江街道办事处驻地4.3千米。早年住在溪北，到上蓝田村种田要经过山坑（溪涧），故名。原2户章姓居民已移民到西山下。海拔480米。

上蓝田 [Shànglántián] 属大巍头村。距澄江街道办事处驻地4.6千米。村中有几丘常年不干的冷水田，俗称滥田，村以此得名，谐音雅化为蓝田。因重名，1992年更名为上蓝田。由于该村在山上，故名。30多人均已高山移民至西山下。海拔480米。

赤砂 [Chìshā] 属大巍头村。距澄江街道办事处驻地5.5千米。村南山上多风化的岩砂，色赤，故名。原有居民100多人均已移民至西山下。海拔470米。产茶叶。

前寺 [Qiánsì] 属大巍头村。距澄江街道办事处驻地4千米。从天梯上山，先到法轮寺。古刹法轮寺俗称前寺，亦叫松岩寺。村以寺名。明万历《黄岩县志》：“松岩寺，在县西二十五里松岩山上。元至正间僧秋江建。”原有居民大多移民西山下。海拔455米。村东300米处有松岩山景点，上有石梯。

搭坑 [Dākēng] 属大巍头村。位于澄江街道办事处驻地南偏西2.8千米处。海拔355米。村侧的山坑中有片倾斜的岩坡，称之为塌坑，谐音搭坑。今无人居住。

扫箕爿 [Sàojīpán] 属大巍头村。位于澄江街道办事处驻地西南3.4千米处。海拔445米。因山坳形似筲箕，地瘠薄，故名筲箕爿，惯写作扫箕爿。“爿”方言意破败。今无人居住。

十八往 [Shíbāwǎng] 属大巍头村。位于澄江街道办事处驻地西南4.7千米处。海拔475米。村在群山中，到沙埠去要经过一往又一往的山，故名。往，方言，山坡一上一下叫一往。今无人居住。

龙潭坑 [Lóngtánkēng] 属大巍头村。位于澄江街道办事处驻地西南4.9千米处。海拔550米。村旁溪涧中有一水潭，俗呼龙潭，村以此得名。已全部移民至山下。

饭蒸坑 [Fànzhēngkēng] 属大巍头村。位于澄江街道办事处驻地西南3.8千米处。海拔332米。村边溪涧旁有一高耸的石柱，状如饭蒸（一种圆桶形有蒸屉的炊具），故名。今已全部移民。

茶园头 [Cháyuántóu] 属大巍头村。位于澄江街道办事处驻地南偏西2.7千米处。海拔380米。村旁多野生茶树，故名。已全部移民西山下。

老鼠岸 [Lǎoshǔ'àn] 属大巍头村。位于澄江街道办事处驻地南偏西3.8千米处。海拔355米。村中通道陡窄难行，形容这一带险要地形而名老鼠沿，谐音老鼠岸。已全部移民西山下。

石仓 [Shícāng] 属大巍头村。位于澄江街道办事处驻地南偏西2.7千米处。海拔380米。以村中有岩石仓（早年曾开采过）而得名。已全部移民西山下。

*【**石柜岙口村**】[Shíguì'àokǒu Cūn] 以村委会驻地自然村石柜岙口得名。位于澄江街道中部。东至余家屿村，南至石柜岙村，西连松岩山风景区，北至星江村。下辖石柜岙口、西山下、蓝田、沙田后、溪头5个自然村，19个村民小组。511户，1406人。辖区总面积1.5平方千米，其中耕地11.2公顷，林地111.8公顷。属平原区。建有村文化礼堂。松岩山风景区位于村西。公路黄前线等。

1947年属万全乡第十一、十二保。1951年属焦坑乡第二村。1956年由大巍头、余家屿、石柜岙3个村组成大柜高级社。1961年称焦坑公社岙口大队。因重名，1981年8月更为石柜岙口大队。1983年称焦坑乡石柜岙口村。1992年5月称焦坑镇石柜岙口村。1995年11月称澄江镇石柜岙口村。2001年12月称澄江街道石柜岙口村。2018年8月，和大巍头村合并称松岩村。

石柜岙口 [Shíguì'àokǒu] 石柜岙口村委会驻地。距澄江街道办事处驻地2.1千米。松岩山上有石夫人嫁妆石箱石柜的传说，位于松岩山脚下的山岙口，故名。《清同治光绪年间新定县境总图》称岙口，1981年后更名石柜岙口。123户，273人。

西山下 [Xīshānxià] 属石柜岙口村。距澄江街道办事处驻地2.6千米。村在石柜岙口之西岱石山脚下，故名。62户，198人，多沈姓。海拔10米。村西有松岩山景点莲尖坪。

蓝田 [Lántián] 属石柜岙口村。距澄江街道办事处驻地1.8千米。位于石柜岙口东面，地势较低，早年田间常年积水，故名滥田。民国《黄岩县志》作滥田，后演化成蓝田。114户，328人，多牟姓。

沙田后 [Shātiánhòu] 属石柜岙口村。距澄江街道办事处驻地1.8千米。该村有一片土地系溪流冲积而成，群众惯称“沙田”，村在沙田北（后）面，故名。117户，316人。

溪头 [Xītóu] 属石柜岙口村。距澄江街道办事处驻地1.9千米。该村地处源出岱石山的溪流下游，故名。93户，260人，多朱姓。

【**临古村**】[LínGǔ Cūn] 2018年8月，行政村规模调整，下灰洋村和后林村合并为临古村。行政村以昔属临古乡（抗战前有临江乡和古竹乡，各取一字）得名。位于澄江街道西北部。东至新舟桥村，南至横屋村，西至头陀镇浦汇村，北与头陀镇头陀居、前陈村接壤。辖区面积1.3平方千米。下辖下灰洋、后林2个自然村，738户，2084人。村委会驻地原下灰洋村。

*【**后林村**】[Hòulín Cūn] 以村委会驻地自然村后林得名。位于澄江街道中西部。黄前线横穿村庄。东至沈岙里村，南至横屋村，西接横屋村，北至下灰洋。下辖后林1个自然村。490户，1394人。辖区总面积0.8平方千米，其中耕地24.8公顷。种植甘蔗、茭白，发展园林、手工艺品加工等。属平原区。设有村卫生院和临古小学1所。公路黄前线等。

清光绪《黄岩县志》卷七：后林，二十都一图。1947年属临古乡第四保。1951年属临古乡后林村。1956年属焦坑乡第二高级社。1961年称临古公社后林大队。1983年称临古乡后林村。1992年称焦坑镇后林村。1995年11月称澄江镇后林村，2001年12月称澄江街道后林村。2018年8月，和下灰洋村合并称临古村。

后林 [Hòulín] 后林村委会驻地。距澄江街道办事处驻地6千米。数百年前福建莆田有林氏两兄弟迁居此地，兄住前（南）面叫前林（在横屋附近，今村名已消失），弟住后面叫后林。495户，1339人，多林姓。民国《黄岩县志》作后林。

附：

林显扬（1888—1949）字达荪，后林人，迁居城关中巷，保定陆军速成学校毕业，1937年陆军大学将官班毕业，镇江要塞司令，少将。1947年至中华人民共和国成立前任黄岩救济院副院长。

*【**下灰洋村**】[Xiàhuīyáng Cūn] 以村委会驻地自然村下灰洋得名。位于澄江街道西北部。东、西、北三面与头陀镇接壤，南临永宁江与后林村相接。下辖下灰洋1个自然村，6个村民小组。248户，690人。辖区总面积0.5平方千米，其中耕地5公顷。属平原区。

1947年属临古乡第五保。1951年称临古乡第五村，1956年为焦坑乡下灰洋高级社，1961年称临古公社下灰洋大队，1983年称临古乡下灰洋村。1992年5月称焦坑镇下灰洋村。1995年11月称澄江镇下灰洋村，2001年12月称澄江街道下灰洋村。2018年8月，和后林村合并称临古村。

下灰洋 [Xiàhuīyáng] 下灰洋村委会驻地。距澄江街道办事处驻地5.9千米。位于永宁江两个大汇头以东（当地东为下），且垟面宽阔，故称下汇洋，民国《黄岩县志》作下汇洋。后谐音下灰洋。249户，692人，多解、王姓。抗美援朝战争坦克英雄杨阿如系该村人。

附：

杨阿如，1945年入伍，1948年加入中国共产党。在著名的孟良崮战役中，荣立一等功，抗美援朝战争中荣立一等功，获朝鲜二级坦克英雄荣誉，获朝鲜国家主席金日成授予的一级国旗勋章。

【禹成村】[Yǔchéng Cūn] 2018年8月，行政村调整，临西村和三官堂村合并为禹成村。寓意大禹成功治水，寄托人们对平安幸福生活的向往。位于澄江街道西南部，东至东岙里村，南至茅畲乡大礼村，西至北洋镇百林村、小里灰村、头陀镇双楠村，北至横屋村、头陀镇浦汇村。辖区面积2.4平方千米。下辖临西、三官堂、后山3个自然村，507户，1489人。村委会驻地原三官堂村。

***【三官堂村】**[Sān'guāntáng Cūn] 以村委会驻地自然村三官堂得名。位于澄江街道西部。东至临西村，西、南与北洋镇接壤，北界头陀镇。下辖三官堂、后山2个自然村，有11个村民小组。人口252户，785人。辖区总面积1.1平方千米，其中耕地28.69公顷，林地21.66公顷。主要以种植茭白、甘蔗、蔬菜瓜果等经济作物为主。属平原区。

1947年属临古乡第七保。1951年称临古乡三官堂村。1956年称焦坑乡三官堂高级社。1961年改称临古公社三官堂大队。1966年易名新红大队。1980年恢复三官堂大队。1983年称临古乡三官堂村。1992年称焦坑镇三官堂村。1995年11月称澄江镇三官堂村，2001年12月称澄江街道三官堂村。2018年8月，和临西村合并称禹成村。

三官堂 [Sān'guāntáng] 三官堂村委会驻地。位于澄江街道办事处驻地西偏南7.7千米。从前该村有三个堂：前山堂、堂里、永兴堂，其中堂里有三尊三官大佛，村因此得名。民国《黄岩县志》作三官堂。140户，450人，多牟、符姓。西乡有俗语：“早晏三官堂。”指古代从宁溪、小坑去县城，到三官堂时已有一半路程，人们常在此歇宿。

后山 [Hòushān] 属三官堂村。位于澄江街道办事处驻地西偏南7.7千米。此山在三官堂之北（后），俗呼后山。村以山名。91户，295人，多何姓。

***【临西村】**[Línxī Cūn] 以村委会驻地自然村临西得名。位于澄江街道西南部。东连东岙里村，南与茅畲乡接壤，西接三官堂村，北傍横屋村。下辖临西1个自然村。255户，704人。江南渠道穿村而过。辖区总面积1.3平方千米，其中耕地20.1公顷，林地50.7公顷。属平原区。村内建有东魁杨梅自采园，主要特产杨梅、茭白等。

1951年称临古乡西岙村。1956年属焦坑乡第一高级社。1961年称为临古公社西岙大队。1981年7月重新改名为临西大队。1983年称临古乡临西村。1992年5月称为焦坑镇临西村。1995年11月称澄江镇临西村。2001年12月称澄江街道临西村。2018年8月，和三官堂村合并称禹成村。

临西 [Línxī] 临西村委会驻地。距澄江街道办事处驻地7千米。旧称苦竹西岙，因处东岙里之西，村南山上多苦竹。简称西岙。因县内重名，1981年更名为临西，取“临古乡”和“西岙”首字得名。清光绪《黄岩县志》：“西岙，二十都一图。”249户，672人，多金姓。海拔20米。村西北稠树岭，为古时县城通西乡的古道岭口之一。

【横屋村】[Héngwū Cūn] 以村委会驻地自然村横屋得名。位于澄江街道西部。东与后新舟桥村相接，南与东岙里村、禹成村为邻，西界头陀镇浦汇村，北接临古村。下辖横屋、西州、苦竹街3个自然村，8个村民小组。435户，1351人。辖区总面积0.9平方千米，其中耕地36.8公顷，林地0.4公顷。种植茭白、稻米、甘蔗等。属平原区。始建于清道光年间的北斗宫，又名福寿宫，2013年2月被公布为区级文物保护单位。

清光绪《黄岩县志》卷七：“横屋，二十都一图。”1947年属临古乡第五保。1951年称临古乡老五村。1956年属焦坑乡第二高级社，1961年为临古公社横屋大队，1983年称临古乡横屋村。1992年称焦坑镇横屋村。1995年11月称澄江镇横屋村，2001年12月称澄江街道横屋村。

横屋 [Héngwū] 横屋村委会驻地。距澄江街道办事处驻地6.3千米。传说古时有一林姓人从福建莆田迁来，生有数子，分家产时，其中一子分得老房子横屋（厢房），后此房人丁兴旺，始成村落，遂以横屋名之。民国《黄岩县志》作横屋。145户，513人，多林姓。有小地名柏树里、五份、斗宫等。

西州 [Xīzhōu] 属横屋村。距澄江街道办事处驻地7千米。聚落在横屋村之西，多周姓，故名西周。清光绪《黄岩县志》：“西周，二十都一图。”后谐音西州。52户，203人，多周姓。

苦竹街 [Kǔzhújiē] 属横屋村。距澄江街道办事处驻地6.1千米处。因附近的山上产苦竹，故名苦竹街。村以街名。142户，503人，多伍姓。宋时已有苦竹里的记载。宋嘉定《赤城志》卷二十："靖化乡，在县西南二十里。管里二：苦竹、浮南。"民国《黄岩县志》作古竹街。苦竹街古代为黄（岩）永（嘉）捷径重要一站，既是交通要道，又是集市贸易繁荣之地。

【东岙里村】[Dōng'àolǐ Cūn] 以村委会驻地自然村东岙里得名。位于澄江街道西南部。东至松岩村，南界茅畲乡大礼村，西至禹成村，北至横屋村、新舟桥村。下辖东岙里、仙人坦、麦丘头、山脚下、岙里殿5个自然村，27个村民小组。772户，2284人。辖区总面积6.2平方千米，其中耕地57.9公顷，林地374公顷。以种植水稻、茭白、果木等经济作物为主。

1947年属临古乡第一、第二保。1951年属临古乡，分别称里村、外村，1956年为焦坑乡第一高级社。1961年称临古公社东岙里大队。1983年称临古乡东岙里村。1992年称焦坑镇东岙里村。1995年11月称澄江镇东岙里村。2001年12月称澄江街道东岙里村。

东岙里 [Dōng'àolǐ] 东岙里村委会驻地。距澄江街道办事处驻地6千米。村在一个三面环山的山岙里，与西岙（今临西）对称，故名。《清同治光绪年间新定县境总图》作东岙，1961年改称东岙里。曾用名苦竹岙里。因早年山上多苦竹得名。530户，1547人，多林、连姓。海拔15～25米。

仙人坦 [Xiānréntǎn] 属东岙里村。距澄江街道办事处驻地5.7千米。此坦原为荒草坦，有大岩石形如翘起的船头。传说古时有一仙人挑着岩石去造桥，扁担折断，留下此石，俗称此地为仙人坦。清末，有杨姓茅畲人来此垦荒，始成村落。民国《黄岩县志》作仙人坦。51户，176人，多林姓。海拔15米。

麦丘头 [Màiqiūtóu] 属东岙里村。距澄江街道办事处驻地5.8千米。原为荒山坡，清末沈岙人迁此造梯田，种麦子，俗称之为麦丘头。民国《黄岩县志》作麦丘头。31户，124人，多罗姓。海拔20米。村西南山上有小水库。

山脚下 [Shānjiǎoxià] 属东岙里村，位于澄江街道办事处驻地西南5.9千米处。村处山麓，故名。29户，87人。海拔20米。

岙里殿 [Àolǐdiàn] 属东岙里村。距澄江街道办事处驻地6千米。从前山岙里有一佛殿，故名。131户，350人。

第三节　道路街巷

莲坪路 [Liánpíng Lù] 在澄江街道，2010年建成并正式命名。取松岩山著名景点"莲尖坪"得名。南起你我他制衣公司西北角，北至黄前线，混凝土路面，长0.5千米，宽16米。

新江路 [Xīnjiāng Lù] 在澄江街道，2009年建成。该道路连接澄江街道和新前街道，各取一字得名。2009年建成，混凝土路面，一般道路，南起黄长线，北至规划江北渠道（新江浦东侧），长3.9千米，宽36米。

金桔路 [Jīnjú Lù] 在澄江街道，2009年建成。取"桔乡风情"四个字之"桔"字，与香女路、风光路、青梅路三路组成系列，故名。南起黄长线，北至河曲路，混凝土路面，长0.8千米，宽20米。

香女路 [Xiāngnǚ Lù] 在澄江街道，2009年7月18日建成。首字取"桔乡风情"四个字之"乡"字，与金桔路、风光路、青梅路三路组成系列，"乡""香"谐音，故名。南起黄长线，北至河曲路，混凝土路面，长0.9千米，宽12米。

风光路 [Fēngguāng Lù] 在澄江街道，2009年7月18日建成。取"桔乡风情"四个字之"风"字，与金桔路、香女路、青梅路三路组成系列，故名。南起黄长线，北至河曲路，混凝土路面，长0.9千米，宽30米。

青梅路 [Qīngméi Lù] 在澄江街道，2009年7月18日建成。首字取"桔乡风情"四个字之"情"字，与金桔路、香女路、风光路组成系列，"情""青"谐音，故名。东起新江路，西至风光路，混凝土路面，长0.7千米，宽22米。

巨岩路 [Jùyán Lù] 在澄江街道，2009年建成。源自黄岩宁溪八景之一的"黄石枕流"。"黄岩石，位于黄岩圣堂的黄岩山上，为黄褐色巨石。"路以此得名。东起新江路，西至风光路，混凝土路面，长0.7千米，宽12米。

河曲路 [Héqū Lù] 在澄江街道，2009年建成。黄岩河流众多，弯曲穿城而过，形态各异，意蕴悠长。故名。东起新江路，西至风光路，混凝土路面，长0.7千米，宽30米。

石峰路 [Shífēng Lù] 在澄江街道，2010年6月14日建成。因嵩岩山著名景点"石大人峰"得名。南起向阳塑料厂东北角，北至黄前线，混凝土路面，长1.9千米，宽16米。

普光路 [Pǔguāng Lù] 在澄江街道，2013年建成并正式命名。寓意普天下大众平安。南起老黄长路，北至黄长路，混凝土路面，长1.5千米，宽22米。

众远路 [Zhòngyuǎn Lù] 在澄江街道，2013年建成并正式命名。寓意众人投资谋发展，道路越走越长远。东起新江路，西至规划路，混凝土路面，长1千米，宽12米。

长兴路 [Chángxìng Lù] 在澄江街道，2013年建成并正式命名。寓持续兴旺之意。东起金桔路，西至规划路，混凝土路面，长0.7千米，宽12米。

华昌路 [Huáchāng Lù] 在澄江街道，2013年建成并正式命名。寓意繁荣昌盛。南起你我他制衣公司西北角，北至汇通模具厂东北角，混凝土路面，长0.8千米，宽12米。

第七章　江口街道

第一节　概　述

江口街道［Jiāngkǒu Jiēdào］乡级行政单位。东魁杨梅之乡。在城区东面。东与椒江区葭沚街道接壤，南与路桥区桐屿街道毗邻，西与东城街道相连，北与临海市沿江镇隔江相望。总面积31平方千米。户籍人口1万户，3.5万人。因位于永宁江、灵江、椒江的三江汇合处，故名。清光绪初属49都1～2图。1947年直属镇东乡。1949年5月属澄江区镇东乡。1950年分设镇东、江口、坦洋3个乡。1956年3月，3个乡合并仍称镇东乡。1961年分设镇东、江口两公社。1969年5月改称江口“革委会”。1983年复称江口乡。1992年2月置镇。1992年5月上蛬乡并入。2001年12月撤镇设江口街道。街道办事处驻江口街343号。2015年末辖上蛬、新来桥、江口、东岙、道头、东河头、下闸、项岙、前洋王、林家岙、埧岸、芦村、山下郎、洋头、水角、下凌、上澍、太阳新村、白石王、安然、上西岙、草坦路、唐家岙、东澍、白龙岙、坦洋、埭头、下洋郑、山头金、山后洋、白石车31个行政村。2018年8月，行政村规模调整，江口村和山后洋村合并为江口村；水角村和白石车村合并为江南村；草坦路村、山头金村和下凌村合并为金凌路村；坦洋村和东岙村合并为东魁村；白龙岙村和林家岙村合并为景苑村；东河头村、项岙村和安然村合并为江东新村；前洋王村和上澍村合并为上澍王村；东澍村和太阳新村合并为东昇村；道头村和埧岸村合并为三江新村；芦村村和下洋郑村合并为进港村。调整后辖19个行政村，有300个村民小组。辖区东西最大距离6.5千米，南北最大距离6千米。全境南背山，北面江，中间为平原，多河道池塘。西南边境的丫髻岩，海拔511米。地处甬台温、台金铁路枢纽的中间区域。有初级中学1所，职技校1所，小学4所，幼儿园10所，北京师范大学台州附属高级中学1所。卫生院、文化站、广电站各1个。有山下郎石板仓遗址、徐氏节孝坊和新来桥等区级文物保护单位3处。朱砂堆风景区为该地一大名胜，由废石矿洞改建的蟠龙洞，面积2万多平方米，内有神仙宫和中国帝王雕塑。有白龙潭、白石关、丫髻岩等胜迹和隐居寺、前因寺等。有永宁江闸、江口港、芦村港等现代建筑。

拥有耕地695公顷，水田681公顷，山林1333公顷。农业以水稻及蔬菜、柑橘、杨梅、枇杷等果蔬种植为主。名特优产品有东魁杨梅、枇杷等。“东魁杨梅”的始祖地。东魁杨梅是国内最大果型杨梅品种，获省优质农产品金奖、（北京）国际博览会金牌。工业以化工、塑化、机械、工艺、食品为支柱产业，设有化工区、轻化投资区、罐头食品园区。上市公司有联化科技股份有限公司、浙江天宇药业股份有限公司2家。第三产业以港口运输服务业为主。芦村港建有5000吨级泊位，并建有上蛬化工码头、杂运码头，为黄岩对外水运枢纽。椒黄路（S325）省道和东官河呈平行状态穿境。

从地名专名来看，辖区内居民点地名有以下特征：①以地理位置命名。如：江口、山后洋、东河头、东岙等。②以地理位置加姓氏命名。如：山下郎、山下周、山头金、下洋郑、前洋王、白石车、白石王等。③以典型地理特征命名。如：芦村、水角、坦洋、④以历史古迹和传说命名。如：新来桥、上蛬等。⑤以水利设施命名。如：道头、下闸、埭头等。

从地名通名来看，辖区内居民点地名主要有：①移借江、河、洋、坑、岙等自然地理实体通名。②移借交通水利设施路、蛬、闸、桥、塘等通名。

第二节　行政村

【江口村】［Jiāngkǒu Cūn］2018年8月，行政村规模调整，江口村和山后洋村合并仍称江口村。位于江口街道西北部，东至新来桥村、金凌路村，南至金凌路村，西至白石王村、江南村，北濒永宁江。辖区面积0.9平方千米。辖江口、江边金、山后洋3个自然村，502户，1711人。村委会驻地江口文化中心。

*【江口村】［Jiāngkǒu Cūn］位于江口街道西北部，东邻新来桥村，南接山后洋村，西邻水角村，北濒永宁江。面积0.5平方千米，其中耕地0.1公顷，250户，873人。下辖江口、江边金2个自然村，5个村民小组。以村委会驻地得名。

1947年为镇东乡第一保。1951年为江口乡江口村。1956年为镇东乡胜利社。1961年为江口公社江口大队。1983年为江口村。1992年称江口镇江口村委会。2001年为江口街道江口村。2018年8月，和山后洋村合并，仍称江口村。

江口［Jiāngkǒu］位于江口街道驻地东0.3千米，系江口村驻地。辖区有江口街，1953年是江口乡政府驻地，江口老街在82省道北侧，近年又在省道南侧开辟新区，黄海公路穿村而过。位于永宁江、灵江、椒江三江汇合处，俗称三江口，简称江口，村以此得名。人口410人。《清同治光绪年间新定县境总图》标为港口。民国《黄岩县志》称三江口。

清代金季琬《三江口泊舟》诗：

日落风多潮欲枯，扁舟今夕自怜吾。
渔灯古岸随高下，鬼火荒林乍有无。
几树秋灯惊远客，一江明月浸寒芦。
推篷更望前村路，满目烟霜渺去途。

江边金 [Jiāngbiānjīn] 位于江口街道驻地南0.4千米，属江口村。东邻江口，南邻山后洋，358人。因地处永宁江边，大多姓金，故名。

*【**山后洋村**】[Shānhòuyáng Cūn] 位于江口街道西北，东邻草坦路，南邻山头金，西连山下郎，北接江口村。面积0.4平方千米，其中耕地3.8公顷，下辖山后洋1个自然村，3个村民小组。252户，838人。以村委会驻地山后洋得名。

1947年为镇东乡第二保。1951年为江口乡后洋村。1956年为镇东乡中金社。1961年为江口公社后洋大队。1992年为江口镇山后洋村。2001年为江口街道山后洋村。2018年8月，并入江口村。

山后洋 [Shānhòuyáng] 位于江口街道驻地南0.8千米，系山后洋村驻地。村在山头金北面的平洋上，故名山后洋。

【**山下郎村**】[Shānxiàláng Cūn] 位于江口街道西南，东邻洋头村，南邻景苑村，西连红四村、双浦村，北接白石王村。面积1.6平方千米，其中耕地34.8公顷，林地11.7公顷。下辖山下郎、上郎、山下周、塘古、湖塘5个自然村，12个村民小组，598户，1968人。以村委会山下郎自然村得名。

1947年为镇东乡第八保。1951年为镇东乡山下郎村。1956年为镇东乡红旗高级社。1961年为江口公社红旗大队。1981年因重名改为山下郎大队。1983年为山下郎村。1992年为江口镇山下郎村。2001年为江口街道山下郎村委会。

山下郎 [Shānxiàláng] 位于江口街道驻地西南2.1千米，属山下郎村，系该村中心地带。东与洋头芀为邻，南濒东官河与蟠龙洞相连，西邻山下周。因该地南面是山，村处山麓，多姓郎，故名。《清同治光绪年间新定县境总图》标有山下郎。

上郎 [Shàngláng] 位于江口街道驻地西南2.5千米，系山下郎村委会驻地。东濒东官河，南靠朱砂堆蟠龙洞，163人。因位于山下郎自然村之西（上），故名上郎。

山下周 [Shānxiàzhōu] 位于江口街道驻地西南2.8千米，属山下郎村。东邻上郎，西邻塘古，北与双浦为界，651人。因村前是山，山下住着周姓人家，故名。

湖塘 [Hútáng] 位于江口街道驻地西南1.9千米，属山下郎村。东邻洋头，西邻山下郎，北邻白石王，人口106人。因村西有口大池塘，每逢下雨一片白洋洋，故名。

塘古 [Tánggǔ] 位于江口街道驻地西南3.1千米，东邻山下周，南靠山，西与东城闸门头为邻，北濒东官河，183人。因该地有10多小河塘，俗称塘古（意指面积太小）。

【**江南村**】[Jiāngnán Cūn] 2018年8月，行政村规模调整，水角村和白石车村合并为江南村。以地处永宁江南岸得名。位于江口街道西北部，东至江口村，南至白石王村，西界东城街道上渚村，北濒永宁江。辖区面积1.1平方千米。辖水角、白石车2个自然村，660户，2446人。村委会驻地原白石车村办公楼。

*【**白石车村**】[Báishíchē Cūn] 位于江口街道西部，东与水角村为邻，南与白石村为邻，西接东城上前村，北临永宁江，面积0.6平方千米，其中耕地24公顷，下辖白石车1个自然村，357户，1224人。以村委会驻地白石车得名。

1951年为镇东乡白石车村。1956年为镇东乡五星社。1961年为江口公社白石车大队。1992年为江口镇白石车村。2001年为江口街道白石车村。2018年8月，和水角村合并称江南村。

白石车 [Báishíchē] 位于江口街道驻地西南1.6千米，系白石车村委会驻地。该地有一条山岭叫白石岭，为黄岩至临海杜岐必经之道。民国初，有车姓从长潭讴韶迁此，后称白石车。

*【**水角村**】[Shuǐjiāo Cūn] 位于江口街道西，东邻江口村，南邻山后洋，西与白石王为邻，北临永宁江，面积0.6平方千米，其中耕地7.2公顷，辖水角1个自然村，6个村民小组。303户，1222人。以村委会驻地水角得名。

1951年为镇东乡水角村。1956年为镇东乡友谊社。1961年为江口公社水角大队。1992年为江口镇水角村。2001年为江口街道水角村。2018年8月，和白石车村合并称江南村。

水角 [Shuǐjiāo] 位于江口街道驻地西1.1千米，系水角村委会驻地。北临永宁江，南靠黄海公路。据传200年前，有福建林姓4户人家来此江边开荒，形成村落，因近江边，称水港，谐音为水角。《清同治光绪年间新定县境总图》标有水角。

【**白石王村**】[Báishíwáng Cūn] 位于江口街道

西部，东邻金凌路村，南邻山下郎、洋头，西与东城街道双浦相邻，北接江南村。面积0.7平方千米，其中耕地9.2公顷，下辖白石王1个自然村，415户，1394人。以村委会驻地白石王得名。

1951年为镇东乡白石王村。1956年为灯塔高级社。1961年为江口公社白石王大队。1983年为江口乡白石王村。1992年为江口镇白石王村。2001年为江口街道白石王村。

白石王［Báishíwáng］位于江口街道驻地西南1.4千米，系白石王村委会驻地。村西、北有河沟，325省道横贯其村。以村东南的白石山得名白石，多姓王，故名。《清同治光绪年间新定县境总图》标为白石岭，村在岭北。

【新来桥村】［Xīnláiqiáo Cūn］位于江口街道中北部，东邻上桦村，南邻金凌路村，西邻江口村，北临永宁江，面积1.1平方千米，其中耕地1.1公顷。下辖新来桥、西洋、徐家里、后江口、老道头5个自然村，11个村民小组，448户，1726人。以村委会驻地新来桥命名。新来桥列为区文物保护单位。

1947年为西山乡十二保。1951年为江口乡新来桥村。1956年为镇东乡胜利社。1961年为江口公社新来桥大队。1992年为江口镇新来桥村。2001年为江口街道新来桥村。

新来桥［Xīnláiqiáo］位于江口街道驻地东0.6千米，系新来桥村委会驻地，村聚落在82省道两侧，人口356人。传说宋高宗南逃，路过此桥，后人称圣来桥，谐音为新来桥，地因桥而名。民国《黄岩县志》载有新来桥。

后江口［Hòujiāngkǒu］位于江口街道驻地东北1.3千米，属新来桥村。东临上桦，西临永宁江，人口475人，因位于江口街道北面（后），故名。

老道头［Lǎodàotóu］位于江口街道驻地东北1千米，属新来桥村。东邻后江口，南邻前江口，西北临永宁江，人口103人。此地原有一渡口，称道头，因比芦村西边道头建成早，故名老道头。

西洋［Xīyáng］位于江口街道驻地东1.3千米，属新来桥村。东邻上桦村，南邻徐家里，西临永宁江，人口425人。因位于永宁江支流浦口西边，地势较低，台风大潮时一片白洋洋，故名西洋。

徐家里［Xújiālǐ］位于江口街道驻地东0.6千米，属新来桥村。东邻前洋，南邻新来桥，北邻西洋，南有双龙闸，人口339人，此地原先住着姓徐人家，故名。

【金凌路村】［Jīnlínglù Cūn］2018年8月，行政村规模调整，山头金村、下凌村、草坦路村合并为金凌路村。山头金村、下凌村和草坦路村3村合并后，各取一字得名。位于江口街道中部偏北，东至上澍王村、下闸村，南至洋头村，西至江口村、白石王村，北至上桦村、新来桥村。辖区面积1.3平方千米。辖山头金、中洋份、草坦路、下凌4个自然村，629户，2172人。村委会驻地下凌文化礼堂。

*【山头金村】［Shāntóujīn Cūn］位于江口街道中部偏西，东与草坦路为邻，南邻山头店，西邻山下郎，北邻山后洋，面积0.6平方千米，其中耕地0.3公顷，下辖山头金、中洋份2个自然村，7个村民小组。241户，861人。以村委会驻地山头金得名。

1947年为镇东乡第三保。1951年为江口乡前洋村。1956年为镇东乡星光社。1961年为江口公社前洋大队。1981年因重名更名为山头金大队。1992年称江口镇山头金村。2001年为江口街道山头金村。2018年8月，和草坦路村、下凌村合并称金凌路村。

山头金［Shāntóujīn］位于江口街道驻地南1.2千米，系山头金村委会驻地。东邻上闸村，南靠炮台山。原称山头金前洋，后改为山头金，因该地姓金为主，靠近安然山的山嘴头，故名。《清同治光绪年间新定县境总图》上有山头金。

中洋份［Zhōngyángfèn］位于江口街道驻地南1千米，属山头金村。43户，205人，多金姓。地处一片平垟，又在前洋、后洋中间，故名。

*【草坦路村】［Cǎotǎnlù Cūn］位于江口街道中部偏北，东与下凌村以河为界，南与下闸村为邻，西邻山后洋，北邻新来桥。面积0.3平方千米，耕地1.5公顷，下辖草坦路1个自然村，3个村民小组。156户，552人。以村委会驻地草坦路得名。

1947年为镇东乡第二保。1951年为江口乡草坦路村。1956年为镇东乡星光社。1961年为江口公社草坦路大队。1992年为江口镇草坦路村。2001年为江口街道草坦路村。2018年8月，和山头金村、下凌村合并称金凌路村。

草坦路［Cǎotǎnlù］位于江口街道驻地东南1.1千米，系草坦路村委会驻地，163户，547人。该地原是一片江边荒草坦，后有卢姓人在此居住，故名草坦卢，谐音为草坦路。民国《黄岩县志》载为草坦卢。

*【下凌村】［Xiàlíng Cūn］位于江口街道中部偏北，东邻上澍村，南邻下闸村，西接草坦路村，北连新来桥村，面积0.5平方千米，其中耕地11公顷，下辖下凌1个自然村，5个村民小组。232户，759人。以村委会驻地下闸得名。

1951年为上桦乡下凌村。1956年为上桦乡红星村。1961年为上桦公社下凌大队。1983年为下凌村。1992年并入江口镇。2001年为江口街道下凌村。2018

年8月，和山头金村、草坦路村合并称金凌路村。

下凌 [Xiàlíng] 位于江口街道驻地东南1.1千米，系下凌村委会驻地。因村位于下闸下方，祖先姓凌，故名。地处82省道南侧，西临河，多凌姓。

【洋头村】 [Yángtóu Cūn] 位于江口街道南，东邻江东新村，南邻东魁村，西接山下郎，北接金凌路村，面积1.5平方千米，其中耕地43.5公顷，林地1.5公顷，下辖洋头、东洋潘、山头店3个自然村，12个村民小组。612户，1906人。以村委会驻地洋头得名。

1947年为镇东乡第四保。1951年为坦洋乡洋头村。1956年为镇东乡光明社。1961年称江口公社洋头大队。1992年为江口镇洋头村。2001年为江口街道洋头村。

洋头 [Yángtóu] 位于江口街道驻地南2千米，系洋头村委会驻地，东邻东洋潘，南邻坦洋，北临东官河，人口1270人，因地处坦洋上首，故名。

东洋潘 [Dōngyángpān] 位于江口街道驻地南1.8千米，属洋头村。东邻山头店，西邻洋头，人口251人，因地处洋头以东，早年居住潘姓人家，故名。民国《黄岩县志》载有此名。

山头店 [Shāntóudiàn] 位于江口街道驻地南1.5千米，属洋头村。东邻上闸，南靠炮台山，西临东洋潘，人口268人，此处靠近炮台山，原先有一间小店，故名。民国《黄岩县志》载有此名。

【东魁村】 [Dōngkuí Cūn] 2018年8月，行政村规模调整，东岙村和坦洋村合并为东魁村。以东魁杨梅始祖地得名。位于江口街道南部，东、南靠大仁山，西至景苑村，北至洋头村。辖区面积2.6平方千米。辖东岙、大东坑、坦洋3个自然村，535户，1811人。村委会驻地东岙文化礼堂。

*【坦洋村】 [Tǎnyáng Cūn] 位于江口街道南部，东靠山，南邻唐家岙，西接白龙岙，北接洋头，面积0.5平方千米，其中耕地26.2公顷，下辖坦洋1个自然村，4个村民小组，196户，667人。以村委会驻地坦洋得名。

1947年为镇东乡第七保。1951年为坦洋乡坦洋村。1956年与林家岙合并为光明社（属镇东乡）。1961年为江口公社坦洋大队。1992年为江口镇坦洋村。2001年为江口街道坦洋村。2018年8月，和东岙村合并称东魁村。

坦洋 [Tǎnyáng] 位于江口街道驻地南2.9千米，系坦洋村委会驻地，东、南、西三面靠山，四周绕以河沟，因地处一片平垟，地势平坦，故称坦洋。《清同治光绪年间新定县境总图》标有坦洋。

*【东岙村】 [Dōng'ào Cūn] 位于江口街道南部，东邻西岙，南靠山，西临唐家岙，北邻洋头村，面积0.2平方千米，其中耕地26公顷，林地45.3公顷，下辖东岙、大东坑2个自然村，6个村民小组。339户，1144人。以村委会驻地东岙得名。经史学家王棻墓及管世骏墓均在东岙村境内。建于五代周显德中时期的大仁寺在村东大仁山上。

1947年为镇东乡第五保。1951年为坦洋乡东岙村。1956年为镇东乡裕农社。1961年为江口公社东岙大队。1992年称江口镇东岙村。2001年为江口街道东岙村。2018年8月，和坦洋村合并称东魁村。

东岙 [Dōng'ào] 位于江口街道驻地南2.4千米，系东岙村委会驻地。东邻大东坑，西邻唐家岙，南靠大仁山。人口963人。该地是东魁杨梅始祖地，杨梅王在此，因位于坦洋乡之东的山岙，故名东岙。《清同治光绪年间新定县境总图》上有东岙。

大东坑 [Dàdōngkēng] 位于江口街道驻地东南3.3千米，属东岙村。东邻西岙村，西邻东岙，南、北靠山。人口119人。因地处东岙之东，境内有一条大的溪坑，故名。

【景苑村】 [Jǐngyuàn Cūn] 2018年8月，行政村规模调整，白龙岙村和林家岙村合并为景苑村。以地处山麓、风景秀丽得名。位于江口街道西南部，东至东魁村，南至唐家岙村，西至丫髻岩山，北至山下郎村。辖区面积2.7平方千米。辖白龙岙、林家岙2个自然村，394户，1360人。村委会驻地林家岙文化礼堂。特产杨梅、枇杷。

*【白龙岙村】 [Báilóng'ào Cūn] 位于江口街道西南部，东邻洋头村，南与林家岙为邻，西靠丫髻岩，北靠朱砂堆，面积1.7平方千米，下辖白龙岙1个自然村，6个村民小组，226户，758人。以村委会驻地白龙岙得名。境内有白龙潭。

1947年为镇东乡第七保。1951年为坦洋乡白龙岙村。1961年为江口公社白龙岙大队。1966年以破除迷信为由改为文化岙大队。1980年恢复原名。1983年为江口乡白龙岙村。1992年为江口镇白龙岙村。2001年为江口街道白龙岙村。2018年8月，和林家岙村合并称景苑村。

白龙岙 [Báilóng'ào] 位于江口街道驻地西南3.5千米，系白龙岙村委会驻地，南、西、北三面环山。明万历《黄岩县志》载，“县东十里方岩，其穴有三，大仅如瓮，常有云气罩之，居人见龙出入，因其色白，故以名潭。”由于地处山岙，故称白龙岙。多王、张姓。

*【林家岙村】 [Línjiā'ào Cūn] 位于江口街道西南，东邻唐家岙，西南靠丫髻岩，北邻白龙岙，面积1

平方千米，耕地6.9公顷，林地11.5公顷，下辖林家岙1个自然村，3个村民小组。168户，602人。以村委会驻地林家岙得名。

1947年为镇东乡第七保。1951年为坦洋乡林家岙村。1956年为镇东乡光明社。1961年为江口公社林家岙大队。1992年为江口镇林家岙村，2001年为江口街道林家岙村。2018年8月，和白龙岙村合并称景苑村。

林家岙 [Línjiā'ào] 位于江口街道驻地西南3.6千米，系林家岙村委会驻地，东、南、西三面环山，相传明末有姓林的聚居此山岙，故名。《清同治光绪年间新定县境总图》标有林家岙。

【唐家岙村】[Tángjiā'ào Cūn] 位于江口街道南，东邻东魁村，南界路桥区民主村，西邻林家岙，北接景苑村，面积3.1平方千米，耕地30.3公顷，林地90.3公顷，下辖唐家岙1个自然村，8个村民小组。以村委会驻地唐家岙得名。526户，1535人。

1947年为镇东乡第六保。1951年为坦洋乡唐家岙村。1956年为镇东乡利民社。1956年为江口公社唐家岙大队。1992年为江口镇唐家岙村。2001年为江口街道唐家岙村。清福禅寺与白石关均在本村辖境内。

唐家岙 [Tángjiā'ào] 位于江口街道驻地南3.8千米，系唐家岙村委会驻地。东、南、西三面靠山，海拔20米。村在山岙中，因白石岭下有关公庙，俗称岭下堂，堂、唐谐音，故名唐家岙。村民多管、张、陆、郑等姓。《清同治光绪年间新定县境总图》上有唐家岙。以种植杨梅、枇杷为主。过去村中有南北走向的唐家岙街。有五凤翼、朝北屋、三透里等明清时期建筑。

【上辇村】[Shàngniǎn Cūn] 位于江口街道东，东邻三江新村，南邻上澍王村，西邻新来桥，北与临海市接壤，面积2.5平方千米，其中耕地2.9公顷。下辖前洋、后洋、东后江口3个自然村，34个村民小组，934户，3200人。村委会驻地前洋。传说宋高宗南逃经此，再乘车离去，古代皇帝坐的车子叫“辇”，村遂名上辇。

1947年属临海县三山乡。1951年为上辇乡上辇村。1956年为联星社。1961年为上辇公社上辇大队。1992年称江口镇上辇村。2001年为江口街道上辇村。据《宋史·高宗纪》，南宋建炎三年（1129），赵构经章安，渡椒江，南行时在此上车，村传以此名。《浙江古今地名词典》有载。

前洋 [Qiányáng] 位于江口街道驻地东北1.9千米，原上辇村委会驻地，现迁至新街。北临永宁江，南靠82省道，1992年前为上辇乡驻地，300户，700多人。村在上辇片村南（前）部，处于平垟中，故名。居民已迁往新街。

后洋 [Hòuyáng] 位于江口街道驻地东北2千米，属上辇村。东与道头交界，南与前洋为邻，西邻新来桥，人口500多人，前洋、后洋均属上辇，后洋为北（后），故名。目前已迁往前街。

东后江口 [Dōnghòujiāngkǒu] 位于江口街道东北0.8千米，属上辇村。东与后洋为邻，西邻永宁江，北临永宁江闸（三江汇合处），因位于江口街之后，后江口之东，故称东后江口。已搬入新街。

上辇新街 [Shàngniǎnxīnjiē] 又名三江社区，位于江口街道驻地东1.9千米，属上辇村新居民点。地处82省道南侧，东邻下洋郑，南为道头新居民点，现为村委会驻地，1998年后新建居民点，建有菜市场、村办公大楼、超市，形成新的街道，故名。按照新规划，已有5批安置，3个自然村全部集中到此居住，2000多人。

【进港村】[Jìn'gǎng Cūn] 2018年8月，行政村规模调整，芦村村和下洋郑村合并为进港村。以芦村港进港道路得名。位于江口街道东北部，东界椒江区高坎村，南至东昇村，西至三江新村，北濒椒江。辖区面积2.3平方千米。辖下洋郑、三透、三份头、芦村4个自然村，515户，2154人。村委会驻地下洋郑文化礼堂。黄岩港区位此。

*【芦村村】[Lúcūn Cūn] 位于江口街道驻地东，东邻椒江三山村，南邻前洋王村，西连道头村，北临椒江，面积1.4平方千米，其中耕地7.5公顷，林地7.1公顷。255户，1061人。下辖芦村1个自然村，6个村民小组，以村委会驻地芦村得名。

1949年以前属临海县三山乡。1951年为上辇乡芦村。1956年为联盟社。1961年为上辇公社芦村大队。1992年并入江口镇。2001年镇改街道，称江口街道芦村村。芦村港是黄岩颇有规模的港区。2018年8月，和下洋郑村合并称进港村。

芦村 [Lúcūn] 位于江口街道驻地东3千米，系芦村村委会驻地。地处江边，从前长着茂盛的芦苇，故名芦村。《清同治光绪年间新定县境总图》标有罗村，后写作芦村。

*【下洋郑村】[Xiàyángzhèng Cūn] 位于江口街道东，东与椒江为界，南邻东澍村，西邻埧岸村，北接前洋王村，总面积0.9平方千米，其中耕地3.4公顷，林地9公顷，下辖下洋郑、三透、三份头3个自然村，6个村民小组，260户，1093人。以村委会驻地下洋郑得名。

1949年以前属临海县三山乡。1951年为上辇乡下洋郑村。1956年为解放高级社。1957年从解放社分出与半洋王合并为利益社。1961年为上辇公社下洋郑大队。1983年为上辇乡下洋郑村。1992年并入江口镇。2001年称江口街道下洋郑村。2018年8月，和芦村村合并称进港村。

下洋郑 [Xiàyángzhèng] 位于江口街道驻地东3千米，系下洋郑村委会驻地。东靠应家山，与三透为邻，南靠东澍西，人口789人。据传从前发洪水时，有姓郑的漂浮到此，因地处下洋，故名。

三透 [Sāntòu] 位于江口街道驻地东3.2千米，东邻三份头，西、北两面与下洋郑为邻，人口95人。该地早年仅有前后三透房屋，故名。

三份头 [Sānfèntóu] 位于江口街道驻地东南3千米，东界椒江区，西临三透，105人，据传早年该地只有3户（份）人家，故名。

【上澍王村】[Shàngfèngwáng Cūn] 2018年8月，行政村规模调整，上澍村和前洋王村合并为上澍王村。因上澍村和前洋王村合并得名。位于江口街道东北部，东至三江新村、进港村，南至埭头村，西至金凌路村，北至进港村、上辇村。辖区面积1.3平方千米。辖上澍、后澍、半洋王、前祝4个自然村，541户，1900人。村委会驻地原上澍村办公楼。

*【**前洋王村**】[Qiányángwáng Cūn] 位于江口街道东北，东邻椒江三山，南邻下洋郑，西邻道头，北邻后祝，面积0.6平方千米，其中耕地3.2公顷，林地4.7公顷，下辖半洋王、前祝2个自然村。184户，697人。驻地半洋王，以村委会前祝和半洋王两自然村名组成。

1951年为上辇乡半洋王村。1956年为利益社。1961年为上辇公社半洋王大队。1981年更名为前洋王大队。1992年并入江口镇。2001年为江口街道前洋王村。2018年8月，和上澍村合并称上澍王村。

半洋王 [Bànyángwáng] 位于江口街道驻地东北3.2千米，系前洋王村委会驻地。东邻椒江区三山村，南临82省道，西临芦村，北邻前祝，人口343人。该地早年居住半数姓王，故名。

前祝 [Qiánzhù] 位于江口街道驻地东北3千米，属前洋王村。东界三山，南临半洋王，人口269人，多姓祝。前祝、后祝均姓祝，在北称后，在南称前，该地位于后祝南，故名。

*【**上澍村**】[Shàngfèng Cūn] 位于江口街道东南，东邻垷岸村，南邻埭头村，西接下凌村，北接上辇村。面积0.4平方千米，其中耕地12.8公顷，下辖上澍、后澍2个自然村，14个村民小组。357户，1203人。以村委会驻地上澍得名。

1951年为上辇乡上澍村。1956年为上辇乡红星社。1961年为上辇公社上澍大队。1983年为上澍村。1992年为江口镇上澍村。2001年为江口街道上澍村。2018年8月，和前洋王村合并称上澍王村。

上澍 [Shàngfèng] 位于江口街道驻地东南1.7千米，系上澍村委会驻地。南临东官河，北与后澍为邻，人口558人。早年此地为沼泽，在后澍之南（澍，深泥的意思。当地称南为下，北为上）。故名上澍。另有一说：相传宋高宗南逃到此，妇女们把高宗团团围住，高呼“万岁”，皇帝说：“众夫人平身”，妇女们连连磕头道谢。这个加封夫人的地方就叫上澍。

后澍 [Hòufèng] 位于江口街道驻地东南1.6千米，属上澍村。东邻垷岸，南邻上澍，北临82省道，人口327人。因地势较上澍低（北），故名后澍，别名下澍。

【东昇村】[DōngShēng Cūn] 2018年8月，行政村规模调整，东澍村和太阳新村合并为东昇村。寓意旭日东升，前途光明。位于江口街道东部，东界椒江区太阳城社区，南至江东新村，西至埭头村、三江新村，北至进港村。辖区面积1.3平方千米。辖西边、岙里、东边、王门岙4个自然村。村委会驻地原太阳新村办公楼。

*【**东澍村**】[Dōngfèng Cūn] 位于江口街道东南，东与椒江区为界，南邻太阳新村，西临埭头村，北邻下洋郑村。面积0.6平方千米，下辖西边、岙里2个自然村，人口135户，587人，村委会驻地西边。传说高宗皇帝南逃，曾躲进此地一个山洞，洞口布满蜘蛛网，追兵被迷惑，未搜捕到。皇上得救，加封此洞，因在原上辇乡东边，故名东澍。

1949年以前属临海县三山乡。1951年为西岙乡东澍村。1956年为上辇公社民主高级社。1961年为上辇公社东澍大队。1983年为上辇乡东澍村。1992年随乡并入江口镇。2001年为江口街道东澍村。2018年8月，和太阳新村合并称东昇村。

西边 [Xībiān] 位于江口街道驻地东南3.4千米，系东澍村委会驻地，东邻岙里，南邻东边，228人，多王姓，因位于东澍村西边，故名。

岙里 [Àolǐ] 位于江口街道驻地东南3.8千米，属东澍村。东邻应家山，南邻东边，西邻西边自然村，人口278人，因位于东澍村东边山岙，故名。

*【**太阳新村**】[Tàiyáng Xīncūn] 位于江口街道东南，东界椒江区，南邻太阳城，西邻东澍村，北邻下洋郑村，总面积0.8平方千米，其中耕地3.1公顷，林地1.3公顷。下辖东边、王门岙2个自然村。197户，806人。该村原名王门岙村，2005年前后该地新建起

太阳城（娱乐城），迁居后叫太阳新村。

1947年为西山乡第六保。1951年为西岙乡王门岙村。1956年为上蛬乡民主高级社。1961年为上蛬公社王门岙大队。1992年为江口镇王门岙村。2006年称太阳新村。2018年8月，和东澍村合并称东昇村。

东边 [Dōngbiān] 位于江口街道驻地东南4千米，系太阳新村村委会驻地。东邻椒江区，南邻王门岙，西、北两方均为东澍村，面积0.5平方千米。462人。因地处东澍村东面（与西边相对），故名。

王门岙 [Wángmén'ào] 位于江口街道驻地东南3.8千米，属太阳新村。东与椒江区为界，南靠牛山，西临埭头村，面积0.3平方千米。247人，多王姓。位于牛山与东澍山，两山相对如门的山岙中，多姓王，故名王门岙。

【江东新村】 [Jiāngdōng Xīncūn] 2018年8月，行政村规模调整，东河头村、项岙村、安然村合并为江东新村。以地处江口街道东部得名。位于江口街道东南部，东界椒江区太阳城社区，南至东魁村，西至洋头村，北至下闸村、埭头村。辖区面积2.6平方千米。辖东河头、项岙、安然3个自然村，581户，1934人。村委会驻地安然文化礼堂。

*** 【东河头村】** [Dōnghétóu Cūn] 位于江口街道东南，东、南两面与椒江区为界，西至项岙村，北邻埭头村，面积0.6平方千米，其中耕地18.1公顷，下辖东河头1个自然村，3个村民小组，179户，611人。以村委会驻地东河头得名。

1947年属西山乡第六保。1951年为西岙乡东河头村。1956年为上蛬乡民主社。1961年为上蛬公社东河头大队。1983年称上蛬乡东河头村。1992年随乡并入江口镇。2001年为江口街道东河头村。2018年8月，和项岙村、安然村合并称江东新村。

东河头 [Dōnghétóu] 位于江口街道驻地东南3.7千米，系东河头村委会驻地。传说古代此地是一片海涂，三面环山，河水从西北向南折东北流去形成汇弯，村在大山岙之东，故名东汇头，后谐音为东河头。民国《黄岩县志》载有"东河头"。

*** 【项岙村】** [Xiàng'ào Cūn] 位于江口街道东南，东邻东河头村，南界路桥区，西与西岙村为邻，北接埭头村，面积1.3平方千米，其中耕地17.8公顷，林地30.2公顷。下辖项岙1个自然村，4个村民小组，268户，838人。以村委会驻地项岙得名。

1947年为西山乡第八保。1951年为西岙乡项岙村。1956年为光明社。1961年为上蛬公社项岙大队。1983年为项岙村。1992年5月随乡并入江口镇。2001年为江口街道项岙村。2018年8月，和东河头村、安然村合并称江东新村。

项岙 [Xiàng'ào] 位于江口街道驻地东南3.5千米，系项岙村委会驻地。东、西、南三面环山，北面平原，大约在300多年前，有姓项的迁入这荒无人烟的山岙，故名。《清同治光绪年间新定县境总图》称项岙。

*** 【安然村】** [Ānrán Cūn] 位于江口街道东南，东、北与下闸村为邻，南邻西岙，西邻洋头村，面积0.6平方千米，其中耕地14.7公顷，林地1.4公顷。下辖安然1个自然村，3个村民小组。134户，485人。因地处一个尼姑庵前，故称庵前，后写作安然，以村委会驻地得名。《清同治光绪年间新定县境总图》载有庵前。

1947年属西山乡第十保。1951年为西岙乡安然村。1956年为光明高级社。1961年为上蛬公社安然大队。1983年为上蛬乡安然村。1992年为江口镇安然村。2001年为江口街道安然村。2018年8月，和项岙村、东河头村合并称江东新村。

安然 [Ānrán] 位于江口街道驻地东南2千米，系安然村委会驻地，西南靠安然山，清同治时称庵前，后谐音雅化安然村。

【上西岙村】 [Shàngxī'ào Cūn] 位于江口街道东南，东邻江东新村，南界路桥区，西至东魁村，北邻下闸村、江东新村，面积1.4平方千米，其中耕地34.2公顷，林地2.5公顷。下辖西岙、黄西岙里2个自然村，7个村民小组。376户，1238人。以村委会驻地西岙得名。

1947年为西山乡第九保，称西岙。1951年为西岙乡西岙村。1956年为上蛬乡光明社。1961年为上蛬公社西岙大队。1981年更名上西岙。1983年称上蛬乡上西岙村。1992年随乡并入江口镇。2001年为江口街道上西岙村。

西岙 [Xī'ào] 位于江口街道驻地东南3.1千米，系上西岙村委会驻地。东与项岙为邻，南与黄西岙为邻，西靠安然山。该地西、南两面环山，村在山岙底部，故名。民国《黄岩县志》称西岙。

黄西岙里 [Huángxī'àolǐ] 位于江口街道驻地东南3.1千米，属上西岙村。该地东、南、西三面环山，北与西岙为邻，人口194人。因地处西岙南边的一个山岙中，古为海边，捕黄鱼的渔人都在此上岸，故名黄西岙里。

【下闸村】 [Xiàzhá Cūn] 位于江口街道东南，东至埭头村，南邻上西岙村、江东新村，西邻安然村、金凌路村，北接上澍王村。下辖下闸、上闸2个自然村，5个村民小组。343户，1167人，面积0.7平方千米，其中耕地13.9公顷。以村委会驻地下闸得名。

1947年为西山乡第十一保。1951年为西岙乡下闸村。1956年为上蓥乡红星村。1961年为上蓥公社下闸大队。1983年为下闸村。1992年随乡并入江口镇。2001年镇改街道，称江口街道下闸村。徐氏节孝坊列为区文物保护单位。

下闸 [Xiàzhá] 位于江口街道东南1.6千米，系下闸村委会驻地。东官河穿村而过，人口668人。约在500年前，妙龙江经过此处东流入海，在该地造有“蛟龙闸”。后因淤泥堵塞，又在该闸上方造了双龙闸，人们俗称双龙闸为上闸，蛟龙闸为下闸。清光绪《黄岩县志》载“蛟龙闸”在四十九都，南宋朱熹议建，元大德中重修。

上闸 [Shàngzhá] 位于江口街道驻地东南1.8千米，属下闸村。东邻下闸，西邻山头店，人口446人。该地位于蛟龙闸上方，故称上闸。

【三江新村】 [Sānjiāng Xīncūn] 2018年8月，行政村规模调整，岘岸村和道头村合并为三江新村。以地处永宁江、灵江、椒江三江汇合处得名。位于江口街道东北部，东至进港村，南至埭头村，西至上蓥村、上澍王村，北濒永宁江。辖区面积1.26平方千米。辖道头、岘岸2个自然村，533户，1806人。村委会驻地原岘岸村办公楼。

*** 【岘岸村】** [Xiàn'àn Cūn] 位于江口街道东南，东邻下洋郑村，南邻埭头村，西接上澍村，北连上蓥村。面积0.5平方千米，其中耕地7.8公顷，下辖岘岸1个自然村，4个村民小组。220户，701人。以村委会驻地岘岸得名。

1951年为上蓥乡岘岸村。1956年为上蓥乡解放社。1961年为上蓥公社岘岸大队。1992年为江口镇岘岸村。2001年为江口街道岘岸村。2018年8月，和道头村合并称三江新村。

岘岸 [Xiàn'àn] 位于江口街道东南2.2千米，系岘岸村委会驻地。村周河塘环绕，219户，671人，此地古时系江潮涨成的涂岸，故名岘岸。

*** 【道头村】** [Dàotóu Cūn] 位于江口街道东北，东邻芦村，南、西与上蓥村相邻，北临椒江，面积0.7平方千米，其中耕地0.1公顷。313户，1105人。有道头1个自然村，6个村民小组。以村委会驻地道头得名。

1951年为上蓥乡道头村。1956年为联盟社。1961年为上蓥公社道头大队。1992年为江口镇道头村。2001年为江口街道道头村。2018年8月，和岘岸村合并称三江新村。

道头 [Dàotóu] 位于江口街道驻地东北2.4千米，系道头村委会驻地。濒临永宁江，早年江边设有渡船埠头，俗称道头，因在芦村附近，又称芦村道头。

【埭头村】 [Dàitóu Cūn] 位于江口街道东南，东邻东昇村，南邻江东新村，西邻下闸村，北接三江新村。面积1.4平方千米，其中耕地37.3公顷，林地1.5平方千米，下辖埭头、堂后2个自然村，10个村民小组，602户，2041人。以村委会驻地埭头得名。

1947年为西山乡第七保。1951年为西岙乡埭头村。1956年为上蓥乡解放社。1961年为上蓥公社埭头大队。1983年为埭头村。1992年为江口镇埭头村。2001年为江口街道埭头村。

埭头 [Dàitóu] 位于江口街道驻地东南2.6千米，系埭头村委会驻地。东邻堂后，南邻项岙，村在东官河两侧，人口1750人。数百年前，妙龙江流过此向南转弯向东出海，该转弯处当地人称为埭头。

堂后 [Tánghòu] 位于江口街道驻地东南2.7千米，属埭头村。东邻王门岙，南邻东河头和东官河，人口216人，该地东面有座庙堂（埭头堂），村在堂后面，故名堂后。

第三节 道路街巷

德俭路 [Déjiǎn Lù] 位于黄岩经济开发区江口区块，2009年建成命名。东起荣昌路（黄岩盛大工艺品有限公司），西至经三路，长1.9千米，宽20米。节俭为美德，故名。

双龙路 [Shuānglóng Lù] 位于黄岩经济开发区江口区块。2009年建成并正式命名。东起双龙河，西至科新路（黄罐一厂东），长0.9千米，宽24米。因地处双龙闸得名。

荣昌路 [Róngchāng Lù] 位于黄岩经济开发区江口区块。2009年建成并正式命名。寓意繁荣昌盛。南起东官河，北至82省道（新东方油墨集团东北），长0.9千米，宽12米。

江山路 [Jiāngshān Lù] 南起山头金，北至江口村段，长3千米，宽8米，延伸段长0.8千米，宽36米。该路系山头金主干道，取“江口”的“江”与山头金的“山”组成，2003年命名，2009年重新命名时往南延伸到东官河（百得塑业公司西南）。

科新路 [Kēxīn Lù] 位于黄岩经济开发区江口区块。2009年建成，南起东官河（雄泰企业），北至82省道（山后洋村西），长0.7千米，宽20米，以“科技创新”之意命名。

进港路 [Jìn'gǎng Lù] 位于黄岩经济开发区江口区块。2009年建成并正式命名。南起82省道，北至椒江江堤，长1.2千米，宽36米，该路北接进港道路，故名。2010年变更起始点，北至永椒路。

梅振路 [Méizhèn Lù] 位于黄岩经济开发区江口区块。2009年建成并命名。南起纬六东路，北至82省道（上茔C组团），长0.6千米，宽24米，此路含义为振兴江口特产东魁杨梅产业。

梅海路 [Méihǎi Lù] 位于黄岩经济开发区江口区块。2009年建成并正式命名。南起纬六东路（上茔B组团西南角），北至82省道，长0.5千米，宽24米。路名寓意梅林如海。

梅丰路 [Méifēng Lù] 位于黄岩经济开发区江口区块。2009年建成并正式命名。东起进港路，西至经一南路，长1千米，宽24米，路名意含杨梅丰收。

梅青街 [Méiqīng Jiē] 位于黄岩经济开发区江口区块。2009年建成并正式命名。东起进港路，西至经一南路，长1千米，宽20米，路名取自江口特产东魁杨梅。

诚通路 [Chéngtōng Lù] 位于黄岩经济开发区江口区块。2009年建成并正式命名。南起82省道，北至永椒路（黄岩永昶塑业），长1.1千米，宽16米。取自于宋代吴处厚的《青箱杂记》卷三："诚之所感，触处皆通。"以诚信待人，就会感动人，所到之处皆通。

碧顷路 [Bìqīng Lù] 位于黄岩经济开发区江口区块。2009年建成正式命名。南起82省道，北至永椒路（宏信造船厂），长1.1千米，宽24米，路名取自宋代范仲淹《岳阳楼记》，寓意永宁江"一碧万顷"。

东双路 [Dōngshuāng Lù] 位于黄岩经济开发区江口区块。2009年建成正式命名。南起82省道，北至永宁江双龙河东，长0.9千米，宽50米，因地处双龙河东而得名。

永椒路 [Yǒngjiāo Lù] 位于黄岩经济开发区江口区块。东起上茔村，西至永闸路，西延伸段于2009年建成，西至经一路。长1.4千米，宽50米，1995年正式命名，取永宁江和椒江各一字组成。

永茂路 [Yǒngmào Lù] 位于黄岩经济开发区江口区块。东起三江路，西至精工路。2010年往西延伸至东双路，长0.6千米，宽12米。1995年正式命名，该片路名以"永"（永宁）字带头，寓意祝愿开发区企业永远茂盛。

永盛路 [Yǒngshèng Lù] 位于黄岩经济开发区江口区块。东起三江路，西至精工路，2010年东延至诚通路，西至东双路，长1.7千米，宽16米。1995年正式命名。路名表示对开发区企业的良好祝愿。

永达路 [Yǒngdá Lù] 位于黄岩经济开发区江口区块。东起上茔村路，西至精工路，2010年延伸，东起芦村河，西止东双路，长2.5千米，宽36米，1995年正式命名。该片地名以"永"字带头，寓意对开发区企业良好祝愿。

永丰路 [Yǒngfēng Lù] 位于黄岩经济开发区江口区块。东起上茔村，西至三江路，2010年延伸，东起经五路，西止东双路，长2.5千米，宽16米，1995年正式命名，2010年更改起止点。地名寓意丰收硕果累累。

永灵路 [Yǒnglíng Lù] 位于黄岩经济开发区江口区块。东起上茔村道，西至三江路。长0.3千米，宽9米，1995年正式命名。路名以永宁江和灵江各一字组成。

永澄路 [Yǒngchéng Lù] 位于黄岩经济开发区江口区块。东起上茔村道，西至三江路，长0.3千米，宽9米，1995年正式命名。路名以永宁江和澄江各一字组成。

大闸路 [Dàzhá Lù] 位于黄岩经济开发区江口区块。南起黄海公路，北至永宁江闸。长1.8千米，宽16米。1995年正式命名。以永宁江大闸得名。

三江路 [Sānjiāng Lù] 位于黄岩经济开发区江口区块。南起黄海公路，北至永椒路，长1.7千米，宽16米。1995年正式命名，因地处三江口而得名。

四海路 [Sìhǎi Lù] 位于江口街道。南起蟠龙路，北至水角村。长0.7千米，宽16米。1995年正式命名，路名寓意生意兴隆通四海。

蟠龙路 [Pānlóng Lù] 位于江口街道。东起四海路，西至绿化隔离带。长0.5千米，宽16米。1995年正式命名，路名以附近蟠龙洞得名。

金狮路 [Jīnshī Lù] 位于江口街道。南起黄海公路，北至江口村。长0.4千米，宽9米。道路以附近金狮山得名。

绿园路 [Lǜyuán Lù] 位于黄岩经济开发区江口区块。2010年建成，南起老黄椒路，北至椒江堤，长1.3千米，宽16米，2010年正式命名。路名寓意打造环保、绿色园区。

鑫源路 [Xīnyuán Lù] 位于黄岩经济开发区江口区块。2010年建成命名，南起82省道，北至椒江堤，长1.3千米，宽28米。路名寓意财富之源。

精工路 [Jīnggōng Lù] 位于黄岩经济开发区江口区块。南起黄海公路，北至后江口村，1995年正式命名，2010年改建延伸，南起永茂路，北至西闸路，长0.9千米，宽16米。路名寓意该地为精细化工基地。

江口街 [Jiāngkǒu Jiē] 位于江口街道。南起黄椒路，经过综合市场，北至木桥头，长1.9千米，宽36米。以所在地江口得名。

江边路 [Jiāngbiān Lù] 位于江口街道。东起水嘴殿，途经江山路，西至外来人口中心，长0.2千米，宽28米，2006年正式命名。因道路经过永宁江边得名。

江金路 [Jiāngjīn Lù] 位于江口街道。东起黄椒路，途经江山路，西至江口中心小学，长0.6千米，宽25米。2006年正式命名，因途经江边金自然村得名。

江宁路 [Jiāngníng Lù] 位于江口街道。南起黄椒路，北转东至江口街，长0.4千米，宽20米。2006年正式命名，因紧靠永宁江而得名。

永固路 [Yǒnggù Lù] 位于江口街道食品园区。南起永固制罐厂，北至82省道，长0.5千米，宽24米，2006年正式命名。以永固制罐厂而得名。

水晶心路 [Shuǐjīngxīn Lù] 位于江口街道食品园区。东起永固路，西至伊甸食品厂，长0.6千米，宽24米。2006年正式命名，以浙江水晶心食品厂得名。

埭头街 [Dàitóu Jiē] 位于江口街道。东起埭头村办公楼，西至桥头，长0.2千米，宽13米。2003年正式命名，因是埭头村主街道，故名。

山下郎街 [Shānxiàláng Jiē] 位于江口街道。南起桥头，北至江口农技校，长0.2千米，宽12米。2003年正式命名，路名以所在地山下郎得名。

东魁路 [Dōngkuí Lù] 位于江口街道。南起东岙，北至白石王，长4千米，宽8米。2003年正式命名，道路以当地特产东魁杨梅而得名。

江新路 [Jiāngxīn Lù] 位于江口街道，2006年正式命名。江口村至新来桥的通道，取两村各一字组成。东起江口新来桥村，途经江山路，西至江口新小区，混凝土路面，长0.5千米，宽36米。

盛安路 [Shèng'ān Lù] 位于江口街道，2013年正式命名。取隆盛平安之意。南起82省道，北至永椒路，长1.1千米，宽16米。

第八章　高桥街道

第一节　概　述

高桥街道［Gāoqiáojiēdào］乡级行政单位。在城区南面。东与南城街道、院桥镇接壤，南与院桥镇、沙埠镇毗邻，西与澄江街道、沙埠镇相连，北与澄江街道、西城街道接界。总面积19.9平方千米。户籍人口7182户，2.4万人。古称冠庄，明万历《黄岩县志》卷一："冠庄市，在县南二十五里。"又称三童。以山得名。《太平寰宇记》卷九八："三童山，亦有溪名三童。"黄乐捷径经滩头街在永丰河上建有石桥，取名高桥，地以桥名。古为三童乡。清后期为南乡。清光绪年间属22都1～2图，24都1图。1913年称鼓屿乡。1931年复三童乡。1947年属院桥区宁童乡。1949年称三童乡。1951年分设高桥、三童两乡。1956年春撤三童乡，并入高桥乡。1958年10月改高桥大队。1959年4月设高桥管理区。1961年9月为高桥人民公社。1969年5月为高桥公社。1981年因与温岭高桥重名，改高桥头公社。1983年为高桥头乡。1992年5月复高桥乡。2001年12月撤乡设高桥街道，办事处驻前店村高丰路1号，距黄岩城区8千米。2015年年末辖八份堂、前店、胜利、邬家岙、胡家灰、石牛渡、三童岙里、双联、三童岙口、埠头、双洋、车下洋、大埭、下浦郑、杏林、坦桥、联丰堂、螺屿、友谊、三坦、瓦瓷窑、南海共22个行政村（2015年11月黄岩区行政村调整时，原下坦、凉棚两个行政村合并为双联村，原海门、南山两个行政村合并为南海村，原溪岸、上山两个行政村合并为友谊村，原外洋陶、徐家洋两个行政村合并为双洋村）。2018年8月，行政村规模调整，前店、八份堂、友谊、三坦、坦桥5个村合并为高桥头村；双联、岙里、岙口3个村合并为三童岙村；石牛渡村和邬家岙村合并为石牛渡村；瓦瓷窑村和南海村合并为瓦瓷窑村；车下洋村和胡家灰村合并为高丰村；埠头村和双洋村合并为东星村。调整后共辖12个行政村，有148个村民小组。地处雁荡山余脉与温黄平原交界处，东西最大距离6.3千米，南北最大距离6.3千米。地势西高东低，西、南为丘陵地带。西部三童山最高峰山基岩海拔419米。南部有牛角尖余脉马鞍山。中部和东北为水网平原。西建河南北穿境，沙埠溪自南入境至高桥闸入永丰河。气候温和湿润。三童岙四周峰峦秀矗，二溪汇合。2005年始于中南部陆续建下浦郑、胜利、联丰—螺屿、上山—三坦四大工业区块。有幼儿园5所，小学2所，初中1所。卫生院1个。八份、坦桥、螺屿等村建有村文化礼堂。有6个居家养老照料中心。宋代青瓷窑址等全国重点文物保护单位1处，下浦桥、三洞桥和下坦印纹陶窑址等区级文物保护单位3处。有东晋元兴二年（403）始建的三童寺。南宋初太常少卿谢伋隐居凤凰山麓并辟有药寮。山麓"天然"二字刻石，相传为朱熹所书。历史文化名人有南宋进士谢希孟、胡旦、胡哲义、邬崇节、邬炎等。

有耕地535.9公顷，林地336.8公顷。农业主植水稻，兼种柑橘、杨梅、茭白、荸荠、席草等。有杨梅、茭白、水稻等8大生产基地和下浦郑米面加工业、绿豆芽等18个农业专业合作社。工业有塑料制品、工艺品、电动车零配件等产业。第三产业有商业网点及物流配送。东部沈海（G15）高速南北穿境。公路有十沙线、西高线等。公交通城区。

从地名专名来看，辖区内居民点地名有以下特征：①以地理位置命名。如：三童岙里、下南山、后洋等。②以姓氏命名。如：邬家岙、徐家洋、外洋陶、滩头赵、下浦郑等。③以民间神庙命名。如：联丰堂、普门堂等。④以历史古迹和传说命名。如：牌坊、瓦瓷窑、石牛渡等。⑤以水利设施命名。如：埠头、大埭、高埭等。⑥以祥瑞、希冀命名。如胜利等。

从地名通名来看，辖区内居民点地名主要有：①移借江、湖、洋、山、岙、坑、屿等自然地理实体通名。②移借人工建筑、水利设施楼、桥、埭等通名。③移借民间神庙堂等通名。

第二节　行政村

【高桥头村】［Gāoqiáotóu Cūn］2018年8月，行政村规模调整，八份堂、前店、友谊、三坦、坦桥5个行政村合并为高桥头村。以高桥头街得名。古为滩头街，后在街东北的黄乐捷径永丰河上建有一座石桥，桥位高下可通航，称为高桥，因街在桥的上头，故名高桥头。位于高桥街道东南部，东至院桥镇泾前村、上桥洋村，南至院桥镇友联村，西至胜利村，北至大埭村、下浦郑村。辖区面积2.4平方千米。辖高桥头、前店、普门堂、童家、滩头赵、八份、高埭、溪岸、上山、廖家桥、后洋、桥头、后岸、南头、姚家、张家、旺竹篔、西洋18个自然村，1173户，3966人。村委会驻地原八份村。

*【八份堂村】［Bāfèntáng Cūn］以村委会驻地

自然村八份得名，八份亦称八份堂。位于高桥街道中部偏东。东与坦桥相连，南、西南临友谊村，北与前店交界。下辖八份、高埭2个自然村，4个村民小组，村委会驻地八份。176户，744人。面积0.3平方千米，其中耕地7.7公顷，种植水稻为主，兼种柑橘、荸荠，属平原区。2013年建文化礼堂。交通便利。

清光绪《黄岩县志》卷七：八份，二十四都一图。1947年属三童乡第十六保。1951年为三童乡八份村。1956年为高桥乡友谊高级社。1961年为高桥公社八份大队。1966年称东风大队。1981年因重名改为八份堂大队。1983年称高桥头乡八份堂村。1992年称高桥乡八份堂村。2001年12月称高桥街道八份堂村。2018年8月，八份堂、前店、友谊、三坦、坦桥5个行政村合并称高桥头村。

八份 [Bāfèn] 八份堂村委会驻地。位于高桥街道办事处驻地东0.3千米。据《胡氏宗谱》记载，在唐朝初年有胡姓人从湖南长沙附近迁居于此，生有八子，分成八家，故名。110户，358人，多胡姓。八份有万寿堂亦称八份堂，建于宣统三年（1911），1945年遭日本侵略军焚毁。

高埭 [Gāodài] 属八份堂村。距高桥街道办事处驻地0.3千米。昔八份浦南面有一条永丰河支流经过，常闹洪灾，遂筑埭以堰。北宋元祐年间（1086—1094）高氏筑高家埭，后名高埭。村以埭名。民国《黄岩县志》作高段。49户，187人，多胡姓。

*【**前店村**】[Qiándiàn Cūn] 以村委会驻地自然村前店得名。位于高桥街道北部。东连大埭村，南界八份村，西接胜利村，北临双洋村，下辖高桥头、前店、普门堂、童家、滩头赵5个自然村，7个村民小组，村委会设高桥头街。388户，1237人，面积0.8平方千米，其中耕地27.8公顷，林地8.3公顷。种植水稻为主，兼种柑橘、蔬菜。

1947年属三童乡第十五保。1951年为三童乡前店村。1956年为高桥乡友谊高级社。1961年为高桥公社前店大队。1983年称高桥头乡前店村。1992年称高桥乡前店村。2001年12月称高桥街道前店村。2018年8月，八份堂、前店、友谊、三坦、坦桥5个行政村合并称高桥头村。

高桥头 [Gāoqiáotóu] 属前店村。前店村委会驻地。古为滩头街，后在街东北的黄乐捷径上建有一座长8米，宽2米的石桥，称为高桥，因街在桥的上方，故名高桥头。距高桥街道办事处驻地0.3千米。600户，2230人。有老街长约100米，宽4米，南北走向，石板路面。新街长约200米，宽8米，南北走向。设有中学、卫生院、邮电所、供销社及菜市场，农历三、七为集市日。

前店 [Qiándiàn] 前店村委会驻地。距高桥街道办事处驻地0.4千米。村在普门堂之南（前），传早年住户虽不多，但有一间小店铺，故名。民国《黄岩县志》作前店。227户，611人，多胡、张姓。

普门堂 [Pǔméntáng] 属前店村。距高桥街道办事处驻地0.4千米。清同治九年（1870），在唐家修建有寺庙，1924年僧承志重修，改名普门堂。村以寺庙得名。民国《黄岩县志》作普门堂。76户，278人，多唐姓。

童家 [Tóngjiā] 属前店村。距高桥街道办事处驻地0.3千米。早年黄岩上岙童氏后裔迁居于此，故名。37户，150人。有高桥中学。

滩头赵 [Tāntóuzhào] 属前店村。距高桥街道办事处驻地0.4千米。据传此处古时为一滩涂，后因地壳运动，沧海变桑田，有赵姓居民在此聚居，故名。70户，170人。

*【**友谊村**】[Yǒuyí Cūn] 村委会因溪岸村与上山村合并得名。寓意两村团结合作，天长地久，故名。位于高桥街道东南部，东与三坦、坦桥村相邻，南与院桥镇接壤，西与八份堂、胜利村接壤，北与坦桥村相邻。村委会驻地上山。下辖溪岸、上山、廖家桥3个自然村，4个村民小组。209户，658人。区域面积约0.6平方千米，其中耕地10.4公顷，林地9.1公顷。种植水稻、柑橘、甘蔗、荸荠等，属平原区。有工艺品厂。

溪岸村：1947年属三童乡第十六保。1951年为三童乡溪岸村。1956年为高桥乡友谊高级社。1961年为高桥公社溪岸大队。1983年称高桥头乡溪岸村。1992年称高桥乡溪岸村。2001年称高桥街道溪岸村。

上山：清光绪《黄岩县志》：上山，二十四都一图。1947年属三童乡第十七保。1951年为三童乡上山村。1956年为高桥乡利民高级社。1961年为高桥公社上山大队。1983年称高桥头乡上山村。1992年称高桥乡上山村。2001年称高桥街道上山村。2015年11月，黄岩区行政村调整时，溪岸村和上山村合并，称高桥街道友谊村。2018年8月，八份堂、前店、友谊、三坦、坦桥5个行政村合并称高桥头村。

溪岸 [Xī'àn] 原属溪岸村，2015年11月，黄岩区行政村调整后属友谊村。距高桥街道办事处驻地0.8千米。长浦朱氏后裔从长浦迁居前山下溪岸定居，故名。民国《黄岩县志》作溪岸。98户，298人。

上山 [Shàngshān] 原属上山村，2015年11月，黄岩区行政村调整后属友谊村。友谊村委会驻地。距高桥街道办事处驻地0.6千米。村西边有冠庄山，山西边有条冠庄岭通往沙埠，由此村上山，故名。50户，154人，多张、叶姓。

廖家桥［Liàojiāqiáo］原属上山村，2015年11月，黄岩区行政村调整后属友谊村。距高桥街道办事处驻地东南0.3千米。沙店乡路在前山下溪上有廖姓捐建石桥，故名。民国《黄岩县志》作寥家桥。45户，123人，多柯、王姓。

*【**三坦村**】［Sāntǎn Cūn］以原三坦片村得名。位于冠庄山以东、上桥弓屿之西地势平坦的山坦，故名。民国《黄岩县志》作山坦。后山讹作三。位于高桥街道东南部，东、南界院桥镇上桥村，西临院桥岙林村，北邻友谊村。村委会驻地后洋。下辖后洋、桥头、后岸、南头4个自然村，4个村民小组。205户，667人。面积0.5平方千米，其中耕地18.2公顷，林地8.2公顷，种植水稻为主，兼种柑橘、荸荠、席草等，属平原区。

1947年属三童乡第十七保。1951年为三童乡三坦村。1956年为高桥乡利民高级社。1961年为高桥公社利民大队。1981年改为三坦大队。1983年称高桥头乡三坦村。1992年称高桥乡三坦村。2001年称高桥街道三坦村。2018年8月，八份堂、前店、友谊、三坦、坦桥5个行政村合并称高桥头村。

后洋［Hòuyáng］三坦村委会驻地。距高桥街道办事处驻地1.4千米。位于三坦片村北部一片平垟中，北为后，故名。民国《黄岩县志》作后洋。40户，137人，多陈姓。

桥头［Qiáotóu］属三坦村。距高桥街道办事处驻地1.1千米。村在一座殿前桥旁，故名。42户，12[illegible]人，多叶姓。

后岸［Hòu'àn］属三坦村。位于高桥街道办事处驻地东南1.2千米。村在一条小河的北岸，[illegible]习惯以北为后，故名。47户，132人，多叶姓。

南头［Nántóu］属三坦村。位于高桥街道办事处驻地东南1.3千米处，位于三坦片[illegible]部，故名。53户，168人，多滕姓。

*【**坦桥村**】［Tǎnqiáo Cūn］村因桥得名。民国《黄岩县志》作潭桥。前山[illegible]溪经溪岸自西复东北流，有一深潭，在溪上建有[illegible]，贯通泾南，故名潭桥，村以桥名。后演化为坦桥。位于高桥街道东南部，东界院桥镇，南邻三坦村，西邻八份堂村，北连八份村、下浦郑村。村委会驻地旺竹篢。下辖姚家、张家、旺竹篢、西洋4个自然村，4个村民小组。195户，660人。区域面积约为0.4平方千米，其中耕地19.2公顷。种植水稻为主，属平原区。坦桥村是一个以车木加工为主的[illegible]，远近闻名的“车木村”。2014年建文化礼堂。

1947年属三童乡[illegible]七保。1951年为三童乡坦桥村。1956年为高桥乡友谊[illegible]级社。1961年为高桥公社坦桥大队。1983年称高桥头乡坦桥村。1992年称高桥乡坦桥村。2001年称高桥街道坦桥村。2018年8月，八份堂、前店、友谊、三坦、坦桥5个行政村合并称高桥头村。

旺竹篢［Wàngzhúgàng］坦桥村委会驻地。距高桥街道办事处驻地1.1千米。该村四周小竹多且旺盛，俗呼旺竹篢。篢，方言，音近更，指似篱笆呈带形的竹丛。民国《黄岩县志》作旺竹篢。15户，50人。

姚家［Yáojiā］属坦桥村。位于高桥街道办事处驻地东1.2千米。姚姓聚居地，故名。51户，140人，多姚姓。

张家［Zhāngjiā］属坦桥村。位于高桥街道办事处驻地东1.1千米。张姓聚居地，故名。41户，125人，多张姓。

西洋［Xīyáng］属坦桥村。距高桥街道办事处驻地1.3千米。该村位[illegible]南村西边的一片平垟（洋）上，故名。清光绪《黄岩县志》载：“西洋，二十二都一图。”57户，15[illegible]人，多陈姓。

【**胜利村**】［Shènglì Cūn］村委会沿用1951年村名。寓[illegible]业成功，故名。位于高桥街道西北部，东与高[illegible]村相连，南接友联村、瓦瓷窑村，西与联丰堂[illegible]三童岙村相邻，北临东星村，下辖滩头、官庄、蒋屋、章家、后大5个自然村，13个村民小组，村委会驻滩头。725户，2436人。面积1.6平方千米，其中耕地66.7公顷，林地25.4公顷。拥有豆芽、鲜花、黄瓜等多个专业合作社。建有工业区。县道十沙线等。

1951年由官庄、蒋屋、滩头3个自然村组成胜利村，属三童乡。1956年为高桥乡胜利高级社。1961年为高桥公社胜利大队。1983年称高桥头乡胜利村。1992年称高桥乡胜利村。2001年12月称高桥街道胜利村。

滩头［Tāntóu］胜利村委会驻地。距高桥街道办事处驻地0.5千米。村处永宁江支流西江上游，传早年潮水可上涨到此，后河道逐渐淤涨变窄，聚落始在淤积地上形成，故名。清光绪《黄岩县志》：“滩头，二十四都一图。”312户，913人，多潘、顾姓。

官庄［Guānzhuāng］属胜利村。距高桥街道办事处驻地1千米。古为冠庄，一说：这一带的村庄，数这里最好，故名。另有一说：村境东面山上有明代天官（尚书王爣）之墓，故称官庄。明万历《黄岩县志》卷一：“冠庄市，在县西南二十五里。”又卷二：“王尚书爣墓，在冠庄山，嘉靖间敕葬。”中华人民共和国成立初期犹存石人石马，今无。151户，479人，多王、柯、缪姓。

蒋屋［Jiǎngwū］属胜利村。距高桥街道办事处驻地0.9千米。陡川张氏后裔迁居于此，建了新的房屋，称张新屋，后称张瓦屋，清光绪《黄岩县志》写作“张下屋”，民国《黄岩县志》作“张瓦屋”。后简化谐音蒋屋（方言张、蒋同音）。247户，868人，以章、朱、符姓为多。

章家 [Zhāngjiā] 属胜利村。距高桥街道办事处约1千米。临湖章氏迁居于此，故名。20户，60人。

后大 [Hòudà] 属胜利村。距高桥街道办事处约1.5千米。据传居住在滩头的潘姓居民分家时，因建有前后两透（幢）房屋，把分得前透的称前大，分得后透的称后大。“大”方言意为“这个地方”。30户，112人。

【石牛渡村】 [Shíniúdù Cūn] 2018年8月，行政村规模调整，石牛渡村和邬家岙村合并仍称石牛渡村。位于高桥街道东北部，东至沈海高速路，南至高丰村、东星村，西界澄江街道凉棚岭村，北界西城街道岭下葛村、红旗村。辖区面积1.4平方千米。辖邬家岙、下赵、石牛渡3个自然村，562户，1832人。村委会驻地后岸下赵。

*【邬家岙村】** [Wūjiā'ào Cūn] 以村委会驻地自然村邬家岙得名。位于高桥街道北部。东接石牛渡村，南交胡家灰村，西连埠头村，北界澄江街道。下辖邬家岙、下赵2个自然村，4个村民小组，村委会设邬家岙。234户，818人，面积0.9平方千米，其中耕地30公顷，林地18.3公顷。种植水稻为主，属平原区。

清光绪《黄岩县志》卷七：邬家岙，二十二都二图。1947年属三童乡第七保。1951年为高桥乡邬家岙村。1956年为高桥乡金联高级社。1961年为高桥公社邬家岙大队。1983年称高桥头乡邬家岙村。1992年称高桥乡邬家岙村。2001年称高桥街道邬家岙村。2018年8月，和石牛渡村合并称石牛渡村。

邬家岙 [Wūjiā'ào] 邬家岙村委会驻地。位于高桥街道办事处驻地北偏西2.4千米。位于凉棚岭以西的山岙，宋时有邬姓迁此落户，故名。今已无邬姓。清光绪《黄岩县志》作邬家岙。190户，571人，多叶、王姓。

下赵 [Xiàzhào] 属邬家岙村。距高桥街道办事处驻地2.7千米。在一矮岭下，有赵氏定居，故名。《清同治光绪年间新定县境总图》作下赵。55户，159人，多谢、高姓。

*【石牛渡村】** [Shíniúdù Cūn] 以村委会驻地自然村石牛渡得名。位于高桥街道东北角。东邻西城街道，南与车下洋、胡家灰接壤，西连邬家岙下赵，北界西城街道岭下殿村。下辖石牛渡1个自然村，4个村民小组。328户，1014人。面积0.5平方千米，其中耕地19.8公顷。种植水稻、柑橘为主，属平原水网地带。清代古桥三洞桥，位于该村和西城街道雅林村之间，横跨永丰河，县令刘世宁有碑记，古为西南捷径重要桥梁之一。为区级文物保护单位。

清光绪《黄岩县志》卷七：石牛渡，二十四都一图。1947年属三童乡第三保。1951年为高桥乡石牛渡村。1956年为高桥乡红旗高级社。1961年为高桥公社红旗大队。1981年改为石牛渡大队。1983年称高桥头乡石牛渡村。1992年称高桥乡石牛渡村。2001年称高桥街道石牛渡村。2018年8月，邬家岙村并入石牛渡村。

石牛渡 [Shíniúdù] 石牛渡村委会驻地。距高桥街道办事处驻地2.8千米。西有三童溪，南有永丰河，三面环水。据传因无桥梁，田间劳作靠牛过渡，故名。另有神话传说：古时候村西边河中有石牛浮出载人过河。清光绪《黄岩县志》作石牛渡。297户，933人，多张、黄、叶、吴姓。

【三童岙村】 [Sāntóng'ào Cūn] 2018年8月，行政村规模调整，双联村、三童岙里村、三童岙口村3村合并为三童岙村。以三童山得名。位于高桥街道西北部，东至石牛渡村、胜利村、东星村，南至联丰堂村，西界澄江街道松岩村，北至澄江街道凉棚岭村。辖区面积4.6平方千米。辖下坦、凉棚岙、池庵、牌坊、南岸、三童岙里、三童岙口7个自然村，836户，2857人。村委会驻地原三童岙里村。

*【双联村】** [Shuānglián Cūn] 村委会由原下坦村和凉棚岙村合并后得名。寓意两村联合。位于高桥街道西北部。东与埠头村、胜利村相邻，南接胜利村，西连三童岙口村和三童岙里村，北界澄江街道。下辖下坦、凉棚岙、池庵、牌坊、南岸5个自然村，12个村民小组，村委会驻地下坦。218户，729人。面积1.3平方千米，其中耕地18.6公顷，林地14.7公顷，种植水稻为主，兼种柑橘、席草，属平原半山区。

凉棚岙村：民国《黄岩县志》作羊棚岙。后作凉棚岙。1947年属三童乡第九、十保。1951年为三童乡凉棚岙村。1956年为高桥乡新民高级社。1961年为高桥公社凉棚大队。1981年为凉棚岙大队。1983年称高桥头乡凉棚岙村。1992年称高桥乡凉棚岙村。2001年称高桥街道凉棚岙村。

下坦村：1947年属三童乡第九、十保。1951年为三童乡下坦村。1956年为高桥乡新民高级社。1961年为高桥公社下坦大队。1983年称高桥头乡下坦村。1992年称高桥乡下坦村。2001年称高桥街道下坦村。2015年11月，黄岩区行政村调整时，凉棚岙村和下坦村合并，称高桥街道双联村。2018年8月，和三童岙里村、三童岙口村合并称三童岙村。

下坦［Xiàtǎn］双联村委会驻地。距高桥街道办事处驻地1.5千米。原称“瓦坦”，相传在西汉时期，祖先曾在此处开设“印陶纹”窑址，是黄岩较早的一处陶器窑址。窑址现仍在。因“瓦”与“下”方音相近，逐渐演变为“下坦”。99户，342人，多林、李姓。原属下坦村，2015年11月，黄岩区行政村调整后属双联村。

20世纪80年代在该村发现战国时期印纹陶窑址和汉代的原始青瓷碎片。1989年1月，被公布为区级文物保护单位。南宋初，太常寺少卿谢伋迁居这里，于凤凰山下开辟药园，药寮南有平弓桥，东南角有池井。谢伋之孙谢直为南宋淳熙十一年（1184）进士。

凉棚岙［Liángpéng'ào］原属凉棚岙村，2015年11月，黄岩区行政村调整时属双联村。距高桥街道办事处驻地西北2.3千米。因地处山岙，背靠凉棚岭，故名。民国《黄岩县志》作羊棚岙。31户，110人。海拔22米。产柑橘。有小地名西山下、三亩、风横。

池庵［Chí'ān］原属凉棚岙村，2015年11月，黄岩区行政村调整时属双联村。位于高桥街道办事处驻地西北2千米。据传古时此地有城关桥上街池姓大族的祖坟，旁有守墓的庵屋，故名。35户，101人，多池姓。海拔21米。

牌坊［Páifāng］原属凉棚岙村，2015年11月，黄岩区行政村调整时属双联村。距高桥街道办事处驻地2.3千米。明代举人衡州知府徐孚的锡宠坊位于此，村以此得名。（牌坊在1954年拆毁用于造桥）21户，72人。海拔40米。产柑橘。

南岸［Nán'àn］原属凉棚岙村，2015年11月，黄岩区行政村调整时属双联村。距高桥街道办事处驻地2.1千米。村位于凉棚岭之南，明代御史徐新的祖墓在此，故名南庵。后演变为南岸。23户，67人。海拔26米。

*【三童岙口村】［Sāntóng'àokǒu Cūn］以村委会驻地自然村三童岙口得名。位于高桥街道西北部。东与双联村相邻，西南与联丰堂村接壤，北与三童岙里村连接。下辖三童岙口1个自然村，4个村民小组。281户，1008人。面积0.8平方千米，其中耕地26.6公顷，林地8.4公顷，种植水稻、柑橘为主，兼种席草，属平原区。

清光绪《黄岩县志》卷七：三童岙，二十二都一图。1947年属三童乡第九、十保。1951年为三童乡三童岙口村。1956年为高桥乡新民高级社。1961年为高桥公社岙口大队。1981年改为三童岙口大队。1983年称高桥头乡三童岙口村。1992年称高桥乡三童岙口村。2001年称高桥街道三童岙口村。2018年8月，和三童岙里村、双联村合并称三童岙村。

三童岙口［Sāntóng'àokǒu］三童岙口村委会驻地。距高桥街道办事处驻地西北1.3千米。地处三童岙的岙口，故名。281户，1008人，多陈、黄姓。有建于东晋元兴二年（403）的三童寺，宋大中祥符元年（1008）赐额香积寺。

*【三童岙里村】［Sāntóng'àolǐ Cūn］以村委会驻地自然村三童岙里得名。位于高桥街道西北部，东与双联村接壤，南与三童岙口村相连，西面、北面紧靠大巍山。下辖三童岙里1个自然村，7个村民小组。337户，1120人。面积2.2平方千米，其中耕地6.1公顷，林地54.9公顷，种植水稻、柑橘等。

清光绪《黄岩县志》卷七：三童岙，二十二都一图。1947年属三童乡第九、十保。1951年为三童乡三童岙里村。1956年为高桥乡新民高级社。1961年为高桥公社岙里大队。1981年改称三童岙里大队。1983年称高桥头乡三童岙里村。1992年称高桥乡三童岙里村。2001年称高桥街道三童岙里村。2018年8月，和双联村、三童岙口村合并称三童岙村。

三童岙里［Sāntóng'àolǐ］三童岙里村委会驻地。位于高桥街道办事处驻地西北2.2千米。位于三童山南麓的一个山岙里，故名。337户，1120人，多谢、林、张姓。海拔30米。

古有少白堂，黄绾弟黄约建于明嘉靖八年。旁有岁寒轩和黄约开凿的黄家井。黄约善书能诗，曾隐居三童岙，叶良佩有挽诗。

【东星村】［Dōngxing Cūn］2018年8月，行政村规模调整，埠头村和双洋村合并为东星村。以东升小学谐音得名，5个自然村像五颗星星一样紧紧围绕，寓意美好和希望。位于高桥街道北部，东至大埭村，南至高桥头村、胜利村，西至三童岙村，北至高丰村、石牛渡村。辖区面积1.4平方千米。辖埠头、塘里张、毛竹下、外洋陶、徐家洋5个自然村。472户，1583人。种植水稻、茭白为主。村委会驻地下窑墩。

*【双洋村】［Shuāngyáng Cūn］因原徐家洋村和外洋陶村合并得名。两村均有洋字，故名双洋。位于高桥街道北部偏东。东连大埭村，南接前店村，西与胜利、埠头交界，北临胡家灰村。下辖徐家洋、外洋陶2个自然村，9个村民小组，村委会驻地徐家洋。202户，664人。面积0.4平方千米，其中耕地21.1公顷。种植水稻、柑橘为主，兼种甘蔗、茭白，属平原水网地带，西傍西建河。

徐家洋：清光绪《黄岩县志》卷七：徐家洋，二十四都一图。1947年属三童乡第六保。1951年为高桥乡徐家洋村。1956年为高桥乡光荣高级社。1961年为高桥公社徐家洋大队。1983年称高桥头乡徐家洋村。1992年称高桥乡徐家洋村。2001年称高桥街道徐家洋村。

外洋陶：清光绪《黄岩县志》卷七：外洋陶，二十四都一图。1947年属三童乡第三保。1951年为高桥乡外洋陶村。1956年为高桥乡光荣高级社。1961年为高桥公社新建大队。1965年改为外洋陶大队。1983年称高桥头乡外洋陶村。1992年改为高桥乡外洋陶村。2001年称高桥街道外洋陶村。2015年11月，黄岩区行政村调整时，徐家洋村和外洋陶村合并，称高桥街道双洋村。2018年8月，和埠头村合并称东星村。

徐家洋 [Xújiāyáng] 双洋村委会驻地。距高桥街道办事处驻地1.3千米。位于埠头洋以东，有沙溪徐氏后裔迁居于此，故名。清光绪《黄岩县志》作徐家洋。115户，382人，多李姓。原属徐家洋村，2015年11月，黄岩区行政村调整时属双洋村。

外洋陶 [Wàiyángtáo] 原属外洋陶村，2015年11月，黄岩区行政村调整时属双洋村。距高桥街道办事处驻地1.5千米。古为岩洋陶，位于埠头毛竹下以东的岩洋，又称外洋，有陶阳陶氏后裔迁居于此，故名。清光绪《黄岩县志》作外洋陶。85户，280人，多陶姓。

*【**埠头村**】[Bùtóu Cūn] 以村委会驻地自然村埠头得名。位于高桥街道北面。东连双洋村，南临胜利村，西靠双联村，北接邬家岙。下辖埠头、塘里张、上林、毛竹下4个自然村，5个村民小组。270户，919人。面积0.9平方千米。其中耕地32公顷，林地25.6公顷。种植水稻、柑橘为主，属平原区，西建河南北穿村。

清光绪《黄岩县志》卷七：埠头，二十二都一图。1947年属三童乡第七保。1951年上林、埠头2村属三童乡。塘岭张、毛竹下两村属高桥乡。1956年农业合作化时期分别称联升社和幸福农业社，均属高桥乡。1961年公社化后两社合并称高桥公社埠头大队。1983年称高桥头乡埠头村。1992年称高桥乡埠头村。2001年称高桥街道埠头村。2018年8月，和双洋村合并称东星村。

埠头 [Bùtóu] 埠头村委会驻地。位于高桥街道办事处驻地西北1千米。此地古时曾是船只靠岸装卸物资的埠头，故名。近代在附近村庄多有发现古海船的残骸。清光绪《黄岩县志》作埠头。203户，694人，多林、任姓。

塘里张 [Tánglǐzhāng] 属埠头村。位于高桥街道办事处驻地西北1.2千米。古为唐李张，是三姓氏聚居之地，故名。后演化为塘里张。民国《黄岩县志》作塘里张。92户，257人，多张、任姓。

上林 [Shànglín] 属埠头村。位于高桥街道办事处驻地西北1千米。村处山麓，在埠头之上，南安林氏后裔居此，故名。14户，64人，多林姓。

毛竹下 [Máozhúxià] 属埠头村。距高桥街道办事处驻地北偏西1.8千米。早年村后山上毛竹成林，故名。民国《黄岩县志》作毛竹下。36户，121人，多赵、金姓。

【**高丰村**】[Gāofēng Cūn] 2018年8月，行政村规模调整，车下洋村和胡家灰村合并为高丰村。以东濒永丰河和高速出口（拟建）得名。位于高桥街道东北部，东至杏林村，南至大埭村，西至东星村，北至石牛渡村。辖区面积1平方千米。辖车下洋、胡家灰2个自然村，631户，2066人。村委会驻地南汇蛤蟆坦。

*【**胡家灰村**】[Hújiāhuī Cūn] 以村委会驻地自然村胡家灰得名。位于高桥街道东北部。东与石牛渡相邻，南与车下洋村交界，西连双洋村，北为邬家岙村。305户，1043人。面积0.5平方千米，其中耕地26.6公顷。下辖胡家灰1个自然村，6个村民小组。种植水稻、柑橘为主，属平原水网地带，村西傍西建河。

清光绪《黄岩县志》卷七：胡家汇，二十四都一图。1947年属三童乡第四保。1951年为高桥乡胡家汇村。1956年为高桥乡红光高级社。1961年为高桥公社胡家灰大队。1983年称高桥头乡胡家灰村。1992年称高桥乡胡家灰村。2001年称高桥街道胡家灰村。2018年8月，和车下洋村合并称高丰村。

胡家灰 [Hújiāhuī] 胡家灰村委会驻地。距高桥街道办事处驻地2.2千米。古为胡家汇，因三面环水形成汇浦，江田胡氏后裔迁居于此汇，故名胡家汇，后“汇”讹作“灰”。清光绪《黄岩县志》、民国《黄岩县志》均作胡家汇。274户，986人，多金、叶、胡姓。

*【**车下洋村**】[Chēxiàyáng Cūn] 以村委会驻地自然村车下洋得名。位于高桥街道东北部，东与杏林村、南城街道交界，南接大埭村，西接双洋村，北连胡家灰、石牛渡。下辖车下洋1个自然村，4个村民小组。305户，1023人。面积0.5平方千米，其中耕地14.9公顷，种植水稻、柑橘为主，属平原水网地带。村东傍G15高速。

清光绪《黄岩县志》卷七：车下洋，二十四都一图。1947年属三童乡第四保。1951年为高桥乡车下洋村。1956年为高桥乡五一高级社。1961年为高桥公社车下洋大队。1983年称高桥头乡车下洋村。1992年称高桥乡车下洋村。2001年称高桥街道车下洋村。2018年8月，和胡家灰村合并称高丰村。

车下洋 [Chēxiàyáng] 车下洋村委会驻地。距高桥街道办事处驻地2.1千米。民国22年西江闸未筑前，三童溪在埠头至下赵溪段，每天受潮淤冲积，加上杏林至车下洋的一段河道受三童溪分流之水相碰，自西折向东流，成为水沧头，位于水沧头下面的洋称沧下洋，后谐音演变成车下洋。清光绪《黄岩县志》作车下洋。306户，942人，多沈、张、童姓。

【大埭村】[Dàdài Cūn] 以村委会驻地自然村大埭得名。位于高桥街道东部。东为杏林村，南连下浦郑村，西接高桥头村、东星村，北与徐家洋接壤。村委会驻地大埭。下辖大埭、下洋湖2个自然村，7个村民小组。408户，1225人。面积0.7平方千米，其中耕地16.3公顷，种植水稻、柑橘为主，属平原水网地带。

清光绪《黄岩县志》卷七：大埭，二十四都一图。1947年属三童乡第六保。1951年为高桥乡大埭村。1956年为高桥乡五星高级社。1961年为高桥公社大埭大队。1983年称高桥头乡大埭村。1992年称高桥乡大埭村。2001年称高桥街道大埭村。

大埭 [Dàdài] 大埭村委会驻地。位于高桥街道办事处驻地东北1.3千米。清光绪《黄岩县志》作大埭。原名张家埭，位于下浦桥东，张氏筑埭蓄水，故名。俗呼大埭，自清河闸建后遂废。356户，731人，多胡、陈、林姓。有小地名西岸里。

下洋湖 [Xiàyánghú] 属大埭村。距高桥街道办事处驻地1.7千米。民国《黄岩县志》作下洋胡。位于大埭之西北面地势较低称下洋，胡氏迁居于此，故名。后讹作下洋湖。138户，390人，多金、胡姓。

【下浦郑村】[Xiàpǔzhèng Cūn] 以村委会驻地自然村下浦郑得名。位于高桥街道东部。东与院桥镇泾前村接壤，南与高桥头村相邻，西邻大埭村，北连杏林村。村委会驻地下浦郑。下辖下浦郑1个自然村，6个村民小组。359户，1214人。面积0.6平方千米，其中耕地12.4公顷，属平原水网地带。种植水稻、柑橘为主，村民多从事传统的家庭米面加工和塑料加工业。明万历年间（1573—1620）胡昌贤编《委羽山志》六卷。清咸丰年间（1851—1861）郑紊创办黄岩“同仁堂”。

清光绪《黄岩县志》卷七：下浦郑，二十四都一图。1947年属三童乡第十八保。1951年为高桥乡下浦郑村。1956年为高桥乡五星高级社。1961年为高桥公社下浦郑大队。1983年称高桥头乡下浦郑村。1992年称高桥乡下浦郑村。2001年称高桥街道下浦郑村。

下浦郑 [Xiàpǔzhèng] 下浦郑村委会驻地。距高桥街道办事处驻地1.8千米。原名下浦，唐至德二年（757）河南荥阳郑虔在京贬到台州任司户参军，至宋第十八世孙郑良弼由章安郡迁下浦，名其村曰下浦郑。清光绪《黄岩县志》作下浦郑。村濒河散布。359户，1214人，多郑姓。米面加工户众多，“下浦郑面干”远近闻名。有小地名前张、三透里、里家岸。

【杏林村】[Xìnglín Cūn] 以村委会驻地自然村杏林得名。位于高桥街道东北面。东与南城街道义新村、蔡家洋村接壤，南与下浦郑村相连，西交大埭村，北临高丰村。村委会驻地杏林。下辖杏林、下浦桥、朱家楼3个自然村，5个村民小组。355户，1127人。面积0.5平方千米，其中耕地4公顷。种植水稻、柑橘为主，属平原水网地带。

1947年属三童乡第五保。1951年为高桥乡杏林村。1956年为高桥乡五星高级社。1961年为高桥公社杏林大队。1983年称高桥头乡杏林村。1992年称高桥乡杏林村。2001年称高桥街道杏林村。

杏林 [Xìnglín] 杏林村委会驻地。位于高桥街道办事处驻地东北2.1千米。在下浦桥西北有杏树林，故名。民国《黄岩县志》作杏林。163户，473人，多张、黄姓。有小地名张家里、黄家里。

下浦桥 [Xiàpǔqiáo] 属杏林村。距高桥街道办事处驻地1.9千米。南宋嘉定《赤城志》卷三：“下浦桥，在县西南五里。”南宋宝祐元年（1253）进士、山阴令胡哲义助建三孔卷洞石桥，名为下浦桥。村以桥名。57户，187人，多金、黄姓。南宋嘉定七年（1214）进士胡旦、进士胡哲义均为下浦人。

下浦桥（三孔卷洞石桥）南宋宝祐元年（1253）始建，清嘉庆十五年（1810），日照寺僧道正与当地长老潘贵龙等集资重建。沟通永丰河支流南北两岸。系区级文物保护单位。

朱家楼 [Zhūjiālóu] 属杏林村。位于高桥街道办事处驻地东北2.6千米。有长浦朱氏迁居于此，建有楼屋，故名。另据传说此地因河道弯曲常闹水灾，后有人在此建造了一座庙叫“双龙宫”，并制作了一颗“龙珠”，架置在双龙宫楼上，人称“珠架楼”，谐音为朱家楼。民国《黄岩县志》作朱家楼。125户，375人，多张姓。

【联丰堂村】[Liánfēngtáng Cūn] 以村委会驻地自然村联丰堂得名。位于高桥街道西部偏南。东与胜利村交界，南与螺屿、瓦瓷窑村相连，西与螺屿村接壤，北邻三童岙口村。村委会驻地联丰堂。下辖联丰堂、知青、大山、上蔡、隔坑、唐家、小山、大岭头、坑头、程岙10个自然村，10个村民小组。506户，1816人，面积1.8平方千米，其中耕地39.9公顷，林地36.5公顷，种植水稻、柑橘为主，属平原区。

清光绪《黄岩县志》卷七：螺屿，二十二都一图。1947年属三童乡第十一、十二保，称螺屿。1951年为三童乡联丰堂村。1956年为高桥乡联丰高级社。1961年为高桥公社联丰大队。1981年因重名改称联丰堂大队。1983年称高桥头乡联丰堂村。1992年称高桥乡联丰堂村。2001年称高桥街道联丰堂村。

联丰堂［Liánfēngtáng］联丰堂村委会驻地。距高桥街道办事处驻地2.1千米。原有日明堂，在螺屿罾山之麓，后寺院衰落。清乾隆年间，福庆堂住持原出家于日明堂，为此重兴。遂福庆、日明两堂均兴，俗呼联丰堂。村以此得名。35户，125人，多葛姓。海拔20米。

知青［Zhīqīng］属联丰堂村。距高桥街道办事处驻地1千米。1965年间，黄岩及上海等一部分知青下放于此，单独组成一个生产大队，取名新建，因县内重名，1981年更名为知青。40户，111人。

大山［Dàshān］属联丰堂村委会。位于高桥街道办事处驻地西2.8千米处。与“小山”对称，两村均在山上。此村地势高，村较大，故名。38户，118人，多林姓。海拔45米。

上蔡［Shàngcài］属联丰堂村。距高桥街道办事处驻地2.4千米。据传，该村祖上有蔡姓聚居于此，因村处山上，故名。民国《黄岩县志》作上蔡。今此地已无蔡姓。265人，多胡姓。海拔20米。

隔坑［Gékēng］属联丰堂村。距高桥街道办事处驻地2.3千米。该居民点与螺屿村隔一条龙潭坑，故名。118户，371人，多胡姓。

唐家［Tángjiā］属联丰堂村。距高桥街道办事处驻地2.4千米。多唐姓聚居，故名。亦有人称为下螺屿。81户，367人。

小山［Xiǎoshān］属联丰堂村。距高桥街道办事处驻地2.3千米。与“大山”对称，两村均在山上，此村地势低，村较小，故名。21户，75人，多葛姓。海拔35米。

大岭头［Dàlǐngtóu］属联丰堂村。距高桥街道办事处驻地2千米。村以岭得名。村北有条山岭，俗呼大岭头。《清同治光绪年间新定县境总图》作大岭头。79户，299人。海拔20米。明天顺七年（1463），西桥葛希源之女葛宫人的圣旨坊曾立于此。

坑头［Kēngtóu］属联丰堂村。距高桥街道办事处驻地1.9千米。聚落在大岭头溪坑上头，故名。47户，166人，多薛姓。民国《黄岩县志》作坑头。程岙至螺屿的道路在大岭头溪上建有坑头桥。

程岙［Chéng'ào］属联丰堂村。距高桥街道办事处驻地1.7千米。村在山岙口，因陈氏居住得名陈岙，后演化作程岙。民国《黄岩县志》作陈岙，陈岙至冠庄道路在三童溪上建有石桥，名陈岙桥。75户，266人，多林姓。

【螺屿村】［Luóyǔ Cūn］以村委会驻地自然村螺屿得名。位于高桥街道西南部。东与瓦瓷窑村交界，南与瓦瓷窑村、沙埠镇相接，西、北与联丰堂村相邻。下辖螺屿1个自然村，6个村民小组，村部设在螺屿戏棚楼上。436户，1522人。面积1.8平方千米，其中耕地34.1公顷，林地74.2公顷，种植水稻、柑橘为主，兼种枇杷、杨梅及席草。属平原半山区。2015年建文化礼堂。有郑虔为之碑的万俟庙，龙潭坑的万俟桥。同治九年（1870）举人、曾为清献书院山长的唐赓及嘉庆九年（1804）武举陈斌和嘉庆十八年（1813）武举陈逢春，均为该村人。

清光绪《黄岩县志》卷七：螺屿，二十二都一图。1947年属三童乡第十一、十二保。1951年为三童乡螺屿村。1956年为高桥乡红星高级社。1961年为高桥公社红星大队。1981年更名为螺屿大队。1983年称高桥头乡螺屿村。1992年称高桥乡螺屿村。2001年称高桥街道螺屿村。

螺屿［Luóyǔ］螺屿村委会驻地。位于高桥街道办事处驻地西南2.3千米。因村东有一螺形屿山（又名罾山），故名。清光绪《黄岩县志》作螺屿。436户，1522人，多陈姓。有小地名东山下、高墙里、张家、张道里。

【瓦瓷窑村】［Wǎcíyáo Cūn］2018年8月，行政村规模调整，瓦瓷窑村和南海村合并。位于高桥街道南部。东界院桥镇友联村，南界院桥镇合屿村、沙埠镇青瓷村，西界螺屿村、沙埠镇吕白洋村，北至胜利村、联丰堂村。辖区面积2.1平方千米。辖下南山、海门、岭脚、岙里、瓦瓷窑、上段陈、大泾头、前岸8个自然村，665户，2120人。村委会驻地原瓦瓷窑村。

****【瓦瓷窑村】**［Wǎcíyáo Cūn］以村委会驻地自然村瓦瓷窑得名。位于高桥街道南偏西，东与胜利、南海毗邻，南、西与沙埠镇交界，北与螺屿、联丰堂相邻。村委会驻地瓦瓷窑。下辖瓦瓷窑、上段陈、大泾头、前岸4个自然村，9个村民小组。421户，1359人。面积1平方千米，其中耕地54.3公顷，林地8.6公顷，以种植水稻、柑橘为主，兼种席草、荸荠。属平原区。

清光绪《黄岩县志》卷七：瓦瓷窑，二十四都一图。1947年属三童乡第十三保。1951年为三童乡瓦瓷窑村。1956年为高桥乡瓦瓷窑高级社。1961年为高桥公社瓦瓷窑大队。1966年改为金星大队。1981年复名瓦瓷窑大队。1983年称高桥头乡瓦瓷窑村。1992年称高桥乡瓦瓷窑村。2001年称高桥街道瓦瓷窑村。2018年8月，南海村并入瓦瓷窑村。

瓦瓷窑 [Wǎcíyáo] 瓦瓷窑村委会驻地。距高桥街道办事处驻地西南2千米。有始于唐，盛于宋，烧制瓦当和青瓷的窑址，故名。民间流传有“九龙透天”传说。清光绪《黄岩县志》作瓦瓷窑。138户，418人，多杨姓。有全国重点文物保护单位宋代青瓷窑址。

上段陈 [Shàngduànchén] 属瓦瓷窑村。位于高桥街道办事处驻地西南2.3千米。位于瓦瓷窑村西南部，地势比东北部高，且居民大多姓陈，故名。56户，182人，多陈姓。

大泾头 [Dàjìngtóu] 属瓦瓷窑村。位于高桥街道办事处驻地西南1.8千米。村在螺屿东山下（又名罾山）名叫大泾的河道上头，故名。民国《黄岩县志》作大泾头。98户，280人，多项姓。

前岸 [Qián'àn] 属瓦瓷窑村。位于高桥街道办事处驻地西南1.8千米。该村与瓦瓷窑村相隔沙埠溪，位在溪东南（当地东为前），故名。62户，179人，多项姓。

*【**南海村**】[Nánhǎi Cūn] 由下南山村和海门村合并两村各取一字得名。位于高桥街道南部，东、南与院桥镇接壤，西与沙埠镇毗邻，北与瓦瓷窑村、友谊村交界。村委会驻地下南山。下辖下南山、海门、岭脚、岙里4个自然村，10个村民小组。244户，761人。面积1.2平方千米，其中耕地27.3公顷，林地45.7公顷，种植水稻为主，兼种柑橘、杨梅、枇杷、席草，属平原区。

下南山村：1947年属三童乡第十四保。1951年为三童乡南山村。1956年为高桥乡光明高级社。1961年为高桥公社南山大队。1981年因重名改为下南山大队。1983年称高桥头乡下南山村。1992年称高桥乡下南山村。2001年称高桥街道下南山村。

海门：1947年属三童乡第十四保。1951年为三童乡海门村。1956年为高桥乡光明高级社。1961年为高桥公社海门大队。1983年称高桥头乡海门村。1992年称高桥乡海门村。2001年称高桥街道海门村。2015年11月，黄岩区行政村调整时，下南山村和海门村合并，称高桥街道南海村。2018年8月，南海村并入瓦瓷窑村。

下南山 [Xiànánshān] 原属下南山村，2015年11月，黄岩区行政村调整后属南海村。南海村委会驻地。距高桥街道办事处驻地1.6千米。位于仙村山北麓，因南有山，称南山，1981年因重名改称下南山。清光绪《黄岩县志》卷七：南山，二十四都一图。117户，428人，多林姓。

海门 [Hǎimén] 原属海门村，2015年11月，黄岩区行政村调整后属南海村。距高桥街道办事处驻地2千米。位于西江上游，传说古时永宁江水能涨至该地，南北有山，为出海通道，即出海之门户，故名。43户，150人，多林、毛姓。属半山区。有小地名毛坦里、后头。近代在南山洋发现有古海船的残骸。

岭脚 [Lǐngjiǎo] 原属海门村，2015年11月，黄岩区行政村调整后属南海村。距高桥街道办事处驻地南2.4千米。该居民点位于黄岙岭脚，故名。13户，40人，多鲍姓。

岙里 [Àolǐ] 原属海门村，2015年11月，黄岩区行政村调整后属南海村。距高桥街道办事处驻地2.9千米。村处东、南、西三面为山的山岙里，故名。26户，76人，多阮、鲍姓。海拔18～20米。

第三节　道路街巷

新大街 [Xīndà Jiē] 在高桥街道，1999年正式命名。因高桥新兴集镇最大的街得名。东起高埭路，西止高丰路，混凝土路面，长0.7千米，宽15米。

兴学路 [Xìngxué Lù] 在高桥街道，1999年正式命名。位于高桥中学门前得名。东起高埭路，西止规划高沙路，混凝土路面，长0.3千米，宽6米。

高丰路 [Gāofēng Lù] 在高桥街道，1999年建成并正式命名。取高桥及永丰河桥各一字得名。南起高速公路三坦段，北折西至永丰河桥，混凝土路面，长1.3千米，宽10米。

爱迪路 [Àidí Lù] 在高桥街道，1999年建成并正式命名。政府与爱迪公司共同投资修建，爱迪公司位于此地段，故名。南起高速公路溪岸段，北至普门堂，混凝土路面，长0.5千米，宽6米。

镇中路 [Zhènzhōng Lù] 在高桥街道，1999年正式命名。位于高桥集镇中心，故名。南起新大街，北至兴学路，混凝土路面，长0.3千米，宽6米。

高埭路 [Gāodài Lù] 在高桥街道，1999年建成并正式命名。因原小地名高埭自然村得名。南起高速公路坦桥段，北至普门堂，混凝土路面，长0.5千米，宽10米。

胜利路 [Shènglì Lù] 在高桥街道，1999年正式命名。位于胜利村中心，故名。东起永丰河桥，西止胜利蒋屋，混凝土路面，长0.5千米，宽6米。

前店路 [Qiándiàn Lù] 在高桥街道，1999年正式命名。位于前店新区，故名。东起爱迪路，西止府前路，混凝土路面，长0.3千米，宽6米。

八份路 [Bāfèn Lù] 在高桥街道，1999年正式命名。位于集镇八份村地段，故名。东起爱迪路，西止府前路，混凝土路面，长0.3千米，宽6米。

溪岸路 [Xī'àn Lù] 在高桥街道，1999年建成并正式命名。位于溪岸村得名。东西走向，溪岸自然村至溪岸村中心，混凝土路面，长0.4千米，宽6米。

前门洋路 [Qiánményáng Lù] 在高桥街道，1999年正式命名。因原小地名前门洋得名。东起爱迪路，西止高丰路，混凝土路面，长0.3千米，宽6米。

滩头赵路 [Tāntóuzhào Lù] 在高桥街道，1999年正式命名。因原小地名滩头赵得名。南起规划高沙路，北止高丰路，混凝土路面，长0.9千米，宽10米。

高桥头街 [Gāoqiáotóu Jiē] 在高桥街道，1999年正式命名。原高桥老街，尊重习惯称呼，故名。东起高埭路，西止高桥头闸，混凝土路面，长0.9千米，宽6米。

联屿路 [Liányǔ Lù] 在高桥街道联丰螺屿工业区块。2010年正式命名。因途经联丰村和螺屿村，取两村各一字得名。南起规划路，北至祥迪五金模具东南角（B点），长1.7千米，宽20米。

安泰路 [Āntài Lù] 在高桥街道联丰螺屿工业区块。2010年建成并正式命名。寓意安定康泰。南起规划路，北至宏乾模具西北角。长0.3千米，宽20米。

安业路 [Ānyè Lù] 在高桥街道联丰螺屿工业区块。2010年建成并正式命名。寓意百姓安居乐业，故名。东起规划路，西至精益眼镜厂西北角。长0.3千米，宽20米。

安顺路 [Ānshùn Lù] 在高桥街道联丰螺屿工业区块。2010年建成并正式命名。寓意安居乐业，风调雨顺，故名。东起规划路，西至天元车灯模具西北角。长0.4千米，宽12米。

安庆路 [Ānqìng Lù] 在高桥街道联丰螺屿工业区块。2010年建成并正式命名。取平安吉庆之意。东起联丰村留地1东南角，西至17号路。长0.5千米，宽12米。

安福路 [Ānfú Lù] 在高桥街道联丰螺屿工业区块。2010年建成并正式命名。寓意幸福安康，故名。南起21号路（F点），北至新画王礼品西北角。长0.7千米，宽12米。

三童路 [Sāntóng Lù] 在高桥街道联丰螺屿工业区块。2010年建成并正式命名。取名于高桥西部的“三童山”。南起规划路，北至规划路。长1.2千米，宽20米。

绿源路 [Lǜyuán Lù] 在高桥街道，2015年建成并正式命名。该路位于联丰堂村的田野上，因近年国家提倡绿色环保能源，故名。东西转南北走向，东起十沙线，南至埭头山脚途经高桥街道。长0.7千米，宽7.6米。

第九章　宁溪镇

第一节　概　述

宁溪镇 [Níngxī Zhèn] 乡级行政单位。在区境西部。东与北洋镇、上垟乡接壤，南与永嘉县岭头乡毗邻，西与富山乡、上郑乡相连，北与屿头乡、仙居县朱溪镇接界。总面积88.5平方千米。户籍人口1.1万户，3.5万人。因溪得名。明万历《黄岩县志》：“宁溪在县西六十里，源出黄岩溪，波流至此方宁，故名。”清光绪初属10都1图。1931年置宁溪镇。1947年设宁溪乡。1947年7月属乌岩区。1950年10月从乌岩区析出，12月分设宁溪、白鹤、五部、童岙、牌门5个乡。1956年5个乡合并称宁溪乡。1959年称宁溪人民公社宁溪管理区。1961年称宁溪公社。1983年复置宁溪乡。1985年复称宁溪镇。1992年5月撤扩并，幸福、联丰2个乡并入。镇政府驻地宁溪镇宁川东路3号，距黄岩城区35千米。至2015年11月行政村调整前，辖桥亭、上宅、下宅、小街、下周、大横街6个居民委员会，炭场头、坦头、下蒋岙、白鹤岭下、苔湖岭、下桧、春建、金林、横岭外、朝阳、裘家岸、凉棚、石坦、百花岭、上前垟、五部、蒋家岸、凉棚、乌岩头、王家店、英山、吴家岙、浮山庄、快乐、水闸头、福利、格湖、半山、凉山、岭根、大地、牌门、上桧、圣岩岙、金岙、木坑岙、下施、苔湖、蒋岙、方家岙、白晏、冷水坑、茶园43个行政村，有80个居民小组，446个村民小组。2015年11月行政村调整后，原浮山庄与裘家岸合并为浮裘村；原金林村、苔湖岭村、石花岭村合并为金林村；原乌岩头、五部半山、凉山、茶园、冷水坑5个村合并为五联村。行政村减少7个，共36个。2018年8月，行政村规模调整，五联村和蒋家岸村合并为乌岩头村；中桧村和下桧村合并为中下桧村；横岭外村、浮裘村（裘家岸片）、格湖村合并为岭家湖村；白鹤岭下村、下蒋岙村合并为白鹭湾村；大地村和苔湖村合并为大苔村；浮裘村（浮山庄片）、春建村、石坦村合并为南渠村；圣岩岙村和下周居合并为下周居；王家店、凉棚村、白晏村合并为宁联村；朝阳村、小街居合并为小街居；金林村、木坑岙村合并为金林村；快乐村、水闸头村合并为快乐村；蒋岙村、英山村、下施村合并为蒋岙村。调整后，共辖6个居民委员会、21个行政村。辖区东西最大距离13千米，南北最大距离18.8千米。地势西高东低，最高峰苦粟尖955米。宁溪镇是台州市西部经济、文化、交通中心和乐清、永嘉、仙居边区物资交易集散地，是台州饮用水水源——长潭水库的涵养地。境内溪流纵横，半岭溪由西南向东至宁溪镇与黄岩溪汇合，纳五部溪之水，注入长潭水库。辖区内有幼儿园2所，小学2所，初中1所，高中1所。各类卫生机构3个。有村居家养老中心10个。宁溪历史文化陈列馆1个。“二月二”灯会列入省非物质文化遗产名录。民间打击乐《竹铜锣》被列入市级非物质文化遗产名录。有天香堂红十三军临时指挥部、跑马楼、袁氏宗祠、龙王堂、白岩潭石拱桥、天德堂、黄永古道等区级文物保护单位7个。中国传统村落乌岩头村1个。下施、岭下、乌岩头、五部、苔湖等村文化礼堂。当地流传有“小小宁溪街，有108条黄皮带”，形容民国时期从军当官的较多。南宋右丞相杜范墓建在牌门村。明末至清代建筑陈氏祠堂位于直街。直街还有仁德堂、积庆堂（朱宅）、王宅、陈一孚故居等清末民初建筑。颇具时代特征的20世纪60年代建筑宁溪旅社。有历代进士13人，举人95人，武将9人。先后涌现出进士王所、王爌以及当代辛亥革命烈士王卓、抗日名将王禹九、抗日英雄王天祥、化学家王琎、物理学家王天眷、材料专家王启东等历史文化名人。

农业以种植水稻、蔬菜为主，凉山高山蔬菜、前垟红茄、蒋家岸猕猴桃、格湖高塘平白菜等一批特色农业基地初具规模。工业主要有模具、酿造、节日灯加工等行业。新兴产业有金山陵酒业。第三产业有商业网点及物流配送。82省道宁溪延伸段已通车，宁溪大桥改造完成通车。建成县乡级公路5条，总长70千米，公交汽车线路3条。

从地名专名来看，辖区内居民点地名有以下特征：①以自然地理实体命名。如：英山、黄毛山、鹿鸣潭、石花岭、朱家溪等。②以地理位置命名。如：上桧、下桧、上宅、后湖、横岭外等。③以姓氏命名。如：蒋岙、吴家岙、上潘、蒋家岸、下施、裘家岸、郑岸等。④以建筑物和民间神庙命名。如：山大棚、纸厂、王家寮、老屋、下屋、将军殿、白鹤殿等。⑤以民间作坊和水利设施命名。如：水碓头、水闸头、横水圳等。⑥以祥瑞、希冀命名。如：快乐、朝阳等。

从地名通名来看，辖区内居民点地名山水特色和传统文化兼具：①移借自然地理实体通名。如：岙、岭、坑、坦、岸、潭等。②移借民间神庙通名。如：殿、堂等。

第二节 居

【上宅居】[Shàngzhái Jū] 位于宁溪镇西北部，直街西段以北，东邻下宅，南邻小街，西临南山，北面为黄岩溪。辖区面积2.9平方千米，其中耕地25.6公顷，林地209.4公顷。下辖三透里、五透里（古宅）及大沸头1个自然村，10个居民小组，347户，1071人。居委会驻地直街。据清《宁溪大横街王氏宗谱》："吾族王氏始祖唐少卿由钱塘避乱，卜居宁川，凡五传，始分直街、横街两派。自十一世宗分两街、五宅。上宅、中宅、下宅为直街，横街、桥亭两宅为横街。"上宅地处三宅之西，民间以西为上，故名。

1947年为宁溪镇第一保。1951年为宁溪乡上宅村。1956年属五星高级社。1961年称宁溪公社上宅大队。1966年改名五星大队。1981年因县内重名复称上宅大队。1983年为宁溪乡上宅村。1986年撤村建居，称宁溪镇上宅居。

大沸头[Dàfèitóu] 位于宁溪镇政府驻地西1.5千米处，属上宅居。北临黄岩溪，宁溪至上郑公路村北经过，东连上宅本居，50户，190人。此地早年有条较大的拦水坝，故名。宁溪变电所设此。

【下宅居】[Xiàzhái Jū] 位于宁溪镇中部，直街东段以北，钟楼路以西，东邻大横街，南邻小街，西邻上宅，北临黄岩溪。包括宁川东路和宁丰路北段交界点以北。面积1.1平方千米，耕地11公顷，林地16.3公顷。下辖13个村民小组，423户，1305人。居委会设在溪南路31号。下宅，地处直街三宅之东，东为下，故名。辖区内有宁溪镇人民政府、宁溪中心卫生院旧址、供销社、中国农业银行、供电所、工商所、农贸市场等。

1947年为宁溪乡第二保。1951年称宁溪乡下宅村。1956年属五星高级社。1961年称宁溪公社下宅大队，1966年称红星大队。1983年称宁溪乡下宅村。1985年称宁溪镇下宅居。

【小街居】[Xiǎojiē Jū] 2018年8月，行政村规模调整，小街居和朝阳村合并仍称小街居。位于宁溪镇中部。东至桥亭居，南至蒋岙村，西靠山，北至上宅居。辖区面积1.1平方千米。辖19个居民小组和黄毛山脚、东岙、西山脚等3个自然村，382户，1266人。居委会驻地原小街居。

***【小街居】**[Xiǎojiē Jū] 位于宁溪镇中部，辖区包括直街以南，白云巷以东，柏树下巷、桂南巷以西一带。东邻桥亭，南倚黄泥塘山，西邻朝阳村，北邻下宅居、上宅居，面积0.3平方千米，其中耕地12.1公顷，林地0.3公顷，下辖14个居民小组，261户，843人，居委会驻地直街。小街，系古地名。清《宁溪大横街王氏房谱》："直街亦名桂街，长192丈，南宋淳熙年间建。中有圳，圳北的街面宽阔，俗呼大街，圳南街面狭窄，俗呼小街。"明代建筑陈氏祠堂和民国建筑仁德堂王宅、陈一孚故居位于该居。

1951年为宁溪乡小街村。1956年属五星高级社。1961年为宁溪公社五星大队。1966年改为星星大队。1981年更名称小街大队。1983年为宁溪乡小街村。1991年，经台州地区民政局批准为第二次国内革命战争时期根据地村。2018年8月，和朝阳村合并，仍称小街居。

***【朝阳村】**[Cháoyáng Cūn] 位于宁溪镇政府西南，三面环山，北临上宅居，面积1.1平方千米。下辖黄毛山、坝头、东岙、马里坑、栅上、牛游塘、猫狸洞等自然村，121户，423人。5个村民小组。因该地朝东向阳，故名朝阳。1992年，黄毛山、坝头、马里坑、牛游塘、猫狸洞等自然村移至东岙。栅上移至西山脚。

1947年属宁溪镇第一保。1951年属宁溪乡黄毛山村。1956年属宁溪乡五星高级社。1961年称宁溪公社黄毛山大队。1966年改为朝阳大队。1983年为宁溪乡朝阳村。1992年为宁溪镇朝阳村。2018年8月，并入小街居。

黄毛山[Huángmáoshān] 位于宁溪镇政府驻地西南3千米。四面环山，海拔220米，61户，184人。因所在地山上多黄色茅草而名黄毛山。民国《黄岩县志》载有黄毛山。

坝头[Bàtóu] 位于宁溪镇政府驻地西南5千米，属朝阳村。村在海拔295米的山上，1992年移民下山到东岙，已无人居住。该地东南有一条溪坑，早年曾筑有拦水坝，自然村以此得名。

东岙[Dōng'ào] 位于宁溪镇政府驻地西南1.1千米，属朝阳村，三面靠山，西有一小水库，海拔98米，100多户，370人，王姓为主。民国《黄岩县志》有载。

栅上[Zhàshàng] 位于宁溪镇政府驻地西5千米，村在345米高的山上，东为下里坑，西为上郑乡，属朝阳村，已无人居住。因村在栅栏般直立的岩壁之上，故名栅上。据《宁溪大横街王氏房谱》："栅上，在望海岗下。缘栅板折而上数百步，两山夹峙，其上有疏松、浅滩、瘠田、古木。元代延祐年间，僧筑返照庵。"

马里坑[Mǎlǐkēng] 位于宁溪镇政府驻地西3千米，村在海拔270米的山上，已无人居住。属朝阳村，因该地山形如捕鱼用的马笼，旁边有条坑，故称马笼坑，谐音马里坑。

牛游塘［Niúyóutáng］位于黄毛山与马里坑中间，距宁溪镇政府驻地西3千米，村在海拔270米的山上，已无人居住，属朝阳村。

猫狸洞［Māolǐdòng］位于宁溪镇政府驻地西南5千米，属朝阳村。村在海拔300米的山上，在坝头自然村东南面，1992年移民下山到东岙，已无人居住。

【桥亭居】［Qiáotíng Jū］全国文明村。位于宁溪镇中部，辖区包括镇前街以南、横街与宁丰路以西，桂南巷以东。东为大横街，南临上前垟村、蒋岙村，西接小街居，北邻直街，面积0.7平方千米，其中耕地12.7公顷，林地25公顷。下辖10个居民小组，居委会驻地桥亭。桥亭为古地名，此处有一座兰若桥，在石鼓台门里有一亭，故称桥亭。《宁溪大横街王氏房谱》:“桥亭，在横街西，兰若桥之南。昔十一世荣塘公之后直学公改筑居室。”

1951年称宁溪乡桥亭村。1956年属联盟社。1961年称宁溪公社桥亭大队。1966年称跃进大队。1983年称桥亭村。1985年撤村建居，称宁溪镇桥亭居。辖区内有宁溪金山陵酒厂、宁川酒厂、桥亭模具厂等企业。

【大横街居】［Dàhéngjiē Jū］位于宁溪镇东南，辖区包括镇前街南、北，钟楼路以东，宁川东路以南一带，面积0.4平方千米，其中耕地22.8公顷，林地3公顷，下辖20个居民小组，438户，1364人。居委会设在宁川东路南，居委会以驻地大横街得名。据《大横街王氏房谱》:“该街南北百余丈，宽丈余，此街在直街打横，故名大横街。”

1947年称宁溪乡第五、第六保。1951年，称宁溪乡横街村。1956年属联盟高级社。1961年，称宁溪公社横街大队。1966年，称胜利大队。1981年，更名称大横街大队。1983年，称大横街村。宁溪初级中学设在该地。

【下周居】［Xiàzhōu Jū］2018年8月，行政村规模调整，下周居和圣岩岙村合并为下周居。位于宁溪镇东部，东界北洋镇娄岙村，南至金林村，西至下宅居，北至南渠村。辖区面积1.98平方千米。辖19个居民小组，圣岩岙、下前垟、凤山3个自然村，396户，1290人。居委会驻地原下周居。

***【下周居】**［Xiàzhōu Jū］位于宁溪镇政府驻地东，宁丰路以东，宁川东路以南及大横街东侧，面积0.6平方千米，其中耕地5.9公顷，林地24公顷，人口278户，907人，辖13个村民小组，居委会驻地下洲巷。因黄岩溪与南港溪在此汇合，形成高出水面的沙洲，地处下游，原称下洲，后演变为下周，居委会以此得名。民国《黄岩县志》载为“下舟”。下属企业有粮食、米面加工厂，小型模具厂等。

1947年为宁溪乡第六保。1951年称宁溪乡下周村。1956年属联盟社。1961年称宁溪公社下周大队。1966年称东升大队。1981年恢复下周大队。1983年称下周村。2018年8月，和圣岩岙村合并仍称下周居。

宁丰小区［Níngfēng Xiǎoqū］位于宁溪镇。2003年正式命名。取“宁溪”的“宁”与丰收的“丰”组成，憧憬美好未来，故名。东起镇东路，西至下洲巷，南起金山路，北至直街东路。为高山移民新村。

花园新村［Huāyuán Xīncūn］位于宁溪镇。2003年正式命名。因位于花园（小地名）得名。东起柏树下巷，南至环山路，西至镇西路，北至直街南边。占地面积2万平方米。

金堤水岸小区［Jīndīshuǐ'àn Xiǎoqū］2013年正式命名。小区东面紧靠永宁溪堤坝，故名。东至新建82省道，南至春福东路，西至镇东北路，北至规划路。小区占地5.2万平方米，由20幢3～4层立体房组成，共97间。

溪上嘉苑［Xīshàng Jiāyuàn］2013年正式命名。位于永宁溪北侧，南面有约100米宽的公共沿溪绿化观光和溪北路，故名。东至金坦路，南至溪北路，西至宁溪镇新政府大楼用地，北至石洋路。项目规划用地6554平方米，容积率2.3，绿地率30%，由2幢10层、12层群楼组成，共145户，四层临街营业房1幢，物业经营用房1间。

宁沁园［Níngqìn Yuán］2013年正式命名。东至镇东北路，南至石洋路，西至宁北路，北至春福东路。小区占地4.1万平方米，由19幢3～4层立体房组成，共100间。

春尚名居［Chūnshàng Míngjū］2013年正式命名。春建、上桧二村村名的前一字，取其谐音“春尚”，故名。东至镇东北路，南至春福东路，西至宁丰北路，北至春建村老宅。小区占地1.4万平方米，由16幢3～4层立体房组成，共90间。

***【圣岩岙村】**［Shèngyán'ào Cūn］位于宁溪镇东部，东临南港溪，南至宁川东路，西为宁溪小学，北为永宁溪，面积1.4平方千米，其中耕地8.8公顷，林地110.9公顷，120户，384人。下辖圣岩岙、下前垟、凤山3个自然村，6个村民小组。以村委会驻地圣岩岙得名。

1947年为宁溪镇第八保。1951年为宁溪乡圣岩岙村。1956年为联盟社。1961年为宁溪公社圣岩岙大队。1966年称东风大队。1981年，因重名恢复圣岩岙大队。1983年为圣岩岙村。1992年为宁溪镇圣岩岙村。2018年8月，和下周居合并称下周居。

圣岩岙 [Shèngyán'ào] 位于宁溪镇政府驻地东1.2千米，村三面依山，西北临溪，因村位于圣岩山下的山岙中，故名圣岩岙。据明万历《黄岩县志》："圣岩山，在县西六十五里，俗传王子晋吹箫其上，故名。"今高山移民迁至下前垟新区，已无人居住。

下前垟 [Xiàqiányáng] 位于宁溪镇政府驻地东0.7千米，系圣岩岙村居委会驻地。东临半岭溪，西为新开发区和宁溪中心校，北为永宁溪，39户，125人，王、李姓为主。因地处半岭溪下游平垟，相对上游前垟而言，该地为下方，故称下前垟。

凤山 [Fèngshān] 位于宁溪镇政府驻地东南2千米的东山之上，属圣岩岙村，地处海拔210米高的山岙中，山上建有凤山寺（原叫凌霄寺），今村里已通公路。22户，91人。宁溪《大横街王氏房谱》记："凤山，在东，去宁溪五里，原冯氏业，曰冯山；中有高岗如飞凤，故又曰凤山。"村以山名。

第三节　行政村

【岭家湖村】 [Lǐngjiāhú Cūn] 2018年8月，行政村规模调整，横岭外村、浮裘村（裘家岸片）、格湖村合并为岭家湖村。3个村合并各取一字得名。位于宁溪镇西部，东至下宅居，南至小街居，西界上郑乡下郑村，北至五部村、乌岩头村。辖区面积1.9平方千米。辖格牛垟、后湖、恩坦、横岭外、裘家岸5个自然村，250户，870人。村委会驻地裘家岸。

*【横岭外村】 [Hénglǐngwài Cūn] 位于宁溪镇政府西北，东靠山，南为黄岩溪与裘家岸，西为黄岩溪，北靠山。辖区面积1平方千米，其中耕地15.5公顷，林地60.1公顷。107户，374人。8个村民小组。以村委会驻地横岭外村得名。1991年，台州地区民政局批准为第二次国内革命战争时期革命根据地村。

1947年，属黄岩溪乡第一保，称岭外。1951年称上郑乡横岭外村。1956年属上郑乡横岭外社。1961年为宁溪公社横岭外大队。1983年称横岭外村。1992年为宁溪镇横岭外村。2018年8月，和浮裘村（裘家岸片）、格湖村合并为岭家湖村。

横岭外 [Hénglǐngwài] 位于宁溪镇政府驻地西北2.8千米，系横岭外村委会驻地，东、北两面为山，西南为黄岩溪，海拔78米。因村西横卧着山田岭，相对岭后村来说在横岭之外，故名横岭外。

*【格湖村】 [Géhú Cūn] 位于宁溪镇西北，东、北面山，西、南面黄岩溪，区域面积0.7平方千米，其中耕地12公顷，林地44公顷，93户，313人。下辖格牛垟、后湖、恩坦3个自然村，4个村民小组。村名以格牛垟和后湖两自然村各取一字得名。1991年批准为第二次国内革命战争时期革命根据地村。

1947年属黄岩溪乡第一保。1951年称上郑乡格湖村。1956年称上郑乡格湖社。1961年称宁溪公社格湖大队。1983年称宁溪乡格湖村。1992年称宁溪镇格湖村委会。2018年8月，和浮裘村（裘家岸片）、横岭外村合并为岭家湖村。

格牛垟 [Géniúyáng] 位于宁溪镇政府驻地西北1.8千米，系格湖村委会驻地，北靠山，西、南临黄岩溪，面积0.4平方千米，185人，多王、陈姓。传说古时有一个风水先生带着格盘牵一头牛过此，见牛停步不前，认为此处风水好。由于是牛"格"（推究）出来的，故取名格牛垟。

后湖 [Hòuhú] 位于宁溪镇政府驻地西北1.2千米，属格湖村，北靠山，南临黄岩溪，人口122人，多王姓。早年黄岩溪流经此地形成两口湖，该自然村在后，称后湖。

恩坦 [Ēntǎn] 位于宁溪镇政府驻地西北0.9千米，属格湖村，北靠山，南有黄岩溪阻隔，交通不便，须涉溪到镇上。早年此地是一片荒坦，多坟墓，并建有守墓的庵屋，俗称庵坦，谐为恩坦。民国《黄岩县志》载有恩坦。

*【浮裘村】 [Fúqiú Cūn] 由原有浮山庄和裘家岸两村合并而成，面积0.8平方千米，耕地12.6顷，林地41.7公顷，下辖浮山庄、裘家岸2个自然村，驻地浮山庄，139户，454人。村名由两村第一个字组合而成。

裘家岸 [Qiújiā'àn] 在宁溪镇政府驻地西，属浮裘村，东、北均为黄岩溪，西邻上郑乡岭后村，南为宁溪至上郑公路，面积0.5平方千米，其中耕地7.5顷，林地34.2公顷，50户，182人。古时有裘姓在此溪坑岸居住，故名。《清同治光绪年间新定县境总图》上标有求家岸。

1951年称上郑乡裘家岸村。1956年为上郑乡裘家岸社。1961年称宁溪公社裘家岸大队。1983年为宁溪乡裘家岸村。1991年称宁溪镇裘家岸村。2015年11月称浮裘村。2018年8月，浮裘村（裘家岸片）和横岭外、格湖村合并称岭家湖村；浮裘村（浮山庄片）和春建村、石坦村合并称南渠村。

【南渠村】 [Nánqú Cūn] 2018年8月，行政村规模调整，春建村、石坦村、浮裘村（浮山庄片）合并为南渠村。3个村合并，以古南渠书院得名。位于宁溪镇东北部，东邻坦头村，南至下宅居、大横街居，西至岭家湖村、福利村。北至快乐村。辖区面积1.2平方千米。辖石坦、春建、浮山庄3个自然村，417户，

1336人。村委会驻地原春建村。

浮山庄［Fúshānzhuāng］位于宁溪镇政府驻地北0.7千米，东靠浮山，南临宁溪大桥，西为庄山，（有小地名筲基窟、唐恩庵、埋倭岙），黄岩至宁溪公路穿村。89户，272人，多周姓。据明万历《黄岩县志》："浮山在县西七十里，突起田间，四无联属。俗传一夕风雨浮至，故名。"浮山，俗称苦槠墩，平地高10多米，四周约300平方米，有大苦槠树。1941年日本侵略军飞机投弹把周约雅及孙女炸死在灰寮里。宁溪豆腐和摇摆机闻名远近。

1947年属宁溪镇第九保。1951年为五部乡浮山庄村。1956年属幸福乡福利高级社。1960年办过农业试验场。1961年为幸福公社浮山庄大队。1983年称浮山庄村。1992年为宁溪镇浮山庄村。2015年11月为浮裘村。

*【**春建村**】［Chūnjiàn Cūn］位于宁溪镇东北，东、南均为溪，西邻石坦村，北邻坦头村，面积0.9平方千米，其中耕地12.8公顷，林地46.5公顷。236户，757人。与石坦村混居。以村委会春建高级社得名，驻地石坦村。下辖14个村民小组。2018年8月，和浮裘村（浮山庄片）、石坦村合并称南渠村。

*【**石坦村**】［Shítǎn Cūn］位于宁溪镇东北，东邻春建，南临永宁溪，西邻浮山庄，北邻五部溪，面积0.1平方千米，其中耕地6.9公顷，无林地，人口95户，307人。下辖石坦1个自然村。以村委会驻地石坦得名。

1947年属宁溪镇第九保。1951年属白鹤乡。1956年为幸福乡春建社。1961年为幸福公社石坦大队。1983年为石坦村。1992年为宁溪镇石坦村。2018年8月，和浮裘村（浮山庄片）、春建村合并称南渠村。

石坦［Shítǎn］位于宁溪镇政府驻地东北1.2千米，系石坦、春建两村委会驻地，面积0.1平方千米，东临永宁溪，黄决线公路绕村而过。人口160人，潘姓居多。该地为沙石冲积形成平坦，故名。南渠书院在宁溪公路西侧，以明代工部尚书王爌（号南渠）而得名。原幸福中心校和幸福乡驻地，属石坦村。

【**蒋岙村**】［Jiǎng'ào Cūn］2018年8月，行政村规模调整，蒋岙村、下施村和英山村合并仍称蒋岙村。位于宁溪镇中部，东至上前垟村，南至大苔村、吴家岙村，西、北靠山。辖区面积7.8平方千米。辖下施、蒋岙、塘弯、大岗、大辽平、北山、里角7个自然村，562户，1863人。村委会驻地原蒋岙村。有英山水库。

*【**下施村**】［Xiàshī Cūn］位于宁溪镇政府南1.5千米，东面山，南为宁溪至富山公路，西、北均为山，面积0.5平方千米，耕地8.4公顷，林地31.7公顷，属半山区。92户，322人。辖下施1个自然村，3个村民小组。以村委会驻地下施得名。建有村文化礼堂。

1947年为岭下乡第二保。1951年属金岙乡蒋岙村。1956年为联丰乡下施高级社。1961年为宁溪公社下施大队。1983年为宁溪乡下施村。1992年属宁溪镇下施村。2018年8月，和蒋岙村、英山村合并称蒋岙村。

下施［Xiàshī］位于宁溪镇政府驻地南1.5千米，系下施村委会驻地，西北靠黄茅山，东南临公路，海拔90米。因从前有姓施的人在此地山下居住，故名下施。民国《黄岩县志》载，该地施姓人家8户。

*【**蒋岙村**】［Jiǎng'ào Cūn］位于宁溪镇政府西南，东为公路，南、西、北三面环山，面积2.8平方千米，其中耕地30.2公顷，林地216公顷。256户，861人。下辖蒋岙口、蒋岙2个自然村，10个村民小组。以村委会驻地蒋岙得名。

1947年属岭下乡，后为联岭乡。1951年称金岙乡。1956年称联丰乡蒋岙社。1961年为宁溪公社蒋岙大队。1983年为宁溪乡蒋岙村。1992年为宁溪镇蒋岙村。2018年8月，和下施村、英山村合并称蒋岙村。

蒋岙口［Jiǎng'àokǒu］位于宁溪镇政府驻地南2.2千米，蒋岙村口，觉慈寺在该自然村。宁溪至富山公路傍村而过。

蒋岙［Jiǎng'ào］位于宁溪镇政府驻地西南3千米，系蒋岙村委会驻地，三面环山，东为平地，海拔65米。因古时蒋姓居此山岙，故名蒋岙。民国《黄岩县志》载有蒋岙。

*【**英山村**】［Yīngshān Cūn］位于宁溪镇西南，东临英山水库，四面均为山，面积4.5平方千米，其中耕地57.2公顷，林地353.8公顷，下辖塘弯、大岗、大辽平、北山、里角5个自然村，16个村民小组，全村214户，680人，村委会设在塘弯。以阴山得名，雅化为英山。1990年经台州地区民政局批准为第二次革命战争时期根据地村。《清同治光绪年间新定县境总图》标为大阴山，后写英山。

1947年为岭下乡第一保（大鹰山）。1951年为金岙乡英山村。1956年为联丰乡联盟、联心社。1961年合并为联丰公社英山大队。1983年为联丰村。1992年称宁溪公社英山村。2018年8月，和下施村、蒋岙村合并称蒋岙村。

塘弯［Tángwān］位于宁溪镇政府驻地西南5.1千米，系英山村委会驻地。东临英山水库，海拔350米，面积0.9平方千米，人口180人，多谢、黄、陈姓。因地处山弯，有一口水塘，故称塘弯。

大岗［Dàgǎng］位于宁溪镇政府驻地西南5.2千米，属英山村。南靠山，北临溪，面积0.7平方千米，海拔390米，人口145人，多王姓。因村南有一大山岗，故名大岗。

大辽平［Dàliáopíng］位于宁溪镇政府驻地西南5.5千米，属英山村。东与北靠山，海拔450米，面积0.7平方千米，人口135人，多李、陈姓。早年，在一块面积较大而平坦的山坡搭建寮房，寮与辽近音，后称大辽平。

北山［Běishān］位于宁溪镇政府驻地西南4.7千米，属英山村。村落在海拔470米的高山上，人口185人。因地处英山村的最北边，故名。民国《黄岩县志》载有联岭乡北山。

里角［Lǐjiǎo］位于宁溪镇政府驻地西南5.9千米，属英山村。三面环山，海拔480米，面积0.5平方千米，人口80人，多陈、黄姓。因该自然村位于英山最里边的角落，故名里角。

【上前垟村】［Shàngqiányáng Cūn］位于宁溪镇南，东、南面为山，西、北面为半岭溪，面积1.7平方千米，其中耕地38.9公顷，林地109.6公顷。下辖前垟、草大、纸厂3个自然村，24个村民小组，391户，1236人。以村委会驻地前垟得名。

1947年属岭下乡第三保。1951年称金岙乡前垟村。1956年属联丰乡前垟高级社。1961年称宁溪公社前垟大队。1981年因重名更名为上前垟大队。1983年属宁溪乡。1992年为宁溪镇上前垟村。

前垟［Qiányáng］位于宁溪镇政府驻地南2.1千米，系上前垟村委会驻地。南背山，西北临半岭溪，海拔60米，203户，809人，多郑、朱、管姓。因溪水从村前流过，其间有一片平垟，故称前垟。《清同治光绪年间新定县境总图》标为“前洋”。为全区红茄种植基地。

草大［Cǎodà］位于宁溪镇政府驻地南2.6千米，属上前垟村，东、南、西三面环山，海拔65米。该地原是一片草坦，因“坦”与“大”方音相似，习惯称草大，村以此名。民国《黄岩县志》载有草大。

纸厂［Zhǐchǎng］位于宁溪镇政府驻地南1.8千米，属上前垟村，村南靠山，海拔55米。早年在溪边搭茅厂造纸，故称纸厂。320人，以郑、潘、胡姓为多。

【中下桧村】［Zhōngxiàguì Cūn］2018年8月，行政村规模调整，中桧村和下桧村合并为中下桧村。位于宁溪镇东南部，东界上垟乡湖滨村，南至上桧村，西、北至金林村。辖区面积4.9平方千米。辖下桧、城皇山、南弯、将军殿、木坑岭头、独山、鸡母岙、中桧、岙里9个自然村，478户，1436人。村委会驻地原中桧村。

*【**中桧村**】［Zhōngguì Cūn］位于宁溪镇东南，东面三桧山，南邻上桧村，西面为山，北界下桧村，面积2.1平方千米，216户，710人。下辖独山、鸡母岙、中桧、岙里4个自然村。以村委会驻地中桧得名。

1947年属秀川镇第二保。1951年称屿门乡中桧村。1954年属日溪乡。1956年为宁溪乡中桧社。1961年称宁溪公社中桧大队。1966年易名民建大队。1981年恢复中桧大队。1983年称宁溪乡中桧村。2018年8月，和下桧村合并称中下桧村。

中桧［Zhōngguì］位于宁溪镇政府驻地东南4.5千米，系中桧村委会驻地。东、西两面为山，三桧溪穿村而过。海拔115米，159户，614人，多林、应、张姓。因地处三桧山三个村庄中部，故称中桧。

独山［Dúshān］位于宁溪镇政府驻地南4.6千米，属中桧村，面积0.5平方千米，人口140人，多牟、李姓。因村庄处在一座自成独立的山上，故名。

鸡母岙［Jīmǔ'ào］位于宁溪镇政府驻地4.8千米，属中桧村，面积0.2平方千米，人口45人，朱姓。因该自然村西北有一座形似母鸡的小山，又坐落在山岙中，故称鸡母岙。已无人居住。

岙里［Àolǐ］位于宁溪镇政府驻地4.6千米，属中桧村，张姓为主，尚有人居住。

*【**下桧村**】［Xiàguì Cūn］位于宁溪镇政府东南，三面皆山，南面公路，面积2.8平方千米，其中耕地46.1公顷，林地205.6公顷，全村262户，726人。以村委会驻地下桧得名。下辖下桧、城皇山、南弯、将军殿、木坑岭头5个自然村。下桧居住较分散，现还有人居住的居民点有岗头、高山、长家山、牛栏坑、修行堂、田后、黄泥塔、大园、山后、下岭头等。属第二次国内革命战争时期根据地村。

1947年属秀川镇第三保。1951年称屿门乡下桧村。1954年属日溪乡。1956年划归屿门乡，称下桧社。1961年称宁溪公社下桧大队。1966年易名民主大队。1981年恢复下桧大队。1983年为宁溪镇下桧村。1992年称宁溪镇下桧村。2018年8月，与中桧村合并称中下桧村。

下桧［Xiàguì］位于宁溪镇政府驻地东南3.4千米，系下桧村委会驻地。该地依山傍溪，海拔95米，人口559人，多杨、何姓。因坐落在下桧山下方（北面）故称下桧。南宋嘉定《赤城志》：“三桧山，在县西六十里。初至下桧，则两山夹一水。”（桧，山深平貌。）《清同治光绪年间新定县境总图》上标有下桧。

城皇山［Chénghuángshān］位于宁溪镇政府驻地东南2.8千米，属下桧村。地处海拔180米山坡上，人口65人，童姓为主。该地半山腰有一座城隍庙，自然村以此山得名。

将军殿 [Jiāngjūndiàn] 位于宁溪镇政府驻地东南3.9千米，属下桧村。村居山谷中，海拔105米。40户，164人，蔡姓为主。因村中有一佛殿，供奉一位将军，俗称将军殿。

南弯 [Nánwān] 位于宁溪镇政府驻地东南4千米，属下桧村。分布在海拔250米的山坡上，面积0.5平方千米，交通不便，人口106人，何姓为主。

木坑岭头 [Mùkēnglǐngtóu] 位于宁溪镇政府驻地东南2.8千米，属下桧村。分布在海拔250米的山岗上，北通木坑岙，面积0.2平方千米，人口69人，蔡姓为主。

【金林村】 [Jīnlín Cūn] 2018年8月，行政村规模调整，金林村和木坑岙村合并仍称金林村。位于宁溪镇东南部，东至中下桧村，南至上桧村，西至大苔村、上前垟村，北至下周居。辖区面积5.7平方千米。辖麦磨心、大堂、顺风岭、王家寮、乌鸦窝、黄克山、双尖后、岔路口、石花岭、上殿、苔湖岭、半垟岙、大坟、岙口、山市、里岙16个自然村，477户，1514人。村委会驻地原金林村。

*【金林村】 [Jīnlín Cūn] 位于宁溪镇政府东南2千米，西与北面靠山，面积2.6平方千米，其中耕地34.9公顷，林地214.8公顷，318户，1003人。下辖麦磨心、大堂、顺风岭、王家寮、乌鸦窝、黄克山、双尖后、岔路口、石花岭、上殿、苔湖岭、半垟岙12个自然村。因该地山林较多，以前社员经济主要靠山林收入，山林贵如金，故名金林。近年因高山移民，王家寮、乌鸦窝、黄克山、双尖后、麦磨心、大堂、岔路口已无人居住。

1951年称宁溪乡木坑岙村。1956年称宁溪乡木坑岙高级社。1961年称宁溪公社金林大队。1983年称宁溪乡金林村。1992年称宁溪镇金林村。2015年11月行政村规模调整，苔湖岭、石花岭2村并入。2018年8月，行政村规模调整，木坑岙村并入金林村。

麦磨心 [Màimóxīn] 位于宁溪镇政府驻地南3.7千米，系原金林村委会驻地。面积0.2平方千米，31户，122人，多陈姓。因该地形似麦磨中心而得名。

大堂 [Dàtáng] 位于宁溪镇政府驻地南4千米，西靠山，属金林村。人口16人，朱姓为主，面积0.5平方千米。该地原有一座观音堂（“文化大革命”时拆除），因规模较大，俗称大堂。

王家寮 [Wángjiāliáo] 位于宁溪镇政府驻地南3.3千米，属金林村。村在海拔265米高的山上，人口110人，赖姓为主。该地原是宁溪王氏守山人休息居住的寮厂，称王家寮。

顺风岭 [Shùnfēnglǐng] 位于宁溪镇政府驻地南3.2千米，属金林村。自然村位于南北两山之间，面积0.3平方千米，人口32人，多王、谢姓。该地早年有多棵空心古树，称树空岭，《清同治光绪年间新定县境总图》称顺空岭，现演变为顺风岭。当地又说，过此岭到小坑、上垟做生意，一路顺风，故称顺风岭。

石花岭 [Shíhuālǐng] 位于宁溪镇政府东南3千米，原属石花岭村，2015年属金林村，系原石花岭村委会驻地。村在海拔65米高的山沟中，人口130人，多孙、高、王姓。因该地山岭岩石多花纹，故名石花岭，村以此得名。《清同治光绪年间新定县境总图》标有石花岭。

1951年称屿门乡石花岭村。1954年属日溪乡。1956年属宁溪乡。1961年称宁溪公社石花岭大队。1983年称宁溪乡石花岭村。1992年称宁溪镇石花岭村。2015年11月行政村规模调整，并入金林村。

上殿 [Shàngdiàn] 位于宁溪镇政府驻地东南3.1千米，原属石花岭村，2015年属金林村。村在海拔48米高的山沟中，人口35人。因该自然村上方（北面）有一庙堂，俗称上殿。

苔湖岭 [Táihúlǐng] 位于宁溪镇政府驻地南4.4千米，2015年11月属金林村，村在330米高的山上，面积0.2平方千米，64户，205人，赖姓居多。因村在岭头，岭下有苔湖，故名。民国《黄岩县志》载有苔湖。

*【木坑岙村】 [Mùkēng'ào Cūn] 位于宁溪镇东南，东、西面山，北面溪，南邻金林村。面积2.2平方千米，其中耕地20.4公顷，林地184.2公顷，下辖大坟、岙口、山市、里岙4个自然村，7个村民小组，159户，511人，村委会驻地大坟。传说两兄妹背着父母尸骨四处寻找坟地，到此已天黑，只好连夜摸过这个坑岙，由此得名摸坑岙，后惯写木坑岙。《清同治光绪年间新定县境总图》标有木坑岭，村在岭下。1991年，被批准为第二次国内革命战争时期根据地村。

1951年称宁溪乡木坑岙村。1956年称联盟社。1961年称宁溪公社木坑岙大队。1966年称五爱大队。1981年恢复木坑岙大队。1983年称宁溪乡木坑岙村。1992年称宁溪镇木坑岙村。2018年8月，和金林村合并称金林村。

大坟 [Dàfén] 位于宁溪镇政府驻地东南1.7千米，系木坑岙村委会驻地，东北依山，南面溪，海拔60米，44户，168人。古时村东有座较大的坟墓，惯称大坟，村以此名。

岙口 [Àokǒu] 位于宁溪镇政府驻地东南1.3千米，属木坑岙村。14户，55人，多王姓，东北靠山，西面溪，海拔55米。村在木坑岙入口处，故名。

山市 [Shānshì] 位于宁溪镇政府驻地东南2千米，属木坑岙村，环村皆山，海拔65米，42户，149

人。因村北有一座孤零零的形似柿子的小山，俗称山柿，简写山市，村以此名。

里岙［Lǐ'ào］位于宁溪镇政府驻地东南2.3千米，属木坑岙村。村四周环山，海拔90米，39户，116人，潘、王姓为多。

【坦头村】［Tǎntóu Cūn］位于宁溪镇东北，东临永宁溪，西邻五部溪，南邻南渠村，北邻快乐村，面积1.1平方千米，其中耕地31.2公顷，林地46公顷，属半山区。下辖坦头1个自然村，18个村民小组，420户，1185人。黄岩溪和五部溪汇合形成大潭，村在潭旁，故称坦头，村委会以此得名。

1947年为宁溪镇第十保。1951年称白鹤乡坦头村。1956年春季坦头、石坦两村合并为幸福乡春建高级社（春季建社得名春建）。1961年从坦头分出称幸福公社坦头大队。1983年称幸福乡坦头村。1992年撤扩并后为宁溪镇坦头村。

坦头［Tǎntóu］位于宁溪镇政府驻地东北1.4千米，村在五部溪和永宁溪汇合处，长决线公路绕村东经过，海拔40米，人口1185人，多王、张、李姓。古为竹筏集散地。因村在潭之旁，称潭头，后谐音为坦头。民国《黄岩县志》载有坦头。东边山麓，有坦头地，属自然村小地名，现无人居住。辛亥革命烈士王卓为该村人，子王天眷毕业于清华大学，核物理学家。

【乌岩头村】［Wūyántóu Cūn］2018年8月，行政村规模调整，五联村和蒋家岸村合并为乌岩头村。以自然村乌岩头得名。位于宁溪镇西北部，东邻快乐村，南至五部村、上郑乡下郑村，西界仙居县朱溪镇兴隆村，北界屿头乡兴安村。辖区面积18.3平方千米。辖乌岩头、五部半山、凉山、茶园、冷水坑、蒋家岸、旧寺岙7个自然村，418户，1194人。村委会驻地原五联村新区。

*__【五联村】__［Wǔlián Cūn］位于宁溪镇西北，2015年11月行政村调整，由乌岩头、五部半山、凉山、茶园、冷水坑5村联合而成，故称五联村。东邻蒋家岸，南面山，西界仙居县大部，北邻屿头乡。辖区面积12.5平方千米，人口238户，632人。村委会驻地乌岩头。2018年8月，和蒋家岸村合并称乌岩头村。

乌岩头［Wūyántóu］中国传统村落。位于宁溪镇政府西北3.7千米，东临蒋家岸，三面环山，面积1.4平方千米，其中耕地10.2公顷，林地108.2公顷，89户，279人。多陈姓。下辖6个村民小组。因村东北有块的乌黑的巨石，据传先祖在此巨石上小憩，只见四面环山，古木参天，暗合阴阳，是处风水宝地，就举家迁到此地，并命名为乌岩头。《清同治光绪年间新定县境总图》标有乌岩头。黄岩通往仙居的古道之一。建有村文化礼堂。

1947年属宁溪镇第十六保。1951年为五部乡乌岩头村。1956年为幸福乡乌岩头社。1961年为幸福公社乌岩头大队。1983年称乌岩头村。1992年为宁溪镇乌岩头村。2015年11月称五联村。

五部半山［Wǔbùbànshān］位于宁溪镇政府驻地西北4.8千米，属五联村。村居五部岭半山腰，故名五部半山。海拔250米，面积2.3平方千米，耕地27.7公顷，林地193.2公顷。69户，163人。另有小地名上路廊、下亩半。《清同治光绪年间新定县境总图》上标有半山。

1947年为五部乡半山村。1956年为幸福乡半山高级社。1961年为幸福公社半山大队。1981年因重名改为五部半山。1983年为幸福乡五部半山村。1992年为宁溪镇五部半山村。2015年11月属五联村。

冷水坑［Lěngshuǐkēng］位于宁溪镇驻地西北6.5千米，属五联村。聚落在海拔600米的溪坑两侧，东南通五部岭，23户，48人，多劳务输出。面积2.6平方千米，其中耕地9.7公顷，林地242.5公顷。辖区内有冷水坑、大岙、六冲花3个居民点和苦栗茶场。因地处高山，溪坑中流出的水较冷，故称冷水坑。《清同治光绪年间新定县境总图》载有此名。

1951年称五部乡冷水坑村。1956年为幸福乡冷水坑社。1961年称幸福公社冷水坑大队。1983年为幸福乡冷水坑村。1992年称宁溪镇冷水坑村。2015年11月属宁溪镇五联村。

茶园［Cháyuán］位于宁溪镇驻地西北7.7千米，村在海拔500米高四周环山的山岙中，属五联村。面积1.5平方千米，其中耕地10.7公顷，林地135.5公顷。有茶园、阳岸2个居民点，15户，43人，多劳务输出。因村周围皆茶园，故称茶园。

1951年称五部乡茶园村。1956年称幸福乡茶园村。1961年称幸福公社茶园大队。1983年称幸福乡茶园村。1992年为宁溪镇茶园村。2015年11月5村合并，属宁溪镇五联村。1991年经台州地区民政局批准为第二次国内革命战争时期根据地村。

凉山［Liángshān］位于宁溪镇政府驻地西北10千米，聚落在海拔740米高山上，四面环山，西、南与仙居县相邻，面积4.7平方千米，其中耕地54.9公顷，林地395.8公顷。下辖凉山、前坑头2个居民点，60户，129人，多项姓。传说早年在平整屋基时挖出一块刻有“梁”字的石头，遂称梁山，后因地处高山，天气凉爽，写作凉山。近年大多移民下山。

1951年为白石乡梁山村。1956年为五部乡凉山社。1961年为幸福公社凉山大队。1983年称幸福乡凉山村。1992年称宁溪镇凉山村。2015年11月，行政村规模调整，5村合并称五联村。

*【**蒋家岸村**】[Jiǎngjiā'àn Cūn] 位于宁溪镇政府驻地西北，东面山，南为五部村，西邻乌岩头村，北邻幸福电站，面积4.7平方千米，其中耕地17.7公顷，林地430.4公顷。下辖蒋家岸、旧寺岙2个自然村，10个村民小组，人口180户，562人。以村委会驻地蒋家岸命名。

1947年为宁溪镇第十六保。1951年为五部乡蒋家岸村。1956年为幸福乡蒋家岸高级社。1961年为幸福公社蒋家岸大队。1983年为幸福乡蒋家岸村。1992年为宁溪镇蒋家岸村。2018年8月，和五联村合并称乌岩头村。

蒋家岸 [Jiǎngjiā'àn] 位于宁溪镇政府驻地西北2.9千米，南临五部溪，系蒋家岸村委会驻地，面积3平方千米，海拔80米，人口480人。据传早年有蒋姓人家居住此地岸边。民国《黄岩县志》载有蒋家岸。

旧寺岙 [Jiùsì'ào] 位于宁溪镇政府驻地西北3.7千米，属蒋家岸村，西靠山，海拔80米，人口90人，多郑、陈两姓。据南宋嘉定《赤城志》载，该地双鱼峰下有演教寺，建于三国吴赤乌年间，是台州三国时期建的九所寺院之一。因地处山岙，故名旧寺岙。

【**五部村**】[Wǔbù Cūn] 位于宁溪镇政府驻地西北，东邻五部溪，南邻福利村，西面为山，北邻蒋家岸，面积2.2平方千米，其中耕地37.7公顷，林地137.1顷。下辖老屋、月恩、上潘3个自然村，21个村民小组，全村367户，1106人。村以五部岭得名。因地处黄岩、仙居、永嘉、乐清、临海五地交界，称五部。建有村文化礼堂。《黄岩县志》载："宋治平间学正恩縈自仙居南溪迁县西五部，为其始祖。历宋元明三朝咸称巨族。"

1947年属宁溪镇第十五保。1951年为五部乡五部村。1956年为幸福乡联胜高级社。1961年为幸福乡五部大队。1983年称幸福乡五部村。1992年属宁溪镇五部村。

老屋 [Lǎowū] 位于宁溪镇政府驻地西北2.2千米，系五部村委会驻地，西、南均靠山，东、北临五部溪，面积1.2平方千米，海拔65米，人口690人，多郑、陈两姓。祖先从福建和乐清迁入此地，最初在此建的房子称老屋，以后又在南1千米处，建了新屋。《清同治光绪年间新定县境总图》有记。

月恩 [Yuè'ēn] 位于宁溪镇政府驻地西北2.7千米，三面环山，海拔85米，面积0.5平方千米，属五部村，人口120人，多王姓，古称王家岙。早年该地有一座远庵，后谐音月恩。据《宁溪横街王氏房谱》："远庵，在五部王家岙，直街三宅祖文敷公讳元禹墓也。宋庆元三年重建。初匾为鸣驺，晦翁朱夫子改题为远庵。"村以庵得名。

上潘 [Shàngpān] 位于宁溪镇政府驻地西北2.5千米，属五部村。西、南靠山，东、北临五部溪，面积0.7平方千米，人口300人，多周姓。该地在光绪年间尚有潘姓居住，因村在老屋之西（西为上），故称上潘。民国《黄岩县志》载有上潘。

【**福利村**】[Fúlì Cūn] 位于宁溪镇西北，东靠山，南邻浮山庄，西面山，北邻五部村，面积1.3平方千米，其中耕地27.6公顷，林地68.2顷，属半山区。下辖新屋、朱家溪2个自然村。270户，839人。村以福利高级社得名，驻地新屋。

1947年为宁溪镇第九保。1951年称五部乡新屋村。1956年为幸福乡福利高级社。1961年为幸福公社福利大队。1983年为福利村。1992年称宁溪镇福利村。

新屋 [Xīnwū] 位于宁溪镇政府驻地西北1.6千米，福利村委会驻地，面积0.7平方千米，人口646人。相比五部老屋来说，该地繁衍较晚，故称新屋，多陈姓。宁溪中学高中部建在此地。《清同治光绪年间新定县境总图》标有新屋。

朱家溪 [Zhūjiāxī] 位于宁溪镇政府驻地北1.6千米，属福利村，东、北靠山，西、南临五部溪，面积0.5平方千米，人口198人，多罗、管、吴、彭姓。该地原称卓家溪，因卓姓人居住在五部溪边，故名。民国时县清丈资料和兴修水利报告均称卓家溪，后谐音为朱家溪。

【**白鹭湾村**】[Báilùwān Cūn] 2018年8月，行政村规模调整，白鹤岭下村和下蒋岙村合并为白鹭湾村。因地处永宁溪回弯，依山傍水，白鹭纷飞，自然景色优美，故名。位于宁溪镇东北部，东界北洋镇娄岙村，南、西至炭场头村、快乐村，北界屿头乡联一村。辖区面积3.3平方千米。辖六份、下蒋岙、岭下、新屋蒋、裘岙5个自然村，425户，1255人。村委会驻地原白鹤岭下村。

*【**下蒋岙村**】[Xiàjiǎng'ào Cūn] 位于宁溪镇东北角，东邻岭下，南邻炭场头，西、北均靠山，面积1.9平方千米，其中耕地13.3公顷，林地135.8顷，属半山区，下辖六份、下蒋岙2个自然村，全村203户，618人。以村委会驻地下蒋岙得名。

1947年为宁溪镇第十四保。1951年土改称白鹤乡下蒋岙村。1956年合作化时称幸福乡快乐社。1961年公社化时为蒋岙大队。1981年因重名更名为下蒋岙大队。1983年为幸福乡下蒋岙村。1992年为宁溪镇下蒋岙村。2018年8月，和白鹤岭下村合并称白鹭湾村。

下蒋岙 [Xiàjiǎng'ào] 位于宁溪镇政府驻地东北3.6千米，系下蒋岙村委会驻地，该地三面环山，南临平垟，海拔100米，面积1.4平方千米，102户，362人。早年有姓蒋的在此山岙中居住，因与宁溪的上蒋岙相比，地处下方，故称下蒋岙。《清同治光绪年间新定县境总图》标为蒋岙。

六份 [Liùfèn] 位于宁溪镇政府驻地东北3千米，属下蒋岙村。村处山岙之口，东临公路，面积0.5平方千米，人口361人，多李姓。因早年该地居住着六户姓李人家，户与份通，后称六份。

*【白鹤岭下村】** [Báihèlǐngxià Cūn] 位于宁溪镇政府东北。东靠北洋镇娄岙村，南邻水碓头，西邻下蒋岙，北面靠山，面积1.4平方千米，其中耕地13.4公顷，林地101.3顷，222户，637人。下辖岭下、新屋蒋、裘岙3个自然村。村委会驻地岭下。因靠近白鹤殿，故名白鹤岭下。为远近闻名的版画村，文化礼堂陈列有版画家顾奕兴的版画作品。多家房屋外墙画有大幅版画。

1947年为宁溪镇第十四保。1951年土改时称白鹤乡岭下村。1956年为幸福乡快乐社。1961年为岭下大队。1981年因重名更名为白鹤岭下。1983年为白鹤岭下村。1992年称宁溪镇白鹤岭下村。2018年8月，和下蒋岙村合并称白鹭湾村。

岭下 [Lǐngxià] 位于宁溪镇政府驻地东北3.5千米，属白鹤岭下村。东与北均靠山，长决线公路新隧道位于此。面积0.6平方千米，人口358人，顾姓为主。因该村坐落在柔极岭脚下，故称岭下。该处山后有王皞南及其父母的坟墓，王皞南父母墓碑系蒋中正题词。

新屋蒋 [Xīnwūjiǎng] 位于宁溪镇政府驻地东北3.4千米，属白鹤岭下村。人口143人，多吴姓。古时，此地有一口深湖，因有溪流穿过，日久泥沙淤涨，故称深湖涨，后谐音为新屋蒋。

裘岙 [Qiú'ào] 位于宁溪镇政府驻地东北3.8千米，属白鹤岭下村。三面环山，南临平垟，面积0.3平方千米，人口132人，多谢姓。传说此地山岙中，早年有一和尚堂，住着一位武功高强的和尚，来此拜师学艺的人很多，村得名求岙，后谐音为裘岙。《清同治光绪年间新定县境总图》标有求岙。

【炭场头村】 [Tànchǎngtóu Cūn] 位于宁溪镇东北，东邻北洋镇娄岙，南和西与快乐村相邻，北接白鹭湾村，面积1.8平方千米，其中耕地29.3公顷，林地30.2公顷，属半山区。下辖炭场头、三亩田、水碓头3个自然村，人口316户，994人。以村委会驻地炭场头得名。

1947年为宁溪镇第十三保。1951年为白鹤乡炭场头村。1956年为幸福乡快乐社。1961年为幸福公社炭场头大队。1983年为幸福乡炭场头村。1992年为宁溪镇炭场头村。

炭场头 [Tànchǎngtóu] 位于宁溪镇政府驻地东北2.7千米，系炭场头村委会驻地，面积0.8平方千米，人口604人。此地原是宁溪木炭的集散地，故名。有清代古建筑天德堂，为四合院砖木结构，风格独特，2013年列为区级文物保护单位。《清同治光绪年间新定县境总图》标为滩墙头，民国《黄岩县志》称炭场头。

三亩田 [Sānmǔtián] 位于宁溪镇政府驻地东北2.6千米，属炭场头村，面积0.4平方千米，人口160人，李、王姓为多。相传早年该地有一丘面积近3亩的田，村因田得名（也称后山）。

水碓头 [Shuǐduītóu] 位于宁溪镇政府驻地东北2.8千米，属炭场头村，面积0.5平方千米，人口210人，多谢姓。因当地早年有一座用于生产、生活用的水碓磨，后称水碓头。

【快乐村】 [Kuàilè Cūn] 2018年8月，行政村规模调整，快乐村和水闸头村合并仍称快乐村。位于宁溪镇东北部，东界炭场头村、北洋镇，南至坦头村，西至福利村，北邻炭场头村。辖区面积2.2平方千米。辖白鹤殿、鹿鸣潭、水闸头、甘家岙4个自然村，444户，1479人。村委会驻地原快乐村。

*【快乐村】** [Kuàilè Cūn] 位于宁溪镇东北，东邻炭场头，南邻水闸头，西面靠山，北面三亩田，面积1平方千米，其中耕地28.5顷，林地41.7顷。下辖白鹤殿、鹿鸣潭2个自然村，全村294户，941人。村以快乐高级社得名，寓意生活幸福快乐。驻地白鹤殿。

1947年属宁溪镇第十二保。1951年为白鹤乡白鹤殿村。1956年为幸福乡快乐社。1961年为幸福公社快乐大队。1983年为幸福乡快乐村。1992年5月随乡并入宁溪镇，称宁溪镇快乐村。2018年8月，水闸头村并入快乐村。

白鹤殿 [Báihèdiàn] 位于宁溪镇政府驻地东北2.5千米，系快乐村委会驻地，面积0.6平方千米，人口480人，以李、陈姓为多。该地有座庙宇，供奉白鹤崇和大帝，村以此得名（今殿尚存）。民国《黄岩县志》载有白鹤殿。

鹿鸣潭 [Lùmíngtán] 位于宁溪镇政府驻地东北2.5千米，属快乐村，面积0.4平方千米，南临永宁溪，北有黄决线公路，人口426人，朱姓为主。相传古时有圣人引鹿游此，鹿饮潭水而鸣，故名鹿鸣潭。

据《宁溪大横街王氏房谱》:“鹿鸣潭,在宁溪北五里……宁溪王氏有彦机者居溪之南,题曰‘松溪渔隐’,溪流萦绕,潴为巨潭。相传尝有麋鹿来饮于此,故名鹿鸣潭。”

*【水闸头村】[Shuǐzhátóu Cūn] 位于宁溪镇东北,东邻鹿鸣潭,南邻坦头村,西为朱家溪,北为白鹤殿。面积1.2平方千米,其中耕地13.2顷,林地87.9公顷,属半山区。下辖水闸头、甘家岙2个自然村,全村150户,538人。以村委会驻地水闸头得名。

1947年属宁溪镇第十二保。1951年为白鹤乡水闸头村。1956年为幸福乡快乐社。1961年为幸福公社水闸头大队。1983年为水闸头村。1992年随乡并入宁溪镇称宁溪镇水闸头村。2018年8月,并入快乐村。

水闸头 [Shuǐzhátóu] 位于宁溪镇政府驻地东北2.1千米,系水闸头村委会驻地,聚落在黄岩至宁溪公路北侧,面积0.7平方千米,人口319人,李姓为多。因早年村南有一座引水灌溉用的水闸,故称水闸头。民国《黄岩县志》有载。

甘家岙 [Gānjiā'ào] 位于宁溪镇政府驻地东北2.3千米,属水闸头村,四周皆山,面积0.5平方千米,人口196人,李、牟姓为多。该地过去为甘氏产业,并建祖坟于山岙中,村以此得名甘家岙。民国《黄岩县志》有载。

【宁联村】[Nínglián Cūn] 2018年8月,行政村规模调整,王家店村、凉棚村和白晏村合并为宁联村。取宁静祥和、团结联合之意。位于宁溪镇南部,东至金林村,南至方家岙村,西至岭根村、吴家岙村,北至金岙村。辖区面积2.8平方千米。辖王家店、凉棚、白晏3个自然村,449户,1436人。村委会驻地原联丰小学。

*【王家店村】[Wángjiādiàn Cūn] 位于宁溪镇西南,东面是牌门溪,南邻方家岙,西邻凉棚村,北为半岭溪。辖区总面积1.7平方千米,其中耕地29.6公顷,林地113.4顷,属半山区。下辖王家店自然村,全村163户,512人。以村委会驻地王家店得名。

1947年属岭下乡第八保。1951年为金岙乡王家店村。1956年为联丰乡星明社。1961年为联丰公社王家店大队。1966年改为联丰大队。1981年因重名恢复王家店大队。1983年为联丰乡王家店村。1992年称宁溪镇王家店村。2018年8月,和凉棚村、白晏村合并称宁联村。

王家店 [Wángjiādiàn] 位于宁溪镇政府驻地西南4.8千米,系王家店村委会驻地。西靠山,东、北临溪,富山公路绕村而过,面积1.7平方千米,人口509人,多王姓。相传宋代宁溪王氏中,有人到此开店,故称王家店。民国《黄岩县志》载有王家店,该志氏族一章中载,该村有王氏45户。民国陆军中将、抗战烈士王禹九为该村人。

*【凉棚村】[Liángpéng Cūn] 位于宁溪镇西南,东邻王家店,南面靠山,西邻岭根村与吴家岙村,北面为白晏村,面积0.1平方千米,其中耕地4.9顷,林地3顷,属半山区。全村110户,354人。下辖1个自然村,4个村民小组。以村委会驻地凉棚自然村得名。1990年被批准为第二次国内革命战争时期根据地村。

1947年属岭下乡第八保。1951年为金岙乡凉棚村。1956年为联丰乡三星社。1961年为联丰公社凉棚大队。1983年为联丰乡凉棚村。1992年联丰乡并入宁溪镇,称宁溪镇凉棚村。2018年8月,和王家店村、白晏村合并称宁联村。

凉棚 [Liángpéng] 位于宁溪镇政府驻地西南4.8千米,系凉棚村委会驻地。人口357人,多梁姓,古时做箬帽为传统副业。该村祖先姓梁,村临溪,溪边竹筏堆积如棚,称梁棚,后谐音为凉棚。《清同治光绪年间新定县境总图》上标有此名。

*【白晏村】[Báiyàn Cūn] 位于宁溪镇西南,东临公路,南邻凉棚,西靠山,北邻金岙,面积1.1平方千米,其中耕地21.9顷,林地58.3顷,属半山区。176户,570人。以村委会驻地白晏自然村得名。1990年,经台州地区民政局批准为第二次国内革命战争时期根据地村。

1947年属岭下乡第七保。1951年称金岙乡白晏村。1956年称联丰乡光明社。1961年为联丰公社白晏大队。1983年为联丰乡白晏村。1992年为宁溪镇白晏村。2018年8月,和王家店村、凉棚村合并称宁联村。

白晏 [Báiyàn] 位于宁溪镇政府驻地西南4.1千米,西北靠山,半岭溪经村东南流过,面积1.1平方千米,耕地21.9顷,林地58.3顷,属半山区。人口568人,多黄、陈姓。该地两山环抱中有一条溪涧,称抱涧,村后有一尼姑庵,惯称抱庵,后谐音雅化白晏。

【大苔村】[Dàtái Cūn] 2018年8月,大地村和苔湖村合并为大苔村。取两村首字得名。位于宁溪镇中南部,东至金林村,南至宁联村,西至金岙村,北至上前垟村。辖区面积1.8平方千米。辖大地、八亩田、对岙、苔湖4个自然村,301户,915人。村委会驻地原大地村。

*【大地村】[Dàdì Cūn] 位于宁溪镇西南,东靠山,南、北临溪,西接金岙,面积1.3平方千米,其中耕地21.3公顷,林地80.7顷,属半山区。下辖大地、八亩田、对岙3个自然村,6个村民小组,189户,569

人。以村委会驻地大地自然村得名。

1947年属岭下乡第四保。1951年为金岙乡大地村。1956年为金联、金丰两社。1961年合并为大地大队。1983年为联丰乡大地村。1992年为宁溪镇大地村。2018年8月，和苔湖村合并称大苔村。

大地 [Dàdì] 位于宁溪镇政府驻地西南3.1千米，系大地村委会驻地，面积0.3平方千米，海拔65米，人口420人，多王、陈姓。因该地有一块约0.8公顷大的耕地，单块面积较大，故名大地。

八亩田 [Bāmǔtián] 位于宁溪镇政府驻地西南2.4千米，属大地村。西靠山，聚落在宁溪至富山公路两侧，面积0.2平方千米。相传以前该地有一块近8亩的田，俗称八亩田，村以此得名。民国《黄岩县志》有载。

对岙 [Duì'ào] 位于宁溪镇政府驻地西南3.5千米，属大地村。三面环山，北临溪，面积0.2平方千米，海拔80米。因该自然村在金岙东边山岙，与金岙隔溪相望，故名对岙。民国《黄岩县志》有载。

***【苔湖村】** [Táihú Cūn] 位于宁溪镇西南。东接原金林，南为苔湖岭，西邻白晏，北连金岙，面积0.5平方千米，其中耕地6.6公顷，林地38.5顷，属半山区，6个村民小组，112户，346人。行政村以驻地苔湖得名。2016年，村里建有文化礼堂。

1947年为岭下乡第四保。1951年称金岙乡苔湖村。1956年为联丰乡翻身社。1961年为联丰公社苔湖大队。1983年称联丰乡苔湖村。1992年为宁溪镇苔湖村。2018年8月，和大地村合并称大苔村。

苔湖 [Táihú] 位于宁溪镇政府驻地西南3.8千米。东、南靠山，西、北临半岭溪，海拔72米。古时因半岭溪漫流至村东北回旋成湖，且湖面长满苔，故名苔湖，民国《黄岩县志》有载。

【金岙村】 [Jīn'ào Cūn] 位于宁溪镇西南，东邻大苔村，南临半岭溪，西临吴家岙村，北邻蒋岙村，面积3.1平方千米，其中耕地45.7顷，林地172.2公顷，属半山区，全村478户，1493人。下辖金岙、黄莲坑2个自然村，20个村民小组。以村委会驻地金岙自然村得名。

1947年属岭下乡第五、六保。1951年为金岙乡金岙村。1956年分为金贵、金型、金星、金荣4个社。1961年称联丰公社金岙大队。1983年为联丰乡金岙村。1992年为宁溪镇金岙村。

金岙 [Jīn'ào] 位于宁溪镇政府驻地西南3.5千米，系金岙村委会驻地。村西北靠山，半岭溪经村东南往北流，面积2.2平方千米，人口1477人，多黄姓。相传宋代有18个秀才是同族兄弟，姓金，同居此山岙中，故称金岙。清代《山水记》记载金岙山，即黄雾山，又名金字山，村以山得名。唐末大理寺少卿宁溪王氏始祖王从德的墓在村西山坡上，地名称黄狗盘，尚存墓碑、石柱和墓庐。

黄莲坑 [Huángliánkēng] 位于宁溪镇政府驻地西南3.7千米，属金岙村，村在海拔295米群山中，面积0.9平方千米，人口35人。该地村北有两条溪坑，流到村后汇合成一条，因山上多黄土，大雨后尽是黄泥水，故称黄泥坑，后谐音黄莲坑。

【吴家岙村】 [Wújiā'ào Cūn] 位于宁溪镇西南，东邻金岙村、宁联村，南邻岭根村，西临富山公路，北接蒋岙村。面积6.1平方千米，其中耕地64.2顷，林地500.3公顷。536户，1631人。下辖郑岸、蔡岸、蔡恩、吊桥、乌芦丘、下团、荷篮、大长口8个自然村，20个村民小组。另有横水圳、蛤蟆塆今已无人居住。该地原由郑岸、蔡岸两大自然村组合而成，称二家岙，方言“二”与“吴”相近，后称吴家岙。

1947年为岭下乡第十一、十二保。1951年为牌门乡吴家岙村。1956年为联丰乡胜利高级社。1961年为联丰公社吴家岙大队。1983年为联丰乡吴家岙村。1992年为宁溪镇吴家岙村。1990年经台州地区民政局批准为第二次国内革命战争时期根据地村。村口龙王堂为清代建筑，四合院式庙宇建筑完整，现为区级文物保护单位。

乌芦丘 [Wūlúqiū] 位于宁溪镇政府驻地西南4.7千米，属吴家岙村。该地东北地势低，海拔180米，面积0.8平方千米，人口10人。因该地过去有一丘长有野生植物乌糯，故称乌糯丘，后谐音为乌芦丘。

下团 [Xiàtuán] 位于宁溪镇政府驻地西南4.8千米，属吴家岙村。海拔150米，70人。1973年从山头垟迁入建村。地处三面环山的山岙中，早年山坡曾发生过塌方断裂，故名下断，后谐音改下团。

荷篮 [Hélán] 位于宁溪镇政府驻地西南5.1千米，属吴家岙村。西北靠山，海拔114米，70人，多黄、冯姓。1990年吊桥村部分迁此形成村落。因村旁有座山，山形似纸竹糊制成荷花形篮盆，故名。

大长口 [Dàchángkǒu] 位于宁溪镇政府驻地西南4.9千米，属吴家岙村，东靠山，西临吴家岙溪，34户，130人，多李姓。该村地处山岙口，因山口地形既长又大，故名大长口。

吊桥 [Diàoqiáo] 位于宁溪镇政府驻地西南6.2千米，属吴家岙村。地处山谷，海拔410米，面积0.7平方千米。早年为过溪方便，用藤索搭起吊桥，自然村以此得名。

郑岸 [Zhèng'àn] 位于宁溪镇政府驻地西南5.1

千米，西南靠山，东北临吴家岙溪，系吴家岙村委会驻地。面积1.3平方千米，人口545人，多郑姓。该自然村地处溪流两岸，多数是从永嘉迁入的郑姓，故称郑岸。民国《黄岩县志》记，此地有郑氏57户，均在郑岸。

蔡岸［Cài'àn］位于宁溪镇政府驻地西南4.8千米，属吴家岙村。东北靠山，西南与郑岸隔溪相望，面积1.4平方千米，海拔95米，人口550人。该自然村地处吴家岙溪东岸，多数是从福建迁来的蔡姓，故名蔡岸。民国《黄岩县志》："吴家岙有蔡氏52户，均在蔡岸。"

蔡恩［Cài'ēn］位于宁溪镇政府驻地西南5.1千米，属吴家岙村。村西靠山，东、南为吴家岙溪，人口530人，多沈姓。该自然村坐落在蔡岸两边，早年建有庵堂，因庵与恩音相近，后称蔡恩。

大院坪［Dàyuànpíng］位于宁溪镇政府驻地西南5.1千米，属吴家岙村。西、南靠山，海拔106米，120人，多郑姓。此地过去是一座大寺院的院基，故名大院坪。

【岭根村】［Lǐnggēn Cūn］位于宁溪镇西南，东邻宁联村，南、西面山，北边邻吴家岙，面积1.4平方千米，其中耕地19.3顷，林地84.3顷。辖1个自然村，10个村民小组。236户，795人。以村委会驻地岭根得名。

1947年属岭下乡第十三保。1951年为牌门乡岭根村。1956年为联丰乡红星高级社。1961年为联丰公社岭根大队。1992年为宁溪镇岭根村。1990年被批准为第二次国内革命战争时期根据地村。

岭根［Lǐnggēn］位于宁溪镇政府驻地西南5.2千米，系岭根村委会驻地，三面环山，人口782人，多柯、牟姓。村后有条半山岭，村在岭脚根，故称岭根。富山二级电站建在该村。《清同治光绪年间新定县境总图》标有此名。

【方家岙村】［Fāngjiā'ào Cūn］位于宁溪镇西南，东临牌门溪，南邻牌门，西面为山，北邻宁联村，面积2.8平方千米，其中耕地31.8公顷，林地206顷。下辖方家岙、下盘岙、江深、江深纸厂、上官园、毛垟大堂6个自然村，10个村民小组。全村288户，879人。以村委会驻地方家岙自然村得名。

1947年属岭下乡第九保。1951年为牌门乡方家岙村。1956年为联丰乡永星社。1961年为联丰公社方家岙大队。1983年为联丰乡方家岙村。1992年为宁溪镇方家岙村。富山一级水电站建在该村。1990年被批准为第二次国内革命战争时期根据地村。

方家岙［Fāngjiā'ào］位于宁溪镇政府驻地西南6.5千米，系方家岙村委会驻地。村东临牌门溪，余皆依山，海拔115米，129户，492人，多王姓。相传宋代就有方姓在此山岙居住，故名方家岙。山上富含花岗石矿。民国《黄岩县志》载有方家岙。

下盘岙［Xiàpán'ào］位于宁溪镇政府驻地西南5.6千米，属方家岙村。三面靠山，西临溪，海拔100米，30户，127人，多王姓。村在牌门村北面的大山沟中，因地势居下方，小路盘曲至此岙，故名。民国《黄岩县志》称"下培岙"。

江深［Jiāngshēn］位于宁溪镇政府驻地西南6.2千米，属方家岙村。东临牌门溪，海拔104米，31户，130人。因村在两溪之间，当地有"江心船地"之说，村以此得名江心。后谐音为江深。《清同治光绪年间新定县境总图》标为江心。

江深纸厂［Jiāngshēnzhǐchǎng］位于宁溪镇政府驻地西南6千米，属方家岙村。东、北靠山，海拔110米，10多户人家，40多人。以前有人在此搭建茅厂，造福寿纸，村以此得名纸厂，后因重名更名江深纸厂。

上官园［Shàngguānyuán］位于宁溪镇政府驻地西南6.4千米，属方家岙村。东靠山，西临溪，海拔110米，13户，56人。相传该地先祖有人做过显要大官，故名上官园。

毛垟大堂［Máoyángdàtáng］位于宁溪镇政府驻地西南6.2千米，属方家岙村。村落位于415米的高山上，山上长满茅草，称毛垟岗，古代有一所较大和尚堂，取名大堂，1992年因镇内重名改为毛垟大堂。

【上桧村】［Shàngguì Cūn］位于宁溪镇政府驻地南，东与上垟乡黄杜岙山为界，南与上垟乡下堂山为界，西面与方家岙村为界，北邻金林村、中下桧村，面积4.6平方千米，其中耕地85.8顷，林地315.7公顷，系山区。下辖前东坑、里七殿、大往岗、山大棚、朱吉山、下屋、上桧、马小山等8个自然村，395户，1185人。因居住较分散，还有岩头丘、黄莲山、凤凰尾、前门垟、里屋、外屋等居住点，今亦有人居住。以村委会驻地上桧自然村得名。

1947年属秀川镇第一保。1951年为牌门乡上桧村。1956年为联丰乡上桧社，原有一个社，上桧为幸福社，朱吉山为和平社。1961年为联丰公社上桧大队。1983年为上桧村。1992年为宁溪镇上桧村。

上桧［Shàngguì］位于宁溪镇政府驻地南5.6千米，系上桧村委会驻地。四面环山，前门溪穿村而过。海拔160米，面积2.3平方千米。因此地有座三桧山，自然村在三桧之上，称上桧。南宋嘉定《赤城志》:“三桧山，在县西六十里。初至下桧……次至中桧……又四里，即上桧。大率三桧之势，高下皆可观，而田畴实少，居人以造楮（纸）为业云。”

朱吉山 [Zhūjíshān] 位于宁溪镇政府驻地南5.6千米，属上桧村。村在海拔260米的山坡上，面积0.8平方千米，人口300人，多方姓。早年山上居住着周、葛两姓，故名周葛山，后谐音为朱吉山。民国《黄岩县志》称谐音葛山。

大往岗 [Dàwǎnggǎng] 位于宁溪镇政府驻地南5.9千米，属上桧村。村在海拔380米的山坡上，面积0.3平方千米，人口20人，因该自然村坐落在最大的一往山岗，后称大往岗。

山大棚 [Shāndàpéng] 位于宁溪镇政府驻地南6.1千米，属上桧村。分布在海拔310米的山坡上，面积0.3平方千米，70人，多方姓。自然村建在山腰中的大树蓬旁，故名山大蓬，后写作山大棚。

里七殿 [Lǐqīdiàn] 位于宁溪镇政府驻地南6.4千米，属上桧村。北靠山，海拔290米，面积0.5平方千米，人口90人，多郑姓。该地有一“老爷殿”离牌门村约7里，称七里殿，后称里七殿。

前东坑 [Qiándōngkēng] 位于宁溪镇政府驻地南6.5千米，属上桧村。西北靠山，东临溪，南有西坑水库，1966年始建，1978年竣工，库容27.5万立方米，并建成一座小型水电站，装机40千瓦。1997年增至75千瓦。海拔190米，面积0.5平方千米，人口100人，多冯姓。因该地东面是溪坑，称前东坑。

下屋 [Xiàwū] 位于宁溪镇政府驻地南5.3千米，属上桧村。村在海拔230米的山坡上，村西有山塘3个，50户，200人。因村在朱吉山东面，地势较低，故称下屋。

马小山 [Mǎxiǎoshān] 位于宁溪镇政府驻地南5.4千米，属上桧村。自然村在海拔320米山坡上，有山塘3个，20户，100人。黄、卢两姓居多。因村西有一座马形的小山，后演变为马小山。

【牌门村】 [Páimén Cūn] 位于宁溪镇南，东、南、西三面环山，北邻方家岙，面积7.6平方千米，耕地54.5顷，林地632.1顷。下辖三爿坦、西岙坑、牌门3个自然村，16个村民小组。502户，1631人。以村委会驻地牌门自然村得名。

1947年属岭下乡第十保。1951年称牌门乡牌门村。1956年为联丰乡牌门社。1961年为联丰公社牌门大队。1966年改为立新大队。1981年因重名恢复原名。1983年为联丰乡牌门村。1992年为宁溪镇牌门村。1990年被台州地区民政局批准为第二次国内革命战争时期根据地村。

牌门 [Páimén] 位于宁溪镇政府驻地南7.3千米，系牌门村委会驻地。四周皆山，聚落在三条溪流汇合处，海拔125米，面积4.9平方千米，人口1294人，多袁、张姓。因南宋右丞相杜范墓建在此村，古代墓前甬道立有牌坊，其形似门，村以此得名牌门。村北溪边，有建于清代的袁氏宗祠为区级文物保护单位。《清同治光绪年间新定县境总图》标有牌门。

西岙坑 [Xī'àokēng] 位于宁溪镇政府驻地南7.9千米，属牌门村。四周环山，村东有溪，海拔200米，人口85人，多翁、袁姓。因位于牌门西边的山岙坑边，故名。

三爿坦 [Sānpántǎn] 位于宁溪镇政府驻地南8.9千米，属牌门村。村周环山，村在溪坑西侧，南邻永嘉县，面积1.3平方千米，人口140人，蔡姓为主。因村旁溪坑两侧是长满茅草、小竹的荒山板坦，俗称山板坦，后写作山爿坦。

第四节 道路街巷

钟楼路 [Zhōnglóu Lù] 北起宁溪大桥头（一桥），南至前垟山嘴头，长1.6千米，宽20米，因原路南端设有钟楼，故名。1986年称钟楼路，2003年正式命名。是宁溪街南北走向的主道。

镇东路 [Zhèndōng Lù] 北起溪南路，南至钟楼路，长0.8千米，宽20米，因位于宁溪镇东侧，故名。2003年正式命名。

镇西路 [Zhènxī Lù] 北起宁川西路，南至金山路，长0.5千米，宽14米，因位于宁溪镇西侧，故名。2003年正式命名。

宁丰路 [Níngfēng Lù] 北起溪南路，南至钟楼路，长0.8千米，宽20米。原宁溪至富山公路经过镇内的一段，现已改道。1986年批准使用，2003年正式命名，寓意宁溪年年丰收。

宁川东路 [Níngchuān Dōnglù] 西起宁溪农业银行营业所，东至镇东郊，1978年并溪改造，填筑而成街道，长2千米，宽12米，以宁溪别名宁川，方位居东，故名。1986年正式命名，沿途有镇政府、宁溪邮电支局、宁溪农村合作银行、宁溪工商所、宁溪中心小学、宁溪财税所等。

宁川西路 [Níngchuān Xīlù] 东起钟楼路，西与上郑公路衔接，长0.3千米，宽12米，该路原系溪滩，1978年并溪改造，填筑成路。宁溪别名宁川，方位居西，故名。1986年6月正式命名。沿途有宁溪供销社、宁溪中心卫生院、宁溪广播电视站、宁溪农业综合服务站、菜市场等。

金山路 [Jīnshān Lù] 系金山陵酒厂至东山脚的

路，西起钟楼路，东至长决线公路，长0.6千米，宽20米，路以金山陵得名。2003年正式命名。

东兴路 [Dōngxìng Lù] 西起钟楼路，东至鸿发集团，长0.6千米，宽10米，1980年改溪建房，开辟为居民区，形成新兴街道，因位于宁溪街之东，故名东兴路。1986年6月命名。2003年正式命名，重新修改起止点。

溪南路 [Xī'nán Lù] 东起宁丰路，西至黄岩华军彩灯厂门口，综合市场旁边南北走向的一段也作为溪南路。长0.5千米，宽20米，因位于黄岩溪南边，故名溪南路。2003年正式命名。

工兴路 [Gōng xīng Lù] 北起宁川东路，南至直街东路，长0.3千米，宽13.5米，因位于工业区内，意为振兴工业，故名工兴路，2003年正式命名。

石洋路 [Shíyáng Lù] 东起镇东路，西至拱沿线，长0.6千米，宽18米，系石坦至下前垟的道路，取两地各一字组成路名，2003年正式命名。

直街东路 [Zhíjiē Dōnglù] 西起钟楼路，东至长决线公路，长1.3千米，宽14米，因地处直街东段，故名。2003年正式命名。

直街 [Zhí Jiē] 历史文化古街。东起钟楼路（牌坊下），西至环镇西路（上宅街顶），长0.7千米，宽12米。相对南北走向的横街而言，该街为东西走向，故称直街。此街为宁溪古街，始建于宋代，沿用历史称呼。

镇前街 [Zhènqián Jiē] 西起钟楼路，东至镇东路，长1.7千米，宽7米。该街为老镇政府大门前（宁溪王氏大宗祠堂前），故称镇前街。1986年批准使用，2003年正式命名。

桥亭街 [Qiáotíng Jiē] 北起钟楼路东侧（双夹街），南至宁丰路，长0.3千米，宽6米，此街系宁溪古街之一，古时此地有兰若桥，南有石鼓台门，建有凉亭，故名桥亭，沿用历史上称呼。

柏树下巷 [Bǎishùxià Xiàng] 北起直街，南至黄泥塘山脚（区公所旧址），长0.2千米，宽2.5米。古代此地有多棵大柏树，俗称柏树下，巷以此得名。

下宅巷 [Xiàzhái Xiàng] 北起宁川西路（原中心卫生院），南至直街，长0.3千米，宽2米。因该巷地处下宅居，故名。1986年正式命名。宋咸淳年间进士王所故居在此巷三间台门。

中宅巷 [Zhōngzhái Xiàng] 北起宁川西路，南至直街，长约0.2千米，宽2米。因地处直街上、中、下三宅之中，巷由此得名。

上宅巷 [Shàngzhái Xiàng] 北起后垟，南至直街西端，长0.2千米，宽1.8米。该巷地处上（西）宅，故名。1986年命名。

桂南巷 [Guìnán Xiàng] 北起直街，南至宁溪电影院，长0.2千米，宽2.5米。此巷位于直街（古称桂街）之南，故名。俗称陈家墙弄。

白云巷 [Bǎiyún Xiàng] 北起直街上宅，南至小山脚，长0.2千米，宽2米。此巷东南早年建有白云庵，巷以庵名。

东风巷 [Dōngfēng Xiàng] 南起宁川东路，向北转东至长决线公路，长0.6千米，宽3米。以老名称“东风”命名。2003年正式命名。

下洲巷 [Xiàzhōu Xiàng] 东起宁川东路下洲前门，西接镇前街，长约0.5千米，宽1.7米。该地系黄岩溪与南港溪汇合冲积而成的沙洲，因地居溪流下游，故名下洲。巷以此得名，下周居委会设此。

三透里 [Sāntòulǐ] 位于宁溪镇中部偏西，1986年6月命名。清《宁溪王氏房谱》有载，早年王姓大族在此巷内建一座三透（进）前后相连的古式房屋，故名。其中两透1979年遭火灾。北起直街，南至三透里。长约0.3千米，宽6米。为块状聚落的居民区。

五透里 [Wǔtòulǐ] 位于宁溪镇西北部，1986年6月命名。清《宁溪王氏房谱》有载，早年王氏祖先在此巷内建有一座五透（进）前后相连的古式房屋，故名。已拆毁两透，尚存三透。北起第五透，南至直街，长约0.1千米，宽3.6米。系带状聚落居民点。

街头巷 [Jiētóu Xiàng] 位于宁溪镇西北角，1986年6月命名。该巷位于直街顶头，俗称街头，巷以此名。南起直街，北至宁川西路。长0.3千米，宽1.8米。块石路面。

镇东北路 [Zhèndōng Běilù] 2013年正式命名。该路位于老区片镇东路北侧延伸段，故名。南起宁溪北路，穿过幸福大道东，北至待建规划路。长0.6千米，宽20米。

溪北路 [Xīběi Lù] 2015年正式命名。因位于穿镇溪流北岸而命名。东起新建82省道（宁溪段），西至拱沿线（宁溪段）。长0.7千米，宽30米。

第十章　北洋镇

第一节　概　述

北洋镇［Běiyáng Zhèn］乡级行政单位。在区境中部。东与头陀镇、澄江街道接壤，南与茅畲乡、平田乡、上垟乡毗邻，西与屿头乡、宁溪镇相连，北与临海市尤溪镇接界。总面积68平方千米。户籍人口1.1万户，3.4万人。位于小澧岙北面的一片平垟中，故名。俗名小澧北洋。清光绪年间分属18都1图，6～8都1图。1947年属头陀区江岙乡。1949年属头陀区北洋乡。1951年仍为北洋乡，属头陀区。1956年并入茅畲乡。1959年属茅畲管理区。1961年9月从茅畲管理区析出，北洋乡和大礼乡合并成立北洋人民公社。1983年7月复称北洋乡。1986年称北洋镇。1992年5月，潮济、长潭两乡并入。镇政府驻北洋居北洋路51号。距黄岩城区16千米。2015年11月行政村规模调整前为33个行政村，调整后娄岙与砂地合并、横料与渔岙合并，至2015年末，辖北洋、移建2个居委会，康山、小里桥、百亩垟、后窑、林家桥、青龙头、苧厂、罕溪头、岙里、西岑、潮济、瑞岩、杨恩、联丰、麻车头、岭下、官岙、桥下、称歇、特产、联群、毛坦、利国、坎头、五尖山、横料、联宏、前蒋、娄岙、长潭、乌岩31个行政村。2018年8月，行政村规模调整，苧厂、后窑、青龙头3个村合并为镇南新村；坎头、利国、乌岩、联宏4个村合并为山下街村；长潭村和毛坦村合并为长潭村；康山村和特产村合并为康山村；联丰村和麻车头村合并为联丰村；潮济、桥下、岭下3个村合并为潮济村；林家桥村和百亩垟村合并为百林村。调整后，共辖20个行政村，2个居委会，有24个居民小组，364个村民小组。有高中1所（灵石中学），初中1所，小学2所，幼儿园2所。卫生院1所，各类卫生机构13个。辖区东西最大距离14.3千米，南北最大距离18.9千米。陆地50平方千米，水域18平方千米。长潭水库江南渠道流过境内。有瑞岩净土寺塔省级文物保护单位1处。有小里桥、灵石寺、潮济老街、静安寺等区文物保护单位4处。有国家AAA级旅游景区蓝美庄园。有讴韶车氏、短垟俞氏等著名氏族，南宋时有“讴韶车，十八进士集一家”之说。先后涌现出南宋大儒车若水、清代进士俞树堂以及近代道教名医蒋宗瀚、抗疫名医俞树棻等历史文化名人。

农业以种植水稻为主，兼种柑橘、草莓、红心火龙果等果蔬。工业主要有机械、模具、化工、食品、工艺品、塑料等产业。第三产业有商业网点、物流配送及旅游业。黄岩至长潭、北洋至宁溪两条公路穿境而过。

从地名专名来看，辖区内居民点地名有以下特征：①以自然地理实体命名。如：瑞岩、五尖山、分水岗等。②以地理位置命名。如：义城岭头、西岑、东边、下汇头、将旗岭脚等。③以典型的地理特征命名。如：耙齿岩、鸟山、老鼠桥脚、燕殿等。④以交通设施、人工建筑命名。如：林家桥、小里桥、苧厂、石丁头、上路廊、下路廊等。⑤以民间作坊、历史古迹命名。如：麻车头、麻车岙、后窑等。⑥以姓氏命名。如：杨恩、蔡家、蔡岙、蒋家岙、李家、娄岙、范家等。⑦以祥瑞、希冀命名。如：讴韶、康山等。

从地名通名来看，辖区内居民点地名山水特色和传统文化兼具：①移借自然地理实体通名。如：山、岙、岗、岭、岩、坑、垟、岸、潭、坦等。②移借民间神庙通名。如：殿、庵、寺、堂等。③移借方言字通名。如：爿（这一带）、得（这里）、恩（庵的方音）、厂（茅屋）等。

第二节　居

【北洋居】［Běiyáng Jū］位于黄岩区中部北洋镇，为北洋镇政府及居委会驻地。东至小里（澧）桥村，南至镇南新村，西至移建居，北邻康山村，总面积0.6平方千米，其中耕地19.7公顷，林地1.8公顷，下辖6个居民小组，312户，897人。居委会以驻地北洋得名。该地位于小澧岙北面的一片平垟中，故名。俗名小澧北洋。

1951年为北洋乡北洋村。1956年为茅畲乡北洋高级社。1961年为北洋公社北洋大队。1983年为北洋村。1986年为北洋镇北洋居。《清同治光绪年间新定县境总图》上有“北洋”。

【移建居】［Yíjiàn Jū］位于黄岩区中部北洋镇。东与北洋居相邻，南与镇南新村毗邻，西接前蒋村，北接康山村，总面积0.6平方千米，其中耕地3.9公顷，林地14公顷，下设6个村民小组，239户，752人，居委会驻地北洋路，该居为1959年长潭水库移民到此建造的新居民点，故称移建居。1961年体制调整称北洋公社新建大队。1981年因重名改为移建大队。1992年为移建居。

第三节　行政村

【康山村】[Kāngshān Cūn] 2018年8月，行政村规模调整，康山村和特产村合并仍称康山村。位于北洋镇东部。东界头陀镇小里灰村，南至北洋居、移建居，西至称歇村、联群村，北至头陀镇店头新村。辖区面积2平方千米。辖康山、下汇头、兰岩岭头3个自然村，511户，1498人。村委会驻地原康山村。

***【康山村】**[Kāngshān Cūn] 位于北洋镇东部，东至头陀小里灰村，南至小澧桥，西至联群村，北至头陀镇白湖塘村。总面积1.7平方千米，其中耕地35.9公顷，山林45.7公顷，下辖康山1个自然村，400户，1173人。以村委会驻地康山得名。

1947年为江岙乡第十八保。1951年为头陀乡亢山村。1956年称亢山社。1961年为头陀公社康山大队。1962年属北洋公社。1983年为北洋乡康山村。1992年称北洋镇康山村。2018年8月，特产村并入康山村。

康山 [Kāngshān] 位于北洋镇政府驻地东北0.7千米，系康山村委会驻地。东临小里灰，南临永宁江，西靠北洋至宁溪公路，北为猪娘山。地势高亢，原称亢山。据《台州郑氏宗谱·黄岩亢山系》记载：元代黄岩郑氏十三世郑彦昌自天长街徙居亢山，繁衍生息。而后有黄、王等姓陆续定居于此。中华人民共和国成立后，因这里卫生搞得好，1958年曾出席全国卫生先进单位代表会议，故将“亢”改为“康”。

***【特产村】**[Tèchǎn Cūn] 位于北洋镇东部，东至永宁江，南至北洋居，西至前蒋村，北至称歇村，面积0.4平方千米，耕地21.7公顷，山林1公顷。下辖兰岩岭头、下汇头2个自然村。111户，325人。村委会驻地兰岩岭头。沿用1961年公社化时称特产大队，故名。2018年8月，并入康山村。

兰岩岭头 [Lányánlǐngtóu] 位于北洋镇政府驻地西北0.5千米，系特产村委会驻地，村建在小山坡上，北临江南渠道，人口162人。该地位于永宁江边的山岭头上，过去荒无人烟，水鸭、群雁常来此停息，俗称蓝（来）雁岭。1958年长潭水库移民到此建村，谐音为兰岩岭头。

下汇头 [Xiàhuìtóu] 位于北洋镇政府驻地西北1千米，北临永宁江的一个汇弯处，原名汇头，因在上汇头之东（下），今改作下汇头。

【小里桥村】[Xiǎolǐqiáo Cūn] 位于北洋镇东南，黄长公路贯穿全村，永宁江绕村而过。东至百林村，南至西岑村，西至镇南新村，北至移建居、北洋居。面积1.4平方千米，其中耕地52.7公顷，山林16.7公顷，下辖小里桥、园田、上园、上山、将旗岭脚5个自然村，23个村民小组，430户，1130人，以村委会驻地小里桥自然村得名。

1947年为临古乡第九保。1951年为北洋乡小里桥村。1956年为茅畲乡北洋高级社亢山社。1961年为北洋公社小里桥大队。1966年称勇跃大队。1969年恢复小里桥大队。1983年为小里桥村。1992年为北洋镇小里桥村。

小里桥 [Xiǎolǐqiáo] 位于北洋镇政府驻地0.8千米，系小里桥村委会驻地。村东北枕小山，西南傍江南渠道，西临九溪，从小澧岙流出注入永宁江，水上有一座迎福桥，称小澧桥。（小澧，是指小的溪流，“澧”惯写里。）清光绪《黄岩县志》：“小澧桥，在县西三十五里，宋代始建，清乾隆三十四年（1769）重建。”小澧桥为区级文物保护单位。

园田 [Yuántián] 位于北洋镇政府驻地南1.2千米，属小里桥村，多李姓，西枕小山，东临乡道。因村在山麓，有一片适宜果蔬种植的田园，故名。

上园 [Shàngyuán] 位于北洋镇政府驻地南1千米，北倚小山，东临九溪，属小里桥村。因地处园田村之北（上），故名上园。

上山 [Shàngshān] 位于北洋镇政府驻地南1.9千米，属小里桥村，因村在山坡上，在山头路片村中地势最高，故名上山。

将旗岭脚 [Jiàngqílǐngjiǎo] 位于北洋镇政府驻地南1.6千米，属小里桥村。东北靠山，西倚将军岭，该地处将旗岭南麓，故名。据传宋末抗元将领牟大昌曾插将军旗于此。明万历《黄岩县志》：将旗岭，在县西四十里，为宋牟大昌屯兵处。

【百林村】[Bǎilín Cūn] 2018年8月，行政村规模调整，百亩垟村和林家桥村合并为百林村。两村各取首字得名。位于北洋镇东南部，东界澄江街道禹成村，南至罕溪头村，西至小里桥村，北界头陀镇小里灰村。辖区面积1.1平方千米。辖北山头、洋岙、林家桥、百亩垟4个自然村，317户，924人。村委会驻地原林家桥村。

***【百亩垟村】**[Bǎimǔyáng Cūn] 位于北洋镇东部，东至澄江街道三官堂村，南至林家桥村，北至头陀小里灰村。面积0.2平方千米，其中耕地10.2公顷，下辖百亩垟1个自然村，9个村民小组，131户，367人，以村委会驻地百亩垟得名。

1958年前此地无人居住。1958年建有“五四”青年场。1959年建造长潭水库，乌岩区鱼岙村迁此山坡建房。1961年称北洋公社百亩垟大队。1983年为百亩垟村。1992年为北洋镇百亩垟村。2018年8月，和林家桥村合并为百林村。

百亩垟 [Bǎimǔyáng] 位于北洋镇政府驻地东南1.5千米，系百亩垟村委会驻地。北接黄长公路，茅畲公路穿村而过，村前有近百亩平畴，故称百亩垟。

*【**林家桥村**】[Línjiāqiáo Cūn] 位于北洋镇东南。东至澄江临古村，南至罕溪头，西至苧厂，北至百亩垟，总面积0.9平方千米，其中耕地25.9公顷，山林32.8公顷，下辖北山头、洋岙、林家桥3个自然村，6个村民小组，186户，557人。以村委会驻地林家桥得名。

1951年为大里乡林家桥村。1956年为茅畲乡罕溪头高级社。1961年为北洋公社林家桥大队。1966年为红星大队。1981年因重名复称林家桥大队。1983年为北洋乡林家桥村。1992年为北洋镇林家桥村。2018年8月，和百亩垟村合并称百林村。

林家桥 [Línjiāqiáo] 位于北洋镇政府驻地东南2千米，系林家桥村委会驻地。东北靠山，西临河，人口546人。早年此地有座小木桥，人们出入祸事常生，后有林姓妇人出资建造一座石桥，方便行人，后人为纪念她，取名林家桥。

洋岙 [Yáng'ào] 位于北洋镇政府驻地东南2.8千米，属林家桥村，人口60人，地处三面环山的山岙中，西面为开阔田垟，故名垟岙，惯写洋岙。

北山头 [Běishāntóu] 位于北洋镇政府驻地东南2.3千米，属林家桥村，人口30人，北靠山，地处罕溪头北面的山嘴头，故名。

【**镇南新村**】[Zhènnán Xīncūn] 2018年8月，行政村规模调整，苧厂、后窑、青龙头3村合并为镇南新村。以地处镇南得名。位于北洋镇南部，东至小里桥村、西岑村，南界平田乡青龙岗村，西至岙里村、前蒋村，北至移建居、北洋居。辖区面积3.4平方千米。辖青龙头、西山、湾得、隔溪、苧厂、后窑6个自然村，696户，2161人。村委会驻地原后窑村。

*【**后窑村**】[Hòuyáo Cūn] 位于北洋镇南。东至小里桥，南至苧厂，西至前蒋，北至北洋、移建居。总面积0.8平方千米，其中耕地10公顷，山林29.7公顷，下辖后窑一个自然村，6个村民小组，210户，674人。以村委会驻地后窑自然村得名。

1947年为临古乡第十四保。1951年为北洋乡后窑村。1956年与苧厂、岙里合并为小里岙高级社（属茅畲乡）。1961年为北洋公社后窑大队。1983年为后窑村。1992年为北洋镇后窑村。2018年8月，和苧厂村、青龙头村合并称镇南新村。

后窑 [Hòuyáo] 位于北洋镇政府驻地南1千米，系后窑村委会驻地，西北依山，东南临溪，因此地有古窑址，小里桥处称前窑头，此地为后，称后窑。民国《黄岩县志》有载。

*【**青龙头村**】[Qīnglóngtóu Cūn] 位于北洋镇南。东至苧厂村，南至岙里村，西至前蒋村，北至后窑村，面积1.3平方千米，其中耕地18.7公顷，下辖青龙头、西山、湾得、隔溪4个自然村，5个村民小组。192户，623人。以村委会驻地青龙头得名。

1947年为临古乡第十一保。1951年为北洋乡青龙头村。1956年与苧厂、后窑、岙里4村合并为小里岙高级社（茅畲乡）。1961年为北洋公社青龙头大队。1966年为向阳大队。1983年为北洋乡青龙头村。1992年为北洋镇青龙头村。2018年8月，和苧厂村、后窑村合并称镇南新村。

青龙头 [Qīnglóngtóu] 位于北洋镇政府驻地西南2千米，系青龙头村委会驻地。394人，因地处青龙岗山西北，山形似青龙之首，故名。村南有始建于唐咸通九年（868）的净安寺旧址，系区级文物保护单位。北洋至平田公路穿村而过。《清同治光绪年间新定县境总图》载为青龙岗。

西山 [Xīshān] 位于北洋镇政府驻地西南2千米，属青龙头村，人口29人，地处青龙头、苧厂西边山麓，故名西山。民国《黄岩县志》载有此名。

湾得 [Wāndé] 位于北洋镇政府驻地西南2.3千米，属青龙头村，人口100人，地处溪涧弯曲处，故名湾得。（得，方言为这一带）

隔溪 [Géxī] 位于北洋镇政府驻地西南2.1千米，属青龙头村，人口92人，因与青龙头自然村一溪之隔，故称隔溪。

*【**苧厂村**】[Zhùchǎng Cūn] 位于北洋镇南，东至小里桥村，南至西岑村，西至青龙头村，北至后窑村，面积1.3平方千米，其中耕地43.1公顷，山林54公顷，下辖苧厂1个自然村，6个村民小组，294户，864人，以村委会驻地苧厂得名。

1947年属临古乡第十、十一保。1951年为北洋乡苧厂村。1956年为茅畲乡小里岙高级社。1961年为北洋公社苧厂大队。1983年为北洋乡苧厂村。1992年为北洋镇苧厂村。2018年8月，和青龙头村、后窑村合并称镇南新村。

苧厂 [Zhùchǎng] 位于北洋镇政府驻地南1.5千米，系苧厂村委会驻地，东南傍山，西北临溪。早年此地地劣多砂石，适宜种苧麻，多住茅厂，故称苧厂。民国《黄岩县志》有载。

【**西岑村**】[Xīcén Cūn] 位于北洋镇南，东至罕溪头村，南至茅畲乡，西至镇南新村，北至小里桥村，面积2.8平方千米，其中耕地73公顷，山林144.6公顷，下辖西岑、下水龟、大坦3个自然村，32个村民小组。498户，1378人。以村委会驻地西岑自然村得名。

1947年为茅畲乡第十四保。1951年为大礼乡西岑村。1956年为茅畲乡西岑高级社。1961年为北洋公社西岑大队。1983年为北洋乡西岑村。1992年为北洋镇西岑村。

西岑 [Xīcén] 位于北洋镇政府驻地南2.6千米，系西岑村委会驻地，东、南、西三面靠山，海拔15米，1149人，因地处大礼村西边一座小山脚下，故名西岑（岑，小而高的山）。民国《黄岩县志》载有西岑。

大坦 [Dàtǎn] 位于北洋镇政府驻地东南2.3千米，属西岑村，西北依山，人口113人。该地过去是一片较大的坟坦，后改造成村庄，故称大坦（坦，指较为平坦地方）。

下水龟 [Xiàshuǐguī] 位于北洋镇政府驻地东南2.2千米，西依山，人口102人。地处山嘴头，以山形似下水之龟，故名。

【罕溪头村】 [Hǎnxītóu Cūn] 位于北洋镇东南部。东至茅畲乡大礼村，南至茅畲乡浦洋村，西至西岑，北至百林村。总面积1平方千米，其中耕地62.8公顷，山林15.3公顷。下辖罕溪头、南山下、高洋3个自然村，8个村民小组，337户，983人。以村委会驻地罕溪头得名。

1947年属茅畲乡第十七保。1951年为大礼乡罕溪头村。1956年为茅畲乡罕溪头社。1961年为北洋公社罕溪头大队。1983年为北洋乡罕溪头村。1992年为北洋镇罕溪头村。

罕溪头 [Hǎnxītóu] 位于北洋镇政府驻地东南2千米，系罕溪头村委会驻地，东依山，西临九溪，人口623人。以前，永宁江潮水涨到此处，与上游山水汇合，在靠山边溪中形成罕见的漩涡，故称。清光绪《黄岩县志》写作蚬溪头，或许因溪中多蚬蛤而得名。民国《黄岩县志》有此名。

南山下 [Nánshānxià] 位于北洋镇政府驻地东南2.6千米，属罕溪头村。南依山，北临塘，110人，因位于北山头之南的山麓，故名。民国《黄岩县志》有此名。

高洋 [Gāoyáng] 位于北洋镇政府驻地东南2.7千米，属罕溪头村。东北临水，人口210人，村位于罕溪头南边地势较高的田垟中，故称高洋。民国《黄岩县志》有此名。

【岙里村】 [Àolǐ Cūn] 位于北洋镇南部，东至平田乡青龙岗村，南至平田黄溪村，西至平田黄溪村，北至前蒋、长潭村，面积3.2平方千米，耕地29.2公顷，山林214.7公顷，辖隔溪、下孟、白岩下、菖蒲湾、大爿、石丁头6个自然村，8个村民小组，369户，1146人。村委会驻地岙里隔溪。因地处小里岙最深处，故称岙里。民国《黄岩县志》有载。

1947年为临古乡小里岙十三保。1951年为北洋乡岙里村。1956年为茅畲乡小里岙高级社。1961年为北洋公社岙里大队。1983年为北洋乡岙里村。1992年为北洋镇岙里村。

隔溪 [Géxī] 位于北洋镇政府驻地西南3.1千米，岙里村委会设此，83户，268人，因该地与石丁头有条小溪相隔，故名。

下孟 [Xiàmèng] 位于北洋镇政府驻地西南2.8千米，属岙里村，西北依山，120户，505人。据传200多年前，永嘉等地的氓民迁到该地山脚下，称下氓，演变为下孟。

白岩下 [Báiyánxià] 位于北洋镇政府驻地西南3.5千米，属岙里村。海拔100米，58户，258人。因村后（西北）有块白色巨石，村以此得名。

菖蒲湾 [Chāngpǔwān] 位于北洋镇政府驻地西南3.7千米，属岙里村。56户，184人，多章姓。因早年该地弯曲的溪涧边长满菖蒲，故名。

大爿 [Dàpán] 位于北洋镇政府驻地西南4.1千米，属岙里村，海拔175～245米，原有人口28户，138人，现大多搬迁。大爿，方言大片，因所处山面积较大，故名。

石丁头 [Shídīngtóu] 位于北洋镇政府驻地西南3.4千米，属岙里村。20多户，80多人。村落分布在溪两侧，以前过溪种田，溪中砌有石碇，故名。（如今石碇被洪水冲击，不复存在。）

【瑞岩村】 [Ruìyán Cūn] 位于北洋镇北面，东至头陀镇，南至官岙村，西至杨恩村，北至临海市。面积5.8平方千米，其中耕地71.6公顷，山林332.5公顷，下辖麻车岙、百步峻、上官堂、杨柳堂、竹西岸、横岭、月山、冷水井、长街头、樟树下、堂头恩等11个自然村，18个村民小组，630户，1819人。村委会驻地麻车岙。据明万历《黄岩县志》记：因其山石皆紫色，乾宁二年（895）赐名“瑞岩”，故称。有瑞岩寺。瑞岩净土寺塔为省级文物保护单位。

1947年属潮济乡第七保、第八保。1951年为杨岙乡第七村。1956年为联盟高级社。1961年称潮济公社瑞岩大队。1983年为瑞岩村。1992年为北洋镇瑞岩村。

麻车岙 [Máchē'ào] 位于北洋镇政府驻地西北5.6千米，瑞岩村委会设此，三面环山，西侧有溪，人口 340 人，因村处山岙，早年有榨油用的麻车，故名麻车岙。民国《黄岩县志》有载。

竹西岸 [Zhúxī'àn] 位于北洋镇政府驻地西北 6.5 千米，属瑞岩村，四周环山，东北为方丈坑水库，海拔 150 米，人口 101 人，多于姓。该地早年多竹林，因位于方丈溪西岸，故名竹西岸。现无人居住。民国《黄岩县志》有载。

百步峻 [Bǎibùjùn] 位于北洋镇政府驻地西北 7.5 千米，村周皆山，中有小溪，海拔 280 米，人口 100 多人，因村南有一段较为陡峻的山岭，长百步许，故名。

上官堂 [Shàngguāntáng] 位于北洋镇政府驻地北偏西 7.7 千米，属瑞岩村，村在梅峰顶下，海拔 286 米，人口 197 人。据传，早年该地有两个三官堂庙，叫上官堂、下官堂，因地势居高，故名上官堂，村以此得名。民国《黄岩县志》有载。

月山 [Yuèshān] 位于北洋镇政府驻地北偏西 5.9 千米，属瑞岩村，北靠山，南临溪，人口 197 人。村北有半月形的山，村以山得名。民国《黄岩县志》有载。

长街头 [Chángjiētóu] 位于北洋镇政府驻地西北 5.7 千米，瑞岩寺西南，属瑞岩村。据传，古时瑞岩寺和尚为方便香客行走，特建造长约 1 千米的长街，一直通往瑞岩寺，故名长街头。

堂头恩 [Tángtóu'ēn] 位于镇政府西北 5.7 千米，属瑞岩村，东靠山，西临溪，人口 110 人。该村早年有一座尼姑庵，建在一口小塘东边，俗呼塘头庵，方言"庵"读"恩"，后写作堂头恩。

樟树下 [Zhāngshùxià] 位于镇政府驻地西北 5.6 千米，属瑞岩村，三面环山，北临溪，人口 498 人。该地原有一棵大樟树（1990 年被台风毁坏），村以此得名樟树下。民国《黄岩县志》有载。

横岭 [Hénglǐng] 位于镇政府驻地西北 6.1 千米，属瑞岩村，村处山岙中，南临溪，人口 92 人，村在下篢山东北，有一条由西南往东北的山岭，故名横岭。民国《黄岩县志》有载。

杨柳堂 [Yángliǔtáng] 位于镇政府驻地西北 6.5 千米，属瑞岩村，位于梅峰山半腰，四周皆山，海拔 190 米，103 人，现已迁移下山。早年村中有较大的庵堂，种有杨柳树，俗呼杨柳堂。

【杨恩村】 [Yáng'ēn Cūn] 位于北洋镇西北。东至瑞岩村，南至官岙村，西至联丰村，北邻临海市，面积 2.6 平方千米，其中耕地 27 公顷，山林 173.6 公顷，湿地保护面积 55 公顷。下辖杨恩、料前、殿口、篢头山、岙里坑、岭下园 6 个自然村，15 个村民小组，322 户，856 人。以村委会驻地杨恩得名。

1947 年属潮济乡第七保。1951 年为潮济乡六村。1956 年属潮济乡联盟高级社。1961 年为潮济公社杨恩大队。1983 年为潮济乡杨恩村。1992 年为北洋镇杨恩村。1989 年 2 月，浙江省民政厅批准为抗战时期革命老根据地村。

杨恩 [Yáng'ēn] 位于镇政府驻地西北 6.2 千米，系村委会驻地，村坐落在山间平地，人口 273 人。据传杨氏五房老太公坟在此，建有守坟庵屋，俗称杨庵，后写作杨恩。民国《黄岩县志》称杨菴，杨姓有 23 户。

篢头山 [Gǎngtóushān] 位于镇政府驻地西北 5.9 千米。地处山麓，属杨恩村，人口 123 人，多夏姓。民国《黄岩县志》称"篢头三"。以当地最早三姓（夏、杨、周）得名。

料前 [Liàoqián] 位于镇政府驻地西北 6.6 千米，属杨恩村。村东、南、西三面环山，北面平地，人口 170 人，以林、杨姓为多。古时山腰建有管山的茅寮，村在寮前，故名。

殿口 [Diànkǒu] 位于镇政府驻地西北 5.8 千米，属杨恩村。村在山岙中，东南依山，人口 102 人。村处两个山嘴头相对似开启之钳，村近其口，故名钳口，谐音为殿口。

岭下园 [Lǐngxiàyuán] 位于镇政府驻地西北 6.6 千米，属杨恩村。西依山，东为山间平地，人口 78 人，多杨姓。地处义城岭下东南比较平坦的山园地上，故名。

岙里坑 [Àolǐkēng] 位于镇政府驻地西北 6.7 千米，属杨恩村。160 人，因地处山岙溪坑两岸，故名。

【联丰村】 [Liánfēng Cūn] 2018 年 8 月，行政村规模调整，联丰村和麻车头村合并后仍称联丰村。位于北洋镇西北部，东南濒长潭水库。东至杨恩村，南至横料村，西至五尖山村，北界临海市尤溪镇义城村。辖区面积 5.9 平方千米。辖杨思恩、麻车头、分水岗、苦竹棚、老鼠桥脚、大丘田、下厂、天打坑、鸟山、蚁虫坑、耙齿岩、西山岸、义城岭头、迭石、跳头、大塔、象山头、黄步坑、蔡家、岭脚堂、山岸、胡村岭脚 22 个自然村，493 户，1390 人。村委会驻地原联丰村。

*【联丰村】 [Liánfēng Cūn] 位于北洋西北部，东至杨恩村，南至岭下村，西至麻车头村，北邻临海市。面积 3.9 平方千米，其中耕地 25.4 公顷，山林 306.3 公顷。下辖西山岸、义城岭头、迭石、跳头、大塔、象山头、黄步坑、蔡家、岭脚堂、山岸、胡村岭脚共 11 个自然村，11 个村民小组。344 户，941 人。村委会驻地西山岸，以合作化时联丰高级社命名。

1947 年属潮济乡第五保。1951 年为杨岙乡老鼠尾村。1956 年为潮济乡联丰高级社。1961 年为潮济公社联丰大队。1983年为联丰村委会。1992年为北洋镇联丰村。2018年8月，麻车头村并入联丰村。

西山岸 [Xīshān'àn] 位于镇政府驻地西北6.3千米，系联丰村委会驻地，西靠山，因坐落在猢狲岭头西部山脚，故名西山。民国《黄岩县志》载有西山。1992年因重名，改称西山岸。

山岸 [Shān'àn] 位于镇政府驻地西北6.3千米，属联丰村。西靠山，南临长潭水库杨恩湿地，人口175人。因位于山脚边岸，故名山岸。民国《黄岩县志》称山沿。

跳头 [Tiàotóu] 位于镇政府驻地西北7.3千米，属联丰村。东有溪，北有仁堂水库，海拔270米，人口24人。因该地地势高低不平，多数人家住在高翘之处，俗呼翘头，后谐音为跳头。20世纪80年代至21世纪初分批移民到山下各地。

迭石 [Diéshí] 位于镇政府驻地西北7.9千米，属联丰村。村在海拔270米山坡上，人口80人，多杨姓。因村东山坡上有两块巨石上下叠在一起，俗称叠石，后简化为迭石。民国《黄岩县志》载有此名。20世纪80年代至21世纪初分批移民到山下各地。

义城岭头 [Yìchénglǐngtóu] 位于镇政府驻地西北7.3千米，属联丰村。北界临海市龙岭乡岭脚金村，村聚落在海拔260米的义城岭头，故名。义城岭为黄岩至临海古驿道，据传以前山岭道路狭窄难走，有一大户出于善心，出资召众人抬石修路，由此得名义诚岭。又称泥城岭。今写义城岭。《清同治光绪年间新定县境总图》有义城岭。人口约250人，在20世纪80年代至21世纪初分批移民到山下各地。

蔡家 [Càijiā] 位于镇政府驻地西北6.5千米，属联丰村。西北靠山，人口70人，因蔡姓为主，故名。

岭脚堂 [Lǐngjiǎotáng] 位于镇政府驻地西北6.6千米，属联丰村。人口219人，村在义城岭脚，过去有一祠堂，俗名岭脚堂，村以此名。

胡村岭脚 [Húcūnlǐngjiǎo] 位于镇政府驻地西北5.3千米，属联丰村。聚落在胡村岭隧洞北侧山坡上，人口107人，因位于胡村岭北侧的山脚下，故名。

黄步坑 [Huángbùkēng] 位于镇政府驻地西北5.3千米，属联丰村。南依山，北临溪，海拔45米，人口134人。村在溪坑之南，山上多黄泥，早年溪坑边长满菖蒲，故称黄蒲坑，后谐音为黄步坑。

象山头 [Xiàngshāntóu] 位于镇政府驻地西北5.6千米，属联丰村。人口116人，多夏姓。村东南有一较长的山嘴头，由此得名长山头，谐音为象山头。民国《黄岩县志》称蒋山头。

大塔 [Dàtǎ] 位于镇政府驻地西北7.1千米，属联丰村。聚落在215米的山岙中，村西北有面积较大、坡度较陡的山坡，称大塌，谐音为大塔，人口40多人。

*【麻车头村】[Máchētóu Cūn] 位于北洋镇西北。东至联丰村，南至长潭水库，西至横料村，北邻临海市。面积2平方千米，耕地15.3公顷，山林168.1公顷，下辖杨思恩、麻车头、分水岗、苦竹棚、老鼠桥脚、大丘田、下厂、天打坑、鸟山、蚊虫坑、耙齿岩11个自然村，9个村民小组，149户，449人，村委会驻地杨思恩，以麻车头自然村命名。杨思恩以北的9个自然村向麻车头迁移后，山上无人居住。

1947年属潮济乡第四保。1951年为杨岙乡麻车头村。1956年为潮济乡联华社。1961年为潮济公社麻车头大队。1983年为麻车头村。1992年为北洋镇麻车头村。2018年8月，和联丰村合并称联丰村。

杨思恩 [Yángsī'ēn] 位于北洋镇政府驻地西北6.9千米，系麻车头村委会驻地，人口142人，多杨姓，该地是杨氏世居之地，有守坟的庵屋，称杨庵。又因近邻有杨恩村，为区别起见，称杨思恩。又一说法，称早年有杨师傅在此做了不少好事，人们为纪念他，取名杨思恩。民国《黄岩县志》载为杨施庵。

麻车头 [Máchētóu] 位于镇政府驻地西北6.5千米，属麻车头村。村落依山而建，海拔45米，东南有公路，原有人口300人。近年北片自然村向下搬迁，人口增加到400多人。民国《黄岩县志》载有此名。

分水岗 [Fēnshuǐgāng] 位于镇政府驻地西北8千米，属麻车头村。村北山岗与临海市分界，故称分水岗，海拔235米，已无人居住。《清同治光绪年间新定县境总图》有载。

苦竹棚 [Kǔzhúpéng] 位于镇政府驻地西北7.7千米，属麻车头村。村落分布在山谷中，海拔105米。早年村周苦竹丛生，村以此得名苦竹棚。民国《黄岩县志》有载。

老鼠桥脚 [Lǎoshǔqiáojiǎo] 位于镇政府驻地西北7.6千米，属麻车头村。因村西北山上有一段险峻的山路，俗呼老鼠沿（形容路窄，只有老鼠才能爬过去），又称老鼠桥（指路间有小石桥）。

大丘田 [Dàqiūtián] 位于镇政府驻地西北7.2千米，属麻车头村。四周皆山，过去该地有丘面积约0.2公顷大的田，故称大丘田。

下厂 [Xiàchǎng] 位于镇政府驻地西北7.4千米，属麻车头村。村周皆山，海拔70米，因位于老鼠桥脚之南（下），早年多住茅厂，故称下厂。

天打坑 [Tiāndǎkēng] 位于镇政府驻地西北7.1千米，属麻车头村。村在溪涧两侧，海拔60米。传说该地溪坑曾遭雷击过，俗呼天打坑，村以此名。

鸟山 [Niǎoshān] 位于镇政府驻地西北7千米，属麻车头村。村在山岙中，有山形似鸟，故称鸟山。

耙齿岩 [Páchǐyán] 位于镇政府驻地西北7.8千米，属麻车头村。村在山谷中，海拔105米，因村侧有块岩石形似耙齿，故名。

蚊虫坑 [Wénchóngkēng] 位于镇政府驻地西北6.8千米，属麻车头村。西南依山，东北临溪，村在溪坑边，早年杂草丛生，多蚊虫，故称蚊虫坑。

【潮济村】 [Cháojì Cūn] 2018年8月，行政村规模调整，潮济村、岭下村、桥下村合并仍称潮济村。中国传统村落。位于北洋镇中部，东至官岙村，南至山下街村，西至长潭水库，北至官岙村。辖区面积2.7平方千米。辖岭下、范家、南文、兴达、桥下、潮济6个自然村，753户，2129人。村委会驻地原潮济村。

* **【潮济村】** [Cháojì Cūn] 位于北洋镇中部。中国传统村落。东至联群村，南至桥下村，西至岭下村，北至官岙村，面积0.8平方千米，其中耕地31.8公顷，山林15公顷，下辖1个潮济自然村，12个村民小组，418户，1160人。以村委会驻地自然村得名。

属潮济乡第十三、十四保。1951年为潮济乡潮济村。1956年与官岙、岭下组成联新社。1961年称潮济大队。1992年为北洋镇潮济村。2018年8月，桥下村、岭下村一起并入潮济村。

潮济 [Cháojì] 中国传统村落。位于镇政府驻地西北3.3千米，系潮济村委会驻地，东濒永宁江，北临黄岩至宁溪公路。据传，永宁江的戴家汇和小澧汇在未裁弯取直时，潮水因流速和时间关系，只能涨到此地为止，由此得名潮济。唐宋时期称潮济铺。民国时有埠头，小火轮可直达黄岩，为西部水陆联运枢纽。1960年长潭大坝合龙，溪流阻断，河道泥沙淤积，潮水不再到此，商贸衰落，但古街仍保存完好，近年成为中西部生态旅游线上的一个重要节点，已被列为第三批区级文物保护单位。民国《黄岩县志》称潮济街。建有文化礼堂。

* **【岭下村】** [Lǐngxià Cūn] 位于北洋镇中部。东至潮济村，南至桥下村，西至长潭水库，北至联丰村，面积1.5平方千米，耕地10.9公顷，山林98.1公顷。下辖岭下、范家、南文、兴达4个自然村，5个村民小组，206户，602人。以村委会驻地岭下自然村得名。

1947年为潮济镇第十四保。1951年为潮济乡岭下村。1956年为联新村。1961年称潮济乡岭下大队。1983年为潮济乡岭下村。1992年为北洋镇岭下村。2018年8月，和桥下村一起并入潮济村。

岭下 [Lǐngxià] 位于镇政府驻地西北4.4千米，系岭下村委会驻地，村在山岙中，北为胡村岭（又称猢狲岭）隧道，西为库区新隧道，黄岩至宁溪公路经过村西，因村在猢狲岭下面，故称岭下。民国《黄岩县志》载有岭下。

南文 [Nánwén] 位于镇政府驻地西北4.2千米，属岭下村。西靠山，南临公路，早年村旁多坟墓，因在岭下之南，故名南坟。谐音雅化南文。

范家 [Fànjiā] 位于镇政府驻地西北4千米，属岭下村，183人，据说，数百年前有范姓两夫妻从金华兰溪迁到此地，故名。民国《黄岩县志》载有范家。

兴达 [Xìngdá] 位于镇政府驻地西北3.4千米，属岭下村。该地为1994年新建住宅区，110间楼房，620人，2005年正式命名，兴达，意为兴旺发达。

* **【桥下村】** [Qiáoxià Cūn] 位于北洋镇中部。东至潮济村，南至联宏村，西至坎头村，北至岭下村，面积0.3平方千米，其中耕地12.2公顷，山林8.8公顷，129户，367人，下辖桥下、吴安前2个自然村，4个村民小组，以村委会驻地桥下自然村得名。

1947年属潮济乡第十五保。1951年为潮济乡潮济村。1956年属长潭乡联宏高级社。1961年为潮济公社桥下大队。1983年称潮济乡桥下村。1992年为北洋镇桥下村。2018年8月，和潮济村、岭下村合并称潮济村。

桥下 [Qiáoxià] 桥下村委会驻地。位于镇政府驻地西北3.5千米。350人，徐姓为主。东临永宁江，西临黄长公路。因此地有一座古桥，村在桥下方，故名。民国《黄岩县志》载有桥下。

吴安前 [Wú'ānqián] 位于镇政府驻地西北6.3千米，属桥下村。西北依山，人口123人。古时该地建有吴氏祖先墓，并有守墓的庵屋，1959年春，长潭水库移民陆续迁此变成村庄，因位于吴庵之前，故称吴庵前，庵谐音为安。

【官岙村】 [Guān'ào Cūn] 位于北洋镇北部。东至联群村，南至潮济村、称歇村，西至潮济村，北至杨恩村，面积2.4平方千米，其中耕地37公顷，山林145.3公顷，下辖官岙、岙里岸、官岙岭头3个自然村，18个村民小组。395户，1147人。以村委会驻地官岙得名。

1947年为潮济镇第十保。1951年为潮济乡官岙村。1956年为联新高级社。1961年为潮济公社官岙大队。1983年为潮济乡官岙村。1992年为北洋镇官岙村。1989年2月经浙江省民政厅批准为抗战时期革命老根据地村。

官岙 [Guān'ào] 位于镇政府驻地3.5千米，系官岙村委会驻地，地处大爿山东面山麓，村前是一片平畴，传说早年出过王、李两个天官，以此得名官岙。《清同治光绪年间新定县境总图》称官岙。

岙里岸 [Àolǐ'àn] 位于镇政府驻地4千米，属官岙村，三面环山。人口290人。因村地处山岙，当地有个岙里庵，村以此得名，后谐音为岙里岸。

官岙岭头［Guān'àolǐngtóu］位于镇政府驻地西北4.5千米，属官岙村。此岭南通官岙，北通瑞岩村，因位于官岙西北的山岭头，故名。《清同治光绪年间新定县境总图》载有官岙岭。

【联群村】［Liánqún Cūn］位于北洋镇北侧，东至康山村，南至称歇村，西至称歇村，北至官岙村，总面积3.8平方千米，其中耕地85.3公顷，山林146.6公顷，下辖东边、后山、西岙、梓浦、横山下、东岙、上路廊、下路廊等8个自然村，30个村民小组。984户，2840人。以村委会联群高级社得名。驻地梓浦。

1951年为潮济乡梓浦村。1956年为联群高级社。1961年为潮济公社联群大队。1992年北洋、长潭、潮济乡合并为北洋镇，村称北洋镇联群村。1992年经浙江省民政厅批准为抗战时期革命根据地村。2014年该村建起文化礼堂。灵石中学位于该村。

梓浦［Zǐpǔ］位于镇政府驻地西北2.2千米，联群村委会驻地，西濒永宁江，东临黄岩至宁溪公路，人口734人。《清同治光绪年间新定县境总图》称梓浦。

西岙［Xī'ào］位于镇政府西北3千米，属联群村。人口276人，西北靠灵石山。因位于灵石片村西部山岙，故名。《清同治光绪年间新定县境总图》有灵石，此地为灵石西。

东岙［Dōng'ào］位于镇政府驻地西北2千米，属联群村。东北靠灵石山，西南临江北渠道，设有公共汽车停靠点，人口258人，因地处灵石片村东部的山岙里，故名。

后山［Hòushān］位于镇政府西北2.9千米，属联群村，村北靠山，有两条小溪穿村而过，灵石寺塔位于该地，因地处灵石片村北（后）部山麓，故名。

横山下［Héngshānxià］位于镇政府驻地北1.4千米，属联群村，北靠山，南临江北渠道，人口507人，因地处东西走向的横山山麓，故名。民国《黄岩县志》有横山下。

上路廊［Shànglùláng］位于镇政府驻地西北2.2千米，属联群村。西临官岙，北依山。人口178人。因该地有上下两个路廊，在西为上，东为下，故称。

下路廊［Xiàlùláng］位于镇政府驻地北2千米，属联群村，人口258人，因该地路廊在东（下）故称。

东边［Dōngbiān］位于镇政府驻地西北2.3千米，属联群村。东靠灵石山，北有下岙岭通溪头，南为江北渠道，390人。因位于灵石片村之东，故名。

【长潭村】［Chángtán Cūn］2018年8月，行政村规模调整，长潭村和毛坦村合并后仍称长潭村。位于北洋镇南部，东至前蒋村、岙里村，南界平田乡黄溪村，西至长潭水库，北至山下街村。辖区面积3.1平方千米。辖长潭、马家寮、岳殿、乌岩下、三亩田、大坑、书院平、大坑岭脚、毛坦9个自然村，443户，1422人。村委会驻地原长潭村。

***【毛坦村】**［Máotǎn Cūn］位于北洋镇南部，东至前蒋村，南至长潭村，西临长潭水库，北至坎头村，面积0.6平方千米，其中耕地11.7公顷，山林17.2公顷，下辖毛坦1个自然村，4个村民小组。134户，439人。以村委会驻地毛坦得名。

1947年为潮济镇第十六保。1951年为前蒋乡茅坦村。1956年为潮济乡联宏高级社。1961年为长潭公社茅坦大队。1992年为北洋镇茅坦村。《清同治光绪年间新定县境总图》称茅坦。2016年10月，更名为毛坦村。2018年8月，和长潭村合并称长潭村。

毛坦［Máotǎn］位于镇政府驻地西3.8千米，系毛坦村委会驻地，西北靠山，东靠公路，因该地过去原是一片茅草坦，故名。长潭水库管理局设在该地，有桃园34公顷，近年已多次举办桃花节，游客络绎不绝。

***【长潭村】**［Chángtán Cūn］位于北洋镇南部，长潭水库大坝脚下，东至前蒋村，南邻平田乡东溪村，西至长潭水库，北至毛坦村，总面积2.6平方千米，耕地11.3公顷，山林139.2公顷。下辖长潭、马家寮、岳殿、乌岩下、三亩田、大坑、书院平、大坑岭脚8个自然村，12个村民小组。309户，983人。以村委会驻地长潭得名。

1947年为青江乡第一保。1951年为前蒋乡长潭村。1956年为潮济乡联络社。1961年为长潭公社长潭大队。1983年为长潭乡长潭村。1992年为北洋镇长潭村。《清同治光绪年间新定县境总图》就有长潭。2018年8月，和毛坦村合并后仍称长潭村。

长潭［Chángtán］位于镇政府驻地北洋西4.3千米，长潭村委会驻地。明万历《黄岩县志》卷一：“长潭溪，在县西三十五里，可通筏达永宁江。”村以溪名。此地为长潭水库建成后新兴小集镇，街道呈直角形，为长潭公路终点站，近年兴起“农家乐”，以番莳庆糕和胖头鱼为特色品种。

马家寮［Mǎjiāliáo］位于镇政府驻地西南3.5千米，属长潭村。三面环山，中为溪坑，海拔260米，人口102人。村在马家山上，早年有人搭寮看管马家的山林及祖坟，村以此得名。有小地名石壁岩。明万历《黄岩县志》：“马家山，在县西四十里。”

岳殿［Yuèdiàn］位于镇政府驻地西南4.7千米，属长潭村。四面环山，海拔150米，人口152人，近年半数人口迁居长潭，村东北早年有一座佛殿，供奉东岳大帝，俗呼岳殿。民国《黄岩县志》载有此名。

乌岩下 [Wūyánxià] 位于镇政府驻地西南3.9千米，属长潭村。海拔290米，原有人口106人，已搬迁下山，村在黑色巨石之下，故名。民国《黄岩县志》有载。

三亩田 [Sānmǔtián] 位于镇政府驻地西南5.1千米，属长潭村。村处峡谷北坡，海拔120米，人口75人。多数搬到山下新区。因早年村旁有一丘面积大约3亩大小的田，故名。

大坑 [Dàkēng] 位于镇政府驻地西南4.1千米，属长潭村。村处峡谷中，海拔140米，原有人口77人，全部搬迁新区，因村中峡谷较大，俗名大坑。民国《黄岩县志》有载。

大坑岭脚 [Dàkēnglǐngjiǎo] 位于镇政府驻地南偏西4.4千米，属长潭村。原为长潭水库轮渡码头，俗称大坝头，曾用名应家坑，1980年建成村落。1991年更今名，因地处大坑岭山麓，故名。已无人居住。

书院平 [Shūyuànpíng] 位于镇政府驻地西南4.1千米，属长潭村。四面环山，海拔230米，人口12户，87人，1981年开始陆续迁移山下，已成废村。因地处一块平坦园地，小溪围绕，称水围平，后雅化为书院平。民国《黄岩县志》称书院平。

【山下街村】 [Shānxiàjiē Cūn] 2018年8月，行政村规模调整，乌岩、坎头、利国、联宏4村合并为山下街村。以山下街得名。街长200米，潮济至长潭公路穿村而过，1959年乌岩区公所迁此，后成集镇。位于北洋镇中部，东、南与前蒋村、长潭村隔江相望，西濒长潭水库，北至潮济村。辖区面积2.7平方千米。辖山下、坎头、下蒋、凌湖、里垟、蒋家岙、新楼、蔡岙、桥上、上岸头、宏垟11个自然村，925户，2510人。村委会驻地原坎头村。

* **【利国村】** [Lìguó Cūn] 位于北洋镇中部，东至前蒋村，南至乌岩村，北邻坎头，西靠山，面积0.1平方千米，其中耕地4.4公顷，无山林地。217户，571人。下辖里垟1个自然村，4个村民小组，以村委会合作化时的利国高级社命名。

1947年为乌岩镇第九保。1951年称乌岩乡里垟村。1956年为乌岩乡利国高级社。1959年里垟移民到此建村。1961年为长潭公社里垟大队。1981年因重名更名为利国大队。1992年3个乡合并为北洋镇，称北洋镇利国村。2018年8月，和坎头、乌岩、联宏4村合并称山下街村。

里垟 [Lǐyáng] 位于镇政府驻地西3.4千米，系利国村委会驻地，里垟原在乌岩乡里垟，今为水库淹没区，1959年该村移民至此新建村落，仍以原里垟命名。侨置地名。

* **【坎头村】** [Kǎntóu Cūn] 位于北洋镇中部，东至前蒋村，南至利国村，北至联宏村，西靠山，面积1.3平方千米，耕地30.3公顷，林地55.8公顷，下辖山下、坎头、下蒋、凌湖4个自然村，17个村民小组。322户，893人。以坎头自然村得名。驻地山下街。

1947年为潮济乡第十五保。1951年为前蒋乡坎头村。1956年为潮济乡联宏高级社。1961年为长潭公社坎头大队。1992年3个乡合并称北洋镇坎头村。2018年8月，和利国、乌岩、联宏4个村合并称山下街村。

坎头 [Kǎntóu] 位于北洋镇驻地西3.5千米，系坎头村委会驻地，因村靠山边，山下有一片平地，与下蒋之间多高低不平的田坎头，故称坎头。民国《黄岩县志》载有此名。

山下 [Shānxià] 位于镇政府驻地西3.5千米，属坎头村。有街长200米，潮济至长潭公路穿村而过，1959年乌岩区公所迁此，后成集镇，因地处山麓，故名。民国《黄岩县志》称山下。

凌湖 [Línghú] 位于镇政府驻地西3.7千米，属坎头村，人口148人，原凌湖属长潭水库淹没区，迁居新址仍沿用原名，属侨置地名。民国《黄岩县志》载为灵湖，亦写凌湖。

下蒋 [Xiàjiǎng] 位于镇政府驻地西3.3千米，属坎头村，人口312人，因位于前蒋村后面，故称后蒋（清光绪县境图亦写作后蒋），现谐音为下蒋。民国《黄岩县志》载有下蒋。

* **【联宏村】** [Liánhóng Cūn] 位于北洋镇中部，距城区20千米，东至前蒋村，南至坎头村，北至桥下村，西至长潭水库岸。面积1.3平方千米，其中耕地25公顷，山林70.6公顷，下辖新楼、蔡岙、桥上、上岸头、宏垟5个自然村，10个村民小组。239户，712人。驻地新楼。以村委会联宏高级社得名。2018年8月，和坎头、乌岩、利国4个村合并称山下街村。

1947年为潮济镇第十五保。1951年为前蒋乡新楼村。1956年为潮济乡联宏高级社。1961年为长潭公社联宏大队。1992年为北洋镇联宏村。

新楼 [Xīnlóu] 位于镇政府驻地西北3.7千米，系联宏村委会驻地，东临黄岩至宁溪公路。人口170人，早年多住平房、茅屋，后来顾姓祖先最早到此建起楼房，故称新楼。

宏垟 [Hóngyáng] 位于镇政府驻地西北3.6千米，属联宏村。西北靠山，东临溪，人口128人，以联宏的“宏”和里垟的“垟”，各取一字组成。

蔡岙 [Cài'ào] 位于镇政府驻地西北3.9千米，属联宏村。西靠山，小溪穿村而过，人口150人，传说早年有蔡姓人在此山岙居住，故名蔡岙。

上岸头［Shàng'àntóu］位于镇政府驻地西北3.4千米，属联宏村。东临永宁江，西邻乡道，人口130人，因地处永宁江西岸，故名。《清同治光绪年间新定县境总图》有"上岸头"。

桥上［Qiáoshàng］位于镇政府驻地西北3.5千米，属联宏村。西临乡道，北面以溪与桥下村分界，因处于一座桥的西南（上方），故称桥上，人口130人。民国《黄岩县志》载有"桥上"。

*【**乌岩村**】［Wūyán Cūn］位于北洋镇中部，东至前蒋村，南至毛坦村，西至长潭水库，北至岭下村，无辖地，人口147户，334人，散居在山下、蔡岙、蒋家岙、毛坦等地，驻地在山下街，原属乌岩区，1959年水库移民迁此建村，1991年称长潭乡乌岩村。1992年称北洋镇乌岩村。以村委会原淹没区的乌岩得名，因无辖地，驻地设在山下（街）。2018年8月，和坎头、利国、联宏4个村合并称山下街村。

蒋家岙［Jiǎngjiā'ào］位于镇政府驻地西4千米，距长潭大坝0.5千米，属乌岩村，人口200人。1959年长潭水库移民安置此地，原是蒋氏所居山岙，故名。《清同治光绪年间新定县境总图》标为石壁岩。

【**称歇村**】［Chēngxiē Cūn］位于北洋镇西北，东至永宁江，南至康山村，西至前蒋村，北至联群村，总面积2.6平方千米，其中耕地87.6公顷，山林57.5公顷，下辖称歇（中村）、上汇头、岩头、小奄、兰田、前坎头6个自然村，25个村民小组。620户，1875人。以村委会驻地称歇得名。

1947年为潮济镇第十七保。1951年为潮济乡桥下村。1956年为桥下高级社。1961年为潮济公社桥下大队。1983年为潮济乡称歇村。1992年为北洋镇称歇村。

称歇［Chēngxiē］位于镇政府驻地西北1.6千米，系村委会驻地，北濒永宁江，南临江南渠道，人口600多人。清光绪《黄岩县志》写作山奄，现谐音为称歇。传说古代要选择县府地址，争执不下。新任县官出了主意，说是哪里泥土比重大，县府就设在哪里，于是到处称泥土比较，结果称到此地歇息，得名称歇。又称中村，因为全村集中之地。有小地名王家、蔡家。清光绪《黄岩县志》写作称崦。

岩头［Yántóu］位于镇政府驻地西北2.1千米，西依山，东临江南渠道，属称歇村。人口480人，村侧有座罾（增）山，濒永宁江一面多岩塌，故名岩头。《清同治光绪年间新定县境总图》标有此名。

小奄［Xiǎoyān］位于镇政府驻地西北2千米，属称歇村。人口170人，地处山麓，古时有尼姑庵得名，1959年长潭水库移民迁此建村。

上汇头［Shànghuìtóu］位于镇政府驻地北1.1千米，北临永宁江，属称歇村，人口160人。地处永宁江一个汇弯处，在汇头之西（上），故称上汇头。

前坎头［Qiánkǎntóu］位于镇政府驻地西北1.1千米，东临永宁江，属称歇村，人口310人，该地处称歇村之南（前），东有永宁江的堤坎，村以此名。

兰田［Lántián］位于镇政府驻地西北2千米，西依山，东为江南渠道，南有兰田水库，因村旁有块长年不干的滥水田得名滥田，后简写兰田。

【**五尖山村**】［Wǔjiānshān Cūn］位于北洋镇西北部，东至联丰村，南至横料村、屿头乡金廊村，西至屿头乡上凤村，北至临海市，面积3.4平方千米，耕地59.2公顷，山林236.7公顷，下辖李家、燕殿、半亩巨下、殿厂、师姑平、车坑、五尖山脚、庄得、牛栏岙9个自然村，12个村民小组。269户，742人。村以五尖山得名（因该山有5个尖峰），驻地李家。

1947年为潮济镇第三保。1951年为杨岙乡五尖山村。1956年为潮济乡五尖山高级社。1961年为长潭公社五尖山大队。1992年为北洋镇五尖山村。《清同治光绪年间新定县境总图》标有五尖山。

李家［Lǐjiā］位于镇政府驻地西北8.2千米，系五尖山村委会驻地，村在海拔340米高山上，人口210人，为李氏世居之地，故名。

牛栏岙［Niúlán'ào］位于镇政府驻地西北8.5千米，属五尖山村，三面环山，海拔350米，人口50人，因耕牛常年放养在该地山岙中，故名。民国《黄岩县志》有载。

庄得［Zhuāngdé］位于镇政府驻地西北8.7千米，属五尖山村。村西靠山，海拔340米，人口140人。因聚居分散称为庄得。（得，指这个地方）

燕殿［Yàndiàn］位于镇政府驻地西北8.7千米，属五尖山村，东、西依山，东南有燕殿水库，海拔430米，人口140人，因地处一块形似燕窝的岩石下面，称燕田，后谐音为燕殿。

半亩巨下［Bànmǔjùxià］位于镇政府驻地西北8.7千米，属五尖山村，东、西靠山，海拔410米，人口65人，因该地上方有一丘水田，约半亩大小，俗称半亩橛（橛，指残缺不全），村由此得名"半亩橛下"，谐音为半亩巨下。

殿厂［Diànchǎng］位于镇政府驻地西北8.6千米，属五尖山村，东、西靠山，海拔390米，人口41人，村东有水车坑水库，因村北有两个殿，殿旁有茅厂屋，故名。

师姑平［Shīgūpíng］位于镇政府驻地西北9千

米，属五尖山村，四周皆山，海拔575米，人口27人，该地有一尼姑庵，建在山间平地中，故名师姑平。

五尖山脚 [Wǔjiānshānjiǎo] 位于镇政府驻地西北7.6千米，属五尖山村，西北靠山，50人，黄岩至宁溪环库公路从山脚下经过，建有小电站2个。

车坑 [Chēkēng] 位于镇政府驻地西北8.7千米，属五尖山村，海拔340米，44人，村中有一溪坑，天旱时用水车车水灌溉山田，俗呼车坑，故名。

【横料村】[Héngliào Cūn] 位于北洋镇西北部，东、南至长潭水库，西至屿头乡，北至五尖山村、联丰村，面积2.3平方千米，耕地9.7公顷，山林151公顷，下辖上朱、胡奄、上透、岭脚、三份、东山、鱼岙、杨奄、广孝寺、砂岗头10个自然村，214户，593人，以原横料片村得名。该村祖先在此横山建寮垦荒，得名横寮，现惯写横料，驻地在胡奄。

1947年为潮济镇第二保。1951年为杨岙乡一村。1956年为潮济乡联盟高级社。1959年水库移民到此。1961年称长潭公社杨岙大队。1981年因重名更名为横料大队。1992年称北洋镇横料村。2015年11月与鱼岙合并，仍称横料村。

胡奄 [Húyān] 位于镇政府驻地西北6.8千米，系横料村委会驻地，三面依山，南临长潭水库，人口106人。1963年长潭水库移民到此建村，据传，早年该地有一座杨氏墓庵，庵前有石鼓，俗称石鼓庵，（凳）"鼓"谐音为"胡"，称胡奄。民国《黄岩县志》载为墓墩。

上朱 [Shàngzhū] 位于镇政府驻地西北5.6千米，属横料村。东北靠山，西临长潭水库，人口110人。地处山嘴头，位于东山（村）之北（上），故名上嘴头，民国《黄岩县志》载有上朱。

东山 [Dōngshān] 位于镇政府驻地西北5.3千米，属横料村。东靠山，西临长潭水库，人口23人，因位于杨岙东边的山麓，故名东山。民国《黄岩县志》载有此名。

三份 [Sānfèn] 位于镇政府驻地西北6.8千米，属横料村。三面环山，北临长潭水库，人口40人。早年有王氏三兄弟从屿头迁来，长子与次子分别居住该地西北的上透和下透，第三子住此，故称三份。

岭脚 [Lǐngjiǎo] 位于镇政府驻地西北7.3千米，属横料村。三面靠山，南临溪，海拔58米。21户，100人，1962年原杨岙村一部分移民外迁户返回此地建村，因地处山岭脚下，故称岭脚。

上透 [Shàngtòu] 位于镇政府驻地西北7千米，属横料村。西南靠山，北通公路，海拔46米。人口20户，63人。早年王氏三兄弟从屿头迁此，大房住的地方地势较高，叫上透，二房住的较低叫下透，现为水库淹没。

鱼岙 [Yú'ào] 位于镇政府驻地西北6.8千米，属横料村。东南均为长潭水库，72户，173人。抗战时为乌岩十三保。据传虞姓祖坟建于此，1950年前称虞岙，后谐音改"鱼岙"。村中广种桃树，已成为著名的"桃花岛"景观。

1951年为杨岙乡鱼岙里村。1956年为潮济乡联盟高级社。1961年为长潭公社鱼岙大队。1992年为北洋镇鱼岙村委会。2015年11月行政村调整为北洋镇横料村。

杨奄 [Yángyān] 位于镇政府驻地西6千米，属横料村。三面环山，西临长潭水库。5户，22人。古时，村东山岙内建有杨氏祖坟，并有守坟庵屋，称杨庵。《清同治光绪年间新定县境总图》标有杨奄。

广孝寺 [Guǎngxiàosì] 位于镇政府驻地西北7千米，属横料村。西依山，南临长潭水库，海拔40米，人口143人。南宋嘉定《赤城志》："广孝院，在县西南六十里。吴赤乌中（238—250）建，国朝治平三年赐额。"明万历《黄岩县志》称广孝寺，村以寺名。古刹今为水库所淹。

砂岗头 [Shāgǎngtóu] 位于镇政府驻地西北6.5千米，属横料村。三面环山，西临长潭水库，海拔40米，4户，10人。因该地南北各有一条沙岗，村聚落其中，故名双岗头，今写作砂岗头。

【娄岙村】[Lǒu'ào Cūn] 位于北洋镇西部，东至长潭水库，南至上垟乡，西至宁溪镇，北至长潭水库，总面积4平方千米，其中耕地23.5公顷，山林343.4公顷，人口224户，595人。下辖娄岙、下岙、白岩、砂地、短垟、牛鼻头、大麦田、温潭、垟山、里锅10个自然村。因坐落在山岙中，多数姓娄，故名。

1947年为乌岩镇第十二保。1951年属娄岙乡娄岙村。1956年为乌岩乡娄岙社。1961年为长潭公社娄岙大队。1983年为娄岙村。1992年为北洋镇娄岙村。2015年11月与砂地村合并，仍称娄岙村。

娄岙 [Lǒu'ào] 位于镇政府驻地西南10.7千米，系娄岙村委会驻地。村三面环山，北边临溪，有小地名娄岙屿、里堂、里堂路、平园、外塘等。人口637人，多王、娄姓。因村坐落在山岙中，为娄氏世居之地，故名。抗日战争时期，宁波防守司令王皞南中将生于该村。《清同治光绪年间新定县境总图》有载。

下岙 [Xià'ào] 位于镇政府驻地西南10.3千米，属娄岙村。三面环山，海拔43米，116人，多颜、卢、贾姓。因位于娄岙之东的山岙，惯以东为下，故名下岙。

白岩 [Báiyán] 位于镇政府驻地西南10.5千米，

属娄岙村。村北依山，南临乡道，63人，多姓林。因村旁山嘴头有一块白色的岩壁得名。《清同治光绪年间新定县境总图》载有此名。

砂地［Shādì］位于镇政府驻地西南8.7千米，属娄岙村。西靠山，东临长潭水库，海拔60米，人口36人。因当地土地多含砂质，故名。

1947年为乌岩镇第十保。1951年为娄岙乡短垟村。1956年为乌岩乡娄岙高级社。1961年为长潭公社砂地大队。1983年为长潭乡砂地村。1992年为北洋镇砂地村。2015年11月为北洋镇娄岙村。《清同治光绪年间新定县境总图》载有沙地。

温潭［Wēntán］位于镇政府驻地西南8.7千米，属娄岙村。三面环山，南临水库，海拔40米，人口40多人。此地山脚有个水潭，因潭边树木茂密，潭水浑浊不清，故名混沌。沌，即潭，后写作温潭。1959年里垟村移民迁此。民国《黄岩县志》有载。

短垟［Duǎnyáng］位于镇政府驻地西南8.8千米，属娄岙村。南面依山，北临长潭水库，人口4人。原短垟村在两山之间，因垟面短狭（与邻近长垟相对而言）故名。现已淹没。1959年移民后靠，仍称短垟，属侨置地名。民国清丈资料写作簖垟（簖：为拦河捕鱼用的竹栅栏。过去常用竹栅栏拦溪捕鱼，故名簖垟）。《清同治光绪年间新定县境总图》载有短垟。短垟俞氏一门多英杰。俞树棠，光绪二十九年（1903）进士；俞滨东，民国少将；俞树棻，中国近代抗疫名医。

垟山［Yángshān］位于镇政府驻地西南9.3千米，属娄岙村。东依山，南临长潭水库，海拔50米，人口28人，因此地山坡坡度平缓似平垟，故名。

里锅［Lǐguō］位于镇政府驻地西南8.8千米，属娄岙村。村在山岙中，海拔270米。因地处山岙，形似铁锅，相对于外锅（已废）为里面，故名里锅，4户，6人。1959年水库移民至此建村。有小地名大麦田，已无人居住，牛鼻头有1户人家。

娄岙新村［Lóu'ào Xīncūn］因所在村庄得名。2010年新建住宅区，隶属楼岙村委会。东临水库，南临小溪，西靠山，北临村道，占地面积9330平方米，楼房5幢68间。有168人。

【前蒋村】［Qiánjiǎng Cūn］位于北洋镇西部，东至移建居、镇南新村，南至长潭村，西至山下街村，北至称歇村，总面积4.7平方千米，其中耕地143.1公顷，山林138公顷。下辖前蒋、风家岭、讴韶、坦得、毛恩5个自然村，39个村民小组。有974户，2808人。以村委会驻地前蒋得名。该村注重特色农业发展，建有160公顷农业示范园，马铃薯、白萝卜等优质品种驰名省内外。

1947年为潮济镇第十七保。1951年为前蒋乡前蒋村。1956年为潮济乡联合社（前蒋社）。1961年为长潭公社前蒋大队。1983年为前蒋村。1992年为北洋镇前蒋村。

前蒋［Qiánjiǎng］位于镇政府驻地西2.8千米，系前蒋村委会驻地。西南邻长潭水库大坝，江南渠道穿村而过，人口1865人，以蒋姓为主，此地原称六都洋，地处下蒋前，故名前蒋。《清同治光绪年间新定县境总图》标有前蒋。

讴韶［ōusháo］位于镇政府驻地2.2千米，属前蒋村，三面环山，北临黄岩至长潭公路，人口620人。据传，南宋时该地进士车若春为其母做七十大寿，同科18位进士同来祝寿，一时讴歌韶乐，钟鼓悠扬，热闹非凡，后有“讴韶车，十八进士集一家”之说。民国《黄岩县志》载有“讴韶车氏”“唐末五季之交，自永嘉迁居讴韶”。

坦得［Tǎndé］位于镇政府驻地西2.6千米，属前蒋村，东靠山，江南渠道从东南经过，人口310人。建村前是一片荒芜之所。（坦，指地势平坦的茅草坦，得，这个地方。）民国《黄岩县志》载有坦得。

毛恩［Máo'ēn］位于镇政府驻地西南3千米，属前蒋村。村在山北，黄长公路旁。村在山边，茅草丛生，旁有古宫观一座，故名茅恩，简写毛恩。

风家岭［Fēngjiālǐng］位于镇政府驻地1.2千米，属前蒋村，村处岭西，黄长公路穿岭而过。明万历《黄岩县志》载枫岭，在县西四十里，山岭上多枫树，清光绪县志写作枫家岭，后演变为今名。

第四节　道路街巷

移建街［Yíjiàn Jiē］位于北洋镇中部，东起镇中路，西止北洋路（食品站），混凝土路面，长0.2千米，宽12米，2005年正式命名。以长潭水库移民新建的移建居得名。

新建西路［Xīnjiàn Xīlù］位于北洋镇西，东起北洋路，西止长宁路口，混凝土路面，长0.3千米，宽18米，2005年正式命名。该路原称移建路，根据北洋镇规划更名为新建西路。

新建东路［Xīnjiàn Dōnglù］位于北洋镇东，东起镇中路，西止北洋路，混凝土路面，长0.2千米，宽12米，原为邮电路，2005年根据规划更名为新建东路。

长宁路［Chángníng Lù］位于北洋镇南，属黄长线北洋段，东起小里桥新桥头，西止风家岭脚，混凝土路面，长1千米，宽32米。2005年正式命名，意为永久平安。

山下街［Shānxià Jiē］位于长潭山下，南起坎头樟树脚下，北止大路洋，混凝土路面，长0.5千米，宽

6米。2005年正式命名，因地处原长潭乡驻地山下村得名。

潮济街 [Cháojì Jiē] 位于北洋镇西部，东起下街头，西止长决公路，混凝土路面，长0.7千米，宽10米，原为潮济乡驻地，2005年正式命名，因位于潮济村得名。

昌兴大道 [Chāngxìng Dàdào] 位于北洋镇东部，南起长宁路口，北至长决线，混凝土路面，长1.5千米，宽36米。2006年正式命名。以浙江昌兴工艺品公司得名。

北洋南路 [Běiyáng Nánlù] 位于北洋镇南，南起长宁路，北止后窑洪殿桥头，混凝土路面，长0.7千米，宽24米。

北洋路 [Běiyáng Lù] 位于北洋镇中，南起长宁路，北至镇政府，混凝土路面，长0.7千米，宽24米，1986年以所在地北洋命名。

第十一章　头陀镇

第一节　概　述

头陀镇 [Tóutuó Zhèn] 乡级行政单位。在区境中部。东与新前街道接壤，南与澄江街道毗邻，西与北洋镇相连，北与临海市尤溪镇接界。总面积58.5平方千米。户籍人口1.3万户，37.4万人。古名头陀桥。以桥得名。万历《黄岩县志》卷一："头陀桥，在县西北二十里。"善庆寺僧侣为方便乡人出入，募资在元同溪上修建了一座石桥，故名头陀桥。至清乾隆年间，头陀桥垮塌，僧荣法募资重建。清光绪《黄岩县志》卷七："头陀桥，4都1图，2图。"1947年称头陀区头陀镇。1949年8月置头陀乡，属头陀区。1950年8月析为头陀、新界2个乡。1956年新界、头陀2个乡合并为头陀乡。1958年称头陀管理区。1961年9月为头陀人民公社。1981年7月称头陀公社管委会。1983年复称头陀乡。1985年改镇。1992年5月溪头乡并入仍称头陀镇。镇政府驻头陀镇头陀居振兴路15号，距黄岩城区11千米。2015年年末辖头陀1个居民委员会，山头姜、魏家、下路、广兴岙、上路、新界、新岙、山前河、孙东、孙西、湖岙、洪屿、前陈、断江、白湖塘、浦口、小里灰、双楠、汇头、店头新村（原店头桥、飞跃两个行政村于2015年11月黄岩行政村调整时合并）、溪头、山沌、分水、溪上、龙王坑、上垟殿、林公、横山、中岙、溪东、前园、岙坑、崇法、下岙、溪坦、南岙共36个行政村和1个百丈柑橘场。2018年8月，行政村规模调整，下路村和魏家村合并为新益村；孙东村和孙西村合并为孙家汇村；山头姜村、上路、广兴岙3个村合并为新盟村；浦口村和汇头村合并为浦汇村；新岙村和山前河村合并为圣河村；洪屿、湖岙、白湖塘3个村合并为镇西村；林公村和龙王坑村合并为林龙新村；南岙村和店头新村合并为店头新村；溪坦、崇法、下岙3个村合并为新下岙村；分水村和元同新村合并为元同村。调整后，共辖1个居委会，24个行政村。有16个居民小组，447个村民小组。有幼儿园8所，中小学各1所。公共图书馆1个。新界、小里灰、白湖塘、上垟等村建有文化礼堂。有头陀卫生院、溪头卫生院等。有敬老院以及居家养老服务照料中心11所。划岩山省级风景区1个。浙江省柑桔研究所设此。辖区东西最大距离9.4千米，南北最大距离11.1千米。陆地52.2平方千米，水域6.3平方千米。西北多山，东南低平，大体呈"U"字形。背山面江，属"六山一水三分田"的半山区平原。永宁江自西向东环流镇西南，元同溪自北向南穿境入永宁江，江北渠道依据地势沿山开凿，自西向东横贯全镇。两江交汇，生态优美。20世纪末，向江北渠道西拓展居住和商贸区。头陀是连接黄岩东西部的重要交通枢纽。昔为黄岩中部重镇，也是黄岩西乡重要的商埠，早在明代就已开市。明万历《黄岩县志》卷一："头陀桥市，在县西二十五里。"头陀桥集贸市场与路桥、院桥齐名，是历史上有名的"三桥"之一，是永嘉、乐清、仙居、临海等边境上的物资集散地。今头陀古街格局保存完整。永宁江北岸的断江一带为中国宽皮柑橘始祖地之一。元代林昉《柑子记》："台之州为县五，乳柑独产于黄岩。黄岩之乡十有二，而产独美于备礼之断江。"乳柑在唐朝时就列为皇室贡品。头陀历史悠久，曾涌现出布政使童谟，进士孔敏、吴执御，理学家陈绍大，举人童以思、童抗、孔隆等历史文化名人。

拥有耕地1162.8公顷，林地2410.2公顷。农业主要种植水稻等粮食及柑橘、甘蔗、茭白等果蔬。名优特农产品有"断江蜜橘""溪上蜜桃""头陀茭白""头陀红糖""新岙红心火龙果"等。双楠村有面积约0.2公顷的红糖基地1个。工业以机电、塑料模具、工艺品等产业为主，建有工业园区。第三产业有农贸市场、超市等商业网点和物流配送。公路黄椒线（S325）省道，县道长决线、店尤线、飞百线、临划线等，公交通城区和台州火车站。

从地名专名来看，辖区内居民点地名有以下特征：①以同名自然地理实体命名。如：洪屿、分水岗、杜家山、金龟山等。②以地理位置命名。如：上路、浦口、汇头、溪头、溪上、溪东、西岸、狮子岩下等。③以典型的地理特征命名。如：小斗、挂佛岩、蟹钳头、山铲、羊角坦等。④以姓氏命名。如：魏家、孙东、前陈、潘家、前彭、葛家、山头姜、西邵等。⑤以古迹、人工建筑物命名。如：碗窑头、牌坊里、道头、店头桥、李屋、孔宅、上宅等。⑥以民间神庙命名。如牟尼岭东、塘后庙、四姑坪、崇法寺、灵山寺、兴国庙前、上垟殿等。

从地名通名来看，辖区内居民点地名山水特色和传统文化兼具：①移借自然地理实体通名。如：山、岙、坑、坪、屿、岭、岗等。②移借民间神庙通名。如：寺、殿、庙等。③移借住宅建筑、交通设施等通名。如：屋、宅、庄、亭、园、棚、桥、路等。④移借方位字通名。如：东、西、上、下、后等。

地名的社会应用主要集中在特产、工艺等。以正名"头陀"冠名的有头陀红糖、头陀茭白。

头陀红糖：种植甘蔗始于宋朝。民国31年（1942）县长徐用引进技师用古法熬制红糖。头陀红糖具有色泽鲜亮，质地松软，散似细沙，甘甜味鲜，清香可口等特点。在台州当地享有盛名。

头陀茭白：2006年被农业部农产品质量安全中心认证为无公害农产品。茭白具有外观洁白、质地细嫩、味鲜美等特点。品牌有"元同"牌双季茭白等。销往上海、江苏、杭州、义乌、温州、宁波等地。茭白种植主要分布在三大洋（店头洋、洪花洋、涂田洋）一带的20多个村庄。

第二节　居

【头陀居】［Tóutuó Jū］因古头陀桥得名。位于头陀镇南部。东至前陈村，南邻浦汇村，西到镇西村，北接圣河村。居委会驻头陀居振兴路2号。下辖16个居民小组，554户，1531人。区域面积1.7平方千米，其中耕地17.4公顷，林地4.4公顷。种植水稻、柑橘等。设有头陀中心小学。聚落由三角状向西拓展呈团块状分布。永宁江缘南自西向东环绕，元同溪自北向南穿境注入永宁江。头陀新街店铺众多，商品琳琅满目。农历一、五、八为集市日。老街保存完整，多木结构二层传统民居建筑。产水稻、柑橘及多种蔬果。有古法制红糖作坊。西南有塑料、工艺品等企业。有综合市场、农贸市场等商业网点。临尤线自南向北通往临海。325省道直达黄岩西部。公交206路、256路等通城区和台州站。

昔下街头永宁江岸有船埠头，黄济（黄岩至潮济）小火轮随潮水涨落来回，是当地居民的重要交通工具。20世纪中，黄岩中学分部曾设山坪头。山坪头坡下的善庆寺（原址在头陀老桥旁），初建于北宋大中祥符八年（1015）。清乾隆年间（1736—1795），僧荣法募捐重修头陀桥，造福乡邻。因元同溪改道，老桥已毁，另在江北渠道上建起二座新桥。

清光绪《黄岩县志》卷七：头陀桥，四都一图。1947年为头陀镇第十四、十五保，称头陀桥。抗战期间曾称黄岩县第六区头陀镇。1951年称头陀乡头陀村。1956年属头陀乡第六高级社。1961年为头陀公社头陀大队。1983年称头陀乡头陀村。1986年9月分设为老桥、沿河、山根、大樟4个居委会。1992年5月溪头乡与头陀乡合并为头陀镇。1993年4个居委会合并为头陀居，称头陀镇头陀居。

第三节　行政村

【新益村】［Xīnyì Cūn］2018年8月，行政村规模调整，下路村和魏家村合并为新益村。下路村和魏家村合并，周边有新界村和新盟村，取新字，且该村为头陀最东边，进黄城第一村，谐音益，故名。位于头陀东部，东至新前街道东江村，南至澄江街道东江河村，西至新界村、新盟村，北至新前街道前洋村。辖区面积1.6平方千米。辖魏家、下陈、下路、道头4个自然村，794户，2177人。村委会驻地原下路村办公楼。南傍永宁江。

***【魏家村】**［Wèijiā Cūn］因村委会驻地自然村魏家得名。位于头陀镇东部，东至新前街道前洋村，南至下路村，西至山头姜村，北至新前街道北洋岙村。村委会驻魏家村388号。下辖魏家、下陈2个自然村，8个村民小组。359户，1087人。区域面积0.6平方千米，其中耕地23.4公顷，种植水稻、柑橘，属平原区。

清光绪《黄岩县志》卷七：魏家村，四都二图。1947年为头陀镇第三保。1951年为新界乡魏家村。1956年划归头陀乡第一高级社。1961年称头陀公社魏家大队。1983年称头陀乡魏家村。1985年称头陀镇魏家村。2018年8月，和下路村合并称新益村。

魏家［Wèijiā］魏家村委会驻地。距头陀镇政府驻地4.1千米。明清时期，此村为魏姓者聚居，故名。今村中已无魏姓。清光绪《黄岩县志》作魏家村。238户，685人，多何、王姓。

下陈［Xiàchén］属魏家村。距头陀镇政府驻地3.9千米。从前此地以陈姓为主，故名，今已无陈姓，村名沿袭。民国《黄岩县志》作下陈。119户，340人，多项姓。

***【下路村】**［Xiàlù Cūn］以村委会驻地自然村下路得名。位于头陀镇东部。东至新前街道东江村，南至澄江街道东江河村，西接新界村，北临新前街道前洋村。下辖下路、道头2个自然村，11个村民小组。435户，1090人。区域面积0.8平方千米，其中耕地34.5公顷，林地2.5公顷。南濒永宁江。种植水稻、柑橘，属平原区。

清光绪《黄岩县志》卷七：下罗，四都二图。1947年属头陀镇第二保，称下罗。1951年为新界乡下路村。1956年为头陀乡第一高级社。1961年称头陀公社下路大队。1983年称头陀乡下路村。1985年称头陀镇下路村。2018年8月，和魏家村合并称新益村。

下路［Xiàlù］下路村委会驻地。距头陀镇政府驻地4.4千米。清及民国的志书和清丈资料写作下罗。据传古时有罗姓住此，方位在上罗之东（下），故名下罗，后谐音下路。清光绪《黄岩县志》作下罗，民国《黄岩县志》作下路。307户，920人。王姓占80%。

道头［Dàotóu］属下路村。距头陀镇政府驻地4千米。过去村旁永宁江有渡口埠头，俗称道头，村以此名。民国《黄岩县志》载有道头街。125户，161人，多王姓。

【新盟村】［Xīnméng Cūn］2018年8月，行政村规模调整，上路村和广兴岙村、山头姜村合并为新盟村。3村合并，形成新的联盟，故名。位于头陀镇东南部，东至新益村，南至新界村、孙家汇村，西至柑橘研究所、百丈柑橘场，北界新前街道杏北村。辖区面积3.1平方千米。辖山头姜、王家岙、广兴庄、李屋、岭脚、牟尼岭西、上路、碗窑头、河恩、牟尼岭东等10个自然村，793户，2325人。村委会驻地原上路村办公楼。

*【**山头姜村**】［Shāntóujiāng Cūn］以村委会驻地自然村山头姜得名。位于头陀镇东部，东至魏家村，南至上路村，西至百丈柑橘场，北至新前街道北洋岙村。村委会驻山头姜村227号。下辖山头姜、王家岙2个自然村，17个村民小组。212户，710人。区域面积1.2平方千米，耕地29.7公顷，林地48.8公顷。种植水稻、柑橘。公路长决线等。

清光绪《黄岩县志》卷七：山头姜，四都二图。1947年为头陀镇第七保。1951年土改时为新界乡山头姜村。1956年为头陀乡第一高级社。1961年为头陀公社山头姜大队。1983年称头陀乡山头姜村。1985年称头陀镇山头姜村。2018年8月，和广兴岙村、上路村合并称新盟村。

山头姜［Shāngtóujiāng］山头姜村委会驻地。位于头陀镇政府驻地东北3.8千米。村在山旁，多姜姓，故名。清光绪《黄岩县志》作山头姜。171户，555人，姜姓占90%以上。

王家岙［Wángjiā'ào］属山头姜村。距头陀镇政府驻地3.4千米。村在山岙中，早年有王姓住此，故名。19户，65人，多金、吕姓。

*【**广兴岙村**】［Guǎngxìng'ào Cūn］以村委会驻地自然村广兴庄得名。位于头陀镇东部，东至上路村，南至孙西村，西至柑橘研究所，北至百丈柑橘场。村委会驻广兴岙村888号。下辖广兴庄、李屋、岭脚、牟尼岭西4个自然村，10个村民小组，195户，538人，区域面积0.9平方千米，其中耕地14.8公顷，林地35.9公顷。境内有猫儿坑小水库。种植水稻、柑橘。浙江省柑橘研究所位于该村。

清光绪《黄岩县志》卷七：广兴岙，四都二图。1947年属头陀镇第八保。1951年为新界乡广兴岙村。1956年并入头陀乡第一高级社。1961年称头陀公社广兴岙大队。1983年称头陀乡广兴岙村委会。1985年称头陀镇广兴岙村。2018年8月，和山头姜村、上路村合并称新盟村。

广兴庄［Guǎngxìngzhuāng］广兴岙村委会驻地。距头陀镇政府驻地2.6千米。传说该村古时有药铺名广兴庄，村以此得名。70户，339人，多应姓。有广慈寺，建于后唐清泰二年（935）。临海名人陈公辅少年于此读书，留有诗：淡淡轻风薄薄霜，隔窗唯听叶飘黄。玉炉香断灯花老，金磬一声秋夜长。

李屋［Lǐwū］属广兴岙村。位于头陀镇政府驻地东北2.4千米。村中多李姓，故名。31户，76人。毛儿坑水电站在村西北山麓。有小地名外岸、路上庙、九亩洋。

岭脚［Lǐngjiǎo］属广兴岙村。位于头陀镇政府驻地东北2.7千米处。村处牟尼岭脚西侧，故名。39户，180人，多金姓。

牟尼岭西［Móunílǐngxī］属广兴岙村。距头陀镇政府驻地2.8千米。岭路上设有牟尼亭，供奉释迦牟尼佛，称牟尼岭。以牟尼岭为界，村处西段，故名。5户，20人。亭已于20世纪60年代拆毁。

*【**上路村**】［Shànglù Cūn］以村委会驻地自然村上路得名。位于头陀镇东部，东至魏家村，南至新界村，西至广兴岙村，北至山头姜村。下辖上路、碗窑头、河恩、牟尼岭东4个自然村，10个村民小组。386户，1077人。区域面积0.9平方千米，其中耕地31公顷，林地14.7公顷。种植水稻、柑橘，属平原半山区。

清光绪《黄岩县志》卷七作上罗，四都二图。1947年为头陀镇第六保，称上罗。1951年为新界乡上路村。1956年为头陀乡第三高级社。1961年称头陀公社上路大队。1983年称头陀乡上路村。1985年属头陀镇上路村。2018年8月，和广兴岙村、山头姜村合并称新盟村。

上路［Shànglù］上路村委会驻地。距头陀镇政府驻地3.1千米。清及民国的志书和清丈资料写作上罗。据说古时有罗姓人住此，位于下路之西（当地西为上），故名。后谐音上路。228户，719人，多徐、张、金等姓。

碗窑头［Wǎnyáotóu］属上路村。距头陀镇政府驻地2.7千米。该村古时建有碗窑，故名。旧窑址中有许多碗片，经考证，系宋代古窑。18户，72人，多牟、金、张等姓。

河恩［Hé'ēn］属上路村。位于头陀镇政府驻地东北3千米。地处山麓，旁有河道（现为江北渠道的一段），偏僻冷落，可能早年有守坟的庵（方音读作“恩”）屋，故名河恩。37户，148人，多徐、张姓。有小地名湖庄。

牟尼岭东 [Móunílǐngdōng] 属上路村。距头陀镇政府驻地2.6千米处。以牟尼岭为界，因该村地处东段，故名。15户，62人，多聂、张、姜等姓。

【新界村】 [Xīnjiè Cūn] 以原新界片村得名。新界原是石牛栏（今下路山、道头山）山屿延伸而成的一块沿海陆地，称为新界道头，包、周、邵、彭等姓祖先迁此定居，始成村落，故名。位于头陀镇东部，东至新益村，南至澄江街道，西至孙家汇村，北至新盟村。村委会驻新界村888号。下辖西部、新区（大坟）、桥头、前彭、周家、后彭、前头7个自然村，16个村民小组。639户，1731人，区域面积1.1平方千米，其中耕地44.2公顷。种植水稻、柑橘、茭白、甘蔗，主要以种植业和务工为主，柑橘种植面积达20公顷。有针织行业等。属平原区。

清光绪《黄岩县志》卷七：新界，四都二图。1947年为头陀镇第四、五保。1951年称新界乡新界村。1956年并入头陀乡第一高级社。1961年为头陀公社新界大队。1983年称头陀乡新界村。1985年称头陀镇新界村。

西邵 [Xīshào] 属新界村，新界村委会驻地。位于头陀镇政府驻地东北3.3千米。位于新界片村的西北部，相对于桥头村，该村居西，多邵姓，故名。清光绪《黄岩县志》卷七：西邵，四都二图。130户，360人，多邵、包姓。

新区 [Xīnqū] 属新界村。位于头陀镇政府驻地东北4.1千米。原来此处是橘园和坟地，群众俗称大坟，2005年规划为新农村建设用地。53户，130人。新区位于新界村的东部，区域面积0.1平方千米。

桥头 [Qiáotóu] 属新界村，位于头陀镇政府驻地东北3.3千米。村中有座下包桥，故名。清光绪《黄岩县志》卷七：桥头，四都二图。84户，220人，包姓占90%以上。

前彭 [Qiánpéng] 属新界村。距头陀镇政府驻地3.3千米。该地处新界片村东南部，多彭姓，相对于桥头村，该村居南（前），故名。宋元间，彭文壹从太平洞黄迁居新界，为新界彭氏始祖。105户，270人，彭姓约占70%。

周家 [Zhōujiā] 属新界村。位于头陀镇政府驻地东北3.3千米。周姓世居，故名。65户，160人，周姓约占90%。

后彭 [Hòupéng] 属新界村。位于头陀镇政府驻地东偏北3.4千米。村在前彭北（后），故名。55户，120人。多彭姓。

前头 [Qiántóu] 属新界村。位于头陀镇政府驻地东偏北3.6千米。村在周家自然村前面，故名。147户，380人。

【圣河村】 [Shènghé Cūn] 2018年8月，行政村规模调整，新岙村和山前河村合并为圣河村。两村各取一字，新岙原名圣岙，故名。位于头陀镇西南部，东至头陀居，南至镇西村，西至新下岙村，北至店头新村。辖区面积2.4平方千米。辖大路头、大路脚、潘家、山脚、张家、王家、岙里、塘头8个自然村，461户，1468人。村委会驻地原山前河村办公楼。

***【新岙村】** [Xīn'ào Cūn] 以原新岙片村得名。片村处山岙中，原名圣岙。传说宋代出过显官望族，为送粮食进村，特从头陀至该村挖起一条漕河，并在河上建“迎圣桥”，村以桥名。清光绪《黄岩县志》卷三三：“朋屿旧隐，在邑西二十五里圣岙，元秦思齐隐此。”民国《黄岩县志》作圣岙，1967年“破旧立新”改名新岙。位于头陀镇南部，东至头陀居，南至洪屿村，西至山前河村，北至百丈柑橘场。村委会驻张家自然村。下辖张家、王家、岙里、塘头4个自然村，6个村民小组。233户，719人。区域面积2平方千米，其中耕地26.9公顷，水田22公顷，旱地30公顷，山林面积108.8公顷。经济收入以种植茭白、红心火龙果等果蔬为主。其中红心火龙果为名特优农产品。属半山区。

清时属四都一图。1947年属江岙乡第一保。1951年为头陀乡新岙村。1956年属头陀乡第五高级社。1961年称头陀公社圣岙大队。1967年改为新岙大队。1983年称头陀乡新岙村。1985年称头陀镇新岙村。2018年8月，和山前河村合并称圣河村。

张家 [Zhāngjiā] 新岙村委会驻地。距头陀镇政府驻地0.9千米。居民多张姓，故名。18户，55人。

王家 [Wángjiā] 属新岙村。距头陀镇政府驻地1千米。居民多王姓，故名。10户，32人。

岙里 [Àolǐ] 属新岙村。位于头陀镇政府驻地北偏南1.1千米。村坐落在山岙里，故名。70户，260人，多邱、林、朱姓。村东南有宋代古迹迎圣桥。桥上东梁镌有“迎圣桥”三字，西梁已落下一块条石，上镌“大宋甲辰九月三日”。传说该村有称王恩地方，古代出过王侯。

塘头 [Tángtóu] 属新岙村。距头陀镇政府驻地1.3千米。此处有一口塘，故名。25户，80人。

***【山前河村】** [Shānqiánhé Cūn] 以原山前河自然村得名。村处鸡笼山南（前）麓，故名山前。1981年7月因县内重名，以村境东南有鉴洋湖围绕，而改称山前河。位于头陀镇西南部，东至新岙村，南至湖岙村，西至南岙村，北至店头桥村。村委会驻大

路头自然村。下辖大路头、大路脚、潘家、山脚4个自然村，7个村民小组。228户，749人。区域面积0.7平方千米，其中耕地34.4公顷，林业用地16.7公顷。种植水稻、柑橘，属半山区。

清光绪《黄岩县志》卷七：山前，五都一图。1947年为江岙乡第十四保。1951年为头陀乡山前村。1956年为头陀乡第五高级社。1961年称头陀公社山前大队。1981年7月因重名，改为山前河大队。1983年称头陀乡山前河村。1985年称头陀镇山前河村。2018年8月，和新岙村合并称圣河村。

大路头［Dàlùtóu］山前河村委会驻地。距头陀镇政府驻地1.7千米。相对其他路，此路较宽，地势高，故名。48户，150人。

大路脚［Dàlùjiǎo］属山前河村。距头陀镇政府驻地1.5千米。在黄溪公路边，地势低矮，故称大路脚。87户，310人。距村部近500米。

潘家［Pānjiā］属山前河村。位于头陀镇政府驻地西偏北1.8千米。多姓潘，故名。39户，120人，潘姓约占80%。

山脚［Shānjiǎo］属山前河村。距头陀镇政府驻地1.8千米。村处山麓，故名。22户，80人，多陈、汪姓。有小地名山前堂。

【孙家汇村】［Sūnjiāhuì Cūn］2018年8月，行政村规模调整，孙东村和孙西村合并为孙家汇村。以原片村名得名。因地处永宁江回弯处，多孙姓聚居。位于头陀镇东南部，东至新界村、澄江街道凤阳村，南至断江村，西至前陈村，北至新盟村、新界村。辖区面积1.2平方千米。辖孙东、孙西2个自然村，716户，1935人。村委会驻地原孙西村办公楼。

***【孙东村】**［Sūndōng Cūn］以村委会驻地自然村孙东得名。《清同治光绪年间新定县境总图》作孙家汇。位于头陀镇南部，东至新界村，西至孙西村，南至永宁江，北至广兴岙村。下辖孙东1个自然村，13个村民小组，385户，1063人。区域面积0.7平方千米，其中耕地21.3公顷。南濒永宁江。种植水稻、柑橘、洋葱，属平原区。

1947年为头陀镇第九、十保，称孙家汇。1951年为新界乡孙家汇村。1956年并属头陀乡第二高级社。1959年为孙家汇生产队。1961年称孙东大队。1983年称头陀乡孙东村委会。1985年称头陀镇孙东村。2018年8月，和孙西村合并称孙家汇村。

孙东［Sūndōng］孙东村委会驻地。距头陀镇政府驻地2.2千米。该村处孙家汇片村东郊，故名。孙家汇，古汇名，以孙姓聚居得名。1961年改作孙东。385户，1063人，多孙、周、杨姓。

***【孙西村】**［Sūnxī Cūn］以村委会驻地自然村孙西得名。《清同治光绪年间新定县境总图》作孙西。位于头陀镇东部，东至孙东村，南至断江村，西至前陈村，北至广兴岙村。下辖孙西1个自然村，15个村民小组。331户，872人。区域面积0.5平方千米，其中耕地8.1公顷。主要以种植业和外出经商务工收入为主。属平原区。

1947年属头陀镇第九、十保，称孙家汇。1951年为新界乡孙家汇村。1956年并属头陀乡第二高级社。1959年为孙家汇生产队。1961年称头陀公社孙西大队。1983年称头陀乡孙西村。1985年称头陀镇孙西村。2018年8月，和孙东村合并称孙家汇村。

孙西［Sūnxī］孙西村委会驻地。距头陀镇政府驻地2千米。因在孙家汇片村之西部，故名。331户，872人，多潘、周、孙姓。南临永宁江。

【镇西村】［Zhènxī Cūn］2018年8月，行政村规模调整，洪屿村、白湖塘村、湖岙村合并为镇西村。3村合并，以地处镇政府驻地西得名。位于头陀镇西南部，东至头陀居，南至浦汇村、双楠村，西临店头新村，北至圣河村。辖区面积1.8平方千米。辖湖岙、下塘沿、兴国庙前、高丘头、樟树下、中央屋、高地、角山头、洪屿、白湖塘、山后、胡岙岸等12个自然村，776户，2324人。村委会驻地原洪屿村办公楼。

***【白湖塘村】**［Báihútáng Cūn］以村委会驻地自然村白湖塘得名。清光绪《黄岩县志》：“白湖，在县西二十五里。”位于头陀镇南部，东至洪屿村，南至双楠村，西与北洋相接，北至湖岙村。下辖白湖塘、山后、胡岙岸3个自然村，13个村民小组。302户，809人。区域面积0.7平方千米，耕地23.9公顷，山林13.1公顷。以种植甘蔗、水稻、茭白为主业，部分外出经商或种西瓜。属半山区。

1951年称头陀乡湖岙村。1956年为头陀乡第五高级社。1957年为白湖塘良种场。1961年改为头陀公社白湖塘大队。1983年称头陀乡白湖塘村。1985年称头陀镇白湖塘村。2018年8月，与湖岙村、洪屿村合并称镇西村。

白湖塘［Báihútáng］白湖塘村委会驻地。距头陀镇政府驻地1.6千米。古时白湖边上建有堂门，《台州府志》：“白湖，在县西二十五里。”又：“清庆院，在院西三十里双楠村，清康熙间废，清乾隆五年（1740）瑞岩寺僧全广圣建，改名白湖堂，其徒昭学重光佛像。”村以堂名，后演化为白湖塘。152户，425人，多杨、叶姓。白湖塘是头陀新兴的旅游景点之一。

山后［Shānhòu］属白湖塘村。距头陀镇政府驻地1.1千米。早年称洪屿山东首为上山红，西首为落山红。该村在洪屿山西麓，惯称山后。民国《黄岩县志》作山后。95户，250人，多王姓。

胡岙岸［Hú'ào'àn］属白湖塘村。距头陀镇政府驻地1.4千米。该村靠近胡岙，故名。49户，118人。

*【**湖岙村**】［Hú'ào Cūn］以村委会驻地自然村湖岙得名。位于头陀镇西南部，东至洪屿村，南至白湖塘村，西至南岙村，北至山前河村。下辖湖岙、下塘岸、兴国庙前、高丘头、樟树下、中央屋、高地、角山头8个自然村，6个村民小组。151户，483人。区域面积0.5平方千米，其中耕地17.7公顷，林地19.4公顷。种植水稻、柑橘、甘蔗。

1947年属江岙乡第十五保，称胡岙。1951年称头陀乡湖岙村。1956年为第五高级社。1961年为头陀公社湖岙大队。1983年称头陀乡湖岙村。1985年称头陀镇湖岙村。2018年8月，和洪屿村、白湖塘村合并称镇西村。

湖岙［Hú'ào］湖岙村委会驻地。距头陀镇政府驻地1.3千米。地处白湖塘北边的山岙里，故名。民国《黄岩县志》作胡岙。9户，27人。

下塘岸［Xiàtáng'àn］属湖岙村。位于头陀镇政府驻地西偏北1.3千米。村以早前一口下塘沿池塘得名。15户，50人。

兴国庙前［Xìngguómiàoqián］属湖岙村。距头陀镇政府驻地1.3千米。自然村位于兴国庙的前面，故名。29户，114人。

高丘头［Gāoqiūtóu］属湖岙村。位于头陀镇政府驻地西偏北1.3千米。该地比周边地势稍高，故名。58户，186人。

樟树下［Zhāngshùxià］属湖岙村。位于头陀镇政府驻地西偏北1.3千米。因一棵百年大樟树得名。15户，48人。

中央屋［Zhōngyāngwū］属湖岙村。距头陀镇政府驻地1.4千米。位于湖岙村中间地段，故名。49户，194人。

高地［Gāodì］属湖岙村。位于头陀镇政府驻地西偏北1.6千米。该地在湖岙村地势相对较高，故名。12户，37人。

角山头［Jiǎoshāntóu］属湖岙村。距头陀镇政府驻地1.6千米。村旁有山，且山边有一个角，故名。9户，30人。

*【**洪屿村**】［Hóngyǔ Cūn］以村委会驻地洪屿自然村得名。位于头陀镇南部，东至头陀居，南至浦口村，西至白湖塘村，北至山前河村。村委会驻洪屿村397号。下辖洪屿1个自然村，13个村民小组，323户，1032人。区域面积0.7平方千米，其中耕地14.5公顷，林地1.4公顷。种植水稻、柑橘，属平原区。公路临划线。

清光绪《黄岩县志》卷七：虹屿，四都一图。1947年属头陀镇第十六保。1951年为头陀乡洪屿村。1956年属头陀乡第五高级社。1961年称头陀公社洪屿大队。1983年称头陀乡洪屿村。1985年称头陀镇洪屿村。2018年8月，和湖岙村、白湖塘村合并称镇西村。

洪屿［Hóngyǔ］洪屿村委会驻地。距头陀镇政府驻地0.7千米。地处元同溪下游，因此地常被洪水淹没，村旁小山似海中岛屿一样，故名洪屿。清光绪《黄岩县志》作虹屿，民国《黄岩县志》作洪屿。324户，1003人，多卢、陈、章姓。副业豆瓣酱以其味道鲜香闻名全区。

【**前陈村**】［Qiánchén Cūn］以村委会驻地自然村前陈得名。位于头陀镇东南部，东至孙家汇村、断江村，南至永宁江，西至头陀居，北至百丈柑橘场。村委会驻前陈村215号。下辖前陈、后郭、西岸、高坦头4个自然村，16个村民小组，668户，1717人。区域面积1.8平方千米，其中耕地30.9公顷，林地26.7公顷。种植水稻、柑橘，属平原区。

1947年为头陀镇第十二、十三保。1951年为新界乡前陈村。1956年属头陀乡第二高级社。1961年为头陀公社前陈大队。1983年称头陀乡前陈村。1985年称头陀镇前陈村。

前陈［Qiánchén］前陈村委会驻地。位于头陀镇政府驻地东偏南1.3千米。陈姓聚居于此，与后郭相对来说，此村在其东南（前），故名。《清同治光绪年间新定县境总图》作前陈。348户，885人，多陈、潘姓。村北侧山麓有清光绪八年（1882）始建的甘露寺，又名井头寺。

后郭［Hòuguō］属前陈村。距头陀镇政府驻地1千米。早年有郭姓居此，且村在前陈之西北（后），故名。《清同治光绪年间新定县境总图》作后郭。140户，340人，今已无郭姓，多姓赵。

西岸［Xī'àn］属前陈村。位于头陀镇政府驻地东偏南1.2千米。早年村东有一条小河注入永宁江。且地处前陈之西，故名。《清同治光绪年间新定县境总图》作西岸。135户，325人，多陈、卢姓。

高坦头［Gāotǎntóu］属前陈村。距头陀镇政府驻地1.5千米。村在山脚下一块平坦的高地上，故名。《清同治光绪年间新定县境总图》作高坦头。45户，115人，多赵姓。有浙江省科学院柑桔研究所山地试验站在村北山上。

【**断江村**】［Duànjiāng Cūn］以原自然村断江得

名。村濒永宁江。清乾隆《黄岩县志》叙述此地段的永宁江云：“下流深涧，上独浅窄，如江流至此而断截也。”村由此得名断江。早在宋、元时，断江乳橘已作贡品，故断江亦作橘江。位于头陀镇东南部，东至澄江街道新舟桥村，南至澄江街道新舟桥村，西至前陈村，北至孙家汇村。下辖下断江、彭家、葛家、汇头4个自然村，12个村民小组，409户，1182人。区域面积0.8平方千米，其中耕地9.7公顷。东、南、西三面环永宁江。种植水稻、柑橘为主，兼种甘蔗等，属平原区，是中国宽皮柑橘始祖地之一。南宋《嘉定赤城志》卷三六：“乳橘，出黄岩断江者佳。”

1947年为头陀镇第十一保。1951年为新界乡断江村。1956年属头陀乡第二高级社。1961年称头陀公社断江大队。1983年称头陀乡断江村。1985年称头陀镇断江村。

下断江［Xiàduànjiāng］断江村委会驻地。距头陀镇政府驻地2.1千米。因位于断江村下片，故名。民国《黄岩县志》作断江。新中国成立后作下断江。95户，285人。

彭家［Péngjiā］属断江村。距头陀镇政府驻地东偏南2.1千米。村民多彭姓，故名。87户，250人。

葛家［Gějiā］属断江村。距头陀镇政府驻地2.1千米。村民多葛姓，故名。104户，313人。

汇头［Huìtóu］属断江村，位于头陀镇政府驻地东偏南2.3千米。村处永宁江汇流转弯处，故名。123户，334人。多顾姓。

【浦汇村】［Pǔhuì Cūn］2018年8月，行政村规模调整，浦口村和汇头村合并为浦汇村。取两村首字得名。位于头陀镇南部，东至澄江街道临古村，南濒永宁江与澄江街道禹成村隔江相望，西至镇西村、双楠村，北至头陀居。辖区面积1平方千米。辖浦口、汇头2个自然村，467户，1393人。村委会驻地原浦口村办公楼。南濒永宁江。

***【浦口村】**［Pǔkǒu Cūn］以村委会驻地自然村浦口得名。位于头陀镇南部，东至澄江街道下灰洋村，南至永宁江，西至汇头村，北至头陀居。村委会驻浦口村B区17幢1号，下辖浦口1个自然村，5个村民小组，203户，703人。区域面积0.4平方千米，其中耕地13.4公顷。种植水稻、柑橘，属平原区。

清光绪《黄岩县志》卷七：浦口，四都一图。1947年属头陀镇第十六保。1951年为头陀乡浦口村。1956年成立头陀乡第四高级社。1961年称头陀公社浦口大队。1983年称头陀乡浦口村。1985年称头陀镇浦口村。2018年8月，和汇头村合并称浦汇村。

浦口［Pǔkǒu］浦口村委会驻地。距头陀镇政府驻地0.7千米。村处元同溪注永宁江之入口（今已改道），故名。清光绪《黄岩县志》作浦口。200户，690人，多郑、应姓。有小地名下山头。

***【汇头村】**［Huìtóu Cūn］以村委会驻地自然村汇头得名。位于头陀镇南部，东至澄江街道横屋村，西至双楠村，南至永宁江，北至白湖塘村。下辖汇头1个自然村，9个村民小组，264户，690人。区域面积为0.5平方千米，其中耕地22.4公顷。种植水稻、柑橘，属平原区。

清光绪《黄岩县志》：汇头，四都一图。1947年属江岙乡第十六保。1951年为头陀乡汇头村。1956年属头陀乡第六高级社。1961年称头陀公社汇头大队。1983年称头陀乡汇头村。1985年称头陀镇汇头村。2018年8月，和浦口村合并称浦汇村。

汇头［Huìtóu］汇头村委会驻地。距头陀镇政府驻地1.4千米。该村处在永宁江故道一个袋形的回弯（俗称汇）之颈部，故名。1973年永宁江裁弯取直，此回弯渐淤。俗名灰头。《清同治光绪年间新定县境总图》作汇头。264户，674人。

【小里灰村】［Xiǎolǐhuī Cūn］以村委会驻地自然村小里灰得名。位于头陀镇南部，东至双楠村，南至永宁江，西至北洋镇康山村，北至82省道。村委会驻小里灰村380号，下辖小里灰1个自然村，14个村民小组，574户，1430人。区域面积1.6平方千米，其中耕地63.5公顷，山林1.5公顷。种植水稻、柑橘、甘蔗，属平原区。有黄岩蔬菜生产基地。

1947年为临古乡第八保。1951年为头陀乡小里灰村。1956年为头陀乡第七高级社。1961年称头陀公社小里灰大队。1983年称头陀乡小里灰村。1985年称头陀镇小里灰村。

小里灰［Xiǎolǐhuī］小里灰村委会驻地。距头陀镇政府驻地2.9千米。早年村庄处在永宁江一个袋形的回弯中，南临小里桥，九溪（含小澧水）注入江内，故称小澧汇，后谐音小里汇，今作小里灰。民国《黄岩县志》作小澧汇。574户，1430人，多符、徐、章姓。有小地名汇坤。

【双楠村】［Shuāngnán Cūn］以原片村双楠得名。片村以北面白湖旁古时有两棵楠木得名。《双楠义渡石碑记》云：“……此地白湖有双楠木在焉。交枝挺秀，两斡拔疏，敧卧深渊，旱干可见……”（碑立于清同治九年）位于头陀镇西南部，驻地西洋，东至浦汇村，南至永宁江，西至小里灰村，北至镇西村。下辖西洋、东洋、后包、后行、西洋汇5个自然村，15个村民小组。610户，1571人。区域面积1.31平方千米，其中耕地59.1公顷，林地14.8公顷。种植水稻、柑橘、甘蔗，属平原区。建有红糖基地，土法制作红糖、姜汁红糖。

清光绪《黄岩县志》卷七：双南，五都一图。1947年为江岙乡第十六、十七保。1951年称头陀乡双楠村。1956年属第六高级社。1961年称头陀公社双楠大队。1983年称头陀乡双楠村。1985年称头陀镇双楠村。

西洋 [Xīyáng] 双楠村委会驻地。距头陀镇政府驻地2.1千米。村在平垟（洋）上，位于片村西部，故名。140户，352人，多郑、金姓。

东洋 [Dōngyáng] 属双楠村。距头陀镇政府驻地1.7千米。村在平垟（洋）上，位于片村东部，故名。传吴朗公曾居过此村。清光绪《黄岩县志》载：东洋，五都一图。302户，845人，多郑、吴姓。

后包 [Hòubāo] 属双楠村。距头陀镇政府驻地2.1千米。村在西洋之后（北），居民多包姓，故名。95户，223人，多包、杨、周姓。

后行 [Hòuháng] 属双楠村。距头陀镇政府驻地1.7千米。存在东洋之后（北），聚落成排，故名后行。224人，多郑姓。产柑橘。

西洋汇 [Xīyánghuì] 属双楠村。距头陀镇政府驻地2.7千米。村处旧永宁江道一个袋形回弯（俗称"汇"）中，聚落靠近西洋，故名。73户，151人，多郑、包、王姓。

【店头新村】 [Diàntóu Xīncūn] 2018年8月，行政村规模调整，南岙村并入店头新村。位于头陀镇西南部，东至圣河村、岙坑村，南至小里灰村、圣河村，西至新下岙村、北洋镇，北至溪头村。辖区面积2.4平方千米。辖店头村、羊角坦、飞跃新村、前山、后坑、南岙新村6个自然村，474户，1371人。村委会驻地原店头新村办公楼。

* **【南岙村】** [Nán'ào Cūn] 以原片村南岙得名。片村位于原溪头乡（1992年5月并入头陀镇）最南面的山岙中，故名。位于头陀镇西南部，东到山前河村，南到小里灰，西到北洋镇与头陀镇界山猪娘山，北到溪坦村。村委会驻地前山。下辖前山、后坑、南岙新村3个自然村，9个村民小组。247户，648人，区域面积1.4平方千米，其中耕地31.8公顷，林地68.6公顷。产柑橘。佛门居士赵云韶（1884—1964），南岙人，1922年在上海创办最著名的素食馆——功德林，鲁迅、赵朴初、丰子恺等都是功德林的常客。

1947年属江岙乡第十三保。1951年称溪头乡一村。1956年属第一高级社。1961年称溪头公社南岙大队。1983年称溪头乡南岙村。1992年称头陀镇南岙村。2018年8月，和店头新村村合并称店头新村。

前山 [Qiánshān] 属南岙村。南岙村委会驻地。距头陀镇政府驻地西2.4千米。地处后坑村南（前）面山麓，故名。80人，多赵姓。海拔17米。

后坑 [Hòukēng] 属南岙村。位于头陀镇政府驻地西2.7千米。有条溪坑（溪涧）东西穿村，因在前山村之北（后），故名。50户，150人，多尹、张姓。海拔20米。

南岙新村 [Nán'ào Xīncūn] 属南岙村。距头陀镇政府2.9千米。南岙重新规划出来的居住点，故名。130户，400人，为1993年建成。

* **【店头新村】** [Diàntóu Xīncūn] 以原店头桥村和飞跃村合并得名。位于头陀镇中部，东至岙坑村，南至新岙村，西至下岙村，北至溪头村。下辖店头、羊角坦、飞跃新村3个自然村，8个村民小组，227户，723人。区域面积1平方千米，耕地35.2公顷，林地19.6公顷。种植水稻、柑橘，属半山区。

店头桥村：1947年属江岙乡第一保。1951年属溪头乡第十三村。1956年属溪头乡第一高级社。1961年称溪头公社店头大队。1981年7月因重名改称店头桥大队。1983年称溪头乡店头桥村。1992年溪头乡与头陀乡合并为头陀镇，称头陀镇店头桥村。

飞跃村：1961年成立飞跃大队。1983年称溪头乡飞跃村。1992年溪头乡与头陀乡合并为头陀镇，飞跃村属头陀镇。2015年黄岩区行政村调整，店头村与飞跃村合并，称头陀镇店头新村。2018年8月，南岙村并入店头新村。

店头村 [Diàntóucūn] 原属店头村，2015年11月，黄岩区行政村调整后属店头新村。合并后村委会驻地。距头陀镇政府驻地2.5千米处。相传古时，在元同溪西岸的一条小街，有一家三兄弟，第二个兄弟在此造了一座店头桥。村以桥名。另一说：此地有店铺数间，俗称店头，村以此名。《清同治光绪年间新定县境总图》作店头。147户，463人，多解、张、汤姓。有小地名店头里、象鼻头、桥头。

羊角坦 [Yángjiǎotǎn] 原属飞跃村，2015年11月，黄岩区行政村调整后属店头新村。距头陀镇政府驻地2.8千米。此地有一平地突起的小山岗，形似羊角，岗头较平坦，故名。20人，多王姓。

飞跃新村 [Fēiyuè Xīncūn] 原属飞跃村，为1995年新建居民点。2015年11月，黄岩区行政村调整后属店头新村。距头陀镇政府驻地3.2千米。大部分在该地重新规划新建楼房，故名。200人。

【溪头村】 [Xītóu Cūn] 以村委会驻地自然村溪头得名。位于头陀镇中西部，东至岙坑村，南至店头新村，西至前园村，北至溪东村。下辖溪头、毛山头、下西山3个自然村，9个村民小组。337户，1040人。区域面积1.2平方千米，其中耕地44.8公顷，林地17.3公顷。种植水稻为主，兼种柑橘、枇杷、杨梅等经济作物，系农林并举的半山区。

清光绪《黄岩县志》卷七：溪头，四都一图。1947年属江岙乡第二保。1951年称溪头乡第二村。1956年成立溪头乡第三高级社。1961年改称溪头公社溪头大队。1983年称溪头乡溪头村。1992年溪头乡与头陀乡合并为头陀镇，称头陀镇溪头村。

溪头［Xītóu］溪头村委会驻地。距头陀镇政府驻地3.5千米。以处元同溪上游得名。聚落呈块状分布。140户，430人，多孙姓。

毛山头［Máoshāntóu］属溪头村。距头陀镇政府驻地3.7千米。村以山名。村西的小山头过去多茅草，俗呼茅山头，后谐音毛山头。民国《黄岩县志·叙山》："分水岗之南为十二坑为牛伯坑，其东南为下西山为毛山头。"138户，415人，多孙姓。

下西山［Xiàxīshān］属溪头村。距头陀镇政府驻地3.9千米。位于元同溪西边的山脚下（道士尖下），故名。民国《黄岩县志》作下西山。59户，195人，多解姓。

【山沌村】［Shāndùn Cūn］以原自然村山沌得名。在划岩之南，以海拔500余米兀立的形似三个囤子的巨岩得名。传说这三囤自右至左，分别为粮食屯、刀枪屯和金银屯。谐音山沌。山沌村位于头陀镇北部，东至新前街道，南至林龙新村、上垟殿村，西至溪上村，北至临海界。下辖东高岙、横路丘，山脚3个自然村，25个村民小组。村委会驻东高岙。有划岩山风景区山脚下和横路丘里外两片主要居住区。361户，1239人。区域面积5平方千米，其中耕地24.5公顷，林地428.4公顷。以种植粮食、茭白、佛手瓜、生姜、毛竹等经济作物为主。依山傍水，风景优美，有省级风景区划岩山。

1947年属江岙乡第四保，称龙潭坑。1951年土改时称江岙乡第五村。1956年属溪头乡第五高级社。1961年改称溪头公社山沌大队。1983年称溪头乡山沌村。1992年称头陀镇山沌村。

东高岙［Dōnggāo'ào］属山沌村。山沌村委会驻地。距头陀镇政府驻地6.6千米。村东南为新前街道高岙村，故名。106户，395人。

横路丘［Hénglùqiū］属山沌村。距头陀镇政府驻地6.4千米。从前有条横路直通元同溪，中间有一丘大田，故名。190户，600人。

山脚［Shānjiǎo］属山沌村。距头陀镇政府驻地6.5千米。地处划岩山脚下，故名。现有65户，244人。多陈、汪姓。

【元同村】［Yuántóng Cūn］2018年8月，行政村规模调整，分水村和元同新村合并为元同村。以元同溪得名。位于头陀镇西北部，东至横山村，南至中岙村，西界北洋镇瑞岩村，北至临海市尤溪镇王扇村、上合村。辖区面积3.4平方千米。辖分水岗、杜家山、石大平、十字路上4个自然村和1个元同新村，206户，1424人。村委会驻地原分水村办公楼。

*__【分水村】__［Fēnshuǐ Cūn］以村委会驻地自然村分水岗得名。位于头陀镇北部，东至横山村，南至中岙村，西与临海市接壤，北至临海风冷坑村。下辖分水岗、杜家山、石大平、十字路上4个自然村，16个村民小组。206户，661人。区域面积3.3平方千米，耕地30.7公顷，林地179.6公顷。种植水稻、薯类，兼种柑橘、枇杷等，系农林并举的山区。岭路北通临海市山舟。

1947年属江岙乡第六保。1951年属江岙乡第十一村。1956年称溪头乡第四高级社。1961年改称溪头公社分水大队。1983年称溪头乡分水村。1992年溪头乡与头陀乡合并为头陀镇，称头陀镇分水村。2018年8月，和元同新村合并称元同村。

分水岗［Fēnshuǐgǎng］分水村委会驻地。位于头陀镇政府驻地西北7.5千米。为黄岩、临海两市（区）界山之一，水依此南北分流，故名。民国《黄岩县志》作分水岗。70户，214人，牟姓占90%以上。海拔330米。

杜家山［Dùjiāshān］属分水村。距头陀镇政府驻地7.1千米。该村最早为周姓独户居住，四周环山，故名独家山，后谐音杜家山。民国《黄岩县志》作杜家岙。53户，158人，多周姓。海拔270米。产柑橘、枇杷等水果，林业资源较丰富。

石大平［Shídàpíng］属分水村。距头陀镇政府驻地7千米。村处坡度较缓的山间平地，上下山必经十字路（地名），故名十度坪。民国《黄岩县志》作石度坪，后谐音石大平。70户，219人，多解、赵姓。海拔300米。

十字路上［Shízìlùshàng］属分水村。距头陀镇政府驻地6.3千米。山间有两条岭路呈十字交叉，因村在十字路上坡（北），故名。16户，97人，多解、周等姓。海拔290米。

*__【元同新村】__［Yuántóng Xīncūn］坐落在头陀镇洪屿村白花洋区块。东至临划线，南至江北渠道，西至规划东风路，北至山前河村。总面积12.2万平方米。其中生活用地8.2万平方米。生产用地4万平方

米。移民人数为428人，160户。2018年成立即并入元同村。

【溪上村】[Xīshàng Cūn] 以村委会驻地自然村溪上得名。位于头陀镇北部，东至上垟殿村，南至溪东村，西至横山村，北至山沌村。下辖溪上、董加岙、焦山、竹坦、坝头外、坝头里6个自然村，14个村民小组。301户，869人，区域面积3.1平方千米，其中耕地44公顷，林地178.8公顷，属半山区。种植水稻，兼种柑橘、枇杷、杨梅等，名特优农产品有“溪上蜜桃”。家家户户种植水果。村境内有省级风景区划岩山。

1947年属江岙乡第五保。1951年土改时为江岙乡第六村。1956年划归溪头乡，称第五高级社。1961年易名为溪上大队。1983年称溪头乡溪上村。1992年溪头乡与头陀乡合并为头陀镇，称头陀镇溪上村。

溪上 [Xīshàng] 溪上村委会驻地。位于头陀镇政府驻地北6.2千米。因地处元同溪上游地段，故名。民国《黄岩县志》作溪上。23户，89人，多童姓。海拔26米。

董加岙 [Dǒngjiā'ào] 属溪上村。距头陀镇政府驻地6.4千米。村在山岙中，最早董姓居此，故名董家岙，后谐音董加岙。今已无董姓。又一说：位于元同溪东面的山岙，曾名为东高岙，谐音董加岙。40户，120人，多陈姓。海拔60米。

焦山 [Jiāoshān] 属溪上村。距头陀镇政府驻地5.3千米。村在山脚，坐西朝东，每天一早阳光就能照到，故名照山，后谐音为焦山。清光绪《黄岩县志》作照山。民国《黄岩县志》作焦山。52户，156人，多曾、周、陈姓。海拔30米。

竹坦 [Zhútǎn] 属溪上村。距头陀镇政府驻地5.4千米。村建在元同溪边的坦地（较平的地方）上，早年有成片的竹林，故名。民国《黄岩县志》作竹坦。117户，351人，多叶、黄姓。海拔20米。

坝头外 [Bàtóuwài] 属溪上村。距头陀镇政府驻地6.1千米。原住打猎岙，1990年移民至坝头桥外，故名。43户，129人。

坝头里 [Bàtóulǐ] 属溪上村。距头陀镇政府驻地6千米。原住打猎岙，1990年移民至坝头桥里，故名。38户，115人。

【林龙新村】[Línlóng Xīncūn] 2018年8月，林公村和龙王坑村合并为林龙新村。两村各取首字得名林龙新村。位于头陀镇东北部，东界新前街道三合村，南至岙坑村，西至溪东村、上垟殿村，北至山沌村。辖区面积3.7平方千米。辖石坦坝、狮子岩下、中路头、剑山、林公院、岸下、毛竹坦7个自然村，432户，1260人。村委会驻地原林公村办公楼。

***【林公村】**[Lín'gōng Cūn] 以村委会驻地自然村林公院得名。位于头陀镇北部，东至狮子岩下，南至岙坑村，西至溪东村，北至上垟殿村。村委会驻林公村380号。下辖林公院、岸下、毛竹坦3个自然村，7个村民小组。224户，633人，区域面积1.6平方千米，耕地31.1公顷，林地73.1公顷。种植水稻、柑橘，属半山区。

1947年属江岙乡第三保。1951年称江岙乡四村。1956年并入溪头乡第五高级社。1961年体制调整，称溪头公社林公大队。1983年为溪头乡林公村。1992年称头陀镇林公村。2018年8月，和龙王坑村合并称林龙新村。

林公院 [Lín'gōngyuàn] 林公村委会设此。位于头陀镇政府驻地北4.6千米。传说早年有姓林的在此建书院，故名。民国《黄岩县志》作林公院。218人，多童姓。海拔30米。国民党少将童襄出生于此，宅院尚存。

岸下 [Ànxià] 属林公村。位于头陀镇政府驻地北4.8千米。聚落在山脚下，俗称山岸（沿）下，村以此名。民国《黄岩县志》作岸下。218人，多黄姓。海拔55米。

毛竹坦 [Máozhútǎn] 属林公村。位于头陀镇政府驻地北4.2千米。早年有一片竹林，因地势较平坦，俗称毛竹坦，村以此名。民国《黄岩县志》作茅竹坦。220人，多何姓。海拔30～90米。

***【龙王坑村】**[Lóngwángkēng Cūn] 以原自然村龙王坑得名。传说溪涧深潭内有龙，俗呼龙潭，又溪旁山上建有龙王殿，由此得名龙王坑村。位于头陀镇东北部，东至新前街道剑山村，南至岙坑村，西至林公院，北至龙潭坑。村委会驻地石坦坝。下辖石坦坝、狮子岩下、中路头、剑山4个自然村，14个村民小组。208户，627人。区域面积1.7平方千米，其中耕地12.1公顷，林地141.5公顷。种植水稻、柑橘，属半山区。民国《黄岩县志》作龙王坑。

1947年属江岙乡第三保。1951年属江岙乡上三村。1956年为溪头乡第五高级社。1961年为溪头公社龙王大队。1966年改名立新大队。因重名，1981年7月更为龙王坑村。1983年称溪头乡龙王坑村。1992年溪头乡与头陀乡合并为头陀镇，龙王坑村属头陀镇。2018年8月，和林公村合并称林龙新村。

石坦坝 [Shítǎnbà] 属龙王坑村。龙王坑村委会驻地。距头陀镇政府驻地4.9千米，在元同溪支流，有放水石坝，故名。85户，260人。原龙王坑自然村部分高山移民到该村。

狮子岩下 [Shīzīyánxià] 属龙王坑村。距头陀镇政府驻地4.5千米。因处在狮子岩下，故名。清光绪《黄岩县志》:“狮岩山，在县西北二十五里。”主峰狮子岩为裸露的巨岩，状如狮子。69户，200人，多陈、王姓。海拔250米。

中路头 [Zhōnglùtóu] 属龙王坑村。距头陀镇政府驻地4.6千米。地处林公村至溪东桥亭的中间，故名。48户，140人。

剑山 [Jiànshān] 属龙王坑村。距头陀镇政府驻地4.3千米。古名建山（清代都图及现在村庙中的清道光年间的石碑均写作建山），近几十年演变为剑山。村后山屿上有块竖立的岩石似剑，故名（岩石已毁）。34户，110人。

【上垟殿村】 [Shàngyángdiàn Cūn] 以原自然村上垟殿得名。在溪头山岙中有两座佛殿，前面的称上垟殿，后面的称下垟殿，村以上垟殿得名。位于头陀镇北部，坐落于省级风景区划岩山山脚下。东至鸡冠山，南至林龙新村，西至元同溪，北至山沌村、溪上村。村委会驻前坑。下辖前坑、山岸、金龟山3个自然村，16个村民小组。284户，815人。区域面积1.2平方千米，耕地25.1公顷，林地48.2公顷。种植水稻、柑橘，属半山区。

1947年属江岙乡第三、五保。1951年属江岙乡第四村。1956年并入溪头乡第五高级社。1961年称溪头公社上垟大队。因重名，1981年7月更名为上垟殿大队。1983年为溪头乡上垟殿村。1992年称头陀镇上垟殿村。

前坑 [Qiánkēng] 属上垟殿村。上垟殿村委会驻地。距头陀镇政府驻地4.9千米。村前（南）有一条山坑（溪涧），俗呼前坑，故名。38户，150人，多陈、吴姓。海拔40米。

山岸 [Shān'àn] 属上垟殿村。距头陀镇政府驻地5.7千米。聚落沿山脚边分布，故名山沿。谐音山岸。《清同治光绪年间新定县境总图》作山岸。108户，380人，多牟、梅姓。海拔35米。

金龟山 [Jīn'guīshān] 属上垟殿村。距头陀镇政府驻地5千米。村北一山嘴形似龟，俗呼金龟山。民国《黄岩县志》作金龟山。84户，260人，多吴姓。海拔40米。

【横山村】 [Héngshān Cūn] 以村委会驻地自然村横山得名。位于头陀镇西北，东至溪上村，南至溪东村、溪头村，西至中岙村、元同村，北至临海界。下辖横山、沙墩头、牛伯坑、溪洞、横山西岸、小胡岙、坐堂、十二亢8个自然村，18个村民小组。村委会驻横山村181号。360户，1092人。区域面积4.7平方千米，耕地39.1公顷，林地308.7公顷。种植水稻，兼种柑橘、杨梅等果木。

1947年属江岙乡第六、八保。1951年属江岙乡第八村。1956年属溪头乡第四高级社。1961年称溪头公社横山大队。1983年称溪头乡横山村。1992年称头陀镇横山村。

横山 [Héngshān] 横山村委会驻地。距头陀镇政府驻地4.8千米。村倚木琴山，有一山嘴向南伸出，将从西北流来的溪水阻而向南，故名横山头，村简称横山。因村北倚山坡，南临平原，地势颇高，又俗称上垟，写作上洋。196人，多周、王姓。海拔13米。有小地名横山头殿（小山南麓建有一座佛殿）。

沙墩头 [Shādūntóu] 属横山村。距头陀镇政府驻地4.7千米。因元同溪水冲积而形成的沙渚得名。民国《黄岩县志》作沙墩头。25户，71人。

牛伯坑 [Niúbǎikēng] 属横山村。距头陀镇政府驻地5.4千米。西北山麓有一块岩石，状似一头卧牛。神话传说石牛不听使唤遭雷击，因而被伯在溪坑旁。村以此得名。伯，方言，粘、贴之意。民国《黄岩县志》作牛伯坑。3户，12人，多周姓。海拔22米。

溪洞 [Xīdòng] 属横山村。位于头陀镇政府驻地北偏西4.5千米。传说村东溪底有个灵泉洞，西通百米外的白岩寺，村以此得名。民国《黄岩县志》作溪洞。65户，186人，多葛姓。海拔10米。有小地名下厂、矮山、高楼。

横山西岸 [Héngshānxī'àn] 属横山村。距头陀镇政府驻地4.7千米。村西山上有解姓祠堂，俗称西庵，村以此名。后谐音为西岸。1992年因镇内重名，改称横山西岸。清光绪《黄岩县志》：西庵，五都一图。176人，多解姓。海拔15米。小地名海棠花。

小胡岙 [Xiǎohú'ào] 属横山村。位于头陀镇政府驻地北偏西4.9千米。村在一小山岙中，俗呼小坞岙，谐音小胡岙。民国《黄岩县志》作小胡岙。71人，多王姓。海拔13米。

坐堂 [Zuòtáng] 属横山村。距头陀镇政府驻地5千米。古时村西南有一座尼姑堂（尼庵），北靠山屿，南临溪流，俗呼屿下堂（方言音市荷堂），快读即成坐堂，村以寺名。民国《黄岩县志》作社堂。128人，多王姓。海拔20米。

十二亢 [Shí'èrkàng] 属横山村。距头陀镇政府驻地5.2千米。传说明代官员童谟死后葬在故里，为防止盗墓，建了十二圹坟，因该村在第十二圹旁，故名。谐音十二亢。明万历《黄岩县志》卷二：“皇明童布政谟墓，在上岙。”上岙系古地名，今不存。原十二亢自然村在山上，已被十二圹水库淹没。今之十二亢系侨置地名。246人，多周姓。海拔55～70米。

有小地名牛佰坑。

【中岙村】[Zhōng'ào Cūn] 以原自然村中岙得名。溪头古时按方位有上、中、下三岙，因该村地处中岙，故名。位于头陀镇西部，东、南至前园村，西至北洋镇瑞岩村，北至元同村、横山村。村委会驻地旧屋。下辖旧屋、上宅、东岭头、西湾4个自然村，9个村民小组。418户，1327人。区域面积3.4平方千米，其中耕地19.3公顷，林地172公顷。种植水稻、柑橘。

1947年为江岙乡第十、十一保。1951年土改时属溪头乡第十一村。1956年与前园合并为溪头乡第二高级社。1961年称溪头公社中岙大队。1983年称溪头乡中岙村。1992年称头陀镇中岙村。

旧屋[Jiùwū] 中岙村委会驻地。距头陀镇政府驻地4.5千米。此地多古老的房屋，故名。曾用名下宅，系与上宅相对而称，以方位得名，因镇内重名，1991年8月地名补查时改之。229人。多章、解姓。海拔25米。

上宅[Shàngzhái] 属中岙村。位于头陀镇政府驻地西北4.7千米。与旧屋（下宅）相对而称，村在下宅之北（上），故名。318人，多解姓。据《黄岩县志·氏族·中岙解氏》记载：明洪武间解智浩由邑城迁此定居，始成村落。故中岙又称解岙。

东岭头[Dōnglǐngtóu] 属中岙村。位于头陀镇政府驻地西北6千米。村在瑞岩（片村）东边的山岭头上，故名。《清同治光绪年间新定县境总图》作东岭头。68户，201人，多张、林姓。海拔200米。有小地名里步田。

西湾[Xīwān] 属中岙村。位于头陀镇政府驻地西北7千米。村在一小溪西边的山弯中，故名。另一说，该村地形、山形从东向西，朝西南弯，故名。70户，205人，多周姓。村东南有蔡龙水库。

【溪东村】[Xīdōng Cūn] 以原自然村溪东得名。因该村辖区在元同溪的东边，故名。位于头陀镇西北部，东至林龙新村、岙坑村，南至溪头村，西至横山村，北至溪上村。村委会驻田桥。下辖田桥、沙墩头、桥亭、下宅4个自然村，19个村民小组。358户，1114人。区域面积为1平方千米，其中耕地63公顷，林地8.5公顷。种植水稻、柑橘、杨梅等经济作物，属半山区。

1947年属江岙乡第七、八保，称田桥等。1951年土改时称江岙乡第七村。1956年属溪头乡第三高级社。1961年称溪头公社溪东大队。1983年称溪头乡溪东村。1992年称头陀镇溪东村。

田桥[Tiánqiáo] 属溪东村。溪东村委会驻地。距头陀镇政府驻地4.5千米。溪上有桥，桥边有田，故名。古称倒树桥，传说有株槠树斜卧在桥亭和田桥之间的溪上。清光绪《黄岩县志》：殿桥，四都一图。民国《黄岩县志》作田桥。66户，176人，多陈姓。小地名黄途沌。

沙墩头[Shādūntóu] 属溪东村。距头陀镇政府驻地4千米。村西有一片因元同溪冲积而成的沙堆，俗呼沙墩头，村以此名。《清同治光绪年间新定县境总图》作沙墩头。75户，216人，多牟姓。

桥亭[Qiáotíng] 属溪东村。距头陀镇政府驻地4.3千米。此地古时有桥，桥上有亭，故名。清光绪《黄岩县志》：桥亭，四都一图。250人，多陈、童、林姓。明代广西布政使童谟为该村人。

下宅[Xiàzhái] 属溪东村。距头陀镇政府驻地4千米。在桥亭之南（下），地势较低，故名。清光绪《黄岩县志》：下宅，四都一图。140户，460人，多牟、童、林姓。

【前园村】[Qiányuán Cūn] 以村委会驻地自然村前园得名。位于头陀镇西部，东至店头新村，南至新下岙村，西至中岙村，北至溪头村。村委会驻前园村169号。下辖前园、竹园、外湖、下余、前园新村5个自然村，9个村民小组。383户，1181人。区域面积2.1平方千米，其中耕地80.6公顷，林地65.3公顷。种植水稻、柑橘。

清光绪《黄岩县志》卷七：中岙，五都一图。1947年属江岙乡第十、十一保。1951年土改时为溪头乡第九村。1956年属溪头乡第二高级社。1961年称溪头公社前园大队。1983年称溪头乡前园村。1992年称头陀镇前园村。

前园[Qiányuán] 前园村委会驻地。距头陀镇政府驻地4.3千米。村处上宅、旧屋（下宅）之南（前），传说有上宅府、下宅府，南面有花园，早年多果蔬园地，故名。古时统称为中岙。清光绪《黄岩县志》属中岙。中华人民共和国成立后写作前园。117户，350人，多章姓。海拔27米。

竹园[Zhúyuán] 属前园村。位于头陀镇政府驻地西北4千米。早年此地为一片毛竹园，故名。民国《黄岩县志》作竹园。93户，280人，多周、王姓。海拔20米。

外湖[Wàihú] 属前园村。距头陀镇政府驻地西北3.7千米。位于中岙外口，因有一口湖（塘），故名。民国《黄岩县志》作外胡。60户，185人，多孙、郑姓。

下余[Xiàyú] 属前园村。距头陀镇政府驻地3.5千米。地处中岙村下方（当地南为下），传早年有余姓人住此，故名。民国《黄岩县志》作下余。60户，180人，多倪、孙姓。

前园新村 [Qiányuán Xīncūn] 属前园村。距头陀镇政府驻地3.4千米。位于前园村的东部，紧靠店头。2000年由本村旧房改建而成，故名。有43套立地住房，共有43户。

【岙坑村】[Àokēng Cūn] 以村委会驻地自然村岙坑得名。岙坑村位于头陀镇中部，东至百丈柑橘场，南至圣河村，西至店头新村、溪头村，北至溪东村、林龙新村。下辖岙坑1个自然村，10个村民小组。288户，860人。区域面积2平方千米，其中耕地50.5公顷，林地77.6公顷。种植水稻，兼种柑橘、杨梅、枇杷等。工业以木制品玩具加工为主。

清光绪《黄岩县志》卷七：岙坑，四都一图。1947年属江岙乡第二保。1951年属溪头乡第二村。1956年岙坑和溪头组成第三高级社。1961年称溪头公社岙坑大队。1983年称溪头乡岙坑村。1992年称头陀镇岙坑村。

岙坑 [Àokēng] 岙坑村委会驻地。距头陀镇政府驻地2.8千米。地处山岙溪坑（溪涧）边，故名。清光绪《黄岩县志》作岙坑。288户，860人，多童、卢姓。

【新下岙村】[Xīnxià'ào Cūn] 2018年8月，行政村规模调整，溪坦、下岙、崇法3村合并为新下岙村。位于头陀镇西南部，东至店头新村、圣河村，南至店头新村，西至灵石山与北洋镇联群村接壤，北至前园村。辖区面积3.8平方千米。辖洋头、山头溪、牌坊里、溪坦、崇法寺、陈家、百丈下、灵山寺、南岙口9个自然村，723户，2030人。村委会驻地原溪坦村办公楼。

*【崇法村】[Chóngfǎ Cūn] 因村委会驻地自然村崇法寺得名。位于头陀镇西南部，东到下岙村，南到溪坦村，西界北洋镇，北至前园村。下辖崇法寺、陈家、百丈下、灵山寺、南岙口5个自然村，6个村民小组。182户，551人，区域面积为1.7平方千米，其中耕地10.9公顷，林地105.7公顷，种植水稻，兼种柑橘、杨梅等。属半山区。

1947年属江岙乡第十二保，称下岙。1951年称溪头乡十二村。1956年与下岙、店头桥、南岙、溪坦合称溪头乡第一高级社。1961年各自分开，岙里大队始成。1981年7月因重名，更名崇法大队。1983年称溪头乡崇法村。1992年称头陀镇崇法村。2018年8月，和溪坦村、下岙村合并称新下岙村。

崇法寺 [Chóngfǎsì] 崇法村委会驻地。距头陀镇政府驻地3.5千米。村以崇法寺得名。民国《黄岩县志》："崇法寺，创建年代无考，光绪三十二年（1906），僧妙理重葺。"95户，130人，多王、陈姓。海拔35米。据传天台宗宗祖智者大师曾于崇法寺精修。小地名陈家、王家。

陈家 [Chénjiā] 属崇法村。距头陀镇政府驻地3.4千米。以陈姓聚居得名。65户，200人。

百丈下 [Bǎizhàngxià] 属崇法村。距头陀镇政府驻地3.6千米。村南山高约百丈，因在其下，故名。50户，150人。

灵山寺 [Língshānsì] 属崇法村。距头陀镇政府驻地4.1千米。古时灵石尖山脚有灵山寺，村以寺名。18户，50人，多解姓。海拔55米。

南岙口 [Nán'àokǒu] 属崇法村。距头陀镇政府驻地西北3.4千米。处在南岙的出口，故名。13户，40人。为1995年新建居民点。

*【下岙村】[Xià'ào Cūn] 以原自然村下岙得名。溪头古时按方位有上、中、下三岙，因该自然村地处下岙，故名。增加：据灵石寺塔出土木牌记载："台州黄岩县备礼乡下岙……北宋咸平元年"，故北宋初已有"下岙"。位于头陀镇西部，东至店头村，南至溪坦村，西至崇法村，北至前园村。村委会驻洋头。下辖洋头、山头溪、牌坊里3个自然村，16个村民小组。276户，741人。区域面积为0.8平方千米，其中耕地32.3公顷，林地10.3公顷。种植水稻、柑橘。

清光绪《黄岩县志》卷七：下岙，五都一图。1947年属江岙乡第十二保，称山头溪、牌坊里。1951年土改时属溪头乡第十二村。1956年属溪头乡第一高级社。1961年各自建队，下岙大队始成。1983年称溪头乡下岙村。1992年称头陀镇下岙村。2018年8月，和溪坦村、崇法村合并称新下岙村。

洋头 [Yángtóu] 属下岙村。下岙村委会设此。位于头陀镇政府驻地西北3.1千米。村处下岙岙口的平垟（洋）上，故名。原名洋头坦，有砂石滩地。362人，多林姓。

山头溪 [Shāntóuxī] 属下岙村。距头陀镇政府驻地3.1千米。村西有小溪绕山嘴头自北南流，故名。民国《黄岩县志》作山头溪。38户，109人，赵、童、阮等杂姓。

牌坊里 [Páifǎnglǐ] 属下岙村。位于头陀镇政府驻地西北3千米。早年村口有石牌坊（20世纪50年代初废），故名。民国《黄岩县志》作牌坊里。79人，235人，多林姓。

*【溪坦村】[Xītǎn Cūn] 因村委会驻地自然村溪坦得名。位于头陀镇西部，东至店头村，南至南岙村，西至崇法村，北至下岙村。下辖溪坦1个自然村，8个村民小组。276户，741人。区域面积1.1平方千米，其中耕地29.5公顷，山林35.5公顷。主要以种植业和外出经商收入为主，几乎家家户户种植茭白，种植茭

白面积13公顷。

清光绪《黄岩县志》卷七：下岙，五都一图。岙里、溪坦、下岙三村统称下岙。1947年属江岙乡十二保。1951年土改时属溪头乡，称十三村。1956年与店头桥、南岙、下岙、岙里合称溪头乡第一高级社。1961年各自分开，溪坦大队始成。1983年称溪头乡溪坦村。1992年称头陀镇溪坦村。2018年8月，和崇法村、下岙村合并称新下岙村。

溪坦 [Xītǎn] 溪坦村委会驻地。距头陀镇政府驻地3千米。传说以前灵石山崩，下面有大片土地滩，有一条溪流从山间流过，故名。清光绪《黄岩县志》作下岙。1961年改称溪坦。250户，793人，多周、严、朱等姓。

第四节　道路街巷

滨江路 [Bīnjiāng Lù] 在头陀镇，2004年正式命名。东傍元同溪得名。南起长决线，北至环镇北路，混凝土路面，长0.7千米，宽18米。

洪屿路 [Hóngyǔ Lù] 在头陀镇，2004年正式命名。因位于洪屿村得名。南起长决线，北至环镇北路，混凝土路面，长0.7千米，宽12米。

头陀街 [Tóutuó Jiē] 在头陀镇，2004年正式命名。因属头陀主街道得名。南起长决线，北至环镇北路，混凝土路面，长0.7千米，宽12米。

学士路 [Xuéshì Lù] 在头陀镇，2004年正式命名。因通达头陀中心小学得名。东起滨江路，西至环镇西路，混凝土路面，长0.6千米，宽12米。

文博路 [Wénbó Lù] 在头陀镇，2004年正式命名。因通往原头陀中学得名。东起滨江路，西至环镇西路，混凝土路面，长0.6千米，宽22米。

汇浦路 [Huìpǔ Lù] 在头陀镇，2004年正式命名。与浦口村交界得名。东起滨江路，西至环镇西路，混凝土路面，长0.3千米，宽12米。

西沅路 [Xīyuán Lù] 在头陀镇，2004年正式命名。因西邻元同溪得名。东起滨江路，西至环镇西路，混凝土路面，长0.3千米，宽12米。

老桥街 [Lǎoqiáo Jiē] 在头陀镇，2004年正式命名。因原头陀老桥位于此街得名。头陀街至头陀桥，混凝土路面，长0.2千米，宽14米。

大樟街 [Dàzhāng Jiē] 在头陀镇，2004年正式命名。因临近千年古樟得名。头陀街至老桥街，混凝土路面，长70米，宽14米。

大行路 [Dàxíng Lù] 在头陀镇，2004年正式命名。经原太行里，故名。太写作大。北起头陀街，南至长决线，混凝土路面，长0.2千米，宽14米。

头陀中街 [Tóutuó Zhōngjiē] 在头陀镇，2004年正式命名。原头陀老中街，沿用老街名。东起头陀街，西至头陀下街，混凝土路面，长0.1千米，宽5米。

头陀下街 [Tóutuó Xiàjiē] 在头陀镇，2004年正式命名。原头陀老下街，沿用老街名。东起头陀中街，西至长决线，混凝土路面，长70米，宽5米。

讯发路 [Xùnfā Lù] 在头陀镇，2005年正式命名。因邮电局位于此路，意为通信发达。南起长决线，北至环镇北路，混凝土路面，长0.7千米，宽12米。

振兴路 [Zhènxīng Lù] 在头陀镇，2005年正式命名。以体现发展前景，反映欣欣向荣的时代气息得名。东起后敦桥，西至洪屿山，混凝土路面，长0.9千米，宽28米。

第十二章　院桥镇

第一节　概　述

院桥镇［Yuànqiáo Zhèn］乡级行政单位。全国重点镇。在区境东南部。东与路桥区螺洋街道接壤，南与温岭市大溪镇毗邻，西与沙埠镇相连，北与高桥街道、南城街道接界。总面积80.4平方千米。户籍人口2万户，7.4万人。以桥得名。唐时称柏山。明万历《黄岩县志》卷一："柏山，唐开元间有柏姓隐居焉，故名。"又："柏山桥，俗呼县桥。"清光绪《黄岩县志》卷七："柏山桥，在县南二十五里，俗呼院桥。"亦称"柏岙"。明万历《黄岩县志》卷二："柏岙铺，在店头铺东十里。"明代旅行家徐霞客去温州途经院桥，写有《游雁宕山日记》："自初九日别台山，初十日抵黄岩。日已西，出南门三十里，宿于八岙（柏岙）。"宋元属永宁乡沙门里。明清属永宁乡二十七都一图。清光绪初属25都1～2图，26～28都1图。清宣统元年（1909），院桥属南乡。1910年，南乡改正南镇，院桥属正南镇。1913年从正南镇析出，称院桥区院桥镇。1947年易镇为乡。1949年4月沿袭之。1950年横林、秀岭、西溪3个乡析出。1951年春，横林乡并入院桥乡，西溪乡并入秀岭乡。1958年10月为院桥大队。1959年4月改称院桥管理区。1961年为院桥人民公社。1983年称院桥乡。1985年称院桥镇。1992年5月店头、秀岭、鉴湖3个乡并入。镇政府驻院桥街居学前街12–6号，距黄岩城区11千米。2015年年末辖沙门金、沙门於、沙门店、王家岙、横泾前岸、横泾后岸、浦口东、高洋、浦口、横林、灯塔、横林后岸、合屿、唐家桥、河头、东家峰、潘家岙、对岙、梁湖桥前、梁湖桥、泾南、水家洋、后宅、永乐、三友、上桥、下店头、前宅、岙林、升上垟、繁荣、洋岙、下店、红星、雅里、苏楼、西柱新村、樟前、新上蒋、后郑桥、前郑、店头街、前王、左任新村、水花、西溪、岙里街、井头、秀岭、下村、四联、鸡山、东鉴、下山头、桐村、山下、田洋、梅北新村、岭下东、盈岙、胡家桥、山头陈、鉴洋、占堂、牛极、上岙、中岙里、上春共68个行政村（2015年11月，黄岩区行政村调整时，原72个行政村调整为68个，其中梅山村与山北村合并为梅北村；浦口西村与浦口杨村合并为浦口村；华屿村与水淋头村合并为红星村；西合村与旧柱村合并为西柱新村）。2018年8月，行政村规模调整，鸡山、胡家桥、盈岙3个村合并为鸡笼山村；山头陈、岭下东、梅北新村（梅山片）、鉴洋4个村合并为鉴湖村；东鉴村和下山头村合并为九莲村；上春村和下村村合并为上下村；山下、田洋、梅北新村（山北片）3个村合并为山北尤村；横林、灯塔、横林后岸3个村合并为横林村；占堂村和对岙村合并为见瑭村；东家峰村和潘家岙村合并为阜峰村；唐家桥村和河头村合并为秀水村；浦口、浦口东、高洋3个村合并为浦口村；沙门金村和沙门於村合并为沙门村；前郑村和后郑村合并为前后郑村；横泾前岸村和王家岙村合并为横泾村；新上蒋村和雅里村合并为蒋里村；岙里街村和西柱新村（西合片）合并为新岙里村；西溪村和西柱新村（旧柱片）合并为西溪村；永乐村和三友村合并为永友村；前王村和泾南村合并为泾前村；前宅村和后宅村合并为前后宅村；上桥村和升上垟村合并为上桥洋村；下店村和岙林村合并为友联村；店头街村和下店头村合并为店头村；水家洋、梁湖桥、梁湖桥前3个村合并为梁湖桥村；桐村和洋岙村合并为桐村村。调整后，共辖39个行政村，有499个村民小组，院桥街居、下抱居、前庄居、南街居4个居委会，21个居民小组。有幼儿园16所，小学4所，初中1所，高中1所。文化艺术团体1个，公共图书室1个。各级医疗卫生机构7个。唐家桥、繁荣、对岙、桐村、胡家桥、占堂等行政村建有文化礼堂。地处北雁荡山余脉与温黄平原接合部，丘陵与平原相间。西南为丘陵和低山，中部和东部为水网平原。最高峰太湖山，海拔733米。有秀岭、西溪水库。有鉴洋湖国家城市湿地公园1个。有镇锁桥为省级文物保护单位1处。蓝田山青瓷窑址、大藤坤青瓷窑址以及明代王启墓、清代太湖闸等区级文物保护单位4处。"院桥高台舞狮"和"田洋曲"2项被列入市非物质文化遗产名录。奥特莱斯国家AAA级旅游景区1个。东瓯文化和商贸、宗教、民俗等传统文化影响深远。有江浙两省最早36所寺院之广化寺和宝轮寺。有古窑址、步莲宫古戏台、院桥炮台山顶原烽火台遗址等古迹。秀岭水库西侧将军庙为血战秀岭抗倭纪念地。院桥是海上丝绸之路源头之一。有"南乡重镇"之称。唐末五代新罗国商人在秀岭一带有聚居区新罗坊。元代在秀岭设有巡检司，柏岙设立驿站。邑内八铺古院桥有柏岙铺、秀岭铺等六铺。清代柏岙街是台绢、土布等农副产品集散地和台温较大的耕牛交易地。院桥还是六朝墓葬密集地之一，其中有皇室墓葬。曾涌现了北宋黄岩首中进士杜垂象和明代刑部右侍郎王启，有章陬等12位进士，水利专家章育，清黄岩镇总兵章飞熊等众多历史文化名人。台温古驿道上曾留下了王羲之、鉴真大师、黄宗羲、袁枚等历代文人墨客足迹和诗篇。

拥有耕地1956.8公顷，林地2081.8公顷。农业主要种植水稻、柑橘，名特优农产品、绿色环保产品有荸荠、席草、东魁杨梅、番茄、果蔗、苗木等。1992年始于镇区西北陆续开发工业区。工业有机电、工艺礼品、汽摩配件、塑料制品等产品。是浙江省首批小城镇综合改革试点镇、省工业卫星镇。第三产业有商业网点、物流配送及旅游服务业。甬台温铁路傍境而过，沈海（G15）高速公路南北纵贯，设有台州南互通口。境内高速公路长4千米。通航河道2条。县乡级公路有院西线、院岙线、高广线、北院线、横院线、院路线等。

从地名专名来看，辖区内居民点地名有以下特征：①以同名自然地理实体命名。如：鉴洋、西溪、梅山、秀岭、园珠屿等。②以典型的自然地理特征命名。如：杉树坦、燕窠、万丈坑、捐机岩等。③以地理位置命名。如：前宅、后宅、山前、田洋里等。④以聚族、望族姓氏或姓氏与地理位置、地理特征组合命名。如：沙门金、浦口杨、山头陈、岙里戴等。⑤以祥瑞、希冀命名。如：繁荣、三友、永乐等。⑥以住宅建筑、坊市、交通设施等命名。如：苏楼、外屋、王银屋、新河坊、梁湖桥、唐家桥、大路桥等。⑦以民间神庙命名。如：塘浦庙、酌议庙、柏树殿、将军殿、国宁寺等。

从地名通名来看，辖区内居民点地名山水特色和传统文化兼具：①移借自然地理实体通名。如：岙、岭、坑、洋、屿等。②移借民间神庙通名。如：庙、庵、殿、堂等。③移借方言字通名。如：份、坦、爿、坤等。④移借居民住宅、交通设施通名。如：坊、屋、宅、厂、楼、桥等。

地名的社会应用主要集中在民俗活动及古代军事设施。以正名“院桥”冠名的有院桥高台狮舞。起源于清代初期，由当地的“南乡北狮”改编而来。在以前郑村为主的镇北老店头片一带盛行。每年春节，当地都有这项民俗表演。2009年院桥高台狮舞被列入市级非物质文化遗产名录。以古名“柏岙”冠名的有柏岙山台。位于院桥街南青龙山（又名柏岙山）上，明代浙东南沿海抗倭军事设施——烽火台。此山亦称炮台山。

第二节　居

【院桥街居】［Yuànqiáojiē Jū］沿用历史街名，以居委会驻地院桥街得名。明万历《黄岩县志》称：“县桥市，在县南三十里。”院桥镇政府驻地。位于院桥镇中部，东临官路河，东南毗前庄，南倚炮台山，西到唐家桥，北至院路公路。下辖8个居民小组。居委会驻地学前街，356户，1239人。辖区总面积0.5平方千米，其中耕地2.6公顷，林地1.4公顷。种植水稻为主，兼种柑橘、荸荠、席草等。聚落濒溪呈块状分布。多河流，有官路河、山水泾等。南部为老街区，多行政、住宅和学校。设有中心小学1所。北部多新开发工业和住宅区。有综合市场、超市等商业网点。有台温古驿道。南有炮台山，山顶有明代抗倭军事设施。昔为黄岩、温州、乐清三地物资集散地。通多条公交。

清光绪《黄岩县志》卷七：院桥，二十七都一图。民国《黄岩县志》作院桥街。1947年属院桥镇第三、四保。1951年土改时属院桥乡第四村。1956年合作化时属幸福高级社。1961年称院桥公社幸福大队。1981年更名为院桥街大队。1983年为院桥街村。1985年称院桥镇院桥街居至今。

【下抱居】［Xiàbào Jū］以居委会驻地下抱得名。民国以前称下鲍，因柏山鲍氏后裔住此。民国《黄岩县志》作下鲍。位于院桥镇中部，东到横泾后岸，南临山水泾，西到院桥街，北至浦口村。下辖下抱3个居民小组。185户，667人，辖区总面积0.3平方千米。种植水稻，兼种荸荠、柑橘等。设有小学1所和院桥汽车站等。

1947年属院桥镇第四保。1951年土改时属院桥乡第四村。1956年合作化时属幸福高级社。1961年称院桥公社下抱大队。1983年为院桥乡下抱村。1985年为院桥镇下抱居至今。

【前庄居】［Qiánzhuāng Jū］以居委会驻地前庄得名。位于山水泾南岸（当地南为前），故名。民国《黄岩县志》作前庄。在院桥镇中部，东到横泾村，南临南街居，西至院桥街居，北至下抱居。下辖3个居民小组。215户，751人，辖区总面积0.3平方千米，其中耕地1.3公顷，林地1.7公顷。种植水稻为主，兼种柑橘、荸荠。有20世纪50年代建的院桥中学和院桥菜市场。闸头巷有清咸丰五年（1855）建的区级文保单位太湖闸，其西侧与南官河水系相连，东与鉴洋湖及路桥相连。

1947年属院桥镇第三保。1951年土改时属院桥乡第三村。1956年为院桥乡幸福高级社。1961年称院桥公社前庄大队。1983年为院桥乡前庄村。1985年称院桥镇前庄居至今。

【南街居】［Nánjiē Jū］以居委会驻地南街得名。位于院桥街南部，故名。在院桥镇中部，东到横泾村，南临皋峰村，西到院桥山，北至前庄居。下辖5个居民小组。267户，529人，辖区总面积0.4平方千米。20世纪70年代后期发展成街道，1986年8月正式命名南街。2001年组建称院桥镇南街居。

前庄小区 [Qiánzhuāng Xiǎoqū] 建于2000年。因位于前庄居得名。东界横泾前岸村，南至院桥中学，西界院桥小菜场，北至人民路。建筑面积1.7万平方米。

杜家埭小区 [Dùjiādài Xiǎoqū] 建于2000年。因位于杜家埭得名。东界院桥商场，南至学前街，西界院秀公路，北至院新西路。建筑面积2.7万平方米。

祥和小区 [Xiánghé Xiǎoqū] 建于2000年。为高山移民新建住宅区，祥和，反映群众对美好生活的追求。东界前庄居，南至东家峰，西界东沨泾，北至院桥中学。建筑面积1.1万平方米。

塘口新村 [Tángkǒu Xīncūn] 建于2000年。因高速公路建造，塘岭、岙口两村部分迁至此，取两村各一字连缀而成。东界东沨泾，南至东家峰，西界院桥炮台山，北至轻二厂。建筑面积1.3万平方米。

幸福小区 [Xìngfú Xiǎoqū] 建于2000年。以幸福路穿过小区而得名。东临官路河，南至院新西路，西至杜家埭，北至院路公路。面积4.9万平方米。

凤翔小区 [Fèngxiáng Xiǎoqū] 建于2004年。因位于凤翔路西北侧得名。东起新苑路，南至人民路，西至发展路，北至大众路。建筑面积18万平方米。

春光新苑 [Chūnguāng Xīnyuàn] 建于2010年。寓意春光明媚，风景如花，人景和谐，故名。东起新秀路，南至兴华路，西至新苑路，北至爱华路。建筑面积为5万平方米。由浙江拓鑫置业有限公司开发建设。

新景家园 [Xīnjǐng Jiāyuán] 建于2014年。寓意春光明媚日子里，数幢小高层在一片绿色中拔地而起，风光如画，美不胜收，打造一个景色宜人的家园，故名。东至院桥总商会，南至兴华路，西至新潮路，北至台州昱升印务有限公司。项目用地7650平方米，总建筑面积1.9万平方米，容积率2.2，绿地率20%，由2幢11层和15层高层建筑组成，共85户。配套物业等用房136平方米。

第三节 行政村

【沙门村】 [Shāmén Cūn] 2018年8月，行政村规模调整，沙门金村和沙门於村合并为沙门村。沙门是古院桥五大出海通道之一，太湖山水自西南向东至永宁乡主庙和临湖支河汇合，折向南流入鉴洋湖，挟带泥沙在转弯处沉积。凤山和沙门山多泥沙，南北对峙形似门，故称沙门，村以此名。位于院桥镇中部偏东，东至山北尤村，南至沙门店村，西至横泾后岸村，北至桐村村。辖区面积1.1平方千米。辖沙门於、燕窠、沙门金3个自然村，506户，1692人。村委会驻地原沙门金村办公楼。

* **【沙门金村】** [Shāménjīn Cūn] 以村委会驻地自然村沙门金得名。位于院桥镇中东部。东到田洋村，南临老屋头，西到沙门於村，北至燕窠，下辖沙门金1个自然村，6个村民小组。259户，862人，辖区总面积0.5平方千米，其中耕地25.9公顷，林地0.3公顷。种植水稻为主，兼种柑橘、荸荠等。属平原区。

清光绪《黄岩县志》卷七：沙门，二十八都一图。1947年属鉴湖乡第七保。土改时为院桥乡第九村。1956年称院桥乡火花高级社。1961年称院桥公社火金大队。1981年更名为沙门金大队。1983年称院桥乡沙门金村。1985年称院桥镇沙门金村。2018年8月，和沙门於村合并称沙门村。

沙门金 [Shāménjīn] 沙门金村委会驻地。距院桥镇政府驻地2.4千米。凤山和沙门山多泥沙，南北对峙形似门，金氏居于沙门山之东，故名沙门金。民国《黄岩县志》作沙门金。259户，862人，多金姓。有小地名九间头、田洋。清康熙四十六年（1707），传有收虎为徒、神龙为友的传奇人物金公祖师——金刚驰，在太湖山顶开山洩水建太湖寺。

* **【沙门於村】** [Shāményū Cūn] 以村委会驻地自然村沙门於得名。位于院桥镇中部偏东。东到沙门金村，南为沙门坝，西临临湖支河，北至洋岙。下辖沙门於、燕窠2个自然村，6个村民小组。247户，830人。辖区总面积0.6平方千米，其中耕地30.4公顷，林地4.1公顷。种植水稻为主，兼种荸荠、枇杷、柑橘等，属平原区。有1973年3月竣工的黄沙闸。

清光绪《黄岩县志》卷七：沙门，二十八都一图。1947年属鉴湖乡第七、八保。1951年土改时称院桥乡第八村。1956年为院桥乡火花高级社。1961年称院桥公社火明大队。1981年更名为沙门於大队。1983年称院桥乡沙门於村。1985年称院桥镇沙门於村。2018年8月，和沙门金村合并称沙门村。

沙门於 [Shāményū] 沙门於村委会驻地。位于院桥镇政府驻地东偏北2千米。沙门山以西，桐屿於氏迁居到此，故名。民国《黄岩县志》作沙门於。174户，615人，多於姓。

燕窠 [Yànkē] 属沙门於村。位于院桥镇政府驻地东北2.7千米。村落傍虎头山东南，山岙成半环，状似燕巢，故名。民国《黄岩县志》作燕窠。73户，215人，多陈、於姓。

【沙门店村】 [Shāméndiàn Cūn] 以村委会驻地自然村沙门店得名。位于院桥镇中部。东到凤山，南邻横泾村，西到横泾后岸村，北至沙门村。下辖沙门店、下丁家、西林、老屋头4个自然村，9个村民小组。375户，1328人，辖区总面积0.9平方千米，其中耕地30.8公顷，林地6.8公顷。种植水稻为主，兼种柑橘、荸荠等，属平原区。

清光绪《黄岩县志》卷七：沙门，二十八都一图。1947年属鉴湖乡第八保。1951年土改时属院桥乡第七村。1956年时属院桥乡火花高级社。1961年称院桥公社火星大队。1981年更名为沙门店大队。1983年改为院桥乡沙门店村。1985年称院桥镇沙门店村。

沙门店 [Shāméndiàn] 沙门店村委会驻地。距院桥镇政府驻地1.8千米。山水泾（俗呼横泾）与临湖支河在沙门坝西汇合流入鉴洋湖、金清港，路院乡路和西泽捷径经过此地，水陆路便捷，农历二、七为集市日，开设店铺，村以此得名。民国《黄岩县志》作沙门店。112户，348人。昔有台州唯一的鸬鹚市场。每年逢农历四月二十三日、八月十九日，当地庙会之际，为交易集期，安徽、山东、江苏、江西、福建等地养殖户百余人参加，按优劣、雌雄议价。

下丁家 [Xiàdīngjiā] 属沙门店村。距院桥镇政府驻地1.5千米。峰江丁氏后裔从峰江红台门迁居到此。有上下丁家，该地位在北，故名下丁家。民国《黄岩县志》作丁家。79户，256人，多丁姓。

西林 [Xīlín] 属沙门店村。距院桥镇政府驻地2千米。位于凤山之西麓，林木繁茂，故名。明万历间魏姓迁入，人丁兴旺。清光绪《黄岩县志》卷七：西林，二十五都一图。118户，351人。

老屋头 [Lǎowūtóu] 属沙门店村。距院桥镇政府驻地2.2千米。因在沙门一带该自然村历史悠久，故名。72户，235人。

【横泾村】 [Héngjìng Cūn] 2018年8月，行政村规模调整，横泾前岸村和王家岙村合并为横泾村。太湖山水经太湖泾出院桥太湖闸到永宁乡主庙河段为横泾，村以此名。位于院桥镇中部，东至鸡笼山村，南至阜峰村，西至南街居，北至沙门店村。辖区面积1.4平方千米。辖横泾前岸、上丁家、王家岙3个自然村，526户，1827人。村委会驻地原王家岙村办公楼。

*【王家岙村】[Wángjiā'ào Cūn] 以村委会驻地自然村王家岙得名。位于院桥镇中部偏东。东、南临鉴洋湖，西为青龙山，北至沙门店村，下辖王家岙1个自然村，6个村民小组。248户，820人，辖区总面积0.9平方千米，其中耕地20.9公顷，林地22.3公顷。种植水稻为主，兼种柑橘、荸荠、杨梅，属平原区。

1947年属院桥镇第二保。1951年称院桥乡第四村。1956年称院桥乡火花高级社。1961年称院桥公社火光大队。1981年更名为王家岙大队。1983年为院桥乡王家岙村。1985年称院桥镇王家岙村。2018年8月，和横泾前岸村合并称横泾村。

王家岙 [Wángjiā'ào] 王家岙村委会驻地。距院桥镇政府驻地1.8千米。王姓住在该山岙，故名。另一说：该村曾传有"三池七井汪家岙"之称。农业合作化时村中出土的石碑刻有"汪家岙"字样。后汪姓渐消，多为王氏，遂演变为王家岙。民国《黄岩县志》作王家岙。248户，820人，多王姓。有距今近400年的古井和黄岩唯一古桧柏，高11.6米，胸围3.5米，属黄岩名木。

*【横泾前岸村】[Héngjìngqián'àn Cūn] 以村委会驻地自然村横泾前岸得名。位于院桥镇中部。东到沙门店村，南临谷堆山，西到前庄居，北为横泾。下辖横泾前岸、上丁家2个自然村，6个村民小组。278户，1007人，辖区总面积0.5平方千米，其中耕地24.2公顷，林地0.7公顷。种植水稻为主，兼种柑橘、荸荠、杨梅。属平原区。2014年院桥镇中心小学设该村。

清光绪《黄岩县志》卷七：横泾，二十八都一图。1947年分属院桥第廿五保（称横泾）和鉴湖乡第八保（称丁家）。1951年土改时属院桥乡第廿五村。1956年属院桥乡火花高级社。1961年称院桥公社火花大队。1981年更名为横泾前岸大队。1983年改为院桥乡横泾前岸村。1985年称院桥镇横泾前岸村。2018年8月，和王家岙村合并称横泾村。

横泾前岸 [Héngjìngqián'àn] 横泾前岸村委会驻地。距院桥镇政府驻地0.7千米。太湖山水经太湖泾出院桥太湖闸到永宁乡主庙河段为横泾，该村在泾南（前）岸，故名。民国《黄岩县志》作横泾前岸。205户，773人，多陈姓。

上丁家 [Shàngdīngjiā] 属横泾前岸。距院桥镇政府驻地0.7千米。丁姓居此，该地位在下丁家南（上），故名。民国《黄岩县志》作丁家。73户，234人，多丁、黄、陈姓。

【横泾后岸村】 [Héngjìnghòu'àn Cūn] 以村委会驻地自然村横泾后岸得名。位于院桥镇中部。东到沙门店村，南濒横泾，西接下抱居，北至下洋汇河。下辖横泾后岸1个自然村，7个村民小组。335户，1145人，辖区总面积0.6平方千米，其中耕地2公顷。种植水稻为主，兼种荸荠、杨梅、柑橘，属平原水网地区。建有奥特莱斯广场，集办公、餐饮、旅游、休闲、娱乐和购物于一体，为国家AAA级旅游景区。

清光绪《黄岩县志》卷七：横泾，二十八都一图。1947年属院桥镇第一保。1951年属院桥乡第六村。1956年属院桥乡火花高级社。1961年称院桥公社火炬大队。1981年更名为横泾后岸大队。1983年为院桥乡横泾后岸村。1985年为院桥镇横泾后岸村。

横泾后岸 [Héngjìnghòu'àn] 横泾后岸村委会设此，距院桥镇政府驻地1.3千米。位于横泾北（后）岸，故名。民国《黄岩县志》作横泾后岸。335户，1145人，多张、陈、陆姓。有小地名后头、横泾店、张家、水仓头、陆家。

【浦口村】 [Pǔkǒu Cūn] 2018年8月，行政村规模调整，浦口、浦口东、高洋3村合并为浦口村。横菱浦与官路河的交叉口称浦口。位于院桥镇中部，东至横泾后岸村、前后郑村，南至院桥街居、下抱居，西至横林村，北至红星村。辖区面积1.4平方千米。辖浦口西、浦口杨、高洋、浦口东4个自然村，722户，2422人。村委会驻地原浦口东村办公楼。

***【浦口东村】** [Pǔkǒudōng Cūn] 以村委会驻地自然村浦口东得名。位于院桥镇中部。东到前郑村，南临下抱居，西到浦口村，北至高洋村。下辖浦口东1个自然村，6个村民小组。225户，788人。辖区总面积0.5平方千米。种植水稻为主，兼种荸荠、柑橘。属平原水网地区。有清乾隆二十二年（1757）创建的清新堂，前宅章孟厚妻张氏的贞女坊和建于清同治间的月桥。

清光绪《黄岩县志》卷七：浦口，二十六都一图。1947年属院桥镇第廿一保。1951年土改时属横林乡第廿一村。1956年属院桥乡丰收高级社。1961年称院桥公社丰收大队。于1981年更名为浦口东大队。1983年称院桥乡浦口东村。1985年称院桥镇浦口东村。2018年8月，和浦口村、高洋村合并称浦口村。

浦口东 [Pǔkǒudōng] 浦口东村委会驻地。距院桥镇政府驻地1.5千米。浦口位于横菱浦与临湖官河的交叉口，村在东头，故名。民国《黄岩县志》作浦口。225户，788人，多陈、王、金姓。

***【高洋村】** [Gāoyáng Cūn] 以驻地自然村高洋得名。位于院桥镇中部偏北。东到临湖官河，南临浦口村和浦口东村，西临西南中泾，北至红星村。下辖高洋1个自然村，4个村民小组。185户，604人，辖区总面积0.8平方千米，其中耕地30.4公顷。种植水稻为主，兼种柑橘、荸荠，属平原水网地区。高洋工业园区有多家机械制造、五金配件、塑料制品制造及加工等出口企业。

清光绪《黄岩县志》卷七：高洋，二十六都一图。1947年为院桥镇第廿二保。1951年属横林乡第廿二村。1956年属院桥乡丰收高级社。1961年称院桥公社高丰大队。1981年更名为高洋大队。1983年称院桥乡高洋村。1985年称院桥镇高洋村。2018年8月，和浦口村、浦口东村合并称浦口村。

高洋 [Gāoyáng] 高洋村委会驻地。距院桥镇政府驻地1.5千米。相传早时发大水，邻近村落均被淹，只有该村因地势高幸免，高垟由此得名。“垟”演化为“洋”。民国《黄岩县志》作高洋。185户，604人，多蔡、叶姓。

***【浦口村】** [Pǔkǒu Cūn] 以浦口西和浦口杨两村合并得名。位于院桥镇中部。东到浦口东村，南至院桥街居，西至横林村，北至高洋村。下辖浦口西、浦口杨2个自然村，7个村民小组。村委会驻地浦口西。298户，1000人，辖区总面积0.6平方千米，其中耕地34.3公顷。种植水稻为主，兼种荸荠、柑橘，属平原水网地区。

浦口西：古为浦口周，清光绪《黄岩县志》：浦口，二十六都一图。1947年属院桥镇第廿一、廿二保。1951年为横林乡第二十村。1956年属院桥乡丰收高级社。1961年称院桥公社浦口大队。1981年更名为浦口西大队。1983年改为院桥乡浦口西村。1985年称院桥镇浦口西村。浦口杨：古为浦上杨，清光绪《黄岩县志》：浦口，二十六都一图。1947年属院桥镇第廿一保。1951年属横林乡十八村。1956年属院桥乡丰收高级社。1961年称院桥公社前垟大队。于1981年更名为浦口杨大队。1983年改为院桥乡浦口杨村。1985年称院桥镇浦口杨村。2015年11月，黄岩区行政村调整时，浦口西村和浦口杨村合并为浦口村。2018年8月，高洋村、浦口东村一起并入浦口村。

浦口西 [Pǔkǒuxī] 浦口村委会驻地。距院桥镇政府驻地1.2千米。浦口位于横菱浦与官路河的交叉口，该村在浦口西头，故名。167户，538人，多陈、周姓。古为浦口周。原属浦口西村，2015年11月，黄岩区行政村调整后属浦口村。

浦口杨 [Pǔkǒuyáng] 原属浦口杨村，2015年11月，黄岩区行政村调整后属浦口村。位于院桥镇政府驻地北偏西0.6千米。位于横菱浦南岸，杨氏迁居到此，故名。131户，462人，多杨姓。有小地名前洋、后洋、南间。明大理寺左丞杨闻启系该村人。古称浦上杨。

【横林村】 [Hénglín Cūn] 2018年8月，行政村规模调整，横林、灯塔、横林后岸3村合并为横林村。位于院桥镇中西部，东至浦口村、院桥街居，南至秀水村，西至合屿村，北至红星村。辖区面积1.1平方千米。辖上段、下段、后岸3个自然村，918户，3084人。村委会驻地横林村办公楼。

***【横林村】** [Hénglín Cūn] 以原片村横林得名。古为菱川，后称横菱，因该地河道曲折，形如菱

角，故名，后演变为横林。位于院桥镇中部偏西。东到浦口村，南临灯塔村，西到横林后岸村，北至红星村。下辖下段1个自然村，6个村民小组。村委会驻地下段。344户，1195人，辖区总面积0.6平方千米，其中耕地14.2公顷。种植水稻为主，兼种柑橘、荸荠，属平原水网地区。有步莲宫，宫内有建于清光绪元年（1875）无铁钉的古戏台，斗拱、藻井、浮雕和彩绘，保存完整。

清光绪《黄岩县志》卷七：横林，二十六都一图。1947年为院桥镇第十九、二十保。1951年为横林乡十五村。1956年属院桥乡灯塔高级社。1961年称院桥公社横林大队。1983年改为院桥乡横林村。1985年称院桥镇横林村。2018年8月，和灯塔村、横林后岸村合并称横林村。

下段 [Xiàduàn] 横林村委会驻地。距院桥镇政府驻地0.9千米。位于横菱泾的下游地段，故名。1947年称横菱。344户，1195人，多夏、王、南姓。有小地名王家、老乡、下龙头、南家。

*【**灯塔村**】[Dēngtǎ Cūn] 村委会沿用1956年灯塔高级社名。位于横菱浦上游地段，故称上段。位于院桥镇中部偏西。东到院桥街居、前庄居，南临河头村，西到合屿村，北至横林后岸村。下辖上段1个自然村，10个村民小组。352户，1207人，辖区总面积0.6平方千米，其中耕地22.6公顷。种植水稻为主，兼种柑橘、荸荠、杨梅，属平原水网地区。

1956年改名灯塔高级社，寓意像一座灯塔照亮大家。1947年为院桥镇第十九、二十保，称横林。1951年属横林乡第十六村。1956年称院桥乡灯塔高级社。1961年称院桥公社灯塔大队。1983年为院桥乡灯塔村。1985年称院桥镇灯塔村。2018年8月，和横林村、横林后岸村合并称横林村。

上段 [Shàngduàn] 灯塔村委会驻地。距院桥镇政府驻地1.4千米。位于横菱泾上游地段，故名。1947年称横菱。352户，1207人，多夏、胡姓。有小地名上汇头、新屋、西篑头、第四份、堂前。

*【**横林后岸村**】[Hénglínhòu'àn Cūn] 村委会沿用1981年大队名。位于横菱浦的北（后）岸，故名。位于院桥镇中部偏西。东到横林村，南临灯塔村，西到合屿村，北至合屿村屠家。下辖后岸1个自然村，6个村民小组。222户，682人，辖区总面积0.4平方千米，其中耕地20.7公顷，林地2.7公顷。种植水稻为主，兼种柑橘、荸荠，属平原水网地区。

清光绪《黄岩县志》卷七：横林，二十六都一图。1947年属院桥镇第十九、二十保，称横菱。1951年属横林乡第十四村。1956年属院桥乡灯塔高级社。1961年称院桥公社利民大队。1981年更名为横林后岸大队。1983年称院桥乡横林后岸村。1985年称院桥镇横林后岸村。2018年8月，和横林村、灯塔村合并称横林村。

后岸 [Hòu'àn] 横林后岸村委会驻地。位于院桥镇政府驻地西偏北1.4千米。位于横菱浦的北（后）岸，故名。222户，682人，多夏、缪、张姓。有小地名王家、水桥。

【**合屿村**】[Héyǔ Cūn] 以村委会驻地自然村合屿得名。位于院桥镇中西部。东到横林村，南临苏楼村，西与沙埠镇相邻，北至友联村。下辖合屿、前村、王岙、屠家、赵家5个自然村，13个村民小组。452户，1688人，辖区总面积2.7平方千米，其中耕地59.6公顷，林地53.6公顷。种植水稻为主，兼种柑橘、杨梅、荸荠，属平原半山区。合屿工业园区占地78万平方米。

1947年属院桥镇第十八保。1951年属横林乡十三村。1956年属院桥乡红光高级社。1961年属院桥公社红光大队。1981年更名为合屿大队。1983年称院桥乡合屿村。1985年称院桥镇合屿村。

合屿 [Héyǔ] 合屿村委会驻地。距院桥镇政府驻地1.9千米。因村西北有两座小山屿合在一起，故名。一说合屿应为叶屿，早年有叶姓住在山屿边得名。民国《黄岩县志》作合屿。121户，402人，以蔡姓为主。

前村 [Qiáncūn] 属合屿村。在院桥镇政府驻地西2.4千米。位于太湖山西北余脉仙村山（长公朗山）东麓。据宋苏舜钦《杜孝子传》记载，杜谊父母“卜藏于仙村之山下”。故北宋初已有仙村。中华人民共和国成立后演变为前村。清光绪《黄岩县志》卷七：仙村，二十六都一图。149户，538人，多盛、张、夏、徐姓。

王岙 [Wáng'ào] 属合屿村。距院桥镇政府驻地2.5千米。古为黄岙，明《宏治赤城新志》：“存著庵，在邑南黄岙，宋修职郎章文笃建。”丁明有记：“黄岙山水之胜为永宁乡第一。”后因王姓居多改称王岙。曾用名前四岙。清光绪《黄岩县志》卷七：王岙，二十八都一图。68户，247人，多章、陶、王姓。有小地名王岙坤。

屠家 [Tújiā] 属合屿村。距院桥镇政府驻地2千米。因处一山脉的山嘴头，故名下山头。1992年11月，因镇内重名，多姓屠，改称屠家。民国《黄岩县志》作下山头。35户，140人，多屠、鲍、陈姓。

赵家 [Zhàojiā] 属合屿村。距院桥镇政府驻地2.5千米。因姓氏得名。83户，295人，多赵姓。有小地名庙安、岙里坤。

【秀水村】[Xiùshuǐ Cūn] 2018年8月，行政村规模调整，唐家桥村和河头村合并为秀水村。以秀水河得名。位于院桥镇中部，东至院桥街居，南至水花村，西至苏楼村，北至横林村。辖区面积1.3平方千米。辖唐家桥、四份头、万丈坑、姜庵、河头5个自然村，528户，1797人。村委会驻地原唐家桥村办公楼。

*【**唐家桥村**】[Tángjiāqiáo Cūn] 以村委会驻地自然村唐家桥得名。位于院桥镇中部。东邻院桥街居，南临水花村，西到河头村，北至院桥街居。下辖唐家桥、四份头、万丈坑、姜庵4个自然村，315户，1056人，辖区总面积0.9平方千米，其中耕地2.6公顷，林地14.7公顷。种植水稻为主，兼种柑橘、枇杷、杨梅等，属平原半山区。对外交通主要有院西公路和院岙公路两条乡级道路，距甬台温高速公路出入口不到1千米。建有村文化礼堂。

清光绪《黄岩县志》卷七：唐家桥，二十七都一图。1947年属院桥镇第五保。1951年属横林乡第十二村。1956年称红旗高级社。1961年改称院桥公社红旗大队。1981年更名为唐家桥大队。1983年为院桥乡唐家桥村。1985年称院桥镇唐家桥村。2018年8月，和河头村合并称秀水村。

唐家桥 [Tángjiāqiáo] 唐家桥村委会驻地。距院桥镇政府驻地0.6千米。据传早年村中有一口长方形的大池塘，南北走向，居住者隔水相望，来往不便，当时有个唐姓的出资在池中造了一座桥，故名唐家桥，村以桥名。清光绪《黄岩县志》作唐家桥。301户，932人，以蔡姓为主，程、陈、郑、江姓次之。古时柏山路廊在唐家桥。清乾隆年间建的“八保地”报恩寺位于该村。

四份头 [Sìfèntóu] 属唐家桥村。位于院桥镇政府驻地南偏西0.6千米。据传早年有四户柏山张氏最先住此，故名。14户，46人，多江、张、叶姓。

万丈坑 [Wànzhàngkēng] 属唐家岙村。距院桥镇政府驻地0.8千米。村旁有一条大溪坑，因局部溪段水深，俗呼万丈坑。原有5户夏姓已移民，今无人居住。

姜庵 [Jiāng'ān] 属唐家桥村。距院桥镇政府驻地0.9千米。过去此地建有张氏守坟庵屋，俗称张庵，后谐音为姜庵。民国《黄岩县志》作张菴。14户，47人，多金、张姓。

*【**河头村**】[Hétóu Cūn] 以村委会驻地自然村河头得名。位于院桥镇中部偏西。东到唐家桥村，南临水花村，西到苏楼村，北至灯塔村。下辖河头1个自然村，4个村民小组。213户，741人，辖区总面积0.4平方千米，其中耕地13.1公顷。种植水稻为主，兼种柑橘、荸荠，属平原区。

1947年属院桥镇第五保。1951年土改时属横林乡第十一村。1956年合作化时属院桥乡红旗高级社。1961年成立院桥公社河头大队。1983年改为院桥乡河头村。1985年称院桥镇河头村。2018年8月，和河头村合并称秀水村。

河头 [Hétóu] 河头村委会驻地。在院桥镇政府驻地西南1千米。明清时称湖头，鉴洋湖的水位到此，故名，后谐音河头。另一说：湖头武略骑尉鲍天柱在清乾隆间在西溪上捐建广济闸，以控制上下游水位。民国《黄岩县志》作河头。213户，741人，多鲍、李、王姓。有小地名上汇头、隔岸里、东台门、旗杆里、西头。

【阜峰村】[Fǔfēng Cūn] 2018年8月，行政村规模调整，东家峰村和潘家岙村合并为阜峰村。东家峰村和潘家岙村合并，以两村均群山环抱得名。位于院桥镇南部，东至横泾村，南至见瑭村，西至秀水村、水花村，北至前庄居、南街居。面积1.9平方千米。辖潘家岙、长大庵、余家、东家峰4个自然村，455户，1564人。村委会驻地原东家峰村办公楼。

*【**东家峰村**】[Dōngjiāfēng Cūn] 以村委会驻地自然村东家峰得名。位于院桥镇中部偏南。东到鉴洋湖，南临潘家岙村，西到唐家桥村，北至余家。下辖东家峰1个自然村，4个村民小组。239户，838人，辖区总面积0.9平方千米，其中耕地26.9公顷，林地25.1公顷。种植水稻为主，兼种杨梅、柑橘、枇杷、荸荠，属半山区。

1947年属院桥镇第三保。1951年属院桥乡第十三村。1956年属院桥乡幸福高级社。1961年称院桥公社幸丰大队。1981年更名为东家峰。1983年改为院桥乡东家峰村。1985年称院桥镇东家峰村。2018年8月，和潘家岙村合并称阜峰村。

东家峰 [Dōngjiāfēng] 东家峰村委会驻地。距院桥镇政府驻地1.2千米。古为董家沨，为董姓居住在东澍泾附近，水声沨沨，故名董家沨。另一说：相传明朝，在山岙南边有一和尚堂，住持姓董，称董家堂，村坐落当地山峰之下，故名董家峰，后谐音为东家峰。民国《黄岩县志》作东家沨。239户，838人，多杨、陈、王姓。

*【**潘家岙村**】[Pānjiā'ào Cūn] 以村委会驻地自然村潘家岙得名。位于院桥镇中南部。东到占堂村，南临对岙村横路里，西到水花村梨岙，北至东家峰村。下辖潘家岙、长大庵、余家3个自然村，5个村民小组。216户，726人，辖区总面积1平方千米，其中耕地14.8公顷。种植水稻为主，兼种柑橘、杨梅、枇杷、荸荠。

1947年属院桥镇第廿三保。1951年土改时属秀岭乡第三十八村。1956年合作化时属院桥乡合作高级社。1961年称院桥公社合化大队，因重名，于1981年更名为潘家岙大队。1983年称院桥乡潘家岙村。1985年称院桥镇潘家岙村。2018年8月，和东家峰村合并称阜峰村。

潘家岙 [Pānjiā'ào] 潘家岙村委会驻地。距院桥镇政府驻地2.2千米。地处山岙，潘姓居多，故名。《清同治光绪年间新定县境总图》作潘家岙。176户，545人，多郑、金、余、王等姓。海拔25米。有小地名新屋、田垟、下透、花墙里、后弄里。

长大庵 [Chángdà'ān] 属潘家岙村。距院桥镇政府驻地1.9千米。村舍依山岸建造，聚落呈长形，故称长大岸，后演变为长大庵。民国《黄岩县志》作长大菴。42户，135人，余姓。海拔60~100米。

余家 [Yújiā] 属潘家岙村。位于院桥镇政府驻地东南1.3千米。因大多姓余，故名。1989年长大庵部分迁此始成新聚落，今已高山移民，无人居住。

【见瑭村】 [Jiàntáng Cūn] 2018年8月，行政村规模调整，占堂村和对岙村合并为见瑭村。占堂村和对岙村合并得名。寓意开门见美玉，象征两村有美好未来。位于院桥镇南部，东至牛极村，南界温岭市大溪镇塔岙村，西至阜峰村，北至横泾村。辖区面积4.4平方千米。辖对岙、横路里、占堂、山下张4个自然村，646户，2242人。村委会驻地原占堂村办公楼。

* **【对岙村】** [Duì'ào Cūn] 以村委会驻地自然村对岙得名。位于院桥镇南部。东、南与温岭市接壤，西到四联村，北至潘家岙村。下辖对岙、横路里2个自然村，4个村民小组。182户，692人，辖区总面积1.3平方千米，其中耕地12.7公顷，林地26.7公顷。种植水稻为主，兼种柑橘、枇杷、杨梅。建有村文化礼堂。

清光绪《黄岩县志》卷七：对岙，二十七都一图。1947年为院桥镇第六保。1951年土改时为秀岭乡第三十九村。1956年时属院桥乡合作高级社。1961年称院桥公社合利大队。于1981年更名为对岙大队。1983年称院桥乡对岙村。1985年称院桥镇对岙村。2018年8月，和占堂村合并称见瑭村。

对岙 [Duì'ào] 对岙村委会驻地。距院桥镇政府驻地3.2千米。因与潘家岙南北隔溪相对，故名。另一说：对岙原称戴岙，因戴姓住在山岙得名。清光绪《黄岩县志》作对岙。105户，384人，有柳、胡、董、陈、金姓。海拔20~25米。

横路里 [Hénglùlǐ] 属对岙村。距院桥镇政府驻地2.9千米。因有金山到鉴洋湖道路横跨村庄，多吕姓，故名横路吕。清光绪《黄岩县志》卷七：横路，二十七都一图。民国《黄岩县志》作横路吕。后谐音为横路里。77户，308人，有吕、缪、吴、罗姓。海拔20米。有小地名上屋、下屋。

* **【占堂村】** [Zhàntáng Cūn] 以村委会驻地自然村占堂得名。位于院桥镇南部偏东。东到牛极村，南倚白羊山，西到潘家岙村，北至鉴洋湖。下辖占堂、山下张2个自然村，10个村民小组。464户，1550人，辖区总面积3.1平方千米，其中耕地65.7公顷，林地35.2公顷。种植水稻为主，兼种柑橘、枇杷、杨梅，属半山区。建有村文化礼堂。

清光绪《黄岩县志》卷七：镇堂，二十八都一图。1947年属鉴湖乡第十五保，称镇堂。1951年为鉴湖乡占堂村。1956年称鉴湖乡胜建高级社。1961年称鉴湖公社占堂大队。1983年为鉴湖乡占堂村。1992年5月为院桥镇占堂村。2018年8月，和对岙村合并称见瑭村。

占堂 [Zhàntáng] 占堂村委会驻地。距院桥镇政府驻地2.5千米。明万历《黄岩县志》卷一："战塘，在县南三十里。"院桥故地，南北流向的三支河道均为古代人工开挖的塘河，至今仍留遗迹，故名战塘。清光绪年间（1875—1908）创建基督教圣公会支堂，是院桥镇唯一的支堂，村亦名镇堂。今讹作占堂。401户，1296人，陈姓为主，李、王、蔡等次之。曾用名镇堂。有小地名郑家里、围里、湖头堂等。清乾隆《黄岩县志》："杜司农浒墓在邑南战塘。"始建于唐乾符五年（878），宋治平三年（1066）赐额的正等寺位于该村，宋黄远、左纬等著名诗人均有咏正等寺诗。

山下张 [Shānxiàzhāng] 属占堂村。距院桥镇政府驻地2.1千米。位于枇杷山南麓，为张姓世居之地，故名。63户，254人，金姓为主，其次陈、张姓。有小地名岙里堂、上篁、下篁。

【梁湖桥村】 [Liánghúqiáo Cūn] 2018年8月，梁湖桥、梁湖桥前、水家洋3村合并为梁湖桥村。位于院桥镇北部，东至永友村、南城街道下洋山村，南至店头村、前后宅村，西至泾前村，北界南城街道墙洋村。辖区面积1.3平方千米。辖梁湖桥前、塘浦庙、水家洋、梁湖桥、外新屋5个自然村，697户，2413人。村委会驻地原梁湖桥前村办公楼。

* **【梁湖桥前村】** [Liánghúqiáoqián Cūn] 以村委会驻地梁湖桥前得名。位于院桥镇北部。东到梁湖桥村外新屋，南临水家洋村，西到泾南村，北界南城街道。下辖梁湖桥前、塘浦庙2个自然村，7个村民小组。259户，874人，辖区总面积0.5平方千米，其中耕地29.5公顷。种植水稻为主，兼种柑橘、席草、荸荠等，属平原水网地区。

1947年属永宁乡第六保。1951年属永宁乡梁湖桥村。1956年属店头乡联星高级社。1961年称店头公社联星大队。1981年更名为梁湖桥前大队。1983年改为店头乡梁湖桥前村。1992年5月随乡并入院桥镇，称院桥镇梁湖桥前村。2018年8月，和梁湖桥村、水家洋村合并称梁湖桥村。

梁湖桥前 [Liánghúqiáoqián] 梁湖桥前村委会驻地。距院桥镇政府驻地4.4千米。村在古石桥梁胡桥南（前）面，过去俗称梁胡桥前岸，故名梁胡桥前。民国《黄岩县志》作梁胡桥。1961年始称梁湖桥前。194户，643人，多陈、张姓。有小地名新屋里、夹簟、前岸。

塘浦庙 [Tángpǔmiào] 属梁湖桥前村。距院桥镇政府驻地4.5千米。早年村中有唐浦庙，村以庙名。今写作塘浦庙。民国《黄岩县志》作唐浦庙。65户，231人，多缪、周姓。

*【**梁湖桥村**】[Liánghúqiáo Cūn] 以村委会驻地梁湖桥得名。位于院桥镇北部。东、北与南城街道接壤，南临梁湖桥前村，西到前王村。下辖梁湖桥、外新屋2个自然村，6个村民小组。278户，1011人，辖区总面积0.6平方千米，其中耕地29.2公顷。种植水稻为主，兼种柑橘、席草、荸荠等，属平原水网地区。

清光绪《黄岩县志》卷七：南浮桥，二十五都二图。1947年属永宁乡第六保。1951年称永宁乡梁湖桥村。1956年属店头乡联星高级社。1961年称店头公社梁湖桥大队。1983年改为店头乡梁湖桥村。1992年5月称院桥镇梁湖桥村。2018年8月，和梁湖桥前村、水家洋村合并称梁湖桥村。

梁湖桥 [Liánghúqiáo] 梁湖桥村委会驻地。距院桥镇政府驻地4.8千米。村以桥名。在南中泾的下浦建桥，下梁梁氏和胡氏居桥四周，故名梁胡桥，后谐音眺湖桥、梁湖桥。明万历《黄岩县志》卷一：“眺湖桥，在县南一十里。”民国《黄岩县志》作梁胡桥。192户，711人，多张姓。有小地名西头、长大。

外新屋 [Wàixīnwū] 属梁湖桥村。距院桥镇政府驻地4.4千米。早年有梁湖桥分居于此，与梁湖桥相对而言位在外方，故名。86户，300人，多张姓。

*【**水家洋村**】[Shuǐjiāyáng Cūn] 以村委会驻地自然村水家洋得名。位于院桥镇北部。东到永乐村，南临下店头村，西到后宅村，北至梁湖桥前村。下辖水家洋1个自然村，4个村民小组。160户，528人，辖区总面积0.3平方千米，其中耕地15.8公顷。种植水稻为主，兼种柑橘、席草、荸荠。属平原水网地区。

1947年属永宁乡第七保。1951年称永宁乡水家洋村。1956年属店头乡联星高级社。1961年称店头公社水家洋大队。1983年称店头乡水家洋村。1992年5月称院桥镇水家洋村。2018年8月，和梁湖桥前村、梁湖桥村合并称梁湖桥村。

水家洋 [Shuǐjiāyáng] 水家洋村委会驻地。距院桥镇政府驻地3.9千米。该村地势低洼，每逢大雨，沙埠、西溪两支溪水流至该村，恰好汇合一起，一片汪洋，人们称之为“水加洋”。后谐音水家洋。民国《黄岩县志》作水家洋。160户，528人，有茅、马、陈、张、胡、郑等姓。茅氏为明时迁居水家洋。

【**永友村**】[Yǒng yǒu Cūn] 2018年8月，永乐村和三友村合并为永友村。两村各取一字得名。寓意永远友好和谐，共同发展。位于院桥镇东北部，东、北界南城街道吉岙村。南至桐村村、繁荣村、店头村，西至梁湖桥村。辖区面积2.3平方千米。辖吉岙里、下金、西岙、镜架屿、王土屿5个自然村，685户，2202人。村委会驻地原三友村办公楼。

*【**永乐村**】[Yǒnglè Cūn] 以1956年的永乐高级社得名。寓意人民永远过快乐的日子。位于院桥镇北部。东到三友村，南临繁荣村岙里戴，西到水家洋村，北界南城街道。下辖镜架屿、王土屿2个自然村，7个村民小组。村委会驻地镜架屿。348户，1143人，辖区总面积0.9平方千米，其中耕地33.5公顷，林地12.59公顷。种植水稻为主，兼种荸荠、席草、柑橘，属平原区。

1947年属永宁乡第五、十四保。1951年为永宁乡镜架屿村。1956年属店头乡永乐高级社。1961年称店头公社永乐大队。1983年为店头乡永乐村。1992年5月为院桥镇永乐村。2018年8月，和三友村合并称永友村。

镜架屿 [Jìngjiàyǔ] 永乐村委会驻地。距院桥镇政府驻地4千米。村西有小山屿，山屿两旁有两口池像镜片架在山屿上，故名。清光绪《黄岩县志》卷七：金家屿，二十五都一图。民国《黄岩县志》作镜架屿。196户，592人，多卓、叶姓。

王土屿 [Wángtǔyǔ] 属永乐村。距院桥镇政府驻地3.7千米。因村西有座小山屿，居民大多姓王，故名。古为黄土屿。民国《黄岩县志》作王土屿。152户，551人，多王、张姓。

*【**三友村**】[Sānyǒu Cūn] 沿用三友高级社得名。1956年，吉岙里、下金、西岙3个自然村组成三友高级社，表示友好团结相处。位于院桥镇东北部。东界南城街道和东鉴村，南临洋岙村，西到繁荣村岙里戴，北至南城街道。下辖吉岙里、下金、西岙3个自然村，7个村民小组。村委会驻地吉岙里。337户，1059人，辖区总面积1.4平方千米，其中耕地33.6公

顷，林地39.7公顷。种植水稻为主，兼种柑橘、席草、荸荠。有工艺品厂和服装厂。

1947年属永宁乡第四保，分称下金、吉岙坤。1951年属店头乡吉岙村。1956年称店头乡三友高级社。1961年称店头公社三友大队。1983年改为店头乡三友村。1992年5月为院桥镇三友村。2018年8月，和永乐村合并称永友村。

吉岙里 [Jí'àolǐ] 三友村委会驻地。距院桥镇政府驻地4千米。坐落于三面环山的朝北山岙里，相传早先住着姓葛的人家，称吉岙里。又说：吉岙，是因该山岙古时多野生葛藤而名。古为吉岙坤。民国《黄岩县志》作吉岙。113户，370人，多王、朱姓。有南宋进士王滋，名季括，建宁溪桂街，人称"王半洲"。

西岙 [Xī'ào] 属三友村。距院桥镇政府驻地4.2千米。村位于整个吉岙西部，故名。民国《黄岩县志》作西岙。96户，326人，多王姓。

下金 [Xiàjīn] 属三友村。位于院桥镇政府驻地东北4.5千米。与吉岙里自然村南北相对，且地势较低下，多金姓，故名。古为下泾。民国《黄岩县志》作下金。101户，319人，多金、王姓。

【上桥洋村】[Shàngqiáoyáng Cūn] 2018年8月，行政村规模调整，上桥村和升上垟村合并为上桥洋村。位于院桥镇西北部，东至前后宅村，南至红星村、友联村，西界高桥街道高桥头村，北至前后宅村、泾前村。辖区面积0.9平方千米。辖上桥、上垟2个自然村，456户，1554人。村委会驻地原上桥村办公楼。

*【**上桥村**】[Shàngqiáo Cūn] 以村委会驻地自然村上桥得名。位于院桥镇北部偏西。东到前宅村，南至升上垟村，西临西南中泾与高桥街道接壤，北至泾南村。下辖上桥1个自然村，7个村民小组。284户，999人，辖区总面积0.6平方千米，其中耕地34.9公顷。种植水稻为主，兼种柑橘、荸荠，属平原水网地区。

清光绪《黄岩县志》卷七：上桥，二十五都二图。1947年属永宁乡第十一保。1951年属永宁乡上桥村。1956年属店头乡光明高级社。1961年称店头公社上桥大队。1983年改为店头乡上桥村。1992年5月为院桥镇上桥村。2018年8月，和升上垟村合并为上桥洋村。

上桥 [Shàngqiáo] 上桥村委会驻地。距院桥镇政府驻地3.2千米。村中有座石桥，所处地势较高，取名"上桥"。村以桥名。清光绪《黄岩县志》作上桥。284户，999人，多陈姓，宋代陈宗仁自南京迁黄岩北门，其九世孙锡福转迁上桥，为上桥陈氏始迁祖。

*【**升上垟村**】[Shēngshàngyáng Cūn] 以村委会驻地自然村上垟得名。1981年因重名改名为升上垟（升，表示对未来的憧憬）。位于院桥镇西北部。东到店头街村，南邻红星村，西临西南中泾，北至上桥村。下辖上垟1个自然村，4个村民小组。172户，555人，辖区总面积0.3平方千米，其中耕地22.2公顷。种植水稻为主，兼种柑橘、荸荠，属平原水网地区。

1947年分属永宁乡第十、十一保。1951年属永宁乡上垟村。1956年属店头乡升高高级社。1961年称店头公社上垟大队，因重名，于1981年更名为升上垟大队，1983年改为店头乡升上垟村。1992年5月为院桥镇升上垟村。2018年8月，和上桥村合并称上桥洋村。

上垟 [Shàngyáng] 升上垟村委会驻地。距院桥镇政府驻地2.4千米。上桥前面有条河，称上洋河，村以河名。另一说：相传早年发大水时，近村均汪洋一片，唯该村因地势高而露出水面，因此被称为上垟。清光绪《黄岩县志》：上洋，二十六都一图。172户，555人，多缪、钱姓。

【前后宅村】[Qiánhòuzhái Cūn] 2018年8月，行政村规模调整，前宅村和后宅村合并为前后宅村。位于院桥镇北部，东至店头村，南至红星村、浦口村，西至上桥洋村，北至泾前村、梁湖桥村。辖区面积1.4平方千米。辖前宅、后宅2个自然村，714户，2350人。村委会驻地原前宅村办公楼。

*【**前宅村**】[Qiánzhái Cūn] 以村委会驻地自然村前宅得名。《清同治光绪年间新定县境总图》作前宅。位于院桥镇北部。东到下店头村，南临店头村，西到升上垟村，北至后宅村。下辖前宅1个自然村，8个村民小组。378户，1268人，辖区总面积0.8平方千米，其中耕地48.3公顷。种植水稻为主，兼种柑橘、荸荠，属平原水网地区。前宅历史文化底蕴深厚，进士有章陬、章唐之次子章文韬等。有联桂坊，为章陬、章唐兄弟立；二魁坊，为章陬立；进士坊，为章文韬立。清咸丰年间，前宅还出了一位黄岩镇总兵章飞熊，总兵衙门设在大寺巷，前宅尚残存章飞熊家三透九明堂，其父章照好义。

1947年属永宁乡第十保。1951年属永宁乡前宅村。1956年属店头乡五联高级社。1961年称店头公社前宅大队。1983年改为店头乡前宅村。1992年5月为院桥镇前宅村。2018年8月，和后宅村合并为前后宅村。

前宅 [Qiánzhái] 前宅村委会驻地。距院桥镇政府驻地2.7千米。位于后宅之南（前），故名。据《临湖章氏宗谱》：明代始名前宅。民国《黄岩县志》作前宅。378户，1268人，多章、张、王姓。有小地名东柱、西柱、中柱、章家里、王家里。

附：

章陬（1413—1459），字仲寅，明正统元年进士，授礼部主事，景泰中奉命同修《宋元史》《续朱子纲目》，著有《书经提要》《诗文集》《约斋稿》。

*【**后宅村**】[Hòuzhái Cūn] 以村委会驻地自然村后宅得名。位于院桥镇北部。东接前宅村和下店头村，南邻黄沙公路与上桥村相望，西到泾南村，北至水家洋村。下辖后宅1个自然村，6个村民小组。336户，1082人，辖区总面积0.6平方千米，其中耕地31.7公顷，林地1.3公顷。种植水稻为主，兼种荸荠、柑橘。属平原水网地区。村庄四面环水，环村河北通南官河，河道四通八达，水陆交通便捷。

清光绪《黄岩县志》卷七：后宅，二十五都二图。1947年为永宁乡第九保。1951年属永宁乡后宅村。1956年属店头乡庆丰高级社。1961年称店头公社后宅大队。1983年改为店头乡后宅村。1992年5月为院桥镇后宅村。2018年8月，和前宅村合并为前后宅村。

后宅 [Hòuzhái] 后宅村委会驻地。距院桥镇政府驻地3.2千米。据《临湖章氏宗谱》：五代时章氏从福建浦城迁临海班巷及黄岩临湖，为临湖章氏始祖。后临湖分为前宅、后宅二村，后人把在北的称后宅，在南的称前宅。清光绪《黄岩县志》作后宅。336户，1082人，多章姓。海拔3米。有小地名东头、西头、石道地、三透里。1932年，在后宅西汇发现东晋年间古墓和石俑各1座。

附：

章育（1891—1953），字伯英，后宅人，光绪三十四年（1908）创办启明小学，1927年任县建设科长。水利专家。曾任县参议员，黄岩修志馆副馆长，参与修民国《黄岩县志》。

【**友联村**】[Yǒulián Cūn] 2018年8月，行政村规模调整，下店村和岙林村合并为友联村。下店村和岙林村合并，沿用1956年高级社名得名。位于院桥镇西北部，东至上桥洋村、红星村，南至合屿村，西至高桥街道瓦瓷窑村，北界高桥街道高桥头村。辖区面积1.5平方千米。辖下店、岙林、溪头、园珠屿4个自然村，440户，1443人。村委会驻地原岙林村办公楼。

*【**岙林村**】[Àolín Cūn] 以村委会驻地自然村岙林得名。《清同治光绪年间新定县境总图》作岙林。位于院桥镇西北部。东到西南中泾，南邻下店村，西、北界高桥街道。下辖岙林1个自然村，5个村民小组。199户，653人。辖区总面积0.6平方千米，其中耕地24.2公顷，林地10.3公顷。种植水稻为主，兼种柑橘、席草，属平原半山区。

1947年属永宁乡第十三保。1951年属永宁乡岙林村。1956年属店头乡友联高级社。1961年称店头公社岙林大队。1983年改为店头乡岙林村。1992年5月称院桥镇岙里村。2018年8月，和下店村合并称友联村。

岙林 [Àolín] 岙林村委会驻地。距院桥镇政府驻地2.8千米。村处三面环山的山岙，有小山岭，岭路西通高桥官庄，俗呼“岙岭”，后谐音写作岙林。民国《黄岩县志》作岙岭。199户，653人，有潘、陈、章、张等姓。有小地名上屋、前屋、岙里、田洋屋。

*【**下店村**】[Xiàdiàn Cūn] 以村委会驻地自然村下店得名。位于院桥镇西北部。东到西南中泾，南临华屿，西到高桥街道，北至岙林，下辖下店、溪头、园珠屿3个自然村，5个村民小组。241户，790人，辖区总面积0.9平方千米，其中耕地25公顷，林地19.7公顷。种植水稻为主，兼种柑橘、荸荠，属平原半山区。

清光绪《黄岩县志》卷七：下店，二十六都一图。1947年属永宁乡第十三保。1951年称永宁乡下店村。1956年属店头乡友联高级社。1961年称店头公社下店大队。1983年改为店头乡下店村。1992年5月为院桥镇下店村。2018年8月，和岙林村合并称友联村。

下店 [Xiàdiàn] 下店村委会驻地。位于院桥镇政府驻地西北2.6千米。位于溪头自然村东面的山脚下，很早时候，就有人在此开设小店，故称下店，村以此名。民国《黄岩县志》作下店。195户，634，多林、伍、邢姓。

溪头 [Xītóu] 属下店村。位于院桥镇政府驻地西北2.7千米。村在一条东流小溪的源头上，故名。民国《黄岩县志》作溪头。24户，76人，王、卢姓。海拔12米。

园珠屿 [Yuánzhūyǔ] 属下店村。距院桥镇政府驻地2.2千米。光绪《黄岩县志》卷二：“圆珠屿，在县南二十里。”《山水记》：“三坑之北，山脉断处有小屿连环二阜，名圆珠。”村以屿名。今写作园珠屿。22户，80人，胡、潘姓。产水稻、柑橘、枇杷等。

【**繁荣村**】[Fánróng Cūn] 沿用1956年的繁荣高级社名得名。寓意繁荣昌盛。位于院桥镇北部。东到桐村村，南邻前后郑桥村，西到店头村，北至永友村。下辖山头里、岙里戴、里洋3个自然村，12个村民小组。村委会驻地山头里。444户，1513人，辖区总面积1.4平方千米，其中耕地31.4公顷，林地38公顷。种植水稻为主，兼种柑橘、席草、荸荠，属平原半山区。建有文化礼堂。台州市重点寺院之一崇福寺，俗称店头上堂，位于该村跃龙山。

1947年属永宁乡第十六、十九保。1951年为店头乡山头里村。1956年为店头乡繁荣高级社。1961年称店头公社繁荣大队，因县内重名，1981年更名为山头里大队。1983年为店头乡山头里村。1984年3月易名为万荣村。1992年5月随乡并入院桥镇。1993年改称院桥镇繁荣村。

山头里［Shāntóulǐ］繁荣村委会驻地。位于院桥镇政府驻地北偏东2.3千米。因位于炮台山南麓的一山塆里，俗呼山头里。清光绪《黄岩县志》卷七：山头里，二十五都一图。222户，761人，有孙、陈、王、徐等姓。

岙里戴［Àolǐdài］属繁荣村。距院桥镇政府驻地3.2千米。村在山岙里，早年戴姓聚居，故名。清光绪《黄岩县志》卷七：岙里戴，二十五都一图。121户，430人，多戴、何、叶姓。

里洋［Lǐyáng］属繁荣村。距院桥镇政府驻地2.3千米。因村位于一片田垟的中心，故名。民国《黄岩县志》作里洋。98户，330人，多郑姓。

【红星村】［Hóngxīng Cūn］华屿村和水淋头村合并，沿用1956年红星高级社名得名。位于院桥镇西北部。东临东南中泾，南接浦口村、横林村，西至友联村，北至上桥洋村。下辖水淋头、岩头、华屿3个自然村，9个村民小组。村委会驻地水淋头。344户，1262人，辖区总面积0.8平方千米，其中耕地46.6公顷。种植水稻为主，兼种荸荠、柑橘，属平原水网地区。

华屿村：清光绪《黄岩县志》：华屿，二十六都一图。1947年属永宁乡第十二保。1951年属永宁乡华屿村。1956年属店头乡红星高级社。1961年称店头公社华屿大队。1983年改为店头乡华屿村。1992年5月为院桥镇华屿村。水淋头村：《清同治光绪年间新定县境总图》作水淋头。1947年属永宁乡第十二保。1951年属永宁乡水淋头村。1956年属店头乡红星高级社。1961年称店头公社红星大队，因重名，1981年更名为水淋头大队。1983年改为店头乡水淋头村。1992年5月为院桥镇水淋头村。2015年11月，黄岩区行政村调整时，华屿村和水淋头村合并为红星村。

水淋头［Shuǐlíntóu］红星村委会驻地。距院桥镇政府驻地1.9千米。村东南有口水池，池水入河处有一个穴，似头形，故名。民国《黄岩县志》作水淋头。140户，507人，屠姓为主，其次为鲍、阮姓。原属水淋头村，2015年11月，黄岩区行政村调整后属红星村。

岩头［Yántóu］原属水淋头村，2015年11月，黄岩区行政村调整后属红星村。位于院桥镇政府驻地北偏西1.9千米。村境内，平地突起一岩基（其底部与华屿山相连，经采石现成穴），故名。清光绪《黄岩县志》卷七：岩头，二十六都一图。73户，290人，多屠、邬姓。

华屿［Huáyǔ］原属华屿村，2015年11月，黄岩区行政村调整后属红星村。距院桥镇政府驻地2千米。清光绪《黄岩县志》卷七："华屿，在县南二十里康岙五桂桥前。旧志：山水记，狮山华屿，开屏列障，清流环带，背山面水，村居可乐。"村以屿得名。民国《黄岩县志》作华屿。131户，465人，屠姓为主，其次赵、鲍姓。

【蒋里村】［Jiǎnglǐ Cūn］2018年8月，行政村规模调整，新上蒋村和雅里村合并为蒋里村。两村各取一字得名。位于院桥镇西南部，东至水花村，南、西至左任新村，北至苏楼村。辖区面积1.4平方千米。辖上蒋、凤凰、雅里、酌议庙4个自然村，470户，1674人。村委会驻地原新上蒋村办公楼。

***【雅里村】**［Yǎlǐ Cūn］以村委会驻地自然村雅里得名。位于院桥镇西南部。东、南到水花村，西邻上蒋村，北接苏楼村。下辖雅里、酌议庙2个自然村，5个村民小组。213户，726人，辖区总面积0.4平方千米，其中耕地18公顷，林地4.6公顷。种植水稻为主，兼种柑橘等。

清光绪《黄岩县志》卷七：下李，二十七都一图。1947年属院桥镇第十六保，称下李。1951年属西溪乡雅里村。1956年称秀岭乡光明高级社。1961年称秀岭公社和平大队，因重名，于1981年更名为雅里大队。1983年改为秀岭乡雅里村。1992年5月为院桥镇雅里村。2018年8月，和新上蒋村合并称蒋里村。

雅里［Yǎlǐ］雅里村委会驻地。距院桥镇政府驻地2千米。因位于上蒋之东（下），为李氏世居之地，故名下李。后因讳"下理"音，雅化为雅里。民国《黄岩县志》作下李。189户，654人，多李、杨姓。

酌议庙［Zhuóyìmiào］属雅里村。距院桥镇政府驻地1.8千米。原名张仪庙，因奉祀张仪得名。村以庙名。后谐音酌议庙，民国《黄岩县志》作酌议庙。24户，72人，多李、陈姓。海拔3.8米。

***【新上蒋村】**［Xīnshàngjiǎng Cūn］上蒋村和凤凰村合并得名。位于院桥镇西南部。东到雅里村，南邻上任村，西到左任新村麻车，北至苏楼村田湾，下辖上蒋、凤凰2个自然村，6个村民小组。村委会驻地上蒋。257户，948人，辖区总面积1平方千米，其中耕地31.1公顷，林地45.4公顷。种植水稻、蔬菜、柑橘。

凤凰村：1976年因建西溪水库而迁此居住，取名为新建大队，因县内重名，1981年更名为凤凰大队。1983年为秀岭乡凤凰村。1992年5月称院桥镇凤凰村。上蒋村：1947年属院桥镇第十六保。1951年称西溪乡上蒋村。1956年属秀岭乡光明高级社。1961年称秀岭公社上蒋大队。1983年称秀岭乡上蒋村。1992年5月称院桥镇上蒋村。2011年凤凰村和上蒋村合并为新上蒋村。2018年8月，和雅里村合并称蒋里村。

上蒋［Shàngjiǎng］新上蒋村委会驻地。位于院桥镇政府驻地西南2.5千米。早年为蒋姓始居，因位于下李（今雅里）之西（上），故名。《清同治光绪年间新定县境总图》作上蒋。198户，720人，多王、杨、鲍姓。

凤凰［Fènghuáng］属新上蒋村。位于院桥镇政府驻地西偏南2.7千米。村西北有山，形似凤凰，俗呼凤凰山。村以山名。59户，228人，多陈姓。海拔33米。

【苏楼村】［Sūlóu Cūn］因原苏楼片村得名。据《台临栅浦苏氏宗谱》卷首：苏东坡后人致仕居黄邑柏岙，理宗朝征召不起，赐第建楼，敕曰："苏楼"。村以此名。位于院桥镇中西部。东到秀水村，南临蒋里村，西到蜈蚣山，北至合屿村。下辖前兆、后兆、六份、田湾4个自然村，12个村民小组。村委会驻地后兆。426户，1519人，辖区总面积1平方千米，其中耕地31.2公顷，林地16.1公顷。系粮橘混种的半山区。

清光绪《黄岩县志》卷七：苏楼，二十六都一图。1947年属院桥镇第十七保。1951年属西溪乡苏楼村。1956年称秀岭乡光明高级社。1961年称秀岭公社光明大队，因重名，1981年更名为苏楼大队。1983年为秀岭乡苏楼村。1992年5月为院桥镇苏楼村。

后兆［Hòuzhào］苏楼村委会驻地。距院桥镇政府驻地1.8千米。村分南北，习惯上南村称前兆，北村称后兆。该村处北，故名。兆，指界域。183户，585人，多王姓。

前兆［Qiánzhào］属苏楼村。距院桥镇政府驻地1.7千米。相对于后兆，该村位在南（前），故名。89户，272人，多王姓。

六份［Liùfèn］属苏楼村。距院桥镇政府驻地2.2千米。始建村时为六户人家，故名（方言"户"称"份"）。136户，382人，多王姓。

田湾［Tiánwān］属苏楼村。距院桥镇政府驻地2.4千米。村处于北边靠山的山塆口，塆里多田地，故名田塆，惯写为田湾。民国《黄岩县志》作田湾。73户，222人，多郑姓。海拔6米。

【西溪村】［Xīxī Cūn］2018年8月，行政村规模调整，西溪村和西柱新村（旧柱片）合并为西溪村。位于院桥镇西南部，东至新岙里村，南界太湖山与温岭市接壤。西至沙埠镇南六坑村，北界沙埠镇繁三村。辖区面积4.7平方千米。辖水台岸、兰田、洞洪头、洞洪、田厂、十二王、捐机岩、新堂、王银屋、旧柱等10个自然村，349户，1302人。村委会驻地原西溪村办公楼。

* **【西柱新村村】**［Xīzhù Xīncūn Cūn］西合村和旧柱村合并各取一字得名。位于院桥镇西南部。东到樟前村，南临西溪水库、岙里街村，西界沙埠镇，北至沙埠镇、左岙坑村。下辖西合、旧柱2个自然村，6个村民小组。村委会驻地西合。203户，749人，辖区总面积1.9平方千米，其中耕地14.5公顷，林地79.3公顷。种植水稻、杨梅、柑橘。

西合村：1947年属院桥镇第十五保。1951年属西溪乡西合村。1956年属秀岭乡胜利高级社。1961年称秀岭公社西合大队。1983年改为秀岭乡西合村。1992年5月为院桥镇西合村。旧柱村：1947年属院桥镇第十二保。1951年属西溪乡旧柱村。1956年属秀岭乡胜利高级社。1961年称秀岭公社旧柱大队。1983年改为秀岭乡旧柱村。1992年5月为院桥镇旧柱村。2015年11月，黄岩区行政村调整时，旧柱村和西合村合并为西柱新村。2018年8月，西柱新村（西合片）和岙里街村合并称新岙里村；西柱新村（旧柱片）和西溪村合并称西溪村。

旧柱［Jiùzhù］原属旧柱村，2015年11月，黄岩区行政村调整后属西柱新村。位于院桥镇政府驻地西偏南6.6千米。传说有柏山鲍氏旧屋，明代时遭兵灾所焚，住户大多搬走，其中一人托梦要在旧址重建，不能搬，后代果然大发，村以此得名旧住，后谐作旧柱。90户，328人，鲍姓为主。海拔190米。村东南为西溪水库。有小地名老屋里、后前屋、前头屋、兰田、新路、梅树上、毛竹郎。

* **【西溪村】**［Xīxī Cūn］以"西溪"得名。金清港北源出太湖山之阴，曰西溪。位于院桥镇西南部。东到岙里街村，西南、西北为太湖山，北至西溪水库，下辖水台岸、兰田、洞洪头、洞洪、田厂、十二王、捐机岩、新堂、王银屋9个自然村，8个村民小组。村委会驻地水台岸。259户，974人，辖区总面积3.7平方千米，其中耕地10.6公顷，林地314.4公顷。种植水稻、番薯、杨梅、枇杷、柑橘。

清光绪《黄岩县志》卷七：西溪，二十七都一图。1947年属院桥镇第十二保，称西溪岙里。1951年属西溪乡西溪村。1956年属秀岭乡胜利高级社。1961年称秀岭公社西溪大队。1983年改为秀岭乡西溪村。1992年5月称院桥镇西溪村。2018年8月，和西柱新村（旧柱片）合并称西溪村。

水台岸［Shuǐtái'àn］西溪村委会驻地。距院桥镇政府驻地7.5千米。位于太湖山步登岗北麓，早年山洪暴发时，山上岩石泥沙俱下，冲积渐成平地，又在溪边岸，俗呼“水堆岸”，谐作水台岸。民国《黄岩县志》作水台。62户，189人，多张姓。海拔90米。

兰田 [Lántián] 属西溪村。位于院桥镇政府驻地西南7.5千米。因位山坳处，有片常年不涸的冷水田而得名滥田，谐音雅化兰田。2户，3人，陈姓。海拔300米。

洞洪头 [Dònghóngtóu] 属西溪村。距院桥镇政府驻地7.6千米。因处在洞洪村北面的山头，故名。4户，15人。王、章姓为主。海拔320米。

洞洪 [Dònghóng] 属西溪村。距院桥镇政府驻地7.8千米。早年此地每逢暴雨，溪坑（溪涧）里山洪暴发如从洞中喷涌而出，来得快，去得也快，故名。46户，174人，多夏、鲍姓。海拔110米。

田厂 [Tiánchǎng] 属西溪村。位于院桥镇政府驻地西南7.2千米。早年为防野兽糟蹋庄稼，有人在此搭茅厂（茅棚）守田，故名。16户，48人，范姓。海拔80米。

十二王 [Shí'èrwáng] 属西溪村。位于院桥镇政府驻地西南7.1千米。传说早年有某姓的第十二房住此，村名十二房，谐音作十二王。6户，21人，金姓。海拔75米。

捐机岩 [Juānjīyán] 属西溪村。距院桥镇政府驻地7千米。村旁有块状如织布绢机的方岩，故称“捐机岩”，村以此名。《清同治光绪年间新定县境总图》作捐机岩。海拔80米。原有10多户王姓在1976年建造西溪水库时全部迁移。

新堂 [Xīntáng] 属西溪村。距院桥镇政府驻地6.9千米。村中原有神庙，因损坏而重新建造，称新堂。村以神庙名。民国《黄岩县志》作新堂。海拔90米。1976年建造西溪水库时全部迁移。

王银屋 [Wángyínwū] 属西溪村。距院桥镇政府驻地7.3千米。早年住房的墙壁，多为竹篾结构而涂上黄泥，故称黄泥屋，村以此名。后雅化为王银屋。清光绪《黄岩县志》：“黄泥园，二十九都一图。”19户，69人，多章、张姓。海拔73米。

【新岙里村】 [Xīn'aolǐ Cūn] 2018年8月，岙里街村和西柱新村（西合片）合并为新岙里村。位于院桥镇西南部，东至樟前村，南至井头村，西至西溪村，北至左任新村。辖区面积4.2平方千米。辖西合、岙里2个自然村，492户，1639人。村委会驻地原岙里街村办公楼。

西合 [Xīhé] 西柱新村村委会驻地。距院桥镇政府驻地5.2千米。传古时此地有三座守坟庵屋，按方位分别称上庵、下庵、西庵。该村邻近西庵，得名西庵，谐音西合。民国《黄岩县志》作西合。113户，425人，多陆、王、江姓。海拔55米。原属西合村，2015年11月，黄岩区行政村调整后属西柱新村。

***【岙里街村】** [Àolǐjiē Cūn] 以驻地自然村岙里有一条街得名。位于院桥镇西南部。东到樟前村，南至井头村，西到西溪水库，北至西柱新村。村委会驻地岙里。下辖岙里1个自然村，379户，1214人，辖区总面积3.3平方千米，其中耕地38.8公顷，林地148.6公顷。种植水稻为主，兼种柑橘、杨梅、枇杷。

清光绪《黄岩县志》卷七：西溪，二十七都一图。1947年为院桥镇第十三保，称西溪岙里。1951年属西溪乡西溪村。1956年属秀岭乡胜利高级社。1961年称秀岭公社胜利大队，因重名，1981年更名为岙里街大队。1983年为秀岭乡岙里街村。1992年5月为院桥镇岙里街村。2018年8月，和西柱新村（西合片）合并称新岙里村。

岙里 [Àolǐ] 岙里街村委会驻地。距院桥镇政府驻地5.8千米。因位于三面环山的山岙里，故名。民国《黄岩县志》作西溪岙里。379户，1214人，多鲍、张、金姓。海拔45米。小地名上金家、里园、夏新屋、坦金、张家、上新屋。

【樟前村】 [Zhāngqián Cūn] 以2001年樟树村和前堂村合并各取一字得名。位于院桥镇西南部。东到左任新村，南邻井头村，西至新岙里村，北界左任新村。下辖樟树下、上陈岙、竹园、前堂洋、柏树殿5个自然村，12个村民小组。村委会驻地樟树下。384户，1250人，辖区总面积1.9平方千米，其中耕地30.5公顷，林地58.1公顷。种植水稻为主，兼种杨梅、柑橘、枇杷。

樟树村：1947年属院桥镇第十五保。1951年称西溪乡樟树下村。1956年属秀岭乡五星高级社。1961年称秀岭公社五星大队，因重名，1981年更名为樟树大队。1983年为秀岭乡樟树村，1992年5月称院桥镇樟树村。前堂村：1947年属院桥镇第十五保。1951年称西溪乡前堂村。1956年属秀岭乡五星高级社。1961年称秀岭公社前堂大队。1983年叫秀岭乡前堂村。1992年称院桥镇前堂村。2001年两村合并为院桥镇樟前村。

樟树下 [Zhāngshùxià] 樟前村委会驻地。距院桥镇政府驻地3.8千米。据传在明代有两株大樟树，故名。《清同治光绪年间新定县境总图》作樟树下。122户，365人，多章、陈、江姓。海拔15米。有小地名江家、陈家、王家。

上陈岙 [Shàngchén'ào] 属樟前村。距院桥镇政府驻地4.2千米。村三面环山，位于樟树下自然村西北，地势亦高，早年为陈姓聚居，故名。民国《黄岩县志》作上陈岙。39户，145人，张、鲍姓为主。海拔35米。有小地名大道地。

竹园［Zhúyuán］属樟前村。距院桥镇政府驻地4千米。以前村内多竹子，故名。民国《黄岩县志》作竹园。31户，107人，张姓。

前堂洋［Qiántángyáng］属樟前村。距院桥镇政府驻地4.2千米。有和尚堂在村前一片平坦的田洋上，俗呼前堂洋。村以此名。民国《黄岩县志》作前堂。102户，316人，多张、杨姓。

柏树殿［Bǎishùdiàn］属前堂村。距院桥镇政府驻地4.5千米。早年此地有关公庙，周围多柏树，俗呼柏树殿。村以殿名。民国《黄岩县志》作柏树殿。23户，78人，有张、叶、王等姓。

【前后郑村】［Qiánhòuzhèng Cūn］2018年8月，行政村规模调整，前郑村和后郑村合并为前后郑村。位于院桥镇中部偏北，东至沙门村，南至横泾后岸村，西至浦口村，北至繁荣村。辖区面积1.1平方千米。辖前郑、后郑2个自然村，639户，2194人。村委会驻地原前郑村办公楼。

***【后郑桥村】**［Hòuzhèngqiáo Cūn］以村委会驻地自然村后郑得名。位于院桥镇北部。东到燕窠，南邻前郑村，西临临湖官河，北至繁荣村。下辖后郑1个自然村，4个村民小组。196户，669人，辖区总面积0.4平方千米，其中耕地15.7公顷。种植水稻为主，兼种荸荠、柑橘、席草，属平原水网地区。有明正德八年（1513）举人、崇明知县郑特，公正廉明，深受崇明百姓爱戴，故后无钱为殓，黄绾、何赞等人为其治丧，符验铭其墓。

清光绪《黄岩县志》卷七：后郑，二十六都一图。1947年属永宁乡第十七保。1951年属店头乡后郑村。1956年属店头乡繁荣高级社。1961年称店头公社后郑大队，因重名，1981年更名为后郑桥大队。1983年为店头乡后郑桥村。1992年5月为院桥镇后郑桥村。2018年8月，和前郑村合并称前后郑村。

后郑［Hòuzhèng］后郑村委会驻地。距院桥镇政府驻地2.2千米。南宋末年，福建莆田郑氏徙居邑城庆丰坊，后郑星初徙居壕头（今樊川岗头）祖庵，郑安初徙居临湖市南、下洋汇河以北，遂称郑家洋，子孙繁衍分居为前郑、后郑。清光绪《黄岩县志》作后郑。196户，669人，多郑、杨、徐、林姓。

***【前郑村】**［Qiánzhèng Cūn］以村委会驻地自然村前郑得名。位于院桥镇东北部。东到燕窠，南临下洋汇河，西到官路河，北至后郑村，下辖前郑1个自然村，9个村民小组。443户，1525人，辖区总面积0.7平方千米，其中耕地34.9公顷。种植水稻为主，兼种荸荠、席草、柑橘，属平原水网地区。西北侧为前郑村新建的工业园区，与院店路、新秀路、前郑大道相邻，临近甬台温高速入口。清咸丰五年（1855），建太湖闸和杨柳闸2座，其中太湖闸为黄岩区级文物保护单位。

清光绪《黄岩县志》卷七：前郑，二十六都一图。1947年属永宁乡第十八保。1951年为店头乡郑家洋村。1956年为店头乡快乐高级社。1961年称店头公社前郑大队。1983年改为店头乡前郑村。1992年5月为院桥镇前郑村。2018年8月，和后郑桥村合并称前后郑村。

前郑［Qiánzhèng］前郑村委会驻地。距院桥镇政府驻地1.6千米。因此最早为郑姓聚居之地，位于后郑的前面，故名。又因地形低洼，易积水，俗称郑家洋。民国《黄岩县志》作前郑。443户，1525人，多郑姓。

【店头村】［Diàntóu Cūn］2018年8月，行政村规模调整，店头街村和下店头村合并为店头村。位于院桥镇北部，东、北至永友村，南至繁荣村、前后郑村、浦口村，西至前后宅村。辖区面积0.9平方千米。辖下店头、店头2个自然村，460户，1602人。村委会驻地原店头街村办公楼。

***【下店头村】**［Xiàdiàntóu Cūn］以村委会驻地自然村下店头得名。位于院桥镇北部。东邻繁荣村和三友村，南临店头街村，西到前宅村，北至永乐村。下辖下店头1个自然村，6个村民小组。238户，825人，辖区总面积0.6平方千米，其中耕地24.7公顷，林地7.4公顷。种植水稻为主，兼种荸荠、枇杷、柑橘。

1947年属永宁乡第十四保。1951年为店头乡店头村。1956年为店头乡五联高级社。1961年称店头公社下店头大队。1983年改为店头乡下店头村。1992年5月为院桥镇下店头村。2018年8月，和店头街村合并称店头村。

下店头［Xiàdiàntóu］下店头村委会驻地。距院桥镇政府驻地3千米。位于店头街北面的炮台山下，故名。民国《黄岩县志》作下店头。238户，825人，多梁、钱姓。

***【店头街村】**［Diàntóujiē Cūn］以村委会驻地自然村店头得名。南宋嘉定《赤城志》卷十八：“店头铺，在县南一十五里。”据《壕头郑氏宗谱》：店头街者，在本宅北一里余，明洪武年间（1368—1398）淮东提举郑安初开立。位于院桥镇北部。东、南接繁荣村，西到前宅村，北至下店头村。下辖店头1个自然村，3

个村民小组。222户，777人，辖区总面积0.3平方千米，其中耕地5.9公顷，林地0.1公顷。种植水稻为主，属平原区。清光绪《黄岩县志》卷七：店头，二十五都二图。1947年为永宁乡第十五保。1951年属店头乡店头街村。1956年属店头乡五联高级社。1961年称店头公社店头街大队。1983年为店头乡店头街村。1992年5月称院桥镇店头街村。2018年8月，和下店头村合并称店头村。

店头［Diàntóu］店头街村委会驻地。位于院桥镇政府驻地北偏西2.7千米。宋置临湖铺，明立店头街。清光绪《黄岩县志》："店头市在县南二十里，即临湖市之地。"民国《黄岩县志》作店头街。222户，777人，多章姓。

【泾前村】［Jìngqián Cūn］2018年8月，行政村规模调整，泾南村和前王村合并为泾前村。两村各取首字得名。位于院桥镇北部，东至梁湖桥村，南至上桥洋、前后宅村，西界高桥街道高桥头村、下浦郑村，北界南城街道墙洋村、义新村。辖区面积1平方千米。辖泾南、下洋岸、前王3个自然村，498户，1648人。村委会驻地原泾南村办公楼。

*** 【泾南村】**［Jìngnán Cūn］以村委会驻地自然村泾南得名。位于院桥镇北部。东到梁湖桥前村，南至后宅村，西界高桥街道，北至前王村。下辖泾南、下洋岸2个自然村，4个村民小组。290户，941人，辖区总面积0.6平方千米，其中耕地33.4公顷。种植水稻为主，兼种荸荠、柑橘等，属平原水网地区。

清光绪《黄岩县志》卷七：泾南，二十四都一图。1947年属永宁乡第八保。1951年属永宁乡称泾南村。1956年属店头乡庆丰高级社。1961年称店头公社泾南大队。1983年改为店头乡泾南村。1992年5月为院桥镇泾南村。2018年8月，和前王村合并称泾前村。

泾南［Jìngnán］泾南村委会驻地。距院桥镇政府驻地4千米。村南有口水塘，水清如镜，镜与泾谐音，故名。又说，因村南有西南中泾，故名。清光绪《黄岩县志》作泾南。197户，651人，多陈、杨、陆姓。

下洋岸［Xiàyáng'àn］属泾南村。距院桥镇政府驻地3.7千米。村西紧倚西南中泾，位于泾南、前王村的南（下）面一片平洋上，故名。又称下洋叶，早年有叶姓居此而得名（今已无叶姓）。民国《黄岩县志》作下洋叶。93户，290人，多陆、邱姓。

*** 【前王村】**［Qiánwáng Cūn］以村委会驻地自然村前王得名。《清同治光绪年间新定县境总图》作前王。位于院桥镇北部。东到梁湖桥前，南临泾南村，西、北界高桥街道。下辖前王1个自然村，4个村民小组。208户，707人，辖区总面积0.4平方千米，其中耕地24.3公顷。种植水稻为主，兼种柑橘、荸荠、席草等经济作物，属平原水网地区。

1947年属永宁乡第七保。1951年属永宁乡前王村。1956年属店头乡庆丰高级社。1961年称店头公社前王大队。1983年改为店头乡前王村。1992年5月为院桥镇前王村。2018年8月，和泾南村合并称泾前村。

前王［Qiánwáng］前王村委会驻地。距院桥镇政府驻地4.3千米。相传以前位于一条小河前面，多王姓居此，故名。民国《黄岩县志》作前王。208户，707人，多杨、王姓。

【左任新村】［Zuǒrèn Xīncūn］左岙村和上任村合并得名。位于院桥镇西南部。东到苏楼村、蒋里村，南邻樟前村、新岙里村，西接沙埠镇繁三村，北至蜈蚣山。下辖李家、上任、溪坦、石道地、麻车、杉树坦6个自然村，13个村民小组。村委会驻地李家。446户，1622人，辖区总面积3平方千米，其中耕地51.1公顷，林地72.8公顷。种植水稻为主，兼种杨梅、柑橘、枇杷。该村蓝田山半山坡上有北宋时期青瓷窑址，窑址呈南北向分布，面积约5000平方米，仅见窑址废品堆积，未发现窑床。2013年2月，被公布为区级文物保护单位。

左岙坑村：古为祖岙坑。1947年为院桥镇第十四保。1951年属西溪乡麻车村。1956年属秀岭乡五星高级社。1961年称秀岭公社麻车大队。1966年为先锋大队。1981年更名为左岙坑大队。1983年秀岭乡左岙坑村。1992年5月称院桥镇左岙坑村。上任村：1947年属院桥镇第十四保。1951年属西溪乡上任村。1956年属秀岭乡五星高级社，1961年称秀岭公社上任大队，1983年为秀岭乡上任村。1992年5月称院桥镇上任村。2001年左岙坑村和上任村合并为院桥镇左任新村。

李家［Lǐjiā］左任新村村委会驻地。距院桥镇政府驻地3.3千米。李姓世居，故名。12户，53人，李姓。海拔25米。

上任［Shàngrèn］属左任新村。距院桥镇政府驻地3.1千米。位于雅里之西（上），地势较高，当地含义"高"为"上"，早年最先任姓居住，故名。民国《黄岩县志》作上任。98户，310人，屠姓为主。

溪坦［Xītǎn］属左任新村。距院桥镇政府驻地3.5千米。系西溪水长期冲积成的一片坦地，故名。古为瓷窑坦。民国《黄岩县志》作溪坦。53户，175人，多屠、李、邱、王姓。

石道地［Shídàodì］属左任新村。距院桥镇政府驻地5千米处。清时有位武举人，其房屋道地全部用石板铺设，村以此得名。2户，6人，海拔290米。

麻车［Máchē］属左任新村。距院桥镇政府驻地3.2千米。早年建有榨油作坊，其工具称麻车。村以此名。民国《黄岩县志》作麻车。166户，565人，王、李、叶姓。海拔12米。

杉树坦［Shānshùtǎn］属左任新村。距院桥镇政府驻地3千米。村处平坦之地，早年多杉木，故名。14户，50人，张、叶、金等姓。海拔22米。

【水花村】［Shuǐhuā Cūn］以原水花高级社名得名。位于水库大坝附近，水库放水时，水流喷涌，浪花飞溅，故名。元朝时为柏岙铺。中华人民共和国成立后曾称水化村（因提倡机械化、水利化、电气化得名）。位于院桥镇中南部。东到阜峰村，南临秀岭水库，西到柏岙西山，北至秀水村。下辖船山脚下、大路桥、俞家岙、西山下、梨岙5个自然村，8个村民小组。村委会驻地船山脚下。500户，1761人，辖区总面积1.8平方千米，其中耕地34.2公顷，林地51.4公顷。种植水稻、柑橘，兼种杨梅、枇杷等。村西南秀岭水库，1957年建成，容量为1278万立方米。1956年在秀岭水库建造时发现北宋时期青瓷窑址——大藤坤青瓷窑址，窑址呈南北方向分布，面积约500平方米，遗址堆积层约1.5米厚。王启墓，位于水花村黄岩方山下林场秀岭林点。2013年2月，大藤坤窑址和王启墓被公布为区级文物保护单位。

1947年属院桥镇第八保。1951年属秀岭乡柏岙村。1956年为秀岭乡水花高级社。1961年称秀岭公社水花大队。1983年改为秀岭乡水花村。1992年5月为院桥镇水花村。

船山脚下［Chuánshānjiǎoxià］水花村委会驻地，距院桥镇政府驻地1.3千米。该村在船山（形似船得名）南麓，故名。53户，177人，多王姓。有小地名竹山庙。

大路桥［Dàlùqiáo］属水花村。距院桥镇政府驻地1千米。位于大路旁一桥闸的东侧，故名。108户，337人，多王姓。

俞家岙［Yújiā'ào］属水花村。距院桥镇政府驻地1.6千米。位于山岙中，古时为俞姓居住地，故名。据明万历《黄岩县志》卷一："俞家溪，在县南三十里，自大塘岭发源，入俞店、柏山，达于河。"现俞家溪一部分成为水库淹没区，俞家岙亦无俞姓。民国《黄岩县志》作余家岙。7户，28人，多赵姓。

西山下［Xīshānxià］属水花村。位于院桥镇政府驻地西南1.8千米。相对楼里来说，位于西边山脚下，故名。1947年属院桥镇第五保，1954年并入水花高级社。民国《黄岩县志》作西山下。126户，419人，多鲍姓。

梨岙［Lí'ào］属水花村。距院桥镇政府驻地2千米。古名丽岙，因美丽的山岙而名。后谐音梨岙，清光绪《黄岩县志》："梨岙，二十七都一图。"10户，31人，多鲍姓。海拔25米。

【井头村】［Jǐngtóu Cūn］以村委会驻地自然村井头得名。位于院桥镇西南部。东到秀岭村，南临温岭市，西到新岙里村，北至樟前村，下辖井头、岩下、梨前头、合和坑、新河坊5个自然村，11个村民小组。345户，1237人，辖区总面积3.5平方千米，其中耕地24.8公顷，林地198.4公顷。种植水稻、薯类、杨梅、柑橘。

1947年属院桥镇第十一保。1951年属秀岭乡井头村。1956年属秀岭乡合利高级社。1961年称秀岭公社井头大队。1983年为秀岭乡井头村。1992年5月为院桥镇井头村。

井头［Jǐngtóu］井头村委会驻地。距院桥镇政府驻地5千米。村多水井，故名。民国《黄岩县志》作井头。145户，535户，多鲍姓。海拔45米。

岩下［Yánxià］属井头村。距院桥镇政府驻地西南5.2千米。位于北山坡一块巨石下方，故名。41户，115人，多袁姓。海拔70米。

梨前头［Líqiántóu］属井头村。距院桥镇政府驻地4.8千米。村前溪坑（溪涧）里有块大石头，俗呼里石头，方言谐音梨前头。38户，110人，多章姓。海拔45米。

合和坑［Hékēng］属井头村。位于院桥镇政府驻地西南4.3千米。村西有两条溪坑（涧），在村中汇合后从西北流过，故名。9户，35人，多王姓。海拔30米。

新河坊［Xīnhéfǎng］属井头村。位于院桥镇政府驻地西南3.8千米。该村五代时有新罗国商人聚居，得名新罗坊。明代时实行闭关海禁，新罗商人经商受抑，新罗坊遂改名新河坊。清光绪《黄岩县志》卷七：新河坊，二十七都一图。113户，380人，多李、王姓。海拔20米。

【秀岭村】［Xiùlǐng Cūn］以原片村秀岭得名。该村西侧有一山岭，相传从前有个皇帝路过此岭，在岭头歇脚，看到这一带山清水秀，遂名秀岭。南宋嘉定《赤城志》卷二十："绣岭，在县南三十里。"位于院桥镇南部。东到四联村，南接温岭市，西邻井头村，北至秀岭水库。下辖双透里、半岭、外屋、毛坦头、将军殿、三丘、岙里坤7个自然村，11个村民小组。454户，1645人，辖区总面积2.9平方千米，其中耕地16.6

公顷，林地131.3公顷。种植水稻、薯类、柑橘、杨梅。

清光绪《黄岩县志》卷七：秀岭，二十七都一图。1947年属院桥镇第十保。1951年属秀岭乡秀岭村。1956年属秀岭乡合利高级社。1961年称秀岭公社秀岭大队。1983年为秀岭乡秀岭村。1992年5月为院桥镇秀岭村。

双透里 [Shuāngtòulǐ] 秀岭村委会驻地。距院桥镇政府驻地3.8千米。有前后相接又互通的两透屋，俗称双透里。村以此名。民国《黄岩县志》作秀岭脚。56户，179人，多杨、赵姓。海拔27米。有小地名秀岭脚。

半岭 [Bànlǐng] 属秀岭村。位于院桥镇政府驻地西南3.8千米。村在秀岭的半山腰处，故名。56户，179人，多杨、赵姓。海拔27米。有小地名岗头、秀岭头。

外屋 [Wàiwū] 属秀岭村。位于院桥镇政府驻地西南4.6千米。相对于坎头、横山两村（现已废），从地形、方位来看，该地处于外部，故名。42户，128人，多李、陈姓。海拔60米。

毛坦头 [Máotǎntóu] 属秀岭村。距院桥镇政府驻地4.7千米。地处山沟，地势较平坦，早年为荒芜之所，俗呼茅坦头，后谐音作毛坦头。清光绪《黄岩县志》卷七："毛坦，二十九都一图。"102户，315人，多张、陈、李姓。海拔45米。

将军殿 [Jiāngjūndiàn] 属秀岭村。距院桥镇政府驻地3.7千米。清光绪《黄岩县志》："唐葛二将军庙，在县南秀岭脚。"该庙纪念壕头之战死去的将军。村以殿名。今还是血战秀岭抗倭纪念地。14户，57人，有杨、陈、梁姓。海拔25米。

三丘 [Sānqiū] 属秀岭村。距院桥镇政府驻地4.2千米。村内有三处小土丘，故名。89户，270人，多张、赵姓。海拔45米。有小地名馒头山、后湾。

岙里坤 [Àolǐkūn] 属秀岭村。距院桥镇政府驻地3.4千米。位于山岙的深处，故名。坤，方言为底部深处之意。古为王积岙。24户，94人，多王、杨姓。海拔30米。

【上下村】 [Shàngxià Cūn] 2018年8月，行政村规模调整，上春村和下村村合并为上下村。两村各取首字得名。位于院桥镇东南部，东至路桥区螺洋街道屿前村，南界温岭市泽国镇华晟村，西至中岙里村，北至鉴湖村。辖区面积1.3平方千米。辖上垟里、下村2个自然村，363户，1165人。村委会驻地原上春村办公楼。

* **【上春村】** [Shàngchūn Cūn] 沿用原生产大队名。原名上垟，因重名。1981年改名上春，取"上"字和上垟小地名下村的"村"字，"村""春"同音。寓意上垟似春天活力。位于院桥镇东南部。东到路桥区，南临温岭市，西到下村村，北界路桥区，村委会驻地上垟里。下辖上垟里1个自然村，3个村民小组。131户，481人。辖区总面积0.5平方千米，其中耕地9.5公顷。种植水稻为主，兼种荸荠、杨梅、柑橘，属平原半山区。

1947年属鉴湖乡第九保，称上垟。1951年属鉴湖乡上垟村。1956年为鉴湖乡湖光高级社。1961年称鉴湖公社上垟大队。因重名，1981年更名为上春大队。1983年为鉴湖乡上春村。1992年5月为院桥镇上春村。2018年8月，和下村村合并称上下村。

上垟里 [Shàngyánglǐ] 上春村委会驻地。距院桥镇政府驻地7千米。村处田垟中间，因在园珠屿村西（上）首，故名上垟里。民国《黄岩县志》作上洋。131户，481人，多缪、滕姓。

* **【下村村】** [Xiàcūn Cūn] 因驻地自然村下村得名。位于院桥镇东南部。东、北与路桥区接壤，南临上春村，西到中岙里村。下辖下村1个自然村，4个村民小组。232户，684人，辖区总面积0.9平方千米，其中耕地28.3公顷。种植水稻为主，兼种柑橘、杨梅、枇杷、荸荠，属平原半山区。

清光绪《黄岩县志》卷七：下村，二十九都一图。1947年属鉴湖乡第九保。1951年为鉴湖乡下村。1956年为鉴湖乡湖光高级社。1961年称鉴湖公社下村大队。1983年为鉴湖乡下村村。1992年5月为院桥镇下村村。2018年8月，和上春村合并称上下村。

下村 [Xiàcūn] 下村村委会驻地。距院桥镇政府驻地6.5千米。在蓍岙山下四岙中，该村属于最后一个岙，故名。清光绪《黄岩县志》作下村。204户，677人，程姓为主。

【四联村】 [Sìlián Cūn] 以岙里建、岙口、金山、塘岭四村合并得名四联。位于院桥镇南部。东到见塘村，南界温岭市，西邻秀岭村，北至秀岭水库。村委会驻地岙口。下辖岙口、岙里建、塘岭、里头、金山5个自然村，14个村民小组。543户，1832人，辖区总面积3.8平方千米，其中耕地51.6公顷，林地197.6公顷。种植水稻、柑橘、枇杷、杨梅。

岙里建、岙口：1947年属院桥镇第七保。1951年属秀岭乡岙口村。1956年属秀岭乡四联高级社。1961年分别为岙里大队和岙口大队。因县内重名，岙里于1981年更名为岙里建大队。1983年分别为岙里建村和岙口村。1992年5月分别称院桥镇岙里建村、岙口村。金山：清光绪《黄岩县志》：金山，二十七都一图。1947年分属院桥镇第六保、廿三保。1951年属秀岭乡金山村。1956年属秀岭乡四联高级社。1961年称秀岭公社金山大队。1983年称秀岭乡金山村。1983年称秀岭乡金山村。1992年5月称院桥镇金山村。塘岭：1947年属院桥镇第七保。1951年属秀岭乡岙口村。1956年属四联高级社。1961年称秀岭公社塘岭大队。1983年改为秀岭乡塘岭村。1992年5月称院桥镇塘岭村。2001年10月岙里建、岙口、金山、塘岭四村合并为院桥镇四联村。

岙口［Àokǒu］四联村委会驻地。距院桥镇政府驻地3.8千米。村处山岙口，故名。民国《黄岩县志》作岙口。121户，414人，王、张、谢、陶姓。海拔25米。有小地名大寨山。

岙里建［Àolǐjiàn］属四联村。距院桥镇政府驻地3.8千米。村在南、西、北三面环山的山岙里，故称岙里。1981年因县内重名，改称今名。民国《黄岩县志》作岙里。69户，259人，李、王、郑、洪姓。海拔50米。有小地名上岙里、下岙里。

塘岭［Tánglǐng］属四联村。距院桥镇政府驻地3.9千米。因唐姓修筑的岭路，故名唐岭。南宋嘉定《赤城志》卷二十："大塘岭，在县南三十里。"明万历《黄岩县志》卷一："大唐岭，在县南三十五里，接太平界。"另有一说：明万历年间，在此岭上建有一座和尚堂叫祖师堂，因"堂"和"塘"同音，后演变为塘岭。村以岭得名。182户，598人，多余姓。海拔42米。有小地名祖师堂。

里头［Lǐtóu］属四联村。距院桥镇政府驻地4.2千米。位于山岙的最里面，故名。1户，2人，杨姓。海拔50米。

金山［Jīnshān］属四联村。距院桥镇政府驻地3千米。村东有座山，形如金字，俗呼金字山。故名。清光绪《黄岩县志》卷七："金山，二十七都一图。"159户，534人，多赵、张、王、金姓。海拔22米。

【鸡笼山村】［Jīlóngshān Cūn］2018年8月，行政村规模调整，鸡山、胡家桥、盈岙3村合并为鸡笼山村。以村东北鸡笼山得名。南宋嘉定《赤城志》卷二十："鸡笼山，在县南二十五里。"位于院桥镇东部，东至鉴湖村，南濒鉴洋湖，西至沙门店村，北至山北尤村。辖区面积1.8平方千米。辖胡家桥、新屋、马脚踏、田洋里、隔山里、岙外、兆朗门、盈岙里、山前9个自然村，659户，2158人。村委会驻地原胡家桥村办公楼。

*【**鸡山村**】［Jīshān Cūn］取境内的鸡笼山首尾两字得名鸡山。古为山前。《清同治光绪年间新定县境总图》作鸡笼山。位于院桥镇东部鸡笼山南麓。东到山头陈村，南临鉴洋湖，西到胡家桥村，北至鸡笼山。村委会驻地山前。下辖山前1个自然村，5个村民小组。199户，626人，辖区总面积0.5平方千米，其中耕地18.8公顷，林地14公顷。种植水稻为主，兼种荸荠、柑橘，属平原半山区。鉴湖公社大会堂位于此，为20世纪60年代建筑，建筑面积约650平方米，砖木结构，人字形木架顶，两侧山墙黄砖砌建，室内砌筑舞台，屋顶为黑色洋瓦盖面，极具时代特征。

1947年属鉴湖乡第四保。1951年为鸡山乡山前村。1956年为鉴湖乡湖丰高级社。1961年称鉴湖公社山前大队。因县内重名，于1981年更改为今名。1983年为鉴湖乡鸡山村。1992年5月为院桥镇鸡山村。2018年8月，和胡家桥村、盈岙村合并称鸡笼山村。

山前［Shānqián］鸡山村委会驻地。距院桥镇政府驻地4.7千米。在鸡笼山前（南）面，故名。清光绪《黄岩县志》卷七："山前，二十五都三图。"199户，626人，多叶姓。有小地名下段门、下蒋里、田洋里。

*【**盈岙村**】［Yíng'ào Cūn］沿用1961年大队名。村位于凤山南麓山岙，俗称鹰山，得名鹰岙，后谐写盈岙。位于院桥镇中东部。东到胡家桥村，西、南临鉴洋湖，北至凤山。村委会驻地岙外。下辖岙外、兆朗门、盈岙里3个自然村，5个村民小组。228户，722人，辖区总面积0.7平方千米，其中耕地26.6公顷，林地7.3公顷。种植水稻为主，兼种柑橘、荸荠，属平原半山区。

清光绪《黄岩县志》卷七：盈岙，二十五都一图。1947年属鉴湖乡第六保，称盈岙。1951年属鸡山乡鹰岙村。1956年为鉴湖乡湖丰高级社。1958年由"鹰岙"改为盈岙。1961年称鉴湖公社盈岙大队。1983年改为鉴湖乡盈岙村。1992年为院桥镇盈岙村。2018年8月，和胡家桥村、鸡山村合并称鸡笼山村。

岙外［Àowài］盈岙村委会驻地。距院桥镇政府驻地2.8千米。位于盈岙东（外），故名。89户，293人，多陈、陶、赵姓。

兆朗门［Zhàolángmén］属盈岙村。距院桥镇政府驻地2.5千米。村北山上早年有赵王坟，村以此名。后雅化兆朗门（坟于60年代被掘，有墓碑）。民国《黄岩县志》作赵郎门。74户，234人，多尤姓。

盈岙里［Yíng'àolǐ］属盈岙村。距院桥镇政府驻地2.5千米。位于盈岙西边的山岙里，得名岙里，因镇内重名，1993年正式改称盈岙里。41户，121人，多林姓。

*【**胡家桥村**】［Hújiāqiáo Cūn］以村委会驻地自然村胡家桥得名。位于院桥镇中东部。东到鸡山村的山前，南临鉴洋湖，西到岙外，北至马山。下辖胡家桥、新屋、马脚踏、田洋里、隔山里5个自然村，4个村民小组。232户，810人。辖区总面积0.6平方千

米，其中耕地24.8公顷，林地9.5公顷。种植水稻为主，兼种荸荠、柑橘、席草，属平原半山区。建有村文化礼堂。

1947年属鉴湖乡第四保。1951年为鸡山乡胡家村。1956年属鉴湖乡湖丰高级社。1961年称鉴湖公社胡家桥大队。1983年为鉴湖乡胡家桥村。1992年5月为院桥镇胡家桥村。2018年8月，和盈岙村、鸡山村合并称鸡笼山村。

胡家桥 [Hújiāqiáo] 胡家桥村委会驻地。距院桥镇政府驻地3.5千米。村以桥名。大屏山水南流经马脚踏入鉴洋湖，在马脚踏建桥，胡氏居桥四周，称胡家桥。民国《黄岩县志》作胡家桥。38户，140人，多胡姓。有小地名桥头。

新屋 [Xīnwū] 属胡家桥村。位于院桥镇政府驻地东3.8千米。胡姓从胡家桥分居于此，相对胡家桥来说，是新建村，故名。30户，110人，多胡姓，少许陈姓。

马脚踏 [Mǎjiǎotà] 属胡家桥村。距院桥镇政府驻地3.9千米。地处马山脚下，故名。民国《黄岩县志》作马脚踏。58户，190人，多胡、尤姓。清路桥御史、刑部掌印给事中杨晨（1845—1922）与夫人顾筠合葬于马山（已毁）。

田洋里 [Tiányánglǐ] 属胡家桥村。距院桥镇政府驻地3.8千米。四周为田洋，村居其中心部位，故名。28户，69人，多胡姓。

隔山里 [Géshānlǐ] 属胡家桥村。距院桥镇政府驻地4.1千米。该村与山前村之间原有一小黄土岗相隔，站在山前角度，称此为"隔山里"。88户，350人，多胡、齐姓。有小地名高墙里。

【九莲村】 [Jiǔlián Cūn] 2018年8月，行政村规模调整，东鉴村和下山头村合并为九莲村。以村北九莲山得名。位于院桥镇东北部，东界路桥区螺洋街道向央村，南至鉴湖村、山北尤村，西至桐村村，北至永友村、吉岙村。辖区面积2.8平方千米。辖下山头、北岙、楼里、东鉴4个自然村，613户，2032人。村委会驻地原下山头村办公楼。村北有佛教名寺广化寺。

*__【东鉴村】__ [Dōngjiàn Cūn] 以村委会驻地自然村东鉴得名。南宋嘉定《赤城志》卷三："东鉴桥，在县南二十里。"《清同治光绪年间新定县境总图》作东淦。位于院桥镇东部偏北。东界路桥区，南邻下山头村，西到桐村村，北至广化寺。下辖东鉴1个自然村，6个村民小组。194户，704人，辖区总面积1.3平方千米，其中耕地23.5公顷，林地67公顷。种植水稻为主，兼种荸荠、柑橘、席草，属平原半山区。有古迹广化寺，始建于三国吴赤乌初年，是江浙两省最早36所寺院之一。同时在鼓山南坡出土新石器时代双孔石斧1件。

1947年属鉴湖乡第一保。1951年为鸡山乡东鉴村。1956年属鉴湖乡东升高级社。1961年属鉴湖公社东鉴大队。1983年称鉴湖乡东鉴村。1992年5月属院桥镇东鉴村。2018年8月，和下山头村合并称九莲村。

东鉴 [Dōngjiàn] 东鉴村委会驻地。距院桥镇政府驻地5.3千米。古名东涧，位于大屏山以南，涧水向东流，故名。宋称东鉴。南宋嘉定《赤城志》卷三："东鉴桥，在县南二十里。"民国《黄岩县志》作东鉴。194户，704人，杂姓。

*__【下山头村】__ [Xiàshāntóu Cūn] 以村委会驻地自然村下山头得名。位于院桥镇东部。东到路桥区，南临响岩泾，西到下保，北至东鉴村。村委会驻地下山头。下辖下山头、北岙、楼里3个自然村和下山头二区，10个村民小组。419户，1328人。辖区总面积1.6平方千米，其中耕地40.3公顷，林地42.4公顷。种植水稻为主，兼种荸荠、席草及枇杷、柑橘、杨梅等。

清光绪《黄岩县志》卷七：下山头，四十都二图。1947年属鉴湖乡第二保。1951年为鸡山乡下山头村。1956年属鉴湖乡东升高级社。1961年称鉴湖公社下山头大队。1983年为鉴湖乡下山头村。1992年5月为院桥镇下山头村。2018年8月，和东鉴村合并称九莲村。

下山头 [Xiàshāntóu] 下山头村委会驻地。距院桥镇政府驻地4.7千米。大屏山支脉，有两座小山，位于两个小山头下面，故名。民国《黄岩县志》作下山头。298户，986人，多沈姓。有小地名水园里、长大里、台门里、田洋里。

北岙 [Běi'ào] 属下山头村。距院桥镇政府驻地4.5千米。因位于下山头之北的山岙口，故名。民国《黄岩县志》作上岙。40户，127人，杂姓。

楼里 [Lóulǐ] 属下山头村。距院桥镇政府驻地5.1千米。早年郑姓大户建有一座大楼房，俗名楼里。村以此名。民国《黄岩县志》作楼里。233户，686人，多郑姓。

下山头二区 [Xiàshāntóu Èrqū] 属下山头村。位于院桥镇政府驻地东北4.8千米。由原岙里沈自然村移民在下山头自然村旁新建居民点，故名。38户，300人。

【桐村村】 [Tóngcūn Cūn] 2018年8月，行政村规模调整，桐村村和洋岙村合并为桐村村。位于院桥镇东北部，东至九莲村，南至山北尤村、沙门村，西至繁荣村，北至永友村。辖区面积2.0平方千米。辖上保、下保、田洋屋、洋岙4个自然村，512户，1810人。村委会驻地原桐村村办公楼。

*【**洋岙村**】[Yáng'ào Cūn] 以村委会驻地自然村洋岙得名。《清同治光绪年间新定县境总图》作杨岙。位于院桥镇东北部。东到桐村村，南临沙门於村燕窠，西到繁荣村里洋，北至三友村。下辖洋岙1个自然村，4个村民小组。204户，679人，辖区总面积0.8平方千米，其中耕地面积22.9公顷，林地面积22.3公顷。种植水稻为主，兼种荸荠、柑橘、席草，属平原半山区。

1947年属永宁乡第十九保，称杨岙。1951年属店头乡洋岙村。1956年属店头乡繁荣高级社。1961年称店头公社洋岙大队。1983年为店头乡洋岙村。1992年5月为院桥镇洋岙村。2018年8月，和桐村村合并称桐村村。

洋岙 [Yáng'ào] 洋岙村委会驻地。距院桥镇政府驻地3.4千米。因坐落在一个三面环山的山岙里，早年多杨姓，故名。后杨姓他迁，杨岙遂谐写为洋岙。民国《黄岩县志》作杨岙。204户，679人，多陈、尤、於、蔡等姓。

*【**桐村村**】[Tóngcūn Cūn] 据《郑氏宗谱》记载，南宋绍兴年间（1131—1162），先祖从临安迁居黄邑上保，见此村桐树尤多，故称"桐村"。位于院桥镇东部。东到下山头村，南临响岩泾，西到洋岙村，北至大屏山。村委会驻地上保。下辖上保、下保、田洋屋3个自然村，9个村民小组。308户，1131人，辖区总面积1.2平方千米，其中耕地38.7公顷，林地30.5公顷。种植水稻为主，兼种荸荠、席草、柑橘、枇杷、杨梅。属平原半山区。建有村文化礼堂。

清光绪《黄岩县志》卷七：桐村，二十五都一图。1947年属永宁乡第二十保。1951年为鸡山乡桐村。1956年属鉴湖乡东升高级社。1961年称鉴湖公社桐村大队。1983年为鉴湖乡桐村村。1992年5月为院桥镇桐村村。2018年8月，洋岙村并入桐村村。

上保 [Shàngbǎo] 桐村村委会驻地。距院桥镇政府驻地3.9千米。相对于下保，因位居西（上），故名上保。保，由堡演化而来。40户，130人，多郑姓。有小地名西山下、田洋。

下保 [Xiàbǎo] 属桐村村。位于院桥镇政府驻地东北4.6千米。与上保对称而言，因位居东（下），故名。72户，244人，多郑姓。

田洋屋 [Tiányángwū] 属桐村村。距院桥镇政府驻地东北4.2千米。房屋建在田垟中，故名。32户，130人，多郑姓。

【**山北尤村**】[Shānběiyóu Cūn] 2018年8月，行政村规模调整，田洋村和山下村、梅北新村（山北片）合并为山北尤村。沿用1951年村名得名。南宋末山北尤氏自泽国安容迁居鉴洋湖马山北麓，故名山北尤。位于院桥镇东部，东至鉴湖村，南至鸡笼山村，西至沙门村，北至桐村村、九莲村。辖区面积1.7平方千米。辖山下、田洋、上山北、下山北4个自然村，579户，1913人。村委会驻地原田洋村办公楼。

*【**山下村**】[Shānxià Cūn] 以村委会驻地自然村山下得名。位于院桥镇中东部。东到梅北新村，南倚马山，西到沙门金，北至桐村村。下辖山下1个自然村，5个村民小组。251户，796人，辖区总面积0.6平方千米，其中耕地30.9公顷，林地8.6公顷。种植水稻为主，兼种柑橘、杨梅、枇杷，属平原半山区。

清光绪《黄岩县志》卷七：山下，三十九都一图。1947年属鉴湖乡第五、六保。1951年属鸡山乡山北尤村。1956年为鉴湖乡日升高级社。1961年称鉴湖公社山下大队。1983年为鉴湖乡山下村。1992年5月为院桥镇山下村。2018年8月，和田洋村、梅北新村（山北片）合并称山北尤村。

山下 [Shānxià] 山下村委会驻地。位于院桥镇政府驻地东偏北3.6千米。位于马山脚下，故名。民国《黄岩县志》作山北尤。南宋末山北尤氏自泽国安容迁居鉴洋湖马山北麓，故名山北尤。246户，819人，多尤姓。

*【**田洋村**】[Tiányáng Cūn] 以村委会驻地自然村田洋得名。位于院桥镇中东部。东到梅北新村、胡家桥村，南临山下村，西到沙门金村，北至桐村村，下辖田洋1个自然村，6个村民小组。228户，766人，辖区总面积0.6平方千米，其中耕地35公顷，林地7.3公顷。种植水稻为主，兼种荸荠、柑橘，属平原半山区。

清光绪《黄岩县志》卷七：田洋，二十九都一图。1947年属鉴湖乡第五、六保。1951年属鸡山乡山北尤村。1956年为鉴湖乡日升高级社。1961年称鉴湖公社田洋大队。1983年为鉴湖乡田洋村。1992年5月为院桥镇田洋村。2018年8月，和山下村、梅北新村（山北片）合并称山北尤村。

田洋 [Tiányáng] 田洋村委会驻地。位于院桥镇政府驻地东偏北3.6千米。位于马山北麓的田洋中心，故名。清光绪《黄岩县志》作田洋。228户，766人，多尤姓。

*【**梅北新村**】[Méiběi Xīncūn] 以山北村和梅山村合并后各取一字得名。位于院桥镇东部。东界路桥区，南临岭下东村，西到山下村，北至响岩泾。村委会驻地梅山。下辖梅山、上山北、下山北3个自然村，6个村民小组。224户，781人，辖区总面积0.8平方千米，其中耕地27.9公顷，林地25.5公顷。种植水

稻为主，兼种荸荠、席草、柑橘，属平原半山区。谷幽地僻，松竹掩映。有三国吴赤乌中建的宝轮寺，为邑南名刹。

梅山村：清光绪《黄岩县志》：梅山，四十都二图。1947年属鉴湖乡第三保。1951年为鸡山乡梅山村。1956年属鉴湖乡湖丰高级社。1961年称鉴湖公社梅山大队。1983年为鉴湖乡梅山村。1992年5月为院桥镇梅山村。山北村：1947年属鉴湖乡第三保。1951年属鸡山乡山北村。1956年为鉴湖乡日升高级社。1961年称鉴湖公社山北大队。1983年为鉴湖乡山北村。1992年5月为院桥镇山北村。2015年11月，黄岩区行政村调整时，梅山村和山北村合并为梅北新村。2018年8月，田洋村和山下村、梅北新村（山北片）合并称山北尤村；梅北新村（梅山片）和岭下东村、山头陈村、鉴洋村合并称鉴湖村。

上山北 [Shàngshānběi] 原属山北村，2015年11月，黄岩区行政村调整后属梅北新村。距院桥镇政府驻地5千米。位于鸡笼山北麓，居下山北之西（上），故名。民国《黄岩县志》作山北尤。39户，121人，多李姓。

下山北 [Xiàshānběi] 原属山北村，2015年11月，黄岩区行政村调整后属梅北新村。距院桥镇政府驻地4.2千米。位于鸡笼山北麓，居上山北之东（下），故名。民国《黄岩县志》作山北。55户，194人，以余姓为主。

【鉴湖村】 [Jiànhú Cūn] 2018年8月，行政村规模调整，鉴洋、山头陈、梅北新村（梅山片）、岭下东4村合并为鉴湖村。以村南鉴洋湖得名。位于院桥镇东部，东至路桥区螺洋街道芦阳村，南濒鉴洋湖，西至山北尤村、鸡笼山村，北至九莲村。辖区面积2.0平方千米。辖鉴洋、山头陈、岭下、梅山4个自然村，776户，2478人。村委会驻地原岭下东村办公楼。

梅山 [Méishān] 梅山村委会驻地。距院桥镇政府驻地5.5千米。因位于鸡笼山支脉梅山西南麓，村以山名。民国《黄岩县志》作梅山。148户，426人，多王姓。原属梅山村，2015年11月，黄岩区行政村调整后属梅北新村。

*** 【岭下东村】** [Lǐngxiàdōng Cūn] 沿用1981年生产大队名。因位于狮子山东麓而名。位于院桥镇东部。东接路桥区，南邻山头陈村，西到鸡笼山，北至梅山。村委会驻地岭下。下辖岭下1个自然村，11个村民小组。144户，503人，辖区总面积0.4平方千米，其中耕地18.4公顷，林地11.7公顷。种植水稻为主，兼种柑橘、荸荠、枇杷，属平原半山区。

清光绪《黄岩县志》卷七：岭下，三十九都二图。1947年属鉴湖乡第三保。1951年属鸡山乡岭下村。1956年为鉴湖乡湖丰高级社。1961年为鉴湖公社岭下大队。因县内重名，1981年更名为岭下东大队。1983年改为鉴湖乡岭下东村。1992年5月为院桥镇岭下东村。2018年8月，和山头陈、梅北新村（梅山片）、鉴洋村4个村合并称鉴湖村。

岭下 [Lǐngxià] 岭下村委会驻地。位于院桥镇政府驻地东偏北5.7千米。位于宝轮寺岭东面山脚下，故名。民国《黄岩县志》作岭下。144户，503人，多陶姓。

*** 【山头陈村】** [Shāntóuchén Cūn] 以村委会驻地自然村山头陈得名。位于院桥镇东部。东界路桥区，南临鉴洋湖，西到鸡山村，北至岭下东村。下辖山头陈1个自然村，5个村民小组。257户，757人。辖区总面积0.7平方千米，其中耕地29.4公顷，林地15.2公顷。种植水稻为主，兼种荸荠、杨梅、席草、柑橘等，属平原半山区。清乾隆五十六年（1791），宝轮寺僧人募化重修建的堤坝式石梁桥镇锁桥位于该村和鉴洋村之间。2017年1月被公布为省级文物保护单位。

1947年属鉴湖乡第四保。1951年属鸡山乡山头陈村。1956年属鉴湖乡湖丰高级社。1961年称鉴湖公社山头陈大队。1983年为鉴湖乡山头陈村。1992年5月为院桥镇山头陈村。

2018年8月，和岭下东、梅北新村（梅山片）、鉴洋村4村合并称鉴湖村。

山头陈 [Shāntóuchén] 山头陈村委会驻地。距院桥镇政府驻地5.4千米。位于鸡笼山南侧的山嘴头，多陈姓，故名。民国《黄岩县志》作山头陈。257户，757人，陈姓为主，夏、缪、王姓等次之。

*** 【鉴洋村】** [Jiànyáng Cūn] 以村委会驻地自然村鉴洋得名。位于院桥镇东部偏南。东、北接路桥区，西、南临鉴洋湖。下辖鉴洋1个自然村，5个村民小组。236户，757人，辖区总面积0.5平方千米，其中耕地31.5公顷，林地0.2公顷。种植水稻为主，兼种荸荠、席草，属平原水网地区。清代建筑镇锁桥（又称鉴洋桥）位于该村和山头陈村之间，横跨鉴洋湖水面。村内有叶大侯王庙，奉祀叶适。

清光绪《黄岩县志》卷七：鉴洋，三十九都二图。1947年属鉴湖乡第十一保。1951年属鉴湖乡鉴洋村。1956年为鉴湖乡湖光高级社。1961年称鉴湖公社鉴洋大队。1983年为鉴湖乡鉴洋村。1992年5月为院桥镇鉴洋村。2018年8月，和山头陈、梅北新村（梅山片）、岭下东4村合并称鉴湖村。

鉴洋 [Jiànyáng] 鉴洋村委会驻地。距院桥镇政府驻地5.9千米。位于鉴洋湖东岸，村以湖名。民国

《黄岩县志》作鉴洋。236户，757人，多郑姓。

【牛极村】［Niújí Cūn］村委会因驻地自然村牛极得名。位于院桥镇东南部。东到上岙村，南倚白羊山，西邻见瑭村，北至鉴洋湖。下辖牛极1个自然村，9个村民小组。381户，1386人，辖区总面积1.8平方千米，其中耕地49.8公顷，林地20.3公顷。种植水稻为主，兼种柑橘，属平原半山区。

清光绪《黄岩县志》卷七：牛极，二十八都一图。1947年属鉴湖乡第十四保。1951年为鉴湖乡牛极村。1956年称鉴湖乡远景高级社。1961年称鉴湖公社牛极大队。1983年为鉴湖乡牛极村。1992年5月为院桥镇牛极村。

牛极［Niújí］牛极村委会驻地。位于院桥镇政府驻地东南3.5千米。村处山岙中，南倚白羊山，北面直对鉴洋湖浲洋桥，村以此取名牛直，后谐音牛极。另一说：村倚白羊山，山嘴头突出像牛角，村名谐音牛极。民国《黄岩县志》作牛极。381户，1386人，多杜、胡、陈姓。海拔13米。有小地名胡家里、毛竹里、桂花里、林家里。

【上岙村】［Shàng'ào Cūn］以村委会驻地自然村上岙得名。位于院桥镇东南部。东到中岙里村，南倚蓍岙山，西到牛极村，北至鉴洋湖。下辖上岙1个自然村，14个村民小组。548户，2104人，辖区总面积2.2平方千米，其中耕地69.7公顷，林地34.8公顷。种植水稻为主，兼种杨梅、柑橘、枇杷，属平原半山区。

清光绪《黄岩县志》卷七："上岙，三十九都二图。"1947年属鉴湖乡第十二、十三保。1951年为鉴湖乡上岙村。1956年为鉴湖乡湖胜高级社。1961年称鉴湖公社上岙大队。1983年为鉴湖乡上岙村。1992年5月为院桥镇上岙村。

上岙［Shàng'ào］上岙村委会驻地。距院桥镇政府驻地4.5千米。据《台州府志》记载，村前有座山，山上以产蓍草著称，故名蓍岙山，山下分布着四个岙，本村处四岙中的第一岙，故名。民国《黄岩县志》作上岙。548户，2104人，多程姓。有小地名上份、水阁里、义门里等。

【中岙里村】［Zhōng'àolǐ Cūn］沿用生产大队名。蓍岙山下有四岙，位于中间，故名中岙。1981年因重名，以地处中岙里面而名中岙里。位于院桥镇东南部。东到上下村，南临温岭市，西到上岙村，北至鉴洋湖。村委会驻地中岙。下辖中岙1个自然村，11个村民小组。504户，1722人，辖区总面积2.1平方千米，其中耕地72.8公顷，林地26.4公顷。种植水稻为主，兼种荸荠、柑橘、杨梅，属平原半山区。

清光绪《黄岩县志》卷七：中岙，三十九都二图。1947年属鉴湖乡第十、十一保。1951年为鉴湖乡中岙村。1956年为鉴湖乡湖光高级社。1961年称鉴湖公社中岙大队。因县内重名，1981年更名为中岙里大队。1983年为鉴湖乡中岙里村。1992年5月为院桥镇中岙里村。

中岙［Zhōng'ào］中岙里村委会驻地。距院桥镇政府驻地5.5千米。蓍岙山下有四岙，位于中间，故名。古为蓍岙中岙，民国《黄岩县志》作中岙。504户，1722人，多程、王姓。

第四节　道路街巷

里洋路［Lǐyáng Lù］在院桥镇，2004年正式命名。因位于繁荣村里洋得名。北起繁荣村，南止后郑路，混凝土路面，长0.5千米，宽20米。

浦口路［Pǔkǒu Lù］在院桥镇，2004年正式命名。因穿越浦口东、浦口西两村得名。东起院店路，西止环镇西路，混凝土路面，长1千米，宽28米。

兴华路［Xìnghuá Lù］在院桥镇，2000年正式命名。沿用规划用名，反映广大群众对祖国的良好愿望，故名。西起大转盘，东至横泾后岸村，混凝土路面，长0.5千米，宽20米。

爱华路［Àihuá Lù］在院桥镇，2000年正式命名。沿用规划用名，取爱我中华之意得名。西起浦口村，东至奥华工艺品厂，混凝土路面，长0.4千米，宽6米。

人民路［Rénmín Lù］在院桥镇，2000年正式命名。因附近群众筹资30万元修路得名。西起新春北路，东至沙门店，混凝土路面，长0.4千米，宽14米。

新潮路［Xīncháo Lù］在院桥镇，2000年正式命名。"新潮"，反映社会主义城镇建设成就，故名。北起爱华路，南至东家峰，混凝土路面，长0.5千米，宽18米。

兴业街［Xìngyè Jiē］在院桥镇，2000年正式命名。因位于商业区内得名。西起新春北路，东至新潮路，混凝土路面，长0.3千米，宽4米。

幸福路［Xìngfú Lù］在院桥镇，2000年正式命名。位于原小地名幸福，故名。北起高速公路，南至学前街，混凝土路面，长0.5千米，宽21米。

院店路［Yuàndiàn Lù］在院桥镇，2000年正式命名。系院桥至店头的公路，是"十院"公路的一段，取院桥店头首字得名。南起大转盘，北至繁荣街口，混凝土路面，长0.5千米，宽14米。

繁荣大街 [Fánróng Dàjiē] 在院桥镇，2000年正式命名。因位于繁荣村内得名。西起十院公路，东至里洋路相交点，混凝土路面，长0.5千米，宽14米。

后郑路 [Hòuzhèng Lù] 在院桥镇，2000年正式命名。因该路经后郑村得名。西起院店路，东至后郑村，混凝土路面，长0.3千米，宽5米。

前郑路 [Qiánzhèng Lù] 在院桥镇，2000年正式命名。因该路经前郑村得名。西起院店路，东至前郑村，混凝土路面，长1.5千米，宽11米。

工人路 [Gōngrén Lù] 在院桥镇，2000年正式命名。因位于工业区内得名。西起院店路，东至为民礼品厂，混凝土路面，长1.4千米，宽16米。

学子巷 [Xuézǐ Xiàng] 在院桥镇，2000年正式命名。位于学前街前面，以区分学前街得名。东起工商所办公大楼，西至院秀公路，混凝土路面，长1.2千米，宽8米。

发展路 [Fāzhǎn Lù] 在院桥镇，2004年正式命名。寓意前景广阔，故名。北起繁荣大街，南止王家岙口，混凝土路面，长2.5千米，宽36米。

泾河路 [Jìnghé Lù] 在院桥镇，2004年正式命名。该路位于南中泾河西侧，故名。北起后郑路，南止王家岙口，混凝土路面，长1.9千米，宽20米。

高洋路 [Gāoyáng Lù] 在院桥镇，2004年正式命名。因位于高洋村内得名。东起院店路，西止环镇西路，混凝土路面，长1.3千米，宽24米。

院中北路 [Yuànzhōng Běilù] 在院桥镇，2004年正式命名。位于院桥中学北侧得名。西起新春南路，东止新潮路，混凝土路面，长0.5千米，宽20米。

凤翔路 [Fèngxiáng Lù] 在院桥镇，2004年正式命名。相传该路所在东家峰原有凤翔池，故名。西起新春南路，东止沙门店村，混凝土路面，长1.7千米，宽20米。

环镇西路 [Huánzhèn Xīlù] 在院桥镇，2004年正式命名。位于院桥城镇西边得名。北起上桥村，南止东家峰村，混凝土路面，长4千米，宽24米。

前浦路 [Qiánpǔ Lù] 在院桥镇，2004年正式命名。因连接前宅村、浦口东村得名。北起前宅村，南止浦口东村，混凝土路面，长1千米，宽20米。

新苑路 [Xīnyuàn Lù] 在院桥镇，2004年正式命名。寓意新的美丽家园，故名。北起工人路，南止东家峰村，混凝土路面，长1.4千米，宽20米。

新秀路 [Xīnxiù Lù] 在院桥镇，2004年正式命名。1992年做城镇规划时已拟名，意为后起之秀。北起后郑路，南止人民路，混凝土路面，长1.5千米，宽24米。

前村岭路 [Qiáncūnlǐng Lù] 在院桥镇，2011年正式命名。以地处前春岭而名。位于院桥镇合屿工业区，北起院沙公路，南至岭脚，混凝土路面，长0.8千米，宽12米。

汉旺路 [Hànwàng Lù] 在院桥镇，2011年正式命名。象征汉民族兴旺发达之意，故名。位于院桥镇合屿工业区，北起院沙公路，南至岭脚，混凝土路面，长0.5千米，宽12米。

三丰路 [Sānfēng Lù] 在院桥镇，2011年正式命名。取各行业丰收之意得名。位于院桥镇合屿工业区，北起院沙公路，南至岭脚，混凝土路面，长0.8千米，宽12米。

巨欣路 [Jùxīn Lù] 在院桥镇，2011年正式命名。取企业欣欣向荣之意得名。位于黄岩区院桥镇合屿工业区，北起院沙公路，南至岭脚，混凝土路面，长0.3千米，宽7米。

泰州路 [Tàizhōu Lù] 在院桥镇，2011年正式命名。取五湖四海安定团结之意得名。位于院桥镇合屿工业区，东起院沙公路，西至岭脚，混凝土路面，长0.9千米，宽12米。

院桥街 [Yuànqiáo Jiē] 在院桥镇，1986年6月命名。原院桥自然集镇的主街道，沿用旧称。位于院桥镇老街，西至唐家桥，东接新春南路，长0.6千米，宽9米。

南街 [Nán Jiē] 在院桥镇，1986年6月命名。位于院桥老街南面，故名。东起前庄居民房，西至院桥街，长0.6千米，宽9米。

前庄街 [Qiánzhuāng Jiē] 在院桥镇，1986年6月命名。因该街通往前庄居得名。位于院桥镇老街区域，东起十路线，西至新春南路。长0.5千米，宽9米。

下抱街 [Xiàbào Jiē] 在院桥镇，1986年6月命名。因该街通往下抱居得名。东起院新东路，西至新春北路，长约0.5千米，宽6米。

学前街 [Xuéqián Jiē] 在院桥镇，1986年6月命名。因该街横贯院桥中学前门得名。东起新春北路，西至院新西路。长约0.4千米，宽8米。

新春北路 [Xīnchūn Běilù] 在院桥镇，1986年6月命名。该路与院桥街呈“十”字形，以十字路口的“新春饭店”得名。院桥街以北为新春北路。南接新春南路，北至院桥大转盘。长约0.3千米，宽20米。

新春南路 [Xīnchūn Nánlù] 在院桥镇，1986年6月命名。该路段为院桥街以南，故名。北接新春北路，南至东家峰村。长约1千米，宽12米。

院新东路 [Yuànxīn Dōnglù] 在院桥镇，1986年6月命名。寓意新院桥之意，取名院新路，与新春北路呈“十”字形，路东为院新东路。西起新春北路，东至五池头。长约0.6千米，宽12米。

院新西路［Yuànxīn Xīlù］在院桥镇，1986年6月命名。该路段为院新路西路段，故名。东起新春北路，西至杜家埭。长约0.9千米，宽12米。

闸头巷［Zhátóu Xiàng］在院桥镇，1986年8月命名。清咸丰六年，在院桥下街头建有太湖闸一座，该巷北位于闸头，故名。北起院桥街，南至南街。长约0.2千米，宽5米。

小桥头巷［Xiǎoqiáotóu Xiàng］在院桥镇，1949年前建成。巷口有一小桥，故名。南起南街，北至林业站。长约90米，宽5米。

猪场巷［ Zhūchǎng Xiàng］在院桥镇，1949年前建成。因原巷内有一猪畜交易场所得名。南起南街西口，北至院桥街居。长约0.2千米，宽5米。

第十三章　沙埠镇

第一节　概　述

沙埠镇 [Shābù Zhèn] 乡级行政单位。在区境南部。东与院桥镇接壤，南与乐清市智仁乡毗邻，西与茅畲乡相连，北与澄江街道、高桥街道接界。总面积44平方千米。户籍人口7017户，2.5万人。以沙埠山得名。民国《台州府志》卷四十一："沙埠山，在县西南三十里。"另有一说：源出太湖山北流的南岙溪（又名军营溪）和源出柏嘉山（又名鸣山）的北岙溪，带下许多泥沙，在谷口沉积为沙滩，古为航运的埠头，故名沙埠。古称沙川，亦称沙溪。以溪得名。清光绪《沙川谢氏宗谱》中有"沙川"的记载。清光绪年间属23都1图。1947年称院桥区沙埠乡。1949年仍称沙埠乡。1949年7月为沙埠、前路、横溪3乡，属院桥区。1956年沙埠、横溪、前路三乡合并为沙埠乡。1958年10月改名沙埠大队。1959年2月称沙埠管理区，1961年9月，称沙埠人民公社。1981年9月分设沙埠、佛岭公社。1983年为沙埠乡。1986年3月南湖、南朱两个行政村划归佛岭乡。1992年5月佛岭乡并入。1996年3月称沙埠镇。镇政府驻繁二村南新街62号，距黄岩城区11.2千米。2015年末辖繁二、繁三、廿四都、唐山王、唐山陈、寺前郑、下园、沙埠叶、上寥、吕白洋、岐田、前路、下溪、金余、虎柜头、沈家村、八村、雷溪、樟树下、斜云、南胡、横溪、佛岭、南六坑24个行政村（2015年11月黄岩区行政村调整时，原33个行政村调整为24个。南朱村并入南胡村；百果园村并入沙埠叶村；百家钻村、月亮岗村、廿四横村、马头岗村合并为佛岭村；大虫坑村、中安村、杨岙头村、邱家村合并为南六坑村），佛岭新区、华峰2个居委会。2018年8月，行政村规模调整，金余、雷溪、下溪3个村合并为青瓷村；沈家、八村、樟树下3个村合并为南溪村；唐山陈、唐山王、寺前郑3村合并为唐山村；繁三村和斜云村合并为繁三村；吕白洋村和上寥村合并为吕白洋村；岐田村和虎柜头村合并为北兴村。调整后，共辖15个行政村，2个居委会。有220个村民小组。有幼儿园1所，小学1所，中学1所。卫生院1个。有雷溪、龟屿山、念四横、上寥等行政村文化礼堂。佛岭水库1座。锦溪公园1个。有南朱、樟树下、沈家村等9个村居养老服务照料中心。金余村省级文明村1个。区境东西最大距离8.8千米，南北最大距离9.1千米。境内多低山丘陵，仅中、北部有两条狭长谷地，东北有片平地。最高峰乌云尖海拔700米。南岙溪和北岙溪在沙埠镇汇合后称沙埠溪。沙埠青瓷窑址全国文物保护单位1处。沙埠豆腐干、沙埠年糕制作工艺2项被列入区级非物质文化遗产名录。太湖山茶场为太湖山顶太湖遗址。竺家岭、牌坊山、金家岙等多地发现的窑址群，又称黄岩窑。民间有"九龙透天"等故事与传说。唐、五代至北宋时期，沙埠窑的青瓷从海门港出口，远销日本、菲律宾、马来西亚、印度尼西亚等东南亚各国。近年菲律宾出土了沙埠窑生产的晚唐、北宋的青瓷碟、壶、碗，日本出土沙埠窑的釉下线刻草纹青瓷片。宋宣和初期，仙居吕师囊响应方腊起义，率众围攻台州府城未就，转道攻黄岩。方腊兵败后，其弟方七佛率部众到黄岩与吕师囊会合，宣和三年（1121），吕军结营军营溪（今南岙溪）一带，与宋军激战兵败。清咸丰年间（1851—1861），岐田村曾发生以黄延暄、屠敖三等为首的聚义抗清事件，同治八年（1869）被官府剿灭。曾涌现出南宋著名诗人虞似良、清代武举徐沧洲、民国时江阴要塞司令许康和许思廉等历史名人。

拥有耕地632公顷，林地2566.2公顷。农业主要种植水稻、麦豆、薯类，土特产沙埠菜头、沙埠芋头、沙埠糕、沙埠豆腐干、沙埠笋干、沙埠南六坑竹笋等。工业主要产品有工艺品、塑料日用品等。建有繁三工业区。第三产业有商业网点及物流配送。唐山王村入选2015年"中国淘宝村"。有院沙线、沙茅线、十沙线等县乡级公路，总长82千米。镇区桥梁24座。离甬台温高速台州南出口3千米。

从地名专名来看，辖区内居民点地名有以下特征：①以同名自然地理实体命名。如：雷溪、横溪、百家钻、月亮岗、佛岭等。②以地理位置命名。如：外岗、里岗、东山、寺前郑、下山头、樟树下等。③以地理位置加姓氏命名。如：沙埠叶、寺前郑、唐山王、唐山陈、新店项、南胡、南朱等。④以清代都图、民国乡村编号命名。如：廿四都、八村等。⑤以典型的自然地理特征命名。如：马头岗、瓜生岗、火炉岗、上篮等。

从地名通名来看，辖区内居民点地名主要有：①移借溪、坑、山、岗、岩等自然地理实体通名。②移借大、头、透、横等方言字通名。③移借屋、苑、亭、路、田等人工建筑、交通设施、田畈通名。

地名的社会应用主要集中在特产、交通方面。以正名"沙埠"冠名的有沙埠菜头、沙埠芋头、沙埠糕、沙埠豆腐干等。

沙埠菜头：沙埠白萝卜。特点为个大，每个约四、五斤重；色靓，晶莹洁白；味美，甜而脆，鲜嫩爽口。一年四季盛产不衰。

沙埠芋头：芋头籽均匀圆润，鸭蛋般大小。芋头的主块根，当地称“芋头娘”，品质尤佳。“沙埠沙埠，沙土遍布。”沙埠的土质疏松细软，气候温和，为萝卜、芋头这一类“块根类”植物提供了极为优越的生长条件。沙埠芋头销往杭州、上海、南京等长江三角洲地区乃至全国各地。

沙埠糕：沙埠糕采用上等的粳米，打磨蒸熟后手工制作，再用传统工艺烘干。既有韧性又爽滑不黏。

沙埠豆腐干：色泽酱黄，气味醇香，口感鲜美，质地柔韧。据说早在明清时期就师承于浙江金华老字号豆腐作坊。今沙埠街尚有四五家专门从事豆腐业的老作坊。

第二节 居

【佛岭新区居】[FólǐngXīnqūJū] 以原佛岭新村得名。位于沙埠镇中东部，东至新店项，南临殿前里，西至横墙头，北到繁三村。居委会设新区内。86户，318人。辖区总面积0.8平方千米。移民下山前，区域内有水库2座，蓄水量为1500万立方米。山林面积433公顷。

佛岭新区是高山移民新区，始建于1994年10月，全村由月亮岗、大虫坑、念四横等村的340多户移民组成，新村建有楼房400多间。1997年建立村委会，称沙埠镇佛岭新村村。2015年11月黄岩区行政村调整时，称沙埠镇佛岭新区居。

金阳小区[Jīnyáng Xiǎoqū] 2000年正式命名。该小区规划建设教师集资住房，因位于金阳路得名。位于集镇建成区繁三村规划金阳商住小区范围内，东至金阳路，南至凤凰路，西至新业路，北至云锦路。占地面积1.1万平方米。

新辰小区[Xīnchén Xiǎoqū] 2000年正式命名。新辰，有“向往新世纪，享受新时光”之意，故名。位于集镇建成区繁二村规划新辰居住小区范围内，东至沙川路，北至南岙溪，西至涌泉路，南至锦溪路。占地面积3.7万平方米。

翠苑[Cuìyuàn] 2000年正式命名。因该住宅区所处环境依碧偎翠而得名。位于集镇建成区廿四都村规划翠苑商住小区范围内，东至沙川路，南至云锦街，西至翠苑路，北至用地界。占地面积2.5万平方米。

斜云小区[Xiéyún Xiǎoqū] 2000年正式命名。因该小区为斜云村实施高山搬迁形成，尊重沿袭名称。位于集镇建成区繁三村境内，东至用地界，南至云锦街，西至新业路，北至民丰路。临锦溪公园，占地面积7800平方米，6幢楼房。

云锦小区[Yúnjǐn Xiǎoqū] 2003年正式命名。因紧靠云锦路得名。东止青瓷路，南止凤凰路，西止文心路，北止云锦街。占地1.5万平方米。

【华峰居】[Huáfēng Jū] 以华峰小区得名。2002年，由佛岭村和南六坑村高山移民组建华峰小区。2015年黄岩区行政村调整时，称沙埠镇华峰居。位于沙埠镇中东部，东至廿四都，南至沙埠卫生院，西至繁三村，北至沙埠小学。居委会设小区内。115户，440人。社区东西走向主要道路有南新街、明珠路、云锦路、凤凰路、新店街、锦溪路、新辰路等。南北走向主要道路有沙川路、翠苑路、涌泉路、文新路、金阳路、新业路等。社区北偏西有锦溪公园。

华峰小区[Huáfēng Xiǎoqū] 2003年正式命名。是第三期高山移民区，因所建房屋错落有致，华丽美观得名。位于沙埠镇中东部。东止沙埠佛岭南路，南止云锦街，北止明珠路，西止沙川路。占地1.7万平方米。

第三节 行政村

【繁二村】[Fán'èr Cūn] 沿用1961年生产大队繁荣二队简称名。古为新店街下街，民国《黄岩县志》作新店街。位于沙埠镇集镇中心，东到下溪，南临廿四都，西至龟屿山，北到溪头。辖14个村民小组，362户，1141人。辖区总面积0.5平方千米，其中耕地23.4公顷。沙埠溪从村旁流过，也是南北两岙汇合点。镇中心小学、农贸市场设本村。有工艺品企业。有唐、北宋年间的古窑址。

清光绪《黄岩县志》卷七：新店街，二十三都一图。1947年属沙埠乡第四保，称新店街。1951年属沙埠乡四村。1956年称繁荣高级社。1958年称沙埠公社繁荣二队。1961年沿用旧名称沙埠公社繁二大队。1983年为沙埠乡繁二村。1996年为沙埠镇繁二村。

【繁三村】[Fánsān Cūn] 2018年8月，行政村规模调整，斜云村并入繁三村。村委会沿用1961年生产大队名。位于沙埠镇东部，东至院桥镇左任新村，南界院桥镇西溪村，西至南溪村，北至繁二村。辖区面积2.3平方千米。辖斜云、岗头、上屋、西照堂4个自然村，478户，1637人。村委会驻地繁三村文化礼堂。

*【斜云村】[Xiéyún Cūn] 以村委会驻地自然村斜云得名。位于沙埠镇东南部。东、南与院桥镇接壤，西至南胡村，北至樟树下村。下辖斜云、岗头、上屋3个自然村，3个村民小组。人口107户，361人。辖区

总面积0.9平方千米，其中耕地8.4公顷，山林52.4公顷。1993—1995年，原斜云、岗头、上屋3自然村从山上迁到新斜云村聚居地，在沙埠镇中心繁三村西侧，东至民丰路，西至兴业路，南至云锦路，北为副食品市场。

1947年为沙埠乡第六保。1951年属横溪乡第六村，1956年划归沙埠乡，建立斜云社，1961年称沙埠公社斜云大队。1983年称沙埠乡斜云村。1996年称沙埠镇斜云村。2018年8月，和繁三村合并称繁三村。

斜云［Xiéyún］斜云村委会驻地。距沙埠镇政府驻地2.3千米。古为祥云，位于乔麦尖东北，其高处为天打岩，祈求吉祥云彩，风调雨顺，故名。后改称斜云。因地势低于上屋村，又称下屋。民国《黄岩县志》作祥云。47户，141人，徐、张姓。海拔240米。1993年后，大都移民至繁三村西侧新斜云聚居地。

岗头［Gǎngtóu］属斜云村。距沙埠镇政府驻地2.2千米。位于祥云山八字塔山岗顶部，故名。19户，60人，蔡姓。海拔305米。1995年后，大都移民至繁三村西侧新斜云聚居地。

上屋［Shàngwū］属斜云村。距沙埠镇政府驻地2.5千米。因地势高于斜云（别名下屋），故名。41户，140人，多张、徐姓。海拔290米。1993年后，大都移民至繁三村西侧新斜云聚居地。

*【**繁三村**】［Fánsān Cūn］村委会沿用1961年生产大队名。古为新店街上街，民国《黄岩县志》作新店街。位于沙埠镇中东部，东南与院桥镇相邻，西至沈家村，北至繁二村。辖西照堂1个自然村，9个村民小组，371户，1276人。总面积1.4平方千米，其中耕地14.5公顷，林地45.5公顷，拥有14公顷的工业园区，外来人口达400人以上，1997年就成为工业亿元强村。交通便捷，离甬台温高速公路3千米，机场22千米。村委会驻文化礼堂。

清光绪《黄岩县志》卷七：新店街，二十三都一图。1947年属沙埠乡第五保，称新店街。1951年属沙埠乡第五村。1956年称繁荣高级社。1961年称沙埠公社繁三大队。1983年称沙埠乡繁三村。1996年称沙埠镇繁三村。2018年8月，斜云村并入繁三村。

西照堂［Xīzhàotáng］属繁三村。距沙埠镇政府驻地0.9千米。村内一寺庙大门朝西，太阳西照，俗呼西照堂。村以寺名。海拔30米。西照寺，又名西照堂，据传始建于明永乐年间。

【**廿四都村**】［Niànsìdū Cūn］以村委会驻地自然村廿四都得名。位于沙埠镇中东部，东到青瓷村，南临西照堂，西至繁三村，北到繁二村、吕白洋村，下辖竹家岭、上溪、新店项、廿四都4个自然村，共有408户，1364人，辖区总面积1平方千米，其中耕地39.1公顷，山林19公顷。本村区域内拥有大水塘，蓄水量为2000立方米。

1947年属沙埠乡第三保。1951年属沙埠乡第三村。1956年属繁荣高级社。1958年为沙埠公社繁荣一队。1961年称沙埠公社廿四都大队。1983年称沙埠乡廿四都村。1996年称沙埠镇廿四都村。

廿四都［Niànsìdū］廿四都为村委会驻地。距沙埠镇政府驻地0.2千米。按古时都图划分，该地属二十四都，故名。民国《黄岩县志》作廿四都。194户，580人，多谢姓。

竹家岭［Zhújiālǐng］属廿四都村委会，距沙埠镇政府驻地0.9千米。村在蛇山、横山两屿之间，过去毛竹成林，故名。海拔13米，有宋代青瓷窑址。

上溪［Shàngxī］属廿四都村委会。距沙埠镇政府驻地0.5千米。在蛇山以西，南岙溪支流从南向北流注沙埠溪，村在溪上游，故名。民国《黄岩县志》作上溪。121户，379人，以黄姓为主。东南靠山，并有小溪绕过，海拔13米。

新店项［Xīndiànxiàng］属廿四都村委会，距沙埠镇政府驻地0.2千米。古称项宅，村最早为项姓始居，因邻近新店街（今沙埠街），故名。清光绪《黄岩县志》卷七："项庄，二十四都一图。"民国《黄岩县志》作项宅。72户，225人，多章、卢、项姓。海拔12米。南宋时有项采讲道处，项采著有《孝行录》，杜范为之跋。

【**唐山村**】［Tángshān Cūn］2018年8月，行政村规模调整，唐山陈、唐山王、寺前郑3个村合并为唐山村。以山得名。民国《黄岩县志》："北岙溪与南岙军营溪之间者为活佛岩，又东北为老唐山。"位于沙埠镇北部。东至吕白洋村，南至前路村、沙埠叶村、下园村，西至茅畲乡大礼村，北至澄江街道松岩村。辖区面积5.4平方千米。辖寺前郑、后溪、唐山陈、唐山王4个自然村，815户，2749人。村委会驻地原唐山陈村文化礼堂。

*【**唐山王村**】［Tángshānwáng Cūn］以村委会驻地自然村唐山王得名。位于沙埠镇的西北部。东到寺前郑，南临唐山陈，西至茅畲乡，北到澄江街道。下辖唐山王1个自然村，12个村民小组，377户，1241人。总面积2.6平方千米，其中耕地17.7公顷，山林185.2公顷。是以种植水稻为主的半山区。该村入选2015年"中国淘宝村"。

清光绪《黄岩县志》卷七：唐山，二十三都一图。1947年属沙埠乡二十保。1951年属前路乡二十村。1956年属沙埠乡第一、二高级社。1961年称沙埠公社唐山王大队。1983年称沙埠乡唐山王村。1996年称沙埠镇唐山王村。2018年8月，和唐山陈村、寺前郑村合并称唐山村。

唐山王 [Tángshānwáng] 唐山王村委会驻地。距沙埠镇政府驻地2.9千米。古称唐山。南有活佛岩支脉老唐山，北有双尖山支脉新唐山，有王氏居此，故名。民国《黄岩县志》作唐山王。377户，1241人，多王、曹姓。海拔53米。

*【**唐山陈村**】[Tángshānchén Cūn] 以村委会驻地自然村唐山陈得名。位于沙埠镇西北部，东到寺前郑村，南临前路村，西至下竹篢，北到唐山王，距集镇2.8千米。下辖唐山陈1个自然村，11个村民小组，195户，663人。辖区总面积0.8平方千米，其中耕地16.5公顷，山林43.7公顷，以种植杂粮为主。

清光绪《黄岩县志》卷七：唐山，二十三都一图。1947年属沙埠乡二十保。1951年属前路乡二十村。1956年为沙埠乡一、二高级社。1961年称沙埠公社唐山陈大队。1983年为沙埠乡唐山陈村。1996年为沙埠镇唐山陈村。2018年8月，和唐山王村、寺前郑村合并称唐山村。

唐山陈 [Tángshānchén] 唐山陈村委会驻地。位于沙埠镇政府驻地西北2.8千米。北有双尖山支脉新唐山南麓，院桥上桥陈氏后裔迁居于此，故名。民国《黄岩县志》作唐山陈。195户，663人，多陈姓。海拔47米。

*【**寺前郑村**】[Sìqiánzhèng Cūn] 以村委会驻地自然村寺前郑得名。位于沙埠镇北部。东到上寥村，南临沙埠叶，西至唐山王，北到澄江街道，下辖寺前郑、后溪2个自然村，4个村民小组，243户，845人。总面积2平方千米，其中耕地25.9公顷，山林101.1公顷，以种植水稻为主，兼营山林，本村区域内拥有水库1座，蓄水量为8.5万立方米。

清光绪《黄岩县志》卷七：寺前郑，二十三都一图。1947年属沙埠乡二十一保。1951属前路乡二十一村。1956年属沙埠乡一、二社。1961年称沙埠公社寺前郑大队。1983年为沙埠乡寺前郑村。1996年为沙埠镇寺前郑村。2018年8月，和唐山陈村、唐山王村合并称唐山村。

寺前郑 [Sìqiánzhèng] 寺前郑村委会驻地。距沙埠镇政府驻地2.2千米。下浦郑氏后裔居于灵云寺前，故名。民国《黄岩县志》作寺前郑。192户，794人，多郑姓。海拔35米。灵云寺，唐太和七年（833）创建，北宋治平三年（1066）赐额，有“灵云晓钟”四字石刻。

后溪 [Hòuxī] 属寺前郑村。距沙埠镇政府驻地1.4千米。村前（南）有北岙溪，后（北）有黄后田溪，因靠近北面这条溪，故名。民国《黄岩县志》作后溪。52户，167人，多卢姓。海拔20米。

【**下园村**】[Xiàyuán Cūn] 以村委会驻地自然村下园得名。位于沙埠镇西北面，东到前路，南临北兴村虎柜头，西至北兴村、茅畲乡上庄村，北到唐山村唐山陈。下辖下园、下竹篢2个自然村，8个村民小组，373户，1198人。总面积1.8平方千米。其中耕地6.5公顷，林地114.3公顷。产柑橘、杨梅、蔬菜等。

清光绪《黄岩县志》卷七：下园，二十三都一图。1947年属沙埠乡第十九保。1951属前路乡十九村。1956年属沙埠乡联新社。1961年称沙埠公社下园大队。1983年称沙埠乡下园村。1996年称沙埠镇下园村。

下园 [Xiàyuán] 下园村委会驻地。距沙埠镇政府驻地3.6千米。村在双尖山（又称元宝山）南麓，前有北岙溪环绕，呈圆形状之地，故名下圆，简写为下园。民国《黄岩县志》作下园。324户，1048人，多王姓。海拔80米。

下竹篢 [Xiàzhúgàng] 属下园村。距沙埠镇政府驻地3.1千米。位于元宝山麓，在下园东（当地东为下），早年竹林茂密，故名。民国《黄岩县志》作下竹篢。49户，150人，多胡姓。海拔52米。

【**沙埠叶村**】[Shābùyè Cūn] 以村委会驻地自然村沙埠叶得名。位于沙埠镇中北部，东到繁二村，南临南溪村、南胡村，西至前路村，北到唐山村，北岙线公路横穿而过，交通便捷。下辖沙埠叶、胡程岙2个自然村，12个村民小组，村委会驻地沙埠叶村。442户，1608人。是全镇人口最多的村庄。辖区总面积2.1平方千米，其中耕地87.8公顷，山林57.4公顷，主要栽培柑橘、枇杷、杨梅等果树。

沙埠叶村：1947年属沙埠乡第十五保。1951年属前路乡十五村。1956年属沙埠乡一、二社。1961年称沙埠公社沙埠叶大队。1983年称沙埠乡沙埠叶村。1996年乡改镇，称沙埠镇沙埠叶村。百果园村：1958年成立百果园。1961年称百果园大队。1983年称沙埠乡百果园村。1996年沙埠镇百果园村。2015年11月，黄岩区行政村调整时，沙埠叶村和百果园村合并为沙埠叶村。

沙埠叶 [Shābùyè] 沙埠叶村委会驻地。距沙埠镇政府驻地1.6千米。宋叶立自绍兴迁居本县杨彭岭北，为石岭叶氏始祖。第四世分居沙埠山麓，故名沙埠叶。民国《黄岩县志》作沙埠叶，436户，人口1460人，多叶姓，海拔25米。

胡程岙 [Húchéng'ào] 原属百果园村，2015年11月黄岩区行政村调整时，改属沙埠叶村。位于镇政府驻地西1.8千米。地处山岙，有胡、程二姓，故名。30户，83人，多胡、程姓。海拔50米。

【吕白洋村】[Lǚbáiyáng Cūn] 2018年8月，行政村规模调整，吕白洋村和上寥村合并为吕白洋村。位于沙埠镇东北部，东至高桥街道螺屿村、瓦瓷窑村，南至青瓷村、廿四都村、繁二村，西至唐山村，北至高桥街道螺屿村。辖区面积2.4平方千米。辖吕白洋、溪头、上寥、柯村、小毛田5个自然村，387户，1459人。村委会驻地原上寥村文化礼堂。

* **【上寥村】**[Shàngliáo Cūn] 以村委会驻地自然村上寥得名。位于沙埠镇东北角，东连高桥街道螺屿村，北与澄江街道相邻，南至吕白洋，西至寺前郑，距黄岩城区11千米。下辖上寥、柯村、小毛田3个自然村，9个村民小组。170户，645人，总面积1.8平方千米，其中耕地40.3公顷，林地86.2公顷。村北有黄泥门水库，库容1.5万方。

1947年属沙埠乡第一保。1951年属沙埠乡一村。1956年属中心高级社。1961年属沙埠公社吕白洋大队。1983年属沙埠乡吕白洋村。1987年7月从吕白洋析出，建上寥村。1996年称沙埠镇上寥村。2018年8月，和吕白洋村合并称吕白洋村。

上寥 [Shàngliáo] 上廖村委会驻地。位于沙埠镇政府驻地北1.6千米。古时在黄泥门山岙，吕白洋北面坡上，搭有茅寮。称上寮，谐音上寥。民国《黄岩县志》作上寥。509人，多叶姓。东、西、北三面环山，海拔15米。

柯村 [Kēcūn] 属上廖村。距沙埠镇政府驻地1千米。沙溪柯氏始迁祖柯宜钦从临海义城迁居沙溪，聚居地称柯村。民国《黄岩县志》作柯村。48户，156人，多叶姓。

小毛田 [Xiǎomáotián] 属上廖村，距沙埠镇政府驻地1.2千米。原是黄泥门半山坡，有梯田，四周长满茅草，故名。95人。

* **【吕白洋村】**[Lǚbáiyáng Cūn] 以村委会驻地自然村吕白洋得名。位于沙埠镇东部偏北。东到金余村，南临下溪村，西至繁二、上寥村，北到上寥村，下辖吕白洋、溪头2个自然村，6个村民小组。217户，814人。辖区总面积0.7平方千米，其中耕地48.5公顷。永丰河从村南流过。种植水稻、水果、蔬菜为主，兼种席草。

清光绪《黄岩县志》卷七：吕白洋，二十三都一图。1947年属沙埠乡第一保。1951年属沙埠乡一村。1956年成立中心农业社。1961年称沙埠公社吕白洋大队。1983年为沙埠乡吕白洋村。1989年上廖、柯村析出。1996年为沙埠镇吕白洋村。2018年8月，和上寥村合并称吕白洋村。

吕白洋 [Lǚbáiyáng] 吕白洋村委会驻地。距沙埠镇政府驻地1.2千米。据章育《植造太湖山保安林之建议》：吕白洋溪面宽阔，溪身之高与地面相等，且有高出地，白石粼粼，近年每遇暴雨，村前村后都一片白洋洋，多吕姓聚居，故名。民国《黄岩县志》作吕白洋。654人，多余、葛、郑姓。

溪头 [Xītóu] 属吕白洋村。距沙埠镇政府驻地0.6千米。位于一条溪的源头，故名。民国《黄岩县志》作溪头。30户，101人，多葛、叶姓。

【北兴村】[Běixìng Cūn] 2018年8月，行政村规模调整，虎柜头村和歧田村合并为北兴村。寓意沙埠镇北片兴旺发达得名。位于沙埠镇西北部，东至前路村，南至横溪村，西界茅畲乡茅畲洋村、上庄村，北至下园村。辖区面积4.4平方千米。辖歧田、虎柜头2个自然村，506户，1734人。村委会驻地原虎柜头村办公楼。

* **【虎柜头村】**[Hǔguìtóu Cūn] 以村委会驻地自然村虎柜头得名。位于沙埠镇西北部。东到前路村，南临横溪村，西至岐田村，北到下园村。下辖虎柜头1个自然村，9个村民小组。245户，814人。辖区总面积1平方千米，其中耕地2.2公顷，林地50.9公顷。种植水稻、蔬菜、番薯为主。

清光绪《黄岩县志》卷七：虎柜头，二十三都一图。1947年属沙埠乡第十七保。1951年属前路乡十七村。1956年划归沙埠乡，建火炬高级社。1961年称沙埠公社火炬大队。因重名，1981年7月更改为虎柜头村。1983年称沙埠乡虎柜头村，1996年称沙埠镇虎柜头村。2018年8月，和歧田村合并称北兴村。

虎柜头 [Hǔguìtóu] 虎柜头村委会驻地。距沙埠镇政府驻地3.5千米。村前山形似虎囚柜里伸出虎头，故名。民国《黄岩县志》作虎柜头。245户，814人，多陈、王姓。海拔70米。

* **【岐田村】**[Qítián Cūn] 以村委会驻地自然村岐田得名。位于沙埠镇西部。东到虎柜头村，南至佛岭村，西、北界茅畲乡。下辖岐田1个自然村，10个村民小组，人口261户，920人。总面积3.4平方千米。其中耕地12公顷，山林262.7公顷。本村区域内有水库1座，蓄水量为1万立方米。种植水稻、水果、蔬菜为主，属半山区。

清光绪《黄岩县志》：岐田，二十三都一图。1947年属沙埠乡十九保。1951属前路乡十八村，1956年称沙埠乡联新高级社，1961年称沙埠公社歧田大队。1983年称沙埠乡歧田村，1996年称沙埠镇歧田村。2018年8月，和虎柜头村合并称北兴村。

岐田［Qítián］岐田村委会驻地。距沙埠镇政府驻地4.4千米。这里的山田奇形怪状，形态多样，故名。民国《黄岩县志》作岐田。261户，920人，多黄姓。四周皆山，南有溪，海拔82～105米。清咸丰年间（1851—1861），水旱灾重，民不聊生。黄延暄聚义抗清，高筑寨墙据守险隘，数次击退进剿的清兵。黄延暄被杀后，屠敖三加入太平军，后又投靠清兵。几经反复，经知府刘璈、知县孙憙密谋，先给予招安，于同治八年（1869）四月初十日全部剿杀岐田兵。岐田村的寨墙基址呈桃叶形，今尚存部分残墙，有的地段残墙达3～5米高。

【前路村】［Qiánlù Cūn］以村委会驻地自然村前路得名。位于沙埠镇西北部。东到沙埠叶村，南临南胡村，西至北兴村，北到下园村下竹篔。下辖前路1个自然村，8个村民小组。350户，1195人。总面积1.1平方千米，其中耕地24.3公顷，林地42.9公顷。种植水稻、水果和蔬菜为主。

清光绪《黄岩县志》卷七：前路，二十三都一图。1947年属沙埠乡第十六保。1951年属前路乡十六村，1956年属沙埠乡前路社，1961年称前路大队。1983年称沙埠乡前路村。1996年称沙埠镇前路村。

前路［Qiánlù］前路村委会驻地。位于沙埠镇政府驻地西偏北3.1千米。前有茅沙捷径大路，故名。民国《黄岩县志》作前路。350户，1195人，多王姓，海拔55米。

【青瓷村】［Qīngcí Cūn］2018年8月，行政村规模调整，金余、雪溪、下溪3村合并为青瓷村。以当地有省级文物保护单位唐宋年间青瓷窑址得名（2019年10月被评为全国重点文物保护单位）。位于沙埠镇东北部，东界高桥街道瓦瓷窑村、院桥镇合屿村，南界院桥镇左任新村，西至廿四都村，北至吕白洋村。辖区面积2.8平方千米。辖下山头、桥亭、下透、下溪、金余5个自然村，409户，1480人。村委会驻地原雪溪村文化礼堂。

*【下溪村】［Xiàxī Cūn］以村委会驻地自然村下溪得名。位于沙埠镇东部偏北。东到雪溪村，南临廿四都村竹家岭，西至繁二村，北到吕白洋村。下辖下溪1个自然村，127户，467人。辖区总面积0.6平方千米，其中耕地43.3公顷，山林1.5公顷。区域内拥有水塘1口，蓄水量为1000立方米。上溪河流过村旁。

清光绪《黄岩县志》卷七：下溪，二十四都一图。1947年属沙埠乡第二保。1951年属沙埠乡第二村。1956年与金余、雪溪合并建立勇敢高级社。1961年称沙埠公社下溪大队。1983年为沙埠乡下溪村。1996年称沙埠镇下溪村。2018年8月，和雪溪村、金余村合并为青瓷村。

下溪［Xiàxī］下溪村委会驻地。距沙埠镇政府驻地1千米。位于蝦蟆山以西，村西有条小溪，该村在下游，故名。民国《黄岩县志》作下溪。127户，467人，多胡、黄姓。村旁有宋代青瓷窑址。

*【雪溪村】［Zhàxī Cūn］以原片村雪溪得名。村里有条溪流叫雪溪，村以溪名。位于沙埠镇东部。东界院桥街道、高桥街道，南至院桥街道，西至廿四都竹家岭，北到金余村。村委会驻地下山头。下辖下山头、桥亭、下透3个自然村，4个村民小组。151户，555人。辖区总面积1.6平方千米。耕地31.1公顷，山林71.9公顷，区域内拥有水塘1口，蓄水量为5000立方米，雪溪河穿村而过。种植水稻、水果和蔬菜，特产有萝卜（俗名沙埠菜头）。古称雪川，璜山任氏在五代（907—960）时自汴（今开封市）徙居雪川，北宋淳化间（990—994）迁县南璜山。村境内有宋青瓷窑址，从采集的标本来看，窑具有匣钵、垫饼、垫圈。器形以盘、盆、碗为主，杯、粉盒、水盘、碟、壶、瓶、罐、鼎次之。花纹图案秀丽鲜明，以划纹为主，也有印纹。纹饰有羽毛、花卉，如凤凰、鹦鹉、牡丹、菊花、芙蓉等20多种。此外还有云纹、太阳纹等。为省重点文物保护单位。

清光绪《黄岩县志》卷七：栅溪，二十四都一图。1947年属沙埠乡第二保，称雪溪。1951年属沙埠乡第二村。1956年与金余、下溪组勇敢高级社。1961年称沙埠公社雪溪大队。1983年称沙埠乡雪溪村。1996年称沙埠镇雪溪村。2018年8月，和下溪村、金余村合并为青瓷村。

下山头［Xiàshāntóu］雪溪村委会驻地。距沙埠镇政府驻地1.6千米。位于雪溪北一山嘴头旁，故名。民国《黄岩县志》作下山头。73户，244人，多郑、朱姓。有宋代青瓷窑址。

桥亭［Qiáotíng］属雪溪村。距沙埠镇政府驻地1.6千米。以前沙院乡路仙村岭有三个路廊，岭东为仙村路廊，岭头有岭头路廊，岭西有岭脚路廊，并设有茶亭为行旅憩息，常有轿停在茶亭，故名轿亭，后演变为桥亭。39户，139人，金、林姓。海拔25米。古称上透。小地名新屋。

下透［Xiàtòu］属雪溪村。位于沙埠镇政府驻地东南1.3千米。位于桥亭（因地势较高，古称上透）北，地势低，故称下透。透，方言，量词，幢。37户，137人，多谢姓。

*【金余村】［Jīnyú Cūn］以村委会驻地自然村金余得名。位于沙埠镇东部，东与高桥街道接壤，南临下山头，西至吕白洋，北界高桥街道。下辖金余1

个自然村，4个村民小组。131户，458人。总面积0.6平方千米，其中耕地25公顷，林地18公顷。有唐、北宋年间的古窑址。

1947年属沙埠乡第二保，称下俞。1951年属沙埠乡第二村。1956年与下溪、雪溪合并称勇敢高级社。1961称沙埠公社下余大队。因重名，1981年更名为金余大队。1983年称沙埠乡金余村。1996年称沙埠镇金余村。2018年8月，和雪溪村、下溪村合并为青瓷村。

金余 [Jīnyú] 金余村委会驻地。距沙埠镇政府驻地1.7千米。古称下俞，位于下山头北，有俞氏迁居于此，故名。村中有俞成庙。后俞讹作余，因重名，1981年更名金余，村东有仙村山，亦称凤凰山，取金凤凰的金字，得名金余。民国《黄岩县志》作下俞。131户，458人。多丁姓。

【南溪村】[Nánxī Cūn] 2018年8月行政村规模调整，沈家村、八村村和樟树下村合并为南溪村。以地处南岙溪两岸得名。位于沙埠镇中部，东、南至繁三村，西至南湖村，北至沙埠叶村。辖区面积3.5平方千米。辖樟树下、大殿门口、西路、横墙头、后大、殿前里、八村7个自然村，772户，2858人。村委会驻地樟树下村文化礼堂。南岙溪南北穿村。

*【沈家村村】[Shěnjiācūn Cūn] 以原片村沈家村得名。东鉴沈氏后裔分居于此，故名。位于沙埠镇中部。东到佛岭村，南至樟树下村大殿门口，西至南胡村，北到胡程岙村。下辖西路、横墙头、后大、殿前里4个自然村，9个村民小组。村委会驻地西路，274户，1035人。辖区总面积1.1平方千米，其中耕地45.6公顷，山林33公顷。种植水稻、水果为主。

清光绪《黄岩县志》卷七：沈家村，二十三都一图。1947年属沙埠乡第七保。1951年属沙埠乡第七村，1956年八村合并成立富强高级社。1961年称沙埠公社沈家村大队。1983年为沙埠乡沈家村村。1996年为沙埠镇沈家村村。2018年8月，和八村村、樟树下村合并称南溪村。

西路 [Xīlù] 沈家村村委会驻地。距沙埠镇政府驻地1.1千米。在黄乐捷径西侧，习惯称为西路。清光绪《黄岩县志》：西路，二十三都一图。115户，357人，多王姓。海拔23米。

横墙头 [Héngqiángtóu] 属沈家村村委会。距沙埠乡政府驻地0.9千米。早年自然村在一座照墙（俗呼风水墙，今已拆）西面，习惯称横墙头。35户，150人，多庞姓。海拔18米。

后大 [Hòudà] 属沈家村村委会。距沙埠镇政府驻地0.7千米。位于沈家片村的北部（当地北为后），故名。大，方言，这一带地方的意思。35户，150人，多陈姓。海拔18米。

殿前里 [Diànqiánlǐ] 属于沈家村村委会。位于沙埠镇政府驻地南0.7千米。有明代创建的佛殿日镜堂，村在殿前里边，故名。40户，140人，多林姓。海拔28米。

*【八村村】[Bācūn Cūn] 以村委会驻地自然村八村得名。位于沙埠镇中东部，东到沈家村殿前里，南临樟树下村大殿门口，西至沈家村西路，北到沈家村横墙头。下辖八村1个自然村，6个村民小组。295户，1060人。辖区总面积1.3平方千米，其中耕地28公顷，林地52.6公顷。主要种植水稻、番薯、马铃薯等经济作物和柑橘、枇杷、杨梅等果树，是典型的山区农业村。

1947年属沙埠乡第八保，称沈家村。1951年称沙埠乡八村，1956年与七村合并组成富强社。1961年称红卫大队，因重名，于1981年7月更改为八村大队。1983年为沙埠乡八村村。1996年为沙埠镇八村村。2018年8月，和沈家村、樟树下村合并称南溪村。

八村 [Bācūn] 八村村委会驻地。距镇政府驻地1.4千米。原为沈家村前大，据民国年鉴记载，1947年为第八保，1951年去保设村，故名八村。民国《黄岩县志》作沈家村。295户，1060人，多林、刘、杨等姓。海拔28米。

*【樟树下村】[Zhāngshùxià Cūn] 以村委会驻地自然村樟树下得名。位于沙埠镇东南部。东到院桥街道，南临斜云村，西至南胡村，北到沈家村。下辖樟树下、大殿门口2个自然村，4个村民小组。203户，763人，总面积1.1平方千米，其中耕地15.7公顷，林地53.84公顷。属半山区。

清光绪《黄岩县志》卷七：樟树下，二十三都一图。1947年为沙埠乡第十保。1951年称横溪乡第九村。1951年并入沙埠乡联盟社。1961年称沙埠公社樟树下大队。1983年称沙埠乡樟树下村。1996年称沙埠镇樟树下村。2018年8月，和八村村、沈家村合并称南溪村。

樟树下 [Zhāngshùxià] 樟树下村委会驻地。位于沙埠镇政府驻地西南2千米。据传从前有一棵高10米，直径2米的大樟树，故名。民国《黄岩县志》作樟树下。160户，608人，多王姓，为柏山王氏后裔。海拔30米。

大殿门口 [Dàdiànménkǒu] 属樟树下村。距沙埠镇政府驻地1.7千米。系1981年从樟树下自然村迁此而形成的新村。村东北角有一座沙埠大殿（亦名东岳庙），村在庙前，故名。43户，155人，多王姓。海拔25米。

【南胡村】[Nánhú Cūn] 以南胡村和南朱村合并得名。位于沙埠镇中部偏南。东到南溪村，南与院桥镇接壤，西至佛岭水库，北到前路村、沙埠叶村。下辖南胡、南朱2个自然村，11个村民小组。417户，1339人。辖区总面积1.8平方千米。耕地1.3公顷，山林110.1公顷。

南胡村：清光绪《黄岩县志》卷七：南岙胡，二十三都一图。1947年为沙埠乡第九保。1951年属横溪乡十一村，1956年并归沙埠乡联盟社，1961年称沙埠公社南胡大队。1981年属佛岭公社，1983年为佛岭乡南胡村，1992年并入沙埠乡，1996年为沙埠镇南胡村。南朱村：清光绪《黄岩县志》卷七：南岙朱，二十三都一图。1947年为沙埠乡第十保。1951年属横溪乡十村，1956年属沙埠乡联盟社，1961年称沙埠公社南朱大队。1981年属佛岭公社。1983年为佛岭乡南朱村。1992年并入沙埠乡。1996年为沙埠镇南朱村。2015年11月，黄岩区行政村调整时，南胡村和南朱村合并为南胡村。

南胡[Nánhú] 南胡村委会驻地。距沙埠镇政府驻地2.4千米。原称南岙胡，活佛岩南麓山岙，称南岙，胡氏迁居于此，故名南岙胡，后简化作南胡。清光绪《黄岩县志》作南岙胡，民国《黄岩县志》作南胡。317户，1032人，多胡姓。海拔40米。

南朱[Nánzhū] 原属南朱村，2015年11月黄岩区行政村调整，改属南胡村。距沙埠镇政府驻地2.7千米。活佛岩南麓山岙，称南岙，朱氏迁居于此，故名南岙朱，后简化作南朱。清光绪《黄岩县志》作南岙朱，民国《黄岩县志》作南朱。89户，276人，多朱姓。海拔40米。民国中将许康、许思廉为该村人。

【横溪村】[Héngxī Cūn] 以溪得名。原横溪位于佛岭水库库区，因南岙溪自西南向东北流，横穿村庄前，故名。今横溪是佛岭水库建后移民后靠到此。位于沙埠镇中部佛岭水库北面，东到南胡村，南临佛岭水库，西至佛岭村，北到前路村、北兴村。村委会驻地东山。下辖东山、西山、同安、大麦岙、前同坑5个自然村，11个村民小组。206户，742人。辖区总面积3.6平方千米，其中耕地6.2公顷，林地291.3公顷。拥有较好的山林及水库资源。南宋诗人虞似良从余杭迁至横溪。清朝武举徐沧洲为该村人。

清光绪《黄岩县志》卷七：横溪，二十三都一图。1947年属沙埠乡第十一保。1951年属横溪乡十一村。1956年为沙埠乡横溪高级社。1961年称沙埠公社横溪大队。1981年属佛岭公社。1983年为佛岭乡横溪村。1992年5月并入沙埠乡。1996年为沙埠镇横溪村。

东山[Dōngshān] 横溪村委会驻地。距沙埠镇政府驻地3.1千米。以山得名。属活佛岩余脉，位于横溪村以东，故名。因建佛岭水库，横溪村部分后靠至此。89户，328人，多徐姓。海拔60米。

西山[Xīshān] 属横溪村。距沙埠镇政府驻地2.6千米。以山得名。属活佛岩余脉，位于横溪村以西，故名。72户，237人，多李、徐姓。海拔50米。

同安[Tóng'ān] 属横溪村。距沙埠镇政府驻地4.5千米。据传古时从茅畲迁来一户童姓人家，建了一个庵堂，称童庵。后雅化为同安。45户，156人。多胡、张姓。海拔80米。

【佛岭村】[Fólǐng Cūn] 因百家钻、月亮岗、廿四横、马头岗、佛岭新村部分合并后得名。南宋嘉定《赤城志》卷二四："双鱼潭，在县西南三十里砂步佛岭。"明万历《黄岩县志》卷一："佛岭，在县西南三十五里，与乐清分界。"村以山名。位于沙埠镇西南部。东与横溪村、南六坑村相邻，南与乐清市接壤，西界茅畲乡，北至北兴村。下辖外岗、里岗、活塔岩、百家钻脚、王家、望海尖、瓜生岗、吴家、廿四横、长羊坑、火炉岗、外屋、马头岗、滴水落14个自然村，42个村民小组。459户，1611人。辖区总面积6.2平方千米，其中耕地44.8公顷，林地538.1公顷。有蓄水量1.5万立方米的廿四横水库和蓄水量为2.5万立方米的水库各1座。属山区，部分已高山移民至佛岭新区和华峰小区。西为佛陇山，宋末乐清鲍叔廉抗元据守于此。为黄乐捷径之孔道。岭头在明嘉靖间建有鹫峰寺，俗称佛岭堂。

百家钻村：1947年属沙埠乡第十四保。1951年属横溪乡十四村。1956年为沙埠乡百家钻高级社。1961年称百家钻大队。1981年属佛岭公社。1983年为佛岭乡百家钻村。1992年并入沙埠乡。1996年为沙埠镇百家钻村。月亮岗村：1947年属沙埠乡第十四保。1951年属横溪乡十四村。1956年为沙埠乡月亮岗高级社。1961年称月亮岗大队。1981年属佛岭公社。1983年为佛岭乡月亮岗村。1992年并入沙埠乡。1996年称沙埠镇月亮岗村。廿四横村：1947年属沙埠乡第十三保。1951年属横溪乡十三村。1956年属横溪乡翻身高级社。1961年称廿四横大队。1981年属佛岭公社。1983年为佛岭乡廿四横村。1992年并入沙埠乡。1996年为沙埠镇廿四横村。马头岗村：1947年属沙埠乡第十三保。1951年属横溪乡十三村。1956年为沙埠乡翻身高级社。1961年称马头岗大队。1981年属佛岭公社。1983年为佛岭乡马头岗村。1992年并入沙埠乡。1996年为沙埠镇马头岗村。2015年11月，黄岩区行政村调整时，百家钻、月亮岗、廿四横、马头岗佛岭新村部分合并，称沙埠镇佛岭村。

外岗［Wàigǎng］原属百家钻村，2015年11月，黄岩区行政村调整后属佛岭村。在沙埠镇政府驻地西南5.3千米。位于活佛岩以南山岗外面，人们进出先到此，再到里岗，故名。53户，163人。多陈、夏、胡姓。海拔530米。

里岗［Lǐgǎng］原属百家钻村，2015年11月，黄岩区行政村调整后属佛岭村。距沙埠镇政府驻地5.4千米。位于活佛岩以南山岗里面，故名。17户，55人，多夏、林、沈姓。海拔510米。

活塔岩［Huótǎyán］原属百家钻村，2015年11月，黄岩区行政村调整后属佛岭村。距沙埠镇政府驻地4.7千米。村旁有岩石，上多青苔，人走过易滑倒，故名活塔岩。活塔，方言即打滑。3户，12人。夏、陈姓。海拔530米。

百家钻脚［Bǎijiāzuānjiǎo］原属百家钻村，2015年11月，黄岩区行政村调整后属佛岭村。距沙埠镇政府驻地5.5千米。位于百家钻山脚，故名。25户，98人，多夏、陈姓。海拔500米。

王家［Wángjiā］原属月亮岗村，2015年11月，黄岩区行政村调整后属佛岭村。位于沙埠镇政府驻地西南6.3千米。多王姓聚居，故名。28户，97人，多王姓。海拔480米。

望海尖［ Wànghǎijiān］原属月亮岗村，2015年11月，黄岩区行政村调整后属佛岭村。距沙埠镇政府驻地6.4千米。位于望海尖山上，故名。24户，86人，杨姓。海拔530米。

瓜生岗［Guāshēnggǎng］原属月亮岗村，2015年11月，黄岩区行政村调整后属佛岭村。距沙埠镇政府驻地5.9千米。位于望海尖的支脉山岗，形似花生，故名花生岗，俗称瓜生岗。13户，46人，多牟、杨姓。海拔560米。

吴家［Wújiā］原属月亮岗村，2015年11月，黄岩区行政村调整后属佛岭村。距沙埠镇政府驻地6.3千米。吴姓聚居，故名。41户，138人，全姓吴。海拔420米。

廿四横［Niànsìhéng］原属廿四横村。2015年11月，黄岩区行政村调整后属佛岭村。距沙埠镇政府驻地5.8千米。据传从该村到佛岭脚，山路弯弯曲曲，刚好廿四个弯，故名。民国《黄岩县志》作廿四横。128户，486人，多蒋、陈、胡姓。海拔210米。有小地名小平园。

长羊坑［Chángyángkēng］原属廿四横村，2015年11月，黄岩区行政村调整后属佛岭村。距沙埠镇政府驻地6.5千米。村西南有从望海尖到雪坑山之间的山坑（溪流），坑长水多，故名。17户，58人。海拔240米。有小地名札鸡斗。

火炉岗［Huǒlúgǎng］原属廿四横村，2015年11月，黄岩区行政村调整后属佛岭村，距沙埠镇政府驻地7.2千米。位于活佛岩以南的山岗，日照充足，炎夏酷热，像火炉在烤，故名。43户，153人。海拔330米。有小地名高岩头。

外屋［Wàiwū］原属马头岗村，2015年11月，黄岩区行政村调整后属佛岭村。位于沙埠镇政府驻地西南5.5千米。相传古时有蒋姓从廿四横迁居此地，相对于廿四横，该处位于外边，故名。28户，109人，多蔡姓。海拔160米。

马头岗［Mǎtóugǎng］原属马头岗村，2015年11月，黄岩区行政村调整后属佛岭村。距沙埠镇政府驻地6千米。雪坑山之山岗，形似马头，故名。40户，185人，多葛、陈姓。海拔346米。

滴水落［Dīshuǐluò］原属马头岗村，2015年11月，黄岩区行政村调整后属佛岭村。距沙埠镇政府驻地5.7千米。村东为雪坑山一溪坑（溪涧），因高岩头有水滴落于此为潭，俗呼滴水落。53户，218人，多胡、蔡、徐等姓。海拔250米。有小地名小岗头。

【南六坑村】［Nánliùkēng Cūn］村委会因大虫坑、杨岙头、中安、邱家四行政村合并后，以原片村南六坑得名。南岙溪（宋称军营溪）源出太湖山，水由南向北流，东面沙埠山，西面青坑背头，东西两山之水都落在坑中，故名南落坑，后谐音南六坑。民国《黄岩县志·叙山》："太湖山之西北当南落坑北为沙埠山。"位于沙埠镇南部偏西。东与院桥镇西溪接壤，南与乐清市接壤，西与佛岭村相邻，北至佛岭水库。村委会驻地原南六坑小学。下辖大虫坑、杨岙头、中安、上篮、平峰岩、岙里坑口、邱家、岙里坑、佛岭头、新堂10个自然村，20个村民小组。477户，1548人。辖区总面积4.2平方千米，其中耕地22.2公顷，林地334.1公顷。种植水稻、柑橘、杨梅、番薯等，特产竹笋，部分已高山移民至佛岭新区和华峰小区。

大虫坑村：1947年属沙埠乡第十二保，称南落坑。1951年属横溪乡十二村。1956年属沙埠乡利民高级社。1961年称沙埠公社大虫坑大队。1981年属佛岭公社。1983年为佛岭乡大虫坑村。1992年称沙埠乡大虫坑村。1996年为沙埠镇大虫坑村。杨岙头村：1947年属沙埠乡第十二保，称南落坑。1951年属于横溪乡十二村。1956年称沙埠乡利民高级社。1961年为沙埠公社杨岙头大队。1981年属佛岭公社。1983年为佛岭乡杨岙头村。1992年称沙埠乡杨岙头村。1996年为沙埠镇杨岙头村。中安村：1947年属沙埠乡十二保，称南落坑。1951年属横溪乡十二村，1956年为沙埠乡益利社，1961年称中安大队。1981年属佛岭公社，1983年为佛岭乡中安村，1992年称沙埠乡中安村。1996年为沙埠镇中安村。邱家村：1947年属沙埠乡十二保，称南落坑。1951年属横溪乡十二村。1956年为沙埠乡益利高级社。1961年称沙埠公社邱家大队。1981年属佛岭公社。1983年为佛岭乡邱家村，1992年5月称沙埠乡邱家村。1996年称沙埠镇邱家村。2015年11月，黄岩区行政村调整时，大虫坑、杨岙头、中安、邱家四行政村合并，称沙埠镇南六坑村。

大虫坑［Dàchóngkēng］原属大虫坑村，2015年11月，黄岩区行政村调整后属南六坑村。位于沙埠镇政府驻地西南5.2千米。明代时此地山坑中，经常有大虫（老虎）出没，故名。91户，314人，多傅姓。海拔100米。

杨岙头［Yáng'àotóu］原属杨岙头村，2015年11月，黄岩区行政村调整后属南六坑村。位于沙埠政府驻地南偏西4.7千米。本邑岩前南岙（后称杨岙）杨氏迁此沙埠山头落户，故名。107户，371人，多杨姓。海拔290米。

中安［Zhōng'ān］原属中安村，2015年11月，黄岩区行政村调整后属南六坑村。距沙埠镇政府驻地5.3千米。据传古时有个庵堂，位于南六坑中心地带，称中庵堂，村庄谐音雅化中安。70户，217人，多牟姓。海拔130米。

上篮［Shànglán］原属中安村，2015年11月，黄岩区行政村调整后属南六坑村。在沙埠镇政府驻地西南4.8千米。地处太湖山北四周环山的坑窟中，形似竹篮，有上下两处，北面海拔高，称上篮，南面低称下篮。35户，112人。海拔221米。有小地名黄金坑、池园坑等。

平峰岩［Píngfēngyán］原属中安村，2015年11月，黄岩区行政村调整后属南六坑村。距沙埠镇政府驻地5.7千米。古为屏风岩，因岩形似屏风。后演变作平峰岩。47户，148人，多牟姓。海拔213米。

岙里坑口［Àolǐkēngkǒu］原属中安村，2015年11月，黄岩区行政村调整后属南六坑村。距沙埠镇政府驻地6千米。位于岙里坑东边山坑的出口处，故名。50户，160人，多章、王、张姓。海拔183米。有小地名平井岩头、平井岩下。

邱家［Qiūjiā］原属邱家村，2015年11月，黄岩区行政村调整后属南六坑村。位于沙埠镇政府驻地西南6.7千米。邱氏世居，故名。93户，380人，多邱姓。海拔186米。

岙里坑［Àolǐkēng］原属邱家村，2015年11月，黄岩区行政村调整后属南六坑村。距沙埠镇政府驻地6.1千米。位于山岙里的溪坑侧，故名。18户，57人，多章姓。海拔215米。

佛岭头［Fólǐngtóu］原属邱家村，2015年11月，黄岩区行政村调整后属南六坑村。位于沙埠政府驻地西南6.9千米。位于佛岭岭头，故名。9户，31人，多邱姓。海拔360米。

新堂［Xīntáng］原属邱家村，2015年11月，黄岩区行政村调整后属南六坑村。距沙埠镇政府驻地6.7千米。早年有一和尚堂，年久荒废，清末又新建，故名。村以堂名。1户，6人，海拔439米。

第四节　道路街巷

南环路［Nánhuán Lù］在沙埠镇，2003年11月正式命名。该路为沙埠集镇规划范围最南端的一条环线路，故名。东起沙川路，西止南岙溪，混凝土路面，长1.4千米，宽12米。

咸新路［Xiánxīn Lù］在沙埠镇，2003年11月正式命名。紧邻沙埠中心小学，以该学校旧称“咸新小学”命名。东起金余村，西止沙川路，混凝土路面，长0.8千米，宽9米。

南溪路［Nánxī Lù］在沙埠镇，2003年11月正式命名。因位于南岙溪东面得名。南起凤凰路，北止文心路，混凝土路面，长0.8千米，宽12米。

文心路［Wénxīn Lù］在沙埠镇，2000年正式命名。2003年重新界定起止。因路段西侧建有沙埠文化中心得名。南起南环路，北止沙埠新辰路，混凝土路面，长1千米，宽18米。

青瓷路［Qīngcí Lù］在沙埠镇，2003年正式命名。因位于沙埠青瓷窑址附近得名。南起凤凰路，北止新业路，混凝土路面，长0.6千米，宽12米。

民丰路［Mínfēng Lù］在沙埠镇，2003年正式命名。意为社会和谐，百姓生活丰裕。东起无头溪，西止新业路，混凝土路面，长0.3千米，宽8米。

西环路［Xīhuán Lù］在沙埠镇，2003年正式命名。该路为沙埠集镇规划范围最西端的一条环线路，故名。南起凤凰路，北止沙埠北环路，混凝土路面，长1.4千米，宽12米。

沙川路［Shāchuān Lù］在沙埠镇，2000年正式命名。该路为沙埠集镇规划建设档次最高的商业大街，沙埠古称沙川，以沙埠溪得名。南起凤凰路，北止沙埠大桥。南北走向，混凝土路面，长0.9千米，宽7米。

凤凰路［Fènghuáng Lù］在沙埠镇，2000年3月正式命名。以附近“沙埠古窑”所在地凤凰山得名。东起竹家岭，西止沙埠二桥，混凝土路面，长1.3千米，宽11米。

云锦街［Yúnjǐn Jiē］在沙埠镇，2000年3月正

式命名。因街道东起处有翠苑，西止处有斜云小区得名。东起沙川路，西止新业路。混凝土路面，长0.9千米，宽11米。

南新街 [Nánxīn Jiē] 在沙埠镇，2000年3月正式命名。通往南岙溪三桥的一条新街，故名。东起廿四都村上溪，西止南岙溪规划沙埠三桥，混凝土路面，长0.3千米，宽6米。

涌泉路 [Yǒngquán Lù] 在沙埠镇，2000年3月正式命名。因年代久远的无头溪贯穿该街得名。南起凤凰路，北止永丰河。混凝土路面，长1千米，宽9米。

新店街 [Xīndiàn Jiē] 2000年3月正式命名。位于镇政府门前，因新开的商店较多，故名。东起沙川路，西止锦溪路。混凝土路面，长1.8千米，宽11米。

锦溪路 [Jǐnxī Lù] 在沙埠镇，2000年3月正式命名。因路西端建有锦溪公园得名。东起沙川路，西折南止南新街。混凝土路面，长0.7千米，宽5米。

新业路 [Xīnyè Lù] 在沙埠镇，2000年3月正式命名。路东侧有新建的斜云小区，西侧有区骨干企业亚星集团得名。南起凤凰路，北至南新街。混凝土路面，长0.3千米，宽5米。

金阳路 [Jīnyáng Lù] 在沙埠镇，2000年3月正式命名。因该路段西侧金阳小区得名。南起凤凰路，北至南新街，混凝土路面，长0.9千米，宽7米。

新辰路 [Xīnchén Lù] 在沙埠镇，2000年3月正式命名。该路段位于新辰小区内得名。东起沙川路，西至永丰河堤坝，混凝土路面，长0.8千米，宽10米。

翠苑路 [Cuìyuàn Lù] 在沙埠镇，2000年3月正式命名。路东侧建有翠苑住宅区得名。南起凤凰路，北至南新街，混凝土路面，长2.7千米，宽12米。

明珠路 [Míngzhū Lù] 在沙埠镇，2000年3月正式命名。沙埠镇被省人民政府授予“东海文化明珠”称号，道路以此得名。东起沙川路，西至金阳路，混凝土路面，长0.8千米，宽6米。

南工路 [Nángōng Lù] 在沙埠镇，2012年正式命名。该路位于沙埠镇南片工业区，属于南北向中心道路，故名。南起繁三村前山，北至黄岩利生工艺品有限公司，长0.6千米，宽18米。

第十四章　屿头乡

第一节　概　述

屿头乡［Yǔtóu Xiāng］乡级行政单位。在区境西北部。东与北洋镇接壤，南与宁溪镇毗邻，西与仙居县朱溪镇相连，北与临海市尤溪镇接界。总面积98.9平方千米。户籍人口4347户，1.4万人。因屿头山得名。民国《台州府志》卷四十一："屿头山，在柔极山北稍西五里许，山东麓为屿头街。"古名柔极，又名柔川。因境内群山重叠，地势险峻，水流湍急，下游年年遭水灾。古语云：柔能克刚，故名柔极。宋嘉定《赤城志》卷二十："柔极山，在县西南七十里。"清光绪《黄岩县志》："屿头，9都1图。"1947年属乌岩区柔极乡。1950年分设为柔极、二坪、白石三乡。1951年10月改屿头乡，隶属于乌岩区。1956年二坪、白石两乡并入。1958年10月称屿头大队，划归宁溪公社。1959年2月复归乌岩公社。同年称屿头管理区，白石管理区。1959年白石管理区并入屿头管理区。1961年建屿头公社。1965年5月乌岩区撤销，屿头公社划归宁溪区。1983年复置屿头乡。1992年5月白石乡并入。乡政府驻屿头乡沙滩村东大路8号，距黄岩城区25千米。2015年末辖沙滩、大木坑、田料、下凤、梨坑、上凤、新湾、三联、石狮坦、屿头、引坑、前山头、联一、前礁、石人峡、里岙、布袋坑、后庵、白石、牛角丘、前山、孔恩22个行政村（2015年11月，黄岩区行政村调整时，高钻、岙头合并为下凤村；大湾、新村合并为新湾村；栅头、周家寮、洋坑三村合并为石人峡村；前岙、凉树山合并为前山村；下恩、昌孔头合并为孔恩村）。2018年8月，行政村规模调整，前礁村、前山头村、引坑村合并为金廊村；上凤村和下凤村合并为上凤村；新湾村、后庵村、前山村合并为兴安村；布袋坑村、石人峡村、里岙村合并为布袋山村；石狮坦村和梨坑村合并为两岸村；大木坑村和田料村合并为大田村；三联村、孔恩村和牛角丘村合并为三联村。调整后共辖11个行政村，有91个村民小组。有幼儿园1所，小学1所。布袋坑村2013年入选中国传统村落。辖区东西最大距离13.7千米，南北最大距离12.7千米。属亚热带季风型气候，温暖湿润，雨量充沛，四季分明。柔极溪横贯全境，境内为丘陵地貌，自然地理为"九山半水半分田"。村落散布于山谷。千米以上的山峰有纺车岩、礁岩、高尖顶等。纺车岩海拔1171米，位于临海、黄岩和仙居的交界点，当地有"一泡尿流三县"之谚。有国家AAAA级旅游景区柔川景区和AAA级旅游景区布袋山。儒学文化和道教文化底蕴深厚，有南宋柔川书院遗址和著名古神庙太尉殿。曾涌现出南宋台州十大儒之一黄超然和电影《红色娘子军》作曲家黄准等历史文化名人。2016年5月，前礁村出土了北宋开国皇帝赵匡胤的七世孙赵伯澐夫妻合葬墓，从墓中清理出南唐皇帝李昪修金箓道场后投诣西山洞府的投龙玉璧，还有水晶、铜镜等珍贵文物66件。丝绸文物堪称"宋服之冠"，其中一件交领莲花纹亮地纱袍，2016年G20杭州峰会期间在中国美术馆"丝路霓裳"中国丝绸服装展中参展。

拥有耕地622.6公顷，林地8119.2公顷。农业主要种植水稻、薯类和枇杷、杨梅等果蔬。建成高山蔬菜、枇杷、东魁杨梅、笋竹两用林等农业核心基地6家和现代农业园区建设。第三产业有旅游观光服务业等，举办多届"黄岩（屿头）枇杷节"。长决线、椒黄（S325）省道延伸线从辖区东面穿过，是通往黄岩西部宁溪、上郑、富山的必经之路，县道屿洋线横贯东西。

从地名专名来看，辖区内居民点地名有以下特征：①以同名自然地理实体命名。如：屿头、松树山、大木坑、布袋坑等。②以地理位置命名。如：陈公田脚、梨坑口、岙头、前山头、中央畈等。③以典型的地理特征命名。如：沙滩、石狮坦、金鸡孵子、鹰嘴岩、园岩等。④以人工建筑和民间作坊命名。如：新屋、周家寮、白塔寮、风厂、大屋基、靛缸塆等。⑤以民神庙命名。如：太尉殿、盘箬寺、四姑岸等。⑥以物产命名。如：桃树坑、山毛竹坪、梨坑、松树山、木回坪、苦竹田、桐树坑、淡竹坑等。⑦以耕地命名。如：陈公田、张儿田、下叉田、外荒田、苦竹田等。

从地名通名来看，辖区内居民点地名山水特色和传统文化兼具：①移借自然地理实体通名。如：山、岙、岗、坪、坑等。②移借民间神庙通名。如：殿、庙、寺等。③移借方言字通名。如：横、爿，均为方言这一带之义；寮、厂，均为方言茅棚之义。④以耕地作通名。如：田。

第二节　行政村

【沙滩村】［Shātān Cūn］以村委会驻地自然村沙滩得名。位于屿头乡东南部，为乡政府驻地。东至金廊村前礁，南临屿头村，西到金廊村前山头，北至两岸村石狮坦、上凤村。下辖沙滩、太尉殿、下加岙3个自然村，18个村民小组。303户，1160人。辖区总面积1.9平方千米，其中耕地22.2公顷，林地70.4公顷。种植水稻为主，兼种柑橘，属半山区。有树龄500年至800年的古樟5棵。椒黄（S325）省道、县道屿洋线等。班车通城区。

清光绪《黄岩县志》卷七：沙滩，九都一图。1947年为柔极乡第五保。1951年土改称屿头乡沙滩村。1956年称屿头乡沙滩高级社。1961年称屿头公社沙滩大队。1983年称屿头乡沙滩村。

沙滩 [Shātān] 沙滩村委会驻地。屿头乡政府驻地。此处为柔极溪冲积成的一片沙地，故名。民国《黄岩县志》作沙滩。聚落依山傍水呈块状。222户，829人，多黄姓。柔川黄氏系宋太宗时工部尚书懋自闽徙黄岩柔川。土特产绿豆面、溪鱼干、土酒和枇杷、桃子、柿子、四季豆、茄子等果蔬。自元、明以来就有集市商业活动记载。景点有沙滩古街、柔川书院。沙滩古街有书吧、茶吧、馒头手工作坊等。县道洋屿线等。通258路等公交线路。

太尉殿 [Tàiwèidiàn] 属沙滩村。位于屿头乡政府驻地西偏北0.2千米。该村有宋代建的神庙一座。明万历《黄岩县志》卷七：“黄太尉庙在县西柔极，祀里人黄希旦。相传黄有神力，死而显灵。宋庆元间赐额‘忠应’。”明永乐年间赐额“太尉殿”，村以殿名。聚落依山濒溪呈长条形分布，68户，283人，海拔45米。属半山区。黄超然撰写的庙碑迄今尚存。太尉殿为道教圣地。

下加岙 [Xiàjiā'ào] 历史地名。属沙滩村。距屿头乡政府驻地0.5千米。该自然村处于沙滩东（当地东为下方）边偏僻的山岙里，多外乡迁入的住户，故名。另说：下加岙系项家岙的谐音。海拔48米。今已无人居住。

【大田村】 [Dàtián Cūn] 2018年8月，行政村规模调整，大木坑村和田料村合并为大田村。两村各取首字得名。位于屿头乡北部，东至两岸村、临海市灰坑村，南至三联村，西邻布袋山村，北界临海市灰坑村。辖区面积13平方千米。辖田料、长湾、白塔寮、红岩下、中高上、小坦、山毛竹坪、石溪坑、彭头、九辽横、岩下昌、小灰坑顶、芭蕉坑、傅家、陈公田、桃树坑、陈公田脚、横堂洪脚、秧田、老屋、平坦、张儿田、沙洪头等23个自然村，364户，996人。村委会驻地原田料村。

***【大木坑村】** [Dàmùkēng Cūn] 以原大木坑片村得名。古时，此地山坑两岸多大树，其中一株直径4米多，故名。《清同治光绪年间新定县境总图》作大木坑。位于屿头乡北部，东与临海市接壤，南临田料村，西到布袋坑村，北界临海市。下辖傅家、陈公田、桃树坑、陈公田脚、横堂洪脚、秧田、老屋、平坦、张儿田、沙洪头等10自然村，9个村民小组。村委会驻地傅家。172户，475人。辖区总面积6.1平方千米，其中耕地37.1公顷，林地529.9公顷。种植番薯、水稻，产毛竹。系农林并举的山区。

1947年属柔极乡第十九保。1951年土改时属二坪乡大木坑村。1954年划归屿头乡。1956年属屿头乡田料高级社。1961年为屿头公社大木坑大队。1983年称屿头乡大木坑村。2018年8月，和田料村合并称大田村。

傅家 [Fùjiā] 大木坑村委会驻地。位于屿头乡政府驻地西北6.1千米。古时为傅氏聚居之地，故名。民国《黄岩县志》作傅家。海拔350米。96人，多黄、傅姓。

陈公田 [Chén'gōngtián] 属大木坑村，距屿头乡政府驻地7.3千米。因村中多郑姓的公堂田，而得名郑公田，后谐音陈公田。民国《黄岩县志》作陈公田。33户，133人，多张、郑姓。海拔650米。

桃树坑 [Táoshùkēng] 属大木坑村。距屿头乡政府驻地7.3千米。早年，溪旁种有桃树，故名。10户，37人，多牟姓。海拔670米。

陈公田脚 [Chén'gōngtiánjiǎo] 属大木坑村。距屿头乡政府驻地6.6千米。因在陈公田村下（东南）方，地处山脚，故名。44户，145人，多张姓、郑姓。海拔460米。

横堂洪脚 [Héngtánghóngjiǎo] 属大木坑村。距屿头乡政府驻地6.5千米。山上过去多长桦桃（音）一类杂木。山民们将砍下之木从山上溜滑到山脚，日久山坡上形成一条笔直的“溜洪”（滑道）。村因此得名桦桃洪脚，谐音横堂洪脚。12户，47人，多黄、郑姓。海拔400米。

秧田 [Yāngtián] 属大木坑村。距屿头乡政府驻地6.2千米。据传，过去此地有丘秧田，后在秧田旁建起住房，形成村落，遂名秧田。13户，67人，多黄姓。海拔360米。

老屋 [Lǎowū] 属大木坑村。距屿头乡政府驻地5千米。有王姓最早迁此居住，后代分居别处，此地遂称老屋。《清同治光绪年间新定县境总图》作老屋。22户，90人，多王姓。海拔260米。

平坦 [Píngtǎn] 属大木坑村。距屿头乡政府驻地5.4千米。村所处的地方地势较为平坦，故名。5户，20人，多王姓。海拔285米。

张儿田 [Zhāng'értián] 属大木坑村。距屿头乡政府驻地5千米。古时王姓分家时，长子分得一丘田，坐落在此地，形成聚落后，遂名长儿田，后谐音为张儿田。民国《黄岩县志》作蒋儿田。26户，95人，多王姓。海拔 300～340 米。

沙洪头 [Shāhóngtóu] 属大木坑村。位于屿头乡政府驻地西北 4.8 千米。大木坑溪的洪水带沙冲下，泥沙在此地沉淀淤积，逐渐形成了一块高地，故名。民国《黄岩县志》作沙洪头。6 户，22 人，多康姓。海拔 240 米。

* **【田料村】** [Tiánliào Cūn] 以村委会驻地自然村田料得名。位于屿头乡东北部。东到梨坑村王坦坑，南临三联村长滩，西到柔极溪，北至大木坑村。下辖田料、长湾、白塔寮、红岩下、中高上、小坦、山毛竹坪、石溪坑、彭头、九辽横、岩下昌、小灰坑顶、芭蕉坑等 13 个自然村，10 个村民小组。村委会驻地田料。192 户，521 人。辖区总面积 6.9 平方千米，其中耕地 20.3 公顷，林地 580.8 公顷。以种植番薯为主。有枇杷、猕猴桃等水果。

1947 年属柔极乡第十八、十九保。1951 年土改时属二坪乡田料村。1954 年划归屿头乡。1956 年称田料高级社。1961 年称屿头公社田料大队。1983 年属屿头乡田料村。2018 年 8 月，和大木坑村合并称大田村。

田料 [Tiánliào] 田料村委会驻地。距屿头乡政府驻地 3.5 千米。古时此地人烟稀少，树木茂盛，庄稼常受野兽糟蹋。人们在田头架起茅棚守田，当地称之为田寮。后写成田料。民国《黄岩县志》作田寮。34 户，139 人，王、李姓为多。海拔 105 米。

长湾 [Chángwān] 属田料村。距屿头乡政府驻地 6.2 千米。村处一条比较长而弯曲的溪坑旁，故名。海拔 320 米。今已无人居住。

白塔寮 [Báitǎliáo] 属田料村。距屿头乡政府驻地 5.9 千米。村庄上下均为白色岩塌（成片的白岩壁），早年多住寮厂（茅草房），故名白塌寮，谐音白塔寮。民国《黄岩县志》作白塔寮。海拔 220 米。15 户，68 人，多黄姓。

红岩下 [Hóngyánxià] 属田料村委会。位于屿头乡政府驻地西北 5.4 千米。村北偏东有块突出的大岩石，呈红色，聚落居其下，故名。8 户，25 人，多蔡姓，海拔 220 米。

中高上 [Zhōnggāoshàng] 属田料村。距屿头乡政府驻地 5.2 千米。村位于中岗上，谐音作中高上。民国《黄岩县志》作总高上。海拔 375 米。25 户，102 人，以黄、林两姓为主。

小坦 [Xiǎotǎn] 属田料村。距屿头乡政府驻地 4.6 千米。村旁有一块由溪水夹带下来的泥沙冲积而成的一亩大小的坦地，俗称小坦。《清同治光绪年间新定县境总图》作小栅坦。海拔 120 米。60 户，223 人，朱、黄、周姓为多，有小地名阳岸、阴岸、里苍潭。

山毛竹坪 [Shānmáozhúpíng] 属田料村。距屿头乡政府驻地 4.2 千米。村旁有亩余毛竹林，其边稍高处有片坦地，当地人称之为山毛竹坪。海拔 320 米。原有 2 户潘姓居民已移民，现无人居住。

石溪坑 [Shíxīkēng] 属田料村。距屿头乡政府驻地 4.5 千米。两条山坑汇成一条后，溪坑中多块石，故名。海拔 320 米。原有 3 户黄姓人家已移民。

彭头 [Péngtóu] 属田料村。距屿头乡政府驻地 4.7 千米。传说早年有临海人迁此，搭棚耕植于岩栅头上，故名棚头，后谐音为彭头。民国《黄岩县志》作棚头。27 户，101 人，黄姓，海拔 410 米。

九辽横 [Jiǔliáohéng] 属田料村。距屿头乡政府驻地 3.2 千米。从山下到该村，须经过许多盘曲山道。因路远弯多，故名。海拔 90 米。今无人居住。

岩下昌 [Yánxiàchāng] 属田料村。距屿头乡政府驻地 3.7 千米。村北有巨石，聚落在其下，因过去住茅厂屋（茅草房），故名岩下厂，谐音为岩下昌，方言"厂""昌"同音。海拔 230 米。原有卢姓居民已高山移民，现无人居住。

小灰坑顶 [Xiǎohuīkēngdǐng] 属田料村。距屿头乡政府驻地 3.1 千米。村舍大多在小灰坑顶部，故名。民国《黄岩县志》作小灰坑。海拔 350 米。原有 3 户黄姓居民现已高山移民，现无人居住。

芭蕉坑 [Bājiāokēng] 属田料村。距屿头乡政府驻地 6.3 千米。溪边多野生芭蕉，故名芭蕉坑，村因溪名。海拔 370 米。原有 1 户居民现已移民，现无人居住。

【上凤村】 [Shàngfèng Cūn] 2018 年 8 月，行政村规模调整，下凤村并入上凤村。位于屿头乡东部，东界北洋镇五尖山村，南至沙滩村，西至两岸村，北界临海市红枫村。辖区面积 6.6 平方千米。辖岩下、淡竹坑、园岩、仰泉坑、猪乌路、大坪头、栗树坪、岙头、大丘爿、小五尖、王家山、岭脚、茶园头、新屋、三官堂、水院 16 个自然村，409 户，1098 人。村委会驻地原上凤村。

* **【下凤村】** [Xiàfèng Cūn] 由原高钻和岙头两村合并得名。此地有两座山，山形似两只凤，该地位置在下，故称下凤。位于屿头乡东北部。东到临海市、北洋镇接壤，南至上凤村，西到梨坑，北界临海市。下辖岩下、淡竹坑、园岩、仰泉坑、猪乌路、大坪头、栗树坪、岙头 8 个自然村，11 个村民小组。156 户，416 人。辖区总面积 3.8 平方千米，其中耕地 41.3 公顷，林地 302.3 公顷。系农林并举的山区。产猕猴桃、茶叶、番薯、杨梅、枇杷等。

高钻村：1947 年属柔极乡第八保。1951 年属屿头乡岙头村。1956年属岙头高级社。1961年称屿头公社岙二大队。1966年称高峰大队。1981年8月更名高钻大队。1983年称屿头乡高钻村。岙头村:1947年属柔极乡第八保。1951年属屿头乡岙头村。1956年称与高钻村联合称岙头高级社。1961年称屿头公社岙头大队。1983年属屿头乡岙头村。2015年11月,黄岩区行政村调整时,高钻村和岙头村合并为下凤村。2018年8月,和上凤村合并后称上凤村。

岩下 [Yánxià] 原属高钻村,2015年11月,黄岩区行政村调整后属下凤村。距屿头乡政府驻地3.9千米处。村处一大石笋下边,故名。1981年曾名高钻,取石笋高耸如钻之意。海拔344米。15户,59人,多张姓。原属高钻村。

淡竹坑 [Dànzhúkēng] 原属高钻村。2015年11月,黄岩区行政村调整后属下凤村。距屿头乡政府驻地4.5千米。村在溪旁,早年盛长淡竹,故名。海拔450米。8户,32人,杂姓。

园岩 [Yuányán] 原属高钻村。2015年11月,黄岩区行政村调整后属下凤村。位于屿头乡政府驻地东北4.3千米处。村南有一块圆形大岩石,故名圆岩,谐音园岩。海拔365米。村民移民到下凤。

仰泉坑 [Yǎngquánkēng] 原属高钻村。2015年11月,黄岩区行政村调整后属下凤村。距屿头乡政府驻地3.4千米。村东有一支小溪汇入大溪坑,因泉源有两支,故名两泉坑,谐音为仰泉坑。海拔120米。村民移民到下凤。

猪乌路 [Zhūwūlù] 原属高钻村。2015年11月,黄岩区行政村调整后属下凤村。距屿头乡政府驻地3.4千米。村中有一条小路,早年经常有野猪出没其间,故名。民国《黄岩县志》作子乌路。海拔为370~460米。13户,54人,多魏姓。原属高钻村。

大坪头 [Dàpíngtóu] 原属高钻村。2015年11月,黄岩区行政村调整后属下凤村。距屿头乡政府驻地3.9千米。村在山腰的一小块平地上,人们习惯称呼这小块地为大坪头。海拔390米。村民已高山移民到下凤。

栗树坪 [Lìshùpíng] 原属高钻村。2015年11月,黄岩区行政村调整后属下凤村。距屿头乡政府驻地4.4千米。村在深山中一块较为平坦的地方,早年多野生李树,俗称李树坪,后谐音栗树坪。海拔456米。村民已高山移民到下凤。

岙头 [Àotóu] 原属岙头村。2015年11月,黄岩区行政村调整后属下凤村。位于屿头乡政府驻地北2.6千米。村在山岙的顶部,故名。民国《黄岩县志》作岙头。海拔270米。76户,312人,黄姓居多,赖姓次之。

*【**上凤村**】[Shàngfèng Cūn] 以原上凤片村得名。古时以冯氏居此山上而得名上冯。后因此地有两座山,山形似两只凤,位置在上,故称上凤。位于屿头乡中东部,东到北洋镇,南临屿头村,西到柔极溪支流,北至岙头。下辖大丘爿、小五尖、王家山、岭脚、茶园头、新屋、三官堂、水院8个自然村,15个村民小组。村委会驻地大丘爿。262户,813人。辖区总面积2.8平方千米,其中耕地28.2公顷,林地156.72公顷。种植水稻、番薯为主,兼种柑橘、桃、梨等果木,盛产枇杷,近几年连续几届枇杷节都在该村成功举办。

清光绪《黄岩县志》卷七:上冯,九都一图。1947年属柔极乡第七、八保,称上冯。1951年土改时称屿头乡上凤村。1956年为上凤高级社。1961年称屿头公社上凤大队。1983年称屿头乡上凤村。2018年8月,和下凤村合并后仍称上凤村。

大丘爿 [Dàqiūpán] 上凤村委会驻地。距屿头乡政府驻地1.4千米。该村原有一丘大田,一半被用作造房子,留下的一半叫大丘爿,村以田垄得名。海拔120米。54户,238人,多张、滕、王姓。

小五尖 [Xiǎowǔjiān] 属上凤村。距屿头乡政府驻地2.2千米。小五尖系五尖山主峰南侧的一个峰峦,村以峰名。民国《黄岩县志》作小五尖。海拔345米。44户,195人,多赵、黄、冯姓,今已全部高山移民到上凤一带。村西南有一小水库。

王家山 [Wángjiāshān] 属上凤村。距屿头乡政府驻地2.2千米。黄姓世居此山间,故名黄家山,方音王、黄同音,后演化为王家山。民国《黄岩县志》作王家山。海拔250米,24户,94人,黄姓居多,今已全部高山移民到上凤一带。

岭脚 [Lǐngjiǎo] 属上凤村。距屿头乡政府驻地1.2千米。村在沙洛塔岭脚,故名。民国《黄岩县志》作岭脚。海拔125米。68户,186人,多张姓。

茶园头 [Cháyuántóu] 属上凤村。距屿头乡政府驻地1.8千米。村旁有茶园,故名。海拔200米。3户,黄姓。

新屋 [Xīnwū] 属上凤村。位于屿头乡政府驻地东北1.2千米。早年祖先在这块平坦地上建造新屋,故名。民国《黄岩县志》作新屋。海拔100米。19户,69人,有黄姓、卢、冯等姓。

三官堂 [Sān'guāntáng] 属上凤村。距屿头乡政府驻地北1千米。早年村中有三官堂庙,故名。海拔105米。9户,34人,黄姓。

水院 [Shuǐyuàn] 属上凤村。距屿头乡政府驻地1.1千米。传说宋代此地办过书院。清光绪《黄岩县志》:"柔川书院,在柔极山中,宋黄超然子中玉建。”可能该书院就在此村，方音水、书同音，水院系书院之讹。民国《黄岩县志》作书院。海拔95米。9户，37人，多张姓。

【两岸村】[Liǎng'àn Cūn] 2018年8月，行政村规模调整，石狮坦村和梨坑村合并为两岸村。两村隔溪相望，村中有著名景点“两岸三度”营地，故名。位于屿头乡东部，东至上凤村，南至沙滩村，西至三联村、大田村，北至临海市红枫村。辖区面积5.3平方千米。辖梨坑、黄泥坑、王坦坑、庵前、石门脚、松树山、梨坑口、石狮坦8个自然村，312户，899人。村委会驻地原石狮坦村。

***【石狮坦村】**[Shíshītǎn Cūn] 以村委会驻地自然村石狮坦得名。位于屿头乡东部。东到太尉殿，南临前山头，西至三联村上沈垟，北至梨坑村。下辖石狮坦1个自然村，7个村民小组。102户，305人。辖区总面积0.7平方千米，其中耕地6.7公顷，林地31.3公顷。种植水稻为主，兼种柑橘等经济作物。

清光绪《黄岩县志》卷七：石狮坦，九都一图。1947年属柔极乡第十一保。1951年土改时称屿头乡石狮坦村。1956年属屿头乡梨坑高级社。1961年梨坑分出，称屿头公社石狮坦大队。1983年称屿头乡石狮坦村。2018年8月，和梨坑村合并称两岸村。

石狮坦 [Shíshītǎn] 石狮坦村委会驻地。距屿头乡政府驻地0.5千米。村处于溪流汇积而成的沙石坦上，远近有14块山岩形似狮子，头对该村，故名十四坦，后写成石狮坦。民国《黄岩县志》作石狮坦。海拔50米。102户，372人，多黄姓。有小地名上坝头、台门里、下街头、下焦、第四份。

***【梨坑村】**[Líkēng Cūn] 以村委会驻地自然村梨坑得名。位于屿头乡东部。东到下凤村岙头，南临石狮坦村，西到三联村，北至下凤村仰泉坑。下辖梨坑、黄泥坑、王坦坑、庵前、石门脚、松树山、梨坑口等7个自然村，13个村民小组。210户，594人。辖区总面积4.6平方千米，其中耕地17.3公顷，林地384.2公顷。种水稻、柑橘，产毛竹、茶叶。

1947年为柔极乡第九保。1951年称屿头乡梨坑村。1956年与石狮坦合并为梨坑高级社。1961年改称屿头公社梨坑大队。1983年称屿头乡梨坑村。2018年8月，和石狮坦村合并称两岸村。

梨坑 [Líkēng] 梨坑村委会驻地。距屿头乡政府驻地1.8千米。据传百年前，此地溪坑边有一棵大梨树，故名。民国《黄岩县志》作梨坑。海拔75米。106户，337人，李、黄姓居多。有小地名火烧坑。

黄泥坑 [Huángníkēng] 属梨坑村。距屿头乡政府驻地3.9千米。村濒溪，山上多黄泥，故名。海拔340米。原多黄姓，现已移民到村委会中心地带。传早年曾设有砖窑。

王坦坑 [Wángtǎnkēng] 属梨坑村。距屿头乡政府驻地3.1千米。早年有王姓人住此地溪坑边的小块平坦地上，故名。海拔440米。原有蒋姓居民已移民，今无人居住。有小地名石榜头。

庵前 [Ānqián] 属梨坑村。距屿头乡政府驻地1.6千米。早年村后有一座大户人家的墓及墓庵，因村在其前，故名。民国《黄岩县志》作菴前。海拔67米。18户，73人，多徐、李姓。有小地名金山殿。

石门脚 [Shíménjiǎo] 属梨坑村。位于屿头乡政府驻地北2.9千米。村后有山路通黄泥岭，路两侧有岩石相对如门，故名。海拔110米。24户，93人，多黄姓。

松树山 [Sōngshùshān] 属梨坑村。位于屿头乡政府驻地北2.5千米。以山上多松树得名。民国《黄岩县志》作松树山。海拔385米。今无人居住。

梨坑口 [Líkēngkǒu] 属梨坑村。位于屿头乡政府驻地北偏西1.2千米。村在梨坑之南口，故名。海拔60米。42户，142人，多黄姓。

【兴安村】[Xīng'ān Cūn] 2018年8月，行政村规模调整，新湾村、后庵村和前山村合并为兴安村。取其中两村各一字谐音得名。寓意兴旺民安。位于屿头乡西南部，东到三联村，南、西界宁溪镇乌岩头村，北至白石村。辖区面积19平方千米。辖冷水坑、大厂基、三房山、猢狲路、山头里、高坎头、大塆、土屿洪、小冷水、南树塆、凉树山、前岙、后岙、圣堂前等14个自然村，404户，1047人。村委会驻地原新湾村。

***【新湾村】**[Xīnwān Cūn] 以新村、大塆两个行政村合并各取一字得名。位于屿头乡中南部。东到三联村，南与宁溪镇接壤，西到前岙，北至牛角丘。下辖冷水坑、大厂基、三房山、猢狲路、山头里、高坎头、大塆、土屿洪、小冷水、南树塆等10个自然村，15个村民小组。178户，457人。辖区总面积11.9平方千米，其中耕地19.5公顷，林地1110.5公顷。种植番薯、玉米，兼种柑橘、茶叶等。产毛竹。

新村村：1947年属柔极乡第十二保。1951年土改时属二坪乡冷水坑村。1954年并归屿头乡。1956年称屿头乡新村高级社。1961年为屿头公社新村大队。1983年称屿头乡新村村。大塆村：《清同治光绪年间新定县境总图》作大湾。1947年属柔极乡第十二保，称大塆。1951年土改时属二坪乡大塆村。1954年划归屿头乡。1956年属屿头乡新村高级社。1961年为屿头公社大塆大队。1983年称屿头乡大塆村。2015年11月，黄岩区行政村调整时，新村村和大塆村合并为新湾村。2018年8月，和后庵村、前山村合并为兴安村。

冷水坑 [Lěngshuǐkēng] 原属新村村，2015年11月，黄岩区行政村调整后属新湾村。距屿头乡政府驻地4.2千米。该村下坦的溪坑中常年冒出一股清凉的泉水，故名。民国《黄岩县志》作冷水坑。海拔120米。34户，132人，黄姓。

大厂基 [Dàchǎngjī] 原属新村村，2015年11月，黄岩区行政村调整后属新湾村。位于屿头乡政府驻地西偏北6.7千米。早年有六七户都住茅厂（茅屋），因连在一起，厂基宽阔，故名。海拔230米。16户，61人，多杨姓。

三房山 [Sānfángshān] 原属新村村，2015年11月，黄岩区行政村调整后属新湾村。位于屿头乡政府驻地西北5.1千米。传说黄姓先祖在这里买了山，产业为三个儿子共有，故名。海拔180米。10户，42人，黄姓。

猢狲路 [Húsūnlù] 原属新村村，2015年11月，黄岩区行政村调整后属新湾村。距屿头乡政府驻地3.8千米。据传早年村前溪坑隔岸有阡张碓，过溪石碇步难走，只有猢狲才能跳过去，故名。猢狲路曾写作胡孙路。14户，53人，多郑姓。海拔105米。

山头里 [Shāntóulǐ] 原属新村村，2015年11月，黄岩区行政村调整后属新湾村。距屿头乡政府驻地4.4千米。因村在山沟里，故名。23户，98人，多黄姓。海拔120米。民国《黄岩县志》作山头里。

高坎头 [Gāokǎntóu] 原属新村村，2015年11月，黄岩区行政村调整后属新湾村。距屿头乡政府驻地2.3千米。村在溪旁人工筑成的高坎上，故名。民国《黄岩县志》作高坎。13户，54人，多蒋姓。海拔120米。有小地名焦园坦。

大塆 [Dàwān] 原属大塆村，2015年11月，黄岩区行政村调整后属新湾村。位于屿头乡政府驻地西4.6千米。该村地处深山的大溪坑塆中，故名。塆，指山沟里的平地。《清同治光绪年间新定县境总图》作大湾。民国《黄岩县志》作大弯。50户，199人，陈姓。海拔140米。

土屿洪 [Tǔyǔhóng] 原属大塆村，2015年11月，黄岩区行政村调整后属新湾村。距屿头乡政府驻地7.1千米。此山黄泥土质蓬松，脚踩上去尘土飞扬像松（音从）花，俗呼土从，后连读演变成土屿洪。海拔530米。村民均高山移民。

小冷水 [Xiǎolěngshuǐ] 原属大塆村，2015年11月，黄岩区行政村调整后属新湾村。距屿头乡政府驻地6.2千米。因穿村的溪水较村西南的冷水坑为小，故名。8户，31人，王姓。海拔340米。

南树塆 [Nánshùwān] 原属大塆村，2015年11月，黄岩区行政村调整后属新湾村。距屿头乡政府驻地6.5千米。村在朝南的山塆，光照足，土质好，林木茂盛，故名。塆，山沟中的小块平地。海拔490米。15户，69人，多陈、王姓。今已高山移民。

*【**后庵村**】[Hòu'ān Cūn] 沿用1981年更改的生产大队名。《清同治光绪年间新定县境总图》称赵前庵，方音读赵前恩。位于屿头乡西南部。东到白石村桐树坑，南临前山村凉树山，西与仙居县接壤，北至石人峡村。下辖后岙、圣堂前2个自然村，5个村民小组。村委会驻地后岙。100户，268人。辖区总面积3.6平方千米，其中耕地28.4公顷，林地293.1公顷。种植水稻、番薯为主。多竹林。

1947年属宁溪镇第十八保，称后岙。1951年属白石乡后岙村。1956年与前岙、凉树山两村合并为赵前庵高级社。1961年，前岙、凉树山分出，各自建队，称后岙大队。因重名，1981年8月更名为今名。1992年5月撤销白石乡并入屿头乡，称屿头乡后庵村。2018年8月，和新湾村、前山村合并称兴安村。

后岙 [Hòu'ào] 后庵村委会驻地。距屿头乡政府驻地9.7千米。村在群山的一个山岙中，因方位在前岙村之北（后），故名。清同治光绪县境总图称赵前庵，方音读赵前恩，据传唐时前后两岙各有一个尼姑庵，俗称“前庵、后庵”。民国《黄岩县志》作后岙。101户，331人，多黄、汪姓。海拔495米。

圣堂前 [Shèngtángqián] 属后庵村。位于屿头乡政府驻地西偏北10.1千米。传说早年此地有一座和尚堂，俗名圣堂。村在堂前，故名。海拔500米。6户，19人。

*【**前山村**】[Qiánshān Cūn] 前岙村和凉树山村合并后各取一字得名。位于屿头乡西南部。东到新湾村大厂基，南、西南与宁溪镇接壤，西与仙居接壤，北至后庵村。下辖凉树山、前岙2个自然村，8个村民小组。126户，322人。辖区总面积3.6平方千米，其中耕地40公顷，林地304.7顷。种水稻、番薯为主。产毛竹、竹笋。

前岙村：《清同治光绪年间新定县境总图》称赵前庵。1947年为宁溪镇第十八保，称前岙村。1951年属白石乡前岙村。1956年属赵前庵高级社。1961年称白石公社前岙大队。1983年称白石乡前岙村。1992年5月白石乡撤销并入屿头乡，称屿头乡前岙村。凉树山村：1947年属宁溪镇第十八保。1951年白石乡凉树山村。1956年与前岙、后岙合并为屿头乡赵前庵高级社。1961年为白石公社凉树山大队。1983年为白石乡凉树山村。1992年5月白石乡撤销并入屿头乡，称屿头乡凉树山村。2015年11月，黄岩区行政村调整时，前山村和凉树山村合并为前山村。2018年8月，和新湾村、后庵村合并称兴安村。

凉树山 [Liángshùshān] 属前山村。距屿头乡政府驻地9.7千米。地处高山，早年村中多大枫树，因树叶遮阴尤为凉爽，故名。民国《黄岩县志》作凉树山。海拔520米。40户，195人，多朱姓。有小地名大透、后门山、吞口。

前岙 [Qián'ào] 属前山村。距屿头乡政府驻地9.2千米。村在一山岙中，与居北的后岙对称，因方位在南（前），故名。民国《黄岩县志》作前岙。海拔460米。105户，431人，多朱姓。有小地名隔坑、箬屿山、大透里、山茶花、里塆。

【三联村】 [Sānlián Cūn] 2018年8月，行政村规模调整，三联村、孔恩村、牛角丘3村合并仍称三联村。位于屿头乡中部，东至两岸村，南至金廊村、兴安村，西至白石村，北至大田村、布袋山村。辖区面积14.1平方千米，辖下庵、毛山头、岩板头、昌孔头、响雷笋、中央畈、牛角丘、金鸡孵子、上庵、大岩下、靛缸头、上鹰窠、靛缸塆、靛后塆、下鹰窠、岗后、白石垟、上姜、新田、黄石坦、二坪、苍山脚、长滩、鹁鸪来、杆头、张岙坑、双溪口、孟家洞、杨梅坪、西晒、上沈垟31个自然村，717户，1900人。村委会驻地原三联村。

***【三联村】** [Sānlián Cūn] 沿用原高级社名。1956年白石洋、双溪口、黄石坦三村联合组成高级社，故名。位于屿头乡中东部，东到石狮坦村，南临前山头、引坑，西到新村，北至田料村。村委会驻白石垟。下辖白石垟、上姜、新田、黄石坦、二坪、苍山脚、长滩、鹁鸪来、杆头、张岙坑、双溪口、孟家洞、杨梅坪、西晒、上沈垟等15个自然村，34个村民小组。509户，1339人。辖区总面积9平方千米，其中耕地46.2公顷，林地736.1公顷。种植水稻为主，兼种柑橘、枇杷等果木。

1947年属柔极乡第十、十一、十二保。1951年属二坪乡，分别为黄石坦、白石洋、双溪口三个行政村。1954年并入屿头乡。1956年因三村联合组成而取名三联高级社。1961年为屿头公社三联大队。1983年称屿头乡三联村。2018年8月，孔恩村、牛角丘村并入三联村。

白石垟 [Báishíyáng] 属三联村。距屿头乡政府驻地1.7千米。村庄所在的平垟面较宽阔，溪滩上一片白色卵石，故名。民国《黄岩县志》作白石洋。96户，336人，多王、黄姓。海拔60米。

上姜 [Shàngjiāng] 属三联村。位于屿头乡政府驻地西偏北2千米。村处双溪口之西（上），传说早年有姜姓住此，故名。20户，75人，多杨、卢姓。海拔65米。

新田 [Xīntián] 属三联村。距屿头乡政府驻地3.4千米。传说早年建有一座庙宇，俗称新殿，村以殿名，后谐音新田。又说该村相对黄石坦来说，辟田较迟，故名新田。《清同治光绪年间新定县境总图》作新殿。6户，25人，多黄姓。海拔90米。

黄石坦 [Huángshítǎn] 属三联村。距屿头乡政府驻地2.5千米。村东南溪滩上多黄石，故名。民国《黄岩县志》作黄石坦。50户，185人，多郑姓。海拔85米。

二坪 [Èrpíng] 属三联村。距屿头乡政府驻地2.4千米。村庄地形有上下两个平地，故名。《清同治光绪年间新定县境总图》作二坪。49户，145人，多黄姓。海拔75米。

苍山脚 [Cāngshānjiǎo] 属三联村。距屿头乡政府驻地2千米。村庄位于林木苍郁的山脚下，故名。也有说此地处括苍山麓得名。民国《黄岩县志》作苍山脚。28户，104人，多金姓。海拔65米。

长滩 [Chángtān] 属三联村。位于屿头乡政府驻地西北2.8千米。村旁有一条南北走向的长溪滩，故名。《清同治光绪年间新定县境总图》作长滩。民国《黄岩县志》作长滩。30户，102人，多王、周姓。海拔75米。

鹁鸪来 [Bógūlái] 属三联村。距屿头乡政府驻地2.5千米。该村地势险峻，早年小路攀登，走一步来一步（来，方言意跌），村以此得名步步来（跌），后谐音鹁鸪来。5户，16人，多黄、朱姓。

杆头 [Gāntóu] 属三联村。距屿头乡政府驻地2千米。该村过去用水，均用半爿毛竹竿从山溪中接引来，村由此得名。《清同治光绪年间新定县境总图》作岘头。民国《黄岩县志》作杆头。26户，95人，多金姓。海拔65米。

张岙坑 [Zhāng'àokēng] 属三联村。位于屿头乡政府驻地西北1.5千米。村在山岗北面，原名岗后。1992年11月因乡内重名改称张岙坑。海拔190米。今无人居住。

双溪口 [Shuāngxīkǒu] 属三联村。距屿头乡政府驻地1.7千米。该村在柔极溪两条支流（大木坑和冷水坑）的汇合口，故名。民国《黄岩县志》作双溪口。海拔60米。66户，230人，多卢姓。村西有长桥一座。

孟家洞 [Mèngjiādòng] 属三联村。距屿头乡政府驻地1.2千米。该村西有四五米深的仰天洞，俗称孟家洞，村由此得名。清光绪《黄岩县志》：孟家洞，九都一图。海拔60米。80户，300人，多黄、朱姓。

杨梅坪 [Yángméipíng] 属三联村。位于屿头乡政府驻地西1.6千米。村旁山坡地势稍平，早年多杨梅树，故名。海拔185米。5户，20人，黄姓。

西晒 [Xīshài] 属三联村。位于屿头乡政府驻地西偏北2千米。村在东山西麓，每日上午迟见太阳，下午阳光西晒，故名。15户，58人，多王、金姓。海拔65米。

上沈垟 [Shàngshěnyáng] 属三联村。位于屿头乡政府驻地西偏北1千米。相对于村东南的下沈垟（已为长潭水库淹没区），因居上方（西北）而称上沈垟。海拔56米。12户，51人，多黄、卢姓。有小地名茶亭路廊。

*【**牛角丘村**】[Niújiǎoqiū Cūn] 以村委会驻地自然村牛角丘得名。位于屿头乡中部。东到孔恩村，南临新湾村，西到白石村，北至柔极溪支流。下辖牛角丘、金鸡孵子、上庵、大岩下、靛缸头、上鹰窠、靛缸塆、靛后塆、下鹰窠、岗后等10个自然村，9个村民小组。111户，310人。辖区总面积3.2平方千米，其中耕地36.5公顷，林地263.3公顷。种植水稻、番薯为主，土产茶叶。

1947年属柔极乡第十四保。1951年土改时二坪乡牛角丘村。1956年称屿头乡牛角丘高级社。1961年称白石公社牛角丘大队。1983年称白石乡牛角丘村。1992年称屿头乡牛角丘村。2018年8月，和孔恩村一起并入三联村。

牛角丘 [Niújiǎoqiū] 牛角丘村委会驻地。距屿头乡政府驻地4.9千米。因村边有一丘田形似牛角，故名。民国《黄岩县志》作牛角坵。海拔540米。19户，81人，多张姓。

金鸡孵子 [Jīnjīfūzī] 属牛角丘村。距屿头乡政府驻地5.7千米。村所在的山形似母鸡，而周围的小土丘像鸡蛋，到了秋季，山色金黄，宛如金鸡蹲着孵蛋。故名。民国《黄岩县志》作金鸡孵子。海拔685米。2户，5人，应姓。

上庵 [Shàng'ān] 属牛角丘村。距屿头乡政府驻地5.3千米。此地早年有屿头乡二坪黄氏的坟墓及庵屋，因位于下庵之上（西北），且地势也高于下庵，故名。海拔635米。8户，32人，黄姓。

大岩下 [Dàyánxià] 属牛角丘村。距屿头乡政府驻地4.9千米。村北山坡上有块大岩石，聚落在岩石下方，故名。海拔625米。8户，31人，多黄姓。

靛缸头 [Diàn'gāngtóu] 属牛角丘村。位于屿头乡政府驻地西北6.2千米。村在一较大的山塆中，故名大湾，因重名，1992年11月改称靛缸头。海拔650米。15户，61人，多张姓。有小地名山茶坑顶、平头、滥田塆。

上鹰窠 [Shàngyīngkē] 属牛角丘村。距屿头乡政府驻地5.7千米。这一带深山，多悬崖峭壁，森林茂盛，是鹰栖息的好地方。此地与下鹰窠相对，因地势高，故名上鹰窠。海拔620米。8户，25人。

靛缸塆 [Diàngāngwān] 属牛角丘村。距屿头乡政府驻地4.8千米。早年该地盛产蓝草，把它放在酿池中浸泡后再制成靛青染料。酿池俗称靛缸。村在山塆上，多靛缸，故名。民国《黄岩县志》作靛缸弯。海拔470米。17户，81人，多黄姓。有小地名外厂、岩背头。

靛后塆 [Diànhòuwān] 属牛角丘村。距屿头乡政府驻地4.6千米。村在靛缸塆山岗背面的山塆中，故名。海拔520米。15户，54人，多郑姓。

下鹰窠 [Xiàyīngkē] 属牛角丘村。距屿头乡政府驻地4千米。这一带深山多悬崖峭壁，森林茂盛，是鹰栖息的好地方。此地与上鹰窠相对，地势稍低，故名。海拔550米。11户，45人。

岗后 [Gǎnghòu] 属牛角丘村。距屿头乡政府驻地4.2千米。村在牛角丘山岗的后面，故名。海拔550米。3户，7人，卢姓。

*【**孔恩村**】[Kǒng'ēn Cūn] 下庵村与昌孔头村合并各取一字得名。下庵方音读作下恩。位于屿头乡中部。东到柔极溪支流，南临三联村，西到牛角丘村，北至田料村小坦。下辖下庵、毛山头、岩板头、昌孔头、响雷笋、中央畈6个自然村，7个村民小组。99户，251人。辖区总面积1.9平方千米，其中耕地35公顷，林地147公顷。种植水稻、薯类，兼种柑橘、枇杷等果木。

下庵村：1947年属宁溪镇第十八保。1951年土改时属二坪乡下庵村。1956年称屿头乡下庵高级社。1961年称白石公社下庵大队。1983年称白石乡下庵村。1992年5月称屿头乡下庵村。昌孔头村：1947年为柔极乡第十三保。1951年为白石乡昌孔头村。1956年属屿头乡下庵高级社。1961年为白石公社昌孔头大队。1983年称白石乡昌孔头村。1992年5月为屿头乡昌孔头村。2015年11月，黄岩区行政村调整时，下庵村和昌孔头村合并为孔恩村。2018年8月，和牛角丘村一起并入三联村。

下庵 [Xià'ān] 原属下庵村，2015年11月，黄岩区行政村调整后属孔恩村。距屿头乡政府驻地3.7千米。村附近有座古墓，据说是屿头乡二坪黄氏的，早年有守坟的庵屋。因在上庵之下，故名。海拔480米。27户，159人，多应、赵姓。有小地名牛游塘、双块岩、长茶园、水井头。

毛山头 [Máoshāntóu] 原属下庵村，2015年11月，黄岩区行政村调整后属孔恩村。位于屿头乡政府驻地西北4.4千米。早年此地满山都是茅草，故称茅山头，后简写为毛山头。海拔590米。5户，19人，多蔡姓。

岩板头 [Yánbǎntóu] 原属下庵村，2015年11月，黄岩区行政村调整后属孔恩村。距屿头乡政府驻地4.3千米处。村庄下方有大片裸露的岩板，故名。海拔610米。已无人居住。

昌孔头 [Chāngkǒngtóu] 原属昌孔头村，2015年11月，黄岩区行政村调整后属孔恩村。距屿头乡政府驻地3.9千米。早年住的大多是山厂（茅屋），下面是悬崖，放眼望去空荡荡的，故称厂空头，今写作昌孔头（厂，昌方言同音）。民国《黄岩县志》作厂孔头。海拔500米。20户，80人，多郑姓。

响雷笋 [Xiǎngléisǔn] 原属昌孔头村，2015年11月，黄岩区行政村调整后属孔恩村。位于屿头乡政府驻地西北4.3千米。传早年此地生长着一种响雷时竹笋才萌发的毛竹，俗称此竹笋为响雷笋。海拔440米。已无人居住。

中央畈 [Zhōngyāngfàn] 原属昌孔头村，2015年11月，黄岩区行政村调整后属孔恩村。距屿头乡政府驻地4千米。当地有外畈、里畈的地名，村处中央，故名。畈指的是一片田地。海拔420米。20户，93人，多杨姓。

【屿头村】 [Yǔtóu Cūn] 以村委会驻地自然村屿头得名。位于屿头乡东南部，东到金廊村前礁，南临联一村，西到金廊村前山头，北至沙滩村。下辖屿头1个自然村，16个村民小组。347户，1160人。辖区总面积1.8平方千米，其中耕地12.8公顷，林地87.6公顷。种植水稻，兼种柑橘、枇杷、茶叶等。屿头中小学均于此。有一条长约200米、宽3～8米的南北走向主街道。村北和村东南有石桥和混凝土长桥各一座。农历二、五、八为集市日。

清光绪《黄岩县志》卷七：屿头，九都一图。民国《台州府志》记：屿头山，在柔极山北稍西五里许，山东麓为屿头街。1947年为柔极乡第三、四保。1951年土改时称屿头乡屿头村。1956年为屿头高级社。1961年改称屿头公社屿头大队。1983年称屿头乡屿头村。

屿头 [Yǔtóu] 屿头村委会驻地。距屿头乡政府驻地0.8千米。村以山得名。民国《台州府志》记："屿头山，在柔极山北稍西五里许，山东麓为屿头街"。海拔38米。347户，1160人，多黄、杨、张姓。

【金廊村】 [Jīnláng Cūn] 2018年8月，前礁村、前山头村和引坑村合并为金廊村。三村合并，打造演太线金廊工程和宋韵文化园，故名。位于屿头乡东南部，东临长潭水库、北洋镇横料村，南至宁溪镇白鹭湾村，西界宁溪镇乌岩头村，北至三联村、沙滩村。辖区面积6.6平方千米。辖塘头山、前礁、上陈、乌猪岙、盘箬寺、罗丝岗、引坑、东客柱、前山头9个自然村，368户，934人。村委会驻地原前礁村。

***【引坑村】** [Yǐnkēng Cūn] 以村委会驻地自然村引坑得名。位于屿头乡南部偏东。东到前山头村，南、西与宁溪镇接壤，北至三联村杨梅坪。下辖引坑、东客柱2个自然村，8个村民小组。148户，367人。辖区总面积2.4平方千米，其中耕地11.3公顷，林地182.4顷。种植水稻为主，兼种柑橘、枇杷等果木。

清光绪《黄岩县志》卷七：隐坑，九都一图。1947年属柔极乡第六保。1951年称屿头乡引坑村。1956年与前山头组成前引高级社。1961年从前引分出，建引坑大队。1983年称屿头乡引坑村。原有3个自然村，其中扫箕湾自然村于2004年搬迁至引坑村。2018年8月，和前礁村、前山头村合并称金廊村。

引坑 [Yǐnkēng] 引坑村委会驻地。距屿头乡政府驻地2.8千米。古时此地山坑（溪涧）两侧竹木遮阴，不见阳光，故称荫坑，惯写成引坑。另一说，该村坐落在溪北边的塆凹窟中，人至山口亦难以看到聚落，故名隐坑。又有传说，明代建文帝靖难之役时，引坑来了个老人，辟菜园，搭茅棚，卖柴过日。当他听说建文帝故于皇宫大火时，于是回家登村后山尖朝北痛哭跪拜，自戕而死。村人才知他是建文帝旧臣。于是称老人隐居之地为"隐坑"，谐作引坑。《清同治光绪年间新定县境总图》作隐坑。民国《黄岩县志》作引坑。海拔148米。145户，420人，赵、章、王姓为多。有小地名岙里、桥头、大庵。

东客柱 [Dōngkèzhù] 属引坑村。距屿头乡政府驻地2.2千米。村处引坑之东，早年有卢氏从乌岩迁居于此。引坑人以外来者为客，因方位在东，故称该地为东客住，后谐音东客柱。海拔180米。4户，21人，卢姓。

***【前山头村】** [Qiánshāntóu Cūn] 以村委会驻地自然村前山头得名。位于屿头乡东南部，驻地前山头。东到屿头村，南临柔极岭，西到引坑村，北至三联村杨梅坪。下辖前山头1个自然村，3个村民小组。108户，290人。辖区总面积1.1平方千米，其中耕地8顷，林地71.7公顷。种植水稻为主，兼种柑橘、毛竹等。系农林并举的山区。

1947年为柔极乡第六保。1951年土改时属屿头乡引坑村。1956年与引坑合并建前引高级社。1961年与引坑分开，称屿头公社前山头大队。1983年称屿头乡前山头村。2018年8月，和前礁村、引坑村合并称金廊村。

前山头 [Qiánshāntóu] 前山头村委会驻地。位于屿头乡政府驻地西南1.5千米。村在一块较平的小山头前（南），故名。民国《黄岩县志》作前山头。海拔130米。108户，290人，多黄、王姓。有小地名外山头、里山头。

*【**前礁村**】[Qiánjiāo Cūn] 以村委会驻地自然村前礁得名。位于屿头乡东南部，东临长潭水库和北洋镇，南接北洋镇，西到联一村，北至上凤村。下辖塘头山、前礁、上陈、乌猪岙、盘箬寺、罗丝岗6个自然村，11个村民小组。村委会驻地塘头山。112户，277人。辖区总面积3.1平方千米，其中耕地8.5顷，林地244.9公顷。种植水稻、柑橘为主。

清光绪《黄岩县志》卷七：前樵，九都一图。1947年属乌岩镇第十四、十五保。1951年土改时属斜岙乡前洋村。1956年为乌岩乡利正高级社。1961年称屿头公社上陈大队。1981年8月更名为前礁大队。1983年称屿头乡前礁村。2018年8月，和前山头村、引坑村合并称金廊村。

塘头山 [Tángtóushān] 前礁村委会驻地。距屿头乡政府驻地2.4千米。该村原为荒山坡，1961年长潭水库移民始成村落。因原来村前有一口水塘，故名。今塘已被水库淹没。32户，148人，多黄、郑姓。海拔45米。

前礁 [Qiánjiāo] 属前礁村。位于屿头乡政府驻地东南3千米。村前有小山屿如礁石，故名。民国《黄岩县志》作前招。48户，108人，多杨、林姓。海拔40米。2016年5月，该村发现南宋赵匡胤七世孙赵伯澐夫妻合葬墓。出土大量珍贵文物。赵伯澐曾于南宋庆元二年（1196）主修黄岩五洞桥（省重点文物保护单位）。

上陈 [Shàngchén] 属前礁村。距屿头乡政府驻地2.2千米。村在原前礁之北，早年有陈姓住此，故名。今已无陈姓。清光绪《黄岩县志》：上陈，九都一图。11户，44人，多王姓。海拔45米。

乌猪岙 [Wūzhū'ào] 属前礁村。距屿头乡政府驻地2.9千米。村旁有岩石色黑（乌），形似猪，故名。民国《黄岩县志》作乌猪岙。41户，146人，多杨、金姓。海拔45米。

盘箬寺 [Pánruòsì] 属前礁村。距屿头乡政府驻地2.4千米。村以寺名。南宋嘉定《赤城志》记："般若院，在县西七十里，大中祥符元年建"。后改称盘箬寺。5户，21人，王、黄、伍姓。海拔45米。

【**联一村**】[Liányī Cūn] 沿用原高级社名称。位于屿头乡东南部。东临长潭水库，南接宁溪镇，西到金廊村前山头，北至屿头村。下辖南山、黄泥屿、宅上、乌门4个自然村，16个村民小组。村委会驻地南山。260户，869人。辖区总面积1.8平方千米，其中耕地12.6顷，林地122.7公顷。种植水稻为主，兼种薯类、柑橘、枇杷等。

1947年分属柔极乡第一、二保。1951年土改时属屿头乡，分别称下孟村、岭下村。1956年成立联一高级社。1961年改称屿头公社联一大队。1983年称屿头乡联一村。

南山 [Nánshān] 联一村委会驻地。距屿头乡政府驻地2千米。村在山坡上，因位于行政村南部，故名。90户，322人，多王姓。海拔60米。有小地名南山脚、毛洋、洞桥。

黄泥屿 [Huángníyǔ] 属联一村。位于屿头乡政府驻地南2.3千米。村旁有一小山屿，多黄泥，故名。65户，255人，多黄姓。海拔45米。有小地名下屿、上山。

宅上 [Zháishàng] 属联一村。距屿头乡政府驻地1.7千米。该村在原下孟村之西（上），地势较高，故名。25户，95人，多陈姓。海拔45米。

乌门 [Wūmén] 属联一村。距屿头乡政府驻地1.5千米。据传宋代此村住有一粮官，其房屋台门黑色，故名。村原址已成水库淹没区，现为后靠新村。清光绪《黄岩县志》：乌门，九都一图。77户，205人，多黄姓。海拔38米。有小地名西宅、茶园窟、凤凰山脚。

【**布袋山村**】[Bùdàishān Cūn] 2018年8月，行政村规模调整，布袋坑村、石人峡村和里岙村合并为布袋山村。以布袋山得名。位于屿头乡西北部，东至大田村，南至白石村，西至仙居县朱溪镇朱家岸村，北至临海市尤溪镇坪坑村。辖区面积19.9平方千米。辖洋坑、栅头、周家寮、苦竹田、四姑岸、外荒田、上田、大竹园、外东山、里岙、布袋坑、木回平、下叉田、鹰嘴岩、长红脚15个自然村，509户，1299人。村委会驻地原石人峡村。布袋山风景区为国家AAA级旅游景区。

*【**石人峡村**】[Shírénxiá Cūn] 村委会由垟坑、栅头、周家寮三村合并，以附近石人峡风景区得名。群山中有一大峡谷，奇石遍布，溪流落差形成多处瀑布和深水潭，有一人形巨石耸立峡谷中，蔚为壮观，故名石人峡。位于屿头乡西北部。东到布袋坑村鹰嘴岩，南临白石村高溪后，西与仙居县接壤，北至里岙村。下辖洋坑、栅头、周家寮、苦竹田、四姑岸、外荒田、上田、大竹园、外东山9个自然村，12个村民小组。223户，583人。辖区总面积7.1平方千米，其中耕地39，林地626.1顷。种植水稻、番薯。

垟坑村：清光绪《黄岩县志》卷七：洋坑，九都一图。1951年为白石乡垟坑村。1956年为屿头乡垟坑高级社。1957年为白石乡垟坑村。1961年为白石公社垟坑大队。1983年称白石乡垟坑村。1992年为屿头乡洋坑村。栅头村：清光绪《黄岩县志》卷七：栅头，九都一图。1947年属柔极乡第十六保。1951年土改时称白石乡栅头村。1956年称屿头乡里岙高级社。1961年称白石公社栅头大队。1983年称白石乡栅头村。1992年5月白石乡撤销并入屿头乡，称屿头乡栅头村。周家寮村：1947年属柔极乡第十六保。1951年土改时白石乡周家寮村。1956年为屿头乡周家寮高级社。1961年称白石公社周家寮大队。1983年称白石乡周家寮村。1992年5月白石乡撤销并入屿头乡，称屿头乡周家寮村。2015年11月，黄岩区行政村调整时，垟坑、栅头、周家寮三村合并为石人峡村。2018年8月，和布袋坑村、里岙村合并称布袋山村。

垟坑［Yángkēng］原属垟坑村，2015年11月，黄岩区行政村调整后属石人峡村。距屿头乡政府驻地9.2千米。古时有杨姓在此溪边居住，故名杨坑，《清同治光绪年间新定县境总图》作杨坑。后因山坑周围有片较平坦之地而得名垟坑。海拔500米。48户，252人，多黄姓。有小地名灰炉后、下道地、岩头丘、东山。曾为原白石乡政府驻地。

栅头［Zhà tóu］原属栅头村，2015年11月，黄岩区行政村调整后属石人峡村。位于屿头乡政府驻地西北10.3千米。村庄在岩栅的上方，故名。岩栅，是指直立如栅栏的岩壁。民国《黄岩县志》作栅头。海拔640米。54户，232人，多黄、周姓。有小地名隔岸、中央屋。

周家寮［Zhōujiāliáo］原属周家寮村，2015年11月，黄岩区行政村调整后属石人峡村。距屿头乡政府驻地10.5千米。早年有朱姓山民在此搭寮（茅棚）耕种，得名朱家寮。后谐音周家寮。民国《黄岩县志》作周家寮。海拔650米。57户，233人，多戴姓。有小地名艾蒿田、抽涨田。

苦竹田［Kǔzhútián］原属周家寮村，2015年11月，黄岩区行政村调整后属石人峡村。距屿头乡政府驻地11.2千米。古时此地有成片的苦竹林，后开山造田，故名。海拔785米。现基本无人居住。

四姑岸［Sìgū'àn］原属周家寮村，2015年11月，黄岩区行政村调整后属石人峡村。距屿头乡政府驻地9.3千米。据传早年村北有一师姑（即尼姑）庵，后谐音四姑岸。一说，村东北山腰上有岩石极像尼姑趺坐，故名。海拔695米。9户，42人，戴姓。

外荒田［Wàihuāngtián］原属周家寮村，2015年11月，黄岩区行政村调整后属石人峡村。距屿头乡政府驻地9.3千米。该村相对于栅头村，位居外，田地临溪，常被洪水淹没，变成荒田，故名。海拔565米。4户，13人。

上田［Shàngtián］原属周家寮村，2015年11月，黄岩区行政村调整后属石人峡村。距屿头乡政府驻地10.5千米。村旁山岗上有小块水田，俗称上田，村由此得名。海拔685米。现基本无人居住。

大竹园［Dàzhúyuán］原属周家寮村，2015年11月，黄岩区行政村调整后属石人峡村。距屿头乡政府驻地8.9千米。据传早年此地生产的毛竹，竿子特别粗大，故名。海拔595米。原有4户黄姓居民，已作高山移民，现无人居住。

外东山［Wàidōngshān］原属周家寮村，2015年11月，黄岩区行政村调整后属石人峡村。位于屿头乡政府驻地西北10.5千米。村在周家寮东边的山上，故名。海拔660米。原有4户王姓居民已高山移民，现无人居住。

*【里岙村】［Lǐ'ào Cūn］以村委会驻地自然村里岙得名。位于屿头乡西北部。东至布袋坑村，南至石人峡村栅头，西与仙居县接壤，北与临海市相邻。下辖里岙1个自然村，6个村民小组。140户，340人。辖区总面积4.3平方千米，其中耕地52.6顷，林地352.5顷。种植水稻、番薯。土产茶叶。

清光绪《黄岩县志》卷七：里岙，九都一图。1947年属柔极乡第十六保。1951年土改时白石乡里岙村。1956年与栅头村合并称屿头乡里岙高级社。1961年为白石公社里岙大队。1983年称白石乡里岙村。1992年5月称屿头乡里岙村。2018年8月，和布袋坑村、石人峡村合并称布袋山村。

里岙［Lǐ'ào］里岙村委会驻地。距屿头乡政府驻地10.8千米。该岙为乡北境群山中最深处的一个山岙，往北即临海地，西为仙居地，故名。清光绪《黄岩县志》作里岙。海拔700米。140户，340人，多戴姓。

*【布袋坑村】［Bùdàikēng Cūn］以村委会驻地自然村布袋坑得名。位于屿头乡西北部。东距黄岩区人民政府驻地30.9千米。东至大木坑村，南至白石村，西至石人峡村，北至里岙村。下辖布袋坑、木回平、下叉田、鹰嘴岩、长红脚5个自然村，8个村民小组。146户，376人。总面积8.5平方千米，其中耕地30公顷，林地787.5公顷。种植水稻、番薯，属农林并举的山区。

2013年被列入第二批中国传统村落名录。布袋坑村生态环境良好，开发的旅游风景区主要有弥勒谷景区、布袋坑古村落和布袋溪漂流等组成。为国家AAA级旅游景区。布袋溪绵延数公里长，有大小瀑布10多处。布袋山多处山峰状似弥勒佛像，当地流传着唐末至五代时布袋和尚曾游方到此的传说。

清光绪《黄岩县志》卷七：布袋坑，九都一图。1947年属柔极乡第十七保。1951年为白石乡布袋坑村。1956年为屿头乡布袋坑高级社。1961年称白石公社布袋坑大队。1983年称白石乡布袋坑村。1992年5月称屿头乡布袋坑村。2018年8月，和石人峡村、里岙村合并称布袋山村。

布袋坑 [Bùdàikēng] 中国传统村落。布袋坑村委会驻地。距屿头乡政府驻地西8.7千米。山谷狭长，中有一条溪涧，形似布袋，故名。民国《黄岩县志·叙山》："吾邑与临海仙居交界处之纺织岩，其南为布袋坑山，柔极溪源出于此。"村落形成于元代。南宋台州大儒黄超然后人为了避乱，从柔川（今屿头）徙居深山密林，繁衍生息。清光绪《黄岩县志》卷首"明成化以后县境图"中载有布袋坑村。海拔510米。81户，421人，多黄姓。村落深隐在括苍山支脉——布袋山南麓峡谷中，是黄岩迄今为止保存最完整的古村落。先民依溪筑居的习惯延续至今，也一直保持着溪石为基、木材构架的黄岩山乡建筑风格。极具南方民居建筑特色的畚斗楼错落分布。有上千年的国家一级重点保护野生植物南方红豆杉和稀有竹类品种"黄金嵌碧玉"等。

木回平 [Mùhuípíng] 属布袋坑村。距屿头乡政府驻地8.9千米。村处小块坪地上，山坡间多木回（梡）树，故名木回坪。惯写作木回平。海拔610米。5户，24人，黄姓。

下叉田 [Xiàchātián] 属布袋坑村。距屿头乡政府驻地8.3千米。村旁有一丘"丫"字形的田，俗呼丫叉田，后谐音下叉田。海拔630米。原有张姓居民，今无人居住。

鹰嘴岩 [Yīngzuǐyán] 属布袋坑村。距屿头乡政府驻地7.5千米。村北悬崖上有岩石形似鹰嘴，故名。《清同治光绪年间新定县境总图》作鹰嘴岩。14户，61人，张姓。海拔380米。

长红脚 [Chánghóngjiǎo] 属布袋坑村。距屿头乡政府驻地7.2千米。村位长红岭下，故名。长红岭，因岭旁有溜滑木材用的长坑道，土色红得名。海拔205米。4户，14人。产中药材金银花。

【白石村】 [Báishí Cūn] 以村委会驻地自然村白石得名。位于屿头乡中西部。东到大田村、三联村，南临柔极溪支流，西到兴安村，北至布袋山村鹰嘴岩。下辖白石、高溪后、茅坪、桐树坑、阔杏、西岙、大屋基、岗头、大园里、风厂、青藤顶、空背、牵牛塆等13个自然村，16个村民小组。294户，889人。辖区总面积8.7平方千米，其中耕地69.1公顷，林地733.4公顷。种植水稻、薯类为主。产茶叶。

清光绪《黄岩县志》卷七：白闸坑，九都一图。1947年属柔极乡第十四、十五保。1951年土改时属白石乡白石村。1956年称白石高级社。1961年改称白石公社白石大队。1983年称白石乡白石村。1992年5月称屿头乡白石村。

白石 [Báishí] 白石村委会驻地。位于屿头乡政府驻地西偏北7.2千米。村东南溪中多灰白色卵石，故名。溪涧方言称溪坑，清至民国以及朱氏宗谱均称白石坑村。清道光时有写作白闸坑。今简称白石村。海拔700米。111户，486人，朱姓为主。1981年前为白石乡政府驻地。

高溪后 [Gāoxīhòu] 属白石村。位于屿头乡政府驻地西偏北8.8千米。村东的岭岗上有丘田，因位置较高，称高丘，从白石村到该村，须经过高丘，故名高丘后，后演化为高溪后。海拔680米。23户，114人，应姓。

茅坪 [Máopíng] 属白石村。距屿头乡政府驻地7.6千米。村在山岗上，地势较平坦，因早年多长茅草，故名。清光绪《黄岩县志》：茅坪，九都一图。海拔720米。30户，162人，多黄、戴姓，有小地名塘上、空丘头、老屋基、学堂下。

桐树坑 [Tóngshùkēng] 属白石村。距屿头乡政府驻地8.8千米。早年村侧山坑两边多长油桐树，故名。海拔630米。今无人居住。

阔杏 [Kuòxìng] 阔杏属白石村。位于屿头乡政府驻地西偏北8.2千米。传说早年这里有棵杏树，因树干弯曲，人们叫它曲杏。"曲"方音近"窟"，谐音写作"阔"字。海拔730米。原有数户朱姓人家已高山移民，5户，16人。

西岙 [Xī'ào] 属白石村。位于屿头乡政府驻地西偏北8.3千米。此村在白石村西边的山岙中，故名。海拔700米。11户，46人，戴、朱姓。有小地名坑头、窑头。

大屋基 [Dàwūjī] 属白石村。距屿头乡政府驻地7.7千米。此地较为平坦开阔，可造较多房子，故名。海拔760米。29户，116人，多朱姓。有小地名小屋基、苧园头。

岗头 [Gǎngtóu] 属白石村。距屿头乡政府驻地6.7千米。村在南北两峰之间的山岗上，故名。海拔610米。8户，38人，多应姓。

大园里 [Dàyuánlǐ] 属白石村。距屿头乡政府驻地7.7千米。村在一块较开阔的平地上，四周为小山包围，故名。民国《黄岩县志》作大园里。海拔770米。27户，108人，朱姓。有小地名横路下。

风厂 [Fēngchǎng] 属白石村。距屿头乡政府驻地6.9千米。早年山民多居住在用竹、茅草盖的山厂（茅屋），依山面北，冬季多北风，村因此得名风厂。民国《黄岩县志》作风厂。海拔430米。20户，83人，多应姓。

青藤顶 [Qīngténgdǐng] 属白石村。距屿头乡政府驻地6.4千米。村北长红岭脚东有一清澈的水潭，俗名清潭。因该村在清潭上方的山顶上，故名清潭顶，后谐音青藤顶。1户，2人。海拔570米。

空背 [Kōngbèi] 属白石村。距屿头乡政府驻地6.3千米。据传早年这一带坡地上有上下相近的两块茅厂（屋）基，此地为下厂基。下厂基只住一户人家，而上厂基已无人居住，显得空荡荡的，故下厂基又名空背。海拔540米。原有一户黄姓人家已移民，今无人居住。

牵牛塆 [Qiānniúwān] 属白石村。距屿头乡政府驻地7.9千米。此地的山塆常有外村牛羊在此放牧，故称牵牛塆，村由此得名。海拔595米。今已无人居住。

第三节 道路街巷

屿头街 [Yǔtóu Jiē] 在屿头乡，2003年正式命名。位于屿头山东麓的集市中心得名。南起南屿街，北止大桥，混凝土路面，长0.3千米，宽21米。

南屿街 [Nányǔ Jiē] 在屿头乡，2003年正式命名。位于屿头乡南部，故名。东起拱沿线，西止拱沿线，混凝土路面，长0.4千米，宽16米。

东大路 [Dōngdà Lù] 在屿头乡，2003年正式命名。因位于沙滩村东边得名。南起桥头，北至邮电所，混凝土路面，长0.2千米，宽20米。

沙滩街 [Shātān Jiē] 在屿头乡，2003年正式命名。系沙滩村主干道，故名。东起东大街，西止规划路，混凝土路面，长0.3千米，宽16米。

第十五章　上郑乡

第一节　概　述

上郑乡 [Shàngzhèng Xiāng] 乡级行政单位。国家级生态乡镇。在区境西南部。东与宁溪镇接壤，南与富山乡毗邻，西与永嘉县岩坦镇、仙居县朱溪镇相连，北与宁溪镇、仙居县朱溪镇接界。总面积93.3平方千米。户籍人口3948户，1.3万人。昔村中多郑姓，故名郑家，后与位于东偏北的下郑村对称而名上郑。明末为靖化乡宁溪里十都。清光绪年间属十都一图。1947年属乌岩区黄岩溪乡。1950年分设为上郑、垟头两乡，属宁溪区。1956年，上郑与垟头两乡合并称光明乡（因当年建成全县第一座小型水力电站）。1958年10月称光明大队。1959年4月称光明管理区。1961年9月称光明公社。同年析圣堂公社改称上郑乡。1983年7月复上郑乡。1992年5月圣堂乡并入。乡政府驻上郑村303号，距黄岩城区44千米。2015年末辖上郑、乌丝坑、下郑、蒋东岙、石墩、文新、毛家、岭后、圣堂、黄坦、大溪、下余、栗树坑、坑口、垟头庄、下庙、干坑、抱料共18个行政村（2015年11月，黄岩区行政村调整，原有24个行政村合并为18个，直坑村并入乌丝坑村；大溪坑村并入大溪村；石碾村和农林村合并为圣堂村；小英山村并入毛家村；萌菜垟村并入垟头庄村；山田村并入下郑村）。2018年8月，行政村规模调整，蒋东岙村和岭后村合并为蒋东岙村；毛家村和上郑村合并为上郑村；石墩村、文新村、乌丝坑村合并为美丰村；圣堂村、垟头堂村合并为圣堂村；干坑村、抱料村合并为干坑村；坑口村、栗树坑村、黄坦村合并为仙石村。调整后共辖10个行政村，有215个村民小组。有幼儿园1所，小学1所，文化艺术团体1个。图书馆1个。新建居家养老服务照料中心7家。浙东浙南部队会师纪念馆省级爱国主义教育基地1个。干坑、圣堂、黄坦、坑口、下郑等村建有文化礼堂。地处括苍山麓、长潭水库上游。东西最大距离14.8千米，南北最大距离9.8千米。以山地、丘陵为主，村落散布于山谷。境内千米以上的山峰有大寺尖、白峰尖、大孔山、磨石坑、分水岗等。大寺尖海拔1252.5米，为区境最高峰。县名出自境内黄岩山。有大寺基林场1个。铅锌、硫黄等矿产资源丰富。有国家一级重点保护野生植物南方红豆杉和国家二级保护野生植物罗汉松等。有国家一、二级保护野生动物多种。有黄岩大瀑布景区1个。永宁江源出大寺基，黄岩溪自西向东横贯全境。2014年被环保部授予国家级生态乡镇称号，并以“秀水魅力”入选浙江“治水美镇，浙江样本”50强。曾涌现出民国陆军中将陈荣楫、毛侃和举人陈洛东等历史文化名人。为抗日战争时期革命根据地乡。

拥有耕地578.6公顷，林地8026.1公顷。农业种植水稻、番薯和柑橘、梨、桃、西瓜、甘蔗等果蔬。有杨梅、猕猴桃和枇杷等三大产业基地。大寺基林场茶叶基地产“龙乾春”茶。工业有机械、工艺品、酿造等产业。第三产业以旅游业为主。有“黄石枕流—黄岩石—圣堂殿—龙角山—两军会师纪念圣地—大溪瀑布群—大溪坑峡谷和原始森林大寺基生态林”等景点组成的西部风情旅游线路。县道宁大线和湖开线、岭横线等。

从地名专名来看，辖区内居民点地名有以下特征：①以同名自然地理实体命名。如：小英山、大溪、斧头岩、李家山等。②以地理位置命名。如：下郑、岭脚、山根、黄坦口、长开路岭头等。③以当地物产命名。如：栗树坑、萌菜垟、香仁厂、石竹坞口、干坑（盛产蒹草，干，蒹方言谐音）等。④以姓氏命名。如：上郑、蒋东岙、毛家、下余等。⑤以手工作坊和民神庙命名。如：石碾、圣堂、下庙。

从地名通名来看，辖区内居民点地名山水特色和传统文化兼具：①移借自然地理实体通名。如：山、岙、垟、坑等。②移借民间神庙通名。如：堂、庙、恩（庵的方言谐音）等。

第二节　行政村

【上郑村】 [Shàngzhèng Cūn] 2018年8月，行政村规模调整，上郑村和毛家村合并仍称上郑村。位于上郑乡东部，东至蒋东岙村，南至宁溪镇蒋岙村，西至美丰村，北界蒋东岙村。辖区面积7.1平方千米。辖毛家、坎头垟、岭脚、谢家、小毛山、小英山、上郑、香仁厂、栅头、隔水10个自然村，473户，1696人。村委会驻地上郑村。

* **【上郑村】** [Shàngzhèng Cūn] 以村委会驻地自然村上郑得名。位于上郑乡东部。东到岭后村，南接宁溪镇，西至毛家村，北邻蒋东岙村，下辖上郑、香仁厂、栅头、隔水4个自然村，14个居民小组。291户，1132人。辖区面积3.6平方千米，其中耕地18.5公顷，林地274公顷。种植水稻、番薯为主。为乡政府所在地，配有基本行政附属设施，有邮电所、信用社、学校

等。1989年4月台州地区民政局批准该村为第二次国内革命战争时期根据地村。县道宁大线等。

清光绪《黄岩县志》卷七：上郑，十都一图。1947年为黄岩溪乡第三保。1951年为上郑乡上郑村。1956年为光明乡合丰高级社。1961年为光明公社上郑大队。1981年为上郑公社上郑大队。1983年称上郑乡上郑村。2018年8月，毛家村并入上郑村。

上郑［Shàngzhèng］上郑村委会驻地。也是上郑乡政府驻地。古时村中多郑姓，故名郑家，后与位于东偏北的下郑村对称而名上郑。《清同治光绪年间新定县境总图》作上郑。陈回吉于清康熙五十九年（1720）以种香菇自景宁迁此，为上郑陈氏始迁祖。211户，600人，多郑、陈姓。小学1所。海拔105米。聚落依山濒水呈块状分布。住宅区分布于村西，行政区和卫生院、学校等分布村东。有两条平行的前街和后街，东西走向，长约400米，宽2～4米。后街有保存较完整的清代和民国时期民居，其中有民国陆军中将陈荣楫和民国陆军少将陈苍正等的四合院。光绪二十三年（1897），举人陈洛东曾任灵石、南渠、清献各书院山长。公路经宁溪至黄岩城区。

香仁厂［Xiāngrénchǎng］属上郑村。距乡政府驻地上郑2.2千米。早年林姓祖先在此搭茅厂（屋）种植香仁（菇），俗称香仁厂。村以此名。4户，15人，林姓。海拔680米。

栅头［Zhàtóu］属上郑村。位于乡政府驻地上郑西北1.5千米。村位于岩栅上方，故名。“岩栅”是当地俗称，指直立如栅栏的岩壁。清光绪《黄岩县志》卷七：栅头，九都一图。4户，17人，郑姓等。海拔405米。

隔水［Géshuǐ］属上郑村。距乡政府驻地上郑0.4千米。村在黄岩溪北面，与上郑村隔水相望，故名。《清同治光绪年间新定县境总图》作隔水。227人，多张姓。海拔100米。

*【**毛家村**】［Máojiā Cūn］毛家村和小英山村合并后以驻地毛家得名。位于上郑乡中东部。东到上郑村，南接宁溪镇，西邻石墩村、文新村，北连上郑村。下辖毛家、坎头垟、岭脚、谢家、小毛山、小英山6个自然村，8个村民小组。182户，564人，辖区面积3.5平方千米，其中耕地42.7公顷，林业用地276.7公顷。种植水稻、番薯。产茶叶，兼种枇杷、桃、柑橘等，大力发展金银花种植基地。

毛家村：1947年属黄岩溪乡第四保。1951年为上郑乡毛家村。1956年为光明乡合丰高级社。1961年为光明公社毛家大队。1981年划属上郑公社。1983年属上郑乡毛家村。

小英山村：清光绪《黄岩县志》卷七：小鹰山，十都一图。1947年属黄岩溪乡第四保，称小鹰山。1951年为上郑乡小英山村。1956年为光明乡合丰高级社。1961年为光明乡小英山大队。1981年改为上郑公社小英山大队。1983年称上郑乡小英山村。2015年11月，黄岩区行政村调整，小英山村并入毛家村。2018年8月，和上郑村合并称上郑村。

毛家［Máojiā］毛家村委会驻地。距乡政府驻地上郑0.7千米。古时为毛姓聚居，故名。民国《黄岩县志》作毛家。海拔115米。69户，250人，多毛姓。小地名上屋、下透、田下垟。民国陆军中将毛侃（字恕可）系该村人。

坎头垟［Kǎntóuyáng］属毛家村。距乡政府驻地0.4千米。早年该地多台阶状的土坎，俗称坎头，成聚落后，土坎逐渐挖填成平地，故名。海拔110米。13户，75人，毛姓。

岭脚［Lǐngjiǎo］岭脚属毛家村。距乡政府驻地0.9千米。村在山脚下，有岭路通小英山村，故名。海拔130米。8户，28人，毛姓。

谢家［Xièjiā］属毛家村。位于乡政府驻地上郑西南1千米。谢氏世居之地，故名。海拔120米。4户，16人，谢姓。

小毛山［Xiǎomáoshān］属毛家村。位于乡政府驻地上郑西偏南1千米。村处山上，此山原为毛氏祖业，因聚落较小，故名。民国《黄岩县志》作小毛山。海拔180米。8户，29人，王姓。

小英山［Xiǎoyīngshān］原属小英山村，2015年11月，黄岩区行政村调整后属毛家村。位于乡政府驻地上郑南偏西2千米。古作小鹰山，新中国成立后写作小英山。该地四周环山，树木茂密，光照较少，故有阴山之名。后谐音雅化写作鹰山、英山。为区别大鹰山，故冠以小字。清光绪《黄岩县志》作小鹰山。海拔420米。80户，238人，多蔡姓。小地名小塆斗、后门山、石地袱。1989年台州地区民政局批准该村为抗日战争时期革命根据地村。

【**下郑村**】［Xiàzhèng Cūn］下郑村和山田村合并后取驻地下郑得名。位于上郑乡东北部。东、南接宁溪镇，西邻蒋东岙村，北界宁溪镇。下辖下郑、山田2个自然村，21个村民小组。388户，1288人。辖区总面积3.6平方千米，其中耕地面积54.7公顷，林业用地257.6公顷。种植水稻、番薯为主，兼种柑橘、枇杷等果木。1989年10月台州地区民政局批准该村为抗日战争时期革命根据地村。建有文化礼堂。

下郑村：清光绪《黄岩县志》卷七：下郑，十都一图。1947年属黄岩溪乡第二保。1951年为上郑乡下郑村。1956年为光明乡联丰高级社。1961年为光明公社下郑大队。1981年划属上郑公社。1983年称上郑乡下郑村。山田村：清光绪《黄岩县志》卷七："山田，十都一图。"1947年属黄岩溪乡第一保。1951年为上郑乡山田村。1956年为光明乡联丰高级社。1961年为光明公社山田大队。1981年划属上郑公社。1983年属上郑乡山田村。2015年11月，黄岩区行政村调整，山田村并入下郑村。

下郑 [Xiàzhèng] 下郑村委会驻地。距乡政府驻地2千米。早年该处为郑家村（今上郑）郑氏大户所有，形成聚落后，因方位在东（下），故名。清光绪《黄岩县志》作下郑。海拔84米。343户，1148人，多王姓。有小地名岙坑、山上、下郑湖、水坑堂。

山田 [Shāntián] 原属山田村，2015年11月，黄岩区行政村调整后属下郑村。位于乡政府驻地上郑东2千米。村在山岭东麓，旁有一片靠山之田，故名。《清同治光绪年间新定县境总图》作山田。海拔80米。45户，140人，多李姓。

【美丰村】 [Měifēng Cūn] 2018年8月，行政村规模调整，石墩村、文新村和乌丝坑村合并为美丰村。以1956年同属美丰高级社得名。寓意丰收带来美好生活。位于上郑乡中东部，东至上郑村，南至下庙村，西至圣堂村、仙石村，北界仙居县兴隆村。辖区面积9.8平方千米。辖乌丝坑、恩里、直坑、麻狸来、倒岩坑、黄坦岙、高爿岭、石竹坞口、山根、碧儿坟、石墩11个自然村，535户，1702人。村委会驻地美丰村。

* **【石墩村】** [Shídūn Cūn] 以村委会驻地自然村石墩得名。位于上郑乡东部。东到毛家村，南至文新村，西、北连乌丝坑村，下辖石墩1个自然村，11个村民小组。181户，593人，辖区总面积1.3平方千米，其中耕地面积16.8公顷，林业用地76.8公顷。种植水稻、薯类，兼种杨梅、枇杷、柑橘。1989年4月台州地区民政局批准该村为第二次国内革命战争时期根据地村。

清光绪《黄岩县志》卷七：石墩，十都一图。1947年属黄岩溪乡第五、六保。1951年为上郑乡石墩村。1956年属光明乡美丰高级社。1961年为光明公社石墩大队。1981划属上郑公社。1983年称上郑乡石墩村。2018年8月，和文新村、乌丝坑村合并称美丰村。

石墩 [Shídūn] 石墩村委会驻地。距乡政府驻地上郑1.6千米。村南黄岩溪上，早年筑有一排过溪通道石墩（石碇），村以此得名。一说村中有六圹合葬的石坟，远望似大石墩，故名。清光绪《黄岩县志》作石墩。海拔130米。184户，599人，多王、林姓。

* **【文新村】** [Wénxīn Cūn] 村委会沿用1966年生产大队名。位于上郑乡中东部。东到毛家村，南至小英山村，西连圣堂村，北邻乌丝坑村。村委会驻地山根。下辖山根、碧儿坟2个自然村，6个村民小组。121户，376人，辖区总面积1.6平方千米，其中耕地面积14.3公顷，林业用地133.1公顷。以种植番薯为主，兼种水稻、柑橘、枇杷。

1947年属黄岩溪乡第七保。1951年为上郑乡鳖鱼坟村。1956年属光明乡美丰高级社。1961年为光明公社碧儿坟大队。1966年改称文新（寓意"文化大革命""破四旧立四新"）大队。1981年划属上郑公社。1983年称上郑乡文新村。2018年8月，和石墩村、乌丝坑村合并称美丰村。

山根 [Shān'gēn] 文新村委会驻地。位于乡政府驻地上郑西偏南2.1千米。村庄坐落在山脚，故名。民国《黄岩县志》作山根。海拔135米。67户，210人，多王姓。

碧儿坟 [Bì'érfén] 属文新村。位于乡政府驻地上郑西偏南2.4千米。村旁山上有块高地，状如鳖鱼，王姓族墓曾建此，俗称鳖鱼坟。民国《黄岩县志》作鳖鱼坟，后雅称碧儿坟。海拔140米。45户，180人，多王姓。

* **【乌丝坑村】** [Wūsīkēng Cūn] 由乌丝坑村和直坑村合并后，以驻地乌丝坑得名。位于上郑乡东北部，东邻石墩村、上郑村，南至文新村，西连黄坦村，北界仙居县。下辖乌丝坑、恩里、直坑、麻狸来、倒岩坑、黄坦岙、高爿岭、石竹坞口8个自然村，13个村民小组。村委会驻地乌丝坑。233户，733人，辖区总面积6.9平方千米，其中耕地面积30公顷，林业用地605.2公顷。种植番薯、大豆为主，产猕猴桃、杨梅、枇杷、柑橘、水蜜桃等水果，有杨梅基地13公顷，枇杷基地20公顷。多柏树、松树等。竹笋面积27公顷。1989年4月台州地区民政局批准该村为第二次国内革命战争时期根据地村。

乌丝坑村：1947年属黄岩溪乡第六保，称乌狮坑。1951年为上郑乡乌丝坑村。1956年为光明乡美丰高级社。1961年为光明公社乌丝坑大队。1981年划属上郑公社。1983年称上郑乡乌丝坑村。直坑村：1947年属黄岩溪乡第六保。1951年为上郑乡直坑村。1956年为光明乡美丰高级社。1961年为光明公社直坑大队。1981年改为上郑公社直坑大队。1983年称上郑乡直坑村。2015年11月，黄岩区行政村调整，直坑村并入乌丝坑村。2018年8月，和文新村、石墩村合并称美丰村。

乌丝坑 [Wūsīkēng] 乌丝坑村委会驻地。距乡政府驻地上郑2千米。相传过去该地山坑里多螺蛳，色乌，故名乌蛳坑，后谐写为乌丝坑。清同治光绪年间新定县境总图上写胡师坑。民国《黄岩县志》作乌丝坑。海拔135米。118户，480人，多王姓。

恩里 [Ēnlǐ] 属乌丝坑村。位于乡政府驻地上郑西偏北2.6千米。古时此地建有看管祖坟的庵屋，称此地为庵里。当地称庵为恩，遂演变为恩里。民国《黄岩县志》作菴里。22户，82人，多胡姓。海拔180米。小地名田厂、干赤坦、过路田。

直坑 [Zhíkēng] 原属直坑村，2015年11月，黄岩区行政村调整后属乌丝坑村。位于乡政府驻地上郑西北3.2千米。一条山坑穿村而过，山高水急，每逢大雨坑水直泻而下，故名。另说，当地有一条南北走向的山坑（溪涧），因比较直，故称直坑。《清同治光绪年间新定县境总图》作直坑。海拔290米。43户，105人，多李、张、廖姓。

麻狸来 [Málīlái] 原属直坑村，2015年11月，黄岩区行政村调整后属乌丝坑村。位于乡政府驻地上郑西北3千米。当地山势陡峭难行，连麻狸（豹猫一类的山兽）也要跌落下来，村以此得名。来，方言滚落之意。《清同治光绪年间新定县境总图》作麻狸淚。海拔390米。17户，60人，多王、林、李姓。

倒岩坑 [Dàoyánkēng] 原属直坑村，2015年11月，黄岩区行政村调整后属乌丝坑村。位于乡政府驻地上郑西北3.4千米。山坑（溪涧）内，聚积着早年从山上崩落下来的岩石，故名。海拔360米。8人，多周、李姓。

黄坦岙 [Huángtǎn'ào] 原属直坑村，2015年11月，黄岩区行政村调整后属乌丝坑村。距乡政府驻地上郑3.7千米。村在高山山坳中，坡地较平缓，土色黄，故名。海拔450米。2户，4人，张姓。

高爿岭 [Gāopánlǐng] 原属直坑村，2015年11月，黄岩区行政村调整后属乌丝坑村。距乡政府驻地上郑3.4千米。相对于直坑村，该村在其西边的一爿高岭坡上，故名。海拔400米。5户，18人，廖姓。

石竹坞口 [Shízhúwūkǒu] 原属直坑村，2015年11月，黄岩区行政村调整后属乌丝坑村。位于乡政府驻地上郑西北3.4千米。村在山坞口，早年山上多石竹，故名。石竹，土名，属苦竹类。海拔350米。5户，24人，李姓。

【蒋东岙村】 [Jiǎngdōng'ào Cūn] 2018年8月，行政村规模调整，蒋东岙村和岭后村合并仍称蒋东岙村。位于上郑乡东部，东至下郑村，南界宁溪镇小街居，西至上郑村，北至下郑村、宁溪镇乌岩头村。辖区面积4平方千米。辖蒋东岙、岭后2个自然村，362户，1121人。村委会驻地蒋东岙村。黄岩溪东西穿村。

* **【蒋东岙村】** [Jiǎngdōng'ào Cūn] 以村委会驻地自然村蒋东岙得名。位于上郑乡东部偏北。东到下郑村，南至岭后村，西邻上郑村，北界宁溪镇。下辖蒋东岙1个自然村，8个村民小组。234户，699人，面积2.9平方千米，其中耕地面积27.2公顷，林业用地228.6公顷。种植水稻、番薯为主，兼种柑橘、枇杷等果木。1989年台州地区民政局批准该村为抗日战争时期革命根据地村。

清光绪《黄岩县志》卷七：蒋东岙，十都一图。1947年属黄岩溪乡第二保。1951年属上郑乡蒋东岙村。1956年属光明乡联丰高级社。1961年为光明公社蒋东岙大队。1983年属上郑乡蒋东岙村。2018年8月，岭后村并入蒋东岙村。

蒋东岙 [Jiǎngdōng'ào] 蒋东岙村委会驻地。距乡政府驻地上郑1.2千米。村在山坳中，位于古时的大村郑家之东，且早年有蒋姓居住，故名。清光绪《黄岩县志》作蒋东岙。海拔131米。243户，707人，多李姓，廖、冯姓次之。曾用名蒋都岙。小地名外岙、万公塘。原黄岩铅锌矿在村北。

* **【岭后村】** [Lǐnghòu Cūn] 以村委会驻地自然村岭后得名。位于上郑乡东部。东到山田村，南接宁溪镇，西到上郑村，北到蒋东岙村。下辖岭后1个自然村，5个村民小组。128户，422人，面积1.1平方千米，其中耕地5.3公顷，林业用地87.7公顷。种植水稻为主，兼种柑橘、枇杷等。

清光绪《黄岩县志》卷七：岭后，十都一图。1947年属黄岩溪乡第一保。1951年为上郑乡岭后村。1956年属光明乡合丰高级社。1961年为光明公社岭后大队。1981年划属上郑公社。1983年称上郑乡岭后村。2018年8月，和蒋东岙村合并后称蒋东岙村。

岭后 [Lǐnghòu] 岭后村委会驻地。位于乡政府驻地上郑东1.2千米。位于山田岭后面，故名。《清同治光绪年间新定县境总图》作岭后。海拔90米。128户，412人，多袁、应姓。有小地名竹坦、上屋、梅树里、牛路口。

【圣堂村】 [Shèngtáng Cūn] 2018年8月，行政村规模调整，圣堂村和垟头庄村合并为圣堂村。位于上郑乡东南部，东至美丰村，南至下庙村，西至干坑村、仙石村，北至仙石村。辖区面积5.7平方千米。辖垟头、斧头岩、上垟、荫菜垟、圣堂、石碾、蒋家垟7个自然村，480户，1499人。村委会驻地原圣堂村。

* **【圣堂村】** [Shèngtáng Cūn] 石碾村和农林村合并后以驻地自然村圣堂得名。清光绪《黄岩县志》卷七：圣堂，十都一图。位于上郑乡中部偏东。东到文新村，南至垟头庄村，西到栗树坑村，北到坑口村。下辖圣堂、石碾、蒋家垟3个自然村，12个村民小组。224户，724人。辖区面积211.3平方千米，其中耕地

30.9公顷，林地227.4公顷。以林业为主，兼种番薯、水稻及枇杷、柑橘、水蜜桃、杨梅和花卉。土产茶叶。建有文化礼堂。

农林村：1947年属黄岩溪乡第七保。1951年为垟头乡圣堂村。1956年为光明乡利丰高级社。1961年为光明公社圣堂大队。1966年改称农林大队。1981年改为圣堂公社农林大队。1983年称圣堂乡农林村。1992年5月随乡并入上郑乡，称上郑乡农林村。石碾村：《清同治光绪年间新定县境总图》作石研。1947年属黄岩溪乡第七保。1951年为垟头乡石碾村，1956年为光明乡利丰高级社。1961年为光明乡石碾大队。1981年9月划属圣堂公社。1983年称圣堂乡石碾村委会。1992年5月随乡并入上郑乡，称上郑乡石碾村。2015年11月，黄岩区行政村调整时，农林村和石碾村合并为圣堂村。2018年8月和垟头庄村合并后仍称圣堂村。

圣堂［Shèngtáng］圣堂村委会驻地。距乡政府驻地上郑4千米。村以“圣堂殿”得名。明万历《黄岩县志》：“梁天监乙丑立庙圣堂”。海拔150米。152户，466人。多李、杨、林姓。小地名四亩田、南峰山脚。西南溪中有黄色巨石，为“黄岩枕流”景点。圣堂殿系黄岩古神庙之一，建有浙东台属部队与浙南括苍支队两军会师的纪念馆。1989年10月，浙江省民政厅批准该村为抗日战争时期革命根据地村。

石碾［Shíniǎn］原属石碾村，2015年11月，黄岩区行政村调整后属圣堂村。距乡政府驻地上郑3.3千米。村临溪，过去靠水力推动石磨石碓进行磨粉碾米，故名。民国《黄岩县志》作石研。海拔140米。48户，209人，多饶、罗姓。

蒋家垟［Jiǎngjiāyáng］原属石碾村，2015年11月，黄岩区行政村调整后属圣堂村。距乡政府驻地上郑2.8千米。原为一片比较长的田垟，故名长加垟，后谐音作蒋家垟。《清同治光绪年间新定县境总图》作蒋家。海拔135米。41人，多徐、王姓。

***【垟头庄村】**［Yángtóuzhuāng Cūn］萌菜垟村和垟头庄村合并后以驻地得名。位于上郑乡东南部。东接圣堂村，南至下庙村，西邻干坑村，北到圣堂村，下辖垟头、斧头岩、上垟、萌菜垟4个自然村，17个村民小组。村委会驻地垟头。256户，775人。辖区面积2.7平方千米，其中耕地29.9公顷，林地208.7公顷。以林业为主，兼种水稻、薯类及柑橘、枇杷等。紫莳药种植为特色产业。

萌菜垟村：1947年属黄岩溪乡第十一保。1951年为垟头乡萌菜垟村。1956年为光明乡永丰高级社。1961年为光明公社萌菜垟大队。1981年9月划属圣堂公社。1983年称圣堂乡萌菜垟村。1992年5月随乡并入上郑乡萌菜垟村。垟头庄村：清光绪《黄岩县志》卷七：洋头，十都一图。1947年属黄岩溪乡第十一保，称洋头。1951年称垟头乡垟头村。1956年与萌菜垟合并，成立光明乡永丰高级社。1961年称光明公社垟头大队。1981年8月属圣堂公社，更名为垟头庄大队。1983年称圣堂乡垟头庄村。1992年5月称上郑乡垟头庄村。2015年11月，黄岩区行政村调整时，萌菜垟村并入垟头庄村。2018年8月，和圣堂村合并后称圣堂村。

垟头［Yángtóu］垟头庄村委会驻地。距乡政府驻地4.2千米。位于萌菜垟西头（当地西为上），故名。清光绪《黄岩县志》作洋头。海拔180米。137户，540人，多徐姓。小地名下垟、竿头。有树龄几百年到一千年不等的南方红豆杉、罗汉松等国家重点保护一、二级野生植物。保存许多清末至民国时期石砌房屋建筑。

斧头岩［Fǔtóuyán］属垟头庄村。距乡政府驻地上郑4.7千米。村东山上有块岩石，状似虎头，俗称虎头岩，后谐音斧头岩。《清同治光绪年间新定县境总图》作斧头岩。海拔180米，68人，多徐姓。

上垟［Shàngyáng］属垟头庄村。距乡政府驻地上郑4.5千米。位于垟头村之西（上），故名。民国《黄岩县志》作上洋。海拔180米。20户，80人，多林、苗姓。

萌菜垟［Méngcàiyáng］原属萌菜垟村，2015年11月，黄岩区行政村调整后属垟头庄村。位于乡政府驻地上郑西偏南3.8千米。早年山间田垟里长满一种野生苦菜，俗称萌菜，村以此得名。《清同治光绪年间新定县境总图》作“卖菜洋”。民国《黄岩县志》作萌菜洋。海拔165米。67户，220人，多傅、王、张姓。小地名隔岸。

【大溪村】［Dàxī Cūn］大溪村和大溪坑村合并后以驻地大溪得名。位于上郑乡西北部。东到下余村、仙石村，南连干坑村、仙石村，西、北接大寺基林场。下辖大溪、龙潭坑、粗坑坦、新屋、大溪坑、白岩岗6个自然村，22个村民小组。村委会驻地大溪。302户，927人。辖区面积13.7平方千米，其中耕地47.4公顷，林地1234.8公顷。林业资源丰富。黄岩大瀑布风景区素称“浙南第一瀑布群”位于此。1989年10月浙江省民政厅批准该村为抗日战争时期革命根据地村。

大溪村：清光绪《黄岩县志》：“大溪，十都一图。”1947年为黄岩溪乡第十保。1951年为垟头乡大溪村。1956年为光明乡大丰高级社。1961年为光明公社大溪大队。1981年9月划属圣堂公社。1983年称圣堂乡大溪村。1992年5月称上郑乡大溪村。大溪坑村:1947年属黄岩溪乡第十保。1951年为垟头乡大溪坑村。1956年为光明乡大丰高级社。1961年为光明公社大溪坑大队。1981年9月划属圣堂公社。1983年称圣堂乡大溪坑村。1992年5月随乡并入上郑乡，称上郑乡大溪坑村。2015年11月，黄岩区行政村调整，大溪坑村并入大溪村。

大溪［Dàxī］大溪村委会驻地。距乡政府驻地上郑6.3千米。黄岩溪流经此处河床宽阔，故名。民国《黄岩县志》作大溪。海拔245米。368人，多李姓。有小地名田后、楼下、水塘岸、上垟。

龙潭坑［Lóngtánkēng］属大溪村。距乡政府驻地上郑8.6千米。村边溪坑中有一个被水流冲击成的深潭，俗称龙潭，故名。清光绪《黄岩县志》有“大溪坑，又东北为龙潭坑”地名记载。海拔320米。32户，143人，多葛、王姓。

粗坑坦［Cūkēngtǎn］属大溪村。距乡政府驻地上郑7.6千米。大溪坑（溪涧）南北两侧，由于溪水连年累月的冲积，致坑侧形成成片的乱石坦，且多为粗大石块，故名。清光绪《黄岩县志》写作粗糠坦。民国《黄岩县志》作粗坑坦。海拔275米。158人，多周姓。

新屋［Xīnwū］属大溪村。距乡政府驻地上郑6千米。大溪村部分村民迁居于此，建村年代较晚，故名新屋。《清同治光绪年间新定县境总图》作新屋。海拔240米。9户，43人，多李姓。

大溪坑［Dàxīkēng］原属大溪坑村，2015年11月，黄岩区行政村调整后属大溪村。距乡政府驻地上郑8.8千米。位于大寺基脚下黄岩溪溪流源头，溪坑（溪涧）宽阔，故名。又因廖氏世居之地，别名廖家。民国《黄岩县志》作大溪坑。海拔370米。176人，廖姓为主。

白岩岗［Báiyán'gǎng］原属大溪坑村，2015年11月，黄岩区行政村调整后属大溪村。距乡政府驻地上郑8.7千米。溪东山腰上有块巨大的白色岩石，村以此得名。民国《黄岩县志》作白岩岗。海拔340米。25户，92人，多林姓。

【下余村】［Xiàyú Cūn］以村委会驻地自然村下余得名。位于上郑乡中部偏北。东到仙石村，南至仙石村，西邻大溪村，北连大寺基林场、仙石村黄坦。下辖下余1个自然村，1个村民小组，273户，850人。辖区面积2.4平方千米，其中耕地26.8公顷，林地164.6公顷。以培育竹、木及枇杷、猕猴桃为主，兼种番薯、水稻等。土产茶叶。1989年10月浙江省民政厅批准该村为抗日战争时期革命根据地村。

清光绪《黄岩县志》卷七：下余，十都一图。1947年属黄岩溪乡第九保。1951年为垟头乡下余村。1956年为光明乡德丰高级社。1961年为光明公社下余大队。1981年9月划属圣堂公社。1983年称圣堂乡下余村，1992年5月并入上郑乡，称上郑乡下余村。

下余［Xiàyú］下余村委会驻地。距乡政府驻地上郑5千米。原称夏余，以夏、余两姓得名。后谐音下余。今该地已无夏余两姓。清光绪《黄岩县志》作下余。海拔210米。273户，850人，多周、王姓。

【仙石村】［Xiānshí Cūn］2018年8月，行政村规模调整，黄坦村、栗树坑村、坑口村合并为仙石村。以仙石山得名。传说仙人王方平曾在此山修道炼丹成仙。位于上郑乡中北部，东至美丰村、圣堂村，南至圣堂村，西至大溪村，北至大寺基林场。辖区面积9.2平方千米。辖黄坦、黄坦口、坑口、庙下、栗树坑5个自然村，407户，1280人。村委会驻地仙石村。

***【栗树坑村】**［Lìshùkēng Cūn］以村委会驻地自然村栗树坑得名。位于上郑乡中部。东到坑口，南至农林、垟头，西到大溪坑村，北到大溪，下辖栗树坑1个自然村，8个村民小组。141户，447人。面积4.5平方千米，其中耕地21.9公顷，林地417.2公顷。属农林并举山区。

1947年属黄岩溪乡第八保。1951年为垟头乡栗树坑村。1956年为光明乡民丰高级社。1961年为光明公社栗树坑大队。1981年9月划属圣堂公社。1983年称圣堂乡栗树坑村。1992年5月并入上郑乡，称上郑乡栗树坑村。2018年8月，和坑口村、黄坦村合并后称仙石村。

栗树坑［Lìshùkēng］栗树坑村委会驻地。距乡政府驻地上郑5.2千米。早年山坑（溪涧）边有一片栗树林，故名。民国《黄岩县志》作栗树坑。海拔210米。148户，461人，多郑、葛、张姓。

***【坑口村】**［Kēngkǒu Cūn］以村委会驻地自然村坑口得名。位于上郑乡中部。东到文新村，南至圣堂村，西连栗树坑村，北邻下余村，下辖坑口、庙下2个自然村，7个村民小组。149户，464人，面积1.1平方千米，其中耕地21.8公顷，林地70.6公顷。属农林并举的山区，森林覆盖率为92%。建有文化礼堂。

清光绪《黄岩县志》卷七：坑口，十都一图。1947年属黄岩溪乡第八保。1951年为垟头乡坑口村。1956年为光明乡民丰高级社。1961年为光明公社坑口大队。1981年9月划属圣堂公社。1983年称圣堂乡坑口村。1992年5月称上郑乡坑口村。2018年8月，和栗树坑村、黄坦村合并后称仙石村。

坑口［Kēngkǒu］坑口村委会驻地。距乡政府驻地上郑4.6千米。位于栗树坑水注入黄岩溪的出口处，故名。清光绪《黄岩县志》作坑口。海拔180米。106户，452人，多刘姓。有树龄四百年以上的国家重点保护野生植物南方红豆杉4棵。

庙下 [Miàoxià] 属坑口村。位于乡政府驻地上郑西4.7千米。古时村上方有座小庙（今圣堂殿前身），故名。海拔205米。18户，82人，多黄姓。有小地名道门头。

*【**黄坦村**】[Huángtǎn Cūn] 以村委会驻地自然村黄坦得名。位于上郑乡北部。东到乌丝坑村，南至坑口、下余村，西连下余村，北邻大寺基林场。下辖黄坦、黄坦口2个自然村，11个村民小组。117户，369人，面积3.6平方千米，其中耕地33.9公顷，林地307.3公顷。种植番薯为主，兼种柑橘、枇杷等。村内有黄坦水库、黄坦电站。有村文化礼堂。1989年10月，浙江省民政厅批准该村为抗日战争时期革命根据地村。

《清同治光绪年间新定县境总图》载有王坦。1947年属黄岩溪乡第九保，称王坦。1951年为垟头乡黄坦村。1956年为光明乡德丰高级社。1961年为光明公社黄坦大队。1981年9月划属圣堂公社。1983年称圣堂乡黄坦村。1992年5月随乡并入上郑乡，称上郑乡黄坦村。2018年8月，和栗树坑村、坑口村合并后称仙石村。

黄坦 [Huángtǎn] 黄坦村村委会驻地。距乡政府驻地上郑4.7千米。位于山谷间较平坦的地方，为宁溪迁入的王氏世居之地，故名王坦。后谐音黄坦。方音王、黄同音。民国《黄岩县志》作王坦。海拔290米。102户，410人，多王、余姓。

黄坦口 [Huángtǎnkǒu] 属黄坦村。距乡政府驻地上郑4.5千米。位于进入黄坦村的出入口，故名。清光绪《黄岩县志》写作黄潭口。海拔220米。30户，149人，多余姓。

【**下庙村**】[Xiàmiào Cūn] 以村委会驻地自然村下庙得名。位于上郑乡东南部。东接宁溪镇，南界富山乡，西邻干坑村，北至圣堂村。下辖下庙、李家山、小干坑、龙潭轧、直岗、晚香岭6个自然村，21个村民小组。292户，927人。面积8.5平方千米，其中耕地55.3公顷，林地751.3公顷。林业为主，兼种水稻、薯类。土产茶叶。

1947年属黄岩溪乡第十三保。1951年为垟头乡下庙村。1956年为光明乡永丰高级社。1961年为光明公社下庙大队。1966年改名为下苗大队（“文化大革命”时以庙为“四旧”而改之）。1981年9月划属圣堂公社。1983年称圣堂乡下苗村。1992年5月随乡并入上郑乡，11月改名为上郑乡下庙村。

下庙 [Xiàmiào] 下庙村委会驻地。位于乡政府驻地上郑西南4.4千米。该村下游有一神庙，俗称下庙。村以庙名。民国《黄岩县志》作下庙。海拔190米。67户，169人，多罗姓。

李家山 [Lǐjiāshān] 属下庙村。距乡政府驻地上郑4.7千米。该山早年系李姓产业，故名。《清同治光绪年间新定县境总图》作李家山。海拔240米。60户，203人，多王姓。

小干坑 [Xiǎogānkēng] 属下庙村。位于乡政府驻地上郑西南4千米。该村所处的山坑（溪涧）两侧多长蒹草，因其西有干（蒹）坑村，此处与之相对来说范围较小，故名小蒹坑，后谐音简作小干坑。民国《黄岩县志》作小干坑。海拔220米。66户，203人，多周姓。

龙潭轧 [Lóngtányà] 属下庙村。距乡政府驻地上郑3.4千米。村侧有一小溪潭（当地人称龙潭），潭下方有数十米高的岩坡，此潭就像轧（意搁）在岩坡顶上一样，故名。海拔500米。今无人居住。

直岗 [Zhígāng] 属下庙村。距乡政府驻地上郑5.3千米。村在一座山岗旁，因岗较直，故名。《清同治光绪年间新定县境总图》作直岗。海拔430米。53户，196人，多张姓。

晚香岭 [Wǎn'àolǐng] 属下庙村。距乡政府驻地上郑5.7千米。位于岭路侧的凹窟中，因地形原因，早晨太阳上山晚，故称晚香岭。民国《黄岩县志》作晚香岭。海拔530米。23户，139人，多王姓。

【**干坑村**】[Gānkēng Cūn] 2018年8月，行政村规模调整，干坑村和抱料村合并仍称干坑村。位于上郑乡西南部，东至下庙村，南界富山乡富北村，西界永嘉县金竹溪村，北至圣堂村、大溪村。辖区面积14.6平方千米。辖干坑、板料、黄泥往、乌鸦坦、抱料、自家田、长开路、大岩头、长开路岭头9个自然村，396户，1356人。村委会驻地原干坑村。

*【**干坑村**】[Gānkēng Cūn] 以村委会驻地自然村干坑得名。位于上郑乡南部。东到洋头村、下庙村，南接富山乡后岙，西邻抱料村，北至栗树坑村。下辖干坑、板料、黄泥往、乌鸦坦4个自然村，11个村民小组。262户，884人，面积9.3平方千米，其中耕地51.4公顷，林地846.9公顷。林业为主，兼种水稻、薯类等粮食作物。1989年10月浙江省民政厅批准该村为抗日战争时期革命根据地村。建有文化礼堂。

1947年属黄岩溪乡第十二保。1951年为垟头乡干坑村。1956年为光明乡顺丰高级社。1961年为光明公社干坑大队。1981年划属圣堂公社。1983年称圣堂乡干坑村。1992年5月称上郑乡干坑村。2018

年8月，抱料村并入干坑村。

干坑 [Gānkēng] 干坑村委会驻地。距乡政府驻地上郑5.4千米。因溪坑（溪涧）边多长蒹草，故称蒹坑，后谐音作干坑。清光绪《黄岩县志》作蒹坑。民国《黄岩县志》作干坑。海拔210米。99户，425人，多曾姓。小地名干坑口、干坑里。

板料 [Bǎnliào] 属干坑村。位于乡政府驻地上郑西偏南7千米。古时，山民们就地取材来建小屋（寮），俗称板寮，后谐音板料。《清同治光绪年间新定县境总图》与民国《黄岩县志》均写作板寮，属十都一图。海拔280米。220人，多陈、王、厉姓。小地名大岩头、大平坦。

黄泥往 [Huángníwǎng] 属干坑村。位于乡政府驻地上郑西偏南6千米。村北有一往多黄泥土的山，俗称黄泥往。《清同治光绪年间新定县境总图》作黄泥往。海拔230米。50户，183人，多王姓。小地名往上、垟下坦。

乌鸦坦 [Wūyātǎn] 属干坑村。位于乡政府驻地上郑西偏南5.3千米。早年村旁有片树林坦为乌鸦聚集栖息之所，故名乌鸦坦。乌鸦，当地叫赖窝，故又俗名赖窝坦。海拔200米。20户，83人，多傅姓。

*【**抱料村**】[Bàoliào Cūn] 以村委会驻地自然村抱料得名。位于上郑乡西南部。东到干坑村，南接富山乡、永嘉县，西界永嘉县，北至大溪村。下辖抱料、自家田、长开路、大岩头、长开路岭头5个自然村，7个村民小组。134户，472人，面积5.3平方千米，其中耕地39公顷，林地473.1公顷。系农林并举的山区。种植东魁杨梅，笋竹两用林。1989年10月省民政厅批准该村为抗日战争时期革命根据地村。

1947年属黄岩溪乡第十二保。1951年为垟头乡抱料村。1956年为光明乡胜丰高级社。1961年为光明公社抱料大队。1981年9月划属圣堂公社。1983年称圣堂乡抱料村。1992年5月随乡并入上郑乡，称上郑乡抱料村。2018年8月，和干坑村合并后称干坑村。

抱料 [Bàoliào] 抱料村委会驻地。位于乡政府驻地上郑西偏南9千米。该地群山环抱，早年山民多住茅屋（寮），故名抱寮，后谐音抱料。民国《黄岩县志》作抱寮。海拔560米。243人，多李、胡、张姓。小地名上厂、后坑。

自家田 [Zìjiātián] 属抱料村。位于乡政府驻地上郑西南10.2千米。称早年开辟的田为老田，后来对陆续填土而成的田，称为自加田，后谐音自家田。《清同治光绪年间新定县境总图》作自加田。海拔460米。25户，96人，多张、陈、胡姓。小地名张公坟、阴山湾、潭竹坑。

长开路 [Chángkāilù] 属抱料村。距乡政府驻地上郑8.7千米。自该村往东北至岭头有条长千余米的山路，传系张氏开筑，俗称张开路，后谐音长开路。《清同治光绪年间新定县境总图》作长开路。海拔500米。109人，多徐、王、陈姓。

大岩头 [Dàyántóu] 属抱料村。距乡政府驻地上郑8.4千米。该村北有一块大岩，故名。海拔600米。3户，11人。

长开路岭头 [Chángkāilùlǐngtóu] 属抱料村。距乡政府驻地上郑8.2千米。位于长开路东北，居岭路的顶端处，故名。《清同治光绪年间新定县境总图》作长开路岭。海拔585米。2户，8人。该地为通往仙居与永嘉的三岔口。

第十六章 富山乡

第一节 概 述

富山乡［Fùshān Xiāng］乡级行政单位。在区境西南部。东与宁溪镇接壤，南与永嘉县云岭乡毗邻，西与永嘉县岩坦镇相连，北与上郑乡接界。总面积54.1平方千米。户籍人口3699户，1.2万人。因地处山区，粮丰林茂，物产丰富得名。清光绪初分属11都1图，12都1图。1947年属乌岩区岭上乡、联岭乡。1951年设立半山乡和北山乡，属宁溪区。1956年半山、北山2个乡合并称富山乡。1959年为富山管理区。1961年称富山人民公社。1983年2月复置乡。乡政府驻鞍山村外坦口188号，距黄岩城区37千米。2015年11月末下辖半岭堂、畴路、半山、双坑、西岩、安山、外坦、大岙、张里、后岙、北山、田岙、葡萄坑、李家山、东坑、英盟、蓝田、坑头、决要19个行政村，2015年11月行政村调整后，东坑、英盟、蓝田、坑头4村合并为富山新村，共16个行政村。2018年8月，行政村规模调整，半山村和半岭堂村合并为半山村；西岩村和双坑村合并为双西村；大岙村、张里村和后岙村合并为富北村；田岙村、富山新村（蓝田片、坑头片、英盟片）合并为南征顶村；李家山、葡萄坑村和富山新村（东坑片）合并为李家山村。调整后共辖10个行政村。有幼儿园1所，小学1所。有文化站，广播电视站各1个，医疗机构4个，乡敬老院1个。有半山村1个中国传统村落。竹纸制作技艺被列入省级非物质文化遗产保护名录。有黄永古道、决要大会堂区级文物保护单位2处。有李家山、畴路、半山、决要等文化礼堂。有富山大裂谷1个旅游景区。为目前华东地区规模最大、保存最清晰的山崩地裂地质遗址。辖区东西最大距离10.7千米，南北最大距离8.2千米。属纯山区，森林覆盖率达80%以上。千米以上的山峰有南正顶、大岙尖、仰天湖和望海岗等，其中南正顶海拔1246米，为全区第二高峰。中部有一块狭长的山顶小平原马安山自然村，为全乡政治、经济、文化中心，黄岩至决要公路穿境而过。

有耕地面积378.7公顷，山林面积3809.2公顷。农业主要种植水稻及各类蔬果。绿色环保农产品有红茄、尖椒、白萝卜、冬笋等，水果主要品种有高山东魁杨梅、桃、梨等。以高山蔬菜、高山杨梅、高山稻米为主打产品。第三产业以旅游服务业为主。

从地名专名来看，辖区内居民点地名有以下特征：①以自然地理实体命名。如：马鞍山、李家山、英山、小对山等。②以地理位置命名。如：半山、后岙、决要岭头、白岩下等。③以水利设施命名。如：沸头、町埠头。④以民神庙命名。如：半岭堂、庙下堂、明堂等。

从地名通名来看，辖区内居民点地名山水特色和传统文化兼具：①移借自然地理实体通名。如：山、岙、岭、坑等。②移借民间神庙通名。如：堂。

地名的社会应用主要集中在旅游景区，以正名“富山”冠名的有富山大裂谷风景区。

富山大裂谷风景区：位于宁溪镇、富山乡半山村，与温州永嘉楠溪江风景区毗邻。2009年开发旅游。景区形胜奇特，是6000万年前地质演变时产生的山崩地裂，形成怪异地貌，景区因此得名。海拔800多米，占地100公顷。有裂谷寻宝、古壁修篁、石亭锦帆、山崩地裂、洞府双龟、双岩涌泉、天坪多秀、富山问财等八大景观组成。裂谷寻宝区内天然裂谷纵深30余米，宽约2米，最窄处宽不及米，裂谷裂面光滑犹如斧劈刀削。

第二节 行政村

【安山村】［Ānshān Cūn］位于富山乡中心地带，东至半山村，南临南征顶村、西与北山村接壤，北至外坦村，总面积1.8平方千米，其中耕地55.1公顷，林地104.2公顷。下辖马鞍山、外坦口、半山岭头、高丘、庙下堂5个自然村，12个村民小组，人口299户，984人。以村委会驻地马鞍山自然村得名。

1947年为岭上乡第五保。1951年为北山乡马鞍山村。1956年为富山乡马鞍山社。1961年为富山公社马鞍山大队。1981年8月因重名更名为鞍山大队。1983年为鞍山村。2016年更名安山村。

马鞍山［Mǎ'ānshān］位于富山乡政府驻地西2.3千米，系安山村委会驻地。因村东有一座山，形似马鞍，故名。《清同治光绪年间新定县境总图》有马鞍山。人口124户，409人。村处海拔610米山顶平地，是新兴自然村，有两条东西平行的街道，宁溪至决要公路穿境而过。

外坦口［Wàitǎnkǒu］属安山村，系富山乡政府驻地。村东、西靠山，溪涧穿村南流，海拔600米。63户，212人，多徐姓，部分黄姓。聚落溪涧两边呈块状分布。因地处外坦村村口，故名。民国《黄岩县志》载有外坦口。

半山岭头 [Bànshānlǐngtóu] 位于富山乡政府驻地西1.4千米，属安山村。村处半山岭之顶，海拔620米，村南有公路，16户，45人。金姓为主，部分翁姓，聚落呈点状散布。因地处半山岭头，故名。

高丘 [Gāoqiū] 位于富山乡政府驻地西1.8千米，属安山村。东靠山，海拔620米，30户，109人，徐姓。聚落沿公路北侧呈点状散布。村南山坡上有一丘田地势较高，故名。

庙下堂 [Miàoxiàtáng] 位于富山乡政府驻地南2.5千米，属安山村。西靠山，东临溪，海拔600米。60户，207人，多姓徐。聚落呈块状分布。因位于一个庙堂下（南）方，故名。民国《黄岩县志》载有庙下堂。

【半山村】 [Bànshān Cūn] 2018年8月，行政村规模调整，半山村和半岭堂村合并仍称半山村。民国《台州府志》卷四十一："半山岭在县西南七十七里。"村以岭名。今亦以地处半山腰得名。位于富山乡东北部，东界宁溪镇岭根村、方家岙村，南至畴路村、李家山村，西至双西村，北至宁溪镇岭根村。辖区面积3.2平方千米。辖半山、半岭堂、半岭3个自然村，400户，1284人。村委会驻地原半岭堂村。

***【半山村】** [Bànshān Cūn] 位于富山乡东部，东至畴路村，南接葡萄坑，西至鞍山村，北邻双坑村，面积1.9平方千米，其中耕地36.3公顷，林地132.3公顷，下辖半山1个自然村，人口176户，591人。以村委会驻地半山得名。

1947年为岭上乡第十一保。1956年为半山乡半山社。1961年为富山公社半山大队。1983年为富山乡半山村。2018年8月，和半岭堂村合并，仍称半山村。

半山 [Bànshān] 中国传统村落。位于富山乡政府驻地4.5千米，系老乡政府及半山村委会驻地。以地处半山腰得名。村在溪涧南北两侧呈块状分布，海拔450米，系保存完整的古村落。现已成为生态休闲度假村。村东南有富山电站引水隧洞。《清同治光绪年间新定县境总图》载有半山。2014年被列入第三批中国传统村落名录。176户，591人。有李、金、戴、许、周等杂姓。有树龄300多年南方红豆杉2棵，150多年枫香1棵。

***【半岭堂村】** [Bànlǐngtáng Cūn] 位于富山乡东部。东至宁溪镇岭根村，南至畴路村，西接双坑村，北连西岩村，面积1.3平方千米，其中耕地33.7公顷，林地72.7公顷。下辖半岭堂、半岭2个自然村，12个村民小组，共有224户，693人。以村委会驻地半岭堂自然村得名。

1947年为岭上乡第一保。1951年为半山乡半岭堂村。1956年为富山乡半岭堂社。1961年为富山公社半岭堂大队。1966年改名为新建大队。1981年复称半岭堂大队。1983年称富山乡半岭堂村。2018年8月，和半山村合并称半山村。

半岭堂 [Bànlǐngtáng] 位于乡政府驻地东北2.3千米，系半岭堂村委会驻地。因地处半山岭腰部，原先江有以佛堂，故名。东临溪，西北为公路，180户，549人。多戴、李姓，聚落东南临溪，西北缘公路呈带状分布。富山水电站三级站拦水坝建此地。土法造纸，境内闻名。民国《黄岩县志》载有半岭堂。有小地名岩塔头、下厂等。

半岭 [Bànlǐng] 位于乡政府驻地东北1.6千米，属半岭堂村。东南临溪，西北依山，海拔270米，45户，148人。多李姓。聚落呈块状分布。有制造福寿纸传统。因地处黄岩至永嘉古驿道半山中，故名。民国《黄岩县志》载有此名。有小地名方岩岗。

【富北村】 [Fùběi Cūn] 2018年8月，行政村规模调整，大岙村、后岙村、张里村合并为富北村。以地处富山乡北部得名。位于富山乡北部偏西，东至外坦村，南至北山村，西至决要村，北界上郑乡干坑村、下庙村。辖区面积5.9平方千米。辖大岙、张里、后岙3个自然村，418户，1321人。村委会驻地原张里村。

***【后岙村】** [Hòu'ào Cūn] 位于富山乡北部，东至张里村，南接大岙村，西至决要村，北邻上郑乡，面积3.3平方千米，其中耕地33公顷，林地287.3公顷。下辖后岙1个自然村，6个村民小组，共有146户，462人。以村委会驻地后岙自然村得名。

1947年为岭上乡第六保。1951年为北山乡后岙村。1956年为富山乡后岙村。1961年为后岙大队。1983年称富山乡后岙村。2018年8月，和大岙村、张里村合并称富北村。

后岙 [Hòu'ào] 位于富山乡驻地西北5千米，系后岙村委会驻地。四周环山，溪水从村东流过，海拔640米。因位于张里村后面，故名后岙。民国《黄岩县志》称后岙。有小地名田基。146户，462人。多徐、张姓。聚落成块状。

***【张里村】** [Zhānglǐ Cūn] 位于富山乡北部，东至双坑村，南邻大岙村，西至决要村，北邻后岙村。面积1平方千米，其中耕地26.3公顷，林地65.3公顷。下辖张里1个自然村，6个村民小组，共有108户，334人。以村委会驻地张里得名。

1947年为岭上乡第六保。1951年称北山乡张里村。1956年为富山乡张里社。1961年为张里大队。1966年称革新大队。1981年因重名复称张里大队。1983年称张里村。2018年8月，和大岙村、后岙村合并称富北村。

张里 [Zhānglǐ] 位于乡政府驻地西北4千米，东至双坑村，东北依山，西南临溪，海拔630米，人口107户，360人，张姓为主。早年永嘉深过坑有姓张的迁此居住，村以此得名。民国《黄岩县志》称蒋里，现写张里。聚落成块状。

*【**大岙村**】[Dà'ào Cūn] 位于富山乡北部，东至张里，南接外坦村，西至决要村，北邻张里村，面积1.5平方千米，其中耕地31.2公顷，林地111公顷，下辖大岙1个自然村，6个村民小组，共有164户，525人。以村委会驻地大岙自然村得名。1985年4月，批准为第二次国内革命战争时期根据地村。

1947年为岭上乡第六保。1951年为北山乡大岙村。1956年为富山乡大岙社。1961年为大岙大队。1983年为大岙村。2018年8月，和后岙村、张里村合并称富北村。

大岙 [Dà'ào] 位于乡政府驻地西北2.5千米，系大岙村委会驻地。因此地山岙比较大，故名。民国《黄岩县志》载有岭上乡大岙。有164户，525人。多胡姓，陈、周次之。聚落濒溪东北侧呈块状分布。

【**双西村**】[ShuāngXī Cūn] 2018年8月，行政村规模调整，双坑村和西岩村合并为双西村。两村各取首字得名。位于富山乡东北部，东至半山村、宁溪镇岭根村，南至半山村、安山村，西至安山村、外坦村，北界宁溪镇吴家岙村。辖区面积4.9平方千米。辖双坑、岭头、西岩3个自然村。村委会驻地原双坑村。

*【**西岩村**】[Xīyán Cūn] 位于富山乡东北部，东至宁溪镇吴家岙村，南至半岭堂村，西至双坑村，北与宁溪镇为邻，面积1.6平方千米，其中耕地18.7公顷，林地130公顷，以种植高山杨梅、水稻、番薯为主。下辖西岩1个自然村，6个村民小组。人口116户，330人。以村委会驻地西岩得名。

1947年为岭上乡第三保。1951年为半山乡西岩村。1956年称富山乡西岩社。1961年为西岩大队。1983年为富山乡西岩村。2018年8月，和双坑村合并称双西村。

西岩 [Xīyán] 位于富山乡驻地东北5千米，系西岩村委会驻地，北依山，南临溪，海拔490米。此地位于西边岩山之上，与东边岩山（猪头岩）相对，故名。另传说：村东边有岩石称“猪头岩”，一村民有猪失踪，后发现猪头岩上布满猪毛，村民以为该岩显圣，故称圣岩，后方言谐音西岩。民国《黄岩县志》载有岭上乡西岩。有小地名里塆、外塆。人口116户，330人。多周姓。聚落呈块状分布。

*【**双坑村**】[Shuāngkēng Cūn] 位于富山乡东北部，东至西岩村，南至半山村，西至外坦村，北接上郑乡。面积3.3平方千米，其中耕地52.5公顷，林地250.6公顷。下辖双坑、岭头2个自然村，11个村民小组，215户，707人。以村委会驻地双坑自然村得名。

1947年为岭上乡第四保。1951年土改称半山乡双坑村。1956年称富山乡双坑村。1961年为富山公社双坑大队。1983年为双坑村。2018年8月，和西岩村合并称双西村。

双坑 [Shuāngkēng] 位于乡政府驻地西北1.3千米，系双坑村委会驻地。三面依山，东面农田翠竹，海拔590米。135户，431人。多梁姓。张、翁次之。聚落呈块状分布。是大裂谷景点入口处，因此地有两条溪坑汇合，故名。

岭头 [Lǐngtóu] 位于乡政府驻地西北1.4千米，属双坑村，79户，275人。聚落呈点状散布。村在岭西侧，海拔660米。是半山村通往安山村半岭的最高处，故称岭头。

【**外坦村**】[Wàitǎn Cūn] 位于富山乡中部，东至双西村，南接安山村，西至富北村，北邻上郑乡下庙村。面积2.3平方千米，其中耕地37.9公顷，林地175.3公顷。下辖外坦1个自然村，12个村民小组，281户，938人。以村委会驻地外坦得名。

1947年为岭上乡第五保。1951年为北山乡外坦村。1956年为富山乡外坦社。1961年为富山公社外坦大队。1983年为富山乡外坦村。1985年4月，批准为第二次国内革命战争时期根据地村。

外坦 [Wàitǎn] 位于富山乡驻地北2千米，系外坦村委会驻地。村东、南、北依山，西临溪，海拔610米。因此地有大岙、里岙等众多山岙，该村为最外面又平坦的山岙，故名外坦。民国《黄岩县志》有载。281户，938人。多周、符姓。聚落呈块状分布。

【**决要村**】[Juéyào Cūn] 位于富山乡最西部，东至北山村，南接北山村，西邻永嘉县，北邻富北村、上郑乡干坑村。面积8.7平方千米，其中耕地57.8公顷，林地271.9公顷。下辖决要、岗后、决要岭头3个自然村，人口395户，1214人。

1947年为岭上乡第七保。1951年为北山乡决要村。1956年为富山乡决要社。1961年为富山公社决要大队。1983年称决要村。

决要 [Juéyào] 位于乡政府驻地西6.7千米，系决要村委会驻地。因该地是黄岩与永嘉县交界处，过去两县经常发生争执，黄岩决心要这块地方，故名决要（“要”，当地读“好”）。村处三条溪涧汇合处，海拔450米，309户，958人。多陈姓。聚落呈块状分布。村南为宁溪至永嘉公路，黄永桥边立有黄岩与永嘉两地分界碑。据永嘉《吉岙周氏宗谱》载，明代称吉岙，清乾隆年间称决要。决要大会堂建于1980年，墙体为方系石砌筑，2013年列为区级文物保护单位。有250多年树龄的柳杉8棵。有小地名前坑、花竹园、后周等。

决要岭头 [Juéyàolǐngtóu] 位于乡政府驻地西，属决要村。村在海拔630米高的山岭头，76户，225人。多陈姓。因地处决要山岭的最高处，故称。聚落呈点状分布。

岗后 [Gǎnghòu] 位于乡政府驻地西北7.3千米，属决要村。因处一个山岗北面的山岙中，故名。海拔720米，西北邻永嘉县，有12户，36人，多陈姓。聚落呈块状分布。

【畴路村】 [Chóulù Cūn] 位于富山乡东部，东至宁溪镇方家岙村、牌门村，南至李家山村，西至半山村，北邻半山村半岭堂，面积3.6平方千米，其中耕地57.8公顷，林地271.9公顷。下辖畴路、明堂、小寺基、大丘山4个自然村，16个村民小组，268户，907人。以村委会驻地自然村畴路得名。

1947年为岭上乡第二保。1951年为半山乡畴路村。1956年称畴路社。1961年为富山公社畴路大队。1983年为畴路村。

畴路 [Chóulù] 位于乡政府驻地东5千米，系畴路村委会驻地。西靠山，东临溪，海拔390米，面积1.2平方千米，236户，795人。以戴姓为主。聚落依山坡呈点块间散布。古时该地路旁有一块特大的田畴，故名。因“畴”与“牛”音近，俗呼牛路。《清同治光绪年间新定县境总图》称牛路。产竹笋、茶叶、柑橘。有1棵树龄300多年的银杏树和100多年的南方红豆杉4棵。

明堂 [Míngtáng] 位于乡政府驻地东4.2千米，属畴路村，聚落在海拔450米高山上，面积0.6平方千米，人口32户，108人。多潘、李两姓。聚落在山腰呈块状分布。相传此地明代有一座佛堂，俗称明堂。有小地名金家庄。

小寺基 [Xiǎosìjī] 位于乡政府驻地东南2.3千米，畴路村南，属畴路村。村在海拔845米高的山口处，面积约1.2平方千米，原有几户戴姓村民已移民，现无人居住。此地从前有一座小寺庙，寺废基存，因比大寺基小，故称小寺基。有小地名中央坞。

大丘山 [Dàqiūshān] 位于乡政府驻地东3.4千米，属畴路村。地处海拔540米的半山腰，南有一座形似土丘的山，故称大丘山。人口4户，14人。多戴姓。聚落处山岗西坡呈点状分布。

【北山村】 [Běishān Cūn] 位于富山乡中部，东邻安山村、南征顶村，南接南征顶村，西至决要村，北接富北村、外坦村，面积5.22平方千米，其中耕地99公顷，林地388.8公顷，下辖北山、直路、小对山、西院、沸头、长基6个自然村，19个村民小组，412户，1373人，为富山第一大村。以村委会驻地北山自然村得名。

1947年属岭上乡第八保。1951年为北山乡北山村。1956年为富山乡北山社。1961年为富山公社北山大队。1983年为北山村。

北山 [Běishān] 位于乡政府驻地西南1千米，系北山村委会驻地，村处三面环山的山岙中，东南临溪，海拔600米，北接富山公路，人口198户，606人。多翁姓。面积1.5平方千米，因地处西院之北，又多小山，故名。民国《黄岩县志》载有北山。有小地名冯塆、岙塆。产茶叶。有树龄300年的“柳杉王”2棵。

小对山 [Xiǎoduìshān] 位于乡政府驻地西1.5千米，属北山村。村在小对山东北麓，海拔640米，9户，30人，多王、黄姓。面积0.9平方千米。以山得名。此地有遥遥相对的南北两山，一大一小，村在小山丘上，故名。聚落依山呈块状分布。有200多年的苦槠树1棵。

直路 [Zhílù] 位于乡政府驻地西0.8千米，属北山村。村处山顶平地，北靠山，南临长决公路，人口132户，402人。徐、李、朱等杂姓。聚落呈块状分布。产茶叶。面积1.2平方千米。因此地有一条笔直的小路，号称十里直路垟，村以此得名。有小地名里屋、外屋、老屋。有树龄150多年的柳杉2棵。100多年的野梨、山矾各1棵。

沸头 [Fèitóu] 位于乡政府驻地西南1.2千米，属北山村。北依山，东南临溪，人口16户，52人。多徐、张姓。聚落呈点状散布。早年在小溪中筑有拦水坝，称碶，村在碶旁，得名碶头，简写沸头。产茶叶。

西院 [Xīyuàn] 位于乡政府驻地西南1.1千米，属北山村。北依山，西临溪，海拔590米，人口72户，264人，多徐姓。聚落成块状分布。面积1.4平方千米。因位于沸头西面，原有一块平坦的菜园地，后形成村落，故名西园，谐音西院。产茶叶。

长基 [Chángjī] 位于乡政府驻地西南1.6千米，属北山村。北依山，南临溪，海拔630米，人口7户，20人。翁姓为主。聚落呈块状分布。传说20世纪40年代，有一翁姓从北山迁此种小租田，建起茅棚，希望子子孙孙在此长期安家落户，村由此得名长基。

【南征顶村】 [Nánzhēngdǐng Cūn] 2018年8月，行政村规模调整，富山新村的蓝田片、坑头片、英盟片和田岙村合并为南征顶村。以村西南征顶山峰得名。位于富山乡南部，东至李家山村，南至永嘉县红枫村，西至北山村，北至安山村。辖区面积9.5平方千米。辖蓝田、英山、坑头、外塆、牛头岗、英盟、田岙、张家山、栅下、外栅下、町埠头、下家山12个自然村，461户，1386人。村委会驻地原田岙村。有富山水库。

*【**田岙村**】[Tián'ào Cūn] 位于富山乡中部，东至葡萄坑村，南至蓝田村，西至北山村，北与安山村为邻，面积4平方千米，其中耕地64.9公顷，林地310.1公顷，下辖田岙、张家山、栅下、外栅下、町埠头、下家山6个自然村，14个村民小组，人口267户，790人。以村委会驻地田岙得名。

1947年属岭上乡第十一保。1951年为半山乡田岙村。1956年为田岙高级社。1961年为富山公社田岙大队。1983年为田岙村。2018年8月，和富山新村的蓝田片、坑头片、英盟片合并称南征顶村。

田岙 [Tián'ào] 位于乡政府驻地南约3千米，系田岙村委会驻地。村在四面环山的山岙中，海拔600米，188户，629人。多潘、冯姓。聚落呈块状分布。因此地是高山盆地，又是大山岙，故名。《清同治光绪年间新定县境总图》有此名。有小地名藤交里、青苔岸、小风门等。有树龄300多年的柳杉1棵。

张家山 [Zhāngjiāshān] 位于乡政府驻地东南1.2千米，属田岙村。村在田岙北面，四周环山，海拔645米，22户，88人。多鲍、徐姓。小溪盘桓南流，聚落沿溪呈环状分布。产茶叶。原先有姓张的人在此山上居住，故名。

栅下 [Zhàxià] 位于乡政府驻地南5千米，属田岙村。村在田岙西南，溪涧北侧，海拔630米，人口29户，34人。多李、蔡姓。聚落沿溪涧北侧呈块状分布。此地溪坑上游有一大"岩栅"（意指岩壁直立如栅），村在岩栅下，故名。别名里栅下。

外栅下 [Wàizhàxià] 位于乡政府驻地南4.5千米，属田岙村。因地处栅下外面，故名。人口30多人。多李、叶姓。聚落呈点状分布。

町埠头 [Dīngbùtóu] 位于乡政府驻地南4千米，属田岙村。1996年为富山水库淹没。因原先溪坑中有石碇步方便通行，故名。

下家山 [Xiàjiāshān] 位于乡政府驻地西南6千米，属田岙村。地处田岙最西部，海拔720米高山上，20户，60人。多徐、傅姓。从前有夏家人在此居住，因方言夏与下相近，故名。民国《黄岩县志》写作夏家山。有小地名岙里角。

*【**富山新村村**】[Fùshān xīncūn Cūn] 位于富山乡南部，由原蓝田、东坑、坑头、英盟4村合并而成，东、南、西三面均与永嘉县相邻，北邻田岙村，面积为9.2平方千米，其中耕地88公顷，林地703.7公顷。下辖蓝田、东坑、英山、坑头、外塆、牛头岗、英盟7个自然村，15个村民小组，人口288户，874人。村委会驻地蓝田。因是富山乡新建的行政村，故名富山新村。

蓝田:1951年北山乡蓝田村。1956年富山乡蓝田社。1961年称蓝田大队。1983年蓝田村。东坑:1951年北山乡东岙村。1956年富山乡东岙社。1961年东岙大队。1983年东岙村。英山:1951年北山乡英山村。1956年富山乡英山社。1961年英山大队1983年英盟村。坑头:1951年北山乡坑头村。1956年富山乡坑头社。1961年坑头大队。1983年坑头村。2018年8月，蓝田片、坑头片、英盟片和田岙村合并称南征顶村；东坑片和李家山村、葡萄坑村合并称李家山村。

蓝田 [Lántián] 位于乡政府驻地鞍山南约5千米，系富山新村村委会驻地。东至东坑，南邻英盟，海拔580米，19户，51人，多陈姓。聚落成点块间分布。面积1.5平方千米，因地势低洼，常年积水，故名滥田，雅化蓝田。民国《黄岩县志》载为滥田。属岭上乡第九保。

外塆 [Wàiwān] 位于乡政府驻地西南3.7千米，属富山新村。北依山，南临溪，海拔588米，面积2平方千米，56户，182人。多陈姓。因此地是永嘉楠溪江源头的湾处，且位于坑头村外方。故名。

英山 [Yīngshān] 位于乡政府驻地西南5.1千米，属富山新村，东邻李家山，南接永嘉县，西接南征顶，北邻李家山，海拔700米，面积2.5平方千米，人口63户，192人。潘姓为主，李次之。从前姓应的人家先居住在此山上，后惯写成英山。民国《黄岩县志》载为岭上乡第九保，称鹰山。

牛头岗 [Niútóugǎng] 位于乡政府驻地西南4.2千米，坑头村东北，属富山新村。因山岗形似牛头得名。原有几户叶、黄姓村民，均已高山移民。

英盟 [Yīngméng] 位于富山乡驻地南约4.1千米，2015年行政村规模调整后属富山新村。东南与永嘉县接壤，西与李家山村相接，北与坑头村为邻。面积2.5平方千米，人口192人。该地有潘、李两大姓，取名英盟，以示两姓团结联盟，共建和谐之意。《清同治光绪年间新定县境总图》标为鹰山，1981年更名为英盟。

【**李家山村**】[Lǐjiāshān Cūn] 2018年8月，行政村规模调整，李家山村、葡萄坑村、富山新村（东坑片）合并仍称李家山村。位于富山乡东南部，东界畴路村、永嘉县鱼里村，南界永嘉县小陈村，西、北至南征顶村。辖区面积6.8平方千米。辖李家山、横路头、清水坑、白岩下、葡萄坑、东坑6个自然村，409户，

1290人。村委会驻地原李家山村。

东坑 [Dōngkēng] 位于富山乡驻地东南约5千米，属富山新村。东至小寺基，南至李家山，西临富山水库，面积1.4平方千米，90户，277人。多张、王姓。聚落沿溪北侧散布。因地处外金的东边溪坑两侧，故名东坑。曾用名东岙。有小地名下基丘、上坦。产茶叶。

***【李家山村】** [Lǐjiāshān Cūn] 位于富山乡南部，东、南与永嘉县接壤，西与蓝田为邻，北连东坑村，面积4平方千米，其中耕地68.8公顷，山地297.1公顷，是富山有名的高山蔬菜种植村，下辖李家山、横路头、清水坑、白岩下4个自然村，9个村民小组，211户，685人。以村委会驻地李家山得名。1985年4月经台州行署批准为第二次国内革命战争时期根据地。

1947年属岭上乡第十保。1951年为北山乡李家山村。1956年为富山乡李家山社。1961年为富山公社李家山大队。1966年改为新民大队。1980年复称李家山大队。1983年称李家山村。2018年8月，和葡萄坑村、富山新村（东坑片）一起并入李家山村。

李家山 [Lǐjiāshān] 位于乡政府驻地西南约8千米，属李家山村。聚落在海拔650米高山上呈点块间布状。东南望海岗，海拔1100米，152户，487人，多李姓。早年李姓人始居此山，故名。《清同治光绪年间新定县境总图》标有李家山。有小地名岭脚、老屋、坑岸、苦竹往等。

横路头 [Hénglùtóu] 位于乡政府驻地西南2千米，属李家山村，位于李家山村东，聚落在山腰中，海拔700米，31户，106人。多李姓。聚落呈点状散布。区域面积1.5平方千米，因此地有一条横路通往东岙，村在这条横路上头，故名。

清水坑 [Qīngshuǐkēng] 位于乡政府驻地南约10千米，属李家山村。地处李家山西南，海拔580米，面积0.7平方千米，19户，57人。多李姓。因此地有一条溪坑，溪水非常清澈，故名。产茶叶。

白岩下 [Báiyánxià] 位于乡政府驻地南8.5千米，属李家山村，位于李家山西南，海拔450米，面积约0.6平方千米，18户，63人。多王姓。聚落呈点状散布。此地有一块白色巨石，村在岩下方，故名。海拔720米，原有7户，现无人居住。

***【葡萄坑村】** [Pútáokēng Cūn] 位于富山乡东南部，东与宁溪镇为邻，南至东坑，西至田岙村，北邻半山村，面积1.5平方千米，其中耕地29.9公顷，林地107.1公顷。下辖葡萄坑1个自然村，6个村民小组，人口109户，324人。以村委会驻地自然村得名。

1947年属岭上乡第十保。1951年为半山乡葡萄坑村。1956年为富山乡葡萄坑社。1961年为葡萄坑大队。1966年为永新大队。1980年复称葡萄坑大队。1983年为葡萄坑村。2018年8月，和李家山村、富山新村（东坑片）一起并入李家山村。

葡萄坑 [Pútáokēng] 位于乡政府驻地东南5千米，系葡萄坑村委会驻地，村在峡谷中，海拔630米，因村中山坑早年多长野生葡萄，故名。又据村中老人回忆，说早年祖辈从永嘉过来，沿着山坑往上，寻找落脚点，结果到此处停止，称捕到坑，今写作葡萄坑。民国《黄岩县志》载有葡萄坑。109户，324人。多潘、王姓。聚落沿溪北侧呈点块间分布。

第十七章　茅畲乡

第一节　概　述

茅畲乡 [Máoshē Xiāng] 乡级行政单位。在区境南部。东与沙埠镇接壤，南与乐清市大荆镇毗邻，西与平田乡相连，北与北洋镇、澄江街道接界。总面积30.3平方千米。户籍人口4788户，1.4万人。据茅畲《牟氏宗谱》载："县志云茅斜在治南四十里，群山环绕，中有平原，先世（北宋四川牟氏）迁此诛茆（茅）垦壤，皆成膏腴，故名茅畲。"古称畲川。北宋牟企写有《畲川族谱前序》。茅畲名始于北宋。据民国《黄岩县新志·氏族》载："宋真宗咸平二年（999），益州都虞侯王均不轨，牟俸与其弟季徐，自蜀陵阳徙台至黄，奠基畲川为其始祖。"明万历《黄岩县志》卷一："茅畲市，在县西四十里。"清光绪年间（1875—1908）属19都1图。清末民初属头陀区茅畲乡。1931年称茅畲镇。1934年复乡。1949年5月，分称茅畲乡和大礼乡（古称"大澧"，后简写"大礼"和"大里"），同属头陀区管辖。1956年，大礼、北洋2个乡并入茅畲乡。1958年10月称茅畲公社。1959年4月改称茅畲管理区。1961年9月北洋公社析出。1983年7月复乡。乡政府驻西边村茅西路144号，距黄岩城区22千米。2015年末辖西边、上街、东边、下街、上庄、大礼、大礼岙、白浦岙、浦洋、西泉、下横、上横、鸟山、山卡等14个行政村。2018年8月，行政村规模调整，山卡村和鸟山村合并为山卡村；上横村和下横村合并为茅畲洋村；浦洋村和白浦岙村合并为浦洋村；大礼村和大礼岙村合并为大礼村。调整后共辖10个行政村，有132个村民小组。有小学1所。卫生院1家。文化俱乐部1个。鸟山水库1座。下街村中国传统村落1个。明代水口石塔省级文物保护单位1处。豫亲堂、浦洋上下台门、聚德堂、敦福堂、双庆桥、抗战时期中共黄岩县委机关旧址、温州岭古驿道等区级文物保护单位7处。文昌阁黄岩县委机关旧址市级爱国主义教育基地1个。有民间兴学协会1个。地处低山、丘陵，村落散布于盆地、谷地。地势南高北低。气候温和湿润，雨量充沛，光照适宜，四季分明，属亚热带季风气候。东西最大距离7.3千米，南北最大距离8.8千米。境西南的破碎岩，海拔688米，为全乡最高点。九溪为境内最大水系，自南向北贯穿全境，为永宁江一级支流。此外还分布有大里岙溪、上庄溪、东边溪等多条九溪支流。茅畲乡被中共台州地委评为抗战时期革命老区，茅畲小学为中共黄岩县委机关旧址。昔有"柏峰积翠、沙堤春晓、银塘宿鹭、双溪夜月、圭岩晓日、坐亭观瀑、平林暮霭、庵经归樵"畲川八景。茅畲街为千年古街，有明清至民国二层重檐木结构建筑和江南典型的三、四合院建筑。华严山下有吴赤乌中始建、北宋治平年间（1064—1067）赐额的多福寺，为江浙两省最早的36所寺院之一。曾涌现出抗元英雄牟大昌，元代大儒牟楷及牟企、牟忱、牟松寿、牟及、牟完、牟贤、牟育7个进士。明代大澧徐新、徐汤、徐简、徐鹗兄弟、父子一门四进士。

拥有耕地432.5公顷，林地1988.3公顷。农林经济和工业形成以木制工艺加工、塑料、包装、农肥等行业的产业格局。农业主要种植水稻等粮食及柑橘、西瓜、桃子等多种果蔬。有板栗、水蜜桃、黑子李、花卉、美国提子、笋竹两用林等八大效益基地。工业有塑料、工艺品加工等产业。第三产业以旅游业为主。有鸟山水库、大众里程农场和九溪等生态旅游景点。县乡级公路百王线、平佛线等5条。主要街道有茅畲街、茅西路、西庄路等。公交通城区。

从地名专名来看，辖区内居民点地名有以下特征：①以同名地理实体命名。如：鸟山、温州岭、外岗、山卡岭头、大礼（澧）等。②以地理位置命名。如：上街、下街、上横、下横、东边、西边等。③以典型的自然地理特征命名。如：馒头山、响岩前、大镬岗、草鞋爬坪、眉岙、沙珠头等。④以民间神庙命名。如多福寺、龙王殿、石本堂、山卡殿、徐恩（庵）等。⑤直接以方言命名。如：冷静篢（竹丛）、马士（蚂蟥）岙、塔往（一起一伏）、五份（户）等。

从地名通名来看，辖区内居民点地名山水特色和传统文化兼具：①移借自然地理实体通名。如：山、岙、坑、岭、岗、洋等。②移借民间神庙通名。如：堂、寺、殿、恩（庵）等。③移借人工建筑、集市通名。如：厂、基、街等。

第二节　行政村

【西边村】[Xībiān Cūn] 以村委会驻地茅畲街西边得名。民国《黄岩县志》作茅畲街。位于茅畲乡西北部，东至下街村、东边村，南至西泉村、上街村，西至北洋镇西岑村，北界浦洋村。乡政府驻地。下辖黄金坦、田垄、馒头山3个自然村，9个村民小组。人口348户，1025人。辖区总面积1.6平方千米，其中耕地27.2公顷，林地70.9公顷。以种植水稻为主。乡卫生院设此。光绪十八年（1892）进士牟育为该村人，后居城关司厅巷。

1947年属茅畲乡第十一保。1951年为茅畲乡西边村。1956年称茅畲乡茅畲高级社。1961年称茅畲公社西边大队。1983年称茅畲乡西边村。

黄金坦 [Huángjīntǎn] 西边村委会驻地。距茅畲乡政府驻地1.1千米。该村原是一片黄泥坦（坦，方言指较平的地方），故名黄泥坦，后雅化称黄金坦。海拔65米。447人，多池、应姓。

田垄 [Tiánlóng] 属西边村。位于茅畲乡政府驻地西1.1千米。为便于耕种，把山田辟成一垄一垄的，俗称田垄。村以此得名。海拔55米。126人，多朱、牟姓。

馒头山 [Mántóushān] 属西边村。位于茅畲乡政府驻地西1.2千米。村旁有座形似馒头的小山，村因山得名。200人，多朱、牟姓。

【上街村】 [Shàngjiē Cūn] 以村委会驻地茅畲街南首（上街头）得名。位于茅畲乡中部。东至上庄村，南至茅畲洋村，西至西边村，北至下街村。下辖8个村民小组。365户，917人，牟姓为主，何、戴姓次之。辖区总面积0.5平方千米，其中耕地30.4公顷，林地0.5公顷。种植水稻为主，兼种柑橘，属半山区。村内街道多店铺。北宋咸平二年，牟氏始祖牟俸自四川迁至茅畲，先于上街卜筑居室，烧茅垦畲，繁衍生息。

清光绪《黄岩县志》卷七：茅畲，十九都一图。1947年属茅畲乡第八保。1951年为茅畲乡上街村。1956年称茅畲高级社。1961年称茅畲公社上街大队。1983年称茅畲乡上街村。

【东边村】 [Dōngbiān Cūn] 因村委会驻地茅畲街东边得名。民国《黄岩县志》作茅畲街。位于茅畲乡中部偏北。东至沙埠镇下园村，南至上庄村，西至下街村，北至浦洋村。下辖8个村民小组。339户，867人，牟姓为主。辖区总面积1.1平方千米，其中耕地25.6公顷，林地60.7公顷，属半山区。以产水稻为主，兼种柑橘。

1947年属茅畲乡第十一保。1951年为茅畲乡东边村。1956年称茅畲高级社。1961年称茅畲公社东边大队。1983年称茅畲乡东边村。

【下街村】 [Xiàjiē Cūn] 中国传统村落。因村委会驻地茅畲街北段（下街头）得名。民国《黄岩县志》作茅畲街。位于茅畲乡中部。东至东边村，南邻上街村，西至西边村，北至浦洋村。下辖8个村民小组，1个九溪新村小区。340户，934人，以牟姓为主，还有蒋、鲍、潘、杨等杂姓。辖区总面积0.5平方千米，其中耕地21公顷，林地1.2公顷。村内建有学校、邮电所、电站、菜市场等公共设施。建有村文化礼堂。昔有大宗祠（牟氏家庙）、银塘、九溪书院，是当时的文化中心，重要的名人故居、历史建筑多位于此。茅畲小学既是一处三合院式古建筑，又是一处革命纪念地，系抗日战争时期中共黄岩县委机关旧址，附设有中共党史陈列室。林泗斋于1934年任该校校长，校内有林泗斋手植的木樨2棵，校门口有陈叔亮手书校训及“茅畲小学”匾额。该村的豫亲堂，为明代进士牟完府第，永乐皇帝赠送“豫亲堂”匾额，现存建筑整体由中堂、厢房及台门构成。村东聚德堂，又称新当铺，系清末至民国年间一处当店，二层三合院建筑，现存房屋共计26间，天井内仍保留着一口百年老井。敦福堂，又名老当铺，系清代三合院式建筑结构，设有花园、水池等附属建筑，天井内存老水井一口。宅院主人牟正非，毕业于北京大学，曾参加过五四运动。

1947年属茅畲乡第十保。1951年为茅畲乡下街村。1956年称茅畲乡茅畲高级社。1961年称茅畲公社下街大队。1983年称茅畲乡下街村。

九溪新村 [Jiǔxī Xīncūn] 2009年正式命名。因房子建在茅畲九溪边上得名。九溪新村由上横、山卡、鸟山及下街村组成，位于九溪边下街。为高山移民而建。东、南、北面均为规划小区道路，西至九溪。占地3.2万平方米，规划屋基172间。

【上庄村】 [Shàngzhuāng Cūn] 因村委会驻地茅畲街上方（地势较高）得名。民国《黄岩县志》作茅畲上庄。位于茅畲乡中部偏东。东界沙埠镇下园村、北兴村，南邻茅畲洋村，西至上街村，北至东边村。下辖上书院、沙埠岙、岭脚、冷静篁4个自然村，9个村民小组。410户，1180人。辖区总面积2.7平方千米，其中耕地43.5公顷，林地187.4公顷。以种植水稻为主，兼种柑橘等。

1947年属茅畲乡第七、八保。1951年为茅畲乡上庄村。1956年称茅畲乡上庄高级社。1961年改称茅畲公社上庄大队。1983年称茅畲乡上庄村。

上书院 [Shàngshūyuàn] 属上庄村。距茅畲乡政府驻地0.9千米。村北（上）有明代族人牟宗周创建的鸣山书院（50年代拆除），故名。海拔28米。30户，85人，杨姓为主，牟、叶姓次之。

沙埠岙 [Shābù'ào] 属上庄村。距茅畲乡政府驻地1.3千米。该村位在沙埠岭（又名茅畲岭）西侧的山岙里，是东去沙埠的必经之地，故名。民国《黄岩县志》作东岙。海拔40米。343人，牟姓为主，王、陈次之。

岭脚 [Lǐngjiǎo] 属上庄村。距茅畲乡政府驻地1.6千米。地处东边通往沙埠的茅畲岭脚，故名。海拔70米。6户，38人，陈、杨姓。

冷静簋 [Lěngjìnggàng] 属上庄村。距茅畲乡政府驻地0.9千米。此地原是荒地，有古坟、老树和稀疏竹林，故名。海拔26米。7户，25人，牟姓。

【大礼村】 [Dàlǐ Cūn] 2018年8月，行政村规模调整，大礼村和大礼岙村合并为大礼村。位于茅畲乡北部，东界澄江街道东岙村、松岩村、沙埠镇唐山村，南至浦洋村，西界北洋镇罕溪头村，北界澄江街道禹成村、北洋镇百林村。辖区面积3.9平方千米。辖叶家、沙珠头、溪坦、龙王殿、箬坪头、里坑、山根、石本堂、伍份9个自然村，618户，1812人。村委会驻地原大礼岙村办公楼。

* **【大礼村】** [Dàlǐ Cūn] 以原大礼片村得名。因大澧溪东西穿村，故名大澧。今谐音大礼。明万历《黄岩县志》卷五："徐新，字德新，西桥上任，徙居大澧。"位于茅畲乡北部。东和大里岙村相邻，南至白浦岙村，西、北与北洋镇罕溪头村接壤。下辖山根、石本堂、伍份3个自然村，6个村民小组。村委会驻地山根。231户，679人。辖区总面积0.8平方千米，其中耕地24.3公顷，山林13.8公顷。种植水稻为主，兼种柑橘，属半山区。建有村文化礼堂。元代名人潘伯修，明代徐新、徐汤、徐简、徐鹗兄弟、父子一门四进士都是该村人。明成化年间，知县邝文为大澧题进士坊。

清光绪《黄岩县志》卷七：大澧，十九都一图。1947年属茅畲乡第十六保，称大澧。1951年为大礼乡大礼村。1956年属茅畲乡大礼高级社。1961年称茅畲公社大礼大队。1983年称茅畲乡大礼村。2018年8月，和大礼岙村合并后仍称大礼村。

山根 [Shān'gēn] 大礼村委会驻地。距茅畲乡政府驻地2.2千米。村在牛山脚下，故名。海拔13米。312人，多王、牟、车姓。有小地名高园。

石本堂 [Shíběntáng] 属大礼村。距茅畲乡政府驻地2.2千米。村旁有一尼姑堂，靠近峭壁，传说因有岩石从山上滚落下来，俗称石滚堂。村因堂名，谐音演变为石本堂。民国《黄岩县志》作石本堂。海拔13米。233人，多潘、郑姓。

伍份 [Wǔfèn] 属大礼村。位于茅畲乡政府驻地北偏东2.1千米。因古时有5户人家开始聚居，故名。份，方言户义。海拔13米。126人，多徐姓。有小地名小家溪。

* **【大礼岙村】** [Dàlǐ'ào Cūn] 以原片村大礼岙得名。片村处山岙中，大澧溪东西穿境，故名大澧岙，谐音大礼岙。位于茅畲乡东北部。东、北与澄江街道东岙里村接壤，南至白浦岙，西至大礼村。下辖叶家、沙珠头、溪坦、龙王殿、箬坪头、里坑6个自然村，10个村民小组。村委会驻地叶家。387户，1133人。辖区总面积3.1平方千米，其中耕地34.4公顷，林地198.6公顷。大礼岙村森林覆盖面积达75%，2011年被台州市评为森林村庄。种植水稻为主，兼种柑橘、杨梅、枇杷等果木。南宋应恕从县城迁居于此，专心理学，朱熹称他为"隐居老友"。后裔明代应宗祥，诗文好古，参修府志，卒后太子少保黄淮撰墓志铭。

1947年为茅畲乡第十五保，称大澧岙。1951年为大礼乡大礼岙村。1956年称茅畲乡大礼岙高级社。1961年称茅畲公社大礼岙大队。1983年称茅畲乡大礼岙村。2018年8月，和大礼村合并后称大礼村。

叶家 [Yèjiā] 大礼岙村委会驻地。距茅畲乡政府驻地2.8千米。多叶姓，故名。328人。海拔40米。

沙珠头 [Shāzhūtóu] 属大礼岙村。距茅畲乡政府驻地2.6千米。村旁早年有溪水沙石冲积成的沙渚，俗称沙渚头，后谐音沙珠头。53户，208人，多徐姓。海拔35米。

溪坦 [Xītǎn] 属大礼岙村。位于茅畲乡政府驻地东北2.5千米。村在溪边的坦地上，故名。海拔30米。50户，209人，多牟、季姓。有小地名龙王宫、隔岸、王家。

龙王殿 [Lóngwángdiàn] 属大礼岙村。距茅畲乡政府驻地3千米。古时抗旱能力差，建龙王殿祈雨，村以殿名。海拔50米。50户，210人，多杨姓。有小地名岭脚、东山、高丘。

箬坪头 [Ruòpíngtóu] 属大礼岙村。距茅畲乡政府驻地2.8千米。村处山间坪地高处，过去多箬竹，故名。海拔210米。已移民，现无人居住。

里坑 [Lǐkēng] 属大礼岙村。距茅畲乡政府驻地2.8千米。村在山岙里深处的溪坑（溪涧）边，故名。海拔40米。12户，48人，多郑姓。

【浦洋村】 [Pǔyáng Cūn] 2018年8月，行政村规模调整，浦洋村和白浦岙村合并为浦洋村。位于茅畲乡北部，东至大礼村、沙埠镇下园村，南至东边村、下街村，西界北洋镇西岑村，北至大礼村。辖区面积3.4平方千米。辖浦洋、梨园、多福寺、水碓、外厂、里厂、小岙7个自然村，669户，1865人。村委会驻地原浦洋村办公楼。

* **【白浦岙村】** [Báipǔ'ào Cūn] 以原白浦岙片村得名。片村处在百家尖西北麓山岙中，故称百家岙。因村南有浦，遂演变为百浦岙，后谐写为白浦岙。位于茅畲乡北部。东与沙埠镇接壤，南、西至浦洋村，北至大礼村。下辖外厂、里厂、小岙3个自然村，8个

村民小组。村委会驻地外厂。225户，700人。辖区总面积1.7平方千米。其中耕地15公顷，林地107.7公顷。种植水稻为主，兼种柑橘。建有文化礼堂。

1947年为茅畲乡第十三保。1951年为大礼乡白浦岙村。1956年属茅畲乡白浦岙高级社。1961年称茅畲公社白浦岙大队。1983年称茅畲乡白浦岙村。2018年8月，和浦洋村合并称浦洋村。

外厂［Wàichǎng］白浦岙村委会驻地。距茅畲乡政府驻地1.7千米。白浦岙最早有两座管山的茅厂屋（茅棚），位于岙外的叫外厂。海拔30米。95户，324人。多牟、李、杨姓。

里厂［Lǐchǎng］属白浦岙村。距茅畲乡政府驻地1.8千米。白浦岙最早有两座管山的茅厂屋（茅棚），位于岙里的叫里厂。海拔50米。88户，298人。多杨、牟姓。

小岙［Xiǎo'ào］属白浦岙村。距茅畲乡政府驻地1.4千米。地处白浦岙村境南的小山岙中，面积较小，故名。海拔45米。198人，多牟姓。

*【**浦洋村**】［Pǔyáng Cūn］因村委会驻地自然村浦洋得名。位于茅畲乡北部，东与沙埠镇接壤，南至东边村，西至北洋镇西岑村，北至白浦岙村。下辖浦洋、梨园、多福寺、水碓4个自然村，1个新桥头小区，13个村民小组，444户，1165人。辖区总面积1.7平方千米，其中耕地50.2公顷，林地39.9公顷。种植水稻为主，兼种柑橘，属半山区。位于大田山东坡山岗的明代建筑水口石塔，为省级文物保护单位。该村横台门里的官封里（也称进士第），系明代西乡望族西崖公牟璠宅院，也是牟璠五世孙进士牟贤的故居。村南的上台门和村北的下台门，坐东朝西，为明代建筑，上台门石筑雕刻工艺精湛，台门整体建筑形制如独脚金鸡状；下台门石础砌筑工艺较为新颖，四角起翘如同歇山顶式样。上下台门2013年2月被公布为区级文物保护单位。

清光绪《黄岩县志》卷七：铺洋，十九都一图。1947年属茅畲乡第十二保。1951年为大礼乡浦洋村。1956年属茅畲乡浦洋高级社。1961年称茅畲公社浦洋大队。1983年称茅畲乡浦洋村。2018年8月，白浦岙村并入浦洋村。

浦洋［Pǔyáng］浦洋村委会驻地。距茅畲乡政府驻地1千米。村处柏嘉山麓和大田山之间一片开阔平原上，一条源于柏嘉山的小溪在村前平缓地流入九溪，成为常年不干的圳浦。方言称平原为洋，浦，水边之意。村以此得名。另一说：据传西崖公孙女婿、兵部尚书赵大佑带兵过此，因人马众多，踏破田垟，故称破垟，后雅化写作浦洋。清光绪《黄岩县志》作铺洋。427人，多牟姓。该村保留着明代中期的建村格局，如一方棋盘，棋路分明。村庄坐东朝西，东倚百家尖金刚肚山，西望大田山，山麓九溪环绕。全村东西走向四个大墙弄，古时整个村用溪石垒墙围砌，作为防御工事。

梨园［Líyuán］属浦洋村。距茅畲乡政府驻地1千米。村处九溪东边的山间平原上，多梨树，故名。50户，189人，多牟、张姓。

多福寺［Duófúsì］属浦洋村。距茅畲乡政府驻地1.3千米。宋嘉定《赤城志》卷二十八："多福院，在县西三十里，旧名兴福，吴赤乌中建，国朝治平三年（1066）改今额。"村以寺名。35人。海拔35米。村内多福寺为江浙最早36所寺院之一。

水碓［Shuǐduī］属浦洋村。距茅畲乡政府驻地1.6千米。村处九溪下游，古时筑有水碓（利用水力的舂米工具），村以此得名。350人。杂姓。古迹有纪念牟大昌的将军殿，明万历四十四年（1616）由牟应魁与族人共建的水口石塔，抗元英雄牟大昌墓。

新桥头小区［Xīnqiáotóu Xiǎoqū］新桥头小区属浦洋村。距茅畲乡政府驻地1千米。此地原为石板桥，后建混凝土桥，小区靠近桥头，故名。372人，杂姓。占地面积6700平方米，住房建筑达40间。

【**西泉村**】［Xīquán Cūn］以原西岙村和船山岭村合并各取首字得名西船，雅化西泉。位于茅畲乡中西部。东至茅畲洋村，南至山卡村，西至平田乡青龙岗村，北至西边村、北洋镇西岑村。下辖黄水埠、徐恩、下金洋、岙里、广炎寺5个自然村，12个村民小组。村委会驻地黄水埠。372户，1131人。辖区总面积4平方千米，其中耕地34.3公顷，林地308.2公顷。种植水稻、柑橘。1984年台州地区批准该村为抗日战争时期革命根据地村。

清光绪《黄岩县志》卷七：西岙，二十都一图。1947年为茅畲乡第四保，称西岙。1951年为茅畲乡西岙村。1956年称茅畲乡西岙高级社。1961年称茅畲公社西岙大队。1981年因县内重名更名为西泉。1983年称茅畲乡西泉村。

黄水埠［Huángshuǐbù］西泉村委会驻地。距茅畲乡政府驻地2.1千米。村西有宽15米的九溪，古时为了过溪，筑有石碇步。每当山洪暴发，水呈黄色，俗称黄水步，谐音黄水埠。民国《黄岩县志》作黄水步。105户，312人左右，多牟姓。海拔32米。村北有唐代寺院广炎寺遗址，20世纪60年代废。

徐恩［Xú'ēn］属西泉村。距茅畲乡政府驻地1.9千米。该村古时有尼姑庵，庵南有株大树，枝叶繁茂遮盖屋顶，俗呼此庵为树庵。庵方音为恩，树谐音为徐，故名。民国《黄岩县志》作徐恩。75户，250人，多杨、戴姓。海拔25米。有小地名上山坦、化岳庙。

下金洋 [Xiàjīnyáng] 属西泉村。距茅畲乡政府驻地1.5千米。村在西岙之东（下）的山脚，靠近茅畲洋，故名下脚洋，后雅化为下金洋。民国《黄岩县志》作下金洋。30户，80人，多杨、叶姓。海拔22米。

岙里 [Àolǐ] 属西泉村。距茅畲乡政府驻地2.7千米。西泉原叫西岙，该自然村在西岙里的深处，故名。《清同治光绪年间新定县境总图》作西岙。125户，350人左右，多牟姓。海拔44米。

广炎寺 [Guǎngyánsì] 属西泉村。距茅畲乡政府驻地2.2千米。明万历《黄岩县志》卷七："广严寺，在县西四十里。唐乾符间建，宋大中祥符元年（1008）赐额。"村以寺名。1户，6人。

路廊下 [Lùlángxià] 属西泉村。距茅畲乡政府驻地2.3千米。早年村前有路廊，故名。20户，75人。海拔32米。

【茅畲洋村】 [Máoshēyáng Cūn] 2018年8月，行政村规模调整，上横村和下横村合并为茅畲洋村。恢复旧村名。因杨姓聚居在茅畲南平洋中得名茅畲杨，后谐音茅畲洋。位于茅畲乡中部，东界沙埠镇北兴村、佛岭村，南至山卡村，西至西泉村，北至上街村、上庄村。辖区面积6.9平方千米。辖下横、上横、眉岙、南岙口、吉下、下坦、丁家岙、山卡岭脚、道观头、温州岭、马士岙11个自然村，882户，2457人。村委会驻地原上横村办公楼。据民国《黄岩县志·氏族》："茅畲杨氏，宋杨翊龙自五峰山迁茅畲洋。"

***【下横村】** [Xiàhéng Cūn] 以村委会驻地自然村下横得名。位于茅畲乡中部，东至沙埠镇岐田村，南至上横村，西至西泉村，北至上街。下辖下横1个自然村，9个村民小组。有人口321户，837人，杨姓为主，张姓次之。辖区总面积0.5平方千米，其中耕地30公顷，林地2.8公顷。

清光绪《黄岩县志》卷七：茅畲洋，十九都一图。1947年属茅畲乡第六保，称茅畲洋。1951年为茅畲乡茅畲洋村。1956年属茅畲乡下横高级社。1959年与上横合并为茅畲管理区茅畲洋生产队。1961年称茅畲公社下横大队。1983年改称茅畲乡下横村。2018年8月，和上横村合并称茅畲洋村。

下横 [Xiàhéng] 下横村委会驻地。距茅畲乡政府驻地1千米。与上横村合称为茅畲洋（以位于茅畲自然镇之南的一块比较宽阔的山间平地得名）。以其中部东西走向横路为界。在下（北地势低）称下横。民国《黄岩县志》作茅畲洋。322户，862人，杨姓为主，张姓次之。海拔24米。

***【上横村】** [Shànghéng Cūn] 以村委会驻地自然村上横得名。位于茅畲乡中部。东至沙埠镇岐田村，南至山卡村，西至西泉村，北至下横村。下辖上横、眉岙、南岙口、吉下、下坦、丁家岙、山卡岭脚、道观头、温州岭、马士岙10个自然村，1个高园新村小区，16个村民小组。561户，1621人。辖区总面积6.3平方千米，其中耕地57.8公顷，林地520.2公顷，以种植水稻和产竹笋为主，是茅畲乡人口最多、面积最大的一个村。始于宋代的温州岭古道，起点为该村龙王殿，古道沟通了黄岩与乐清间古时的经济、文化交往，为两地经济、交通发展起了纽带作用。有大众里程家园等旅游景点。

清光绪《黄岩县志》卷七：茅畲洋，十九都一图。1947年属茅畲乡第五保。1951年为茅畲乡茅畲洋村。1956年属茅畲乡上横高级社。1959年与下横合并为茅畲管理区茅畲洋生产队。1961年称茅畲公社上横大队。1983年称茅畲乡上横村。2018年8月，和下横村合并称茅畲洋村。

上横 [Shànghéng] 上横村委会驻地。距茅畲乡政府驻地1.2千米。与下横村合称为茅畲洋，以中部东西走向横路为界，居上（南面地势高）称上横。民国《黄岩县志》作茅畲洋。海拔26米。288户，988人，杨姓占60%。

眉岙 [Méi'ào] 属上横村。距茅畲乡政府驻地2千米。村在眉山南麓山岙中，故名。眉山，因山形似眉，景色秀丽妩媚而名。民国《黄岩县志》作眉岙。27户，78人，多杨姓。海拔58米。

南岙口 [Nán'àokǒu] 属上横村。距茅畲乡政府驻地2千米。位于上横村南面一山岙之口，故名。21户，108人，多牟、杨姓。海拔47米。

吉下 [Jíxià] 上横村。距茅畲乡政府驻地2.1千米。该村南偏西的卷洞桥，有一条石凿成长约丈余的水笕，作引水灌溉用。因村在其下方，故名笕下，后谐音为吉下。《清同治光绪年间新定县境总图》作吉下。31户，160人，郑姓为主。海拔40米。

下坦 [Xiàtǎn] 属上横村。距茅畲乡政府驻地2千米。村在山脚下一片较平坦的坡地上，故名。现无人居住。海拔80米。

丁家岙 [Dīngjiā'ào] 属上横村。距茅畲乡政府驻地2.4千米。早年丁姓祖先始居此山岙故名。43人，多叶姓，杨姓次之。海拔70米。

山卡岭脚 [Shānkǎlǐngjiǎo] 属上横村。距茅畲乡政府驻地2.8千米。位于山卡岭下，故名。4户，16人，杨姓。海拔65米。

道观头 [Dàoguāntóu] 属上横村。距茅畲乡政府驻地2.6千米。以山形似道士之冠（帽子）得名道冠头，惯写作道观头。现无人居住。海拔420米。

温州岭 [Wēnzhōulǐng] 属上横村。距茅畲乡政府驻地3.7千米。因翻过此岭就入温州乐清地界，故名。民国《黄岩县志》作温州岭。海拔300～475米。现无人居住。有小地名风门头、长跳头、上落坪、下落坪、大坑里、幢岩、老田。

马士岙 [Mǎoshì'ào] 属上横村。距茅畲乡政府驻地2.5千米。村在地形似蚂士（方言，即蚂蟥）的山岙中，故名。7户，21人，多喻姓。海拔72米。

高园新村 [Gāoyuán Xīncūn] 属上横村。距茅畲乡政府驻地1.2千米。1994年在一块地势较高的橘园建房，故名。位于上横村部南面，人口50户，96人。占地8000平方米，住房建筑50间。

【山卡村】 [Shānkǎ Cūn] 2018年8月，行政村规模调整，山卡村和鸟山村合并为山卡村。位于茅畲乡南部，东界沙埠镇佛岭村，南界乐清市，西界平田乡官龙村，北至西泉村、茅畲洋村。辖区面积5.7平方千米。辖鸟山、平坑、草鞋爬坪、横眉垄、响岩前、蔡家、堂基、山卡岭头、大镬岗、塔往、磨丘、小岭头、皇恩、山卡殿、黄皮岙、樱珠塔、湖北坑、前门山、许家、外岗、倒转坑、里岗、火炉岗等23个自然村，411户，1348人。村委会驻地原山卡村办公楼。

*** 【鸟山村】** [Niǎoshān Cūn] 以村委会驻地自然村鸟山得名。位于茅畲乡西南部，东至山卡村，南与乐清市赵家辽接壤，西与平田乡官龙村相邻，北至西泉村。下辖鸟山、平坑、草鞋爬坪、横眉垄、响岩前、蔡家6个自然村，6个村民小组。135户，408人。总面积2.3平方千米，其中耕地12公顷，林地181.3公顷。以种番薯、水稻为主，兼种板栗、猕猴桃和柑橘，村内有鸟山水库。

1947年属茅畲乡第二保。1951年为茅畲乡鸟山村。1956年属茅畲乡鸟山高级社。1961年称茅畲公社鸟山大队。1983年称茅畲乡鸟山村。2018年8月，和山卡村合并称山卡村。

鸟山 [Niǎoshān] 鸟山村委会驻地。距茅畲乡政府驻地4.4千米。相传此山树木茂密，古木参天，为群鸟栖息之所，号称“百鸟之家”，故名。村以山名。海拔320米。由火山岩构成。45户，152人，多黄、夏姓。村西南有鸟山水库。

平坑 [Píngkēng] 属鸟山村。距茅畲乡政府驻地西南3.9千米。村中有条山岭坡度较平缓，旁边有小溪坑，故名。《清同治光绪年间新定县境总图》作平坑。海拔170米。20人，牟姓。村北有清代三孔石砌平桥叫双庆桥，该桥为古代黄岩平田、茅畲与乐清之间的重要交通枢纽。

草鞋爬坪 [Cǎoxiépápíng] 属鸟山村。距茅畲乡政府驻地4.1千米。村在山坡一块相对平坦地上，西侧有三条隆起之岗，很像编织草鞋的工具——草鞋耙，故名草鞋耙坪，耙讹写作爬。民国《黄岩县志》作草鞋耙坪。海拔320米。139人，牟姓。

横眉垄 [Héngméilóng] 属鸟山村。距茅畲乡政府驻地5.5千米。村在群山环抱中，人居其境，犹如画眉在笼中一样，故名画眉笼，后谐音为横眉垄。海拔340米。132人，鲍姓。村北有鸟山水库。

响岩前 [Xiǎngyánqián] 属鸟山村。距茅畲乡政府驻地3.8千米。该村西边有块高约20米的大岩壁，人在村中喊话，立刻有回声传来，故名。海拔290米。12户，36人，牟姓。

蔡家 [Càijiā] 属鸟山村。位于茅畲乡政府驻地西南4.1千米。因多蔡姓，故名。海拔320米。25户，83人，蔡姓占80%。

*** 【山卡村】** [Shānkǎ Cūn] 以山卡岭得名。明清时写作山客。清光绪《黄岩县志》卷二：“山客岭，在县西南六十里，入乐清界。按《乐清志》杀客岭，在石猪（亦作豨）坑东，接黄岩界，元兵袭破鲍叔廉于此。”后写作山卡。位于茅畲乡东南山区。东至沙埠镇王家，南接乐清界，西至鸟山村，北至上横村。下辖堂基、山卡岭头、大镬岗、塔往、磨丘、小岭头、皇恩、山卡殿、黄皮岙、樱珠塔、湖北坑、前门山、许家、外岗、倒转坑、里岗、火炉岗等17个自然村，10个村民小组。村委会驻地堂基。276户，940人。辖区总面积3.4平方千米，其中耕地26.7公顷，林地295.2公顷。种植薯类、水稻为主，系农林并举的山区。

1947年为茅畲乡第一保，称山卡。1951年为茅畲乡山卡村。1956年称茅畲乡山卡高级社。1961年称茅畲公社山卡大队。1983年称茅畲乡山卡村。2018年8月，和鸟山村合并后仍称山卡村。

堂基 [Tángjī] 山卡村委会驻地。距茅畲乡政府驻地3.7千米。相传此地原作和尚堂的堂基，故名。海拔350米。18人，许姓。

山卡岭头 [Shānkǎlǐngtóu] 属山卡村。距茅畲乡政府驻地3.4千米。村在山卡岭首，故名。明万历《黄岩县志》《清同治光绪年间新定县境总图》作山客岭。海拔400米。13户，51人，牟姓等。始于宋代的温州岭古道终点在该村。

大镬岗 [Dàhuògāng] 属山卡村。位于茅畲乡政府驻地南3.4千米。山岗头圆而凸起，似一口覆着的大镬，俗称大镬岗头，村以岗名。海拔540米。现无人居住。

塔往 [Tǎwǎng] 属山卡村。距茅畲乡政府驻地3.6千米。当地把山坡一起一伏称“往”。该地山坡较陡，呈塌下之势，故名塌往，惯写作塔往。民国《黄岩县志》作塔往。海拔350米。28人，多喻姓。

磨丘 [Móqiū] 属山卡村。距茅畲乡政府驻地4千米。村中有一丘田形似磨盘，故名。民国《黄岩县志》作磨坵。29人。海拔340米。

小岭头 [Xiǎolǐngtóu] 属山卡村。距茅畲乡政府驻地4.4千米。在黄（岩）乐（清）交界处，有一条小岭相通，因村在岭头，故名。海拔340米。28人，多周姓。

皇恩 [Huáng'ēn] 属山卡村。距茅畲乡政府驻地4.1千米。相传早年该地有某大学士之墓，并有守墓的庵屋，可能墓主为王姓，俗名王恩（方言庵、恩同音）。今谐写作皇恩（方音王、皇同音）。海拔320米。49人，多杨姓。有小地名桃坑里、李家坟。

山卡殿 [Shānkǎdiàn] 属山卡村。距茅畲乡政府驻地4.2千米。村中有庙宇俗称山卡殿，村以庙得名。海拔290米。38人，王姓等。1937—1949年，浙南三五支队司令部驻设于此。

黄皮岙 [Huángpí'ào] 属山卡村。位于茅畲乡政府驻地南4.5千米。村所在的山岙多黄泥土，故名。民国《黄岩县志》作黄皮岙。海拔320米。25人，多冀姓。

樱珠塔 [Yīngzhūtǎ] 属山卡村。距茅畲乡政府驻地4.6千米。村在倾斜度较大的山坡上，看去好似倒塌的样子，山坡早年长有山樱桃，故名樱珠塌，"塌"谐音作"塔"。民国《黄岩县志》作鹰嘴。海拔300米。39人，多杨、林姓。

湖北坑 [Húběikēng] 属山卡村。距茅畲乡政府驻地5.2千米。村在溪坑边，位于乐清县大树岗之北，相传早年有虎出没，故名虎北坑，谐音湖北坑。海拔340米。38人，多牟姓。

前门山 [Qiánménshān] 属山卡村。距茅畲乡政府驻地4.1千米。该村与许家自然村一溪相隔，东西相对，站在许家位置称之为前门山。民国《黄岩县志》作前门山。海拔250米。35人，多林、杨姓。有小地名斗里、大坪头。

许家 [Xǔjiā] 属山卡村。距茅畲乡政府驻地4.2千米。许氏世居于此，故名。海拔350米。25户，96人，多许姓。

外岗 [Wàigǎng] 属山卡村。距茅畲乡政府驻地4.5千米。与里岗对称。村在山岗上，此岗在山卡村东南边境，再过去便是沙埠镇，故名。海拔310米。35户，137人，多郑姓。

倒转坑 [Dàozhuǎnkēng] 属山卡村。距茅畲乡政府驻地4.8千米。有两条溪涧在村边汇合，其中一条溪水注入另条溪后，经过回流，再往前去，好像倒转似的，俗称之为倒转坑。海拔260米。10户，39人，杂姓。

里岗 [Lǐgǎng] 属山卡村。距茅畲乡政府驻地6千米。村处外岗自然村北面（里）的山岗上，故名。6户，13人，多陈姓。

火炉岗 [Huǒlúgǎng] 属山卡村。距茅畲乡政府驻地4.9千米。因山岗常年温度较高，故名。49人。

第三节　道路街巷

茅畲街 [Máoshē Jiē] 2004年12月建成。因位于茅畲集镇中心，故名。南起西庄路，北至下街村，混凝土路面，长0.3千米，宽8米。

茅西路 [Máoxī Lù] 2004年12月建成。因位于茅畲镇西侧得名。北起台州市黄岩区丁升安全器材有限公司，南至上街村、下横村交接点，混凝土路面，长0.6千米，宽15米。

西庄路 [Xīzhuāng Lù] 2004年12月建成，因位于集镇中心，连接茅西路至上庄村得名。西起茅西路，东至上庄村，混凝土路面，长0.6千米，宽9米。

第十八章　上垟乡

第一节　概　述

上垟乡［Shàngyáng Xiāng］乡级行政单位。在区境西南部。东与平田乡接壤，南与乐清市福溪乡毗邻，西与永嘉县岭头乡、宁溪镇相连，北濒长潭水库与北洋镇接界。总面积67.6平方千米。户籍人口6411户，1.8万人。以山岭得名。民国《台州府志》卷四十一："上洋岭，在县西南六十里。"清光绪《黄岩县志·坊市》："上垟市，在县西七十五里。"因地处四面环山的一片山间平原（方言俗称垟），中华人民共和国成立后写作上垟。清光绪年间（1875—1908）为12～13都1图。1947年属乌岩区秀西乡、双秀乡。1949年为乌岩区上垟乡、沈岙乡。1950年11月从沈岙乡析出，设上垟乡，属乌岩区。1956年，沈岙乡并入。1958年10月改称上垟大队，划归宁溪区。1959年2月复属乌岩区，称乌岩公社（区级）上垟管理区（乡级）。1961年称上垟人民公社。1965年修长潭水库后，撤乌岩区，属宁溪区。1966年属头陀区。1983年复置上垟乡。1992年5月小坑乡并入。乡人民政府驻地上垟村滨溪路2号，距黄岩城区29千米。2015年11月，全区行政村规模调整撤并，双桥、毛岙岸两个行政村并入大岩村，前岸村并入上垟村，东济村、后呈村、苗圃村并入西洋村，后园、西山下两村并入董岙村，李家洋整村移民后收归国有，日溪整村移民，撤销行政村。调整后，行政村由原来的28个调整为18个。辖大岩、岭脚、象岙、西洋、白沙园、前思岙、上下吉、石库垟、毛岙、沈岙、莆田、上垟、山主头、下堂山、黄杜岙、下方、潘山头、董岙共18个行政村。2018年8月，行政村规模调整，大岩村和岭脚村合并为岭脚村；前思岙村和白沙园村合并为白沙园村；毛岙、石库垟、沈岙3村合并为沈岙村；莆田、下堂山、上垟3村合并为上垟村；潘山头村和董岙村合并为湖滨村。调整后，共辖11个行政村。有213个村民小组。有幼儿园2所，小学2所。各类医疗卫生机构2个。有文化艺术团体2个，文化站1个，村文化俱乐部17个。有6个养老服务中心和象岙、上垟等村文化礼堂。地处黄岩的西南部黄（岩）乐（清）永（嘉）三地交界处。东西最大距离10.7千米，南北最大距离12.1千米，陆地45平方千米，水域22.6平方千米。境内东、南、西三面皆低山和丘陵。北为长潭水库库区。西南方的龙洞山为境内最高山峰，海拔884米。南有平天堂，海拔666米。有锰、锌、铅、硫磺及黄铁矿等矿产资源。上垟溪亦称松溪，源自永嘉县乌湾坑流经沈岙至潘山头村入长潭水库，全长7000多米。有青龙桥、辛氏宗祠、黄杜岙办公楼区级文物保护单位3处。市非物质文化遗产上垟吹打乐1项。明万历《黄岩县志》中有小坑市的记载。小坑曾是黄岩西南部有名的古镇。台（州）温（州）古道纵向穿境而过，上下吉、前思岙、西洋等属抗战时期革命根据地村。先后涌现了北宋进士求仲弓，南宋武进士蔡镐，南宋理学家蔡梦说，义民蔡元亓及近代学者周炳琳、民国陆军中将吴冠周等历史文化名人。

拥有耕地面积937.4公顷，林地面积4477.1公顷。农业主要种植水稻、麦、薯类等粮食。有中药材、西洋苗木、水果等若干区块。优质大米通过省无公害农产品产地认证。工业有塑料、机械、工艺礼品等产业。第三产业以旅游业为主，有前岸湿地、环湖观光、四季采摘等特色旅游线路。县道黄前线、百王线等。村村通公路，北（洋）宁（溪）公路经上垟直通宁溪，上（垟）福（溪）公路连通乐清市等地。

从地名专名来看，辖区内居民点地名有以下特征：①以自然地理实体命名。如：上堂山、大岗、沈家山、大岩等。②以地理位置命名。如：前岸、里岙、下堂山、西洋、后园、岭脚等。③以物产命名。如：樟树平、茅渣坦、松树泡头、葛藤蓬、格公（覆盆子）坦、苦竹丛等。④以姓氏命名。如：岭头王、郑家山、下方、上山周、后马、董岙、金家岙等。⑤以人工建筑、墓地命名。如：外屋、上宅、江加寮、路廊前、新文（坟谐音雅化得名）、大坟、上大墓、下大墓等。⑥以典型的地理特征和面积大小命名。如：牛富（伏）岗、狮子坤、大斗里、芝麻平、度（大）面等。

从地名通名来看，辖区内居民点地名山水特色和传统文化兼具：①移借自然地理实体通名。如：山、岙、垟、坑、岭、岗等。②移借民间神庙通名。如：堂、庙、寺等。③移借住宅建筑通名。如：屋、基、宅、寮等。④移借耕地、墓地通名。如：田、丘、坟、墓等。

地名的社会应用主要集中在民间传统音乐方面。以正名"上垟"冠名的有：上垟吹打乐。2008年公布为市级非物质文化遗产名录。

第二节　行政村

【上垟村】［Shàngyáng Cūn］2018年8月，行政村规模调整，上垟村、莆田村和下堂山村合并为上垟村。位于上垟乡西南部，东至西洋村，南至沈岙村，西界宁溪镇牌门村，北至山主头村、黄杜岙村、长潭水库。辖区面积8.3平方千米。辖莆田、龙塌岙、度面、下堂山、岭头王、西坑、老鸦窝、上堂山、大坦、上垟、岩头山、樟树平、前岸、上山周、大斗里、下垟岭、塘岭岙17个自然村和莆新移民小区，988户，2920人。村委会驻地原上垟村。

*【**上垟村**】[Shàngyáng Cūn] 以村委会驻地自然村上垟得名。位于上垟乡南部，东邻莆田村，南与沈岙相邻，西与山主头村接壤，北连长潭水库，下辖上垟、岩头山、樟树平、前岸、上山周、大斗里、下垟岭、塘岭岙等8个自然村，有26个村民小组。509户，1598人。区域面积约2.5平方千米。耕地面积64.5公顷，林地面积119.7公顷，海拔55米。以种植水稻、杂粮为主。20世纪后期，村庄布局按城镇街道模式建筑，初步形成小镇的格局，街道纵横，店铺林立，沿溪长街达150多米，有百货商店、食品、五金、医药、酒楼、旅馆等。一、四、八为市日，每逢集市，商贩云集。是黄岩西南地区主要的土特产集散地之一。建有文化礼堂。县道黄前线等。

1947年属秀西乡第八、九保。1951年称上垟乡上垟村。1956年为上垟高级社。1961年为上垟公社上垟大队。1983年称为上垟乡上垟村。2018年8月，和莆田村、下堂山村合并后仍称上垟村。

上垟 [Shàngyáng] 古称上阳，清末改名上洋。清光绪《黄岩县志》有“上洋市”的记载。民国《台州府志》卷四十一：“上洋岭，在县西南六十里。”村以岭名。中华人民共和国成立后改作上垟。系村委会及乡政府驻地。303户，989人，多吴姓。海拔55米。

岩头山 [Yántóushān] 属上垟村，位于乡政府驻地上垟北偏东0.3千米。村东有山，山的南端有巨岩，俗称岩头山，村以山名。58户，186人，多吴、郑、杨等姓。海拔55米。民国《黄岩县志》称屿头山，即岩头山。

樟树平 [Zhāngshùpíng] 属上垟村，距乡政府驻地上垟1千米。村头平地过去长有大樟树，故名樟树坪，后简写为樟树平。15户，61人，村中吴姓居多。地处山上，海拔163米。

前岸 [Qián'àn] 属上垟村，位于乡政府驻地上垟北偏东1.6千米。因在上垟村之前及上垟溪南岸而名。民国《黄岩县志》载为秀南乡第十二保。60户，180人，村中吴、柯两姓居多。海拔50米。2015年11月，黄岩区行政村调整时，前岸村并入上垟村。

上山周 [Shàngshānzhōu] 属上垟村，距乡政府驻地上垟2千米。因村落在山下，地势高于田垟，为周氏世居之地，故名。23户，84人。村中多周、吴两姓。民国《黄岩县志》载有上山周，为秀南乡第十二保。

附：

周炳琳（1892—1963），字枚荪，上垟迁居孟家巷。北京大学毕业，曾参加五四运动，赴美国、哥伦比亚及英国伦敦大学深造，任北京大学经济系教授、西南联大法学院院长等职。

大斗里 [Dàdǒulǐ] 属上垟村，距乡政府驻地上垟2.1千米。村落在一个形似大斗的山岙里，故名。13户，51人。村中多胡姓。

下垟岭 [Xiàyánglǐng] 属上垟村，距乡政府驻地上垟1.1千米。位于上垟下方，进村从上往岭下走，故名。27户，65人，多柯姓。海拔55米。

塘岭岙 [Tánglǐng'ào] 属上垟村，距乡政府驻地上垟1.3千米。地处塘岭北侧山岙中，故名。48户，137人，村中以俞、马、胡等姓居多。海拔50米。三面环山，北临长潭水库，环境秀美。

*【**下堂山村**】[Xiàtángshān Cūn] 位于上垟乡西部，以驻地自然村下堂山而名。东与黄杜岙村相邻，南邻沈岙村，西与宁溪镇接壤，北邻黄杜岙村。有下堂山、岭头王、西坑、老鸦窝、上堂山、大坦等6个自然村组成。有10个村民小组。189户，541人。区域面积4.2平方千米。耕地35.2公顷，林地358.1公顷。以种植水稻与杂粮为主。林木资源丰富，种植茶叶等特产。

1947年属秀西乡第十保。1951年称上垟乡下堂山村。1956年为下堂山高级社。1961年称上垟公社下堂山大队。1983年为上垟乡下堂山村。2018年8月，和莆田村、上垟村合并后称上垟村。

下堂山 [Xiàtángshān] 下堂山村委会驻地，距乡政府驻地上垟3.3千米。该地古时有两座庙堂，在上的叫上堂，在下的叫下堂，村因庙得名。99户，429人，村中多卢姓。海拔360米。民国《黄岩县志》称下堂山。

岭头王 [Lǐngtóuwáng] 属下堂山村，距乡政府驻地上垟4.1千米。最初系王姓在此岭头落户，故名。3户，18人，王、谷、陈姓。村落在高山岭上，海拔275米。

西坑 [Xīkēng] 属下堂山村，距乡政府驻地上垟4.2千米。村落位于下堂山西边，故名。7户，34人，黄、李等姓。海拔330米。

老鸦窝 [Lǎoyāwō] 属下堂山村，距乡政府驻地上垟2.2千米。据传村后树林中多老鸦窝，故名。20户，104人，村中多吴姓。海拔340米。

上堂山 [Shàngtángshān] 属下堂山村，距乡政府驻地上垟4千米。据传古时此地有两座庙堂，村落在上堂处，故名。6户，20人，陈、卢姓。海拔550米。西南与永嘉县相邻。民国《黄岩县志》有载。

大坦 [Dàtǎn] 属下堂山村，距乡政府驻地上垟3.8千米。当地也称老鸦窝，村落之地平坦开旷，故名。16户，77人。

*【**莆田村**】[Pútián Cūn] 因村委会驻地自然村莆田得名。西与上垟村隔溪相望，东与苗圃相邻，南与沈岙接壤，北与上垟村接壤。下辖莆田、龙塌岙、度面3个自然村和莆新移民小区，有8个村民小组。290户，781人。区域面积约1.4平方千米，耕地面积25公顷，林地面积56.7公顷，种植水稻与杂粮为主。

1947年为秀西乡第六保。1951年属沈岙乡蓝田村。1956年称蓝田高级社。1961年称上垟公社蓝田大队。1981年因重名改名上垟乡莆田村。1983年称上垟乡莆田村。2018年8月，和上垟村、下堂山村合并后仍称上垟村。

莆田 [Pútián] 莆田村委会驻地，距乡政府驻地上垟0.6千米。1981年7月前称蓝田，村里原有一片低洼水田，人称“滥田”，民国《黄岩县志》称滥田。吴姓始祖从福建莆田迁于此，(另一说系宋末元初从乌岩吴洋迁入)称村名为蓝田。后因同乡后园村有蓝田，改上垟蓝田为莆田。166户，656人，多吴姓。海拔55米。民国陆军中将吴冠周(1885—1951)系该村人。

龙塌岙 [Lóngtā'ào] 属莆田村，位于乡政府驻地上垟东南1.2千米。相传很久以前，有一年山洪暴发，好多山坡塌方，民众都说是青龙发怒所致，地名叫龙塌岙。4户，12人，吴姓。海拔85米。

莆新移民小区 [Púxīnyímín Xiǎoqū] 位于莆新路边，故名。东至莆田路，南至莆新路，西至教育路，北至山林。2003年各处高山移民搬此建小区，占地面积3万平方米，共建有立地式住房75间，套房22套，住户90多户。户口不属莆田。

度面 [Dùmiàn] 属莆田村。位于乡政府驻地上垟南偏东0.7千米。因村北的垟面比龙塌岙大(度)，故叫度面。37户，151人，多姚姓。海拔70米。

【**山主头村**】[Shānzhǔtóu Cūn] 位于上垟西部。以村委会驻地山主头自然村得名。东至上垟村，南与上垟相邻，西邻黄杜岙，北与下方村接壤。下辖山主头、西湖、坎头、小栅、后马、小栅岙6个自然村，有10个村民小组，共461户，1256人。区域面积约2.8平方千米，耕地面积58.3公顷，林地面积154.5公顷。主要种植水稻和杂粮。特产有桑蚕、茶叶、柑橘等。

1947年为秀西(今上垟)乡第九保。1951年属上垟乡山嘴头村。1956年称山嘴头高级社。1961年称山嘴头大队。1983年称上垟乡山嘴头村，2016年10月，正式更名为山主头村。

山主头 [Shānzhǔtóu] 山主头村委会驻地，位于乡政府驻地上垟北偏西1.3千米。村庄建在公堂山与太红山连接的山主头而名。西靠大山，东临上垟溪。80户，242人，多张、鲍姓。海拔45米。《清同治光绪年间新定县境总图》上有此名。

西湖 [Xīhú] 属山主头村，位于乡政府驻地上垟北偏西0.8千米。《浙江古今地名词典》:“以村西山麓有溪潭如湖得名。”1950—1986年，上垟乡政府驻地设在西湖村。村落西靠山，东倚上垟溪，呈南北长条形分布。79户，169人，多柯、翁两姓。海拔50米。

坎头 [Kǎntóu] 属山主头村，位于乡政府驻地上垟北偏西2千米。因在黄杜岙溪与上垟溪汇合处西侧山下，地势比溪沿高，俗称高坎，村落以此称坎头。17户，96人，方姓居多。海拔48米。

小栅 [Xiǎozhà] 属山主头村，位于乡政府驻地上垟北偏西1.7千米。自然村西山下有岩石壁立如栅，体形不大，故名小栅。60户，244人，柯姓居多。海拔47米。民国《黄岩县志》有载。

后马 [Hòumǎ] 属山主头村，位于乡政府驻地上垟北0.8千米。初为马姓族人聚居地，位于上垟之北，故名后马。56户，252人，今村中多马、夏两姓。海拔48米。民国《黄岩县志》载有后马。

小栅岙 [Xiǎozhà'ào] 属山主头村，位于乡政府驻地上垟西北1.4千米。因位于小栅南端山岙中，故名。27户，100人，多谷姓。三面环山，中为小栅溪，环境秀丽。海拔65米。民国《黄岩县志》载有此名。

【**下方村**】[Xiàfāng Cūn] 以村委会驻地自然村下方得名。位于上垟乡北部。东邻上垟村、长潭水库，南与山主头村、黄杜岙村相邻，西与宁溪接壤，北至湖滨村潘山头。由下方、塘坑、培家山、岩潭、郑岙、下坎头等6个自然村组成，有14个村民小组。共346户，998人。区域面积3.2平方千米，耕地面积53.2公顷，林地210.2公顷，种植水稻与杂粮为主。

1947年为秀南乡第十三保。1951年称上垟乡下方村。1956年为下方高级社。1961年为上垟公社下方大队。1983年为下方村，相沿至今。

下方 [Xiàfāng] 下方村委会驻地，位于乡政府驻地上垟北偏西2.3千米。下方地处黄杜岙东(下)边，多方姓，故名。208户，832人。海拔39~45米。民国《黄岩县志》称下方。

塘坑 [Tángkēng] 属下方村，位于乡政府驻地上垟西北4千米。过去村民在溪边筑塘从事土纸制作，村以此得名。23户，108人，多童姓。海拔320米。

培家山 [Péijiāshān] 属下方村，位于乡政府驻地上垟西北3.6千米。地处下方村西边的山背，俗呼背角山，谐音培家山。44户，189人，多李、林两姓。有小地名孙家、李家。海拔240米。

岩潭［Yántán］属下方村，位于乡政府驻地上垟北2千米。村旁有一溪潭，四壁多岩石，故名。9户，39人，多陈姓。海拔40米。

郑岙［Zhèng'ào］属下方村，位于乡政府驻地上垟北偏西2.8千米。村在西岙坑东北，多郑姓，故名。

下坎头［Xiàkǎntóu］属下方村，位于乡政府驻地上垟北偏西2.1千米。位于坎头村下方，故名。11户，40人，多方姓。海拔45米。

【黄杜岙村】［Huángdù'ào Cūn］以村委会驻地黄杜岙自然村得名。位于上垟乡西部。东与山主头相邻，南邻上垟村，西界宁溪镇上桧村相接，北邻下方村。下辖黄杜岙、石牛栏、和平丘、里岙、前山、栅头塘等6个自然村。有11个村民小组。共382户，1044人。区域面积3.1平方千米，耕地面积39.6公顷，林地200.7公顷，种水稻与杂粮为主。

1947年称秀西乡第十保。1951年为上垟乡黄杜岙村。1956年为黄杜岙高级社。1962年称上垟公社黄杜岙大队。1983年为上垟乡黄杜岙村。

黄杜岙［Huángdù'ào］黄杜岙村委会驻地，位于乡政府驻地上垟西北2.4千米。明万历《黄岩县志》记："黄杜岭，在县西七十里。"村庄在黄杜岭东边山岙之中，故名。138户，561人。多卢、谷、李姓。海拔50米。民国《黄岩县志》称黄杜岙。黄杜岙办公楼系20世纪50年代木结构房子，2013年被列为区级文物保护单位。

石牛栏［Shíniúlán］属黄杜岙村，位于乡政府驻地上垟西北3.3千米。村旁有巨石状如黄牛俯卧，故名石牛岩，后人写为石牛栏。20户，95人。海拔270米。民国《黄岩县志》载有石牛栏。

和平丘［Hépíngqiū］属黄杜岙村，距乡政府驻地上垟3千米。村中有块山地，坡度小，很平坦，俗呼和平丘。5户，21人，多许、於姓。海拔240米。

里岙［Lǐ'ào］属黄杜岙村，位于乡政府驻地上垟西北2.5千米。位于山岙深处，故名。35户，177人，李、杨两姓居多。海拔60米。

前山［Qiánshān］属黄杜岙村，位于乡政府驻地上垟西北2.3千米。位于黄杜岙村南（前），故名。61户，267人，多李、谷姓。海拔70米。民国《黄岩县志》记有前山。

栅头塘［Zhàtóutáng］属黄杜岙村，位于乡政府驻地上垟西北2.4千米。村东南有块很大的石栅，边上有水塘，故名。该石栅与塘今已扩建为水库。18户，87人，多叶、周、林等姓。海拔170米。

【沈岙村】［Shěn'ào Cūn］2018年8月，行政村规模调整，沈岙、毛岙、石库垟3村合并仍称沈岙村。位于上垟乡政府驻地西南部，东至上下吉村，南界乐清市仙溪镇四角丘，西界永嘉县龙洞山，北至上垟村。辖区面积12.6平方千米。辖沈岙、芝麻平、大岙、上山、王坝头、银坑、大岗、南岙、周山后、温州坑、沈疗、毛岙、里三山、树林头、黄泥丘、苦竹丛、下厂、石库垟、半岭堂、陈西坑、松树岗、茅楂坦、隔岗、松树泡头、温州坑头、槐花堂、下庄、江加寮、牛牢坑、三株松、葛藤蓬、度龙、高吉等33个自然村，895户，2432人。村委会驻地原沈岙村。

***【沈岙村】**［Shěn'ào Cūn］以村委会驻地自然村沈岙得名。古称锦川，因锦溪两岸繁花似锦得名。位于上垟乡南部，北邻上垟村，南连上下吉村，西界下堂山村，东北为莆田村。由沈岙、芝麻平、大岙、上山、王坝头、银坑、大岗、南岙、周山后、温州坑、沈疗等11个自然村，有26个村民小组，620户，1681人。区域面积约6.5平方千米，耕地面积63.8公顷，林地面积475.1公顷，种植水稻、杂粮为主。

沈岙历史悠久，唐代蔡均因黄巢之乱，举家从福建长溪迁入，居于秀坑凤凰山。至第四代蔡国友时，已经把沈岙一带开辟得良田阡陌，一片锦绣，称为锦谷，因上垟溪回环而过，又名锦川。十二世蔡梦说为著名理学家。十九世蔡元丌捐36桶银子，被明朝廷赐两座圣旨坊（20世纪"文化大革命"期间拆毁，2015年重建），旌表他为义民。清顺治十八年（1661），台州发生白榜银大冤案，沈岙学子蔡础含冤流放辽东，十二年后昭雪还乡。善诗文。后门溪的青龙桥，为区级文物保护单位。

1947年属秀西乡第四、第五保。1951年称沈岙乡沈岙村。1957年称沈岙高级社。1961年称上垟公社沈岙大队。1983年为上垟乡沈岙村。2018年8月，和毛岙村、石库垟村合并，仍称沈岙村。

沈岙［Shěn'ào］系沈岙村委会驻地。古称锦川，位于上垟的西南部。距乡政府驻地上垟南偏西0.9千米。明万历《黄岩县志》卷一："锦溪，在县西七十里，两岸多桃李，花时望之如锦，故名。"后演化为沈岙。沈岙属历史文化底蕴深厚的古村落。蔡氏宗祠的碑记和对角石的铺道迄今尚存。322户，1198人，多蔡、王、林、吴姓。海拔75米。

芝麻平［Zhīmápíng］属沈岙村，位于乡政府驻地上垟西偏南1.7千米。位于山上一块很小的平地，故名。10户，51人，李姓居多。海拔220米。

大岙［Dà'ào］属沈岙村，位于乡政府驻地上垟西偏南2.2千米。民国《黄岩县志》称大岙里。在沈岙西边一个大山岙深处而名大岙里，后因重名改名大岙。23户，98人。张、王两姓居多。海拔130米。

上山［Shàngshān］属沈岙村，位于乡政府驻地上垟西南1.3千米。聚落在王坝头上方山中，故名。25户，91人，翁姓居多。海拔90米。民国《黄岩县志》载有此名。

王坝头［Wángbàtóu］属沈岙村，位于乡政府驻地上垟西南1千米。因村后一片黄泥山，为防大水冲刷，1968年在锦溪建了一道坝，俗称黄坝头，后改王坝头。12户，57人，翁姓居多。海拔85米。

银坑［Yínkēng］属沈岙村，位于乡政府驻地上垟西南1.5千米。相传山上有金银矿，蔡元丌屋后有流宝洞，一日一夜流一个金冬瓜与一个银冬瓜，故名。有黄铁矿。21户，108人。海拔120米。《清同治光绪年间新定县境总图》标有银坑。

大岗［Dàgǎng］属沈岙村，位于乡政府驻地上垟西南1.6千米。因在大山岗上而名。17户，58人，多洪姓。海拔170米。

南岙［Nán'ào］属沈岙村，位于乡政府驻地上垟西南1.2千米。村落在沈岙南边的一个山岙里，故名。27户，121人，多陈、王姓。海拔85米。

周山后［Zhōushānhòu］属沈岙村，位于乡政府驻地上垟西南2.3千米。地处山之后，初系周姓产业，故称周山后。44户，166人，多冯、傅姓。海拔340米。民国《黄岩县志》称周山后。

温州坑［Wēnzhōukēng］属沈岙村，位于乡政府驻地上垟南偏西2.3千米。村边一条古道沿坑（溪涧）而上，通往乐清、温州，故名。清光绪《黄岩县志》记："温州坑岭，在县西七十里，石甃大道，直上云中。"是黄岩境内保存完好的古道之一。20户，85人，多林姓。海拔230米。

沈疗［Shěnliáo］属沈岙村。据传当地有沈氏搭棚寮居住，叫沈寮，后改沈疗。今已无人居住。

*【**毛岙村**】［Máo'ào Cūn］因驻地自然村毛岙得名。位于上垟乡南部，东、北与石库垟相邻，南与乐清市大荆镇接壤，西与永嘉县接壤。有毛岙、里三山、树林头、黄泥丘、苦竹丛、下厂等6个自然村。5个村民小组，共112户，306人。区域面积约3.7平方千米。耕地面积31.9公顷，林地面积329.9公顷，为林粮并举的山区村落。

1947年属秀西乡第一保。1951年为沈岙乡毛岙村。1956年为上垟乡毛岙高级社。1961年称毛岙大队。1983年称上垟乡毛岙村。2018年8月，和沈岙村、石库垟村合并称沈岙村。

毛岙［Máo'ào］毛岙村委会驻地，位于上垟乡南部，距乡政府驻地上垟西南3.9千米。据传村庄所在地原有一片茅草，称茅岙，后写毛岙。105户，323人，多冯姓。有小地名水沟湾。民国《黄岩县志》载有毛岙。海拔410米。南与乐清市辖地相邻。清代有武进士冯楚臣，村中尚存冯楚臣举人旗杆石和进士墩。

里三山［Lǐsānshān］属毛岙村，位于乡政府驻地上垟西南4.3千米。位于毛岙西边深处的山里山，故名里三山。17户，69人，叶、袁姓居多。海拔550米。村西南分别与永嘉、乐清县交界。民国《黄岩县志》载有此名。

树林头［Shùlíntóu］属毛岙村，位于乡政府驻地上垟西南3.5千米。古时这里树木茂盛，村落在山岗头，故名。6户，35人。海拔520米。

黄泥丘［Huángníqiū］属毛岙村，位于乡政府驻地上垟西南3.7千米。因村东北的山田一丘丘多黄土而名。8户，35人，多李姓。海拔430米。

苦竹丛［Kǔzhúcóng］属毛岙村，位于乡政府驻地上垟西南3.5千米。因早年有大片苦竹林而名。3户，10人，岳姓。海拔450米。

下厂［Xiàchǎng］属毛岙村，位于乡政府驻地上垟西南3千米。以前多茅厂（茅棚），地势有上、下之分，居下方的叫下厂。小地名有马蹄、红砂嘴。14户，60人，岳姓居多。海拔430米。

*【**石库垟村**】［Shíkùyáng Cūn］位于上垟乡南部。以村委会驻地自然村石库垟得名。东与前思岙相邻，南与乐清市接壤，西与毛岙村相邻，北与上下吉接壤。下辖石库垟、半岭堂、陈西坑、松树岗、茅楂坦、隔岗、松树泡头、温州坑头、槐花堂、下庄、江加寮、牛牢坑、三株松、葛藤蓬、度龙、高吉等16个自然村，有11个村民小组。163户，445人。区域面积2.4平方千米。耕地面积62公顷，林地面积160.5公顷。以种植水稻与杂粮为主。八角山等地锰、铅、硫黄等矿藏资源较丰富。

1947年属秀西乡第一保。石库垟原隶属毛岙，1983年2月从毛岙村分出，称上垟乡石库垟村。2018年8月，和毛岙村、沈岙村合并称沈岙村。

石库垟［Shíkùyáng］石库垟村委会驻地，距乡政府驻地上垟3.5千米。古时村落东边垟面开阔，溪涧中块石累累，如石之宝库，故名。116户，315人。村里多洪、卢姓。海拔460米。民国《黄岩县志》有载。

半岭堂［Bànlǐngtáng］属石库垟村，位于乡政府驻地上垟南2.7千米。温州坑岭半山有一座庙堂，村落傍庙堂而建，故名。18户，64人，林姓居多。海拔380米。

陈西坑［Chénxīkēng］属石库垟村，距乡政府驻地上垟3.3千米。据传村西溪边的山林为陈姓所有，故称陈西坑。后陈姓人家迁往南边的松树岗。13户，57人，多卢、吴两姓。海拔450米。

松树岗［Sōngshùgǎng］属石库垟村，位于乡政府驻地上垟西南3.5千米。因山岗多松树得名。14户，61人，多陈姓。海拔510米。

茅楂坦［Máozhātǎn］属石库垟村，位于乡政府驻地上垟西南3.2千米。因该地过去多茅（毛）楂而名。7户，33人，蔡、卢、洪姓。海拔510米。

隔岗［Gégǎng］属石库垟村，距乡政府驻地上垟3千米。位于温州坑头村之东，两村隔一条山岗，故名。8户，28人，多林、洪姓。海拔530米。

松树泡头［Sōngshùpàotóu］属石库垟村，位于乡政府驻地上垟南偏西3千米。村西南有一块馒头形的台地，长满松树，俗称松树泡头。14户，50人，多洪、王姓。海拔530米。

温州坑头［Wēnzhōukēngtóu］属石库垟村，位于乡政府驻地上垟西南3.1千米。地处温州坑（溪涧）的源头而名。4户，15人。海拔530米。民国《黄岩县志》载有温州坑。

槐花堂［Huáihuātáng］属石库垟村，位于乡政府驻地上垟西南3.1千米。村内原有一座观音堂，内有壁画很有名，俗称“画花堂”，村以此为名，后人谐写为“槐花堂”。14户，70人，多卢、蔡姓。海拔450米。画花堂曾改建为地方小学。

下庄［Xiàzhuāng］属石库垟村，位于乡政府驻地上垟西南3.6千米。位于石库垟村下边，故称下庄。17户，66人。海拔450米。

江加寮［Jiāngjiāliáo］属石库垟村，位于乡政府驻地上垟南偏西3.6千米。据传这里过去建有江家的寮厂（茅棚），故名。后人改写为江加寮。15户，57人，有叶、洪、卢等姓。海拔510米。

牛牢坑［Niúláokēng］属石库垟村，位于乡政府驻地上垟南偏西3.8千米。据传村里有一个大土坑，一头牛路过时坠落，上不来，地处牛栏似的山岙中，俗称牛牢坑。5户，31人，蒋姓。海拔520米。牛牢坑东南与乐清市辖地相邻。

三株松［Sānzhūsōng］属石库垟村，位于乡政府驻地上垟南偏西4千米。该地原有三株形态奇特的大松树，村以此名。7户，37人，王姓。海拔500米。南与乐清市辖地相邻。

葛藤蓬［Gěténgpéng］属石库垟村，位于乡政府驻地上垟西南3.2千米。当地多葛藤，故名。10户，32人。海拔450米。

度龙［Dùlóng］属石库垟村，位于乡政府驻地上垟西南3.6千米。村内有一条很长的田垄，俗称大垄，黄岩方言“大”音度，惯写度龙。2户，7人，蔡姓。海拔550米。

高吉［Gāojí］属石库垟村，距乡政府驻地上垟3.2千米。村落在高高的半山腰，寄希望吉星高照，故名。13户，59人。今村落已无人居住。海拔450米。

【上下吉村】［Shàngxiàjí Cūn］因驻地自然村上下吉得名。东邻白沙园村前思岙，南与石库垟村接壤，西邻沈岙村，北与上垟村相接。有下吉、上吉、丈思山、新文、郑家山、牛富岗、狮子坤、倪公寮、牛路头等19个自然村，16个村民小组，共408户，1492人。区域面积约4.8平方千米，耕地面积27.3公顷，林地面积278.9公顷。1984年6月，台州行署批准上下吉为抗战时期根据地村。

1947年称秀西乡第三保。1951年属沈岙乡，称上葛村。1956年称上垟乡上下葛高级社。1961年称上下葛大队。1983年称上垟乡上下吉村。

下吉［Xiàjí］上下吉村村委会驻地。位于上垟乡南边山上，距乡政府驻地上垟南偏东2千米。据传古时有葛姓兄弟俩避乱迁于此，后人口繁衍，兄弟俩分居上下两地，哥居上边叫上葛，弟居下方叫下葛，后人简写上下吉。民国《黄岩县志》写下吉。58户，244人，多卢姓。有小地名前门山。海拔220米。

上吉［Shàngjí］属上下吉村，距乡政府驻地上垟2.7千米。45户，189人。海拔380米。有小地名西山、后坑。民国《黄岩县志》称上吉。

丈思山［Zhàngsīshān］属上下吉村，距乡政府驻地上垟1.5千米。相传山上龙脉长如丝，直延展到西洋，故名丈丝山，后人写成丈思山。10户，58人，多柯姓。海拔215米。

新文［Xīnwén］属上下吉村。距乡政府驻地上垟1.7千米。村落原在大户人家新坟旁边，称“新坟”，后雅化为新文。16户，59人，多吴姓。海拔215米。

郑家山［Zhèngjiāshān］属上下吉村，距乡政府驻地上垟1.5千米。据传原始迁祖系郑姓，故名。20户，87人。今蔡姓居多。海拔165米。

牛富岗［Niúfùgǎng］属上下吉村，距乡政府驻地上垟1.9千米。村北山岗形似黄牛俯伏，故名。25户，100人，苏姓居多。海拔275米。民国《黄岩县志》载为牛天岗。

岗头［Gǎngtóu］属上下吉村，距乡政府驻地上垟2千米。村落在山岗头而名。21户，101人，多吴姓。海拔315米。

狮子坤［Shīzīkūn］属上下吉村，距乡政府驻地上垟2.6千米。村落四周有三个山峰，东峰状似狮子俯蹲，村落在山岙之中，故名。4户，18人，李姓。海拔310米。

西头 [Xītóu] 属上下吉村，位于乡政府驻地上垟南1.8千米。村落在上下吉的西头，故名。48户，205人，蔡姓居多。海拔185米。有小地名牛路。民国《黄岩县志》有载。

倪公寮 [Nígōngliáo] 属上下吉村，位于乡政府驻地上垟东南2.3千米。该地原系倪姓公堂山，搭有管山人的寮棚（茅房），故称倪公寮。31户，142人，牟姓居多。海拔330米。民国《黄岩县志》有载。

牛路头 [Niúlùtóu] 属上下吉村，位于乡政府驻地上垟南2.1千米。村在牛路之南的山坪头上，故名。21户，98人，王姓居多。海拔335米。

下横坑 [Xiàhéngkēng] 属上下吉村，距乡政府驻地上垟2.5千米。村落下方有一条横向而流的溪坑，故名。18户，94人，吴姓为多。海拔320米。

麦丘头 [Màiqiūtóu] 属上下吉村，距乡政府驻地上垟2.6千米。村落在山岗头，一丘丘山地种麦子，故名。5户，24人，吴姓居多。海拔510米。

下滥 [Xiàlàn] 属上下吉村，位于乡政府驻地上垟南偏东2.6千米。村落东边有常年不涸的滥水田，位于格公坦下边，故称下滥。5户，23人，辛、凌姓居多。海拔380米。

胡鉴 [Hújiàn] 属上下吉村，距乡政府驻地上垟2.8千米。村南有处山塆塘，叫湖夹，村以此而名，后写为胡鉴。25户，110人，多徐、吴、李等姓。海拔380米。民国《黄岩县志》载有胡鉴。

上平头 [Shàngpíngtóu] 属上下吉村，距乡政府驻地上垟2.9千米。村在平坦的山头上，故名。14户，57人，凌姓居多。海拔430米。

于屿山 [Yúyǔshān] 属上下吉村，距乡政府驻地上垟2.9千米。村西北有圆形山屿，故名园屿山，谐音于屿山。9户，33人，多王姓。海拔550米。

洪田 [Hóngtián] 属上下吉村，距乡政府驻地上垟2.1千米。村西边的山土呈红黄色，时常被山洪冲刷到田里，形成红色的田畈，村落以此名红田，后惯写"洪田"。8户，31人，多吴姓。海拔330米。

格公坦 [Gégōngtǎn] 属于上下吉村，距乡政府驻地上垟2.8千米。村四周的山坦多格公（覆盆子），故名。13户，47人，多李姓。海拔415米。

【白沙园村】 [Báishāyuán Cūn] 2018年8月，行政村规模调整，白沙园村和前思岙村合并仍称白沙园村。位于上垟乡东南部，东至象岙村，南界乐清市仙溪镇御营村，西至上下吉村，北至西洋村。辖区面积6平方千米。辖前思岙、外屋、坑塘、大岩坂、马腰、东岗、沈家山、胡山岗、风田岗、外往山、路廊前、平天堂、白沙园、东山、南岙里、塘丘16个自然村，682户，1951人。村委会驻地原白沙园村。

* **【前思岙村】** [Qiánsī'ào Cūn] 位于上垟乡南部，以村委会驻地自然村前思岙得名。东邻象岙村，南与乐清市福溪乡接壤，西邻石库垟村，北与白沙园村接界。有前思岙、外屋、坑塘、大岩坂、马腰、东岗、沈家山、胡山岗、风田岗、外往山、路廊前、平天堂等12个自然村，8个村民小组，共有194户，566人。区域面积约2.4平方千米。耕地面积38.1公顷，林地面积178.5公顷。以种植水稻与杂粮作物为主。

1947年为秀南乡第九保，称钱思岙。1951年属乐清县福溪乡，称前思岙村。1956年为黄岩县上垟乡前思岙高级社。1961年为上垟公社前思岙大队。1983年称上垟乡前思岙村。2018年8月，和白沙园村合并称白沙园村。

前思岙 [Qiánsī'ào] 前思岙村委会驻地，距乡政府驻地上垟3.2千米。据传是钱姓人家迁居此地，名钱氏岙，后改钱思岙，20世纪50年代初又改前思岙。另有一说，该地古代系军事机构巡检司驻地，也作前司岙。96户，428人。多钱、廖姓。民国《黄岩县志》有载。因四面环山，光照短，故流传有"前思岙，一件絮袄晒弗燥"之谚。

风田岗 [Fēngtiángǎng] 属前思岙村，距乡政府驻地上垟2.7千米。村中有风田（水塘田），也叫滥水田，地处山岗，风大，故名。原为村办畜牧场，后长潭水库移民迁此。1户，3人。海拔370米。21世纪初，村民下迁，今无人居住。

路廊前 [Lùlángqián] 属前思岙村，距乡政府驻地上垟3.7千米。村北隔溪有座路廊，故名。1户，4人，姓林。海拔150米。村庄南界乐清市辖地。21世纪初，村民全部下迁。

马腰 [Mǎyāo] 属前思岙村，距乡政府驻地上垟3.5千米。因所在地形如马腰而名。13户，63人。海拔330米。民国《黄岩县志》载有马腰。

东岗 [Dōnggǎng] 属前思岙村，距乡政府驻地上垟4.2千米。村在山上，与胡山岗相对而言。其位在东边，故名。4户，32人。海拔430米。村南不远即乐清市辖地。

平天堂 [Píngtiāntáng] 属前思岙村，距乡政府驻地上垟3.4千米。据传此处古时有庵堂建于高山顶的平坦处，故名。1户，8人，蒋姓。海拔630米。与乐清福溪乡御营村相邻。21世纪初，村民已全部下迁。

沈家山 [Shěnjiāshān] 属前思岙村，距乡政府驻地上垟3.9千米。据传古代乐清福溪有沈氏女嫁此，这里的一片山林是她父母赠送的嫁妆，故名。民国《黄岩县志》有载。26户，99人。海拔330米。

胡山岗 [Húshān'gǎng] 属前思岙村，距乡政府驻地上垟4.3千米。村西有五道并列的山岗形似马，头向南方，称“五马回槽”。由于山势平缓，俗称和山岗，后写“胡山岗”。15户，68人，邱姓居多。海拔360米。民国《黄岩县志》写湖山岗。

外屋 [Wàiwū] 属前思岙村，距乡政府驻地上垟3.5千米。外屋一度遭火灾成为废村。1966年至此重建村落，位于前思岙村口，沿用原名。8户，39人，多钱姓。海拔180米。

外往山 [Wàiwǎngshān] 属于前思岙村，距乡政府驻地上垟3.4千米。地处前思岙村外的一往（座）山上，故名。1户，4人，姓钱。海拔180米。21世纪初下迁，今无人居住。

坑塘 [Kēngtáng] 属前思岙村，距乡政府驻地上垟3.2千米。过去以制作土纸为业，在溪坑处拦水筑塘，浸泡制纸原料，村以此名。14户，61人，钱姓居多。海拔200米。村中多毛竹。

大岩坂 [Dàyánbǎn] 属前思岙村，因村边溪中有块板状的巨石而名。26户，48人。

*【白沙园村】[Báishāyuán Cūn] 位于上垟乡东南部，以村委会驻地自然村白沙园为名。东邻象岙村，南与前思岙毗邻，西邻西洋村，北连李家垟。有白沙园、东山、南岙里、塘丘等4个自然村，9个村民小组，488户，1385人，多谷、陈、黄等姓。区域面积约3.6平方千米。耕地面积46.7公顷，林地248.8公顷。种植水稻与杂粮为主，毛竹、木材资源丰富。

1947年称秀南乡第八保。1951年为象岙乡白沙园村。1956年为小坑乡白沙园高级社。1961年称小坑公社白沙园大队。1983年为小坑乡白沙园村。1992年5月，小坑乡并入上垟乡，称上垟乡白沙园村。2018年8月，前思岙村并入白沙园村。

白沙园 [Báishāyuán] 白沙园村委会驻地，距乡政府驻地上垟2.5千米。村民在白色沙滩上开垦家园，故名。124户，508人。海拔49米。民国《黄岩县志》有载。

东山 [Dōngshān] 属白沙园村，距乡政府驻地上垟2.2千米。村东临骆驼山，故名。70户，280人，村中牟姓居多。海拔43米。民国《黄岩县志》有载。

南岙里 [Nán'àolǐ] 属白沙园村，距乡政府驻地上垟2.2千米。位于山岙深处，原名岙里，与潘山头村的岙里遥遥相对，因重名于1991年改称南岙里。16户，48人，卢、黄姓居多。海拔55米。民国《黄岩县志》称岙里。

塘丘 [Tángqiū] 属白沙园村，距乡政府驻地上垟东南2.9千米。据传这丘地过去有和尚堂，故名堂丘，后改写为塘丘。47户，166人，多何、牟姓。附近有塘丘水库。海拔67米。

【西洋村】[Xīyáng Cūn] 位于上垟乡东部，以村委会驻地自然村西洋为名。东邻白沙园村，南与白沙园、上下吉相邻，西与上垟村相连，北连长潭水库。有西洋、蒋店、古岙、大岭田、古丈山、上大墓、下大墓、牧场、大塘、上屋、西洋移民小区、东济、后呈、苗圃等14个自然村，14个村民小组。532户，1558人。区域面积约2.8平方千米，耕地面积82公顷，林地面积130.6公顷，以种水稻与杂粮为主。小坑乡人民政府1970年驻地由象岙迁入西洋。长潭水库移民部分迁西洋后，房屋建筑按城市街道设计，大街呈“井”字，商铺林立，有集市。

1947年属秀南乡第十保。1951年为象岙乡山前村。1956年象岙乡并入小坑乡，称山前高级社。1961年称小坑公社山前大队。1981年7月因重名改为西洋大队。1983年称小坑乡西洋村。1992年5月小坑乡并入上垟乡，称上垟乡西洋村。

西洋 [Xīyáng] 西洋村委会的驻地，距乡政府驻地上垟2.2千米。位于狗头山之南，原称山前。1981年，因乡内有重名村落，改山前为西洋，因村在白沙园溪西边大片田洋而名。188户，557人。海拔41米。村落建有不少街道，农历二、六、九为集市日。村西侧的柏都祖庙，又叫潘大夫庙，据传建于东晋年代。

蒋店 [Jiǎngdiàn] 属西洋村，距乡政府驻地上垟2.3千米。古时因溪滩的泥沙淤涨填成良田，俗叫涨填，后改作蒋店。1947年属秀南乡第十保。民国《黄岩县志》称涨点。48户，169人，阮、丁两姓居多。海拔35米。

古岙 [Gǔ'ào] 属西洋村，位于乡政府驻地上垟东北1.2千米。相传该山岙古时为谷姓人家聚居地，初名谷岙，后改为古岙。民国《黄岩县志》载有古岙。22户，123人，多梅姓。海拔55米。

大岭田 [Dàlǐngtián] 属西洋村，位于乡政府驻地上垟东偏南2千米。村落在长岭大路南边，过去有大岭殿，村以殿名，后简写为大岭田。3户，15人。海拔155米。

古丈山 [Gǔzhàngshān] 属西洋村，距乡政府驻地上垟1.3千米。村落位于古岙岭南侧几十丈高山上，故名古丈山。15户，43人。海拔165米。

上大墓 [Shàngdàmù] 属西洋村，距乡政府驻地上垟1.1千米。因与下大墓之间有座规模较大的古墓，村落在墓地上方，叫上大墓。1960年，长潭水库部分移民迁于此。7户，25人，多蔡姓。海拔55米。

下大墓 [Xiàdàmù] 属西洋村，距乡政府驻地上垟1.2千米。该村与上大墓之间有古墓，位于墓下边，称下大墓。长潭水库移民迁此。11户，43人，多梅、李姓。海拔47米。

牧场［Mùchǎng］属西洋村，位于乡政府驻地上垟东偏北1.8千米。1958年有村办畜牧场，后废。20世纪60年代长潭水库移民迁此，仍以原牧场为名。50户，162人，多林、朱姓。海拔55米。

大塘［Dàtáng］属西洋村，因村内原有一口大水塘而名。2000年，土地平整填塘为田，迁建西洋新村小区。28户，80人。民国《黄岩县志》称度塘。

上屋［Shàngwū］属西洋村，聚落在古丈山山岙中，故名。147户，383人。

西洋移民小区［Xīyángyímín Xiǎoqū］属西洋村，系长潭水库及前思岙地质灾害移民所建的村落。80户，266人。

东济［Dōngjì］属西洋村。位于乡政府驻地上垟东北2.5千米。溪的东边称东际，谐音为东济。20户，65人，多李、王、许等姓。

1947年东济属秀南乡第十一保。2015年以前，东济为东济村委会驻地。2015年11月后，因黄岩区行政村调整时，原东济村并入西洋村。

后呈［Hòuchéng］属西洋村，位于乡政府驻地上垟东北2.8千米。村庄在西洋村之后，郑姓人居多，称后郑村，民国《黄岩县志》亦写后郑。后人写为后呈。39户，132人，多李姓。海拔33米。

1947年后呈属秀南乡第八保。2015年以前，为后呈村委会驻地。2015年11月后，因黄岩区行政村调整时，原后呈村并入西洋村。

苗圃村［Miáopǔ Cūn］属西洋村，位于上垟乡境内东南部，距乡政府驻地上垟东偏北1.8千米。33户，85人，多赵、周、翁等姓。海拔55米。苗圃是原区办苗圃分场。1959年为长潭水库移民点。1961年划归小坑公社，沿用旧称，成立苗圃大队。1983年成立小坑乡苗圃村委会。1992年5月，小坑乡并入上垟乡，称为上垟乡苗圃村委会。2015年11月，黄岩区行政村调整，苗圃村并入西洋村。

【湖滨村】［Húbīn Cūn］2018年8月，行政村规模调整，董岙村和潘山头村合并为湖滨村。以地处长潭湖畔得名。位于上垟乡中北部。东濒长潭水库，南至下方村，西界宁溪镇中下桧村，北界北洋镇娄岙村。辖区面积6.8平方千米。辖董岙、永灵山、金家岙、湖头山、后山新份、西山下、后山、后园、陈家岙、后岙坤、兰田、大坟、潘山头、洪福寺、岙里、娄基、草下坦等17个自然村，407户，1060人。村委会驻地原董岙村。

*** 【董岙村】**［Dǒng'ào Cūn］位于上垟乡西北部，以村委会驻地自然村董岙得名。村落三面环山，东濒长潭水库。南与潘山头村相邻，西与宁溪镇接壤，北与北洋镇辖地相连。有董岙、永灵山、金家岙、湖头山、后山新份、西山下、后山、后园、陈家岙、后岙坤、兰田、大坟等12个自然村。250户，628人。区域面积约10.4千米，耕地面积14.2公顷，林地面积401.9公顷，种植水稻与杂粮为主。20世纪后期，开发柑橘种植，品种优良，享誉台州。

1947年为秀川（小坑）镇第九、十保。1951年属屿门乡董岙村。1956年并入小坑乡，成立董岙高级社。1961年称董岙大队。1983年称小坑乡董岙村。1992年并入上垟乡，称上垟乡董岙村。2015年11月，黄岩区行政村调整时，后园村与西山下村并入董岙村。2018年8月，和潘山头村合并称湖滨村。

董岙［Dǒng'ào］董岙村委会驻地，位于乡政府驻地上垟北偏东4.8千米。系董姓居此山岙而名。36户，115人，多陈姓。海拔42米。民国《黄岩县志》载有董岙。

永灵山［Yǒnglíngshān］民国时称永林山，属董岙村，距乡政府驻地上垟北6.1千米。因山上建有永灵寺，山因寺名，村以山名。永灵寺于1982年毁。2户，8人。海拔400米。

金家岙［Jīnjiā'ào］属董岙村，位于乡政府驻地上垟北偏东4.2千米。地处山岙，因金姓大户的祖坟在此而名。1963年，长潭水库移民迁此，形成村落。共19户，77人，多陈、王、张姓。海拔45米。

湖头山［Hútóushān］属董岙村，位于乡政府驻地上垟北偏东8.8千米。村落在小山屿旁，山形状如壶头，叫壶头山，后谐音湖头山。北边靠山，东南濒长潭水库。35户，113人。海拔40米。

后山新份［Hòushānxīnfèn］属董岙村，位于乡政府驻地上垟北偏东5.1千米。位于董岙北坡，该处曾有一座大坟，俗称后山新坟。1962年，部分水库移民迁此，雅化后山新份。

西山下［Xīshānxià］位于上垟乡最北端，位于乡政府驻地上垟北偏东8千米。村落面对碧波万顷的长潭水库，背靠长长的蜈蚣山东麓，俗称西山下。

1951年属屿门乡下溪村。1959年修长潭水库，划归小坑乡。1961年称小坑公社西山下大队。1983年称小坑乡西山下村。1992年5月，小坑乡并入上垟乡，称上垟乡西山下村。民国《黄岩县志》载有西山下。21世纪以来，沿山种植了大量的杨梅、枇杷与柑橘等果树。36户，92人。

后园［Hòuyuán］地处上垟乡北部，属董岙村，距乡政府驻地上垟5.9千米。因位于日溪后边的园地上，故名。后园在1947年属秀川（小坑）镇第五保。1951年属屿门乡，称后园村。民国《黄岩县志》称后园。

1959年修长潭水库，后园村部分村民向后山迁移，村名沿用旧名。5户，24人，张、周、陈等姓。海拔40米。2015年11月，黄岩区行政村调整时，原后园村并入董岙村。

后山 [Hòushān] 属董岙村，距乡政府驻地上垟6.7千米。位于原板碲头西北山下，故名后山。14户，61人，大多姓周。是水库移民后迁之处。海拔50米。

陈家岙 [Chénjiā'ào] 属董岙村，位于乡政府驻地上垟北8千米。多陈姓，村落以此而名。山岙里溪流亦叫陈家岙溪。海拔150米。5户，21人。乡林场设陈家岙。

后岙坤 [Hòu'àokūn] 属董岙村，位于乡政府驻地上垟北偏东7.2千米。位于板碲头后面山岙中，故名。9户，37人。海拔50米。

兰田 [Lántián] 属董岙村，位于乡政府驻地上垟北偏东5.8千米。原称蓝田，因村边有常年不涸的滥水田而名。20世纪后期简写为兰田。45户，141人。海拔50米。有小地名高恩和安国寺。今安国寺仅存残墙基址及放生池。

大坟 [Dàfén] 属董岙村，位于乡政府驻地上垟北7.2千米。因村北有座较大古坟，俗称大坟。原有5户，13人，姓张。海拔150米。2014年水库移民全部外迁。村里已无人居住。

*【**潘山头村**】[Pānshāntóu Cūn] 位于上垟乡北部，以村委会驻地自然村潘山头而名。1959年修长潭水库，往村后迁至今址。东濒长潭水库，南与下方村相邻，西与宁溪镇接壤，北邻董岙村。有潘山头、洪福寺、岙里、娄基、草下坦等5个自然村，9个村民小组。共157户，432人。区域面积约1.8千米，耕地面积20.5公顷，山林面积132公顷。种植水稻、杂粮为主。

1947年属秀南（小坑）乡第十四保。1951年属小坑乡，称潘山头村。1956年为潘山头高级社。1961年称小坑公社潘山头大队。1983年称小坑乡潘山头村。1992年5月并入上垟乡，称上垟乡潘山头村。2018年8月，和董岙村合并称湖滨村。

潘山头 [Pānshāntóu] 潘山头村委会驻地，距乡政府驻地3.3千米。古时因潘姓人氏居浮山北侧山主头而名。65户，298人，多陈、牟姓。海拔45米。民国《黄岩县志》载有潘山头。

洪福寺 [Hóngfúsì] 属潘山头村，距乡政府驻地上垟3.7千米。32户，147人，村落以境内鸿福寺而名。该寺建于晋永和年间，宋大中祥符四年（1011）赐额，定为敕差住持寺。明代为黄岩第二大寺院。今寺院废圮，放生池及部分残址尚存。

岙里 [Àolǐ] 因与西岙相对而名，距乡政府驻地上垟3.1千米。67户，307人，多高姓。三面环山，东濒长潭水库，海拔55米。民国《黄岩县志》有载。

娄基 [Lǒujī] 属潘山头村，距乡政府驻地上垟3.2千米。古时为娄姓氏族聚居处，后民众外迁。1959年长潭修水库，潘山头部分村民迁此复为村落。39户，128人。地处山坡，海拔55米。有小地名大山。

草下坦 [Cǎoxiàtǎn] 属潘山头村，距乡政府驻地上垟4千米。因村西多茅草，地形平坦，故名。6户，19人。

【**岭脚村**】[Lǐngjiǎo Cūn] 2018年8月，行政村规模调整，岭脚村和大岩村合并后仍称岭脚村。位于上垟乡东北部，东界平田乡平田村，南至象岙村，西、北濒长潭水库。辖区面积5平方千米。辖岭脚、车岭脚、石竹园、大岩、下路、沿龙山、唐家、石头库、上金坦、毛岙岸、双桥、上山头、下坦等13个自然村，572户，1477人。村委会驻地原大岩村。

*【**大岩村**】[Dàyán Cūn] 位于上垟乡东部，因村委会驻地自然村大岩得名。东、北与平田乡相邻，南邻岭脚村，西临长潭水库。有大岩、下路、沿龙山、唐家、石头库、上金坦、毛岙岸、双桥、上山头、下坦等10个自然村，15个村民小组。289户，732人。区域面积约3平方千米。耕地面积34.6公顷，林地面积226.2公顷，以种植水稻和杂粮为主。

1947年称秀南乡第六、七保。1951年为象岙乡大岩村。1956年为大岩高级社，属小坑乡。1961年称小坑公社大岩大队。1983年为小坑乡大岩村。1992年5月并入上垟乡，称上垟乡大岩村。2015年11月，黄岩区行政村调整，双桥村与毛岙岸村并入大岩村，称上垟乡大岩村。2018年8月，和岭脚村合并称岭脚村。

大岩 [Dàyán] 大岩村委会驻地，距乡政府驻地上垟3.9千米。因村北山上有巨大岩石而名。明万历《黄岩县志》卷一："大岩山，在县西六十里。"《清同治光绪年间新定县境总图》标有大岩。53户，223人。村中任姓居多。海拔40米。

下路 [Xiàlù] 属大岩村，距乡政府驻地上垟3.8千米。村落建于平田至小坑的大路下边，叫下路。67户，306人，村中娄姓居多。海拔40米。民国《黄岩县志》有此名。

沿龙山 [Yánlóngshān] 属大岩村，位于乡政府驻地上垟东北4.0千米。村以从平田方向下来的山形似龙得名。东北依山，西南临长潭水库，聚落呈块状，海拔80米。1974年下路村部分村民后靠到此建村，多娄、杨等姓。

唐家 [Tángjiā] 属于大岩村，距乡政府驻地上垟4.1千米。1959年，长潭水库移民于此建村，仍沿用老地名。57户，187人，多许、杨、王姓。海拔80米。

石头库 [Shítóukù] 属大岩村，距乡政府驻地上垟4.3千米。古时村旁多石块，如石之宝库而名。1959年，长潭水库移民于此建村。19户，74人，多吴、杨姓。海拔80米。

上金坦 [Shàngjīntǎn] 属大岩村，距乡政府驻地上垟3.2千米。地处平坦坡上，原叫上陈坦。1959年长潭水库部分移民迁此，改地名上金坦。28户，74人。海拔60米。

毛岙岸 [Máo'ào'àn] 属大岩村，距乡政府驻地上垟5.6千米。毛岙岸原称毛岙，因地处山岙，古代多茅草而名。后改茅为毛，叫毛岙。1981年因重名改称毛岙岸。24户，79人，多李姓。海拔55米。原为毛岙岸村驻地。2015年11月，黄岩区行政村调整时，毛岙岸村并入大岩村。

双桥 [Shuāngqiáo] 原为双桥村委会驻地，2015年11月，黄岩区行政村调整后属大岩村。距乡政府驻地上垟6.7千米。古时该村有两座古桥，故名双桥。1947年属秀南乡第十一保，称双桥头。1959年修长潭水库，村庄向后退迁移，村名仍沿用。6户，35人。海拔45米。

上山头 [Shàngshāntóu] 属大岩村，距乡政府驻地上垟7.2千米。该村原在西蔡村南边山下，地势高，故名“上山”。修长潭水库后，村落靠山边修建。原属小坑乡，1992年随乡并入上垟乡。因乡内有重名村落，改名为上山头。3户，18人。

下坦 [Xiàtǎn] 属大岩村，位于乡政府驻地上垟东北6.2千米。村落原在双桥村南边，地势平坦又低落，故名。海拔50米。3户，15人。民国《黄岩县志》载有下坦。

***【岭脚村】** [Lǐngjiǎo Cūn] 位于上垟乡东部，以村委会驻地自然村岭脚得名。东与平田乡接壤，南与象岙村相邻，西临长潭水库，北与大岩村接界。有岭脚、车岭脚、石竹园等3个自然村，6个村民小组。283户，745人。区域面积约2平方千米，耕地面积39.6公顷，林地122.6公顷。种植水稻、杂粮等为主。

1947年属秀南乡第六保。1951年称象岙乡岭脚村。1955年为岭脚低级社，次年转高级社，并入小坑乡。1961年称岭脚大队。1983年称小坑乡岭脚村。1992年5月，称上垟乡岭脚村。2018年8月，大岩村并入岭脚村。

岭脚 [Lǐngjiǎo] 岭脚村委会驻地，距乡政府驻地上垟4.4千米。该村在车岭脚下，故名。海拔38米。140户，633人，张、朱姓居多。

车岭脚 [Chēlǐngjiǎo] 属岭脚村，距乡政府驻地上垟4.5千米。位于车岭之岭脚而名。海拔55米。17户，70人，张姓居多。

石竹园 [Shízhúyuán] 属岭脚村，距乡政府驻地上垟4千米。据传村中有一片石竹园，竹肉厚实，又称实竹，后谐音为石竹。有小地名青墙头。29户，118人。海拔39米。

【象岙村】 [Xiàng'ào Cūn] 位于上垟乡东部，以村委会驻地自然村象岙得名。东与平田乡接壤，南与乐清市辖地接界，西与白沙园相邻，北与岭脚村相连。有里水、外水、上宅、大岙里、黄公山、长往头、松树岗头、六坪岗、大麦园等9个自然村。22个村民小组。623户，1650人。区域面积约6.1平方千米。耕地面积96.5公顷，林地443.4公顷，以种水稻与杂粮为主。建有文化礼堂。是黄岩历史文化底蕴深厚的村落。古称象川。据《象川蔡氏宗谱》记，唐天宝元年（742），蔡怀葛任台州郡牧，举家避乱南迁黄岩象川。后人发迹后先后外迁县城及温岭等地。蔡氏后嗣县教谕以上名人达50多人。蔡镐深受朱熹器重，亡故后，朱熹为他写有两首挽诗。“蔡缸爿”的原型蔡荣名，是黄岩典型的机智人物，20世纪前期，蔡缸爿的故事在台州家喻户晓。有区级文物保护单位辛氏祠堂。

1947年称秀南乡第四、五、六保。1951年，称象岙乡象岙村。1956年为象岙高级社。后并入小坑乡。1961年称象岙大队。1983年为小坑乡象岙村。1992年，随小坑乡并入上垟乡，称上垟乡象岙村。

里水 [Lǐshuǐ] 属象岙村，距乡政府驻地上垟4.1千米。在溪流西边称里水。187户，600人，辛姓居多。海拔52米。

外水 [Wàishuǐ] 属象岙村，距乡政府驻地上垟3.9千米。在溪流东边称外水。163户，581人，多辛姓。海拔48米。

上宅 [Shàngzhái] 属象岙村，距乡政府驻地上垟4.2千米。村落中有多人从岭脚分出，选地势高处建宅，故名。民国《黄岩县志》有载。70户，180人，多朱姓。海拔44米。

大岙里 [Dà'àolǐ] 属象岙村，距乡政府驻地上垟4.3千米。三面环山，因山岙的面积较大而得名。62户，211人，辛姓居多。海拔64米。

黄公山 [Huánggōngshān] 属象岙村，距乡政府驻地上垟3.8千米。此山过去是小坑王姓人家的公堂山，叫王公山，后改黄公山。民国《黄岩县志》写作王公山。原有村民已移至山下。村落在山谷中，海拔307米。

长往头 [Chángwǎngtóu] 属象岙村，距乡政府驻地上垟4.2千米。村落在一往长长的山岗之侧，故名。海拔293 ~ 364米。2014年，村民全部外迁。民国《黄岩县志》写“长往头”。

松树岗头［Sōngshùgǎngtóu］属象岙村，位于乡政府驻地上垟东南4.5千米。原叫松树岗，1992年划入小坑乡，因与乡内村落重名，改称松树岗头。8户，16人。海拔406米。有小地名小麦湾、黄坦坑。

六坪岗［Liùpínggǎng］属象岙村，位于乡政府驻地上垟东南4.7千米。有绿色茶园，地处高山，地势平坦。绿与六方言同音，故叫六坪岗。海拔430米。南与乐清相邻。

大麦园［Dàmàiyuán］属象岙村，距乡政府驻地上垟3.6千米。村在灯山之下，过去种大麦居多，故名。20户，55人。

*【**日溪村**】［Rìxì Cūn］日溪村位于上垟乡的北部，以村委会驻地自然村日溪得名。距乡政府驻地上垟5.9千米。西北有金玉潭名胜，景色秀丽。南宋嘉定《赤城志》记："日溪，在县西六十里，古号新城。"1947年为秀川镇第四保。1951年为屿门乡日溪村。1956年称小坑公社日溪大队。1983年为小坑乡日溪村。1992年5月小坑乡并入上垟乡，称上垟乡日溪村。2015年11月，黄岩区行政村调整时，日溪村整村移民，撤销行政村。全部外迁，村里已无人居住。

日溪村的东与北均与后园村相邻，南临永灵山，西与宁溪石花岭相邻。区域面积约1.4平方千米。耕地16.8公顷，林地105.5公顷。日溪村孔、王姓居多。水库移民前，达500多人。海拔36米。日溪村历史文化底蕴深厚，有宋代历史名人求仲弓等。求仲弓，字德夫，宋熙宁九年（1076）进士，官为乐清县令，著有《求德夫文集》，传世有《灵龟潭》《蛇首岩》等诗。

*【**李家垟村**】［Lǐjiāyáng Cūn］李家垟村位于上垟乡东南部，该村垟面初为李姓家族聚居而名。以村委会驻地自然村李家垟得名。1951年称象岙乡李家垟村。1956年划归小坑乡，称小坑乡李家垟高级社。1961年称小坑公社李家垟大队。1983年称小坑乡李家垟村。1992年5月并入上垟乡。区域面积约0.3平方千米，耕地面积2.4公顷，林地面积23.3公顷。2015年11月，黄岩区行政村调整时，李家垟村已被撤销行政村。

太平坑［Tàipíngkēng］太平坑属原李家垟村，因村北是一片平坦之地，一条溪坑从中穿过，俗呼太平坑。44户，164人。海拔60米。2015年11月，李家垟行政村调整，太平坑被撤销。

第三节　道路街巷

滨溪路［Bīnxī Lù］位于上垟溪之滨，故名。滨溪路建于2001年，南起邮电所，北止下井，长0.8千米，宽9米，混凝土路面。

前街［Qián Jiē］上垟集镇有前街、中街与后街之分，以方位故名前街。建于1999年，东起滨溪路，西止住宅区，长0.3千米，宽18米，混凝土路面。

中街［Zhōng Jiē］位于上垟前街与后街中间，故名。建于1999年，东起滨溪路，西止住宅区，长0.3千米，宽18米，混凝土路面。

后街［Hòu Jiē］位于上垟中街后边，故名。建于1999年，东起滨溪路，西止住宅区，长0.3千米，宽5米，混凝土路面。

教育路［Jiàoyù Lù］因原上垟中、小学所在地而名。建于2000年，南起上垟桥，北至原乡中学，长0.3千米，宽5米，混凝土路面。

莆田路［Pútián Lù］位于莆田村内故名。1998年建村，东起古岙岭，西止汽车站，长0.4千米，宽9米，混凝土路面。

莆新路［Púxīn Lù］原名兰田，因与原后园村的兰田重名而改为莆田，莆田村一条新路以此而名。2000年建成，南起上垟莆田移民小区，北止酒厂，长0.3千米，宽7米，混凝土路面。

小坑路［Xiǎokēng Lù］原小坑镇因处于水库淹没区，部分民众迁移西垟，以纪念小坑而称小坑路。1998年建成。东起小坑小学，西止综合市场，长0.5千米，宽18米，混凝土路面。

西洋路［Xīyáng Lù］系贯穿西洋村的主干道，故名。1998年建成，东起原小坑小学，西止古岙岭，长1.6千米，宽9米，混凝土路面。

黄乐路［Huángyuè Lù］西洋系黄（岩）永（嘉）乐（清）三地（县）交界的物资集散地，黄乐路取黄岩、乐清的首字组合而名。1994年建成，北起西洋路，南至东山桥，长0.3千米，宽18米，混凝土路面。

富民路［Fùmín Lù］该路系黄岩扶贫委支持建造，故名富民路。1999年建成，北起西洋路，南至东山溪，长0.3千米，宽18米，混凝土路面。

市场路［Shìchǎng Lù］该路穿越综合市场而名。2002年建成，北起观光园，南止移民区，长0.3千米，宽12米，混凝土路面。

观光路［Guān'guāng Lù］该路穿越上垟乡农业观光园，故名。1997年建成，南起西洋路，北止东济村，长0.2千米，宽9米，混凝土路面。

第十九章　平田乡

第一节　概　述

平田乡［Píngtián Xiāng］乡级行政单位。在区境南部。东与茅畲乡、乐清市智仁乡接壤，南与乐清市智仁乡毗邻，西与上垟乡相连，北与北洋镇接界。总面积40.3平方千米。户籍人口3267户，9942人。因平田山得名。明万历《黄岩县志》记："平田山，在县西六十里，山极崇峭，至巅有地平衍，故名。"清光绪初分属14～16都1图。1947年分属头陀区秀南乡、青江乡、茅畲乡。1951年分属临古、青江、秀南和茅畲4个乡。1951年设平田乡。1956年庄前、潘家垟、寮前、桐树坑4个村及茅畲乡官田村并入平田乡。1958年11月称平田大队，属头陀公社。1959年2月属乌岩公社，同时将茅畲管理区的东山、牛游塘、箬岗划归平田管理区。1961年9月称平田人民公社。1965年5月乌岩区属头陀管理区。1983年7月复置平田乡。乡政府驻天灯垟村85号，距黄岩城区32千米。2015年末辖桐树坑、寮前、潘家垟、庄前、车里岙、小田、天灯垟、里龙、官田、箬岗、牛游塘、东山、平田、桐里岙、桐外岙、山头下、东溪、黄毛山18个行政村。2015年11月行政村规模调整：山头下、桐外岙、桐里岙3个村合并为桐岭村。共有16个行政村。2018年8月，行政村规模调整，桐树坑村和寮前村合并为桐树坑村；潘家垟村和庄前村合并为蒋家垟村；小田村和平田村合并为平田村；官田村和里龙村合并官龙村；箬岗、牛游塘、东山3村合并为青龙岗村；黄毛山村和东溪村合并为黄溪村。调整后，共辖9个行政村，121个村民小组。有幼儿园1所，九年一贯制学校1所。乡卫生院1所。有平田、小田、箬岗、牛游塘4个居家养老照料中心，1个乡敬老院。桐树坑、庄前2个市级文明村，箬岗、桐外岙、山头下村3个区级文明村。有村文化礼堂等。辖区东西距离7千米，南北长13.2千米。群山重叠，巍峨挺拔，最高峰黄毛山，海拔776米。全乡原18个村，4个濒临水库，其余均在山上。有原始次生常绿阔叶林灯盏山自然保护区1个。有下水龟水库等。桐树坑村中共台属特委机关旧址省级爱国主义教育基地1个。浙东十八潭是浙东游击队和浙南游击队的联络走廊，峡谷中有18个秀美水潭，巨大的红军战士岩石群雕1组。1984年6月经台州行署批准为抗日战争时期革命根据地乡。

拥有耕地面积333.3公顷，林地面积3266.7公顷。农业主要种植水稻、高山蔬菜、东魁杨梅等蔬果。有东魁杨梅、茶叶、红心猕猴桃、竹笋、枇杷、高山土鸡、铁皮石斛、浙贝八大特色农业基地。第三产业以旅游服务业为主。红色旅游资源结合生态农业观光、四季采摘游等。有民宿型农家乐。县级公路百王线、天牛线等。

从地名专名来看，辖区内居民点地名有以下特征：①以自然地理实体命名。如：平田、黄毛山、箬岗、桐树坑、五峰等。②以地理位置命名。如：岩脚、栅下、东溪、山头下、桐外岙等。③以民间神庙命名。如四洲堂、上泗洲、下泗洲、下寺堂、小田庙等。④以民间传说命名。如：姜施、牛牢、仙人塔、牛游塘等。⑤以人工建筑、民间作坊命名。如：上料（寮）、里厂（茅棚）、新屋、中央屋、油麻丘、水碓头等。

从地名通名来看，辖区内居民点地名山水特色和传统文化兼具：①移借自然地理实体通名。如：山、岙、垟、坑、岭、峰、岩、岗等。②移借民间神庙通名。如：堂、庙等。③移借住宅建筑通名。如：屋、基、宅、寮等。④移借耕地、生活设施通名。如：塆、田、丘、井等。

第二节　行政村

【天灯垟村】［Tiāndēngyáng Cūn］位于平田乡中部，为乡政府驻地，东邻官龙村，南为车里岙村，西为平田村，北为青龙岗村。面积2.9平方千米，其中耕地75.2公顷，林地171.6公顷。下辖天灯垟、横山、岩桥岗、岩脚、栅下、西照、山腰、六份、水没井、上斗、塘爿、油麻丘等12个自然村，8个村民小组，人口360户，1103人。以村委会驻地天灯垟自然村得名。

抗战时为秀南乡第二保。1951年为平田乡天灯垟村。1956年为有利高级社。1961年为平田公社天灯垟大队。1983年为天灯垟村。1984年被批准为抗战时期革命根据地村。

天灯垟［Tiāndēngyáng］位于区政府驻地西南22千米，为平田乡政府和天灯垟村委会驻地。早年为了灭虫，在田垟中间竖立起一丈多高石柱，上装除虫灯，村以此得名。村在海拔300米的山间盆地上，聚落旁公路呈带状分布。有学校1所。东西向的天平街位于乡境中心，北侧有行政区、卫生院等，南侧有学校和农村合作银行等。

横山［Héngshān］位于平田乡政府驻地东北0.5千米，属天灯垟村。北依山，南为平地，海拔340米，

12户，41人。以村后有一横卧之山而得名。

岩桥岗 [Yánqiáogǎng] 位于乡政府驻地东南0.9千米，属天灯垟村。村在海拔450米高的山坡上，9户，34人。该地北面一个山岗上，有一块凌空横架的岩石桥，俗称仙人桥，故名岩桥岗。

岩脚 [Yánjiǎo] 位于乡政府驻地东南1.1千米，属天灯垟村。村在山坡上，南有山塆塘，海拔430米，人口17户，63人。因地处一块大岩脚下，故名。民国《黄岩县志》载有此名。

栅下 [Zhàxià] 位于乡政府驻地南1千米，属天灯垟村。村处山塆中，东有小水库，海拔380米，156人。村在数米高的岩栅之下，故名。

塘爿 [Tángpán] 位于乡政府驻地东0.7千米，属天灯垟村。村坐落在山坡上，海拔400米，9户，44人。因村旁有口近乎淤塞的水塘故名。

西照 [Xīzhào] 位于乡政府驻地南0.6千米，属天灯垟村。人口49人，海拔380米，因地处坐东朝西的山塆中，阳光西照，故名。

山腰 [Shānyāo] 位于乡政府驻地南0.4千米，属天灯垟村。海拔360米，人口57人，因聚落在小山屿的腰部，故名。

油麻丘 [Yóumáqiū] 位于乡政府驻地南1.2千米，属天灯垟村。村在海拔440米山坡上，人口22人。据传，早年有人在此设有榨油作坊，俗称田麻车，后演变为油麻丘。1979年栅下迁此始成村落。

六份 [Liùfèn] 位于乡政府驻地西0.4千米，属天灯垟村。北依山，南邻天灯垟，海拔330米，村后有小水库。据传早年该地仅有六份（户）人家，故名。民国《黄岩县志》有载。

水没井 [Shuǐmòjǐng] 位于乡政府驻地东0.8千米，属天灯垟村。村在海拔370米高的山坡上，人口53人。此地有口水井，不知何故蓄不住水，俗称水没井，村以此名。

上斗 [Shàngdǒu] 位于乡政府驻地东0.8千米（水没井南），属天灯垟村。海拔440米，南有山塆塘，人口20人。村在岩栅上，四周环山形状如斗，故名上斗。民国《黄岩县志》有载。

【青龙岗村】 [Qīnglónggǎng Cūn] 2018年8月，行政村规模调整，东山、箬岗、牛游塘3村合并为青龙岗村。以村北青龙岗得名。位于平田乡东北部，东界茅畲乡西泉村，南至官龙村、天灯垟村，西至黄溪村、桐岭村，北界北洋镇岙里、镇南新村、西岑村。辖区面积7.3平方千米。辖东山、长坑窟、五峰、大峰坑、老屋、新屋、下山、胡家山、中央屋、竹坑、老六坑、高爿、山塆、牛游塘、姜施、箬岗头、船山岭、傍面、天地窟共19个自然村，498户，1568人。村委会驻地原牛游塘村。

*【**东山村**】[Dōngshān Cūn] 位于平田乡北部，东接茅畲乡，南为牛游塘村，西为东溪村，北临北洋镇，面积2.1平方千米，其中耕地15.6公顷，林地138.1公顷。下辖东山、长坑窟、五峰、大峰坑4个自然村，6个村民小组。人口93户，289人。以村委会驻地东山得名。

1947年属临古乡第十一保。1951年为茅畲乡青龙岗村。1956年为东山社。1961年为平田公社东山大队。1983年为平田乡东山村。2018年8月，和箬岗村、牛游塘村合并称青龙岗村。

东山 [Dōngshān] 位于乡政府驻地东北4.8千米，系东山村委会驻地。村在海拔365米的山坡上，有小地名上透、灰寮上、毛竹园等。因地处黄毛山的东面，故名东山。

长坑窟 [Chángkēngkū] 位于乡政府驻地东北5.2千米，属东山村。村四周环山，海拔295米，人口49人。地处一个长条形的山间窟中，有溪坑，故名。

五峰 [Wǔfēng] 位于乡政府驻地东北4.8千米，属东山村。村在海拔340米的山上，人口37人。因该地东边有5个小山峰屹立着，村以此得名。

大峰坑 [Dàfēngkēng] 位于乡政府驻地东北4.8千米，属东山村。村在海拔390米的山上，地处一座大山峰下，旁有溪坑，故名。

*【**箬岗村**】[Ruògǎng Cūn] 位于平田乡东部，东临茅畲乡，南至里龙村，西至桐里岙，北至牛游塘村，面积2.3平方千米，其中耕地46.1公顷，林地157公顷。下辖老屋、新屋、下山、胡家山、中央屋、竹坑、老六坑、高爿、山塆等9个自然村，6个村民小组。184户，576人。以村委会驻地箬岗得名。

1947年为茅畲乡第三保。1951年为茅畲乡箬岗村。1956年为箬岗高级社。1961年为平田公社箬岗大队。1983年为平田乡箬岗村。2018年8月，和东山村、牛游塘村合并称青龙岗村。

老屋 [Lǎowū] 位于乡政府驻地东北1.8千米，系箬岗村委会驻地。21户，99人，村在海拔420米的山上。因新屋从该地析出，留下的称老屋。

新屋 [Xīnwū] 位于乡政府驻地东北1.8千米，属箬岗村。村处海拔420米的山上，31户，127人。该村是从老屋分出，1958年在此新建数十间房屋，故名新屋。

下山 [Xiàshān] 位于乡政府驻地北1.6千米，属箬岗村。村在海拔420米的山塆上，18户，66人。因位于高爿自然村之下，故名。

胡家山 [Hújiāshān] 位于乡政府驻地北1.4千

米，属箬岗村。村在箬岗西，海拔310米的山间坡地，26户，83人。传说此地的山早年是桐岭岙吴家的产业，故称吴家山，后谐音为胡家山。

中央屋［Zhōngyāngwū］位于乡政府驻地东北2.4千米，属箬岗村。东临茅畲乡，在海拔460米的山岙中，9户，33人，因房屋建在山岙中央，故名。

竹坑［Zhúkēng］位于乡政府驻地北1.8千米，属箬岗村。村在海拔440米的山间坡地上，21户，99人。因该地溪坑两边毛竹长势良好，故名竹坑。

高爿［Gāopán］位于乡政府驻地北1.8千米，属箬岗村。村在海拔460米高的山岗上（竹坑东），7户，32人。因地处较高的一爿山上，故名。

山塆［Shānwān］位于乡政府驻地东北2千米，属箬岗村。村在海拔460米的山塆坡地上，8户，34人。因该地山塆又长又弯，故名。

老六坑［Lǎoliùkēng］位于乡政府驻地东北2.2千米，属箬岗村。村在海拔450米的山塆上，南有溪，21户，82人。传说古时有一户人家6兄弟中的老六曾住此地山坑中，故名。

*【**牛游塘村**】［Niúyóutáng Cūn］位于平田乡中部，距黄岩城区25千米，东邻里龙村，南至车里岙，西至平田村，北接箬岗村。面积2.4平方千米，其中耕地33.2公顷，林地150.4公顷，东魁杨梅107公顷。下辖牛游塘、姜施、箬岗头、船山岭、傍面、天地窟等6个自然村，7个村民小组，221户，703人。以村委会驻地牛游塘自然村得名。

1947年为临古乡第十二保。1951年为茅畲乡青龙岗村。1956年为牛游塘高级社。1958年划入平田乡。1961年称牛游塘大队。1983年为平田乡牛游塘村。2018年8月，和箬岗村、东山村合并称青龙岗村。

牛游塘［Niúyóutáng］位于乡政府驻地东北3.5千米，系牛游塘村委会驻地。村在公路东西两侧，海拔400米，人口149户，550人。村东南有口水塘，传说早上水浊，午后水清，村人怪之。后有人早起到塘边，见一大水牛在塘中游水，牛见人即奔走，跑至山岗天已明，遂变成一块巨石，俗称水牛岩，村以此得名。民国县志载有牛游塘。

姜施［Jiāngshī］位于乡政府驻地东北4.2千米，属牛游塘村。村在海拔380米的山坡上，人口160人。传说古时此地曾出现过僵尸害人，后一屠工夜行逢之，用肉斧斩杀，遂不复见。村以此得名僵尸，因避讳改作姜施。

船山岭［Chuánshānlǐng］位于乡政府驻地东北4.1千米，属牛游塘村。村在海拔300米的山上，现无人居住。因该地有座山，山形如船，称船山，村在船山岭上，故名。

傍面［Bàngmiàn］位于乡政府驻地东北3.6千米，属牛游塘村。村西靠山坡，东临溪，海拔385米，10户，44人。因村旁靠牛游塘西北面，故名。

天地窟［Tiāndìkū］位于乡政府驻地东北4.3千米，属牛游塘村。海拔310米，6户，26人。1980年姜施村移居此地建村。因地处四周环山的凹窟中，上顶天，下着地，故名天地窟。

箬岗头［Ruògǎngtóu］位于乡政府驻地东北3.7千米，属牛游塘村。村在海拔550米高山上，因山岗上长满箬竹故名。民国县志载有箬岗。

【**桐岭村**】［Tónglǐng Cūn］位于平田乡西部，长潭水库东岸。东邻黄溪村，西临长潭水库，南为平田村，北至黄溪村，总面积4.2平方千米，其中耕地25.4公顷，山地321.4公顷。下辖垟恩山、倒石岩、下寺堂、桐外岙、大往湾、水鲁、黄口、山塆前、西山、高头、山板坦、桐里岙、横路山、湾基共14个自然村，11个村民小组。人口319户，861人。村委会驻地暂设桐外岙，以村南桐岭得名桐岭村。

2015年11月行政村规模调整，山头下、桐里岙、桐外岙3村合为一村。山头下村1951年称东溪村山头下村。1956年称屿门乡山头下社。1961年称平田公社山头下大队。1983年称山头下村。桐外岙村1951年称东溪乡桐岭村。1956年称屿门乡桐岭岙社。1961年称平田公社桐外岙大队。1983年称桐外岙村。桐里岙村1951年称东溪乡桐岭村。1956年称屿门乡桐岭岙社。1961年称平田公社桐里岙大队。1983年称桐里岙村。

垟恩山［Yáng'ēnshān］位于乡政府西北4.1千米，属桐岭村（原为山头下村驻地）。东依山，西临长潭水库，海拔40米，人口40人。传说古时有杨氏的守坟庵屋，俗称杨庵山，谐音为垟恩山。民国县志称山头下。

倒石岩［Dàoshíyán］位于乡政府驻地西北4.3千米，原属山头下，现属桐岭村。北靠山，南面溪，西临水库，人口90人。因村北有块巨石，倾斜欲倒状，故名。

下寺堂［Xiàsìtáng］位于乡政府驻地西北4千米，原属山头下，现属桐岭村。海拔55米，人口44人。村内有一处寺堂，在黄毛山下，故名。

桐外岙［Tóngwài'ào］位于乡政府驻地西北3千米，原是桐外岙村驻地，现属桐岭村。北靠山，西临长潭水库，海拔60米，244人。村南有桐岭，村在岭北的山岙中，故名桐外岙。《清同治光绪年间新定县境总图》载有桐岭，1958年称桐外岙。

大往湾［Dàwǎngwān］位于乡政府驻地西北3.4

千米，原属桐外岙村，现属桐岭村。西靠山，东临长潭水库，海拔50米，7户，24人。地处山塆，又在较大的一往山中，故名。

水鲁 [Shuǐlǔ] 位于乡政府驻地西北2.8千米，原属桐外岙，现属桐岭村。聚落在溪南北两侧，海拔45米，24户，92人。早年溪南湍流处设有水磨，后谐音为水鲁。

黄口 [Huángkǒu] 位于乡政府驻地西北2.2千米，原属桐外岙，现属桐岭村。北靠山，南临溪，16户，53人。因位于山岙之口，多王姓，称王岙口，后写作黄口。

山湾前 [Shānwānqián] 位于乡政府驻地西北2.8千米，原属桐外岙，现属桐岭村。8户，33人。此地有一狗头山，该自然村在该山山弯的前面，故名。

西山 [Xīshān] 位于乡政府驻地西北3.3千米，原属桐外岙，现属桐岭村。西靠山，东临长潭水库，13户，51人。因地处桐外岙西山坡，与桐外岙隔水相望，故名西山。

高头 [Gāotóu] 位于乡政府驻地西北2.7千米，属桐岭村。西靠山，南临岭路，海拔80米，7户，31人。该自然村建在山岗头上，俗称岗头，谐音为高头。

山板坦 [Shānbǎntǎn] 位于乡政府驻地西北2.9千米，属桐岭村。北靠山，南临溪坑，海拔64米，21户，84人。因村北有一片裸露的岩板，坡度较平，俗称山板坦。

桐里岙 [Tónglǐ'ào] 位于乡政府驻地天灯垟西北2.6千米，原为桐里岙村委会驻地，现属桐岭村。三面环山，北临溪。原称里岙，因地处桐岭之南，故名。

横路山 [Hénglùshān] 位于乡政府驻地西北2.1千米，属桐岭村。村在海拔170米的山塆中，30户，102人。由箬岗至桐外岙有一条东西横向山路经过此地，故名横路山。

湾基 [Wānjī] 位于乡政府驻地西北2.3千米，属桐岭村。海拔230米，6户，33人。村在山塆中，传说很早以前有人在此搭寮居住，并留下寮基，村以此得名。

【黄溪村】 [Huángxī Cūn] 2018年8月，行政村规模调整，黄毛山村和东溪村合并为黄溪村。黄毛山村和东溪村合并，两村各取一字得名。位于平田乡西北部，东至青龙岗村，南至青龙岗、桐岭村桐外岙，西濒长潭水库，北界北洋镇岙里。辖区面积5.6平方千米。辖上料、平头、铜钿坑、里厂、田团、牛牢、双栅、仙人塔、方田钻、箬岗尖、下跑、茶园头、石井、洋坪、东溪、岙里、大平头、岩门里、前路屿等19个自然村，382户，1023人。村委会驻地上料。

* **【黄毛山村】** [Huángmáoshān Cūn] 位于平田乡北部，东临牛游塘，西接桐外岙，南至平田村，北接东溪村，面积3.2平方千米，其中耕地65.2公顷，林地177.8公顷。下辖上料、平头、铜钿坑、里厂、田团、牛牢、双栅、仙人塔、方田钻、箬岗尖、下跑、茶园头、石井、洋坪共14个自然村，13个村民小组。人口239户，671人。以村委会驻地黄毛山得名。民国县志载有黄毛山。

1947年为青江乡第六保。1951年为东溪乡黄毛山村。1956年为屿门乡黄毛山社。1961年为平田公社黄毛山大队。1983年为平田乡黄毛山村。2018年8月，和东溪村合并称黄溪村。

上料 [Shàngliào] 位于乡政府驻地北偏西3.3千米，系黄毛山村委会驻地。东靠山，南临溪，海拔260米，30户，129人。早年在此山上部搭寮而居，故名上廖，简写上料。

平头 [Píngtóu] 位于乡政府驻地西北4千米，属黄毛山村。东靠山，南有溪，海拔190米，63户，214人。村在山岗头，地形平坦，故名平头。

铜钿坑 [Tóngtiánkēng] 位于乡政府驻地北3.7千米，属黄毛山村。村在山塆中，北有小水库，海拔360米。该地溪坑边早年有多棵桐树，每到春天开花时节，一串串桐花从树上挂下，犹如一串串铜钿，故称铜钿坑。

里厂 [Lǐchǎng] 位于乡政府驻地北3.8千米，属黄毛山村。地处海拔400米的高山上，12户，39人。早年有人在此搭建茅厂守山，靠里边的称里厂。

田团 [Tiántuán] 位于乡政府驻地西北3.7千米，属黄毛山村。东靠山，海拔165米，8户，31人。早年，此地有山田被洪水冲毁，断裂下陷，称田断，谐音为田团。

牛牢 [Niúláo] 位于乡政府驻地北3.1千米，属黄毛山村，村在海拔400米的山坡上，北有溪坑，6户，28人。据传，清代上栅有人在此搭建牛棚，饲养两头耕牛，一夜适遇一虎来到牛栏，二牛归来，即与之角斗，至天明村人发现虎被二牛捞死，二牛亦脱力而死，村得名牛牢。

洋坪 [Yángpíng] 位于乡政府驻地西北3.1千米，属黄毛山村。村在山岙中，海拔285米，28户，110人。村前有一块平坦的水田，面积大而平，故称洋坪。

双栅 [Shuāngzhà] 位于乡政府驻地西北2.7千米，属黄毛山村。6户，22人。村在岩栅（方言岩壁，直立如栅栏）的上下两处，当地有上栅、下栅之分，合称双栅。

石井 [Shíjǐng] 位于乡政府驻地西北2千米，属黄毛山村。后靠岩壁，前为田，海拔380米，12户，40人，多翁姓。当地有一座石井寺庙，庙内有口石井，故名。

仙人塔［Xiānréntǎ］位于乡政府驻地西北2.2千米，属黄毛山村。8户，26人，多牟姓，海拔640米。传说早年该地种有桃树，建有茅屋，一日，桃树和茅屋突然消失，疑为仙人所为，故称此为仙人坦，后谐音为仙人塔。

方田钻［Fāngtiánzuàn］位于乡政府驻地西北2.6千米，属黄毛山村。3户，10人，当地原有一丘方田，形似平卧方砖，俗称方田砖，写作方田钻。

箬岗尖［Ruògǎngjiān］位于乡政府驻地北2.3千米，属黄毛山村。村在海拔776米高山顶，2户，10人。因地处黄毛山山顶岗头，盛产箬竹，故名箬岗头，为有别于牛游塘的箬岗头，故改名为箬岗尖。

下跑［Xiàpǎo］位于乡政府驻地西北3.8千米，属黄毛山村。村在海拔230米的山岗上，8户，28人，多许姓，位于茶园头下面的一个山岗尖（俗称山泡头）上，故名下泡，写作下跑。

茶园头［Cháyuántóu］位于乡政府驻地西北3.7千米，属黄毛山村。村四周多梯田，海拔465米，无人居住。旧时村头有一大茶园，故名。

*【**东溪村**】［Dōngxī Cūn］位于长潭水库东岸，距黄岩城区约30千米，东至东山村，南至上料、山头下，西濒长潭水库，北接北洋镇，面积2.4平方千米，其中耕地15.6公顷，林地138.1公顷，下辖东溪、岙里、大平头、岩门里、前路屿5个自然村，人口143户，352人。以村委会驻地东溪得名。

1947年为青江乡第三、四保。1951年为东溪乡东溪村。1956年为屿门乡东溪社。1961年为平田公社东溪大队。1983年为东溪村。2018年8月，和黄毛山村合并称黄溪村。

东溪［Dōngxī］位于平田乡政府驻地西北5千米，系东溪村委会驻地，东依山，西临水库东岸，143户，351人。因村东北有条溪，自南至北，名为东溪，村以溪得名。《清同治光绪年间新定县境总图》标有东溪。

岙里［Àolǐ］位于乡政府驻地西北5千米，属东溪村。村位于山岙里深，故名岙里，别名格公岙（野生覆盆子），人口140人。民国县志称有青江乡谷家岙（今为岙里）。

大平头［Dàpíngtóu］位于乡政府驻地北4.7千米，属东溪村。海拔250米，人口28人，因地处一大片较平坦的山脊上，故名大平头。该地大多为长潭水库移民所建。民国县志称平头。

岩门里［Yánménlǐ］位于乡政府驻地西北4.6千米，属东溪村。人口80人，村在山谷中，谷口两侧各有块岩石相对为门，故名。

前路屿［Qiánlùyǔ］位于乡政府驻地北偏西4.6千米，东依山，西临长潭水库，海拔45米，人口80人。聚落在东溪村东边一个山屿上，建水库时修了大路，故名前路屿。

【**官龙村**】［Guānlóng Cūn］2018年8月，行政村规模调整，官田村和里龙村合并为官龙村。官田村和里龙村合并，各取一字得名。位于平田乡中东部，东临茅畲乡鸟山水库，南至车里岙村，西至天灯垟村，北至青龙岗村、茅畲乡西泉村。辖区面积3.4平方千米。辖官田、七亩垟、烧基、坑沿、棚头吴、坦头、来岩、鲍家、南坪、对东田、戴家坑、南平头等12个自然村，317户，975人。村委会驻地七亩垟。

*【**官田村**】［Guāntián Cūn］位于平田乡东部，距城区25千米，东邻茅畲乡，南至车里岙，西至小田村，北至里龙村，面积1.9平方千米，其中耕地40.5公顷，林地124.1公顷，下辖官田、七亩垟、烧基、坑沿4个自然村，7个村民小组，210户，656人。以村委会驻地官田得名。

1947年为茅畲乡第二保。1951年为茅畲乡官田村。1956年为平田乡官田社。1961年为平田公社官田大队。1983年称平田乡官田村。2018年8月，和里龙村合并称官龙村。

官田［Guāntián］位于乡政府驻地东南1.8千米，系官田村委会驻地。聚落在海拔430米的山坡地上，北临小溪，人口92户，365人。传说该地有一块不纳税的官家之田，故名官田。民国《黄岩县志》载有官田。

七亩垟［Qīmǔyáng］位于乡政府驻地东南1.8千米，属官田村。聚落在海拔355米的山坡地上，前水田，后茶山，人口40户，156人。因该地原有一块约七亩的田地，故名七亩垟。民国《黄岩县志》有载。

烧基［Shāojī］位于乡政府驻地东南2.1千米，属官田村。聚落在410米的山岗坡地上，东与乐清市为界。烧基，又名筲箕，该地四周高中间低，前有出口，形似家用的筲箕，故名。后谐音为烧基。

坑沿［Kēngyán］位于乡政府驻地东南1.5千米，属官田村。聚落沿溪而建，海拔400米，人口11户，47人，多杨、葛姓。村舍建在溪坑沿边，故名坑沿。1979年部分村民迁此形成的新居民点。

*【**里龙村**】［Lǐlóng Cūn］位于平田乡东部，东临茅畲乡鸟山，南至官田，西至天灯垟，北至箬岗，总面积1.5平方千米，其中耕地23.1公顷，林地23.1公顷，下辖棚头吴、坦头、来岩、南平头、鲍家、南坪、对东田、戴家坑等8个自然村，4个村民小组，人口107户，319人。村委会驻地棚头吴。该地有一条弯曲的山坑，状如伏龙，故名。民国县志载有茅畲乡里垄。

1947年属茅畲乡第三保，称里垄。1951年为平田乡里龙村。1956年为顺利高级社。1961年为平田公社里龙大队。1983年为平田乡里龙村。2018年8月，和官田村合并称官龙村。

棚头吴 [Péngtóuwú] 位于乡政府驻地天灯坪东1.7千米，系里龙村委会驻地，村在海拔310米的山嘴坡地上，17户，64人。传说早年此地的山主头上有一尼庵，俗称棚头庵。“庵”与“恩”谐音，“恩”又演变为吴。

坦头 [Tǎntóu] 位于乡政府驻地天灯坪东1.3千米，属里龙村。村在海拔340米的山坡上，9户，35人。村在比较平坦的山坡地上，故名坦头。

来岩 [Láiyán] 位于乡政府驻地东1.1千米，属里龙村。村在海拔380米的山坡上，12户，52人。该地后山有一块大岩，是从高处滚落下来的，故名来岩。

南平头 [Nánpíngtóu] 位于乡政府驻地东1.5千米，属里龙村。村在海拔320米的山岗上，因山岗头较平，故名平头。因与黄茅山的平头重名，1991年改为南平头。

鲍家 [Bàojiā] 位于乡政府驻地东1.8千米，属里龙村。村在海拔350米的山沟坡地上，人口32户，120人。据传200年前大荆大台门鲍姓人家迁居此地，是该村鲍姓始祖地。民国《黄岩县志·氏族》载有里龙鲍姓共9户。

南坪 [Nánpíng] 位于乡政府驻地东北1.6千米，属里龙村。村在海拔310米的山塆上，3户，18人。村在山塆上，地势平坦，因在对东田自然村之南，故名南坪。1961年水库移民建村。

对东田 [Duìdōngtián] 位于乡政府驻地东北1.5千米，属里龙村。村在海拔325米的山坡上。传说早年有一座观音堂，附近有人常来此“掂铜钿”游戏，后以此作村名，掂铜钿谐音为“对东田”。

戴家坑 [Dàijiākēng] 位于乡政府驻地东北1.3千米，属里龙村。村在海拔310米的山坡上，东有溪坑，人口3户，17人。古时有两户人家在此对坑居住，故名对家坑，谐音戴家坑。

【平田村】 [Píngtián Cūn] 2018年8月，行政村规模调整，平田村和小田村合并后仍称平田村。位于平田乡中西部偏南，东至天灯坪村，南至蒋家垟村，西界上垟乡岭脚村，北至桐岭村。辖区面积5.5平方千米。辖平田、度岩、泗洲堂、竹山脚、小田庙、小田、度地、板门、竹园坑、下湾、下泗洲等11个自然村，495户，1464人。村委会驻地横岗。

***【平田村】** [Píngtián Cūn] 位于平田乡西部，东为天灯坪村，南接小田村，西与上垟乡接壤，北为桐里岙，面积3.5平方千米，其中耕地54.5公顷，林地125.1公顷。下辖平田、度岩、泗洲堂、竹山脚4个自然村，8个村民小组。人口305户，910人。以村委会驻地平田得名。

抗战时为秀南乡第一保。1951年为平田乡平田村。1956年为平田社。1961年为平田公社平田大队。1983年为平田村。2018年8月，小田村并入平田村。

平田 [Píngtián] 位于乡政府驻地西1.3千米，系平田村委会驻地。聚落在海拔330米的山上，228户，803人，多蔡、牟姓。古时没有较平的田，后在灯盏山下开垦出一片平坦的耕地，故名。明万历《黄岩县志》：“平田山，在县西六十里，山极崇峭，至巅有地平衍，故名。蔡氏世居也。”

度岩 [Dùyán] 位于乡政府驻地西1.4千米，属平田村。聚落在海拔280米的山腰上，25户，82人。因村东有块大岩石得名（因大的方言为“度”）。

泗洲堂 [Sìzhōutáng] 位于乡政府驻地西1.1千米，属平田村。聚落在310米的岭头山口，10户，40人。该地早年有一小庙，祀“泗洲大圣”，俗名泗洲堂，村以庙名。

竹山脚 [Zhúshānjiǎo] 位于乡政府驻地西北1.7千米，属平田村。聚落在海拔320米的山坡上，17户，52人，村在毛竹山脚下，故名。

***【小田村】** [Xiǎotián Cūn] 位于平田乡西南，东邻车里岙村，南邻庄前村，西为下水龟水库，北至天灯坪村，总面积2平方千米，其中水田38.7公顷，林地125.1公顷。下辖小田庙、小田、度地、板门、竹园坑、下湾、下泗洲等7个自然村，人口190户，554人。以村委会驻地小田得名。

1947年为秀南乡第二保。1951年为平田乡小田村。1956年为平田一社。1961年为平田公社小田大队。1983年称平田乡小田村。2018年8月，和平田村合并后称平田村。

小田庙 [Xiǎotiánmiào] 位于乡政府驻地西南1.7千米，系小田村委会驻地。村在海拔247米的山坡上，西北有下水龟水库，人口32户，121人。此地有座旧庙（办过学校、畜牧场），村委会办公设此，因邻近小田村，故名小田庙。

小田 [Xiǎotián] 位于乡政府驻地西南1.4千米。村在海拔260米的山坡上，西北临小溪，人口16户，65人。该地多梯田，因田面积小，故名小田。民国《黄岩县志》载有小田。

度地 [Dùdì] 位于乡政府驻地南1.2千米，属小田村。聚落在海拔320米的山坡上，人口40多户，110多人。因该地面积比小田自然村大，故名大地，方言俗称度地。

板门 [Bǎnmén] 位于乡政府驻地西南2.2千米，属小田村。村四周环山，西有小溪，海拔220米，48户，193人。因该地原有叶姓大户人家，一幢屋四周开八扇门，称八门，俗称板门。民国县志载有板门。

下塆 [Xiàwān] 位于乡政府驻地西南2.4千米，属小田村。聚落在海拔273米的山塆上，5户，20多人，李姓。因地处高山下的一个山塆中，故称下塆。

竹园坑 [Zhúyuánkēng] 位于乡政府驻地西南3千米，属小田村。12户，40人，多黄姓。传说祖先从屿头迁入，海拔240米，因此地山坑中毛竹较多，故名。

下泗洲 [Xiàsìzhōu] 位于乡政府驻地西南3.7千米，属小田村。聚落在海拔290米的山坡上，三面环山，南面田，人口11户，43人。因车岭西段有上下两寺堂，供奉"泗洲大圣"，地处西为下，故名下泗洲。

【车里岙村】 [Chēlǐ'ào Cūn] 位于平田乡南部，东界乐清市，南临蒋家垟村，西为平田村，北接天灯垟村、官龙村，面积2.8平方千米，其中耕地41.3公顷，山林215.4公顷。下辖车里岙、宅门前、车岭头、后门山4个自然村，10个村民小组。人口257户，861人。以村委会驻地得名。

1949年以前属乐清县智仁乡。1951年为平田乡里岙村。1956年为里岙社。1961年为平田乡车里岙大队。1983年为平田乡车里岙村。

车里岙 [Chēlǐ'ào] 位于乡政府驻地南2.5千米，系车里岙村委会驻地。156户，502人，村在海拔310米的山岙中，有溪坑穿村而过流入乐清。因该地有个车岭头，东岭北面山岙叫里岙，因重名，故称车里岙。

宅门前 [Zháiménqián] 位于乡政府驻地南2.6千米，属车里岙村。北有溪，聚落在海拔300米的山岙中，人口33户，129人。东里岙原称里岙，早年有寨门。位于里岙寨门之前，称寨门前，后谐音为宅门前。

车岭头 [Chēlǐngtóu] 位于乡政府驻地南2.8千米，属车里岙村。村在海拔300米的竹林丛中，人口48户，202人，多蒋姓。因该地位于车岭最高处，故名。车岭，黄岩至乐清古道，明万历《黄岩县志》："车岭，在县西南七十里，蔡全真妻车氏开砌，故名。"《清同治光绪年间新定县境总图》载有车岭脚。

后门山 [Hòuménshān] 位于乡政府驻地南2.2千米，属车里岙村。聚落在海拔405米的山腰上，人口8户，33人。因地处车里岙自然村后面的山上，故称后门山。1980年后车里岙和宅门前部分迁此形成村落。

【蒋家垟村】 [Jiǎngjiāyáng Cūn] 2018年8月，行政村规模调整，潘家垟村和庄前村合并为蒋家垟村。以村民多蒋姓得名。位于平田乡南部，东界乐清市智仁乡小坑岙，南至桐树坑村，西界上垟乡象岙村，北至车里岙村。辖区面积4.3平方千米。辖潘家垟、前门垟、门山岗、大寨田、屿弄坦、上泗洲、猪道湾、庄前、南垟、前门山头10个自然村，343户，1057人。村委会驻地下横路。

****【庄前村】** [Zhuāngqián Cūn] 位于平田乡南部，东与乐清市接壤，南邻潘家垟，西接上垟乡，北为车里岙村。面积1.7平方千米，其中耕地22.8公顷，林地139.5公顷。下辖庄前、南垟、前门山头3个自然村，9个村民小组。151户，456人。以村委会驻地庄前得名。

1947年属秀南乡第三保。1951年为象岙乡庄前村。1956年为平田乡赛美社。1961年为平田公社庄前大队。1983年称平田乡庄前村。2018年8月，和潘家垟村合并称蒋家垟村。

庄前 [Zhuāngqián] 位于乡政府驻地南3.7千米，系庄前村委会驻地。西北倚山，东南临溪，海拔330米。古时车里岙是个大村庄，该地在大庄之前，故名庄前。民国县志称樟前。

南垟 [Nányáng] 位于乡政府驻地南3.6千米，属庄前村。海拔330米，今无人居住，因地处车里岙南面的平垟，故名。

前门山头 [Qiánménshāntóu] 位于乡政府驻地南3.9千米，属庄前村。海拔330米，5户，24人。地处庄前之前，有座小山，故名。

***【潘家垟村】** [Pānjiāyáng Cūn] 位于平田乡南部，东接乐清市，南至寮前村，西临上垟乡，北邻庄前村，面积2.8平方千米，其中耕地30.5公顷，林地234公顷。下辖潘家垟、前门垟、门山岗、大寨田、屿弄坦、上泗洲、猪道湾7个自然村。192户，601人。以村委会驻地得名。1984年6月，批准为抗战时期革命根据地村。

1947年为秀南乡第三保。1951年为象岙乡潘家垟村。1956年为平田乡赛美社。1961年为平田公社潘家垟大队。1983年为平田乡潘家垟村。2018年8月，和庄前村合并称蒋家垟村。

潘家垟 [Pānjiāyáng] 位于乡政府驻地南4.1千米，系村委会驻地。聚落在海拔320米山坡上，南临小溪，中间有一条宽8米的水泥路，通往桐树坑。93户，411人。该地四周一片平垟，祖先潘姓从小坑迁来，故名潘家垟。民国县志有载。

前门垟 [Qiánményáng] 位于乡政府驻地南4.3千米，属潘家垟村。海拔340米，东南靠山坡，前为水田，一片平垟，因在潘家园东南（前面），故名前门垟。

门山岗 [Ménshān'gǎng] 位于乡政府驻地南

4.2千米，属潘家垟村。西靠山，东临溪，海拔340米，人口7户，29人。因地处潘家垟北面（后）的山岗下，称后门山岗，简称门山岗。1978年，潘家垟部分村民迁此建村。

大寨田［Dàzhàitián］位于乡政府驻地南4.5千米，属潘家垟村。已无人居住，海拔346米。因是70年代在“农业学大寨”号召下开山造的田，故名大寨田。

屿弄坦［Yǔnòngtǎn］位于乡政府驻地南4.4千米，属潘家垟村。村在朝南坡地，海拔332米，20户，100人。地处犹如两个弄堂的山屿中间较平坦的坡地上，故名屿弄坦。

上泗洲［Shàngsìzhōu］位于乡政府驻地南3千米，属潘家垟村。村在车岭路边，海拔380米，无人居住，此地原为泗洲堂路廊，因位于下泗洲堂（东）上方，地势高，故名。

【桐树坑村】［Tóngshùkēng Cūn］2018年8月，行政村规模调整，桐树坑村和寮前村合并为桐树坑村。位于平田乡南部。东、南界乐清市智仁乡小坑岙、上六坪，西界上垟乡象岙村，北至蒋家垟村。辖区面积4.6平方千米。辖寮前、石佛岩、梓树塆、水碓头、桐树坑、小坑岙头、坑里、荒田坑、庙后坑9个自然村，308户，893人。村委会驻地原两村交界处。

*【寮前村】［Liáoqián Cūn］位于平田乡南部，东临乐清市，南接桐树坑，西临上垟乡，北为潘家垟村，面积1.3平方千米，其中耕地12.3公顷，林地112.5公顷。下辖寮前、石佛岩、梓树塆、水碓头4个自然村，7个村民小组，人口154户，467人。以村委会驻地寮前得名。1984年6月，经台州行署批准为抗战时期革命根据地村。

1947年为秀南乡第四保。1951年为象岙乡寮前村。1956年为平田乡寮前社。1961年为平田公社寮前大队。1983年为寮前村。2018年8月，和桐树坑村合并称桐树坑村。

寮前［Liáoqián］位于乡政府驻地南5.2千米，系寮前村委会驻地。东靠山，西临溪，海拔335米，87户，354人，多姓辛。据《辛氏宗谱》记载，明成化年间辛氏18世祖辛永祉从小坑象岙迁此搭寮定居，村在寮之前，故名。村大会堂旁有树龄300年的红豆杉。

石佛岩［Shífóyán］位于乡政府驻地南4.5千米，属寮前村。西北靠山，南临溪，海拔310米，22户，100多人。该地原有一块巨石，很像弥勒佛，80年代建房炸毁填屋基，村以岩石得名。

梓树塆［Zǐshùwān］位于乡政府驻地南4.4千米，属寮前村。东靠山，西临溪，海拔339米，人口14户，54人。村在山塆中，古时多楮树，故名楮树塆，后谐音为梓树塆。

水碓头［Shuǐduìtóu］位于乡政府驻地5.3千米，属寮前村。西北靠山，东临溪，海拔280米，人口11户，58人。因早年建有水碓，故名。1979年寮前部分迁此建村。民国县志载有水碓头。

*【桐树坑村】［Tóngshùkēng Cūn］位于平田乡南部，距黄岩城区约40千米。东、南均与乐清市交界，西为上垟乡，北为寮前村。辖区面积3.2平方千米，其中耕地16.5公顷，林地287.2公顷。下辖桐树坑、小岙坑头、坑里、荒田坑、庙后坑5个自然村，6个村民小组，人口154户，426人。以村委会驻地桐树坑自然村得名。1984年6月经台州行署批准为抗战时期革命根据地村。2014年建村文化礼堂。

1947年属秀南乡第四保。1951年为象岙乡桐树坑村。1956年为平田乡桐树坑社。1961年为平田公社桐树坑大队。1983年称平田乡桐树坑村。2018年8月，和寮前村合并后仍称桐树坑村。

桐树坑［Tóngshùkēng］位于乡政府驻地西南6.1千米，系桐树坑村委会驻地。村东有坑，早年村边有一棵大桐树，故名。村四周环山，溪流南北穿村，海拔290米，75户，323人，多辛姓。该地为中共台属特委机关旧址，建有纪念碑和纪念亭。2007年公布为浙江省爱国主义教育基地。村南有浙东十八潭景区，在全省红色旅游中独树一帜。民国县志载有桐树坑。

小坑岙头［Xiǎokēng'àotóu］位于乡政府驻地南5.6千米，属桐树坑村。村东界乐清市，海拔390米，13户，53人，多董姓。与乐清交界处有个山岙叫小坑岙，该自然村位于小坑岙上面，故名。

坑里［Kēnglǐ］位于乡政府驻地南5.9千米，属桐树坑村。海拔315米，今无人居住，因位于桐树坑最东面的山坑里，故名。

荒田坑［Huāngtiánkēng］位于乡政府驻地西南6.3千米，属桐树坑村。村在海拔310米的山上，西邻上垟仰天斗，南邻乐清市。16户，42人。村处溪坑边，多冷水田，光照不足，常歉收，故名荒田坑。

庙后坑［Miàohòukēng］位于乡政府驻地西南6千米，属桐树坑村。村在海拔303米的山上，人口65人。原有一座古庙，自然村在古庙后面的溪坑边，故名庙后坑。

第三节　道路街巷

天平街［Tiānpíng Jiē］位于平田乡，2003年正式命名。因处平田乡政府所在地天灯垟村中心得名。东起卫家路，西止原乡中学，混凝土路面，长0.7千米，宽15米。

天平二街 [Tiānpíng Èrjiē] 位于平田乡，2003年正式命名。因是平田乡政府所在地天灯垟村中心的第二条街，故名。东起卫家路，西止平智公路，混凝土路面，长0.2千米，宽19米。

天灯垟路 [Tiāndēngyáng Lù] 位于平田乡，2003年正式命名。系天灯垟村主干道，故名。南起乡中心校，北至天平街，混凝土路面，长0.2千米，宽4米。

卫家路 [Wèijiā Lù] 位于平田乡，2003年正式命名。以小地名“卫家”得名。东起卫家，西止天平街，混凝土路面，长0.3千米，宽4米。

第二十章　各乡镇街道辖区名称演变

第一节　行政村（社区）辖区名称演变情况

表 3-1　　东城街道辖区名称演变一览表

序号	标准名称	1947 年（民国期间）	1951 年（土改期间）	1956 年（合作化）	1961 年（体制调整）	1983 年	2001 年	备注
1	海棠社区							1997 年 1 月成立海棠居，2002 年 7 月更今名
2	百花社区		城南镇双施居 城中镇四厅巷		直属城关镇	百花宫居		1979 年与反帝居合并为先进路居。2002 年 8 月更今名
3	东浦社区		城北镇 外东浦居			外东浦居		“文化大革命”时曾称跃进居。2002 年 7 月更今名
4	方山社区							1987 年 7 月成立方山居。2002 年 8 月更今名
5	白杨社区							1997 年 1 月属海棠居。2003 年 8 月更名白杨。2018 年 8 月王东村并入
	＊王东 白杨社区	镇东乡 廿一保	镇东乡 第八村	永春社	王东大队	镇东乡 王东村	东城街道 王东村	
6	九峰社区							2002 年 8 月命名
7	城外洲社区							1989 年 6 月称印山路居。11 月称南城居。2002 年 8 月更今名
8	桔乡社区							1996 年 12 月成立始名
9	山亭社区							20 世纪 60 年代成立山亭居。2002 年 8 月更今名
10	塔苑社区							2002 年 10 月成立始名
11	砚池社区		仁砚居			砚池居		“文化大革命”时曾称灭资居。2002 年 8 月更今名
12	嘉盛社区							2015 年成立始名
13	＊埭东 埭水	镇东乡 十三保	镇东乡 第五村	丰收三社	埭东大队	镇东乡 埭东村	东城街道 埭东村	2018 年 8 月埭东和埭西村合为埭水村
	＊埭西 埭水	镇东乡 十六保、西洋	镇东乡 第九村	丰收三社	埭西大队	镇东乡 埭西村	东城街道 埭西村	
14	王林洋	镇东乡 十七保	镇东乡 第七村	丰收一社	王林洋大队	镇东乡 王林洋村	更为今名	

续表 3–1

序号	标准名称	1947 年（民国期间）	1951 年（土改期间）	1956 年（合作化）	1961 年（体制调整）	1983 年	2001 年	备注
15	*上后上渚	镇东乡十一保	镇东乡第二村	和平社	上渚后洋大队	镇东乡上渚后洋村	东城街道上渚后洋村	2018 年 8 月上渚后洋和上渚前洋合为上渚村
	*上前上渚	镇东乡十二保	镇东乡第三村	双利社	上渚前洋大队	镇东乡上渚前洋村	东城街道上渚后洋村	
16	王西	镇东乡十八保	镇东乡第九村	秋丰社	王西大队	镇东乡王西村	更为今名	
17	双浦		镇东乡第四村	红旗二社	仙浦大队	镇东乡双浦村	更为今名	
18	红三	镇东乡十四保、闸门头	镇东乡第十二村	红旗三社	红三大队	镇东乡红三村	更为今名	
19	红四	镇东乡十五保闸门头前洋	镇东乡第十一村	红旗四社	红四大队	镇东乡红四村	更为今名	
经联社	小东门经联社			城关镇九峰丰产场	九峰大队、小东门大队		更为今名	
	小南门经联社		金鸡村、花园村、施平村	城南一社	城关镇良种场大队	城关镇小南门经联社	更为今名	
	外东浦经联社				城关镇东方红大队		更为今名	1984 年改称外东浦经联社
	九峰经联社				1958 年称澄江人民公社城关管理区城东社	城关镇九峰大队	更为今名	1962 年称澄江人民公社丰产场，1984 年 3 月为九峰经联社
	公园经联社					城关镇岙里大队	更为今名	1984 年 3 月称城关镇九峰经联社
	城中经联社	城中村				城关镇城中大队	更为今名	1962 年为城关镇城中大队。1984 年称城中经联社

表 3–2

南城街道辖区名称演变一览表

序号	标准名称	1947 年（民国期间）	1951 年（土改期间）	1956 年（合作化）	1961 年（体制调整）	1983 年	2001 年 12 月	备 注
1	十里铺	鼓屿镇四、五保	鼓屿乡十里铺村	东升社	十里铺大队	鼓屿乡十里铺村	更为今名	
2	方山下	鼓屿镇第六保童桥里	羽山乡方山下村	鼓屿乡新民社	方山下大队	鼓屿乡方山下村	更为今名	1988 年并入城关镇
3	民建	鼓屿镇十四保	羽山乡老闸村	鼓屿乡民建社	民建大队	鼓屿乡老闸村	更为今名	

续表 3–2

序号	标准名称	1947 年（民国期间）	1951 年（土改期间）	1956 年（合作化）	1961 年（体制调整）	1983 年	2001 年 12 月	备 注
4	蔡家洋	鼓屿镇第九保	羽山乡蔡家洋村	鼓屿乡信群社	蔡家洋大队	鼓屿乡蔡家洋村	更为今名	
5	药山	鼓屿镇一、二、三保	药山乡药山村	鼓屿乡三联社	药山大队	鼓屿乡药山村	更为今名	1988 年并入城关镇
6	山后	鼓屿镇第八保	鼓屿乡山后村	勤丰社	山后大队	鼓屿乡山后村	更为今名	1988 年并入城关镇
7	*义屋 义新村	鼓屿镇十二保	鼓屿乡义屋村	胜利社	义屋大队	鼓屿乡义屋村	南城街道义屋村	2018 年 8 月义屋和新桥头合并称义新村
	*新桥头 义新村	鼓屿镇十、十一保	鼓屿乡新桥头村	胜利社	新桥头大队	鼓屿乡新桥头村	南城街道新桥头村	
8	*墙里 墙洋村	鼓屿镇第十保	鼓屿乡墙里村	胜利社	墙里大队	鼓屿乡墙里村	南城街道墙里村	2018 年 8 月墙里和大南洋村合并称墙洋村
	*大南洋 墙洋村	鼓屿镇第十保	鼓屿乡南洋村	胜利社	南洋大队	鼓屿乡大南洋村	南城街道大南洋村	
9	山前	鼓屿镇第五保官庄梁	鼓屿乡官庄梁村	群乐社	新建大队	鼓屿乡官庄梁村	南城街道官庄梁村	2015 年 11 月官庄梁和山前两村合并，更今名
		鼓屿镇十一、十五保	鼓屿乡山前村	群乐社	山前大队	鼓屿乡山前村	南城街道山前村	
10	*横山头 璜山头新村	竞存乡第九保	药山乡横山头村	鼓屿乡和平社	横山头大队	鼓屿乡横山头村	南城街道横山头村	横山头 1988 年并入城关镇。金寺堂“文化大革命”时称立新，1981 年恢复金寺堂，2018 年 8 月金寺堂和横山头、鱼沉合并称璜山头新村
	*金寺堂 璜山头新村	竞存乡第八保	药山乡金寺堂村	鼓屿乡和平社	金寺堂大队	鼓屿乡金寺堂村	南城街道金寺堂村	
	*鱼沉 璜山头新村	竞存乡第八保吴陈	药山乡鱼沉村	鼓屿乡和平村	鱼沉大队	鼓屿乡鱼沉村	南城街道鱼沉村	
11	下洋山	永宁乡第一、二保	药山乡下洋山村	鼓屿乡联盟村	下洋山大队	鼓屿乡下洋山村	更为今名	“文化大革命”时称东方红大队。1981 年恢复下洋山大队
12	吉岙	永宁乡第三保	店头乡吉岙村	鼓屿乡联盟村	吉岙大队	鼓屿乡吉岙村	更为今名	

表 3-3

西城街道辖区名称演变一览表

序号	标准名称	1947年（民国期间）	1951年（土改期间）	1956年（合作化）	1961年（体制调整）	“文化大革命”时期	1983年	1992年5月	备 注
1	锦江社区		城关区锦江居	划归西江分社	城关镇锦江居	群英居			2002年7月锦江、直下街、学前三居合并更今名
2	江北社区		浮桥居		城关镇大桥分社	1967年大桥居 1977年革命居			2002年7月更今名
3	县前社区	城北镇十五、十六保	与大直居同属城北镇			1967年人民东路居；1977年人民路居		县前居委会	2002年7月大北门、西街、桥上街、学前、直下街五居合并更今名
4	西街社区								2002年5月西街、孟家巷、锦江、桥上街四居合并更今名
5	永宁社区			1953年成立仁砚居委会					1984年为永宁居，1987年为西城居，2002年7月永宁、西城、竹场前三居合并更今名
6	江滨社区								1988年为瓦厂头居委会。2002年7月更今名
7	双江社区								原为桥上街居委会。2002年7月更今名
8	梅园社区								2002年7月成立始名
9	西江社区								2002年7月成立始名
10	迎春社区								迎春社区2002年7月成立始名。2018年8月下埭头村并入迎春社区
	*下埭头迎春社区	孝友乡十九保	孝友乡四村	新光社	孝友公社下埭头大队		红旗乡下埭头村	西城街道下埭头村	
11	西苑社区								西苑2003年7月成立始名。麻车大队1981年为红旗公社半洋张大队。2018年8月半洋张村并入西苑社区
	*半洋张西苑社区	孝友乡十五保	孝友乡麻车村	利民社	孝友公社麻车大队		红旗乡半洋张村	西城街道半洋张村	
12	南苑社区								红光大队1981年5月因重名改西洋郑大队。南苑2011年6月成立始名。2018年8月西洋郑并入南苑社区
	*西洋郑南苑社区	鼓屿镇第七保	羽山乡西洋郑村	城关镇城南三社	红星大队	红光大队	红旗乡西洋郑村	西城街道西洋郑村	

续表 3-3

序号	标准名称	1947 年（民国期间）	1951 年（土改期间）	1956 年（合作化）	1961 年（体制调整）	“文化大革命”时期	1983 年	1992 年 5 月	备 注
13	*汇江孝友社区	孝友乡十七保瓦林汇	霓桥乡八村	孝友乡汇江社	孝友公社汇江大队		红旗乡汇江村	西城街道汇江村	2018 年 8 月汇江并入孝友社区
	孝友社区								
14	锦都社区								2016 年 10 月正式批准命名
15	半洋洪	孝友乡十四保	霓桥乡半洋洪村	孝友乡红星社	孝友公社红星大队		红旗乡半洋洪村	更为今名	1980 年为红旗公社半洋洪大队
16	岙岸	孝友乡第五保	孝友乡岙岸村	勤丰社	孝友公社岙岸大队		红旗乡岙岸村	更为今名	
17	新堂	孝友乡第四保	孝友乡新堂村	新华社	孝友公社新华大队		红旗乡圣堂村	西城街道圣堂村	1993 年更为今名
18	罗家汇	孝友乡第六保	孝友乡罗家汇村	联丰社	孝友公社罗家汇大队		红旗乡罗家汇村	更为今名	
19	东路	孝友乡二十保	孝友乡东路村	东路社	孝友公社东路大队		红旗乡东路村	更为今名	
20	大树下	孝友乡第七保	孝友乡大树下村	联丰社	孝友公社大树下大队		红旗乡大树下村	更为今名	
21	半洋王	孝友乡十三保	霓桥乡六村	孝友乡先峰社	孝友公社先峰大队		红旗乡半洋王村	西城街道半洋王村	1980 年为半洋王大队
22	路边	孝友乡十六保	霓桥乡九村	孝友乡胜利村	孝友乡路边大队		红旗乡路边村	更为今名	
23	雅林	孝友乡十八保瓦林	孝友乡雅林村	先进社	孝友公社先进大队		红旗乡雅林村	更为今名	1981 年 8 月因重名改为雅林大队
24	霓桥	孝友乡十二保	霓桥乡四村	孝友乡新建社	孝友公社霓桥大队		红旗乡霓桥村	更为今名	
25	*半洋崔红旗村	孝友乡第八保	霓桥乡五村	孝友乡美丽社	孝友公社红旗大队		红旗乡半洋崔村	西城街道半洋崔村	1980 年为半洋崔。岭下 1981 年 8 月，更名岭下上街。1993 年为岭下村，2018 年 8 月岭下和半洋崔村合并称红旗村
	*岭下红旗村	孝友乡第九保	霓桥乡三村	孝友乡岭下社	孝友公社岭下大队		红旗乡岭下上街村	西城街道岭下上街村	
26	羽山	鼓屿镇第七保	羽山乡羽山村	羽山乡羽山村	孝友公社羽山大队		红旗乡羽山村	更为今名	

续表 3-3

序号	标准名称	1947 年（民国期间）	1951 年（土改期间）	1956 年（合作化）	1961 年（体制调整）	“文化大革命”时期	1983 年	1992 年 5 月	备 注
27	横河	鼓屿镇第八保	羽山乡横河村	羽山乡金星村	孝友公社横河大队		红旗乡横河村	更为今名	
28	岭下葛	孝友乡第十保	霓桥乡二村	孝友乡新民社	孝友公社岭下葛大队		红旗乡岭下葛村	更为今名	
29	霓桥金	孝友乡十二保	霓桥乡四村	孝友乡五星社	孝友公社霓桥金大队		红旗乡霓桥金村	更为今名	
30	羽村	三童乡一、二保	鼓屿乡羽村	鼓屿乡永丰社	孝友公社羽村大队		红旗乡羽村村	更为今名	
31	后洋	孝友乡第三保	孝友乡后洋村	城关镇五一社	五一大队		红旗乡后洋村	更为今名	1981 年 5 月更名为后洋大队
经联社	大直经联社			城关镇城北三社	北门大队	东风大队	大直大队	更为今名	1981 年更名为大直大队。1984 年改为大直经联社
	大桥经联社		浮桥村城北村	城关镇城北一社	大桥大队			更为今名	
	宁场经联社		仁砚居宁场居	城关镇城南二社		红卫大队	宁场大队	更为今名	1981 年 5 月称宁场大队
	西江经联社			城关镇城西二社、三社	西江大队			更为今名	
	五洞桥经联社	城西镇		城关镇城西一社	五洞桥大队			更为今名	

表 3–4

北城街道辖区名称演变一览表

序号	标准名称	1947 年（民国期间）	1951 年（土改期间）	1956 年（合作化）	1961 年（体制调整）	1983 年	1992 年	2001 年 2 月	备注
1	王林	拱东乡第五保	拱东乡王林村	王林乡三星社	王林大队	王林乡王林村	城关镇北城街道王林村	更为今名	
2	* 下林绿源	拱东乡第三保	拱东乡下林村	王林乡玲丰社	下林大队	王林乡下林村	城关镇北城街道下林村	北城街道下林村	1981 年东岙改上东岙大队。2018 年 8 月上东岙和下林合并称绿源村
	* 上东岙绿源	拱东乡第六、七保	拱东乡东岙村	王林乡五星社	东岙大队	王林乡上东岙村	城关镇北城街道上东岙村	北城街道上东岙村	
3	* 竹岭站前	拱东乡第七保	拱东乡竹岭村	王林乡一江社	竹岭大队	王林乡竹岭村	城关镇北城街道竹岭村	北城街道竹岭村	2015 年 11 月奇石岙和后施合并为五星村。2018 年 8 月五星和奇石岙片、下埠、竹岭合为站前村；后施片和唐溪岙合为云尚村
	* 五星村站前云尚	拱东乡第七保	拱东乡奇石岙村	王林乡翻身社	奇石岙大队	王林乡奇石岙村	城关镇北城街道奇石岙村	北城街道奇石岙村	
		拱中乡第三保	塔桥乡十九村	拱东乡联丰社	后施大队	拱东乡后施村	城关镇北城街道后施村	北城街道后施村	
	* 下埠站前	拱东乡第三保	拱东乡下埠村	王林乡团结社	下埠大队	王林乡下埠村	城关镇北城街道下埠村	北城街道下埠村	
4	* 唐溪岙云尚	拱东乡第一保	塔桥乡二十一村	拱东乡联丰社	唐家岙大队	拱东乡唐溪岙村	城关镇北城街道唐溪岙村	北城街道唐溪岙村	1981 年改为唐溪岙大队。2018 年 8 月和后施片合并为云尚村
5	净土岙	拱东乡第六保	拱东乡净土岙村	王林乡光明社	光明大队	王林乡净土岙村	城关镇北城街道净土岙村	更为今名	1981 年改为净土岙大队
6	下庄	拱东乡第二保	拱东乡下庄村	王林乡火星社	下庄大队	王林乡下庄村	城关镇下庄村	更为今名	
7	下洋顾	拱东乡第一保	拱东乡下洋顾村	王林乡联盟社	下洋顾大队	王林乡下洋顾村	城关镇北城街道下洋顾村	更为今名	
8	王林施	拱东乡第四保	拱东乡王林施村	王林乡东方社	王林施大队	王林乡王林施村	城关镇北城街道王林施村	更为今名	
9	五里牌	拱东乡十三保	拱东乡第十三村	胜丰社	五里牌大队	拱东乡五里牌村	城关镇北城街道五里牌村	更为今名	
10	黄土岭	拱东乡十一保	拱东乡第十一村	国庆社	黄土岭大队	拱东乡黄土岭村	城关镇北城街道黄土岭村	更为今名	

续表3–4

序号	标准名称	1947年（民国期间）	1951年（土改期间）	1956年（合作化）	1961年（体制调整）	1983年	1992年	2001年2月	备注
11	*唐家山张唐	拱中乡第一保	塔桥乡二十一村	拱东乡联丰社	唐家山大队	拱东乡唐家山村	城关镇北城街道唐家山村	北城街道唐家山村	2018年8月唐家山和坎头张合并称张唐村
	*坎头张张唐	拱中乡第三保	塔桥乡十九村	拱东乡民丰村	坎头张大队	拱东乡坎头张村	城关镇北城街道坎头张村	北城街道坎头张村	
12	新宅	拱东乡第十保	拱东乡第十村	合丰社	新宅大队	拱东乡新宅村	城关镇北城街道新宅村	更为今名	
13	午尚洋	拱中乡第二保	塔桥乡二十村	拱东乡五丰社	桥头大队	拱东乡午尚洋村	城关镇午尚洋村	更为今名	1981年改为午尚洋大队
14	杜家村	拱东乡第九保	拱东乡第九村	金星社	杜家村大队	拱东乡杜家村村	城关镇北城街道杜家村	更为今名	
15	马鞍山	拱东乡第八、十四保	拱东乡第八村	巩丰社	马鞍山大队	拱东乡马鞍山村	城关镇北城街道马鞍山村	更为今名	
16	浦西	拱东乡十二保	塔桥乡十二村	拱东乡灯塔社	浦西大队	拱东乡浦西村	城关镇北城街道浦西村	更为今名	
17	*塔水桥二合	拱中乡第五保獭水桥	塔桥乡十八村	拱东乡灯塔社	塔水桥大队	拱东乡塔水桥村	城关镇北城街道塔水桥村	北城街道塔水桥村	2018年8月塔水桥和罗汇黄合并为二合村
	*罗汇黄二合	拱中乡十八保	塔桥乡二十二村	拱东乡利丰社	罗汇黄大队	拱东乡罗汇黄村	城关镇北城街道罗汇黄村	北城街道罗汇黄村	
18	后庄	拱中乡第四保	塔桥乡十七村	拱东乡灯塔社	后庄大队	拱东乡后庄村	城关镇北城街道后庄村	更为今名	
19	长塘	拱东乡十四保	拱东乡第十四村	胜丰社	长塘大队	拱东乡长塘村	城关镇北城街道长塘村	更为今名	
20	*妙儿桥桔源社区	拱东乡十五保	拱东乡第十五村	胜丰社	妙儿桥大队	拱东乡妙儿桥村	城关镇北城街道妙儿桥村	北城街道妙儿桥村	2018年8月妙儿桥并入桔源社区
	桔源社区								2018年成立，2018年8月，妙儿桥村并入
21	锦川社区								2012年5月成立始名

澄江街道辖区名称演变一览表

表 3-5

序号	标准名称	1947年（民国期间）	1951年（土改期间）	1956年（合作化）	1961年（体制调整）	1981年	1983年	1992年5月	1995年12月	2001年11月	备注
1	桥头王	万全乡第四保	万全乡第二村	焦坑乡老三社	永丰大队	桥头王大队	焦坑乡桥头王村	焦坑镇桥头王村	澄江镇桥头王村	更为今名	
2	东江河	万全乡十三保	焦坑乡第三村	东江河社	东江河大队		焦坑乡东江河村	焦坑镇东江河村	澄江镇东江河村	更为今名	
3	仙浦喻	万全乡第三保	万全乡第一村	焦坑乡老三社	江丰大队	仙浦喻大队	焦坑乡仙浦喻村	焦坑镇仙浦喻村	澄江镇仙浦喻村	更为今名	
4	凤洋	万全乡十七保	焦坑乡第八村	金河社	凤洋大队		焦坑乡凤洋村	焦坑镇凤洋村	澄江镇凤洋村	更为今名	
5	仪江	万全乡十六保	焦坑乡第六村	星江社	仪江大队		焦坑乡仪江村	焦坑镇仪江村	澄江镇仪江村	更为今名	
6	江田	万全乡十四、十五保	焦坑乡第五村	星江社	江田大队		焦坑乡江田村	焦坑镇江田村	澄江镇江田村	更为今名	
7	* 仙浦汪 澄东	万全乡第三保	万全乡第三村	焦坑乡老三社	勤丰大队	仙浦汪大队	焦坑乡仙浦汪村	焦坑镇仙浦汪村	澄江镇仙浦汪村	澄江街道仙浦汪村	2018年8月仙浦汪和童家洋合为澄东村
	* 童家洋 澄东	万全乡第六保	万全乡第四村	焦坑乡友谊社	童家洋大队		焦坑乡童家洋村	焦坑镇童家洋村	澄江镇童家洋村	澄江街道童家洋村	
8	* 焦坑 焦坑星江	万全乡十八保	焦坑乡第七村	金河社	焦坑大队		焦坑乡焦坑村	焦坑镇焦坑村	澄江镇焦坑村	澄江街道焦坑村	2018年8月焦坑和星江合为焦坑星江村
	* 星江 焦坑星江	万全乡十四、十五保	焦坑乡第四村	星江社	星江大队		焦坑乡星江村	焦坑镇星江村	澄江镇星江村	澄江街道星江村	
9	* 石柜岙口 松岩	万全乡十一、十二保	焦坑乡第二村	大柜社	岙口大队	石柜岙口大队	焦坑乡石柜岙口村	焦坑镇石柜岙口村	澄江镇石柜岙口村	澄江街道石柜岙口	松岩“文革”时曾称大山头大队，2018年8月石柜岙口和大巍头合为松岩村
	* 大巍头 松岩	万全乡二十保	焦坑乡第十村	大柜社	大巍头大队	大巍头大队	焦坑乡大巍头村	焦坑镇大巍头村	澄江镇大巍头村	澄江街道大巍头村	
10	余家屿	万全乡第十保	万全乡第八村	焦坑乡大柜社	余家屿大队		焦坑乡余家屿村	焦坑镇余家屿村	澄江镇余家屿村	更为今名	

续表 3-5

序号	标准名称	1947 年（民国期间）	1951 年（土改期间）	1956 年（合作化）	1961 年（体制调整）	1981 年	1983 年	1992 年 5 月	1995 年 12 月	2001 年 11 月	备注
11	葛村	万全乡第九保	万全乡第七村	焦坑乡第二社	葛村大队		焦坑乡葛村村	焦坑镇葛村村	澄江镇葛村村	更为今名	
12	凉棚岭	万全乡第七、八保	万全乡第五、六村	焦坑乡第二社	凉棚岭大队		焦坑乡凉棚岭村	焦坑镇凉棚岭村	澄江镇凉棚岭村	更为今名	
13	石柜岙	万全乡十一、十二保	焦坑乡第一村	大柜社	岙里大队	石柜岙大队	焦坑乡石柜岙村	焦坑镇石柜岙村	澄江镇石柜岙村	更为今名	
14	*后林临古	临古乡第四保	临古乡后林村	焦坑乡第二高级社	后林大队		临古乡后林村	焦坑镇后林村	澄江镇后林村	澄江街道后林村	2018 年 8 月后林和下灰洋合并为临古村
	*下灰洋临古	临古乡第五保	临古乡第五村	焦坑乡第二高级社	下灰洋大队		临古乡下灰洋村	焦坑镇下灰洋村	澄江镇下灰洋村	澄江街道下灰洋村	
15	横屋	临古乡第五保	临古乡老五村	焦坑乡第二高级社	横屋大队		临古乡横屋村	焦坑镇横屋村	澄江镇横屋村	更为今名	
16	*山头舟新舟桥	万全乡十九保	焦坑乡第九村	金河社	山头舟大队		焦坑乡山头舟村	焦坑镇山头舟村	澄江镇山头舟村	澄江街道山头舟村	2015 年 11 月桥前和沈岙里合并为永泰村，2018 年 8 月永泰和山头舟并为新舟桥村
	*永泰新舟桥	临古乡桥前村	临古乡桥前村	焦坑乡第二高级社	桥前大队		临古乡桥前村	焦坑镇桥前村	澄江镇桥前村	澄江街道桥前村	
		临古乡第三保沈岙里	临古乡第三村	焦坑乡第二高级社	新岙里大队	沈岙里大队	临古乡沈岙里村	焦坑镇沈岙里村	澄江镇沈岙里村	澄江街道沈岙里村	
17	*三官堂禹成	临古乡	临古乡三官堂村	焦坑乡三官堂社	三官堂大队	三官堂大队	临古乡三官堂村	焦坑镇三官堂村	澄江镇三官堂村	澄江街道三官堂村	三官堂“文革”时称新红大队。2018 年 8 月三官堂和临西合为禹成村
	*临西禹成	临古乡	临古乡西岙村	焦坑乡第一高级社	西岙大队	临西大队	临古乡临西村	焦坑镇临西村	澄江镇临西村	澄江街道临西村	
18	东岙里	临古乡	临古乡里村外村	焦坑乡第一高级社	东岙里大队		临古乡东岙里村	焦坑镇东岙里村	澄江镇东岙里村	更为今名	

表 3-6

新前街道辖区名称演变一览表

序号	标准名称	1947 年（民国期间）	1951 年（土改期间）	1956 年（合作化）	1961 年（体制调整）	1966 年	1983 年	1991 年 12 月	1992 年 5 月	2001 年 12 月	备注
1	西范	拱中乡十一保	屿下乡、塔山乡西范村	屿下乡联民社	新前公社西范大队		新前乡西范村	新前镇西范村		更为今名	
2	*新建新塔	拱中乡第九保	屿下乡、塔山乡新建村	屿下乡新华社	新前公社新建大队		新前乡新建村	新前镇新建村		新前街道新建村	2018 年 8 月新建和塔山合并为新塔村
	*塔山新塔	拱中乡十六保	屿下乡、塔山乡塔山村	屿下乡新明社	新前公社塔山大队		新前乡塔山村	新前镇塔山村		新前街道塔山村	
3	泾岸	拱中乡第十保	前洋乡泾岸村	屿下乡路头方社、利民社、红星社	新前公社泾岸大队		新前乡泾岸村	新前镇泾岸村		更为今名	
4	*杏头杏北	拱西乡十三保莺头	前洋乡杏头村	火花社	新前公社杏头大队	联丰大队	新前乡杏头村	新前镇杏头村		新前街道杏头	1980 年复杏头大队，2018 年 8 月杏头和北洋岙合为杏北村
	*北洋岙杏北	拱西乡十四保	前洋乡北洋村	第一社	新前公社北洋大队		新前乡北洋岙村	新前镇北洋岙村		新前街道北洋岙村	
5	后洋黄	万全乡第一保	前洋乡后洋黄村	新进社新星社	新前公社后洋黄大队	东升大队	新前乡后洋黄村	新前镇后洋黄村		更为今名	1977 年恢复后洋黄
6	前洋	拱西乡十五保	前洋乡前洋村	双联社东社、西社	新前公社前洋大队		新前乡前洋村	新前镇前洋村		更为今名	
7	牟村	拱中乡十五保	屿下乡、塔山乡牟村	屿下乡火星社胜利社	新前公社牟村大队	东风大队	新前乡牟村村	新前镇牟村村		更为今名	1980 年恢复牟村大队
8	前洋方	万全乡第二保	前洋乡前洋方村	一社、二社、三社、四社	新前公社前洋方大队	新江大队	新前乡前洋方村	新前镇前洋方村		更为今名	1980 年恢复前洋方
9	双丰	拱中乡十七保	屿下乡、塔山乡罗汇林村、罗汇蔡村	屿下乡新丰社五丰社	新前公社双丰大队		新前乡双丰村	新前镇双丰村		更为今名	
10	七里王	拱中乡十二保	屿下乡塔山乡七里王村	屿下乡五星社	新前公社七里王大队	红星大队	新前乡七里王村	新前镇七里王村		更为今名	1980 年恢复七里王

续表3-6

序号	标准名称	1947年（民国期间）	1951年（土改期间）	1956年（合作化）	1961年（体制调整）	1966年	1983年	1991年12月	1992年5月	2001年12月	备注
11	七里	拱中乡十三、十四保	屿下乡、塔山乡七里村	屿下乡民丰社联丰社东社、西社	新前公社七里大队		新前乡七里村	新前镇七里村		更为今名	
12	东江	头陀镇第一保	前洋乡东江村	繁荣社众议社	新前公社东江大队		新前乡东江村	新前镇东江村		更为今名	
13	屿下	拱中乡第六保	屿下乡屿下村	屿下乡勤俭高级社	屿下公社屿下大队		屿下乡屿下村		新前镇屿下村	更为今名	
14	峰丘	拱西乡三、四保	拱西乡峰丘社	屿下乡峰丘高级社	屿下公社峰丘大队		屿下乡峰丘村		新前镇峰丘村	更为今名	
15	中恩	拱西乡第五保	拱西乡中恩村	屿下乡联丰社、山丰社、平丰社	屿下公社中恩大队		屿下乡中恩村		新前镇中恩村	更为今名	
16	*洪家山黄坦	拱西乡第四保	拱西乡洪家山村	屿下乡胜利高级社	屿下公社洪家山大队	红山大队	屿下乡洪家山村		新前镇洪家山村	新前街道洪家山村	1981年复洪家山，2018年8月和高岙合为黄坦村
	*高岙黄坦	拱西乡第七保	拱西乡高岙村	屿下乡新建高级社	屿下公社高岙大队		屿下乡高岙村		新前镇高岙村	新前街道高岙村	
17	石捣臼	拱西乡第一保	拱西乡东岙里村	屿下乡立丰高级社	屿下公社东岙里大队		屿下乡东林岙村		新前镇东林岙村	新前街道东林岙村	2015年11月东林岙、石捣臼合并更今名
		拱西乡第二保	拱西乡石捣臼村	屿下乡利益高级社	屿下公社石捣臼大队	1966年东升大队1977年复原名	屿下乡石捣臼村		新前镇石捣臼村	新前街道石捣臼村	
18	车口	拱西乡第六保	拱西乡车口村	屿下乡利民高级社	屿下公社车口大队		屿下乡车口村		新前镇车口村	更为今名	
19	西岙	拱西乡第八保	拱西乡西岙村	屿下乡新建高级社	屿下公社西岙大队		屿下乡西岙村		新前镇西岙村	更为今名	

续表 3-6

序号	标准名称	1947 年（民国期间）	1951 年（土改期间）	1956 年（合作化）	1961 年（体制调整）	1966 年	1983 年	1991 年 12 月	1992 年 5 月	2001 年 12 月	备注
20	*群力 三合	拱西乡 第十保	拱西乡 上剑山村	屿下乡群力社、 有林社、 林丰社	屿下公社 群力大队		屿下乡 群力村		新前镇 群力村	新前街道 群力村	2018 年 8 月群力和剑山合并为三合村
	*剑山 三合	拱西乡十、 十一保	拱中乡 剑山村	屿下乡勤劳社、 利民社	屿下公社 勤劳大队		屿下乡 剑山村		新前镇 剑山村	新前街道 剑山村	
21	下曹	拱西乡 十二保	拱中乡 下曹村	屿下乡 灯塔社	屿下公社 下曹大队		屿下乡 下曹村		新前镇 下曹村	更为今名	
22	屿新	拱中乡 七、八保	拱中乡 屿弄村	屿下乡 明星高级社	屿下公社 屿新大队		屿下乡 屿新村		新前镇 屿新村	更为今名	

表 3-7

江口街道辖区名称演变一览表

序号	标准名称	1947 年（民国期间）	1951 年（土改期间）	1956 年（合作化）	1961 年（体制调整）	1983 年	1992 年	2001 年	备注
1	山下郎	镇东乡 第八保	镇东乡 山下郎村	镇东乡 红旗社	江口公社 红旗大队	江口乡 山下郎村	江口镇 山下郎村	更为今名	1981 年改山下郎
2	白石车	镇东乡 十一保	镇东乡 白石车村	镇东乡 五星村	江口公社 白石车大队	江口乡 白石车村	江口镇 白石车村	江口街道 白石车村	2018 年 8 月水角村并入白石车村
	*水角 白石车	镇东乡 第十保	江口乡 水角村	镇东乡 友谊社	江口公社 水角大队	江口乡 水角村	江口镇 水角村	江口街道 水角村	
3	白石王	镇东乡 第九保	镇东乡 白石王村	镇东乡 灯塔村	江口公社 白石王大队	江口乡 白石王村	江口镇 白石王村	更为今名	
4	*山后洋 江口	镇东乡 第二保	江口乡 后洋村	镇东乡 中金社	江口公社 后洋大队	江口乡 山后洋村	江口镇 山后洋村	江口街道 山后洋村	1981 年后洋改山后洋。2018 年 8 月并入江口村
	江口	镇东乡一保三 江口街	江口乡 江口村	镇东乡 胜利社	江口公社 江口大队	江口乡 江口村	江口镇 江口村	更为今名	
5	新来桥	西山乡 十二保	江口乡 新来桥村	镇东乡 胜利社	江口公社 新来桥大队	江口乡 新来桥村	江口镇 新来桥村	更为今名	

续表 3-7

序号	标准名称	1947 年（民国期间）	1951 年（土改期间）	1956 年（合作化）	1961 年（体制调整）	1983 年	1992 年	2001 年	备注
6	*下凌 金凌路		上犛乡 下凌村	红星社	上犛公社 下凌大队	上犛乡 下凌村	江口镇 下凌村	江口街道 下凌村	1981 年前洋改山头金，2018 年 8 月下凌和山头金、草坦路合并为金凌路村
	*山头金 金凌路	镇东乡 第三保	江口乡 前洋村	镇东乡 星光社	江口公社 前洋大队	江口乡 山头金村	江口镇 山头金村	江口街道 山头金村	
	*草坦路 金凌路	镇东乡 第二保	江口乡 草坦路村	镇东乡 星光社	江口公社 草坦路大队	江口乡 草坦路村	江口镇 草坦路村	江口街道 草坦路村	
7	洋头	镇东乡 第四保	坦洋乡 洋头村	镇东乡 光明社	江口公社 洋头大队	江口乡 洋头村	江口镇 洋头村	更为今名	
8	*林家岙 景苑	镇东乡 第七保	坦洋乡 林家岙村	镇东乡 光明社	江口公社 林家岙大队	江口乡 林家岙村	江口镇 林家岙村	江口街道 林家岙村	“文革”时曾称文化岙，1980 年复白龙岙，2018 年 8 月和林家岙合为景苑村
	*白龙岙 景苑	镇东乡 第七保	坦洋乡 白龙岙村	镇东乡 光明社	江口公社 白龙岙大队	江口乡 白龙岙村	江口镇 白龙岙村	江口街道 白龙岙村	
9	*坦洋 东魁	镇东乡 第七保	坦洋乡 坦洋村	镇东乡 光明社	江口公社 坦洋大队	江口乡 坦洋村	江口镇 坦洋村	江口街道 坦洋村	2018 年 8 月坦洋和东岙合为东魁村
	*东岙 东魁	镇东乡 第五保	坦洋乡 东岙村	镇东乡 裕农社	江口公社 东岙大队	江口乡 东岙村	江口镇 东岙村	江口街道 东岙村	
10	唐家岙	镇东乡 第六保	坦洋乡 唐家岙村	镇东乡 利民社	江口公社 唐家岙大队	江口乡 唐家岙村	江口镇 唐家岙村	更为今名	
11	上犛	临海县 三山乡	上犛乡 上犛村	联星村	上犛公社 上犛大队	上犛乡 上犛村	江口镇 上犛村	更为今名	
12	*道头 三江新村	临海县 三山乡	上犛乡 道头村	联盟社	上犛公社 道头大队	上犛乡 道头村	江口镇 道头村	江口街道 道头村	2018 年 8 月道头和埧岸村合为三江新村
	*埧岸 三江新村		上犛乡 埧岸村	解放社	上犛公社 埧岸大队	上犛乡 埧岸村	江口镇 埧岸村	江口街道 埧岸村	
13	*芦村 进港村	临海县 三山乡	上犛乡 芦村	联盟社	上犛公社 芦村大队	上犛乡 芦村	江口镇 芦村	江口街道 芦村	2018 年 8 月芦村和下洋郑合为进港村
	*下洋郑 进港村	临海县 三山乡	上犛乡 下洋郑村	解放社	上犛公社 下洋郑大队	上犛乡 下洋郑村	江口镇 下洋郑村	江口街道 下洋郑村	

续表 3-7

序号	标准名称	1947 年（民国期间）	1951 年（土改期间）	1956 年（合作化）	1961 年（体制调整）	1983 年	1992 年	2001 年	备注
14	* 东澍 东昇	临海县 三山乡	西岙乡 东澍村	上蛬乡 民主社	上蛬公社 东澍大队	上蛬乡 东澍村	江口镇 东澍村	江口街道 东澍村	2006 年更名太阳新村，2018 年 8 月和东澍合并为东昇村
	* 太阳新村 东昇	西山乡 第六保	西岙乡 王门岙村	上蛬乡 民主社	上蛬公社 王门岙大队	上蛬乡 王门岙村	江口镇 王门岙村	江口街道 王门岙村	
15	* 东河头 江东新村	西山乡 第六保	西岙乡 河头村	上蛬乡 民主社	上蛬公社 东河头大队	上蛬乡 东河头村	江口镇 东河头村	江口街道 东河头村	2018 年 8 月东河头和项岙、安然合并为江东新村
	* 项岙 江东新村	西山乡 第八保	西岙乡 项岙村	上蛬乡 光明社	上蛬公社 项岙大队	上蛬乡 项岙村	江口镇 项岙村	江口街道 项岙村	
	* 安然 江东新村	西山乡 第十保 称庵前	西岙乡 安然村	上蛬乡 光明社	上蛬公社 安然大队	上蛬乡 安然村	江口镇 安然村	江口街道 安然村	
16	下闸	西山乡 十、十一保	西岙乡下闸、上闸	上蛬乡 红星社	上蛬公社 下闸大队	上蛬乡 下闸村	江口镇 下闸村	更为今名	
17	* 前洋王 上澍王	临海县 三山乡	上蛬乡 半洋王村	利益社	上蛬公社 半洋王大队	上蛬乡 前洋王村	江口镇 前洋王村	江口街道 前洋王村	2018 年 8 月前洋王和上澍合并为上澍王村
	* 上澍 上澍王		上蛬乡上澍、下澍	红星社	上蛬公社 上澍大队	上蛬乡 上澍村	江口镇 上澍村	江口街道 上澍村	
18	上西岙	西山乡 第九保	西岙乡 西岙村	上蛬乡 光明社	上蛬公社 西岙大队	上蛬乡 上西岙村	江口镇 上西岙村	更为今名	1981 年改上西岙
19	埭头	西山乡 第七保	西岙乡埭头、堂后	上蛬乡 解放社	上蛬公社 埭头大队	上蛬乡 埭头村	江口镇 埭头村	更为今名	

表 3-8

高桥街道辖区名称演变一览表

序号	标准名称	1947 年（民国期间）	1951 年（土改期间）	1956 年（合作化）	1961 年（体制调整）	“文化大革命”	1981 年	1983 年	1992 年	2001 年 12 月	备 注
1	胜利		三童乡胜利村	高桥乡胜利社	胜利大队			高桥头乡胜利村	高桥乡胜利村	更为今名	1951 年组建胜利村
2	石牛渡	三童乡第三保	高桥乡石牛渡村	红旗社	红旗大队		石牛渡大队	高桥头乡石牛渡村	高桥乡石牛渡村	更为今名	2018 年 8 月邬家岙并入石牛渡村
	*邬家岙 石牛渡	三童乡第七保	高桥乡邬家岙村	金联社	邬家岙大队			高桥头乡邬家岙村	高桥乡邬家岙村	高桥街道邬家岙村	
3	*胡家灰 高丰	三童乡第四保	高桥乡胡家汇村	红光社	胡家灰大队			高桥头乡胡家灰村	高桥乡胡家灰村	高桥街道胡家灰村	2018 年 8 月胡家灰和车下洋合并为高丰村
	*车下洋 高丰	三童乡第四保	高桥乡车下洋村	五一社	车下洋大队			高桥头乡车下洋村	高桥乡车下洋村	高桥街道车下洋村	
4	*三童岙里 三童岙	三童乡第九、十保	三童乡三童岙里村	高桥乡新民社	岙里大队		三童岙里大队	高桥头乡三童岙里村	高桥乡三童岙里村	高桥街道岙里村	2015 年 11 月凉棚岙和下坦合为双联，2018 年 8 月三童岙里和三童岙口、双联并为三童岙村
	*双联 三童岙	三童乡第九、十保	三童乡凉棚岙村	高桥乡新民社	凉棚大队		凉棚岙大队	高桥头乡凉棚岙村	高桥乡凉棚岙村	高桥街道凉棚岙村	
		三童乡第九、十保	三童乡下坦村	高桥乡新民社	下坦大队			高桥头乡下坦村	高桥乡下坦村	高桥街道下坦村	
	*三童岙口 三童岙	三童乡九、十保	三童乡三童岙口村	高桥乡新民社	岙口大队		三童岙口大队	高桥头乡三童岙口	高桥乡三童岙口	高桥街道三童岙口	
5	*埠头 东星	三童乡第七保	高桥乡埠头村	幸福社	埠头大队			高桥头乡埠头村	高桥乡埠头村	高桥街道埠头村	2015 年 11 月外洋陶徐家洋并为双洋。2018 年 8 月双洋和埠头合并为东星村
	*双洋 东星	三童乡第三保外洋陶	高桥乡外洋陶村	光荣社	外洋陶大队			高桥头乡外洋陶村	高桥乡外洋陶村	高桥街道外洋陶村	
		三童乡第六保徐家洋	高桥乡徐家洋村	光荣社	徐家洋大队			高桥头乡徐家洋村	高桥乡徐家洋村	高桥街道徐家洋村	
6	大埭	三童乡第六保	高桥乡大埭村	五星社	大埭大队			高桥头乡大埭村	高桥乡大埭村	更为今名	

续表3–8

序号	标准名称	1947年（民国期间）	1951年（土改期间）	1956年（合作化）	1961年（体制调整）	“文化大革命”	1981年	1983年	1992年	2001年12月	备注
7	杏林	三童乡第五保	高桥乡杏林村	五星社	杏林大队			高桥头乡杏林村	高桥乡杏林村	更为今名	
8	下浦郑	三童乡十八保	高桥乡下浦郑村	五星社	下浦郑大队			高桥头乡下浦郑村	高桥乡下浦郑村	更为今名	
9	联丰堂	三童乡十一、十二保	三童乡联丰堂村	高桥乡联丰堂	联丰大队		联丰堂大队	高桥头乡联丰堂村	高桥乡联丰堂村	更为今名	
10	螺屿	三童乡十一、十二保	三童乡螺屿村	高桥乡红星社	红星大队		螺屿大队	高桥头乡	高桥乡	更为今名	
11	＊八份堂高桥头	三童乡十六保	三童乡八份村	高桥乡友谊社	八份大队	东风大队	八份堂大队	高桥头乡八份堂村	高桥乡八份堂村	高桥街道八份堂村	2015年11月溪岸和上山合并为友谊，2018年8月和前店等5个村合为高桥头村
	＊坦桥高桥头	三童乡十七保	三童乡坦桥村	高桥乡友谊社	坦桥大队			高桥头乡坦桥村	高桥乡坦桥村	高桥街道坦桥村	
	＊前店高桥头	三童乡十五保	三童乡前店村	高桥乡友谊社	前店大队			高桥头乡前店村	高桥乡前店村	高桥街道前店村	
	＊友谊高桥头	三童乡十六保 溪岸	三童乡溪岸村	高桥乡友谊社	溪岸大队			高桥头乡溪岸村	高桥乡溪岸村	高桥街道溪岸村	
		三童乡十七保上山	三童乡上山村	高桥乡利民社	上山大队			高桥头乡上山村	高桥乡上山村	高桥街道上山村	
	＊三坦高桥头	三童乡十七保	高桥乡三坦村	利民社	利民大队		三坦大队	高桥头乡三坦村	高桥乡三坦村	高桥街道三坦村	
12	瓦瓷窑	三童乡十三保	三童乡瓦瓷窑村	高桥乡瓦瓷窑村	瓦瓷窑大队	金星大队	瓦瓷窑大队	高桥头乡瓦瓷窑村	高桥乡瓦瓷窑村	高桥街道瓦瓷窑村	2015年11月下南山和海门合并为南海。2018年8月并入瓦瓷窑村
	＊南海瓦瓷窑	三童乡十四保南山	三童乡南山村	高桥乡光明社	南山大队		下南山大队	高桥头乡下南山村	高桥乡下南山村	高桥街道下南山村	
		三童乡十四保	三童乡海门村	高桥乡光明社	海门大队			高桥头乡海门村	高桥乡海门村	高桥街道海门村	

表 3–9

北洋镇辖区名称演变一览表

序号	标准名称	1947 年（民国期间）	1951 年（土改期间）	1956 年（合作化期间）	1961 年（体制调整）	“文化大革命”	1983 年	1986 年	1992 年 5 月	备注
1	北洋居	临古乡十五保	北洋乡北洋村	茅畲乡北洋高级社	北洋公社北洋大队		北洋乡北洋村	更为今名		
2	移建居			乌岩乡利正高级社	北洋公社新建大队		北洋乡移建村	更为今名		1981 年改移建大队
3	康山	江岙乡十八保	头陀乡亢山村	头陀乡亢山村	头陀公社康山大队		北洋乡康山村	更为今名		康山 1962 年属北洋公社。1958 年水库移民建特产，2018 年 8 月并入康山村
	＊特产康山				潮济公社特产大队		潮济乡特产村		北洋镇特产村	
4	小里桥	临古乡第九保	北洋乡小里桥村	茅畲乡北垟高级社	北洋公社小里桥大队	勇跃大队	北洋乡小里桥村	更为今名		1969 年恢复小里桥
5	＊百亩垟百林			1958 年建五四青年场	北洋公社百亩垟大队		北洋乡百亩洋村	北洋镇百亩洋村		百亩垟长潭水库移民建。2018 年 8 月林家桥和百亩垟合并为百林村
	＊林家桥百林	茅畲乡十七保	大礼乡林家桥村	茅畲乡罕溪头社	北洋公社林家桥大队	红星大队	北洋乡林家桥村	北洋镇林家桥村		
6	＊后窑镇南新村	临古乡十四保	北洋乡后窑村	茅畲乡小里岙社	北洋公社后窑大队		北洋乡后窑村	北洋镇后窑村		2018 年 8 月后窑、苧厂和青龙头合并称镇南新村
	＊青龙头镇南新村	临古乡十一保	北洋乡青龙头村	茅畲乡小里岙社	北洋公社青龙头大队	向阳大队	北洋乡青龙头村	北洋镇青龙头村		
	＊苧厂镇南新村	临古乡十、十一保	北洋乡苧厂村	茅畲乡小里岙社	北洋公社苧厂大队		北洋乡苧厂村	北洋镇苧厂村		
7	罕溪头	茅畲乡十六、十七保	大礼乡罕溪头村	茅畲乡罕溪头社	北洋公社罕溪头大队		北洋乡罕溪头村	更为今名		
8	岙里	临古乡十三、十四保	北洋乡岙里村	茅畲乡小里岙社	北洋公社岙里大队		北洋乡岙里村	更为今名		
9	西岑	茅畲乡十四保	大礼乡西岑村	茅畲乡西岑高级社	北洋公社西岑大队		北洋乡西岑村	更为今名		

续表 3-9

序号	标准名称	1947年 （民国期间）	1951年 （土改期间）	1956年 （合作化期间）	1961年 （体制调整）	“文化大 革命”	1983年	1986年	1992年5月	备注
10	瑞岩	潮济乡 第七、八保	潮济乡 第七村	联盟社	潮济公社 瑞岩大队		潮济乡 瑞岩村		更为今名	
11	杨恩	潮济乡 第七保	潮济乡 第六村	联盟社	潮济公社 杨恩大队		潮济乡 杨恩村		更为今名	
12	联丰	潮济乡 五、六保	杨岙乡 老鼠尾村	潮济乡 联丰社	潮济公社 联丰大队		潮济乡 联丰村		更为今名	2018年8月麻车头并入联丰村
	*麻车头 联丰	潮济乡 第四保	杨岙乡 麻车头村	潮济乡 联华社	潮济公社 麻车头大队		潮济乡 麻车头村		北洋镇 联丰村	
13	称歇	临古乡 十七、十八保	潮济乡 称歇村	联协社	潮济公社 称歇大队		潮济乡 称歇村		更为今名	
14	官岙	潮济乡 第十保	潮济乡 官岙村	联新社	潮济公社 官岙大队		潮济乡 官岙村		更为今名	
15	*桥下 潮济	潮济乡 十五保	潮济乡 桥下村	桥下社	潮济公社 桥下大队		潮济乡 桥下村		北洋镇 桥下村	2018年8月桥下和岭下并入潮济村
	潮济	潮济乡 十三、十四保	潮济乡 潮济村	联新社	潮济公社 潮济大队		潮济乡 潮济村		更为今名	
	*岭下 潮济	潮济乡 十四保	潮济乡 岭下村	联新社	潮济公社 岭下大队		潮济乡 岭下村		北洋镇 岭下村	
16	联群	潮济乡 十一、十二保	潮济乡 梓浦村	联群社	潮济公社 联群大队		潮济乡 联群村		更为今名	
17	*利国 山下街	乌岩镇 第九保	乌岩乡 里垟村	乌岩乡利国 高级社	长潭公社 里垟大队		长潭乡 利国村		北洋镇 利国村	2018年8月利国和乌岩、坎头、联宏合为山下街村
	*坎头 山下街	潮济乡 十五保	前蒋乡 坎头村	潮济乡联宏 高级社	长潭公社 坎头大队		长潭乡 坎头村		北洋镇 坎头村	
	*联宏 山下街	潮济乡 十五保	前蒋乡 新楼村	潮济乡联盟 高级社	长潭公社 联宏大队		长潭乡 联宏村		北洋镇 联宏村	
	*乌岩 山下街				长潭公社 乌岩大队		长潭乡 乌岩村		北洋镇 乌岩村	

续表 3-9

序号	标准名称	1947年（民国期间）	1951年（土改期间）	1956年（合作化期间）	1961年（体制调整）	“文化大革命”	1983年	1986年	1992年5月	备注
18	五尖山	潮济乡第三保	杨岙乡五尖山村	潮济乡五尖山高级社	长潭公社五尖山大队		长潭乡五尖山村		更为今名	
19	横料	潮济乡第二保	杨岙乡一村	潮济乡联盟高级社	长潭公社杨岙大队		长潭乡横料村		北洋镇横料村	2015年11月渔岙并入横料村
		乌岩镇十三保	杨岙乡渔岙里村	潮济乡联盟高级社	长潭公社渔岙大队		长潭乡渔岙村		北洋镇渔岙村	
20	娄岙	乌岩镇十一、十二保	娄岙乡娄岙村	乌岩乡娄岙社	长潭公社娄岙大队		长潭乡娄岙村		北洋镇娄岙村	2015年11月砂地并入娄岙村
		乌岩镇第十保	楼岙乡沙地村	乌岩乡楼岙社	长潭公社砂地大队		长潭乡砂地村		北洋镇砂地村	
21	长潭	青江乡第一保	前蒋乡长潭村	潮济乡联络社	长潭公社长潭大队		长潭乡长潭村		更为今名	2016年10月改名毛坦。2018年8月并入长潭村
	*毛坦长潭	潮济乡十六保	前蒋乡茅坦村	潮济乡联络社	长潭公社茅坦大队		长潭乡茅坦村		北洋镇茅坦村	
22	前蒋	潮济乡十七、十八保	前蒋乡前蒋村	潮济乡联络社	长潭公社前蒋大队		长潭乡前蒋村		更为今名	

表 3-10

宁溪镇辖区名称演变一览表

序号	标准名称	1947年（民国期间）	1951年（土改期间）	1956年（合作化期间）	1961年（体制调整）	“文化大革命”	1981年	1983年	1986年	1992年名称	备注
1	下宅居		宁溪乡下宅村	五星高级社	宁溪公社下宅大队	红星大队	下宅大队	宁溪乡下宅村	更为今名		
2	小街居		宁溪乡小街村	五星高级社	宁溪公社五星大队	星星大队	小街大队	宁溪乡小街村	更为今名		2018年8月朝阳村并入小街居
	*朝阳小街居	宁溪镇第一保	宁溪乡上宅村	五星高级社	宁溪公社黄毛山大队	朝阳大队		宁溪乡朝阳村	宁溪镇朝阳村		

续表3-10

序号	标准名称	1947年 （民国期间）	1951年 （土改期间）	1956年 （合作化期间）	1961年 （体制调整）	“文化大革命”	1981年	1983年	1986年	1992年名称	备注
3	大横街居		宁溪乡 横街村	联盟 高级社	宁溪公社 横街大队	胜利大队	大横街大队	宁溪乡 大横街村	更为今名		
4	下周居		宁溪乡 下周村	联盟 高级社	宁溪公社 下周大队	东升大队	下周大队	宁溪乡 下周村	更为今名		2018年8月圣岩岙村并入下周居
	＊圣岩岙 下周居	宁溪镇 第六、八保	宁溪乡 圣岩岙村	联盟 高级社	宁溪公社 圣岩岙大队	东风大队	圣岩岙 大队	宁溪乡 圣岩岙村	宁溪镇 圣岩岙村		
5	上宅居		宁溪乡 上宅村	五星 高级社	宁溪公社 上宅大队	五星大队	上宅大队	宁溪乡 上宅村	更为今名		
6	桥亭居		宁溪乡 桥亭村	联盟 高级社	宁溪公社 桥亭大队	跃进大队	桥亭大队	宁溪乡 桥亭村	更为今名		
7	＊横岭外 岭家湖	黄岩溪乡一保	上郑乡 横岭外村	光明乡 横岭外社	宁溪公社 横岭外大队			宁溪乡 横岭外村	宁溪镇 横岭外村		2015年11月裘家岸、浮山庄并为浮裘村。2018年8月裘家岸片和格湖、横岭外并为岭家湖村，浮山庄片和春建、石坦合为南渠村
	＊浮裘 岭家湖 南渠	黄岩溪乡一保 裘家岸	上郑乡 裘家岸村	上郑乡 裘家岸社	宁溪公社 裘家岸大队			宁溪乡 裘家岸村		宁溪镇 裘家岸村	
		宁溪镇 第九保 浮山庄	五部乡 浮山庄村	幸福乡 福利高级社	幸福公社 浮山庄大队			幸福乡 浮山庄村		宁溪镇 浮山庄村	
	＊格湖 岭家湖	黄岩溪乡一保	上郑乡 格湖村	上郑乡 格湖社	宁溪公社 格湖大队			宁溪乡 格湖村	宁溪镇 格湖村		2018年8月和横岭外、裘家岸片并为岭家湖村
8	＊英山 蒋岙	岭下乡第一保 大鹰山	金岙乡 英山村	联丰乡联盟社、 联心社	英明大队 英星大队	英山大队		联丰乡 英山村		宁溪镇 英山村	2018年8月英山和下施并入蒋岙村
	＊下施 蒋岙	岭下乡 第二保	金岙乡 下施村	联丰乡 下施社	宁溪公社 下施大队			宁溪乡 下施村	宁溪镇 下施村		
	蒋岙	岭下乡 第二保	金岙乡 蒋岙村	联丰乡 蒋岙社	宁溪公社 蒋岙大队			宁溪乡 蒋岙村	更为今名		
9	上前垟	岭下乡 第三保	金岙乡 前垟村	联丰乡 前垟社	宁溪公社 前垟大队		上前垟 大队	宁溪乡 上前垟村	更为今名		

续表 3-10

序号	标准名称	1947 年（民国期间）	1951 年（土改期间）	1956 年（合作化期间）	1961 年（体制调整）	“文化大革命”	1981 年	1983 年	1986 年	1992 年名称	备注
10	* 木坑岙 金林		宁溪乡 木坑岙村	联盟 高级社	宁溪公社 木坑岙大队	五爱大队	木坑岙 大队	宁溪乡 木坑岙村	宁溪镇 木坑岙村		2015 年 11 月金林、苔湖岭、石花岭三村合并更为今名。2018 年 8 月木坑岙村并入
	金林		宁溪乡 木坑岙村	木坑岙 高级社	宁溪公社 金林大队			宁溪乡 金林村	宁溪镇 金林村		
		岭下乡 第四保	金岙乡 苔湖岭村	联丰乡 翻身社	联丰公社 苔湖岭大队			联丰乡 苔湖岭村		宁溪镇 苔湖岭村	
		秀川镇 第四保	屿门乡 石花岭村	屿门乡 石花岭社	宁溪公社 石花岭大队			宁溪乡 石花岭村	宁溪镇 石花岭村		
11	* 五联 乌岩头	宁溪镇十七保 梁山	白石乡 凉山村	幸福乡 凉山社	幸福公社 凉山大队			幸福乡 凉山村		宁溪镇 凉山村	2015 年 11 月乌岩头、五部半山、凉山、茶园、冷水坑五村合并称五联村。2018 年 8 月五联和蒋家岸合并为乌岩头村
		宁溪镇 十七保	五部乡 茶园村	幸福乡 茶园社	幸福公社 茶园大队			幸福乡 茶园村		宁溪镇 茶园村	
		宁溪镇 十七保	五部乡 冷水坑村	幸福乡 冷水坑社	幸福公社 冷水坑大队			幸福乡 冷水坑村		宁溪镇 冷水坑村	
		宁溪镇 十六保	五部 半山村	幸福乡 半山社	幸福公社 半山大队		五部半山 大队	幸福乡五部 半山村		宁溪镇五 部半山村	
		宁溪镇 十六保	五部乡 乌岩头村	幸福乡 乌岩头社	幸福公社 乌岩头大队			幸福乡 乌岩头村		宁溪镇 乌岩头村	
	* 蒋家岸 乌岩头	宁溪镇 十六保	五部乡 蒋家岸村	幸福乡蒋家岸高 级社	幸福公社 蒋家岸大队			幸福乡 蒋家岸村		宁溪镇 乌岩头	
12	坦头	宁溪镇 第十、十一保	白鹤乡 坦头村	幸福乡 春建社	幸福公社 坦头大队			幸福乡 坦头村		更为今名	
13	* 下桧 中下桧	秀川镇 三、四保	屿门乡 下桧村	屿门乡 下桧社	宁溪公社 下桧大队	民主大队	下桧大队	宁溪乡 下桧村	宁溪镇 下桧村		2018 年 8 月下桧和中桧合并为中下桧村
	* 中桧 中下桧	秀川镇 第二保	屿门乡 中桧村	屿门乡 中桧村	宁溪公社 中桧大队	民建大队	中桧大队	宁溪乡 中桧村	宁溪镇 中桧村		

续表 3-10

序号	标准名称	1947 年（民国期间）	1951 年（土改期间）	1956 年（合作化期间）	1961 年（体制调整）	“文化大革命”	1981 年	1983 年	1986 年	1992 年名称	备注
14	*春建 南渠	宁溪镇 第九保	白鹤乡 坦头村	幸福乡春建高级社	幸福公社 春建大队			幸福乡 春建村		宁溪镇 春建村	2018 年 8 月春建和石坦、浮山庄片合并为南渠村
	*石坦 南渠	宁溪镇 第九保	白鹤乡 坦头村	幸福乡春建高级社	幸福公社 石坦大队			幸福乡 石坦村		宁溪镇 石坦村	
15	五部	宁溪镇 十五保	五部乡 五部村	幸福乡 五部社	幸福公社 五部大队			幸福乡 五部村		更为今名	
16	福利	宁溪镇 第九保	五部乡 新屋村	幸福乡福利高级社	幸福公社 福利大队			幸福乡 福利村		更为今名	
17	*下蒋岙 白鹭湾	宁溪镇十四保	白鹤乡 下蒋岙村	幸福乡 快乐社	幸福公社 蒋岙大队		下蒋岙大队	幸福乡 下蒋岙村		宁溪镇 下蒋岙村	2018 年 8 月下蒋岙和白鹤岭下合为白鹭湾村
	*白鹤岭下 白鹭湾	宁溪镇 十四保	白鹤乡 岭下村	幸福乡 快乐社	幸福公社 岭下大队		白鹤岭下大队	幸福乡白鹤岭下村		宁溪镇 白鹤岭下村	
18	炭场头	宁溪镇十三保	白鹤乡 炭场头村	幸福乡 快乐社	幸福公社 炭场头大队			幸福乡 炭场头村		更为今名	
19	快　乐	宁溪镇 十二、十三保	白鹤乡 白鹤殿村	幸福乡 快乐社	幸福公社 快乐大队			幸福乡 快乐村		更为今名	2018 年 8 月水闸头村并入快乐村
	*水闸头 快乐	宁溪镇 十二保	白鹤乡 水闸头村	幸福乡 快乐社	幸福公社 水闸头大队			幸福乡 水闸头村		宁溪镇 快乐村	
20	*大地 大苔	岭下乡 第四保	金岙乡 大地村	联丰乡 金联社 金丰社	联丰公社 大地大队			联丰乡 大地村		宁溪镇 大地村	2018 年 8 月大地和苔湖合并为大苔村
	*苔湖 大苔	岭下乡 第四保	金岙乡 苔湖村	联丰乡 翻身社	联丰公社 苔湖大队			联丰乡 苔湖村		宁溪镇 苔湖村	
21	金岙	岭下乡 第五、六保	金岙乡 金岙村	联丰乡金贵社金型社金星社金荣社	联丰公社 金岙大队			联丰乡 金岙村		更为今名	

续表 3-10

序号	标准名称	1947 年（民国期间）	1951 年（土改期间）	1956 年（合作化期间）	1961 年（体制调整）	“文化大革命”	1981 年	1983 年	1986 年	1992 年名称	备注
22	*白晏 宁联	岭下乡 第七保	金岙乡 白晏村	联丰乡 光明社	联丰公社 白晏大队	联丰大队		联丰乡 白晏村		宁溪镇 白晏村	2018 年 8 月白晏和凉棚、王家店合为宁联村
	*王家店 宁联	岭下乡 第八保	金岙乡 王家店村	联丰乡 星明社	联丰公社 王家店大队		王家店大队	联丰乡 王家店村		宁溪镇 王家店村	
	*凉棚 宁联	岭下乡 第八保	金岙乡 凉棚村	联丰乡 三星社	联丰公社 凉棚大队			联丰乡 凉棚村		宁溪镇 凉棚村	
23	吴家岙	岭下乡 十一、十二保	金岙乡 吴家岙村	联丰乡 胜利社	联丰公社 吴家岙大队			联丰乡 吴家岙村		更为今名	
24	岭根	岭下乡 十三保	金岙乡 岭根村	联丰乡 红星社	联丰公社 岭根大队			联丰乡 岭根村		更为今名	
25	方家岙	岭下乡 第八、九保	牌门乡 方家岙村	联丰乡 永星社	联丰公社 方家岙大队			联丰乡 方家岙村		更为今名	
26	上桧	秀川镇 第一保	牌门乡 上桧村	联丰乡 上桧村	联丰公社 上桧大队			联丰乡 上桧村		更为今名	
27	牌门	岭下乡 第十保	牌门乡 牌门村	联丰乡 牌门社	联丰公社 牌门大队	立新大队	牌门大队	联丰乡 牌门村		更为今名	

表 3-11

头陀镇辖区名称演变一览表

序号	标准名称	1947 年（民国期间）	1951 年（土改期间）	1956 年（合作化期间）	1961 年（体制调整）	“文化大革命”	1983 年	1985 年	1992 年 5 月	备注
1	头陀居	头陀镇 十四、十五保	头陀乡 头陀居	第六高级社	头陀大队		头陀乡 头陀村	头陀镇 头陀村		1986 年设老桥、沿河、山根、大樟四居，1993 年合为头陀居
2	*魏家 新益	头陀镇 第三保	新界乡 魏家村	头陀乡 第一高级社	魏家大队		头陀乡 魏家村	头陀镇 魏家村		2018 年 8 月魏家和下路合并为新益村
	*下路 新益	头陀镇 第二保下罗	新界乡 下路村	头陀乡 第一高级社	下路大队		头陀乡 下路村	头陀镇 下路村		

续表 3-11

序号	标准名称	1947 年（民国期间）	1951 年（土改期间）	1956 年（合作化期间）	1961 年（体制调整）	“文化大革命”	1983 年	1985 年	1992 年 5 月	备注
3	*广兴岙 新盟	头陀镇 第八保	新界乡 广兴岙村	头陀乡 第一高级社	广兴岙大队		头陀乡 广兴岙村	头陀镇 广兴岙村		2018 年 8 月广兴岙和上路、山头姜合并为新盟村
	*上路 新盟	头陀镇第六保下罗	新界乡 上路村	头陀乡 第一高级社	上路大队		头陀乡 上路村	头陀镇 上路村		
	*山头姜 新盟	头陀镇 第七保	新界乡 山头姜村	头陀乡 第一高级社	山头姜大队		头陀乡 山头姜村	头陀镇 山头姜村		
4	新界	头陀镇 第四、五保	新界乡 新界村	头陀乡 第一高级社	新界大队		头陀乡 新界村	更为今名		
5	*新岙 圣河	江岙乡 第一保	头陀乡 新岙村	第五高级社	圣岙大队	新岙大队	头陀乡 新岙村	头陀镇 新岙村		1981 年山前改山前河，2018 年 8 月和新岙合并为圣河村
	*山前河 圣河	江岙乡 十四保	头陀乡 山前村	第五高级社	山前大队		头陀乡 山前河村	头陀镇 山前河村		
6	*孙东 孙家汇	头陀镇九、十保	新界乡 孙家汇村	头陀乡 第二高级社	孙东大队		头陀乡 孙东村	头陀镇 孙东村		2018 年 8 月孙东和孙西合并为孙家汇村
	*孙西 孙家汇	头陀镇 九、十保	新界乡 孙家汇村	头陀乡 第二高级社	孙西大队		头陀乡 孙西村	头陀镇 孙西村		
7	*湖岙 镇西	江岙乡 十五保	头陀乡 湖岙村	第五高级社	湖岙大队		头陀乡 湖岙村	头陀镇 湖岙村		2018 年 8 月湖岙和洪屿、白湖塘合并为镇西村
	*洪屿 镇西	头陀镇 十六保	头陀乡 洪屿村	第五高级社	洪屿大队		头陀乡 洪屿村	头陀镇 洪屿村		
	*白湖塘 镇西	江岙乡 十五保	头陀乡 白湖塘村	第五高级社	白湖塘大队		头陀乡 白湖塘村	头陀镇 白湖塘村		
8	前陈	头陀镇 十二、十三保	新界乡 前陈村	头陀乡 第二高级社	前陈大队		头陀乡 前陈村	更为今名		

续表 3-11

序号	标准名称	1947 年（民国期间）	1951 年（土改期间）	1956 年（合作化期间）	1961 年（体制调整）	“文化大革命”	1983 年	1985 年	1992 年 5 月	备注
9	断江	头陀镇十一保	新界乡断江村	头陀乡第二高级社	断江大队		头陀乡断江村	更为今名		
10	*汇头 浦汇	江岙乡十六保	头陀乡汇头村	第六高级社	汇头大队		头陀乡汇头村	头陀镇汇头村		2018 年 8 月汇头和浦口合并为浦汇村
	*浦口 浦汇	头陀镇十六保	头陀乡浦口村	第四高级社	浦口大队		头陀乡浦口村	头陀镇浦口村		
11	小里灰	临古乡第八保	头陀乡小里灰村	第七高级社	小里灰大队		头陀乡小里灰村	更为今名		
12	双楠	江岙乡十六、十七保	头陀乡双楠村	第六高级社	双楠大队		头陀乡双楠村	更为今名		
13	溪头	江岙乡第二保	溪头乡第二村	第三高级社	溪头大队		溪头乡溪头村		更为今名	
14	山沌	江岙乡第四保	江岙乡第五村	溪头乡第五高级社	山沌大队		溪头乡山沌村		更为今名	
15	*分水 元同	江岙乡第六保	江岙乡第十一村	溪头乡第四高级社	分水大队		溪头乡分水村		头陀镇分水村	2018 年成立元同新村，8 月和分水合并为元同村
	*元同新村 元同									
16	溪上	江岙乡第五保	江岙乡第六村	溪头乡第五高级社	溪上大队		溪头乡溪上村		更为今名	
17	*龙王坑 林龙新村	江岙乡第三保	江岙乡上三村	溪头乡第五高级社	龙王大队	立新大队	溪头乡龙王坑村		头陀镇龙王坑村	1981 年 7 月改龙王坑。2018 年 8 月林公和龙王坑合并为林龙新村
	*林公 林龙新村	江岙乡第三保	江岙乡第四村	溪头乡第五高级社	林公大队		溪头乡林公村		头陀镇林公村	
18	上垟殿	江岙乡三、五保	江岙乡第四村	溪头乡第五高级社	上垟大队		溪头乡上垟殿村		更为今名	1981 年 7 月改为上垟殿

续表 3-11

序号	标准名称	1947 年（民国期间）	1951 年（土改期间）	1956 年（合作化期间）	1961 年（体制调整）	“文化大革命”	1983 年	1985 年	1992 年 5 月	备注
19	横山	江岙乡 六、八保	江岙乡 第八村	溪头乡 第四高级社	横山大队		溪头乡 横山村		更为今名	
20	中岙	江岙乡 十、十一保	溪头乡 第十村	第二高级社	中岙大队		溪头乡 中岙村		更为今名	
21	溪东	江岙乡 七、八保	江岙乡 第七村	溪头乡 第三高级社	溪东大队		溪头乡 溪东村		更为今名	
22	前园	江岙乡 十、十一保	溪头乡 第九村	第二高级社	前园大队		溪头乡 前园村		更为今名	
23	岙坑	江岙乡 第二保	溪头乡 第二村	第三高级社	岙坑大队		溪头乡 岙坑村		更为今名	
24	*崇法 新下岙	江岙乡 十二保	溪头乡 第十二村	第一高级社	岙里大队		溪头乡 崇法村		头陀镇 崇法村	1981 年 7 月改崇法村，2018 年 8 月和下岙、溪坦合并为新下岙村
	*下岙 新下岙	江岙乡 十二保	溪头乡 第十二村	第一高级社	下岙大队		溪头乡 下岙村		头陀镇 下岙村	
	*溪坦 新下岙	江岙乡 十二保	溪头乡 第十三村	第一高级社	溪坦大队		溪头乡 溪坦村		头陀镇 溪坦村	
25	店头新村	江岙乡 第一保	溪头乡 第十三村	第一高级社	店头大队		溪头乡 店头桥村		头陀镇 店头桥村	2015 年 11 月飞跃、店头合并店头新村。2018 年 8 月南岙并入
					飞跃大队		溪头乡 飞跃村		头陀镇 飞跃村	
	*南岙 店头新村	江岙乡 十三保	溪头乡 第一村	第一高级社	南岙大队		溪头乡 南岙村		头陀镇 南岙村	

表 3-12

院桥镇辖区名称演变一览表

序号	标准名称	1947 年（民国期间）	1951 年（土改期间）	1956 年（合作化期间）	1961 年（体制调整）	1981 年	1983 年	1985 年	1992 年 5 月	备注
1	院桥街居	院桥镇三、四保	院桥乡第四村	幸福社	幸福大队	院桥街大队	院桥街村	更为今名		
2	下抱居	院桥镇四保下鲍	院桥乡第四村	幸福社	下抱大队	下抱大队	下抱村	更为今名		
3	前庄居	院桥镇第三保	院桥乡第三村	幸福社	前庄大队	前庄大队	前庄村	更为今名		
4	南街居									1986 年称南街，2001 年更今名
5	*沙门金沙门	鉴湖乡第七保	院桥乡第九村	火花社	火金大队	沙门金大队	沙门金村	院桥镇沙门金村		2018 年 8 月沙门金和沙门於合并为沙门村
	*沙门於沙门	鉴湖乡七、八保	院桥乡第八村	火花社	火明大队	沙门於大队	沙门於村	院桥镇沙门於村		
6	沙门店	鉴湖乡第八保	院桥乡第七村	火花社	火星大队	沙门店大队	沙门店村	更为今名		
7	*王家岙横泾	院桥镇第二保	院桥乡第四村	火花社	火光大队	王家岙大队	王家岙村	院桥镇王家岙村		2018 年 8 月王家岙和横泾前岸合并为横泾村
	*横泾前岸横泾	院桥镇廿五鉴湖乡八保	院桥乡第五村	火花社	火花大队	横泾前岸大队	横泾前岸村	院桥镇横泾前岸村		
8	横泾后岸	院桥镇第一保	院桥乡第六村	火花社	火炬大队	横泾后岸大队	横泾后岸村	更为今名		
9	*浦口东浦口	院桥镇廿一保	横林乡第十八村	院桥乡丰收社	丰收大队	浦口东大队	浦口东村	院桥镇浦口东村		2015 年 11 月浦口西、浦口杨两村合并称浦口。2018 年 8 月浦口东、高洋并入
	*高洋浦口	院桥镇廿二保	横林乡第十七村	院桥乡丰收社	高丰大队	高洋大队	高洋村	院桥镇高洋村		
	浦口	院桥镇廿一、廿二保	横林乡第十八村	院桥乡丰收社	浦口大队	浦口西大队	浦口西村	院桥镇浦口西村		
		院桥镇廿一保	横林乡第十八村	院桥乡丰收社	前洋大队	浦口杨大队	浦口杨村	院桥镇浦口杨村		

续表3-12

序号	标准名称	1947年（民国期间）	1951年（土改期间）	1956年（合作化期间）	1961年（体制调整）	1981年	1983年	1985年	1992年5月	备注
10	横林	院桥第十九、二十保	横林乡第十五村	院桥乡灯塔社	横林大队	横林大队	横林村	更为今名		2018年8月灯塔、横林后岸并入横林村
	*灯塔 横林	院桥第十九、二十保	横林乡第十六村	院桥乡灯塔社	灯塔大队	灯塔大队	灯塔村	院桥镇灯塔村		
	*横林后岸 横林	院桥第十九、二十保	横林乡第十四村	院桥乡灯塔社	利民大队	横林后岸大队	横林后岸村	院桥镇横林后岸村		
11	合屿	院桥镇十八保	横林乡第十三村	院桥乡红光社	红光大队	合屿大队	合屿村	更为今名		
12	*唐家桥 秀水	院桥镇第五保	横林乡第十二村	院桥乡红旗社	红旗大队	唐家桥大队	唐家桥村	院桥镇唐家桥村		2018年8月唐家桥和河头合并称秀水村
	*河头 秀水	院桥镇第五保	横林乡第十一村	院桥乡红旗社	河头大队	河头大队	河头村	院桥镇河头村		
13	*东家峰 阜峰	院桥镇第三保	院桥乡第十三村	幸福社	幸丰大队	东家峰大队	东家峰村	院桥镇东家峰村		2018年8月东家峰和潘家岙合并为阜峰村
	*潘家岙 阜峰	院桥镇廿三保	秀岭乡第三十八村	院桥乡合作高级社	合化大队	潘家岙大队	潘家岙村	院桥镇潘家岙村		
14	*对岙 见塘	院桥镇第六保	秀岭乡第三十九村	院桥乡合作高级社	合利大队	对岙大队	对岙村	院桥镇对岙村		2018年8月对岙和占堂合并为见塘村
	*占堂 见塘	鉴湖乡十五保	鉴湖乡占堂村	胜建社	占堂大队	占堂大队	鉴湖乡占堂村		院桥镇占堂村	
15	*店头街 店头	永宁乡十五保	店头乡店头街村	五联社	店头街大队	店头街大队	店头乡店头街村		院桥镇店头街村	2018年8月店头街和下店头合并为店头村
	*下店头 店头	永宁乡十四保	店头乡店头村	五联社	下店头大队	下店头大队	店头乡下店头村		院桥镇下店头村	
16	*梁湖桥前 梁湖桥	永宁乡第六保	永宁乡梁湖桥村	店头乡联星社	联星大队	梁湖桥前大队	店头乡梁湖桥前村		院桥镇梁湖桥前	2018年8月梁湖桥前和水家洋并入梁湖桥村
	梁湖桥	永宁乡第六保	永宁乡梁湖桥村	店头乡联星社	梁湖桥大队	梁湖桥大队	店头乡梁湖桥村		更为今名	
	*水家洋 梁湖桥	永宁乡第七保	永宁乡水家洋村	店头乡联星社	水家洋大队	水家洋大队	店头乡水家洋村		院桥镇水家洋村	

续表 3–12

序号	标准名称	1947 年 （民国期间）	1951 年 （土改期间）	1956 年 （合作化期间）	1961 年 （体制调整）	1981 年	1983 年	1985 年	1992 年 5 月	备 注
17	*泾南 泾前	永宁乡 第八保	永宁乡 泾南村	店头乡 庆丰社	泾南大队	泾南 大队	店头乡 泾南村		院桥镇 泾南村	2018 年 8 月泾南和前王合并为泾前村
	*前王 泾前	永宁乡 第七保	永宁乡 前王村	店头乡 庆丰社	前王大队	前王 大队	店头乡 前王村		院桥镇 前王村	
18	*永乐 永友	永宁乡第五、 十四保	店头乡 镜架屿村	永乐社	永乐大队	永乐 大队	店头乡 永乐村		院桥镇 永乐村	2018 年 8 月永乐和三友合并为永友村
	*三友 永友	永宁乡 第四保	店头乡 吉呑村	三友社	三友大队	三友 大队	店头乡 三友村		院桥镇 三友村	
19	*呑林 友联	永宁乡 十三保	永宁乡 呑林村	店头乡 友联社	呑林大队	呑林 大队	店头乡 呑林村		院桥镇 呑林村	2018 年 8 月呑林和下店合并为友联村
	*下店 友联	永宁乡 十三保	永宁乡 下店村	店头乡 友联社	下店大队	下店 大队	店头乡 下店村		院桥镇 下店村	
20	*前宅 前后宅	永宁乡 第十保	永宁乡 前宅村	店头乡 五联社	前宅大队	前宅 大队	店头乡 前宅村		院桥镇 前宅村	2018 年 8 月前宅和后宅合并为前后宅村
	*后宅 前后宅	永宁乡 第九保	永宁乡 后宅村	店头乡 庆丰社	后宅大队	后宅 大队	店头乡 后宅村		院桥镇 后宅村	
21	*升上垟 上桥洋	永宁乡第十、 十一保	永宁乡 上垟村	店头乡 升高社	上垟大队	升上垟 大队	店头乡 升上垟村		院桥镇 升上垟村	2018 年 8 月升上垟和上桥合并为上桥洋村
	*上桥 上桥洋	永宁乡 十一保	永宁乡 上桥村	店头乡 光明社	上桥大队	上桥 大队	店头乡 上桥村		院桥镇 上桥村	
22	繁荣	永宁乡十六、 十九保	店头乡 山头里村	繁荣社	繁荣大队	山头里 大队	店头乡 山头里村		院桥镇 万荣村	1984 年更名为店头乡万荣村，1993 年更今名
23	*洋呑 桐村	永宁乡 十九	店头乡 洋呑村	繁荣社	洋呑大队	洋呑 大队	店头乡 洋呑村		院桥镇 洋呑村	2018 年 8 月洋呑村并入
	桐村	永宁乡 二十保	鸡山乡 桐村	鉴湖乡 东升社	桐村大队	桐村 大队	鉴湖乡 桐村村		更为今名	
24	红星	永宁乡 十二保	永宁乡 华屿村	店头乡 红星社	华屿大队	华屿 大队	店头乡 华屿村		院桥镇华屿村	2015 年 11 月华屿和水淋头合并为红星村
		永宁乡 十二保	永宁乡 水淋头村	店头乡 红星社	红星大队	水淋头 大队	店头乡 水淋头村		院桥镇水淋头村	

续表 3-12

序号	标准名称	1947 年（民国期间）	1951 年（土改期间）	1956 年（合作化期间）	1961 年（体制调整）	1981 年	1983 年	1985 年	1992 年 5 月	备 注
25	* 前郑 前后郑	永宁乡 十八保	店头乡 郑家洋村	快乐社	前郑大队	前郑 大队	店头乡 前郑村		院桥镇 前郑村	2018 年 8 月前郑和后郑桥合并为前后郑村
	* 后郑桥 前后郑	永宁乡 十七保	店头乡 后郑村	繁荣社	后郑大队	后郑桥 大队	店头乡 后郑桥村		院桥镇 后郑桥	
26	苏楼	院桥镇 十七保	西溪乡 苏楼村	秀岭乡 光明社	光明大队	苏楼 大队	秀岭乡 苏楼村		更为今名	
27	* 岙里街 新岙里	院桥镇 十三保	西溪乡 西溪村	秀岭乡 胜利村	胜利大队	岙里街 大队	秀岭乡 岙里街村		院桥镇 岙里街村	2015 年 11 月旧柱和西合合为西柱新村。2018 年 8 月西合片和岙里街合为新岙里村；旧柱片并入西溪村
	* 西柱新村 新岙里	院桥镇 十二保	西溪乡 旧柱村	秀岭乡 胜利社	旧柱大队	旧柱 大队	秀岭乡 旧柱村		院桥镇 旧柱村	
		院桥镇 十五保	西溪乡 西合村	秀岭乡 胜利社	西合大队	西合 大队	秀岭乡 西合村		院桥镇 西合村	
28	西溪	院桥镇 十二保	西溪乡 西溪村	秀岭乡 胜利社	西溪大队	西溪 大队	秀岭乡 西溪村		更为今名	2018 年 8 月西柱新村旧柱片并入西溪村
29	樟前	院桥镇 十五保	樟树下村	秀岭乡 五星社	五星大队	樟树 大队	秀岭乡 樟树村		院桥镇 樟树村	2001 年樟树、前堂合并更今名
			前堂村		前堂大队	前堂 大队	秀岭乡 前堂村		院桥镇 前堂村	
30	左任新村	院桥镇 十四保	西溪乡 麻车村	秀岭乡 五星社	麻车大队	左岙坑 大队	秀岭乡 左岙坑村		院桥镇 左岙坑村	“文革”时称先锋大队，2001 年左岙坑、上任合并更今名
			西溪乡 上任村	秀岭乡 五星村	上任大队	上任 大队	秀岭乡 上任村		院桥镇 上任村	
31	* 雅里 蒋里	院桥镇十六保下李	西溪乡 雅里村	秀岭乡 光明社	和平大队	雅里 大队	秀岭乡 雅里村		院桥镇 雅里村	1976 年水库移民称新建大队，2001 年凤凰并入雅里。2018 年 8 月新上蒋和雅里合并为蒋里村
	* 新上蒋 蒋里					凤凰 大队	秀岭乡 凤凰村		院桥镇 凤凰村	
		院桥镇 十六保	西溪乡 上蒋村	秀岭乡 光明社	上蒋大队	上蒋 大队	秀岭乡 上蒋村		院桥镇 上蒋村	

续表 3-12

序号	标准名称	1947 年（民国期间）	1951 年（土改期间）	1956 年（合作化期间）	1961 年（体制调整）	1981 年	1983 年	1985 年	1992 年 5 月	备 注
32	水花	院桥镇第八保	秀岭乡柏岙村	水花社	水花大队	水花大队	秀岭乡水花村		更为今名	
33	秀岭	院桥镇第十保	秀岭乡秀岭村	合利社	秀岭大队	秀岭大队	秀岭乡秀岭村		更为今名	
34	四联	院桥镇第六、七、廿三保	秀岭乡岙口村	四联社	岙里大队	岙里建大队	秀岭乡岙里建村		院桥镇岙里建村	2001 年 10 月岙里建、岙口、金山、塘岭合并更今名
					岙口大队	岙口大队	秀岭乡岙口村		院桥镇岙口村	
					金山大队	金山大队	秀岭乡金山村		院桥镇金山村	
					塘岭大队	塘岭大队	秀岭乡塘岭村		院桥镇塘岭村	
35	井头	院桥镇十一保	秀岭乡井头村	合利社	井头大队	井头大队	秀岭乡井头村		更为今名	
36	*东鉴九莲	鉴湖乡第一保	鸡山乡下山头村	鉴湖乡东升社	东鉴大队	东鉴大队	鉴湖乡东鉴村		院桥镇东鉴村	2018 年 8 月东鉴和下山头合并为九莲村
	*下山头九莲	鉴湖乡第二保	鸡山乡下山头村	鉴湖乡东升社	下山头大队	下山头大队	鉴湖乡下山头村		院桥镇下山头村	
37	*山下山北尤	鉴湖乡第五、六保	鸡山乡山北尤村	鉴湖乡日升社	山下大队	山下大队	鉴湖乡山下村		院桥镇山下村	2018 年 8 月和田洋、梅北新村山北片合为山北尤村
	*田洋山北尤	鉴湖乡第五、六保	鸡山乡山北尤村	鉴湖乡日升社	田洋大队	田洋大队	鉴湖乡田洋村		院桥镇田洋村	
38	*鸡山鸡笼山	鉴湖乡第四保	鸡山乡山前村	鉴湖乡湖丰社	山前大队	鸡山大队	鉴湖乡鸡山村		院桥镇鸡山村	2018 年 8 月鸡山和盈岙、胡家桥合并为鸡笼山村
	*盈岙鸡笼山	鉴湖乡第六保	鸡山乡鹰岙村	鉴湖乡湖丰社	盈岙大队	盈岙大队	鉴湖乡盈岙村		院桥镇盈岙村	
	*胡家桥鸡笼山	鉴湖乡第四保	鸡山乡胡家村	鉴湖乡湖丰村	胡家桥大队	胡家桥大队	鉴湖乡胡家桥村		院桥镇胡家桥村	

续表 3-12

序号	标准名称	1947 年（民国期间）	1951 年（土改期间）	1956 年（合作化期间）	1961 年（体制调整）	1981 年	1983 年	1985 年	1992 年 5 月	备 注
39	*山头陈鉴湖	鉴湖乡第四保	鸡山乡山头陈村	鉴湖乡湖丰社	山头陈大队	山头陈大队	鉴湖乡山头陈处		院桥镇山头陈处	
	*鉴洋鉴湖	鉴湖乡十一保	鉴洋湖鉴洋村	湖光社	鉴洋大队	鉴洋大队	鉴湖乡鉴洋村		院桥镇鉴洋村	
	*岭下东鉴湖	鉴湖乡第三保	鸡山乡岭下村	鉴湖乡湖丰社	岭下大队	岭下东大队	鉴湖乡岭下东村		院桥镇岭下东村	
	*梅北鉴湖	鉴湖乡第三保	鸡山乡山北村	鉴湖乡日升社	山北大队	山北大队	鉴湖乡山北村		院桥镇山北村	2015 年 11 月梅山和山北合并为梅北村。2018 年 8 月山头陈和鉴洋、岭下东、梅北梅山片合并为鉴湖村；山北片并入山北尤村
		鉴湖乡第三保	鸡山乡梅山村	鉴湖乡湖丰社	梅山大队	梅山大队	鉴湖乡梅山村		院桥镇梅山村	
40	中岙里	鉴湖乡第十、十一保	鉴湖乡中岙村	湖光社	中岙大队	中岙里大队	鉴湖乡中岙里村		更为今名	
41	*下村上下	鉴湖乡第九保	鉴湖乡下村	湖光社	下村大队	下村大队	鉴湖乡下村村		院桥镇下村村	2018 年 8 月下村和上春村合并为上下村
	*上春上下	鉴湖乡第九保	鉴湖乡上洋村	湖光社	上洋大队	上春大队	鉴湖乡上春村		院桥镇上春村	
42	上岙	鉴湖乡十二、十三保	鉴湖乡上岙村	湖胜社	上岙大队	上岙大队	鉴湖乡上岙村		更为今名	
43	牛极	鉴湖乡十四保	鉴湖乡牛极村	远景社	牛极大队	牛极大队	鉴湖乡牛极村		更为今名	

表 3-13

沙埠镇辖区名称演变一览表

序号	标准名称	1947 年（民国期间）	1951 年（土改期间）	1956 年（合作化期间）	1961 年（体制调整）	1981 年	1983 年	1992 年	1996 年	备注
1	繁二	沙埠乡第四保	沙埠乡四村	繁荣社	繁二大队		沙埠乡繁二村		更为今名	
2	繁三	沙埠乡第五保	沙埠乡五村	繁荣社	繁三大队		沙埠乡繁三村		更为今名	2018 年 8 月斜云并入繁三村
	*斜云繁三	沙埠乡第六保	横溪乡六村	沙埠乡斜云社	斜云大队		沙埠乡斜云村		沙埠镇斜云村	
3	廿四都	沙埠乡第三保	沙埠乡三村	繁荣社	廿四都大队		沙埠乡廿四都村		更为今名	
4	*唐山王唐山	沙埠乡二十保	前路乡二十村	沙埠乡一、二社	唐山王大队		沙埠乡唐山王村		沙埠镇唐山王村	2018 年 8 月唐山陈和唐山王、寺前郑合并为唐山村
	*唐山陈唐山	沙埠乡二十保	前路乡二十村	沙埠乡一、二社	唐山陈大队		沙埠乡唐山陈		沙埠镇唐山陈	
	*寺前郑唐山	沙埠乡廿一保	前路乡廿一村	沙埠乡一、二社	寺前郑大队		沙埠乡寺前郑村		沙埠镇寺前郑村	
5	沙埠叶	沙埠乡十五保	前路乡十五村	沙埠乡一、二村	沙埠叶大队		沙埠乡沙埠叶村		沙埠镇沙埠叶村	1958 年成立百果园。2015 年 11 月百果园并入
					百果园大队		沙埠乡百果园村		沙埠镇百果园村	
6	吕白洋	沙埠乡第一保	沙埠乡一村	中心社	吕白洋大队		沙埠乡吕白洋村		更为今名	1987 年 7 月从吕白洋析建上寥村，2018 年 8 月上寥并入吕白洋村
	*上寥吕白洋	沙埠乡第一保	沙埠乡一村	中心社	吕白洋大队		沙埠乡吕白洋村		沙埠镇吕白洋村	
7	下园	沙埠乡十九保	前路乡十九村	沙埠乡联新社	下园大队		沙埠乡下园村		更为今名	
8	*岐田北兴	沙埠乡十九保	前路乡十八村	沙埠乡联新社	岐田大队		沙埠乡岐田村		沙埠镇岐田村	2018 年 8 月岐田和虎柜头合并为北兴村
	*虎柜头北兴	沙埠乡十七保	前路乡十七村	沙埠乡火炬社	火炬大队	沙埠公社虎柜头大队	沙埠乡虎柜头		沙埠镇虎柜头	

续表 3-13

序号	标准名称	1947 年（民国期间）	1951 年（土改期间）	1956 年（合作化期间）	1961 年（体制调整）	1981 年	1983 年	1992 年	1996 年	备注
9	前路	沙埠乡十六保	前路乡十六村	沙埠乡前路社	前路大队		沙埠乡前路村		更为今名	
10	*下溪青瓷	沙埠乡第二保	沙埠乡二村	勇敢社	下溪大队		沙埠乡下溪村		沙埠镇下溪村	2018 年 8 月下溪和金余、雪溪合并为青瓷村
	*金余青瓷	沙埠乡第二保称下俞	沙埠乡二村	勇敢社	下余大队	沙埠公社金余大队	沙埠乡金余村		沙埠镇金余村	
	*雪溪青瓷	沙埠乡第二保	沙埠乡二村	勇敢社	雪溪大队		沙埠乡雪溪村		沙埠镇雪溪村	
11	*樟树下南溪	沙埠乡第十保	横溪乡九村	沙埠乡联盟社	樟树下大队		沙埠乡樟树下村		沙埠镇樟树下村	2018 年 8 月和沈家村、樟树下、八村合并为南溪村
	*沈家村南溪	沙埠乡第七保	沙埠乡七村	富强社	沈家村大队		沙埠乡沈家村村		沙埠镇沈家村村	
	*八村南溪	沙埠乡第八保	沙埠乡二村	富强社	红卫大队	沙埠公社八村大队	沙埠乡八村村		沙埠镇八村村	
12	佛岭	沙埠乡十四保	横溪乡十四村	沙埠乡百家钻社	百家钻大队	佛岭公社百家钻大队	佛岭乡百家钻村	沙埠乡百家钻村	沙埠镇百家钻村	2015 年 11 月百家钻、月亮岗、廿四横、马头岗四村合并更今名
		沙埠乡十四保	横溪乡十四村	沙埠乡月亮岗社	月亮岗大队	佛岭公社月亮岗大队	佛岭乡月亮岗村	沙埠乡月亮岗村	沙埠镇月亮岗村	
		沙埠乡十三保	横溪乡十三村	沙埠乡翻身社	廿四横大队	佛岭公社廿四横大队	佛岭乡廿四横村	沙埠乡廿四横村	沙埠镇廿四横村	
		沙埠乡十三保	横溪乡十三村	沙埠乡翻身社	马头岗大队	佛岭公社马头岗大队	佛岭乡马头岗村	沙埠乡马头岗村	沙埠镇马头岗村	
13	南六坑	沙埠乡十二保南落坑	横溪乡十二村	沙埠乡利民社	大虫坑大队	佛岭公社大虫坑大队	佛岭乡大虫坑村	沙埠乡大虫坑村	沙埠镇大虫坑村	2015 年 11 月大虫坑、杨岙头、中安、邱家四村合并更今名
			横溪乡十二村	沙埠乡利民社	杨岙头大队	佛岭公社杨岙头大队	佛岭乡杨岙头村	沙埠乡杨岙头村	沙埠镇杨岙头村	
			横溪乡十二村	沙埠乡益利社	中安大队	佛岭公社中安大队	佛岭乡中安村	沙埠乡中安村	沙埠镇中安村	
			横溪乡十二村	沙埠乡益利社	邱家大队	佛岭公社邱家大队	佛岭乡邱家村	沙埠乡邱家村	沙埠镇邱家村	

续表 3-13

序号	标准名称	1947 年（民国期间）	1951 年（土改期间）	1956 年（合作化期间）	1961 年（体制调整）	1981 年	1983 年	1992 年	1996 年	备注
14	横溪	沙埠乡 十一保	横溪乡 十一村	沙埠乡 横溪社	横溪大队	佛岭公社 横溪大队	佛岭乡 横溪村	沙埠乡 横溪村	更为今名	
15	南胡	沙埠乡 第九保	横溪乡 十一村	沙埠乡 联盟社	南胡大队	佛岭公社 南胡大队	佛岭乡 南胡村	沙埠乡 南胡村	沙埠镇 南胡村	2015 年 11 月南胡、南朱合并更今名
		沙埠乡 第十保	横溪乡 十村	沙埠乡 联盟社	南朱大队	佛岭公社 南朱大队	佛岭乡 南朱村	沙埠乡 南朱村	沙埠镇 南朱村	
16	佛岭新村									始建于 1994 年 10 月，1997 年建立村委会
17	华峰小区									2002 年组建华峰小区

表 3-14

富山乡辖区名称演变一览表

序号	标准名称	1947 年（民国期间）	1951 年（土改期间）	1956 年（合作化）	1961 年（体制调整）	“文化大革命”	1981 年	1983 年	备注
1	半山	岭上乡 十一保	半山乡 半山村	富山乡 半山社	半山大队			更为今名	2018 年 8 月半岭堂村并入半山村
	* 半岭堂 半山	岭上乡 第一保	半山乡 半岭堂村	富山乡 半岭堂社	半岭堂大队	新建大队	半岭堂大队	更为今名	
2	* 后岙 富北	岭上乡 第六保	北山乡 后岙村	富山乡 后岙社	后岙大队			富山乡 后岙村	1991 年张里村改名张里。2018 年 8 月后岙和张里、大岙合并为富北村
	* 张里 富北	岭上乡 第六保	北山乡 张里村	富山乡 张里社	张里大队	革新大队	张里村大队	富山乡 张里村村	
	* 大岙 富北	岭上乡 第六保	北山乡 大岙村	富山乡 大岙社	大岙大队			富山乡 大岙村	
3	* 双坑 双西	岭上乡 第四保	半山乡 双坑村	富山乡 双坑社	双坑大队			富山乡 双坑村	2018 年 8 月双坑和西岩合并为双西村
	* 西岩 双西	岭上乡 第三保	半山乡 西岩村	富山乡 西岩社	西岩大队			富山乡 西岩村	

续表 3–14

序号	标准名称	1947 年（民国期间）	1951 年（土改期间）	1956 年（合作化）	1961 年（体制调整）	“文化大革命”	1981 年	1983 年	备注
4	外坦	岭上乡第五保	北山乡外坦村	富山乡外坦社	外坦大队			更为今名	
5	决要	岭上乡第七保	北山乡决要村	富山乡决要社	决要大队			更为今名	
6	安山	岭上乡五、八保	北山乡马鞍山村	富山乡马鞍山社	马鞍山大队		鞍山大队	富山乡鞍山村	2016 年更名安山
7	畴路	岭上乡第二保	半山乡畴路村	富山乡畴路社	畴路大队			更为今名	
8	北山	岭上乡第八保	北山乡北山村	富山乡北山社	北山大队			更为今名	
9	*葡萄坑李家山	岭上乡第十保	半山乡葡萄坑	富山乡葡萄坑社	葡萄坑大队	永新大队	葡萄坑大队	葡萄坑村	2018 年 8 月葡萄坑村和富山新村东坑片并入李家山村
	李家山	岭上乡第十保	北山乡李家山村	富山乡李家山村	李家山大队	新民大队	李家山大队	更为今名	
10	*富山新村南征顶	岭上乡第九保坑头	北山乡坑头村	富山乡坑头村	坑头大队			坑头村	2015 年 11 月坑头、蓝田、东坑、英盟四村合并，称富山新村，2018 年 8 月和田岙合并为南征顶村，其中东坑片并入李家山村
		岭上乡第九保滥田	北山乡蓝田村	富山乡蓝田村	蓝田大队			蓝田村	
		岭上乡第九保东岙	半山乡东岙村	富山乡东岙社	东岙大队		东坑大队	东坑村	
		岭上乡第九保鹰山	北山乡英山村	富山乡英山社	英山大队			英盟村	
	*田岙南正顶	岭上乡十一保	半山乡田岙村	富山乡田岙社	田岙大队			田岙村	

表 3-15

上郑乡辖区名称演变一览表

序号	标准名称	1947 年（民国期间）	1951 年（土改期间）	1956 年（合作化期间）	1961 年体制调整	“文化大革命”	1981 年	1983 年	1992 年 5 月	备注
1	＊石墩 美丰	黄岩溪乡 五、六保	上郑乡 石墩村	光明乡 美丰社	光明公社 石墩大队		上郑公社 石墩大队	上郑乡 石墩村		2015 年 11 月直坑并入乌丝坑。2018 年 8 月乌丝坑和石墩、文新合并称美丰村
	＊文新 美丰	黄岩溪乡 第七保	上郑乡 鳖鱼坟村	光明乡 美丰社	光明公社 碧儿坟大队		上郑公社 碧儿坟大队	上郑乡 文新村		
	＊乌丝坑 美丰	黄岩溪 第六保	上郑乡 直坑村	光明乡 美丰社	光明公社 直坑大队		上郑公社 直坑大队	上郑乡 直坑村		
		黄岩溪乡 第六保	上郑乡 乌丝坑村	光明乡 美丰社	光明公社 乌丝坑大队		上郑公社 乌丝坑大队	上郑乡 乌丝坑大队		
2	下郑	黄岩溪乡 第二保	上郑乡 下郑村	光明乡 联丰社	光明公社 下郑大队		上郑公社 下郑大队	上郑乡 下郑村		2015 年 11 月下郑和山田合并更今名
		黄岩溪乡 第一保	上郑乡 山田村	光明乡 联丰社	光明公社 山田大队		上郑公社 山田大队	上郑乡 山田村		
3	蒋东岙	黄岩溪乡 第二保	上郑乡 蒋东岙村	光明乡 联丰社	光明公社 蒋东岙大队		上郑公社 蒋东岙大队	更为今名		2018 年 8 月岭后村并入蒋东岙村
	＊岭后 蒋东岙	黄岩溪乡 第一保	上郑乡岭后村	光明乡 合丰社	光明公社 岭后大队		上郑公社 岭后大队	上郑乡 岭后村		
4	上郑	黄岩溪乡 第三保	上郑乡 上郑村	光明乡 合丰社	光明公社 上郑大队		上郑公社 上郑大队	更为今名		2015 年 11 月小英山并入毛家村。2018 年 8 月毛家并入上郑村
	＊毛家 上郑	黄岩溪乡 第四保	上郑乡 小英山村	光明乡 合丰社	光明公社 小英山大队		上郑公社 小英山大队	上郑乡 小英山村		
		黄岩溪乡 第四保	上郑乡 毛家村	光明乡 合丰社	光明公社 毛家大队		上郑公社 毛家大队	上郑乡 毛家村		
5	大溪	黄岩溪乡 第十保	垟头乡 大溪村	光明乡 大丰社	光明公社 大溪大队		圣堂公社 大溪大队	圣堂乡 大溪村	上郑乡 大溪村	2015 年 11 月大溪和大溪坑合并更今名
		黄岩溪乡 第十保	垟头乡 大溪坑村	光明乡 大丰社	光明公社 大溪坑大队		圣堂公社 大溪坑大队	圣堂乡 大溪坑村	上郑乡 大溪坑村	
6	下余	黄岩溪乡 第九保	垟头乡 下余村	光明乡 德丰社	光明公社 下余大队		圣堂公社 下余大队	圣堂乡 大余村	更为今名	

续表 3–15

序号	标准名称	1947 年（民国期间）	1951 年（土改期间）	1956 年（合作化期间）	1961 年体制调整	“文化大革命”	1981 年	1983 年	1992 年 5 月	备注
7	*栗树坑 仙石	黄岩溪乡 第八保	垟头乡 栗树坑村	光明乡 民丰社	光明公社 栗树坑大队		圣堂公社 栗树坑大队	圣堂乡 栗树坑村	上郑乡 栗树坑村	2018 年 8 月栗树坑和坑口、黄坦合并为仙石村
	*坑口 仙石	黄岩溪乡 第八保	垟头乡 坑口村	光明乡 民丰社	光明公社 坑口大队		圣堂公社 坑口大队	圣堂乡 坑口村	上郑乡 坑口村	
	*黄坦 仙石	黄岩溪乡第九保 称黄坦	垟头乡 黄坦村	光明乡 德丰社	光明公社 黄坦大队		圣堂公社 黄坦大队	圣堂乡 黄坦村	上郑乡 黄坦村、	
8	*垟头庄 圣堂	黄岩溪乡 第十一保	垟头乡 萌菜垟村	光明乡 永丰社	光明公社 萌菜垟大队		圣堂公社 萌菜垟大队	圣堂乡 萌菜垟村	上郑乡 萌菜垟村	2015 年 11 月萌菜垟并入。2018 年 8 月并入圣堂村
		黄岩溪乡 十一保垟头	垟头乡 垟头村	光明乡 永丰社	光明公社 垟头大队		圣堂公社 垟头庄大队	圣堂乡 垟头庄村	上郑乡 垟头庄村	
	圣堂	黄岩溪乡 七保石研	垟头乡 石碾村	光明乡 利丰社	光明公社 石碾大队		圣堂公社 石碾大队	圣堂乡 石碾村	上郑乡 石碾村	2015 年 11 月石碾和农林两村合并为圣堂村。2018 年 8 月垟头庄村并入
		黄岩溪乡 第七保	垟头乡 圣堂村	光明乡 利丰社	光明公社 圣堂大队	农林大队	圣堂公社 农林大队	圣堂乡 农林村	上郑乡 农林村	
9	下庙	黄岩溪乡 第十三保	垟头乡 下庙村	光明乡 永丰社	光明公社 下庙大队	下苗大队	圣堂公社 下苗大队	圣堂乡 下苗村	更为今名	
10	干坑	黄岩溪乡 第十二保	垟头乡 干坑村	光明乡 顺丰社	光明公社 干坑大队		圣堂公社 干坑大队	圣堂乡 干坑村	更为今名	2018 年 8 月，抱料村并入干坑村
	*抱料 干坑	黄岩溪乡 第十二保	垟头村 抱料村	光明乡 抱料社	光明公社 抱料大队		圣堂公社 抱料大队	圣堂乡 抱料村	上郑乡 抱料村	

表 3-16

屿头乡辖区名称演变一览表

序号	标准名称	1947 年（民国期间）	1951 年（土改期间）	1956 年（合作化期间）	1961 年（体制调整）	“文化大革命”	1983 年	1992 年 5 月	备注
1	沙滩	柔极乡第五保	屿头乡沙滩村	沙滩社	沙滩大队		更为今名		
2	*大木坑大田	柔极乡十九保	二坪乡大木坑村	屿头乡田料社	大木坑大队		大木坑村		2018 年 8 月田料和大木坑村合并为大田村
	*田料大田	柔极乡十八、十九保	二坪乡田料村	屿头乡田料社	田料大队		田料村		
3	*下凤上凤	柔极乡第八保	屿头乡岙头村	岙头社	岙二大队	高峰大队	高钻村		2015 年 11 月高钻和岙头合并称下凤。2018 年 8 月下凤并入上凤村
		柔极乡第八保	屿头乡岙头村	岙头社	岙头大队		岙头村		
	上凤	柔极乡七、八保上冯	屿头乡上凤村	上凤社	上凤大队		更为今名		
4	*新塆兴安	柔极乡十二保	二坪乡冷水坑村	屿头乡新村社	新村大队		新村村		2015 年 11 月新村和大塆合并称新塆。2015 年 11 月凉树山和前岙合并为前山。2018 年 8 月前山和新塆、后庵合并为兴安村
		柔极乡十二保	二坪乡大塆村	屿头乡新村社	大塆大队		大塆村		
	*后庵兴安	宁溪镇十八保	白石乡后岙村	赵前庵社	后岙大队		白石乡后庵村	屿头乡后庵村	
	*前山兴安	宁溪镇十八保	白石乡凉树山村	赵前庵社	凉树山大队		白石乡凉树山村	屿头乡凉树山村	
		宁溪镇十八保	白石乡前岙村	赵前庵社	前岙大队		白石乡前岙村	屿头乡前岙村	
5	*引坑金廊	柔极乡第六保	屿头乡引坑村	前引社	引坑大队		屿头乡引坑村		2018 年 8 月引坑和前山头、前礁合并称金廊村
	*前山头金廊	柔极乡第六保	屿头乡引坑村	前引社	前山头大队		屿头乡前山头村		
	*前礁金廊	乌岩镇十四、十五保	斜岙乡前垟村	乌岩乡利正社	屿头公社上陈大队		屿头乡前礁村		

续表 3-16

序号	标准名称	1947 年（民国期间）	1951 年（土改期间）	1956 年（合作化期间）	1961 年（体制调整）	“文化大革命”	1983 年	1992 年 5 月	备注
6	* 里岙 布袋坑	柔极乡 十六保	白石乡 里岙村	里岙 高级社	里岙大队		白石乡 里岙村	屿头乡 里岙村	2015 年 11 月垟坑、周家寮、栅头三村合并为石人峡。2018 年 8 月石人峡、里岙并入布袋坑村
	* 石人峡 布袋坑		白石乡 垟坑村	垟坑社	垟坑大队		白石乡 垟坑村	屿头乡 垟坑村	
		柔极乡 十六保	白石乡 周家寮村	周家寮 高级社	周家寮大队		白石乡 周家寮村	屿头乡 周家寮村	
		柔极乡 十六保	白石乡 栅头村	里岙 高级社	栅头大队		白石乡 栅头村	屿头乡 栅头村	
	布袋坑	柔极乡 十七保	白石乡 布袋坑村	布袋坑高级社	布袋坑大队		白石乡 布袋坑村	更为今名	
7	* 石狮坦 两岸	柔极乡 十一保	屿头乡 石狮坦村	梨坑社	石狮坦大队		石狮坦村		2018 年 8 月梨坑和石狮坦村合并为两岸村
	* 梨坑 两岸	柔极乡 第九保	屿头乡 梨坑村	梨坑社	梨坑大队		梨坑村		
8	联一	柔极乡第一、二保	屿头乡 下孟村、 岭下村	联一社	联一大队		更为今名		
9	屿头	柔极乡三、四保	屿头乡 屿头村	屿头社	屿头大队		更为今名		
10	白石	柔极乡 十四、十五保	白石乡 白石村	白石社	白石大队		白石乡 白石村	更为今名	
11	* 牛角丘 三联	柔极乡 十四保	二坪乡 牛角丘村	白石乡牛角丘 高级社	牛角丘大队		白石乡 牛角丘村	屿头乡 牛角丘村	2015 年 11 月下庵和昌孔头合并称孔恩。2018 年 8 月牛角丘、孔恩并入三联村
	三联	柔极乡 第十、十一、十二保	二坪乡黄石坦村、白石垟村、双溪口村	屿头乡 三联社	三联大队		更为今名		
	* 孔恩 三联	宁溪镇 十八保	二坪乡 下庵村	白石乡 下庵社	下庵大队		白石乡 下庵村	屿头乡 下庵村	
		柔极乡 十三保	白石乡 昌孔头村	下庵社	昌孔头大队		白石乡 昌孔头村	屿头乡 昌孔头村	

表 3-17

上垟乡辖区名称演变一览表

序号	标准名称	1947 年（民国期间）	1951 年（土改期间）	1956 年（合作化期间）	1961 年（体制调整）	“文化大革命”	1983 年	1992 年 5 月	备注
1	山主头	秀西乡第八、九保	上垟乡山嘴头村	山嘴头高级社	山嘴头大队				2016 年 10 月更为今名
2	下方	秀南乡十三保	上垟乡下方村	下方高级社	下方大队		更为今名		
3	黄杜岙	秀西乡第十、十一保	上垟乡黄杜岙村	黄杜岙高级社	黄杜岙大队		更为今名		
4	上垟	秀南乡十二保	上垟乡前岸村	前岸高级社	前岸大队		前岸村		1981 年兰田改莆田，2015 年 11 月前岸、上垟合并为上垟村。2018 年 8 月莆田和下堂山并入上垟村
		秀西乡第七、八保	上垟乡上垟村	上垟高级社	上垟大队		上垟村		
	*下堂山上垟	秀西乡第十保	上垟乡下堂山村	下堂山高级社	下堂山大队		下堂山村		
	*莆田上垟	秀西乡第六保滥田	沈岙乡兰田村	上垟乡兰田高级社	兰田大队		莆田村		
5	沈岙	秀西乡第四、五保	沈岙乡沈岙村	上垟乡沈岙高级社	沈岙大队		更为今名		2018 年 8 月石库垟和毛岙并入沈岙村
	*石库垟沈岙	秀西乡第一保					石库垟村		
	*毛岙沈岙	秀西乡第一保	沈岙乡毛岙村	上垟乡毛岙高级社	毛岙大队		毛岙村		
6	上下吉	秀西乡第二、三保	沈岙乡上下葛村	上垟乡上下葛高级社	上下葛大队		更为今名		
7	西洋	秀南乡第十保	象岙乡山前村	小坑乡山前高级社	山前大队		小坑乡西洋村	上垟乡西洋村	2015 年 11 月西洋、苗圃、东济、后呈四村合并更为今名
					苗圃大队		小坑乡苗圃村	上垟乡苗圃村	
		秀南乡十一保	象岙乡东济村	小坑乡东济高级社	东济大队		小坑乡东济村	上垟乡东济村	
		秀南乡第八保	象岙乡后呈村	小坑乡后呈高级社	后呈大队		小坑乡后呈村	上垟乡后呈村	

续表 3–17

序号	标准名称	1947 年（民国期间）	1951 年（土改期间）	1956 年（合作化期间）	1961 年（体制调整）	“文化大革命”	1983 年	1992 年 5 月	备注
8	*董岙湖滨		屿门乡下溪村	小坑乡下溪高级社	西山下大队		小坑乡西山下村	上垟乡西山下村	2015 年 11 月西山下、董岙、后园三村合并为董岙。2018 年 8 月董岙和潘山头合并为湖滨村
		秀川镇九、十保	屿门乡董岙村	小坑乡董岙高级社	董岙大队		小坑乡董岙村	上垟乡董岙村	
		秀川镇第五保	屿门乡后园村	小坑乡后园高级社	后园大队		小坑乡后园村	上垟乡后园村	
	*潘山头湖滨	秀南乡十四保	小坑乡潘山头村	潘山头高级社	潘山头大队		小坑乡潘山头村	上垟乡潘山头村	
9	*大岩岭脚	秀川镇十一保	小坑乡双桥村	双桥高级社	双桥大队		小坑乡双桥村	上垟乡双桥村	2015 年 11 月双桥、毛岙岸、大岩三村合并为大岩。2018 年 8 月并入岭脚村
			小坑乡毛岙村	毛岙高级社	毛岙大队		小坑乡毛岙岸村	上垟乡毛岙岸村	
		秀南乡第六保	象岙乡大岩村	小坑乡大岩高级社	大岩大队		小坑乡大岩村	上垟乡大岩村	
	岭脚	秀南乡第六保车岭脚	象岙乡岭脚村	小坑乡岭脚高级社	岭脚大队		小坑乡岭脚村	更为今名	
10	象岙	秀南乡四、五、六保	象岙乡象岙村	小坑乡象岙高级社	象岙大队		小坑乡象岙村	更为今名	
11	白沙园	秀南乡第八保	象岙乡白沙园村	小坑乡白沙园高级社	白沙园大队		小坑乡白沙园村	更为今名	2018 年 8 月前思岙并入白沙园村
	*前思岙白沙园	秀南乡第九保钱思岙	乐清县福溪乡前思岙村	黄岩县上垟乡前思岙高级社	前思岙大队		上垟乡前思岙		
历史地名	日溪	秀川镇第四保	屿门乡日溪村	小坑乡日溪高级社	日溪大队		小坑乡日溪村	上垟乡日溪村	整村移民，撤销该村
	李家垟	秀南乡第七保	象岙乡李家垟村	小坑乡李家垟高级社	李家垟大队		小坑乡李家垟村	上垟乡李家垟村	收归国有，撤销该村

表 3-18

平田乡辖区名称演变一览表

序号	标准名称	1947年（民国期间）	1951年（土改期间）	1956年（合作化期间）	1961年（体制调整后）	1983年名称	备注
1	天灯垟	秀南乡第二保	平田乡天灯垟村	有利高级社	天灯垟大队	更为今名	
2	*东溪 黄溪村	青江乡第三、四保	东溪乡东溪村	屿门乡东溪高级社	平田公社东溪大队	平田乡东溪村	2018年8月东溪和黄毛山合并为黄溪村
	*黄毛山 黄溪村	青江乡第三、六保	东溪乡黄毛山村	屿门乡黄毛山高级社	平田公社黄毛山大队	平田乡黄毛山村	
3	桐岭	青江乡第四、五保	东溪乡山头下村	屿门乡山头下高级社	平田公社山头下大队	平田乡山头下村	2015年11月山头下、桐里岙、桐外岙三村合并更为今名
		青江乡第七保里岙	东溪乡桐岭岙村	屿门乡桐岭岙高级社	平田公社桐里岙大队	平田乡桐里岙村	
		青江乡第七保	东溪乡桐岭岙村	屿门乡桐岭岙高级社	平田公社桐外岙大队	平田乡桐外岙村	
4	*箬岗 青龙岗	茅畲乡第三保	茅畲乡箬岗村	茅畲乡箬岗高级社	平田公社箬岗大队	平田乡箬岗村	2018年8月箬岗和牛游塘、东山合并为青龙岗村
	*牛游塘 青龙岗	临古乡十二保	茅畲乡青龙岗村	茅畲乡牛游塘高级社	平田公社牛游塘大队	平田乡牛游塘村	
	*东山 青龙岗	临古乡十一保	茅畲乡青龙岗村	茅畲乡东山高级社	平田公社东山大队	平田乡东山村	
5	平田	秀南乡第一保	平田乡平田村	平田高级社	平田大队	更为今名	2018年8月小田并入平田村
	*小田 平田	秀南乡第二、三保	平田乡小田村	平田一社	小田大队	小田村	
6	*官田 官龙	茅畲乡第二保	茅畲乡官田村	平田乡官田高级社	官田大队	官田村	2018年8月官田和里龙合并为官龙村
	*里龙 官龙	茅畲乡第三保里垄	平田乡里龙村	顺利高级社	里龙大队	里龙村	
7	车里岙	乐清县智仁乡	平田乡里岙村	车里岙高级社	车里岙大队	更为今名	

续表 3-18

序号	标准名称	1947 年（民国期间）	1951 年（土改期间）	1956 年（合作化期间）	1961 年（体制调整后）	1983 年名称	备注
8	*庄前 蒋家垟	秀南乡 第三保	象岙乡 庄前村	平田乡 赛美高级社	庄前大队	庄前村	2018 年 8 月庄前和潘家垟合并为蒋家垟村
	*潘家垟 蒋家垟	秀南乡 第三保	象岙乡 潘家垟村	平田乡 赛美高级社	潘家垟大队	蒋家垟村	
9	*寮前 桐树坑	秀南乡 第四保	象岙乡 寮前村	平田乡 寮前高级社	寮前大队	寮前村	2018 年 8 月寮前并入桐树坑村
	桐树坑	秀南乡 第四保	象岙乡 桐树坑村	平田乡 桐树坑高级社	桐树坑大队	更为今名	

表 3-19

茅畲乡辖区名称演变一览表

序号	标准名称	1947 年（民国期间）	1951 年（土改期间）	1956 年（合作化期间）	1961 年（体制调整）	1983 年名称	备注
1	东边	茅畲乡十一保	茅畲乡东边村	茅畲高级社	东边大队	更为今名	
2	下街	茅畲乡第十保	茅畲乡下街村	茅畲高级社	下街大队	更为今名	
3	上街	茅畲乡第八保	茅畲乡上街村	茅畲高级社	上街大队	更为今名	
4	西边	茅畲乡十一保	茅畲乡西边村	茅畲高级社	西边大队	更为今名	
5	上庄	茅畲乡第七、八保	茅畲乡上庄村	茅畲高级社	上庄大队	更为今名	
6	大礼	茅畲乡十六保	大礼乡 大礼村	茅畲乡 大礼高级社	大礼大队	更为今名	2018 年 8 月大礼岙并入大礼村
	*大礼岙 大礼	茅畲乡十五保	大礼乡 大礼岙村	茅畲乡 大礼高级社	大礼岙大队	大礼岙村	
7	*白浦岙 浦洋	茅畲乡十三保	大礼乡 白浦岙村	茅畲乡 白浦岙村	白浦岙大队	白浦岙	2018 年 8 月白浦岙并入浦洋村
	浦洋	茅畲乡十二保	大礼乡 浦洋村	茅畲乡 浦洋高级社	浦洋大队	更为今名	

续表 3-19

序号	标准名称	1947 年 （民国期间）	1951 年 （土改期间）	1956 年 （合作化期间）	1961 年 （体制调整）	1983 年名称	备注
8	* 上横 上下横	茅畲乡第五保茅畲洋	茅畲乡 茅畲洋村	上横社	上横大队	上横村	2018 年 8 月上横和下横合并为上下横村
	* 下横 上下横	茅畲乡第六保茅畲洋	茅畲乡 茅畲洋村	下横社	下横大队	下横村	
9	西泉	茅畲乡 第四保	茅畲乡 西岙村	西岙社	西岙大队	更为今名	1981 年改为西泉大队
10	* 鸟山 山卡	茅畲乡 第二保	茅畲乡 鸟山村	鸟山社	鸟山大队	鸟山村	2018 年 8 月鸟山并入山卡村
	山卡	茅畲乡 第一保	茅畲乡 山卡村	山卡社	山卡大队	更为今名	

第二节　2018年行政村（社区）规模调整情况

表3-20　　2018年行政村（社区）规模调整表

	新标准名称	原标准名称	地名含义
1	白杨社区	白杨社区 王东村	以原白杨社区得名。白杨树坚强，品行高雅，寓意居民永葆青春，故名
2	上渚村	上渚前洋村 上渚后洋村	上渚前洋和上渚后洋两村合并得名。村处永宁江东南的陆地上，渚，指水中小块陆地，当地南为上，故名
3	埭水村	埭东村 埭西村	埭东村和埭西村合并得名。昔村中有挡水的仙浦埭，故名
4	墙洋村	南洋村 墙里村	墙里村和大南洋村合并后各取一字得名
5	义新村	义屋村 新桥头村	义屋村和新桥头村合并后各取首字得名。据明万历《黄岩县志》：明正统年间张谦、蔡玄商等10人捐谷助赈，敕赐义门。义新村，寓意将先辈优良传统发扬光大
6	璜山头新村	鱼沉村 横山头村 金寺堂村	金寺堂、横山头、鱼沉3村合并，以地处璜山东南麓得名
7	西苑社区	西苑社区 半洋张村	半洋张村并入西苑社区。坐落在黄岩主城区西南角故名
8	迎春社区	下埭头村 迎春社区	下埭头村并入迎春社区。寓意居民对美好生活憧憬
9	孝友社区	汇江村 孝友社区	汇江村和孝友社区合并。以五洞桥（原名孝友桥）得名。北宋元祐年间，县令张元仲（字孝友）主持建五洞桥，乡人为纪念他，称孝友桥
10	南苑社区	南苑社区 西洋郑村	西洋郑村并入南苑社区。位于黄岩老城区之南。环境秀美如花园，故名
11	红旗村	半洋崔村 岭下村	半洋崔和岭下两村合并后取原大队名
12	桔源社区	妙儿桥村 桔源社区	妙儿桥村并入桔源社区。因永宁江两岸，为黄岩蜜橘源头，故名
13	绿源村	下林村 上东岙村	下林村和上东岙村合并，因主植葡萄、杨梅，故名。寓意绿色的源头，绿色的产业
14	站前村	五星村（奇石岙片） 竹岭村 下埠村	竹岭、下埠、五星（奇石岙片）3个村合并后，以地处台州火车站南（前）得名
15	二合村	塔水桥村 罗汇黄村	塔水桥和罗汇黄两村合并，取联合发展之意得名
16	云尚村	唐溪岙村 五星村（后施片）	唐溪岙村和五星村（后施片）合并后，以“云尚小镇”得名
17	张唐村	唐家山村 坎头张村	唐家山村和坎头张村合并，各取一字得名

续表 3-20

	新标准名称	原标准名称	地名含义
18	新塔村	塔山村 新建村	新建村和塔山村合并，取两村首字得名
19	杏北村	北洋岙村 杏头村	杏头村和北洋岙村合并，各取首字得名
20	三合村	剑山村 群力村	剑山和群力两村合并，三溪合一，三面环山，寓意合并后天时、地利、人和，故名
21	黄坦村	高岙村 洪家山村	高岙村和洪家山村合并，以村东黄坦水库得名
22	澄东村	仙浦汪村 童家洋村	仙浦汪和童家洋两村合并，以地处澄江街道东部得名
23	焦坑星江村	焦坑村 星江村	焦坑村和星江村合并得名。焦坑古名潮坑，以潮水能涨到村旁的溪坑名；星江由仪江、江田合并组成，意为像星星组合一样
24	新舟桥村	山头舟村 永泰村	山头舟村和永泰村合并，山头舟早年曾有浮桥，永泰村古有石拱桥，故名
25	松岩村	大巍头村 石柜岙口村	大巍头和石柜岙口两村合并，因松岩山得名。明万历《黄岩县志》：“松岩山，在县西一十五里。”
26	临古村	后林村 下灰洋村	后林村和下灰洋村合并，以昔临古乡（抗战前临江乡和古竹乡各取一字）得名
27	禹成村	临西村 三官堂村	临西村和三官堂村合并得名。寓意大禹成功治水，寄托民众向往美好生活愿望
28	江口村	江口村 山后洋村	山后洋村并入江口村。位于永宁江、灵江、椒江三江汇合处，故名。俗称三江口
29	江南村	白石车村 水角村	水角和白石车两村合并，以地处永宁江南岸得名
30	金凌路村	山头金村 下凌村 草坦路村	山头金、下凌和草坦路 3 个村合并，各取一字得名
31	东魁村	坦洋村 东岙村	坦洋村和东岙村合并，因东魁杨梅始祖地得名
32	景苑村	白龙岙村 林家岙村	白龙岙村和林家岙村合并，地处山麓，风景秀丽，故名
33	江东新村	东河头村 项岙村 安然村	东河头、项岙和安然 3 个村合并，以地处江口街道东部得名
34	上澍王村	上澍村 前洋王村	上澍村和前洋王村合并得名
35	东昇村	东澍村 太阳新村	东澍村和太阳新村合并。寓意旭日东升，前途光明
36	三江新村	道头村 岘岸村	道头村和岘岸村合并，因地处永宁江、灵江、椒江三江汇合处，故名

续表 3-20

	新标准名称	原标准名称	地名含义
37	进港村	芦村村 下洋郑村	芦村村和下洋郑村合并，以芦村港进港道路得名
38	高桥头村	前店村 八份堂村 友谊村 三坦村 坦桥村	前店、八份堂、友谊、三坦、坦桥5村合并，以高桥头街得名。古为滩头街，后在街东北的黄乐捷径上建有一座石桥，称为高桥，因街在桥的上头，故名高桥头
39	三童岙村	双联村 三童岙口村 三童岙里村	三童岙口、三童岙里和双联3村合并，以三童山得名。明万历《黄岩县志》："三童山，在县西南一十七里。旧志云，山有三峰各高十余丈，远望似童子。"
40	石牛渡村	石牛渡村 邬家岙村	邬家岙村并入石牛渡村。西有三童溪，南有永利河，三面环水，因无桥梁，田间劳作靠牛过渡，故名。另有神话传说：古时候村西边河中有石牛浮出载人过河
41	瓦瓷窑村	瓦瓷窑村 南海村	南海并入瓦瓷窑。有始于唐、盛于宋，烧制瓦当和青瓷的窑址，故名
42	高丰村	车下洋村 胡家灰村	车下洋村和胡家灰村合并，东濒永丰河和高速出口（拟建）。故名
43	东星村	埠头村 双洋村	双洋村和埠头村合并，以东升小学谐音得名。寓意5个自然村像五颗星星一样紧紧围绕，寄托美好和希望
44	半山村	半山村 半岭堂村	半岭堂村并入半山村。以地处半山腰得名。民国《台州府志》卷四十一："半山岭在县西南七十七里。"村以岭名
45	双西村	西岩村 双坑村	双坑和西岩合并，取两村首字得名
46	富北村	大岙村 后岙村 张里村	大岙、后岙、张里3村合并，以地处富山乡北部得名
47	南征顶村	田岙村 富山新村（蓝田片、坑头片、英盟片）	富山新村蓝田片、坑头片、英盟片和田岙村合并，以村西南南正顶山峰得名
48	李家山村	李家山村 葡萄坑村 富山新村（东坑片）	葡萄坑和富山新村东坑片并入李家山村。早年李姓始居此山，故名
49	乌岩头村	五联村 蒋家岸村	五联村和蒋家岸村合并，以自然村乌岩头得名。村东北有块乌黑的巨石，据传先祖在此巨石上小憩，见四面环山，古木参天，暗合阴阳，乃风水宝地，就举家迁此，并命名为乌岩头
50	中下桧村	中桧村 下桧村	中桧和下桧两村合并得名。南宋《嘉定赤城志》："三桧山，在县西六十里。初至下桧，则两山夹一水。"
51	岭家湖村	横岭外村 浮裘（裘家岸片） 格湖村	横岭外、浮裘（裘家岸片）和格湖3个村合并，各取一字得名
52	白鹭湾村	白鹤岭下村 下蒋岙村	白鹤岭下村和下蒋岙村合并，因地处永宁溪回湾，依山傍水，白鹭纷飞，自然景色优美，故名

续表 3-20

	新标准名称	原标准名称	地名含义
53	大苔村	大地村 苔湖村	大地村和苔湖村合并，取两村首字得名
54	小街居	朝阳村 小街居	朝阳村并入小街居。清《宁溪大横街王氏房谱》："直街亦名桂街，长 192 丈，南宋淳熙年间建。中有圳，圳北的街面宽阔，俗呼大街，圳南街面狭窄，俗呼小街。"
55	南渠村	浮裘（浮山庄片） 春建村 石坦村	浮裘（浮山庄片）、春建、石坦 3 个村合并，以古南渠书院得名
56	下周居	下周居 圣岩岙村	圣岩岙村并入下周居。黄岩溪与南港溪在此汇合，形成高出水面的沙洲，地处下游，原称下洲，后演变为下周
57	快乐村	快乐村 水闸头村	水闸头村并入快乐村。以快乐高级社得名。寓意生活幸福快乐
58	蒋岙村	蒋岙村 英山村 下施村	英山和下施并入蒋岙村。古时蒋姓居此山岙，故名
59	金林村	金林村 木坑岙村	木坑岙村并入金林村。该地山林较多，以前社员经济主要靠山林收入，山林贵如金，故名
60	宁联村	王家店村 凉棚村 白晏村	王家店、凉棚和白晏 3 个村合并，取宁静祥和、团结联合之意得名
61	上郑村	上郑村 毛家村	毛家村并入上郑村。古时村中多郑姓居住，故名郑家，后与位于东偏北的下郑村对称而名为上郑
62	圣堂村	圣堂村 垟头庄村	垟头庄村并入圣堂村。以"圣堂殿"得名。明万历《黄岩县志》："梁天监乙丑立庙圣堂。"
63	蒋东岙村	蒋东岙村 岭后村	岭后村并入蒋东岙村。村在山岙中，因位于古时的大村郑家之东，且早年有蒋姓居住，故名
64	干坑村	干坑村 抱料村	抱料村并入干坑村。因溪坑（溪涧）边多长蒹草，故称蒹坑，后谐音作干坑
65	美丰村	石墩村 文新村 乌丝坑村	石墩、文新、乌丝坑 3 个村合并，以 1956 年同属美丰高级社得名。寓意丰收带来美好生活
66	仙石村	坑口村 黄坦村 栗树坑村	坑口、栗树坑和黄坦 3 个村合并，以仙石山得名。传说仙人王方平曾在此山修道炼丹成仙
67	金廊村	前礁村 引坑村 前山头村	前礁、前山头和引坑 3 个村合并，打造演太线金廊工程和宋韵文化园，村以此得名
68	上凤村	上凤村 下凤村	下凤村并入上凤村。古时以冯氏居此山上而得名上冯。后因此地有两座山，山形似两只凤，位置在上，故名
69	三联村	三联村、孔恩村 牛角丘村	孔恩、牛角丘并入三联村。以原高级社 3 个村联合得名

续表 3-20

	新标准名称	原标准名称	地名含义
70	兴安村	新湾村 后庵村 前山村	新湾、后庵和前山 3 个村合并，取其中两村各一字谐音得名。寓意兴旺民安
71	布袋山村	布袋坑村 石人峡村 里岙村	布袋坑、石人峡和里岙 3 个村合并，以布袋山得名
72	两岸村	梨坑村 石狮坦村	梨坑和石狮坦合并，两村隔溪相望，村中有著名景点“两岸三度”营地，村以此得名
73	大田村	田料村 大木坑村	大木坑村和田料村合并，取两村首字得名。大木坑：此地山坑两岸多大树故名；田料：人们在田头架起茅棚守田，当地称之为田寮，后写成田料
74	镇南新村	苧厂村 后窑村 青龙头村	苧厂、后窑、青龙头 3 个村合并，以地处镇南得名
75	山下街村	乌岩村 坎头村 利国村 联宏村	乌岩、坎头、利国、联宏 4 个村合并，以山下街得名。街长 200 米，20 世纪 60 年代后形成小集镇
76	长潭村	长潭村 毛坦村	长潭村和毛坦村合并仍名长潭村。以长潭水库得名
77	康山村	康山村 特产村	特产村并入康山村。该地地势高亢，原称亢山，1958 年曾出席全国卫生先进单位代表会议，故将亢改为康
78	联丰村	联丰村 麻车头村	麻车头村并入联丰村。以合作化时联丰高级社命名，寓意联合丰收
79	潮济村	潮济村 桥下村 岭下村	桥下、岭下并入潮济村。旧时永宁江潮水因流速和时间关系，只能涨到此地为止，故名
80	百林村	百亩垟村 林家桥村	百亩垟村和林家桥村合并，取两村首字得名。百亩垟：村前有近百亩平畴，故名；林家桥：因林氏所造石桥得名
81	上垟村	上垟村 莆田村 下堂山村	莆田村、下堂山村并入上垟村。民国《台州府志》卷四十一：“上垟岭，在县西南六十里。”村以岭名
82	岭脚村	岭脚村 大岩村	大岩村并入岭脚村。位于车岭脚下，故名
83	白沙园村	白沙园村 前思岙村	前思岙并入白沙园。村民在白色沙滩上开垦家园，故名
84	沈岙村	沈岙村 毛岙村 石库垟村	沈岙、毛岙、石库垟 3 个村合并得名。古称锦川或锦岙。明万历《黄岩县志》：“锦溪，在县西七十里，两岸多桃李，开花时望之如锦，故名。”后演化为沈岙
85	湖滨村	董岙村 潘山头村	董岙村和潘山头村合并，地处长潭湖畔，故名

续表 3-20

	新标准名称	原标准名称	地名含义
86	平田村	平田村 小田村	小田村并入平田村。在灯盏山下开垦出一片平坦的耕地，故名。明万历《黄岩县志》："平田山，在县西六十里，山极崇峭，至巅有地平衍，故名。蔡氏世居也。"
87	蒋家垟村	潘家垟村 庄前村	潘家垟村和庄前村合并，村民多蒋姓，故名
88	桐树坑村	桐树坑村 寮前村	寮前村并入桐树坑村。村东有溪涧，早年村边有一棵大桐树，故名
89	官龙村	官田村、里龙村	官田村和里龙村合并，两村各取一字得名
90	青龙岗村	箬岗村 东山村 牛游塘村	东山、箬岗、牛游塘 3 个村合并，以村北青龙岗得名
91	黄溪村	黄毛山村 东溪村	黄毛山村和东溪村合并，两村各取一字得名
92	茅畲洋村	上横村 下横村	上横村和下横村合并，恢复旧名。村处茅畲乡一较为开阔平坦的山谷中，多杨姓，故名茅畲杨，后谐音茅畲洋
93	山卡村	山卡村 鸟山村	鸟山村并入山卡村。清光绪《黄岩县志》卷二："山客岭，在县西南六十里，入乐清界。"村以岭名。后谐音山卡
94	浦洋村	浦洋村 白浦岙村	白浦岙村并入浦洋村。村处柏嘉山麓和大田山之间一片开阔平原上，一条源于柏嘉山的小溪在村前平缓地流入九溪，成为常年不干的圳浦。方言称平原为洋，浦，水边之意。村以此得名。另一说：据传西崖公孙女婿、兵部尚书赵大佑带兵过此，因人马众多，踏破田垟，故称破垟，后雅化写作浦洋
95	大礼村	大礼村 大礼岙村	大礼村和大礼岙村合并得名。因大澧溪东西穿村，故名大澧。今谐音大礼
96	新益村	下路村 魏家村	下路村和魏家村合并，周边有新界村和新盟村，取新字，且该村为头陀最东边，进黄城第一村，谐音益，故名
97	孙家汇村	孙东村 孙西村	孙东村和孙西村合并，以原片村名得名。地处永宁江回弯处，多孙姓聚居
98	新盟村	山头姜村 广兴岙村 上路村	山头姜、上路、广兴岙 3 个村合并，形成新的联盟，故名
99	浦汇村	浦口村 汇头村	浦口村和汇头村合并，取两村首字得名。浦口为元同溪注入永宁江之入口（今已改道）；汇头为永宁江故道一个袋形的回弯（俗称汇）之颈部
100	圣河村	新岙村 山前河村	新岙村和山前河村合并，两村各取一字，新岙原名圣岙，故名
101	镇西村	洪屿村 湖岙村 白湖塘村	洪屿、湖岙、白湖塘 3 个村合并，以地处镇政府驻地西得名
102	林龙新村	林公村、龙王坑村	林公村和龙王坑村合并组成新村，各取首字得名

续表 3-20

	新标准名称	原标准名称	地名含义
103	店头新村	南岙村 店头新村	南岙村和店头新村合并得名。以原店头桥村和飞跃村合并得名。古时此地有店铺数间，俗称店头，村以此得名
104	新下岙村	溪坦村 下岙村 崇法村	溪坦、下岙、崇法3个村合并称新下岙村。溪头古时按方位有上、中、下三岙
105	元同村	分水村 元同新村	分水村和元同新村合并，以村境东南元同溪得名
106	鸡笼山村	鸡山村 胡家桥村 盈岙村	鸡山、胡家桥、盈岙3个村合并，以村东北鸡笼山得名。南宋《嘉定赤城志》："鸡笼山，在县南二十五里。"
107	鉴湖村	岭下东 鉴洋村 山头陈村 梅北新村（梅山片）	鉴洋、山头陈、梅北新村（梅山片）、岭下东4村合并，以村南鉴洋湖得名。明万历《黄岩县志》："鉴湖，在五十六都鸡笼山下，修广二千亩许。"
108	九莲村	东鉴村 下山头村	东鉴村和下山头村合并，以村北九莲山得名
109	上下村	上春村、下村村	上春村和下村村合并，两村各取首字得名
110	山北尤村	田洋村 山下村 梅北新村（山北片）	田洋、山下、梅北新村（山北片）3个村合并，沿用1951年村名得名。南宋末山北尤氏自泽国安容迁居鉴洋湖马山北麓，故名山北尤
111	横林村	横林村 灯塔村 横林后岸村	灯塔、横林后岸并入横林村，以原片村横林得名。古为菱川，后称横菱，因该地河道曲折，形如菱角，故名，后演变为横林
112	见瑭村	占堂村 对岙村	占堂村和对岙村合并得名。寓意开门见美玉，象征两村有美好未来
113	阜峰村	东家峰村 潘家岙村	东家峰村和潘家岙村合并，以两村被群山环抱得名
114	秀水村	唐家桥村 河头村	唐家桥村和河头村合并，以穿村而过的秀水河得名
115	浦口村	浦口村 高洋村 浦口东村	高洋、浦口东并入浦口村。横菱浦与官路河的交叉口称浦口，村以此得名
116	沙门村	沙门金村 沙门於村	沙门金村和沙门於村合并得名。凤山和沙门山多泥沙，南北对峙形似门，故称沙门
117	前后郑村	前郑村 后郑村	前郑村和后郑桥村合并得名。南宋末年，福建莆田郑氏徙居邑城，后有郑氏子孙迁徙此地繁衍分为前郑、后郑
118	横泾村	横泾前岸村 王家岙村	横泾前岸村和王家岙村合并得名。太湖山水经太湖泾出院桥太湖闸到永宁乡主庙河段为横泾，村以此得名
119	蒋里村	雅里村 新上蒋村	新上蒋村和雅里村合并，两村各取一字得名

续表 3-20

	新标准名称	原标准名称	地名含义
120	新岙里村	岙里街村 西柱新村（西合片）	岙里街村和西柱新村（西合片）合并得名
121	西溪村	西溪村 西柱新村（旧柱片）	西柱新村（旧柱片）并入西溪村。金清港北源出太湖山之阴，曰西溪
122	永友村	永乐村 三友村	永乐村和三友村合并，两村各取一字得名。寓意永远友好和谐，共同发展
123	泾前村	泾南村 前王村	泾南村和前王村合并，两村各取首字，且西南中泾穿村而过，故名
124	前后宅村	前宅村 后宅村	前宅村和后宅村合并得名。据《临湖章氏宗谱》：五代时章氏从福建浦城迁临海班巷及黄岩临湖，为临湖章氏始祖。后临湖章氏按住宅位置分为前宅、后宅
125	上桥洋村	上桥村 升上垟村	上桥村和升上垟村合并得名。洋、垟谐音
126	友联村	下店村 岙林村	下店村和岙林村合并，沿用 1956 年高级社名得名。寓意友好合作，共谋发展
127	梁湖桥村	梁湖桥村 水家洋村 梁湖桥前村	水家洋、梁湖桥前并入梁湖桥村。在南中泾的下浦建桥，桥四周居住着下梁梁氏和胡氏，桥以此得名梁胡桥，村以桥名
128	桐村村	桐村村 洋岙村	洋岙并入桐村村。据《郑氏宗谱》记载，南宋绍兴年间（1131—1162），先祖从临安迁居黄邑上保，见此村桐树尤多，故称“桐村。”
129	店头村	店头街村 下店头村	店头街和下店头两村合并得名。宋置临湖铺，明立店头街。清光绪《黄岩县志》：“店头市在县南二十里，即临湖市之地。”
130	青瓷村	金余村 霅溪村 下溪村	金余、霅溪、下溪 3 个村合并，当地唐宋年间盛产青瓷，有全国文物保护单位唐宋年间青瓷窑址，故名
131	南溪村	沈家村 八村村 樟树下村	沈家、八村和樟树下 3 个村合并，以地处南岙溪两岸得名
132	唐山村	唐山王村 唐山陈村 寺前郑村	唐山王、唐山陈、寺前郑 3 个村合并，以山得名。民国《黄岩县志》：“北岙溪与南岙军营溪之间者为活佛岩，又东北为老唐山。”
133	北兴村	虎柜头村 歧田村	虎柜头村和歧田村合并，寓意沙埠镇北片兴旺发达，故名
134	繁三村	繁三村 斜云村	斜云村并入繁三村。沿用 1961 年生产大队名
135	吕白洋村	上寥村 吕白洋村	上寥村并入吕白洋村。据章育《植造太湖山保安林之建议》：吕白洋的溪面宽阔，溪身之高与地面相等，且有高出地，白石粼粼，近年每遇暴雨，村前村后都一片白洋洋，又多吕姓居住，故名

第四编　非行政区域

第一章　开发区

第一节 黄岩经济开发区

黄岩经济开发区 [Huángyán Jīngjì Kāifāqū] 位于黄岩城区东部。东邻椒江区，北傍永宁江，南沿82省道一级公路，占地面积9.02平方千米。1992年建立，1994年经省政府批准为省级经济开发区。2005年12月通过国家发展改革委清理整顿审核。开发区相继建成了东区综合投资区和食品园区一、二期，启动了江口轻化投资区、食品园区三期、西工业园区、新前城市新区建设、澄江石柜岙和高桥联丰螺屿区块。总面积39.73平方千米，征用土地2000公顷。共涉及6个乡镇街道，57个村。至2015年年底，入驻企业865家，其中规模以上企业199家，高新技术企业56家，上市企业3家。年产值达264.9亿元。形成了医药化工、机械模具、工艺美术、塑料制品、食品饮料、轻纺服装等六大支柱产业。建成“罐头食品园区”“医药化工园区”“塑料模具园区”等具有一定影响力的产业发展基地。

第二章　创业园区

第一节　中小微创业园

圣舟小微企业创业园 [Shèngzhōu Xiǎowēi Qǐyè Chuàngyèyuán] 位于北城街道，东至惠民路，西至用地界线，南至拱新大道，北至康强路。2017年正式命名。总用地面积28190平方米，由3幢小微企业厂房和2幢高层工业用房组成。总建筑面积30495.25平方米。

新顺中小企业创业园 [Xīnshùn Zhōngxiǎo Qǐyè Chuàngyèyuán] 位于江口街道新来桥村。东至东双路，南至用地界线，西至规划路，北至永达路。2017年正式命名。规划总用地面积5.0公顷，容积率2.7。建筑密度46%。建筑面积10.2万平方米。

第二节　博览城

模具博览城 [Mújù Bólǎnchéng] 华东地区最大的模具产业商贸平台。位于北城街道。东、北至用地边界线，南至104国道东复线，西至104国道。2016年正式命名。占地面积62125平方米，建筑面积105922平方米。共23幢楼组成，其中3幢为29.8米，6层建筑。20幢为13.5米3层建筑。模具企业设备、配件及原材料一站式采购中心。

第三章　农林区

第一节　林　场

黄岩大寺基林场 [Huángyán Dàsìjī Lín chǎng] 系括苍山余脉，位于黄岩西部，地处黄岩、永嘉、仙居交界，距黄岩城区96千米。大寺尖主峰海拔1252.5米，为黄岩最高峰。黄岩永宁江、永嘉楠溪江均发源于此。1958年经省政府批准成立大寺基林场，隶属于台州市黄岩区林业特产局管理。经营面积1667公顷，下设双场、老岗基、开田、大寺基4个林区（分场），为差额拨款事业单位，有职工48人。林场有森林活立木蓄积15万立方米，森林覆盖率达98%以上，是长潭水库水源涵养的主体部分。该地生产的龙乾春名茶，在农业部首届名茶评比中获优质奖。大寺基流传有一个民间传说：相传很久以前此地有一大寺院叫万福寺，寺内僧人千余，因一小和尚得罪了前面龙潭里的青龙，青龙大怒发洪水冲毁寺院，仅剩基址，后人就称为大寺基。

黄岩方山下林场 [Huángyán Fāngshānxià Lín chǎng] 场部位于东城街道方山脚下，主要林地分布在方山顶、秀岭水库周围，部分插花种植基地在路桥峰江，总面积385.5公顷。1928年中山纪念林。1942年3月12日成立黄岩县县有林管委会。1951年更改为黄岩县林牧场。1954年场部从台州农校迁到方山下。1958年称黄岩县牧场（农林牧副渔大发展）。1969年成立黄岩方山下林场革命领导小组。2013年12月改制为公益类林场。直属区农林局管理。

黄岩大寺基开田林区 [Huángyán Dàsìjī Kāitián Línqū] 位于大寺基林区和老岗基林区之间，东与上郑乡大溪坑村交界，南与大寺基林区交界，西与仙居苗辽林场交界，北与老岗基林区交界。是大寺基林场的一个分场（林区），在建场之前就有开田，故名。人口60人，面积426公顷，其中茶园面积20公顷。是大寺基林场的场部所在地。1958年大寺基林场批准建立后，开田作为林场的一个经营区（林区）一直沿用。

黄岩大寺基老岗基林区 [Huángyán Dàsìjī Lǎo gǎngjī Línqū] 位于双场和开田之间，东邻上郑乡大溪村，南邻老岗基林区，西界仙居苗辽林场，北至双场林区。因最早寺院基址得名。人口8人，经营面积342公顷，呈长方形。林场建立后林地全部人工营造了杉木和松木，其中杉木长势良好，有少量柳杉、光皮桦等，2003年后全部划定为国家级生态公益林。1958年7月建成一直沿用，是大寺基林场的4个经营区（林区）之一。

黄岩大寺基双场林区 [Huángyán Dàsìjī shuāng cháng Línqū] 双场林区是大寺基林场最远也是最北面的一个经营区，离上郑乡最近，距场部开田11公里。东邻上郑乡，南界老岗基林区，西临仙居，北接上郑乡。人口10人，经营面积382公顷，其中茶园面积2公顷，主要植物有松木、杉木、柳杉等，2003年后全部划定为国家级生态公益林。1958年7月林场建立。

牛游塘林区 [Niúyóutáng Línqū] 地形呈东西走向，沿方山顶山脊线包围盆状结构，东与路桥民主凉溪界，南与药山界，西与南城方山下村界，北邻东城小南门。位于方山顶，以一口塘引来耕牛饮水，故名。人口10人，面积146公顷。1942年3月并入黄岩县县有林管委会，1969年更名牛游塘。

秀岭林区 [Xìulǐng Línqū] 位于秀岭水库第一道山脊线以内，水位线以上，呈半包围结构，东与金山村界，南与岙口村界，西与秀岭脚村界，北与水花村界。因秀岭得名。人口10人，面积125公顷。

第二节　柑橘场

黄岩百丈柑橘场 [Huángyán Bǎizhàng Gānjú chǎng] 位于头陀镇中部，东至新前剑山村，南至广兴岙村，西至岙坑村，北至狮子岩，下辖钟家、里恩、外恩、晒衣堂、溪头苗圃、孙家汇、临古苗圃7个自然村。区域面积2.2平方千米。1959年成立黄岩柑橘畜牧综合场，1989年为黄岩市百丈柑橘场。传说有个王子出生在新前王岙，当夜王母娘娘要他爬到狮子岩，接受狮子口水洗礼，方可登基，然而王子爬到岭头仅100丈路，就没有信心，一头撞死在路旁，故名百丈。1949年后百丈为行政村，属原头陀新界乡，1959年7月经黄岩县人民政府报省批准建立黄岩百丈柑橘畜牧综合场，1989年为黄岩市百丈柑橘场，1995年为台州市黄岩百丈柑橘场。

黄岩百丈柑橘场孙家汇分场 [Huángyán Bǎi zhàng Gānjúchǎng Sūnjiāhuìfēnchǎng] 位于头陀镇东面，孙东村旁，以种柑橘为主。东至新介村，南至永宁江，西至孙东村，北至上路村。人口32人，面积0.08平方千米。原省柑橘所划归百丈的一个试验站，百丈柑橘场下属分场。

第三节　农场　苗圃

大众里程农场 [Dàzhòng Lǐchéng Nóngchǎng] 位于茅畲乡上横村，距黄岩城区20千米，占地面积21公顷，大众里程汽车公司承包，创建于2011年，以"体验农家生活，享受农耕文明，欣赏乡村文化，感受自然风情"为经营理念，建有百果园、百菜园、耕田区等11公顷，笋竹基地10公顷，还有新丘塘1口、荷塘曲径1000米。农场设有烧烤苑及垂钓划船、赏花观光、瓜果品尝等项目，是一家集餐饮、娱乐、烧烤、垂钓为一体的高效特色生态农业观光园。

头陀溪头苗圃 [Tóutuó Xītóu Miáopǔ] 位于头陀镇北面，百丈西面，以种植粮食为主。东至岙坑山，南至岙坑村，西至溪东村，北至林公村。人口145人，面积0.1平方千米。原称黄岩县柑橘苗圃场，1958年苗圃改为长潭水库北岸村移民居住点。

澄江临古苗圃 [Chéngjiāng Língǔ Miáopǔ] 位于澄江镇临古横屋村旁，黄石公路中间而过。东至后林村土地，南至横屋村，西至横屋村，北至永宁江。人口13人，面积0.02平方千米。原临古乡的苗圃场。后划入百丈，现为百丈的一个居民点。

第五编　交通运输设施

第一章 水陆交通设施

第一节 港 口

黄岩港区［Huángyán Gǎngqū］始建于1996年12月，1998年5月建成，为台州港六大港区之一（头门港区、大麦屿港区、海门港区、健跳港区、龙门港区、黄岩港区）。港区位于黄岩区东北部的永宁江闸与椒江三山之间的椒江南岸，港口岸线长约2千米。目前建有2000吨级兼靠3000吨级公用码头1座，2000吨级兼靠3000吨级散杂货业主码头2座，1000吨级液体化学品业主码头1座，500吨级散杂货业主码头1座。年设计吞吐能力180万吨，2015年港口货物吞吐量186万吨。港区规划再建5个2000吨级兼靠3000吨级公用码头泊位和1个万吨级船舶舾装码头，建成后预计增加港口货物吞吐能力200万吨。港区由散杂货作业区、船厂作业区、液体化学品作业区组成。黄岩港区总体规划实施完成后港口货物吞吐能力将达到400万吨，为当地社会经济发展提供有力的水上交通支撑。

受椒江大桥和码头前沿水深影响，港区规划以3000吨级以下船舶运输为主。主要是服务市区和港区后方的产业发展，承担生活和生产物资的船舶运输功能。港区内主要港口企业和临港型企业有台州上峰水泥有限公司、标力集团公司、正方物流、亚东物流、时进工贸、宏信船厂、吉祥船厂、燃料公司等。

第二节 公 路

沈海高速(G15)［Shěnhǎi Gāosù］沈海高速公路起于沈阳，终于海口，故名。1997年建成，黄岩区境内起点于黄土岭隧道南洞口至院桥南边塘岭隧道南洞口，途经北城街道、西城街道、院桥镇、高桥街道，全长21.011千米，宽15米，沥青路面。

京岚国道(G104)［Jīnglán Guódào］起点为北京，终点是福州，故名。1995年建成。黄岩区境内的起止点称为黄土岭——金寺堂。15.972千米，宽9～45米，混凝土、沥青路面，公路技术等级一级、二级，途经黄岩区北城、西城、东城、南城街道。

椒黄省道(S325)［Jiāohuáng Shěngdào］起点椒江，终点黄岩，故名。1998年建成，2001年公路普查后衔接原来的82省道更名为325省道。东起新前街道前洋王，西止潮济岭下。沥青、水泥混凝土路面，公路技术等级一级，全长29.056千米，宽18～24.5米。途经黄岩区江口街道、东城街道、西城街道、新前街道、头陀镇及北洋镇。

上椒线［Shàngjiāo Xiàn］起点江口街道上辇，终点是椒江农场，故名。1999年建成，全长3.004千米，宽7米，沥青混凝土路面，公路技术等级二级公路，黄岩段途经江口街道。

科芦线［Kēlú Xiàn］南起科技罐头厂，北止江口街道芦村港，故名。1999年建成，全长1.568千米，宽10～28米，水泥混凝土路面，公路技术等级二级、四级，途经江口街道。

十路线［Shílù Xiàn］起点南城街道十里铺，终点路桥，故名。1995年建成，全长14.037千米，宽6～15米，沥青、水泥混凝土路面，公路技术等级二级、四级，途经南城街道、院桥镇。

十沙线［Shíshā Xiàn］起点南城街道十里铺，终点沙埠镇，故名。1995年建成，全长9.32千米，宽6～9米，沥青、水泥混凝土路面，公路技术等级四级。途经南城街道、高桥街道、沙埠镇。

黄前线［Huángqián Xiàn］起点黄岩城区，终点上垟乡前思岙，故名。1994年建成。沥青、水泥混凝土路面，公路技术等级一级、二级、三级、四级。全长47.179千米，宽6～21米，途经西城街道、澄江街道、北洋镇、平田乡、上垟乡。

百王线［Bǎiwáng Xiàn］起点北洋镇百亩洋，终点宁溪镇王家店，故名。1998年建成。沥青、水泥混凝土路面，公路技术等级三级、四级。全长38.213千米，宽6～7米，途经北洋镇、茅畲乡、平田乡、上垟乡、宁溪镇。

飞百线［Fēibǎi Xiàn］西起头陀镇飞跃（羊角坦），东至百丈柑橘场，故名。1999年建成，全长4.169千米，宽3.5～6米，水泥混凝土路面，四级公路，头陀镇境内公路。

长决线［Chángjué Xiàn］起点北城街道长塘，终点富山乡决要，故名。1994年建成，全长55.922千米，宽6～23.5米，沥青、水泥混凝土路面，公路技术等级一级、二级、三级、四级，途经北城街道、新前街道、头陀镇、北洋镇、屿头乡、宁溪镇、富山乡。

潮长线［Cháocháng Xiàn］起点是北洋镇潮济，终点是长潭，故名。1999年建成。全长3.636千米，宽6～9米，水泥混凝土路面，公路技术等级四级，北洋镇境内公路。

宁大线［Níngdà Xiàn］南起宁溪镇，北至大寺基，故名。1999年建成。全长16.78千米，宽6～7米，沥青、水泥混凝土路面，公路技术等级三级、四级。途经宁溪镇、上郑乡。

小后线 [Xiǎohòu Xiàn] 起点小坑埠头（今长潭水库），终点上垟乡后呈村，故名。1999年建成。全长1.097千米，宽6米，砂石路，公路技术等级四级，上垟乡境内公路。

马杜线 [Mǎdù Xiàn] 起点北城街道马鞍山，终点临海市沿江镇杜岐，故名。2005年建成。全长4.728千米，宽7米。水泥混凝土路面，公路技术等级四级。途经北城街道。

临划线 [Línhuá Xiàn] 起点临古（今澄江街道后林），终点头陀镇划岩山，故名。1996年建成，2008年由县道临尤线3.8千米与乡道临划线K4+297至K8+590段4.3千米合并组成。全长8.092千米，宽6～9米，沥青、水泥混凝土路面，公路技术等级二级、四级，途经澄江街道、头陀镇。

岙横线 [Àohéng Xiàn] 起点西城街道岙岸，终点是院桥镇横林，故名。1997年建成，全长10.835千米，宽6米，水泥混凝土路面，公路技术等级四级。途经西城街道、高桥街道、院桥镇。

院路线 [Yuànlù Xiàn] 起点院桥镇，终点路桥，故名。2006年建成。全长5.484千米，宽24.5～32.5米，沥青混凝土路面，公路技术等级一级。途经院桥镇与路桥。

横院线 [Héngyuàn Xiàn] 起点为院桥镇横林村，终点是院桥镇，故名。1999年建成。全长0.695千米，宽6米，水泥混凝土路面，公路技术等级四级。院桥镇境内公路。

长南线 [Chángnán Xiàn] 起点北城街道长塘，终点黄岩南门大转盘（已改造），故名。1993年建成。全长5.575千米，宽13～14米。沥青、水泥混凝土路面，公路技术等级二级。途经北城、西城、东城街道。

北院线 [Běiyuàn Xiàn] 起点北城街道长塘，终点院桥，故名。2006年建成，沥青混凝土路面，公路技术等级一级、二级。全长6.575千米，宽23.5～36.5米，途经北城街道、新前街道、澄江街道、院桥镇。

马白线 [Mǎbái Xiàn] 起点富山乡马鞍山，终点白岩下，故名。2005年建成。2008年由乡道升为县道。全长10.31千米，宽6米，沥青混凝土路面，公路技术等级四级。位于富山乡境内。

店尤线 [Diànyóu Xiàn] 起点头陀镇店头，终点尤溪（分水岗），故名。2005年建成。全长9.17千米，宽6米，水泥混凝土路面，公路技术等级四级。途经头陀镇。

西高线 [Xīgāo Xiàn] 起点西城街道，终点高桥街道，故名。1999年建成。全长5.071千米，宽6～12米。水泥混凝土路面，公路技术等级四级。途经西城街道、高桥街道。

院岙线 [Yuàn'ào Xiàn] 起点院桥镇，终点岙里坑，故名。1994年建成。全长18.061千米，宽6～24.5米，沥青、水泥混凝土路面，公路技术等级一级、四级。途经院桥镇、沙埠镇。

平佛线 [Píngfó Xiàn] 起点茅畲乡乌山村平坑，终点沙埠镇佛岭，故名。2005年建成，全长6.153千米，宽6米，沥青混凝土路面，公路技术等级四级。途经茅畲乡、沙埠镇。2008年由村道升为县道。

高广线 [Gāoguǎng Xiàn] 起点高桥街道，终点院桥镇广化寺，故名。1998年建成，全长8.33千米，宽6～15米，沥青、水泥混凝土路面，公路技术等级二级、四级。途经高桥街道、院桥镇。

马上线 [Mǎshàng Xiàn] 起点临海市马头山，终点江口街道上辇，故名（黄岩区境内的起止点名称为亭山—上辇，马头山—亭山为临海市路段）。1988年部分通车，2000年全部通车。全长3.452千米，宽9～12米，沥青、水泥混凝土路面，公路技术等级二级、三级。途经江口街道。

方大线 [Fāngdà Xiàn] 起点方山，终点上郑乡大寺基，故名（黄岩区境内的起止点名称为木回岗头—大寺基，方山—木回岗头为仙居县路段）。1971年建成，全长6.874千米，宽6米，水泥混凝土路面，公路技术等级四级。途经上郑乡。

天牛线 [Tiānniú Xiàn] 起点平田乡天灯垟，终点牛路坪，故名。2005年建成，全长6.686千米，宽6米，水泥混凝土路面，公路技术等级四级，平田乡境内公路。2008年由乡道升为县道。

屿洋线 [Yǔyáng Xiàn] 起点屿头乡，终点洋坑，故名。1993年建成。全长16.587千米，宽4～6米，水泥混凝土路面，公路技术等级四级。屿头乡境内公路。2008年由乡道升为县道。

长下线 [Chángxià Xiàn] 起点北城街道长塘，终点下洋顾，故名。1999年建成，全长8.315千米，宽6～7米，水泥混凝土路面，公路技术等级三级、四级。北城街道境内公路。

庄桐线 [Zhuāngtóng Xiàn] 起点平田乡庄前村，终点桐树坑，故名。1999年建成，全长3.111千米，宽6米，水泥混凝土路面，公路技术等级四级。平田乡境内公路。2008年由村道升为乡道。

黄江线 [Huángjiāng Xiàn] 起点黄岩，终点江口，故名。1999年建成。全长4.799千米，宽9米，沥青、水泥混凝土路面，公路技术等级二级。途经东城街道、江口街道。

白埭线 [Báidài Xiàn] 起点江口街道白石王，终点埭头，故名。1999年建成，全长6.456千米，宽5.5～6米，水泥混凝土路面，公路技术等级四级。江口街道境内公路。

联瑞线 [Liánruì Xiàn] 起点北洋镇联丰村，终点瑞岩，故名。1999年建成。全长3.823千米，宽4.5米，水泥混凝土路面，公路技术等级四级。北洋镇境内公路。2008年由村道升为乡道。

木前线 [Mùqián Xiàn] 起点宁溪镇木坑岙村，终点前东坑，故名。1999年建成，全长9.971千米，宽3.5米，水泥混凝土路面，公路技术等级四级。宁溪镇境内公路。2008年由村道升为乡道。

院西线 [Yuànxī Xiàn] 东起院桥镇，西至西溪，故名。1999年建成，全长6.046千米，宽6米，水泥混凝土路面，公路技术等级四级。院桥镇境内公路。

浮乌线 [Fúwū Xiàn] 起点为宁溪镇浮山庄，终点为乌岩头，故名。1999年建成，全长3.593千米，宽6～8米，混凝土路面，公路技术等级四级。宁溪镇境内公路。2008年由村道升为乡道。

沙岐线 [Shāqí Xiàn] 起点沙埠镇，终点岐田村，故名。1999年建成，全长5.402千米，宽5～6米，水泥混凝土路面，公路技术等级四级。沙埠镇境内公路。

半岭线 [Bànlǐng Xiàn] 起点西城街道半洋洪村，终点岭下殿，故名。1999年建成。全长3.217千米，宽6米。水泥混凝土路面，公路技术等级四级，西城街道境内公路。

温白线 [Wēnbái Xiàn] 起点北洋镇砂地村温潭，终点宁溪镇白岳殿，故名。1999年建成，全长1.605千米，宽4.2米，水泥混凝土路面，公路技术等级四级，北洋镇境内公路。

毛日线 [Máorì Xiàn] 起点上垟乡毛岙，终点上垟乡日溪，故名。1999年建成。全长22.635千米，宽3.5米，水泥混凝土路面，公路技术等级四级，上洋乡境内公路。2008年由村道升级为乡道。

城新线 [Chéngxīn Xiàn] 起点黄岩城区，终点新前，故名。1999年建成，全长3.25千米，宽7米，混凝土路面，公路技术等级三级。途经西城街道、新前街道。

北潮线 [Běicháo Xiàn] 起点北洋镇，终点潮济，故名。1999年建成，全长4.124千米，宽4.5～6米，水泥混凝土路面，公路技术等级四级。北洋镇境内公路。2008年村道升级为乡道。

水秀线 [Shuǐxiù Xiàn] 起点院桥镇水花村，终点秀岭，故名。1999年建成，全长3.586千米，宽5米。水泥混凝土路面，公路技术等级四级。院桥镇境内公路。2008年由村道升为乡道。

横山线 [Héngshān Xiàn] 起点院桥镇横泾前岸，终点是山坑岭，故名。1999年建成，全长8.77千米，宽3.5～6米。混凝土路面，公路技术等级四级。院桥区境内公路。

风白线 [Fēngbái Xiàn] 起点屿头乡白石村风厂，终点白石村，故名。1999年建成，全长5.4千米，宽4.5米，水泥混凝土路面，公路技术等级四级。屿头乡境内公路。2008年由村道升级为乡道。

垟里线 [Yánglǐ Xiàn] 起点屿头乡垟坑村，终点里岙村，故名。1999年建成，全长4.397千米，宽3.5米，水泥混凝土路面，公路技术等级四级。屿头乡境内公路。2008年由村道升为乡道。

上半线 [Shàngbàn Xiàn] 起点上坑，终点半岭，故名。1999年建成，全长2.196千米，宽5米，水泥混凝土路面，公路技术等级四级。北城街道境内公路。

北平线 [Běipíng Xiàn] 起点北洋镇，终点平田乡，故名。1999年建成，全长16.772千米，宽6米，水泥混凝土路面，公路技术等级四级。途经北洋镇、平田乡。

半西线 [Bànxī Xiàn] 起点富山乡半山岭头，终点是西岩，故名。1999年建成，全长4.931千米，宽3.5～5米，水泥混凝土路面，公路技术等级四级。富山乡境内公路。2008年由村道升为乡道。

田坑线 [Tiánkēng Xiàn] 起点富山乡田岙村，终点坑头村，故名。1999年建成，全长5.638千米，宽3.5米，水泥混凝土路面，公路技术等级四级。富山乡境内公路。2008年由村道升为乡道。

三后线 [Sānhòu Xiàn] 起点在屿头乡三联村，终点是后庵村，故名。全长11.225千米，宽3.5米，水泥混凝土路面，公路技术等级四级。屿头乡境内公路。2008年由村道升为乡道。

岭横线 [Lǐnghéng Xiàn] 起点上郑乡岭后村，终点蒋东岙村横圳，故名。1999年建成，全长0.547千米，宽5米，水泥混凝土路面，公路技术等级四级、等外。上郑乡境内公路。

湖开线 [Húkāi Xiàn] 起点上郑湖口，终点开田（大寺基林场），故名。1999年建成，全长3.899千米，宽3.5米，水泥混凝土路面，公路技术等级四级。上郑乡境内公路。

第三节 长途汽车站

台州客运西站 [Tāizhōu Kèyùnxīzhàn] 二级乙等汽车客运站。位于黄岩西城街道京福（G104）国道复线西侧。2002年5月建成投入使用。占地面积5.7公顷，其中建筑面积8900平方米，客运大楼8000平方米，停车场1.6万平方米。日发班次536班（其中省际班次58班，发往广州、北京、天津、上海等全国16个省市，省内96班，地区内短途142班，区内249班）。日输送旅客1万多人次。同时，台州客运西站停靠有台州环线902路、218路、212路等公交车和出租车，交通十分便利。

黄岩客运中心 [Huángyán Kèyùn Zhōngxīn] 位于黄岩区北城街道，在铁路台州站北面，2018年7月22日正式投入使用。按国家一级客运站标准建设，建筑总面积9万平方米，日均旅客发送量2.2万人次，是目前台州市区唯一一个集铁路、公路、轨道、公交、出租车和社会车辆运输于一体的综合客运枢纽站。有开往市内三门、温岭、玉环等方向；省内杭州、宁波、金华等方向；省外安徽、云南、贵州、四川、广州等方向的130余条客运班线。客运中心从下往上共分3个楼层，地下一层是出租车换乘区。地上一层设有下客区和大客车停车场，东南侧为公交换乘区，公交线路辐射黄岩、椒江、路桥三区。二层有1000余平方米的配套商务区和3000平方米的候车厅。火车站和客运中心之间设置了地下和空中两个连接通道。

第二章　铁路运输

第一节　铁　路

甬台温铁路 [Yǒngtāiwēn Tiělù] 甬台温铁路北起宁波市，途经台州市，南至温州市，故名。全线长268千米，是一条以客运为主的国家一级双线电气化铁路，设计时速为200千米/小时。出宁波，经奉化、宁海、三门、临海、黄岩、路桥、温岭、乐清至温州。黄岩段全长11.5千米，途经北城、东城、南城街道及院桥镇等11个行政村，北城王林设台州中心客站。2005年10月动工，2009年9月28日正式开通运营。

第二节　火车站

台州站 [Tāizhōu Zhàn] 铁路客运一等站。系甬台温铁路位于台州市的中心站点。位于黄岩区北城街道王林村。隶属上海铁路局宁波车务段管辖。铁路干线：甬台温铁路。2005年奠基。2009年9月建成通车。距黄岩区政府约5千米，离台州市中心约15千米。站房主体2层，两侧顶部3层。设正线2条，客车到发线5条。已设基本站台1座，中间站台2座，远期预留基本站台1座。站房总建筑面积2.1万平方米。无柱站台雨棚建筑面积约4.3万平方米。建筑主体高度为33.1米。总长度216米，总宽度46米。承担着为台州全市及宁波南片、温州北片少数县市的服务功能。站前广场开阔，设施齐全，高铁新区正在建设中。火车站北面连接黄岩客运中心，通公交205路、206路、137路、903路、912路、916路等10余条线路。

第三章　城镇交通设施

第一节　主要道路街巷

青年东路 [Qīngnián Dōnglù] 在东城街道。东起环城东路九峰路口，西至与劳动路交界处。1958年建成命名。1966年易名红卫兵路，1981年复名。1985年拓宽改造。因城关青年突击队填河扩路，建成第一条贯通全城的东西大路，故名。城区交通主干道、老商业街。长0.8千米，宽26米。沿线与天长路、劳动路相交。两侧高层商务建筑与多层商住楼交替分布。西段文化用品商店较集中。自东至西有书香园、城区社区卫生服务中心、区招待所、工商银行、百货总公司等。附近有区文物保护点民国陆军上将林蔚故居。通202路等5条公交线路。

昔北侧称道义巷，又名景贤坊，以南宋林鼐与弟林鼒居此故名。南侧傍五支河，从东禅桥头干河坐小木船可至城内各街巷。20世纪后期，城关镇人民政府曾设路北侧。

青年西路 [Qīngnián Xīlù] 在西城街道。东起与劳动路交界处黄岩大厦，与青年东路直线相接，西至西江大桥。1958年建成命名。1966年易名红卫兵路，1981年复名。1985年拓宽改造。位于青年东路以西路段，故名。城区交通主干道。长0.9千米，宽26米。沿线与直下街、环城西路相交。为主城区商业繁华地段。两侧高层商务建筑与多层商住楼交替分布。沿路有省级文物保护单位孔园及黄岩大厦、第一菜市场、区中医院、邮政大楼、自来水公司等。通202路等5条公交线路。

劳动南路 [Láodòng Nánlù] 在东城街道与西城街道分界线上。南起南官河，北至青年路。与劳动北路直线相接，纵贯全城。1956年始建，1958年建成命名。1985年拓宽延伸至南官河。2008年延伸至十高路。城区交通主干道。长0.9千米，宽25米。沿线与横街、环城南路、引泉路、二环南路相交。北段为老商业街，两侧多层商住楼和高层商务建筑交替分布，南段多21世纪开发高层商住楼和行政办公楼。沿路有孔庙、文化馆、财政局、地税局等。通203路等16条公交线路。

劳动北路 [Láodòng Běilù] 在东城街道、西城街道分界线上。南起青年路，北至环城北路。沿线与县前街、草巷、东禅巷相交。1956年始建，1958年建成命名。以东西走向青年路为界，位于青年路以北，故名。城区交通主干道。长0.5千米，宽28米。两侧植法国梧桐树，有北门广场、区政府大楼、沈宝山药店、黄岩大厦等20世纪中后期和21世纪初建筑。通203路等16条公交线路。北南向单行线。

中华人民共和国成立前，此路以中间的大井头为界，北段从拱辰门至大井头称仓头街，南段从大井头到桥亭头称大街。大街西边前门商铺，后门为五支河的中支河，埠头可装卸货物。清末民初，大街两边有沈宝山药店、王德泰布店、朱正成绸布店、柯东升洋货店、牟万丰烟草店等。仓头街东侧有江灵殿，大井头西北边有城隍庙等。清末民初，五支河淤塞。

天长南路 [Tiāncháng Nánlù] 在东城街道。南起环城南路，北至青年东路与天长北路直线相接，纵贯全城。长0.7千米，宽22.4米。沿线与仁风路、横街、司厅巷相交。1958年开工填街前河道，1962年建成。明名天长街。万历《黄岩县志》卷一："天长市，在应秀门。" 1966年改解放路。1981年更今名。因长度为当时全城街道之冠故名。城区交通主干道。两旁多植法国梧桐树。路两侧多层商住楼、高层商务建筑和传统民居交替分布。沿路有建设大楼、电力大楼、桔都大酒店等。通203等7路公交线路。昔城区主商业街，有民居入选1986年中国邮政民居邮票（今已拆）。

附：

王咏霓（1839—1916），字子裳，号六潭，黄岩兆桥（今属椒江区）人，清光绪六年（1880）进士，后定居天长街。官为刑部主事，著有《函雅堂全集》24卷。

王舟瑶（1858—1925），清光绪举人，宣统元年聘为礼部顾问官。著有《中国学术史》《读经札记》《默庵集》，编纂《台州府志》《台诗外录》等。

天长北路 [Tiāncháng Běilù] 在东城街道。南起青年东路，北至环城北路建设大楼。长0.6千米，宽22.4米。沿线与东禅巷、梅梨巷、县前街、小东门路相交。1966年改名解放路，1981年恢复原名。因地处天长路北段，故名。城区主商业街。路两侧多层商住楼、高层商务建筑和传统民居交替分布。沿路有建设大楼、电力大楼、第二菜市场、福民商场等。通203路等7条公交线路。

环城东路 [Huánchéng Dōnglù] 在东城街道。南起环城南路东口，北至环城北路东口。因环绕城区东部，故名。1981年建成并命名。长2.3千米，宽36米。双向4车道。老104国道。混凝土路面，道路等级3级。沿线与青年东路、小东门路、九峰路、横街、方山路相交。对外交通主干道。两侧多层商住楼和高层商务楼交替分布。有中国银行、阳光大酒店、运管所、锦江之星、格林大酒店。通205路等5条公交线路。

环城南路 [Huánchéng Nánlù] 在东城街道、西城街道。东起环城东路南口，西至环城西路南口。1981年建成命名。长0.9米，宽22米。混凝土路面，道路等级3级。沿线与劳动南路、永宁街、天长南路相交。原为旧城墙基，改建成公路，因环绕城区南部，故名。对外交通主干道。两侧多层商住楼和住宅小区交替分布。区公安消防大队、区疾病预防控制中心、小商品市场、副食品市场等均在路两侧。通207路等6条公交线路。

环城西路 [Huánchéng Xīlù] 在西城街道。南起环城南路西口（西江二桥），北至世纪大道（西江闸）。长1.2千米，宽22米。沥青路面，道路等级3级。沿线与县前街、青年西路、横街、天元路相交。1981年建成命名。此路系原黄岩老城基，因环绕城区西部，故名。对外交通主干道。北段傍西江河，西有省级文物保护单位五洞桥。青年路以南路段两侧多层住宅楼和商住楼交替分布。北段东侧多高层商住楼，西临西江及五洞桥公园。沿路有区中医院、春江苑、西街小区等。通237路等2条公交线路。

环城北路 [Huánchéng Běilù] 在东城街道、西城街道。东起环城东路北端，西至劳动北路。长0.8千米，宽50米，双向6车道。混凝土路面。道路等级3级。沿线与劳动北路、天长北路相交。1981年命名，1990年冬开始拓宽，次年完成。该路原系黄岩旧城墙基，因环绕城区北部，故名。对外交通主干道。北傍永宁公园和永宁江。南侧多层商住楼和高层商务楼交替分布。沿路有电力大楼、广播电视大楼、建设大楼。是椒黄（S325）省道部分路段。

横街东路 [Héngjiē Dōnglù] 在东城街道。东起二环东路，西至环城东路，长0.7千米，宽26米。混凝土路面。沿线与桔乡大道、曙光巷相交。1996年建成。2001年命名。因属于横街东延伸段，故名。两侧高层商住楼和多层商住楼交替分布。沿路有中国银行、华府天地小区等。东口为九峰公园西大门。有202路等6条公交线路经过。

二环东路 [Èrhuán DōngLù] 在东城街道。南起二环南路东端，北至永宁江。长3.9千米，宽40米，双向4车道。混凝土路面。沿线与方山路、横街东路、九峰路、东官河路、黄椒路相交。1995年建成命名。随着城区框架扩大，在原环城路外围新建了第二条环线公路，因位居东，故名。东临九峰公园。沿路有地税局、黄岩国际大酒店、果品市场等。为对外交通主干道。为京福（G104）国道部分路段。

二环南路 [Èrhuán Nánlù] 在主城区南部。东起印山路，西至二环西路。长3.0千米，宽50米，双向6车道。沥青路面。沿线与劳动南路、洞天路、金带路相交。1995年建成命名。因城区框架扩大，在原环城路外又建第二条环线公路，因位居南，故名。两侧多21世纪新开发高层商住楼。沿路有博物馆、大润发超市、永宁公馆等。为对外交通主干道。为京福国道（G104）部分路段。

二环西路 [Èrhuán Xīlù] 在西城街道。南与二环南路相接，北至永宁江。长2.3千米，宽50米，双向6车道。沥青路面。沿线与天元路、黄长路、世纪大道相交。1995年建成命名。是老环线外新建的第二条环绕公路，因位居西，故名。两侧多层商住楼和高层商务楼交替分布。沿路有台州客运西站、华润万家超市、台州市黄岩海洋学校等。横跨永宁江。为对外交通主干道。为京福国道（G104）部分路段。

二环北路 [Èrhuán Běilù] 在北城街道、东城街道。东接二环东路，西接二环西路。沥青路面。长3.9千米，宽50米，双向6车道。沿线与拱新大道、清献街、大桥路、联岛路相交。2009年建成命名。因位于环城北路北面的第二条环线，故名。北临翠屏山。东段物流、农村住宅散布。西段多高层商住楼和机械模具企业。沿路有区公安行政大楼、廉租公寓楼等。东西两端均为永宁江。为对外交通主干道。为京福国道（G104）部分路段。

小东门路 [Xiǎodōngmén Lù] 在东城街道。东起柔桥路与东官河路交界处，西至天长北路。长0.6千米，宽12米。沿线与环城北路、食品街相交。1967年称大庆路，1981年复名。因地处老城区小东门，故名。两侧多层商住楼和高层商务建筑交替分布。沿路有区市场监督管理局、交通大厦等。西段原为五举巷（古有赵氏五子登科得名），由五尺石板路拓宽而成。

外东浦路 [Wàidōngpǔ Lù] 在东城街道。北起黄椒路西端转角，南至环城北路。长0.3千米，宽约4米。因地处外东浦，又有外东浦闸，故名。1961年称跃进路。1980年拓宽成公路。1981年5月命名外东浦路。

东浦路 [Dōngpǔ Lù] 在东城街道。西起环城北路与环城东路交界，东至桔乡大道北口。长1.0千米，宽50米。沿线与柔桥路、嘉木路相交。20世纪90年代拓宽。1999年正式命名。因地处东浦得名。两侧以多层商住楼建筑为主。东浦中学位于该路段。为椒黄省道（S325）部分路段。通205路、213路等多条公交线路。

东官河路 [Dōngguānhé Lù] 在东城街道。东起二环东路，西至食品街北端的新亚大酒店。长0.9千米，宽24～26米。沿线与桔乡大道、柔桥路相交。因东官河得名。南临东官河，北侧多层商住楼为主。沿路有教师公寓、海棠新村、桔乡新村等住宅小区。通232路公交线路。

九峰路 [Jiǔfēng Lù] 在东城街道。东起九峰公园，西至环城东路，与青年东路相接。长1.1千米，宽26米。沿线与二环东路、桔乡大道、食品街相交。1981年建成并命名。以通往九峰公园而名。两侧多层商住楼和高层商务楼、高层住宅楼交替分布。北临九峰河。沿路有台州市黄岩区实验小学、台州市黄岩区体育馆、华府天地小区、黄岩国际大酒店等。通201路、207路等公交线路。

羊头塘里 [Yángtóutánglǐ] 在东城街道。东起东官河，西至普庆巷。长0.2千米，宽3.8米。沿线与东城基巷（东城老城墙基）相交。1966年改名东风路40弄，1981年恢复原名。因一水塘形似羊头，故名。两侧以多层住宅小区为主。

方山路 [Fāngshān Lù] 在东城街道。东起方山脚下，西至环城东路南口。长0.6千米，宽13米。1981年建成正式命名。因通往方山西麓而名。两侧20世纪80年代二、三层建筑为主。机械、塑料等小厂较多。北侧有区经信局。

印山路 [Yìnshān Lù] 在东城街道。北起方山路西口，南至十里铺。长3.1千米，宽36米。混凝土路面。沿线与引泉路、梅花井路、二环南路相交。1985年命名。明万历《黄岩县志》：“印山，在县南一里，又名钟屿。”路因印山得名。路两侧多塑模等企业。沿路有副食品市场、交警直属二大队、直属粮库等。是京福国道（G104）部分路段。通218路等多条公交线路。

东城路 [Dōngchéng Lù] 在东城街道。南起环城南路，北至横街路。长0.4千米，宽5米。1985年命名。此路原系东城墙基，故名。东临东官河。

柔桥路 [Róuqiáo Lù] 在东城街道。南起小东门路，北至东浦路。长0.2千米，宽5米。沿线与柔桥中巷、柔桥前巷相交。1985年正式命名。因地处柔桥村境内，故名。两侧多层住宅建筑为主。南口有高层商务酒店。

王西路 [Wángxī Lù] 在东城街道。南起黄椒路，北至王西村。长1.3千米，宽10米。沿线与嘉木路相交。混凝土路面。1985年命名。以通往王西村得名。两侧村民住宅和小厂房交替分布。路西有台州科技职业学院。通公交专线。

食品街 [Shípǐn Jiē] 在东城街道。南起九峰路，北接小东门柔桥路。长0.3千米，宽22米。沿线与康复路相交。1993年建成。1995年命名。因该路两侧原有一二十家罐头食品厂，故名。黄岩体育馆位于路南段，俗称体育场路。两侧以多层商住楼为主。不通公交。

月泉路 [Yuèquán Lù] 在东城街道海棠新村。西南起东官河路向东北折北，北至朱砂街。长0.6千米，宽12米。1994年建成，1996年正式命名。沿线与海棠街相交。因松岩山石峰洞里的月泉得名。两侧多20世纪末6层平顶住宅建筑。路面餐饮等小店铺众多。不通公交。

海棠街 [Hǎitáng Jiē] 在东城街道。东起二环东路，西至桔乡大道。长0.5千米，宽12米。1994年建成，1996年正式命名。沿线与月泉路相交。位于海棠新村，故名。两侧多6层平顶住宅建筑。沿街多服装、餐饮等店铺。不通公交。

秀水街 [Xiùshuǐ Jiē] 在东城街道海棠新村。东起二环东路，西至月泉路北部。长0.3米，宽12米。1994年建成，1996年正式命名。根据地名规划东片街巷名称突出水系列特点，取秀岭水库“秀水”两字命名。两侧多6层平顶住宅楼，沿街多小商铺。

坦下里 [Tǎnxià Lǐ] 在东城街道。东起小东门新村，向南折西至环城东路。长0.3千米，宽2米。1975年建成，1985年命名。此处原系杂草丛生的荒坦，有古墓和柏树等，俗称坦下，路以此得名。20世纪70年代后逐渐形成居民区。多层住宅建筑为主。

黄椒路 [Huángjiāo Lù] 在东城街道。南起东浦路西口，向北折东至嘉木路，长0.8千米，宽14米。1977年建成，1987年正式命名。系黄（岩）椒（江）原省道的一段，故名。

东城基巷 [Dōngchéngjī Xiàng] 在东城街道。南起山亭街，北至老环城东路。长0.5千米，宽4米。沥青路面。沿线与羊头塘里相交。1993年命名。系东门老城基地段，故名。东傍东官河和山亭新村。

双桂路 [Shuāngguì Lù] 在东城街道。东起书香园，西至天长南路。长0.2千米，宽8米。沿线与百花宫巷相交。1963年重建，1967年改称火炬路，1981年复名。明代有陈氏兄弟双双中举，并建坊与桥，故名。（坊、桥均于1962年冬拆除）两侧多层住宅为主。路北侧王士骏故居为区级文物保护单位。清代名人朱劼成与卢洛平均居此巷。

曾铣路 [Zēngxiǎn Lù] 在东城街道。东起天长北路，西至劳动北路。长0.3千米，宽14米。1999年建成，2001年正式命名。沿线与尚司路相交。以原曾铣巷而名。《清同治年间县城坊巷图》标有曾铣巷。旧城改造后，原巷改建北门广场，为纪念历史名人曾铣，将庆善寺塔北边的街道命名曾铣路。两侧多高层，商住楼交替分布。沿路多商铺。滨江小学位于南侧。

附：

曾铣，生于苍头街曾家巷，明代兵部侍郎，总督陕西三边军务，冤案平反昭雪后，追赠兵部尚书。

康复路 [Kāngfù Lù] 在东城街道。东起二环东路，西至食品街。长0.8千米，宽14米。沿线与桔乡大道相交。1995年建成，1997年正式命名。原永宁制药厂位于此，路名寓意该厂产品使病人早日康复。路两侧以多层住宅楼为主。沿路有区委党校、实验小学、九峰高级中学等。

嘉木路 [Jiāmù Lù] 在东城街道。南起黄椒（S325）省道，北至王西台州科技职业学院。长2.9千米，宽40米。沿线与王西路相交。2004年正式命名。系桔乡大道延伸段。因《桔颂》有“厚皇嘉树”之说得名。2016年春，小商品夜市由食品街迁此。南路段两侧有塑料模具等企业，北路段有高层住宅楼和台州科技职业学院。通台科院公交专线。

尚司路 [Shàngsī Lù] 在东城街道。南起县前街，北至环城北路。长0.3千米，宽14米。沿线与管驿巷、曾铣路相交。1999年建成，2001年正式命名。以原尚司巷得名。相传古时某尚宝司设此。两侧多层住宅楼和高层商住楼交替分布。沿路有总商会大厦、总工会、庆善寺塔等。

城外洲路 [Chéngwàizhōu Lù] 在东城街道。南起印山路，北至环城南路。长0.9千米，宽2.3米。地处小南门（应秀门）外，因住户多周姓故称“城外周”。今谐音城外洲。跨南官河。多20世纪80年代5层平顶住宅建筑。

桔乡大道 [Júxiāng Dàdào] 在东城街道。南起横街东路，北至椒黄省道（S325）。长2.3千米，宽36米。混凝土路面。1992年建成，1995年正式命名。沿线与朱砂街、海棠街、东官河路、九峰路相交。突出黄岩为全国著名橘乡这一地方特色而名。曾用名电大路，因电视大学位于此而得名。中跨东官河。人行道两旁植玉兰树。两侧多层商住楼和行政办公楼交替分布。沿路有台州市黄岩区人民法院、台州市黄岩区人民检察院、台州市黄岩区国税局、台州市黄岩区委党校等。学区集中，有台州市黄岩区实验小学、台州市黄岩区实验中学、台州市黄岩区东城街道中心小学、台州市黄岩区慈光幼稚园等。通台科院专线等8条公交线路。

梅花井路 [Méihuājǐng Lù] 在东城街道。东起梅花井，西至印山路。长0.5千米，宽4米。以古梅花井得名。相传福建郑氏避乱迁居黄岩开凿梅花井。两侧多模具等小企业。永宁制药股份有限公司位于路东端。宋明时期方山西麓到十里铺，路两旁多栽梅树，素有“十里梅林”之称。

山亭街 [Shāntíng Jiē] 在东城街道。东起东官河，西至桂枝街。长0.4千米，宽4～7米。沿线与东城基巷、普庆巷相交。历史古街，1966年称东风路，1981年复名。相传北宋时有左氏在此垒石筑假山，山腰筑亭，建山亭馆，招收子弟讲学于此，称山亭书院，街以此得名。两侧多民国及中华人民共和国成立初期多层住宅。

附：

池志强，山亭街人，池建功后裔，1997年当选为中国工程院院士。

周士法，号矩庵，山亭街人，清定海镇总兵。

桂枝街 [Guìzhī Jiē] 在东城街道。南起青年东路，向北折西至天长北路。长0.2千米，宽7米。混凝土路面。沿线与山亭街相交。千年古街，宋始名。1967年改东风路。1981年复名。南宋嘉定《赤城志》："丛桂坊，在县东四十步。旧名桂枝，以左珌兄弟中第，故名。"两侧多二、三层传统民居建筑。傍桂枝街，昔有临街内河，西起东禅桥，沿山亭街，出东门，流入东官河，后淤塞，填河成路。

檀香街 [Tánxiāng Jiē] 在东城街道。南北弧形走向，南、北均接桔乡大道。长0.3千米，宽6米。沿线与柔桥前巷、柔桥中巷、柔桥后巷相交。1999年建成，2001年正式命名。此路为半圆形，因位于檀香新村得名。两侧以多层商住建筑为主。东有柔桥菜市场等。

文盛街 [Wénshèng Jiē] 在东城街道。东起二环东路，西至桔乡大道。长0.5千米，宽12米。1999年建成，2001年正式命名。体现文化教育繁荣昌盛，故名。两侧以20世纪末多层商住建筑为主。沿街有东城街道中心小学、区实验中学。文具店、点心店众多。

朱砂街 [Zhūshā Jiē] 在东城街道。东起站西大道，西至桔乡大道。长1.5千米，宽21米。混凝土路面。沿线与绿汀路、二环东路、月泉路相交。1993年建成，1995年正式命名。因"朱砂堆"景区得名。两侧多20世纪末多层商住建筑，餐饮店众多。沿街有中国银行、电信分局、第一职业技术学校。通201路、207路等公交线路。

柏树巷 [Bǎishù Xiàng] 在东城街道。东起老环城东路，西至天长北路。长0.3千米，宽3.2米。混凝土路面。1967年更名为解放北路90弄，1981年恢复原名。两侧多层住宅建筑为主。古称新罗坊。明万历《黄岩县志》："新罗坊，在县东一里。五代时新罗国人居之故名，今呼柏树巷。"五代时期吴越国开拓海上贸易，黄岩是对新罗国（韩国）通商的主要出口基地之一。巷内有省级文物保护单位清代徐昌积宅。

果建巷 [Guǒjiàn Xiàng] 在东城街道。东起老环城东路，西至天长北路。长0.3米，宽3.7米。与普庆巷相交。混凝土路面。1967年改称解放北路72弄，1981年5月复名果建巷。因原黄岩果酒厂在此巷东首故名。两侧以多层住宅建筑为主。

前巷 [Qián Xiàng] 在东城街道。东起青年东路，往南折西至天长南路。长0.4千米，宽3米。混凝土路面。1872年前建成。1967年称解放南路153弄，1981年5月复名称前巷。因地处小校场之前，故称前巷。古为丁氏聚居之地，又称丁家巷。两侧多层住宅建筑为主。巷东有书香园、城区社区卫生服务中心等。

百花宫巷 [Bǎihuāgōng Xiàng] 在东城街道。南起横街，北至双桂路。长0.2千米，宽3米。混凝土路面。1981年5月正式命名。因巷内有百花宫得名。20世纪90年代曾建有百花影院，后改为海阔天空浴场。两侧有卢洛平故宅和东城街道办事处等。

管驿巷 [Guǎnyì Xiàng] 在东城街道。东起天长北路，西至尚司路。长0.3千米，宽4米。1967年改称爱国路，1981年复名。1997年旧城改造后仍称管驿巷。明万历《黄岩县志》记："仁风坊，在县北八十步，俗呼馆驿巷。"南宋孝宗乾道三年（1167）设仁风驿，明太祖洪武年间改名丹崖驿。两侧多、高层商住楼交替分布。明嘉靖十七年（1538）进士符验居此巷，符验为官清廉，人称"符青菜"。

草巷 [Cǎo Xiàng] 在东城街道。东起天长北路，西至劳动北路。长0.3千米，宽约3米。沿线与横巷相交。古巷名。1967年更名先锋路，1981年复名。古称梯云坊。明万历《黄岩县志》："梯云坊，在县东三十二步，以杨似云、叶应辅中第故名。"杨似云善草书，叶应辅善行书，改称巷名为草行巷，后简称草巷。两侧多传统民居建筑。著名老字号"沈宝山药店"位于巷西口。东头北侧原有清代商贾王德泰的大宅院，旧城改造时拆毁。

横巷 [Héng Xiàng] 在东城街道。南起东禅巷，北至草巷。长0.1千米，宽2.5米。连接东禅巷和草巷之间的小巷，故名横巷。又似扁担挑货物，亦称扁担巷。两侧多清末民初传统民居建筑。有民国同亨当铺等。

东禅巷 [Dōngchán Xiàng] 在东城街道。东起天长北路，西至劳动北路。长0.3千米，宽4米。沿线与横巷相交。古街巷。1967年改称东风路，1981年5月恢复原名。古称丛桂坊。南宋嘉定《赤城志》记，该地唐咸通二年（861）建有东禅护国院，巷以寺院得名。两侧多二层清末民初时期民居建筑，底店上宅。昔有著名商铺同亨当铺、赵宝凤银楼、解萃兴酒酱坊、张记白油行等。见于志书的名人有项亨明、管钦宪、管为国、孙起蛟、王松渠等。王彦威少年时也在东禅巷度过。

司厅巷 [Sītīng Xiàng] 在东城街道。东起天长南路，西至劳动南路。长0.3千米，宽3.2米。古街巷。1967年更名先进路，1981年5月复名。古称里仁坊，明万历《黄岩县志》："里仁坊，在县南一百步，俗呼四厅巷。"据司厅陈氏宗谱：宋陈氏十四始祖孝廉藏庵公在里仁坊建花、月、书、礼四厅，巷因此得名四厅巷。后谐音司厅巷。两侧多清末民国初传统民居建筑。中部有黄岩影城。清末民初时，许多名人选司厅巷建房定居，如王岳仙（王德泰）、朱谦、牟育等，古建筑迄今尚完整。

寺后巷［Sìhòu Xiàng］在东城街道。东起天长南路，西至劳动南路。长0.3千米，宽3.7米。混凝土路面。古巷名。1967年改称火炬路，1981年5月恢复原名。古称延庆坊，宋时改孝行坊。明万历《黄岩县志》："孝行坊，在县南一百二十步，旧名延庆，以孝子郭琮居此改名。"因该地有明因寺，巷在寺后，清时更为今名。两侧多清末民初传统民居建筑和20世纪中后期建筑交替分布。昔王德泰当店位此。

前殿后巷［Qiándiàn Hòuxiàng］在东城街道。南起横街，北至寺后巷。长0.2千米，宽3.6米。1967年称反帝路42弄，1981年5月更今名。因地处前殿（邑祖庙）之后，故名。俗呼前殿后。多传统民居建筑。启智学校（原解放路小学、天长小学）位于此巷中部。

斗鸡巷［Dòujī Xiàng］在东城街道。东起天长南路，西至花园巷。长0.1千米，宽2.8米。古巷名。1967年称解放南路72弄，1981年5月恢复今名。一名金鸡巷，传说古时有蜈蚣长如扁担，经常伤害民众，于是镌雕石鸡镇之，故名。巷南以传统民居为主，巷北以多层住宅小区为主。

花园巷［Huāyuán Xiàng］在东城街道。南起仁风路，北至砚池巷东头。长0.5千米，宽3.5米。古街巷之一。1967年改称灭资路1弄，1981年复名。相传明代巷中有某尚书女婿叶氏的花园，巷以此得名。清末民初时期建筑和20世纪初多层建筑交替分布。有区福利院、晚清名人王彦威故居等。

曙光巷［Shǔguāng Xiàng］在东城街道。南起横街东路，北至九峰路。长0.5千米，宽8米。20世纪70年代填沟成路。1985年正式命名。以巷南原为曙光化工厂基址，故名。东侧有高层住宅华府天地小区。西侧高层商务楼和多层住宅楼交替分布。

大梅梨巷［Dàméilí Xiàng］在东城街道。东起普庆巷，西至天长北路。长0.2千米，宽3.8米。古巷名。1967年改名解放北路40弄。1981年复原名。巷名出典有两说，此巷原称梅篱巷，明代张夔隐居于此，居处竹篱茅舍，故名。另有一说，此地古时种植梅、梨较多，故名。多清末民国初传统民居建筑。

小梅梨巷［Xiǎoméilí Xiàng］在东城街道。东起普庆巷，西至天长北路。长0.2千米，宽约3.5米。古巷名。1967年改名解放北路40弄，1981年恢复原名。巷名出典同大梅梨巷。平行于大梅梨巷北边。多20世纪初建筑。民国时刘百闵居于此巷。

普庆巷［Pǔqìng Xiàng］在东城街道。南起山亭街，北至果建巷。长0.3千米，宽3.2米。沿线与小梅梨巷、羊头塘里、大梅梨巷相交。因巷附近有普门堂和福庆堂，两堂各取一字得名普庆巷，寓普天同庆之意。多20世纪早、中期住宅建筑。

里东浦［Lǐdōng Pǔ］在东城街道。东起环城东路，西至天长北路（电力大楼）。长0.3千米，宽4米。老地名。1967年易名爱国路，1981年5月恢复原名。因该地段刚好在东浦以南城内，故名。多层商住楼和高层商务楼交替分布。有电力大厦、区广播电视台等。

柔桥前巷［Róuqiáo Qiánxiàng］在东城街道。东起檀香街，西至柔桥路。长0.5千米，宽8米。地处柔桥南部（南为前），故名。20世纪中后期居民多为自建4层立地住宅建筑。东临柔桥菜市场。和柔桥中巷、柔桥后巷平行。

柔桥中巷［Róuqiáo Zhōngxiàng］在东城街道。东起檀香街，西至柔桥路。长0.7千米，宽16米。地处原柔桥村中部，故名。20世纪中后期居民多为自建4层立地建筑。东临柔桥菜市场。

柔桥后巷［Róuqiáo Hòuxiàng］在东城街道。东起檀香街，西至柔桥路。长0.4千米，宽9米。地处原柔桥村北部（北为后），故名。晚清方志经史学家王棻居此巷。东临柔桥菜市场。

施平桥里［Shīpíngqiáo Lǐ］在东城街道。东起东城路，西至天长南路。此地五支河上有施平桥，路在桥内侧，故名。1967年更名解放南路66弄，1981年5月恢复原名。长0.3千米，宽3米。房子多为20世纪70年代前建筑。

火药桥里［Huǒyàoqiáo Lǐ］在东城街道。东起东城路，西至天长南路。长0.2千米，宽2.7米。相传清时设有火药局，桥以局名，地以桥名。1966年更名解放南路32弄，1981年恢复原名。20世纪中期多为住宅建筑。

横街［Héng Jiē］在东城街道、西城街道。东起环城东路，西至西江。长1.4千米，宽26～34米。混凝土路面。沿线与天长南路、劳动南路、环城西路相交。1994年拓宽延伸，1996年竣工。拓宽延伸时将东西两端南浮桥里和三板桥巷并入。横贯全城。旧名奎文坊，明万历《黄岩县志》卷一："以明因寺华严阁赐御书故名，俗呼横街。"古坊早圮。后以街横列，故称横街。1966年称反帝路，1981年恢复原名。城区中心商业街之一，商铺大多为20世纪末建筑。沿街有东城街道办事处、台一医、人民银行、人武部等。清黄岩镇总兵沈添华和一门三院士的柯氏曾居此。有909、201等10路公交经过，部分路段单向通行。

附：

柯夏卿（1610—1681），号玉砚，横街人。明崇祯十年（1637）进士。

柯俊（1917—2017　），横街人。1995年当选为中国科学院院士。

柯伟，柯俊弟，横街人。1997年当选为中国工程院院士。

仁风路 [Rénfēng Lù] 在东城街道、西城街道。东起天长南路，西至永宁街。长0.3千米，宽6米。沿线与花园巷相交。西段旧称石板路，相传该路铺建石板最早得名，又称“仁风乡”。东段古称避饥巷。1981年5月命名仁风路。两侧多层住宅建筑为主。有台州市黄岩区军队离退休干部休养所、台州市黄岩区社会福利院等。

引泉路 [Yǐnquán Lù] 在东城街道、西城街道。东起印山路，西至金带路。长1.9千米，宽26米。沿线与劳动南路、洞天路相交。2004年建成，2007年正式命名。引水工程管道经过此地，引来泉水，故名。东跨南官河，西跨西江。两侧多21世纪新开发商高层商住和行政建筑。有环保局、国土资源局和自力电影院等。通207路、237路等公交线路。

砚池巷 [Yànchí Xiàng] 在东城街道、西城街道。东起花园巷，西至永宁街。长0.3千米，宽3.5米。混凝土路面。沿线与劳动南路相交。清同治以来称砚池巷，1967年更名灭资路，1981年复名。原称包塘岸。清光绪年间林丙修兄弟建新宅于此，修浚水池，并建筑石栏，因池塘形状似砚，世称砚池。昔方山双塔倒映池中，为黄城一大景观。东段多民居，西段一层开店，二层住人。

附：

郑企因（1894—1988），女，砚池巷人，1917年毕业于日本东京女子医学专门学校，台州医院妇产科创始人，晚年献出黄岩旧居，设“企因幼儿园”。

世纪大道 [Shìjì Dàdào] 在城区北部。东起劳动北路，西至北院大道。沿线与环城西路、金带路、二环西路相交。长4.6千米，宽50米，双向6车道。沥青路面。1998年开工。2003年拓宽延伸。2004年建成。原为椒黄省道过城段。1981年命名为环城北路。2004年更为今名。因改建于21世纪初得名。东段北侧滨永宁江，江岸有公园和景观带，南侧为高层行政和住宅建筑。中段两侧多为多层商住楼，有大型超市和旅游宾馆。西段两侧多工业企业。为城区通往西郊的快速通道。沿路有区行政大楼、耀达酒店等。通218路等7条公交线路。

县前街 [Xiànqián Jiē] 在西城街道。东起天长北路，西至塔院头路，长0.6千米，宽28米。沿线与劳动北路、直下街、尚司路相交。古街巷。1967年称人民东路，1981年复名。20世纪90年代建区政府新大楼时进行拓宽。因此街地处县政府前面，故名。古名庆丰坊。明万历《黄岩县志》：“庆丰坊，在县东一十八步，旧名岩瞻，俗呼县前巷。”两侧多20世纪末高层商住建筑。北侧有区政府大楼、北门广场、滨江小学、区总工会和区文物保护单位庆善寺塔。南侧有信访局、县前小区和国美电器等。通201路等公交线路。昔此街分东西两段，西段称司前街，东为城隍庙前。

直下街 [Zhíxià Jiē] 在西城街道。南起横街，北至县前街。长0.5千米，宽3.4米。沿线与郑家巷、青年西路、学前巷相交。1967年更名红旗路，1981年复名。古称迎仙坊。明万历《黄岩县志》：“通仙坊，在县南八步，以向委羽山故名，后改迎仙。”此街处于县署向南直下，故名直下街。两侧多2层老建筑，底店上宅。文印店集中。有区老年大学。昔街北端称玄帝庙前。

永宁街 [Yǒngníng Jiē] 在西城街道。南起环城南路，北至横街。长0.4千米，宽6米。沿线与竹场前巷、仁风路相交。古街名。1967年更名兴无路，1981年复名。因黄岩唐代曾称永宁县，街处县治正南，故名永宁街。又称大南门直街（原金带河北岸，即古城墙迎熏门，俗称大南门）。沿街以2层砖木结构民居、商铺为主，底店上宅。部分清至民国传统民居建筑，有清咸丰中黄标千总刘云飞宅等。为改革开放以来较早形成的个体服装、首饰经营特色街。

西街 [Xī Jiē] 在西城街道。东起塔院头路，西至环城西路。长0.4千米，宽28米。沿线与柴桑巷相交。古街名，地处县府西边而名。明万历《黄岩县志》：“翔光坊，在县西四十步，旧名拱秀，以定光观有赤光改名，俗呼西街。”1967年更名为人民西路，1981年复名。20世纪90年代旧城改造，老街改建西街小区，街名仍沿用。两侧为高层商住楼。有西街小区、交通银行、泰隆商业银行等。通201路等公交线路。

塔院头路 [Tǎyuàntóu Lù] 在西城街道。南起青年西路，北至世纪大道。长0.4千米，宽6米。沿线与西街、县前街相交。1963年建成，1966年称反修路，1981年5月复名。相传南宋年间，此处建有“西塔院”及塔，路以此得名。两侧多高层住宅楼和行政大楼。有区行政大楼、大环家园、县前小区和西街小区等。昔路南段为县城内河，解放后淤塞，1963年前后填河成路，称坝头桥和三清桥，路北称脚殿下。

桥上街 [Qiáoshàng Jiē] 在西城街道。东起五洞桥，西折南通卷洞桥路。长0.2千米，宽3.2米。1967年改称人民西路，1981年复原名。地处五洞桥之西（西为上），故名。两侧多清末民国以来传统民居建筑。东侧的五洞桥为浙江省重点文物保护单位，延寿宫均为区级文物保护单位。

桥上街是黄岩的西大门，古称“西桥”，酒肆菜馆林立，商贸繁荣。古代许多豪门大族选这一带定居。宋皇室赵氏家族，有5人为朱熹门人，南宋时期，赵氏一族中进士达28人。一代名儒应恕和被崇祯皇帝赐额“清介第一”的吴执御亦居西桥。西桥蔡氏、西桥王氏等均名人辈出。北侧的葛家弄，明代有葛希澄、葛应蛟等多位名人。

卷洞桥路 [Juǎndòngqiáo Lù] 在西城街道。东起卷洞桥，西至二环西路。长0.5千米，宽4.5米。沿线与桥上街相交。1958年为黄岩至长潭公路通车而拓宽，1981年5月正式命名。以卷洞桥得名。两侧多20世纪立地住宅建筑。南傍西官河。

后巷 [Hòu Xiàng] 在西城街道。东起塔院头路，西至环城西路。长0.4千米，宽2.8米。1967年改名反修路54弄，1981年5月复原名。宋代有“定光观”（今废），巷在该道观之后，故名。两侧多高层住宅小区。

附：

何赞（1485—1544），后巷人，明嘉靖十一年（1532）进士，官为监察御史。

黄孔昭，明天顺四年（1460）进士。孙黄绾，南京礼部右侍郎。明代著名哲学家。

陈芳允（1916—2000），后巷人，中科院院士，1999年获“两弹一星功勋奖章”。“北斗”卫星导航创始人之一。

中巷 [Zhōng Xiàng] 在西城街道。东起塔院头路，西至环城西路。长0.4千米，宽2.8米。清以来就称中巷，1967年称反修路50弄，1981年恢复原名。地处西街与后巷中间，故名。两侧均为20世纪末旧城改造后高层住宅建筑。台州市黄岩区机关幼儿园、西街社区位于此。

柴桑巷 [Cháisāng Xiàng] 在西城街道。南起青年西路，北至西街。长0.2千米，宽3.4米。古街巷之一。1967年改名四新路，1981年5月恢复原名。明代四川巴东知县蔡思挂冠归隐居此，羡慕陶渊明居所名柴桑，将自己居处称柴桑巷。东侧多高层住宅小区，西侧有中医院等。

孟家巷 [Mèngjiā Xiàng] 在西城街道。东起塔院头路，西至柴桑巷。长0.2千米，宽3.2米。古街巷。1967年改为反修路，1981年5月复名。以孟氏族居之地得名。20世纪末旧城改造建高层住宅小区。巷名沿用。

郏家巷 [Jiájiā Xiàng] 在西城街道，东起劳动北路，西至直下街。长0.1千米，宽3.3米。1967年称东风路，1981年5月复名郏家巷。古称岩魁坊。明万历《黄岩县志》：“岩魁坊，在县东四十步，旧名阜民，以王侍郎居安所居故名，俗呼郏家巷。”该巷于20世纪90年代旧城改造时拆毁，改建商务广场和高层商住楼，巷名沿用。

附：

王居安，原籍方岩（今温岭市），定居郏家巷，南宋淳熙十四年（1187）进士，终官龙图阁直学士，卒赠少保。著有《方岩集》。

学前巷 [Xuéqián Xiàng] 在西城街道。东起劳动南路，西至肇泽池巷东首。长0.3千米，宽3米。沿线与直下街相交。因地处旧学宫之前（南）俗称学前巷。1967年改称勤俭路，1981年5月与坦前巷一起更为今名。两侧立地住宅和多层住宅交替分布。附近有锦江小学和省级重点文物保护单位孔庙。

肇泽池巷 [Zhàozéchí Xiàng] 在西城街道。东起第一菜市场南，向南折西至环城西路。长0.3千米，宽3.7米。1967年更名勤俭路，1981年5月复名肇泽池巷。原为皇室赵氏家族所有，并在宅前凿池，故名赵宅池。元代后，赵氏衰落，为西桥蔡氏宅院。房屋几易其主。清代为江若干所有，改称肇泽池。今江若干宅为区级文物保护单位。

教善巷 [Jiàoshàn Xiàng] 在西城街道。东起锦江小学，西至环城西路。长0.5千米，宽3.7米。1967年称红旗路25弄，1981年5月复原名。古称教善坊。明万历《黄岩县志》：“教善坊，在县南一百二十步，俗呼妙智寺前。”后改坊为巷。两侧以多层住宅为主。附近有第一菜市场。

竹场前巷 [Zhúchǎngqián Xiàng] 在西城街道。东起永宁街，西至环城西路。长0.2千米，宽7米。《清同治光绪年间县城坊巷图》标有此名。1967年更名为灭资路，1981年复名竹场前巷。古为竹木交易场所，故名。两侧以多层住宅为主。

永宁南街 [Yǒngníng Nánjiē] 在西城街道。北起环城南路，南至来薰桥。长0.4千米，宽6米。1966年改名兴无路，1981年恢复原名。因位于永宁街南段得名。西侧为小商品市场。东侧以多层住宅建筑为主。

桥头里 [Qiáotóu Lǐ] 在西城街道。东起永宁街，西至环城西路。长0.3千米，宽2米。1966年更名兴无路，1981年复名。因该处有座桥，路在桥之西（里面）故名。多20世纪中期多层住宅建筑。

汤家里 [Tāngjiā Lǐ] 在西城街道。东起永宁街，西至环城西路。长0.2千米，宽3米。1966年更名兴无路，1981年后称汤家里。晚清时期，此地为汤氏族居之地，故名。多20世纪中后期多层住宅建筑。

五马巷 [Wǔmǎ Xiàng] 在西城街道。东起青年西路菜市场，西至环城西路，长0.3千米，宽3.3米。1996年12月，复名五马巷。清代，此巷位于城守营前边，军营有五间马厩设此，故名。古时巷东为梅花巷，五支河穿五马巷西流入西江，环境秀美。

唐元路 [Tángyuán Lù] 位于西城街道，以唐高宗上元二年（675）设永宁县而得名，体现黄岩历史悠久。1999年建，2001年正式命名。东西走向，东起兴东路，西至二环西路，混凝土路面，一般道路，长0.4千米，宽20米。有延伸段西至高速公路，称唐元西路。

天元路 [Tiānyuán Lù] 位于西城街道，1999年建成，2001年正式命名。路名含义取自唐武则天天授元年（690），改永宁县为黄岩县而名，象征黄岩历史悠久。东起环城南路与环城西路交叉处，西止高速公路，沥青路面，一般道路，长1千米，宽40米。

金带路 [Jīndài Lù] 位于西城街道，北至永宁公园西首。南至九澄大道，建于2007年，首期长2.3千米，宽26米。明代开凿金带河，路因河名。

洞天路 [Dòngtiān Lù] 位于西城街道，以道家胜地委羽山第二洞天而名。2004年正式命名，2007年建成。南起乌岩街，北至环城南路，混凝土路面，一般道路，长1.9千米，宽20米。

迎薰路 [Yíngxūn Lù] 位于西城街道，以黄岩古城“迎薰门”而名。2004年正式命名，2007年建成。南起委羽街，北至西江拐弯至洞天路，混凝土路面，一般道路，长1千米，宽14米。

复元路 [Fùyuán Lù] 位于西城街道，复元取自明洪武二年，黄岩州复为县。体现黄岩悠久历史与特色，故名。2003年建成，东起兴东路，西接高速公路，长1.4千米，宽26米。

贡桔街 [Gòngjú Jiē] 位于西城街道，路名含义黄岩蜜橘曾是皇室贡品而名。建于2004年，东起大桥路，西至桔源街，长0.4千米，宽26米。

黄长路 [Huángcháng Lù] 位于西城街道，东起西江大桥西端，西至工业园区澄江区块。1987年3月正式命名。2016年整修延伸。此路系黄（岩）长（潭）公路一段，取黄岩、长潭首字得名。西接黄（岩）前（思岙）线。混凝土路面。长6.3千米，宽22.4米。

祺祥街 [Qíxiáng Jiē] 位于东城街道、西城街道，2004年正式命名，寓意吉祥。混凝土路面，一般道路，东起寒竹路，西接桔源街，长3.1千米，宽26米。

桔源街 [Júyuán Jiē] 位于西城街道、东城街道，2004年正式命名。因黄岩是“中国蜜橘之乡”，故名。混凝土路面，一般道路，东起二环北路，西接永宁二桥，长4.8千米，宽40米。

清献街 [Qīngxiàn Jiē] 位于北城街道、西城街道，2004年正式命名。纪念南宋右丞相杜范（谥号清献），故名。东起二环北路，西接二环北路，长1.4千米，宽36米。

九龙街 [Jiǔlóng Jiē] 位于后洋新村中部，东起二环北路，西至高速公路，建于2008年，长3.7千米，宽40米。地名含义以沙埠青瓷窑有“九龙透天”的传说而名。

大桥路 [Dàqiáo Lù] 在北城街道。南起黄岩大桥，北至104国道复线口。长1.7千米，宽30米。沿线与桔源街、祺祥街、如意街、清献街相交。1981年命名。因黄岩大桥得名。两侧有农贸市场、浙江标力建设集团、模具博览城等。原省柑橘研究所和黄岩冷冻食品厂在该路两旁，21世纪初拆迁，现改建新商业住宅楼。京福（G104）国道部分路段。

第二节　市政桥梁

青年路桥 [Qīngniánlù Qiáo] 位于东城街道青年路东面（老黄中桥头），故名。1989年3月1日建成。横跨东官河。上部空心板，下部桩柱式桥台，钻孔灌注桩结构，设计荷载标准为15吨，长16.5米，宽22.6米，高3米，最大跨度11米。

横街桥 [Héngjiē Qiáo] 位于东城街道横街路口，故名。1995年1月28日建成。横跨东官河。长14.7米、宽28.6米。

桔乡大道一号桥 [Júxiāngdàdào 1 Hào Qiáo] 位于东城街道桔乡大道和九峰路交叉口处。因为桔乡大道由南而北的第一座桥得名。1992年10月27日建成。横跨九峰河。上部空心板，下部桩柱式桥台，钻孔灌注桩结构，设计荷载标准为15吨，长8米，宽46.3米，最大跨度6.5米。

桔乡大道二号桥 [Júxiāngdàdào 2 Hào Qiáo] 位于东城街道桔乡大道和东官河路交叉口处。因桔乡大道由南而北的第二座桥得名。1993年8月1日建成。横跨东官河。上部空心板，下部桩柱式桥台，钻孔灌注桩结构，设计荷载标准为15吨，长15.1米，宽36.1米，最大跨度14.7米。

东官河路桥 [Dōngguānhélù Qiáo] 位于东城街道东官河路口，故名。1995年7月1日建成。横跨东官河支流。上部空心板，下部桩柱式桥台，钻孔灌注桩结构，设计荷载标准为15吨，长11.4米，宽26.6米，最大跨度11米。

八街坊一号桥 [Bājiēfāng 1 Hào Qiáo] 位于东城街道八街坊。自南而北的第一座桥，故名。1995年建成。横跨东官河支流。上部空心板，下部桩柱式桥台，钻孔灌注桩结构，设计荷载标准为15吨，长11.86米，宽9.5米，高2.5米，最大跨度11米。

八街坊二号桥 [Bājiēfāng 2 Hào Qiáo] 位于东城街道海棠街。八街坊自南而北的第二座桥，故名。1995年7月21日建成。横跨东官河支流。上部空心板，下部桩柱式桥台，钻孔灌注桩结构，设计荷载标准为15吨，长11.86米，宽12.5米，高2.5米，最大跨度11米。

八街坊三号桥 [Bājiēfāng 3 Hào Qiáo] 位于东城街道秀水街。八街坊自南而北的第三座桥，故名。1995年建成。横跨东官河支流。上部空心板，下部桩柱式桥台，钻孔灌注桩结构，设计荷载标准为15吨，长11.86米，宽9.5米，高2.5米，最大跨度11米。

朱砂街桥 [Zhūshājiē Qiáo] 位于东城街道朱砂街口，故名。1995年1月建成。横跨东官河。上部空心板，下部桩柱式桥台，钻孔灌注桩，长11.86米，宽32.6米。

食品街桥 [Shípǐnjiē Qiáo] 位于东城街道食品街，故名。2003年6月2日建成。横跨东官河。上部空心板，下部桩柱式桥台，钻孔灌注桩结构，设计荷载标准为20吨，长22.7米，宽22.5米，最大跨度15.5米。

食品街二号桥 [Shípǐnjiē 2 Hào Qiáo] 位于东城街道食品街自北而南的第二座桥，故名。1990年建成。横跨九峰河，上部空心板，下部桩柱式桥台，钻孔灌注桩结构，设计荷载标准为20吨，长10米，宽13.2米，高2米，最大跨度6米。

环城东路桥 [Huánchéngdōnglù Qiáo] 在东城街道环城东路（原黄岩浴室边），故名。1961年建成，1992年重建。横跨东官河。上部空心板，下部桩柱式桥台，钻孔灌注桩结构，设计荷载标准为15吨，长19.1米，宽49米，高2.5米，最大跨度18.6米。

引泉路桥 [Yǐnquánlù Qiáo] 位于东城街道引泉路，故名。2008年7月1日建成。横跨南官河，上部空心板，下部桩柱式桥台，钻孔灌注桩结构，设计荷载标准为15吨，长24.4米，宽26.5米，高2.5米，最大跨度9米。

洞天路桥 [Dòngtiānlù Qiáo] 位于西城街道洞天路，故名。2009年建成。横跨南官河。上部空心板，下部桩柱式桥台，钻孔灌注桩结构，设计荷载标准为20吨，长40米，宽22.8米，高2.5米，最大跨度12米。

天元路桥 [Tiānyuánlù Qiáo] 位于西城街道天元路东端，故名。2004建成。横跨西江河。上部空心板，下部桩柱式桥台，钻孔灌注桩结构，设计荷载标准为15吨，长72米，宽26.6米，高3米，最大跨度12米。

金带路桥 [Jīndàilù Qiáo] 位于西城街道金带路，故名。2009建成。横跨西江河支流。上部空心板，下部桩柱式桥台，钻孔灌注桩结构，设计荷载标准为20吨，长33米，宽22米，高3米，最大跨度8米。

引泉路二桥 [Yǐnquánlù 2 Qiáo] 位于西城街道引泉路西段，因为引泉路的第二座桥得名。2009建成。横跨西江河。上部空心板，下部桩柱式桥台，钻孔灌注桩结构，设计荷载标准为20吨，长43米，宽30米，高3米，最大跨度9米。

南官河桥 [Nánguānhé Qiáo] 位于东城街道劳动南路，因南官河得名。1996年9月建成。横跨南官河。上部空心板，下部桩柱式桥台，钻孔灌注桩结构，设计荷载标准为15吨，长26.4米，宽26.6米，最大跨度9.6米。

西江大桥 [Xījiāng Dàqiáo] 位于西城街道，因西江得名。1959年建成，1962年和1964年分别进行两次改建，增添了两个桥墩。1994年改造，桥梁宽度为22.6米。横跨西江河。上部6跨矩形实心板+2跨空心板，下部灌注桩+重力式。设计荷载标准为汽车—20级，长66.32米，宽22.6米，最大跨度9.05米，桥梁结构为八跨简支梁。该桥曾是连接城区与西部乡镇的主要桥梁。

永宁南街桥 [Yóngníng'nánjiē Qiáo] 位于西城街道永宁南街，故名。1996年建成。横跨南官河。上部空心板，下部桩柱式桥台，钻孔灌注桩结构，设计荷载标准为10吨，长22.5米，宽4.2米，高3米，最大跨度8米。

环城南路桥 [Huánchéngnánlù Qiáo] 位于环城南路口，故名。横跨东官河。上部空心板，下部桩柱式桥台，钻孔灌注桩结构，最大载重量汽车—20级，长23.2米，宽26.6米，最大跨度12.9米。

第三节　文物桥梁

五洞桥 [Wǔdòng Qiáo] 位于西城街道双江社区桥上街。因五折石拱桥得名。古称孝友桥。别称西桥。嘉定《赤城志》卷三：“孝友桥，在县西一里。修六十丈，广三丈，跨大江别浦，元祐中令张元仲累石为之。元仲字孝友，因以名桥。庆元二年圮于水，县人赵伯澐纠合重建，筑为五洞。”清雍正十三年（1735）重修。五洞桥呈东西走向，横跨西江，全长63.5米，面宽4.3米，五孔分列均匀，每孔宽8.7米，桥体以大型条石砌筑，拱券为分节并列而筑，桥面随拱券起伏曲折构建，状似长虹卧波。桥面两侧砌有栏板及望柱，望柱的柱头雕刻覆莲等纹饰。桥体造型美观，具有极高的历史、艺术及科学价值。1958年，将桥面抹平通汽车。1963年，建西江大桥后，五洞桥停止汽车通行。元代诗人潘士骧《西桥冷月》诗：

玉虹横处隔市喧，夜痕冷浸青青天。
风生万籁泻金液，风定一颗摩尼圆。
飞步如游桂香陌，影湿虚栏和露拍。
芦花湾近霜鸿惊，乱啼错认东方白。

1982年公布为县级文物保护单位。1989年公布为省级重点文物保护单位。

三洞桥 [Sāndòng Qiáo] 是古代石牛渡通县城的交通要道，因三孔石拱桥而名。桥横跨西建河上，呈东西走向。清乾隆十八年（1753）九峰寺僧人立广募建。嘉庆十八年（1813），日照寺僧道正集资重修。桥身长25米，宽3.36米，矢高4.19米。桥墩由条石叠砌而筑，桥面两侧设栏板及望柱，望柱顶端刻有狮子莲花，栏板雕刻仙鹤、麒麟、仙鹿等吉祥物纹饰。东西侧两头置有抱鼓石。2013年2月，公布为区级文物保护单位。

下浦桥 [Xiàpǔ Qiáo] 位于高桥街道杏林村，以地而名。初建年代不详，南宋嘉定《赤城志》有载。清嘉庆十五年（1810）重修。桥系三孔石拱，全长25.5米，宽3.5米，高5.5米，桥面呈三折，随拱起伏，拱券用长短不一的条石纵横并列砌筑，桥墩以块石叠砌，桥面两侧设望柱，柱头雕刻仰覆莲图饰，栏板上刻八仙与花卉图纹。两端有抱鼓石一对。原桥南有祝梁庙，桥北有关帝庙。横跨永丰支河，是古代县城通院桥、高桥、沙埠等地的水陆交通要道。1985年11月，公布为县级文物保护单位。

镇锁桥 [Zhènsuǒ Qiáo] 位于院桥镇鉴湖村鉴洋与鉴湖村山头陈之间。以堪舆而名，锁住瑞气。桥横跨鉴洋湖水面，俗称“鉴洋桥”。初建于明代，清乾隆年间（1736—1795）重修。桥呈东西走向，由一座主桥，两座子桥以及堤坝式引桥组成，主桥为三孔，长16.5米，宽近3米，主孔跨度4.7米，桥面由长条石呈东西向并列铺砌，桥墩由大小不一的条石错缝相叠。主桥及两端子桥引弓状堤坝式横列，总长135米。桥面设栏板与望柱，柱头雕刻狮子、猴子及仰覆纹饰。桥与长堤有机结合在一起，造型构思新颖，桥梁建筑风格较独特。2013年2月，公布为区级文物保护单位。2017年1月，公布为省级文物保护单位。

小澧桥 [Xiǎolǐ Qiáo] 位于北洋镇小里桥村老街西头。南宋嘉定《赤城志》记：“小澧桥，在县西三十五里。”始建于宋代，重修于清乾隆廿四年（1759）。以地而名。桥跨小澧溪上，是黄（岩）永（嘉）古道桥梁。系单孔石拱桥，条石砌筑，桥长25米，宽3米，矢高7.7米，拱孔跨度较大，整体如虹影高悬，故又称履仙桥。桥面有栏板、望柱，望柱上刻有狮子、猴子等饰物，雕刻工艺精美。1985年11月，公布为县级文物保护单位。

绍兴桥 [Shàoxīng Qiáo] 位于江口街道山下郎村，建于南宋绍兴二十五年（1155），故名。元代与清代均重修。桥呈东西走向，长9米，宽2.6米，高2.5米，桥墩系块石单孔平桥砌筑，桥南北两侧置有望柱与栏板，栏板刻有卷云纹。桥南横梁上刻“绍兴桥”三字，桥北侧刻有“大宋绍兴二十五年（1155）鼎建”等字。桥体结构简单，古为县城通海门（今椒江区）必经之路。桥西有路廊。

新来桥 [Xīnlái Qiáo] 位于江口街道新来桥村徐家里。桥为单孔石拱桥，呈东西走向。原名圣来桥，传说宋高宗赵构皇帝南逃到章安，上岸旅游，迷路途经此处，民众叫圣来桥，后谐音新来桥。另一说：新来桥造成之日，有县太爷与新娘子同时到此，新娘子让县太爷先过桥，县太爷让新娘子先过桥。新娘子很感激，作了一首诗：“新娘过新桥，新桥万年牢，县太爷做官步步高。”清代建筑。全长17.5米，宽3.2米，净跨为6.1米，矢高3.2米，拱券由条石分节并列砌筑，桥墩由块石叠砌。桥东西两端由15级踏步构建。桥面两侧建有望柱与栏板，中间望柱呈荷花灯状，两边望柱上端雕有猴子与狮子等饰物。2013年2月，公布为区级文物保护单位。

青龙桥 [Qīnglóng Qiáo] 青龙桥又叫兴隆桥，位于上垟乡沈岙村，建于清代，系单孔石拱桥，南北横跨后门溪上。全长21米，桥面宽3.3米，净跨度11.6米，矢高5.4米。桥面两侧实体栏板，桥基呈八字形，南北两边的踏步台阶为27级。2013年2月公布为区级文物保护单位。

白岩潭石拱桥 [Báiyántán Shígǒngqiáo] 位于宁溪镇白鹭湾村岭下白岩潭山下。系单孔石拱桥，初建于清代。桥体呈南北走向，依山崖而建，几分如栈道式悬空建筑，桥下有深潭（现已淤平）。为古时宁溪至黄岩的交通要道。桥长10米，宽2.7米，拱跨径11米，矢高5.36米，桥面铺设条石，具独特的建筑特色。2013年2月，公布为区级文物保护单位。

双庆桥 [Shuāngqìng Qiáo] 位于茅畲乡鸟山平坑自然村，始建于清光绪年间（1875—1908），桥横跨平坑溪，呈东西走向，系三孔石梁平桥，长17米，宽1.2米，高3.4米，桥面由3块长条石构建，每块石板长3.8米，宽约0.4米。桥东头立有石碑，上刻“平坑双庆桥大清光绪元年（1875）岁次乙亥桂月”。古为茅畲、平田与乐清之间的交通要道。2013年2月，公布为区级文物保护单位。

磊石桥 [Lěishí Qiáo] 位于九峰公园，原九峰书院北大门，南宋绍兴年间（1131—1162）僧文异重修，以块石叠砌，古趣天成。两边古柏森森，浓荫蔽日，环境秀丽。

林家桥 [Línjiā Qiáo] 位于北洋镇百林村林家桥，桥呈南北走向，横跨原九溪之上，为清代建筑。以传说得名。有林姓少年放牛时，因木桥窄小，人畜跌落河中，其父跳入河中救人，结果两人都没有上来。林嫂为了避免发生类似悲剧，出资造了一座大石桥。乡人称“林寡妇桥”，后人又叫林家桥。桥长14米，宽

1.36米，高1.8米，两侧桥墩由3根石柱呈45度角斜撑，桥面中间横放两根长条石，两头放一根阔条石为桥的通道。桥的结构简单，设计造型独特，各地罕见。

高雅桥 [Gāoyǎ Qiáo] 位于迎熏门外高洋与雅林交界处，旧有雅林渡，由高洋至雅林，故名。民国26年（1937）冬建，由委羽山大有宫道人黄理贯募资建桥，东西横跨西江，四墩五洞，西边为石砌梭墩，墩上架石梁。桥面平坦，全长39米，宽2.5米，高7米。桥西端有路廊，迄今尚存。

小南门外桥 [Xiǎonánménwài Qiáo] 位于小南门外，跨南官河（金带河）。民国38年（1949）2月建。长6米，宽3.2米。初建时石台木面。中华人民共和国成立后改为混凝土路面结构。

抱印桥 [Bàoyìn Qiáo] 位于小南门外天皇寺东侧，跨南官河，因印山得名。二孔石料砌筑，民国12年（1923）重建。20世纪70年代改为混凝土路面建筑，长16米，宽3米。

东岳庙桥 [Dōngyuèmiào Qiáo] 位于东城街道九峰路西端，以早年桥北有东岳庙得名。清乾隆年间（1736—1795）造，横跨九峰河。石拱桥面，长约8米，宽4米。石栏杆上有石狮和石猴。

云龙桥 [Yúnlóng Qiáo] 位于今东城街道麻车桥，跨东官河。一名麻车桥，因该桥位在麻车路廊，故俗呼之。单孔石料砌筑。

回龙桥 [Huílóng Qiáo] 位于南城街道横山头村，建于清代。呈南北走向横跨南官河上。桥长28.7米，宽1.8米，高3.5米。桥墩由三根硕大方形石柱，如支架竖立，纵向横砌条石支撑桥面，桥面两侧设有望柱及栏板，望柱上间隔刻有狮子与重瓣莲花等饰物。桥南尚有抱鼓石一对。

第四章　交通运输附属设施

第一节　公路桥梁

九峰高架桥 [Jiǔfēnggāojià Qiáo] 位于东城街道，因跨越九峰路得名。2007年1月12日建成。在G104线公路上，连续箱梁结构、按公路一级标准设计，长728.54米，宽18.5米，桥下净空高5米，最大跨度32米。

政民桥 [Zhèngmín Qiáo] 位于东城街道八街坊。取国富民强、政通民和之意。1998年10月建成通车，2007年1月重修。在G104线公路上，横跨东官河，空心板梁结构，长17.9米，宽44.3米，桥下净空高3米，按公路一级标准设计，4车道。

双浦桥 [Shuāngpǔ Qiáo] 位于东城街道双浦村得名。1998年6月8日建成。在省道S325椒黄线公路上。横跨双浦河，空心板梁结构，设计荷载标准为汽车—超20级，长10.5米，宽49米，桥下净空高2.5米，最大跨度10米。

小东门桥 [Xiǎodōngmén Qiáo] 位于东城街道小东门路，故名。1992年建成。空心板梁结构，设计荷载标准为汽车—20级，长19米，宽38米，桥下净空高2.5米，最大跨度18.5米。

南门桥 [Nánmén Qiáo] 位于城区南门环城南路口（黄前线上），故名。1994年12月28日建成。横跨东官河。上部空心板，下部桩柱式桥台，钻孔灌注桩结构，设计荷载标准为汽车—20级，长23.2米，宽26米，桥下净空高2.2米，最大跨度13米。

二环南路桥 [Èrhuánnánlù Qiáo] 位于二环南路，故名。2004年7月7日建成。横跨南官河，空心板梁结构，设计荷载标准为汽车—20级，长30.7米，宽90米，高3.5米，最大跨度10米。

九峰新村桥 [Jiǔfēngxīncūn Qiáo] 位于东城街道九峰新村，故名。1990年建成。横跨九峰河。上部空心板，下部桩柱式桥台，钻孔灌注桩结构，设计荷载标准为15吨，长10米，宽7.1米，高2.5米，最大跨度8米。

黄岩大桥 [Huángyán Dàqiáo] 位于西城街道，黄岩城区的主要桥梁，故名。1953年，开始勘测、钻探、调查、试桩等工作。1954年10月5日开工，1955年6月竣工，同年7月1日正式通车，这是中华人民共和国成立后黄岩自行设计施工的第一座现代化公路桥。为浙江省首座大型钢梁钢筋混凝土板面联合梁结构公路桥。1994年建双桥。横跨永宁江。在大桥路（长南线）上，2台5墩6孔，上部联合梁，钢筋混凝土路面管桩基，设计荷载标准为汽车—20级，长205米，宽13.3米，桥下净空高5米，最大跨度28米。

中干渠桥 [Zhōnggànqú Qiáo] 位于西城街道，跨越中干渠，故名。2004年7月7日建成。在黄岩二环南路（新方线）上，空心板梁结构，按公路一级标准设计，长34米，宽51.7米，桥下净空高3米，最大跨度12.5米。

西江中桥 [Xījiāng Zhōngqiáo] 位于西城街道后洋，因跨西江中部得名。2002年2月4日建成。横跨西江，在黄岩世纪大道（S325省道椒黄线）上。空心板梁结构，长97.5米，宽52.5米、桥下净空高2.2米，最大跨度20米。按公路二级标准设计，6车道。

卷洞桥 [Juǎndòng Qiáo] 位于西城街道桥上街。沿用古代名称，因石拱桥形状得名。1993年1月建成。横跨西官河，空心板梁结构，长14.8米，宽4.3米，高3米。

西江河桥 [Xījiānghé Qiáo] 位于西城街道，因西江河得名。2004年7月7日建成。横跨西江河。在黄岩二环南路（新方线）上，空心板梁结构，按公路一级标准设计，长39.6米，宽90米，最大跨度为13米，桥下净空高3米。

城新大桥 [Chéngxīn Dàqiáo] 位于西城街道与新前街道交界处，东起西城街道境内，西止新前街道境内，故名。2006年4月4日建成。在黄岩世纪大道（325省道椒黄线）上，横跨永宁江及高速公路，空心板梁结构，按公路一级标准设计，长901.0米，宽27.6米，桥下净空高5米，最大跨度40米。

引水工程桥 [Yǐnshuǐgōngchéng Qiáo] 位于西城街道，跨越长潭引水工程箱涵，故名。2000年12月8日建成。在黄岩二环西路（新方线）上，空心板梁结构，按公路一级标准设计，长9米，宽32.8米，桥下净空高0.5米，最大跨度8米。

西门立交桥 [Xīmén Lìjiāoqiáo] 位于西城街道，立交桥因所在区域得名。1998年11月8日建成。在新方线上，跨过黄岩至前思岙线，连续箱梁结构，设计荷载标准为公路Ⅰ级，长411.4米，宽16米，桥下净空高4.5米，最大跨度32米。

西官河桥 [Xīguānhé Qiáo] 位于西城街道，跨过西官河水系，故名。1997年12月8日建成。在黄岩二环西路（新方线西门立交桥两侧辅路）上，横跨西官河，空心板梁结构，按公路一级标准设计，长16.6

米，宽 50.6 米，桥下净空高 2 米，最大跨度 16 米。

永宁江大桥 [Yǒngníngjiāng Dàqiáo] 位于西城街道，因永宁江得名。1997 年 12 月 8 日建成，并于 2007 年进行了拼宽。横跨永宁江，在黄岩二环西路（新方线）上，空心板梁结构，按公路一级标准设计，长 285.9 米，宽 41.5 米，桥下净空高 6 米，最大跨度 25 米。

江北渠道桥 [Jiāngběiqúdào Qiáo] 位于西城街道，跨过江北渠道，故名。1997 年 12 月 8 日建成。横跨江北渠道，在黄岩二环西路（新方线）上，按公路一级标准设计空心板梁结构，长 13.6 米，宽 43.4 米，桥下净空高 1.2 米，最大跨度 13 米。

罗家汇桥 [Luójiāhuì Qiáo] 位于西城街道罗家汇村得名。1997 建成。在岙横线上，横跨西官河，空心板梁结构，设计荷载标准为汽车—15 级，长 16.8 米，宽 7.6 米，桥下净空高 2 米，最大跨度 16 米。

半洋张桥 [Bànyángzhāng Qiáo] 位于西城街道半洋张村得名。1997 建成。在岙横线上，空心板梁结构，设计荷载标准为汽车—15 级，长 8.5 米，宽 7.6 米，桥下净空高 1.3 米，最大跨度 8 米。

半洋洪桥 [Bànyánghóng Qiáo] 位于西城街道半洋洪村得名。1997 建成。在岙横线上，空心板梁结构，设计荷载标准为汽车—15 级，长 28.8 米，宽 7.7 米，桥下净空高 3 米，最大跨度 16 米。

霓桥一桥 [Níqiáo 1 Qiáo] 位于西城街道，因霓桥村的一号桥得名。1997 建成。在岙横线上，整体现浇板结构，设计荷载标准为汽车—15 级，长 7 米，宽 7.7 米，桥下净空高 1.3 米，最大跨度 6 米。

霓桥二桥 [Níqiáo 2 Qiáo] 位于西城街道，因霓桥村的二号桥得名。1997 建成。在岙横线上，空心板梁结构，设计荷载标准为汽车—15 级，长 9.2 米，宽 7.7 米，桥下净空高 1.3 米，最大跨度 8 米。

霓桥金桥 [Níqiáojīn Qiáo] 位于西城街道霓桥金村得名。1997 建成。在岙横线上，整体现浇板结构，设计荷载标准为汽车—15 级，长 6.8 米，宽 7.7 米，桥下净空高 1.5 米，最大跨度 6 米。

半洋洪小桥 [Bànyánghóng Xiǎoqiáo] 位于西城街道半洋洪村得名。1999 年建成。在半岭线上，横跨长潭河，整体现浇板结构，设计荷载标准为公路Ⅱ级，长 6 米，宽 9 米，桥下净空高 1.5 米，最大跨度 5.5 米。

岭下谢一桥 [Lǐngxiàxiè 1 Qiáo] 位于西城街道，因岭下谢长潭河上的一号桥得名。1999 年建成。在半岭线上，横跨长潭河，整体现浇板结构，设计荷载标准为公路Ⅱ级，长 7.6 米，宽 9.1 米，桥下净空高 1 米，最大跨度 7 米。

岭下谢二桥 [Lǐngxiàxiè 2 Qiáo] 位于西城街道，因岭下谢长潭河上的二号桥得名。1999 年建成。在半岭线上，横跨长潭河，整体现浇板结构，设计荷载标准为公路Ⅱ级，长 5.6 米，宽 9.1 米，高 1.5 米，最大跨度 5 米。

岙岸小桥 [Ào'àn Xiǎoqiáo] 位于西城街道岙岸村河上，故名。1999 年建成。在城新线上，跨越岙岸河，整体现浇板结构，设计荷载标准为公路Ⅱ级，长 5.6 米，宽 9.6 米，桥下净空高 2 米，最大跨度 5 米。

新城桥 [Xīnchéng Qiáo] 位于新前至城关城新线上，故名。1999 年建成。在城新线上，横跨永宁江，空心板梁结构，设计荷载标准为公路Ⅱ级，长 91 米，宽 7.8 米，桥下净空高 5 米，最大跨度 25 米。

新堂小桥 [Xīntáng Xiǎoqiáo] 位于西城街道新堂村，桥体较小，故名。1994 年建成。在黄前线上，空心板梁结构，设计荷载标准为汽车—20 级，长 7 米，宽 36.8 米，桥下净空高 1.5 米，最大跨度 6 米。

大树下小桥 [Dàshùxià Xiǎoqiáo] 位于西城街道大树下村，桥体较小，故名。1994 年建成。在黄前线上，整体现浇板结构，设计荷载标准为汽车—20 级，长 8 米，宽 12.5 米，桥下净空高 2 米，最大跨度 7 米。

羽村分离式立交桥 [Yǔcūn Fēnlíshì Lìjiāo qiáo] 位于西城街道，是羽村境内跨过软基地带的分离式立交，故名。1999 年 9 月 8 日命名。在 G15 高速公路上，空心板梁结构，设计荷载标准为公路Ⅰ级，长 523.7 米，宽 24.5 米，桥下净空高 2 米，最大跨度 13 米。

羽村桥 [Yǔcūn Qiáo] 位于西城街道羽村，故名。1999 年 9 月 8 日命名。在 G15 高速公路上，空心板梁结构，设计荷载标准为公路Ⅰ级，长 42.7 米，宽 24.5 米，桥下净空高 3.1 米，最大跨度 13 米。

宜桥村桥 [Yíqiáocūn Qiáo] 位于西城街道宜桥村，故名。1999 年 9 月 8 日命名。在 G15 沈海高速公路黄岩段，空心板梁结构，设计荷载标准为公路Ⅰ级，长 13.5 米，宽 24.5 米，桥下净空高 2.6 米，最大跨度 6 米。

田洋村桥 [Tiányángcūn Qiáo] 位于西城街道横河村田洋境内，故名。1999 年 9 月 8 日命名。在 G15 高速公路上，空心板梁结构，设计荷载标准为公路Ⅰ级，长 81.7 米，宽 24.5 米，桥下净空高 2.8 米，最大跨度 13 米。

前麻车分离式立交桥 [Qiánmáchē Fēnlíshì Lìjiāoqiáo] 位于西城街道半洋张前麻车自然村，是前麻车境内的分离立交，故名。1999 年 9 月 8 日命名。在 G15 高速公路上，空心板梁结构，设计荷载标准为公路Ⅰ级，长 563.7 米，宽 24.5 米，桥下净空高 4.3 米，最大跨度 16 米。

长潭路分离式立交桥 [Chángtánlù Fēnlíshì Lìjiāoqiáo] 位于西城街道，跨过长潭路的分离立交，故名。1999年9月8日命名。在G15高速公路上，空心板梁结构，设计荷载标准为公路Ⅰ级，长659.7米，宽24.5米，桥下净空高4.5米，最大跨度16米。

金华路分离式立交桥 [Jīnhuálù Fēnlíshì Lìjiāo Qiáo] 位于西城街道，该桥跨过金华路的分离立交，故名。1999年9月8日命名。在G15高速公路上，空心板梁结构，设计荷载标准为公路Ⅰ级，长614.7米，宽24.5米，桥下净空高5米，最大跨度13米。

岙岸桥 [Ào'àn Qiáo] 位于西城街道岙岸村，故名。1999年9月8日命名。在G15高速公路上，空心板梁结构，设计荷载标准为公路Ⅰ级，长13.5米，宽24.5米，桥下净空高2.4米，最大跨度6米。

岭下葛桥 [Lǐngxiàgě Qiáo] 位于西城街道岭下葛村河上，故名。1999年建成。在西高线上，空心板梁结构，设计荷载标准为公路Ⅱ级，长17.04米，宽8米，桥下净空高2米，最大跨度13米。

水退桥 [Shuǐtuì Qiáo] 位于西城街道，横跨水退河，故名。1999年建成。原先在西高线上，后路线调整后此路段调整为下坦村—十沙线，空心板梁结构，设计荷载标准为公路Ⅱ级，长13.04米，宽7.6米，桥下净空高1.5米，最大跨度10米。

十里铺右桥 [Shílǐpù Yòuqiáo] 位于南城街道，跨越十里铺村内的东官河，且位于右幅路段，故名。1995年建成。在十路线上，空心板梁结构，设计荷载标准为汽车—15级，长24.5米，宽18.6米，桥下净空高2.8米，最大跨度8米。

官庄梁桥 [Guānzhuāngliáng Qiáo] 位于南城街道山前村官庄梁，故名。1995年建成。在十路线上，空心板梁结构，设计荷载标准为汽车—20级，长10.7米，宽34米，桥下净空高2米，最大跨度10米。

梁湖桥一桥 [Liánghúqiáo 1 Qiáo] 位于南城街道梁湖河上的第一座桥，故名。1995年建成。在十路线上，空心板梁结构，设计荷载标准为汽车—20级，长7.4米，宽35.2米，桥下净空高1.5米，最大跨度6米。

蔡家洋桥 [Càijiāyáng Qiáo] 位于南城街道蔡家洋村，故名。2008年6月建成。在十沙线上，空心板梁结构，设计荷载标准为汽车—20级，长19.9米，宽7.7米，桥下净空高2.5米，最大跨度8米。

横山头通道桥 [Héngshāntóu Tōngdàoqiáo] 位于南城街道，连接横山头境内的通道，故名。1995年10月8日建成。在104国道公路上，连接通道，空心板梁结构，设计荷载标准为汽车—超20级，长14米，宽26.5米，桥下净空高4.8米，最大跨度13米。

药山一桥 [Yàoshān 1 Qiáo] 位于南城街道，是京福线在药山村境内的第一座桥，故名。1995年10月8日建成。在104国道公路上，横跨药山河，空心板梁结构，设计荷载标准为汽车—超20级，长11.8米，宽49米，桥下净空高2.3米，最大跨度8米。

药山二桥 [Yàoshān 2 Qiáo] 位于南城街道，是京福线在药山村境内的第二座桥，故名。1995年10月8日建成。在104国道公路上，横跨药山河，空心板梁结构，设计荷载标准为汽车—超20级，长11.7米，宽49米，桥下净空高2.2米，最大跨度8米。

南门大转盘桥 [Nánméndàzhuǎnpán Qiáo] 位于南城街道，跨越南门小河且在大转盘（今已拆除）附近，故名。2007年1月12日建成。在黄岩二环东路（104国道京岚线）上，横跨南门小河，空心板梁结构，设计荷载标准为公路Ⅰ级，长14.04米，宽27.2米，桥下净空高4米，最大跨度6米。

方山下林场桥 [Fāngshānxiàlínchǎng Qiáo] 位于南城街道，跨越方山下林场小河，故名。2007年1月12日建成。在黄岩二环东路（104国道京岚线上，跨越林场小河，空心板梁结构，设计荷载标准为公路Ⅰ级，长16.04米，宽25.5米，桥下净空高5.2米，最大跨度5米。

永宁江特大桥 [Yǒngníngjiāng Tèdàqiáo] 位于东城街道，跨越永宁江且桥梁长度特别长，故名。2007年1月12日建成。在黄岩二环东路（104国道京岚线）上，横跨永宁江及82省道，连续箱梁结构，设计荷载标准为公路Ⅰ级，长1121.37米，宽18.5米，桥下净空高5.7米，最大跨度28米。

长塘桥 [Chángtáng Qiáo] 位于北城街道长塘村，故名。1992年建成。在长南线上，整体现浇板结构，设计荷载标准为汽车—20级，长8米，宽36米，桥下净空高2米，最大跨度7.3米。

塘门桥 [Tángmén Qiáo] 位于北城街道塘门小河上，故名。2003年12月25日建成。在长下线上，整体现浇板结构，设计荷载标准为公路Ⅱ级，长7.2米，宽9米，桥下净空高1.5米，最大跨度6.6米。

马鞍山外湾桥 [Mǎ'ānshānwàiwān Qiáo] 位于北城街道马鞍山外湾，故名。2003年12月25日建成。在长下线上，整体现浇板结构，设计荷载标准为公路Ⅱ级，长6.6米，宽7米，桥下净空高2米，最大跨度6米。

下庄桥 [Xiàzhuāng Qiáo] 位于北城街道下庄村，故名。2003年12月25日建成。在长下线上。整体现浇板结构，设计荷载标准为公路Ⅱ级，长8米，宽7米，桥下净空高1.5米，最大跨度6米。

长大桥 [Zhǎngdà Qiáo] 位于北城街道马鞍山村长大，故名。2007年1月12日建成。在104国道京岚线上，跨越江北渠道，空心板梁结构，设计荷载标准为公路Ⅰ级，长25.04米，宽33.5米，桥下净空高3.5

米，最大跨度 20 米。

马鞍山桥 [Mǎ'ānshān Qiáo] 位于北城街道马鞍山村，故名。2007 年 1 月 12 日建成。在 104 国道京岚线上，跨越江北渠道，空心板梁结构，设计荷载标准为公路Ⅰ级，长 25.04 米，宽 33.5 米，桥下净空高 5 米，最大跨度 20 米。

马鞍山一桥 [Mǎ'ānshān 1 Qiáo] 位于北城街道马鞍山村境内的 1 号通道桥，故名。2007 年 1 月 12 日建成。在 104 国道京岚线上，跨越江北渠道，空心板梁结构，设计荷载标准为公路Ⅰ级，长 13 米，宽 33.5 米，桥下净空高 2.5 米，最大跨度 6 米。

马鞍山二桥 [Mǎ'ānshān 2 Qiáo] 位于北城街道马鞍山村境内的 2 号通道桥，故名。2007 年 1 月 12 日建成。在 104 国道京岚线上，跨越江北渠道，空心板梁结构，设计荷载标准为公路Ⅰ级，长 13 米，宽 33.5 米，桥下净空高 2.5 米，最大跨度 6 米。

黄岩桥 [Huángyán Qiáo] 位于黄岩北城街道得名。2008 年 3 月建成。在北院线上，跨甬台温高速公路，空心板梁结构，设计荷载标准为公路Ⅱ级，长 461 米，宽 31.5 米，桥下净空高 7.5 米，最大跨度 20 米。

午尚洋桥 [Wǔshàngyáng Qiáo] 位于北城街道午尚洋村得名。2008 年 3 月建成。在北院线上，空心板梁结构，设计荷载标准为公路Ⅱ级，长 20.04 米，宽 47.5 米，桥下净空高 4 米，最大跨度 16 米。

塔水桥 [Tǎshuǐ Qiáo] 位于北城街道塔水桥村，故名。1994 年建成。在长决线上，空心板梁结构、设计荷载标准为公路Ⅱ级，长 13.6 米，宽 6.8 米，桥下净空高 1 米，最大跨度 5.6 米。

竹岭桥 [Zhúlǐng Qiáo] 位于北城街道站前村竹岭，故名。2005 年建成。在马杜线上，整体现浇板梁结构，设计荷载标准为汽车—20 级，长 6 米，宽 9.6 米，桥下净空高 1.4，最大跨度 5.2 米。

东岙桥 [Dōng'ào Qiáo] 位于北城街道东岙河上，故名。2005 年建成。在马杜线上，整体现浇板梁结构，设计荷载标准为汽车—20 级，长 6.8 米，宽 9.6 米，桥下净空高 4 米，最大跨度 6 米。

净土岙一桥 [Jìngtǔ'ào 1 Qiáo] 位于北城街道净土岙村的一号桥，故名。2005 年建成。在马杜线上，整体现浇板梁结构，设计荷载标准为汽车—15 级，长 5.8 米，宽 9.6 米，桥下净空高 2 米，最大跨度 5 米。

净土岙二桥 [Jìngtǔ'ào 2 Qiáo] 位于北城街道净土岙村的二号桥，故名。2005 年建成。在马杜线上，整体现浇板梁结构，设计荷载标准为汽车—15 级，长 6.8 米，宽 9.6 米，桥下净空高 2 米，最大跨度 6 米。

黄岩互通二号桥 [Huángyán Hùtōng 2 Hào Qiáo] 位于北城街道跨过黄岩水渠的第二座互通桥，故名。1998 年 12 月 8 日命名。在 G15 高速公路上，空心板梁结构，设计荷载标准为公路Ⅰ级，长 15.5 米，宽 26.1 米，桥下净空高 2.2 米，最大跨度 8 米。

小山头左桥 [Xiǎoshāntóu Zuǒqiáo] 位于北城街道，该桥在小山头境内左幅路段（大溪到临海方向），故名。1998 年 12 月 8 日命名。在 G15 高速公路上，空心板梁结构，设计荷载标准为公路Ⅰ级，长 27 米，宽 12.5 米，桥下净空高 3.8 米，最大跨度 8 米。

小山头右桥 [Xiǎoshāntóu Yòuqiáo] 位于北城街道，该桥在小山头境内右幅路段（临海到大溪方向），故名。1998 年命名。在 G15 高速公路上，空心板梁结构，设计荷载标准为公路Ⅰ级，长 27 米，宽 12.5 米，桥下净空高 3.8 米，最大跨度 8 米。

武校左桥 [Wǔxiào Zuǒqiáo] 位于北城街道，该桥跨过武术学校的乡村道路且是左幅路段（大溪到临海方向），故名。在 G15 高速公路上，空心板梁结构，设计荷载标准为公路Ⅰ级，长 17.5 米，宽 12.5 米，桥下净空高 2.1 米，最大跨度 10 米。

武校右桥 [Wǔxiào Yòuqiáo] 位于北城街道，该桥跨过武术学校的乡村道路且是右幅路段（临海到大溪方向），故名。在 G15 高速公路上，空心板梁结构，设计荷载标准为公路Ⅰ级，长 17.5 米，宽 12.5 米，桥下净空高 2.1 米，最大跨度 10 米。

黄土岭村左桥 [Huángtǔlǐngcūn Zuǒqiáo] 位于北城街道黄土岭村左幅路段（大溪至临海方向）得名。1998 年 12 月 8 日命名。在 G15 高速公路上，空心板梁结构，设计荷载标准为公路Ⅰ级，长 42.7 米，宽 12.5 米，桥下净空高 5.1 米，最大跨度 13 米。

黄土岭村右桥 [Huángtǔlǐngcūn Yòuqiáo] 位于北城街道黄土岭村右幅路段（临海至大溪方向）得名。1998 年 12 月 8 日命名。在 G15 高速公路上，空心板梁结构，设计荷载标准为公路Ⅰ级，长 42.7 米，宽 12.5 米，桥下净空高 6.2 米，最大跨度 13 米。

水角桥 [Shuǐjiǎo Qiáo] 位于江口街道江南村水角，故名。1998 年 6 月 8 日建成。在 325 省道椒黄线公路上，横跨水角河，空心板梁结构，设计荷载标准为汽车—超 20 级，长 8.6 米，宽 49 米，桥下净空高 2.5 米，最大跨度 8 米。

下凌桥 [Xiàlíng Qiáo] 位于江口街道金凌路村下凌，故名。1998 年 6 月 8 日建成。在 325 椒黄线公路上，横跨下凌河，空心板梁结构，设计荷载标准为汽车—超 20 级，长 6.5 米，宽 46.1 米，桥下净空高 2 米，最大跨度 6 米。

前洋王桥 [Qiányángwáng Qiáo] 位于江口街道前洋王得名。1998 年 6 月 8 日建成。在 S325 椒黄线公路上，横跨前洋王河，空心板梁结构，设计荷载标准为汽车—超20级，长13.5米，宽37.7米，桥下净空高2.5米，最大跨度13米。

山下郎桥 [Shānxiàláng Qiáo] 位于江口街道山下郎村得名。1999年建成。在白埭线上，横跨东官河，空心板梁结构，设计荷载标准为公路Ⅱ级，长13.6米，宽7.6米，桥下净空高2.5米，最大跨度13米。

洋头一桥 [Yángtóu 1 Qiáo] 位于江口街道洋头村的第一座桥，故名。1999年建成。在白埭线上，横跨洋头河，整体现浇板结构，设计荷载标准为公路Ⅱ级，长5.6米，宽5米，桥下净空高2米，最大跨度5米。

洋头二桥 [Yángtóu 2 Qiáo] 位于江口街道洋头村的第二座桥，故名。1999年建成。在白埭线上，横跨洋头河，整体现浇板结构，设计荷载标准为公路Ⅱ级，长11米，宽5米，桥下净空高2米，最大跨度10米。

西岙一桥 [Xī'ào 1 CQiáo] 位于江口街道西岙河上的第一座桥，故名。1999年建成。在白埭线上，横跨西岙河，整体现浇板结构，设计荷载标准为公路Ⅱ级，长5.5米，宽5.9米，桥下净空高2米，最大跨度5米。

西岙二桥 [Xī'ào 2 Qiáo] 位于江口街道，西岙河上的第二座桥，故名。1999年建成。在白埭线上，横跨西岙河，整体现浇板结构，设计荷载标准为公路Ⅱ级，长6米，宽5米，桥下净空高2米，最大跨度5米。

项岙桥 [Xiàng'ào Qiáo] 位于江口街道江东新村项岙得名。1999年建成。在白埭线上，横跨项岙河，整体现浇板结构，设计荷载标准为公路Ⅱ级，长7米，宽5.4米，桥下净空高2米，最大跨度6.5米。

通达桥 [Tōngdá Qiáo] 位于江口街道，取通行到达之意。1999年建成。在白埭线上，横跨东官河，空心板梁结构，设计荷载标准为公路Ⅱ级，长14米，宽8米，桥下净空高3米，最大跨度13米。

新来桥（新） [Xīnlái Qiáo] 位于江口街道新来桥村，故名。1999年建成。在黄江线上，跨越新来河，空心板梁结构，设计荷载标准为公路Ⅱ级，长21.04米，宽10米，桥下净空高3米，最大跨度16米。

芦村桥 [Lúcūn Qiáo] 位于江口街道芦村，故名。2013年建成。在马椒线上，箱形梁结构，设计荷载标准为公路Ⅰ级，长32米，宽30.11米，桥下净空高2.2米，最大跨度25米。

大闸路桥 [Dàzhálù Qiáo] 位于江口街道大闸路支流上，故名。1988年建成。在马上线上，整体现浇板结构，设计荷载标准为汽车—20级，长8.1米，宽27.7米，桥下净空高1.5米，最大跨度7.3米。

江口闸桥 [Jiāngkǒuzhá Qiáo] 位于江口街道江口闸上，故名。1988年建成。马上线上，空心板梁结构，设计荷载标准为汽车—20级，长117.1米，宽10米，桥下净空高4米，最大跨度9.9米。

砚岸桥 [Xiàn'àn Qiáo] 位于江口街道砚岸，故名。1999年建成。在上椒线，空心板梁结构，设计荷载标准为汽车—20级，长6.7米，宽9.6米，桥下净空高1.5米，最大跨度6米。

埭头桥 [Dàitóu Qiáo] 位于江口街道埭头村小长河上，故名。1999年建成。在上椒线，空心板梁结构，设计荷载标准为汽车—20级，长6.7米，宽9.6米，桥下净空高1.5米，最大跨度6米。

东封一桥 [Dōngfèng 1 Qiǎo] 位于江口街道东昇村东封的一号桥，故名。1999年建成。在上椒线上，横跨东官河，空心板梁结构，设计荷载标准为汽车—20级，长13.4米，宽9.6米，桥下净空高2.5米，最大跨度13米。

东封二桥 [Dōngfèng 2 Qiáo] 位于江口街道东昇村东封的二号桥，故名。1999年建成。在上椒线，横跨东官河，空心板梁结构，设计荷载标准为汽车—20级，长6.8米，宽9.6米，桥下净空高2.5米，最大跨度6米。

王门岙桥 [Wángmén'ào Qiáo] 位于江口街道王门岙，故名。1999年建成。在上椒线，空心板梁结构，设计荷载标准为汽车—20级，长6.8米，宽9.6米，桥下净空高2米，最大跨度6米。

永宁江大桥二桥 [Yǒngníngjiāngdàqiáo 2 Qiáo] 位于澄江街道仙浦汪自然村，横跨永宁江上的二号桥，故名。2008年3月建。在北院线上，空心板梁结构，设计荷载标准为公路Ⅱ级，长160米，宽31.5米，桥下净空高8米，最大跨度25米。

西官河桥二桥 [Xīguānhéqiáo 2 Qiáo] 位于澄江街道西官河上的第二座桥，故名。2008年3月建。在北院线上，空心板梁结构，设计荷载标准为公路Ⅱ级，长24.44米，宽47.5米，桥下净空高3米，最大跨度20米。

临古大桥 [Lín'gǔ Dàqiáo] 位于澄江街道后林自然村与头陀镇浦汇村浦口交界处（原头陀镇临古乡），故名。1996年建成。在临划线上，横跨永宁江，空心板梁结构，设计荷载标准为汽车—20级，长105米，宽10米，桥下净空高5米，最大跨度20米。

桥头王桥 [Qiáotóuwáng Qiáo] 位于澄江街道桥头王村，故名。1994年建成，2010年拆除重建。在黄前线上，空心板梁结构，设计荷载标准为公路Ⅱ级，长20米，宽14米，桥下净空高2.5米，最大跨度16米。

前头湖桥 [Qiántóuhú Qiáo] 位于澄江街道桥头王村前头湖，故名。1994年建成。在黄前线上，整体现浇板结构，设计荷载标准为汽车—20级，长6.1米，宽12.8米，桥下净空高2米，最大跨度5.2米。

松兴堂桥 [Sōngxìngtáng Qiáo] 位于澄江街

道焦坑星江村松兴堂，故名。1994年建成。在黄前线上，跨越长潭河，空心板梁结构，设计荷载标准为公路Ⅱ级，长42米，宽13.6米，桥下净空高3.5米，最大跨度8米。

山头舟桥 [Shāntóuzhōu Qiáo] 位于澄江街道新舟桥村山头舟，故名。1994年建成。在黄前线上，跨越江南渠道，空心板梁结构，设计荷载标准为汽车—20级，长25.6米，宽14米，桥下净空高4.1米，最大跨度25米。

临古一桥 [Lín'gǔ 1 Qiáo] 位于澄江街道临古村下灰洋（原临古乡）的一号桥，故名。1994年建成。在黄前线上，空心板梁结构，设计荷载标准为汽车—20级，长18.7米，宽12.6米，桥下净空高3.1米，最大跨度8.7米。

临古二桥 [Língǔ 2 Qiáo] 位于澄江街道横屋村（原临古乡）的二号桥，故名。1994年建成。在黄前线上，整体现浇板结构，设计荷载标准为汽车—20级，长5.6米，宽13.4米，桥下净空高2.7米，最大跨度5米。

三官堂桥 [Sān'guāntáng Qiáo] 位于澄江街道三官堂村，故名。1994年建成。在黄前线上，空心板梁结构，设计荷载标准为汽车—20级，长15.1米，宽13.6米，桥下净空高2.7米，最大跨度14.5米。

东江村桥 [Dōngjiāngcūn Qiáo] 位于澄江街道东江村河流上，故名。2007年1月12日建成。在S325椒黄线公路上，空心板梁结构，设计荷载标准为公路Ⅰ级，长17.54米，宽24.6米，桥下净空高3米，最大跨度13米。

新江河桥 [Xīnjiānghé Qiáo] 位于澄江街道，跨越新江河，故名。2007年1月12日建成。在S325椒黄线公路上，空心板梁结构，设计荷载标准为公路Ⅰ级，长37.54米，宽24米，桥下净空高3米，最大跨度13米。

市下桥 [Shìxià Qiáo] 位于新前街道屿（市）下村，故名。2008年3月建。在北院线上，空心板梁结构，设计荷载标准为公路Ⅱ级，长13.74米，宽34米，桥下净空高3米，最大跨度13米。

七里桥 [Qīlǐ Qiáo] 位于新前街道七里村，故名。2007年1月12日建成。在S325椒黄线公路上，横跨七里河，空心板梁结构，设计荷载标准为公路Ⅰ级，长14.54米，宽24.6米，桥下净空高3米，最大跨度10米。

新前牟村桥 [Xīnqiánmóucūn Qiáo] 位于新前街道牟村，故名。2006年4月4日建成。在S325椒黄线公路上。横跨牟村河，空心板梁结构，设计荷载标准为公路Ⅰ级，长14.54米，宽24.6米，桥下净空高3米，最大跨度10米。

七里一桥 [Qīlǐ 1 Qiáo] 位于新前街道七里村的一号桥，故名。2008年3月建。在北院线上，空心板梁结构，设计荷载标准为公路Ⅱ级，长11.24米，宽34米，桥下净空高2.5米，最大跨度8米。

七里二桥 [Qīlǐ 2 Qiáo] 位于新前街道七里村的二号桥，故名。2008年3月建。在北院线上，空心板梁结构，设计荷载标准为公路Ⅱ级，长14.64米，宽34米，桥下净空高2.5米，最大跨度10米。

七里三桥 [Qīlǐ 3 Qiáo] 位于新前街道七里村的三号桥，故名。2008年3月建。在北院线上，空心板梁结构、设计荷载标准为公路Ⅱ级，长17.64米，宽34米，桥下净空高2米，最大跨度13米。

双丰小桥 [Shuāngfēng Xiǎoqiáo] 位于新前街道双丰村，故名。1999年建成。在城新线上，跨越双丰河，整体现浇板结构，设计荷载标准为公路Ⅱ级，长5.6米，宽9.5米，桥下净空高2.5米，最大跨度5米。

罗汇林小桥 [LuóhuìlínXiǎoqiáo] 位于新前街道双丰村罗汇林，故名。1999年建成。在城新线上，跨越罗汇林河，整体现浇板结构，设计荷载标准为公路Ⅱ级，长15.4米，宽9.6米，高2米，最大跨度7.4米。

新建小桥 [Xīnjiàn Xiǎoqiáo] 位于新前街道新塔村新建，横跨小河，故名。1994年建成。在长决线上，跨越新建河，空心板梁结构，设计荷载标准为汽车—15级，长6米，宽7.6米，桥下净空高2米，最大跨度5.2米。

新建高桥头 [Xīnjiàn'gāoqiáotóu] 位于新前街道新建高桥头，故名。1994年建成。在长决线上，跨越江北渠道，空心板梁结构，设计荷载标准为汽车—20级，长10.74米，宽34米，桥下净空高1.5米，最大跨度10米。

前洋方新桥头桥 [Qiányángfāng Xīnqiáotóu Qiáo] 位于新前街道前洋方村新桥头，故名。1994年建成。在长决线上，空心板梁结构，设计荷载标准为汽车—15级，长24.64米，宽7.6米，桥下净空高2.5米，最大跨度12米。

前洋一桥 [Qiányáng 1 Qiáo] 位于新前街道前洋村的一号桥，故名。1994年建成。在长决线上，空心板梁结构，设计荷载标准为汽车—15级，长7.8米，宽7.8米，桥下净空高2米，最大跨度6.5米。

前洋二桥 [Qiányáng 2 Qiáo] 位于新前街道前洋村的二号桥，故名。1994年建成。在长决线上，空心板梁结构，设计荷载标准为汽车—15级，长7米，宽7.6米，桥下净空高2米，最大跨度6米。

车下洋一桥 [Chēxiàyáng 1 Qiáo] 位于高桥街道，因高丰村车下洋的一号桥得名。1997年建成。在岙横线上，空心板梁结构，设计荷载标准为汽车—20级，长8.8米，宽8米，桥下净空高2米，最大跨度8米。

车下洋二桥 [Chēxiàyáng 2 Qiáo] 位于高桥街道高丰村车下洋的二号桥，故名。1997年建成。在岙横线上，空心板梁结构，设计荷载标准为汽车—15级，长16.8米，宽7.7米，桥下净空高1.7米，最大跨度16米。

车下洋桥 [Chēxiàyáng Qiáo] 位于高桥街道高丰村车下洋，故名。1999年9月8日命名。在G15高速公路上，空心板梁结构，设计荷载标准为公路Ⅰ级，长81.7米，宽24.5米，桥下净空高3.4米，最大跨度13米。

车下洋村一号桥 [Chēxiàyángcūn 1 Hào Qiáo] 位于高桥街道，该桥是沈海高速在车下洋境内的第一座桥，故名。1999年9月8日命名。在G15高速公路上，空心板梁结构，设计荷载标准为公路Ⅰ级，长33米，宽24.5米，桥下净空高2.3米，最大跨度10米。

车下洋村二号桥 [Chēxiàyángcūn 2 Hào Qiáo] 位于高桥街道，该桥是沈海高速在车下洋境内的第二座桥，故名。1999年9月8日命名。在G15高速公路上，整体现浇板结构，设计荷载标准为公路Ⅰ级，长13.5米，宽24.5米，桥下净空高2.8米，最大跨度6米。

下洋湖桥 [Xiàyánghú Qiáo] 位于高桥街道下洋湖得名。1997年建成。在岙横线上，空心板梁结构，设计荷载标准为汽车—15级，长28.8米，宽7.7米，桥下净空高2米，最大跨度16米。

大埭一桥 [Dàdài 1 Qiáo] 位于高桥街道，因大埭村的一号桥得名。1997年建成。在岙横线上，整体现浇板结构，设计荷载标准为汽车—15级，长6.8米，宽7.7米，桥下净空高1.2米，最大跨度6米。

大埭二桥 [Dàdài 2 Qiáo] 位于高桥街道，因大埭村的二号桥得名。1997年建成。在岙横线上，整体现浇板结构，设计荷载标准为汽车—15级，长5.6米，宽7.7米，桥下净空高0.6米，最大跨度5米。

大埭三桥 [Dàdài 3 Qiáo] 位于高桥街道，因大埭村的三号桥得名。1997年建成。在岙横线上，整体现浇板结构，设计荷载标准为汽车—15级，长8米，宽7.7米，桥下净空高0.9米，最大跨度7米。

廖家桥 [Liáojiā Qiáo] 位于高桥街道高桥头村廖家，故名。1998年建成。在高广线上，整体现浇板结构，设计荷载标准为汽车—15级，长6米，宽9.5米，桥下净空高1.4米，最大跨度5.4米。

山坦村桥 [Sāntǎncūn Qiáo] 位于高桥街道高桥头村山坦境内，故名。1999年9月8日建成。在G15高速公路上，空心板梁结构，设计荷载标准为公路Ⅰ级，长17.5米，宽24.5米，桥下净空高2.4米，最大跨度10米。

西岸桥 [Xī'àn Qiáo] 位于高桥街道西岸自然村境内，故名。1999年9月8日建成。在G15高速公路上，空心板梁结构，设计荷载标准为公路Ⅰ级，长33米，宽24.5米，桥下净空高3米，最大跨度10米。

八份村桥 [Bāfèncūn Qiáo] 位于高桥街道八份自然村境内，故名。1999年9月8日建成。在G15高速公路上，跨越山涧溪流，空心板梁结构，设计荷载标准为公路Ⅰ级，长17.5米，宽24.5米，桥下净空高3米，最大跨度10米。

高埭分离式立交桥 [Gāodài Fēnlíshì Lìjiāo qiáo] 位于高桥街道高桥头村八份堂，是高埭境内跨过黄岩至高桥道路的分离式立交，故名。1999年9月8日建成。在G15高速公路上，空心板梁结构，设计荷载标准为公路Ⅰ级，长618.7米，宽24.5米，桥下净空高4.1米，最大跨度13米。

高埭小桥 [Gāodài Xiǎoqiáo] 位于高桥街道高埭自然村，且桥体较小，故名。1999年9月8日建成。在G15高速公路上，跨越山涧溪流，空心板梁结构，设计荷载标准为公路Ⅰ级，长11.5米，宽24.5米，桥下净空高2.3米，最大跨度6米。

下洋坞桥 [Xiàyángwū Qiáo] 位于高桥街道下洋坞，故名。1999年9月8日建成。在G15高速公路上，空心板梁结构，设计荷载标准为公路Ⅰ级，长94.7米，宽24.5米，桥下净空高2.9米，最大跨度13米。

石牛渡桥 [Shíniúdù Qiáo] 位于高桥街道石牛渡村，故名。1999年9月8日建成。在G15高速公路上，跨越山涧溪流，空心板梁结构，设计荷载标准为公路Ⅰ级，长42.7米，宽24.5米，桥下净空高2.3米，最大跨度13米。

下浦郑桥 [Xiàpǔzhèng Qiáo] 位于高桥街道下浦郑村，故名。2008年6月建成。在十沙线上，整体现浇板结构，设计荷载标准为汽车—20级，长6.8米，宽9.6米，桥下净空高2.2米，最大跨度6米。

高桥一桥 [Gāoqiáo 1 Qiáo] 位于高桥街道的一号桥，故名。2008年6月建成。在十沙线上，空心板梁结构，设计荷载标准为公路Ⅱ级，长11.04米，宽9.6米，桥下净空高1.5米，最大跨度6米。

高桥二桥 [Gāoqiáo 2 Qiáo] 位于高桥街道的二号桥，故名。2008年6月建成。在十沙线上，空心板梁结构，设计荷载标准为公路Ⅱ级，长29.08米，宽9.6米，桥下净空高2米，最大跨度8米。

坞家岙桥 [Wūjiā'ào Qiáo] 位于高桥街道邬家岙，故名。1999年建成。在西高线上，空心板梁结构，设计荷载标准为公路Ⅱ级，长5.6米，宽7.6米，桥下净空高1.5米，最大跨度5米。

埠头一桥 [Bùtóu 1 Qiáo] 位于高桥街道东星村埠头河上的一号桥，故名。1999年建成。在西高线上，整体现浇板结构，设计荷载标准为公路Ⅱ级，长6.6米，宽7.6米，桥下净空高2米，最大跨度6米。

埠头二桥 [Bùtóu 2 Qiáo] 位于高桥街道东星村埠头河上的二号桥，故名。1999年建成。在西高线上，整体现浇板结构，设计荷载标准为公路Ⅱ级，长6.6米，宽7.6米，桥下净空高2米，最大跨度6米。

埠头三桥 [Bùtóu 3 Qiáo] 位于高桥街道东星村埠头河上的三号桥，故名。1999年建成。在西高线上，空心板梁结构，设计荷载标准为公路Ⅱ级，长10.8米，宽7.6米，桥下净空高2米，最大跨度10米。

胜利桥 [Shènglì Qiáo] 位于高桥街道胜利村永丰河上，故名。1999年建成。原先在西高线上，后路线调整后此路段调整为下坦村—十沙线。空心板梁结构，设计荷载标准为公路Ⅱ级，长12.8米，宽7.6米，桥下净空高1.5米，最大跨度8米。

竹茂新桥 [Zhúmào Xīnqiáo] 位于高桥街道大埭村，横跨永丰河，2009年2月13日建成。总投资70多万元，长30.04米、宽6.6米。

半岭堂桥 [Bànlǐngtáng Qiáo] 位于富山乡半岭堂，故名。1994年建成。在长决线上，空心板梁结构，设计荷载标准为公路Ⅱ级，长8.7米，宽8.8米，桥下净空高2.5米，最大跨度8米。

畴路岭脚桥 [Chóulùlǐngjiāo Qiáo] 位于富山乡畴路村岭脚，故名。1994年建成。在长决线上，拱桥结构，设计荷载标准为汽车—10级，长18米，宽7.5米，桥下净空高5米，最大跨度10米。

马鞍山一桥 [Mǎ'ānshān 1 Qiáo] 位于富山乡鞍山村（今安山村），因马鞍山的一号桥得名。1994年建成。在长决线上，空心板梁结构，设计荷载标准为汽车—15级，长22米，宽7.6米，桥下净空高3米，最大跨度14米。

马鞍山二桥 [Mǎ'ānshān 2 Qiáo] 位于富山乡鞍山村（今安山村），因马鞍山的二号桥得名。1994年建成。长决线上，整体现浇板结构，设计荷载标准为汽车—15级，长7.4米，宽7.8米，桥下净空高3米，最大跨度6.8米。

决要桥 [Juéyào Qiáo] 位于富山乡决要村，故名。1994年建成。在长决线上，拱桥结构，设计荷载标准为汽车—15级，长18米，宽9.2米，高4米，最大跨度10米。

黄永桥 [Huángyǒng Qiáo] 位于富山乡决要村，在长决线上，横跨金竹溪汇合口上，系黄岩与永嘉县交界处，大桥栏板上东侧刻“黄永大桥”，西侧刻“永黄大桥”，故名。黄永古道的黄岩和永嘉分界碑亦在桥边。大桥于1994年建成。桁架拱结构，设计荷载标准为汽车—15级，长33米，宽8米，桥下净空高5米，最大跨度25米。

马鞍山桥 [Mǎ'ānshān Qiáo] 位于富山乡马鞍山溪上，故名。2006年7月7日建。在马白线上，横跨马鞍山溪，空心板梁结构，设计荷载标准为公路Ⅱ级，长26米，宽8米，桥下净空高3米，最大跨度11.5米。

北山桥 [Běishān Qiáo] 位于富山乡北山村，故名。2006年7月7日建。在马白线上，空心板梁结构，设计荷载标准为公路Ⅱ级，长18米，宽8米，桥下净空高3.5米，最大跨度8米。

东岙一桥 [Dōng'ào 1 Qiáo] 位于富山乡东岙河上的一号桥，故名。2006年7月7日建。在马白线上，空心板梁结构，设计荷载标准为公路Ⅱ级，长15米，宽8米，桥下净空高11米，最大跨度13米。

东岙二桥 [Dōng'ào 2 Qiáo] 位于富山乡东岙河上的二号桥，故名。2006年7月7日建。在马白线上，空心板梁结构，设计荷载标准为公路Ⅱ级，长15米，宽8米，桥下净空高8米，最大跨度13米。

李家山一桥 [Lǐjiāshān 1 Qiáo] 位于富山乡李家山村的一号桥，故名。2006年7月7日建。在马白线上，空心板梁结构，设计荷载标准为公路Ⅱ级，长9米，宽10米，桥下净空高6.5米，最大跨度8米。

李家山二桥 [Lǐjiāshān 2 Qiáo] 位于富山乡李家山村的二号桥，故名。2006年7月7日建。在马白线上，空心板梁结构，设计荷载标准为公路Ⅱ级，长9米，宽8米，桥下净空高5.5米，最大跨度8米。

李家山三桥 [Lǐjiāshān 3 Qiáo] 位于富山乡李家山村的三号桥，故名。2006年7月7日建。在马白线上，空心板梁结构，设计荷载标准为公路Ⅱ级，长9米，宽20米，桥下净空高4米，最大跨度4米。

白岩下一桥 [Báiyánxià 1 Qiáo] 位于富山乡李家山村白岩下的一号桥，故名。2006年7月7日建。在马白线上，空心板梁结构，设计荷载标准为公路Ⅱ级，长21米，宽8米，桥下净空高5.5米，最大跨度10米。

白岩下二桥 [Báiyánxià 2 Qiáo] 位于富山乡李家山村白岩下的二号桥，故名。2006年7月7日建。在马白线上，空心板梁结构，设计荷载标准为公路Ⅱ级，长15米，宽8米，桥下净空高8米，最大跨度13米。

田岙桥 [Tián'ào Qiáo] 位于富山南征顶村乡田岙，故名。1999年建。在田坑线上。空心板梁结构，设计荷载标准为公路Ⅱ级，长56.5米，宽4.5米，桥下净空高8米，最大跨度14米。

炭场头一桥 [Tànchǎngtóu 1 Qiáo] 位于宁溪镇炭场头村的一号桥，故名。1994年建成，2005年拆除重建。在长决线上，空心板梁结构，设计荷载标准为公路Ⅱ级，长13米，宽7.6米，桥下净空高2.2米，最大跨度10米。

炭场头二桥 [Tànchǎngtóu 2 Qiáo] 位于宁溪镇炭场头村的二号桥，故名。1994年建成，2005年拆除重建。在长决线上，空心板梁结构，设计荷载标准为公路Ⅱ级，长6.2米，宽7.6米，桥下净空高2.2米，最大跨度5.5米。

炭场头三桥 [Tànchǎngtóu 3 Qiáo] 位于宁溪镇炭场头村的第一座桥，故名。1994年建成，2005年拆除重建。在长决线上，空心板梁结构，设计荷载标准为公路Ⅱ级，长8.8米，宽7.6米，桥下净空高1.2米，最大跨度6米。

前东坑桥 [Qiándōngkēng Qiáo] 位于宁溪镇上桧村前东坑，故名。1999年建成。在百王线上，跨越前东坑溪，整体现浇板结构，设计荷载标准为汽车—20级，长8.8米，宽10.6米，桥下净空高1.5米，最大跨度8米。

牌门桥 [Páimén Qiáo] 位于宁溪镇牌门村得名。1999年建成。在百王线上，跨越牌门溪，整体现浇板结构，设计荷载标准为汽车—20级，长6.8米，宽7.6米，桥下净空1.7米，最大跨度6米。

幸福桥 [Xìngfú Qiáo] 位于宁溪镇原幸福乡，故名。1994年建成，2006年拆除重建。在长决线上，空心板梁结构，设计荷载标准为公路Ⅱ级，长65.2米，宽10米，桥下净空高1米，最大跨度20米。

宁溪中桥 [Níngxī Zhōngqiáo] 位于宁溪中间的一座桥，故名。1994年建成，2014年拆除重建。在长决线上，空心板梁结构，设计荷载标准为公路Ⅱ级，长94.08米，宽20米，桥下净空高6.8米，最大跨度16米。

横街桥 [Héngjiē Qiáo] 位于宁溪镇大横街居，故名。1994年建成。在长决线上，整体现浇板结构，设计荷载标准为汽车—20级，长5.4米，宽15米，桥下净空高1.5米，最大跨度5米。

上蒋岙桥 [Shàngjiǎng'ào Qiáo] 位于宁溪镇上蒋岙，故名。1994年建成。在长决线上，空心板梁结构，设计荷载标准为汽车—20级，长21米，宽12.6米，高3.2米，最大跨度13米。

白晏桥 [Báiyàn Qiáo] 位于宁溪镇宁联村白晏，故名。1994年建成。在长决线上，空心板梁结构，设计荷载标准为汽车—20级，长5.4米，宽12.6米，桥下净空高1.2米，最大跨度5米。

吴家岙小桥 [Wújiā'ào Xiǎoqiáo] 位于宁溪镇吴家岙，故名。1994年建成。在长决线上，空心板梁结构，设计荷载标准为汽车—10级，长22米，宽7.6米，桥下净空高4.2米，最大跨度7米。

岭根石拱桥 [Lǐnggēn Shígǒngqiáo] 位于宁溪镇岭根村，故名。1994年建成。在长决线上，拱桥结构，设计荷载标准为汽车—10级，长12米，宽8.8米，桥下净空高4米，最大跨度6米。

乌岩头桥 [Wūyántóu Qiáo] 位于宁溪镇乌岩头溪上，故名。1999年建成。在浮乌线上，跨越乌岩头溪，空心板梁结构，设计荷载标准为汽车—20级，长10.6米，宽5米，桥下净空高2.5米，最大跨度5米。

乌岩头一桥 [Wūyántóu 1 Qiáo] 位于宁溪镇乌岩头，为有别于乌岩头桥，故名。1999年建成。在浮乌线上，横跨路乌岩头溪，空心板梁结构，设计荷载标准为公路Ⅱ级，长7.6米，宽5.3米，桥下净空高2.5米，最大跨度7米。

木坑溪桥 [Mùkēngxī Qiáo] 位于宁溪镇木坑溪上，故名。1999年建成。在木前线上，横跨木坑溪，空心板梁结构，设计荷载标准公路Ⅱ级，长65.8米，宽5.1米，桥下净空高5.3米，最大跨度13米。

中桧桥 [Zhōngguì Qiáo] 位于宁溪镇中下桧村中桧溪上，故名。1999年建成。在木前线上，空心板梁结构，设计荷载标准为汽车—20级，长21.4米，宽5.6米，桥下净空高3.2米，最大跨度10.7米。

上桧桥 [Shàngguì Qiáo] 位于宁溪镇上桧村溪上，故名。1999年建成。在木前线上，空心板梁结构，设计荷载标准为公路Ⅱ级，长14.3米，宽5.6米，桥下净空高3.6米，最大跨度13米。

蒋东岙桥 [Jiǎngdōng'ào Qiáo] 位于上郑乡蒋东岙村黄岩溪上，故名。1999年建成。在岭横线上。空心板梁结构，设计荷载标准为公路Ⅱ级，长78米，宽5.7米，桥下净空高4米，最大跨度14米。

岭下斜桥 [Lǐngxiàxiè Qiáo] 位于上郑乡上郑村岭脚和谢家两自然村交界处，故名。1999年建成。在宁大线上，空心板梁结构，设计荷载标准为汽车—15级，长9.7米，宽10.1米，桥下净空高1.7米，最大跨度7.6米。

上郑横山头桥 [Shàngzhèng Héngshāntóu Qiáo] 位于上郑乡横山头河上，故名。1999年建成。在宁大线上，整体现浇板结构，设计荷载标准为汽车—20级，长12米，宽8.9米，桥下净空高4.6米，最大跨度6米。

上郑桥 [Shàngzhèng Qiáo] 位于上郑乡上郑村黄岩溪上，故名。1999年建成。在宁大线上，空心板梁结构，设计荷载标准为汽车—20级，长90米，宽9.1米，桥下净空高4.3米，最大跨度20米。

毛家坎头洋桥 [Máojiā Kǎntóuyáng Qiáo] 位于上郑乡上郑村毛家和坎头洋两自然村交界处，故名。1999年建成。在宁大线上，整体现浇板结构，设计荷载标准为汽车—15级，长12米，宽7.6米，桥下净空高3.8米，最大跨度6米。

乌丝坑桥 [Wūsīkēng Qiáo] 位于上郑乡美丰村

乌丝坑，故名。1999年建成。在宁大线上，空心板梁结构，设计荷载标准为汽车—20级，长21米，宽7.6米，桥下净空高3.2米，最大跨度13米。

圣大线一桥 [Shèngdàxiàn 1 Qiáo] 位于上郑乡圣堂村宁大线上的第一座桥，故名。1999年建成。在宁大线上，空心板梁结构，设计荷载标准为公路Ⅱ级，长42.6米，宽7.6米，桥下净空高4米，最大跨度12米。

圣大线二桥 [Shèngdàxiàn 2 Qiáo] 位于上郑乡圣堂村宁大线上的第二座桥，故名。1999年建成。在宁大线上，空心板梁结构，设计荷载标准为公路Ⅱ级，长21米，宽7.6米，桥下净空高3.9米，最大跨度13米。

屿头桥 [Yǔtóu Qiáo] 位于屿头乡屿头村，故名。1994年建成，2014年拆除重建。在长决线上，空心板梁结构，设计荷载标准为公路Ⅰ级，长117.04米，宽8米，桥下净空高8.7米，最大跨度16米。

三联桥 [Sānlián Qiáo] 位于屿头乡三联村境内，故名。1999年建成。在三后线上，空心板梁结构，设计荷载标准为公路Ⅱ级，长71米，宽5.1米，桥下净空高3.5米，最大跨度13米。

大厂基桥 [Dàchǎngjī Qiáo] 位于屿头乡兴安村大厂基自然村，故名。1999年建成。在三后线上，空心板梁结构，设计荷载标准为公路Ⅱ级，长18.7米，宽5.1米，桥下净空高3米，最大跨度7.8米。

后岙桥 [Hòu'ào Qiáo] 位于屿头乡兴安村后岙自然村，故名。1999年建成。在坝脚—凉树山线上，横跨柔极溪，整体现浇板结构，设计荷载标准为公路Ⅱ级，长13米，宽5.1米，桥下净空高2米，最大跨度9.8米。

下交坑桥 [Xiàjiāokēng Qiáo] 位于屿头乡下坑河，故名。1993年建成。在屿洋线上，整体现浇板结构，设计荷载标准为汽车—15级，长11.5米，宽9.2米，桥下净空高4米，最大跨度7米。

梨坑桥 [Líkēng Qiáo] 位于屿头乡梨坑河上，故名。1993年建成。在屿洋线上，整体现浇板结构，设计荷载标准为汽车—15级，长24米，宽7.6米，桥下净空高4.1米，最大跨度8米。

小灰坑口桥 [Xiǎohuīkēngkǒu Qiáo] 位于屿头乡大田村小灰坑溪上，故名。1993年建成。在屿洋线上，整体现浇板结构，设计荷载标准为汽车—15级，长23米，宽8.1米，桥下净空高7.8米，最大跨度13米。

长湾脚桥 [Chángwānjiǎo Qiáo] 位于屿头乡大田村长湾脚，故名。1993年建成。在屿洋线上，钢架拱梁结构，设计荷载标准为汽车—15级，长33米，宽8.2米，桥下净空高10.4米，最大跨度26.5米。

百亩洋一桥 [Bǎimǔyáng 1 Qiáo] 位于北洋镇，因是百亩洋的第一座桥得名。1999年建成。在百王线上，跨越江南渠道，空心板梁结构，设计荷载标准为汽车—20级，长18米，宽10.6米，桥下净空高2.5米，最大跨度12.6米。

百亩洋二桥 [Bǎimǔyáng 2 Qiáo] 位于北洋镇，因是百亩洋的第二座桥，故名。1999年建成。百王线上，横跨九溪支流，整体现浇板结构，设计荷载标准为汽车—20级，长9米，宽9.8米，桥下净空高2.5米，最大跨度8米。

北洋桥 [Běiyáng Qiáo] 位于北洋镇，因所在地得名。1999年建成。在北潮线上，横跨长潭河，空心板梁结构，设计荷载标准为公路Ⅱ级，长22.8米，宽4.5米，桥下净空高4.5米，最大跨度8米。

北洋水闸桥 [Běiyángshuǐzhá Qiáo] 位于北洋镇长潭河水闸上，故名。1999年建成。在北潮线上，跨越长潭河北洋水闸，空心板梁结构，设计荷载标准为汽车—20级，长9.6米，宽4.5米，桥下净空高4.5米，最大跨度8.7米。

永宁江潮济桥 [Yǒngníngjiāng Cháojì Qiáo] 位于北洋镇潮济的永宁江上，故名。1999年建成。在北潮线上，横跨潮济河，空心板梁结构，设计荷载标准为公路Ⅱ级，长96.6米，宽5.1米，桥下净空高8.4米，最大跨度20.2米。

江北渠桥 [Jiāngběiqú Qiáo] 位于北洋镇，因横跨江北渠道得名。1999年建成。在北潮线上，横跨江北渠，空心板梁结构，设计荷载标准为公路Ⅱ级，长11.6米，宽10米，桥下净空高1.6米，最大跨度8米。

康山桥 [Kāngshān Qiáo] 位于北洋镇康山村，故名。1994年建成。原先在长决线上，后325省道延伸后该路段变为重复路段，桥梁也归属于S325路线。空心板梁结构，设计荷载标准为公路Ⅰ级，长18米，宽13米，桥下净空高2.1米，最大跨度10米。

潮济桥 [Cháojì Qiáo] 位于北洋镇潮济村，故名。1994年建成。原先在长决线上，后325省道延伸后该路段变为重复路段，桥梁也归属于S325路线。空心板梁结构、设计荷载标准为公路Ⅰ级，长16.8米，宽20米，桥下净空高3.5米，最大跨度16米。

横山下桥 [Héngshānxià Qiáo] 位于北洋镇联群村横山下，故名。1994年建成。在长决线上，整体现浇板结构，设计荷载标准为汽车—20级，长14米，宽13.6米，桥下净空高3.2米，最大跨度6米。

龙凤坦桥 [Lóngfèngtǎn Qiáo] 位于北洋镇龙凤坦自然村，故名。1994年建成。在长决线上，悬臂桥梁结构，设计荷载标准为汽车—15级，长41.3米，宽8.2米，桥下净空高9米，最大跨度22米。

麻车桥 [Máchē Qiáo] 位于北洋镇麻车头，故名。1994年建成。在长决线上，空心板梁结构，设计荷载标准为汽车—15级，长8.5米，宽7.6米，桥下净空高6米，最大跨度7.5米。

五尖山桥 [Wŭjiānshān Qiáo] 位于北洋镇五尖山村，故名。1994年建成。在长决线上，空心板梁结构，设计荷载标准为汽车—15级，长16米，宽7.6米，桥下净空高6.2米，最大跨度8米。

泄洪渠大桥 [XièhóngqúDàqiáo] 位于北洋镇永宁江上，跨越泄洪渠，故名。1999年建成。在潮长线上，横跨永宁江泄洪渠，整体现浇板结构，设计荷载标准为公路Ⅱ级，长96.8米，宽10.6米，桥下净空高6.5米，最大跨度12米。

江南渠道桥 [Jiāngnánqúdào Qiáo] 位于北洋镇江南渠道上，故名。1999年建成。在潮长线上，跨越江南渠道，整体现浇板结构，设计荷载标准为公路Ⅱ级，长40米，宽7.5米，桥下净空高5.6米，最大跨度22.4米。

小里桥 [Xiăolĭ Qiáo] 位于北洋镇小里桥村，故名。1994年建成。在黄前线上，空心板梁结构，设计荷载标准为汽车—20级，长22.7米，宽12.6米，桥下净空高5.6米，最大跨度22米。

应家桥 [Yīngjiā Qiáo] 位于北洋镇长潭村应家坑，故名。1994年建成。在黄前线上，空心板梁结构，设计荷载标准为汽车—20级，长6.6米，宽9.7米，桥下净空高3.9米，最大跨度6米。

王岙桥 [Wáng'ào Qiáo] 位于北洋镇长潭村王岙，故名。1994年建成。在黄前线上，空心板梁结构，设计荷载标准为汽车—20级，长14米，宽9.2米，桥下净空高6.9米，最大跨度13米。

泰隆桥 [Tàilóng Qiáo] 位于北洋镇杨恩村，寓意百姓生活安康、兴盛，故名。1999年建成。在联瑞线上，横跨杨恩溪，空心板梁结构，设计荷载标准为公路Ⅱ级，长17米，宽6.5米，桥下净空高6米，最大跨度13米。

下料溪桥 [Xiàliàoxī Qiáo] 位于北洋镇下料溪上，故名。1999年建成。在联瑞线上，横跨下料溪，空心板梁结构，设计荷载标准为公路Ⅱ级，长17.3米，宽7.5米，桥下净空高2.5米，最大跨度13.3米。

大洋桥 [Dàyáng Qiáo] 位于北洋镇大洋溪上，故名。1999年建成。在联瑞线上，空心板梁结构，设计荷载标准为公路Ⅱ级，长20米，宽7.3米，桥下净空高3米，最大跨度8米。

环镇东路江南渠道桥 [Huánzhèndōnglù Jiāng nánqúdào Qiáo] 位于北洋镇环镇东路，跨越江南渠道，故名。1999年建成。在树农线上，整体现浇板结构，设计荷载标准为汽车—20级，长30米，宽37.2米，桥下净空高3.8米，最大跨度26米。

永宁江北洋桥 [Yŏngníngjiāng Běiyáng Qiáo] 位于北洋镇永宁江上，故名。1999年建成。在树农线上，空心板梁结构，设计荷载标准为汽车—20级，长99米，宽15.5米，桥下净空高6米，最大跨度20米。

长洋桥 [Chángyáng Qiáo] 位于北洋镇长洋自然村，故名。1999年建成。在温白线上，空心板梁结构，设计荷载标准为公路Ⅱ级，长17米，宽5.1米，桥下净空高2.1米，最大跨度13米。

后呈桥 [Hòuchéng Qiáo] 位于上垟乡后呈自然村得名。1999年建成。在百王线上，跨越小坑溪，整体现浇板结构，设计荷载标准为汽车—20级，长17米，宽8米，桥下净空高3.5米，最大跨度8米。

上垟桥 [Shàngyáng Qiáo] 位于上垟乡上垟村得名。1999年建成，2014年重建。在百王线上，跨越上垟溪，空心板梁结构，设计荷载标准为汽车—20级，长30.8米，宽7.6米，桥下净空高3米，最大跨度10米。

山嘴头一桥 [Shānzuĭtóu 1 Qiáo] 位于上垟乡，因是山主头村的第一座桥得名。1999年建成。在百王线上，横跨山主头河，整体现浇板结构，设计荷载标准为公路Ⅱ级，长5.6米，宽7.6米，桥下净空高3.5米，最大跨度5米。

山嘴头二桥 [Shānzuĭtóu 2 Qiáo] 位于上垟乡，因是山主头村的第二座桥得名。1999年建成。在百王线上，横跨山主头河，整体现浇板结构，设计荷载标准为公路Ⅱ级，长7米，宽7.6米，桥下净空高2.5米，最大跨度6米。

坎头桥 [Kăntóu Qiáo] 位于上垟乡山主头村坎头得名。1999年建成。在百王线上，横跨坎头溪，空心板梁结构，设计荷载标准为公路Ⅱ级，长13.8米，宽7.6米，桥下净空高2.5米，最大跨度13米。

黄杜岙桥 [Huángdù'ào Qiáo] 位于上垟乡黄杜岙村得名。1999年建成。在百王线上，横跨黄杜岙溪，空心板梁结构，设计荷载标准为公路Ⅱ级，长14米，宽10.2米，桥下净空高1.8米，最大跨度13米。

黄杜岙二桥 [Huángdù'ào 2 Qiáo] 位于上垟乡，因是黄杜岙的第二座桥得名。1999年建成。在百王线上，跨越黄杜岙溪，空心板梁结构，设计荷载标准为公路Ⅱ级，长9米，宽11.9米，桥下净空高4米，最大跨度8米。

毛岙岸桥 [Máo'ào'àn Qiáo] 位于上垟乡毛岙岸自然村，故名。1994年建成。在黄前线上，整体现浇板结构，设计荷载标准为汽车—20级，长8.8米，宽7.6米，桥下净空高4.9米，最大跨度8米。

龙母洞桥 [Lóngmŭdòng Qiáo] 位于上垟乡岭

脚村大岩，龙母洞在上垟大岩山，传说一个姑娘吃下三颗美丽的果珠，在此山洞产下三条神龙，后来人们称这个山洞为龙母洞，桥近龙母洞，故名。1994年建成。在黄前线上，整体现浇板结构，设计荷载标准为汽车—20级，长8.9米，宽8.8米，桥下净空高8米，最大跨度8米。

岭脚桥 [Lǐngjiǎo Qiáo] 位于上垟乡岭脚村，故名。1994年建成。在黄前线上，空心板梁结构，设计荷载标准为汽车—20级，长17.4米，宽8.1米，桥下净空高3米，最大跨度13米。

上宅桥 [Shàngzhái Qiáo] 位于上垟乡象岙村上宅，故名。1994年建成。在黄前线上，空心板梁结构，设计荷载标准为汽车—20级，长19米，宽8.1米，桥下净空高3米，最大跨度13米。

李家垟桥 [Lǐjiāyáng Qiáo] 位于上垟乡李家垟村（该村现已撤销），故名。1994年建成。在黄前线上，空心板梁结构，设计荷载标准为公路Ⅱ级，长11.04米，宽7米，桥下净空高2米，最大跨度6米。

白沙园桥 [Báishāyuán Qiáo] 位于上垟乡白沙园村，故名。1994年建成。在黄前线上，空心板梁结构，设计荷载标准为汽车—20级，长31米，宽7.6米，桥下净空高2.5米，最大跨度13米。

前思岙一桥 [Qiánsī'ào 1 Qiáo] 位于上垟乡前思岙村，故名。1994年建成。在黄前线上，整体现浇板结构，设计荷载标准为汽车—20级，长9米，宽9.7米，桥下净空高5米，最大跨度8米。

上下吉一桥 [Shàngxiàjí 1 Qiáo] 位于上垟乡上下吉村的一号桥，故名。1999年建成。在毛日线上，横跨上下吉溪，整体现浇板结构，设计荷载标准为公路Ⅱ级，长5.4米，宽5.8米，桥下净空高2.6米，最大跨度5米。

上下吉二桥 [Shàngxiàjí 2 Qiáo] 位于上垟乡上下吉村的二号桥，故名。1999年建成。在毛日线上，横跨上下吉溪，整体现浇板结构，设计荷载标准为汽车—20级，长8米，宽6.5米，桥下净空高1.7米，最大跨度6.5米。

上下吉三桥 [Shàngxiàjí 3 Qiáo] 位于上垟乡上下吉村的三号桥，故名。1999年建成。在毛日线上，横跨上下吉溪，整体现浇板结构，设计荷载标准为公路Ⅱ级，长6米，宽6.6米，桥下净空高2.5米，最大跨度5.2米。

上下吉四桥 [Shàngxiàjí 4 Qiáo] 位于上垟乡上下吉村的四号桥，故名。1999年建成。在毛日线上，横跨上下吉溪，整体现浇板结构，设计荷载标准为公路Ⅱ级，长8米，宽6.7米，桥下净空高2.1米，最大跨度7.2米。

下方桥 [Xiàfāng Qiáo] 位于上垟乡下方村，故名。1999年建成。在毛日线上。整体现浇板结构，设计荷载标准为汽车—20级，长10.8米，宽7.8米，桥下净空高1.9米，最大跨度10米。

董岙桥 [Dǒng'ào Qiáo] 位于上垟乡董岙村，故名。1999年建成。在毛日线上，横跨董岙溪，整体现浇板结构，设计荷载标准为公路Ⅱ级，长6.6米，宽7.5米，桥下净空高4.4米，最大跨度5.8米。

日溪桥 [Rìxī Qiáo] 位于上垟乡日溪村（该村现已撤销），故名。1999年建成。在毛日线上，横跨日溪，空心板梁结构，设计荷载标准为公路Ⅱ级，长21.2米，宽4.1米，桥下净空高3.3米，最大跨度10米。

石本堂桥 [Shíběntáng Qiáo] 位于茅畲乡大礼村石本堂，故名。1999年建成。在百王线上，跨越石本堂溪，空心板梁结构，设计荷载标准为汽车—20级，长9.5米，宽9.8米，桥下净空高4.1米，最大跨度8.7米。

浦洋桥 [Pǔyáng Qiáo] 位于茅畲乡浦洋村得名。1999年建成。在百王线上，跨越浦洋溪，整体现浇板结构，设计荷载标准为汽车—20级，长7米，宽9.8米，桥下净空高2.5米，最大跨度6米。

上街桥 [Shàngjiē Qiáo] 位于茅畲乡上街村得名。1999年建成。在百王线上，跨越上街溪，整体现浇板结构，设计荷载标准为汽车—20级，长18.6米，宽9.7米，桥下净空高3.4米，最大跨度8.8米。

平坑桥 [Píngkēng Qiáo] 位于茅畲乡平坑自然村得名。1999年建成。在百王线上，跨越平坑溪，空心板梁结构，设计荷载标准为汽车—20级，长12米，宽7.7米，桥下净空高5.3米，最大跨度11米。

鸟山桥 [Niǎoshān Qiáo] 位于茅畲乡山卡村鸟山，故名。2005年建成。在平佛线上，空心板梁结构，设计荷载标准为公路Ⅱ级，长11米，宽7.6米，桥下净空高5.5米，最大跨度10米。

下水龙桥 [Xiàshuǐlóng Qiáo] 位于宁溪镇牌门村，因跨越下水龙溪得名。1999年建成。百王线上，空心板梁结构，设计荷载标准为汽车—20级，长21米，宽7.6米，桥下净空高2.5米，最大跨度10米。

岙里桥 [Àolǐ Qiáo] 位于平田乡岙里自然村，故名。1994年建成。在黄前线上，空心板梁结构。设计荷载标准为汽车—20级，长12米，宽8.6米，桥下净空高6.6米，最大跨度10米。

东溪桥 [Dōngxī Qiáo] 位于平田乡黄溪村东溪，故名。1994年建成。在黄前线上，空心板梁结构，设计荷载标准为汽车—20级，长14米，宽7.6米，桥下净空高8.9米，最大跨度13米。

山头下一桥 [Shāntóuxià 1 Qiáo] 位于平田乡山头下的一号桥，故名。1994年建成。在黄前线上，空心板梁结构，设计荷载标准为汽车—20级，长14米，宽8米，桥下净空高7米，最大跨度13.5米。

山头下二桥 [Shāntóuxià 2 Qiáo] 位于平田乡山头下的二号桥，故名。1994年建成。在黄前线上，空心板梁结构，设计荷载标准为汽车—20级，长11米，宽7.6米，桥下净空高5.3米，最大跨度10米。

桐外岙桥 [Tóngwài'ào Qiáo] 位于平田乡桐外岙，故名。1994年建成。在黄前线上，空心板梁结构，设计荷载标准为汽车—20级，长27米，宽7.6米，桥下净空高7.8米，最大跨度13米。

车水潭桥 [Chēshuǐtán Qiáo] 位于平田乡潘家垟车水潭溪上，故名。1999年建成。在庄桐线上，空心板梁结构，设计荷载标准为公路Ⅱ级，长12.3米，宽7.6米，桥下净空高3.3米，最大跨度10米。

寮前桥 [Liáoqián Qiáo] 位于平田乡寮前，故名。1999年建成。在庄桐线上，空心板梁结构，设计荷载标准为公路Ⅱ级，长22米，宽7.6米，桥下净空高2.7米，最大跨度10米。

山头姜桥 [Shāntóujiāng Qiáo] 位于头陀镇新盟村山头姜，故名。2010年建成。在325省道椒黄线上，空心板梁结构，设计荷载标准为公路Ⅰ级，长17.84米，宽20米，桥下净空高1.5米，最大跨度13米。

上路桥 [Shànglù Qiáo] 位于头陀镇新盟村上路，故名。2010年建成。在325省道椒黄线上，空心板梁结构，设计荷载标准为公路Ⅰ级，长17.44米，宽20米，桥下净空高1.5米，最大跨度13米。

山咀头桥 [Shānjǔtóu Qiáo] 位于头陀镇山咀头，故名。2010年建成。在325省道椒黄线上，空心板梁结构，设计荷载标准为公路Ⅰ级，长13.6米，宽21米，桥下净空高3米，最大跨度12.8米。

头陀桥 [Tóutuó Qiáo] 位于头陀镇，因所在地得名。2010年建成。在325省道椒黄线上，空心板梁结构，设计荷载标准为公路Ⅰ级，长46米，宽20米，桥下净空高1米，最大跨度18米。。

新头陀桥 [Xīntóutuó Qiáo] 位于头陀镇水闸头，2002年建成。跨江南渠道，空心板梁结构，长38米，宽8米，高2米。

头陀二桥 [Tóutuó 2 Qiáo] 因位于头陀镇的第二座桥得名。2015年建成。跨江南渠道，空心板梁结构，长38米，宽8米，高2米。

断江桥 [Duànjiāng Qiáo] 因位于头陀镇断江村得名。2002年建成。在长决线K12+851—断江线上，空心板梁结构，设计荷载标准为公路Ⅱ级，长104米，宽5米，桥下净空高5米，最大跨度20米。

白湖塘桥 [Báihútáng Qiáo] 位于头陀镇白湖塘，故名。1996年建成。在325省道椒黄线上，整体现浇板结构，设计荷载标准为公路Ⅰ级，长16米，宽12.6米，桥下净空高2.5米，最大跨度8米。

魏家桥 [Wèijiā Qiáo] 位于头陀镇新益村魏家，故名。2007年1月12日建成。在325椒黄线公路上，横跨魏家河。空心板梁结构，设计荷载标准为公路Ⅰ级，长14.54米，宽24.6米，桥下净空高3米，最大跨度10米。

店头桥 [Diàntóu Qiáo] 位于头陀镇店头桥，故名。1990年建成，2010年拆除重建。在店尤线上，空心板梁结构，设计荷载标准为公路Ⅱ级，长31.04米，宽10米，桥下净空高1.5米，最大跨度10米。

前园一桥 [Qiányuán 1 Qiáo] 位于头陀镇前园村的第一座桥，故名。2005年建成。在店尤线上，空心板梁结构，设计荷载标准为汽车—15级，长7.8米，宽7.2米，桥下净空高1.2米，最大跨度7.4米。

中岙桥 [Zhōng'ào Qiáo] 位于头陀镇中岙村，故名。2005年建成。在店尤线上，空心板梁结构，设计荷载标准为公路Ⅱ级，长7.6米，宽7.2米，桥下净空高1.5米，最大跨度7米。

浦口桥 [Pǔkǒu Qiáo] 位于头陀镇浦汇村浦口，故名。1996年建成。在临划线上，整体现浇板梁结构，设计荷载标准为汽车—20级，长6.8米，宽12.6米，桥下净空高2米，最大跨度6.4米。

洪屿闸头桥 [Hóngyǔ Zhátóu Qiáo] 位于头陀镇镇西村洪屿江北渠道闸头，故名。1996年建成。在临划线上，横跨江北渠道，整体现浇板梁结构，设计荷载标准为汽车—15级，长5.4米，宽14米，桥下净空高2米，最大跨度5米。

店头一桥 [Diàntóu 1 Qiáo] 位于头陀镇店头自然村的一号桥，故名。1996年建成。在临划线上，横跨元同溪，T梁结构，设计荷载标准为汽车—15级，长31.4米，宽6.2米，桥下净空高2米，最大跨度12米。

店头二桥 [Diàntóu 2 Qiáo] 位于头陀镇店头自然村的二号桥，故名。1996年建成。在临划线上，整体现浇板梁结构，设计荷载标准为汽车—15级，长13米，宽6.8米，桥下净空高2米，最大跨度5米。

溪头小学桥 [Xītóuxiǎoxué Qiáo] 位于头陀镇溪头小学附近河上，故名。1996年建成，2010年拆除重建。在临划线上，整体现浇板梁结构，设计荷载标准为公路Ⅱ级，长14.04米，宽8米，桥下净空高1米，最大跨度6米。

金友桥 [Jīnyǒu Qiáo] 位于头陀镇溪头，因老桥捐建人的名字而命名。1996年建成，2010年拆除重建。在临划线上，整体现浇板梁结构，设计荷载标准为公路Ⅱ级，长16.04米，宽8米，桥下净空高1.5米，最大跨度8米。

坝头桥 [Bàtóu Qiáo] 位于头陀镇坝头河上，故名。1996年建成。在临划线上，整体现浇板梁结构，设计荷载标准为汽车—15级，长7米，宽7.1米，桥下净空高4米，最大跨度6.4米。

道头桥 [Dàotóu Qiáo] 位于头陀镇下路道头自然村，故名。2005年3月建成。在东江河—道头上，横跨永宁江，空心板梁结构，设计荷载标准为公路Ⅱ级，长104米，宽5.2米，桥下净空高5米，由黄岩永宁江治理工程指挥部兴建。

锦溪桥 [Jǐnxī Qiáo] 位于沙埠镇锦溪上，故名。2006年10月10日建成。在沙岐线上。空心板梁结构，设计荷载标准为公路Ⅱ级，长40米，宽7.6米，桥下净空高3米，最大跨度13米。

岐田桥 [Qítián Qiáo] 位于沙埠镇岐田溪上，故名。2006年10月10日建。在沙岐线上，空心板梁结构，设计荷载标准为公路Ⅱ级，长17.06米，宽7.6米，桥下净空高3米，最大跨度13米。

沙埠桥一桥 [Shābùqiáo 1 Qiáo] 位于沙埠镇沙埠溪上一号桥，故名。1992年6月建成。在十沙线上，横跨沙埠溪，空心板梁结构，设计荷载标准为汽车—15级，长60.8米，宽7.6米，桥下净空高2米，最大跨度20米。

沙埠桥二桥 [Shābùqiáo 2 Qiáo] 位于沙埠镇沙埠溪上的二号桥，故名。1997年建成。在院岙线上，空心板梁结构，设计荷载标准为汽车—15级，长47米，宽7.6米，桥下净空高5.5米，最大跨度13米。

百家尖桥 [Bǎijiājiān Qiáo] 位于沙埠镇佛岭村百家尖溪上，故名。2001年建成。在院岙线上，整体现浇板结构，设计荷载标准为汽车—15级，长6米，宽9米，桥下净空高8米，最大跨度5米。

佛岭脚桥 [Fólǐngjiǎo Qiáo] 位于沙埠镇佛岭脚溪上，故名。2001年建成。在院岙线上，整体现浇板结构，设计荷载标准为汽车—15级，长11米，宽7.6米，桥下净空高5米，最大跨度10米。

大虫坑桥 [Dàchóngkēng Qiáo] 位于沙埠镇南六坑村大虫坑，故名。2001年建成。在院岙线上，空心板梁结构，设计荷载标准为汽车—15级，长14米，宽9米，桥下净空高5米，最大跨度13米。

中砚桥一桥 [Zhōngyànqiáo 1 Qiáo] 位于沙埠镇南六坑村中砚溪上一号桥，故名。2001年建成。在院岙线上，空心板梁结构，设计荷载标准为汽车—15级，长11米，宽7.6米，桥下净空高2.6米，最大跨度10米。

中砚桥二桥 [Zhōngyànqiáo 2 Qiáo] 位于沙埠镇南六坑村中砚溪上的二号桥，故名。2001年建成。在院岙线上，空心板梁结构，设计荷载标准为汽车—15级，长9米，宽10.5米，桥下净空高2.2米，最大跨度8米。

塘岭左桥 [Tánglǐng Zuǒqiáo] 位于院桥镇四联村塘岭左幅路段（大溪至临海方向），故名。1997年12月8日建成。在G15高速公路上，跨越塘岭山间溪流，空心板梁结构，设计荷载标准为公路Ⅰ级，长25米，宽12.5米，最大跨度13米，桥下净空高3.7米。

塘岭右桥 [Tánglǐng Yòuqiáo] 位于院桥镇四联村塘岭右幅路段（临海至大溪方向），故名。1997年12月8日建成。在G15高速公路上，跨越塘岭山间溪流，空心板梁结构，设计荷载标准为公路Ⅰ级，长25米，宽12.5米，桥下净空高3.7米，最大跨度13米。

库滩左桥 [Kùtān Zuǒqiáo] 位于院桥镇四联村，该桥跨越库滩村道左幅路段（大溪至临海方向），故名。1997年12月8日建成。在G15高速公路上，空心板梁结构，设计荷载标准为公路Ⅰ级，长42.7米，宽12.5米，桥下净空高4.8米，最大跨度13米。

库滩右桥 [Kùtān Yòuqiáo] 位于院桥镇四联村，该桥跨越库滩村道右幅路段（临海至大溪方向），故名。1997年12月8日建成。在G15高速公路上，空心板梁结构，设计荷载标准为公路Ⅰ级，长42.7米，宽12.5米，桥下净空高4.8米，最大跨度13米。

水花村桥 [Shuǐhuācūn Qiáo] 位于院桥镇水花村，故名。1997年12月8日建成。在G15高速公路上，跨越山间溪流，空心板梁结构，设计荷载标准为公路Ⅰ级，长17.5米，宽24.5米，桥下净空高4.1米，最大跨度10米。

俞家岙桥 [Yújiā'ào Qiáo] 位于院桥镇水花村俞家岙，故名。1997年12月8日建成。在G15高速公路上，跨越俞家岙水渠，空心板梁结构，设计荷载标准为公路Ⅰ级，长13.5米，宽24.5米，桥下净空高5.6米，最大跨度6米。

大拉沟小桥 [Dàlāgōu Xiǎoqiáo] 位于院桥镇，该桥跨越大拉沟水渠且桥体不大，故名。1997年12月8日建成。在G15高速公路上，空心板梁结构，设计荷载标准为公路Ⅰ级，长13.5米，宽24.5米，桥下净空高0.8米，最大跨度6米。

唐家分离立交桥 [Tángjiā Fēnlí Lìjiāoqiáo] 位于院桥镇唐家桥，该立交桥在唐家桥境内且跨越院桥至岙里的道路，故名。1997年12月8日建成。在G15高速公路上，空心板梁结构，设计荷载标准为公路Ⅰ级，长458米，宽24.5米，桥下净空高4.5米，最大跨度13米。

院桥互通4号桥 [Yuànqiáo Hùtōng 4 Hào Qiáo] 位于院桥境内的互通桥，故名。1997年12月8日建成。在G15高速公路上，空心板梁结构，设计荷载标准为公路Ⅰ级，长42.7米，宽12.5米，桥下净空高1.6米，最大跨度13米。

黄金洋桥 [Huángjīnyáng Qiáo] 位于院桥镇，该桥跨越黄金洋的软土地带，故名。1999年9月8日建成。在G15高速公路上，空心板梁结构，设计荷载标准为公路Ⅰ级，长323.7米，宽24.5米，桥下净空高2.4米，最大跨度16米。

华屿村桥 [Huáyǔcūn Qiáo] 位于院桥镇红星村华屿，故名。1999年9月8日建成。在G15高速公路上，跨越华屿长河，空心板梁结构，设计荷载标准为公路Ⅰ级，长51.7米，宽24.5米，桥下净空高2.4米，最大跨度16米。

华屿一桥 [Huáyǔ 1 Qiáo] 位于院桥镇红星村华屿，该桥是沈海高速在华屿境内的第一座桥，故名。1999年9月8日建成。在G15高速公路上，空心板梁结构，设计荷载标准为公路Ⅰ级，长42.7米，宽24.5米，桥下净空高2.4米，最大跨度13米。

华屿二桥 [Huáyǔ 2 Qiáo] 位于院桥镇红星村华屿，该桥是沈海高速在华屿境内的第二座桥，故名。1999年9月8日建成。在G15高速公路上，空心板梁结构，设计荷载标准为公路Ⅰ级，长160米，宽24.5米，桥下净空高3.6米，最大跨度13米。

华屿山桥 [Huáyǔshān Qiáo] 位于院桥镇红星村华屿，该桥是沈海高速在华屿境内的桥，故名。1999年9月8日建成。在G15高速公路上，整体现浇板结构，设计荷载标准为公路Ⅰ级，长13.5米，宽24.5米，桥下净空高3.2米，最大跨度6米。

岙林村一号桥 [Àolíncūn 1 Hào Qiáo] 位于院桥镇友联村岙林，该桥是沈海高速在岙林村境内的第一座桥，故名。1999年9月8日建成。在G15高速公路上，空心板梁结构，设计荷载标准为公路Ⅰ级，长33米，宽24.5米，桥下净空高2.2米，最大跨度10米。

岙林村二号桥 [Àolíncūn 2 Hào Qiáo] 位于院桥镇友联村岙林，该桥是沈海高速在岙林村境内的第二座桥，故名。1999年9月8日建成。在G15高速公路上，空心板梁结构，设计荷载标准为公路Ⅰ级，长15.5米，宽24.5米，桥下净空高2.2米，最大跨度6米。

梁湖桥二桥 [Liánghúqiáo 2 Qiáo] 位于院桥镇梁湖河上的第二座桥，故名。1995年建成。在十路线上，空心板梁结构，设计荷载标准为汽车—20级，长6.6米，宽35.2米，桥下净空高1.5米，最大跨度6米。

下店头桥 [Xiàdiàntóu Qiáo] 位于院桥镇下店头，故名。1995年建成。在十路线上，空心板梁结构，设计荷载标准为汽车—20级，长26米，宽35.2米，高3米，最大跨度25米。

店头桥一桥 [Diàntóuqiáo 1 Qiáo] 位于院桥镇店头村的第一座桥，故名。1995年建成。在十路线上，空心板梁结构，设计荷载标准为汽车—20级，长9米，宽34米，下净空高3米，最大跨度8.2米。

店头桥二桥 [Diàntóuqiáo 2 Qiáo] 位于院桥镇店头村的第二座桥，故名。1995年建成。在十路线上，空心板梁结构，设计荷载标准为汽车—20级，长22.8米，宽35.2米，下净空高2米，最大跨度22米。

院桥小桥 [Yuànqiáo Xiǎoqiáo] 位于院桥镇，故名。1995年建成，2011年拆除重建。在十路线上，空心板梁结构，设计荷载标准为公路Ⅱ级，长31米，宽9.68米，桥下净空高3.5米，最大跨度10米。

沙门店桥 [Shāméndiàn Qiáo] 位于院桥镇沙门店村，故名。1995年建成。在十路线上，空心板梁结构，设计荷载标准为公路Ⅱ级，长22.7米，宽6.2米，桥下净空高2.2米，最大跨度8.7米。

螺洋东风桥 [Luóyáng Dōngfēng Qiáo] 位于院桥镇东风河上，河流流至螺洋，故名。1995年建成，2014年拆除重建。在十路线上，空心板梁结构，设计荷载标准为公路Ⅱ级，长37米，宽9米，桥下净空高2.4米，最大跨度16米。

秀岭桥 [Xiùlǐng Qiáo] 位于院桥镇秀岭溪上，故名。1999年建。在水秀线上，空心板梁结构，设计荷载标准为公路Ⅱ级，长13.4米，宽5.5米，桥下净空高2.1米，最大跨度6.2米。

院桥互通一桥 [Yuànqiáo Hùtōng 1 Qiáo] 位于院桥镇横林村，为G15高速互通连接线一号桥，故名。1999年建成。在院岙线上，跨越G15高速，空心板梁结构，设计荷载标准为汽车—20级，长458米，宽10米，桥下净空高5米，最大跨度20米。

院桥互通二桥 [Yuànqiáo Hùtōng 2 Qiáo] 位于院桥镇横林村，为G15高速互通连接线二号桥，故名。1999年建成，2014年进行了拼宽。在院岙线上，空心板梁结构，设计荷载标准为汽车—20级，长42.84米，宽19米，桥下净空高2.3米，最大跨度13米。

院桥互通三桥 [Yuànqiáo Hùtōng 3 Qiáo] 位于院桥镇区红绿灯口，为G15高速互通连接线三号桥，故名。1999年建成，2014年进行了拼宽。在院岙线上，空心板梁结构，设计荷载标准为汽车—20级，长33米，宽19米，桥下净空高1.5米，最大跨度10米。

合屿桥 [Héyǔ Qiáo] 位于院桥镇合屿村小河上，故名。1995年建成。在院岙线上，整体现浇板结构，设计荷载标准为汽车—15级，长6米，宽7.6米，桥下净空高1米，最大跨度5米。

沙门於桥 [Shāményū Qiáo] 位于院桥镇沙门村沙门於，故名。2006年建成。在院路线上，空心板梁结构，设计荷载标准为公路Ⅰ级，长65.04米，宽

54.75米，桥下净空高2.1米，最大跨度20米。

沙门金桥 [Shāménjīn Qiáo] 位于院桥镇沙门村沙门金，故名。2006年建成。在院路线上，空心板梁结构，设计荷载标准为公路Ⅰ级，长25.04米，宽44.5米，桥下净空高1.8米，最大跨度20米。

田洋屋大桥 [TiányángwūDàqiáo] 位于院桥镇桐村村田洋屋河上，故名。2006年建成。在院路线上，空心板梁结构，设计荷载标准为公路Ⅰ级，长165.04米，宽41.5米，桥下净空高1.2米，最大跨度20米。

楼前桥 [Lóuqián Qiáo] 位于院桥镇楼前河上，故名。2006年建成。在院路线上，空心板梁结构，设计荷载标准为公路Ⅰ级，长53.04米，宽41.5米，桥下净空高2.5米，最大跨度16米。

院桥一桥 [Yuànqiáo 1 Qiáo] 位于院桥镇山水泾河上的一号桥，故名。1999年建成。在院西线上，整体现浇板结构，设计荷载标准为公路Ⅱ级，长18.5米，宽7.5米，桥下净空高2.6米，最大跨度6米。

院桥二桥 [Yuànqiáo 2 Qiáo] 位于院桥镇山水泾河上的二号桥，故名。1999年建成。在院西线上，整体现浇板结构，设计荷载标准为公路Ⅱ级，长24米，7.6米，桥下净空高4米，最大跨度6米。

岙林小桥 [Àolín Xiǎoqiáo] 位于院桥镇友联村岙林得名。1999年建成。在岙横线上，整体现浇板结构，设计荷载标准为汽车—15级，5.6米，宽7.7米，桥下净空高1米，最大跨度5米。

下店桥 [Xiàdiàn Qiáo] 位于院桥镇店头村下店得名。1999年建成。在岙横线上，空心板梁结构，设计荷载标准为汽车—15级，长28.8米，宽7.7米，桥下净空高2.1米，最大跨度16米。

横林桥 [Rénglín Qiáo] 位于院桥镇横林村得名。1997年建成，在岙横线上，空心板梁结构，设计荷载标准为汽车—15级，长48.8米，宽7.7米，桥下净空高2.5米，最大跨度16米。

上桥桥 [Shàngqiáo Qiáo] 位于院桥镇上桥，故名。1998年建成，2010年拆除重建。在高广线上，空心板梁结构，设计荷载标准为公路Ⅱ级，长18.04米，宽8米，高桥下净空1.1米，最大跨度13米。

前宅一桥 [Qiánzhái 1 Qiáo] 位于院桥镇前后宅村前宅，故名。1998年建成，2010年拆除重建。在高广线上，空心板梁结构，设计荷载标准为公路Ⅱ级，长13米，宽8米，桥下净空高1.2米，最大跨度8米。

繁荣桥 [Fánróng Qiáo] 位于院桥镇繁荣村，故名。1998年建成。在高广线上，空心板梁结构，设计荷载标准为汽车—20级，长19.2米，宽24.7米，桥下净空高2.1米，最大跨度8.3米。

第二节　铁路隧道

黄毛山隧道 [Huángmáoshān Suìdào] 地处黄岩东城街道，西口位于红三村黄毛山下，隧道以山而名。单洞双线，全长4906米，是甬、台、温铁路第五长隧道。2006年1月动工，2007年2月开通。

金岭头隧道 [Jīnlǐngtóu Suìdào] 地处黄岩南城街道金寺堂岭头下，以地得名。位于甬、台、温铁路与公路104国道立交桥南侧，全长619米。2006年1月于隧道南端第一次爆破，2007年4月于隧道北端动工，于2008年建成。

第三节　公路隧道

馒头山隧道 [Mǎntóushān Suìdào] 位于黄岩北城街道净土岙与临海沿江镇交界的馒头山而名，全长3124米，东口地处黄岩北城街道净土岙，是甬、台、温铁路从北进入黄岩第一座隧道。2006年6月动工，2008年5月竣工。

黄土岭隧道 [Huángtǔlǐng Suìdào] 位于北城街道黄土岭与临海沿江镇属地交界，隧道以地得名。有104国道隧道，另有G15沈海高速公路隧道。中心里程104线全长912米，净宽11米，高5米。北端进口段86米，南端出口段296米，均采用混凝土路面衬砌直墙变截面拱圈，拱脚与直墙厚70厘米。北洞1985年9月开工，南洞工程于1985年10月开工。1988年8月南北洞全幅通车。

塘岭隧道（右） [Tánglǐng Suìdào] 位于院桥镇塘岭，以地而名，长935米，宽13.02米，高5米，G15沈海高速隧道，1997年建成。

胡村岭隧道 [Húcūnlǐng Suìdào] 位于北洋镇岭下，据传这山岭原叫猢狲岭，因不雅，改为胡村岭，隧道因岭而名。1988年建成，长450米，宽8.5米，高5米，系长（塘）决（要）线公路隧道。

柔极岭隧道 [Róujílǐng Suìdào] 位于屿头乡柔极岭而名，1988年建成，长561米，宽8.5米，高5米。系长（塘）决（要）线公路隧道。

前村岭隧道 [Qiáncūnlǐng Suìdào] 位于沙埠镇前村岭，故名。1992年建成，长199米，宽6.5米，高4.5米，系院桥岙里坑线公路隧道。

第六编　水利电力设施

第一章　水利设施

第一节　井　池　塘

铁米筛井 [Tiěmǐshāi Jǐng] 黄岩名井之一。南宋嘉定《赤城志》记，在县东三里九峰寺南（今九峰公园桃花潭西边溪流回合处）。古时城内受永宁江潮汐影响，地带咸卤，水味咸涩。宋代僧人净真开凿此井，并作铁米筛压于井底，限制流沙，故名。上呈方形，为条石结构，下部为块石叠砌，周长约11.8米。水量充沛，水质纯净，久旱不竭。历代名人多咏铁米筛井的诗。南宋庆元五年（1199），知县常浚孙建不竭亭于井侧。2013年2月，公布为区级文物保护单位。另有米筛甘井，在儿童公园围墙北侧，今弃用。

梅花井 [Méihuā Jǐng] 黄岩名井之一。位于黄岩旧城小南门外的梅花井路东头。宋明时期，小南门外到十里铺大道两边都是梅树，有“十里梅林”之称，井以此得名。初建于南宋时期。清光绪《黄岩县志》记：“梅花井在县东南方山之麓，宋邑人郑氏凿。”方志又记，南宋时福建郑氏避乱迁居黄岩泽库（今温岭泽国），九世孙分居黄岩天长街，为感谢黄岩民众的关爱，郑氏于小南门外开凿此井致谢。南宋丞相杜范题有“孝义”两字，人称“孝义井”。

乐清状元王十朋途经黄岩，写有《梅花亭》诗。清王彦威母卢德仪《扫墓晚归梅花井》诗：

数家负郭自成村，残照西风冷掩门。

偶向梅花深处过，暗香疏影正黄昏。

委羽山井 [Wěiyǔshān Jǐng] 南宋嘉定《赤城志》记：“委羽井，在县南五里，洞西百步。”委羽山井又称丹井，位于大有宫西北侧，古时道人取此井水炼丹，故名。井深不足5尺，直径不足1米，据清光绪《黄岩县志》记，井水清澈甘洌，常年不涸。天降雨则水面转绿，大雨深绿，小雨浅绿，甚为奇妙。

瑞井 [Ruì Jǐng] 民国《黄岩县志》记：“瑞井，在委羽洞前二百余步。”即大有宫雷祖殿前，井直径约70厘米，深3米多。据传雷祖殿的前院原有琪树，俗称仙树，吃其果能健身长生，人称吉祥树，南宋景定年间树毁。黄岩王珏、杜文甫、孝景文等在树址处挖井，泉水涌出，人称“瑞井”。

鲁神井 [Lǔshén Jǐng] 位于南城街道方山下的鲁神庙不远处，井水甘洌，四时不涸，以传说而名。南宋嘉定《赤城志》记：“有三，在县东五里鲁神庙侧。一在神像下，不可汲。二在庙后，四环皆巨木，叶坠独不入井中，人以为异。”

乌龟井 [Wūguī Jǐng] 位于北城街道唐门山西麓，唐门山状如灵龟俯首探江，俗称乌龟山，井以地名。井水清冽，四时不涸。

砚池 [Yàn Chí] 位于东城街道砚池巷南侧，砚池长约20米，宽近10米。清光绪《黄岩县志》：“砚池，在县东南砚池巷。”晚清时期，林丙修兄弟俩于横街南侧建宅，并于大门前疏浚包塘，包塘呈长方形，状如砚台，人称“砚池”。古代天晴时节，方山顶上双塔倒映入池，犹如双笔入砚，妙趣横生。这一天然图景，富含文化意蕴，成为古黄岩城的文化景观之一。林丙修于清光绪二十年（1894）中进士，大门额题“进士第”，刻有联“古研池蒸云五色，远峰门映笔双枝”。该宅院于20世纪末横街路改造时被拆。砚池南侧乃王彦威故居后屋。

肇泽池 [Zhàozé Chí] 古称赵宅池，位于西城街道肇泽池巷。清光绪《黄岩县志》：“赵宅池，在县西南。”该池地处江若干宅院门前，长约22米，宽近10米，东与北边均有精致的石护栏。据传这一带宋、元时是中原南迁的宗室赵氏家族开发的居地之一，池塘亦名赵宅池。该家族在南宋时期中进士达20多人。后因赵氏家族衰落，象川蔡氏迁居这一带，蔡氏宗祠亦建于池北侧。清代，赵宅池蔡氏家族衰落，宅院卖给江家，成了江若幹宅院（详见卷六第三章古宅），江氏扩建宅院，并改门前的赵宅池为肇泽池，门前的巷称肇泽池巷。2013年2月，江若幹宅公布为区级文物保护单位。

白莲池 [Báilián Chí] 位于北洋镇灵石中学内，古代植有白莲而名。南宋绍兴年间，太常少卿谢伋辞官还乡，居于灵石寺，已有此池。池较大，旁有多株古樟。附近还有水芝轩、灵泉馆、挽衣亭等景，今均毁，唯白莲池风光依旧。谢希孟有《白莲池古樟》诗：

老树谁所栽，及兹上交盖。

峥嵘仰巨樟，秀发怜稚桧。

平弓池 [Pínggōng Chí] 又称泮池，位于高桥街道三童岙口下坦凤凰山下，在太常少卿谢伋故居门前，池为方形结构，边长近5米，东侧有池井，不远的山麓有朱熹手迹“天然”刻石。

白湖塘 [Báihú Táng] 位于头陀镇鸭嘴山下，湖的形状呈曲尺形，长约0.5千米，最宽处达70多米，平均水深3米多，面积约2.7公顷。《台州府志》与清光绪《黄岩县志》记：“白湖，在县西二十五里。”据传白湖边上古有庵堂，志书又：“清乾隆二年（1737），瑞岩寺僧全广圣建，名白湖堂，其徒昭学重光佛像。”相传东晋时孙恩从灵石撤造船基地，退保章安，途经白湖，因巨石伤其部属，怒掷盔甲于塘中，由此引发很多美丽的传说。

第二节　水　库

长潭水库 [Chángtán Shuǐkù] 全省综合性大(2)型水库。位于黄岩西部永宁江上游。因大坝所在地长潭而得名。台州市区主要饮用水水源地。距城区22千米。大坝在青龙山、伏虎山之间，1958年10月兴建，1960年2月大坝渡口截流，1964年12月竣工。除险加固工程于2004年10月全部竣工。正常水位达36米，集水面积441.3平方千米，湖面宽广，南北长约12千米，东西宽约3千米。以灌溉为主，结合防洪、发电，灌溉黄岩、温岭、椒江、临海的农田7万公顷。水电总装机11900千瓦，平均年发电量约2000万千瓦时。水库枢纽由拦河大坝、溢洪道、泄洪隧洞、输水隧洞、电站、升压站等组成。坝为黏土斜墙砂卵石坝，坝顶高程36.5米，坝长480米。底宽293米，顶宽6米。溢洪道、泄洪隧洞、输水隧洞、电站厂房等均布置于大坝左岸。溢洪道堰顶高程36米，净宽60米，最大下泄流量1700米^3/秒。是江南渠道与江北渠道之源。建造时共移民8365户、30497人。水库四周山峦起伏，植被丰茂，环长潭湖公路风光旖旎。通255路、253路、858路等公交线路。

方山水库 [Fāngshān Shuǐkù] 位于东城街道方山上而名。始建于20世纪50年代。2009年加固重修水库大坝。系混凝土路面连拱坝，两端采用灌砌砖力坝形式，中间采用四支墩五连拱形式，坝高200米，顶宽4米。同时对四周环境进行美化，并建有岁月、听松、沐雨等三座六角亭，西有方山寺，东为文笔、华盖两峰，顶上建有古塔两座，“双峰插云”为九峰十二景之一。

佛岭水库 [Fólǐng Shuǐkù] 位于西江上游沙埠镇南岙溪，以所在地佛岭得名。1977年12月动工，1987年5月建成。灌溉面积达500多公顷，水电站装机320千瓦，是一座以防洪为主、灌溉为辅结合发电、养鱼等综合利用的中型水库。坝长460米，高40多米，顶宽5米。库区淹没横溪、大虫坑、南朱等3村。

秀岭水库 [Xiùlǐng Shuǐkù] 位于院桥镇秀岭东部。大坝界于狮子山和黄羊山之间，拦唐岭与秀岭两溪之水。以大坝所在地秀岭得名。1956年动工，1958年3月竣工。大坝长430米，高17.72米，集水面积13.9平方千米，防洪面积3000多公顷。水库四周有台温古驿道、新河坊、王启墓、将军庙等古迹。造水库时，发掘东汉至南朝古墓52座，出土文物120多件。

英山水库 [Yīngshān Shuǐkù] 因位于宁溪镇英山得名。1959年10月动工，1961年10月竣工，集水面积4平方千米。大坝为岩基黏土心墙坝，坝高27.04米，坝长90米，顶宽4米。

黄坦水库 [Huángtǎn Shuǐkù] 位于新前街道车口村(原黄坦村)，以水库所在地得名。1959年10月动工，1963年4月完工。集水面积11平方千米。东枕蛇头山，西靠谷堆山，是一座以灌溉为主，结合防洪、发电、养鱼等综合利用的小型水库，大坝为软基黏土心墙坝，坝高15.62米，坝长386米，顶宽4米。

十二坑水库 [Shí'èrkēng Shuǐkù] 位于黄岩区头陀镇横山村十二坑，以所在地得名。建于1958年，坝高31米，长108米，顶宽4米，集雨面积2.95平方千米，以灌溉为主，兼具防洪、供水的小型水库。

外金水库 [Wàijīn Shuǐkù] 位于富山乡境内瓯江水系楠溪江支流的鹤盛溪上游，以水库所在地外金得名。1994年6月动工，1998年11月完工，坝高47.22米，长246米。集雨面积26.7平方千米，是一座以发电为主，兼防洪、灌溉于一体的小型水库。

猫儿坑水库 [Māo'érkēng Shuǐkù] 位于头陀镇广兴岙，以库区所在地猫儿坑得名。1957年11月动工，1958年3月竣工，集雨面积0.31平方千米，大坝为岩石基础，黏土心墙坝，坝高19.13米，长100米，顶宽5米。水库以发电为主，结合养殖。装机2台，计119千瓦。

西溪水库 [Xīxī Shuǐkù] 位于院桥镇西溪村，以库区所在地西溪得名。1975年12月动工，1980年2月建成。集水面积5.6平方千米，水库以防洪灌溉为主，结合发电、养鱼等综合利用。坝高28米，长300米，顶宽4米。西溪村山水相依，景色秀丽。

水竹水库 [Shuǐzhú Shuǐkù] 位于新前街道峰丘、水竹自然村，系黄坦水库的叠库，以所在地水竹自然村而名。1956年11月兴建，1958年4月竣工。集水面积2.24平方千米，大坝为岩基黏土心墙坝，坝高23.5米，长94米，顶宽4米。

鸟山水库 [Niǎoshān Shuǐkù] 位于茅畲乡山卡村鸟山，以水库所在地得名。1958年8月动工，1960年3月竣工。集水面积2.52平方千米，大坝为岩基黏土心墙坝，坝高30米，长85米，顶宽4米。1979年10月建成引水式电站1座。

下水龟水库 [Xiàshuǐguī Shuǐkù] 位于上垟乡与平田乡交界的小田，以水库所在下水龟村得名(村已迁移)。1956年11月动工，1957年11月建成。坝高17.3米，长79.2米，顶宽4.6米。集雨面积3.15平方千米。2007年11月除险加固工程竣工。

五丰山水库 [Wǔfēngshān Shuǐkù] 位于南城街道璜山头新村鱼沉，以水库所在地五丰山而得名。1955年12月动工，1956年2月建成，集雨面积0.2平方千米，库容10万立方米。

飞水岩水库 [Fēishuǐyán Shuǐkù] 位于北洋镇瑞岩村，以水库所在地飞水岩而得名。1956年1月动工，1957年3月竣工。集雨面积3.17平方千米，库容74.9万立方米。

净土寺水库 [Jìngtǔsì Shuǐkù] 位于北城街道净土岙村，以水库所在地净土寺后而得名。1957年11月动工，1958年4月建成。集雨面积0.27平方千米，正常库容7万立方米。

灵岩水库 [Língyán Shuǐkù] 位于北城街道新宅村的灵岩山，以水库所在地而得名。1957年11月动工，1960年1月竣工。集雨面积0.37平方千米，灌溉面积20公顷。

下抱水库 [Xiàbào Shuǐkù] 位于新前街道石捣臼村，以水库所在地下抱自然村而得名。始建于1957年11月，1960年12月竣工。集雨面积0.87平方千米。灌溉面积20公顷。

共青号水库 [Gòngqīnghào Shuǐkù] 位于院桥镇鉴湖，因当时参加建设的共青团员而得名。建于1958年12月，1960年4月竣工。集雨面积0.81平方千米，灌溉面积33公顷。

三块岩水库 [Sānkuàiyán Shuǐkù] 因位于院桥镇下山头，以水库所在地有三块较大的岩石而得名。建于1962年12月，1968年3月建成。集雨面积0.47平方千米，灌溉面积53公顷。

沈岙水库 [Shěn'ào Shuǐkù] 因位于上垟乡沈岙村，以水库所在地而得名。1964年11月动工，1969年12月建成。集雨面积5.25平方千米，灌溉面积达133公顷。

白沙园水库 [Báishāyuán Shuǐkù] 位于上垟乡白沙园，因水库所在地而得名。始建于1964年12月，1967年5月建成。集雨面积4.94平方千米，灌溉面积33公顷。

黄杜岙水库 [Huángdù'ào Shuǐkù] 位于上垟乡黄杜岙村，以水库所在地而名，始建于1970年11月，1974年4月竣工。集雨面积1.53平方千米，灌溉面积34公顷。

岭口下水库 [Lǐngkǒuxià Shuǐkù] 位于平田乡平田村岭口下，以水库所在地得名，始建于1972年11月，1976年4月竣工。集雨面积0.2平方千米，灌溉面积20公顷。

龙潭头水库 [Lóngtántóu Shuǐkù] 因位于平田乡桐树坑村的龙潭头而名，1975年11月动工，1984年建成。集雨面积8.5平方千米，灌溉面积20公顷。

水车坑水库 [Shuǐchēkēng Shuǐkù] 因位于北洋镇联丰村麻车头的水车坑得名。1970年11月动工，1975年4月建成。集雨面积0.6平方千米，灌溉面积200公顷。

麻车弄水库 [Máchēnòng Shuǐkù] 因位于北洋镇岙里村的麻车弄而名。1966年10月动工，1967年4月竣工。集雨面积4.4平方千米，灌溉面积20公顷。

王家岙水库 [Wángjiā'ào Shuǐkù] 因位于平田乡天灯垟村栅下王家岙（已为水库淹没）而名。1958年3月动工，1961年2月建成。集雨面积0.5平方千米，灌溉面积57公顷。

雷马岩下水库 [Léimǎyánxià Shuǐkù] 位于平田乡牛游塘雷马岩，故名。1966年10月动工，1970年建成。集雨面积0.5平方千米，灌溉面积13公顷。

里公岙水库 [Lǐgōng'ào Shuǐkù] 因位于澄江街道东岙里村里公岙，故名。1966年10月动工，1970年4月建成。集雨面积1.63平方千米，灌溉面积10公顷。

潘山头水库 [Pānshāntóu Shuǐkù] 位于上垟乡湖滨村潘山头，因地而名。1966年10月动工，1971年3月建成。集雨面积0.44平方千米，灌溉面积28公顷。

上堂山水库 [Shàngtángshān Shuǐkù] 位于上垟乡下堂山，水库地处上堂山自然村而名。1968年10月动工，1974年4月建成。集雨面积0.55平方千米，灌溉面积约9公顷。

佛岩水库 [Fóyán Shuǐkù] 位于头陀镇溪上村佛岩，因地而名。1959年9月动工，1960年5月建成。集雨面积0.95平方千米，灌溉面积13多公顷。

岙里塘水库 [Àolǐtáng Shuǐkù] 位于新前街道岙里塘自然村，故名。始建于1959年2月，1963年3月建成。集雨面积0.5平方千米，灌溉面积6公顷。

白龙岙水库 [Báilóng'ào Shuǐkù] 位于江口街道白龙岙而名。1980年11月动工，1985年3月建成。集雨面积0.91平方千米，灌溉面积6公顷。库区三面环山，上有三井潭景观，并有白龙潭瀑布，环境秀丽。

五大坑水库 [Wǔdàkēng Shuǐkù] 因位于沙埠镇繁三村五大（度）坑而名。1965年1月动工，1968年4月建成。集雨面积0.7平方千米，灌溉面积10公顷。

凤门水库 [Fèngmén Shuǐkù] 因位于沙埠镇沙埠叶村凤门而名。1966年12月始建，1969年4月建成。集雨面积0.42平方千米，灌溉面积13公顷。

背阴水库 [Bèiyīn Shuǐkù] 位于院桥镇左任新村左岙坑峡谷中，地于背阴处光照少，故名。1958年2月动工，1964年2月建成。集雨面积0.44平方千米，灌溉面积13公顷。

乌岩下水库 [Wūyánxià Shuǐkù] 位于院桥镇

见塘村的乌岩下，故名。1955年12月动工，1957年8月建成。集雨面积0.37平方千米，灌溉面积40公顷。

小五尖水库 [Xiǎowǔjiān Shuǐkù] 位于屿头乡上凤村的小五尖自然村，故名。1971年11月动工，1977年4月建成。集雨面积0.3平方千米。灌溉面积9公顷。

岙斗塘水库 [Àodǒutáng Shuǐkù] 位于高桥街道螺屿村，该村有一山塘，状似岙斗，故名。1971年9月动工，1973年3月建成。集雨面积0.3平方千米，灌溉面积20公顷。

里山水库 [Lǐshān Shuǐkù] 位于院桥镇井头村的山岙里，故名。1964年12月动工，1967年11月建成。集雨面积1.22平方千米，灌溉面积26公顷。

黄金岙水库 [Huángjīn'ào Shuǐkù] 位于沙埠镇黄金岙，故名。1965年12月动工，1966年8月建成。集雨面积0.37平方千米，灌溉面积13公顷。

第三节 堤 坝

永宁江堤 [Yǒngníngjiāng Dī] 因位于永宁江两侧而名。南北两岸从长潭水库大坝下曲折东行，至江口街道三江口接椒江堤与灵江堤，长79.22千米。据《黄岩志》记，永宁江堤初建于明嘉靖二十年（1541），历代多次整修加固。2001年，随永宁江江道整治工程开展全面改造，顶宽5.1米，高2.5米。

南庄坝 [Nánzhuāng Bà] 因位于宁溪镇南庄而名。地处坦头鹿鸣潭旁，2001年建成，长250米，高1.2米。

坦头坝 [Tǎntóu Bà] 位于宁溪镇坦头村的五部溪上，故名。建于2002年，长104米，高1.3米。

庄山坝 [Zhuāngshān Bà] 位于宁溪镇浮山庄的黄岩溪上，因所在地名。建于1983年，长80米，高1.3米。

桥下坝 [Qiáoxià Bà] 位于上垟乡山主头村桥下（小地名）的上垟溪上，故名。建于1978年，长40米，高1.5米。

坑口堂坝 [Kēngkǒutáng Bà] 位于上垟乡坑口堂的上垟溪上，故名。建于1982年，长45米，高2米。

桥上坝 [Qiáoshàng Bà] 位于上垟乡桥上（小地名）的上垟溪上，故名。建于1993年，长50米，高0.7米。

十二亢坝 [Shí'èrkàng Bà] 位于头陀镇横山村十二亢（坑）自然村的杜亢溪之上，故名。2002年6月建成，长20米，高3米。

水淹坝 [Shuǐyān Bà] 位于头陀镇水淹自然村的元同溪上，故名。建于1997年，长24米，高3.7米。

牛伯坝 [Niúbó Bà] 位于头陀镇横山村牛伯坑（小地名）的元同溪上，故名。建于1996年，长24米，高3米。

大洋坝 [Dàyáng Bà] 位于北洋镇瑞岩村大洋自然村的杨岙溪上，故名。建于1996年，长25米，高1.5米。

路廊坝 [Lùláng Bà] 位于北洋镇杨恩村附近的路廊旁，故名。建于1983年，长20米，高2.5米。

西岙口横坝 [Xī'àokǒuhéng Bà] 位于茅畲乡西边村西岙口（小地名）的九溪上，故名。建于2002年，长25米，高1.5米。

西岙殿坝 (Xī'àodiàn Bà] 位于茅畲乡西岙殿自然村的九溪上，故名。建于1972年，长20米，高1.5米。

高洋坝 [Gāoyáng Bà] 位于北洋镇罕溪头村高洋自然村而名。建于1968年，长25米，高6米。

大坦头坝 [Dàtǎntóu Bà] 位于北洋镇大坦头（小地名）小里岙溪，故名。建于1972年，长20米，高2米。

第四节 渠 道

江北渠道 [Jiāngběi Qúdào] 位于永宁江北岸。引长潭水库水源灌溉黄岩北部农田，故名。1965年10月动工，1966年4月竣工。渠道自潮济岩头进水闸引长潭水入渠，经潮济、头陀、新前、王林至临海市沿江镇，自西向东贯穿整个黄岩江北平原，全长39.29千米。其中，黄岩境内长21.93千米，流域面积达143.88平方米。地跨北洋镇、头陀镇、新前街道、北城街道。水系内有元同溪、新江浦、龚屿浦等3条主要河流，还有洪屿、马鞍山等泄洪闸。

江南渠道 [Jiāngnán Qúdào] 位于永宁江南岸的长潭水库输水总干渠，故名。1962年动工，1967年建成。西起长潭水库，东至澄江街道山头舟控制闸注入中干渠。全长15千米，平均深度2.5米，所跨地域北洋镇及澄江街道。

中干渠 [Zhōnggàn Qú] 地处澄江街道与西城街道境内，位于长潭水库输水之主干渠中段，故名。西起山头舟闸与江南渠道连接处，向东流经松兴堂、半洋岗至下埭头入西江，全长9.2千米。1961年11月动工，1962年7月1日全线通水。

第五节 闸

农耕时代，水利是地方的命脉，为执政者所重视。黄岩建闸，始于宋代，元祐年间，浙东提刑罗适兴修黄岩水利，建石湫、永丰、周洋、黄望等4闸。南宋淳熙九年（1182），浙东常平使朱熹到台州赈灾，巡视黄岩，上疏议建回浦、金清、长浦、鲍步、蛟龙、陡门等6闸。历代以来，黄岩境内相继建闸，初步形成一个较为完善的河网蓄泄体系，兼具灌溉与航运的功能。1987年统计，黄岩境内大大小小的水闸达154座，随着长潭水库的建成及水利的改造，闸的作用淡化或废圮。

附：朱文公奏状　臣熹体访到本州黄岩县，界分阔远，出谷最多，一州四县，皆所仰给。然其田皆系边山濒海，旧有河泾堰闸，以时启闭，方得灌溉收成。近年来，多所废坏去处，虽累曾开淘修筑，又缘所费浩瀚，不能周遍。臣窃惟水利修，则黄岩可无水旱之灾；黄岩熟，则台州可无饥馑之苦，其为利害非轻。遂于降到钱内支一万贯，付本县土居官林鼐、蔡镐，公共措置，给贷食利人户，相度急切要害去处，先次兴工，俟向后丰熟年分拘纳。其林鼐曾任定海县丞，敦笃晓练，为众所称；蔡镐曾任武学谕，沉审果决，可以集事云。

永宁江闸 [Yǒngníngjiāng Zhá] 大型挡潮排涝闸。位于江口街道永宁江的江口而名。是结合御咸、蓄淡、灌溉、航运等综合利用的大型水利工程。1994年1月25日动工，1997年10月竣工，共10个闸孔，孔宽8米，闸门8米，高6.2米，厚1.15米，设计流量1389米^3/秒。闸上有桥，宽约4米，供行人通道。这是一座以防洪、排涝、挡潮等综合性利用的水闸。

西江闸 [Xījiāng Zhá] 位于西城街道后洋村，地处西江与永宁江交汇口，故名。据民国《黄岩县志》记，清同治年间，台州知府刘璈曾创议建西江闸，因工艰费巨，未能实现。民国19年（1930），章育任县建设科科长，再次提出建西江闸泄洪排涝，次年成立西江水利委员会，民国21年（1932）四月打桩，闸体系钢筋混凝土路面结构，7墩8孔，孔阔2.5米，高7米，长10米，闸基东西宽37米，两端建有闸座。民国22年（1933）6月20日，举行西江闸落成典礼。2013年2月，公布为区级文物保护单位。

太湖闸 [Tàihú Zhá] 位于院桥镇下街。建于清咸丰五年（1855），因系太湖山水系、西江水系与金清水系分界控制闸之一而名。民国《台州府志》记，太湖闸是院桥西南俞家溪、秀岭溪、南中泾以南的河网蓄泄总关键。灌溉农田约2000公顷。闸长8.2米，宽5米多，分2孔，孔宽3米。过水流量7米^3/秒。两边为砖砌墙体及中间闸墩构成，闸墩东西向以菱形分水，闸墩上方纵向条石六块，条石东侧刻有“太湖闸”三字。太湖闸西侧与南官河水系相连，东与鉴洋湖及路桥水系相接。2013年2月，公布为区级文物保护单位。

头陀闸 [Tóutuó Zhá] 因位于元同溪下游头陀街西侧而名。建于1966年，闸孔3个，总孔径9.8米，设计流量34.7米^3/秒。《黄岩县地名志》有记。

山头金闸 [Shāntóujīn Zhá] 因位于江口街道山头金而名。原称双龙闸。清光绪《黄岩县志》记：“双龙闸，在西山乡下闸水管桥。”清乾隆二十一年（1756），黄岩知县刘世宁在东官河下管桥村建双龙闸，后因年久失修而废。民国初，于原址改造小闸，民国26年（1937）改为条石滚水坝。1965年重建，改名山头金闸。闸孔2个，孔宽5米，设计流量7米^3/秒。

高桥闸 [Gāoqiáo Zhá] 因位于永丰河上游高桥街道高桥头村而名，系控制沙埠溪水源的闸门。1951年建，原为3孔，1958年扩建为4孔，闸孔总宽11.2米。《黄岩县地名志》有记。

蛟龙闸 [Jiāolóng Zhá] 因位于江口街道下闸村。南宋淳熙九年（1182）秋，大理学家朱熹任浙东常平使，巡行到黄岩，并向朝廷建议修建黄岩回浦、金清、长浦、鲍步、陡门、蛟龙六闸。考勘蛟龙闸时，夜宿洪亭长家，于壁上题诗：

才到重阳气便爽，雁声天地总寥寥。

客怀今夜不能寐，风细月高江自潮。

六闸后由黄岩林鼐与蔡镐修建成。明成化五年，黄岩南部方岩、太平、繁昌三乡划出为太平县，除蛟龙与陡门两闸在黄岩，余四闸在路桥、椒江及太平（今温岭）境内。

岩头飞水岩闸 [Yántóufēishuǐyán Zhá] 因位于北洋镇岩头飞水岩水库故名。1966年建，单孔，孔径2.4米，设计流量5米^3/秒。

黄沙闸 [Huángshā Zhá] 位于院桥镇沙门店村南中泾口，以所在地沙门店简称得名。黄沙闸上游2里处，原有滚水石坝。清咸丰五年（1855），乡民捐资改坝为闸，民国《黄岩县志》称杨柳闸。1972年冬，疏浚东南中泾时，拆除杨柳闸，移址沙门店村，于1973年建成，系西江水系与金清水系分界控制闸之一。孔2个，孔宽3.5米，设计流量10米^3/秒。

东仙浦闸 [Dōngxiānpǔ Zhá] 位于东城街道东浦社区，因清时有仙浦埭而名。据清光绪《黄岩县志》记，原闸是清乾隆二十一年（1756）乡民筹资公建，初为单孔，后改2孔，总孔径3米，设计流量6米^3/秒。

岩头进水闸 [Yántóujìnshuǐ Zhá] 因位于北洋镇称歇村岩头，故名，系江北渠道配套工程，是引江南渠道之水入江北渠道的引水闸，单孔，孔宽2.5米，1966年建成。

外东浦闸 [Wàidōngpǔ Zhá] 位于东城街道外东浦，因所在地而名。系东官河排水入永宁江控制闸，据民国《黄岩县志》记，清代关钟衡主持兴建，民国十年重修。闸孔2个，孔宽1.65米，设计流量8米^3/秒。

西官河闸 [Xīguānhé Zhá] 位于澄江街道桥头王村，因系西官河水排入永宁江控制闸而名。民国

《黄岩县志》记，民国23年（1934）建，单孔闸，闸孔宽3.78米，设计流量7米^3/秒。

新江泄洪闸 [Xīnjiāngxièhóng Zhá] 位于江北渠道新前街道七里村段，系新江浦河上的泄洪闸，故名。1958年建，闸孔2个，总孔径6.4米，设计进水流量20米^3/秒。

东江泄洪闸 [Dōngjiāngxièhóng Zhá] 位于江北渠道前段，地处新前街道东江河村的泄洪闸，故名。1958年始称东江泄洪闸，单孔闸，孔径2.9米，设计流量20米^3/秒。

下路泄洪闸 [Xiàlùxièhóng Zhá] 因位于江北渠道的头陀段下路而名。建于1952年，系单孔闸，孔径2.9米。设计流量20米^3/秒。

孙东泄洪闸 [Sūndōngxièhóng Zhá] 位于江北渠道头陀段，因地处头陀镇孙家汇村孙东而名。建于1972年，单孔闸，孔径2.8米，设计流量13.7米^3/秒。

孙西泄洪闸 [Sūnxīxièhóng Zhá] 位于江北渠道的头陀段，因地处头陀镇孙孙家汇村西而名。建于1952年，单孔闸，孔径2.7米，设计流量5米^3/秒。

下街泄洪闸 [Xiàjiēxièhóng Zhá] 位于江北渠道的头陀段，地处头陀镇下街河段上，故名。建于1966年，单孔闸，孔宽3米，设计过水流量13.7米^3/秒。

洪屿泄洪闸 [Hóngyǔxièhóng Zhá] 位于江北渠道的头陀段，因地处原洪屿村而名。处于江北渠道与元同溪相交处，控制上游水位。1966年4月建成，单孔闸，孔宽3米，设计过水流量4米^3/秒。

双宝珠泄洪闸 [Shuāngbǎozhūxièhóng Zhá] 位于江北渠道的北城街道马鞍山村，因地处双宝珠，故名。建于1966年，单孔闸，孔径2.7米，设计过水流量10米^3/秒。

下埠泄洪闸 [Xiàbùxièhóng Zhá] 因位于江北渠道的北城街道原下埠村而名。1966年改建，单孔闸，孔宽3米，设计过水流量20米^3/秒。

潮济泄洪闸 [Cháojìxièhóng Zhá] 位于江北渠道的北洋镇潮济村，故名。建于1966年，单孔闸，孔宽2.5米，设计过水流量13.8米^3/秒。

梓浦泄洪闸 [Zǐpǔxièhóng Zhá] 位于江北渠道北洋镇联群村的梓浦自然村，故名。建于1966年，单孔闸，孔宽3.5米，设计过水流量4米^3/秒。

城西河闸 [Chéngxīhé Zhá] 位于西官河城西段（西城街道），故名。建于2010年，闸孔2个，总孔径3米，设计过水流量4米^3/秒。

第二章　电力设施

第一节　水电站

长潭水库电站 [Chángtánshuǐkù Diànzhàn] 位于北洋镇长潭村，以水库而名。1960年8月开始施工，1962年完成土建，1967年8月投产，1976年3月安装3号机组，1979年安装4号机组。系全区最大的坝后式电站，装机4台，总容量1.19万千瓦。

水竹电站 [Shuǐzhú Diànzhàn] 位于新前街道石捣臼水竹水库而名。1959年10月建成，次年9月并网发电，1977年9月进行全面改造。水力发电，总容量500千瓦。

英山电站 [Yīngshān Diànzhàn] 位于宁溪镇蒋岙村英山水库旁而名。始建于1961年，1963年7月投产发电。引水库之水发电，引水渠长1.14千米，总容量1260千瓦。

富山电站 [Fùshān Diànzhàn] 位于富山乡半山村而名。1970年11月26日动工，1977年1月三级站厂房建成，一级站设宁溪镇方家岙村，三级站设岭根村，总容量17420万千瓦。

桐岭电站 [Tónglǐng Diànzhàn] 位于平田乡桐岭水库旁而名。1987年2月建成并网发电，系水力发电，总容量400千瓦。

下水龟电站 [Xiàshuǐguī Diànzhàn] 电站建在上垟乡岭脚的下水龟水库旁而名。1974年7月建成。二级站于1986年10月建成，系水力发电，总容量400千瓦。

龙潭头电站 [Lóngtántóu Diànzhàn] 位于平田乡桐树坑龙潭头水库旁而名，1975年动工，1981年竣工，1985年6月电站投产。系水力发电，总容量800千瓦。

飞水岩电站 [Fēishuǐyán Diànzhàn] 位于北洋镇瑞岩村飞水岩水库旁而名，1960年10月建成，引水渠长240米，总容量320千瓦。现已报废。

佛岭水库电站 [Fólǐngshuǐkù Diànzhàn] 位于沙埠镇佛岭水库旁而名。建于1989年10月，系水利发电，总容量630千瓦。

幸福电站 [Xìngfú Diànzhàn] 位于宁溪镇五部溪上游前家岸，原所在地系幸福乡而名。1979年12月建成并发电，系水力发电，总容量400千瓦。现已报废。

柔极溪二级电站 [Róujíxī Èrjí Diànzhàn] 位于屿头乡布袋坑，因所在的溪流而名。1999年5月建成并网发电，系水力发电，总容量1890千瓦。坝长45米，高23米。

大木坑电站 [Dàmùkēng Diànzhàn] 位于屿头乡大木坑水库旁而名。1997年9月建成并网发电，系水力发电，总容量400千瓦。坝长42米，高13米，顶宽4米。

飞虹电站 [Fēihóng Diànzhàn] 位于屿头乡长红脚自然村，因区内重名改为飞虹故名。1996年7月动工，1998年并网发电。系水力发电，总容量500千瓦。坝高9.8米，长33米，顶宽1.5米。

沙埠电站 [Shābù Diànzhàn] 位于沙埠镇横溪村，故名。2001年7月建成并网发电。系水力发电，总容量630千瓦。

长坑电站 [Chángkēng Diànzhàn] 位于屿头乡长坑水库旁，故名。1980年2月建成并网发电，系水力发电，总容量75千瓦。现已报废。

新塆电站 [Xīnwān Diànzhàn] 位于屿头乡原新村村与原大塆两村交界处，各取一字而名。1997年7月建成，系水力发电，总容量1030千瓦。

黄坦电站 [Huángtǎn Diànzhàn] 位于新前街道车口村，以黄坦水库而名。1979年7月建成并网发电，集雨面积11.05平方千米，系水力发电，总容量为75千瓦。

西溪电站 [Xīxī Diànzhàn] 位于院桥镇岙里西溪水库旁而名。1981年9月建成并网发电。集雨面积5.6平方千米，水力发电，总容量125千瓦。

鸟山电站 [Niǎoshān Diànzhàn] 位于茅畲乡西泉村鸟山水库旁而名。1979年10月建成并网发电，集雨面积2.5平方千米，系水力发电，总容量640千瓦。

下坑电站 [Xiàkēng Diànzhàn] 位于上郑乡坑口与庙下两自然村交界处，各取一字而名。1998年3月建成并网发电，系水力发电，总容量1430千瓦。坝长36.5米，高5米。

大溪电站 [Dàxī Diànzhàn] 位于上郑乡大溪村水口而名。1986年10月建成并网发电。系水力发电，总容量75千瓦。已停用。

水口电站 [Shuǐkǒu Diànzhàn] 位于屿头乡后岙自然村水口小地名而名。建于1997年，系水力发电，总容量75千瓦，现已报废。

富利电站 [Fùlì Diànzhàn] 位于富山乡栅下坑，因富山水库旁的水利发电，故名。集雨面积1.8平方千米，1985年7月建成并网发电，系水力发电，总容量75千瓦。现已报废。

七五电站 [Qīwǔ Diànzhàn] 位于富山乡，建于1975年而名。由双西村双坑的双西电站和二级电站、三级电站组成。二级电站于富山半岭堂龙潭背。1977年11月建成。三级电站利用二级站尾水发电，于1979年1月建成，总容量160千瓦。现已报废。

西泉电站 [Xīquán Diànzhàn] 位于茅畲乡西泉村百丈坦而名。1995年3月建成并网发电，集雨面积4.3平方千米，系水力发电，总容量160千瓦。已停用。

五尖山电站 (Wǔjiānshān Diànzhàn] 位于北洋镇五尖山而名。1984年3月建成并网发电，集雨面积1平方千米，系水力发电，总容量250千瓦。

沈岙发电站 (Shěn'ào Fādiànzhàn] 位于上垟乡大岙里自然村的沈岙水库旁，故名。1979年7月建成并网发电，集雨面积2.5平方千米，系水力发电，总容量160千瓦。

黄杜岙电站 (Huángdù'ào Diànzhàn] 位于上垟乡黄杜岙村而名。1975年6月建成并网发电，集雨面积1.53平方千米，系水力发电，总容量160千瓦。

猫儿坑电站 [Māo'érkēng Diànzhàn] 位于头陀镇广兴岙猫儿坑水库旁故名。1962年5月建成并网发电。集雨面积1.5平方千米，系水力发电，总容量160千瓦。

前思岙电站 [Qiánsī'ào Diànzhàn] 位于上垟乡白沙园村前思岙坑岸，因所在地而得名。1986年2月建成并网发电。系水力发电，总容量75千瓦。现已报废。

第二节　变电所

剑山变电所 [Jiànshān Biàndiànsuǒ] 位于新前街道剑山村而名。为我区第二座220千伏变电所。2006年2月竣工。主要担负黄岩新前街道、北城街道等地域的供电。

黄岩变电站 [Huángyán Biàndiànzhàn] 黄岩地域第一座110千伏变电所，因地而名。1984年竣工，主要承担黄岩东城街道及兼顾江口街道的供电。

永宁变电所 [Yǒngníng Biàndiànsuǒ] 位于黄岩城区西部永宁江附近而名。为黄岩区域第二座110千伏变电所，2000年竣工。主要承担西城街道、澄江街道及二环西路以西地域的供电。

滨江变电所 [Bīnjiāng Biàndiànsuǒ] 位于西城街道世纪大道南侧、西江东侧滨江公园，故名。系台州市第一座全户内GIS变电所，2002年竣工，是黄岩主城区核心电源点，为110千伏变电所，承担黄岩主城区供电。

雅林变电所 [Yǎlín Biàndiànsuǒ] 位于西城街道羽山村，最初选址划定雅林村，故名。为110千伏变电所，2006年竣工。主要承担环城南路以南区域及商业街区高档住宅的供电。

杜家变电所 [Dùjiā Biàndiànsuǒ] 位于北城街道杜家村与长塘村之间，故名。2009年竣工，为110千伏变电所。主要承担北城街道地域的供电。

方山变电所 [Fāngshān Biàndiànsuǒ] 位于方山西麓而得名。1967年始建，2000年于原址重建，35千伏变电所，是黄岩第一座变电所。主要承担东城街道、南城街道局部地域的供电。

院桥变电所 [Yuànqiáo Biàndiànsuǒ] 位于院桥镇前后郑村前郑，因院桥镇得名。2002年竣工，110千伏变电所。承担黄岩南部的供电，是院桥镇、沙埠镇和高桥街道的主电源点。

北洋变电所 [Běiyáng Biàndiànsuǒ] 位于黄岩至长潭公路南侧浪家岙附近，因系北洋镇区域内而名。1982年11月建成投运，原名头陀镇变电所，原址在潮济特产村。1995年，头陀镇变电所更名北洋变电所，由地势低洼，仍受淹。1997年决定易地迁建今址。为35千伏变电所。

屿头变电所 [Yǔtóu Biàndiànsuǒ] 位于屿头乡屿头街北岸，故名。2001年建成。35千伏变电所，系屿头乡供电站源头，是屿头地域小水电送出的汇聚点。

山坦变电所 [Shāntǎn Biàndiànsuǒ] 位于江口街道原草坦路村及原山后洋村两村，各取一字而名。2009年竣工。110千伏变电所。主要承担江口地域供电。

茅畲变电所 [Máoshē Biàndiànsuǒ] 位于茅畲乡茅畲洋村下横村口，以茅畲乡得名。2002年建成。35千伏变电所，为茅畲的主电源。

宁溪变电所 [Níngxī Biàndiànsuǒ] 位于宁溪镇上宅大碑头，因所在地得名。1990年建成，35千伏变电所，是宁溪、上郑、富山的电源点，也是宁溪地域各小水电输出的汇集点。

台州电力局桔乡220kV变电站 [Tāizhōudiànlìjú Júxiāng220kV Biàndiànzhàn] 位于南城街道药山村东南不远处，是黄岩区建成第一座220千伏变电所，黄岩系蜜橘之乡，故名。1996年竣工。系黄岩地域的主要电源点，也承担路桥区西部部分地域的供电。

西江变电所 [Xījiāng Biàndiànsuǒ] 位于黄岩城区西南瓦厂头，地处西江畔而名。1993年建成，系35千伏变电所。承担黄岩城区西部部分地域的供电。

西范变电所 [Xīfàn Biàndiànsuǒ] 位于新前街道原塔山村，靠近西范街而名。2007年竣工。系110千伏变电所，主要承担新前西工业园区和新前街道的用电。

店头变电所 [Diàntóu Biàndiànsuǒ] 位于店头赖屿山，因地原属店头乡而名。原名院桥变电所，建于1984年。2002年4月，110千伏院桥变电所投运，35千伏院桥变电所改称店头变电所，现为110千伏院桥变电所的备用。

鼓屿变电所 [Gǔyǔ Biàndiànsuǒ] 位于南城街道土屿官庄梁，土屿20世纪时也称鼓屿，据此而名。1994年建成，35千伏变电所。承担黄岩十里铺、方山下塑料产业及南城街道南部的供电。

新前变电所 [Xīnqián Biàndiànsuǒ] 位于新前街道新塔村新建，以所在地而名。1997年建成，系35千伏变电所。主要为西范变电所的辅助供电。

第七编　纪念地　旅游胜地

第一章　名胜古迹

第一节　古遗址

下坦印纹陶窑址 [Xiàtǎn Yìnwéntáo Yáozhǐ] 位于高桥街道三童岙村双联（原下坦村）。窑址堆积层为战国晚期至汉代的印纹陶，从器物形制看，有原始青瓷耳杯与碗，印陶纹饰有斜方纹与席纹，还出土有大量马蹄形窑具，对研究黄岩古窑起源与发展有很大的参考价值。1989年1月，被公布为县级文物保护单位。

沙埠青瓷窑址 [Shābù Qīngcí Yáozhǐ] 沙埠境内有多处青瓷窑址遗址，以所在地得名。以仙村岭为中心，向北延展成半环形，直径近2000米的雪溪、繁二、竺家岭、凤凰山、下山头及高桥街道瓦瓷窑村等地，傍山均建有青瓷窑址。沙埠窑又称黄岩窑。据冯先铭在《文物》1965年第9期介绍："黄岩窑釉多青绿色，为越窑系瓷器中的上好釉色……器物及纹饰都具有典型的五代作风。"其烧制年代距今有1000多年的历史。1956年发现。沙埠窑址系晚唐至北宋时期青瓷的窑址。产品主要以盘、盆、碗为主，杯、粉盒、水盂、碟、瓷塑等为次。前期的器物，纹饰工整。北宋中晚期纹饰却较为粗放，纹饰大多为卷云纹、云龙、凤凰等，也有一些牡丹花纹。沙埠窑器物纹饰特别讲究线条疏密变化，手法简练生动，釉彩光亮可鉴，具有鲜明的艺术特色。1981年被公布为浙江省重点文物保护单位。2019年10月被公布为全国重点文物保护单位。

大藤坤青瓷窑址 [Dàténgkūn Qīngcí Yáozhǐ] 位于黄岩院桥秀岭水库西侧大藤坤山山脚。北宋时期青瓷窑址，呈南北方向分布，面积约500平方米。遗址堆积层厚约1.5米，堆积品有青瓷小罐、青瓷碗、青瓷小枝瓶等器物。同时，遗址现场尚存大量烧结的瓷窑熟土，呈橙黄色。从烧制造型、风格、釉色、纹饰及烧制工艺看，类似于沙埠青瓷窑址，但其釉色玻璃质感不强，装饰纹饰比较单一。2013年2月，被公布为区级文物保护单位。

蓝田山青瓷窑址 [Lántiánshān Qīngcí Yáozhǐ] 位于院桥左任新村蓝田山半山坡上。21世纪初发现，出土大量的青瓷碗等，系北宋时期青瓷窑址，故名。曾出土过完整器物。窑址呈南北向分布，面积5000平方米。仅见窑址废品堆积，未发现窑床。从采集的瓷片标本判断，年代为北宋中晚期。器物以大量的青瓷碗、竹节形鸡腿瓶为主。青瓷碗残片内外施釉，釉色青中泛黄，并饰有篦纹及刻划纹。窑址为研究这一时期黄岩青瓷窑址的演变及发展提供了实物佐证。2013年2月，被公布为区级文物保护单位。

第二节　古建筑

黄岩孔庙 [Huángyán Kǒngmiào] 位于黄岩老城区中心的桥亭头西南角，东临劳动南路，北倚青年西路，占地4851平方米。古称文庙，主祀孔子，每年春秋二祭，旁设学宫，培养生员，兼行每年会（乡）试，故名。南宋嘉定《赤城志》："庙在县南二百步，旧在县东三里，治平三年（1066）令许懋即庙建学。元丰六年（1083）令翁仲通徙今地。"始建于唐代，位于明因寺北，北宋元丰六年（1083）迁今址，清康熙四十七年（1708）重新修建，乾隆、道光、同治年间均行重修，是黄岩唯一有详细修建年代的古建筑。

有泮桥、大成门、两庑、衣亭、神祠、大成殿、奎星阁等建筑37间。大成殿重檐歇山顶，五间开面，黄色琉璃瓦面，正脊有"天开文运"砖雕。整座建筑琉璃宝光，规模恢宏。两旁并饰两组飞龙舞凤砖雕，是黄岩孔庙特色。近千年古樟历经沧桑屹立街旁，古杏树、罗汉松历经数百年依然昂首园林。为浙江省现存较为完整的文庙建筑群。1989年12月，被公布为省级重点文物保护单位。

聚德堂 [Jùdé Táng] 位于茅畲乡下街村东。坐北朝南，系双层三合院建筑，现存房屋共计26间。正屋及两侧厢房各为三开间，硬山顶屋面，正屋四翼角砌筑飞天状。西侧砌筑一座呈八字形照壁，体量较大，制作讲究，砌筑灰雕开光，内饰山水花草纹饰。新当店老宅由二道台门构成，一座已毁，另一座朝西台门尚存。台门由青釉石作门框，台门额枋置五个开光灰雕，盖瓦顶。天井内仍保留着一口百年老井，及一对青釉石雕刻的石鼓凳。系清末至民国年间一处当店，当时生意较好，被百姓称为"新当"。2013年2月，被公布为区级文物保护单位。

敦福堂 [Dūnfú Táng] 位于茅畲乡下街村。又名老当，系清末至民国年间的一处当店。房屋取敦厚、福佑之意，故名。坐北朝南，系三合院式建筑结构。由正屋、东西厢房、照壁、台门等构成。正屋为五开间，东西厢房各为双层三开间。正屋正前方砌筑一座呈八字形的照壁，其墙壁灰雕花草、动物等图案纹饰。照壁南面现存部分残缺围墙及半月形扇门。

后天井内砌筑呈长条形水池一口，池壁块石叠砌，四面设有望柱与柱板。建筑本体结构布局较为规范、科学，具有典型的江南传统四合院建筑风貌，迄今保存完好。宅院主人牟正非（1893—1975）毕业于北京大学，曾参加过五四运动。协助中共党组织进行抗日活动。1949年以后于天台中学、临海师范、省卫生干校等学校任教。

徐昌积宅 [Xúchāngjī Zhái] 位于黄岩东城街道柏树巷中段。清朝诰封武略骑尉徐昌积居此，故名。为清中期建筑，坐北朝南，建筑占地面积994.2平方米。通面宽11.9米，进深6.5米，明间宽4.5米。台门因位于建筑中心轴线上，由青釉石砌筑。门框上雕刻花瓶及双狮戏球图案，门上方为斗升式灰雕装饰，小青瓦单坡盖面，两边对联无存。前进东边有一口径80厘米水井。前进分五开间，明间为抬梁式建筑六柱九檩，明间内二金柱边有一口圆形古井，水井直径50厘米。中进为三开间面建筑，九柱九檩，穿斗式架梁。后进正屋为三开间建筑。徐家建筑规模较大，格局基本保存完整，廊檐斗拱，月梁雕刻精美。据《徐氏宗谱》：昌积，诰封武略骑尉，生于乾隆三十三（1768）年，卒于道光二十八年（1848）。徐家系世代商贸大家族，其建筑有一定的规模和档次。2013年，被公布为区级文物保护单位，2017年，被公布为省级文物保护单位。

江若干宅 [Jiāngruògàn Zhái] 位于黄岩西城街道肇泽池巷中段北侧（古称赵宅池）。为清代举人江若干宅第，故名。晚清建筑，坐北朝南，建筑面积926.8平方米。由外台门、天井、内大门、前四合院及后院与东北角附属后院构成平面布局。正屋主体建筑通面宽11米，进深10米，明间宽4.5米。前后两院之间以一道高墙月门相隔。正厅为三开间，东西厢房各三间，抬梁式结构，廊檐为卷棚顶，月梁置斗拱。后院七间开面，均为双层建筑。整体布局严谨，保存完好。江宅前后筑有砖砌高墙。江若干乃江腾蛟之子，江腾蛟及其弟江潜蛟均为晚清时武官，兄任外委，道光二十一年（1841）在镇海金鸡山抗击英军阵亡；弟任千总，同治四年（1865）剿匪时亦战死海域。朝廷下旨从优抚恤，并于赵宅池建“兄弟忠烈坊”，赠两人之子云骑尉世职。江腾蛟之子江若干，清光绪八年（1882）举人，任福建龙岩知府。江潜蛟之子江若梁，光绪十四年（1888）举人，任福建长汀等县知县，升都匀知府。2013年2月，被公布为区级文物保护单位。

王士骏故居 [Wángshìjùn Gùjū] 位于黄岩东城街道百花社区双桂巷56号。清代福建平和知县王士骏的宅院，故名。建于光绪二十五年（1899），坐北朝南，整幢建筑结构由横三进构成。现存老宅建筑32间。第一、二进为房东本家用房，正房东侧二层七开间为客人用房。三天井，东厢“跑马楼”将前后厅楼以回廊阁道穿通，以避风雨。单层七开间为王宅院落的佣人用房。王士骏（1837—1916），号吉人，宁溪迁入，同治十二年（1873）拔贡，光绪七年（1881）任福建平和知县，后调任4个县，终官为知州。第四子王琎为著名化学家，孙王启东为浙江大学教授、副校长。2013年2月，被公布为区级文物保护单位。

天德堂 [Tiāndé Táng] 位于宁溪镇炭场头村199号。清代建筑，坐北朝南，砖木结构四合院建筑。主体朝南而建，曲径通幽，需绕过外墙转角经过小边门，再进入大院，此类建筑较为罕见。其中堂建筑屋面，正脊砌筑青花盆尤为新颖独特。从建筑外貌看，中堂及两厢系清中期建筑风貌，而南端堂门应属民国期间的建筑，形制简单。其台门、厢房、中堂结构比较讲究。2013年2月，被公布为区级文物保护单位。

浦洋上下台门 [Pŭyáng Shàngxiàtáimén] 位于茅畲乡浦洋村，明代建筑。坐东朝西，分为上台门和下台门。上台门占地面积6平方米，宽2.85米，高4.3米。由两侧方形石柱、石门楣及石砌屋顶构成。顶部由4块条形石板作横列并砌，其上施盖小青瓦。上台门石筑雕刻工艺较精湛，台门整体建筑形制如独脚金鸡状。下台门占地面积9.5平方米，单檐坡顶，宽为4米，进深2.34米，高3.7米。台门两侧石柱各3根，门楣为木质梁枋，台基呈束腰形状，由条石与自然块石构成。木质梁枋结构屋面，其上盖小青瓦。下台门石础砌筑工艺较为新颖，石础四角起翘如同歇山顶式样。2013年2月，被公布为区级文物保护单位。

跑马楼 [Pǎomǎ Lóu] 位于宁溪镇小街居。因该楼建筑双层长廊结构四通八达，较为宽敞，被当地百姓俗称为跑马楼。始建于20世纪30年代末，系民国期间建筑。占地面积728平方米，坐北朝南，砖木结构，中西合璧式建筑。主体室内建筑结构单檐双层，呈回字形。东西两头各设一扶梯，任从一处登楼，在楼道上均可环绕一周。内设天井。最大特色为正大门被设置在西北角。台门楼砌筑系仿西洋式灰雕，建筑内所有门窗及边门式样考究。南北各7间，中间一间为中堂；东西各3间，除中堂外，共20间，系木结构的双层楼房。房主王日昭年轻时做打银生意。建筑群现今仍保存完整。2013年2月，被公布为区级文物保护单位。

豫亲堂 [Yùqīn Táng] 位于茅畲乡下街村。明洪武十一年（1378）进士牟完故居。牟完以渎职罪远戍甘肃，含冤死于戍所。永乐时召其子牟应隗回京，封为行人，赠之以“豫亲堂”匾额，故名。明万历《黄岩县志》：“豫亲堂，永乐间肃王赐牟应隗养亲之所，睿制序文。”现存建筑整体由中堂、厢房及台门构成。

建筑坐东朝西。大厅为9开间平面建筑，明间宽3.9米，次间宽1.91米，稍间宽3.58米。明间、次间、稍间及尽间金柱、山柱均系方形木柱。明间地栿呈梯形状，地栿下铺垫石板。柱础呈正方形，抹角。抬梁式梁架结构，廊檐为卷棚顶结构。厢房门窗为直棂窗与小方格窗两种形式，门窗上端尽头透雕如意形花束。中堂前为天井。保存基本完好。具有一定的文物保护与研究价值。2013年2月，被公布为区级文物保护单位。

周士法宅 [Zhōushìfǎ Zhái] 位于东城街道山亭街，是一字形九间开面的双层楼房的三合院建筑，坐北朝南，花墙飞檐，硬山顶屋面，院内南边有灰雕图饰的影壁，正门朝南，分东西两个天井，系清中期建筑风格，主体构筑迄今尚完好。周士法，字永清，号矩庵，山亭街人。清道光十九年（1839）至二十一年升定海镇总兵。咸丰七年（1857）六月，在镇江御敌，积劳成疾，病故于任上。钦赐祭葬，赐振武将军加提督衔，谥“壮勇”。

王棻求是楼 [Wángfēn Qiúshìlóu] 位于柔桥，王棻藏书楼，以“求其实事求是之真理”而名。建于清光绪二年（1876）。原有门房5间，正屋双层5间，左右厢房5间的四合院，主楼上为藏书阁，现门房与西厢房均被毁，仅存主楼与东厢房呈角尺形的双层建筑，前有天井，东厢房后边不远处有一株双人合抱的古樟，据传是当年王棻亲手所植。王棻（1828—1899），黄岩著名的方志、经史学家与教育家。清同治六年（1867）中举人。先后任黄岩九峰、温州、处州（今丽水）、太平（今温岭）等10多处书院山长。主修黄岩、永嘉、青田、太平、仙居、杭州等府与县的志书。著有经史类著作《台学统》等共34部，计739卷。清廷授予其内阁中书之衔（从七品）。

罗宗洛宅 [Luózōngluò Zhái] 位于南城街道十里铺老街中部南侧，大门面对长街，宅院由两组双层四合院构建，左右两侧双层厢房各3间，后幢院落略小，系民国初期建筑，迄今保存完整。东边是著名的道教宫观陡门宫。罗宗洛（1898—1978），浙江黄岩人。中央研究院院士（民国时期），中国科学院院士，著名植物生理学家。中国现代植物生理学的奠基人之一。中华人民共和国成立后，历任全国政协第一、二、三、五届委员，中国植物生理学会第一、二届理事长。

朱谦宅 [Zhūqiān Zhái] 位于东城街道司厅巷，建于清光绪初年。为双层四合院建筑，主楼五开间，左右为三开间厢房，面对古巷，后为花园式小院，是一幢迄今保存较完整的院落。朱谦，清代举人。子朱劼成，光绪三十年（1904）进士。朱谦宅为黄岩区文物保护单位。

王德泰宅 [Wángdétài Zhái] 位于东城街道司厅巷中部北侧，西邻朱谦宅。有台门、影壁及四合院，东厢花墙内的暖阁很有特色，夏日遮隔西斜的太阳，冬天避风保暖。暖阁之廊的浮雕有三国戏曲故事，“福”字花苑，小巧玲珑，别有天地。王德泰为清末及民国期间经营布业、绸缎、呢绒的商号，主人名王岳仙。王德泰宅为区级文物保护单位。

王彦威宅 [Wángyànwēi Zhái] 位于东城街道花园巷，第一道台门匾额题“奉常第”，第二道台门为“中宪第”，中堂、东院、后院迄今保存尚完整。王彦威（1842—1904），清同治九年（1870）举人，官至太常少卿，光绪十二年（1886）任朝廷军机处汉官领班章京，光绪三十年（1904）病故。终年63岁，归葬委羽山。传世有《筹办洋务始末记》《枢垣笔记》《清季外交史料》等近10部著作。

注：“奉常”指太常寺少卿。“中宪”指官居四品。

喻长霖宅 [Yúchánglín Zhái] 位于澄江街道仙浦喻村，故宅大多已改建，部分尚完好。喻长霖是黄岩科举级别最高者。其父喻兴云，清咸丰同治年间，在保卫村庄的战斗中殉难，为黄岩县英烈，名列省英烈祠。喻长霖（1857—1940），字志韶，师从母舅王棻。清光绪二十一年（1895）中榜眼，授翰林院编修，任两浙师范学堂监督。宣统二年（1910）选为资政院硕学通儒议员。辛亥革命后，从事编修志书，主修《台州府志》，著有《清儒学案》《两浙文征》等18部著作，系黄岩晚清时著名的文化名人。

牟育宅 [Móuyù Zhái] 位于东城街道司厅巷西头北侧，八字台门面对古巷，是一幢属于清末民初建筑风格的三合院，构建尚完整。台门的门楣三道仿木构砖雕，设计奇特，雕刻精巧，过厅上方为方形藻井。牟育，茅畲人，后迁居县城司厅巷，清光绪元年（1875）中举人，任北京咸安宫教习。光绪十八年（1892）中进士，曾任四川蓬溪、新都县知县。牟育宅为区级文物保护单位。

张寅宅 [Zhāngyín Zhái] 位于南城街道土屿山后村，晚清三合院楼房，主楼五间开面，东西厢房各5间，方石板铺的道地甚宽敞，台门围墙均完好，气势宏大。张寅，字肖宾，清光绪年间举人，朝廷授官时，因母病，奉孝放弃入仕，于家乡授徒传教，布衣一生。人誉桃李半江南，世称“德业文笔，冠于一邑”。张寅传世的诗作有《鼓山集》。

罗凤山宅 [Luófèngshān Zhái] 位于东城街道桂枝街西口北侧，地处原东禅桥头。今残存2间双层木构民居。罗凤山（1768—1821），字鸣岐，号瑞庵。行伍出身，清嘉庆八年（1803），因军功升广东澄海协都司。道光元年（1821）升福建水师提督（正二品），节制下属各镇总兵，是当时汉人武职中品秩最高者。

罗凤山在平息台湾反清事件时立有大功，因积劳过度逝于台湾，归葬老家方山下，清廷赐谥“勤勇”，并赐御制祭文碑。

刘云飞宅 [Liúyúnfēi Zhái] 位于西城街道永宁街，建于咸丰十年（1860），建筑迄今保存尚完好。有台门两座，影壁、中堂、横屋尚存，三透七间，东院花墙，西院回廊，为典型晚清时期的建筑。刘云飞，字宗涛，清咸丰年间任黄岩镇中营千总（六品），官至宁海健跳（今三门）守备（四品）。其弟刘邦魁于咸丰六年（1856）任黄岩镇右营千总，升中营守备，剿灭海匪有功，朝廷赏戴蓝翎。刘云飞故于同治初。

卢洛平宅 [Lúluòpíng Zhái] 位于双桂路中部北侧，建于1919年，乃中西式结合的清末民居，中堂过厅为圆形深藻井，后院为一字形横楼。卢洛平，清末毕业于江南陆师学堂，参加辛亥革命，任江苏都督署军政司长兼第一师少将师长，曾指挥炮队攻克南京天堡城。1949年5月，中共黄岩党组织曾在该宅院的东楼商议和平解放黄岩事项。

陈瑞畴宅 [Chēnruìchóu Zhái] 位于西城街道双江社区桥上街，该宅建于清光绪三十年（1904），主楼是五开间楼房，硬山式顶，东西两端各有1间楼房紧靠主楼，楼前自成一小院，幽雅别致，八字台门额题“知白守黑”，门联为：学礼学诗门第，半村半郭人家。陈瑞畴系黄岩清末著名学者，王棻的五大弟子之一，光绪十一年（1885）举人，任教黄岩九峰书院与清献书院，入仕后任嘉兴县教谕、严州府训导，光绪二十九年（1903）任云南大姚知县，光绪三十四年（1908）任广西柳城知县，故于任上。

池氏将军第 [Chíshì Jiāngjūndì] 位于城区青年东路北侧，系清道光年间福建泉州提督池建功宅院。晚清建筑，规模甚大，今台门、花厅、主楼等大体尚完好。该宅院建于清同治年间，台门上方正中镶嵌大理石匾额，上刻“将军第”三字，左右两边雕刻郭子仪庆寿图，雕工精致。进大门，花墙隔成三个天井，从东首花厅进内，主楼七间开面，前廊大柱合抱，青石柱础雕刻极其精美，横梁与牛鼻等雕刻吉祥图饰，花窗、藻井艺术性甚高。池建功（1801—1860），由世袭云骑尉入伍，累功升游击。清道光二十一年（1841）十月，鸦片战争时英军入侵定海、宁波。次年四月十二日，与郑宗凯（定海副将，北城街道妙儿桥人）指挥抗击英军。战后，郑宗凯升总兵，池建功升参将。池建功后升福建泉州提督。其弟池亮任黄岩镇总兵标下中营守备，池亮之子维翰为蓝翎把总，袭云骑尉世职，维翰之子铭恩任海标城守备。池氏一家四代出了六位武将。

王天眷宅 [Wángtiānjuàn Zhái] 位于宁溪镇坦头村，故宅规模较大，有台门、左右厢房，五间主楼与门楼、围墙、道地均保存完好，为清末民初建筑。王天眷（1912—1989），辛亥革命烈士王卓之子，著名物理学家。毕业于清华大学物理系，1953年获美国哥伦比亚大学哲学博士学位。1960年经苏联回国，任中国科学院武汉物理学研究所所长。为全国政协第五、六、七届委员。

茅畲云骑尉宅 [Máoshē Yúnqíwèi Zhái] 位于茅畲下街。清咸丰十一年（1861）十一月六日，太平军进击黄岩。不久，岐田寨屠敖三率众到茅畲为报其头目黄延暄被杀之仇，包围茅畲，烧毁牟以南宅院和一批民房，茅畲武官千总牟定邦与子牟建林均被杀。太平天国失败后，朝廷以云骑尉爵位授牟氏父子。今茅畲下街牟宅四合院称云骑尉宅，为晚清建筑，宅院的台门、影壁、主楼、厢房均保存完好。

注：云骑尉，清廷为奖赏作战有功或阵亡的将士授予的世爵。

徐氏节孝坊 [Xúshì Jiéxiàofǎng] 徐氏节孝坊位于江口街道下闸村，坊为四柱一楼门楼式石牌坊，建于清代，因上刻“钦旌处士洪昌欣妻徐氏孺人之节孝坊”而名。清光绪《黄岩县志》：“节孝坊，一为处士洪昌欣妻徐氏立。”牌坊正楼石斗拱出檐，有翘角。檐下有饰龙石刻，阳刻“圣旨”，阴刻“敕建”。两旁石雕阳为八仙，阴为三星。抱鼓石雕有石狮。坊柱刻有楹联：“玉洁冰清千载令名不朽；松贞柏操卅年苦行已完。”徐氏节孝坊结构精思巧妙，具较高的历史价值与艺术价值。1985年11月，公布为县级文物保护单位。

柯氏先祖祠牌坊 [Kēshìxiānzǔcí Páifǎng] 原立于横街东首南侧柯氏宗祠，今置东城街道方山西麓白云堂下方。系明万历年间的建筑。牌坊阔2.74米，斗拱出檐。民国《黄岩县志》记：“柯氏邑之望族，其横街先祖祠垂三百年。”额题“横街柯氏先祖祠”，系柯时遇所书。1985年11月，被公布为县级文物保护单位。1994年8月，因横街路拓宽需要，柯氏宗祠被拆，柯氏牌坊迁至方山下林场白云堂下方。

第三节　古　塔

瑞隆感应塔 [Ruìlónggǎnyìng Tǎ] 位于黄岩九峰公园内。南宋嘉定《赤城志》记，兴善院，在县东南三里。旧名瑞隆感应塔院。该塔初建于北宋乾德元年（963），系吴越国国师德韶禅师主持创建，以塔旁寺院瑞隆感应院而名。宋大观三年（1109）、清同治八年（1869）及1998年均作过重修。塔高35.2米，仿楼阁式，砖木结构，七级八面，石砌须弥座刻有佛像、麟、狮等图饰。1997年，被列为省级重点文物保护单位，2013年，被公布为国家级重点文物保护单。

瑞岩净土寺塔［［Ruìyán Jìngtǔsì Tǎ］位于北洋镇瑞岩寺，塔以寺名。南宋嘉定《赤城志》记：瑞岩净土寺，在县西北四十五里。唐景福初僧师彦建。净土寺塔初建于元代至元三十年（1293），明清时期及2003年均作过重修，塔为砖结构，以菱角牙子叠涩出檐，各层每面均设有壶门形龛。塔高13米，五级六面。1997年9月，被公布为省级重点文物保护单位。

水口石塔［Shuǐkǒu Shítǎ］水口石塔位于茅畲乡浦洋村大田山东坡小岗上。始建于明万历四十四年（1616），由村民牟应魁与族人共建。2006年重修。为石质结构，五级六面，高10.6米，各级每面刻有石佛像，底座刻龙雕狮，形象生动。2011年被公布为第六批省级重点文物保护单位。

灵石寺塔［Língshísì Tǎ］位于北洋镇原灵石寺（今灵石中学）内。初建于北宋乾德三年（965），系吴越国国师德韶禅师创建。南宋嘉定《赤城志》记：教忠崇报寺，在县西五十里。东晋隆安二年（398）建，初名露山寺。东晋孙恩起义，曾屯兵于此，伐木造船，有陨石自天降，遂退兵。改名灵石寺。塔以寺名。塔为楼阁式砖砌体，每层设有壶门式壁龛，菱角牙子叠涩出檐，塔高23米，七级六面。1987年落架大修，出土文物有550件套，有舍利、白叠毛、贝叶经及佛像等国家一级文物86件。其中三层天宫出土的北宋模印彩绘千佛砖，全模制作，砖面彩绘、贴金，十尊佛像分上下两排结跏趺坐莲台，佛像间饰菩提树，砖面左右上角各模印反写的“千”“佛”；四层北天宫出土的北宋沙埠窑青瓷香炉，子母口，盖镂孔，以三瓣卷叶忍冬为主纹饰，共十七组连环构成，下腹内收，饰重瓣仰莲一周，圈足，内外施釉，釉色青黄，炉内壁墨书二周。灵石寺塔原公布为省级重点文物保护单位，大修后公布为区（县）级重点文物保护单位。明代知县袁应祺《灵石寺塔》诗：

侵寒过灵石，山色远岧峣。
宝砌悬双塔，丹楹起六朝。
竹深飞积雪，树老夹寒潮。
聊悟无生理，乾坤寄一瓢。

庆善寺塔［Qìngshànsì Tǎ］位于城区大寺巷，此塔原在庆善寺旁，塔以寺名。南宋嘉定《赤城志》记：庆善寺建于东晋永和二年（346），初名安宁寺，南宋绍兴二十一年（1151），改名庆善寺，是城区有名的大寺院。明代寺院毁于倭寇，唯塔尚存。该塔建于南宋绍兴二十一年，清康熙十一年（1672）及2001年均作重修。砖结构，五级六面。1982年，被公布为县级文物保护单位。

方山双塔［Fāngshān Shuāngtǎ］民国《黄岩县志》记：双塔“在县东九峰山巅”。始建年代不详，南宋时宝章阁直学士章雄飞有诗：“九峰突地三千丈，双塔攒空十二层。”相传峭崖上有朱熹书“紫”、“阜”两字摩崖。明清时期，方山双塔均作过重建与重修。据传双塔在清代为七级。2003年重建方山双塔，塔为砖结构，五级六面，北塔高12.45米，南塔高12米。塔基须弥座为三层条石砌筑，塔身叠涩出檐。1985年11月，被公布为县级文物保护单位。

唐门山双塔［Tángménshān Shuāngtǎ］俗称“双宝珠”。在北城街道马鞍山村唐门山将军岩上，塔以地名。据传南宋淳熙九年（1182），朱熹于黄岩翠屏山樊川书院讲学时，见唐门山形胜，说：“将军岩上插双笔，将军岩下泉泌泌，域中及第挨次出。”明万历七年（1579），知县袁应祺据朱子此说于唐门山上建双塔，一名文笔，一名文星，以求振兴黄岩文脉。后来塔圮。清乾隆三十五年（1770）重建。塔为五层，高五丈三尺，周广五丈一尺，上砖下石，用砖八万，用石七十丈，用工一千四百多。清代王憕写有《双宝珠》诗：

丹崖形胜地，众水下唐门。
双塔悬岩立，先贤旧迹存。
兴废关气运，代谢阅晨昏。
不但谬文笔，欣看生聚繁。

20世纪60年代“文化大革命”“破四旧”时，双塔均被拆毁。2016年，文笔、文星双塔于故址得以重建，唐门山成为黄岩北城一处胜地。

袁令应祺《双塔记》

袁子曰：不谷少也，盖闻黄岩为浙东名邑，云委羽、松岩诸山奇胜累累。士生其间者，类多瑰玮不群，科名郁起。如杜清献、黄文毅、谢文肃、二徐、三左者流，或以宦绩腾声，或以文学标誉，海内仰之如瑞凤祥麟，脍炙士林久矣，不谷心窃识之。

迨登仕版，分符宰岩邑也，则神勃勃往，以为曩昔所愿执鞭清献、文毅辈，庶几入其乡，挹其余馨也者。下车以来，进邑博士弟子而咨询焉。博士弟子偻而前曰：兹邑也，旧以科第侈称，嘉隆而后，则阅十数祀，仅一再举，视昔先达接踵比肩也，今何寥落哉！不谷闻而悚然。乃博士弟子趋而请曰：“地灵人杰自古记之，迩者文运不甚昌郁，得毋山水未效其灵耶？”不谷曰：“唯唯，否否。尝闻之韩非子曰，冬日之闭冻也不固，则春夏之长草木不茂，天地不能常侈常费，而况于人乎。於戏，抑又闻人定胜天之说乎？诸弟子淬尔志，专尔业，懋尔问学，洞洞属属，罔有逸晷，吐为文词，川涌霞烂，举屑屑工铅椠者而齮龁之，即博巍第易易矣，何谓往盛难继哉。”乃于博士弟子，月评其艺者三岁，试其艺者再，逾年而艺绘绘毋綟矣。

又逾年而艺烨烨敷华矣，三年而艺矫矫然厌晚近习，窥左氏、史迁之藩篱矣。不谷每快读所为艺，因悠尔谓诸弟子，此可持以售主司哉？昔者之请，何愿有以解也。诸弟子跃然对曰：邑有唐门山，距城可五里，东亘海门，西控岩溪，二水环绕如两翼。然而山峙其中，当城之左臂，堪舆家所谓水口捍门也。山之西有将军岩，岩下有泉清冽，岁大旱不涸。宋朱晦庵先生提举浙东也，每行部阅历岩邑诸胜，于此山尤注意焉。盖谓山之椒插双笔，则域中及第者出，此晦庵先生语也，见郡人柯九思所著《永宁樵话》中，可考而镜云。不谷闻而颔之，因召父老议费庀工，请于当道可其议。遂出其帑金羡者为石工资，且捐赎助之。以典史鄢君凌云董其役，荷锄之夫欣然执役，越数月而工竣。双塔对峙，屹然一邑雄镇哉，因题曰文笔、文星云。是秋诸弟子应制科，省试大比获隽者三：刘生梦龄、项生汝廉、王生文雷，翩翩遐举，一时并盛，邑士大夫偕来贺。不谷曰："此山水之助耶；抑诸弟子所为，举子艺骎骎然古也适与运合耶；而后来者，将未艾耶？"诸博士弟子以记请也，不谷因持前说以应之。时万历己卯重九日也。

第四节　古墓葬

历代县志均记有名人墓冢。民国《黄岩县志》记，黄岩境内有古代名贤墓62座，大多墓冢地址已不清，有的陆续发现，有的湮灭，有的经后人修葺，迄今尚存。2016年在屿头乡发现赵伯澐墓，引起了省内外轰动，说明了古墓的文物价值与社会价值。今将部分迄今尚存的古墓选录于下。

王从德墓 [Wángcóngdé Mù] 初建于唐朝。在县西十一都金家岙（宁溪镇金家岙）。20世纪末被毁，21世纪初，王氏后嗣于宁溪镇坝头山下重建。王从德，字本心，号诚斋，唐咸通进士，曾任临海县丞，后升大理寺少卿。原居临安（杭州），唐昭宗光化四年（901），举家迁宁溪，为宁溪王氏始迁祖。

谢克家墓 [Xièkèjiā Mù] 位于今北洋镇联群村灵石山下。初建于宋代。南宋嘉定《赤城志》记，在县西五十里教忠崇报寺（今灵石寺）西北侧。20世纪50年代中期被毁。21世纪初，谢氏后嗣于原墓址西边不远谢家山下异地迁建。谢克家，字任伯，河南上蔡人，宋绍圣四年（1097）进士。南宋建炎四年（1130），官为参知政事（副丞相）兼台州知府，举家南迁黄岩，系黄岩灵石、沙埠等地谢氏的始迁祖。绍兴四年（1134）病故。有《忆君王》一词入选《全宋词》。

王所墓 [Wángsuǒ Mù] 位于宁溪上郑乡圣堂南峰山，建于元代初期，黄超然题墓："宋进士元逸民。"21世纪初重修。王所，字叔喻，世称南峰先生，宁溪人。南宋咸淳元年（1265）进士，曾任江苏高邮知军。元军南下后，王所退隐家乡，办南峰书院，授徒讲学。著有《五经类编》《南峰集》。

池从周墓 [Chícóngzhōu Mù] 清乾隆《黄岩县志》记，池从周墓在北城街道净土岙村。初建于南宋理宗年间。20世纪后期被毁，21世纪初池氏后嗣于原址重修。池从周，字子文，西街人，南宋嘉定七年（1214）进士，系理学家朱熹门人，台州名儒。著有《大学发微》《论语发微》。

杜范墓 [Dùfàn Mù] 明万历《黄岩县志》记，在县西靖化乡黄杜岭（今宁溪牌门村）。初建于南宋理宗年间。20世纪60年代"文化大革命"时墓被毁，21世纪初政府出资于原址重修。杜范（1182—1245），字成之，号立斋，北城街道杜家村人。少时师从先祖杜煜和杜知仁。南宋嘉定元年（1208）进士，淳祐初官拜右丞相兼枢密使。淳祐五年（1245）病故，谥"清献"。著有《古律诗歌》《清献集》21卷。

赵伯澐墓 [Zhàobóyún Mù] 位于屿头乡前礁村（今金廊村），2016年发掘，出土了60多件珍贵文物。南宋嘉定《赤城志》记，绍兴五年，宋代宗室赵子英任黄岩县丞，举家南迁黄岩西桥。赵子英有六子，其幼子赵伯澐，曾官长洲县丞。庆元二年（1196），五洞桥为潮汐所坏，赵伯澐率众重修。

杜浒墓 [Dùhǔ Mù] 明万历《黄岩县志》记，在县南战塘（今院桥镇见塘）。初建于南宋末年，20世纪"文化大革命"时被毁。杜浒（?—1279），字贵卿，黄岩杜家村人，杜范侄，任招讨副使，是南宋抗元英雄，文天祥的得力助手。南宋景炎五年（1280），杜浒于广东崖山兵败，逝于广州狱中。

牟大昌墓 [Móudàchāng Mù] 明万历《黄岩县志》记，在茅畲乡浦洋大田山，名儒潘伯修题"宋忠臣牟北黎之墓"，今尚存。牟大昌，字逢明，号北黎，茅畲人。南宋德祐二年（1276）十月，元将伯颜攻陷台州，并进兵黄岩。牟大昌响应文天祥义檄，率众于黄土岭御敌，军旗上书：大宋忠臣牟大昌，义兵今起应天祥。赤城虽已降于敌，黄山不愿为之氓。

终因双方兵力悬殊，大昌力战而死。元兵屠其家，从妹则娘投崖死，兄士伯二女均自缢而死。

泰不华墓 [Tàibùhuá Mù] 明万历《黄岩县志》记，状元泰不华墓在县城西北唐门山将军岩（今北城街道马鞍山村）下。初建于元末，20世纪中期被毁，后重修。泰不华（1304—1352），原名达普化，临海人。元文宗赐名泰不华，元代至治元年（1321）状元。至正十一年（1351）任浙东道宣慰使都元帅，至正十二年（1352）升迁台州路达鲁花赤，不久，在黄岩城北王林洋与方国珍的战斗中阵亡。著有《顾北集》。

童谟墓 [Tóngmó Mù] 明万历《黄岩县志》记，在县西上岙（今头陀镇溪头境内），今墓尚存。童谟，字尚弘，头陀上岙人，明洪武二十年（1387）举人，历官山东、广西布政使。明成祖称其为忠臣。

李匡墓 [Lǐkuāng Mù] 明万历《黄岩县志》记，墓在城南委羽山之西。李匡，字存翼，号肃斋，西街人。明宣德二年（1427）进士，任佥都御史。

黄孔昭墓 [Huángkǒngzhāo Mù] 明万历《黄岩县志》记，在城南委羽山南麓，明弘治初敕葬。20世纪末因建公寓迁建。黄孔昭（1428—1491），字定轩，彦俊子，黄绾祖。县城后巷人，明天顺四年（1460）进士。嘉靖年间赠礼部尚书，谥文毅。祀乡贤祠。著有《定轩集》，修《黄氏族谱》。

王启墓 [Wángqǐ Mù] 明万历《黄岩县志》记，在县南柏岙（今院桥镇秀岭水库西南）。明隆庆初敕葬。该墓砌筑呈太师椅状，下设三级神道，每级神道逐层加宽为块石自然叠砌。20世纪"文化大革命"时被毁。21世纪初，王氏后嗣于原址重修，占地面积达120平方米。2013年2月，公布为区级文物保护单位。王启（1465—1534），字景昭，院桥柏山人，明成化二十三（1487）进士，官至都察院副都御史，后升刑部右侍郎。著有《赤城会通记》《柏山文集》《东瀛遗稿》等。

附：明通议大夫刑部右侍郎东瀛王公追赠祭葬神道碑

（明）王铃

吾乡先达东瀛王公，在先朝为侍从台部执法之官。素励风节，忤权贵，摈居故里。既没，逾三十年，天子俞诤臣吴公时来之请，诏复其官，追赐祭葬，朝野哀而荣之。铃忝乡后进，执役墓所，既竣事，载笔于其墓前之石。

按公系出越钱清王氏，徙居吾邑柏山，为著姓。曾祖元初。祖钦，进士；祖母旌节章氏。父淞，儒士，累应省试不售；母郑氏，生母黄氏，感双鲤之祥生。公自幼颖悟过人，敏记问，甫弱冠，领乡荐，连登进士，告归毕婚。仕霍邱令，以清勤致誉，致先教导，重农事，缓催科。有兄弟争财者，令朝夕对立于庭，诵宋儒《兄弟吟》久之，各愿让其所争而退。弘治间，当道荐授南道御史，首言张皇亲家奴，事及守备太监董让不法事，直声凛然。秩满升江西佥事，诘奸涤冤，所至望风詟服。日修白鹿洞、濂溪书院及文丞相祠堂，毁淫祠四百余所。升本司副使。

正德丁卯，触逆瑾，降广西容县知县。又行令该省提问，罚米五百石。迁延久客梧州。瑾诛，复迁蓬州。巡按林公廷选，以志节推荐，擢守南雄，升贵州左参政。丁内艰。服阕，起山东按察使，寻迁江西右布政。以征蛮督饷有功，进俸一级，升都御史，巡抚云南。云南地杂华夷，公缉绥有方，边境告宁，升刑部右侍郎。值大狱，与颜尚书持法不阿，忤当国，罢归故里。越八载，日惟闭户著书，足迹不入公府。疾革，正衣冠，坐正寝，湛然而逝。时嘉靖甲午十一月五日也，距生成化乙酉正月廿九日，享年七十有一。

王爌墓 [Wángkuàng Mù] 明万历《黄岩县志》记，在县南官庄山，明嘉靖间敕葬。王爌，字存约，号南渠，南门人，明弘治十五年（1502）进士，官为刑科给事中，卒赠工部尚书。著有《南渠存稿》，祀郡乡贤祠。

黄绾墓 [Huángwǎn Mù] 明万历《黄岩县志》记，原在城南委羽山南侧其父黄俌墓旁边。20世纪末，因建老年公寓迁建北城街道新宅村紫霄山。黄绾（1480—1554），字宗贤，号石龙，黄孔昭孙，明代新宅人。著名哲学家，以祖荫入仕，官至南京礼部尚书兼翰林学士。著有《石龙集》《明道编》《云中疏稿》等。

吴俸墓 [Wúfèng Mù] 据民国《黄岩县志》记，在北城街道东岙象鼻山，其孙钦尧墓在县西灵石寺西。墓址不详。吴俸，字廉夫，号樊阳，明代桥棚人，授沂州训导。

管蓝墓 [Guǎnlán Mù] 清乾隆《黄岩县志》记，在城南委羽山委羽洞上方。今尚存。管蓝（1449—1504），字茂玉，外东浦人。明成化十年（1474）举人，任江西吉安推官。有《九峰九老会醵歌》等著作，是黄岩明代"九峰九老会"发起者。

喻长霖墓 [Yúchánglín Mù] 位于新前街道剑山白沙岗自然村，建于民国初期，人称"榜眼坟"，今尚存。1980年，重修时立墓碑，上刻："清乙未榜眼翰林院修编钦赐硕学通儒资政院议员两举经济特科太史先孝喻长霖偕先妣郑氏林氏陈氏之墓。"

王棻墓 [Wángfēn Mù] 位于江口街道东岙大仁山下，建于民国后期，2001年重修。王棻（1828—1899），字子庄，号耘轩，柔桥人，教育家、经史学家。

周士法墓 [Zhōushìfǎ Mù] 民国《黄岩县志》记，在九峰卧虎山地藏寺侧，初建于清末时期，今尚存。周士法，定海镇总兵。清咸丰七年（1857）故于军中。

管世骏墓 [Guǎnshìjùn Mù] 位于江口街道东魁村东岙东侧，建于民国初期。管世骏（1890—1919），字德夫，江口街道唐家岙人，清光绪三十年（1904）进士，任内阁中书、严州府教授。著有《邑乘管窥》等。

永宁寺和尚墓塔 [Yǒngníngsì Héshàng Mùtǎ] 位于新前街道西岙村永宁山之南半山腰下，坐西朝东，为清代墓葬建筑。墓高1.55米，宽1.09米。墓身由石板和小方块青砖相叠砌筑，其外壁涂刷传统砂灰。墓正面两侧砌有圆形立柱，中间竖墓碑，碑文已严重风化。离墓约3米处正前方，为一座三级六面石塔，塔高1.71米，由塔基、塔身、塔刹组成。塔身每面刻有圆寂和尚姓名。塔刹上部刻“南无阿弥陀佛”。其上由四层大小不同相轮构成，顶部为葫芦形塔刹。这一带20世纪50年代还能见到很多和尚墓塔，被称为“塔林”。距墓塔南300米处，曾有一处始建于唐朝的永宁寺。2013年2月，被公布为区级文物保护单位。

第五节 石 刻

翠屏山摩崖石刻 [Cuìpíngshān Móyáshíkè] 翠屏山位于北城街道新宅村，由灵岩山、六潭山、紫霄山等组成。峭壁、飞瀑、洞窟、溪流，景色绮丽。有多处南宋至明代摩崖石刻。明礼部尚书黄绾辞官回故里，创办石龙书院授徒讲学，并在灵岩山、六潭山、朱岩等处留下大量的摩崖石刻。迄今灵岩山峭壁有《少有吟》《赠少谷出山》《与郑继之紫霄夜坐》《石室》《少谷峰》《新开凌霄岭》《荷锄》《紫霄吟》等摩崖石刻。清光绪《黄岩县志》记有黄绾灵岩洞各种摩崖石刻。1982年2月，被公布为县级文物保护单位。

松岩山摩崖石刻 [Sōngyánshān Móyáshíkè] 位于黄岩城西澄江街道松岩村大巍头，原称莲尖坪摩崖石刻，有多处明至清代摩崖石刻。天峰阁左侧摩崖石刻及天梯上端石刻造像，“乐性仙化处”摩崖石刻，每字高50厘米，宽30厘米，纪念清同治二年（1863）坤道王圆娥坚贞不屈跳崖自尽史迹。2013年，被列为区级文物保护单位。

柑橘始祖地纪念碑 [Gānjúshǐzǔdì Jì'niàn bēi] 位于头陀镇断江村彭家东侧。清光绪《黄岩县志》记，黄岩蜜橘起源地在断江一带。元代林昉《柑子记》：“台之州县五，乳柑独产于黄岩，黄岩之乡十有二，而独美于备礼之断江。”纪念碑建于2007年8月。碑顶月牙形，象征太阳、月亮、星星，碑四周雕刻古代神话传说等。碑身镌刻有池太宁先生《蜜橘赋》。碑高15米，占地225平方米。纪念碑附近建有长廊、亭阁、观光塔，有铁索桥与黄岩柑橘博览馆相通。

第六节 近现代重要史迹

台属特委机关旧址 [Tāishǔtèwěi Jīguān Jiùzhǐ] 台属特委机关旧址设于原黄岩城区淑德小学内，原址坐落旧城后巷。1999年因旧城改造拆除，于2011年按原样迁建于西城街道双江小区（五洞桥西首北侧），房屋30间，总建筑面积1280平方米。淑德小学原是晚清黄岩绅士林元荣的宅第，呈中轴对称，由大门、门厅、东西厢房与楼堂组成。世称“五凤楼”，以大门为凤头，东西厢房及南头重檐歇山顶为凤翅，呈现展翅飞翔的凤凰形态。穿斗式木结构，斗拱与梁架雕刻精致。1915年，林元荣的儿媳林卢素云捐出部分房产创办淑德小学。1938年，林元荣的孙子林尧（时任中共台州临时特委常委），将东楼作为临时特委机关驻地，领导台州各地党的工作。1940年5月，特委机关迁至平田桐树坑。淑德小学是一处具有革命历史纪念意义、地方历史文化积淀深厚的建筑。1985年11月，被公布为县级文物保护单位。

抗战时期中共黄岩县委机关旧址 [Kàngzhàn shíqī ZhōnggòngHuángyánxiànwěi Jīguān Jiùzhǐ] 1938年，中共黄岩县委机关设茅畲乡茅畲小学校内，林泗斋任县委书记。纪念馆以此而名。纪念馆是一处三合院式的古建筑，原是晚清文昌阁。《牟氏族谱》记：“向西五楹，明嘉靖丙辰重建。”曾为九溪书院，又名启秀书院，后改为励志学堂。现存当年校舍23间，还有林泗斋手植的木樨两株，校门口迄今尚有陈叔亮1937年手书的校训。1985年11月，被公布为县级文物保护单位。

中共台属特委机关旧址纪念馆 [Zhōnggòngtāishǔ Tèwěi Jīguānjiùzhǐ Jì'niàn'guǎn] 中共台属特委机关旧址纪念馆位于平田乡桐树坑村。1933年，林泗斋从茅畲小学到桐树坑，建立平田乡第一个党支部。1940年5月，中共台属特委机关从县城淑德小学迁至桐树坑，领导台州各地党的组织工作。20世纪后期，于故址建纪念馆，双层木构仿古楼房，总建筑面积518平方米。主体部分面积286平方米。

红十三军临时指挥部旧址 [Hóngshísānjūn Línshízhǐhuībù Jiùzhǐ] 位于宁溪镇大横居委会天香堂内。1930年9月，中国工农红军第十三军军长胡公冕率领部队与浙南游击队会师宁溪镇，部署进攻乌岩，并设临时指挥部于宁川初等小学（天香堂）内，故名。1985年11月，被公布为县级文物保护单位。

浙东浙南部队会师纪念馆 [Zhèdōngzhè'nán bùduì Huìshī Jì'niàn'guǎn] 位于上郑乡农林村（圣堂殿），建筑面积1596平方米。1948年4月，浙东“铁流”部队和浙南括苍支队在宁溪上郑圣堂殿会师。2006年6月动工在会师原址处动工建馆。2008年4月竣工。故名。馆内展出各种历史图片300多张，实物30多件。有红色土地、圣堂会师、武装斗争、革命先烈、老区建设等部分。

九峰烈士墓 [Jiǔfēng Lièshì Mù] 九峰烈士墓建于九峰公园内，以安葬120多位革命烈士得名。陵园坐南面北，占地700多平方米，沿墓道分级而上，可登墓区。九峰烈士陵园初建于1956年，原在桃花潭南边，安葬解放一江山岛时阵亡烈士的遗骸。1985年迁建灵台峰下的小岗上，占地500平方米。陵园前立有“革命烈士永垂不朽”碑，1998年，被市委市政府命名为第二批市级爱国主义教育基地。1982年2月，被公布为县级文物保护单位。

决要大会堂 [Juéyào Dàhuìtáng] 位于富山乡决要村。建于1980年，坐北朝南，人字顶，墙体四面均以方形块石错缝叠砌而成，南向三开间立面，通面宽13.9米，中间宽4.7米，门厅深10米，高度9.7米。2013年2月，被公布为区级文物保护单位。

黄杜岙办公楼 [Huángdù'ào Bàn'gōnglóu] 位于上垟乡黄杜岙村西侧。始建于20世纪70年代初期。坐北朝南，系二层七开间砖木结构楼房。明间设计较为宽敞，次间稍窄。用材硕大优质。建筑高近9米，体量要超过一般二层楼，采用传统的砖木结构，是一处典型的乡土建筑，反映了当时农村的经济实力，是农村集体化时期的历史产物。2013年2月，被公布为区级文物保护单位。

第七节　古驿道

黄永古道 [Huángyǒng Gǔdào] 是古代黄岩西部通往永嘉的主要交通枢纽，故名。位于宁溪镇、富山乡，始于宋元以前。东起宁溪镇联丰、岭根村，古道沿半岭溪由东向西，途经富山乡半岭堂、半山、马鞍山、北山、决要路廊，至黄岩与永嘉交界的黄永大桥，过路廊，沿山路入永嘉县的张溪乡。黄永古道也叫黄永捷径，黄岩段全长15千米，宽约2米，块石路面。在半山村与决要村的古道旁，尚有路廊多座，还有悬臂式石梁桥一座。2013年2月，被公布为区级文物保护单位。

温州岭古道 [Wēnzhōulǐng Gǔdào] 位于茅畲乡上横自然村南。南北走向，始于宋代。北起茅畲乡上横龙王殿，南至茅畲乡山卡村的山卡岭头，翻过此岭就进入温州乐清地，故名。民国《黄岩县志·叙山》：“纱帽岩之东南为温州岭，南通乐清旸谷岙。”古道路面宽2米，长约3千米，由天然块石铺筑路面。古道现存路廊一座，在上横村龙王殿约50米处古驿道左侧，龙潭边上有清乾隆年间筑的菱形桥墩两孔石桥一座。古道是黄岩与乐清两地交通线之一。2013年2月，被公布为区级文物保护单位。

台温驿道 [Tāiwēn Yìdào] 形成于唐代中期，自临海、黄岩、大荆、乐清入温州，长375千米。黄岩段北起黄土岭，跨利涉浮桥入城关，城北设永宁驿（管驿巷），接待住宿，过苍头街、桥亭头、横街、天长街，出小南门，傍南官河，经石湫桥，十里铺梅关，折南沿温州河店头街、院桥街、唐家桥、柏岙街、雅林、秀岭、盘山岭入乐清大荆。宋代，朝廷曾于盘山、秀岭驿道上设营驻防，以保瓯闽交通线安全。盘山岭驿道迄今基本完好。黄岩境内全长30千米。台温支路自柏岙街南行经丽岙口、横路头、唐岭下逾大唐岭古道经东至大溪街。

黄太驿道 [Huángtài Yìdào] 黄岩至太平（今温岭市）驿道，系南宋庆元年间开辟。此驿道在十里铺与台温驿道衔接。经十里铺柳桥，沿南官河东南行，又经药山、横山头街、金寺堂、坝头、桐屿、马铺入路桥向东南行，过石曲，一支东行去金清等地，一支南行到白枫桥，又从白枫桥分道东南行，经红台门、后姜，至太平新河。全长15千米，沿途设白峰驿（今峰江）和温峤驿（今温岭温峤）。20世纪60年代后，该驿道大多已废，只存部分残段。

黄海驿道 [Huánghǎi Yìdào] 明洪武年间，朝廷设置海门卫抗倭而开辟，驿道起点县城东门，傍东官河经柔桥、闸门头、山下周、山下郎、山头金、栅浦、葭沚进入海门（今椒江），全长近20千米。沿途设置白石驿铺和半洋旦（闸门头）、风水山（山头金）烽火台。1914年政府裁撤驿站，1947年进行改道，从县城东行，经白石王、三江口，过双龙闸至海门。1980年建成黄海（椒）公路后，傍东官河的黄海驿道大多已废，仅部分地段尚存。

东瓯古道 [Dōng'ōu Gǔdào] 位于院桥镇与温岭市大溪的交界处，又称大唐岭古道。南宋嘉定《赤城志》：“大塘岭，在县南三十里。”《柏山王氏宗谱》：“唐岭本唐氏所开，故名之。”大唐岭古道是古时院桥通往温岭的交通要道，开凿于上古时期。《四库全书·雍正浙江通志》记：“徐偃王城在黄岩县南三十五里大唐岭东。”从院桥镇过唐家桥，沿大唐岭古道，石级完整，登山岗路廊，岭南地属温岭，石阶宽约2米，平缓宽阔，山下便是温岭大溪镇的里宅村与大岙村，有战国时期徐偃王城遗址，汉初东瓯国都城亦设在徐偃王城故址上，古城原属黄岩县，1951年划入温岭县。

台温古道 [Tāiwēn Gǔdào] 位于北洋镇。唐中期所筑。古时由台州府城经黄岩义城岭去乐清温州，称台温古道。南宋嘉定《赤城志》卷二十：“义城岭，在县西八十里。”黄岩段北起义城岭头，至岭脚，经乌岩街、下溪、小坑、下路、大岩岭入乐清大荆。现大多路段淹没于长潭水库库区，义城岭一段的石阶与道路尚保存完好。古代也是黄岩西部到府城的要道，清代耿精忠及太平军等许多战事均发生在这一带。

白石岭古道 [BáishíLǐng Gǔdào] 位于江口街

道唐家岙与路桥区桐屿镇境内交界处，明清时又称白石关，今是黄岩区与路桥区分界处。南宋嘉定《赤城志》："白石岭，在县东一十七里。"尚有关隘、古道、石阶、风雨亭（茶亭）、白石寺等。白石关建于明代初期，为抗倭而筑，明时曾设兵营于此。县志记，明嘉靖三十七年（1558）五月四日，一群倭寇向黄岩逃窜，沿黄海驿道到白石岭下，佥事唐尧臣扼守白石关，倭寇多次冲击未成而败退。迄今白石关关墙南侧尚存28米，北边关墙长40米，南与北相距45米，高3.5米，关门高2.3米，风雨亭（茶亭）五间开面，木石结构，光绪二十三年（1897）重建。白石关路面石级至今基本完好，长约5千米。白石岭古道向西经唐家岙、山下郎与黄海驿道衔接，可至三江口与黄岩城区。向东经埠头堂、西山，可通洪家与椒江。

第二章　公园旅游区

第一节　公　园

九峰公园 [Jiǔfēng Gōngyuán] 国家AAAA级旅游景区。位于黄岩城东的方山西麓，从南而北有灵台、华盖、文笔 、接引、宝鼎、灵鹫、双阙、卧龙、翠屏9座峰峦得名。1957年10月筹建，1959年正式建园，面积68公顷。1983年后，建成儿童公园，修筑环山通道等。1994年，设有中国著名书画家陈叔亮书画馆。1998年建报春园，内有梅桩等四大景区。2005年启动西扩工程。九峰公园素有一石、二井、三潭和八亭之说，又有三塔、九峰和十二景之称。“朗公石”一石；“铁筛甘井”和“铁米筛井”二井；桃花潭、响泉潭和云崖潭三潭；镜心亭、留春亭、仰高亭、望峰亭、夕照亭、甘泉亭、红枫亭、响泉亭八亭；瑞隆感应塔和方山双塔三塔；马尾溪、云影溪、涤砚溪、东高溪、瀑布溪和响泉溪六溪；古寺钟声、平林塔影、九凝积雨、双峰插云等十二景；除了古寺钟声和白云春雪不复存在外，其他各景均在。建筑由人文景观和自然景观构成，楼台亭榭、古树名木。西北麓古有九峰寺，明万历《黄岩县志》：“宋开宝间僧德韶建，名瑞隆感应塔院。”俗呼山呑寺，清同治八年（1869）改寺院为九峰书院。康有为誉称：“九峰环立，峻碧摩天，分雁荡之幽奇。”历代名人写有很多咏九峰的诗词。1929年，道教全真龙门派二十四代传人伍止渊与王定一在桃花潭畔建镜心亭，四方石柱刻有喻长霖、朱劼成、王松渠、柯璜、任重、周慕庵、毛训、朱荣燕等八位邑中宿儒名流题写的楹联，书体真草隶篆均有。1932年，伍止渊在九峰桃花潭畔筑小玄都观定居。还有《朗公石》《望娘塔与望妹塔》等美丽的传说。宋初始建的瑞隆感应塔为国家重点文物保护单位。为省内县级公园之冠，载入《中国名胜词典》。

永宁公园 [Yǒngníng Gōngyuán] 因傍黄岩城区永宁江南岸而建，故名。东起外东浦，西至西复线，南邻世纪大道，北依永宁江。始建于2001年8月。2004年年初竣工，并荣获建设部授予2006年“中国人居环境范例奖”和美国景观设计师协会授予2006年“ASCA专业设计荣誉奖”。第一期占地30公顷，长3千米。园内绿地率75%，保留并种植芦苇、菖蒲、竹子、乌桕、水杉、桂花、郁金香、百合等植物花草。景观区以现代、简约的几何形建筑为主，由高达30.99米的主题雕塑“创造”以及水晶迪厅、渔人码头、亲水平台等景观组成。新景点“名人足迹园”有全国各地知名文化人士和当地文化名人题诗及题字。美国景观设计师协会（ASLA）对此项目给予了高度评价：“巧妙的建筑设计，精到的自然植被配置，创造出感性的体验空间！”

西江公园 [Xījiāng Gōngyuán] 位于黄岩旧城西边的西江东岸，公园傍江而建，故名。生态景观公园，东起洞天路，南至二环南路，南北向贯穿城市，总占地面积11.3公顷，是集娱乐、文体、休闲、生态功能于一体的综合性城市河滨绿地。西江公园浮雕景观墙工程建设正式启动。打造成社会主义核心价值主题公园，成为黄岩区又一个爱国主义教育基地。

五洞桥公园 [Wǔdòngqiáo Gōngyuán] 位于西城桥上街，因五洞桥得名。东至环城西路，南至青年路，西至西江河，紧靠永宁公园和江滨公园，为西江绿地系统重要的组成部分。2010年启动，2011年竣工。占地面积1.4公顷，园区及道路的绿化面积1.3万平方米。五洞桥为省级重点文物保护单位。

江北公园 [Jiāngběi Gōngyuán] 位于黄岩旧城区永宁江段北岸，公园傍江而建，故名。南临永宁江，东起黄岩大桥西侧，西至二环西路大桥，北为新建的住宅小区，与南岸永宁公园隔江相望。公园占地面积9.6公顷，长达1.5千米，总投资近1.9亿元。是一个集湿地保育、水系净化、低碳节能的生态公园。同时建有观光大桥，造型奇特，横跨永宁江上，沟通南岸的永宁公园。

鉴洋湖湿地公园 [Jiànyánghú Shīdì Gōng yuán] 释文见第二编第三节。

安然湿地公园 [Ānrán Shīdì Gōngyuán] 位于江口街道江东新村安然西北面，东至规划路，西、南至安然，北至内环北路。占地面积11公顷。东官河工程新开河道流经江口街道安然村，围绕河道打造的该湿地公园，故名。

第二节　风景旅游区

划岩山风景区 [Huáyánshān Fēngjǐngqū] 省级风景名胜区。位于头陀镇溪上与三屯交界处。民国以来称山沌头，1997年景区开发，始名划岩山。因山上有如被斧头从上而下垂直划过的岩层断裂景观，故名。传说划岩山风景区是王母娘娘用簪划出来的。有个小王生在西呑村，父亲在他出生前几个月亡故，母难产死去，小王破腹而出。当夜，王母娘娘给了小王一道指令，要他爬到狮子岩，经狮子口洗礼后可出来登基，结果小王爬到中途遇难。小王出生的西岙，现叫王岙，百丈岭头小王遇难的地方现叫王难坑。划岩山东距黄岩城区18千米，总面积约15平方千米。有“谷幽、石险、水灵”之三奇，更有天然“井洞、风洞、栈道”三绝，是集游览、探险和科普教育为一体的山岳型风景区。景区内林茂山秀，青溪常流，幽谷深曲，怪岩林立。还有国内外罕见的岩层断裂景观——迷宫般的裂谷及高悬于山崖峭壁的飞鹰道。峰景中以画屏峰、屏嶂峰、六子峰、三屯峰与弥勒峰尤显峻奇，画屏、屏障与六子三峰环接屏峙，峰峰壁立。状形肖物的奇岩，形象逼真，如头陀望月、斧头岩、仙人桥、蛙石、龟石、牛头岩、守潭狮、西天一柱等。洞景有水帘洞、通天洞和蝙蝠洞、水仙娘子洞、仙翁洞、藏娇洞等。

松岩山风景区 [Sōngyánshān Fēngjǐngqū] 松岩山又称嵩岩山，位于黄岩城西澄江街道大巍头与岙里，以山得名。距黄岩城区7千米。松岩山与九峰山誉称“邑中双璧”，名列《中国名胜词典》。南宋嘉定《赤城志》:“松岩山，在县西一十五里，沿崖而上，凡七里始登石梯，梯数百级，劲直如削，名曰古仙百步街。其上平广，荫以古松，有碧潭，龙出没能为云雨。东南一土庵特异，有石棋盘、仙人迹焉。岩上又有剪刀痕，或云王仙姑轻举之地。”景点主要分布在松岩山前后两端，分前山景区和后山景区。前山景区面积120.75公顷，主要以莲峰山和岱石山的莲尖坪和石大人峰为核心，周围有象鼻岩、蚂蝗岩、美女照镜岩、乌龟岩和爱乡亭等景，外围有古松柏木、岱石庙等。后山景区范围43公顷，以后寺为中心，北至饭蒸坑竹林，东去前寺。两区之间接合部为云片瀑和天梯为主的瀑梯景带，面积为40.8公顷。三个独立的景区组成整个松岩山景区，总面积214.50公顷。有天梯、云片瀑、莲尖坪和石大人峰松岩四绝。石大人峰与温岭石夫人峰，并称台州奇观。松岩山宗教文化深厚，南北朝宋武帝年间建岱石庙。元代至正年间（1341—1368）高僧秋江先后在松岩山顶建造了法轮寺（前寺）和常寂寺（后寺）。松岩山主峰大巍头，海拔657米。清赵韵花《游嵩岩》诗：

石磴盘旋古寺幽，参天松竹碧云柔。

岚光忽向衣前落，钟起一声山月秋。

松岩山莲尖坪摩崖石刻，天峰阁左侧摩崖石刻及天梯上端石刻，2013年2月，被公布为区级文物保护单位。

翠屏山风景区 [Cuìpíngshān Fēngjǐngqū] 位于北城街道，以山横列如翠屏而名。明万历《黄岩县志》:“翠屏山，在灵岩之右，如屏障，俗呼为翠屏。”距黄岩城区中心约3千米。西连黄土岭并与临海水洋接壤，东邻新宅、杜家村，上有灵岩、紫霄、六潭诸山。有飞瀑流泉，峭岩幽洞等自然景观。有灵岩山之灵岩洞（杜范少年时曾在此读书）、少谷峰（黄绾为同朝好友郑少谷所题摩崖石刻），六潭山之大瀑布、擘翠亭和书院基（朱熹讲学处，今残墙基址尚存），紫霄山之朱岩石刻。翠屏山南麓新宅村为明代大哲学家黄绾故里。东南麓杜家村，为南宋右丞相杜范、黄岩首中进士杜垂象、著名思想家杜知仁、著名孝子杜谊、抗元英雄杜浒、著名学者杜煜等故里。相传朱文公云：黄岩秀气在江北，江北秀气在翠屏。灵岩、六潭、紫霄、朱岩等20多处宋明时期摩崖石刻，2013年3月，被公布为区级文物保护单位。

柑橘博览馆与观光园 [Gānjú Bólǎn'guǎnyǔ Guān'guāngyuán] 国家AAA级旅游景区。位于澄江街道凤洋村及头陀断江村，跨永宁江两岸。距城区8千米，总面积666.7公顷，园内植有温州蜜柑、槾橘、本地早、早橘、椪柑等40多个品种。黄岩是世界宽皮橘始祖地，唐宋时期，黄岩乳橘列为贡品，誉称“天下果实第一”。观光园北端有“中国柑橘博览馆”，建于2008年，占地2.5万平方米，建筑面积8000平方米，10多个展厅，是省内首个以柑橘与橘文化为主题的博览馆。

柔川景区 [Róuchuān jǐngqū] 国家AAAA级旅游景区。位于长谭水库上游，核心景区包括沙滩老街、两岸3°素拓基地、四季采摘园、东坞露营基地等。面积1.5平方千米。景区内农耕文化、儒家文化、道教文化、近现代建筑文化等四大文化集聚。有南宋大儒黄超然子黄中玉创立的柔川书院遗址，赵匡胤第七代孙赵伯澐古墓遗迹。道教文化影响深远，有道教圣地太尉殿，庙内外古戏台、古石碑、古石虎保存完整，并保留有800多年的古樟群。沙滩老街建筑风格显著，古老而传统的手工作坊延续老街的风范。景区有“过大年”“十里红妆”等民俗体验活动和水果采摘等农耕体验活动，已建成军训、山训、山水穿越等30多种户外活动项目。是一个集山水风光、历史文化、古风遗韵、休闲体验于一体的乡村旅游综合体。

布袋山风景区 [Bùdàishān Fēngjǐngqū] 国家AAA级旅游景区。位于黄岩屿头乡布袋坑村（现为布袋山村），距黄岩城区40千米，海拔510米。清光绪《黄岩县志》:布袋坑，九都一图。因山谷状似布袋得名。有布袋和尚曾云游到此村落，遗物留于此的传说。布袋山2010年进行开发，于2011年始用今名。原始峡谷地貌，由弥勒谷、布袋溪与古村落组成。弥勒谷景区有雄狮护谷、双龙戏瀑、牯潭秋月、壶中乾坤、苍山云影、九天凝碧、老僧听泉、飞阁流丹、廊桥蕙风、鼎湖秀色、弥勒朝圣、桃源人家等12个景点。古村落景区生态环境良好，全年气候湿润，温度适宜，森林覆盖率高达98%，物种丰富，奇花异草广布。有上千年的红豆杉、稀有竹类品种“黄金嵌碧玉”等。布袋溪漂流是一项集观赏、娱乐、运动于一体的水上项目。

富山冰川石瀑风景区 [Fùshān Bīngchuānshí pù Fēngjǐngqū] 位于富山乡双坑村（现为双西村）后山。2004年，经省地质专家郑人来教授、南京大学朱诚教授和同济大学吴承照教授等专家考证，证实双坑冰川遗址形成距今已有6000万年的历史。2008年始名。双坑村群先后筹集了210万元投入景区建设。经过一年的努力，冰川石瀑景区一期工程全面建成。2008年12月30日开始对外试营业。景区以山的自然状态得名。景区距黄岩城区70千米。双坑冰川石瀑有峭崖、峻壁、石瀑等景观，与前山的富山大裂谷形成一对姐妹景区，拥有大规模的象形石和高耸的石崖、石壁，各具特色的“石瀑”点缀其间。冰川石瀑景区现开发游程共2180米，其中大仙师洞高3米、深8米，石瀑长约500米、高约100米，是台州少有的自然景观，遗留在景区内6000万年前的冰川石更是国内罕见。

富山大裂谷风景区 [Fùshāndàliègǔ Fēngjǐng qū] 位于宁溪镇富山乡半山村，与温州永嘉楠溪江风景区毗邻，距黄岩城区47千米。2009年开发旅游始名。为6000万年前地质演变时产生的山崩地裂，形成怪异地貌，景区因此得名。海拔800多米，占地100公顷。有裂谷寻宝、古壁修篁、石亭锦帆、山崩地裂、洞府双龟、双岩涌泉、天坪多秀、富山问财等八大景观。裂谷寻宝区内天然裂谷纵深30余米，宽约2米，最窄处宽不及米，裂谷裂面光滑犹如斧劈刀削。景区崇山峻岭，涧水长流，自然环境十分优美，地质演变形成的地裂、崩山景观国内罕见。

浙东十八潭 [Zhèdōng Shíbātán] 位于黄岩西南部平田乡桐树坑村，南与乐清市接壤，距黄岩城区约45千米，在桐树坑通往乐清的山湾中从上到下有10多个潭（沌），故名。21世纪初开发，2007年对外开放。浙东十八潭是一个将山水景观与红色旅游融合交汇的景区，在浙江省的红色旅游中独树一帜。景区在一个狭长的峡谷中，峭崖峻岭，沿溪山湾多、瀑布多、潭多。有桐树流金、重门秀水、长潭游龙、铁流飞泄、高台宿营、黄岩会师、绿客餐秀、峰林探险、红军破壁、清渠流芳等十景。十八潭是平田通往乐清福溪等地的通道，沿途山路崎岖险要，十八湾十八潭，湾湾起伏跌宕。十八潭山道是浙东和浙南两地游击队的联络走廊。

黄岩大瀑布 [Huángyán Dàpùbù] 在上郑乡境内，距黄岩城区50千米。2003年旅游资源调查发现后始名，以景区内大大小小的瀑布群得名。景区茂林修竹，溪水蜿蜒，彩石遍布，飞瀑流泉，随处可闻隐隐雷鸣之声，处处可见氤氲云雾之状。50～100米大小瀑布遍布，有门槛瀑、洛神瀑、羞女瀑、湘妃瀑、天妃瀑等。悬瀑、跌水集中，其中，恩坑（天妃）瀑落差约130米，瀑宽约30米；湘妃瀑落差约40米，宽约10米；洛神瀑落差约30米，宽约4米；门槛瀑落差约3米，宽约20米。几个瀑布又组成了一个瀑布群，被冠以“浙南第一瀑布群”，为浙江南部罕见的天然瀑布群。

永宁江绿道 [Yǒngníngjiāng Lǜdào] 傍永宁江而建。东起永宁公园，经黄岩中学、仙浦喻、凤洋名人馆与柑橘博物馆、断江柑橘始祖地纪念碑，再经潮济，至长潭水库大坝下。全长22千米。由绿廊系统、慢行系统、交通衔接系统、服务设施系统等部分组成，沿线设有8个驿站，4个亲水平台，6个景观平台，7个桥梁下穿通道，坐凳100多条和公共自行车站点，将城市休闲、体育健身、文化展示、旅游观光融为一体。

黄岩石窟 [Huángyán Shíkū] 位于江口街道山下郎村，距黄岩城区3千米。唐朝以来开采石板形成洞穴，1989年称蟠龙洞。1994年开辟神仙宫，1997年建中国历代帝王博览馆。原称朱砂堆，2004年更名为黄岩石窟。石窟为历代采石形成的石板仓遗址，于20世纪90年代先后开发为旅游景点，游线长达2000多米。石窟有20多个洞窟，洞洞相连，有大大小小水池10多个，总面积约2万平方米，水域纵横，穴深洞幽，洞壁有天然画图，古朴神奇。有空山泛舟、仙人壁画、天音流韵等胜地。山巅有颇具规模的古刹——隐居寺。2013年2月，山下郎石板仓遗址被公布为区级文物保护单位。

奥特莱斯广场 [Àotèláisī Guǎngchǎng] 国家AAA级旅游景区。位于院桥镇横泾后岸村，西侧为通往城区的发展路，南侧为兴华路，总建筑面积为9.3万平方米，奥特莱斯在零售商业中专指销售名牌过季、下架、断码的商店组成的购物中心。2014年广场整体开业。周边有巨幕电影院、欧美风格购物中心，集购物、休闲、娱乐于一体，是浙东南最具异域风格的名品折扣中心。

蓝美庄园 [Lánměi Zhuāngyuán] 国家AAA级旅游景区。位于北洋镇前蒋村，总占地面积97公顷。2014年开始建设，2016年开始营业，每天接待游客达5000人次以上，高峰时期近万人次。庄园引进开发无土栽培技术、全数字水肥一体滴灌技术，全程有机栽培健康无公害水果，品种有草莓、蓝莓、水果玉米、小番茄等四季果蔬10多种。是集亲子娱乐、会议休闲、木屋烧烤野炊、四季水果采摘、度假休闲于一体的农业体验式旅游景区。

第三章 宗 教

第一节 寺 院

广化寺 [Guǎnghuà Sì] 位于院桥九莲村东鉴飞龙山下。初建于三国吴赤乌初年，古称广化院。宋政和年间掘地获大古镜，刻有“灵龟”两字，赐额灵龟。宋治平三年（1066）改额“广化”。明嘉靖年间，寺圮。清顺治六年（1649）重建。1992年再次重建。1999年，新昌大佛寺方丈悟道大和尚兼任广化寺住持。先后建成山门、石牌坊、祖师殿等。2000年开始兴建的大雄宝殿为七楹五层，高52.3米，深50米，总建筑面积7688平方米。2003年，台州市人民政府批准广化寺为台州市级重点寺院。

崇福寺 [Chóngfú Sì] 位于院桥镇繁荣村跃龙山，取佛教崇善求福之意而名。初建于明崇祯年间，清乾隆三十一年（1766）重修。1972年，重建店头堂，依山就势建寺宇，沿中轴线建有石牌坊、钟楼、鼓楼、如是楼、罗汉殿等80多间，占地面积1.3公顷。2003年列为台州市级重点寺院。

东林寺 [Dōnglín Sì] 位于新前街道西范村小庐山，初建于北宋初，俗称“庐山堂”，为佛教净土道场，以净土宗发祥地江西庐山东林寺，故名。20世纪90年代初，重建东林寺，建成天王殿、钟楼、鼓楼、五开间重檐歇山式大雄宝殿等。2003年，经台州市人民政府批准，列为台州市重点寺院之一。

瑞岩寺 [Ruìyán Sì] 位于北洋镇瑞岩村，建于唐景福元年（892），距黄岩城区22千米。明万历《黄岩县志》记，瑞岩寺在县西北四十五里，唐景福初，僧师彦建，其山石皆紫色，乾宁二年赐额“瑞岩”。北宋大中祥符元年（1008），朝廷又赐额“瑞岩净土院”。明末，寺院由瑞岩山上搬迁下山。清咸丰十一年（1861），寺院被太平军焚。同治年间，黄岩知县孙憙改寺院为义塾。瑞岩寺为日本曹洞宗祖庭之一。1985年开始，日本的佛教徒时常至瑞岩寺遗址参礼。2001年重修大殿。昔寺中有惺惺石，寺前有大泽塘，寺后有滴滴泉。钱象祖、谢伋等均写有瑞岩寺的诗。元代建造的瑞岩净土寺塔被列为省级文物保护单位。

九峰寺 [Jiǔfēng Sì] 因四周有灵台、文笔、华盖等九座峰峦而名。古称兴善寺，初建于宋开宝年间，位于九峰山岙之中，并建有瑞隆感应塔（九峰塔），寺与塔均系吴越国国师德韶创建。清咸丰十一年（1861），寺院建筑大多毁于太平军，黄岩知县孙憙改九峰寺为九峰书院。1995年，迁九峰寺于方山西麓麻栗坦新建。寺院以山就势，沿中轴线建有钟鼓楼、千佛殿等50多间，占地0.8公顷。

方山寺 [Fāngshān Sì] 位于黄岩城东方山双塔之下，俗称方山寺。创建于元大德二年（1298）。1958年建方山水库，旧寺院被拆除。1988年，居士程日书、卢锡岳等于水库西侧重建寺院，现建有大雄宝殿、胡公殿等33间。

觉慈寺 [Juécí Sì] 位于宁溪蒋岙村，以佛教觉悟慈悲之义而名。明万历《黄岩县志》记：“觉慈寺在县西八十里，唐大中五年建。”明万历年间衰落，清初又重兴。1996年12月，批准为佛教活动场所正式登记。2007年换证为寺院。现建有天王殿、观音殿等30间，占地面积0.5公顷。明洪武十五年（1382），黄岩籍高僧宗泐西域取经回国后，返乡住持觉慈寺。

附：

宗泐（1318—1391），俗姓陈，字季潭，号全室，黄岩人。幼年父母双亡，被临海周氏收养，后周氏又故，宗泐八岁入天宁寺为僧，洪武五年（1372）主持钟山大斋会，后任天界寺住持，掌管全国寺僧，称天界禅师。洪武十一年出使印度取经，洪武十五年归，赠右善世僧箓，后退居黄岩觉慈寺。受胡惟庸案株连入狱。晚年居石佛寺。

隐居寺 [Yǐnjū Sì] 位于江口街道山下郎村朱砂堆之巅，初名朱砂寺，创建于唐肃宗至德三年（758），据传因高士隐居于此，改名隐居寺。清嘉庆十二年（1807）重修。1975年，重建隐居寺，先后建成重檐歇山式大雄宝殿及厢房等30多间，占地1公顷。

东震禅寺 [Dōngzhèn Chánsì] 原称东震堂。1995年迁建新址东城街道方山路，更名东震禅寺。先后建有重檐歇山式大雄宝殿、天王殿等30多间，占地面积0.2公顷。东震堂原址在旧城双桂巷，始建于明万历年间。清咸丰十一年（1861）毁于太平军，同治年间重建。祀以治病济世声名远播的陈药师。

宝严寺 [Bǎoyán Sì] 位于江口街道江东新村项岙九龙山上，始建于唐大和元年（827），北宋治平三年（1066）赐额，据佛教经语而名。明洪武年间，高僧宗泐禅师曾以宝严寺为弘法讲堂之一。清光绪十三年（1887），寺院毁于火。20世纪70年代，重建宝严寺。现有大殿等10多间，占地0.7公顷。

宝轮寺 [Bǎolún Sì] 位于院桥镇山北自然村，寺院初建于三国吴赤乌初年。以寺院四周有观音山、四鼓山、木鱼山、狮子山、鸡笼山、象山等6座峰峦环绕，形似宝轮而名。1994年，建成重檐歇山式大雄宝殿及双层厢房等36间，占地约1.2公顷。清代余汉阳《宝轮寺》诗：

年年无恙此溪山，涧谷优游任往还。

红叶渐迷樵子径，白云长锁老僧关。

青浮别院炊烟静，翠滴重崖松影环。

争似区区随所遇，尘途能得几时闲。

大仁寺 [Dàrén Sì] 大仁寺位于江口街道东岙大仁山上，寺因山名。南宋嘉定《赤城志》记，五代周显德中，始建于大仁山，初名智仁院，后更名大仁寺，并称"景德寺"。宋祥符年间，天台宗高僧慈云遵式在大仁寺宣讲《止观》。20世纪90年代，重建歇山式大雄宝殿等，占地0.7公顷。

清修寺 [Qīngxiū Sì] 位于南城街道药山村。南宋嘉定《赤城志》记，"清修院在县东南一十五里金鹅潭下。旧在县南九十里，宋治平三年（1066）始赐额，乾道六年（1170）徙今址。"清康熙二十二年（1683）、乾隆五年（1740）均作过重建与重修。1990年，释圆志（女）四处募化，先后建重檐歇山式大雄宝殿、大悲楼及双层厢房等共40多间，占地0.7公顷。

净土讲寺 [Jìngtǔjiǎng Sì] 古称净居院，位于北城街道净土岙村，初建于唐懿宗咸通二年（861），宋真宗大中祥符元年（1008）赐额"净土"，故名。清乾隆十年（1745），修方丈楼。乾隆十二年（1747），重建大雄宝殿，后寺院时兴时衰。2001年，建玉佛殿、双层厢房等20多间。

崇善寺 [Chóngshàn Sì] 位于南城街道十里铺石湫桥，清道光元年（1821）始建，以佛家"众善奉行"教义而名。同治三年（1864）僧法济重修。1941年前殿毁于火，后重修。1991年重修大殿，1999年新建山门。1996年12月，批准为佛教活动场所。2007年换证为寺院。现有大殿、地藏殿等60间。铜钟铸于清道光二十四年（1844）。全寺占地1公顷。1937年，黄岩成立防护团，该寺僧安仁负责校护班，抢救被日机轰炸的死难者，并担任后方救济工作。

善庆寺 [Shànqìng Sì] 位于头陀镇上街山平头坡下，坐东朝西。始建于北宋大中祥符八年（1015）。民国初寺宇受损，僧人遣散。1994—2002年，新建山门、地藏殿等。1996年12月，批准为佛教活动场所，2007年换证为寺院。全寺有殿堂5间，厢房11间。占地0.1公顷。

清福禅寺 [Qīngfú Chánsì] 位于江口街道唐家岙方山顶丫鬟岩，始建于北宋年间，屡圮屡修。民国9年（1920）重修。取清净安详得福之意，故名。寺院倚峭崖而建，有观音阁、钟鼓楼等40多间，占地0.5公顷。

石峰禅院 [Shífēng Chányuàn] 石峰禅院位于澄江街道石柜岙村石大人峰下的石峰洞，寺院依洞窟而建，故名。始建于清乾隆三十四年（1769），清道光二十六年（1846）改建，1941年重修。现有弥勒殿、厢房、斋堂等20多间。石峰洞高约3米，宽近6米，进深8米，洞内有日、月两泉。洞上方镌刻"石峰洞"三字。

寄母堂 [Jìmǔ Táng] 位于南城街道金寺堂，始建年代无考。清乾隆十九年（1754）重兴。相传小稠村有兄弟俩，哥去澄江石柜岙嵩岩山修行，弟于南嵩岩（今温岭大溪）静修，兄弟俩将母亲寄养金寺山下的庵堂中，得名"寄母堂"。今有殿宇及生活用房等20多间，占地约0.1公顷。

普光寺 [Pǔguāng Sì] 位于北城街道竹岭与东岙之间，古称天光寺，始建于五代时期，奉祀十一面观音，又称"大光普照观音"，寺院据此而名。明万历元年（1573），改名普光寺。普光寺原在县城浮桥北岸东侧，傍永宁江而建，清乾隆二十年（1755），寺圮后又重建。1960年因建冷冻厂，寺又废。20世纪80年代，先后建重檐歇山式大雄宝殿、重檐攒顶的钟、鼓楼各一座。占地0.7公顷。

观音堂 [Guānyīn Táng] 位于黄岩城区教善巷东首，创建年代无考，清乾隆二十九年（1764），尼道坚捐银及募化重建。因奉祀观音菩萨而名。清咸丰十一年（1861）毁于太平军，同治年间重建。现尚有大殿及厢房10多间。

永福堂 [Yǒngfú Táng] 位于黄岩西城肇译池巷，初建于清咸丰五年（1855）。以积善教化求福祉而名。现有抬梁式大雄宝殿3间，双层厢房10多间。

兴福堂 [Xìngfú Táng] 位于高桥街道下浦郑村，明正统年间建，称"观音堂"。后寺院衰落，又遭火焚。民国29年（1940），郑氏族人将寺院迁建郑氏宗祠，改称"兴福堂"，取吉祥用语而名。有天王殿、地藏殿等，并建有石构重檐攒顶六角亭等。

延寿宫 [Yánshòu Gōng] 俗称前斗宫，为道宫建筑。位于西城街道桥上街48号（葛家巷内），坐北朝南，由两组四合院组成，现有大雄宝殿、厢房和附属房共7间。始建年代不详，清同治五年（1866）改建，现存建筑为光绪十八年（1892）重建。1996年12月，批准为佛教活动场所保留点。2013年2月被公布为区文物保护单位。

北斗宫 [Běidǒu Gōng] 清代建筑，又称福寿宫，位于澄江街道横屋村，清道光二十七年（1847）始建。1958年8间厢房出售给移民户。1992年，重塑神像。2000年6月，批准为民间信仰活动点场所。占地面积764.8平方米。大殿和厢房计有23间。大殿三开间，硬山顶屋面。通面宽10.7米，进深8.5米，明间宽4.3米。明间四柱八檩，抬梁式梁架，次间为穿斗式梁架。东西厢房各为二层七开间建筑结构，长宽各为4.7米，高6米。天井内置一座坐南朝北的戏台。歇山顶，内置藻井，四金柱为圆形木柱。戏台结构较为简单，门庭为二层七开间建筑结构。2013年2月，被公布为区级文物保护单位。

静安寺［Jìng'ān Sì］位于北洋镇镇南新村青龙头，因赐额得名。清光绪《黄岩县志》："净安寺，在县西十八都，唐咸通九年建，后晋天福四年（939）赐额。""净"后演化作"静"。1993年和2002年重建。1996年12月，批准为佛教活动场所临时登记。2007年换证为固定处所。占地面积0.3公顷。大雄宝殿坐南朝北，五开间，歇山顶。抬梁式梁架。殿内明间、次间、稍间置木柱子15根，两侧山墙的屋柱均为方形石柱。栋梁上墨书清嘉庆八年（1803）重修。现存有寺院当年残存老围墙，高约2.2米、周长约800米。围墙由块石叠砌。寺内尚存天井一处呈正方形，四面沿阶铺条石。大殿梁枋、转角、斗拱等雕刻图案精美。元末，黄岩籍高僧居顶于此出家，明洪武五年（1372），帝召居顶赴京参加蒋山大斋会，并授予"十高僧"称号。2013年2月，被公布为区级文物保护单位。

第二节　宫观　神庙

大有宫［Dàyǒu Gōng］道家十大洞天之第二洞天，位于黄岩西城羽山村。道书《真诰》记："委羽山，天下第二洞，号大有空明洞天，故名。"始建于南朝梁武帝时期。北宋政和年间，大有宫方丈范奇应诏进京为徽宗治疾，进献丹药，皇上服后病愈，赐上真玉像、剑、镛等三宝还山，大有宫盛极一时。绍兴十二年（1142）黄岩知县李端民发动重修大有宫，方丈董大方主其修复，更名为委羽山道观。宋末咸淳三年（1267），天台道士王中立上书朝廷赐额旧名大有宫，移建于委羽山洞之前。南宋德祐二年（1276）元兵焚毁大有宫。元至元十五年（1278），大有宫迁建印山之西，由县人赵崇暇等捐地而建。元中叶，黄岩道士严中立，在委羽山原大有宫址，重建委羽山道观，洞前刻祖师刘奉林像。印山大有宫在明初圮，唯存正殿。明永乐十六年（1418）重修。明末清初，印山大有宫被清兵焚毁。清康熙十五年（1676）知县张思齐将大有宫迁回宋末古址与委羽山道观合并。1986年，黄岩县政府批准开放大有宫。2007年换证为道教宫观。

大有宫现保留雷祖殿、玉皇殿、三清阁，以及东西厢房和西院等建筑近50间，气势恢宏。玉皇、吕祖、丘祖和"三清"圣像，为明宣德年间和清康熙年间的贴金木雕。宋徽宗所赐皇宫大内之乐器——镛，今为镇宫之宝，山门"龙虎"题字为20世纪30年代末叶公辅所书。有古时炼丹的丹井和南宋景定年间开凿的瑞井，还有"薜萝深处"碑，1931年蔡理鉴书。木匾"方丈"，为1933年天台山农刘之瑜所书。清末大有宫道人所制"八宝眼药"（珍珠、熊胆、玛瑙等合剂）闻名于世。委羽山大有宫为全真龙门派浙东南祖庭。四周尚有方石坑、翁仲、迎仙桥等胜迹。1983年被列为县级文物保护单位，2017年1月被公布为省级文物保护单位。

岱石庙［Dàishí Miào］位于澄江街道石柜岙村，地处岱石山下，奉祀岱石尊王而名。明万历《黄岩县志》："岱石庙，在县西十七里，旧志南宋永祐景平中建。"初建于南朝刘宋永初年间，清咸丰十一年（1861）被太平军焚，同治八年（1869）重建。1982年2月，批准为县级文物保护单位。1992年道教协会同意为道教散居正一道士临时活动点。1996年批准为正式登记单位。2007年换证为道教宫观。有大殿、后殿、戏台、侧殿、厢房及客堂，共50多间。殿宇四进，大殿为重檐歇山顶，七开间，黑色筒瓦屋面，牛腿等构件雕工精致。清代戚学标《岱石庙》诗：

山顶千门次第开，前朝神庙镇烟煤。
一钩冷雾悬珠箔，五粒青松覆翠苔。
沙鸟不知陵谷变，啼莺还傍夕阳来。
凭君莫话封侯事，马上风飞蜡炬灰。

附：南北朝宋武帝永初年间，岱石神好游玩，至黄岩岱石山，是夕风狂雨骤，雷雨交加，山土剥落，现出一巨石，状若巨人高百余丈，屹立岱石山上，民众认为神灵，立庙奉祀，朝廷得地方奏报，封为"岱石尊王"。

莲尖坪坤道院［Liánjiānpíng Kūndàoyuàn］位于澄江街道莲尖坪，原称天峰阁，全真龙门派道姑修持之地，故名。宫观初建于明永乐年间。同治年间，全真龙门派十九代坤道王圆娥趺坐崖下羽化后，县城横街鲍子卿的3个女儿鲍宗冰、鲍宗美、鲍宗杰于清光绪年间出家于此。莲尖坪四周悬崖峭壁，以一架小竹梯作上下通道，顶上平坦，广达0.3公顷。峰巅建有三楹殿宇，17间厢房。1985年11月，被公布为县级文物保护单位。

龙王堂［Lóngwáng Táng］位于宁溪镇吴家岙村村口。清代建筑，坐东朝西。始建于康熙五十五年（1716），戏台建于嘉庆十五年（1810）。占地面积426平方米。大殿通面三开间宽10.5米，明间宽4.7米，进深8.3米。明间为五柱八檩，抬梁式梁架。木质圆形柱，前檐后壁，单层单坡顶青瓦盖面。由自然块石平铺天井地面。戏台与大殿同为硬山顶青瓦盖面，与西厢房及大殿连为四合院整体。龙王堂建筑结构基本完整，具有一定的文物保护价值。2013年2月，被公布为区级文物保护单位。

广福宫 [Guǎngfú Gōng] 位于北洋镇前蒋村，取道教广被福音之义而名。初建于清光绪五年（1879），傍茶亭而建，规模较小。民国29年（1940），改为茅庵广福宫。现有东、西两院大殿、厢房等建筑32间，占地1998平方米。中国道教协会副会长蒋宗瀚少年在此出家。

东岳庙 [Dōngyuè Miào] 位于黄岩九峰公园南侧山口，奉祀东岳大帝得名。明万历《黄岩县志》记，初建在定光观东，元代皇庆年间建。明永乐十年（1412）迁建城外西江边上，后圮。清康熙十六年（1677）迁建于东门外。咸丰十一年（1861）十一月，被太平军焚，同治初又重建。1953年迁建东门（今台州农校宿舍）。1988年5月，于九峰公园南口建东岳庙。现有重檐歇山式大殿7楹，奉祀东岳大帝。

金山道院 [Jīnshān Dàoyuàn] 金山道院有新老两处，位于西城街道岭下葛村，均建在金山上。老殿据传始建于北宋时期，1923年，龙门派第二十一代乾道王至德重修，改为金山道院。1984年，由岭下殿应屹庙、六保殿、黄牛桥广应庙、大众祠锡龄宫合并成新金山道院。岭下殿的应屹庙初建于明代中叶，解放后改为延龄小学。1985年，殿宇迁建金山上。21世纪以来，新老金山道院，先后扩建殿宇，组成一定规模的建筑群。

太尉殿 [Tàiwèi Diàn] 位于屿头乡沙滩村狮子山下，原名忠应庙。初建于宋理宗年间。据传南宋初年，柔极乡（今屿头）沙滩村少年黄希旦，随父去京都临安（杭州），恰逢皇宫着火，皇帝在宫楼上见到一个穿红衣红鞋的少年扑灭大火最卖力，灭火后却不见那位少年，只有他遗落的一只红鞋，于是皇上派使者带那只红鞋四下查找救火少年。黄希旦救火用神力过度，得了重病，不久亡故，年仅十七岁，葬于当地狮子山下。母亲天天捧着希旦遗留的那只红鞋痛哭。当皇城使者得知此事，赶来查询，果然两只红鞋配对。皇上敕封希旦为显顺尊王。建祠祭祀，赐额“忠应”。明永乐年间赐额“太尉殿”。庙宇以朝廷赐额而名。方志记，黄希旦，字仲鲁，生于南宋绍兴二十六年（1156），故于乾道七年（1171）。现有大殿两透，由两组三合院组合，厢房26间。庙内尚存元代台州名儒黄超然所撰的《忠应庙碑》。南宋时期古戏台一座，明永乐间赐额。戏台四周石雕飞禽走兽，台面板中间有石级通道可以开启。

平安宫 [Píng'ān Gōng] 位于黄岩北城街道下庄村白石道头。初建于五代后唐长兴二年（931），南宋进士戴良齐《贺氏二女传》记，渔民贺朔出海遭难，其女英如、华如沿永宁江寻找父尸不见，姐妹俩跪拜江边，后投江自尽。不久，有渔民见姐妹俩托父亲行于海面。民众建庙奉祀英如、华如，祈求娘娘保佑大家出海平安，平安宫据此而名。

北宋宣和三年（1121），方七佛率部下与宋军对峙三江口，县令据报是英如、华如显灵相助获胜，于是扩修庙宇。明代嘉靖年间，平安宫被倭寇烧毁。重建后，至清咸丰十一年，又毁于太平军。光绪三十三年（1907）重修。抗战时期曾被日本侵略军作驻扎营地。1952年，大殿与厢房曾作黄岩水果公司收购柑橘的场所。1980年以来，扩建宫观，占地面积0.4公顷。

陡门宫 [Dǒumén Gōng] 位于南城街道十里铺村，明嘉靖四十一年（1562）始建，清光绪二十八年（1902）重修。1992年，陡门庙与福寿宫合并一体，故名。有大殿10间，平房30多间，新建有规模较大的戏台。占地面积达0.3公顷。

护国宫 [Hùguó Gōng] 位于南城街道土屿山后，始建于清康熙三十七年（1698），民国时曾多次重修，是山前、山后、义屋、新桥头、南洋、墙里、官庄梁等7个村的保界庙。因奉祀护国尊王崔子玉而名。有新老大殿18间，厢房16间，新老戏台各1个，占地面积1500多平方米。

刹剞宫 [Shàjī Gōng] 清代建筑。原称刹剞庙，位于新前街道牟村，始建于清嘉庆年间。民国8年（1919），戏台及文昌阁毁于火，不久重建殿宇与戏台等。民国时曾设小学。抗日战争时期，县城璇珠小学考虑师生人身安全，大半师生迁到刹剞庙上课，至1942年才迁回。1993年，重修大殿、厢房等。现有大殿5间，东西厢房15间及戏台山门等。1996年批准为临时登记场所。2007年换证为道教固定处所。占地面积468平方米。建有5间大殿、15间东西厢房、戏台、山门。大殿为单檐硬山顶，五开间，通面宽15.8米、进深7.7米、明间宽4米。明间为四柱八檩，抬梁式梁架。天井内置一座坐南朝北戏台。歇山顶屋面，戏台宽4.5米，进深4.5米、高6.10米。前檐柱为八角形石柱，戏台三面四金柱额枋雕刻双龙戏珠，其上拱壁板上透雕人物故事、仙鹤等图案。前檐柱柱头置牛腿，戏台顶为圆形藻井，戏台两侧有“出将”“入相”门。门庭系三开间重檐建筑。中间为通道，卷棚顶廊檐。戏台精雕细琢，雕刻构件，层出不穷，线条流畅、明快、感人。2013年2月，被公布为区级文物保护单位。

灵康庙 [Língkāng Miào] 位于北洋镇前蒋村岖韶凤凰窝。清道光二十五年（1845）重建。有一台二阁及四幢殿宇，大门前有青石牌坊，气势恢宏，占地面积达0.2公顷。属道教活动场所。

杨府庙 [Yángfǔ Miào] 位于院桥镇鸡笼山，有上、下二庙，奉祀北宋名将杨业及诸子，故名。初建于清道光二十四年（1844），1981年重建，1996年扩建。杨家将一门忠烈，鸡笼山的杨府庙规模较大，名闻台州。杨业寿诞之期，温岭、泽国、金清、洪家、椒江等地赶来进香的人众多。

柏都祖庙 [Bǎidūzǔmiào] 俗称潘大夫庙，位于上垟乡西洋村。清光绪《黄岩县志》记："在县西六十里，祀柏都神，旧传晋人御海寇，神降其地。"据传潘大夫庙建于东晋后期，奉祀柏都神潘端明而名。清咸丰二年（1852）重建。20世纪后期，重修庙宇，建有重檐歇山式大殿5间，厢房22间及戏台等，占地面积约0.5公顷。

兴福宫 [Xìngfú Gōng] 位于高桥街道石牛渡村，始建于明代，奉祀有石牛渡王。兴福宫有大殿5间、厢房和戏台，现奉祀石牛渡王外，还有护国尊王、华佗、财神、土地等。当地流传石牛渡王的传说，希望能保佑兴旺多福。

附：石牛渡王的传说

高桥街道石牛渡村，古时叫八斤浦，孩子读书须绕河走三五里过桥。有个学生叫金生，聪明机灵很顽皮，天天有同学向老师告状，说金生欺侮他们。老师放学时，将金生先留下，等同学们走远了才放金生走。第二天，不少学生还是来告状，老师不信，将金生留得时间更长了。第三天，学生们仍然来告状，老师奇怪了，找金生问话，金生说自己到河边，有石牛浮出渡他过河。这消息传到皇上耳里，觉得石牛渡人，非妖即怪，派大将军率军到黄岩八斤浦抓金生。金生急了，他怕祸及村里民众，带父母跳上牛背，骑牛升了天。为纪念金生，称他"石牛渡王"。立庙奉祀祈求保佑兴旺多福。村名改为"石牛渡"。

天波府 [Tiānbō Fǔ] 位于方山西侧半山腰。因奉祀天波府杨家将的庙宇得名。建于20世纪末，后经多次扩建形成规模。

骑龙古庙 [Qílóng Gǔmiào] 位于西城街道。庙宇初建于清代，内有戏台。2016年扩建委羽山公园，旧城改造，在西江边上重建骑龙庙。南对委羽山，北靠二环南路。

第三节 教 堂

基督教在清同治七年（1868），英国路牧师派华人传教士来黄岩县传教。民国时，有内地会、圣公会，还有安息日会及20世纪30年代成立的县地方教会聚会处。

清光绪二十一年（1895），内地会是英国瑞牧师在县城天长街（今天长南路）设总堂，管理当时的洪家、石柱、下陈、杨府庙、凉坑堂、路桥、金清、田际、茅畲、小坑、宁溪、头陀等支堂。民国3年（1914），设教会小学，免费招收儿童入学，并设有诊所，经费初由"西差会"（西方教会）承担。民国29年（1940），开始自治自养。

清光绪后期，圣公会于路桥设牧师堂，由华人宣牧师管理黄岩、温岭教堂。黄岩支堂有小坑、清洋陶、高桥头、占堂、横街、院桥、螺洋、下梁。1949年后，教会停止活动。1970年后，基督教重新恢复活动。1988年经政府批准开放，有城关、头陀、茅畲、小坑、宁溪、院桥、蓬街、峰江、横街等17个教堂及22个聚会点，并将内地会、圣公会、安息日会的聚会处合为一教。

黄岩基督教城关堂 [Huángyán Jīdūjiào Chéngguāntáng] 因地处城关而名。基督教又称耶稣教。清同治十年（1871），英国"内地会"牧师来海门传教，不久，又来黄岩传教。1896年，在县城南浮桥里设教堂。1928年，在天长街购地建教堂，解放后一直沿用。1996年因旧城改造，天长南路扩建，教堂异地迁建于西城迎春小区。占地面积4000平方米。

黄岩基督教城北堂 [Huángyán Jīdūjiào Chéngběitáng] 位于黄岩北城街道妙儿桥，地处城北而名，是基督教聚会场所，占地面积2530平方米。城北堂建于1949年以前，原址在城区柏树巷租房聚会。1958年停止活动。1982年，恢复教务活动，并迁址城北妙儿桥。

黄岩天主教堂 [Huángyán Tiānzhǔjiàotáng] 清同治六年（1867），宁波天主教会派教士来海门（椒江）传教建堂，后海门教务扩展到黄岩。黄岩天主教堂位于城关青年东路，系天主教活动场所，初建于1930年。1958年，中止教务活动，房屋作翻簧厂工场，20世纪80年代，房屋归还天主教堂，并恢复教务活动。天主教堂占地面积1000平方米，建筑面积达1500平方米。

第八编　建筑物

第一章　大型建筑物

区政府大楼 [qūzhèngfǔ Dàlóu] 位于西城街道县前街22号，东界劳动北路，南界县前街，西界塔院头路，北界滨江公园。因黄岩区人民政府办公楼得名。2000年年初动工，于2002年9月竣工。建筑面积3.9万平方米。地下1层，地上22层。

总商会大厦 [Zǒngshānghuì Dàshà] 位于劳动北路118号，东界尚司路，南临曾铣路，西临北门广场，北界环城北路。因商业协会会员26家民营企业集资近两亿元建造，故名。建筑面积4.12万平方米，使用面积4.03万平方米，主体层数31层，主体高度106米，是主城区标志性建筑。内设有多家企业办事处，黄岩区人民政府行政服务中心设在该西大楼1～3楼。旧城改造2003年拆建，2006年建成并命名。

供销大厦 [Gōngxiāo Dàshà] 位于东城街道县前街98号。南界县前街，西邻滨江小学，北至曾铣路。主体层数11层，主体高度37米。原为黄岩建筑公司，1996年旧城改造拆迁，本块地皮划为供销社回迁，2003年建成供销大厦。

台州交通大厦 [TāizhōuJiāotōng Dàshà] 位于东城街道环城东路258号，东界民宅，南界小东门路，西界环城东路，北界东浦路。因交通局办公楼得名。1998年建成，1999年正式命名。建筑面积1.76万平方米，使用面积1.25万平方米，共18层。主体高度68.4米。

电力大厦 [Diànlì Dàshà] 位于东城街道天长北路88号，东界民房，南界里东浦，西界天长北路，北界82省道。因供电局办公楼得名。建筑面积6650平方米，使用面积1.2万平方米，共18层，主体高度66米。1995年建成并命名。

建设大楼 [Jiànshè Dàlóu] 位于东城街道环城北路99号，东界天长北路，南界管驿巷，西界民房，北界环城北路。因建设局在此，故名。此处原为住宅区，1991年旧城改造拆迁，1994年8月建成并命名。建筑面积9728平方米，使用面积9400平方米，共16层。主体高度49.7米。建设银行台州市黄岩支行设在该大楼。

国税大楼 [Guóshuì Dàlóu] 位于东城街道桔乡大道358号，东、北临白杨新村，南界朱砂街，西界桔乡大道，因国税分局办公楼得名。1998年建成并命名。建筑面积9500平方米，使用面积7000平方米，共12层。主体高度49.50米。1998年建成并命名。

黄岩大厦 [Huángyán Dàshà] 位于劳动北路1号，东界劳动北路，南界青年西路，西临时代广场，北临郏家巷。因是黄岩第一幢高层建筑，故名。共11层，1～2层为商场，白玉兰酒店位于该大厦。20世纪80年代建成并命名。

永宁大厦 [Yǒngnǐng Dàshà] 位于东城街道，劳动南路以东，砚池巷以南。取黄岩的母亲河——永宁江之名。为综合性商贸大楼。层高10层。总建筑面积2500平方米。1994建成投入使用。

新世纪大厦 [Xīnshìjì Dàshà] 位于北城街道，江北片区中心商务区，东至大桥路，南至祺祥街，西至用地界，北至用地界。寓意世纪之交，辞旧迎新，创造新生活，故名。总用地面积1.4万平方米，总建筑面积5.1万平方米，容积率3.5，绿地率25%，由1幢25层高层，1幢6层板式多层以及2层特色商业建筑组成。2012年建成并命名。

亿嘉三联大厦 [Yìjiā Sānlián Dàshà] 位于西城街道横街和劳动南路交叉口，由三幢层数不同的高层组成，该大厦为原浙江亿嘉房地产开发公司开发，由三幢高层组成，故名。2002年建成并命名。

江南大厦 [Jiāngnán Dàshà] 位于东城街道桔乡大道486号。东南连白杨新村，西界桔乡大道，北界82省道。主体层数17层，建筑面积1.2万平方米，使用面积9560平方米，产权单位是江南房地产公司。1999年建成并投入使用。

黄岩区广播电视大楼 [Huángyán Guǎngbō Diànshì Dàlóu] 位于东城街道环城北路1号。东界环城东路，北界环城北路。全区负责广播电视节目的制作、播出、安装和管理的办公大楼。占地面积0.32公顷，主体层数13层，建筑面积918平方米，使用面积1.2万平方米，主体高度49.9米。2000年11月建成并投入使用。

财政地税综合大楼 [Cáizhèng Dìshuì Zōnghé Dàlóu] 位于东城街道劳动南路289号，劳动南路与二环南路交叉口，2006年设立并命名。因黄岩财政局、地税局的办公大楼得名。工程建筑层数为地下二层，地上15层，建筑总高度69.2米，总建筑面积2.4万平方米。是黄岩财政分局和地税分局的综合办公楼。

黄岩区人民检察院办公技术大楼 [Huángyánqū Rénmín Jiǎncháyuàn Bàn'gōng Jìshù Dàlóu] 位于东城街道桔乡大道495号，西、北界檀香新村，东界桔乡大道，南接法院。此建筑为黄岩区人民检察院日常办公大楼，故名。1998年建成并命名。占地面积

7333平方千米，建筑面积1.2万平方米，共13层。主体高度52.5米。

法院办公大楼 [Fǎyuàn Bàn'gōng Dàlóu] 位于东城街道桔乡大道491号，东界桔乡大道，西、南界檀香新村，北界检察院，此建筑为黄岩区人民法院日常办公大楼，故名。共12层。

黄岩邮政大楼 [Huángyán Yóuzhèng Dàlóu] 位于青年西路151号，东界环城西路，南界民宅，西界民宅，北界青年西路。因是邮政局办公楼得名。占地面积9667平方米，共8层，2001年建成并命名。

第二章　市　场

黄岩柑橘果品市场［Huángyán Gānjú Guǒpǐn Shìchǎng］位于东城椒黄线（S325）省道南侧，是台州市唯一的柑橘专业市场。市场建设规划用地6.7公顷，总投资达3000余万元，建有钢结构交易大棚1.2万平方米，停车场1万平方米，营业用房1.1万平方米，设有商务中心、食堂。有与全国果品流通协会联网的电子大屏幕1座。1998年，农业部批准为全国“菜篮子工程”定点鲜活农产品市场，评为省二星级市场。已成为华东地区为数不多的产地高标准大型果品批发市场。1997年11月8日投入使用。

黄岩小商品市场［Huángyán Xiǎoshāngpǐn Shìchǎng］位于环城南路，东邻劳动南路，与城区二环线、104国道、沪杭甬高速公路相接，北界环城南路，南界南官河。区政府建造的小商品市场。占地面积1.5万平方米，建筑面积2万平方米，固定摊位690余个。主要商品有鞋、袜、棉布、化妆品、床上用品、棉针织品、箱包、毛线、服装等九大类1万余个品种。市场根据行业分布特点，设服装、日用百货、化纤布及服装加工四大交易区。1983年建成并投入使用。

黄岩副食品批发市场［Huángyán Fùshípǐn Pīfā Shìchǎng］位于环城南路和环城东路交叉口，东界印山路，南、西接民宅，北界环城南路。黄岩副食品集散地。主要经营商品有糖果、糕点、炒货、香烟、饮料及日用品等六大类。占地面积8000平方米，经营面积达7000多平方米，主楼层高9层。1986年始建，1988年建成使用。有140个摊位。

黄岩生产资料市场［Huángyán shēngchǎn Zīliào Shìchǎng］位于北城街道大桥路277号，1991年创办，占地面积1.8万平方米，建筑面积8200平方米，国定摊位125个。主要经营钢材、水泥、玻璃、建筑材料等。

台州市农贸批发市场［Tāizhōushì Nóngmào Pīfā Shìchǎng］位于北城街道大桥路118号，2001年创办，占地面积2.3万平方米，国定摊位250个。主要经营粮食、动物产品、水产品、蔬菜食品批发。

黄岩中心菜市场（第一菜市场）［Huángyán Zhōngxīn Càishìchǎng］位于西城街道青年西路，1972年创办，占地面积4200平方米，营业面积8400平方米，摊位510个，经营品种有动物产品、水产品、蔬菜、食品等。该市场获省三星级市场、省放心农贸市场、省文明示范市场等称号。

黄岩天长路市场（第二菜市场）［Huángyán Tiānchánglù Shìchǎng］位于东城街道天长北路，1991年建成，为二层阶梯式全封闭室内市场，占地面积2166平方米，交易场地4100平方米，有500个固定摊位，曾获“省级文明单位”“全国文明市场”等称号。

塔苑商城［Tǎyuàn Sāngchéng］位于东城街道北门广场旁边。塔苑社区内的商业经营场所，故名。东起尚司路，南至县前街，西至劳动路，北至曾铣路。占地面积5000平方米。为三层仿古建筑。2004年旧城改造后建成。经营古玩及丧葬用品等。

第三章　文化体育设施

第一节　文化设施

黄岩区文化馆 [Huángyánqū Wénhuàguǎn] 位于劳动南路9号。民国时期是黄岩县民众教育馆，1949年8月称黄岩县人民文化馆。1984年分设文化、图书、博览3馆。1987年，在孔庙东侧建成文化活动中心，建筑面积2000平方米。公益性事业单位，隶属于黄岩区文化广播电视新闻出版局。现有工作人员21人，群众研究馆员3人，副研究馆员3人，馆员8人。1990年，被评为全国先进文化馆。1993年9月，文化部发给“标准文化馆”证书。2010年，全国第三次文化馆评估定级中被评为全国二级文化馆。

黄岩区图书馆 [Huángyánqū Túshūguǎn] 位于黄岩区直下街20号。清朝同治八年（1869），黄岩知县孙憙在九峰寺建立九峰书院，藏经史百家古籍3万余卷，为台州较早建立的私办公有图书馆，迄今已有130多年的历史。民国元年（1912），九峰书院改称为黄岩县立图书馆。1956年6月15日，成立黄岩县图书馆。1990年移址直下街，馆舍面积1000平方米，有阅览坐席200个，藏书16万册（其中古籍4.2万册，民国版《万有文库》1套，影印版《四库全书》1套，新征地方文献1300多册），在职职工17人。1994年、1999年相继被文化部评为“国家二级图书馆”。

黄岩书城 [Huángyán Shūchéng] 位于黄岩商业街区引泉路，为台州市最大的书城。2016年4月正式开业，综合楼由三栋子楼连接而成，建筑地下一层，地上三层。建筑面积1.1万平方米，营业面积8000多平方米。书城总共引进12余万种图书，近30万册。书城创新性开辟了书吧。另有咖啡厅、家庭影院、邮政文化等。

黄岩区博物馆 [Huángyánqū Bówùguǎn] 位于二环南路。成立于1984年4月。黄岩文物原由县文化馆兼管。“文化大革命”期间，接收抢救了大批“四旧”中的陶器、古字画、服饰等。藏品骤增至5000余件。1972年举办过古石器、钱币、书画等文物展览。1983年底已收藏各类文物6000余件。1984年4月建立黄岩县博物馆，隶属黄岩县文化局。1984年6月在学前巷建成1.2万平方米博物馆，收藏各类文物8000余件，其中国家一级文物84件，居台州各县（市区）之首。2015年，于二环南路建新博物馆，建筑面积1.1万平方米，投资1.1亿元，2016年底对外开放。

黄岩新华书店 [Huángyán Xīnhuá Shūdiàn] 位于城区天长南路13号。1950年1月成立，1958年称县新华书店，1968年12月，在桥亭头建有7间2层楼房，1988年在天长南路建1700平方米营业大楼。

第二节　体育场馆

黄岩体育馆 [Huángyán Tǐyùguǎn] 位于东城街道九峰路12号，东邻实验小学，南至九峰路，西至体育场路，北靠康复路。是一家经费自理的事业单位。占地面积1.8万平方米。座位2800个，设有篮球馆、游泳池，是一座集体育比赛、文艺演出、大型会议及展览、展销于一体的多功能综合馆。1995年6月动工，1997年年底建成。

黄岩游泳馆 [Huángyán Yóuyǒngguǎn] 位于西城街道天元路718号，2013年8月开业。这是我区目前投资最大、最具规模的现代化游泳馆，总面积2万平方米。馆内设有50米×25米标准池，25米×10.5米的四季恒温训练池、25米×9米儿童池各1座，可容纳1000多人同时游泳嬉水。泳池采用先进的逆流式循环水系统，配备了专业检测人员和先进的检测设备。2015年，黄岩游泳馆收到中国游泳协会颁发的证书，被批准成为场馆委员会会员单位。

黄岩射击馆 [Huángyán Shèjīguǎn] 位于西城街道金带路1号，东、南临河，处于金带路与引泉路交叉路口。是一座集射击比赛、训练、办公于一体的多功能综合馆，为各类射击比赛和运动员训练提供场地，故名。总占地面积15943平方米，建设面积8300平方米，高三层，隶属于黄岩区体育局，集办公与射击训练于一体。周边绿化带属开放式休闲公园，为市民休闲、健身提供场所。2005年9月动工，2006年建成并命名。

第三节　影　城

星美国际影城 [Xīngměi Guójì Yǐngchéng] 位于黄岩司厅巷27号（原黄岩影城的时代电影大世界），东、南、西接民宅，北临青年东路。创办于2015年，星美国际影城为全国首家获ISO9001质量体系认证的五星级影城，建筑面积1.09万平方米。拥有7个放映厅，共有坐席1315个。采用数字放映机和美国进口胶片，整体设计以经典的好莱坞式电影文化主题贯穿影城每个角落，每个影厅内的银幕距与排距最大程度上给每位观众空间的享受，还有特别专为残疾人设计的无障碍走廊与专用残疾人座位。

黄岩自力电影大世界 [Huángyán Zìlì Diànyǐng Dàshìjiè] 2011年创办，是“时代电影大世界”品牌连锁影院之一，坐落在黄岩商业街嘉丽阳光苑，由中国美术学院风景设计研究院设计，投资2000余万元，按国际五星级现代影院标准建设，拥有10个电影厅近1000个舒适座位，并单独设有VIP影厅、4D动感特效影厅、7个被动式3D影厅。影院采用国际上最先进的全数字放映技术，可以在第一时间看到国产电影大片，可以与全球各地同步欣赏到引进大片，尽享品牌影院的标准化服务。

第四节　广　场

北门广场 [Běimén Guǎngchǎng] 位于劳动北路北端，东有塔院商城、金顶大厦、汇丰大厦、总商会大厦，南为县前街，西为区政府行政大楼，北为世纪大道，占地面积1.68万平方米，投资120万元。1998年建成，铺设花岗岩地面，间有草坪、花木，中有喷水池，是大型宣传咨询活动和市民休闲的场所。

时代广场 [Shídài Guǎngchǎng] 位于黄岩老城区中心地带，东临黄岩大厦，西临塔院头路，南接青年路，北临县前小区。总规划用地1.9万平方米，总建筑面积近4.8万平方米，其中住宅逾1.8万平方米，商业近1.6万平方米，地下建筑面积1.34万平方米。周边有第一菜市场、区中医院、黄岩百货公司等。

新世纪广场 [Xīnshìjì Guǎngchǎng] 位于横街南侧，第一人民医院对面，1999年7月建成，总建筑面积1万多平方米，主要为商业用房。为纪念2000年横街改造完成，跨入新世纪而名。

嘉丽阳光广场 [Jiālìyángguāng Guǎng chǎng] 位于西城商业街区，东至洞天路，南临二环南路，西至西洋郑小区，北至引泉路，建筑面积5.9万平方米，由嘉丽房地产有限公司开发，2010年正式建成。旁有嘉丽阳光苑小区，商铺林立，自力电影院、台州新华书店黄岩书城均设此。

奥特莱斯广场 [Àotèláisī Guǎngchǎng] 详见第七编第二章第二节。

吾悦广场 [Wǔyuè Guǎngchǎng] 位于西城街道。东至大桥路，南、西至桔源街临永宁江，北至祺祥街。2015年正式命名。意为让住户享受商业综合体带来的愉悦体验和便捷生活，故名。总占地面积5.3万平方米。容积率5.2，绿地率10%，建筑面积43.2万平方米。广场面积3600平方米。商住楼11幢20层至30多层，一至三层为商铺，有293间。商住718户。由台州新城万博房地产发展有限公司开发。集商住、休闲、娱乐、购物、餐饮于一体。

第九编　单位地名

第一章　党政机构

中共台州市黄岩区委办公室 [Zhōnggòng Tāizhōu Shì Huángyán Qūwěi Bàngōngshì] 区委的办事机构。位于区政府行政大楼9楼。1949年为黄岩县委办公室，1989年为黄岩市委办公室。1994年为黄岩区委办公室。2002年“三定”文件明确机构职能设置，内设机构和人员编制情况。

中国人民政治协商会议浙江省台州市黄岩区委员会 [Zhōngguó Rénmín Zhèngzhìxiéshānghuìyì Zhèjiāng Shěng Tāizhōu Shì Huángyán Qū Wěiyuánhùi] 位于区行政大楼5楼。在编人数36人。1956年成立黄岩县政协。1989年为黄岩市政协。1994年12月由黄岩市政协更名为黄岩区政协。

台州市黄岩区人民政府办公室 [Tāizhōu Shì Huángyán Qū Rénmínzhèngfǔ Bàn'gōngshì] 区政府办事机构。位于区行政大楼7~8楼。前身为黄岩县政府办公室。1994年撤市设区后为黄岩区政府办。2012年机构改革定名。

中共台州市黄岩区委组织部 [Zhōnggòng Tāizhōu Shì Huángyán Qūwěi Zhǔzhībù] 位于黄岩区行政大楼11楼。1949年6月成立中共黄岩县委组织部。1989年为中共黄岩市委组织部。1994年更名为中共台州市黄岩区委组织部。2002年定编。下属机构：区委人才办、区委两新工委。

中共台州市黄岩区委政法委员会 [Zhōnggòng Tāizhōu Shì Huángyán Qūwěi Zhèngfǎ Wěiyuánhùi] 位于区行政大楼17楼。2002年设立。黄岩区委领导、管理、组织、监督、协调本区政法工作的职能部门，对政法系统具有综合指导、执法、监督、队伍建设、纪检督察等职能。

中国共产党台州市黄岩区纪律检查委员会 [Zhōngguó'gòngchǎndǎng Tāizhōu Shì Huángyán Qū Jìlùjiǎnchá Wěiyuánhùi] 位于区行政大楼10楼。1950年7月，成立中共黄岩县委纪律检查委员会；1956年4月，成立中共黄岩县委监察委员会，代替中共黄岩县委纪律检查委员会；1984年3月，成立中共黄岩县纪律检查委员会。1989年为黄岩市纪律检查委员会。1994年更名为中国共产党台州市黄岩区纪律检查委员会。2002年定编。

中共台州市黄岩区委宣传部 [Zhōnggòng Tāizhōu Shì Huángyán Qūwěi Xuānchuánbù] 位于区行政大楼11楼西。负责全区对内外宣传文化思想工作。中华人民共和国成立初期设立，1949年至1988年为黄岩县委宣传部。1989年至1994年为黄岩市委宣传部。1994年撤市设区更名为黄岩区委宣传部。2002年机构改革（“三定”）。

台州市黄岩区文化广电新闻出版局 [Tāizhōu Shì Huángyán Qū Wénhuà Guǎngdiàn Xīnwén Chūbǎn jú] 主管全区文化、广播、新闻出版工作的机构。位于行政大楼15楼。负责全区新闻、广播、出版工作管理。前身为县文化局。2012年机构改革设立区文化广电新闻出版局。

台州市黄岩区教育局 [Tāizhōu Shì Huángyán Qū Jiàoyùjú] 主管全区教育的机构。位于区政府行政大楼16楼。1956年设立黄岩县教育局。1972年为黄岩县文教局。1983年为黄岩县教育局。1989年为黄岩市教育局。1994年12月为黄岩区教育局。2012年机构改革仍用此名。

台州市黄岩区机构编制委员会办公室 [Tāizhōu Shì Huángyán Qū Jīgòubiānzhìwěiyuánhùi Bàngōngshì] 区机构编制委员会常设办事机构。位于区国土资源局3楼。2012年成立。

台州市黄岩区人力资源和社会保障局 [Tāizhōu Shì Huángyán Qū Rénlìzīyuán Hé Shèhùi Bǎozhàngjú] 位于区行政大楼13楼东。1951年9月成立黄岩县人事科，1958年11月更名黄岩县劳动工资福利部，1959年4月复名黄岩县人事科，1969年1月更名黄岩县革命委员会政治工作组，1977年3月更名黄岩县委组织部内设科室黄岩县劳动人事局，1980年1月更名为黄岩县人事局，1984年4月更名为黄岩县劳动人事局，1989年11月更名为黄岩市劳动人事局，1994年10月更名台州市黄岩区劳动人事局，1995年12月更名台州市黄岩区人事劳动局，2001年12月更名台州市黄岩区人事劳动社会保障局，2012年组建人力资源和社会保障局。

台州市黄岩区科学技术局 [Tāizhōu Shì Huángyán Qū Kēxué Jìshùjú] 位于区政府行政大楼21楼。1961年成立黄岩县科学体育委员会。1989年至1994年为黄岩市科技局。1995年12月设立台州市黄岩区科学技术局。

台州市黄岩区审计局 [Tāizhōu Shì Huángyán Qū Shěnjìjú] 位于黄岩区横街路309号。下属有固定资产投资审计中心、计算机审计中心、经济责任审计中心三个事业单位。职员人数26人。1983年成立国家审计监督机关。1984年为黄岩县审计局。1989

年为黄岩市审计局。1994年更为今名。

台州市黄岩区民族宗教事务局 [Tāizhōu Shì Huángyán Qū Mínzúzōngjiào Shìwùjú] 位于区行政大楼12楼。1996年12月设立。1997年升级为二级局，更名为台州市黄岩区民族宗教事务局。2001年机构改革升为一级局政府序列与统战部合署办公。

台州市黄岩区人民检察院 [Tāizhōu Shì Huáng yán Qū Rénmínjiǎncháyuàn] 位于台州市黄岩区桔乡大道495号。1951年10月，建立黄岩县人民检察署。1954年12月，更名为黄岩县人民检察院。1967年4月，检察院解散。1978年11月，重新建立黄岩县人民检察院。1989年11月，更名为黄岩市人民检察院。1995年为黄岩区人民检察院。

台州市黄岩区人民法院 [Tāizhōu Shì Huáng yán Qū Rénmínfǎyuàn] 位于台州市黄岩区桔乡大道491号。1950年10月成立黄岩县人民法院。1958年11月，公安、检察、法院三机关合并办公，成立黄岩县政法部。1959年4月恢复黄岩县人民法院。1967年1月，法院职能由中国人民解放军浙江省黄岩县公安机关军事管制组、浙江省黄岩县革命委员会人民保卫组替代。1973年1月恢复黄岩县人民法院，1990年2月更名为黄岩市人民法院。1994年10月更名为黄岩区人民法院。

台州市公安局黄岩分局 [Tāizhōu Shì Gōng'ān jú Huángyánfēnjú] 位于九峰路239号。1949年为黄岩县公安局。1989年为黄岩市公安局。1989年为黄岩区公安局。2012年机构改革为黄岩公安分局。

台州市黄岩区司法局 [Táizhōu Shì Huángyán Qū Sīfǎjú] 位于西城街道岙岸村，1983年为黄岩县司法局。1989年为黄岩市司法局。1995年为台州市黄岩区司法局。

台州市黄岩区发展和改革局 [Tāizhōu Shì Huáng yán Qū Fāzhǎnhégǎigéjú] 位于区行政大楼15楼。2001年12月，粮食局、物价局、计经委单位合并为区发展计划局，2005年7月改组为区发展和改革局。

台州市黄岩区统计局 [Tāizhōu Shì Huángyán Qū Tǒngjìjú] 位于区行政大楼18楼西。1963年6月，成立黄岩县统计局。1989年更名为黄岩市统计局，1994年11月，更为今名。

台州市黄岩区经济和信息化局 [Tāizhōu Shì Huángyán Qū Jīngjì Hé Xìnxīhuàjú] 位于东城街道方山路80号。组建于2001年12月，由原黄岩区商业局、乡镇企业局、物资局、二轻局、工业局合并而成，下设11个科室。2012年为黄岩区经济和信息化局。

台州市黄岩区住房和城乡建设局 [Tāizhōu Shì Huángyán Qū Zhùfánghéchéngxiāng Jiànshèjú] 位于黄岩区环城北路99号建设大楼。1984年设黄岩县城乡建设环境保护局。1989年更名为黄岩市城乡建设委员会。1995年更名为黄岩区建设局。2012年更为今名。

台州市黄岩区人民政府侨务办公室 [Tāizhōu Shì Huángyán Qū Rénmínzhèngfǔ Qiáowù Bàngōngshì] 位于区行政大楼4楼。1978年3月成立，1989年为黄岩市侨办。1995年称黄岩区侨办。2003年外事办公室与侨务办公室合并。2015年区政府外事办和侨务办合并为外事侨务办公室。

台州市黄岩区卫生和计划生育局 [Tāizhōu Shì Huángyán Qū Wèishēnghéjìhuàshēngyùjú] 位于区行政大楼18楼。1972年为黄岩县计划生育局。1989年为黄岩市计划生育局。1994年为黄岩区计划生育局。2005年7月，更名为台州市黄岩区人口和计划生育局。2015年，区卫生局、人口和计划生育局合并为区卫生和计划生育局。

台州市国土资源局黄岩分局 [Tāizhōu Shì Guó tǔzīyuánjú Huángyánfēnjú] 位于黄岩劳动南路267号。1988年2月25日为黄岩县土地管理局，1995年4月28日为黄岩市土地管理局，2005年设为台州市国土资源局黄岩分局。2012年"三定"。

黄岩区财政地税局 [Huángyán Qū Cáizhèng Dìshuìjú] 位于黄岩城区，劳动南路与二环南路交叉口。1950年4月，黄岩县税务局成立。1956年12月，成立黄岩县财政局。1958年5月，政局、税务局、保险公司三个机构合并为县财政局。1961年10月，黄岩县分别设立财政局、税务局。1995年称黄岩区财政税务局。2004年更名为台州市黄岩地方税务局。

台州市黄岩区市场监督管理局 [Tāizhōu Shì Huángyán Qū Shìchǎngjiāndū Guǎnlǐjú] 位于黄岩小东门路99号。2014年12月组建，将台州市工商行政管理局黄岩分局、台州市质量技术监督黄岩分局职责进行合并，并挂台州市黄岩区食品安全委员会办公室牌子。主管全区工商行政管理、食品药品监督管理工作，承担食品安全综合协调、组织查处食品安全重大事故、食品安全考核督查、生产加工环节食品安全监管等职责。内设职能科室13个、直属机构3个，设11个市场监督管理所。

台州市黄岩区食品药品监督管理局 [Tāizhōu Shì Huángyán Qū Shípǐn Yàopǐn Jiāndūguǎnlǐjú] 位于黄岩劳动南路281号。2005年12月成立。台州市食品药品监督管理局黄岩分局2012年机构改革由省、市垂直管理调整为区政府工作部门，更名为区食品药品监督管理局，主要承担餐饮服务食品的安全管理和保健食品化妆品卫生监管职能。

黄岩区环境保护局［Huángyán Qū Huánjìng Bǎo hùjú］位于引泉路308号。1990年6月27日成立黄岩市环境保护局。1994年称黄岩区环境保护局。

台州市黄岩区风景旅游管理局［Tāizhōu Shì Huángyán Qū Fēngjǐnglǚyóu Guǎnlǐjú］位于黄岩区康乐路47-49号。2001年11月建立。为黄岩区政府主管全区风景名胜区及旅游业的直属事业单位，区旅游局前身是隶属区建设局的自收自支单位。2006年8月，机构“三定”方案称黄岩区风景旅游管理局。

台州市黄岩区安全生产监督管理局［Tāizhōu Shì Huángyán Qū An'qüánshēngchǎn Jiāndū Guǎnlǐjú］位于黄岩区劳动南路281号。2005年7月，从区经贸局分离，安全生产工作、协调处理重大安全事故职能从经贸局划到区安监局。

台州市黄岩区商务局［Tāizhōu Shì Huángyán Qū Shāngwùjú］位于台州市黄岩区环城东路258号交通大厦11楼。主管对外经济贸易工作。2001年11月设立对外贸易经济合作局。2012年，组建区商务局，将对外经贸局的内贸管理职责划入区商务局。主管全区国内外贸易、外商投资、对外经济合作、招商引资等工作。

台州市黄岩区新闻信息中心［Tāizhōu Shì Huángyán Qū Xīnwén Xìnxī Zhōngxīn］新闻信息报道媒体。位于东城街道黄椒路259号。主要职能：负责全区新闻报道，出版《今日黄岩》报。原为区委报道组，2001年12月，经区机构编制委员会批复建立区新闻信息中心（即黄岩报社）。

台州市黄岩区信访局［Tāizhōu Shì Huángyán Qū Xìnfǎngjú］负责群众来信来访的政府机构。位于县前街30号。1968年革委会成立，设信访办。1989年至1994年为黄岩市信访办。1994年12月为黄岩区信访办。2002年机构改革为区信访局。

台州市黄岩区农业林业局［Tāizhōu Shì Huángyán Qū Nóngyè Línyè Jú］位于区行政大楼14层。2015年9月，由区农业局、区林特局合并组建，主管全区农业林业和农村经济发展工作，并划入区商务局生猪屠宰监管职责。区农林局设9个职能科室，1个直属机构，31个下属事业单位。

台州市黄岩区交通运输局［Tāizhōu Shì Huángyán Qū Jiāotōngyùnshūjú］位于环城东路258号。1949年6月，县人民政府设实业科兼管交通。1953年1月，交通管理从实业科析出，成立交通建设科。1958年11月，交通建设科和邮电局合并，成立交通邮电部。1959年4月，交通、邮电分开，复设交通建设科，同年10月，交通与工业合并，成立工业交通局。1969年3月，改为工业交通办公室。至1972年3月又恢复工业交通局。1974年10月，工业交通局分设工业组、交通组和手工业组，分业务职责办公。1977年4月，撤销工业交通局，成立工业局、交通局和轻工业局。1994年改名台州市黄岩区交通局。2012年，将区交通局职责、区建设局指导城市客运职责整合划入区交通运输局，不再保留区交通局。

台州市城市管理行政执法局黄岩分局［Tāizhōu Shì Chéngshìguǎnlǐ Xíngzhèngzhífǎfēnjú Huángyánfēnjú］位于环城东路115号5～6层。原为区城管局，2010年为台州市城市管理行政执法局黄岩分局。

台州市黄岩区人民政府行政服务中心［Tāizhōu Shì Huángyán Qū Rénmínzhèngfǔ Xíngzhèng fúwù zhōngxīn］黄岩区行政服务中心是区委、区政府设立的综合性对外办事平台，位于劳动北路总商会大厦1～3楼。2001年3月设立，2006年12月，更名为台州市黄岩区人民政府行政服务中心。

台州市黄岩区西部扶贫委员会［Tāizhōu Shì Huángyán Qū Xībù Fúpín Wěiyuánhuì］主管西部贫困地区扶贫开发的机构。位于横街西路404号。主要职责：负责西部山区扶贫开发工作。2010年正式设立，前身为区扶贫办。

台州市黄岩区民政局［Tāizhōu Shì Huángyán Qū Mínzhèng Jú］位于区行政大楼20层。主要负责全区社会团体和民办非企业单位登记；拥军优属；社会救助、老年人、孤儿等特殊群体权益保障；城乡基层政权和基层群众自治组织建设、行政区划管理、婚姻登记管理、地名标志设施管理等工作。2012年定编，设5个职能科室、7个下属事业单位。

第二章 业务管理部门

台州市黄岩区人民政府机关事务管理局［Tāizhōu Shì Huángyán Qū Rénmínzhèngfǔ Jīguān shìwù Guǎnlǐjú］位于区行政大楼4楼。成立于1991年，为副科级行政单位。2001年机构改革后改为区政府直属正科级事业单位。2009年7月被省级人事部门批准为参照公务员法管理单位。

台州市黄岩区社会保险事业管理中心［Tāizhōu Shì Huángyán Qū Shèhuìbǎoxiǎnshìyè Guǎnlǐ Zhōngxīn］社保大楼位于劳动南路，是东邻台州市第一人民医院、南接横街路、南面和北面与居民区相连的6层建筑，占地面积486平方米，建筑面积1861平方米。1987年设立，2001年改社会保险事业管理中心。

台州市黄岩区人事劳动仲裁院［Tāizhōu Shì Huángyán Qū Rénshìláodòng Zhòngcáiyuàn］位于区行政大楼13楼。2004年12月设立。负责处理全区范围内事业单位、社会团体与专业技术、管理人员因履行聘用合同、辞职辞退及拒绝聘用等发生的争议和企业与劳动者间发生的各类劳动争议案件。

台州市黄岩区人才市场管理办公室［Tāizhōu Shì Huángyán Qū Réncáishìchǎngguǎnlǐ Bàn gōngshì］位于区行政大楼13楼。1991年设立，2011年10月更名为台州市黄岩区人才市场管理办公室。

台州市黄岩区人事教育培训中心［Tāizhōu Shì Huángyán Qū Rénshìjiàoyù Péixùn Zhōngxīn］位于黄岩区天长南路186号。1999年3月，经黄岩区机构编制委员会同意设立，主要负责公务员更新知识培训工作及其他培训工作，健全黄岩区国家公务员的培训制度。

台州市黄岩区检察事务服务中心［Tāizhōu Shì Huángyán Qū Jiǎncháshìwù Fúwù Zhōngxīn］位于台州市黄岩区桔乡大道495号。2004年12月16日设立。是检察机关直属单位，为黄岩区检察院的辅助单位。负责机关财务、食堂、固定资产管理及提供后勤保障工作。

政协台州市黄岩区委员会研究室［Zhèngxié Tāi zhōu Shì Huángyán Qū Wěiyuánhuì Yánjiūshì］位于区行政大楼5楼。2005年7月19日设立。

台州市黄岩区妇女联合会［Tāizhōu Shì Huáng yán Qū Fùnǚ Liánhéhuì］位于区行政大楼17楼。代表和维护妇女利益，促进男女平等。职员人数8人。1949年10月，县委派南下干部刘家平负责筹建黄岩县民主妇女联合会。1952年6月正式成立县民主妇女联合会，徐振东任主任。1966年，“文化大革命”开始，处于瘫痪半瘫痪状态。1973年，恢复妇女组织。1989年更名为黄岩市妇联。1994年9月，更为今名。

台州市黄岩区精神文明建设委员会办公室［Tāi zhōu Shì Huángyán Qū Jīngshénwénmíngjiàn shè Wěiyuánhuì Bàngōngshì］位于区行政大楼11楼。2004年12月，成立区创建文明城区工作委员会办公室。2007年定编；2012年12月组建为区创建文明城区工作委员会办公室。

台州市黄岩区广播电视台［Tāizhōu Shì Huáng yán Qū Guǎngbō Diànshìtái］位于黄岩区环城北路1号。职工人数175人。1997年12月撤销区文化体育广播电视局，分别设立区文化体育局和区广播电视局。区广播电视局为正科级全民事业单位。2005年6月组建黄岩区文化广电新闻出版局。黄岩区广播电视台从黄岩区广播电视局中分离出来，为区委、区政府直属差额拨款事业单位机构。

台州市黄岩区区级机关服务中心［Tāizhōu Shì Huángyán Qū Qūjíjīguān Fúwù Zhōngxīn］位于区行政大楼3楼。2002年8月6日成立，为全额拨款全民事业单位。

台州市黄岩区政府采购中心［Tāizhōu Shì Huáng yán Qū Zhèngfǔcǎigòu Zhōngxīn］位于黄岩区直下街69号3号楼。2007年9月区政府专题会议纪要将原隶属于区财政局的区政府采购中心划转到区机关事务管理局，并隶属其管理。机关事务局下属、主管政府部门物资采购。

台州市黄岩区人民政府招待所［Tāizhōu Shì Huángyán Qū Rénmínzhèngfǔ Zhāodàisuǒ］位于黄岩青年东路与天长南路交叉口。1958年成立黄岩县委招待所，1989年为黄岩市人民政府招待所。1994年更今名。

台州市黄岩区地名委员会办公室［Tāizhōu Shì Huángyán Qū Dìmíng Wěiyuánhuì Bàngōng shì］位于黄岩区横街120号。1983年设立。1989年为黄岩市地名委员会办公室。1994年更为今名。

台州市黄岩区双拥办公室［Tāizhōu Shì Huáng yán Qū Shuāngyōng Bàngōngshì］位于区行政大楼20楼。自1949年以后为黄岩县双拥办公室。1989年至1994年为黄岩市双拥办公室。1994年12月更为今名。

台州市黄岩区军队离退休干部休养所［Tāizhōu

Shì Huángyán Qū Jūnduì Lítuìxiūgànbù Xiū yǎngsuǒ] 位于黄岩区仁风路 13 号。1949 年以后成立黄岩县军队离退休干部休养所。1989 年为黄岩市军队离退休干部休养所。1994 年更为今名。

台州市黄岩区人民政府婚姻登记管理处 [Tāi zhōu Shì Huángyán Qū Rénmínzhèngfǔ Hūn yīndengjì Guǎnlǐchù] 位于黄岩区政府行政服务中心内（区总商会大厦）。1996 年 4 月设立，隶属于区民政局领导。

台州市黄岩区社会福利院 [Tāizhōu Shì Huáng yán Qū Shèhuì Fúlìyuàn] 位于黄岩区花园巷 1 号。1983 年设立黄岩县社会福利院。1989 年为黄岩市社会福利院。1994 年 12 月更为今名。主要职能：以养本区"三无"老人、孤残儿童、弃婴，保障弱势群体的综合权益，维护社会稳定。

台州市黄岩区老龄工作委员会办公室 [Tāizhōu Shì Huángyán Qū Lǎolínggōngzuò Wěiyuánhuì Bàngōngshì] 位于区行政大楼 20 楼。1989 年 2 月成立黄岩市老龄委。1994 年 12 月更名为黄岩区老龄委。2001 年 12 月，划归民政局管理。

台州市黄岩区殡葬执法大队 [Tāizhōu Shì Huáng yán Qū Bìnzàng Zhífǎ Dàduì] 位于黄岩区中巷 25 号。1996 年 7 月设立。2011 年更名为台州市黄岩区殡葬执法大队。主要职能：承担本区殡葬管理工作的执法。

台州市黄岩区社会救助管理站 [Tāizhōu Shì Huángyán Qū Shèhuìjiùzhù Guǎnlǐzhàn] 位于黄岩区桔洲新村 34 幢 5 号。2008 年设立台州市黄岩区社会救助中心。2011 年调整为台州市黄岩区救助管理站，台州市黄岩区社会救助中心更改为挂牌。为民政局管理的全额拨款事业单位。主要承担黄岩区内生活无着的流浪、乞讨人员患病救助和跨区域返乡工作。

台州市黄岩区公路管理局 [Tāizhōu Shì Huáng yán Qū Gōnglù Guǎnlǐjú] 在台州市黄岩区劳动南路 398 号。职工人数 61 人。1983 年成立黄岩县公路管理段。1989 年为黄岩市公路管理段。1994 年更名为台州市黄岩区公路管理段。2012 年更为今名。全民事业单位，具有行政执法资格。

台州市黄岩区体育局 [Tāizhōu Shì Huángyán Qū Tǐyùjú] 位于黄岩商业街区金带路 1 号。2006 年由文广新局独立出来设立黄岩区体育局。办公地点在黄岩射击馆内，总占地面积 15943 平方米，建筑面积 8300 平方米，高三层，集办公与射击训练于一体。职工人数 10 人。

台州市黄岩区长潭水库管理局 [Tāizhōu Shì Huángyán Qū Chángtánshuǐkù Guǎnlǐjú] 位于黄岩区北洋镇长潭村，距市区 22 公里，控制流域面积 441.3 平方公里。所属行业参公事业单位，工人数 186 人。1958 年 8 月 18 日成立黄岩县永宁江长潭水电站修建委员会，同年 10 月 19 日改称为黄岩县长潭水电站工程委员会。1963 年 12 月划归省属，改名为浙江省水利电力厅长潭工程处。1965 年 3 月，台州专署接管长潭水库，成立台州专署长潭水库工程管理处。1969 年 5 月，建立黄岩县长潭水库电站革命委员会。1970 年 1 月 10 日划归台州地区管辖，成立台州地区电力公司。1972 年 5 月台州地区电力公司迁至临海，建立台州地区长潭水库电站革命委员会。1973 年 4 月 10 日改称黄岩县长潭水库管理局。1989 年为黄岩市长潭水库管理局。1994 年 12 月更今名。

台州市黄岩区气象局 [Tāizhōu Shì Huángyán Qū Qìxiàngjú] 位于黄岩区黄椒路 259 号。1989 年 4 月 16 日建站，属地方服务机构。1994 年 4 月，更名为黄岩区气象局，2004 年进入气象部门建制。局编制总数 7 人，局现有人员 15 人，其中在编人员 6 人，聘用人员 9 人。

台州市黄岩区档案局 [Tāizhōu Shì Huángyán Qū Dǎng'ànjú] 位于黄岩区横街 120 号。建立于 1959 年 4 月 2 日。1981 年 7 月 1 日成立了黄岩县档案科，恢复黄岩县档案馆。1984 年 4 月，撤销档案科，保留档案馆。1989 年 2 月 2 日，建立黄岩县档案局，为正科级单位，是台州地区第一个县级档案局。1995 年 12 月，区档案局转为正科级事业局，区档案馆并入区档案局。

台州市黄岩区移民局 [Tāizhōu Shì Huángyán Qū Yímínjú] 位于黄岩区西城街道县前街 41 号 3 楼。2008 年设立。

台州市黄岩区计划生育宣传技术指导站 [Tāizhōu Shì Huángyán Qū Jìhuàshēngyù Xuānchuán Jìshù Zhǐdǎozhàn] 位于台州市黄岩区二环西路 333 号。1992 年设立黄岩市计划生育宣传技术指导站，1994 年为黄岩区计划生育宣传指导站。

台州市黄岩区国际投资促进中心 [Tāizhōu Shì Huángyán Qū Guójìtóuzī Cùjìn Zhōngxīn] 位于台州市黄岩区总商会大厦 20 楼。前身为黄岩区外贸局，2003 年 7 月设立国际投资促进中心，商务局下属事业单位。主要职能：国资投资及进出口业务。

台州市黄岩区就业管理服务处 [Tāizhōu Shì Huángyán Qū Jiùyè Guǎnlǐ Fúwùchù] 位于台州市黄岩区天长南路 186 号。职工人数 11 人，1990 年从黄岩市劳动服务公司更名为黄岩市就业管理服务处。1994 年更为今名。

台州市黄岩区企业退休人员管理办公室 [Tāi zhōu

Shì Huángyán Qū Qǐyè Tuìxiūrényuán Guǎnlǐ Bàngōngshì］位于黄岩区天长南路136号。2005年12月成立，是区人力资源和社会保障局下属全额拨款事业单位。主要管理企业退休人员有关政策落实等。

台州市黄岩南区建设指挥部［Tāizhōu Shì Huángyánnán Qū Jiànshè Zhǐhūibù］位于黄岩引泉路150号。负责黄岩南区开发建设。2002年4月成立黄岩区商业街区开发建设指挥部，2011年5月撤并黄岩区商业街区开发建设指挥部和黄岩委羽山新区建设指挥部，成立台州市黄岩南区建设指挥部。

台州市黄岩区安全生产监察大队［Tāizhōu Shì Huángyán Qū Aāquánshēngchǎn Jiānchá Dà duì］位于黄岩区劳动南路281号。1996年9月注册成立。是区经济贸易局下属全额拨款事业单位。

台州市黄岩区职业技能培训中心［Tāizhōu Shì Huángyán Qū Zhíyèjìnéng Péixùn Zhōngxīn］位于黄岩区天长南路186号。2006年设立。

台州市黄岩区职业技能鉴定中心［Tāizhōu Shì Huángyán Qū Zhíyèjìnéng Jiàndìng Zhōngxīn］位于区行政大楼13楼。2008年5月设立，是黄岩区人力资源和社会保障局下属全额拨款事业单位。负责全区的职业技能鉴定。

台州市黄岩区福利工业办公室［Tāizhōu Shì Huángyán Qū Fúlì Gōngyè Bàngōngshì］位于天长南路191号。1949年以后为黄岩县民政工业办公室。1989年为黄岩市民政工业办公室。1994年12月为黄岩区民政工业办公室。2012年更为今名。

台州市黄岩区农业行政执法大队［Tāizhōu Shì Huángyán Qū Nóngyè Xíngzhèng Zhífǎ Dàduì］位于黄岩区青年东路37号。职工人数10人。1997年6月28日编办批准成立黄岩区农业行政执法大队。

台州市黄岩区乡镇企业培训中心［Tāizhōu Shì Huángyán Qū Xiāngzhènqǐyè Péixùn Zhōng xīn］位于台州市黄岩区东城街道方山路80号。1983年为黄岩县社队企业局，1984年为黄岩县乡镇企业局。1989年称黄岩市乡镇企业局。1990年设立黄岩市乡镇企业培训中心。1995年为黄岩区乡镇企业局。2001年并入黄岩区经济贸易局乡镇企业培训中心。

台州市黄岩电信分局［Tāizhōu Shì Huángyán Diànxìn Fēnjú］位于东城街道朱砂街158号，职工人数310人。1912年12月，设立黄岩电报局。1930年5月设立省长途电话局黄岩长途电话支局。1943年，电报、电话两局合并，改称黄岩电信局。1951年9月，邮政、电信合并，称黄岩邮电局。1970年1月，邮电局分设为邮政局和电信局。1973年9月，邮政、电信两局合并称邮电局。1998年8月，电信局从邮电局中分出。2000年5月，更名为浙江省电信公司台州分公司黄岩分局；2008年2月26日更名为中国电信股份有限公司台州分公司黄岩分局。

台州市黄岩区南城电信支局［Tāizhōu Shì Huáng yán Qū Nánchéng Diànxìn Zhījú］位于南城街道十里铺十路线双友路18号。现有职工12人。1995年称黄岩区南城邮电所。2003年更为今名。

台州市质量技术监督检测研究院黄岩分院［Tāizhōu Shì Zhìliàng Jìshùjiāndū Jiǎncè Yánjīu yuàn Huángyán Fēnyuàn］位于浙江省台州市黄岩区劳动南路396号。2003年11月设立。主要经营产品质量检测、计量器具检定测试、质量稽查、特种设备安全监察。

浙江省台州市永宁公证处［Zhèjiāng Shěng Tāi zhōushì Yǒngníng Gōngzhèngchù］位于黄岩区世纪大道33号。2006年7月，台州市黄岩区公证处更为今名。

台州市黄岩区知识产权办公室［Tāizhōu Shì Huángyán Qū Zhīshìchǎnquán Bàngōngshì］位于区行政大楼21楼。2004年6月成立。

台州市黄岩区消费者权益保护委员会［Tāizhōu Shì Huángyán Qū Xiāofèizhěquányì Bǎohù Wěi yuánhuì］位于黄岩区小东门路99号。1988年5月成立黄岩县消费者协会。1989年至1994年为黄岩市消费者协会。1994年12月撤市设区改名为黄岩区消费者协会。2010年变更为黄岩区消费者权益保护委员会。

台州市黄岩区流动人口服务管理局［Tāizhōu Shì Huángyán Qū Liúdòngrénkǒu Fúwù Guǎnlǐjú］位于台州市黄岩区直下街69号。2007年6月正式设立。主要职责为保护流动人口的合法权益，促进社会和谐稳定，更好地为黄岩区的经济社会发展服务。为区政府直属，相当于正科级事业单位。

台州市黄岩区市场开发服务中心［Tāizhōu Shì Huángyán Qū Shìchǎngkāifā Fúwù Zhōngxīn］位于台州市黄岩区东城街道天长北路第二菜市场。1996年1月成立。

台州市黄岩区物产管理办公室［Tāizhōu Shì Huángyán Qū Wùchǎn Guǎnlǐ Bàngōngshì］位于台州市黄岩区东城街道方山路80号。2001年并入黄岩区经济贸易局，为经贸局下属事业单位。2012年机构改革转商务局，为黄岩区物产管理办公室。

台州市黄岩区政府企业金融上市工作办公室［Tāi zhōu Shì Huángyán Qū Zhèngfǔ QǐyèJīngróng Shàngshì Gōngzuò Bàngōngshì］位于台州市黄岩区东城街道方山路80号。2007年设立黄岩区政府企业上市工作办公室。为区政府直属正科级行政管理类事业单位。

台州市黄岩区能源监察大队 [Tāizhōu Shì Huángyán Qū Néngyuán Jiānchá Dàduì] 位于台州市黄岩区东城街道方山路80号。2010年7月设立，主要承担全区能源监察执法的职责，为全额拨款事业单位。

台州市黄岩区环境监察大队 [Tāizhōu Shì Huángyán Qū Huánjìng Jiānchá Dàduì] 位于黄岩区引泉路308号。前身为黄岩区环境监理站，2003年6月更名为台州市黄岩区环境监察大队。职工人数18人。

台州市黄岩区环境保护监测站 [Tāizhōu Shì Huángyán Qū Huánjìng Bǎohù Jiāncèzhàn] 位于黄岩区九峰路217号。职工人数23人。1981年1月7日黄革字〔1981〕7号为黄岩县环境保护监测站。1989年为黄岩市环境保护监测站。1994年撤市设区后为黄岩区环境保护监测站。

台州市黄岩区渡口安全管理办公室 [Tāizhōu Shì Huángyán Qū Dùkǒu Anquán Guǎnlǐ Bàngōng shì] 位于黄岩区环城东路258号。员工5人。前身为黄岩县农渡管理站，组建于1987年4月1日，属县农业局。1988年1月，为县渡口安全管理办公室，属县交通局行政。1989年为黄岩市渡口安全管理办公室。1994年为黄岩区渡口安全管理办公室。

台州市黄岩区港航管理处 [Tāizhōushì Huáng yánqū Gǎngháng Guǎnlǐchù] 位于黄岩环城东路258号。1961年为黄岩县航运管理所。1989年为黄岩市航运管理所。1989年12月为黄岩区航运管理所，2004年为台州市黄岩区港航管理所，2007年更为今名。职工人数16人。

台州市黄岩区交通工程安全质量监督所 [Tāizhōu Shì Huángyán Qū Jiāotōnggōngchéng An quánzhìliàng Jiāndūsuǒ] 位于环城东路258号。为行政管理类事业单位，全额拨款事业编制5名。1988年成立县乡公路养护管理所，1994年更名为黄岩市公路工程管理所。2011年更为今名。

第三章　社会团体

台州市黄岩区历史学会 [Tāizhōu Shì Huángyán Qū Lìshǐ Xuéhuì] 位于青年东路176号，林尉故居内。1988年12月登记成立。以研究挖掘黄岩历史文化为主，创办《黄岩史学会刊》期刊。会员人数86人。具有独立法人资格的非营利公益社会团体。

台州市黄岩区作家协会 [Tāizhōu Shì Huángyán Qū Zuòjiā Xiéhuì] 位于区文联。1991年6月6日登记成立。具有独立法人资格的非营利公益社会团体。会员140多人，每年组织"桔花诗会"。

台州市黄岩区书法家协会 [Tāizhōu Shì Huángyán Qū Sūfǎjiā Xiéhuì] 位于区文联。1991年6月27日登记成立。非营利公益社会团体。开展书法培训、交流、作品展览等活动。

台州市黄岩区美术家协会 [Tāizhōu Shì Huángyán Qū Měishùjiā Xiéhuì] 位于区文化馆。1991年6月27日登记成立。举办美术培训。和美术作品展，交流创作经验。非营利公益社会团体。

台州市黄岩区收藏学会 [Tāizhōu Shì Huángyán Qū Shōucáng Xuéhuì] 位于博物馆内。1997年6月29日登记成立。依法登记注册的民间组织。

台州市黄岩区摄影工作者协会 [Tāizhōu Shì Huángyán Qū Shèyǐng Gōngzuòzhě Xiéhuì] 位于黄岩文化馆内。1991年8月9日登记成立。具有独立法人资格的非营利公益社会团体。

台州市黄岩区文化创意产业商会 [Tāizhōu Shì Huángyán Qū Wénhuàchuàngyì Chǎnyè Shāngzhuì] 位于总商会大厦5楼。2009年7月7日登记成立。非营利公益社会团体。

台州市黄岩区会计学会 [Tāizhōu Shì Huángyán Qū Kuàijì Xuéhuì] 位于寺后巷26-1号。1995年5月30日登记成立。负责发放会计证等。主管单位为区财政局。

台州市黄岩区青年志愿者协会 [Tāizhōu Shì Huángyánqū Qīngnián Zhìyuànzhě Xiéhuì] 位于团区委1706室。2004年3月10日登记成立。青年志愿者的公益社会团体。

台州市黄岩区总商会 [Tāizhōu Shì Huángyán Qū Zǒngshānghuì] 位于总商会大厦四楼。2009年6月17日登记成立。具有独立法人资格的非营利公益社会团体。下属机构有街道商会、行业商会、异地商会。

台州市黄岩区戏剧曲艺家协会 [Tāizhōu Shì Huángyán Qū Xìjùqǔyìjiā Xiéhuì] 位于区文化馆。1991年8月9日登记成立。具有独立法人资格的非营利公益社会团体。

台州市黄岩区舞蹈家协会 [Tāizhōu Shì Huángyán Qū Wǔdǎojiā Xiéhuì] 位于区文化馆。1998年6月29日登记成立。具有独立法人资格的非营利公益社会团体。

台州市黄岩区硬笔书法协会 [Tāizhōu Shì Huángyán Qū Yìngbǐshūfǎ Xiéhuì] 位于区文联。1991年6月10日登记成立。主要开展硬笔书法培训交流活动。

台州市黄岩区慈善总会 [Tāizhōu Shì Huángyán Qū Císhàn Zǒnghuì] 位于天长南路136号。2003年4月10日登记成立。具有独立法人资格的非营利公益社会团体。

台州市黄岩区教育学会 [Tāizhōu Shì Huángyán Qū Jiàoyù Xuéhuì] 位于区府大院教育督导室。1991年11月15日登记成立。具有独立法人资格的非营利公益社会团体。

台州市黄岩区黄埔军校同学会 [Tāizhōu Shì Huángyán Qū Huángpǔjūnxiào Tóngxuéhuì] 位于直下街69号。2002年6月27日登记成立。是由黄埔军校同学自愿参加，主要开展黄埔军校同学间的联谊交流活动。

台州市黄岩区茅畲民间兴学协会 [Tāizhōu Shì Huángyán Qū Máoshē Mínjiānxīngxué Xiéhuì] 位于茅畲锡明幼儿园。1998年5月16日登记成立。主要为考取大学的贫困学子捐款助学。具有独立法人资格的非营利公益社会团体。

台州市黄岩区红十字志愿者协会 [Tāizhōu Shì Huángyán Qū Hóngshízì Zhìyuànzhě Xiéhuì] 位于黄岩区总商会13楼。2013年12月3日登记成立。具有独立法人资格的非营利公益社会团体，会员180多人。

台州市黄岩区新的社会阶层人士联谊会 [Tāizhōu Shì Huángyán Qū Xīndēshèhuìjiēcéngrénshì Liányìhuì] 位于区行政大楼12楼。2007年12月11日登记成立。

台州市黄岩区义务工作者协会 [Tāizhōu Shì Huángyán Qū Yìwùgōngzuòzhě Xiéhuì] 位于直下街179号。2006年2月7日登记成立。具有独立法人资格的非营利公益社会团体。

台州市黄岩区环保志愿者协会 [Tāizhōu Shì Huángyán Qū Huánbǎo Zhìyuànzhě Xiéhuì] 位

于九峰路219号(老环保局内)。2009年6月28日登记成立。具有独立法人资格的非营利公益社会团体。

台州市黄岩区体育总会 [Tāizhōu Shì Huángyán Qū Tǐyù Zǒnghuì] 位于金带路1号。2010年3月16日登记成立。黄岩区热心全民体育的民间组织。

台州市黄岩区武术协会 [Tāizhōu Shì Huángyán Qū Wǔshù Xiéhuì] 位于东城街道城外洲路4弄1号。1991年8月9日登记成立。具有独立法人资格的非营利公益社会团体,为方便武术工作者的交流。

台州市黄岩区体育健身协会 [Tāizhōu Shì Huángyán Qū Tǐyùjiànshēn Xiéhuì] 位于环城东路216-1号。2009年3月13日登记成立。黄岩区热心体育健身的公民自愿参加的民间组织。

台州市黄岩区老年体育协会 [Tāizhōu Shì Huángyán Qū Lǎoniántǐyù Xiéhuì] 位于区老年活动中心3楼。1991年8月9日成立。依法登记注册的社会团体。

台州市黄岩区户外运动协会 [Tāizhōu Shì Huángyán Qū Hùwàiyùndòng Xiéhuì] 位于黄岩世纪大道7-1号。2011年1月6日登记成立。具有独立法人资格的非营利公益社会团体。

台州市黄岩区乒乓球协会 [Tāizhōu Shì Huángyán Qū Pīngpāngqiú Xiéhuì] 位于劳动南路延伸段检测站内。1991年6月27日登记成立。具有独立法人资格的非营利公益社会团体。

台州市黄岩区抗癌康复协会 [Tāizhōu Shì Huángyán Qū Kàng'ái Kāngfù Xiéhuì] 位于第一人民医院4号楼。1993年6月8日登记成立。非营利公益社会团体。

台州市黄岩区佛教协会 [Tāizhōu Shì Huángyán Qū Fójiào Xiéhuì] 位于方山路63弄10号。1991年6月10日登记成立。具有独立法人资格的非营利公益社会团体。会员70多人。

台州市黄岩区道教协会 [Tāizhōu Shì Huángyán Qū Dàojiào Xiéhuì] 位于西江华庭7幢301室。1991年6月27日登记成立。

台州市黄岩区基督教协会 [Tāizhōu Shì Huángyán Qū Jīdūjiào Xiéhuì] 位于黄岩西城迎春小区教堂内。1991年8月9日登记成立。具有独立法人资格的非营利公益社会团体。

台州市黄岩区天主教爱国会 [Tāizhōu Shì Huángyán Qū Tiānzhǔjiào Aìguóhuì] 位于黄岩青年东路88号天主教堂内。1999年12月30日登记成立。具有独立法人资格的非营利公益社会团体。

台州市黄岩区企业家协会 [Tāizhōu Shì Huángyán Qū Qǐyèjiā Xiéhuì] 位于方山路80号。2002年12月12日登记成立。

台州市黄岩区青年企业家协会 [Tāizhōu Shì Huángyán Qū Qīngnián Qǐyèjiā Xiéhuì] 位于区行政大楼17楼。1991年6月10日登记成立。区青年企业家自愿组织。

台州市黄岩区食品行业商会 [Tāizhōu Shì Huángyán Qū Shípǐn Hángyè Shānghuì] 位于区工商联大厦五楼。2004年12月30日登记成立。从事食品生产加工的行业商会组织。

台州市黄岩区个体劳动者协会 [Tāizhōu Shì Huángyán Qū Gètǐ Láodòngzhě Xiéhuì] 位于城关小东门路99号工商局内。1991年6月10日登记成立。具有独立法人资格的非营利公益社会团体。

台州市黄岩区机动车驾驶员协会 [Tāizhōu Shì Huángyán Qū Jīdòngchē Jiàshǐyuán Xiéhuì] 位于黄岩华东汽摩城。1995年1月23日登记成立。具有独立法人资格的非营利公益社会团体。

台州市黄岩区计算机网络应用技术协会 [Tāizhōu Shì Huángyán Qū Jìsuànjīwǎngluò Yīngyòng Jìshù Xiéhuì] 原址黄岩华东汽摩城,将搬至模具博览城。2001年11月16日登记成立。会员30人。

台州市黄岩区互联网经营服务行业协会 [Tāizhōu Shì Huángyán Qū Hùliánwǎng Jīngyíngfúwù Hángyè Xiéhuì] 位于天长南路134号。2007年9月29日登记成立。具有独立法人资格的非营利公益社会团体。

台州市黄岩区模具行业协会 [Tāizhōu Shì Huángyán Qū mújùHángyè Xiéhuì] 位于区工商联5楼。1992年8月15日登记成立。黄岩区模具行业的民间组织。

台州市黄岩区私营(民营)企业协会 [Tāizhōu Shì Huángyán Qū Sīyíng(mínyíng)qǐyè Xiéhuì] 位于工商局内。1993年7月23日登记成立。具有独立法人资格的非营利公益社会团体。

台州市黄岩区果品产销协会 [Tāizhōu Shì Huángyán Qū Guǒpǐnchǎnxiāo Xiéhuì] 位于黄椒路柑橘果品市场。1992年4月30日登记成立。是具有独立法人资格的非营利公益社会团体,为果农提供产销服务。

台州市黄岩区易制毒化学品协会 [Tāizhōu Shì Huángyán Qū Yìzhìdúhuàxuépǐn Xiéhuì] 位于总商会大厦5楼。2009年9月2日登记成立。管理易制毒化学品的销售、储存、运输和使用。

第四章 教育机构

第一节 科研单位

浙江省柑橘研究所 [Zhèjiāng Shěng Gānjú Yánjiūsuǒ] 全国第一个柑橘研究机构。浙江省唯一省级柑橘科研机构。隶属于浙江省农业科学院。位于黄岩区头陀镇广兴岙鱼山坪。1936在城北104国道西侧创建浙江省园艺改良场。2002年版《黄岩志·大事记》:"1936年冬,征购浮桥头良地5.3公顷,成立省园艺改良场,次年,场长吴耕民从日本引进温州蜜柑(无核橘)。"1949年称浙江省黄岩柑橘场。1961年称浙江省黄岩(县)柑橘研究所。1978年称浙江省科学院柑橘研究所。2000年更今名。占地26.7公顷,三个分站有试验果园近20公顷,科研用房6000多平方米,收集保存宽皮柑橘及其近缘植物种质资源300多个品种(品系)。有柑橘园24.7公顷。设品种、栽培、植保等5研究室和本部、王算施、头陀山站等5个试验场站及科技开发、情报资料部等。编辑出版《浙江柑橘》期刊。2013年,柑橘研究所整体搬迁至头陀镇鱼山坪山站试验站,总占地面积30.7公顷,其中黄岩区新征地15.3公顷。全所在编职工86人,专业技术人员49人,其中研究员3人,副高6人,博士7人,硕士24人。国家柑橘产业体系岗位科学家1人。近年来获得省部级奖的科研项目15项,公开发行的专著20本,在省级以上公开发表的论文平均70篇/年,科普文章200余篇;接待外宾来所参观访问讲学和应邀参加国际学术交流达20余批次/年。通206路、256路等公交线路。

第二节 教育单位

台州市科技职业学院 [Tāizhōu Shì Kējì Zhíyè Xuéyuàn] 系台州市全日制普通高校。位于东城街道王西村永宁江畔,占地面积33.3万平方米,建筑面积15.7万平方米。省政府批准(2003年)正式成立。下设现代农业、机电工程、经贸管理、人文艺术4个系21个专业,有教师243人,在校学生6000多人。由台州职业技术学院九峰分院(原浙江省台州农校)和台州市教师进修学院(原黄岩师范)合并而成。先后多次荣获浙江省科学技术奖和台州市科技进步奖,并获得"浙江省文明单位""浙江省平安校园"等称号。

浙江广播电视大学黄岩学院 [Zhèjiāng Guǎngbō Diànshì Dàxué Huángyán Xuéyuàn] 位于东城街道桔乡大道59号,创办于1979年。原名为浙江广播电视大学黄岩分校,后改为浙江广播电视大学黄岩学院。学校占地1971平方米,建筑面积1720平方米。现有本、专科共71个班,总计1447人,教职工23人。2013年,黄岩社区学院正式挂牌。2017年,浙江老年开放大学黄岩学院正式挂牌。多次被评为台州电大系统"办学先进单位"。

黄岩区教师进修学校 [Huángyán Qū Jiàoshī Jìnxiū Xuéxiào] 位于东城街道桔乡大道7号,创建于1980年3月。1984年7月成为首批省备案的县级教师进修学校。占地面积3769.9平方米,建筑面积3242.8平方米。现有教职员工34人。曾获国家级"知行中国——小学班主任教师培训项目"优秀项目团队。

浙江省黄岩中学 [Zhèjiāng Shěng Huángyán Zhōngxué] 省一级重点中学。位于西城街道罗家汇村。前身是清乾隆五十四年(1789)春创办的萃华书院。1867年为崇祀南宋丞相杜范(谥号清献,黄岩杜家村人),更名清献书院。清光绪《黄岩县志》卷八:"清献书院,旧名萃华书院,在城东双桂巷,乾隆五十四年路令部创建。"1900年称清献中学堂。1923称黄岩县立中学校。1939年称黄岩县立中学。1952年称黄岩中学。1959年称黄岩第一中学。1972年改今名。1997年评为省一级重点中学。2008年从城区双桂路整体搬迁至西城罗家汇,新校园占地20.3万平方米,建筑面积9.5万平方米,绿化面积10.8万平方米。有清献湖、白鹭洲、百果园等生态景观;仰山堂、星照轩、萃华书院铭词碑等人文景观。在编教职工221人,48个班级,在校学生2158人。曾培养出"两弹一星"元勋、两院院士陈芳允,中科院院士吴全德、黄志镗、柯俊、池志强、方秦汉,著名物理学家王天眷,法学家周炳琳,经济学家张友仁,澳大利亚工程院院士章亮炽等一大批著名人士。知名校长有孙憙、陈洛东、陈瑞畴、王吉人、王念劬、奚继武、牟正非、许植方等。学校先后获国际生态学校、省文明示范学校、省现代教育技术实验学校等称号。通251路、255路、265路等6条公交线路。

黄岩实验中学 [Huángyán Shíyàn Zhōng xué] 系台州市第一所实验初中。位于东城街道文盛街50号。1995年,黄岩中学初、高中脱钩,成为实验初中,称黄岩实验中学。占地面积3.5万平方米,建筑面积2万平方米,36个班级,学生1680人,教职工128人。先后荣获省文明学校、省卫生先进单位、省教科研先进集体;全国现代教育技术实验学校、中国中小学绿色教育行动试点学校等称号。

黄岩第二高级中学 [Huángyán Dì'èr Gāojí Zhōngxué] 系浙江省二级重点普通中学。位于西城街道横河村88号，委羽山东麓。昔委羽山南麓建有文毅书院，东麓建有文献书院，留下朱熹、顾况等名人的足迹和诗篇。1956年在旧址上新建学校，称黄岩第五初级中学，后改黄岩澄江区中学，1999年更名黄岩第二高级中学。占地面积5.9万平方米，建筑面积3.7万平方米，42个班级，学生1934人，教职工181人。为浙江省现代教育技术实验学校。

黄岩第一职业技术学校 [Huángyán Dìyī Zhíyè Jìshù Xuéxiào] 系公办全日制职业技术学校。位于东城街道朱砂街，占地8万平方米，建筑面积6万平方米，有77个教学班，学生3300多人，教职工236人。是一所集中等职业技术教育、高等成人教育、职业技术培训、职业技能鉴定于一体，兼有职业介绍功能的综合性、复合型办学实体。

黄岩区第二职业技术学校 [Huángyán Qū Dì'èr Zhíyè Jìshù Xuéxiào] 系公立浙江省一级重点职业学校。位于江口街道山下郎，成立于1983年，前身为黄岩第三高级中学、黄岩第二职业技术学校。在职教职员工129人，51个班级，2000多名学生。学校开设汽车运用与维修、数控技术应用、电子商务、学前教育、美术设计与制作、中餐烹饪、旅游服务与管理等7个专业。是一所集学历教育、职业技能培训、职业鉴定于一体的职业教育人才培养机构。

黄岩城关中学 [Huángyán Chéngguān Zhōngxué] 位于西城街道学润路8号。1999年8月设立，由城关一中初中部、澄江中学初中部和城关二中合并重组。占地面积4.2万平方米，建筑面积2万平方米，36个班级，学生1600人，教职工130人。学校先后荣获区一级初级中学、浙江省现代教育技术实验学校等荣誉称号。

黄岩区东浦中学 [Huángyán Qū Dōngpǔ Zhōngxué] 位于东城街道东浦路76号。前身为黄岩县城关第三中学，2013年称东浦中学。占地面积1.2万平方米，建筑面积6679平方米，30个班级，学生1298人，教职工98人。为黄岩区一级初级中学，台州市区文明学校。

黄岩区南城中学 [Huángyán Qū Nánchéng Zhōngxué] 位于南城街道土屿街6号，占地面积1.16万平方米，建筑面积3314平方米，12个班级，学生500人，43名教师。为公立一级初级中学。

黄岩区西城中学 [Huángyán Qū Xīchéng Zhōngxué] 位于西城街道百合小区旁，为公立初级中学，占地面积2万平方米，18个教学班，学生900人，教职工70人。前身为黄岩红旗中学，2000年为西江中学，2006年为电大附中，2010年为西城中学。

黄岩区北城中学 [Huángyán Qū Běichéng Zhōngxué] 位于北城街道大桥路679号，为公办全日制初级中学。建筑面积1万平方米，占地面积2.4万平方米，21个班，学生876人，教职工68人。1992年，由拱东中学与王林中学合并而成。

黄岩区澄江中学 [Huángyán Qū Chéngjiāng Zhōngxué] 系区一级初级中学。位于澄江街道，原名焦坑中学，创办于清光绪三十四年（1908），创始人为晚清榜眼喻长霖。学校占地面积5.3万平方米，建筑面积3万平方米，绿化面积约1万平方米。有36个班级，在校生1650多名，教职工124名，教师中高级职称74人。省现代教育技术实验学校。

黄岩区新前中学 [Huángyán Qū Xīnqián Zhōngxué] 位于新前街道西范村，2001年由新前镇中学改为新前中学，占地面积4万平方米，建筑面积1.8万平方米，88名教师，1150名学生，24个班级。为黄岩区省级农村示范性初级中学。

黄岩区江口街道中学 [Huángyán Qū Jiāngkǒu jiēdào Zhōngxué] 位于江口街道下凌村，2001年由江口镇中学更名为江口街道中学，占地2.9万平方米，建筑面积1.1万平方米，24个班级，学生1117人，教职工82人。为全日制公办初中。

黄岩区高桥中学 [Huángyán Qū Gāoqiáo Zhōngxué] 位于高桥街道兴学路1-1号，前身为高桥农业中学，创建于1964年，1969年更名高桥中学。占地面积1.7万平方米，16个班级，600名学生，教职工60人。是一所全日制农村初中。2009年被评为台州市现代教育技术实验学校。

黄岩区宁溪中学 [Huángyán Qū Níngxī Zhōngxué] 初中部位于宁溪镇东兴路24号，创办于1956年，面积1.1万平方米，22个班级，学生1037人，教职工78人。原是黄岩西部的一所农村完全中学。2007年从宁溪中学分出。称宁溪初级中学。宁溪初级中学是黄岩区西部山区唯一具有浙江省A级办学水平的一所初级中学。高中部沿用原校名，并整体迁入位于宁溪镇福利村的新校区。占地6.5万平方米，建筑面积2.4万平方米。有24个班级，学生1150人，教职工108人。

黄岩区灵石中学 [Huángyán Qū Língshí Zhōngxué] 位于北洋镇联群村灵石山南麓，清同治八（1869）年，知县孙憙改灵石寺为灵石书院。1963年8月命名灵石中学。2009年1月，初高中脱钩，成立高中部、初中部。占地面积6万平方米，建筑面积3万平方米。高中部21个班，学生960人，教职工94人。初中部15个班，学生602人，教职工50人。

该校历史悠久，校内有区级文物保护单位——东晋始建的灵石寺和宋代灵石寺塔。抗战时期，日本侵华飞机在黄岩上空投炸弹，黄岩中学一度西迁灵石书院上课。中科院院士吴全德、黄志镗，工程院院士池志强、方秦汉曾在此就读。

黄岩区平田学校 [Huángyán Qū Píngtián Xuéxiào] 位于平田乡天平街2号，2003年设立，由原平田中学与原平田中心校合并而成。占地面积1.2万平方米，建筑面积4184平方米，9个年级，10个班，313个学生，教职工37人。

黄岩区头陀镇中学 [Huángyán Qū Tóutuó Zhèn Zhōngxué] 系区一级二类初级中学。位于头陀镇店头新村，1958年设立，前身为溪头中学。占地面积1.9万平方米，建筑面积6280平方米，12个班级，学生467人，教职工41人。

黄岩区院桥中学 [Huángyán Qū Yuànqiáo Zhōngxué] 位于院桥镇前庄院中北路161号。建筑面积3.9万平方米，占地面积2.8万平方米，31个班级，1260名学生，教师133名。2009年7月，初高中脱钩。该校为浙江省首批体育特色学校。曾举办过市、省、国家级校园足球的重大赛事。

黄岩区院桥初级中学 [Huángyán Qū Yuàn qiáo Chūjí Zhōngxué] 位于院桥镇，创办于1956年。占地4.3公顷，建筑面积1.2万平方米，绿化面积8650平方米。有36个教学班，在校学生1620名，教职工125人。曾被授予全国青少年足球定点学校、浙江省卫生单位、浙江省校园足球活动优秀定点学校、浙江省校园足球活动承办省级赛事先进单位。

黄岩区沙埠镇中学 [Huángyán Qū Shābù Zhèn Zhōngxué] 位于沙埠镇上街，1994年命名，黄岩区西南部的一所山区初级中学。占地面积1.5万平方米，建筑面积6100平方米。有10个班级，360名学生，38名教职工。

黄岩区实验小学 [Huángyán Qū Shíyàn Xiǎoxué] 位于东城街道九峰路14号。创办于1981年，称黄师附小。1985年改今名。2011年与新东方外国语小学、天长小学“三校合一”，迁址九峰河畔原黄岩师范。占地面积3.5万平方米，建筑面积2万平方米。有64个教学班，2800名学生，170名教职工。学校先后获得中国营养与健康示范学校、国家级青少年校园篮球特色学校、全国红旗大队、全国《现代小学数学》教学实验示范学校、浙江省绿色学校、浙江省健康促进（金牌）学校、浙江省现代教育技术、浙江省行风建设先进集体等诸多荣誉。

黄岩区东城街道中心小学 [Huángyán Qū Dōngchéngjiēdào Zhōngxīn Xiǎoxué] 位于东城街道文盛街45号（十五街坊）。创建于1994年。原称实验二小、城关中心，2001年4月更名为东城街道中心小学。占地面积1.2万平方米，建筑面积7177平方米。有38个班级，1885名学生，教职工116人。

黄岩区东城街道镇东小学 [Huángyán Qū Dōngchéngjiēdào Zhèndōng Xiǎoxué] 位于东城街道埭东村，创办于1947年。学校占地面积1.1万平方米，建筑面积7351平方米，绿化面积4800平方米。有24个教学班，学生1150人。教职工62人。浙江省卫生先进单位，浙江省三类标准化学校。

黄岩区滨江小学 [Huángyán Qū Bīnjiāng Xiǎoxué] 位于东城街道县前街（总工会东侧）。由原城中、大桥小学合并而成。校园占地8370平方米，建筑面积5785平方米，有19个班级，976名学生，教职工53人。

黄岩区启智学校 [Huángyán Qū Qǐzhì Xué xiào] 位于西城街道大桥路192号（临时校址）。1996年正式命名。占地2500平方米，建筑面积1360平方米。现有11班103多名残障学生，教职工36人。涵盖学前教育、义务教育和职业高中教育。

黄岩区南城中心小学 [Huángyán Qū Nán chéng Zhōngxīn Xiǎoxué] 位于南城街道山前村2号。学校始建于1820年，有着百年的办学历史，清朝时就称为“文昌阁”。中华人民共和国成立后称“黄岩县第九中心小学”。1994年后更名为“南城街道中心小学”，下辖黄岩药山小学一所完全小学。2015年南城中心小学搬入新建教学楼一期工程，预计2021年将扩建教学楼二期工程。现校舍占地面积23431平方米，建筑面积18081平方米。校园环境清静、优雅。现有学生1201人，29个教学班，教职工68人。曾先后获得全国教育科研先进单位、中华经典诗文诵读实验学校、省体育特色学校、市农村示范性小学、市文明学校、市校本研训精品项目学校等多项荣誉。

黄岩区锦江小学 [Huángyán Qū Jǐnjiāng Xiǎoxué] 位于西城街道教善巷3号。学校前身为清光绪二十九年（1903）正月创办的黄岩公学和清宣统二年（1910）正月创办的崇诚女子高等小学堂。1912年，改称县立璇珠高等小学校。1943年改为城北镇中心学校。1947年又改称县城镇璇珠中心国民学校。1949年以后，称县立澄江小学。1956年夏改称黄岩县第一小学。1966年秋改称东方红小学。2011年改称锦江小学。占地6660平方米，54个班级，2800名学生，教师153人。

黄岩区西江小学 [Huángyán Qū Xījiāng Xiǎoxué] 位于西城街道阜云路137号，原址在五洞桥西端。1903年创办，原名孝友小学。新中国成立后改为西江小学，因位于西江河畔得名。2011年搬迁至阜云路。新校舍占地面积1.8万平方米，建筑面积1.2万平方米，35个班，90位教职工。

黄岩区永宁小学 [Huángyán Qū Yǒngníng Xiǎoxué] 位于西城街道半洋洪村，2001年由城关镇西城中心小学更名为黄岩区永宁小学，占地面积1万平方米，设18个班，学生近900人，教职工52人。

黄岩区樊川小学 [Huángyán Qū Fánchuān Xiǎoxué] 位于西城街道横河村。百年名校。早在明嘉靖三十五年（1556），知县汪汝达为弘扬朱子学说，改建御祟院为“朱文公祠”，祀朱熹及其黄岩赵师渊、杜烨、杜知仁、林鼐等11位门人。清康熙三十五年（1696），知县刘宽在朱文公祠旧址建新祠五间，题额为“樊川书院”。光绪二十九年（1903）改名为“樊川高等小学堂”。新中国成立后，先后称黄岩县樊川小学、黄岩师范附属小学、澄江区中心小学、城关镇樊川小学。2001年为黄岩区樊川小学。学校占地6666平方米。18个班级，868名学生，教职工50人。被命名为全国手拉手先进集体、浙江省雏鹰红旗大队、浙江省少先队工作先进集体、市第二批非遗地方文化教育特色学校等。

黄岩区北城街道中心小学 [Huángyán Qū Běichéngjiēdào Zhōngxīn Xiǎoxué] 位于北城街道锦川路6号，1994年设立，2007年校舍搬迁，校园占地面积1万平方米，36个班级，1800名学生，教师98人。

黄岩区北城街道王林小学 [Huángyán Qū Běichéngjiēdào Wánglín Xiǎoxué] 位于北城街道王林村668号。紧邻台州市火车站，南临永宁江，西靠站西大道。学校始建于1949年，2013年6月搬入新校舍。总面积2.5万平方米，绿化1500平方米，建筑面积7366平方米。有18个教学班，学生775人，专任教师41人。先后获得浙江省义务教育标准化学校、浙江省少先队先进集体、浙江省足球特色示范学校等荣誉称号。

黄岩区澄江街道中心小学 [Huángyán Qū Chéngjiāng Jiēdào Zhōngxīn Xiǎoxué] 位于澄江街道镇东路3号，占地面积1.6万平方米，建筑面积7600平方米。有35个班级，1660名学生，88名教职工。

黄岩区新前街道中心小学 [Huángyán Qū Xīnqián Jiēdào Zhōngxīn Xiǎoxué] 位于新前街道西范村。原新前镇中心小学，2011年改今名。占地面积3.4万平方米，有45个班级，2000多名学生，100多名教职工。省非物质文化遗产传承基地，全国青少年足球特色学校。

黄岩区江口街道中心小学 [Huángyán Qū Jiāngkǒu Jiēdào Zhōngxīn Xiǎoxué] 位于江口街道江口村，占地1.8万平方米。有18个教学班，823名学生，46名教师。

黄岩区江口街道第二小学 [Huángyán Qū Jiāngkǒu Jiēdào Dì'èr Xiǎoxué] 位于江口街道上澍村。创建于1956年，为上苇乡中心小学。1992年，归属江口街道中心小学管理。2015年与埭头教学点合并，更为今名。2015年升格为具有独立法人资格的街道级小学。有小学六个年级，19个教学班，学生780人，专职教师40人。占地面积1.7万平方米，建筑面积9500平方米。创建的“食不语”餐厅文化，为黄岩区中小学德育创新项目。

黄岩区高桥中心小学 [Huángyán Qū Gāoqiáo Zhōngxīn Xiǎoxué] 位于高桥街道高桥头街，1942年创办，占地2.1万平方米，30个班级，1240名学生，教职工68人。

黄岩区富山小学 [Huángyán Qū Fùshān Xiǎoxué] 位于富山乡安山村。创办于1950年，占地面积1.7万平方米，建筑面积6382平方米，绿化面积682平方米。学校现有6个教学班，在校学生110人，在校教职工24人。获浙江省义务教育标准化学校等荣誉称号。

黄岩区宁溪镇中心小学 [Huángyán Qū Níngxī Zhèn Zhōngxīn Xiǎoxué] 位于宁溪镇宁川东路35号，1992年撤并时命名为宁溪镇中心小学，占地面积2.2万平方米，共有33个班级，1545名学生，教师85人。

黄岩区上郑小学 [Huángyán Qū Shàngzhèng Xiǎoxué] 位于上郑乡上郑村。原名上郑私塾小学，始建于清宣统元年（1909），1949年新中国成立后更名上郑小学。设在上郑村关庙殿，1960年更名上郑乡中心小学。1969年招收初中生，1971年初中部搬迁到毛家村，取名光明中学。1983年上郑中心校整体搬迁到乡政府东面。2003年中小学合并，更名为上郑学校。2009年初中部撤并到宁溪初级中学，更名为上郑小学。占地面积8979平方米，建筑面积3731平方米，绿化面积1000平方米。有教师22人，班级6个，学生92人。校“石头画”被评为黄岩区特色项目。获浙江省健康促进学校（铜牌）等奖项。

黄岩区屿头小学 [Huángyán Qū Yǔtóu Xiǎoxué] 位于屿头乡屿头村。2006年与三联小学、屿头中心小学合并。占地面积4749平方米，建筑面积5962平方米，绿化面积1360平方米。现有6个教学班，学生数165人，在职教职工23人。台州市非物质文化遗产传承教学基地。

黄岩区北洋镇中心小学 [Huángyán Qū Běiyáng Zhèn Zhōngxīn Xiǎoxué] 位于北洋镇昌兴大道38号，由头陀小学改为北洋镇中心小学，占地面积2.8万平方米，建筑面积1.2平方米，24个班级，1142名学生，教职工65人。

黄岩区上垟乡中心小学 [Huángyán Qū Shàng yáng Xiāng Zhōngxīn Xiǎoxué] 位于上垟乡，是黄岩区最西部的山区小学之一，坐落在风景秀丽的长潭湖畔。创办于1896年，前身是清朝末年的“上垟堂”。学校现有6个教学班，在校学生209人，在校教职工21人。校园总用地面积8500平方米，建筑面积2931平方米，绿化面积901平方米。获浙江省示范性小学、省标准化学校、省体育达标先进学校等荣誉称号。

黄岩区茅畲小学 [Huángyán Qū Máoshē Xiǎo xué] 位于茅畲乡茅西路3号。始建于元朝，称文昌阁，后为九溪书院，已有800多年的历史。明正德年间，更名为启秀书院。清光绪年间，改名为励志学堂。1934年改为茅畲小学。1998年，邵逸夫先生捐资建教学楼一栋，改名茅畲逸夫学校。2013年，改名茅畲逸夫小学。2016年复名茅畲小学。占地面积1.4万平方米，建筑面积5320平方米，绿化面积1308平方米。有学生373人，11个教学班，在职教职工30人。获浙江省农村小班化实验学校、台州市示范性留守儿童之家等荣誉称号。

现存当年校舍23间，还有林泗斋手植的木樨两株，校门口老台门上方悬挂着书法家陈叔亮1937年题写的“茅畲小学”匾额和手书校训。茅畲小学是抗战时期中共黄岩县委机关所在地。为区级文物保护单位。

黄岩区院桥镇中心小学 [Huángyán Qū Yuàn qiáo Zhèn Zhōngxīn Xiǎoxué] 位于院桥镇横泾前岸村。创建于1907年，1922年为原道小学，1950年为县立院桥小学，1992年为院桥镇中心小学。2014年搬入现校址。占地20560平方米，建筑面积17517平方米，绿化面积7196平方米，辖46个班级，一中心一完小，在校学生2000余人，在职教职员工118人，其中高级教师8人，一级教师58人，省市县级名师、教学能手、学科带头人、教学大比武获奖者、教坛新秀等25人。

黄岩区院桥镇实验小学 [Huángyán Qū Yuàn qiáo Zhèn Shíyàn Xiǎoxué] 位于院桥镇学前街1号。2011年设立，占地面积1.2万平方米，建筑面积4550平方米。有18个班级，800多名学生，48名教职工。

黄岩区院桥镇镇北小学 [Huángyán Qū Yuàn qiáo Zhèn Zhènběi Xiǎoxué] 位于院桥镇繁荣村繁荣新街63号。1997年3月成立。学校于2011年由原镇北小学、梁湖桥小学、后宅小学三所完小撤并，升为教育局下属独立法人学校。占地8023平方米，建筑面积6180平方米，绿化面积2880平方米。有18个教学班，学生776名，教职工47人。首批浙江省“乡村学校少年宫”基地，获全国青少年校园足球特色学校、浙江省标准化学校、浙江省红十字示范学校等多项荣誉称号。

黄岩区沙埠镇中心小学 [Huángyán Qū Shābù Zhèn Zhōngxīn Xiǎoxué] 位于沙埠镇下街。创办于清同治九年（1870），始名咸新小学。1996年得到香港邵氏基金投入，更名为黄岩区逸夫小学，后称黄岩区沙埠镇中心小学。占地面积23925平方米，建筑面积7057平方米，绿化面积1639平方米。有教学班27个，在校学生1338人，专任教师68人。获浙江省农村示范性小学、浙江省课外阅读先进集体等荣誉称号。

黄岩区中心幼儿园 [Huángyán Qū Zhōngxīn Yòu'éryuán] 位于西城街道唐元路125号，1983—2008年8月园址在直下街，2000年迁新址，占地面积9867平方米，18个班，720名幼儿，79名教职工。

黄岩区机关幼儿园 [Huángyán Qū Jīguān Yòu' éryuán] 位于中巷10号，创办于1958年，隶属区机关事务局。设14个班级，占地面积1867平方米，建筑面积2540平方米，教职工56人。1995年评为省示范性幼儿园，2010年评为省一级幼儿园。

黄岩区东城街道中心幼儿园 [Huángyán Qū Dōngchéng Jiēdào Zhōngxīn Yòu'éryuán] 位于东城街道桔乡大道5号，2010年5月由原百花幼儿园更名，占地3668平方米，16个班级，590名幼儿，教职工65名。

第五章 医疗机构

台州市第一人民医院 [Tāizhōu Shì Dìyī Rénmín Yīyuàn] 三级乙等综合医院。位于东城街道横街路51号。前身为黄岩第一人民医院，始建于1940年称黄岩县卫生院。院址设城关寺后巷校士馆旧址。1941年为躲避日机轰炸迁址乌岩，次年迁回。1957年更名为黄岩县第一人民医院。2003年更名为台州市第一人民医院。占地4万多平方米，建筑面积约10万多平方米。现有职工1109人。核定床位700张。1995年被世界卫生组织和联合国儿童基金会授予爱婴医院。1999年获省级文明单位称号。2012年成为温州医科大学附属黄岩医院。2014年成为中国人民解放军第二军医大学第二附属医院（长征医院）协作医院。通201路、232路、207路等10多条公交线路。位于羽村的医院新大楼正在建设中。

黄岩中医院 [Huángyán Zhōngyīyuàn] 二级甲等中医医院。位于青年西路146号。始建于1958年，前身为澄江区医院。1981年称黄岩中医院。建筑面积1.75万平方米。现有在编职工287人，拥有国家级重点专科——中医产科康复专科，市级重点专科——腰腿痛治疗中心及中医骨伤科、穴位埋植专科等，分设9个病区，250张床位。

黄岩区城区社区卫生服务中心 [Huángyán Qū Chéngqū Shèqū Wèishēng Fúwù Zhōngxīn] 位于青年东路57号。前身是黄岩城关镇医院。1997年12月称黄岩红十字会医院。2001年11月称黄岩区红十字医院。2013年4月称黄岩区城区社区卫生服务中心。有医务人员220人，下属有桔乡九峰、白杨海棠、西苑迎春、江滨等4个社区卫生服务站，在西洋郑小区设有预防接种门诊。省示范化社区卫生服务中心。

黄岩妇幼保健院 [Huángyán Fùyòu Bǎojiànyuàn] 一级甲等妇幼保健院。位于西城街道桥头里6号。成立于1954年7月，称妇幼保健站，1956年易名妇幼保健所，1995年称妇幼保健院。现有职工110人。2018年迁址二环南路延伸段路边村5-7号。

黄岩区疾病预防控制中心 [Huángyán Qū Jíbìng Yùfáng Kòngzhì Zhōngxīn] 位于环城南路98号，前身为县防疫站。2001年更为今名。占地面积2616平方米，职工50人。

黄岩区卫生监督所 [Huángyán Qū Wèishēng Jiāndū Suǒ] 位于城关环城南路98号，2001年命名。人员编制32名，内设机构11个。2016年7月搬迁至青年路69号。

黄岩区第三人民医院 [Huángyán Qū Dìsān Rénmín Yīyuàn] 二级乙等精神病专科医院，位于西城街道黄长路490号。1989年为黄岩县精神病院。1992年为黄岩市第三人民医院。1995年为黄岩第三人民医院。占地面积1万平方米，建筑面积8000平方米，绿化面积2100平方米。职工113人。2006年被评定为二级乙等精神病专科医院。

第六章 金融保险

中国人民银行黄岩区支行 [Zhōngguó Rénmín Yínháng Huángyán Qū Zhīháng] 位于横街269号。成立于1950年。是中国人民银行的派出机构。支行目前在册员工20人，内设办公室、信贷调统股、营业室等3个部门。

中国银行黄岩支行 [Zhōngguó Yínháng Huángyán Zhīháng] 位于横街东路2号。1986年2月2日，中国银行黄岩办事处开业。1987年称中国银行黄岩支行。2005年8月称中国银行股份有限公司黄岩支行。内设3个职能部门，1个营业部、6个二级支行，在职员工134人。2000年被省委、省政府授予“省级文明单位”称号。

工商银行黄岩支行 [Gōngshāng Yínháng Huángyán Zhīháng] 位于青年东路122号。成立于1985年。在编员工154人。内设4个职能部门，有营业部、东城、南城、新前等9家营业网点。

农业银行黄岩支行 [Nóngyè Yínháng Huángyán Zhīháng] 位于天长南路83号。1979年成立。共有员工200人。内设4个职能部门，1个营业部，10个网点。

建设银行黄岩支行 [Jiànshè Yínháng Huángyán Zhīháng] 位于天长北路209号。成立于1979年。内设6个职能部门，1个营业部，下设7个营业网点，在职员工153人。

浦发银行黄岩支行 [Pǔfā Yínháng Huángyán Zhīháng] 位于劳动南路265号。成立于2001年，是黄岩当地成立的第一家国有控股商业银行分支机构。在职员工39人。

兴业银行黄岩支行 [Xīngyè Yínháng Huángyán Zhīháng] 位于天元路367号。成立于2003年8月，支行员工21人。

交通银行黄岩支行 [Jiāotōng Yínháng Huángyán Zhīháng] 位于塔院头路43～59号，成立于2008年8月。在职员工22人。一个营业部。

招商银行黄岩支行 [Zhāoshāng Yínháng Huángyán Zhīháng] 位于劳动南路368号。成立于2008年，在编员工15人，一个营业部。

台州银行黄岩支行 [Tāizhōu Yínháng Huángyán Zhīháng] 位于劳动南路368号。成立于2002年。路桥总部成立于1988年。黄岩支行在职员工43人。在东城、西城、新前、宁溪等共设有22个支行网点。

泰隆银行台州黄岩支行 [Tàilóng Yínháng Tāizhōu Huángyán Zhīháng] 2009年入驻黄岩，位于塔院头路61号。泰隆银行是一家股份制城市商业银行，成立于1993年，前身是台州市泰隆城市信用社。2009年至今，泰隆银行相继在黄岩开设了台州黄岩支行、南城、江口、新前、院桥、北洋、头陀、宁溪、澄江等9家支行。

民泰银行黄岩支行 [MínTài Yínháng Huángyán Zhīháng] 位于劳动南路277号。成立于2010年5月。其前身是温岭城市信用社，2010年至今，民泰银行相继在黄岩开设了台州黄岩、新前、北城、高桥、东城、北洋、院桥等7家支行。

中信银行黄岩支行 [Zhōngxìn Yínháng Huángyán Zhīháng] 位于劳动南路508号。成立于2013年4月16日。支行员工25人。

黄岩农商银行 [Huángyán Nóngshāng Yínháng] 位于洞天路88号。2018年6月经批准设立。其前身是黄岩农村信用社。总部下辖40个营业网点，在职员工601人。

中国邮政储蓄银行黄岩区支行 [Zhōngguó Yóuzhèng Chǔxù Yínháng Huángyánqū Zhīháng] 位于青年西路151号，成立于2011年3月，在职员工40多名。辖内3家网点。

黄岩恒升村镇银行 [Huángyán Héngshēng Cūnzhèn Yínháng] 位于黄岩区院桥镇院店路23号。2014年1月经批准设立，下设总行营业部1家，头陀支行、城南支行、宁溪支行、新前支行4家支行，在职员工80人。

民生银行台州黄岩小微企业专营支行 [Mínshēng Yínháng Tāizhōu Huángyán Xiǎowēi Qǐyè Zhuānyíng Zhīháng] 位于天元路393-399号。成立于2014年6月，在职员工21人。

中国人民财产保险股份有限公司台州市黄岩支公司 [Zhōngguó Rénmín Cáichǎnbǎoxiǎn Gǔfèn yǒuxiàngōngsī Tāizhōu Shì Huángyán Zhīgōngsī] 位于劳动南路396号，成立于1997年5月22日，在职人数59人。除支公司以外还有头陀、院桥等5个网点

中国人寿保险股份有限公司台州市黄岩区支公司 [Zhōngguó Rénshòubǎoxiǎn Gǔfènyǒuxiàngōngsī Tāizhōu Shì Huángyán Zhīgōngsī] 位于环城西路308号。成立于1997年5月14日。在职员工32人。下设城关、院桥、头陀、宁溪等4个网点。

第七章　服务业

第一节　宾馆酒店

台州旗隆万豪酒店［Tāizhōu Qílóngwànháo Jiǔdiàn］位于天元路55号。2016年4月开业。按五星级标准设计。酒店酒店拥有351间精致宽敞的客房及套房，5间风格各异的餐厅和酒廊，250平方米室内恒温游泳池。总面积达2400平方米多功能会议空间。

黄岩国际大酒店［Huángyán Guójì Dàjiǔdiàn］位于东城九峰路269号。是一家三星级涉外饭店。1997年11月正式开业。占地面积2.8万平方米，建筑面积2万平方米。拥有员工300余人，客房150间（套），大小会议室6个，中西餐厅、宴会包厢（厅）45间，可同时容纳1000人用餐。300米外有公交站点。

台州黄岩耀达酒店［Tāizhōu Huángyán Yàodá Jiǔdiàn］位于世纪大道3号。酒店于2002年12月登记成立。2011年8月对外营业。是香港佳兴集团和伟星集团按五星级标准建造的一家综合型酒店。酒店共26层，总面积5.4万平方米。楼高100多米，为当时黄岩区标志性建筑。在册员工377人。各种客房263间。能容纳2000位宾客同时就餐。曾荣获中国建设工程鲁班奖，2014年度全球酒店业最具竞争力品牌金樽奖及绿色旅游饭店。通多条公交线路。

黄岩桔都大酒店［Huángyán Júdū Dàjiǔdiàn］位于东城天长南路27号，1999年建成营业。占地面积1.7公顷，建筑面积1.7万平方米，主楼高12层，拥有各式客房160余套，中西式餐厅40个，可容纳800余人同时就餐，是一家三星级旅游涉外饭店。

黄岩罗曼国际大酒店［Huángyán Luómàn Guójì Dàjiǔdiàn］位于劳动南路358号。2005年8月动工，2008年10月开业。按国家四星级商务旅游酒店标准设计，建筑面积2.5万余平方米，有主楼20层，裙楼3层。地下室可停车200余辆。酒店拥有餐饮1000余个中西餐位。

黄岩阳光大酒店［Huángyán Yángguāng Dàjiǔdiàn］位于环城东路122号，取名“阳光”，希望酒店的生命像太阳光芒一样兴旺。1996年建成营业，占地面积0.6公顷，建筑面积9180平方米，最高层7层，可同时容纳700多人就餐。

黄岩格林豪泰酒店［Huángyán Gélínháotài Jiǔdiàn］位于环城东路9号，2007年开业。系格林豪泰酒店有限公司的连锁店，拥有167间豪华套房、商务双人间等。

台州市黄岩亢龙太子大酒店［Tāizhōu Shì Huángyán Kànglóngtàizǐ Dàjiǔdiàn］位于劳动南路888号。拥有500个泊车位，营业面积8000余平方米，有41个豪华包厢，600人用餐的大型宴会厅，可同时容纳1500人用餐。具欧式皇家风格。

第八章 工商企业

永高股份有限公司 [Yǒnggāo Gǔfèn Yǒuxiàn gōngsī] 国家火炬计划重点高新技术企业。总部位于东城街道双浦村椒黄（S325）省道北侧。占地面积31.5万平方米，员工2072余人。为公元集团核心子公司。创建于1993年。“公元”牌塑料管道、“ERA公元”和“永高牌”商标获多项国家级、省级殊荣。荣获“中国民营500强”“中国轻工业百强企业”等。2011年上市。股票代码002641。

联化科技股份有限公司 [Liánhuà Kējì Gǔfèn Yǒuxiàngōngsī] 国家火炬计划重点高新技术企业。位于浙江省台州市黄岩区永椒路8号。始建于1985年，前身是黄岩县城关联合化工厂，2001年变更为浙江联化科技股份有限公司。2006年更名为联化科技股份有限公司。浙江省“五个一批”企业。2008年上市交易，股票代码002250。

浙江永宁药业股份有限公司 [Zhèjiāng Yǒng níng Yàoyè Gǔfèn Yǒuxiàngōngsī] 国家火炬计划重点高新技术企业。位于浙江省台州市黄岩区梅花井路4号。1990年1月成立浙江永宁制药厂。2007年更名为浙江永宁药业股份有限公司。江口街道分厂位于开发区轻化投资区三江路9号。占地面积18万平方米，建筑面积6.9万平方米，员工1000余人。“康霸”牌商标被评为浙江省著名商标。省医药行业“十佳”工业企业。

双鸽集团有限公司 [Shuānggē Jítuán Yǒu xiàn gōngsī] 位于大桥路888号。系全国一次性输注医疗器械、软包装大输液生产行业的龙头企业。公司创始于1984年。2006年更名为双鸽集团有限公司。员工2500人。浙江省“五个一批”重点骨干企业。

浙江济民制药股份有限公司 [Zhèjiāng Jìmín zhìyào Gǔfèn Yǒuxiàngōngsī] 国家高新技术企业。位于高新技术开发园区北院路888号。创建于1996年。注册资金1亿6千万元，占地面积近26.7公顷。国内最大的软包装输液器械生产基地之一。浙江省医药行业重点骨干企业。2015年上市，股票代码603222。

标力建设集团有限公司 [Biāolì Jiànshè Jítuán Yǒuxiàngōngsī] 位于大桥路398号。公司创建于1986年，原为拱东建筑工程队。1989年为澄江第二建筑公司。1991年更名为黄岩市第8建筑公司。1997年称浙江标力集团建筑工程有限公司。2006年更名为标力建设集团有限公司。国家房屋建筑工程施工总承包一级资质企业。

浙江天宇药业股份有限公司 [Zhèjiāng Tiānyǔ Yàoyè Gǔfèn Yǒuxiàngōngsī] 国家火炬计划重点高新技术企业。位于江口街道医化园区北侧。创立于1993年，称黄岩天宇化工厂。2003年更名为浙江天宇医药化工有限公司。2005年称浙江天宇药业有限公司。2007年7月，更名为浙江天宇药业股份有限公司。占地43.3公顷，员工2000多人。2017年上市，股票代码300702。

浙江天翀车灯集团有限公司 [Zhèjiāng Tiān chōng Chēdēng Jítuán Yǒuxiàngōngsī] 高新技术企业。位于浙江省台州市黄岩区新前街道工业区。成立于1997年，原为浙江黄岩天成车灯有限公司，2003年12月更今名。占地面积3.5万平方米，建筑面积1.6万平方米，员工6000人。

浙江拱东医疗科技有限公司 [Zhèjiāng Gǒng dōng Yīliáo Kējì Yǒuxiàngōngsī] 位于浙江省台州市黄岩区北院大道10号。最初设立于2000年9月8日，称浙江黄岩拱东化学塑料实验厂。2009年8月17日更名为浙江拱东医疗科技有限公司。

浙江台州一罐食品有限公司 [Zhèjiāng Tāi zhōu Yīguàn Shípǐn Yǒuxiàngōngsī] 位于浙江省台州市黄岩区江口街道德俭路58号。占地面积4.5万平方米，建筑面积2.8万平方米。前身为始建于1958年的黄岩罐头食品厂的第一车间。1993年为浙江黄岩罐头食品厂第一分厂。1997年称浙江黄岩第一罐头食品厂。2012年改制更今名。

星威国际家居有限公司 [Xīngwēi Guójì Jiājū Yǒuxiàngōngsī] 位于浙江省台州市黄岩区南城街道十院路97号。成立于1989年，称台州市星威实业有限公司。2002年12月12日，更名为浙江星威办公家具制造有限公司；2013年3月18日，更名为星威国际家居有限公司。总占地面积15万平方米。为浙江省家居行业主要标准起草单位。是家居类唯一一家连续三届获广交会出口家居产品设计CF金奖的企业。

浙江精诚模具机械有限公司 [Zhèjiāng Jīng chéng Mújù Jīxiè Yǒuxiàngōngsī] 浙江省高新技术企业。位于浙江省台州市黄岩区新前街道建业路88号（智能模具小镇）。成立于1998年11月，原名为精诚模具机械有限公司，2004年7月更名为浙江精诚模具机械有限公司至今。现有职工400多人。获浙江省名牌产品等称号。

精细化学品集团有限公司 [Jīngxì Huàxuépǐn Jítuán Yǒuxiàngōngsī] 公司总部设在浙江省台州市黄岩区柔极路5号。成立于1994年，原名为黄岩精细化学品有限公司。1998年1月23日更名为浙江黄岩精细化学品集团有限公司。2006年更今名。占地面积5.9万平方米，建筑面积3.1万平方米。系中国最早从事铝表面处理系列化学品研究、开发、生产的专业工厂。

陶氏模具集团有限公司 [Táoshì Mújù Jítuán Yǒuxiàngōngsī] 位于浙江省台州市黄岩区西城街道新堂村。创建于1985年，原名为黄岩模具厂。2003年称浙江陶氏模具集团有限公司。2006年更名为陶氏模具集团有限公司至今。占地面积为4万平方米。被列入中国火炬计划项目单位。

新亚控股集团有限公司 [Xīnyà Kònggǔ Jítuán Yǒuxiàngōngsī] 位于浙江省台州市黄岩区北院大道16–18号。创建于1989年，原名为浙江新亚家庭用品有限公司，2008年更今名。专业生产家用塑胶制品、日用化妆品、卫生纸品等产品。

市下控股有限公司 [Shìxià Kònggǔ Yǒuxiàngōngsī] 位于浙江省台州市黄岩区北院大道19号。创建于1978年。1994年12月称浙江黄岩市下喷雾器化工有限公司。2004年更名为浙江市下喷雾器有限公司。2008年12月更今名。占地面积5.38万平方米。员工1000人。为国家喷雾器标准起草单位。产品被国家评定为"免检产品"。

台州市黄岩星泰塑料模具有限公司 [Tāizhōu Shì Huángyán Xīngtài Sùliào Mújù Yǒuxiàngōngsī] 位于浙江省台州市黄岩区惠民路12号。成立于1999年。2012年更名为台州市黄岩星泰塑料模具有限公司至今。占地面积1.6万平方米，建筑面积1.2万平方米。员工300人。被中国模具工业协会授予"中国大型塑料模具重点骨干企业"称号。

新东方新材料股份有限公司 [Xīndōngfāng Xīncáiliào Gǔfèn Yǒuxiàngōngsī] 总部位于浙江省台州市黄岩区黄椒路101号。创建于1983年，原名为浙江新东方油墨集团有限公司。2010年更名为浙江新东方油墨股份有限公司。2015年更名为新东方新材料股份有限公司。桐乡新厂区占地面积8.7公顷。"东方牌"产品被评为"浙江省名牌产品"，并评获"浙江省著名商标"。产品被科技部列为国家级火炬计划项目、国家级新产品和省重大科技专项。获中国油墨行业"十强企业"称号等。2017年上市，股票代码603110。

浙江爱玛车业科技有限公司 [Zhèjiāng Àimǎ Chēyè Kējì Yǒuxiàngōngsī] 位于浙江省台州市黄岩区新前街道振文路118号。是天津爱玛科技股份有限公司投资的全资子公司。创建于2012年9月。占地面积约40万平方米。

浙江宏鑫科技股份有限公司 [Zhèjiāng Hóngxīn Kējì Gǔfèn Yǒuxiàngōngsī] 位于浙江省台州市江口街道经济开发区。前身是浙江宏鑫锻造有限公司。一期占地面积3万平方米。是中国第一家能够批量生产锻造卡客车铝轮圈的企业。

浙江丰立机电有限公司 [Zhèjiāng Fēnglìjīdiàn Yǒuxiàngōngsī] 位于浙江省台州市黄岩区院桥镇高洋村。始建于1995年，称浙江黄岩丰立机电制造有限公司。2002年11月8日更名为浙江丰立机电有限公司。员工650多人。专业制造工业级气动工具。

浙江联盟食品工业有限公司 [Zhèjiāng Liánméng Shípǐn Gōngyè Yǒuxiàngōngsī] 位于浙江省台州市黄岩经济开发区食品罐头园区。成立于2000年。公司前身为浙江黄岩联盟饮料实业公司。占地面积2万多平方米。员工280人。

新立科技股份有限公司 [Xīnlì Kējì Gǔfèn Yǒuxiàngōngsī] 浙江省高新技术企业。位于浙江省台州市黄岩区澄江街道新江路128号。创立于2000年9月。2003年称台州市新立模塑有限公司。2015年更名为新立科技股份有限公司。是一家集汽车模具的设计、开发、制造以及汽车内外饰零部件研发、生产及配套于一体的股份制企业。厂房面积4.4万平方米。

浙江希乐工贸有限公司 [Zhèjiāng Xīlè Gōngmào Yǒuxiàngōngsī] 位于浙江省台州市黄岩区柔极路26号。成立于2004年。原名台州市黄岩希乐塑胶有限公司。2009年更今名。建筑面积达2万多平方米。员工400多人。集口杯研发、制造和销售于一体的民营企业。

浙江自力建设集团有限公司 [Zhèjiāng Zìlì Jiànshè Jítuán Yǒuxiàngōngsī] 位于浙江省台州市黄岩区二环南路238号。成立于1995年5月，名称为浙江黄岩自力建筑工程有限公司。2002年更名为浙江自力建设工程有限公司。2011年更名为浙江自力建设集团有限公司至今。是国家房屋建筑工程施工总承包一级资质企业。现有各类技术人员380余名，注册建造师110余名。省级文明单位。

浙江章华保健美发实业有限公司 [Zhèjiāng Zhānghuá Bǎojiàn Měifà Shíyè Yǒuxiàngōngsī] 总部位于浙江省台州市黄岩区龙浦路16号。成立于1981年。占地面积10万多平方米，员工2000多名。"章华"牌染发产品多次在国家质检总局组织的全国中外染发品国家监督抽查中红榜排名第一。

西诺控股集团有限公司 [Xī'nuò Kònggǔ Jítuán Yǒuxiàngōngsī] 位于浙江省台州市黄岩区新前街道

新江路。成立于1999年。前身为西诺模具有限公司，2008年成立集团公司。公司占地面积6万平方米，员工800多人。生产销售注塑机、注塑模具、消费类电子产品等。

台州市感恩汽车用品有限公司 [Tāizhōushì Gǎn'ēn Qìchē Yòngpǐn Yǒuxiàngōngsī] 位于浙江省台州市黄岩区永达路188号。成立于2008年。公司专业研发、生产儿童安全座椅。拥有两大旗下品牌"感恩""舒适美"。产品已获得多项国家专利。

浙江荣新工贸有限公司 [Zhèjiāng Róngxīn Gōng mào Yǒuxiàngōngsī] 位于浙江省台州市黄岩区新前街道西工业园区。成立于1993年，前身为黄岩荣新塑料模具厂。占地面积3万平方米，建筑面积2.8万平方米。拥有"荣新塑模"和"RXPC"两大品牌。

浙江光跃环保科技股份有限公司 [Zhè jiāng Guāngyuè Huánbǎo Kējì Gǔfèn Yǒuxiàngōng sī] 位于浙江省台州市黄岩区北院大道27号。成立于1994年。专业生产全塑纯水机储水桶。"光跃"塑料压力储水桶系列产品已在NSF官方网站列名。

滨海模塑集团有限公司 [Bīnhǎi Mósù Jítuán Yǒuxiàngōngsī] 位于浙江省台州市黄岩区东城街道黄椒路。成立于1987年，前身是浙江滨海模具塑料厂。1998年更名为浙江黄岩滨海模具塑料厂。2001年称浙江滨海模具塑料厂。2004年6月更名为台州市黄岩滨海模塑集团有限公司。2004年10月更名为滨海模塑集团有限公司至今。占地面积16.88万平方米，厂房面积6.8万平方米。员工1200余人。

浙江黄岩冲模有限公司 [Zhèjiāng Huángyán Chōngmú Yǒuxiàngōngsī] 位于浙江省台州市黄岩区西城街道新堂路26号。成立于1995年，称浙江黄岩冲模厂。2013年更名为浙江黄岩冲模有限公司至今。占地面积1.6万平方米，建筑面积1.2万平方米。是福特、大众、通用等客户的指定模检具供应商。

浙江黄罐食品股份有限公司 [Zhèjiāng Huáng guàn Shípǐn Gǔfèn Yǒuxiàngōngsī] 位于浙江省台州市黄岩区江口罐头食品开发园区内。创建于1989年，名称为浙江黄岩罐头食品厂。2007年更名为浙江黄罐食品股份有限公司。占地面积8万平方米，建筑面积5万平方米。2006年"桔花牌"水果罐头被评为中国名牌。

浙江凯华模具有限公司 [Zhèjiāng Kǎihuá Mú jù Yǒuxiàngōngsī] 国家级高新技术企业。位于浙江省台州市黄岩区新前街道西工业园区。前身为成立于2000年12月的黄岩开化模具有限公司。2006年更名为浙江凯华模具有限公司至今。2008年获ISO9001质量管理体系认证证书。

台州市黄岩聚丰机车有限公司 [Tāizhōu Shì Huáng yán Jùfēng Jīchē Yǒuxiàngōngsī] 位于浙江省台州市黄岩区澄江街道工业区桥头王82号。公司创建于2010年。注册资本为2000万元。专业生产电动车、三轮车、摩托车等成套塑件。

浙江赛豪实业有限公司 [Zhèjiāng Sàiháo Shí yè Yǒuxiàngōngsī] 浙江省高新技术企业。位于浙江省台州市黄岩区北院大道36号。创立1975年，前身为黄岩塑料有限公司。1995年更今名。占地面积3万余平方米。员工360人。专业制造汽车内外饰件模具、汽车车灯模具的民营企业。

德玛克控股集团有限公司 [Démǎkè Kònggǔ Jí tuán Yǒuxiàngōngsī] 位于浙江省台州市黄岩区新前街道西工业园区。成立于2007年12月12日。2014年变更为德玛克控股集团有限公司。占地面积50000平方米。是中国少数几家高端PET包装瓶整线解决方案的供应商之一。

浙江天雁控股有限公司 [Zhèjiāng Tiānyàn Kònggǔ Yǒuxiàngōngsī] 位于浙江省台州市黄岩区澄江街道工业区。成立于1997年7月，名称为浙江黄岩天雁塑胶有限公司。2014年更名为浙江天雁控股有限公司至今。占地面积2.5万平方米。是专业大型管业制造商。员工500余名。获"中国驰名商标""浙江省著名商标"等荣誉。

浙江誉隆科技发展有限公司 [Zhèjiāng Yùlóng Kējì Fāzhǎn Yǒuxiàngōngsī] 位于浙江省台州市黄岩区新前街道工业区。始创于2000年，名称为黄岩誉隆工贸有限公司。2012年更名为浙江誉隆科技发展有限公司至今。从事摩托车、电动车开发及车架开发制作等。员工300多人。占地面积2.2万平方米。

浙江华方药业股份有限公司 [Zhèjiāng Huá fāng Yàoyè Gǔfèn Yǒuxiàngōngsī] 国家高新技术企业。总部位于浙江省台州市黄岩区江口街道轻化投资区。前身为原浙江黄岩四方化工厂，创建于1993年9月。2007年更名为浙江华方药业有限责任公司。2015年更名为浙江华方药业股份有限公司至今。占地面积4.7万平方米，建筑面积3.2万平方米。有职工500人。新三板挂牌企业，代码833776。

浙江台州美多模具有限公司 [Zhèjiāng Tāi zhōu Měiduō Mújù Yǒuxiàngōngsī] 位于浙江省台州市黄岩区朝元路31号。始建于1993年，原名为黄岩美多模具厂。1999年称浙江黄岩美多模具厂。2013年8月更今名。员工300余人。占地总面积1.8万平方米，建筑面积1.4万平方米。专业制造空调、冰箱、洗衣机等模具。

台州市金宇机电有限公司 [Tāizhōu Shì Jīnyǔ

Jīdiàn Yǒuxiàngōngsī］国家级高新技术企业。位于浙江省台州市黄岩区高桥街道上山、三坦工业园区8号。创建于2003年。占地面积1.3万平方米，建筑面积2.2万平方米。员工307人。专业生产永磁无刷直流电机等。

浙江广天变压器有限公司［Zhèjiāng Guǎngtiān Biànyāqì Yǒuxiàngōngsī］浙江省高新技术企业。位于浙江省台州市黄岩区东城街道方山路。始建于1985年，名称为浙江广天电力设备股份有限公司。2003年更名为浙江广天变压器有限公司。占地面积3万平方米，建筑面积4万平方米，员工500余名。专业生产干式变压器的国家定点企业。

浙江科佳模架制造有限公司［Zhèjiāng Kējiā Mújià Zhìzào Yǒuxiàngōngsī］位于浙江省台州市黄岩区锦川路281号。前身为佳友模料有限公司，成立于1983年。2004年，称台州市科佳模架制造有限公司。2011年更名为浙江科佳模架制造有限公司至今。占地面积3万平方米。员工300多人。以销售模具钢和模架为主。

汇宝科技集团有限公司［Huìbǎo Kējì Jítuán Yǒuxiàngōngsī］国家级高新技术企业。位于浙江省台州市黄岩区江口街道芦村。成立于2004年5月。2008年更名为汇宝科技集团有限公司至今。占地面积10.5万多平方米。缝制设备为主导产业。2009年1月"汇宝"商标荣获中国驰名商标。

本州车业集团有限公司［Běnzhōu Chēyè Jítuán Yǒuxiàngōngsī］位于浙江省台州市黄岩区新前街道工业区。成立于1997年5月，名称为浙江黄岩本州集团有限公司。2003年更今名。占地面积12.35万平方米，建筑面积11.2万平方米。职工1000余名。生产本州——义鹰品牌摩托车。

浙江高澳卫浴有限公司［Zhèjiāng Gāo'ào Wèiyù Yǒuxiàngōngsī］位于浙江省台州市黄岩区惠民路22号，甬台温高速公路入口处。创建于2004年，名称为浙江高澳卫浴有限公司。2005年更名为浙江高澳卫浴有限公司。建筑面积3万平方米。生产销售精密模具、汽车零部件及配件、木制家具、建筑装饰及水暖管道零件、塑料制品。

台州市黄岩石鑫水泥制品有限公司［Tāizhōu shì Huángyán Shíxīn Shuǐní Zhìpǐn Yǒuxiàngōngsī］位于浙江省台州市黄岩区锦川路10号。成立于2003年7月。占地面积38000平方米，建筑面积12000平方米。主要经营混凝土路面、预应力混凝土路面管桩。

浙江跃日模钢有限公司［Zhèjiāng Yuè'rì Múgāng Yǒuxiàngōngsī］位于浙江省台州市黄岩区西城街道后洋村。成立于1999年。又名浙江双马模具钢有限公司。1999年称浙江黄岩跃日模钢有限公司。2015年更名为浙江跃日模钢有限公司。生产各类优质锻件，同时经营模具钢。

台州印山制刷有限公司［Tāizhōu Yìnshān Zhìshuā Yǒuxiàngōngsī］位于浙江省台州市黄岩区院桥镇繁荣新大街143号。创建于1995年。员工近1000人。合资企业，主要经营各类毛刷、家用塑料制品等。

浙江利民实业有限公司［Zhèjiāng Lìmín Shíyè Yǒuxiàngōngsī］位于浙江省台州市黄岩区澄江街道东江河村3区286号。前身是利民皮鞋总厂，创建于1979年11月。1999年，更名为浙江利民实业有限公司。主营各式皮鞋和塑料制品。"天牌"商标为浙江省三届连评的著名商标。

浙江江鑫机电有限公司［Zhèjiāng Jiāngxīn Jīdiàn Yǒuxiàngōngsī］位于浙江省台州市黄岩区江口街道江山路1号。创建于1985年，前身为黄岩精密锻压冲件厂。1999年，更名为浙江黄岩江鑫锻造有限公司。占地面积6.9万平方米。注册资金6000万元。中国锻压技术标准制定成员单位之一。

浙江精进药业有限公司［Zhèjiāng Jīngjìn Yàoyè Yǒuxiàngōngsī］位于浙江省台州市黄岩区江口街道大闸路9号。成立于2000年，称为浙江精进医药化工有限公司。2004年更名至今。是黄岩精细化学品集团子公司。占地面积4.1万平方米，现有员工128人。从事医药原料药及中间体生产。

浙江双环塑胶阀门有限公司［Zhèjiāng Shuānghuán Sùjiāo Fámén Yǒuxiàngōngsī］中美合资企业。位于浙江省台州市黄岩区南城街道经济开发区。创建于2000年。前身是1992年成立的黄岩兴达塑胶模具厂。占地面积3.5万平方米，建筑面积2万平方米，员工500多人。主要经营塑胶阀门、管材、管件、环境保护专用设备、模具、PVC混合料，塑料检查井制造、销售，技术进出口和货物进出口。

浙江天井塑业有限公司［Zhèjiāng Tiānjǐng Sùyè Yǒuxiàngōngsī］位于浙江省台州市黄岩区南城街道工业区。2010年11月成立。专业生产"天井"牌塑料检查井。

台州黄岩宇星塑化有限公司［Tāizhōu Huángyán Yǔxīng Sùhuà Yǒuxiàngōngsī］位于浙江省台州市黄岩区东浦路238号。公司成立于2001年，主营化工原料批发。

浙江公元太阳能科技有限公司［Zhèjiāng Gōngyuán Tàiyángnéng Kējì Yǒuxiàngōngsī］位于浙江省台州市黄岩区江口街道开发区。公元塑业集团的核心子公司之一。成立于2006年1月。专业从事地面太阳能电池及光伏发电系统以及新能源领域的节能环保产品的研发、生产及销售。员工1000多人。

浙江日康婴儿用品有限公司 [Zhèjiāng Rìkāng Yīng'ér Yòngpǐn Yǒuxiàngōngsī] 位于浙江省台州市黄岩区北院大道12号。成立于1996年，名称为浙江日康婴儿用品有限公司。2003年更名为台州市日康婴儿用品有限公司。2007年更名为浙江日康婴儿用品有限公司至今。专业生产婴儿用品。厂区面积2.7公顷，建筑面积3万平方米。

浙江国力建设工程有限公司 [Zhèjiāng Guólì Jiànshè Gōngchéng Yǒuxiàngōngsī] 位于浙江省台州市黄岩区天长南路110号。创建于2009年6月。经营房屋建筑工程施工、市政公共工程施工、建筑装修装饰工程等。

浙江兴三星五金有限公司 [Zhèjiāng Xīngsānxīng Wǔjīn Yǒuxiàngōngsī] 浙江省高新技术企业。位于浙江省台州市黄岩区院桥镇合屿工业区。前身是成立于1996年的浙江台州市三星锁业有限公司。2009年更名为浙江兴三星五金有限公司。建筑面积4万平方米。

浙江新菱电机有限公司 [Zhèjiāng Xīnlíng Diànjī Yǒuxiàngōngsī] 位于浙江省台州市黄岩区新前街道工业区。始建于1990年。前身为黄岩电机厂。2009年更名为浙江新菱电机有限公司至今。占地面积5万平方米，建筑面积8万平方米。职工700余人。新菱牌电机被评为浙江省著名商标。

浙江胜利塑胶有限公司 [Zhèjiāng Shènglì Sùjiāo Yǒuxiàngōngsī] 位于浙江省台州市黄岩区江口经济开发区。于1991年成立。1995年称浙江黄岩胜利塑胶有限公司。2001年更名至今。公司隶属冯泰（香港）国际集团有限公司。专业生产塑胶家居用品。

浙江黄岩宏广工贸有限公司 [Zhèjiāng Huángyán Hóngguǎng Gōngmào Yǒuxiàngōngsī] 位于浙江省台州市黄岩区沙埠镇下街。创建于1989年。占地面积达3.5万平方米，建筑面积2.5万平方米。有1000多名员工。专业生产工艺装饰品的制造企业。

浙江同丰工艺品有限公司 [Zhèjiāng Tóngfēng Gōngyìpǐn Yǒuxiàngōngsī] 位于浙江省台州市黄岩区拱新大道42号。创建于2000年。称黄岩同丰工艺品有限公司。2005年更名为浙江同丰工艺品有限公司至今。厂区面积2万平方米，员工600多名。主要生产国外节日装饰品、家居饰品和儿童玩具。

台州市黄岩双盛塑模有限公司 [Tāizhōu Shì Huángyán Shuāngshèng Sùmú Yǒuxiàngōngsī] 位于浙江省台州市黄岩区澄江街道金桔路120号。创立于2002年。前身为永盛塑料制品公司。占地面积1万平方米。专业生产固热性材料的专业模具以及制品。

浙江怡和卫浴有限公司 [Zhèjiāng Yíhé Wèiyù Yǒuxiàngōngsī] 总部在浙江省台州市黄岩区北城街道开发区惠民路。成立于2011年。专业生产智能坐便器。首创了国内即热式900cc一体机智能坐便器。

浙江如意实业有限公司 [Zhèjiāng Rúyì Shíyè Yǒuxiàngōngsī] 省重点骨干乡镇企业。位于浙江省台州市黄岩区澄江街道仙浦喻村。1987年创立。占地面积4.2万平方米，建筑面积2.3万平方米。员工600余人。生产木制工艺品、玩具、塑料等。

浙江润康药业有限公司 [Zhèjiāng Rùnkāng Yàoyè Yǒuxiàngōngsī] 省重点民营企业。位于浙江省台州市黄岩区江口街道化工区大闸路。原名浙江黄岩药用化学厂，创建于1992年。占地面积4万平方米，建筑面积1.115万平方米。员工350人。兽药原料药生产企业。

台州市朔翔日用品有限公司 [Tāizhōu Shì Shuòxiáng Rìyòngpǐn Yǒuxiàngōngsī] 位于浙江省台州市黄岩区南城街道十院路101号。2004年成立。塑料家庭日用品和塑料工艺品的专业制造商。

浙江源宏医药科技有限公司 [Zhèjiāng Yuánhóng Yīyào Kējì Yǒuxiàngōngsī] 位于浙江省台州市黄岩区大闸路69号。前身为台州市黄岩源宏光电科技有限公司，创建于2003年11月。2007年更名为台州市黄岩源宏医化科技有限公司。2015年称浙江源宏医药科技有限公司。占地面积2.7万平方米，建筑面积1.1万平方米。员工120人。主营医药中间体等。

浙江益美食品有限公司 [Zhèjiāng Yìměi Shípǐn Yǒuxiàngōngsī] 位于浙江省台州市黄岩区江口街道罐头工业园区内。成立于2004年8月。由浙江台州一罐食品有限公司和韩国梅梨实业株式会社合资经营。占地面积3462.1平方米。产品以塑料杯水果软罐头为主。

台州正方建材有限公司 [Tāizhōu Zhèngfāng Jiàncái Yǒuxiàngōngsī] 位于浙江省台州市黄岩区江口街道上菳村。成立于2006年8月。集商贸、仓储、装卸、商品混凝土路面生产销售于一体。拥有1座码头。

浙江尼欧家居有限公司 [Zhèjiāng Ní'ōu Jiā jū Yǒuxiàngōngsī] 位于浙江省台州市黄岩区澄江工业园区。成立于1991年。前身为浙江生生工艺品有限公司。占地面积3.5万平方米。员工800余人。产品为工艺蜡烛与铁制烛台。

台州市黄岩飞达三和塑胶制品有限公司 [Tāizhōu Shì Huángyán fēidásānhé Sùjiāozhìpǐn

Yǒuxiàngōngsī] 位于浙江省台州市黄岩区东城街道。始创于1988年。厂房建筑面积5万多平方米。主营塑胶制品、塑胶原材料、纸箱等产品。

浙江得力佳文具有限公司 [Zhèjiāng Délìjiā Wénjù Yǒuxiàngōngsī] 省专利示范企业。位于浙江省台州市黄岩区院桥镇院店路23号。创办于1995年，称台州市武文实业有限公司。2002年8月更名为台州市得力佳文具有限公司。2002年9月更名为浙江得力佳文具有限公司。占地面积2公顷，建筑面积5万平方米。主营纸品文册。

台州市鑫易摩托车配件有限公司 [Tāizhōu Shì Xīnyì Mótuōchē Pèijiàn Yǒuxiàngōngsī] 位于浙江省台州市黄岩区拱新大道5号。创办于1999年7月。占地面积3.5万平方米。员工280人。专业生产摩托车铝合金车轮。

台州市黄岩华印纸业有限公司 [Tāizhōu Shì Huángyán Huáyìn Zhǐyè Yǒuxiàngōngsī] 位于浙江省台州市黄岩区新前街道工业区。成立于2003年7月。员工100名。生产大型瓦楞纸板、纸箱等。

浙江金诺铜业有限公司 [Zhèjiāng Jīnnuò Tóngyè Yǒuxiàngōngsī] 位于浙江省台州市黄岩区新前街道锦川路333号。成立于2002年7月。专业生产铜阀门、铜管件、电器件三大系列。

黄岩瑞升工艺品有限公司 [Huángyán Ruì shēng Gōngyìpǐn Yǒuxiàngōngsī] 位于浙江省台州市黄岩区澄江街道桥头王工业区。原名东南工艺品厂，成立于1991年。厂房占地6600平方米。职工130多人。生产木、玻璃、铁皮、布等复合制成的工艺品。

恩森（台州）化学有限公司 [Ēnsēn (Tāizhōu)Huàxué Yǒuxiàngōngsī] 位于浙江省台州市黄岩经济开发区。成立于2002年7月。新加坡独资的外商企业。建筑面积超过4万平方米，占地面积3.3万平方米。专业从事电镀添加剂生产。

浙江方晨建设工程有限公司 [Zhèjiāng Fāngchén Jiànshè Gōngchéng Yǒuxiàngōngsī] 位于浙江省台州市黄岩区天元路349号。始建于1993年。国家房屋建筑工程施工总承包一级资质企业。各类专业技术人员1720人。

台州市新霸动力制造有限公司 [Tāizhōu Shì Xīnbà Dònglì Zhìzào Yǒuxiàngōngsī] 民营股份合作制企业。位于浙江省台州市黄岩区新堂工业区。成立于1999年。占地1.7万余平方米。专业生产汽油发动机、汽油发电机组等。产品注册商标为“台鹰”牌。

浙江广益食品有限公司 [Zhèjiāng Guǎngyì Shípǐn Yǒuxiàngōngsī] 位于浙江省台州市黄岩区江口街道食品园区。中外合资企业，成立于2005年4月。占地面积2.2万平方米，建筑面积1.4万平方米。从事各种水果和蔬菜罐头的生产。

台州市希尔家庭用品有限公司 [Tāizhōu Shì Xī'ěr Jiātíng Yòngpǐn Yǒuxiàngōngsī] 总部设在浙江省台州市黄岩区澄江工业区风光路86号。成立于2003年4月。占地面积2.5万平方米。是国内密胺制品制造业的领先企业之一。

浙江万隆模具有限公司 [Zhèjiāng Wànlóng Mújù Yǒuxiàngōngsī] 位于浙江省台州市黄岩区新前街道新江路259号。始建于1993年。员工138人。是一家专业的塑料模具设计与制造公司。

浙江黄岩兽药厂 [Zhèjiāng Huángyán Shòuyào Chǎng] 位于浙江省台州市黄岩区北城街道马鞍山村。创办于1987年。面积2万平方米，职工100多人。主要经营兽用药。

浙江海燕模具有限公司 [Zhèjiāng Hǎiyàn Mújù Yǒuxiàngōngsī] 位于浙江省台州市黄岩区新前街道工业区，始创于1990年。占地面积1.65万平方米。员工160多人。专业生产塑料模具等。

台州市祥意汽车零部件有限公司 [Tāizhōu Shì Xiángyì Qìchē Língbùjiàn Yǒuxiàngōngsī] 位于浙江省台州市黄岩区院桥镇浦口路1号。建于2003年。经营汽车摩托车零部件、塑料制品制造和加工等。

浙江光华塑业有限公司 [Zhèjiāng Guānghuá Sùyè Yǒuxiàngōngsī] 位于浙江省台州市黄岩区元同路26号。公司成立于1999年。主要从事塑料制品、建筑用金属配件、模具、管材、管件制造，化工原料（不含危险化学品及易制毒化学品）、橡塑制品销售。中国塑料工业协会管道专业委员会会员企业。

台州太空实业有限公司 [Tāizhōu Tàikōng Shíyè Yǒuxiàngōngsī] 位于浙江省台州市黄岩区新前工业区。创建于1992年。获多项太空杯设计专利。新产品已通过QS美国FDA认证 。

台州市黄岩汉威塑料模具有限公司 [Tāizhōu Shì Huángyán Hànwēi Sùliào Mújù Yǒuxiàngōngsī] 位于浙江省台州市黄岩区新前街道。成立于2007年6月。以汽摩配件模具、电器模具、家庭日用塑料品模具制造为主。

台州新联和环保科技有限公司 [Tāizhōu Xīnliánhé Huánbǎo Kējì Yǒuxiàngōngsī] 位于浙江省台州市黄岩区澄江街道华昌路27号。公司创建于2001年，原名黄岩联和塑料厂。2015年更名为台州新联和环保科技有限公司。员工400多人。生产密胺类厨房餐具和生活用品。

浙江豪龙模业有限公司 [Zhèjiāng Háolóng Múyè Yǒuxiàngōngsī] 位于浙江省台州市黄岩区翔光

路7号。成立于2000年，原名为黄岩豪龙模业有限公司。2009年更名至今。厂房面积1万平方米。员工120余人。专业从事电力系统产品开发、生产与模具制作。

浙江黄岩大富塑料有限公司［Zhèjiāng Huángyán Dàfù Sùliào Yǒuxiàngōngsī］位于浙江省台州市黄岩区印山路。成立于1995年。厂房面积3000平方米。专业生产各种家用塑料制品。

台州市宽源塑胶有限公司［Tāizhōushì Kuānyuán Sùjiāo Yǒuxiàngōngsī］位于浙江省台州市黄岩区澄江街道横屋村。成立于2011年。厂房面积1.1万平方米。专业生产餐具、日用品等塑胶用品。

浙江黄岩永久工艺厂［Zhèjiāng Huángyán Yǒngjiǔ Gōngyì Chǎng］位于浙江省台州市黄岩区澄江街道风光路76号，成立于1993年。员工100多人。生产布制工艺品和圣诞礼品。

台州市富龙塑胶有限公司［Tāizhōu Shì Fùlóng Sùjiāo Yǒuxiàngōngsī］位于浙江省台州市黄岩区北城街道西工业园区。创建于1998年。占地面积3万平方米。职工300人。以生产出口产品为主。

台州市博纳模具有限公司［Tāizhōushì Bónà Mújù Yǒuxiàngōngsī］位于浙江省台州市黄岩区北城街道工业区。成立于2013年。生产日用品模具为主。

台州市世玩欣玩具有限公司［Tāizhōu Shì Shìwánxīn Wánjù Yǒuxiàngōngsī］位于浙江省台州市黄岩区北城街道工业区康强路。始创于1992年。员工200余人。建筑面积3万余平方米。生产各类木制玩具、文教用品、圣诞礼品等。

台州市东模塑件有限公司［Tāizhōu Shì Dōngmú Sùjiàn Yǒuxiàngōngsī］位于浙江省台州市黄岩区澄江街道石柜岙村。成立于1999年。占地面积2.6万平方米。员工300余人。主营电动自行车、摩托车塑件、车架及其配套产品。

附录

第一章　古旧地名

第一节　古代坊巷名录

唐制：在城称坊、里，在乡称乡、社，北宋沿此。至南宋后，随着商业的飞跃发展，改为街巷，据南宋嘉定《赤城志》坊市所记，列古坊名如下：

庆善坊 [Qìngshàn Fāng] 在县东35步，以坊内有规模很大的庆善寺而名，俗呼大寺巷。

庆丰坊 [Qìngfēng Fāng] 在县东18步，俗呼县前街。

梯云坊 [Tīyún Fāng] 在县东32步，以杨似云、叶应辅中第故名，杨善草书，叶善行书，又名草行巷。

岩魁坊 [Yánkuí Fāng] 在县东40步，旧名阜民，以王侍郎居安所居故名，俗呼郑家巷。

丛桂坊 [Cóngguì Fāng] 在县东40步，旧名桂枝，以左瑆兄弟中第故名，又名大安坊，后名东禅巷。

登俊坊 [Dēngjùn Fāng] 在东禅桥东偏50步，以姚愨中第而立。

濯缨坊 [Zhuóyīng Fāng] 在县东60步，俗名水管头。

景贤坊 [Jǐngxián Fāng] 在县东70步，以林鼐、林鼒兄弟俩所居处而名，曾呼淘泥巷，亦叫道义巷。道义巷还有一则逸事：清顺治年间，清廷入主中原，强迫汉人易服剃发，黄岩一批士人认为发乃父母精血孕育，剃发是古人对罪犯的刑罚，是人格的侮辱，在朝廷的高压下，他们在道义巷群体跳河，以示抗衡。

新罗坊 [Xīnluó Fāng] 在县东一里，五代时新罗国商人聚居处故名。新罗亡国后，地名改为柏树巷，因巷西口有一株大柏树而名。

清镇坊 [Qīngzhèn Fāng] 在县西20步，俗呼八角井巷。

钦贤坊 [Qīnxián Fāng] 在县北70步，宋熙宁年间，贤良徐姓者居之，故名。后名钦贤巷。

至善坊 [Zhìshàn Fāng] 在县西20步。

务本坊 [Wùběn Fāng] 在县前西20步。

翔光坊 [Xiángguāng Fāng] 在县西40步，旧名拱秀坊，以定光观有赤光而改名，俗呼西街。

太平坊 [Tàipíng Fāng] 在县西60步（后巷之北），俗呼宫巷。今西街之北，名中巷，又北是后巷。

朝元坊 [Cháoyuán Fāng] 在县西75步，以定光观在焉，故名。

迎仙坊 [Yíngxiān Fāng] 在县南8步，初名通仙坊，以向委羽山故名，后称直下街。

里仁坊 [Lǐrén Fāng] 在县南100步，俗呼司厅巷。

孝行坊 [Xiàoxíng Fāng] 在县南120步，旧名延庆，以孝子郭琮居此故名，后呼寺后巷。

振文坊 [Zhènwén Fāng] 在县南130步，以儒学学宫在此故名，后改育贤，又名学前巷。

范家坊 [Fànjiā Fāng] 在县南140步，范氏故居，俗呼范家巷，明嘉靖年间废。

奎文坊 [Kuíwén Fāng] 在县南150步，以明因寺的华严阁赐御书故名，俗呼横街。

庆薰坊 [Qìngxūn Fāng] 在县南170步，明因寺东。

春祈坊 [Chūnqí Fāng] 在县东北60步，俗呼赵家宅。

仁风坊 [Rénfēng Fāng] 在县北80步，俗呼馆驿巷。澄江馆丹崖驿在此故名。

兴善坊 [Xìngshàn Fāng] 在县北80步，俗呼栈头巷。

教善坊 [Jiàoshàn Fāng] 在县南120步，俗呼妙智寺前。

寿宁坊 [Shòuníng Fāng] 在县北70步。

南宋嘉定《赤城志》记：黄岩城的清镇、钦贤、仁风、新罗四坊，宋熙宁九年，县令范世文建。迎仙、岩瞻、拱秀、梯云、庆善、丛桂、阜名、太平、景贤、寿宁、朝元、兴善、里仁、孝行、教善、振文、奎文十七坊，嘉定十年县令陈梦所建。

第二节　部分城区历史地名

大寺巷 [Dàsì Xiàng] 位于黄岩城著名的大寺院庆善寺前边，故名。东起天长街，西至大街，是黄岩旧城较热闹的街巷。多朱、林、赵、郑、何等姓。何氏后裔何赞，明嘉靖年间进士，官至监察御史。1966年改名工人路，1981年恢复旧名，20世纪末旧城改造时拆毁。

前应巷 [Qiányīng Xiàng] 据传宋、明时期是应姓氏族居地，故名。东起塔院头路，北通孟家巷。1966年将南北走向的一段改为防修路54弄，东西走向一段改为反修路4弄，1981年恢复旧名。多池、李两姓。20世纪末旧城改造时拆毁。

三板桥巷 [Sānbǎnqiáo Xiàng] 又称插旗巷，也叫十八间，清代道光年间，沈提督添华居此。东起劳动路，西至环城西路，北邻草坦里。三板桥有一条河面很窄的小河，民众架三块木板为桥，故名。1966年改名反帝路，1981年恢复旧名。20世纪末横街拓宽改造时拆毁。多牟、王、陈等姓。

行书巷 [Xíngshū Xiàng] 古称清镇坊，宋神宗熙宁九年（1076）范世文建坊，早圮。巷中有八角井，曾称“八角井巷”。东通直下街，西至塔院头。有位善行书的进士居此，呼行书巷。多王、邵、林等姓。1966年与孟家巷合并改为防修路，1981年恢复旧名。20世纪末旧城改造时拆毁。

坊里应巷 [Fānglǐyīng Xiàng] 相传位于监察御史应谓立“百岁坊”“恩庆坊”的附近（两坊毁于清代，坊柱1949年以后拆除），明代多应姓聚居，故名。东起直下街，西至塔院头，1966年改名红旗路51弄，1981年恢复原名。21世纪初旧城改造时拆毁。多王、池、陈等姓。

小湫巷 [Xiǎoqiū Xiàng] 相传巷内古有大小两池，池的含义为湫，故名。位于横街与砚池巷之间，北邻奎文坊支河，东南接近包塘岸（今砚池）。1966年改名灭资路17弄，1981年恢复旧名。多郑、王等姓。20世纪末旧城改造时拆毁。东有大湫巷与小湫巷平行。

大马巷 [Dàmǎ Xiàng] 巷内有大塘，为总兵署的洗马塘，故名。南起尚司巷及镇署巷，北至管驿巷，东邻天长街，西邻苍头街。太平军侵犯黄岩城后，大塘淤塞而马房亦废。1966年改名爱国路58–59弄，1981年恢复旧名。20世纪末旧城改造时拆毁。

仓弄 [Cāng Lòng] 又作苍弄，位于仓头街东边，南起方井头巷西口，北至管驿巷。相传古时有黄尚书仆从住宅之弄而名。1966年改名爱国路93弄，1981年恢复旧名。20世纪末旧城改造时拆毁。

方井头巷 [Fāngjǐngtóu Xiàng] 巷中有方井而名。东通天长北路，南连镇署巷，西接尚司巷北口，由原方井头和东箭衔巷组成。多潘、符、杨等姓。20世纪80年代旧城改造时拆毁。位置在今曾铣路一带。

南浮桥里 [Nánfúqiáolǐ] 以南浮桥得名。东临东官河，西接天长街与横街。1966年改名反帝路1–14号，1981年复为旧名。20世纪末旧城改造时拆毁。位于今横街与天长南路交会口东侧。

大北门路 [Dàběimén Lù] 地处县署正北而名。东起山地货行，西达樟树下。多林、张、许等姓。1966年曾改名革命路，1981年复旧名。20世纪末旧城改造时拆毁。

荔枝巷 [Lìzhī Xiàng] 俗呼荔枝街。该街的街面全系鹅卵石铺就，并嵌有梅花图饰，故名。南起管驿巷，北至环城北路，1966年改名爱国路34弄，1981年复为故名，20世纪90年代旧城改造时拆毁。流传有蔡缸爿修荔枝街的故事。

双弄 [Shuāng Lòng] 位于原曾铣巷之南，有两条东西走向的并行小弄，故名。东起尚司巷，西连仓头街（后称劳动北路）。多王、卢、林等姓。20世纪末旧城改造时拆毁。

镇署巷 [Zhènshǔ Xiàng] 系清代总兵署所在地而名。南起大寺巷，北至方井头巷。在现今庆善寺塔东北。1966年改名工人路36弄，1981年复旧名。20世纪末旧城改造时拆毁。

鸣钟巷 [Míngzhōng Xiàng] 位于柴桑巷西侧，古乃定光观置钟鼓之地，西至环城西路。位置在今中医院东北。1966年改名四新路10弄，1981年复旧名。多赵、王等姓。21世纪初旧城改造时拆毁。

振鼓巷 [Zhèn'gǔ Xiàng] 位于柴桑巷西侧，古代定光观置钟鼓之地，故名。西至环城西路。1966年改名四新路10弄，1981年复旧名。多赵、王等姓。21世纪初旧城改造时拆毁。

盐场弄 [Yánchǎnglòng] 古为食盐交易所，故名。北连大寺巷，南通草巷。曾改名先锋路44弄。1947年称城北镇第九保，多夏、马等姓。20世纪旧城改造时拆毁。

毛弄头里 [Máolòngtóulǐ] 以毛姓居地得名。东起盐场弄，西至大街（劳动北路）。曾名先锋路46弄，后复旧名。多张、葛两姓。20世纪末旧城改造时拆毁。

螺丝巷 [Luósī Xiàng] 该巷弯曲如螺丝而名。东通劳动北路，北通县前街，向西曲折至直下街，1966年改名劳动北路，1981年恢复螺丝巷旧名。20世纪末旧城改造时拆毁。

开元巷 [Kāiyuán Xiàng] 南与管驿巷成十字叉口，北通环城北路，东接小东门路西口，1966年改名爱国路25弄和26弄，1981年复开元巷旧名。20世纪末旧城改造时拆毁。

王府巷 [Wángfǔ Xiàng] 1966年改名爱国路24弄，1981年复为王府巷。南起管驿巷，北至环城北路。20世纪末旧城改造时拆毁。位于今电力大楼一带。

李琦巷 [Lǐqí Xiàng] 据传古代有官员李琦居该巷而名，另有一说是礼祈巷谐音而成。南起草巷，北至大寺巷。曾改名先锋路24弄，后复旧名。多张、符等姓。20世纪末旧城改造时拆毁。

佛宝巷 [Fóbǎo Xiàng] 据传是古代黄法师藏“佛宝”之处，故名。南起草巷，北至大寺巷。曾改名先锋路16弄，后复旧名。多牟、谢等姓。20世纪末旧城改造时拆毁。

苍头街 [Cāngtóu Jiē] 位于黄岩旧城大街北段。南起大井头，北至管驿巷西口。东为尚司巷与曾铣巷，明代三边总制曾铣生于这里。古神庙灵顺殿亦在苍头街东侧。多陈、王、张姓。1958年劳动北路改造时拆毁。

大井头 [Dàjǐngtóu] 位于黄岩旧城大街与县前街的丁字口上，凿有大井而名。北为苍头街，南至桥亭头，西为县前街，东为大寺巷，是黄岩旧城商业繁华地段，沈宝山药店、许同人商号均在这一带。20世纪80年代旧城改造时废。

塔院头 [Tǎyuàntóu] 据传古黄岩城有东西两塔，塔院头系西塔基所在地而名。位于县署西南。西邻西街，东为县前街，南通青年路，北至三堂后。多朱、徐、陈等姓。20世纪90年代末，黄岩旧城改造后成为历史地名。

小校场 [Xiǎojiàochǎng] 位于东城街道山亭街西南侧，即剧院与福民医院附近。晚清时为总兵署三营阅兵操演校场，故名。西邻五支河。多池、毛两姓。20世纪50年代建人民剧院，并改造为居民住宅区。

花楼里 [Huālóulǐ] 位于东城街道山亭街附近，南通青年路，北通桂枝巷。多陈、周、张等姓。20世纪50年代已改造为居民住宅。据传宋左提举建花楼于此而名。

邵家里（弄） [Shàojiālǐ] 位于原行书巷南侧，东起直下街，西至塔院头。多邵、姚两姓。20世纪70年代旧城改造时拆毁。

司前街 [Sīqián Jiē] 因民国时法院设此而名。古称岩瞻坊。县前街分东、西两段，东段称城隍庙前，紧连大井头，北靠城隍庙。县署西侧，称司前街，东接县前街，北邻县署，西至塔院头。多王、张、陈等姓。20世纪90年代旧城改造时拆毁。

锦江桥 [Jǐnjiāng Qiáo] 位于璇珠桥西，教善巷东端，今第一菜市场西南角一带。古有锦江桥，取锦江望明月之意，地因桥名。1916年秋，东极宫坤道筹资建锦月宫，并重建桥于此。20世纪60年代旧城改造时拆毁。

桥亭头 [Qiáotíngtóu] 位于青年路与劳动路交叉地带。古有永利桥（又称钱家桥），桥上有亭，故名。系黄岩旧城中心地段，西南角为孔庙，东为青年路，旧称道义巷，东北角为会中寺，往北是大街与苍头街，往南为尚书坊。多陈、张、赵等姓。桥与亭早圮。

道义巷 [Dàoyì Xiàng] 位于东禅巷南边，东起天长街，南傍五支河，是一条东西走向典型的单边街，宋代称景贤坊，坊因理学名人林鼐、林鼒居此而名。多项、周、李、张等姓。1958年，填五支河为大街，改名为青年路。巷内有林蔚故居。

学后巷 [Xuéhòu Xiàng] 位于黄岩孔庙后边（今青年西路东段）。东起桥亭头，西至直下街。北邻会中寺，南为孔庙，因地处学宫后边而名。邱、陈、葛姓居多。20世纪50年代城区基本建设时拆毁。

三清桥 [Sānqīng Qiáo] 位于坝头桥北边不远（今郑家巷与孟家巷连接处一带）。东起行书巷，西至孟家巷。北为塔院头一带。旧有坝闸分江河清浊水，每月三旬三清之，故名。多许、李、王等姓。20世纪50年代填河为街。

江北路 [Jiāngběi Lù] 俗呼浮桥头，原系江北路居委会驻地。地处永宁江北岸而名。东起大桥北端，南与西均靠永宁江，北靠妙儿桥。1951年土改时称浮桥居委会，1981年6月改名江北路。2013年旧城改造时拆毁。境内的三圣庙，系黄岩的古神庙之一。

五条地楸里 [Wǔtiáodìfúlǐ] 从小巷的头门到内有五道门，有五道地楸，故名。东起柴桑巷，西至环城西路，南为鸣钟巷，北为振鼓巷。宅院建于明代以前。旧传池盐、池祥、赵世泽等画家居此。南侧有小巷叫三条地楸里，巷内有三道台门而名。多赵、池、陈、王等姓。20世纪90年代，西街区块旧城改造时拆毁。

九湾巷 [Jiǔwān Xiàng] 地处郑家巷南侧。东向西折南，东起大街，南口可通学后巷。因巷内曲曲弯弯而名。多朱、周等姓。20世纪90年代，旧城改造时拆毁。

小北门 [Xiǎoběimén] 位于浮桥头东部，傍永宁江。旧有裕大、泉大、泰来等鱼行，往东有澄江旅馆。清末民初时，是黄岩城水产品市场热闹地带。多王、朱两姓。20世纪80年代大桥头基本建设时拆毁。

蒲草田 [Púcǎotián] 地处黄岩旧城西南边，白衣宫前左边，也叫白衣宫前（今地处横街西路北侧）。据传古代种植蒲草而名。东至永宁街，南至竹场前，北至肇泽池。黄岩看守所曾设此。20世纪80年代以后，成为城区街巷。

卖姜巷 [Màijiāng Xiàng] 位于管驿巷中段北侧（今总商会大楼东侧）。南起大马巷，北至永宁江边的澄江街。古代曾是卖姜市场，故名。多潘、陶等姓。20世纪90年代旧城改造时拆毁。

作善巷 [Zuòshàn Xiàng] 位于苍头街北端西侧（今黄岩大桥南端一带），旧名兴善坊。过大街之东为管驿巷，南边为老育婴堂，西与北是老城墙基。民间也叫筑杂巷、竹牌巷。多陈、童两姓。20世纪80年代城市基本建设时拆毁。

假山下 [Jiǎshānxià] 又叫法云庵前，清雍正初年李总兵灿于署东北筑石为假山，故名。位于天长街北端。东与南均为五支河的干河，西为周坤生酒酱坊，北为管驿巷。20世纪90年代，旧城改造时拆毁。

坝头桥 [Bàtóu Qiáo] 位于三清桥南边（今第一菜市场北大门一带）。古时此处筑坝御潮汐，使五支河蓄清水，故名。东为坊里应，南为璇珠小学，西至梅花巷。多许、朱等姓。

五举巷 [Wǔjǔ Xiàng] 位于今小东门路东头北侧（今电视大楼南边），东为环城路，南邻柏树巷，西至假山下。据传古代有赵氏五子登科并建坊得名。

羊头塘里 [Yángtóutánglǐ] 位于山亭街北边，有水塘形似羊头，故名。东至东城基巷，民国时这一带大多为荒地与菜园。20世纪50年代后，先后建为居民住宅区。由于普门堂寺院建于此地，又叫普门堂前。

双桥头 [Shuāngqiáotóu] 即桂枝桥与双凤桥联接而名，俗称将军地，因池建功住宅大门匾额署"将军第"，故名。20世纪60年代，河道填成街道，桥已不存，地名亦叫桂枝街。位置在山亭街西口一带。

丁家巷 [Dīngjiā Xiàng] 古为丁氏聚族而居之地，故名。旧有丁家桥所在，今圮。20世纪60年代，石桥被拆毁建民房，巷并入前巷。

东镇堂前 [Dōngzhèntángqián] 位于东镇堂前（今双桂路东头），故名。21世纪初，黄岩中学扩大校舍需要，东镇堂（今名东震禅寺）迁建方山路，东震堂前地名亦废。

石壁周 [Shíbìzhōu] 位于百花宫巷东边，旧名石坪，清仁宗嘉庆年间黄岩庠生周省山有书云："当时该处两旁居民多姓周，均以石板为壁，因名其地为石壁周云。"21世纪初建为居民住宅区。

避饥巷 [Bìjī Xiàng] 位于小南门城墙里。相传全县大灾荒，民众避居此巷以赈充饥，得庆更生，故名。这条巷又小又短，东起天长南路，西至花园巷，1947年属城南镇第十四保，俗用"篦箕"两字亦有之。20世纪末改名仁风路。

石板路 [Shíbǎn Lù] 一名仁风乡，相传古代疏浚五支河时，该巷铺建石板最早，故名。今改名仁风路。

卖巷 [Mài Xiàng] 位于永宁街西边，竹场前巷南边。古代因五支河通舟楫，航运可达此巷，北为竹场前，此为贸易场，和现今的小菜场类似，故名。后来市场北迁。

桃园里 [Táoyuánlǐ] 在卖巷东首，今永宁街东边路段，园早已废。

范家巷 [Fànjiā Xiàng] 大南门王氏谱："明王尚书外祖居此，姓范，故名。"俗传为饭架巷，以形相似。

王宗祠弄 [Wángzōngcí Lòng] 旧称泰定桥弄，清同治十年因河淤塞，牟绅等拆毁桥石，移永宁街南端建迎薰桥。后因河岸建有王养冲公祠，前殿后建有王德泰祠堂，改呼今名。王养冲公祠现成为民居。

尚书坊 [Shàngshū Fāng] 位于孔庙文奎阁前一带，也叫温庙前。东西走向，古时为明南京都察院右都御史赐工部尚书王爌建坊于此得名。今坊已圮。解放后，坊柱移作他用。

宫巷 [Gōng Xiàng] 位于旧城后巷与十字宫巷一带，旧名太平坊，按赤城志图，古太平坊在后巷北。按县志图，后巷当作太平坊。20世纪末旧城改造时废，位置在今春江苑一带。

保龄堂弄 [Bǎolíngtáng Lòng] 南口连接西街西首，清咸丰年间，有宁波人于此开设保龄堂药铺，故名。南北走向，20世纪末旧城改造时拆毁。

黄道街 [Huángdào Jiē] 又名法院路，20世纪50年代，人民法院曾设此。南起司前街，西通塔院头路。相传此街北首有明侍郎黄孔昭及孙黄绾故宅，以此为出入通道，故名。后来黄宅被倭寇所毁，黄绾于城北灵岩山下建新宅。1966年，黄道街改名人民东路112弄，1984年复为原名。20世纪末旧城改造时拆毁。

璇珠街 [Xuánzhū Jiē] 位于今第一菜市场东南角，古时曾是玉器与珍珠市场，因位于璇珠桥所在处，故名。后填河拆桥建璇珠学校，20世纪后期，改名锦江小学。

梅花巷 [Méihuā Xiàng] 南起教善巷口，北至青年西路。东傍第一菜市场，西通五马巷，梅花巷傍五支河，古时两边河岸盛植梅树，故名。河上有梅花桥。

大礼堂 [Dàlǐ Táng] 旧为武圣庙，位于文昌祠与妙智寺东北，奉祀关圣帝（关羽）和武穆（岳飞）的庙宇，规模颇大。民国时，庙被台风所毁，20世纪50年代初改建县大礼堂。位置在今塔院头路与青年西路交会处一带。

观音堂前 [Guānyīntángqián] 因地在观音堂之前，故名。观音堂迄今尚在，该地东为三官堂，民国时改为育婴堂，西边是旧八仙宫，规模颇大。南边是锦江小学，原观音堂前地名已消失。

坦前巷 [Tǎnqián Xiàng] 宋元时，社稷坛设此巷后，坛与坦同音，故名。东西走向。元大德四年（1300），该坛徙县城西隅。俞、王姓居多。20世纪末，此巷为学前巷延伸段，改称学前巷，原有坛前小学（今锦江小学）位于此。

插旗巷 [Chāqí Xiàng] 清代总兵到大校场秋操或检阅，插旗此巷，故名。位于今横街西路中段北侧（今人民武装部西边一带）。20世纪70年代改建居民住宅区，插旗巷毁。

菱塘里 [Língtánglǐ] 位于黄岩旧城西城墙边（今中医院西边）。有水塘种植老菱而名。民国时，塘侧建三间楼房并设乩坛，地名也叫乩坛。解放后，乩坛改为民办中学，填塘为操场，旧迹均废。

洪家巷 [Hóngjiā Xiàng] 位于塔院头西侧。南起孟家巷，北至西街。又称卖柴弄头，每逢市日，山里人于此卖柴，以柴市闻名。洪、林、柯、夏等姓居多。

滥水道地 [Lànshuǐdàodì] 地处三堂后西边，北靠城墙基，东近西园庙，南邻后巷（今永宁公园南大门对面），地势低洼，故名。

大校场 [Dàjiàochǎng] 位于县城西南，清代初期，总兵署辟此地为练兵与阅兵的操场，故名。

老牛场头 [Lǎoniúchǎngtóu] 位于山亭街北侧。清末租用陈家祠堂后边荒地设卖牛市场，故名。北接大梅梨巷，南通山亭街。清末民国初，黄岩牛市台州六县闻名，湖州、嘉兴、宁波等地均有人到这里贩牛。民国十年（1921），牛市迁至方山下。

樟树下 [Zhāngshùxià] 位于县署北边，东至山地货行，北靠永宁江。张、陈、林姓居多。据传说，大樟树后边住着神童伯祥，少时就学黄老之术，有一日，他伏窗而呼："将军神快来。"果然有神人出现，跪下说："叫我何事？"伯祥说："将我屋前的樟树移到屋后塘边。勿得损伤民众。"那神人恭首而退。当夜大风大雨，风雨过后，大樟树果然根枝无损，移至屋后。当地民众诧异，遂名其地为樟树下。

十八份 [Shíbāfèn] 位于永宁街南端西侧，东接石板路和避饥巷（今仁风路），南近迎薰门（大南门）。西为菜园。明中期有18户人家列居，故名。后卖与进士王坊建宅，地名沿用。20世纪80年代改建为居民住宅。

姚家里弄 [Yáojiālǐ Lòng] 位于东禅巷中段南侧，古称姚家里，有弄堂可通道义巷（今青年路）。20世纪50年代，改建城关镇公所，后建城关镇政府宿舍。

滥田里 [Làntiánlǐ] 位于旧城迎薰门（古代南城门）内，北邻十八份，南靠城墙下，因地势低洼而名。20世纪60年代改建居民住宅区。

妙智寺巷 [Miàozhìsì Xiàng] 位于第一菜市场南边（今教善巷中段），因古代地处妙智寺前，故名。东邻观音堂与八仙宫，南邻妙智寺桥与璇珠小学，西连梅花巷。20世纪70年代建第一菜市场时废。

前应巷 [Qiányīng Xiàng] 宋、明时皆为应氏族居，位于孟家巷南，故称前应巷。该巷成直角形，南北走向通孟家巷，东西走向过塔院头路与坊里应巷相接。

梅关 [Méiguān] 位于黄岩南城十里铺香积寺后边，距县城十里。十里铺的长亭称"梅关"。宋明时期，从梅关傍方山西麓至县城小南门的梅花亭，大道两侧广植梅树，素有"十里梅林"之称。梅关东头的小石桥称"柳桥"，过桥傍南官河可东去东南乡（路桥、金清、温岭），东出梅关右折傍温州河南行可去店头、盘山、乐清、温州。今梅关早圮，柳桥改建，遗址与残柱尚存。

三堂后 [Sāntánghòu] 位于县衙后面（今区政府北边），西邻樟树下，东邻山地货行。三堂位于古代县衙大堂与二堂后面，系审理重要罪犯的场所。20世纪90年代旧城改造时拆除。

山地货行 [Shāndìhuòháng] 位于县城北门，东临澄江街，南倚老城墙基，北濒澄江浮桥南端，西接煤球厂。经营竹笋、土豆、红薯等山里土特产，有董文兴山地货行和邱姓山地货行等，故名。20世纪80年代旧城改造时拆除。

老剧院 [Lǎojùyuàn] 位于桥亭头（今黄岩大厦），20世纪50年代由会中寺等改建，门前有十多级台阶，全国著名的越剧演员袁雪芬曾于此演出，剧院除举行各种演出活动外，还经常有讲书活动。20世纪80年代旧城改造时拆除。

四保坦 [Sìbǎotǎn] 位于黄岩西门（今西街小区一带），北临西街，南靠振鼓巷，东邻刘家，西连李家。

灯光球场 [Dēngguāngqiúchǎng] 位于直下街原黄岩师范南面，是当时黄岩最大的篮球场。球场四周有二层看台，安装有多盏照明灯，黄岩体委经常在此举行篮球比赛，故名。

杏树里 [Xìngshùlǐ] 位于黄岩城区西门，东临柴桑巷，南、西至鸣钟巷，北倚振鼓巷，因一棵树龄300多年的银杏树得名。清代著名画家池盐、池祥及赵世泽等曾居于此地。

淑德小学 [Shūdé Xiǎoxué] 位于黄岩城区后巷（今大环家园1号楼）。原为晚清黄岩知县林元荣的宅第。1915年，林的儿媳林卢素云捐出部分房产创办淑德小学。1938年，林元荣的孙子、中共台州临时特委常委林尧将其东楼住舍作为临时特委机关驻地。淑德小学系砖木结构楼房，是温黄平原典型的"五凤楼"建筑之一。"文化大革命"期间曾改名为工农兵小学。1985年11月被黄岩县人民政府公布为县级重点文物保护单位。1999年，因西北片旧城改造、建设世纪大道而拆除。2015年，于五洞桥西北侧异地重建五凤楼。

林卢素云（1886—1968），原名卢素云，乌岩人，嫁后巷五凤楼林家，夫早亡，1915年与陈淑芳合资创办淑德女子初等小学，后期任校长，聘请朱文劭为校董。

坦前小学 [Tǎnqián Xiǎoxué] 位于城区坦前巷（今学前巷）。宣统二年（1910）正月，邑人林奏丞出资兴办，借地藏寺为校址，称崇诚女子两等小学堂。宣统三年（1911）改为县立。民国16年（1927）改称县立崇诚小学校，1930年改为县立城区中心小学，1941年改为城北镇中心学校，后又改为县立坦前小学，因位于坦前巷得名。1945年改为城北镇第一中心国民学校。20世纪60年代改作东方红小学，80年代改称锦江小学。

屈蕙纕（1860—1932），字逸珊，太平人适黄岩，王咏霓继室，女诗人，1920年创办黄岩崇诚女子学校，

任校长11年，1925年创办县立师范讲习所，自任所长，著有《含青阁诗草》，与其姊有《同根草》合集等。

璇珠小学 [Xuánzhū Xiǎoxué] 位于县城妙智寺东（今第一菜市场东南边）。光绪廿九年（1903），喻长霖、王舟瑶、王吉人、柯逵等创立。原名黄岩公学，借用文昌阁，由邑人王吉人主持学务。光绪三十四年（1908）改称官立小学。宣统三年（1911）改称县立小学。民国元年（1912）改区立璇珠高等小学，1925年又改为城区区立璇珠小学。1943年改为城北镇中心小学，同年十月又改为第二中心小学。清末民国初时期，这一带地名亦称璇珠小学。

三官堂 [Sān'guāntáng] 位于锦江小学北侧，古时奉祀天官、地官、水官之神庙。古代多水旱灾害，人们祈求三官大帝消灾免祸、保国佑民。信众甚多，香火亦盛。到清末民国初，三官堂衰落，改办育婴堂。

第二章 “文化大革命”时期黄岩城区主要地名变更

1966年，黄岩城区的街巷及地名统统改为红色地名。1981年5月，黄岩城区的街巷均恢复原名。今参考1984年版《黄岩县地名志》整理，列更改名简况如下：

人民东路 [Rénmín Dōnglù] 东起劳动北路，西至塔院头路。曾用名：县前街、司前街。1981年5月，恢复为县前街。

红卫兵路 [Hóngwèibīng Lù] 东起环城东路，西至环城西路。1981年5月，恢复为青年路。

大庆路 [Dàqìng Lù] 东起食品街（原罐头厂），西至天长北路。曾用名：五举巷。1981年5月，恢复为小东门路。

东风路 [Dōngfēng Lù] 东起天长北路，西至劳动北路。1981年5月，恢复为东禅巷。

东风路16弄 [Dōngfēng Lù 16 Lòng] 南起东禅巷，北至草巷。曾用名：扁担巷。1981年5月，恢复为横巷。

东风路 [Dōngfēng Lù] 东起劳动北路，西至直下街。1981年5月，恢复为郑家巷。

东风路 [Dōngfēng Lù] 东起东官河，西至双桥头。1981年5月，恢复为山亭街。

东风路 [Dōngfēng Lù] 东起双桥头，西至天长北路。1981年5月，恢复为桂枝街。

红旗路 [Hóngqí Lù] 南起三板桥巷（横街西段），北至县前街。1981年5月，恢复为直下街。

人民西路 [Rénmín Xīlù] 东起塔院头路，西至环城西路。1981年5月，恢复为西街。

人民西路126弄 [Rénmín Xīlù 126 Lòng] 南起西街，北至后巷。1981年5月，恢复为十字中巷。

人民西路 [Rénmín Xīlù] 东起五洞桥西端，向西折南至卷洞桥路。1981年5月，恢复为桥上街。

工人路27弄 [Gōngrén Lù 27 bLòng] 南起大寺巷，北至方井头巷。1981年5月，恢复为尚司巷。

工人路36弄 [Gōngrén Lù 36 Lòng] 南起大寺巷，北至方井头巷。1981年5月，恢复为镇署巷。

工人路 [Gōngrén Lù] 东起天长北路，西至劳动北路。1981年5月，恢复为大寺巷。

曾家巷 [Zēngjiā Xiàng] 东起尚司巷口，西至劳动北路。1981年5月，恢复为曾铣巷。

先锋路46弄 [Xiānfēng Lù 46 Lòng] 东起盐场弄，西至劳动北路。1981年5月，恢复为毛弄头里。

先锋路44弄 [Xiānfēng Lù 44 Lòng] 南起草巷，北至大寺巷。1981年5月，恢复为盐场弄。

先锋路24弄 [Xiānfēng Lù 24 Lòng] 南起草巷，北至大寺巷。1981年5月，恢复为李琦巷。

先锋路16弄 [Xiānfēng Lù 16 Lòng] 南起草巷，北至大寺巷。1981年5月，恢复为佛宝巷。

先锋路 [Xiānfēng Lù] 东起天长北路，西至劳动北路。1981年5月，恢复为草巷。

先进路 [Xiānjìn Lù] 东起天长南路（新华书店），西至劳动南路（百货公司）。1981年5月，恢复为司厅巷。

火炬路 [Huǒjù Lù] 东起天长南路，西至劳动南路。1981年5月，恢复为寺后巷。

火炬路 [Huǒjù Lù] 东起书香苑（原黄中操场），西至天长南路。1981年5月，恢复为双桂路。

反帝路 [Fǎndì Lù] 东起劳动南路，西至环城西路。1981年5月，恢复为三板桥巷。

反帝路1～14弄 [Fǎndì Lù 1～14 Lòng] 东起东官河侧东城基路，西至普庆巷。1981年5月，恢复为羊头塘里（羊头塘）。

反帝路 [Fǎndì Lù] 东起天长南路，西至劳动南路。1981年5月，恢复为横街。

反帝路42弄 [Fǎndì Lù 42 Lòng] 南起横街，北至寺后巷。1981年5月，恢复为前殿后巷。

灭资路 [Mièzī Lù] 东起永宁街，西至环城西路。1981年5月，恢复为竹场前巷。

灭资路16弄 [Mièzī Lù 16 Lòng] 南起砚池巷，北至横街。1981年5月，恢复为大湫巷。

灭资路17弄 [Mièzī Lù 17 Lòng] 南起砚池巷，北至横街。1981年5月，恢复为小湫巷。

灭资路1弄 [Mièzī Lù 1 Lòng] 南起仁风路，北至砚池巷。1981年5月，恢复为花园巷。

灭资路 [Mièzī Lù] 东起花园巷，西至永宁街。1981年5月，恢复为砚池巷。

反修路54弄 [Fǎnxiū Lù 54 Lòng] 东起塔院头路，西至环城西路。1981年5月，恢复为后巷。

反修路50弄 [Fǎnxiū Lù 50 Lòng] 东起塔院头路，西至环城西路。1981年5月，恢复为中巷。

四新路20弄 [Sìxīn Lù 20 Lòng] 东起柴桑巷，西至环城西路。1981年5月，恢复为振鼓巷。

四新路10弄 [Sìxīn Lù 10 Lòng] 东起柴桑巷，西至环城西路。1981年5月，恢复为鸣钟巷。

四新路 [Sìxīn Lù] 南起青年西路，北至西街。1981年5月，恢复为柴桑巷。

防修路54弄 [Fángxiū Lù 54 Lòng] 东起塔院

头路，向西折北至孟家巷。1981年5月，恢复为前应巷。

防修路［Fángxiū Lù］东起塔院头路，西至柴桑巷。1981年5月，恢复为孟家巷。

防修路［Fángxiū Lù］东起直下街，西至塔院头路。1981年5月，恢复为行书巷。

红旗路51弄［Hóngqílù 51 Lòng］东起直下街，西至塔院头路。1981年5月，恢复为坊里应巷。

红旗路25弄［Hóngqílù 25 Lòng］东起直下街，西至环城西路。1981年5月，恢复为教善巷。

勤俭路［Qínjiǎn Lù］东起劳动南路，西至肇泽池巷。西段曾名坦前巷。1981年5月，恢复为学前巷。

解放南路72弄［Jiěfàng Nánlù 72 Lòng］东起天长南路，西至花园巷。1981年5月，恢复为斗鸡巷。

解放南路153弄［Jiěfàng Nánlù 153 Lòng］北起青年东路，向南折西至天长南路。1981年5月，恢复为前巷。

解放南路66弄［Jiěfàng Nánlù 66 Lòng］东起东城路，西至天长南路。1981年5月，恢复为施平桥里。

解放南路32弄［Jiěfàng Nánlù 32 Lòng］东起东城路，西至天长南路。1981年5月，恢复为火药桥里。

解放南路［Jiěfàng Nánlù］南起环城南路（天长大厦），北至青年东路。1981年5月，恢复为天长南路。

革命路［Gémìng Lù］东起黄岩大桥南端（原山地货行），西至三堂后（今永宁公园南大门），曾用名樟树下。1981年5月，恢复为大北门路。

解放北路［Jiěfàng Běilù］南起青年东路（福民大楼），北至环城北路。1981年5月，恢复为天长北路。

解放北路72弄［Jiěfàng Běilù 72 Lòng］东起环城东路，西至天长北路。1981年5月，更名为果建巷。

解放北路90弄［Jiěfàngběilù 90 Lòng］东起环城东路，西至天长北路。1981年5月，恢复为柏树巷。

解放北路60弄［Jiěfàng Běilù 60 Lòng］东起普庆巷，西至天长北路。1981年5月，恢复为小梅梨巷。

解放北路40弄［Jiěfàng Běilù 40 Lòng］东起普庆巷，西至天长北路。1981年5月，恢复为大梅梨巷。

劳动北路［Láodòng Běilù］东起劳动北路，向西曲折至直下街。1981年5月，恢复为螺丝巷。

劳动北路［Láodòng Běilù］东起尚司巷，西至劳动北路。1981年5月，恢复为双弄。

爱国路［Àiguó Lù］东起天长北路，西至劳动北路。1981年5月，恢复为管驿巷。

爱国路［Àiguó Lù］东起环城东路，西至天长北路。1981年5月，恢复为里东浦。

爱国路24弄［Àiguó Lù 24 Lòng］北起环城北路，南至浑水闸。1981年5月，恢复为王府巷。

爱国路34弄［Àiguó Lù 34 Lòng］南起管驿巷，北至环城北路。1981年5月，恢复为荔枝巷（街）。

爱国路25、26弄［Àiguó Lù 25、26 Lòng］南起小东门路，北至管驿巷。1981年5月，恢复为开元巷。

爱国路58、59弄［Àiguó Lù 58、59 Lòng］南起方井头巷，北至环城北路。以管驿巷为界，管驿巷以北称卖姜巷，以南称大马巷。1981年5月，恢复为大马巷。

爱国路93弄［Àiguó Lù 93 Lòng］南起方井头巷西口，北至管驿巷。1981年5月，恢复为仓弄。

跃进路［Yuèjìn Lù］南起外东浦闸，北至社堂。1981年5月，恢复为外东浦路。

兴无路［Xìngwú Lù］东起永宁街，西至西城新村。1981年5月，恢复为汤家里。

兴无路［Xìngwú Lù］东起永宁街，西至西城新村。1981年5月，恢复为林家里。

兴无路［Xìngwú Lù］南起环城南路，北至三板桥巷（横街西段）。1981年5月，恢复为永宁街。

兴无路［Xìngwú Lù］东临永宁街，西通瓦厂头。1981年5月，恢复为桥头里。

红旗路25弄［Hóngqí Lù 25 Lòng］东至直下街，西至肇泽池巷，1981年5月，恢复为锦江桥。

第三章　地名艺文

第一节　地名古诗选

游委羽山

东晋·潘端明

借问仙游子，何年上玉京。

至今称委羽，灵秀似蓬瀛。

潘端明，东晋隆安年间，协助台州知府辛景击败起义军孙恩立有大功。

题空明洞

唐·杜光庭

窅然灵岫五云深，落翮标名振古今。

芝木迎风香馥馥，松柽蔽日影森森。

从师只拟寻司马，访道终期谒奉林。

欲问空明奇胜处，地藏方石恰如金。

注：空明洞即委羽山洞，司马即司马季主，奉林即刘奉林。

杜光庭，字宾圣，处州（浙江省丽水市）缙云人。系五代时著名道教学者。

委羽山

唐·顾况

昔人乘鹤玉京游，　翮遗仙洞何幽幽。

我来寻觅空夷犹，　烟霞万壑明清秋。

何当骑麟翳风登瀛州，倏忽能消万古愁。

顾况，字逋翁，苏州人，自号“华阳真逸”。曾寓居台州，工山水画。

九　峰

宋·左纬

路入溪声壮，秋深树影稀。

岫云藏鸟语，松露滴人衣。

诗战蜂腰怯，茶分粥面微。

胜游殊未厌，肯为夜寒归。

左纬，字经臣，号委羽居士，黄岩人，宋宣和、靖康年间以诗文名满朝野。

蛇首岩

宋·求仲弓

石如蛇首隐林端，未得风雷且蛰蟠。

俗眼莫嫌无变化，待生头角始堪观。

注：蛇首岩，位于宁溪上桧。此诗见于南宋嘉定《赤城志》。

求仲弓，字德夫，黄岩上垟人。宋熙宁九年（1076）进士，与王安石有文字交。

灵石山

宋·杨蟠

石冷云长挂，林寒归鸟栖。

青松花自发，不使后人迷。

杨蟠，字公济，别号浩然居士，椒江章安人。宋进士。为苏东坡、欧阳修所赏识。

柔川梅潭

宋·郑大惠

梅花在潭上，龙蟠在潭下。

起来作甘霖，香尽天下水。

注：柔川，是现今屿头的古称。

郑大惠，字東之，号谷口，黄岩剑山人。著有《饭牛集》。

横溪春晓

南宋·虞似良

其一

一把新秧趁手青，轻烟漠漠雨冥冥。

东风染尽三千顷，白鹭飞来无处停。

其二

田塍常满雨常余，绿遍溪南我独无。

珍重天公不遗物，也分余润到菖蒲。

注：横溪，位于沙埠镇佛岭水库西侧。

虞似良，号横溪真逸，余杭迁黄岩沙埠横溪。南宋兵部侍郎。书法自成一家。

觉慈寺

南宋·戴复古

踏破白云登上方，自嫌尘土浣禅床。

千山月色令人醉，半夜梅花入梦香。

深谷不妨春到早，老僧殊为客来忙。

山童懒惯劳呼唤，自拗枯松煮术汤。

注：觉慈寺，位于宁溪镇蒋岙口。

戴复古，字式元，号石屏，黄岩南塘（今属温岭）人。江湖派诗人领袖。

游瑞岩大泽塘

南宋·钱端礼

尘缨久欲濯沧浪，今日来游大泽塘。

水似我心心似水，更无一事可商量。

钱端礼，字处和，吴越国忠懿王六世孙。归宋后，登进士第。

九峰观音岩

南宋·赵抃

石龙一滴水潺潺，大士岩溪峭壁间。

我道音闻无不是，何须曾入普陀山。

赵抃，字阅道，浙江衢州人，宋进士，素有“铁面御史”之称，官至资政殿大学士。

过盘山

南宋·王十朋

一岭迢迢十里赊，行人半日踏烟霞。

青山遮莫盘千匝，归梦何曾不到家。

王十朋，字龟龄，号梅溪，浙江乐清（祖籍黄岩宁溪）人。南宋状元。

过黄岩

南宋·文天祥

魏睢变张禄，越蠡改陶朱。

谁料文山氏，姓刘名是洙。

文天祥，字履善，号文山，江西安吉人，南宋末状元，曾任右丞相。从元营脱险过黄岩。

广慈院

南宋·陈公辅

来时膏雨迷新野，去日薰风吹旧林。

寄语主人休惜别，白云南北本无心。

注：广慈寺，位于头陀镇广兴岙。陈公辅，字国佐，浙江临海人。南宋初任礼部侍郎等。

滴滴泉

南宋·谢伋

滴沥来无尽，秋声杂水声。

纵观深省后，一酌更清心。

注：滴滴泉，因位于北洋镇瑞岩寺后侧梅峰山下。

谢伋，字景思，祖籍河南上蔡，南宋初迁居黄岩，曾官为太常少卿。

游九峰

南宋·彭龟年

寻山不惮路途赊，清晓行行到日斜。

九列峰奇真似画，道人对此肯还家？

彭龟年，字元老，黄岩人，南宋进士，终官为朝议郎。

游演教寺

南宋·王所

欲寻方丈旧曾栖，野竹黄茅径已迷。

唯有双鱼原作伴，还随风雨过前溪。

注：演教寺又称双鱼古寺，位于宁溪五部岙。

王所，字叔喻，号南峰，黄岩宁溪人，南宋进士，官为高邮知军。

过马家山

南宋·车瑾

山头红日生，山下蚁蛙争。

朝市谁能问，烟云我自耕。

胡麻调紫蕨，黄独煮香粳。

无意随园绮，逃名更得名。

注：马家山，位于宁溪上郑乡乌丝坑村前。

车瑾，字元瑜，号敬斋，黄岩讴韶人，南宋理学家，隐于马家山以终。

过利涉浮桥诗

元·潘士骥

杨侯欲截澄江道，江北江南天杳杳。

鱼贯轻舟影不流，蚁移过客何时了。

几回吹动西风颠，云斤月斧费万钱。

沙禽冷眼岸花笑，空山有石无人鞭。

注：利涉浮桥即古黄岩城北门浮桥。

壕头吊古诗

元·潘士骥

遗堑深深深几尺，烟冷离离涨荒碧。

残锋断堤出人间，始信昆明有灰黑。

七十二阵谁交兵，千年恨血吹余腥。

汉王树死不可闻，山空日落妖狐鸣。

注：壕头，位于南城街道方山下光明桥一带。

潘士骥，字用德，号愚谷，黄岩大澧人，元代学者，有诗名。

游嵩岩

明·袁应祺

琴堂偶尔暇，命酒藉高贤。

古径深深入，危梯步步悬。

溪边千亩浪，树里万家烟。

笑踞棋盘坐，曾传驻洞仙。

袁应祺，字文谷，号肖海，扬州兴化人，明万历进士，黄岩知县，建唐门山双塔，修明万历《黄岩县志》。

至委羽山

明·郑善夫

东海龟兹仙圣居，琅玕芝草洞天虚。
函关已断青牛驾，委羽忻逢白鹿车。

郑善夫，字继之，号少谷，福建闽县人，明弘治十八年(1505)进士，号称“闽南十才子”，官刑部郎中。

澄江夜泛

明·徐庆亨

万丈波光湛素秋，小舟似在洞庭游。
满天明月夜如昼，远见眠沙双白鸥。

作者简介：徐庆亨，字世嘉，号西浦，黄岩人，明进士。官礼部主事。

空明洞

明·徐宗实

洞古多灵草，山高并赤霞。
仙游终不返，日夕噪群鸦。

徐宗实，黄岩人，明建文帝时官至兵部右侍郎，死于“建文逊国”之难。

宁溪八景

明·释文谦

莘野晓耕

耕凿称幽居，无心听鸟啼。
春烟畦上下，晓日垄东西。
谷口身难屈，蓝田兴不迷。
氛埃满街市，得丧若为齐。

庙溪松涛

飞翠连空湿，惊涛入夜酣。
爽吟王子庙，声落鹿鸣潭。
风雨问神鬼，冰霜陋杞楠。
世人休执热，来濯尔缨簪。

箫台夜月

台影烟霞表，箫声缥缈间。
彩鸾回碧落，素月傍秋山。
瀛女飞仙佩，嫦娥敛玉颜。
云梯宁可上，逸韵杳难攀。

鹿鸣晚钓

好景万山西，生涯一钓丝。
鹿鸣春草日，鱼下碧潭时。
直钓无食饵，嘉宾况见诗。
三槐门第在，矗矗见孙枝。

南田归隐

不识南坡老，惟闻旧居隐。
山经题处好，涧为饮来清。
慈竹多新笋，苍松足茯苓。
佳词传诵久，婉转胜新声。

黄岩枕流

潇洒寒潭上，何由遂卜邻。
借居岩下水，洗我耳中尘。
巢许休前辈，唐尧不可臣。
荣名何足道，况是实之宾。

五马叠翠

谢屐何年着，幽怀此日开。
双溪合流处，五马向西来。
翠色连书幌，岚光落酒杯。
缅怀王处士，冢木助清哀。

双鱼古寺

县宰题诗处，双峰秀郁然。
教来西野寺，碑入赤乌年。
身世弃尘外，输赢在眼前。
许逊如有约，款款话逃禅。

释文谦，明代福建福州人，继宗泐为宁溪觉慈寺主持。

高材，字充甫，江苏无锡人，明嘉靖举人，官授黄岩知县。

黄岩道中

清·袁枚

十里黄岩路，潇潇雨似麻。
老牛知让路，新蝶学穿花。
云动山凝活，溪奔石欲斜。
黄昏行李湿，惆怅宿僧家。

袁枚，钱塘(今浙江省杭州市)人。清乾隆进士，诗人。

题委羽山

清·康有为

松竹幽幽委羽山，空明洞口我来还。

玉书金简如可见，别有天地非人间。

康有为，广东南海人。光绪进士，清末戊戌维新运动领袖之一。

寓黄岩

清·黄宗羲

临海饶风物，旅情亦渐移。

朱栾山客饷，方石野僧遗。

村酒成红曲，山肴脯柿狸。

明朝值令节，社鼓赛王维。

黄宗羲，浙江余姚人，清初著名思想家、史学家。

永宁渡

清·张英元

野渡寂无人，溪流绿一片。

惊飞双白鸥，冲烟不可见。

张英元，黄岩人，清道光拔贡，善诗文。

己未中秋鉴湖玩月和王玫伯韵

清·杨晨

六经已锢东家壁，二老仍居北海滨。

瞻仰泰山如有极，摩挲礼器岂犹人。

仁心远士方知向，中道通儒尚识真。

此夕湖山闻妙语，会看风俗渐还淳。

杨晨，字定孚，黄岩路桥人。清光绪三年（1877）进士，官至刑科掌印给事中。

九峰书院中秋玩月

清·喻长霖

独立怀秋夜，翛然思独深。

清风贫士味，凉月故人心。

有竹能医俗，空山且鼓琴。

放怀宇宙远，长啸豁尘襟。

喻长霖，字志韶，黄岩澄江仙浦喻人，清代榜眼，授翰林院编修，官至四品。

过十里铺

清·郑敦锦

野鸟争呼泥滑滑，游人怕见柳青青。

斜阳一抹山如画，又过梅关十里亭。

郑敦锦，字晴霞，号晓洲，黄岩人。

桃花潭

清·王棻

沿溪入邃谷，夹岸桃花林。

林间蕴潜源，潴此千尺深。

红润蒸霞气，绿净涵云阴。

何由清见底，须向源头寻。

注：桃花潭，位于黄岩九峰公园内。

王棻，字子庄，号耘轩，黄岩人，清代举人。博通经史，历任九峰、清献等书院山长。

游天峰阁

清·姜文衡

卜居得胜友，登此千仞岗。

石磴通幽邃，曲折探微茫。

峭壁人面立，巉削凌穹苍。

缘崖竦危步，险书见康庄。

豁然开异境，岩壑森开张。

天步若可接，白云生衣裳。

怪石卧牛马，寒泉漱琼浆。

莽苍百里间，川原郁相望。

目极沧海上，壮心破八荒。

缅怀前人迹，构此读书堂。

回出尘俗表，便可涤肝肠。

废为兰若地，抚事增惋伤。

倡和兴未极，西崦挂斜阳。

安得生羽翮，御风姿翱翔。

注：天峰阁，位于嵩岩山景区莲尖坪。

姜文衡，字亦农，号北山，澄江凤洋人。清道光二十年（1840）岁贡。

咏石大人峰

清·朱文劭

崖上何来此叟踪，禁风禁雨自从容。

周旋猿鸣栖戴谷，罗列见孙俯众峰。

佳偶长离新妇石，故交余几大夫松。

顽头未肯逢僧点，却傍嵩岩听晓钟。

饮露餐风气自豪，惯看樵牧剪蓬蒿。

补天无份抽身早，立地难移着脚牢。

过眼几经沧海变，荡胸惟有白云高。

盈头小草春秋换。一任华颠长二毛。

朱劼成，字文劭，黄岩人，清光绪三十年（1904）进士，入翰林院庶吉士。

第二节　地名故事选

望娘塔和望妹塔

黄岩城东方山上，耸立着两座高高的宝塔，人们叫它望娘塔和望妹塔。说起这两座塔，有一个悲酸的故事。

说勿清多少个年头了，有一年秋天，福建有个姓石的读书人，乘船上京赶考，在海上遇到大风暴，同船的人都遭难了，只有他紧抱着一块破船板，随波逐浪，漂了三天三夜，漂到一座九峰环抱的山谷中。

等石公子醒来，发现自己躺在一个山洞里，身边坐着一个赤身裸体的女人，头发长长的，这时用木棍捣着茅草根。石公子心里明白，是这人救了自己。

那女人见他醒来，笑着取茅草汁喂他，石公子想自己动手，但浑身如同火烧，无半点力气，一点也动弹勿得。这女人是渔家后人，一家在海上遇难，她抱着一段木头漂到这里才幸存下来。那女人待他很好，石公子渴了，她端来清泉，石公子饿了，她捧过野果子。在她的精心调理下，石公子身体慢慢好了起来。

石公子与她一起，希望有机会离开这里。可是四周都是茫茫大海，只好死了心。从此，他称那女人为"百花娘子"，两人一起生活。

第二年，百花娘子生下一个儿子。第三年，百花娘子又生下一个姑娘。

当儿子六岁那年，有只商船经过这里，石公子见了很高兴。他正在岸边用沙盘教儿子识字，百花娘子带着女儿采野菜去了，石公子求船主带他们外出，并想等母女来了一起去。船主说时间等不了。石公子无奈只好先走，再想法来接母女俩。他当机立断，带着儿子，跳上商船，求船上的人带他俩去京都。

石公子到了京都，考了两场，都没有考中，于是留在京都，日里卖字糊口，夜里教儿子读书。可喜的是，这个儿子天性聪明，长进很快。

这样度过了十多个年头。这一年，儿子考中了状元，父亲高兴得合不拢嘴巴。

过了半个月，石状元朝事已毕，带着父亲回乡，迎接母亲和阿妹进京。父子俩来到九峰山，停船上岸，跑遍了九峰十八岙，找遍了岛上每个角落，就是不见母女俩，只见山顶上叠着两大堆石头，石状元站到石头堆上，向四下望啊望啊，从日出到日落，从日落到日出，找了六六三十六日，就是找勿到娘和阿妹。后来听一位渔民说，有海盗要强暴母女俩，母女两人双双跳海而死。

石状元就在山顶的两堆石头基上造起了两座塔，一座叫望娘塔，一座叫望妹塔。

选自《黄岩志》

石捣臼

新前街道有个村庄叫石捣臼，环境很秀丽。石捣臼地名出自传说，版本很多，现录其中的一个。

很久以前，十多岁的孩子金福帮财主家放牛，每日放牛还得割回一担草，否则，勿给饭吃。

冬天，百草枯了，金福割勿到草，他哭了。老牛见了，带他到一处地方，只见小桌面大的地方青草很旺盛。金福很高兴，每天到这里割草。这草很神奇，割了就长，割勿完长勿完。财主得知这天下第一奇事，要金福带他去看。

财主见了十分奇怪，命家人挖去表土，只见下边有一只金光灿灿的捣臼。财主鬼眼珠一转：这捣臼送给皇上，自己成了"献宝状元"，子子孙孙福禄绵绵。于是叫家人将捣臼挖回家去。

金福急了，他打算用这宝物给村里大众造福，便坐到捣臼上，勿让财主挖。财主生气了，两眼一瞪，去拉金福，怪事出现了，拉出一个金福又长出一个金福，拉出一个又一个。财主气极了，抓起石头要砸死金福，石头落到捣臼上，一块块石头流了出来，满地都是，把财主给压死了。这捣臼至今还在地下，好多人去找，却怎么也找勿到。于是叫村名为"石捣臼"。

选自《黄岩市故事卷》

引坑

屿头乡与宁溪镇交界处有个村庄叫引坑，地名的传说版本很多，今录其中的一个。

明代建文皇帝靖难时，黄岩宁溪隐坑来了个老人，他搭茅棚，辟菜园，到宁溪街卖柴度日。这老人很少与人交往，大家勿知他姓甚名谁，也不知何方人氏。这样过了几个月，有一天，老人挑柴到了街上，只听人们纷纷议论，说新天子登基了。

老人焦急地问："老皇帝怎么啦！"

有人说："皇宫起火，老皇建文帝烧死了。"

老人听后，便丢下柴担，匆匆赶回住处，登上村后的山尖，朝北痛哭跪拜。

这事后，人们很久没有见到卖柴老人，都很奇怪。上门去看，只见他头戴朝冠，身穿朝服，手捧一本《离骚》，自戕而死。

众人这才明白，这老人是建文帝的旧臣，避乱隐居这里，当他听说建文帝的死讯，前途已绝望，于是像屈原一样，奏出一曲完美的精神赞歌。老人为国而号哭的山尖大家叫"号国尖"，为了图个吉祥，有人给改名"望国尖"，也有人称毛角尖。老人隐居之地叫"隐坑"，后人改名为"引坑"。

这位为建文帝殉难的士大夫姓甚名谁，谁都说不清。方志及《宁溪王氏宗谱》亦录有此事。

高宗皇帝到上辇

北宋末年，金兵侵犯中原，徽、钦二帝被金兀术掳去，宋高宗赵构南撤。从明州乘船到台州湾口。这一日，他到了上马的地方，脚上起泡发痛，坐在一棵大树下，似乎听得后面有追杀声。

这时，树后过来一位老人说："万岁爷不必忧伤，我送你一匹马，请您先转过身去。"高宗转过身。这老汉牵出一匹高头大马，对高宗说："这是一匹狼箕神马，万岁只可上，不可下，切记。"高宗跳上马，匆匆奔驰而去，这地方便叫"上马"。

高宗策马到了葭沚地方，感到饥肠辘辘，见一个农夫在种田，上去问："有吃的东西吗？"当地民众很好客，那人说："有，家里有。"高宗又问："请问你家在哪里？"那农夫指了指冒着炊烟的屋说："我家子在那边。"高宗便向茅舍走去，到了门口，心里一急，便跳下马，只觉得缰绳一松，手里捏的竟是几根狼箕草。高宗讨吃的地方，后人叫"家子"，人们给写成"葭沚"。

高宗皇帝吃过饭，谢过主人外出，走了勿少路，只见后边传来阵阵喊声，勿少贼人奔来想抢财物，高宗一惊，慌忙向山边跑去。山下有一个洞，洞口阴湿。高宗想走进去，又觉得脚印明显，急中生智，弯下身倒退入洞。这时洞口有只蜘蛛在吐丝结网，没一会儿，洞口就布满蛛网了。

那些贼人追到洞前，见蛛网封口，脚印又是从里向外走的，料想洞内无人，就转身到别处搜索。等那帮人走远，高宗才从洞里走出，他对蜘蛛很感激，说："嘻，谢谢你来保驾。"从此，当地人把蜘蛛叫"蟢"了。

没多久，文武官员赶了来，在上辇的地方，他们弄来一辆破车，打扮起来，作为龙凤辇。请皇帝上辇。人们把高宗上车的地方叫"上辇"。

村里的妇女听说皇帝驾到，纷纷出来讨封，大家把皇帝团团围住。

高宗见妇女们齐呼万岁，心里很高兴，说："众位夫人平身！"这一带的妇女都叫"夫人"。皇上赐封之地，叫"上封"。

听说妇女们受封，上马的土地爷也急忙赶来讨封。高宗一见土地，想起老丈送狼箕马之事，心里感激，随口封他为"保国丞相"。因此上马一带的土地庙与各地不同，虽然土地官卑职微，头上却戴当朝一品的宰相帽。

选自《黄岩市故事卷》

镇锁桥的传说

很久很久以前，鉴洋湖里住着善良的小白龙和千年河蚌。小白龙和河蚌朝夕相处，成为好朋友。小白龙遵守天规，勤奋尽职，及时兴云播雨，使鉴洋湖四周的庄稼岁岁丰收，人民安居乐业。

不知何时，鉴洋湖来了一条黑龙，潜伏湖底，有时张开血盆大口，把湖里的鱼虾卷进肚里，有时摆动大尾巴，掀起滚滚巨浪，使船只无法通行，祸害两岸民众。黑龙凶残暴虐，作恶多端，小白龙多次好言相劝，黑龙不但不听，反恶语相加。小白龙为保护两岸黎民百姓，忍无可忍，和黑龙进行搏斗。它们从上湖打到下湖，从湖底打到天空，打了三天三夜，直打得天昏地暗、日月无光。由于黑龙凶恶，小白龙不是它的对手，后来没有还击之力。眼看小白龙有危险，千年河蚌立即上前助战。它瞅准时机，张开两扇硕大无比的硬壳，把黑龙尾巴紧紧夹住，小白龙趁机脱身跃出水面，驾云直奔南天门，向玉皇大帝去告状。

玉帝听了小白龙的话，勃然大怒，当即下旨，令托塔李天王随小白龙去镇伏黑龙。

李天王领了玉旨，率领天兵天将，出了南天门，他站在云头向下看，只见鉴洋湖里千年河蚌用两扇铁壳夹住黑龙的尾巴死死不放，黑龙张开血盆大口，想用锋利的牙齿把蚌壳咬碎，千年河蚌已修成正果，壳硬如钢，黑龙怎么咬也咬不碎。托塔李天王看得真切，祭起"斩妖剑"，只见一道白光闪过，又长又大的龙舌被割掉。黑龙满口鲜血，痛得在水里直打滚。

李天王又抛出"镇妖锁"。这锁见风就大，射出了千万道金光，锁住了黑龙的头颈。为了永镇妖精，李天王又吹了一口仙气，镇妖锁变成了一座大石桥，把作恶多端的黑龙永镇桥下，由于这座桥是镇妖锁的化身，大家叫它"镇锁桥"。

大寺基和龙缠岩

很早很早以前，大寺基山上有座寺院叫万福寺，寺旁有个深不可测的龙潭，终年云气喷薄，潭里有一条道行千年的大青龙。每当大旱时节，民众来此求雨，有求必应。

一天，有僧人在龙潭上方洗涤，不慎将潭水污染，这下惹怒了大青龙，它化作一位老人，手拄拐杖来找方丈，严斥他管教不严，致使龙潭被污。方丈不断道歉，愿选最好的房子为老者沐浴洁身，老人总算同意。方丈遵照老人的吩咐，选择一处最清静的房子，命小和尚糊好所有窗户，房内放置七七四十九只大水桶，桶内盛满清水，供老人沐浴，并严令寺内僧人一律不许偷看。

有个小和尚心怀好奇，趁老人沐浴时，偷偷到房外偷看。只听里面水声哗哗，声响很大，他从窗隙中一看，吓得大惊失色。只见房内一条青色巨龙，在四十九只水桶间上下翻滚，水花四溅。小和尚一边逃，一边叫，惊得全寺的僧人都乱了。

老龙知道天机泄露，怒不可遏，冲出僧房，腾空昂首，大寺基上空顿时乌云压顶，雷声隆隆，狂风大作，暴雨倾盆。老龙尾巴一扫，万福寺被扫得只剩块地基，老龙飞到寺西南的巨岩上，紧紧盘缠在上面。

一时间，大寺基地动山摇，山洪暴发，成了一条巨溪，成为黄岩永宁江的源头，人们叫它大溪。万福寺的一口巨钟也随山洪冲向山下，漂到灵石寺门口时，只听巨钟发出响声："寺基钟，灵石收，灵石勿收过台州……"有个僧人来到山门，叫来僧众，大家将这口巨钟捞上岸来。

万福寺夷为平地，仅存寺基，人称"大寺基"。寺外被青龙缠绕过的两块岩石，人们叫"龙缠岩"。

选自《黄岩市故事卷》

蔡缸爿的故事——沙筛麦磨到乌岩

乌岩有位姓卢的老爷，与蔡缸爿蛮好。这天，卢老爷向蔡缸爿借东西，就修书一封，交用人阿三送去。用人到了管驿巷，看见一家大门外有个老人，就过去问，"老伯伯，蔡老爷住在什么地方？"老人说："这条巷里有好几户姓蔡的人家，你要问的老爷大号叫什么？"阿三误以为大号就是外号，就说叫蔡缸爿。老人一听这名字就努努嘴："喏，远在天边，近在眼前。"刚好，蔡簸凡有事要外出，听见有人讲"蔡缸爿"三字，心里就恼火："你个王八小子，我蔡老爷要好好治你。"他转身喊管家开门看看，自己坐在书房里。阿三敲门见了管家，交上卢老爷的书信。管家立刻交蔡簸凡拆看。他一边看信一边笑，当下就让管家把沙筛和麦磨交给阿三担去。说你家老爷要向我借这两样东西，还写了一封回信交他带去。等阿三走远了，再差用人把卢老爷要借的东西送去。再说阿三肩挑沙筛麦磨，沙筛不到一斤重，麦磨七八十斤，一头轻，一头重，一脚高来一脚低，五六十里路走了一整日，好不容易挑到卢家。卢老爷看到阿三挑着沙筛和麦磨，上气不接下气，感到莫名其妙，连忙问阿三："我要你借的东西呢？你担沙筛和麦磨作什么？"阿三听了一惊，伸手摸出蔡缸爿的信交给卢老爷："回老爷的话，这是蔡老爷的回信。"卢老爷拆信一看，只见里面写着："长年轻嘴蔡缸爿，沙筛麦磨到乌岩，今日借，明日还。"

第二天，卢老爷只好叫长年将沙筛、麦磨送还蔡缸爿。

选自《黄岩市故事卷》

第三节　地名趣闻录

路对

古代有两个秀才，从白溪（乐清）徒步来黄岩。出发时，相约对路对，甲秀才出上联："白溪白鸡啼白昼"，乙秀才被难住，一路愁眉不展。临近黄岩时天已黄昏，他听到有黄狗叫声，顿有所悟，一下子对出下联："黄岩黄狗叫黄昏。"

选自《旧传》

草行巷

黄岩城内有草行巷（今草巷），相传是宋进士杨似云、叶应辅的居地。杨善草书，叶善行书，称巷名为草行巷。二人皆登第建坊，名"梯云"，又叫其地曰"梯云坊"。

选自清光绪《黄岩县志》

大井

旧传县城多火灾。朱文公（熹）相地，以大街自南向北是一画，循县前折至西塔院头是一直一钩，类丁字，丁属火。南门北门、西塔院皆有井，唯大街独无。故凿大井于丁字中，以制之，称"大井头"。

选自清光绪《黄岩县志》

第二洞天

南宋淳熙年间，天台樵夫入山，见小树竖立，芬芳异常。识者曰："此白木苗也，殆必神物。"复寻故处，不得。失脚坠一穴中，行二日许，乃从黄岩委羽洞而出。

选自《谈薮》

打网桥

唐昭宗赐钱镠"丹书铁券"，传于台州钱氏后裔。南宋德祐二年（1276），元兵破台州时，被钱府家人趁乱窃去，莫知下落。60年后，渔人在黄岩州南网鱼时获铁券，意为宝物，用斧敲缺小角，见铁制成，弃于屋内。后被居住黄岩钱氏后裔钱叔琛用10斛谷换回。铁券出水之地即今保全乡打网桥村（原属黄岩，今属台州路桥区）。

选自元陶宗仪《辍耕录》

道义巷

清顺治三年（1646）六月，清兵占黄岩，强令百姓剃发蓄辫，改从满人的习俗，以示投顺。"好剑轻死"者认为发乃父母精血所孕育，剃发是古人对罪犯的刑罚，部分士人难忍侮辱，纷纷投入五支河，以示抗衡。后人将河北岸的小巷改名道义巷，即今城关青年东路北侧。

选自《黄岩志》

澄江水清

永宁江（澄江）水通海潮，极不易清。相传江水清，必有瑞应。南宋淳熙九年（1182）江水澄3日，杜范生。明宣德二年（1427）水澄，赵鼎会试第一。清康熙五十四年（1715）水澄3日，道光二十九年（1849）九月，水澄50日，咸丰四年（1854）七月二十日水澄，二十五日再澄，皆无祯祥之应。道光二十九年水澄澈无波，游鱼毕见，夜则星火历乱，父老尤以为祥，然后讫无征验。唯科名此后较盛。

选自清光绪《黄岩县志》

第四节　若干地名字的方言读音与释义

1. 与普通话音或义有异的地名字

垟　音阳白读[hiang^{31}]，指大片田地。如：上垟、垟坑。

爿　音[bɛ^{31}]，一片地方。如：大丘爿、高爿岭、塘爿。

来　勵的同音异体字[le^{13}]，滚动，滚落跌倒的意思。如：麻狸来。

坤　阃的同音白字[k^{h}uen^{33}]，底部，里深处。如：岙里坤、石捣臼坤。

份　量词，一户人家称一份。如：八份、六份。

往　记音字，音[?yɔng^{42}]，山坡一上一下起伏。如：塔往、十八往。

透　记音字，音退白读[t^{h}e^{55}]，联排院落。如：三透里。

杏　记音字，音幸白读[?ang^{42}]，转角，拐弯，如：杏头。

坦　音但白读[dɛ^{13}]，指低矮或一片荒芜之地。如：粗坑坦、下坦。

牟　音有白读[hm^{31}]，如：牟村。

歇　记音字，音靥[?ie51]，旧秤中用以和秤砣相等重量的东西。如：称歇。

大　a.记音字，这一带地方之意。如：前大、中央大。b.音度[du13]，如：大爿。

2、与普通话义同音不同的地名字

坎　音近肯[K^{h}ɣŋ^{55}]，指低陷不平的地方。如：坎头张、前坎头。

屿　音市白读[zɿ^{31}]，如：屿头、屿新、屿下、洪屿。

魏　音遇白读[ny^{13}]，如：魏家。

河　音害白读阳平声[he^{13}]，如：东江河。

瑞　音树白读[zy^{13}]，如：瑞岩。

瓦　音我白读[?ŋo^{42}]，如：瓦厂头、瓦瓷窑。

庵　音恩[?ŋ^{33}]如：上庵、下庵。

汇　音灰[huø^{33}]，河流回湾处，如：孙家汇。

潭　音沌[døn^{31}]，如：龙潭坑、虾蟆潭、石排潭。

箬　音涅[?niə?^{5}]，如：箬岗头、箬坪头

葛　音节白读[tɕiə?^{5}]，如：葛村、吉岙、岭下葛。

樱　音杏白读[?ang^{42}]，如：樱珠塔。

韶　音窑[hiɔ^{31}]，如：讴韶。

表1

第五节　黄岩区（县）文物保护单位名录

序号	名 称	年代	级别	公布时间	坐落位置	备注
			东城街道			
1	瑞隆感应塔	宋代	全国重点文物保护单位	2013年5月	黄岩东城街道九峰公园内	
2	徐昌积宅	清代	省级文物保护单位	2017年1月	黄岩区东城街道果建巷17号	
3	方山双塔	清代	区级文物保护单位	1985年11月	黄岩区东城街道方山下林场方山顶	
4	柯氏先祖祠牌坊	清代	区级文物保护单位	1985年11月	黄岩区东城街道方山路北侧山岩壁上	
5	王士骏故居	清代	区级文物保护单位	2013年2月	黄岩区东城街道双桂巷56号	
6	铁米筛井	宋代	区级文物保护单位	2013年2月	黄岩区东城街道九峰公园内	
7	庆善寺塔	清代	区级文物保护单位	1982年2月	黄岩区东城街道大寺巷（总工会内）	
8	九峰烈士墓	中华人民共和国	区级文物保护单位	1982年2月	黄岩九峰公园内	
			西城街道			
1	黄岩孔庙	清代	省级文物保护单位	1989年12月	黄岩西城街道学前巷2号	
2	黄岩五洞桥	清代	省级文物保护单位	1989年12月	黄岩区西城街道西江社区西江河上	
3	委羽山大有宫	清代	省级文物保护单位	2017年1月	黄岩区西城街道羽山村	
4	中共台属机关旧址（原淑德小学）	中华民国	区级文物保护单位	1985年11月	黄岩区西城街道桥上街	2014年易地复建
5	西江闸	中华民国	区级文物保护单位	2013年2月	黄岩区西城街道后洋村	
6	延寿宫	清代	区级文物保护单位	2013年2月	黄岩区西城街道桥上街48号	
7	江若干宅	清代	区级文物保护单位	2013年2月	黄岩区西城街道肇泽池巷20号	
			北城街道			
1	翠屏山、灵岩、朱岩摩崖石刻	南宋－明代	区级文物保护单位	1982年2月	黄岩区北城街道新宅村	
			澄江街道			
1	岱石庙	清代	区级文物保护单位	1982年2月	黄岩区澄江街道石柜岙村口	
2	北斗宫	清代	区级文物保护单位	2013年2月	黄岩区澄江街道横屋村	

续表1

序号	名 称	年代	级别	公布时间	坐落位置	备注
3	松岩山摩崖石刻	明—清代	区级文物保护单位	2013年2月	黄岩区澄江街道松岩村大巍头	原莲尖坪改名为松岩山摩崖石刻
			新前街道			
1	刹剳宫	清代	区级文物保护单位	2013年2月	黄岩区新前街道牟村	
2	永宁寺和尚墓塔	清代	区级文物保护单位	2013年2月	黄岩区新前街道西岙村	
			江口街道			
1	新来桥	清代	区级文物保护单位	2013年2月	黄岩江口街道新来桥村徐家里南面	
2	下闸徐氏节孝坊	清代	区级文物保护单位	1985年11月	黄岩区江口街道下闸村南	
3	山下郎石板仓遗址	明代—中华民国	区级文物保护单位	2013年2月	黄岩区江口街道山下郎村朱砂堆脚下	
			高桥街道			
1	下浦桥	清代	区级文物保护单位	1985年11月	黄岩区高桥街道杏林村	
2	三洞桥	清代	区级文物保护单位	2013年2月	黄岩区高桥街道石牛渡村、西城街道羽村和霓桥金村	
3	下坦印纹陶窑址	汉代	区级文物保护单位	1989年1月	黄岩区高桥街道三童岙村下坦	
			富山乡			
1	黄永古道	明代	区级文物保护单位	2013年2月	宁溪镇岭根村、富山乡半岭堂、半山村、安山村、北山村、决要村	
2	决要大会堂	中华人民共和国	区级文物保护单位	2013年2月	黄岩区富山乡决要村	
			宁溪镇			
1	红十三军临时指挥部旧址	中华民国	区级文物保护单位	1985年11月	黄岩区宁溪镇大横居委会天香堂内	
2	跑马楼	中华民国	区级文物保护单位	2013年2月	黄岩区宁溪镇小街居	
3	龙王堂	清代	区级文物保护单位	2013年2月	黄岩区宁溪镇吴家岙村	
4	白岩潭石拱桥	清代	区级文物保护单位	2013年2月	黄岩区宁溪镇白鹭湾村岭下白岩潭	
5	天德堂	清代	区级文物保护单位	2013年2月	黄岩区宁溪镇炭场头村199号	
6	袁氏宗祠	清代	区级文物保护单位	2013年2月	黄岩区宁溪镇牌门村	

续表 1

序号	名 称	年代	级别	公布时间	坐落位置	备注
7	王氏宗祠分府	明代	文保点		黄岩区宁溪镇宁溪中学内	
北洋镇						
1	瑞岩净土寺塔	元代	省级文物保护单位	1997 年 9 月	黄岩区北洋镇瑞岩村	
2	潮济老街	中华民国	区级文物保护单位	2013 年 2 月	黄岩区北洋镇潮济村	
3	小澧桥	清代	区级文物保护单位	1985 年 11 月	黄岩区北洋镇小里桥村街西端	
4	静安寺	清代	区级文物保护单位	2013 年 2 月	黄岩区北洋镇镇南新村青龙头	
5	灵石寺	宋代、清代	区级文物保护单位	2013 年 2 月	黄岩区北洋镇灵石中心内	与灵石寺大殿合并为一处，名为灵石寺
上垟乡						
1	黄杜岙办公楼	中华人民共和国	区级文物保护单位	2013 年 2 月	黄岩区上垟乡黄杜岙村西侧	
2	辛氏祠堂	明代	区级文物保护单位	2013 年 2 月	黄岩区上垟乡象岙村	
3	青龙桥	清代	区级文物保护单位	2013 年 2 月	黄岩区上垟乡沈岙村	
茅畲乡						
1	水口石塔	明代	省级文物保护单位	2011 年 2 月	黄岩区茅畲乡浦洋村大田山	
2	双庆桥	清代	区级文物保护单位	2013 年 2 月	黄岩区茅畲乡平坑自然村北	
3	豫亲堂	明代	区级文物保护单位	2013 年 2 月	黄岩区茅畲乡下街村	
4	聚德堂	清代	区级文物保护单位	2013 年 2 月	黄岩区茅畲乡下街村	
5	敦福堂	清代	区级文物保护单位	2013 年 2 月	黄岩区茅畲乡下街村	
6	浦洋上下台门	明代	区级文物保护单位	2013 年 2 月	黄岩区茅畲乡浦洋村	
7	温州岭古道	明代	区级文物保护单位	2013 年 2 月	黄岩区茅畲乡茅畲洋村上横、山卡村	
8	抗战时期中共黄岩县委旧址	中华民国	区级文物保护单位	1985 年 11 月	黄岩区茅畲乡下街村	
院桥镇						
1	镇锁桥	清代	省级文物保护单位	2017 年 1 月	黄岩区院桥镇鉴湖村	

续表 1

序号	名 称	年代	级别	公布时间	坐落位置	备注
2	蓝田山青瓷窑址	宋代	区级文物保护单位	2013 年 2 月	黄岩区院桥镇左任新村	
3	大藤坤青瓷窑址	宋代	区级文物保护单位	2013 年 2 月	黄岩区院桥镇水花村	
4	太湖闸	清代	区级文物保护单位	2013 年 2 月	黄岩区院桥镇前庄居	
5	王启墓	明代	区级文物保护单位	2013 年 2 月	黄岩区院桥镇水花村	
沙埠镇						
1	沙埠青瓷窑址（黄岩沙埠窑遗址）	唐—宋代	全国重点文物保护单位	2019 年 10 月	黄岩区沙埠镇青瓷村、繁二村，高桥街道瓦瓷窑村	

地名索引

1. 本索引的范围为行政区域（即社区、居民区、行政村、自然村、街巷道路）
2. 按照首字笔画多少排序。首字相同的。按第二字笔画排列，余类推；名称相同的按照页码先后排列。

二画

三画

四画

五画

六画

七画

八画

九画

十画

十一画

十二画

十三画

十四画

十五画

十六画

十七画

十八画

二十画

二十四画

后　记

地名是地理的标志，是一个地方的文化符号，是人类社会活动不可或缺的组成部分。

1984年出版了《黄岩县地名志》后，30多年来，我区各方面的变化很大。特别是1989年撤县设市，1994年撤市设区，黄岩经济建设快速发展，加上旧城改造、工业区开发，城市框架不断拉大，新地名不断涌现；此外，各地还有水库淹没区移民与高山移民及行政区域的调整，地名的变化极其繁杂。编写人员在区民政局指导下，参考了第二次地名普查资料、各种地方志书，并与实地踏勘访问相结合，历时五年多，数易其稿，方成此书。本书比较客观地反映了黄岩区各门类地名的实际情况，力求文字确切，力保志书的科学性、时代性与实用性，以便给后人留下一份地理信息、人文历史的记忆。

本书的东城街道、南城街道、北城街道、江口街道、宁溪镇、北洋镇、富山乡、平田乡等章节由郑俊木撰写。全区综述、澄江街道、新前街道、高桥街道、院桥镇、头陀镇、沙埠镇、茅畲乡、上郑乡、屿头乡及山脉、古道、桥梁、地名字的方言读音与释义等由夏吟撰写。19个乡镇街道的概述部分由夏吟按新的浙江省地名志体例改写。专业部门等章节由郑俊木、夏吟合写。上垟乡、西城街道、黄岩的水系、江、河、湖、潭及人工建筑物、纪念地、名胜古迹及历史地名等由张永生撰写，并担任全书总纂。打字排版由施佳含制作。通联等由张军海负责。

本书编纂过程中，承蒙有关部门的大力支持，全书由池太宁和陈建华两位老师校核。此外，院桥镇王仁文、宁溪镇王建国、西城街道王萍、东城街道黄先彬、茅畲乡虞敏行、区水利局叶星顺等先生均给予很多的帮助；“古代地名诗”承蒙朱永秀、卢奇岫先生等协助校核，于此表示敬谢。同时，向《黄岩区地名志》撰写工作支持者及付出辛勤汗水的各界人士致以敬意。

编纂地名志是一项具有深远意义的巨大文化工程，涉及政治、经济、文化、历史、地理等诸多方面，错误疏漏不足之处，一定尚多，恭请大家指正。特别说明的是，原定截止日期为2015年，在编写过程中，恰逢2015年、2018年两次较大规模的行政村调整，村名变化很大，本志适当补充了2018年的行政村（社区）调整内容，因时间仓促，或许出现部分前后描述脱节或不甚准确的情况，敬请大家谅解！

编者

2020年12月1日

图书在版编目（CIP）数据

黄岩区地名志 / 黄岩区民政局编．—北京 ： 方志出版社，2021.11

ISBN 978-7-5144-5085-9

Ⅰ．①黄… Ⅱ．①黄… Ⅲ．①区（城市）—地名—台州 Ⅳ．①K925.54

中国国家版本馆CIP数据核字（2023）第194681号

责任编辑：刘方圆

责任校对：张玉霞

责任印制：梅中英

出 版 者：方志出版社

地　　址：北京市朝阳区潘家园东里9号（国家方志馆4层）

邮　　编：100021

网　　址：http://www.zgfzcb.cn

发　　行：方志出版社图书营销中心（010）67110500

印　　刷：浙江经纬印业股份有限公司

开　　本：889毫米×1194毫米　1/16

印　　张：30.6

字　　数：1038千字

版　　次：2021年11月第1版

印　　次：2021年11月第1次印刷

定　　价：188.00元